JN293419

ビジュアル・ワイド
明治時代館

the Meiji period

小学館

ビジュアル・ワイド

明治時代館

監修
宮地正人　前国立歴史民俗博物館館長
佐々木隆　聖心女子大学教授
木下直之　東京大学教授
鈴木淳　東京大学助教授

アートディレクション●岡本洋平

苦沙弥先生 明治はじめて物語

くしゃみせんせい めいじはじめてものがたり

苦沙弥先生　明治はじめて物語

←『東京日本橋風景』　明治初期の日本橋、高札場付近の風景を描く。人力車や2頭立ての馬車、そして馬4頭を立てた乗合馬車などの新しい交通機関の姿が、江戸時代とほとんど変わらない風俗とともに描かれている。

↓了古『東京市中にぎはひ之図』　江戸を東京と改称することが決まり、明治天皇の行幸・江戸城入城が東京遷都の第一歩となった。この絵は、天皇の東京行幸を祝って東京市民に酒が下賜された際の模様を描いている。

慶応3年（1867）

慶応3年1月5日、江戸・牛込の名主、珍野家の四男として生まれた苦沙弥君は、生まれてすぐ近所の古道具屋に里子に出された。父は49歳、母は40歳という高齢で、苦沙弥君はあまり歓迎されない子どもだった。大政奉還・王政復古の大号令、翌年にかけて、鳥羽・伏見の戦いと大変動が続き、江戸の町は大混乱。

慶応4年・明治元年（1868）　苦沙弥1歳

4月に江戸城が無血開城した。5月になると上野戦争が勃発。珍野家も戦火を避けて近くの寺に身をひそめる。7月、江戸は東京と改称され、9月には元号も慶応から明治へと改められた。

そして10月には天皇が江戸城に入城し、東京市民に酒三〇〇〇樽がふるまわれた。苦沙弥君の父も、そのおこぼれにあずかり一杯機嫌で明治の始まりを祝った。

明治2年（1869）　苦沙弥2歳

4月、東京府では名主制度が廃止された。苦沙弥の父も名主ではなくなった。同じころ、日本橋―横浜間に乗合馬車が開通したので、一家はあげて横浜見物に出かけた。お目当ては乗合馬車と、数年前に開業した下岡蓮杖の写真館、少々値は張ったが、はじめて家族写真を撮影した。

しかし、5月には新政府の命令で名主宅の門や玄関の取り払いが

3

⬅3代歌川広重『浅草寺境内ニテフランス大曲馬』　フランスのスリエ曲馬団の興行を描く。九段の招魂社（のちの靖国神社）の祭礼には、花火や競馬、曲馬などが催された。

⬇橋本周延『鹿鳴館 貴婦人慈善会図』　鹿鳴館では、舞踏会などさまざまな催しが行なわれた。この作品は、婦人慈善市と呼ばれたバザーの光景を描く。頭上には日の丸が多数飾られ、すでに国旗として浸透していたことがわかる。

4

➡式亭三馬著『袖珍浮世床』に描かれた理髪店　文明開化期の理髪店は、斬髪店・西洋髪刈所・斬髪床・西洋床・西洋散髪司など、さまざまな呼ばれ方をしていた。『袖珍浮世床』は明治19年の刊行だが、すでに西洋式の理髪店が定着していたことがわかる。

5

命じられた。もちろん珍野家の門も撤去された。

前年ごろから東京各地に牛鍋屋が開業した。苦沙弥君の父も芝に開業した堀越藤吉の店に出かけ、文明開化の味に舌鼓を打ったが、女房と子どもたちは土産話だけだった。

苦沙弥君は、この年、もとは珍野家で書生をしていて、今は浅草で中年寄（のちの戸長）を務める塩原家に養子に出された。

明治3年（1870）　苦沙弥3歳

2月に制定された商船規制で、日の丸が国旗として使用されるようになった。

この春から夏にかけて疱瘡（天然痘）・風疹が大流行した。このころ苦沙弥君は疱瘡にかかり生死をさまようが、養母の献身的な看病で一命を取りとめる。5月、新政府は各府藩県に命じ、種痘を実施した。

この年、銀座に初の製靴場「伊勢勝」が開業。塩原の養父は苦沙弥君を連れて銀座に繰り出したが、子どもの靴はないと断わられた。立腹して帰宅したところ、かねてから養父の女性関係に不審を抱いていた養母と大喧嘩が始まった。

明治4年（1871）　苦沙弥4歳

この年、散髪令が出され、塩原の養父もチョンマゲを落としてザンギリ頭となる。

5月に新貨条例が定められ、通貨単位を円・銭・厘と変更。苦沙弥君と親しい近所の書生のお兄さんのお手当ても、一両から一円に変更された。

9月から江戸城（宮城）の旧本丸で毎日正午を知らせる午砲（ドン）が鳴らされるようになった。苦沙弥君の兄はドンを合図に友達と示しあい、九段の招魂社で催されていたスリエ曲馬団の興行をのぞきに行ったが、入場料が高いこともあって閑散としていた。

このころ、天皇皇后の朝食にパンと牛乳が試用されたことが報じられた。塩原家でもこれに倣ってパン食を実践するが、どうにも口にあわず長くは続かなかった。

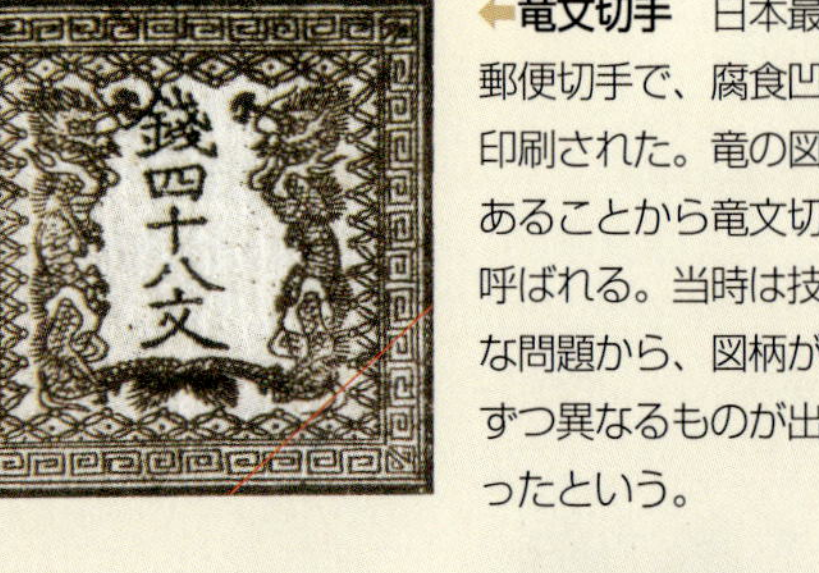

←**竜文切手** 日本最初の郵便切手で、腐食凹版で印刷された。竜の図柄であることから竜文切手と呼ばれる。当時は技術的な問題から、図柄が少しずつ異なるものが出まわったという。

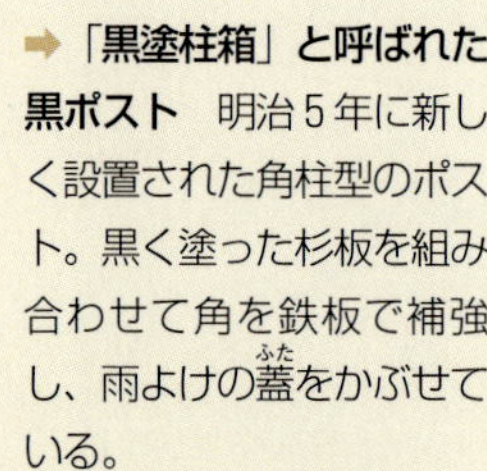

→**「黒塗柱箱」と呼ばれた黒ポスト** 明治5年に新しく設置された角柱型のポスト。黒く塗った杉板を組み合わせて角を鉄板で補強し、雨よけの蓋(ふた)をかぶせている。

↑**根岸(ねぎし)の人力車** 横浜の根岸村に下る不動坂の中腹で撮影。人力車は日本独特の発明で、和泉要助、鈴木徳次郎、高山幸助の共同事業としてスタートしたといわれている。

→**3代歌川広重(うたがわひろしげ)『汐留ヨリ横浜迄鉄道開業御乗初諸人拝礼之図』** 明治5年9月12日、新橋―横浜間で日本初の鉄道が開業。この作品は、新橋駅での鉄道開業式を描く。

明治5年（1872）

苦沙弥5歳

1月、近代初の戸籍調査が実施された（壬申戸籍(じんしん)）。塩原家も平民として戸籍登録。このとき、苦沙弥君は自分が養子であることをはじめて知り、「貰(もら)われ子」の悲哀を感じる。折から東京で一日三回の郵便配達が実施されたので、仲のよい近所のお兄さんにお願いして実家珍野家の父に手紙を書いてもらった。前年に発売された竜の図柄の四八文切手を貼り、近所にできたばかりの黒塗りの郵便ポストに投函したが、残念ながら、いつまでたっても返事はなかった。

不憫(ふびん)に思った養父母は、3月に湯島聖堂(ゆしませいどう)で開かれた博覧会に苦沙弥君を連れて行ってくれた。一番人気は名古屋城の金の鯱(しゃちほこ)で、黒山の人だかりだった。帰りは奮発して、このころ流行の人力車で。一里につき六銭二厘のお支払い。前年に正式開業した人力車だが、このときすでに東京府内で一万台を超えていた。

7月頃からウサギの飼育が流行し、苦沙弥君も欲しがったが、野ウサギが急増したため、10月には禁止されてしまった。

9月、新橋―横浜間に日本初の鉄道が開業し、苦沙弥君一家も新橋駅に見物に出かけたところ、近くで見ていた50歳前後の男性が灰坑に転落して機関車に轢(ひ)かれ、大けがを負う事故に出くわした。もちろん、日本初の鉄道事故でもある。

帰宅途中、このころ神田から三河町に移転した洋食屋「三河屋」に立ち寄り、家族で西洋料理を味わった。はじめての西洋料理にすっかり感化されてしまった塩原の養母は帰宅途中、近くの書肆(しょし)に立ち寄り、刊行されたばかりの仮名垣魯文(かながきろぶん)著、河鍋暁斎(かわなべきょうさい)画『西洋料理通』を求めて帰り、帰宅後さっそく試してみたが、「コリードビーフ」「カリド、ウィル、ヲル、ファウル」すなわちカレーライスは、どうもうまくつくれなかった。

同じ9月には神田大神社祭礼が挙行され、山車三五両が神田の町を練り歩いた。苦沙弥君は養母に連れられ祭り見物。ついでに神保町まで足をのばし、評判となっていたのぞきからくりの見世物小屋を見物してきた。

江戸時代からずっと女性の相撲見物は禁止されていたが、11月に

➡**曜斎国輝『撃剣会・赤松軍太夫と小川清武』** かつて幕府講武所の師範であった榊原健吉が始めた剣術興行を描く。実際の試合の模様を写したのではなく、有名な武芸者の顔見世の絵と思われる。

⬇**小林清親『両国花火之図』** 享保18年（1733）に始まった両国川開きの花火大会は、幕末に途絶えていたが明治元年に復活。川面に浮かぶ屋形船の見物人の視点から描かれている。

⬆**仮名垣魯文著、河鍋暁斎画『西洋料理通』** 横浜に居留するイギリス人が、日本人の使用人に料理を命じる際に記したメモ帳をもとに、仮名垣魯文が著わした西洋料理の絵入り指南書。

解禁となり、養母も、苦沙弥君を連れて生まれてはじめて相撲を見に行った。

明治6年（1873）

苦沙弥6歳

太陰暦が廃され太陽暦が採用となり、明治5年の12月3日が明治6年の元旦とされたため、塩原家でも新年の用意が間に合わずてんやわんや。

そして、この年1月に徴兵令が制定された。徴兵忌避者も続出。6月には徴兵告諭に記されていた「血税」の語句が「生き血をとること」と誤解されて、各地で反対騒動が起こった。苦沙弥君の周囲でも、近所のお兄さんが徴兵検査に赴き無事合格。出身地の高崎連隊の配属となった。塩原の養父は、苦沙弥君が世話になったお礼にと、巷で流行りの木村屋のあんパンを銀座から取り寄せ餞別として進呈したところ、たいへんに喜ばれた。

当時、金銭的に余裕のある家では、息子の徴兵を逃れさせるために戸籍を他所に移したりすることが頻繁に行なわれていた。

旧暦の元旦にあたる2月11日が、神武天皇即位の日として祝日とされた（紀元節）。4月には、剣術や柔術など時代遅れのものと見なされていた武術を披露する撃剣会が催され、大人気を呼んだ。進行役は講釈師の宝井馬琴が務めた。苦沙弥君のご贔屓は、もちろん最後の剣豪榊原健吉だ。しかし、この興行撃剣は、不平士族の武力反乱を恐れる政府によって、8月に禁止されてしまった。

5月、妻の離婚請求権が認められるようになり、江戸時代以来の駆け込み寺の習わしは自然消滅した。かねてから夫の浮気に悩んでいた苦沙弥君の養母も、離婚を切り出すべきか真剣に考えはじめる。

7月になると、幕末にいったん途絶えて明治元年に復活していた隅田川の花火「両国川開き」にあわせて東京—横浜間に臨時列車が走った。苦沙弥君は養母に連れられて、はじめて花火見物に繰り出した。

9月に小石川の東京健全社がソップ（スープ）の販売を開始した。一合三銭の値段で、パン嫌いな苦沙弥君の家族も、このスープは美味しく食べられた。

『学校技藝壽語禄』に描かれた教育用の幻灯　幻灯の映写会は各地で盛況となり、明治13年には各府県の師範学校に、この絵にあるような教育用の幻灯が頒布された。照明には石油ランプを使っていた。

横浜新ポリスの職員たち　『ザ・ファー・イースト』2巻24号より。明治4年に諸外国のポリスを参考に創設された邏卒は、明治7年の警視庁発足にあたり巡査と名を変えた。中央は横浜警察署長、他のふたりはその属僚。

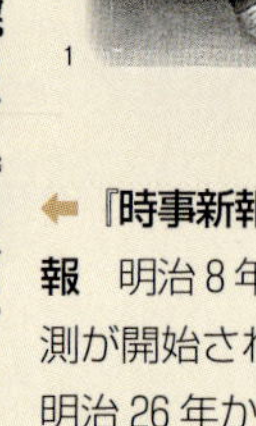

『時事新報』に掲載された天気予報　明治8年に東京気象台で気象観測が開始された。『時事新報』では明治26年からイラスト入りの天気予報を掲載し、好評を博した。

明治7年（1874）　苦沙弥7歳

明治6年の大晦日、祝祭日などに日章旗を掲げることが決められ、塩原家でも元旦から日の丸掲揚。

この年の春ごろから養父母の不和が本格的になり、苦沙弥君は養母に連れられて生家珍野家に帰ることになった。途中、駿河台を通ったので、この1月に邏卒から巡査と名を変えたお巡りさんに道を聞いて、2月に完成したばかりの三井両替店の本館を見物した。

5月、夫婦が離婚する際、子どもの籍は通常父方として、母方とする場合は届け出るよう、政府からお達しが出たので、塩原家でも離婚をめぐる協議を始めるため、苦沙弥君と養母はいったん塩原家に戻った。

8月に養母は離婚届を提出しようと役所に相談に赴いたが、この年7月11日から9月10日まで官庁ははじめての暑中休暇に入っていて、業務は午前中のみだったので、仕方なく機会を改めることにした。同じ8月、島本仲道が日本橋に日本初の弁護士事務所・北州社を開設したが、離婚調停など思いもよらない時代だった。

12月、苦沙弥君は浅草寿町の戸田小学校に入学した。苦沙弥君のご機嫌をとるためか、養父は入学祝いと称して、このころ大阪の流行が東京に飛び火して人気となった鍋焼きうどんを、ごちそうしてくれた。

明治8年（1875）　苦沙弥8歳

苦沙弥君は前年、満7歳で小学校にあがったが、この1月から小学校の学齢は満6歳から14歳までと定められた。

1月に泉屋新兵衛がコーヒーを売り出したと聞いて、新しもの好きの養父はさっそく試してみたが、子どもには毒だといって、もちろん苦沙弥君は飲ませてもらえない。

2月には平民もすべて姓を名のるよう布告が出た。塩原の養父は、苦沙弥君が将来、大学に進学して出世することを願い、進学資金を貯めるために5月から実施された郵便貯金に加入した。利子は年三分でひとり年一〇銭以上一〇〇円までという決まりだった。世界で

6

↑**東京日日新聞社社屋**　『東京日日新聞』は明治5年に東京で最初の日刊紙として創刊され、人気を集めた。写真は明治9年頃に銀座に新築された社屋。

4

➡**引札「御用花王散」**　東京保全堂発売の「改良歯磨花王散」は、明治12年には宮内省御用の商品となる。これを記念して引札（広告）がつくられた。

5

3代歌川広重『東京名所内上野公園地不忍見晴図』　右手に描かれる建物が西洋料理の精養軒。すでに築地に精養軒が開業し大繁盛しており、洋食が一般的になりはじめたことがわかる。

四番目の郵便貯金ということだ。

6月に東京気象台が観測を開始したが、天気予報が始まるのは明治17年になってから。

7月、イギリス人による写し絵（幻灯）の映写会が催され、苦沙弥君も友達と連れ立って足を運んだ。

このころ、苦沙弥君は虫歯に悩まされるようになったが、10月に小幡英之助という医師が日本ではじめて歯科医の免許を得たばかりで、歯医者はまだ全然普及していなかった。とりあえず、全国的商品としてははじめての歯磨きとなる東京の保全堂波多海蔵が発売した洋式歯磨き「花王散」で歯を磨いて、痛みをやりすごした。

同じく10月、神田神保町に小林新造が貸本屋を開業した。苦沙弥君は8月に刊行されたばかりの福沢諭吉『文明論之概略』を借りてくるが、さすがに子どもにはチンプンカンプンだった。

明治9年（1876）　苦沙弥9歳

4月に塩原の養父母が正式に離婚。4月から官庁は日曜を休日、土曜を半休としていたので、平日に届けを出した。苦沙弥君は塩原家に籍を置いたまま、珍野家に戻る。不憫に思った年の離れた兄が、4月に開業した上野精養軒で西洋料理をごちそうしてくれた。

4月には雑誌『小学雑誌』が創刊され、珍野家も定期購読を申し込んだ。

5月になって、苦沙弥君は市ヶ谷柳町の市谷小学校に転校した。そのころ東京の上野公園が開園。同じころ芝増上寺裏の開拓使庭園に羊、熊などの動物が放し飼いにされ、剝製や獣皮も陳列された。父親は、苦沙弥君をどちらかに遊びに連れて行ってくれるというので、開拓使庭園に行ってみた。観覧料はひとり五厘。

珍野家ではこのころから『東京日日新聞』をとっていたが、8月29日に高橋お伝が蔵前の九竹旅館で商人後藤吉蔵を殺害して逃亡した事件が新聞紙上をにぎわしていた。

9月から『平仮名絵入新聞』にはじめての新聞小説「金之助の話」が連載されるようになった。作者は前田香雪。苦沙弥君は学校の図書室で欠かさず読んでいた。

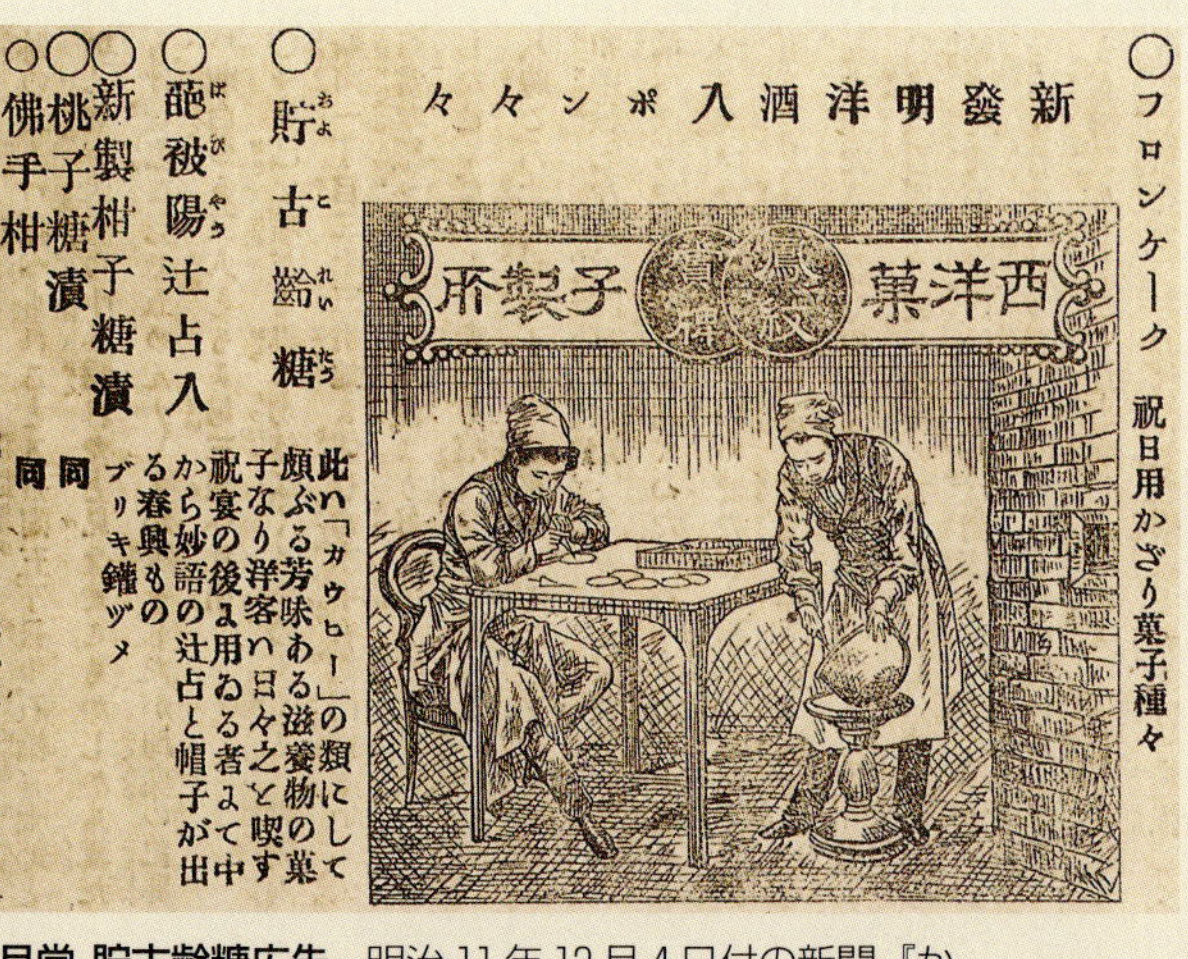

○フロンケーク 祝日用かざり菓子種々

新發明洋酒入ポンポン々

○貯古齢糖 此れ「カウヒー」の類にして頗ぶる芳味ある滋養物の菓子なり弄客ハ日々之と喫す祝宴の後ニ用ゐる者ニて中から妙語の辻占と帽子が出る春興もの ブリキ鑵ヅメ

○葩被陽辻占入

○新製柑子糖漬 同

○桃子糖漬 同

○佛手柑

日本橋區両國若松町 風月堂米津松造

凮月堂 貯古齢糖広告 明治11年12月4日付の新聞『かなよみ』に掲載された広告。「洋酒入ポンポン」など他の商品名も見える。

西郷写真として売られた永山弥一郎の写真 永山弥一郎は西郷隆盛の配下として西南戦争にも出陣し戦死した人物。その永山の写真が土産物用の「西郷隆盛の写真」としてさかんに売られていた。西郷隆盛の写真は現在も見つかっていない。

新装なった新富座 興行師守田勘弥の手により、洋式舞台として開場した。歌舞伎俳優は燕尾服を着て開場式に出席した。舞台の内外にガス灯が設置されて、夜間の興行も可能となった。

明治10年（1877） 苦沙弥10歳

3月、雑誌『団団珍聞』が創刊され、父はその風刺画を楽しんでいたが、苦沙弥君は同じころに創刊した少年向け投書雑誌『頴才新誌』がお気に入りで、のちに尾崎紅葉、田山花袋、山田美妙らを輩出する同誌を読みふけった。

4月に親戚のひとりが、東京開成学校と東京医学校が合併してできた東京大学に入学した。同じころ、苦沙弥君は2月に始まった西南戦争の主役・西郷隆盛のニセ写真を友達に見せてもらった。三銭で買ったという。

西郷とともに幕末に活躍した坂本龍馬の未亡人、お龍の再婚相手が、横須賀でこのころ流行っていたルーレット遊びの変種「ドッコイ、ドッコイ」を商っていた。苦沙弥君は龍馬には興味があったが、さすがに横須賀は遠い。

8月になって、上野公園で第一回内国勧業博覧会が開催された。入場料は休日一二銭、平日七銭だったので、苦沙弥君は友達と一緒に学校をさぼって出かけたところたいへんな人出で、行列に並んで、ようやくはじめて設置された美術館に入ることができた。

12月、苦沙弥君は下等小学科を成績優等で卒業する。

明治11年（1878） 苦沙弥11歳

2月、苦沙弥君は友達とつくった回覧雑誌に楠木正成について論じる「正成論」を書いた。3月に東京根岸の鶯春亭でウグイスの鳴き声の鑑賞会が開かれた。役人や華族だけでなく、庶民も含めて五〇〇人もの聴衆が集まったので、苦沙弥君も立ち寄ってみた。でもほんとうは、苦沙弥君はウグイスよりもホトトギスのほうが好きなのだが。

6月に新富座が洋式舞台となって新装開業した。この年は昨年以来、西南戦争劇がブームとなっていたが、苦沙弥君は8月にはじめて行なわれた歌舞伎の夜間興行を見に行った。

7月になって、小学校の授業は日曜を除き一日五時間、一週三〇時間と決まった。科目も素読み・習字・算術・語学・地理の五科目

3代歌川広重『米国前大統領グラント公市中遊覧日本橋大国旗壮観之真図』 アメリカ第18代大統領のグラントは、引退後の世界漫遊の一環として日本を訪れた。この絵は日本橋通りを進むグラント夫妻の馬車を描いたもの。

『朝日新聞』創刊号第1面 村山龍平によって、大阪で創刊された。1部1銭で発行部数は約1000部。社屋は大阪江戸堀南通にあり、従業員は20人ばかりだった。

幼少期の嘉仁親王（のちの大正天皇） 明治天皇の第3皇子だったが、先のふたりは早世。若年時から健康面に不安を抱えていたが、気さくで穏やかな性格だったともいわれている。

に再編された。苦沙弥君は素読みと習字が得意で、意外なことに語学はちょっと苦手だった。10月に苦沙弥君は小学尋常科二級後期を錦華小学校で卒業した。このころ、異母姉が亡くなったが、幼くして養子に出された苦沙弥君には縁の薄い姉だった。

12月、両国の凮月堂がチョコレート（貯古齢糖）を発売したと聞き、苦沙弥君は友達と冷やかしに行ったが、すでに売り切れ。試製品の氷菓子はあったが、さすがに寒くて買わなかった。

明治12年（1879）　苦沙弥12歳

この年、苦沙弥君は神田一ツ橋の東京府立第一中学校（のちの都立日比谷高等学校）に入学した。

1月に大阪から父の友人が訪ねてきて、創刊されたばかりの『朝日新聞』を持ってきてくれた。東京ではまだ見ない新聞だ。

2月、東京府下一五区で第一回区会議員選挙が行なわれ、3月に東京府会が開かれた。府県会規則によるはじめての地方議会で、名主だった苦沙弥君の父も出馬を打診されたが、すでに61歳にもなっていたので辞退した。

このころ、四国の松山でコレラが発生。徐々に東日本にも広がり、8月には東京府がコレラ患者隔離のために本所避病院を開設。さらに大久保病院、駒込病院を開設した。この年、年末段階でコレラ患者の総数は一六万二六三七・死者一〇万五七八四人にのぼった。

6月、東京招魂社が靖国神社と改称された。苦沙弥君は軍人には興味がなかったが、九段は見世物などでにぎわう場所だったので、靖国神社にも詣でることがあった。

7月にアメリカ前大統領グラント将軍が来日した。歓迎式が開かれたり夜会が開かれたりしたが、当時はまだ漢学が好きで英語は嫌いだった苦沙弥君は、あまり関心がなかった。8月、明宮嘉仁親王、のちの大正天皇が誕生した。明治天皇の第三皇子だが、上ふたりは早逝している。

年の瀬には日本橋にあった魚河岸が築地に移転。苦沙弥君は青魚は嫌いだったが、長兄の大助に連れられ、正月用の新巻鮭を買いに築地に足を運んだ。

←**娘義太夫** 義太夫は弾き語りの芸能だったが、明治13年頃に竹本某という義太夫語りが、三味線弾きをつけて演じるようになった。写真はモデルを使っての撮影。

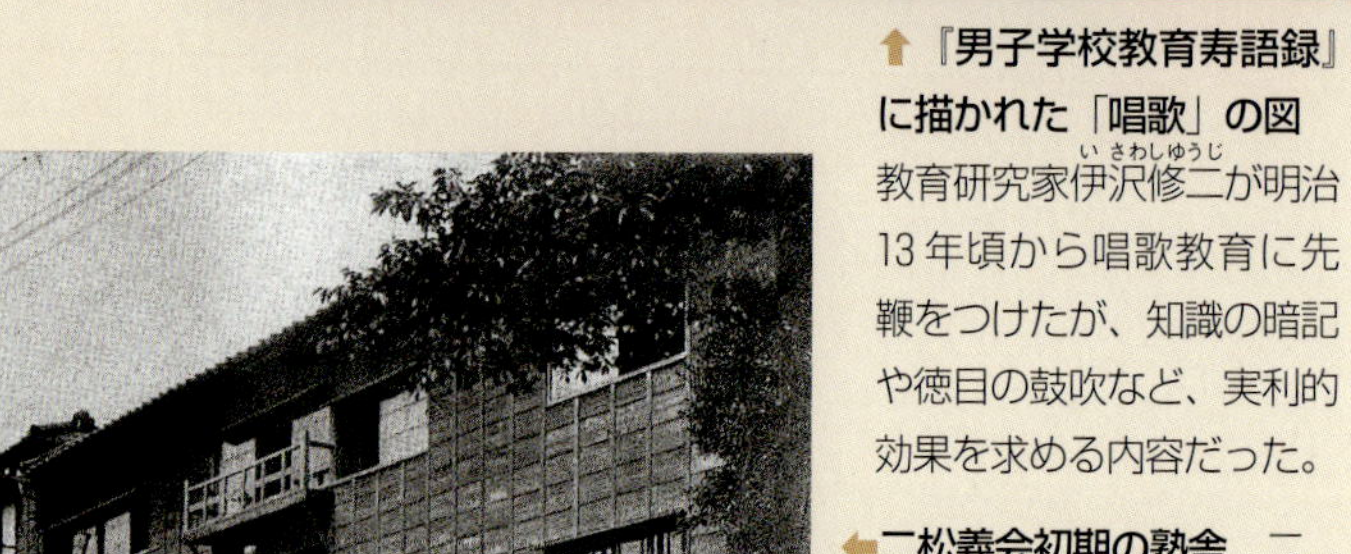

↑**『男子学校教育寿語録』に描かれた「唱歌」の図** 教育研究家伊沢修二が明治13年頃から唱歌教育に先鞭をつけたが、知識の暗記や徳目の鼓吹など、実利的効果を求める内容だった。

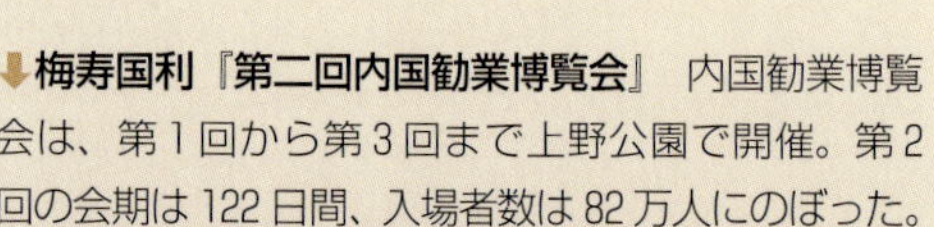

↓**梅寿国利『第二回内国勧業博覧会』** 内国勧業博覧会は、第1回から第3回まで上野公園で開催。第2回の会期は122日間、入場者数は82万人にのぼった。

←**二松義会初期の塾舎** 二松義会は、三島中洲創立の二松学舎を維持するための経済的協力組織だった。二松学舎は、和漢学を教科として東洋の道徳・文学を学ぶ目的で創立された。

明治13年（1880） 苦沙弥13歳

1月、学校の寒中休暇が暑中休暇と同じく一五日間と決定し、苦沙弥君の通う府立第一中学校もさっそく冬休みとなる。

2月には東京で小学校に教頭がおかれるようになったが、もちろん赤いシャツを着るなどという規定はない。

このころ、外国人教師ミルンらが地震の研究をスタート。4月には世界初の地震学会である日本地震学会が発足した。

苦沙弥君はじつは寄席が好きで三番目の兄和三郎とよく義太夫を見に行ったが、寄席ではいかがわしい出し物もあったため、3月に東京警視本署は寄席の上演範囲を軍談講釈・落語・浄瑠璃・唱歌・手品・操り人形（義太夫）・音曲に限るよう通達した。

4月には東京の公立学校に唱歌の科目が新設されたが、苦沙弥君は生まれながらの音痴で唱歌は苦手だった。

10月、木挽町に遊玉館（ビリヤード場）ができ、苦沙弥君も友達としばしば玉突きに興じた。11月には海軍省に雇われたドイツ人エッケルトが日本の雅楽奏者とともに作曲した「君が代」（第二次君が代）が、はじめて天長節（天皇の誕生日）に御前演奏されたが、正式に「国歌」と決められたわけではなかった。

このころ、苦沙弥君の将来の夢は政治家になることだったので、高知県の長田村の村会議員や同じく高知県の上町町会で婦人参政が実現したのは、ひじょうな驚きだった。民権運動の成果だったが、残念ながら両方とも明治17年には規則が改正され、男子だけに戻ってしまった。

明治14年（1881） 苦沙弥14歳

1月に苦沙弥君の生母千枝が亡くなり、明治9年にできた小塚原の西洋式火葬場で荼毘に付された。これを機に苦沙弥君は府立第一中学を退学し、明治10年に開校した漢学専門の二松学舎に転校した。ここで好きな漢学を学び、家では、かつて健康上の理由で大学を辞め、今は翻訳の仕事などをしている長兄大助から英語を教わった。

3月、上野公園で第二回内国勧業博覧会が開催され、苦沙弥君も

⬆額面１（壱）円の改造紙幣（神功皇后札）　日本初の肖像札。紙幣寮に招聘（しょうへい）されたイタリア人版画家エドアルド・キヨソーネが、紙幣寮で働く女性をモデルにしたといわれている。

⬆創業当時の三省堂書店　明治14年創業の三省堂書店は、その2年後には出版事業にも乗りだす。現在に至るまで、三省堂書店は「本の町」神保町の象徴でありつづけている。

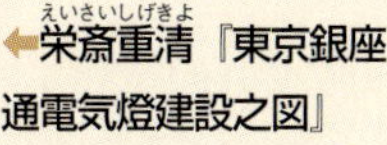

⬅栄斎重清（えいさいしげきよ）『東京銀座通電気燈建設之図』　明治15年11月1日、東京銀座大倉組の前で、2000燭光（ルクス）のアーク灯が点灯され、日本最初の電灯として注目を集めた。

見物に行ったが、各県から出品された魚介類の缶詰ばかりを眺めて少々食傷気味。帰り道、新しくできた巡査派出所で警官に誰何（すいか）された。この月に東京で三四五か所の派出所が新築されたのだ。

4月、神田神保町に三省堂書店が開業したので、苦沙弥君はさっそく漢籍を求めに行った。

7月に日本初の生命保険会社の明治生命保険が木挽町に開業。苦沙弥君の兄たちは父親に保険加入を勧めたが、理解は得られなかった。最初の契約者はわずか八八三人だった。

この年は社会全体が不況で、東京では苦沙弥君の好きな蕎麦屋が二七軒も廃業となり、やはり大好きな寄席の業者三二人が廃業してしまった。苦沙弥君のお小遣いは、この年、発行された改造紙幣（一〇円、五円、一円、五〇銭、二〇銭）の二〇銭札一枚だった。一円以上の紙幣は神功皇后の肖像を描いた日本初の肖像紙幣だった。

明治15年（1882）　苦沙弥15歳

苦沙弥君は通学時に風呂敷を使っていたが、この年、新発売のズックのカバンに替えた。

3月、日本初の動物園として上野動物園が開園したので、苦沙弥君は同級生と一緒に行ってみた。平日だったので入場料はひとり一銭。日曜日だったら二銭だった。

8月に小学校にはじめて校長が任命された。もちろんタヌキに似ている必要はない。

ある日、苦沙弥君は理髪店に散髪に行き、待ち時間にこのころ流行りだしたラムネを試しに飲んでみたが、からくて閉口した。理髪代はカットのみで八銭。近ごろはえはじめたひげも剃ってもらうと、さらに四銭かかってしまった。

江戸時代から続く団子坂の藪蕎麦は有名だが、そこから暖簾分けした〝かんだ藪蕎麦〟が10月に開店した。江戸っ子の苦沙弥君、もちろんすぐに兄を誘って駆けつけた。

11月、銀座二丁目の大倉組前で、二〇〇〇燭光のアーク灯が点灯された。銀座を散歩していた苦沙弥君、少し前にガス灯を見て驚いたばかりなのに、今度ははじめての電灯にさらに驚いた。

↓3代歌川広重『於隅田川海軍之端舟競争水雷火試発展覧之図』 明治16年頃から、海軍でもボートレースが盛んになった。この絵は、「展覧試合」となった海軍ボートレースの模様を描く。

➡硯友社社員 前列右端が尾崎紅葉。硯友社の同人誌『我楽多文庫』は日本の文芸雑誌の嚆矢であり、政治的な色彩を排して小説の娯楽性を追求するのを特徴としていた。

明治16年（1883） 苦沙弥16歳

1月、京橋の明治会堂で西洋風の舞踏会が開かれたが、昨年夏に二松学舎を退学して「浪人」状態だった苦沙弥君には無縁な話だ。

4月、文部省は東京大学で英語による教授を廃し、日本語を用いることとした。大学予備門に入るために英語を勉強しなくてはならなかった苦沙弥君はちょっとひと安心。

7月に右大臣岩倉具視が病死し、人臣としてはじめての国葬が行なわれた。外出していた苦沙弥君は国葬の群衆を避けて帰宅した。

8月末から9月2日まで、太陽の光が弱まり、銅色になってくる現象が見られた。苦沙弥君はある程度天文の知識があったが、事態を憂慮する人も多く、明治天皇も気象台に使者を出してこの怪異現象の理由を聞いたという。

9月になると、いよいよ大学予備門の受験をめざして、苦沙弥君は神田駿河台の成立学舎に入学した。

10月、苦沙弥君が神保町の書店に行くと、ダニエル・デフォー『ロビンソン漂流記』とシェークスピア『ベニスの商人』の翻訳版が並んでいた。翻訳のタイトルはそれぞれ『絶世奇談魯敏孫漂流記』と『西洋珍説人肉質入裁判』だった。

明治17年（1884） 苦沙弥17歳

5月、浜町河岸に海水を温めて入浴させる温浴の施設「月の家」が開業したと聞き、苦沙弥君は兄と一緒に遊びに行く。

8月、東京大学が本郷に移転した。苦沙弥君は小石川極楽水際の新福寺に下宿していたので、本郷周辺は散歩コースだった。

この年の3月、東京大学の有坂鉊蔵が、本郷区（現在の文京区）弥生町でめずらしい様式の土器を発見した。苦沙弥君も現場に足を運んでみたが、なぜか場所を特定することはできなかった。

9月になって、苦沙弥君は東京大学予備門予科に入学した。同級生には中村是公、南方熊楠がいた。苦沙弥君は入学後まもなく、盲腸炎を患った。

⬇宮武外骨『奇態流行史』所収の「コックリ様の図」　３本の竹をよりあわせ、その上にたらいや大きな盆を載せ、３人以上がその上に手を載せて吉凶などを占う遊びだった。

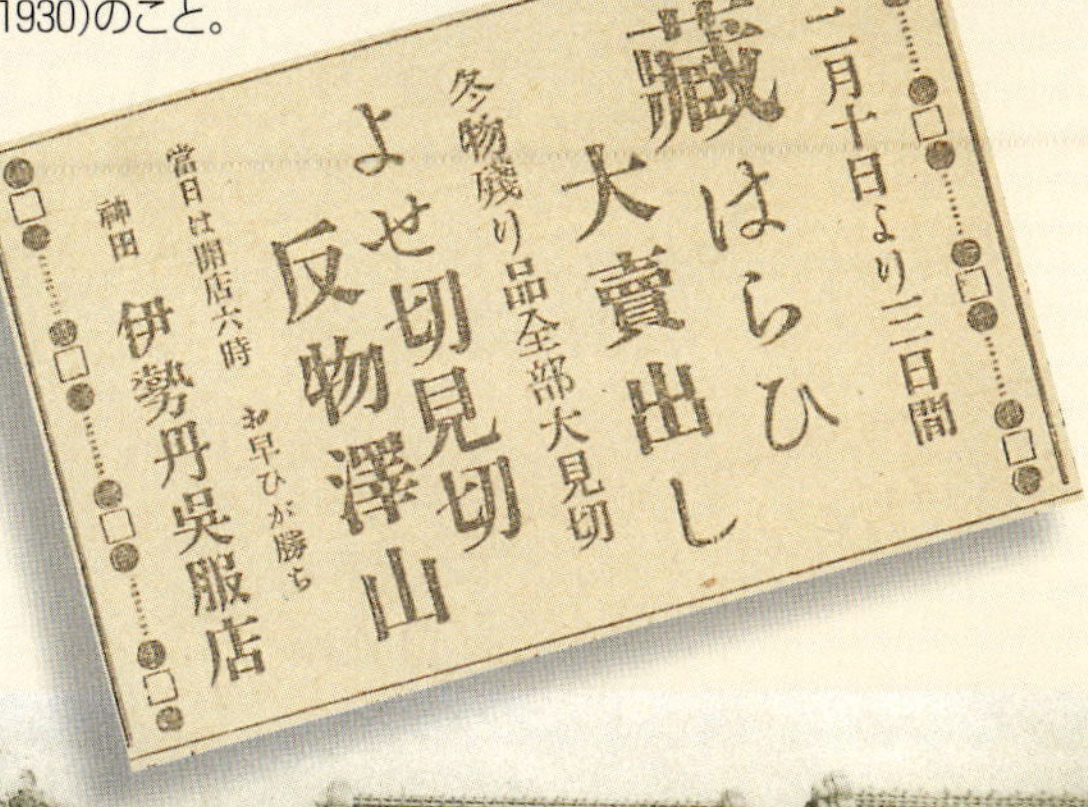
二月十日より三日間
藏はらひ
大賣出し
冬物殘り品全部大見切
よせ切見切
反物澤山
お早ひが勝ち
當日は開店六時
神田　伊勢丹呉服店

⬇伊勢丹呉服店の新聞広告　大正３年２月10日付『都新聞』に掲載された伊勢丹（伊勢屋丹治の略）「大売出し」の広告。「伊勢丹」を社名としたのは昭和５年(1930)のこと。

⬆東京大学の学部対抗競漕大会に出場した選手たち　日本初の大学対抗レガッタは昭和16年、東京大学と東京師範学校附属体操伝習所（のちの筑波大学）との間で行なわれた。

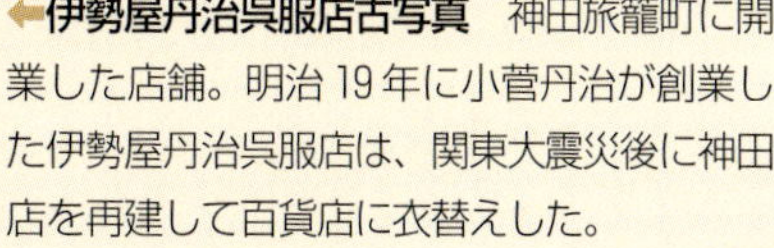

⬅伊勢屋丹治呉服店古写真　神田旅籠町に開業した店舗。明治19年に小菅丹治が創業した伊勢屋丹治呉服店は、関東大震災後に神田店を再建して百貨店に衣替えした。

明治18年（1885）　苦沙弥18歳

2月、尾崎紅葉、山田美妙らが硯友社を結成し、のちに同人誌『我楽多文庫』を創刊。苦沙弥君の愛読書となった。

苦沙弥君の先輩にあたる東京大学学生有志は、この4月、詰め襟洋服を制服として、菱形帽子を制帽とすることを申し合わせた。憧れの制服である。苦沙弥君はこのころから同級生とともに神田猿楽町の末富屋に下宿するようになった。

6月、イギリス人コッキンが江の島に日本初の植物園を開園し、この8月には医師の松本順が大磯に海水浴場を開いたので、苦沙弥君と仲間たちは湘南めぐりに繰り出した。

11月、東京大学の学生が横浜で外国人とボート（滑席艇）の競漕を行なった。観戦した苦沙弥君はボートレースに夢中になった。

12月、初代首相に伊藤博文が就任した。天下の総理大臣も、江戸っ子苦沙弥君からすれば長州の田舎者だったが。

明治19年（1886）　苦沙弥19歳

3月に東京大学が帝国大学に、4月には大学予備門が第一高等中学校に改称された。苦沙弥君は同校の予科に編入されたが、7月に腹膜炎を起こして進級試験を受けられずに留年してしまった。汚名を晴らすべく努力した苦沙弥君、以後は首席を通した。

7月、京都・大阪で「こっくりさん」が流行し、11月には東京にも波及した。合理主義者の苦沙弥君は、もちろん鼻で笑って相手にしなかったが。

9月頃から、苦沙弥君は生活費を工面するため同級生の中村是公と江東義塾という私塾の教師となり、塾の寄宿舎から通学した。月給は五円。

11月、苦沙弥君は神田旅籠町にできた伊勢屋丹治呉服店（のちの伊勢丹）で買い物。日本橋にある東京初のコーヒー専門店「洗愁亭」で一服して帰宅した。このころ、苦沙弥君の父は警視庁に出仕しており、部下に樋口一葉の父がいたことから、苦沙弥君の長兄に一葉を嫁がせる計画があったが、残念ながら破談になった。

↑松旭斎天一の公演ポスター　西洋奇術師の松旭斎天一は、弟子天勝とともに一世を風靡した。このポスターは、一座が明治41年の正月に新富座で興行したときのもの。

↓福原衛生歯磨石鹸　歯磨を石鹸状に練り固めたもので、湿らせた歯ブラシで表面をこすりとって歯を磨いた。従来の粉歯磨に比べて高価だったが、衛生的で使用感もよかったため評判となった。

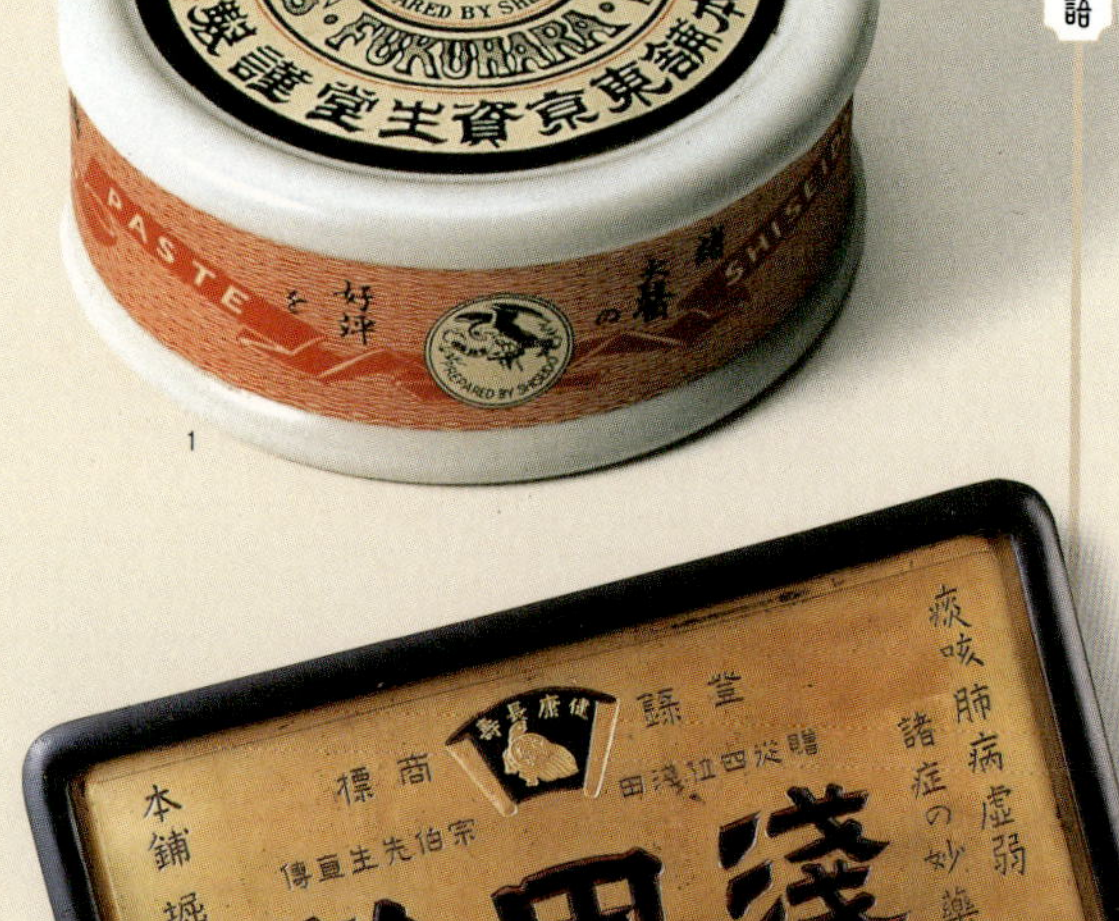

↑浅田飴の創業当時の看板　創業者堀内伊太郎は、漢方医浅田宗伯の名前にちなみ、浅田飴と名付けた。この看板は現在も株式会社浅田飴の本社応接室前に掲げられている。

明治20年（1887）　苦沙弥20歳

この年3月に苦沙弥君の長兄が肺結核で亡くなった。まだ31歳だった。

6月、長兄に続いて、苦沙弥君の次兄も肺結核で急死した。相次ぐ息子の死に気落ちした苦沙弥君の父は、戸籍上まだ塩原家の養子である苦沙弥君の復籍を考える。

夏になって、苦沙弥君は中村是公ら友人と富士山に登った。このころ、苦沙弥君はトラホームを患い、実家に戻った。駿河台にある井上眼科に通ったが、なかなか完治せず、この後数年にわたり、同眼科に通うことになる。

同じころ、銀座に開業した日本初のミルクホール「千里軒」にたくさんの若い男女が集ったが、ガリ勉で奥手な苦沙弥君は、誘う相手もいなかった。

明治21年（1888）　苦沙弥21歳

1月、ようやく苦沙弥青年は塩原家から珍野家に復籍した。このころから、苦沙弥青年も少しは身だしなみに気を使い、資生堂から発売になったばかりの初の練り歯磨き「福原衛生歯磨石鹸」を使うようになる。

7月に、苦沙弥青年は第一高等中学校予科を無事、卒業した。この5月に横浜の明治屋で発売された麒麟麦酒で仲間と乾杯。

9月には第一高等学校本科の英文科に入学。苦沙弥青年の将来の志望は建築家だったが、友人の米山保三郎（天然居士）に勧められ、文学に志望を変更する。

11月には巷で話題の松旭斎天一「万国第一等手品」を見に浅草の文楽座に行った。少し風邪気味でのどが痛かったので、新発売の浅田飴を携帯していた。

明治22年（1889）　苦沙弥22歳

1月、苦沙弥青年は同じクラスの正岡常規と懇意になり、彼の和漢詩文集の批評を書いた。正岡は子規という俳号だったので、苦沙

4

➡**日本パノラマ館**　浅草公園六区４号地に建てられた木造十六角形の建物。内部の壁全体にパノラマ絵が描かれており、開業当時はアメリカから買い付けた南北戦争図を掲げていた。

5

⬅**4代歌川国政『浅草公園凌雲閣登覧寿語六』**　凌雲閣（通称・十二階）は、赤煉瓦造りで50ｍを超す高さを誇り、関東大震災で崩壊するまで日本一高い建物だった。

6

➡**棒状蚊取り線香「金鳥香」**　明治18年、創業者の上山英一郎が除虫菊の種子を輸入し、線香にヒントを得て蚊取り線香の開発に成功。明治28年には渦巻型の蚊取り線香を発売。

弥青年もこれに倣い、頑固者、へそ曲がりを表わす「漱石枕流」にちなみ、雅号を漱石にするか枕流にするか悩んだ末、やっぱり本名にしておいた。

2月、大日本帝国憲法が発布された。食いしん坊の苦沙弥青年は、風月堂があやかって発売した「憲法おこし」を食べながら、日本橋東陽堂が創刊した初のグラフ雑誌『風俗画報』を読みふける。

5月に日本初の近代的国語辞典となる大槻文彦編『言海』（全四巻）の刊行が始まった。英文学徒の苦沙弥青年だが、やはりこれは買っておくことにした。

このころ、ドイツ留学中の北里柴三郎がコッホのもとで破傷風菌の純粋培養に成功したとのニュースが飛び込んできた。世界に羽ばたく日本人の活躍は、苦沙弥青年を奮い立たせた。

明治23年（1890）　苦沙弥23歳

3月、たまたま苦沙弥青年が見た雑誌『女学雑誌』に、はじめて神経衰弱という語が使われていたが、まだ他人事だった。

4月にラフカディオ・ハーンが来日した。のちに小泉八雲と名のり松江中学教師、東京帝国大学教授となるハーンは、英文学を学ぶ苦沙弥青年の憧れの対象だった。

5月には上野公園のパノラマ館が大人気で、苦沙弥青年も友達と見に行った。

7月に苦沙弥青年は第一高等中学校本科を卒業し、9月にはいよいよ帝国大学文科大学英文科に入学を果たした。

この夏は大日本除虫菊（のちに商標を金鳥とする）の創業者上山英一郎が世界ではじめて実用化した蚊取り線香のおかげで、暑がりの苦沙弥青年も窓を開け放って快適に過ごせた。

この間、苦沙弥青年は雑誌『国民之友』に掲載された森鷗外のはじめての小説『舞姫』を読んだ。5歳年上の気鋭の作家登場は、苦沙弥青年を刺激した。

11月には浅草に凌雲閣が完成した。苦沙弥青年は友人と息抜きに足を運び、日本初のエレベーターに仰天した。観覧料は、大人八銭だった。

日本無双 川上音二郎

オッペケペー

1 ↓『中村座 大当 書生演劇』 川上音二郎は、自由民権思想のスローガンを援用した「オッペケペー節」をうたう「書生（壮士）芝居」を演じて、人気を博した。

2 ←郡司成忠と、郡司が組織した報効義会会員 前列右から3人目の海軍士官が郡司成忠。明治26年3月22日、横須賀市長浦での撮影。郡司は、千島列島の探検と入植に成果をあげた。

3 ↓東京専門学校第1回卒業記念全校生徒と教職員 東京専門学校は、大隈重信の尽力で明治15年に創設。開校時の入学者は80名だった。早稲田大学への改称は明治35年。

明治24年（1891） 苦沙弥24歳

7月、トラホームの治療で通っている井上眼科で出会った女性に、苦沙弥青年は恋心を抱く。ずいぶんと遅い初恋だが、相手の母親が「強欲」だったため、縁談話にはつながらなかった。

同じ月、苦沙弥青年の三兄の妻登世が妊娠中毒症で死亡した。この登世も、苦沙弥青年の思慕の女性だとうわさするものもいたが、本人は道ならぬ恋を否定している。

8月には気分を変えようと、苦沙弥青年は流行りの絣の書生羽織を着て川上音二郎一座のオッペケペー節を見に行った。

10月には濃尾大地震が発生し、岐阜・名古屋地方で七〇〇〇人以上の死者が出た。この地震の影響で牛の汽車輸送が止まってしまい、苦沙弥青年がよく行く牛飯屋も残念なことに大幅値上げを余儀なくされた。

明治25年（1892） 苦沙弥25歳

4月に、苦沙弥青年は徴兵逃れのために分家し、北海道の浅岡仁三郎方に本籍を移した。相次いで男子を失った父の強い意向だったが、やはり苦沙弥青年は内心忸怩たるものがあった。

5月には、苦沙弥青年は東京専門学校（のちの早稲田大学）の講師に出講するようになった。

6月に論文「老子の哲学」を書き、7月には特待生に選ばれた苦沙弥青年は、この夏、友人の正岡子規とともに京都、堺、岡山、そして子規の故郷の松山を旅行する。ちょうど静岡市の駿府城跡で清水次郎長が相撲興行を行なっていたので、ふたりは途中下車して見物した。

帝国大学を退学した子規は、12月に日本新聞社に入社した。

明治26年（1893） 苦沙弥26歳

3月、郡司成忠海軍大尉が千島列島の探検に出発することになり、苦沙弥青年は一行をひと目見てみようと、見送りの場所となった隅田川に行ってみた。

4

←『日清戦争実記』明治27年9月に刊行された第2編。戦地の写真などを掲載するため、はじめて写真銅版が用いられた。マスメディアの未発達な時代だけに、貴重な情報源でもあった。

5

→科学雑誌『NATURE（ネイチャー）』南方熊楠の処女論文「極東の星座」が投稿欄に掲載された1893年10月5日号。この論文で認められた熊楠は、大英博物館に出入りするようになる。

6月には、上野公園でシベリア単騎横断に成功した福島安正陸軍中佐の歓迎会が開かれた。物見高い苦沙弥青年は、こちらも見物に出かけた。

7月になって、苦沙弥青年は帝国大学文科大学の英文学科を卒業し、そのまま帝国大学の大学院に進学した。

8月、苦沙弥青年に学習院大学の英語教師の就職話があったが、残念ながらほかの人に決まってしまった。気落ちしていた苦沙弥青年だが、10月に東京高等師範学校の嘱託の英語教師となることになった。年俸は四五〇円。

同じころ、かつての同級生南方熊楠の論文がイギリスの権威ある科学雑誌『ネイチャー』に載ったとの知らせが入り、苦沙弥先生もイギリスへの留学を夢見るようになる。同時に、将来への不安を感じたからか、座禅に凝りだし、時折、鎌倉円覚寺に参禅するようにもなった。

明治27年（1894）　苦沙弥27歳

この年、苦沙弥先生に神経衰弱の症状が現われる。

7月に日清戦争が勃発。戦争にちなんで根津の磯部温泉神泉亭では凱旋煮と乗っ取り汁という料理が売り出され、大勝利石鹸という石鹸も発売された。この商魂たくましい便乗商法に苦沙弥先生も苦笑したが、生来の食いしん坊なので、さっそく凱旋煮と乗っ取り汁を試してみた。

苦沙弥先生は8月に松島に旅行し瑞巌寺で参禅をしようとしたが健康上の理由で、断念せざるをえなかった。

このころ、日清戦争の戦況を写真入りで紹介する『日清戦争実記』が博文館から創刊され、評判を呼んだ。苦沙弥先生も手にとってみたが、戦場の情景を詠んだ詩歌などの文芸作品も掲載されていて、思いのほか楽しめた。

12月に入り、日本軍艦が豊島沖の海戦で勝利したことをうけて東京市の第一回戦勝祝賀会が上野不忍池畔で開催されたが、苦沙弥先生は神経衰弱が高じて鎌倉円覚寺に参禅。年を越して1月まで続けたが、快癒はしなかった。

⬆中馬庚と一高ナイン　後列左から2人目が中馬庚。庚は明治30年に、日本初の野球専門書『野球』を著わし、学生野球の育ての親といわれた。昭和45年（1970）には野球殿堂入りしている。

⬆『太陽』創刊号　『日清戦争実記』で雑誌への写真版使用を本格的に始めた博文館は、写真版を重視する路線をこの『太陽』でも踏襲したため、表紙のほぼ半分が挿画写真のリストで占められている。

⬇創立当初の第五高等中学校正門　明治20年に創立された第五高等中学校は、明治27年に第五高等学校と改称。昭和24年には熊本大学へと改組され今日に至っている。

明治28年（1895）

苦沙弥28歳

1月に総合雑誌『太陽』が博文館から創刊。樋口一葉が「たけくらべ」「にごりえ」を相次いで発表し、苦沙弥先生も一読。一葉の文才にひじょうに感心する。

2月、第一高等中学校と明治学院との間でベースボールの試合が行なわれた。一高の中馬庚（ちゅうまんかなえ）は、ベースボールをはじめて「野球」と訳した。苦沙弥先生は、親友の正岡子規に誘われてこの試合を観戦。

苦沙弥先生は友人の紹介で横浜の英字新聞『ジャパン・メール』の記者を志望したが、なぜか不採用だった。

4月になって、苦沙弥先生は突然、愛媛県尋常中学校（のちの松山中学、県立松山東高校）英語科教師として松山に赴任した。月給八〇円。

同じころ、日清講和条約の調印が行なわれたが、記者として従軍した正岡子規は戦地で健康を害し、8月に松山に帰郷。苦沙弥先生の下宿に同宿するようになった。

12月、苦沙弥先生に縁談の話が持ち上がり、いったん東京に帰郷する。貴族院書記官長中根重一の長女鏡子がお相手。苦沙弥先生が中根家を訪ねると、当時まだめずらしい電灯や電話があり、お見合いの部屋にはストーブ（石炭）も用意されていた。婚約は無事成立。歯並びが悪い鏡子が、それを隠さないところが気に入った、というのが婚約を決めた理由。

明治29年（1896）

苦沙弥29歳

結納をすませた苦沙弥先生は、正月にいったん松山に帰るが、4月には愛媛県尋常中学校を辞職し熊本の第五高等学校講師に就任。ただちに熊本に転居した。月給は一〇〇円。

6月になって、新妻となる鏡子は父同伴で熊本に転居。苦沙弥先生の自宅で結婚式を挙げた。鏡子夫人は働き者だったが、朝がどうしようもなく弱いという欠点もあった。

7月、苦沙弥先生は第五高等学校の教授に就任した。9月頃、苦沙弥先生にしてはめずらしく、鏡子夫人を連れて筑紫太宰府地方を

⬆上野公園・西郷像前の人出　西郷隆盛は写真を残さなかったため、像の建立にあたっては弟の西郷従道、従兄弟の大山巌の写真を参考にしたという。写真は明治32年の撮影。

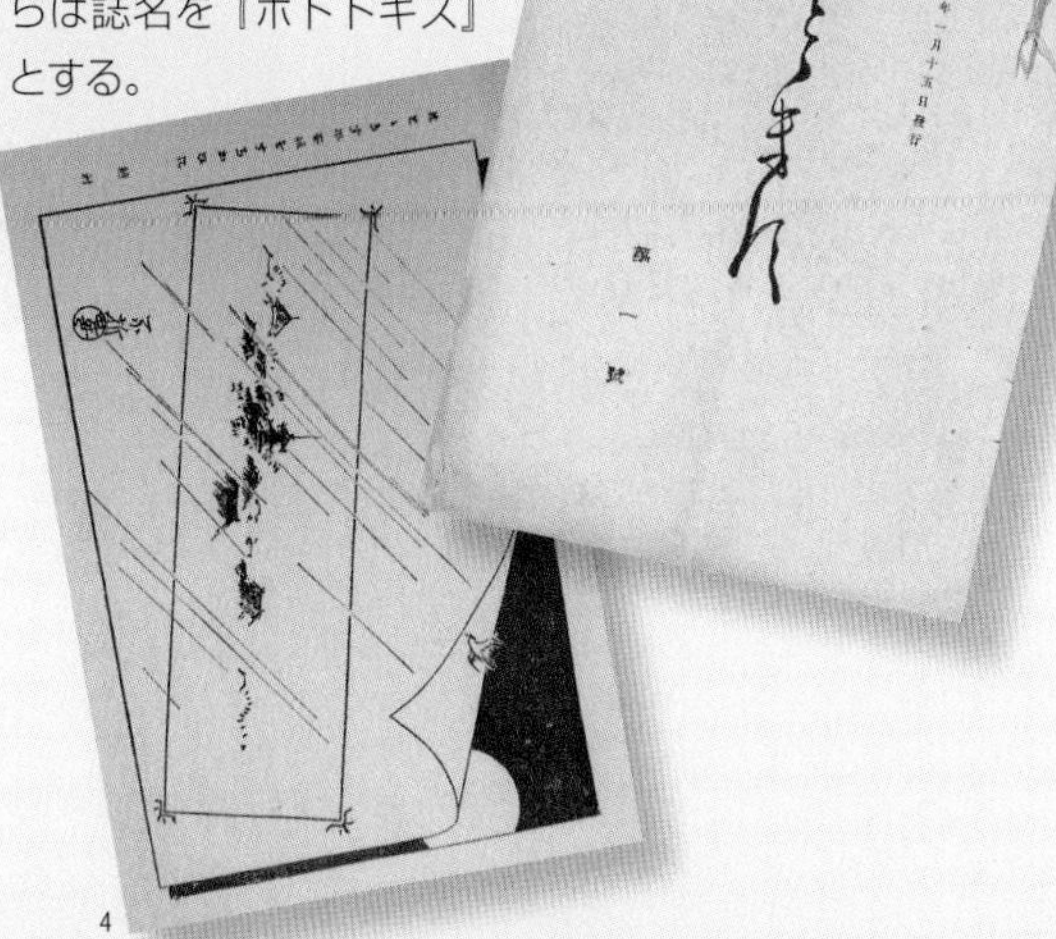
⬇➡『ほとゝぎす』創刊号
明治30年に正岡子規の故郷松山で創刊された月刊の俳句雑誌『ほとゝぎす』（松山版）の表紙と口絵。明治35年からは誌名を『ホトトギス』とする。

⬇玄洋社　頭山満らもと福岡藩士を中心に明治14年に結成された、国家主義・天皇中心主義・大アジア主義を標榜する政治団体。昭和21年にGHQの指示で解散させられた。

旅行した。新婚旅行のようなものだった。

明治30年（1897） 苦沙弥30歳

元旦から『読売新聞』で尾崎紅葉の「金色夜叉」が連載開始。同じころ、松山にいた正岡子規らが俳句雑誌『ほとゝぎす』を創刊。これは翌年、東京に拠点を移す。

6月になり、苦沙弥先生の父が78歳で死去した。苦沙弥先生は葬儀に出席するため、身重の鏡子夫人を伴って上京したが、長旅がよくなかったのか、鏡子は流産してしまった。

この在京中、明治天皇の行幸があり、近所を通るというので苦沙弥先生は袴をつけて送迎。華族女学校の学生だった鏡子の妹時子にその「律儀さ」を笑われた。

8月、全国的に赤痢が大流行した。この年12月に北里柴三郎の弟子の志賀潔が赤痢菌を発見している。

9月には、まだ本調子ではない鏡子を東京に置いて、苦沙弥先生はひとりで熊本に帰ってしまった。鏡子が熊本に戻ったのは翌月になってからだった。

まだ鏡子が東京にいる間、苦沙弥先生は東京で読んだ「金色夜叉」の続きが読みたくて、『読売新聞』を毎日送ってくれるよう鏡子に頼んだが、作品自体にはあまり感心しなかった。むしろ樋口一葉の作品にひかれ、全集を求めて読みふけっていた。

明治31年（1898） 苦沙弥31歳

5月、福岡で玄洋社の機関紙『福陵新報』を改題した『九州日報』が創刊され、苦沙弥先生も一応目を通した。

6月に五高の学生寺田寅彦が苦沙弥先生の家を訪ねてきた。以後、苦沙弥先生に師事し、しばしば自宅を訪ねるようになる。

このころ、鏡子は再度妊娠したが、ひどいつわりに苦しんだ。鏡子がヒステリーの症状を見せ、自殺未遂事件を起こす。

12月、上野公園に西郷隆盛の銅像が建った。江戸っ子の苦沙弥先生は薩長を嫌ったが、江戸を戦火から救った西郷さんだけは好感をもっていたので、帰京の折には足を運ぼうと思う。

➡熊本二本樹東雲楼庭園と、東雲楼の芸妓東雲　流行歌「東雲楼」にうたわれた遊女ストライキ（自由廃業）は、名古屋の旭新地にあった東雲楼での出来事という説もある。

1　2

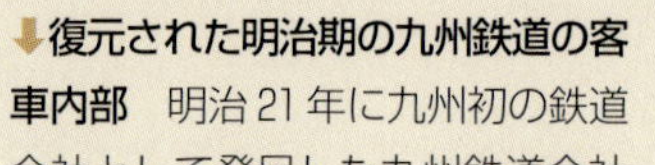

⬇復元された明治期の九州鉄道の客車内部　明治21年に九州初の鉄道会社として発足した九州鉄道会社は、のちの鉄道国有化まで九州北東部の鉄道網を独占的に支配した。

3

⬇徳冨蘆花とその著書『不如帰』　明治39年、ロシアのトルストイを訪ねた蘆花を、トルストイ夫人が撮影。『不如帰』は、蘆花の兄、徳冨蘇峰が創立した民友社から刊行。

4　5

明治32年（1899）　苦沙弥32歳

1月、苦沙弥先生は五高の同僚奥太一郎とともに宇佐八幡や耶馬渓、日田方面を旅行した。

4月、長崎市内に電話が開通した。苦沙弥先生は東京にいるころから電話があまり好きではなかったから、とくに不便は感じなかったが。

5月、苦沙弥先生に長女筆子誕生。福岡に出張中だった友人山川信次郎は、このころ電灯の使用が始まった九州鉄道の列車で熊本に戻り、筆子の出産を祝ってくれた。お土産に持ってきてくれたのは、明治製菓が発売した天然オレンジジュースだった。

6月には、苦沙弥先生は英語科の主任となる。

12月、熊本の妓楼「東雲楼」の遊女たちが待遇改善を訴えて職務放棄に訴えた。ストライキである。苦沙弥先生もたいそうおもしろがり、これをきっかけに「東雲楼」（東雲節、ストライキ節）という歌が全国的に流行った。

明治33年（1900）　苦沙弥33歳

1月、徳冨蘆花の『不如帰』が刊行された。話題の本なので、苦沙弥先生もチェックしておく。

3月、初節句に正岡子規が、雛人形をプレゼントしてくれた。

4月、苦沙弥先生は五高の教頭心得となる。

そして5月には、皇太子嘉仁親王（のち大正天皇）の成婚の大礼式が挙行された。奉祝ムードのなか、苦沙弥先生は文部省より、英語研究のため、現職のまま二年間のイギリス留学を命じられる。留学費用は年間一八〇〇円。留守宅には休職手当として年間三〇〇円が支給されることになる。

7月にいったん熊本を引き払い、妻と娘は妻の実家の離れに住むこととして、9月、ドイツ汽船プロイセン号に乗船して横浜港を出港した。見送りに出た鏡子夫人は、帰りに新橋駅に立ち寄り、同月に設置されたばかりの日本初の公衆電話を利用して、無事、苦沙弥先生が出立したことを実家に報告した。まず新橋駅と上野駅、熊本

博多丸　日本郵船がはじめて欧州定期航路用に新造した大型貨客船、神奈川丸型6隻のうちのひとつ。イギリスのグラスゴーで建造され、明治30年から欧州定期便に就航した。

日本最初の公衆電話（自働電話）　当時はまず交換手を呼び出してから相手につないでもらっていた。電話設置を記念してNTTは9月11日を「公衆電話の日」としている。

池田菊苗　京都の出身。東京帝国大学を卒業し、ドイツ留学を経て東京帝国大学教授となる。昆布の旨味成分を解明しグルタミン酸を抽出。うま味調味料の生産に道を開いた。

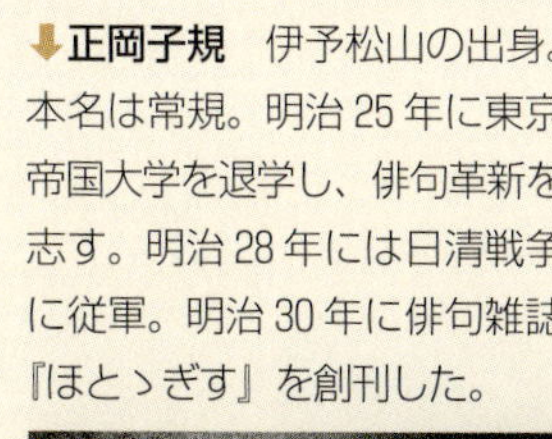

正岡子規　伊予松山の出身。本名は常規。明治25年に東京帝国大学を退学し、俳句革新を志す。明治28年には日清戦争に従軍。明治30年に俳句雑誌『ほとゝぎす』を創刊した。

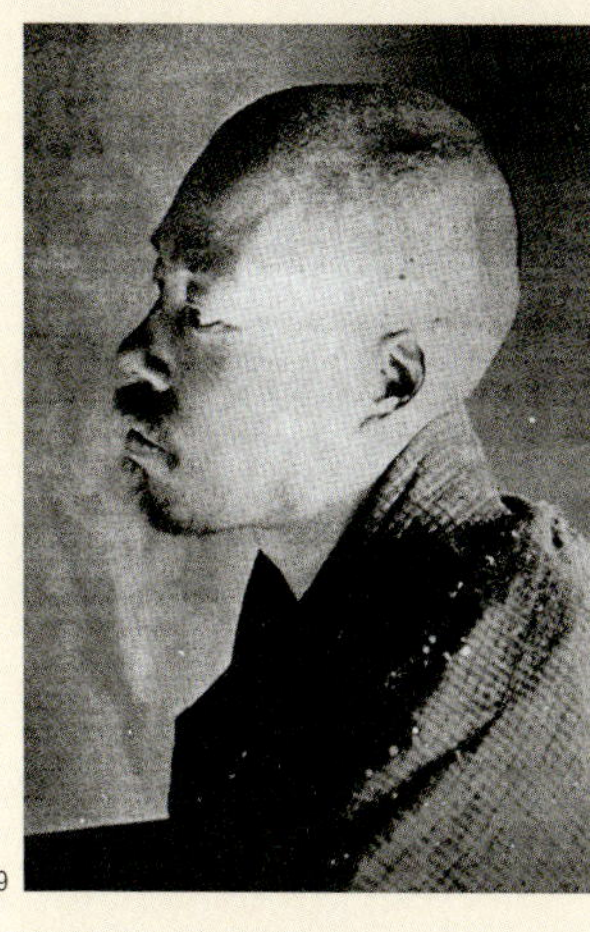

南方熊楠　和歌山の出身で、東京大学予備門を退学して渡米。ロンドンで博物学者として注目される。明治34年に帰国。以後は故郷の和歌山で粘菌類の研究や採集に生涯を費やす。

市内に置かれたこの電話、当時は自働電話機と呼ばれていた。

10月28日に苦沙弥先生はロンドンに到着。入れ替わりに、かつての同級生南方熊楠が大英博物館での職を辞して日本に帰国した。

明治34年（1901）　苦沙弥34歳

1月に苦沙弥先生の次女恒子が生まれた。苦沙弥先生はロンドンでの孤独に悩む手紙をしばしば日本に送った。

5月には理学者の池田菊苗が苦沙弥先生のもとを訪ね、以後二か月間同宿する。この間、池田とのさまざまな議論を重ね、苦沙弥先生は大いに触発された。

6月、鏡子夫人の父中根重一が伊藤博文内閣の総辞職によって職を失い、留守宅の生活も苦しくなる。

7月、鏡子夫人は長女筆子のために刊行されたばかりの『幼稚園唱歌』を購入。「鳩ぽっぽ」「お正月」「雀」などの歌を歌ってあげた。ロンドンの苦沙弥先生は夏ごろから「文学論」の執筆準備にかかる。日本の鏡子夫人にしきりに手紙を書くが、留守宅を守るのに忙しい鏡子から返事はあまり来ず、苦沙弥先生のイライラはつのる。

明治35年（1902）　苦沙弥35歳

前年からロンドンでは、水道水の消毒に塩素を使うようになり、苦沙弥先生はそのカルキ臭に辟易。留学費の不足や孤独感も相まって、神経衰弱が進み、2月には手紙の返信を寄こさない妻を叱責する手紙を書く。

3月、この年の1月に締結された日英同盟について、有頂天になっている日本人を批判する手紙を日本にいる岳父（鏡子の父）中根重一に送った。

9月には、苦沙弥先生は気分転換に自転車を乗りまわす毎日。しかしあまり効なく強度の神経衰弱に陥った。

同月、正岡子規が病死した。享年36。苦沙弥先生は子規の弟子高浜虚子からの手紙で11月になって訃報を知る。

12月、とうとう苦沙弥先生は日本郵船の博多丸に乗り、帰国の途についた。

⬆➡**森鷗外・夏目漱石住宅** 明治23年に森鷗外が借家として住まい、その後、明治36年から39年まで夏目漱石が借家暮らしをしていた。写真は執筆に使われた書斎と猫のくぐり戸。現在は博物館明治村に移築保存されている。

⬅**向島言問に開園したビヤホール** 朝日麦酒（現在のアサヒビール）の前身大阪麦酒が、明治36年に葦簀張りのビヤホールを仮設して、東京進出をアピールした。当時から商標は「アサヒビール」だった。

明治36年（1903） 苦沙弥36歳

ロンドンから帰国する船上で新年を迎えた苦沙弥先生は、1月22日に神戸港に着、鉄道で新橋着。熊本には帰らず、3月には、かつて森鷗外が住んでいた千駄木の借家に転居する。このころから、苦沙弥先生の家では猫を飼いはじめる。名前はまだない。

第五高等学校は依願免官とし、翌月には第一高等学校校長狩野亨吉の口ききで同校講師に就任。年俸は七〇〇円。同時にラフカディオ・ハーンの後任として東京帝国大学文科大学英文学科講師にも任ぜられる。こちらは年俸八〇〇円。厳格な教師ぶりで学生の反発もあったが、やがて苦沙弥先生の圧倒的な英語力は教え子の信頼を集め、随一の人気講師になった。

しかし5月、一高の教え子藤村操が華厳の滝に投身自殺。後追い自殺が続出し、苦沙弥先生もショックを受ける。気晴らしにと、向島の言問に大阪麦酒会社が開園したビヤホールに誘ってくれる人もいたが、苦沙弥先生はあまり酒を嗜まなかったので、ますます気鬱になり、神経衰弱が進んだ。

鏡子夫人ともうまくいかず、7月には妊娠中の妻を実家に帰し一時別居するが、周囲のとりなしと鏡子夫人の努力で、もとのさやに収まった。

11月には三女栄子が誕生した。

この年には、山川健次郎、辰野金吾、宇野朗の三人がはじめて東京帝国大学の名誉教授となった。苦沙弥先生が教授になれる日はいつか。ほんとうになれるのか。

明治37年（1904） 苦沙弥37歳

2月、日本がロシアに宣戦布告。日露戦争が始まった。開戦と同じ日、岡倉天心、横山大観、菱田春草らが渡米。日本美術の再発見に尽くした天心は、苦沙弥先生とは趣は違うが、欧米人と渡り合えるだけの英語力をもっていた。

日露戦争の影響で、日露戦争劇が流行し、子どもの遊びでも戦争ごっこが流行る。日露戦争カルタなど、関連する玩具も続々と発売

⬆『日本海海戦の図』 日露戦争の帰趨を決した、日露両国海軍の総力をあげた決戦。東郷平八郎司令長官率いる連合艦隊は、ロジェストウェンスキー司令長官率いるバルチック艦隊を撃滅した。

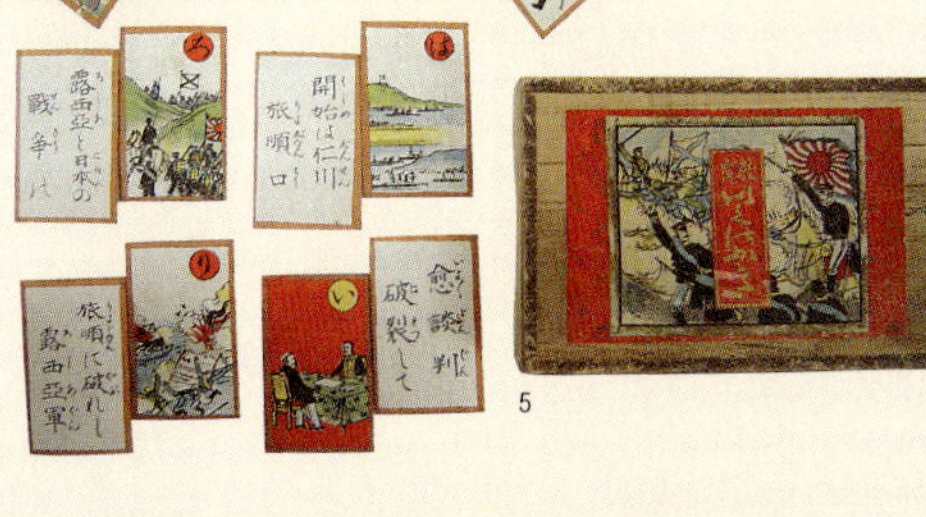

➡日露戦争カルタ 明治37年頃に発売されたものと思われる。ちょうどこのころ、カルタを競技として楽しむ風潮が高まり、同年に東京かるた会が結成されている。

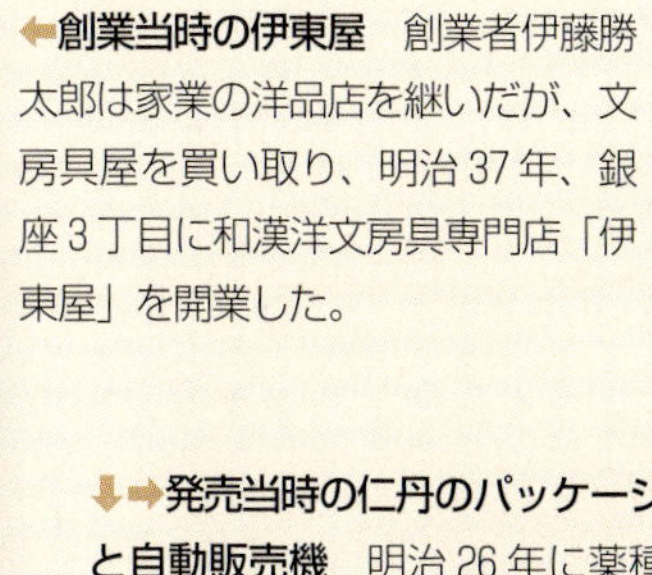

⬅創業当時の伊東屋 創業者伊藤勝太郎は家業の洋品店を継いだが、文房具屋を買い取り、明治37年、銀座3丁目に和漢洋文房具専門店「伊東屋」を開業した。

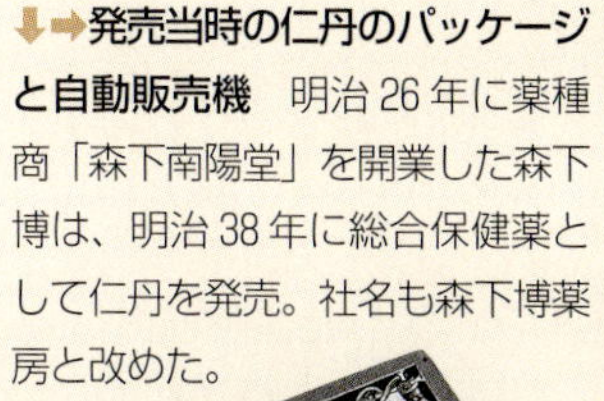

⬇➡発売当時の仁丹のパッケージと自動販売機 明治26年に薬種商「森下南陽堂」を開業した森下博は、明治38年に総合保健薬として仁丹を発売。社名も森下博薬房と改めた。

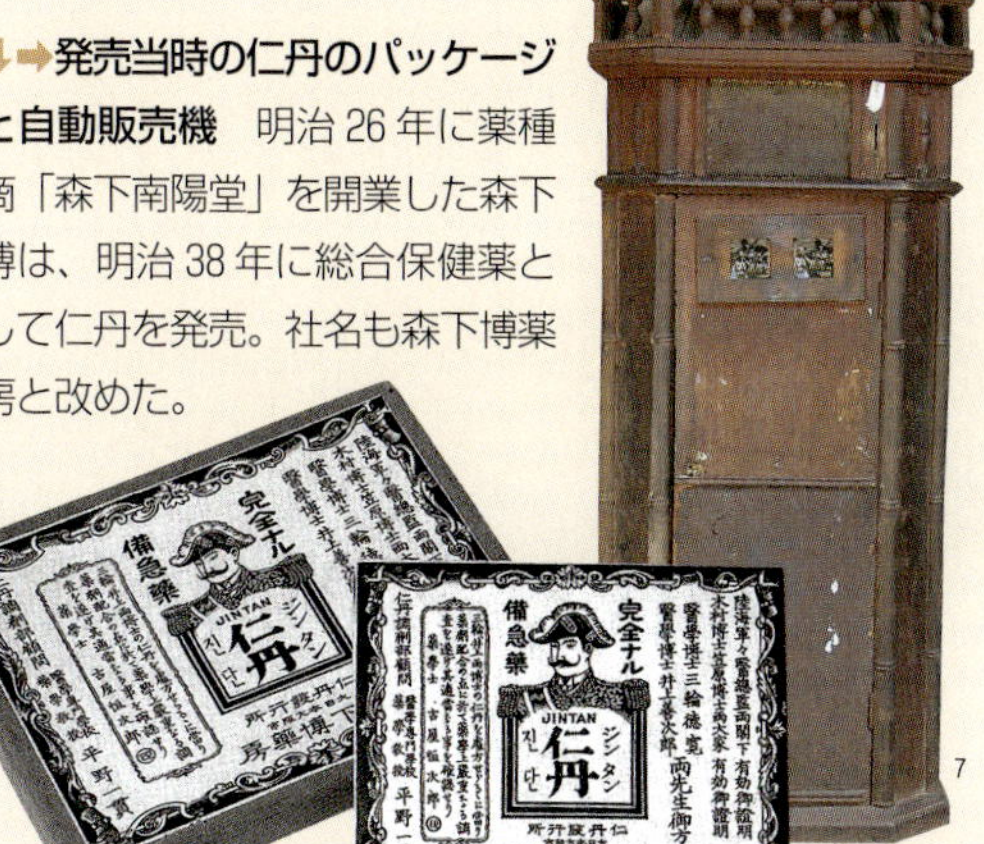

された。ふだんはニヒルな苦沙弥先生も、新聞などの戦況報道に一喜一憂していた。

4月、苦沙弥先生は明治大学の講師を兼務するようになる。月給三〇円。

6月には銀座に洋式文房具店の伊東屋が開業して、苦沙弥先生も良質なペンやインク、原稿用紙などを入手しやすくなった。

9月、歌人与謝野晶子（よさのあきこ）が雑誌『明星』に「君死にたもうこと勿（なか）れ」を発表。評論家大町桂月（おおまちけいげつ）らは反国家的な言動として非難し、論争となる。苦沙弥先生はこの論争を傍目（はため）で見ていた。

この年、雑誌『婦人之友』の付録に家計簿が付いた。鏡子夫人もこれを活用して、苦沙弥先生の収入でなんとかやりくりをしていた。

明治38年（1905） 苦沙弥38歳

苦沙弥先生は1月に、自分の飼い猫を主人公のモデルとした小説「吾輩は猫である」の第一回を『ホトトギス』に、そして、イギリス留学体験をもとにしたエッセイと小説の中間的作品「倫敦塔（ロンドンとう）」を『帝国文学』に発表する。これによって、苦沙弥先生は英語・英文学者としてだけでなく作家として文名を得た。

2月、森下博薬房が仁丹を発売。最近よく苦沙弥先生の自宅に出入りする門下生が、話題の商品だからと持ってきてくれた。

5月、日本海海戦で連合艦隊はロシアのバルチック艦隊を撃滅した。連合艦隊司令長官東郷平八郎（とうごうへいはちろう）はたちまち国民的スターとなり、軍神と称（たた）えられるようになった。

10月には東郷帽子、東郷カラー、東郷歯磨きなど、便乗商品も発売され、弟子のひとりがさっそく土産に持ってきたが、苦沙弥先生は流行りはすぐにすたれるものだ、とひとこと。

7月に国木田独歩（くにきだどっぽ）編集の『婦人画報』が創刊され、鏡子夫人も愛読するようになった。

9月、日露両国の間でポーツマス条約が調印され、日露戦争は終結した。苦沙弥先生も日本の勝利を喜びはしたが、大国を破ったことで国民が不必要に思い上がってしまわないかが気がかり。

12月には苦沙弥先生の四女愛子が誕生した。

⬇**空中観覧車**　東京勧業博覧会にお目見えした観覧車。高さは30mほどで、ゴンドラは18個取り付けられていた。ほかにもウォーターシュート（水の滑り台）や室内温水プールなどが人気を呼んだ。

⬆**創業当時の白洋舎**　明治39年、創業者五十嵐健治が日本橋呉服町に白洋舎を開業し、日本ではじめてドライクリーニング業を開始。翌年には大井町にドライクリーニング工場を設立した。平成18年に創業100年を迎える。

⬅**二〇三高地髷の女性**　使用された絵は、橋口五葉画「庇美女」。前髪を庇のように前に突き出した髪型を二〇三高地髷と呼び、明治37年の暮れごろから流行が始まった。（明治44年の三越呉服店のポスター）

明治39年（1906）　苦沙弥39歳

3月、日本橋に洗濯業の白洋舎が開業。なかなか落ちなかった苦沙弥先生のフロックコートの汚れも、ドライクリーニングでようやく落ちた。

同じころ、上野公園ではじめての子ども博覧会が開催され、鏡子夫人はすぐに四人の娘を連れて遊びに行ったが、明治の男である苦沙弥先生は、女房子どものご機嫌をとるために家族連れで行楽に出かけたりはしないのだ。何より、苦沙弥先生は長編小説の仕上げに忙しかった。

4月、小説「坊っちゃん」を『ホトトギス』に発表。ほぼ同時期に伊藤左千夫の『野菊の墓』が刊行となり、これを読んだ苦沙弥先生、「何百遍読んでもよろしい」と最大の賛辞を贈った。

同月、苦沙弥先生の長女筆子は尋常小学校に入学した。

7月に狩野亨吉から京都帝国大学の英文学の講座を担当するよう依頼された苦沙弥先生だが、住みなれた東京を離れがたく、断わってしまった。

このころ、寺田寅彦、森田草平、鈴木三重吉、小宮豊隆といった門下生が苦沙弥先生のところにしきりに訪ねてくるので、面会日を毎週木曜午後3時以降と決めて「木曜会」と名付けた。

12月、珍野家は本郷区（現・文京区）西片に転居した。

明治40年（1907）　苦沙弥40歳

3月には上野公園で東京勧業博覧会が開催。空中観覧車が人気で、鏡子夫人は身重だったので、近所の知人が四人の娘たちを連れて行ってくれた。室内温水プールも話題となった。

4月、小西本店（のちのコニカ）が日本初の一眼レフカメラを発売した。神経質な苦沙弥先生、なぜかカメラが気に入り、家族と写真を撮ったりレンズの前で頬杖をつくポーズをとったりした。

このころ、朝日新聞主筆の池辺三山が、苦沙弥先生に同社への入社を勧めに来訪した。年俸三〇〇〇円という破格の待遇。熟慮の結果、しがない教師でありつづけることとする。

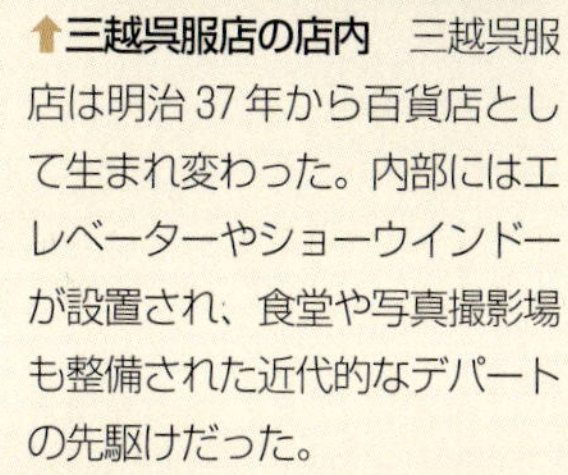

三越呉服店の店内　三越呉服店は明治37年から百貨店として生まれ変わった。内部にはエレベーターやショーウインドーが設置され、食堂や写真撮影場も整備された近代的なデパートの先駆けだった。

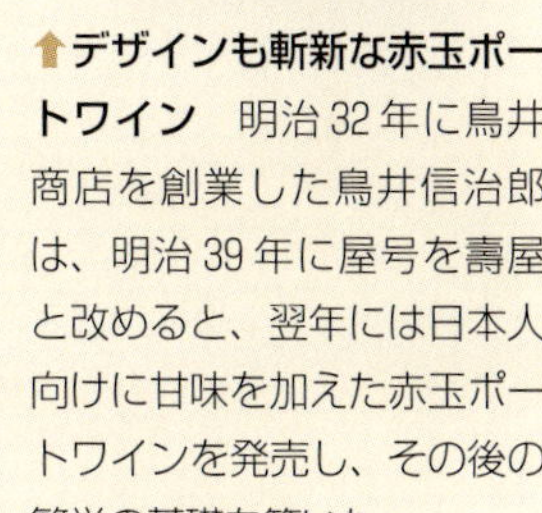

デザインも斬新な赤玉ポートワイン　明治32年に鳥井商店を創業した鳥井信治郎は、明治39年に屋号を壽屋と改めると、翌年には日本人向けに甘味を加えた赤玉ポートワインを発売し、その後の繁栄の基礎を築いた。

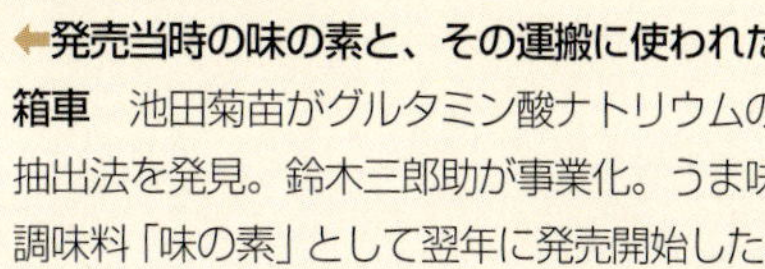

発売当時の味の素と、その運搬に使われた箱車　池田菊苗がグルタミン酸ナトリウムの抽出法を発見。鈴木三郎助が事業化。うま味調味料「味の素」として翌年に発売開始した。

日露戦争の勝利の影響で二〇三高地髷というのが女性の間ではやったが、苦沙弥先生は、そんな幼稚なものはやめておけ、といって鏡子夫人には許さなかった。

苦沙弥先生を訪ねてくる教え子のなかには、4月に発売された壽屋（のちのサントリー）の赤玉ポートワインを所望するものもいたが、教師たる苦沙弥先生は、やはり新発売の三ツ矢印の平野シャンペンサイダーで我慢せよと説教。

6月、苦沙弥先生の長男純一が誕生。このころ、総理大臣西園寺公望から文士招待会「雨声会」に招かれた。森鷗外、泉鏡花、田山花袋、島崎藤村といったそうそうたるメンバーが集う会だったが、権威が何より嫌いな苦沙弥先生、「ホトトギス厠なかばに出かねたり」と詠んで辞退した。

9月、珍野家は、今度は牛込区（現・新宿区）早稲田南町に転居。

明治41年（1908）　苦沙弥41歳

3月、松屋呉服店が三日間の安売りデーを開催。はじめてのバーゲンセールで、鏡子夫人はさっそく家族の衣料を調達に繰り出した。同月、苦沙弥先生の教え子森田草平が平塚明（らいてう）と心中未遂事件を起こした。苦沙弥先生は草平の身元引受人となり、事件の顛末を小説にまとめるよう勧めた。作品は「煤煙」と名付けられ、スキャンダルとの関係もあって評判となった。

この年、御木本幸吉の真珠養殖成功により、真珠を使った装飾品などが流行するようになってきた。が、倹約好きな苦沙弥先生、もちろん夫人に買ってあげる由もなし。

三越呉服店が子ども用品や文房具、玩具を売り出したので、鏡子夫人は子どもたちへのプレゼントを買いに行く。

7月、苦沙弥先生とロンドンで知り合った池田菊苗博士がグルタミン酸の抽出に成功し、特許を取得。翌年には製薬業鈴木三郎助が調味料「味の素」として商品化。

9月から苦沙弥先生は小説「三四郎」の連載をスタート。同じころ、苦沙弥先生が飼っていた猫が死に、知人に死亡通知を出した。

12月、苦沙弥先生の次男伸六が誕生。

➡ハルビン駅頭で暗殺される直前の伊藤博文　初代韓国統監の伊藤は、明治42年に満州視察と日露交渉のために中国に渡った際、朝鮮の独立運動家安重根に暗殺された。

⬅↙ハリー彗星絵葉書　ハレー彗星は76年に1度、地球に接近するが、明治43年の接近の際は、人類が滅亡するなどのうわさが飛び交い世上の不安をあおった。

⬇開業当時の帝国劇場　明治44年3月1日、渋沢栄一や大倉喜八郎らによって、日本初の洋式劇場として開業。オペラやシェークスピア劇、歌舞伎なども上演された。

⬆初の国産チョコレート　森永製菓が大正7年に発売した、原料まで国産のチョコレート第1号。それまでチョコレートは輸入品に頼っていた。

明治42年（1909）　苦沙弥42歳

3月、森永西洋菓子製造所がはじめて板チョコを発売。子どもたちのためにと買ってきたのに、食いしん坊の苦沙弥先生は、先に食べてしまった。

6月から苦沙弥先生は『朝日新聞』に小説「それから」の連載をスタートした。

9月、旧友で南満州鉄道総裁の中村是公の誘いで、韓国・満州を旅行。旅の記録は10月に「満韓ところ〳〵」という作品にまとめる。ちょうど同じころ、伊藤博文がハルビン駅頭で暗殺された。この年から苦沙弥先生は胃病に悩むことになるが、島津製作所が国産の医療用X線装置を完成させたのは朗報だった。

明治43年（1910）　苦沙弥43歳

3月、苦沙弥先生は『朝日新聞』に小説「門」の連載をスタート。同月、五女の雛子誕生。

5月、ハレー彗星の接近で、地球破滅論などのうわさが出たが、リアリストの苦沙弥先生はまったく意に介さない。

苦沙弥先生は6月に胃潰瘍を患い、内幸町の長与胃腸病院に入院。翌月退院するが、転地療養のため8月から伊豆の修善寺温泉に逗留。しかし症状は悪化し、大量吐血。いっとき危篤状態に陥るが、しだいに快復。10月に帰京し、再度長与胃腸病院に入院する。

明治44年（1911）　苦沙弥44歳

苦沙弥先生は2月まで長与胃腸病院で入院生活を送ったが、入院中に文部省から文学博士号授与の沙汰があった。苦沙弥先生は辞退を申し出たが認められず、しばらく双方の応酬が続く。

退院して自宅に帰ったところ、家の照明が電灯に切り替わっていた。今まではぜいたくを理由に電灯を引くことを許さなかったので、留守をいいことに鏡子夫人が家の「電化」を断行したのだ。

5月、この3月に開業したばかりの帝国劇場で坪内逍遙訳「ハムレット」を全幕公演。苦沙弥先生も久しぶりに観劇に赴く。

⇒**石川啄木**　明星派の詩人・歌人。病と貧困と戦いながら、『あこがれ』『一握の砂』などの歌集、「喰うべき詩」などの評論を発表した。その死後、友人たちの手によって業績が全集にまとめられた。

6

⇓**明治天皇大喪**　明治45年（大正元年）9月13日、東京の青山葬場殿で明治天皇の大喪が行なわれ、翌日には京都伏見の桃山陵に埋葬された。

8

7

⇑**大正3年刊の『こころ』**　初版本。『彼岸過迄』『行人』とあわせて、漱石の「後期3部作」と呼ばれる。

6月、苦沙弥先生にしてはめずらしく夫人同伴で長野に講演旅行。病み上がりのためだろう。調子にのって関西へ講演旅行に行ったところ、胃潰瘍が再発し大阪で入院するはめに。

11月、五女の雛子が突然死。苦沙弥先生は日記に「回復しがたき哀愁」と記した。

明治45年（1912）　苦沙弥45歳

『朝日新聞』に小説「彼岸過迄」の連載をスタート。

4月には旧知の歌人石川啄木の葬儀に参列する。このころから、苦沙弥先生はまた胃の不調と神経衰弱に苦しみだす。

7月、明治天皇死去。享年61。ただちに皇太子嘉仁親王が即位し、明治を大正と改元した。

9月、明治天皇の大喪にあわせて、乃木希典陸軍大将とその妻静子が殉死した。苦沙弥先生も天皇の死に時代の終焉を重ね、のちに作品「こころ」のなかで、明治の精神が天皇に始まって天皇に終わる——という時代観を登場人物に語らせている。

苦沙弥先生の見た、生きた明治は、明治天皇の死をもって文字どおり終わりを告げる。このとき、苦沙弥先生は45歳。すでに人生の晩年に差しかかっていることを、本人はまだ知らない。

※このストーリーの主人公、苦沙弥先生は夏目漱石の小説『吾輩は猫である』に登場する架空のキャラクターです。苦沙弥先生の架空の人生に、作者である夏目漱石の生涯をフィクションも織り交ぜて投影したのがこのストーリーです。したがって、実在の夏目漱石の生涯とは必ずしも重なるものではなく、登場人物の行動も、虚構を含んでいることをお断わりします。

［主要参考文献］
『漱石の思い出』（夏目鏡子述、松岡譲筆録、文藝春秋）
『明治・大正家庭史年表』（下川耿史・家庭総合研究会編、河出書房新社）
『硝子戸の中』（夏目漱石、岩波書店）
『英語教師 夏目漱石』（川島幸希、新潮社）
『国文学―解釈と教材の研究』（第34巻5号「夏目漱石伝」、至文堂）

ごあいさつ

ペリー来航から一三年、西欧的近代化へと大きく舵をとった明治維新は、無血革命にもたとえられるほど、時代を画するものでした。

「ザンギリ頭をたたいてみれば、文明開化の音がする」を持ち出すまでもなく、今の私たちを取り巻いているものの原点を探ってみれば、生活・文化のみならず、政治制度、経済活動においても、多くはこの明治期に求められます。

一方、戦後六〇年を迎えた私たちの生活は、豊かさを十分に享受できるようになったとはいえ、今までのやり方がそこここでほころびを見せはじめていることも確かです。そこで、欧米諸国を目標に近代化を成し遂げた明治時代にさかのぼってさまざまな事象を検証し、もう一度これからの進むべき道を考えてみることも、決して無駄なことではないでしょう。

本書は、明治時代の四五年間を、時間の流れに従って、「創業の時代」「建設の時代」「展開の時代」「変質の時代」の四期に分け、政治制度の確立、経済活動の基盤の整備、日々の暮らしの変化、新しい文化の広がりなどを、文章のみならず、

写真・図版・図表を駆使して、さまざまな場面を色鮮やかに再現することにつとめました。

最新の研究の成果を盛り込み、時間を追って読んでも、興味のあるテーマを選んで読んでも、楽しんでいただけるように構成し、解説もまずわかりやすさに気を配りました。

歴史に向き合うことは自信と誇りを取り戻すこともある一方、時にみずからの依って立つ足もとの再検討を迫られることもあります。小学館ではこれまで、歴史に学び、受け継いでいくことの大切さを、『日本歴史館』『江戸時代館』といった出版物を通して読者のみなさまにお届けしてまいりました。

歴史に名を残した人物だけをことさらに持ち上げることなく、一人ひとりの生活者をないがしろにせずにそのときどきの歴史を再現することも心がけてきました。『明治時代館』もそうした流れのなかにしっかりと位置づけられ、みなさまの明日への希望を生み出す一冊となることを願ってやみません。

二〇〇五年　一一月

小学館

……この本の使い方……

本文は見開き2ページで1項目となっています。項目には、主テーマとコラムがあります。

主テーマ

見開きごとにテーマを設定し、文章・図版・地図・グラフなどを使って多角的に説明したページです（全168項目）。

教育の広がり❶

2 建設の時代

学校教育の普及❷

義務教育が始まり、就学率は九割を超える❸

明治5年（一八七二）公布の「学制」は、近代的学校制度ではあったが、実情には即していない面もあった。明治12年、文部大輔田中不二麻呂と学監D・マレーにより、アメリカの制度に倣った、四七条からなる教育令（自由教育令）が制定される。

●学校制度の整備

この教育令では、就学を強制せず、小学校設置を緩和して、教育を府県に任せる方針がとられた。だが、学校の廃止や就学者の減少など、教育制度の停滞を招くこととなる。そのため、明治13年、文部卿河野敏鎌は改正教育令を公布し、学校の設立、就学義務の督促、中央・地方官庁の権限を強化した。

改正教育令に基づき、明治14年「小学校教則綱領」が制定されると、各府県はそれぞれ小学校教則を定め、文部省の認可を受けて実施した。これにより、教育は府県ごとに統一されることとなった。

明治19年には一連の学校令とともに、一六条からなる小学校令（第一次）が公布された。学校令によって、小学校から中学校を経て帝国大学へ進む系列が編成され、このとき定められた学校体系が、太平洋戦争までの日本の学校制度の基礎となる。この小学校令で教科書検定制度*が定められ、小学校は府県から国の管轄下へ移された。

明治23年、地方自治制が確立されると、小学校令が改正され（第二次）、八章九六条からなる詳細な規定がなされる。さらに、同年10月30日には「教育勅語」が発布され、国民道徳、国民教育の理念が示された。

明治33年、小学校令は再度改正され（第三次）、四年間の義務教育制が規定され、義務教育における授業料無償の原則が成立する。明治40年の改正（第四次）では、尋常小学校の年限が六年となり、義務教育期間が延長された。

⇧小学校制度の変遷　明治23年の改正で、尋常小学校の年限は3年または4年となったが、33年にはふたたび4年に統一されて義務教育となった。

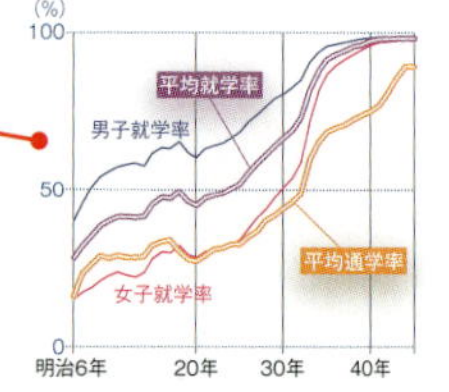

⇧就学率と通学率　就学率は小学校に登録された児童数の割合。通学率は毎日出席している児童数の割合で、実態に近い。日清戦争後の明治28年頃から、ともに急上昇している。

⇨学校用品店の登場　樋口一葉『たけくらべ』（明治28〜29年）から、"筆や"の場面。美登利たちは東京・入谷近くの私立小学校の生徒。学校用品を扱う店ができ、子どもたちの遊び場ともなった。（鏑木清方画）

＊教科書検定制度　国が教科書を規制する最初の制度は、明治14年に文部省が各府県に採用教科書の届け出を義務づけた「開申制度」で、17年には認可を必要とする「認可制度」に改められた。その後、19年に、小学校教科書を文部大臣の検定を受けたものに限定する「検定制度」が導入され、36年には、文部省が教科書の著作権をもつ「国定制度」に変わった。

262

時期区分を色で表示

この本では明治時代を4つの章に分け、各章ごとに色を決めて色分けしています。

第1章（明治元年〜10年）●
第2章（明治11年〜22年）●
第3章（明治23年〜38年）●
第4章（明治39年〜45年）●

この色は、タイトル部分や「爪」索引に使われています。各章の色を覚えておけば、開いたページがどの時期の項目かがわかります。

★便利な「爪」索引　ページを探す際の目安となります。開いたページがどの時期かわかるように、各章のタイトルを入れ、章ごとに色分けしています。

★水先案内のタイトル　節タイトル❶、ページタイトル❷、テーマを短くまとめたサブタイトル❸で、ページの大まかな内容が把握できます。

コラム

見るだけで楽しめるように、文章を少なく、ビジュアルをメインに構成したページです（全60項目）。コラムには7種類あります。

人物クローズアップ

重要な役割を担った人物の誕生から没するまでを追うことで、その人物の生涯を鮮やかに描き出します。

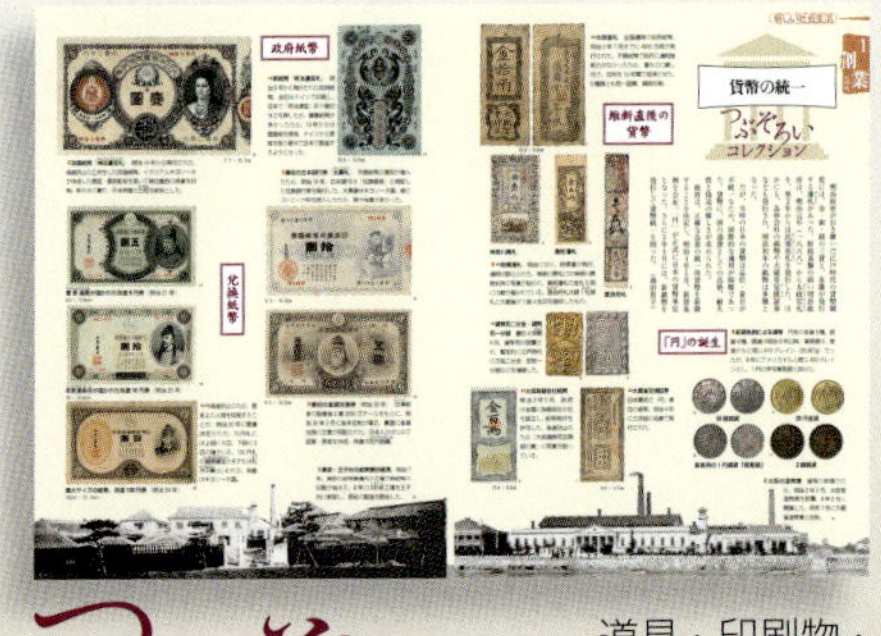

つぶぞろいコレクション

道具・印刷物・建築物など、同じジャンル、同種のもののなかから、選りすぐりの逸品を集めて紹介します。

ビジュアル読み解き

錦絵・絵双六・設計図など、一枚もののビジュアル史料を、微に入り細をうがって読み解いていきます。

★読みやすい本文　行間を広くとり、歴史用語・地名・人名には読みがなを振っています。字数は最大でも約1100字で、さっと読めてすぐ頭に入ります。

★多彩な図版　明治の雰囲気を伝える写真や絵画、内外の新聞･雑誌などを満載。本書ではじめて紹介される新鮮な図版も多数掲載しています。

★豊富な図解　読むだけではわかりにくいデータや、事物の複雑な関係や展開を、年表・グラフ・地図などさまざまな形で図示して、理解を助けます。

★理解を深める脚注　本文中で説明しきれない歴史用語や人名についての解説です｡本文を読むうえで大いに役立ちます。

★縦横無尽の参照ページ表示　この項目のテーマとつながりのあるページを紹介します。関連する別項目を見ることで、さらに理解が深まります。

●教育の国家管理を強化

教科書の内容については、明治19年以降、教科書検定制がとられていたが、裁定をめぐる不正事件の防止と、国民思想の統一のために、教科書の国家管理が主張されるようになった。

明治36年に国定教科書制度が確立されると、まず修身・国語・地理・歴史などで国定教科書が使われ、明治38年には、算術・図画でも使用されるようになった。国定教科書制度により、教育内容への国家統制が強化されていった。

一方、就学率は、日清戦争後、教育への関心の高まりから上昇し、明治33年の義務教育の授業料無償により、35年には九〇%を超える高さとなった。（森田貴子）

⬆明治37～43年頃の女子学級の授業風景　初期に比べ、1学級の生徒数が増えていることがわかる。教科書は『尋常小学書キ方手本　第4学年用・下』（明治36年）。この教科書から習字も国定教科書となった。教えている内容はきわめて実用的である。

体操

⬅明治10年の体操の授業　体操は明治6年に教科に設置された。内容は休憩時の保健体操だった。11年にアメリカ人体操教師リーランドを招聘、普通体操が普及する。（『生徒勉強東京小学校教授双六』）

⬅明治33年の体操の授業　明治19年に体操は必須科目となり、幼児は遊戯、児童は軽体操、男児は隊列運動（兵式体操）と規定された。絵は『児童教育体操遊戯双六』（明治33年）より、木銃稽古（上）と徒手体操（下）。

修身

⬆明治6年の修身の教材　明治6年に刊行された21部の修身の教科書のうち、13部は翻訳教科書だった。偉人の業績や道徳的な実話・伝記を集めた教科書もあった。絵は、スマイルズ著、中村正直訳『西国立志編』から、ワットが蒸気機関を発明する話。

キグチコヘイハ ラッパヲクチニアテタママ シニマシタ。

⬆明治43年の修身の教科書

⬅明治23年、教育勅語で修身の方針が決まる。図は明治43年4月から使用された、第2期国定教科書。第1期の教科書が忠義、祖先崇敬の不足を批判されたため、家族関係が強化され、日清戦争で戦死した木口小平は「忠君」「義勇」を示す存在となっている。

⬆『幼年修身双六』（『幼年世界』明治43年付録）

263　▶学校制度の整備(p66)、教育勅語と御真影(p192)

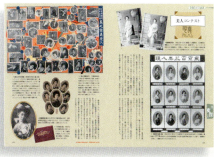

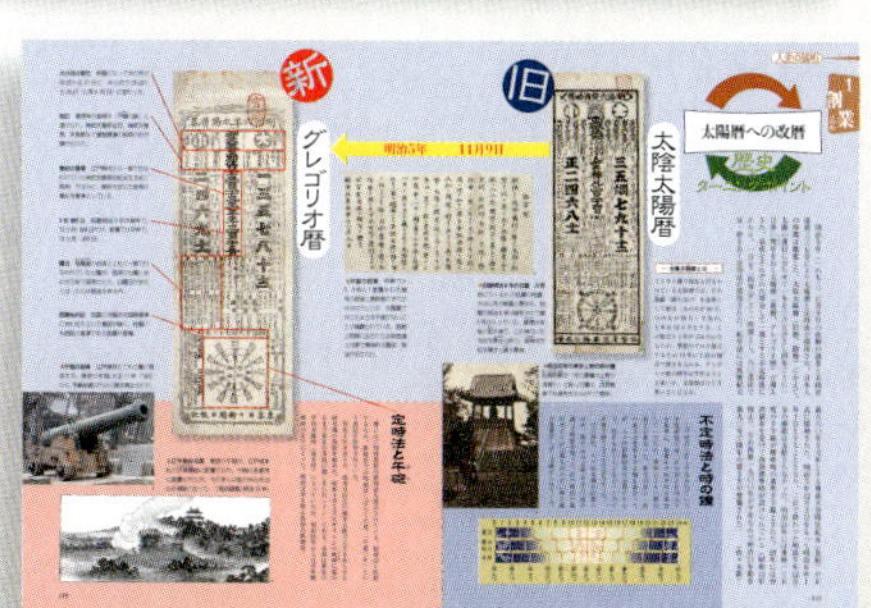

写真アルバム

いまだ目に触れたことがないような写真史料をテーマに沿って集め、効果的に説明します。

歴史のターニングポイント

国のありさまを大きく変換させた出来事、文化･制度を一変させた新しい仕組みなど、時代の転機となったテーマを取り上げます。

人物そろい踏み

ある特定のジャンルや仕事において、突出した力量をもった人たちや、代表的な存在の人たちをまとめて紹介します。

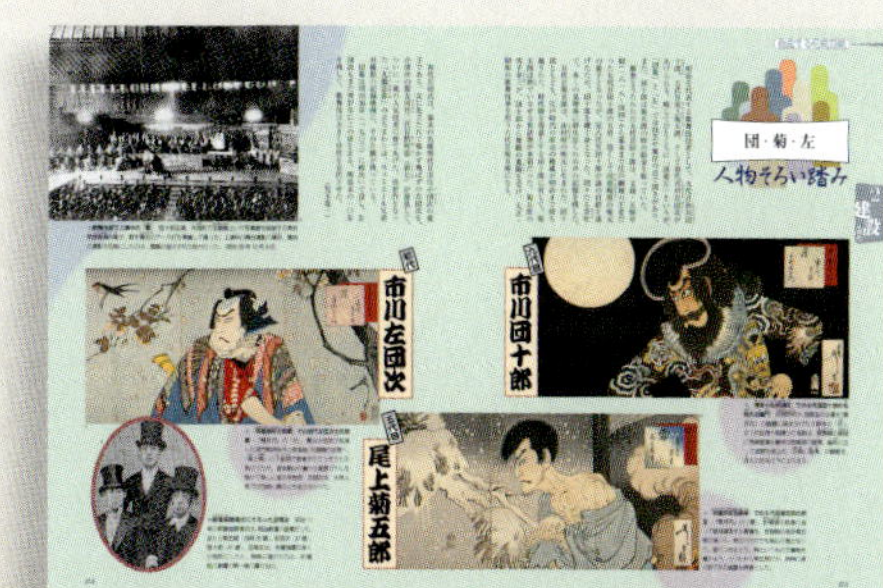

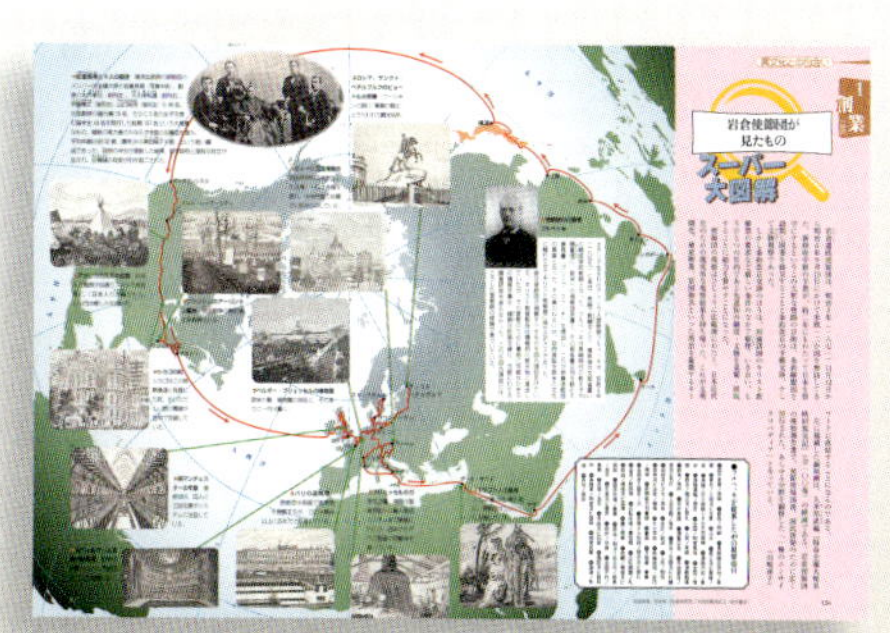

スーパー大図解

複雑な政治事件、社会の変化、人間関係などを大胆な図表・イラストを駆使して、視覚的にわかりやすく解説します。

ビジュアル・ワイド

明治時代館

the Meiji piriod

目次

第1章 創業の時代 …… 51

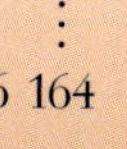

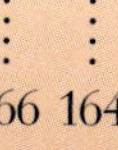

第2章 建設の時代

本町三丁目
祝

第4章 変質の時代

執筆者一覧

●監修

宮地正人（みやち・まさと）

昭和一九年（一九四四）生まれ。東京大学大学院人文科学研究科博士課程中退。東大史料編纂所教授、同所長を経て、国立歴史民俗博物館館長（二〇〇五年八月退官）。専門は明治維新期の社会政治史、日本近代史、維新期の画像・写真研究。おもな著書に『幕末維新期の社会的政治史研究』『幕末維新期の文化と情報』などがある。

佐々木　隆（ささき・たかし）

昭和二六年（一九五一）生まれ。東京大学大学院人文科学研究科博士課程単位取得退学。聖心女子大学教授。専門は日本近代史。おもな著書に『日本の歴史二一　明治人の力量』『藩閥政府と立憲政治』『伊藤博文の情報戦略』『日本の近代一四　メディアと権力』などがある。

木下直之（きのした・なおゆき）

昭和二九年（一九五四）生まれ。東京藝術大学大学院美術研究科中退。兵庫県立近代美術館学芸員を経て、東京大学教授。専門は博物館学、日本美術史、写真史、見世物史。おもな著書に『美術という見世物』『ハリボテの町』『写真画論』『世の途中から隠されていること～近代日本の記憶』などがある。

鈴木　淳（すずき・じゅん）

昭和三七年（一九六二）生まれ。東京大学大学院人文科学研究科博士課程修了。東京大学助教授。専門は日本近代史。著書に『明治の機械工業――その生成と展開』『町火消たちの近代――東京の消防史』『日本の近代一五　新技術の社会誌』『日本の歴史二〇　維新の構想と展開』『関東大震災』などがある。

●執筆者

淺川　道夫　東京理科大学講師
池田　勇太　東京大学大学院
石居　人也　町田市立自由民権資料館学芸員
市川　大祐　北海学園大学講師
大島　十二愛　東京大学大学院
香川　雅信　兵庫県立歴史博物館学芸員
梶田　明宏　宮内庁書陵部主任研究官
川上　寿代　聖心女子大学非常勤講師
川口　明代　文京ふるさと歴史館学芸員
神田　由美子　東洋学園大学教授
児玉　竜一　日本女子大学助教授
小宮　一夫　中央大学兼任講師
近藤　智子　國學院大学大学院
斎藤　聖二　茨城キリスト教大学教授
斎藤　多喜夫　横浜開港資料館研究員
坂上　康博　福島大学教授
櫻井　良樹　麗澤大学教授
差波　亜紀子　法政大学兼任講師
佐藤　祐一　お茶の水図書館司書
塩出　浩之　法政大学講師
清水　重敦　奈良文化財研究所研究員
竹本　知行　花園大学講師
田中　裕二　江戸東京博物館学芸員
千葉　功　昭和女子大学助教授
塚原　康子　東京藝術大学助教授
土屋　礼子　大阪市立大学教授
長崎　巌　共立女子大学教授
新関　公子　東京藝術大学教授
濱中　真治　川越市立美術館学芸員
平木　収　九州産業大学教授
平山　昇　東京大学大学院
早川　典子　江戸東京博物館学芸員
満薗　勇　東京大学大学院
宮本　大人　北九州市立大学助教授
村瀬　信一　文部科学省教科書調査官
村田　孝子　ポーラ文化研究所研究員
森田　貴子　横浜市立大学講師
柳生　悦子　日本風俗史学会会員
山崎　渾子　聖心女子大学教授
山根　伸洋　早稲田大学非常勤講師

維新前夜
お台場と開港場

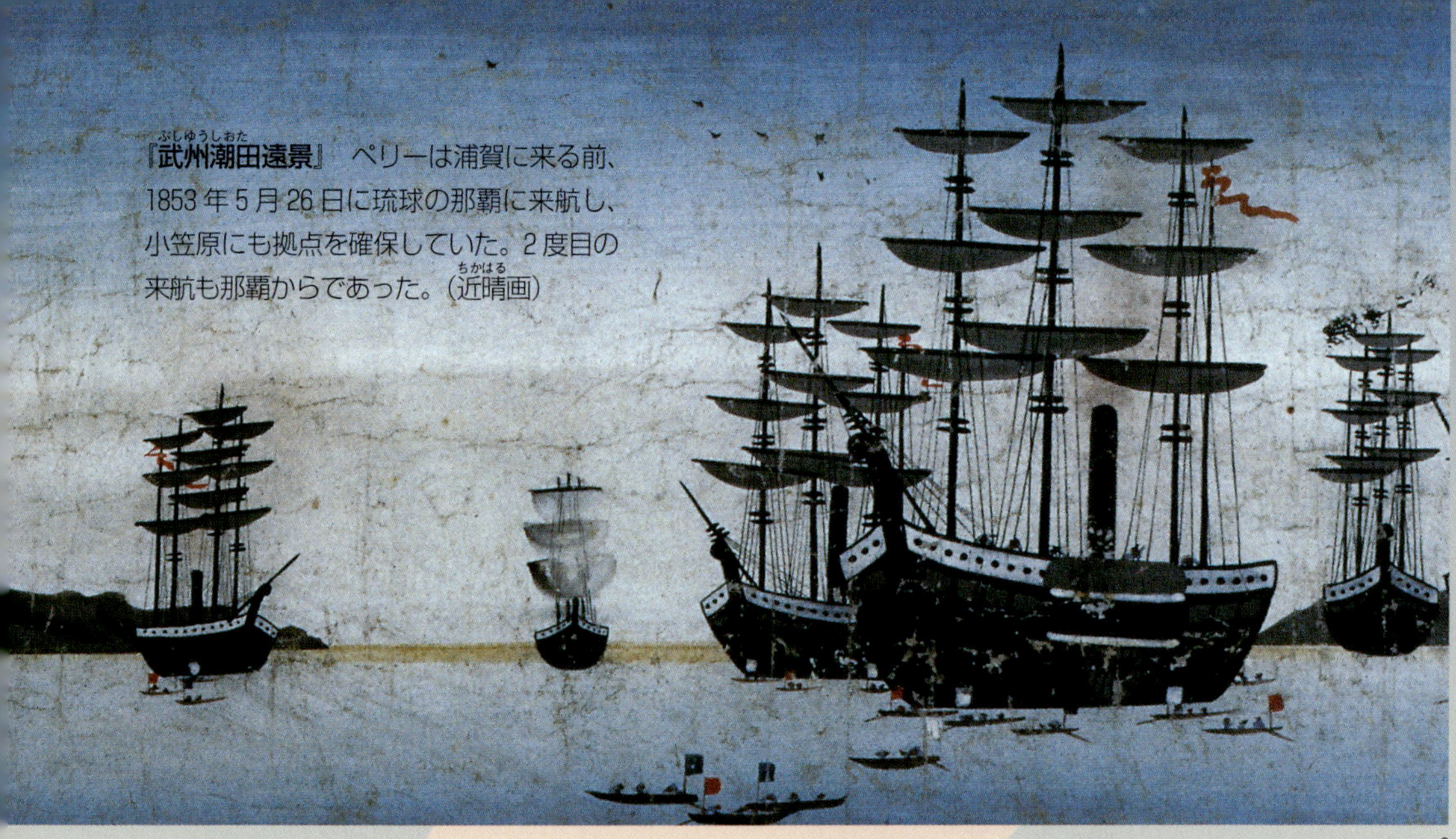

『武州潮田遠景（ぶしゅうしおた）』 ペリーは浦賀に来る前、1853年5月26日に琉球の那覇に来航し、小笠原にも拠点を確保していた。2度目の来航も那覇からであった。（近晴画（ちかはる））

⬆マシュー・カルブレイス・ペリー　メキシコ戦争で艦隊司令長官を務め、来航時59歳。日本に開国を迫る任務のため、東インド艦隊司令官に就任した。

ペリーがやってきた

嘉永6年（一八五三）6月3日、ペリー艦隊は浦賀沖に迫った。外国艦隊の出現は想定外のことではなかった。浦賀には七年前に、アメリカ海軍のビッドルが軍艦二隻を率いて来航し、一六年前にはアメリカ船モリソン号が来航していたから、寄港を禁じていたとはいえ、浦賀に外国船が来るかもしれないことは誰にでもわかっていた。さらに、ペリー艦隊の来航は、前の年に長崎のオランダ商館経由で予告されていた。しかし、情報を得た幕府首脳は、本格的な準備はしていなかった。類似の情報は以前にもあったし、何事も起こらないかもしれない、起こらないでほしい、というのが実感であったろう。

ペリー艦隊は、従来の来航船とはふたつの点で大きく異なっていた。ひとつには、四隻の艦隊のうち二隻が、日本人がはじめて見る蒸気動力で動ける汽走軍艦であった。もうひとつには、ペリーは日本に開国を迫る国書を、日本側が求めた長崎ではなく、江戸の近くで幕府の責任ある地位の者に直接手渡そうという、断固たる決意をもっていた。そして、ペリーは評議に手間取る幕府に圧力をかけるため、6日に汽走軍艦ミシシッピを江戸湾内に進め、現在の横浜市金沢区の沖にまで至らせた。このようなことが帆船時代には不可能だったのかどうか、確かめようはない。しかし前代未聞のことであったから、汽走軍艦という恐ろしい新兵器が、新たな時代をもたらしたと人々は感じた。幕府による江戸湾防備が無力であることは、誰の目にも明らかだった。

幕府はただちに浦賀での国書受け取りを決定し、9日、久里浜でそれを受け取った。武士の支配する国は、武力による威嚇に弱かったのである。ペリーは国書を渡すと艦隊を率い、ただちに江戸湾に侵入、その晩は金沢沖に錨泊（びょうはく）し、翌日にはミシシッピに乗り換えて川崎付近まで北上した。こうして幕府や警備の諸藩を十分に脅かしたあと、翌年回答を受け取りに来ると予告を残して去ったのである。

軍事から高まった西洋への関心

ペリーが残した開国の要求にどうこたえるのか、議論が始まった。一

➡『黒船来航風俗絵巻』 2度目の来航では嘉永7年1月16日、現在の横浜市金沢沖に7隻がそろい、のち2隻が加わった。約50日の滞在で見物の機会も多かった。

4

⇐**品川台場築造計画**　品川沖の台場は当初は11基設けられる予定だったが、安政元年に5基竣工したのち、工事中止となった。写真には、1～6番の台場（4番は未完成）の位置と当時の海岸線を、黄色で示してある。（3番と6番は現存）

⇒**三番台場**　現在公園として開放されている三番台場は、いちばん東側で、忍、高崎、宇和島、そしてふたたび高崎藩が順次警備を担当した。（砲の配置は安政初期の状態。『陸軍歴史　上巻』明治22年による）

▲＝大砲の置かれていた場所（安政初年）

168m

火薬庫

番士休憩所

総面積＝2万8431m²

144m

入り口

図は港区立港郷土資料館編『台場―内海御台場の構造と築造』をもとに作成

5

方で軍備の強化はただちに着手された。現実的にペリーの再来航に際して、日本側の選択の幅を広げるために、威嚇に屈しない防備体制が必要であった。そして何より、武力の担い手、征夷大将軍として政権を握っている幕府の威信のためにも、防備の立て直しが必要であった。

幕府は品川沖の海上に台場（砲台）の築造を開始し、またペリー来航直前に大型洋式船の建造を認めた薩摩に加え、水戸藩に江戸石川島での旭日丸建造を認め、幕府自身も浦賀で鳳凰丸の建造に着手した。台場の設計も、そこに備える大砲も、また大型船も、すべて洋式であった。そうでなくては大型の船や大砲をつくれなかったからである。当時、オランダの文献を通じた軍事技術の導入が、幕府における江川・下曽根両家のように、限られた範囲ではなされており、一応は洋式技術を活用することができた。

諸藩は幕府に対して軍役を果たすことで領地の領有を保証されていたから、新たな事態に対応した防備の強化は、諸藩にとっても必須であった。江戸周辺の防備を命じられた藩は洋式大砲の鋳造を急ぎ、一部の藩では、国許で台場の建設や洋式帆船の建造を行なった。佐賀や薩摩といった、すでに洋式技術の導入が進んでいた藩や幕府と、ほかの諸藩との格差は大きかったから、国内での情報の交換が活発になり、蘭学への関心が高まった。ペリー来航を契機に、西洋への関心は軍事から高まっていったのである。

一方、幕府はオランダに対して、西洋式海軍の建設を指導するよう、嘉永6年のうちに要請した。オランダはこれに応じて、さっそく翌年7月には長崎で軍艦スンビンの乗員により短期の海軍伝習を実施し、翌安政2年（一八五五）からはスンビンを幕府に贈って観光丸とし、これを活用しつつ教師団による本格的な伝習を行なった。この長崎海軍伝習では、勝海舟や榎本武揚をはじめとする幕臣のほか、西南諸藩の藩士や長崎の地役人も、航海術や、蒸気機関の製造と運用などを学んだ。

海軍伝習と並行して、幕府はオランダに軍艦を発注し、また蒸気船を修理できる日本で初の洋式造船・機械工場として長崎製鉄所（のちの三菱長崎造船所）の建設を進めた。洋式軍事技術の導入は、書物を介したものから、実物に即した直接的な伝習へと進展した。

6

⇒**咸臨丸**　幕府の依頼で安政4年にオランダで建造され、万延元年に長崎で海軍伝習を受けた日本人が乗り組んで太平洋横断に成功。排水量は250トン。

⇐**五稜郭**　箱館の防御施設として安政4年に着工された西洋式の城郭。艦砲の射程外に立地したが、火砲の発達のため箱館戦争時には艦砲射撃を受けた。

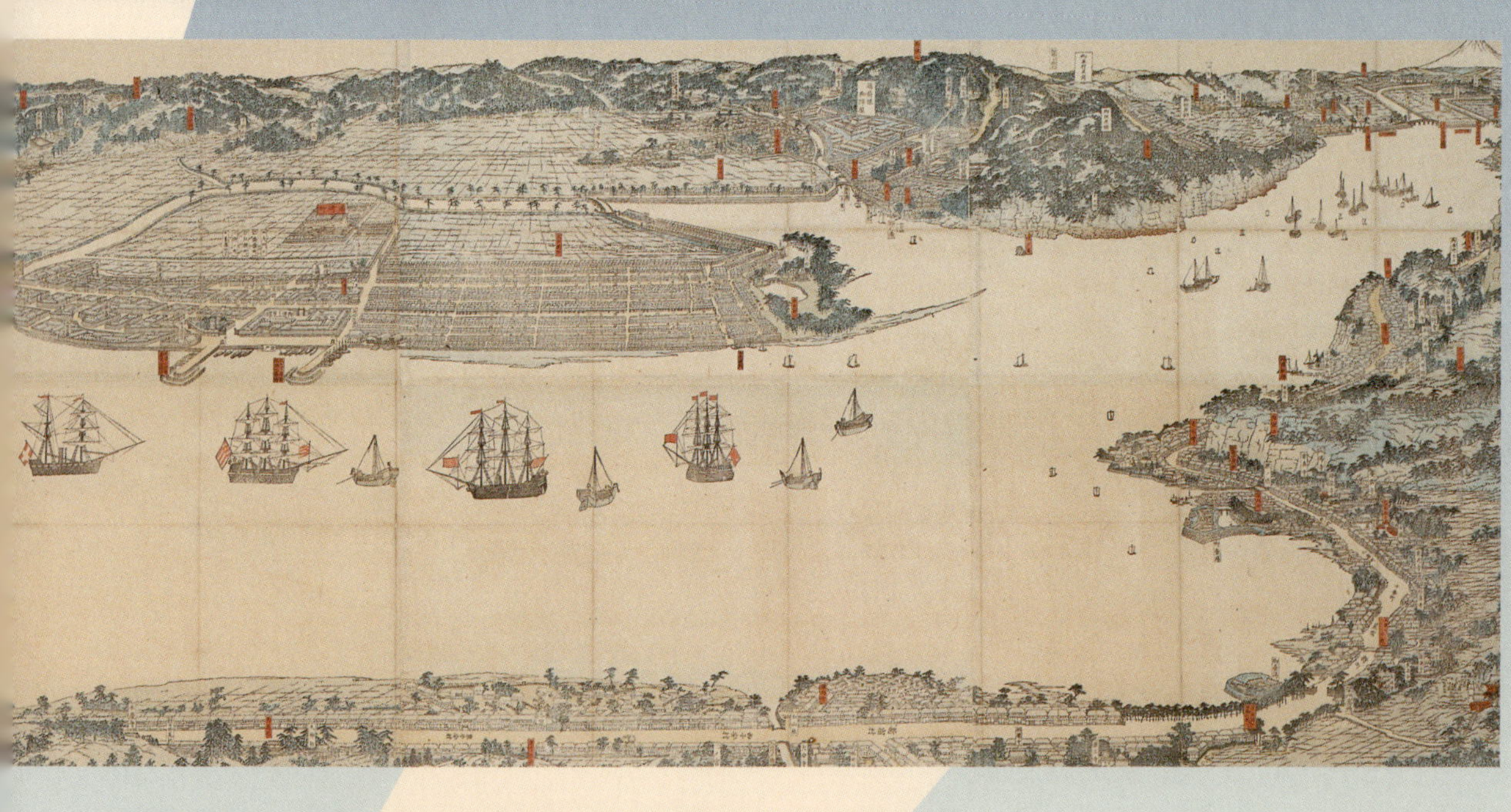

つぎつぎと開かれる開港場

軍人であったペリーは、必ずしも通商を重視していなかった。アメリカ西海岸から中国に至る航路の中途での寄港地・給炭地として、日本に港を提供させ、それに伴う外交関係を築くことを優先したのである。ペリーの再来航の際に結ばれた日米和親条約によってただちに開かれた港が、航路上便利な伊豆の下田であったことは、それをよく示している。

しかし、日本との貿易への各国の関心は高く、従来から関係の深いオランダのほか、ロシア・フランス・イギリスも貿易を求めた。幕府首脳はオランダの勧めを受けて、安政3年（一八五六）8月に貿易を認める方針に転換した。前月に下田に来着していたアメリカ総領事タウンゼント・ハリスとの間で交渉を進めて、安政5年6月に日米修好通商条約を結び、これに基づいてほかの国々とも条約を締結した。

これにより、神奈川・長崎・新潟・兵庫が、新たに開港され、下田は神奈川の開港後に閉じることになったので、開港場は日米和親条約による箱館も含めて五港となった。このほか通商のための逗留地として、江戸と大坂が指定されたが、それぞれに期限があり、もっとも差し迫ったのは一年後に開港予定の長崎と神奈川であった。

幕府は従来の海防掛を外国奉行と改め、開港の準備を進めた。そして、神奈川の開港場を横浜に設けようとし、ハリスと対立した。アメリカ側は横浜で結んだ和親条約を神奈川条約と称していたので、反対には理がなかったが、「居留地の周囲に門墻を設けず」と条約に入れたハリスは、出島のように隔離された状態に置かれることを嫌って、東海道沿いの神奈川にこだわった。しかし、幕府は安政6年3月に横浜の造成を開始した。わずか三か月で骨格がつくられた開港場横浜は、幕府の運上所を境に、東側の外国人居留地と西側の日本人商人町に分かれていた。

居留地の貿易が海外への目を開いた

安政6年（一八五九）6月2日横浜は開港され、翌月には外国人商人と、多くは幕府の要請によって出店した商人たちとの間で、商取り引きが始まった。各国の外交団は神奈川の開港を求める姿勢を崩さなかった

⬇『横浜異人商館売場之図』 外国商館での取り引き(右側)と台所をあわせて描いている。椅子やテーブルの使用や肉の調理は物めずらしく、関心がもたれたのであろう。(五雲亭貞秀、文久元年)

➡『神奈川横浜港案内図絵』 幕府は横浜に外国人を誘致するため、品川宿の旅籠屋に土地を貸与して遊廓（図の上部）を建設させた（現・横浜公園）。(歌川貞秀、万延元年)

⬅『東都名所見物異人　いぎりす』　安政６年に開港された横浜は、外国人たちでにぎわった。（五雲亭貞秀、文久元年）

➡『御開港横浜之全図』　開港直後の神奈川・横浜。右手が神奈川宿で、開港にあわせてつくられた台場が見える。外国領事が、横浜に商人たちが居留することを認めたあとの万延元年４月、幕府は運河工事に着手し、居留地を完全に陸地から切り離した。（歌川貞秀、万延元年頃）

が、外国人商人は、横浜に出店した。日本人商人との取り引きに便利で、用地も造成されたものを容易に入手できたからである。

しかし、このような商人たちの自国外交官の意図と反した実利的な動きは、幕府に益するばかりではなかった。まず幕府を悩ませたのが、小判（金貨）の流出であった。当時、日本では一分銀という銀貨が、地金の価値ではなく、小判の四分の一という、幕府の権威によって定められた額面で流通していた。しかし、各国との条約では、金は金、銀は銀で、同量ずつ交換すると規定されていたので、外国から銀貨を持ち込んで一分銀に替え、これを小判に替えて外国に持ち出して銀貨と交換すると、もとの三倍になった。このため開港直後から外国人商人によって、小判が持ち出され、運上所には、銀貨の一分銀への交換請求が殺到した。外国の領事たちも自制を呼びかけたが、効果はなく、結局、日本側は地金が一分銀の四倍の価値しかない万延小判をつくり、これに対応した。

じつは利益を上げたのは外国商人だけではなかった。居留地で一分銀を小判に交換することは、条約上保障されてはいなかった。そこで、日本人商人は外国人商人の意図を承知で、幕府の禁令を破って各地から小判を集め、公定の一分銀四枚ではなく、時には八枚程度の高値で売りつけて利益を得たのである。商取り引きの開始は外交官や幕府の意図とはかかわりなく、国を越えた商人たちの交流と連帯をもたらした。

商品取り引きは当初、心当たりの商品を店先に並べて様子をみるところから始まったが、すぐに生糸が輸出品として適当であることがわかり、以後横浜での取り引きの大半を占めた。折からヨーロッパでは蚕の微粒子病が流行していたため、生糸生産が不調で、需要が大きかったのである。その後、アメリカで南北戦争が始まるとヨーロッパでは綿花不足となり、文久３年（一八六三）と翌年の二年間だけ、綿花が第二位の輸出品であった。そして、戦争が終わると、アメリカへの茶の輸出がのびた。このように、国内の商品相場や農家経済が、アメリカやヨーロッパの情勢の変化の影響を受けることになったので、貿易は多くの人々が海外の状況に目を向けるきっかけともなった。

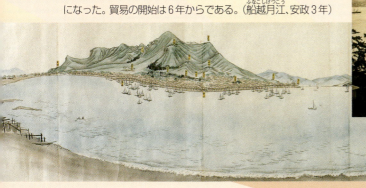

⬇『箱館港図』　箱館はペリーの再来航の際に結ばれた日米和親条約によって、安政２年３月から外国船の入港を許すことになった。貿易の開始は６年からである。（船越月江（ふなこしげつこう）、安政３年）

⬆長崎居留地パノラマ　長崎へは嘉永６年７月にプチャーチンのロシア艦隊が入港したが、条約上オランダ船以外の入港を認めたのは、翌７年８月の日英協約によってである。（元治元年頃）

横浜に集結した四国連合艦隊（元治元年）イギリスは9隻、フランスは3隻、オランダは4隻、アメリカは軍艦の余裕がなかったところから、砲を積んだ商船1隻を参加させた。

東禅寺のオールコック襲撃（文久元年）襲撃側の水戸浪士は「外国人のために神国が汚辱されるのを黙視できない」と記した趣意書を持っていた。

幕府を脅かす攘夷の潮流

ペリー来航の当初から、攘夷論、すなわち外国人を武力で打ち払うべきとの論をとる人はいた。不可能と思いつつ、人々の士気を高めるためにとなえる論者もいれば、接近戦に持ち込んで日本刀で斬れば必ず勝てると信じる者もいた。一方、京都の朝廷は、いまだ見ぬ外国人に嫌悪感をもっていた。当時の井伊直弼大老の政権に反感をもつ水戸の徳川斉昭らが、これを利用して幕閣を窮地に追い込もうと朝廷に働きかけたため、日米修好通商条約の締結は、朝廷の許しを得ることができなかった。大老井伊はそれを承知で条約に調印し、違勅調印という非難を浴びた。

これにより攘夷論は、幕政を批判する尊王攘夷論として勢いを得た。井伊は安政の大獄による攘夷派弾圧で応じたが、万延元年（一八六〇）3月3日、桜田門外で暗殺され、政局は流動化した。

これより先、開港の年の安政6年（一八五九）7月にロシア海軍士官ほか二名が、翌万延元年2月には、オランダ人二名が横浜で斬殺された。攘夷派による横浜襲撃がうわさされ、居留地を堀で囲んだことへの批判はなされなくなる。さらに同年12月にはアメリカの通訳官ヒュースケンが江戸で斬殺され、翌文久元年（一八六一）5月には、品川東禅寺に滞在中のオールコックが一五名の水戸浪士に襲われて、同行の書記官と長崎領事が負傷した。これらの事件は幕府の外交的地位を悪化させ、また多くの場合犯人不詳のまま幕府が賠償金を支払った。外国人暗殺は幕府を脅かす行動でもあった。

文久2年8月には薩摩藩主の父島津久光の行列が、東海道の生麦で、横浜から騎乗してきた外国人男女四名を無礼として襲い、イギリス人ひとりを斬殺した。白昼堂々、公式の行列に民間人が襲われたことは、居留地住民や外交団の態度を硬化させた。

一方、京都では攘夷を主張する長州藩による朝廷工作が進み、文久3年3月に上洛した将軍家茂は、朝廷に迫られて5月10日（一八六三年6月25日）を攘夷の期限として諸侯に布達し、この日以降外国から攻撃を受けた場合は攘夷することを命じた。これに応じて、各地でふたたび台場の建設や大砲の鋳造が盛んになった。

下関戦争　元治元年8月6日の本格的な上陸作戦を前にした砲戦。10日までに台場の備砲54門が連合艦隊によって運び去られた。

4

荒天のなかで薩摩藩の台場と交戦するイギリス艦隊（文久3年）　イギリス側は、新鋭のアームストロング後装砲を使用したが、決定的な勝利を得ることはできなかった。

火を吐いた下関と鹿児島の台場

期限の5月10日、長州藩はアメリカ商船ペンブロークを小船で砲撃し、次いでフランスとオランダの軍艦も砲撃して、後者に損傷を与えた。これに対して、横浜から出撃したアメリカ艦ワイオミングが、6月1日に下関港を報復攻撃して、長州藩艦隊に壊滅的な打撃を与え、次いでフランス艦二隻が前田村茶屋台場を砲撃して占領し、前田村を焼いた。

一方、クーパー提督の率いる七隻のイギリス艦隊は、生麦事件の犯人処刑と賠償金を求めて鹿児島湾に赴き、7月2～3日に薩摩藩の台場と交戦した。イギリス側は少なくとも一三名の戦死者を生じたが、薩摩藩は艦船を奪われ、台場や工場が被害を受け、鹿児島市街地も炎上した。しかし、このあとの講和交渉を通じて、薩摩藩とイギリスは友好的な関係を築き、以後の軍備強化や幕府への対抗に便宜を得た。

その後、長州藩は8月18日の政変で、薩摩と会津によって朝廷から追われた。朝廷は本格的な対外戦争が敗戦をもたらす可能性を恐れ、長州勢力の排除を認めたのである。長州藩は挽回を図って翌元治元年（一八六四）7月に武力で朝廷に迫る禁門の変を起こしたため、同月23日には、朝廷が長州追討を命じた。一方、イギリス公使オールコックは、日本の攘夷の傾向を打ち砕くため、下関の長州藩の台場を攻撃すべく各国に働きかけて、四国連合艦隊を編成した。艦隊は元治元年8月5日に攻撃を開始し、上陸作戦も行なって、長州藩に条約の遵守を誓わせた。

四国連合艦隊の戦死者は一二名であったが、八名の死者を出したイギリス軍の場合、死因はすべて小銃弾の命中で、負傷者にも刀や槍によるものは確認できない。接近戦に持ち込んで刀をふるうことは困難だったのである。長州藩の挫折感は強く、幕府に対して恭順の姿勢を示した。

しかし、攘夷を貫いて外国に敗れたことで、長州への同情も生じた。幕府も外国による攻撃の成果を利用するような強硬な態度はとりにくかった。長州では、翌年早々に諸隊の決起により、幕府に恭順を示していた政権が覆され、第二次長州征討の失敗から、新政府樹立に至る過程が始まる。攘夷戦争の敗北は間接的にではあるが、のちの薩摩、長州両藩の倒幕への動きを支える結果となった。

6

長州藩の前田村茶屋砲台（元治元年）　前年に攻撃を受けたあと、再建・強化されたが、四国連合艦隊によってふたたび占拠された。青銅製24ポンドカノン砲4門と、その砲弾・付属品が見える。

薩摩藩の火砲　アメリカの青銅製12ポンド山砲に倣ってつくられ、砲身上に島津の家紋が鋳出されている。薩英戦争時には沖小島の台場に据えられていたといわれ、最大射程は945mだった。

5

↑チャータード・マーカンタイル銀行 インドで設立された植民地銀行で、文久3年に横浜店を開業した。左に見えるのは天主堂の鐘楼であるが、時鐘と書いてある。（2代歌川広重、慶応元年）

輸入が活発になった兵器や綿布

四国連合艦隊が示威の対象としたのは、長州だけではなかった。艦隊は下関攻撃の帰途、大坂湾に回航してその姿を示した。条約の勅許や兵庫の開港が課題となっていたからである。京都に近い兵庫の開港には、朝廷の反発が強かった。

慶応元年（一八六五）9月、四国連合艦隊は、ふたたび大坂湾に現われ、今回は兵庫沖に停泊して圧力をかけた。徳川慶喜は、これを好機として朝廷に迫り、井伊直弼が得られなかった条約の勅許を得、開国を朝廷公認のものとすることに成功した。しかし、それでも兵庫の開港だけは許されなかった。これを見てイギリスは兵庫開港の先送りを認めるかわり、関税を大幅に引き下げる改税約書を結んで貿易を拡大した。慶応2年12月に将軍に就任した慶喜は外国公使に兵庫の開港を宣言し、3年5月に勅許を得たが、開港は慶応3年12月7日で、大政奉還のあとだった。新潟開港はこれより遅く、幕末の開港場は長崎・横浜・箱館に限られた。

このうちもっとも貿易が活発だった横浜では、生麦事件を契機に、イギリスとフランスの外交官が居留地防衛のため、外国軍隊の駐屯を認めるように要求した。幕府はそれを認め、文久3年（一八六三）の夏から、陸軍や海兵隊が駐屯した。その数は下関戦争の前後には、二〇〇〇名を超え、最終的な撤退は明治8年（一八七五）であった。部隊は山手に兵営を築き、横浜を見下ろしていた。

貿易は元治元年（一八六四）から輸入の増加が目立ちはじめた。中心となったのは綿糸・綿布・毛織物などで、産業革命の成果である機械制工業製品が、国内で販路を見いだしたことを物語っている。一方で、統計上把握が難しいが、この時期に、兵器や艦船類の輸入も活発になった。文久攘夷に向けての軍備拡充までは、武器の国産化志向も強かったが、その後小銃や汽船の発達が著しく、また量的にも国産化が追いつかない一方で、アメリカの南北戦争の終結による中古兵器の放出があって、大量の輸入を招いたのである。武器の輸入では、幕府の目の届きにくい長崎での取り引きも活発であった。

←『横浜商館之図』 慶応2年に横浜が大火にみまわれたあとの街並み。（3代歌川広重、慶応3年）

↑山手兵営に整列するイギリス陸軍第10連隊第1大隊　この部隊は慶応3年に南アフリカから横浜に転じ、明治4年まで駐屯した。政府が交代する時期に居留地の自立性を保障する役割を担ったことになる。

語学・軍備・工業技術の伝習

居留地には欧米の情報を入手しようという、好奇心にあふれた人々も訪れた。文久元年（一八六一）12月には、横浜ではじめてのキリスト教会として、カトリックの天主堂が献堂された。すると、キリスト教禁制にもかかわらず、日本人の見物人が押しかけ、ジラール神父の説教を聞いた。幕府は彼らを捕らえたが、ただの見物でキリスト教の説教とは知らずに聞いていたとして釈放している。

横浜では、慶応2年（一八六六）に居留地の三分の一を焼き払う大火が起こり、その復興過程で街並みが変わった。従来外国人居留地でも建物は和風のものが多く、また攘夷浪士への警戒から、木柵や石造の蔵で外周を固める傾向があったが、表通りに面した洋風建築が増え、視覚的にも、西洋の文明を感じさせる街並みが形成された。

語学の学習も活発になった。語学の伝統があった長崎では、安政5年（一八五八）に幕府が英語伝習所を設けていたが、横浜では文久3年に幕府が運上所に英学所を、慶応元年に仏語学所を設けて、幕臣の子弟を教育した。これらの出身者は、明治期に外交・貿易や学問の分野で活躍したものが多い。慶応年間には、フランス人が指導する機械工場、横浜製鉄所が開設されるなど、横浜は、幕府がかつて長崎で行なっていた語学や軍事・工業技術の伝習の場としての役割も引き受けはじめた。

一方で長崎は、元治元年（一八六四）に佐賀藩がイギリス軍艦の乗員からライフル銃による洋式調練を受け、慶応年間には薩英戦争の際に故意に捕虜となった五代友厚の発案で、薩摩藩がイギリス人グラバーと共同で小菅の船舶修理施設の建設を始め、大隈重信や副島種臣が佐賀藩の英語学校を設け、土佐藩の貿易のための出張所で岩崎弥太郎が働き、海援隊が本拠を置くなど、幕府直轄地にもかかわらず、西南雄藩の開港場のようになっていた。

ふたつの開港場のありようは、外国との交流が深まるとともに、幕府の権力が全国的なものから東日本の地方的なものへ変わりつつあることも示していた。

（鈴木　淳）

→慶応元年の競馬会に出走した日本人士官　横浜での競馬会は外国人によって文久2年から行なわれた。図は駐屯軍将校の主催による、山手の練兵場で行なわれたレースで、このときはじめて日本人が参加した。

←居留民のスケート　居留民が幕末につくった石川の崖下のリンク。文久2年に出版された日本側の案内書に記事がある。2年後には陸上競技大会も開かれた。

凡例

●年代表示は原則として和暦を用い、適宜、西暦を補いました。また、明治5年（一八七二）12月2日までは陰暦、明治6年1月1日以降は太陽暦による月日です。

●本文は原則として常用漢字および現代仮名遣いを用いました。また、人名および固有名詞は、原則として慣用の呼称で統一しました。

●歴史地名は、適宜、現在地名を補いました。

●引用文については、俳句・川柳などを除いて、読みやすさ、わかりやすさを考えて、句読点を補ったり、漢字を仮名にあらためたりした場合があります。

●中国の地名・人名については、原則として漢音の読みに従いました。ただし慣習の表記に従ったものもあります。

●朝鮮・韓国の地名・人名は、原則的に現地音をカタカナ表記しました。ただし、歴史的事件にかかわる地名・人名は漢音読みにした場合があります。

●プロイセン王国にかかわる地域諸邦の国名は、原則としてドイツに統一しました。

●重要無形文化財は、重文と表記した場合があります。

●本文および写真・図版キャプション中の＊印は、下段にその語句の解説のあることを示しています。

●掲載図版収蔵者、提供先は巻末にまとめて記しましたが、適宜、当該ページに記載したものもあります。

……お願い……

写真・図版掲載に際しましては、所蔵者ならびに撮影者の了解を求めましたが、古い史料のため、関係者を知ることができなかった場合がございます。ご理解ご容赦くださいますようお願いいたします。また、お心当たりがございましたら、編集部までご一報ください。

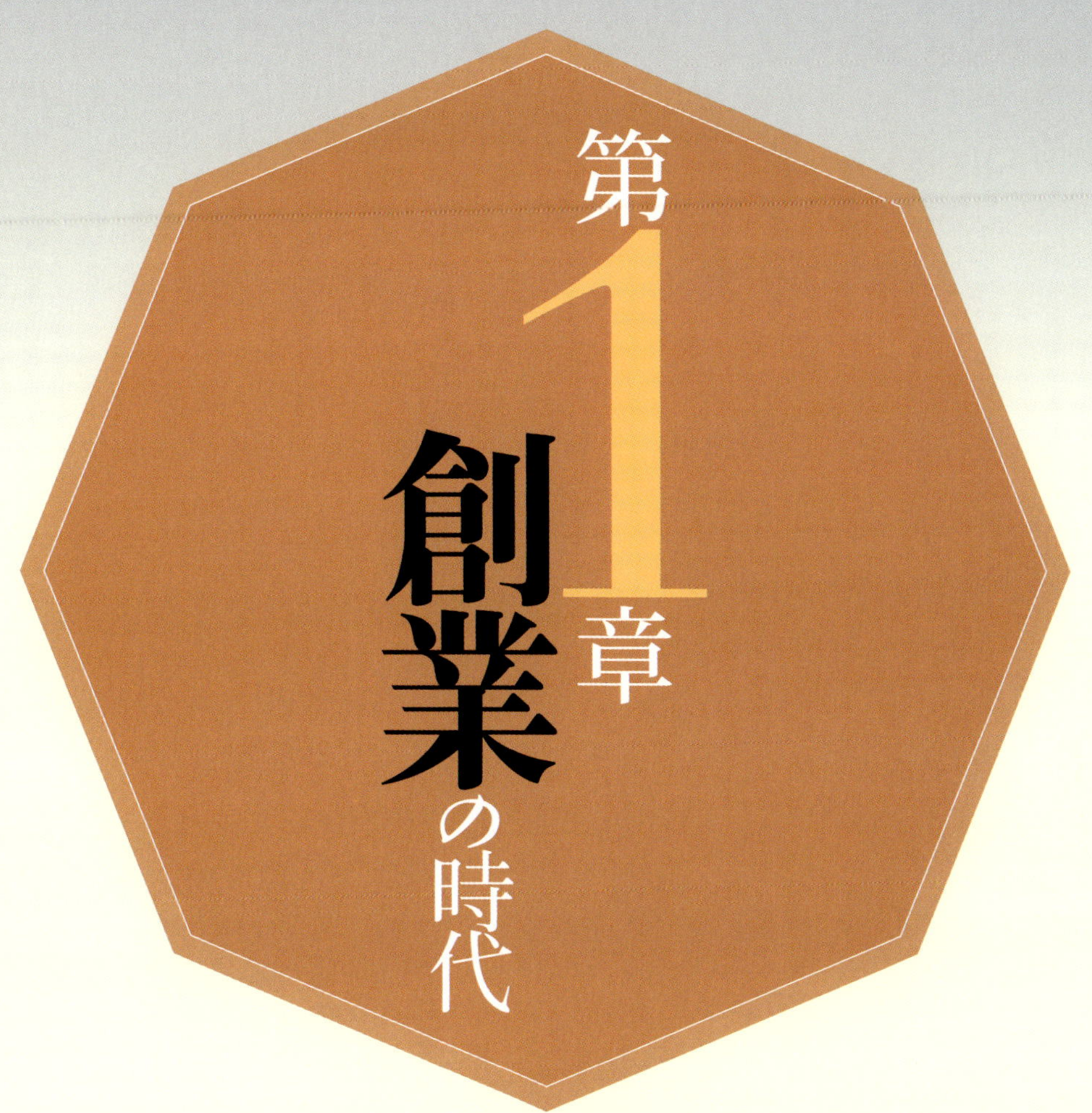

明治1年（1868）

……

明治10年（1877）

西暦	和暦	日本の動き
一八六八	明治1	1 戊辰戦争、始まる（〜六九）。
		3 五箇条の誓文を公布。
		神仏分離令により廃仏毀釈運動が起こる。
		4 江戸城が開城。
		閏4 浦上でキリシタンを弾圧。
		政体書を制定。
		奥羽越列藩同盟が成立。
		太政官札を発行。
		7 江戸を東京と改める。
		8 明治天皇が即位。
		9 明治と改元し、一世一元制とする。
一八六九	明治2	3 天皇が東京着、事実上の遷都。
		5 五稜郭が開城。
		6 版籍奉還を許可。
		華族を創設。
		7 政府官制を改革し、開拓使を置く。
		8 蝦夷地を北海道と改める。
		12 東京―横浜間に電信が開通。
一八七〇	明治3	1 大教宣布の詔を出す（神道の国教化）。
		12 『横浜毎日新聞』が創刊。
		新律綱領布告。

西暦	世界の動き
一八六八	アメリカ、ジョンソン大統領の弾劾決議、連邦下院成立。
	フランス、出版法成立、新聞発行の自由認める。
	アメリカ、憲法修正第一四条（公民権）成立。
	ロシア、中央アジアのブハラ・ハン国のサマルカンド占領。
	タイ国王ラーマ五世が即位。
	キューバ、スペインからの第一次独立運動始まる（〜七八年）
一八六九	アメリカ、初の大陸横断鉄道が開通。
	スエズ運河が開通。
	ドイツで社会民主労働党結成される。
	ロシアのトルストイ、『戦争と平和』を刊行。
	清国、このころ、洋務運動が盛ん（〜九〇年代）。
一八七〇	フランス、プロイセンに宣戦布告（普仏戦争。〜七一）。
	フランスのナポレオン三世、プロイセン軍に敗れ捕虜となる。
	フランス、共和政を宣言（第三共和政）。

明治の始まりと藩の終わり

慶応2年（一八六七）12月25日、孝明天皇が没した。しかし、それによって明治という時代が始まったわけではない。睦仁親王、のちの明治天皇は、慶応3年正月9日に践祚の儀式を行なったが、慶応の元号が明治と改められたのは慶応4年9月8日、戊辰戦争の最中のことであった。同時に定められた一世一元、すなわち天皇の在位中に元号変更しないことが、いかに革新的な政策であったか、先代の孝明天皇が二〇年の治世のうちに、弘化から慶応まで七つの元号を経験したことを考えればよくわかる。明治は新政の元号であった。

慶応3年10月14日、将軍徳川慶喜は、朝廷に大政奉還の上表を提出した。次いで12月9日、王政復古の大号令が発せられ、朝廷に総裁・議定・参与の三職を置き、「諸事神武創業之始に原づき」新政を行なうことが宣言された。

その晩の小御所会議では、岩倉具視らによって徳川慶喜に官位と領地を返上させることが主張された。山内容堂や、今は亡き坂本龍馬などは大政奉還後、朝廷のもとに最大の徳川家も含めた諸大名の連合政権をつくり、議院を置く「公議政体」を樹立しようと考えていたから、山内はこれに反対したが入れられなかった。

公議政体派の巻き返しで主導権を失うことを恐れた西郷隆盛らは、徳川家を挑発すべく江戸やその周辺で略奪暴行を行なわせ、耐えかねた旧幕府軍は江戸の薩摩藩邸を襲った。この知らせを受け、大坂城にあった徳川慶喜は慶応4年元旦、薩摩藩を討つことを宣言し、3日夕刻、行く手を阻んだ薩摩軍の発砲で戊辰戦争が始まった。

戊辰戦争での敗戦ののち、徳川家はじめ抵抗した諸藩は、大幅に石高を減らされ、領地を移転させられながらも存続が認められた。当時の軍隊の多くは、大名の家臣

一八七一　明治4

1 郵便規則の制定（3月事業開始）。
2 薩摩・長州・土佐の三藩より御親兵を徴集。
4 戸籍法を制定（翌年実施、壬申戸籍）。
5 新貨条例を制定。
7 廃藩置県。
日清修好条規を調印。
太政官制を改め、正院・左院・右院を置く。
9 田畑勝手作を許可。
11 岩倉使節団を米欧に派遣（〜七三）。
府県改廃が進み、三府七十二県となる。

一八七二　明治5

2 田畑永代売買の禁令を解く。
福沢諭吉『学問のすゝめ』初編を刊行。
兵部省を廃して陸海軍両省を設置。
5 明治天皇の地方巡幸が始まる。
7 地券の交付が本格化する。
8 学制を公布。
9 琉球藩設置。
新橋—横浜間の鉄道が開通。
10 富岡製糸場が開業。
11 国立銀行条例を制定。
徴兵告諭を出す。
12 太陰暦を太陽暦に改める。

一八七一

イタリア王国、教皇領を併合して統一完成。
ドイツのシュリーマン、トロヤ遺跡の発掘を開始。
ドイツのヴィルヘルム一世が皇帝となり、ドイツ帝国成立。
ドイツ帝国憲法発布。
アメリカ、アパッチ戦争開始。
パリで一時的な民衆革命政権が樹立（パリ・コミューン成立）。
ドイツで文化闘争が起こる（〜八〇）。
フランスのティエール、第三共和政初代大統領就任。

一八七二

ドイツの哲学者ニーチェ、『悲劇の誕生』出版。
オランダ、アフリカ西岸の黄金海岸の通商拠点をイギリスに譲渡。
フランスのヴェルヌ、『八十日間世界一周』を刊行。
ロシアでマルクスの『資本論』ロシア語訳刊行。

である武士たちの集団であった。彼らが参戦し、また立場を変えた判断基準は、今後の主君や藩にとってどうするのがよいのか、ということであった。最後の箱館（函館）まで戦ったのはこの点で例外的な人々だけである。戊辰戦争が内戦としては比較的少ない人的損失で終結したのは、藩の存在ゆえであった。

　一方で、新政府や諸藩の財政状況は厳しかった。江戸時代の後半からおおむねそうであったが、ペリー来航以来の軍事費の増加はそれを加速し、戊辰戦争の戦費がとどめを刺した。戦後、膨れ上がった軍隊の解体も進められ、長州では解隊を不満とする諸隊の反乱が起こった。新政府も財政難で、直轄府県の農民の負担は強められこそすれ軽減されることはなかった。これは農民たちの新政への期待を裏切り、一揆の頻発を招いた。

　財政難のなかでも、諸藩はそれぞれ新時代への対応を図った。競って軍備を近代化し、外国人教師を招いて藩士を教育し、さらに海外に留学生を派遣したのである。政府をひとつにしたほうが効率的なのは、明らかだった。

外征と内乱鎮圧の一〇年

「明治元年より一〇年に至るを第一期とす。兵事多くして則創業時間なり」

　これは明治11年（一八七八）5月14日、暗殺される数時間前に、大久保利通（おおくぼとしみち）が残したとされる言葉である。大久保はこれに続いて、11年からの一〇年間を、内治を整えて民産を殖する「肝要なる時間」、それに続く一〇年は、後進賢者が担う時期で、この三〇年を通じて「維新の盛意を貫徹」すると述べた。あと一〇年は政権を担当するつもりだった大久保は、創業の一〇年が課題を残していることを強調する一方で、この一〇年で「兵事」を終わらせたという自信も、示していた。

　明治4年には国許（くにもと）の鹿児島などから御親兵（ごしんぺい）を集め、緊

西暦	和暦	月	日本の動き
一八七三	明治6	1	天長節を祝日とする。
			徴兵令を布告。
		2	キリスト教禁止の高札を撤廃。
		7	地租改正条例を公布。
		8	森有札、西村茂樹に学術結社を提案（明六社の始まり。翌年結成）。
		10	西郷隆盛ら征韓派参議が敗北、下野。
		11	内務省を置く。
			この年、徴兵制度に反対する血税一揆が起こる。
一八七四	明治7	1	警視庁を設置。
			板垣退助らが、民撰議院設立の建白書を左院に提出。
		2	佐賀の乱が起こる。
			台湾出兵を閣議決定（5月出兵）。
		4	板垣らが高知に立志社を設立。
		6	北海道に屯田兵制度を設ける。
一八七五	明治8	1~2	大久保・木戸・板垣が大阪で会合（大阪会議）。
		2	愛国社が結成。
		4	元老院・大審院が設置。
			立憲政体樹立の詔を発布。
		5	樺太・千島交換条約を調印。

西暦	世界の動き
一八七三	ドイツのビスマルク宰相、文化闘争に関するプロイセン五月法実施。
	フランスのティエール大統領失脚。後任のマクマオン大統領王政の復活をもくろむ。
	ドイツ・オーストリア・ロシアの三帝協商が成立。
	フランス軍、ベトナムのハノイを占領。
	朝鮮で、大院君政権が倒れ、閔氏政権が成立。
一八七四	ロシアで徴兵制が施行。
	スペイン、パヴィーア将軍のクーデター成功。共和政崩壊。
	フランス、ベトナムと第二次サイゴン条約を結び、保護国化。
	パリで第一回印象派展開催。
	万国郵便会議がベルンで開催。
	万国郵便連合条約調印。
	スペイン、王政復古
一八七五	フランスで第三共和国憲法制定。
	イギリス、スエズ運河会社株を買収。
	米独仏をはじめ欧米一五か国が

張のうちに廃藩置県を行なったが、抵抗はなかった。以後の不平士族の中心は、戊辰戦争で勝った側なのにもかかわらず新政府に冷遇されたと感じた人々であり、彼らはみずからが、腕をふるう機会が得られるよう、国家としての戦い、すなわち外征を求めた。

　征韓論政変で征韓派参議と袂を分かった大久保は、佐賀の乱では長崎に鎮圧に赴き、断固たる処置をとって、ともに参議を務めた江藤新平を処刑した。台湾出兵では大隈重信とともに出兵を発案し、のちにみずから講和交渉のため北京に赴いた。外征を実施しつつ本格的な戦争には至らせない危ない橋を渡ったのである。

　明治8年には、大阪会議で元老院・大審院・地方官会議を開設して、立憲政体へ一歩を踏み出すことを条件に、木戸孝允と板垣退助を政府に呼び戻し、同郷の海軍軍人が引き起こした江華島事件では、朝鮮と条約を結ぶことで、当面の征韓の名目を失わせた。

　そして最後には、かつての盟友西郷隆盛を敵にまわして郷里を攻めた西南戦争で、最大の士族勢力を壊滅して士族反乱の根を断った。

　一方で、明治9年の地租改正反対一揆をふまえ、江戸時代の年貢を基準に定めた地租を六分の一引き下げ、基本的に江戸時代よりも農民の負担を軽減した。これによって、農民一揆の可能性も遠のいた。「兵事」を繰り返しながら、一〇年間でその禍根を断つことに成功したのである。

開化を促進し、財政確保に腐心

　中央の財政負担を大きくしたのは、鉄道や電信の建設など、開化にまつわる支出であった。西洋列強に並び立てる国をつくらなくては、新政府を立てた意義がなかった。条約により関税が低率に抑えられたこともあって、政府の財政収入は開港前の幕府と諸藩の合計と大差なか

一八七六 明治9

6 第一回地方官会議が開催。
讒謗律・新聞紙条例を制定。
9 江華島事件が起こる。
2 日朝修好条規を調印。
3 廃刀令。
8 金禄公債証書を発行して華士族の禄制を廃止（秩禄処分）。
札幌学校が開校（9月札幌農学校に改称）。
10 神風連の乱が起こる。
秋月の乱が起こる。
萩の乱が起こる。
11 工部美術学校創立。
12 三重などで地租改正反対一揆が起こる。

一八七七 明治10

1 地租を地価の二・五％に減ずる。
2 西南戦争が起こる。
4 東京大学が開設。
5 木戸孝允没（45）。
6 政府、立志社の国会開設建白書を却下。
8 第一回内国勧業博覧会が開催。
9 西郷隆盛自刃（51）。

一八七六

メートル法条約に調印。メートルとキログラムが国際単位に。
ドイツ社会主義労働者党が結成（九〇年、ドイツ社会民主党に改称）。
イギリス、スエズ運河株式会社を買収。
アメリカ、ナショナル・リーグ結成。
第一インターナショナルが解散。
アメリカ、カスター将軍の部隊、先住民スー族反乱で全滅。
アメリカ、禁酒法運動、初の憲法修正提案。
オスマン帝国（トルコ）、ミドハト憲法を発布（翌年廃止）。

一八七七

ロシア、トルコに宣戦、露土戦争が始まる（〜七八）。
英領インド帝国が成立し、ヴィクトリア女王が皇帝を兼務（〜一九四七）。
アメリカのエジソンが蓄音機を発明。
フランスのゾラが『居酒屋』を刊行。

ったにもかかわらず、支出だけは確実に増えたのである。

明治5年の鉄道開業式にあたっては、天皇が庶民に向け、「貿易愈繁栄、庶民益富盛に至らんことを望む」と、勅語を発した。しかし、新橋―横浜間だけの鉄道は、新たな時代が来た雰囲気を感じさせる効果は大きかったが、すぐにこのような経済効果を期待することは難しかった。関所の廃止に始まって、身分的制約の解消、営業独占権の解消、土地の利用と売買の自由化など、経費のかからない規制緩和が新政府の民衆への対応となった。それは新たな文物の流入とともに明るい雰囲気をもたらしたが、それを生かせるかどうかは個人の才覚にゆだねられた。

廃藩置県後の新政府による統一的な政策も、開化と財政事情の両立をめざすものとなった。学制による小学校は地元負担によって建設され、徴兵制は軍人の給与を安くするための方策でもあった。これらの新たな制度を伝えることすら、住民の負担でなされた。

四民平等の原則で、武士に与えていた秩禄を廃止するのは財政上必須であり、そのためにはある程度の授産費用が支出された。しかし平民とされた被差別部落民に、経費を伴う待遇改善を行なうことはなかった。

一方で経済活動の自由化により、従来被差別部落民がもっていた営業上の独占権は失われ、資金力のある人々と競争することになったので、彼らの生活は困難ともなり、さらに一部では彼らだけが身分上昇を遂げたとして、農民たちから不満の矛先が向けられた。娼妓も前貸金による拘束から解放されたが、彼女たちが生活に困ってもとの世界に戻ることや、身売りをしなくてはならない貧困を防ぐ手立てはとられなかった。

人々は従来とは比較にならないほどの自由を得、また新たな文物や情報も押し寄せてきたが、それが生活の豊かさをもたらす保証はなく、国全体の発展の方向も、いまだ見えてはいなかった。

（鈴木　淳）

五箇条の誓文

藩主たちが天皇に忠誠を誓い、新政府の基礎が固まる

←**御誓祭**　慶応4年3月14日、紫宸殿に集まった公家、大名。三条実美（中央左）が御祭文を読み上げげた。右は天皇。

慶応4戊辰年（9月8日明治と改元される一八六八年）3月14日、京都御所紫宸殿で天神地祇御誓祭が行なわれ、五箇条の誓文が示された。

●儀式の主役は領主たち

誓文は、明治政府の基本方針で、天皇が「国是」として天地神明に誓い、列席した公卿と諸侯が、この天皇の意思に従って決死で努力することを誓って署名した。御誓祭は国是を示すとともに、領主たちが天皇への服従を誓う儀式だったのである。

一般の民衆はもちろん、新政府の有力者になった大久保利通や西郷隆盛といった維新の志士たちすら、誓う資格を与えられなかった。自分が支配する土地や人民をもつ領主たちが儀式の主役であった。

江戸時代では、すべての人々が、いずれかの領主に属しており、武力の担い手である武士たちは、それぞれの領主に忠誠を誓っていた。だから、領主たちが天皇への服従を誓えば、政権の基礎は確固たるものになる。

御誓文之御寫

一　廣ク會議ヲ興シ萬機公論ニ決スベシ
一　上下心ヲ一ニシテ盛ニ經綸ヲ行フベシ
一　官武一途庶民ニ至ル迄各其志ヲ遂ゲ人心ヲシテ倦マザラシメン事ヲ要ス
一　舊來ノ陋習ヲ破リ天地ノ公道ニ基クベシ
一　智識ヲ世界ニ求メ大ニ皇基ヲ振起スベシ

我國未曾有ノ變革ヲ為ントシ朕躬ヲ以テ衆ニ先ンジ天地神明ニ誓ヒ大ニ斯國是ヲ定メ萬民保全ノ道ヲ立ントス衆亦此旨趣ニ基キ協心努力セヨ

年号月日　御諱

勅意宏遠誠ニ以テ感銘ニ不堪今日ノ急務永世ノ基礎此他ニ出ベカラズ臣等謹テ叡旨ヲ奉戴シ死ヲ誓ヒ黽勉従事冀クハ以テ宸襟ヲ安ジ奉ラン

慶應四年戊辰三月

總裁　名　印
公卿
諸侯　各名印

↑**五箇条の誓文の写し**　誓文は新政府の機関誌『太政官日誌』により布告され、民衆までは達しなかった。

五榜の掲示

↓**第3札**　キリスト教、邪宗門の禁止。

↓**第2札**　徒党・強訴・逃散の禁止と、その密告の奨励。

↓**第1札**　①儒教の五倫を守る。②身寄りのない人や老人・病人を憐れむこと。③殺人放火窃盗の禁止。

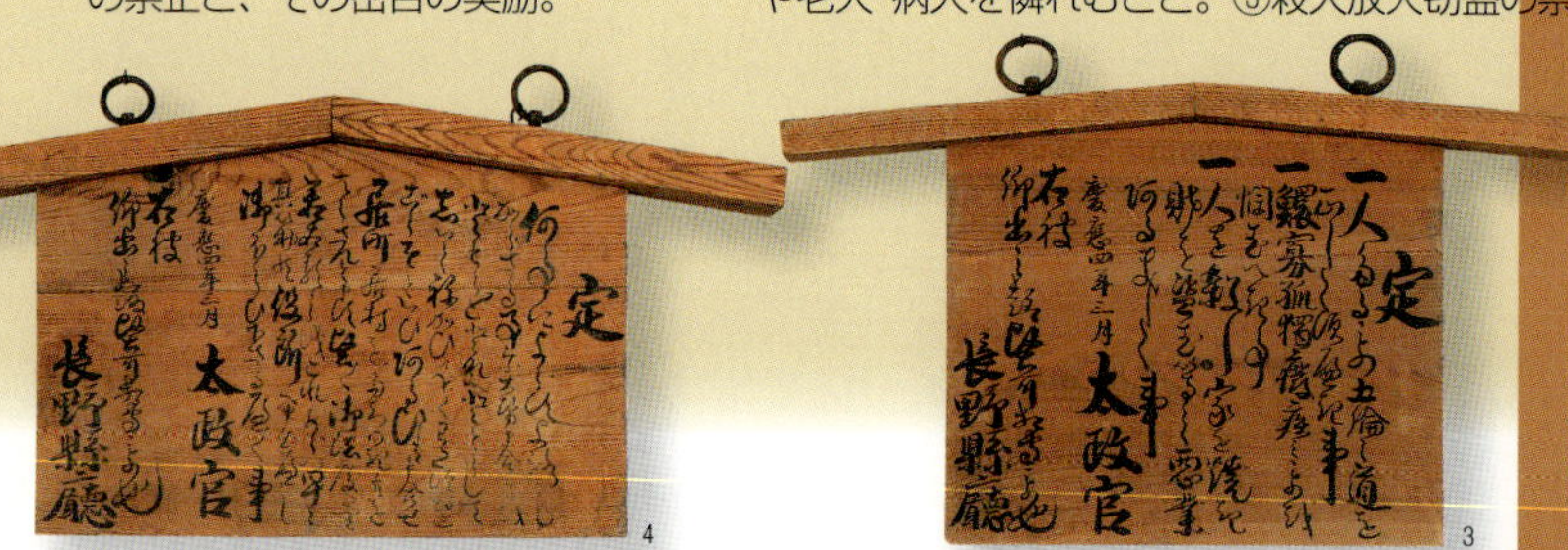

↑『斗南に向かう会津藩士』　戊辰戦争後、会津藩は減封されて斗南(青森県下北地方)に移った。藩主の助命や藩の存続が認められるからこそ、武士たちは最後まで戦わずに降伏する道を選んだ。そして藩ごとに敗戦後の苦難を分かち合った。

↑御誓祭の日の新政府軍の位置　御誓祭の翌日、3月15日が江戸城総攻撃の予定日であった。

支配者の変更を知らせる

新政府はとりあえず、この領主制の枠組みを維持した。それによって武士たちは、領主の命や家を守るために戦いをやめた。戊辰戦争の犠牲者が、革命戦にもかかわらず少ないのは、このためである。ひとりの領主も殺されることなく戊辰の戦いは終わり、新政府への恭順を誓った領主たちは、誓文への署名に加わった。版籍奉還や廃藩置県は、この誓いを経たあとだからこそ、完遂できた。

当初は誓文の内容よりも、領主が合意する形式のほうの意味が大きかった。しかし、新政府の基礎が確立するに従い、その条文は国是として、政府の施政の基本、また在野の人々の政府への抗議の拠所となっていった。

御誓祭の翌日に、一般民衆に対して示された五榜の掲示は、旧来の高札と同じ形をしており、内容も第三札までは旧来の社会常識の再確認であった。かつては各領主が幕府の命令を伝える高札を立てていたが、新政府＝太政官の名による新たな掲示を出すことによって、支配者の変更という事実を庶民にまで知らしめたのである。

（鈴木　淳）

↓東京・半蔵門外の高札場　明治4年の撮影で、五榜の掲示が掲げられている。高札はこのような屋根つきの高札場につるされることが多かった。

↓第5札　藩からの脱走禁止。太政官への建言許可。

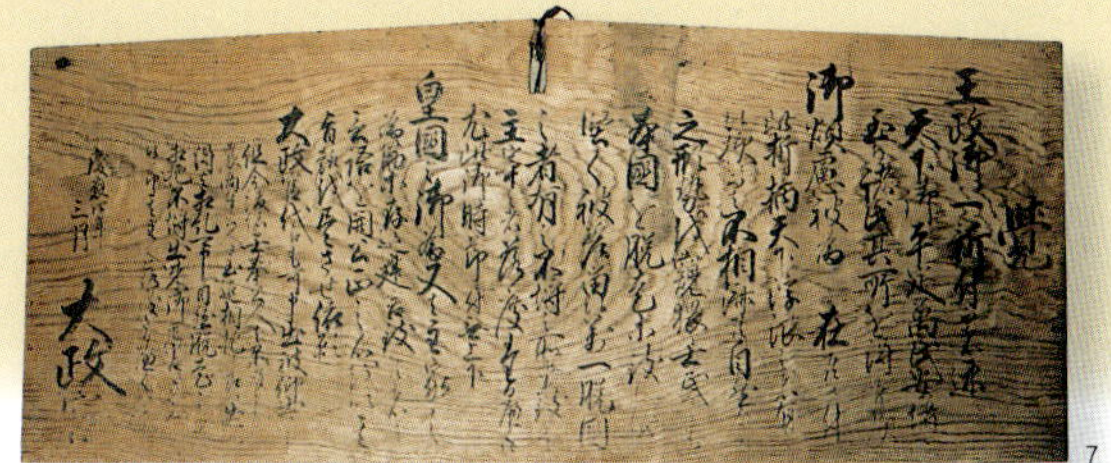

↓第4札　外国人殺害禁止。

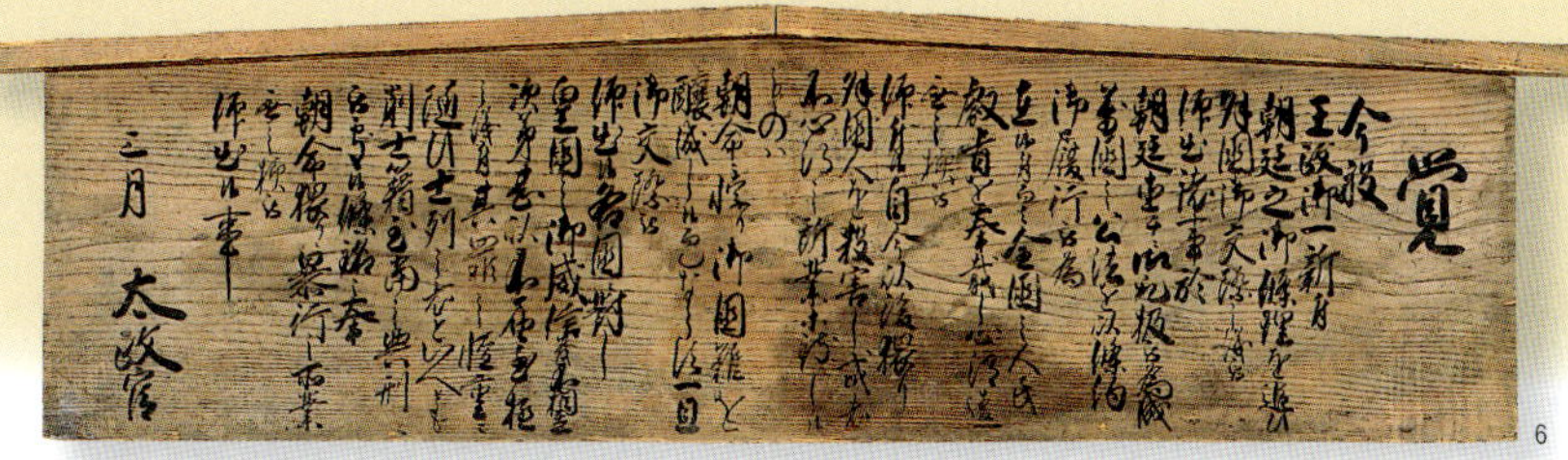

江戸開城と東京遷都

↑**江戸城**　慶応4年4月11日、無血開城された。

↓**会談直前の勝海舟**

慶応4年（一八六八）3月14日、京都で五箇条の誓文が誓われた日、江戸・田町の薩摩藩邸では、勝海舟と西郷隆盛が江戸城明け渡しをめぐる会談を行なっていた。その結果、江戸城は4月11日に明け渡された。

慶応3年12月の王政復古の大号令は、幕府だけではなく朝廷の摂政・関白も廃止すると宣言していた。幕府を倒しても、伝統にとらわれた朝廷が政権を握ったのでは新たな国づくりはできない。京都の御所では、大久保利通や木戸孝允が天皇と言葉を交わすこともできなかった。天皇を伝統的な世界の外へ引き出し、列強と並び立つべき国家建設にあたる新政府の中心に据えることが、維新の推進者たちの急務であった。

大久保は、はやくも慶応4年正月に大坂への遷都を上申したが、江戸城が新政府の手に入ると、その施設の活用や町の安定のためにも江戸への遷都が図られた。7月17日江戸を「東京」とする詔書が出され、天皇は10月に東京に到着、年内に一度京都に戻り、翌2年3月に再幸した。再幸の際には、天皇の滞在中は太政官を東京に置くとされた。

遷都が布告されたわけではなく、京都は「西京」とも呼ばれた。東京は、新政府が欧米の政体や様式を取り入れて、新国家の建設を進めるに適した都市であり、京都は、それが大きく挫折したときに天皇の正統性を頼りに、出直しを図れる都市であった。東京だけが実質的な首都となるのは、その後、明治政府が大きな挫折を経験しなかったから、ともいえよう。（鈴木　淳）

↑**江戸城明け渡しの会談**　「次の間」から桐野利秋らがのぞいているから、慶応4年3月13日の予備会談であろう。勝は交渉不調の場合には、江戸の町を焼き払う手配をしていたと、回想している。

←『**神宮親謁**』　2度目の東京行きの際、明治2年3月12日、明治天皇は伊勢神宮に親拝した。天皇の伊勢神宮参拝ははじめてで、前例にとらわれず「神武創業の始に原つき」政治を行なってゆくという、王政復古の大号令の精神を示すものであった。

5
↑『武州六郷船渡図』 明治元年、東京に向かった天皇は、橋の架かっていない多摩川に舟橋を浮かべて渡った。(月岡芳年画)

6

↑『東京市中にぎはひ之図』 明治元年11月4日、東幸の祝いとして、東京の市民に酒2990樽とスルメイカ1700把が下付された。幕末以来明るい話題のなかった江戸・東京の人々の喜びは大きかった。(了古画)

7

➡現・名古屋市瑞穂区での農事天覧 天皇みずから人々の生業を現場で見る。以後の行幸で繰り返された天皇の行ないの最初の例である。(明治元年9月27日)

↓『東海道御幸之図』 天皇は慶応4年8月27日に即位式を挙げ、9月8日、明治と改元し、元年9月20日京都御所を出発した。23日後の10月13日、江戸城改め東京城に入ったが、12月8日東京発、22日京都御所着。翌年3月7日に京都を発ち、28日ふたたび東京に入った。(月岡芳年画)

8

▶天皇の地方巡幸(p70)

戊辰戦争

新政府は成立直後、一年半をかけて全国を平定した

戊辰戦争とは、王政復古によって成立した新政府と、旧幕臣や佐幕諸藩からなる反政府勢力との間で、慶応4年（一八六八）1月3日の鳥羽・伏見の戦いから、彰義隊討伐や北越戦争を経て、明治2年（一八六九）5月18日の箱館陥落まで、一年半近くにわたって戦われた内戦である。

●近代的装備の官軍

新政府はこの戦争にあたって、天皇から錦旗と節刀を賜わった征討大将軍または東征大総督のもとに、「朝敵征伐」という大義名分を掲げた征討軍（官軍）を編制した。この征討軍は、西南雄藩を中心とする諸藩連合軍的な性格が強く、総計一八八藩、一一万七〇〇〇人余の兵力が動員された。

兵の動員にあたって、新政府は「調練の範を西洋式に採」ることを命じた。当時の藩は、藩兵の編制や装備が新旧まちまちだったが、戊辰戦争を通じて急速に西洋化してゆく。一方、反政府勢力の側は、旧幕府の部隊を除いて、全体に西洋化が遅れており、にわかに洋式兵器を買いそろえた藩もあったが、近代的な兵制はまだ定着していなかった。戊辰戦争の勝敗を分けたのは、こうした近代戦への適応力の格差であった。攘夷戦を通じて欧米諸国の軍事力を目のあたりにした薩摩・長州両藩は、この面でぬきんでていた。

●戦争の経過

鳥羽・伏見の戦いに勝利した新政府は、外国の代表に王政復古を通告するとともに、天皇が大君（旧幕府）へ正式に宣戦布告したことを公示した。各国代表は、新政府と旧幕勢力を対等な交戦団体と認め、局外中立の立場をとった。もともと正統政府であった旧幕府を交戦団体に引き下げ、新政府をそれと対等な立場に位置づけたことは、新政府の外交的成功だったといえよう。

慶応4年2月、新政府は有栖川宮熾仁親王を東征大総督に任じて、いわゆる東征軍を進めた。徳川慶喜はこれに恭順の姿勢を示し、また東征軍にはイギリス公使パークスからの圧力もあって、江戸城は平和のうちに明け渡された。これに不満をもつ旧幕臣の一部は、旧幕軍（陸軍は二〇〇〇人あまりの士卒、海軍は八隻の軍艦）を率いて脱走した。そして周辺の佐幕藩と連絡して、房総・北関東方面で武力抵抗を続けたが、5月15日の彰義隊討伐を機に敗退し、新政府による関東平定はほぼ完了した。

このころ、奥羽二五藩と北越六藩が「奥羽越列藩同盟」を結成し、

⬆錦御旗（錦旗） 天皇が「朝敵」征伐を命ずる際、兵馬の大権（軍事的指揮権）を臣下に委任するという意味で下賜された旗。「日之御旗」と「月之御旗」のふたつ一組からなるものが、征討大将軍ないし東征大総督に下された。

➡錦切と御印鑑の肩印 新政府側では、「官軍」を示す合印として、錦の肩印を士卒に配った。これは朝廷から下賜される御印という扱いで、「錦の御旗の布れ」にちなんで「錦切」と呼ばれた。

➡鳥羽・伏見の戦いにおける薩州兵 歩兵は前装施条（銃身内側に螺旋状の溝があり、銃口から弾丸と火薬を込める）銃を標準装備しており、密集隊形によって小銃を使用。また、前装式の火砲（野戦砲）が、歩兵の支援火器として威力を発揮した。（『戊辰戦記絵巻』より）

新政府に対抗した。開港したばかりの新潟港を通じて、列藩同盟は武器を補給したが、北越戦争後、新潟は新政府の管轄下となり、同盟側の武器補給ルートは断たれてしまった。奥羽戦争では、ひとり庄内藩が出羽戦線で勝ち進んだが、同盟側は全般に劣勢で、会津藩の降伏によって新政府側の勝利が確定した。

奥羽戦争に敗れた佐幕派の士卒は、榎本武揚らが率いる旧幕府軍とともに蝦夷地に渡った。彼らは箱館に蝦夷政権を立て、新政府に対して新徳川藩への藩主選任を願い出たが、結局交戦団体権も認められないまま反乱軍として鎮圧された。こうして戊辰戦争は終結し、新政府は一国の主権を代表する正統政府としての地位を固めたのである。

（浅川道夫）

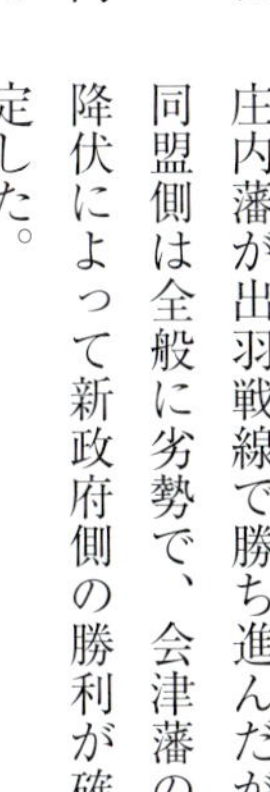

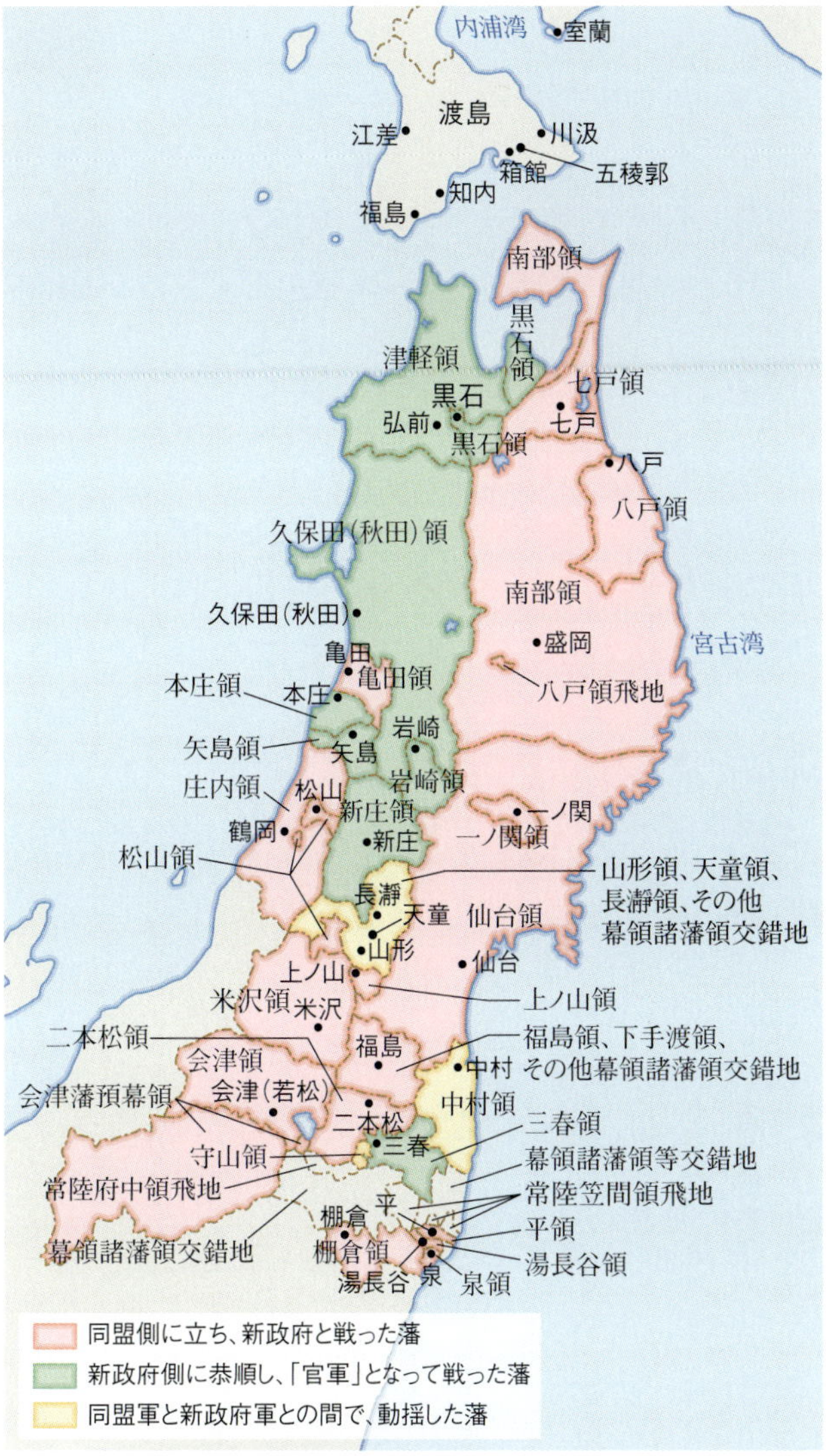

↑奥羽列藩同盟関係地図　会津・庄内両藩の「救解」を目的に、奥羽諸藩を集めて成立した同盟。のちに北越の諸藩も参加して、奥羽越列藩同盟となった。しかし、奥羽諸藩が一枚岩として結束していたわけではない。いち早く新政府側に恭順し、「官軍」という立場で同盟側と戦った藩も、少なからず存在した。（『日本地理風俗大系』第４巻より）

↑戊辰戦争で使われた洋式銃　オランダ製ゲベール銃は、前装滑腔（銃口から弾丸と火薬を込め、銃身内側は滑らか）銃で、連発できず命中率も悪かった。フランスで考案されたミニエー銃は、やはり前装だが施条（銃身内側に螺旋状の溝がある）に改良。命中精度と射程距離が向上し、もっとも多く使われた。イギリス製エンピール銃ではさらに進化し、イギリス製スナイドル銃やアメリカ製シャープス銃は、後装（銃身後端から弾丸を込める）施条となり、機能性に優れた。

↑➡戊辰戦争当時の諸藩兵　東征軍に統一的な軍服はなく、多くは和製洋式の「戎服」を着用した。冠物も同様で、韮山笠や尖笠が多用され、熊毛をあしらった赭熊・白熊・黒熊の冠物も現われた。一部に開港場などで買い求めた洋服を着る者もあり、胴乱や刀吊といった装具は、欧米の軍用品をまねてつくったものが多かった。
①土佐藩兵　②徳島藩兵　③津藩兵

↑宮古湾海戦　箱館に蝦夷政権を立てて新政府に抵抗した旧幕臣らは、明治２年３月、新政府が北征途上に岩手県の宮古湾へ停泊した甲鉄艦（図中央左）の奪取を企て、軍艦「回天」によって攻撃を加えたが失敗。箱館戦争の勝敗を決定づけることとなった。（『海軍館大壁画史』より）

▶西南戦争（p156）、陸軍の創設（p158）

廃藩置県と華族の創設

藩が消滅し、近代的な中央集権国家が誕生した

1

➡廃藩置県の詔書を読み上げる右大臣三条実美　明治4年7月14日、旧大名である諸藩知事は天皇より廃藩置県を申し渡された。壇上で詔書を読み上げるのは右大臣三条実美、奥には明治天皇、その左に大納言岩倉具視、左のふたりは参議（参与と書かれているのは間違い）の西郷隆盛と木戸孝允と考えられる。

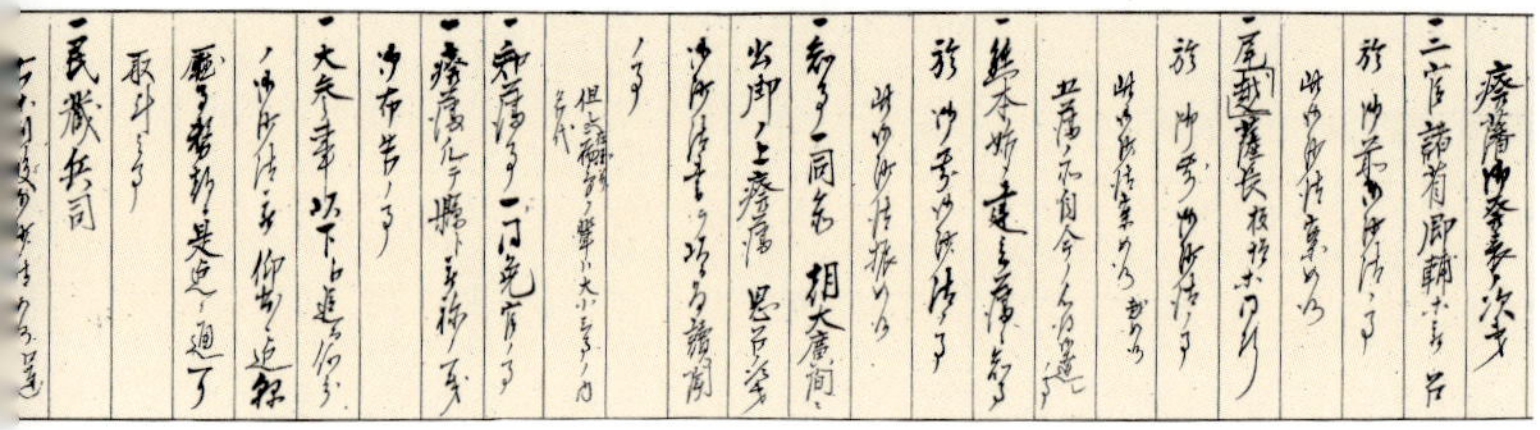

2

⬅岩倉具視が記した「廃藩御発表ノ次第」　廃藩置県の発表は段階的に行なわれ、まず版籍奉還を主唱した藩、つぎに郡県論をとなえた藩、次いで在京藩知事（代理）が呼び出された。

慶応3年（一八六七）末の王政復古の大号令により誕生した維新政権は、列強の圧力に対抗するとともに、「御一新」の理念を掲げて国内の改革を進めていった。

●王政復古から廃藩置県へ

王政復古という形で天皇に政権が戻ったことは、諸藩がもっていた権力をひとつにまとめる根拠となった。新政府は、続く版籍奉還・廃藩置県によって、権力集中のための政策を進めていった。

明治2年（一八六九）1月に薩摩・長州・土佐・肥前の四藩から、版（土地）と籍（人民）を天皇に返還する願いが出されると、ほとんどの藩がこれに倣って版籍の奉還を行なった。これは、すべての土地と人民を天皇のものとする「王土王民」の理念に基づき、領主が土地や人民を私有することを否定するものだった。6月、新政府は諸藩による版籍奉還を認め、旧藩主を改めて知藩事に任命し、藩政の改革を命じた。

こうして大名の世襲による領地支配が名目上は廃止され、知藩事は地方官として政府の直轄する府県と同様の政治を行なうことを目標に、藩を地方行政組織に近づけていくことになったのである。

改革を進める維新政府は、中央集権化を成功させなければならなかった。一方で、戊辰戦争後に藩の財政が悪化したため、中小の藩が廃藩を願い出た。また有力な藩からは郡県制徹底の意見が出されるなど、明治3年から4年には、中央集権的な政治体制をめざす郡県論が急速に盛り上がった。明治4年上半期のうちに、政府は薩摩・長州・土佐の三藩から御親兵を得て、諸藩の割拠や攘夷派などの反政府勢力に対抗できる軍事力を手中にした。

しかし改革はなかなか進まず、政局が混迷するなかで、薩長出身の官僚内部では、廃藩置県が極秘のうちに準備され、7月14日、朝廷より知藩事に廃藩置県の詔が下された。廃藩は大きな抵抗もなく

3

⬆解体される小田原城天守閣　明治3年、小田原藩は自発的に小田原城を取り壊した。領主支配の象徴であった城郭も藩財政の窮乏から維持が困難となり、人心の一新や非実用性を名目に、相次いで廃棄された。

5

4

⬅名古屋城の鯱　廃藩置県に先立って郡県論をとなえた名古屋藩は、名高い金の鯱を朝廷に献納した。鯱は明治6年のウィーン万博に出品されて注目を集めた。

廃藩置県

廃藩置県（3府72県1使）
1871年（明治4）11月

旧国名　◉府庁所在地
旧国界　●県庁所在地
府県界

⬆**新府県の誕生**（明治４年11月段階）　当初の県名や県域は現在とだいぶ異なる。県境の基準は不明だが、旧国・郡境なども参考にしたようである。

（小学館『日本歴史大事典』をもとに作成）

行なわれ、11月までに、三府三〇二県が三府七二県に統合された。

新しく誕生した華族

版籍奉還と同時に、政府は「官武一途」（官は公家を、武は武家を指す）の名のもとに、公卿・諸侯を廃して華族を置いた。華族の創設は士族や卒の設置とともに、それまでの複雑な身分制を大幅に編成しなおすものであった。

また、廃藩の事後処理には、華族・士族への給禄を削減・廃止する秩禄処分が進められ、世襲的な支配階級であった士族は解体された。軍事力は鎮台に集中させ、県治条例によって地方の権限が定められた。廃藩置県による中央集権化の実現は、財政・兵制面の統一だけではなく、地租改正・学制・徴兵制などの大きな改革もできるようにした。

解任された知藩事は東京へ召還された。京都にいた公卿華族も東京へ移住することを命じられたため、華族は公家・武家とも東京に集められ、貴族階級として実質をもつ一集団を形成していくことになる。（池田勇太）

⬅**『皇華両族方』**　華族には、明治元年の戊辰戦争で敵対した徳川と島津（薩摩）・毛利（長州）も並んで入れられている。

華族の出自	明治17年叙爵内規	
賜姓降下	公爵	
公卿華族	摂家	公爵
	清華家	侯爵
	大納言まで直任の例が多い堂上	伯爵
	維新前に家を興した堂上	子爵
武家華族	徳川宗家（将軍家）	公爵
	徳川三家（尾張・紀伊・水戸）	侯爵
	徳川三卿（田安・一橋・清水）	伯爵
	大藩知事（現米15万石以上）	侯爵
	中藩知事（現米５万石以上）	伯爵
	小藩知事（現米５万石以下）	子爵
	武家大家一門	
	交代寄合（諸侯格）	
	大家老	
奈良華族（僧侶）・大神社の神主、大寺院の血襲の住持・分家華族		
琉球関係の華族	琉球藩王	侯爵
	琉球藩王一族	
新（列）華族（国家に勲功ある者）	南朝の忠臣の嫡流	公・侯・伯・子・男爵
	維新の勲功による者	
	維新後国家に勲功ある者	

酒巻芳男著『華族制度の研究』（霞会館、1987年）より

華族の出自

賜姓降下とは、家名を天皇より賜わり華族に列した皇族。摂家は摂政・関白になれる家で、清華家は太政大臣・左右大臣・大将になれる家。昇殿を許された４位以上の人を公卿といい、その家柄を堂上と呼んで、昇殿の許されない地下と区別した。また交代寄合とは、もと3000石以上の無役の旗本で、参勤交代をする格式の家をいう。

▶秩禄処分と士族授産（p102）

地租改正の実施

土地の売買が自由になり、新たな租税が定められる

1

←**大蔵省租税寮の出張所**　租税寮は、租税の調査や徴収などのために明治4年に設けられた大蔵省の内局。この錦絵の出張所は、万代（万世）橋わきに、明治7年に開設された。

明治政府は、江戸時代の貢租にかわる、安定した全国統一的な財政基盤を確保する必要があった。だが、商工業が未発達なため物品税はかけられず、不平等条約によって関税にも期待できなかった。

そこで政府は、土地所有者から租税を徴収することとした。

地券を交付し地租を徴収

政府は、田畑勝手作*の許可と田畑永代売買の解禁によって、土地利用と売買の自由を承認し、江戸時代の封建的制限を撤廃した。

明治4年（一八七一）、政府は東京府市街地に対して地券を交付し、地租を徴収する。翌5年2月には売買・譲渡の行なわれた農地に対し、さらに7月にはすべての農地に、同様の措置をとった。このとき交付された地券は、明治5年、壬申の年に交付が始まったことから「壬申地券」と呼ばれる。

壬申地券には、売買地価主義に基づく地価・地番・持ち主が記載され、土地所有権が確定された。だが、江戸時代の貢租を基準とした地価や、「流地」*による売買地価が妥当な価格であるのか、名義人を地主・小作人・質請人・質入人のいずれにするのか、などの問題が生じた。

明治6年、大蔵省は「地租改正条例」「地租改正施行規則」「地方官心得書」を公布。土地調査を行ない、収益地価主義に基づく地価を定め、新たに「改正地券」を交付することとした。

改正地券は、農民がみずから土地の測量を行ない、面積・収穫量を算出し、地方官の検査を経て、地方庁が発行した。

地価は、収穫量を金額に換算し、種籾・肥料代・地租などの必要経費を差し引き、残額を利益として利子率をかけて算出した。だが、種籾・肥料代や利子率は低く設定されたため、ひじょうに高額となったのである。

一方、地租は地価の三％、金納

2

↓**地租改正測量の絵馬**　測量成就を祈願して、山形県の神社に奉納された絵馬。当時の測量の様子が描かれている。測量は間竿と間縄による十字法で、農民が1区画ごとに行ない、土地所有意識が高まった。（明治13年）

⬅月岡芳年『三重県下頑民暴動之図』　地租改正に反対する伊勢暴動を描いた錦絵。明治9年12月、三重・愛知・岐阜・堺（現在の奈良県）の4県にかけて、農民が地価の引き下げと地租の米納を求めて、屯所や学校、役場などを破壊し、巡査や鎮台兵によって鎮圧された。絵の中の士族は架空の人物。（明治10年）

3

とされたため、政府の税収は不作や米価変動によって左右されない安定的なものとなった。

　また、政府は税収を旧貢租額より減額しないようにしたので、軽減を期待していた農民による地租改正反対一揆が起こった。明治9年には、茨城県の真壁暴動や伊勢暴動のような検挙者五万人に及ぶ一揆が起こり、明治10年、政府は地租を地価の三％から二・五％へ引き下げた。

●農村への影響

明治15年7月、地租改正事業は終了した。だが、農村には新たな問題が起こった。

　改正地券の名義人は地主とされたため、小作人の権利は奪われた。不作や不況時には、金納地租の納入に苦しむ者が多く、中小地主のなかには、土地を手放して小作人へと没落する者も現れた。

　一方、地租改正によって、土地の商品価値が認識され、明治6年には「地所質入書入規則」が制定される。二番、三番抵当の設定が可能となり、身代限りによる貸金取り立てが保障されると、土地抵当金融は活発化し、大地主への土地の集中が進行することとなった。（森田貴子）

⬅⬇地券台帳は地券と割印をした台帳で、地租徴収の基礎となった。壬申地券は売買地価主義による地価を記載し、土地を地番で登録し、「授与」と地主の所有権を示した。改正地券は収益地価主義を採用し、地租も記載した。改正地券のデザインは御雇外国人のキヨソーネ。

4

地券台帳

明治6年の壬申地券

5

6

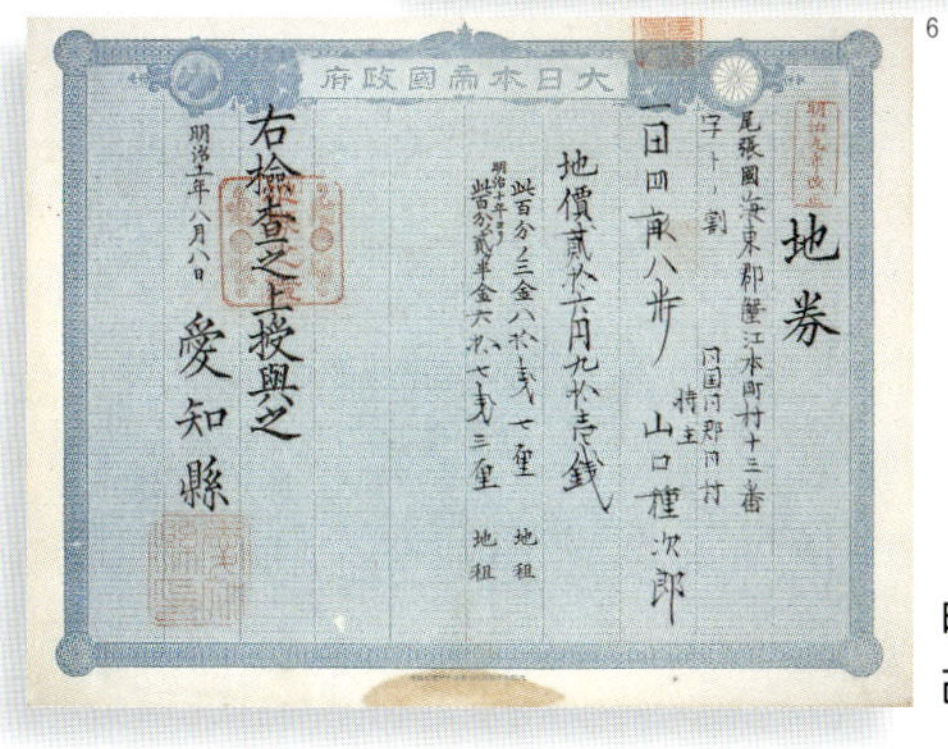

明治11年の改正地券

7

⬆1000町歩地主の誕生　明治10年代以降、1000町歩（1000ha）を超える大地主が現われた。写真は、新潟県中蒲原郡の伊藤家の、新発田蔵への米の納入風景。伊藤家の土地は、明治7年には122町歩にすぎなかったが、明治34年には1063町歩となった。

＊**田畑永代売買（禁止令）**　寛永20年（一六四三）に江戸幕府が出した、田畑の売買を禁止する法令。農民の階層分化を防ぐためのもので、破った場合の罰則は厳しかった。

＊**流地**　借金返済の期限を過ぎて質流れとなった土地のこと。江戸時代には、農民が年貢支払いのために田畑を質入れし、それが質流れとなることにより、事実上の田畑の売買が行なわれていた。

▶農村の暮らし（p88）

学校制度の整備

国民皆学をめざし、全国に小学校が建てられた

1

⬆小学校の授業風景　文部省は、明治5年、東京に師範学校を設立し、近代教育普及のための教員を養成した。11年7月までの師範学校卒業生は、228人にのぼる。授業は、教師と生徒が掛け図を見ながら、問いに答える方式だった。

近代学校制度は、明治5年（一八七二）8月公布の「学制」によって創設された。政府は、同時に「学事奨励に関する被仰出書（学制序文）」を布告し、「学制」の教育理念を示した。

●国民全員に同じ教育を

「学事奨励に関する被仰出書」は、第一に「一般の人民、華士族卒農工商及婦女子、必ず邑に不学の戸なく、家に不学の人なからしめん事を期す」と、教育における四民平等と国民皆学を示した。

第二に「其身を立て、其産を治め、其業を昌にし」するものは学問である、という立身出世をめざす教育思想をあげ、第三に、学問は「身を立るの財本」であり、国家のため立身のためにならない学問は排除する、実学主義を主張した。

「学制」は、一〇九章からなる詳細な規定を定めた。フランスの学制に倣い、全国を学区に分け、各学区に大学校・中学校・小学校を設立することを計画した。

学区は学校の設立のためだけでなく、教育に関する法・規則の伝達や修学の督促などの教育行政上の区画ともなった。このことは、全国民が同一の学校制度に取り込まれることを意味し、江戸時代*には身分により教育が異なったことと比べると、大きな改革であった。

●負担大だった小学校設立

小学校は下等小学と上等小学の二段階に分かれ、それぞれの年限は四年。さらに、下等小学の一年生は八級と七級というように、一学年をふたつの級に分ける「半年進級制」だった。就学年齢は現在と同じ満六歳である。運営費は受益者負担が原則であったが、おもに寄付金によってまかなわれた。

文部省は、アメリカをモデルとした「小学教則」を通達し、教科内容や教授法、授業時間数を示した。次いで、師範学校も実地に即して「下等小学教則」を発表した。文部省では、綴字・習字・単語読方・単語暗誦・会話読方・単語書取など、国語を細分化し、修身口授や地学、理学、博物学などの自然科学を設置したのに対し、師範学校では、国語は読物・習字・書取・作文・復読に整理され、修

＊**江戸時代の教育**　武士の子弟は、各藩が藩士の教育のために設けた藩学（藩校）で漢学や武芸を学び、庶民は、僧侶などが師匠を務めた寺子屋で読み書きそろばんを教わった。ともに江戸後期に発展、普及したが、学校制度としての関連性はなかった。

2

➡**新しい教材**　ひとりの教師が大勢の生徒を教える一斉教授法が採用された。生徒が一緒に説明を受けるために、黒板や掛け図などの新しい教材が使われるようになる。こうした教材の作成や教科書の編纂も、師範学校で行なわれた。

身や自然科学の授業はなかった。

小学校の設立は、文部省や師範学校によって強力に進められていった。だが、政府の実施する徴兵制や地租改正に対する批判と相まって、小学校もしだいに不満の対象とされるようになり、明治6年には、北条県（現在の岡山県）で小学校の焼き打ち事件が起こった。

その理由は、学校建設などに多額の費用がかかること。教科が知識重視に偏り、現実の生活から離れていること。手紙や証文の作成は教えず、内容も都市や農村・漁村の区別なく画一的なこと。授業時間が長く、家事手伝いの時間が奪われることなどであった。

「学制」に基づく学校制度は、全国民を対象とする初等義務教育の確立をめざす点で、画期的なものだった。だが、明治初年の就学率は三〇％台にとどまり、小学校教育の普及にはさらなる改革が必要であった。

（森田貴子）

←長野県松本市の開智学校 現存する日本でもっとも古い小学校のひとつ。廃寺を仮校舎として明治6年に開校し、9年に木造2階建て擬洋風建築の校舎を竣工。総工費の7割は住民の寄付による。白亜の学校は文明開化のシンボルだった。

↑群馬県甘楽郡入山村の入山学校 明治5年からの名主宅での授業をもとに、10年に開校した、旧碓氷関所近くの山村の小学校。重石を載せた板葺屋根の簡素な校舎である。地方では寺や神社を校舎とすることも多かった。

➡学区制の導入 フランスをモデルにした「学区制」は、全国を8大学区に分け、各大学区に大学校を1校、1大学区を32の中学区に分けて各中学区に中学校を1校、1中学区を210の小学区に分けて各小学区に小学校を1校、全国で8大学校、256中学校、5万3760校の小学校を設立する計画だった。明治6年に7大学区に改正。

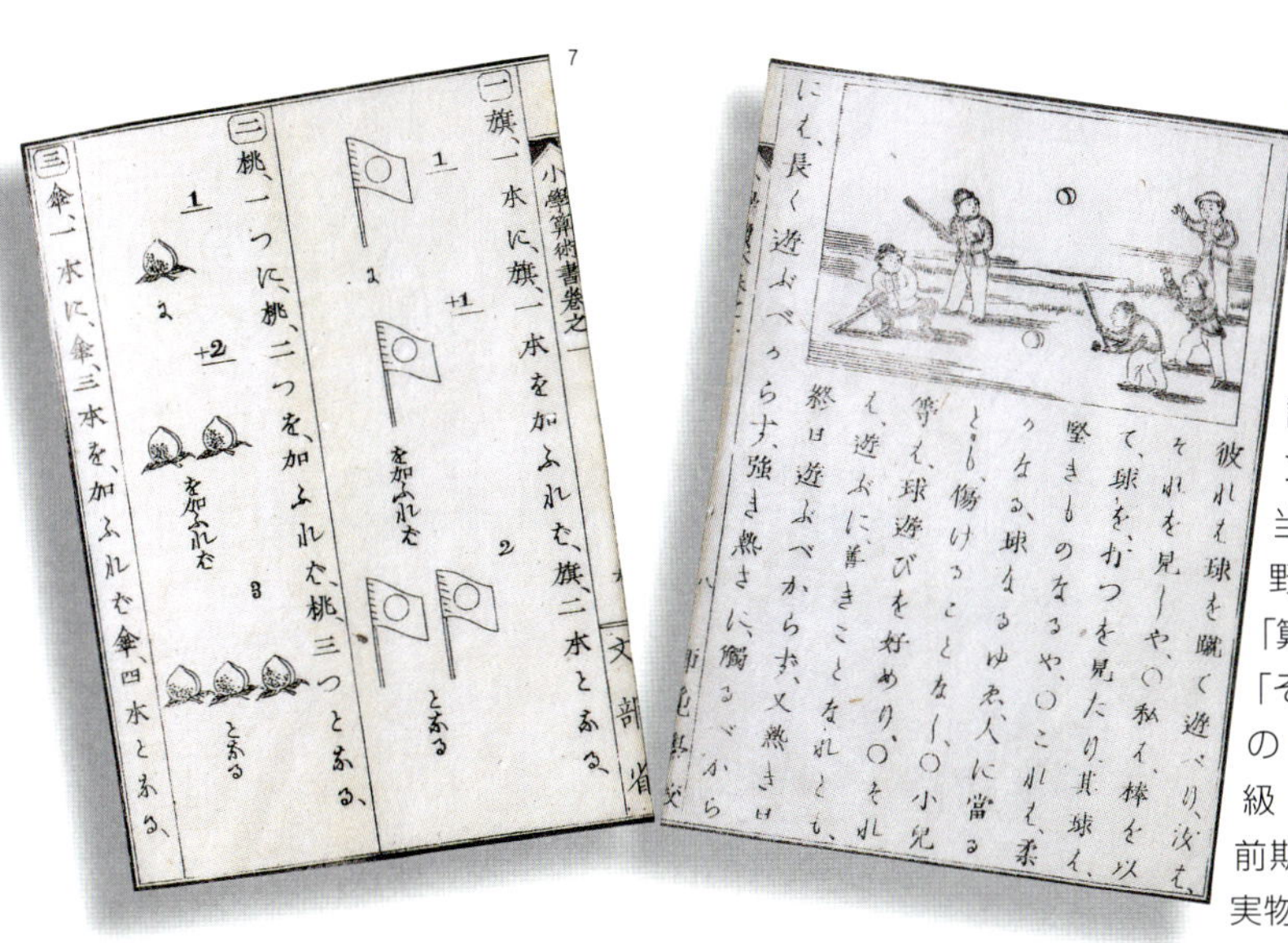

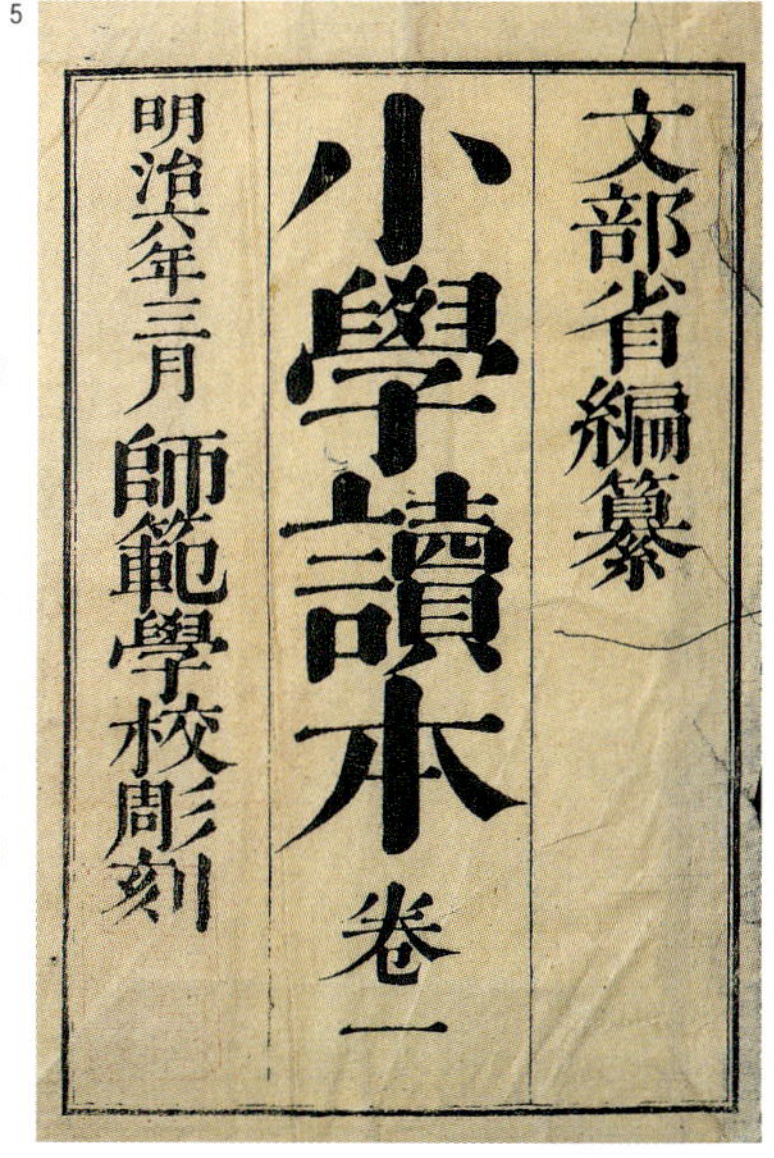
文部省編纂
小學讀本 巻一
明治六年三月 師範學校彫刻

⇐⇒小学校の教科書 明治初期の教科書は、欧米の教科書を翻訳、抄訳したものが多かった。文部省編纂『小学読本巻1』は『ウィルソン・リーダー』の翻訳で、当時の日本にはなかった野球が教材となっている。「算術」は筆算であったが、「そろばん」も教えた。左の『小学算術書』は、第6級（現在の小学校2年生・前期）で使われた教科書。実物を示して足し算を教えられるよう編纂されている。

▶教育勅語と御真影（p192）、学校教育の普及（p262）、帝大の誕生と私学の隆盛（p266）、女子の教育（p268）

電信・郵便制度始まる

国内統一のために政府は情報網の確立を急いだ

電信と郵便の制度は、明治時代に近代国家が形成されるときに大きな役割を果たしている。政府の第一の課題は、国内の政治的統一のために、政府の意向をすみやかに地方の隅々にまで行き渡らせることであった。そのためには、宿駅・飛脚など幕藩体制以来の交通制度を利用しながら、国全体に情報網をつくりあげなければならなかった。

東京一横浜間鉄道沿い、大森付近の電信架設作業。(明治5年)

先進技術の電信事業

電信と郵便は、ともに国家が事業を進めていくところは共通していたが、それぞれの制度や事業の展開は異なっていた。鉄道や電信などのように、欧米から新規に導入された輸送・通信に関する事業はおもに工部省が担い、郵便事業はおもに内務省や農商務省が担うことになった。

日本で初の電信事業は、東京と横浜間で明治2年(一八六九)12月25日に開業したが、これは明治4年3月1日の東京―京都―大阪を結ぶ東海道郵便の開業よりもはやかった。海底ケーブルの技術を基礎に電信線路網が世界に拡張されると、慶応元年(一八六五)に万国電信連合が成立し、また一八六〇年代には極東アジア地域まで電信のネットワークが広がってきた。すでに幕末には、日本への海底ケーブル陸揚げが具体化しようとしていたのである。

郵便と電話が開設される

一方、郵便事業については幕末

『東海名所改正道中記 程ヶ谷』 明治初めに東京一長崎間の電信線路が急速に架設された。工事は街道筋に沿っていたため、沿道の並木が電信柱のかわりに利用されるなど、試行錯誤が続いた。(3代歌川広重、明治8年)

東京・有楽町の日本最初の電話交換室 ベルギー製の交換機を操るのは女性交換手。電話事業は女性交換手の活躍を準備した。(明治23年)

最初の電信に使われたブレゲ指字受信機。(明治2年)

最初の電信に使われたブレゲ指字送信機。(明治2年)

第二電信回線及機械設置図 電信線路は東京一長崎間の太平洋ベルト地帯に集中している。長崎からは海底ケーブルで海外電信網に接続していた。すでに20世紀日本列島開発のアウトラインが示されている。北九州からのびる電信線は、海底ケーブルで釜山(プサン)に通じる。電信線路は「帝国の版図」をも表わしていた。(明治24年)

➡**明治10年代の東京郵便局公衆室**　東京郵便局は逓信省設立まで郵便行政の中心だった。右手は私書箱。左手は切手、書留などの窓口。

⬇**人車便（人力車）と馬車便による郵便物の輸送**　明治初期、郵便物の輸送は、おもに脚夫・人力車・馬車によった。江戸時代には禁止されていた車両が積極的に導入された。

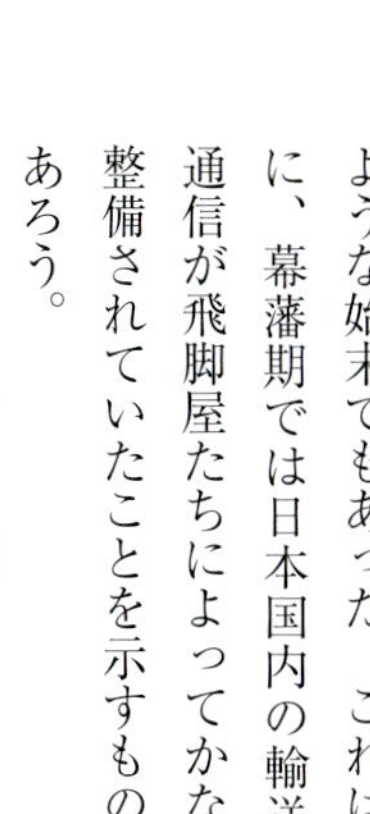

に至ってもまだ関心が低く、欧米の汽船に描かれたPOST SHIP（郵便船）を「飛脚船」と訳するような始末でもあった。これは逆に、幕藩期では日本国内の輸送・通信が飛脚屋たちによってかなり整備されていたことを示すものであろう。

ところが、欧米列強が、汽船海運事業をもとにした国際郵便網（万国郵便連合の設立が一八七四年、日本の加盟は一八七七年）を日本まで広げてきたため、従来の輸送・通信の事業を大幅に近代化し、車両を導入したり道路を拡張したりする必要に迫られた。欧米並みに事業を官営の独占として、全国一律の料金で郵便事業を行なうためには、やはり在来の交通網を利用しながら近代化を進めるのが効率的であった。

こうして飛脚屋から発展した内国通運会社など、民間事業との連携や新たな起業家たちも登場して、官民が連携する近代的な郵便事業を担っていくことになる。

通信と郵便の事業が統合されるのは、内閣制度が確立して工部省が廃され、かわって逓信省が電信・郵便事業を管船・灯台事業とともに管理することになる。明治18年末のことであった。

電信の導入では欧米に遅れたが、電話技術については一八七六年にアメリカでベルが電話を発明した翌年、いち早く日本の官庁へ導入され、一般への実用化が始まる。しかし、公衆電話事業は、官営か民営かの問題を抱えて大幅に遅れ、ようやく一八九〇年12月に東京—横浜間が開通した。

こうして明治中ごろまでに、電信（電話）と郵便を基礎とした近代的な情報空間が、近代的な国家と折り重なって出現してくることになる。

（山根伸洋）

⬅**四日市駅逓寮**　明治7年、東京・日本橋四日市に新築されたモダンな官舎。駅逓寮は明治4年から9年までの郵便や輸送関連行政の中央機関の名称。明治10年から18年に逓信省ができるまでは駅逓局といった。

⬇**外国郵便開業**　幕末以来、外国人居留地を中心にアメリカ、イギリス、フランスの郵便局が設置されていたが、明治8年1月、日米郵便交換条約が発効し、横浜郵便局から外国へ郵便物を送ることができるようになった。以後、郵便の主権が回復していき、明治10年には万国郵便連合へ加盟した。

▶鉄道網の展開（p220）

天皇の地方巡幸

国民へのアピールを意図して全国を旅した

明治政府にとって、天皇の姿を国民にいかに見せるかは大きな課題だった。明治前期には、生身の天皇を国民の前に示す試みもさかんに行なわれた。

天皇がある場所を訪問することを「行幸」、二か所以上の場合は「巡幸」という。天皇の行幸は、幕末までおよそ二四〇年間もなかった。それほど京都に縛られていた天皇を、はるか東国の江戸へと移すこと、すなわち「東幸」は画期的な出来事であった。

明治元年（一八六八）秋の東幸に先立ち、江戸は東京と改称される。その後、天皇はいったん京都に戻るが、翌年春の東幸以降は、旧江戸城を皇居に定めた。いずれも大行列を組み、沿道の住民に酒や菓子をふるまい、高齢者や孝子*節婦らの表彰を行なっている。ただし、天皇自身は鳳輦*の中にあり、あまり姿を現わさなかった。

●聖蹟となった宿泊所

戊辰戦争が終わり、政権が安定すると、明治5年の近畿・中国・四国・九州巡幸を皮切りに、「六大巡幸」と呼ばれる巡幸が始まった。その足跡は北海道から九州までほぼ全国に及び、官庁・学校・軍隊・社寺訪問のほかに、古代天皇の「国見」になぞらえ、行く先々で、土地の産業や物産や宝物などの「天覧」が行なわれた。

明治9年の奥羽・北海道巡幸以降、乗り物は馬車を用いたから、洋服を身に着けた天皇の姿が人目に触れる。新聞記者や画家が同行して行幸の様子を記録し、行列図や錦絵などがさかんに出まわった。

陸路を行く場合、宿泊所は「行在所」、休憩所は「小休所」と呼ばれ、各地の旧家や名望家の家をあてることが多かった。それぞれの家が独自にあつらえた調度品や下賜品などが、宝物となって伝わっている。行在所跡は民間信仰をも集め、昭和初年には、明治天皇の「聖蹟」保存運動の高まりのなかで、聖蹟に指定された。

（木下直之）

1 ↑三島雄之助『北陸東海御巡幸 石川県下越中国黒部川図』 明治11年の北陸・東海道巡幸で、馬車に乗った明治天皇が黒部川付近を通行する様子。上方に見える橋は、寛文2年（1662）竣工の愛本刎橋。（明治11年）

2 ←佐久山行在所印南金三郎・彦太郎宅 明治9年と14年に行在所となった栃木県の邸跡。昭和初年の撮影時には、明治天皇の「聖蹟」となっていた。

明治天皇の六大巡幸

- 明治５年 近畿・中国・四国・九州巡幸
- 明治９年 奥羽・北海道巡幸
- 明治11年 北陸・東海道巡幸
- 明治13年 山梨・三重・京都巡幸
- 明治14年 山形・秋田・北海道巡幸
- 明治18年 山陽道巡幸
- ● 主要な行在所

天皇のおもな巡幸先と行在所

近畿・中国・四国・九州
鳥羽港・城北中学・英学校・造幣寮工場・大阪医学校・小豆島・下ノ関・長崎造船寮・鎮西鎮台・熊本城・鹿児島練兵場・丸亀・神戸・湊川神社

奥羽・北海道
利根川渡船・東照宮・華厳滝・福島・宮城師範学校・青葉城・松島・塩釜・中尊寺・花巻・盛岡・青森・明治丸乗御・函館病院・五稜郭

北陸・東海道
浦和・高崎・長野・高田・弥彦神社・新潟医学所・長岡・黒部川・富山・金沢・福井・大津・岐阜・名古屋城・練兵場・熱田神社・静岡・小田原

3 4 **菊花御紋章・桐御紋章落雁木型** 福島県桑野村の開成館で出された落雁と伝わる。

5 **御紋章入銀盃三重** 金沢の行在所、薬種商中屋彦十郎に下賜。

6 **火鉢** 岐阜県鏡島村の小休所、上松家が京都に特注したもの。

五姓田義松『江州石山観月堂臨御の図』 五姓田義松は明治11年の巡幸に随行し、記録性の高い油彩画数十点を献上した。石山寺山上で風景を楽しむ天皇が描かれている。

『北海道山形県秋田県青森県御巡幸御休泊駅附』 明治14年の北海道・東北巡幸の際、天皇が立ち寄った場所と行程を上段に、行列の様子を下段に描いたもの。沿道に集まる民衆に販売された。かつての大名行列に比べて、はるかに規模が小さい。

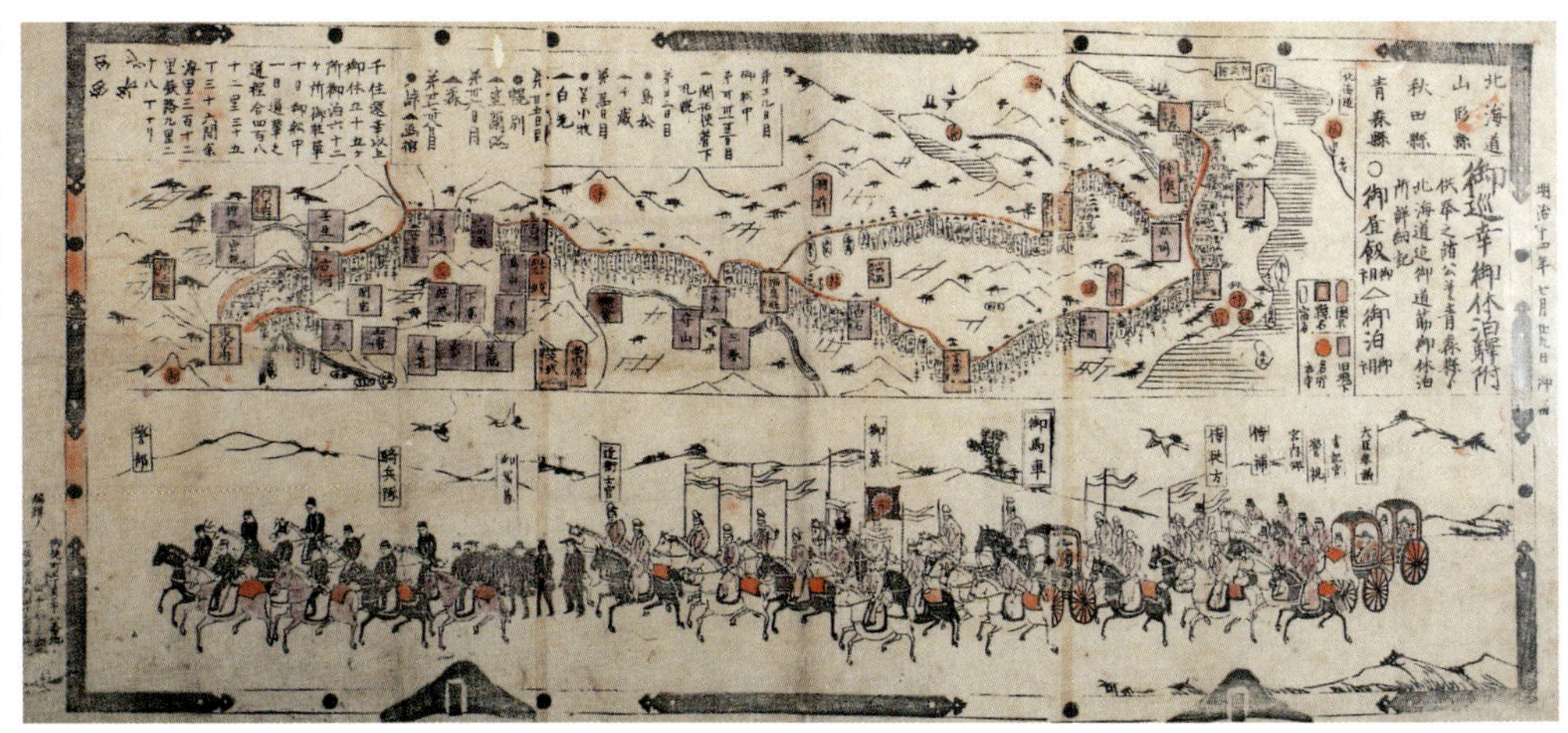

山形県授産所女工の天覧記念写真 明治14年9月30日、天皇は山形県庁を訪れ、製糸所ほかの施設を見学した。写真は、授産所での繰糸(くりいと)作業を撮影したものと思われる。

『盛岡行在所菊池金吾邸之図』 明治9年に行在所、14年に小休所となった家の絵。庭の松を天皇が覚えており、「見馴(みな)れの松」と呼ばれた。

明治13年
山梨・三重・京都
八王子・生糸織物陳列所・甲府・松本・開智学校・福島・大井・多治見・名古屋・桑名・津・亀山・草津・京都—神戸間汽車・神戸税関・扶桑艦

明治14年
山形・秋田・北海道
小山・磐井・水沢・八戸・青森・小樽港・札幌農学校・千歳・苫小牧・室蘭・弘前・大館・秋田・湯沢・院内鉱山・新庄・鶴岡公園・酒田・山形

明治18年
山陽道
横浜・神戸・三田尻・山口・厳島神社・広島練兵場・広島鎮台・広島師範学校・宇品・呉・岡山医学校・三石・姫路・明石・垂水・西須磨・神戸

＊**孝子節婦** 孝行な子どもと、節操の固い婦人。

＊**鳳輦(ほうれん)** 天皇専用の御輿(みこし)。頂上に鳳凰の飾りが付いている。↓72ページ参照

▶江戸開城と東京遷都(p58)

天皇の乗り物と宮殿

権威と役割を示すための居住と移動の手段

中国の皇帝に倣い、天皇も公式行事のなかではみずからの足で歩かない。移動には乗り物が用いられ、一般に、それは従者が肩に担ぐ鳳輦である。京都を離れて東京に移る東幸の際にも、鳳輦を用いた。

しかし、天皇親政を立て前とした政府は、天皇が軍隊を親しく統率することを期待した。そこで、天皇は軍服を正装とし、乗馬の訓練が課せられる。明治4年（一八七一）頃から、馬に乗る天皇の姿を『明治天皇紀』のなかに見いだすことができる。やがて、大元帥たる天皇は、馬上から閲兵する機会をたびたびもつことになる。

天皇がはじめて馬車に乗ったのは明治4年のことで、今度は西欧の王室に倣った。明治9年の奥羽・北海道巡幸から馬車が用いられ、東京での行幸の際も、馬車による移動がふつうとなった。

地方巡幸では、悪路の場合に馬や輿が使われ、海路は軍艦に乗船している。ただし、海路は危険を伴うため嫌われ、陸路が優先されるようになる。したがって、国内の鉄道建設が進むにつれ、鉄道による移動が多くなる。

天皇がはじめて鉄道に乗ったのは、明治5年の近畿・中国・四国・九州巡幸の帰途である。開業直前の横浜―新橋間を乗車した。明治10年の神戸―京都間開通式の際には、特別に製造された御料車が使われた。豪華な総絹張りの内装が施された小さな動く宮殿であった。

●和洋折衷様式の明治宮殿

京都御所を離れ、旧江戸城西の丸御殿を新たな皇居としたときから、天皇にはふさわしい宮殿が必要とされていた。洋服を着用し、洋風の生活スタイルを採用した以上、畳敷きの大広間は外交儀礼の場として使えなかったからだ。

明治6年に皇居が炎上したことから、新たな宮殿の建設が焦眉の課題となった。当初は西洋風の宮殿建設をめざしたが、財政面で折り合わず、明治21年に竣工した宮殿は、和洋折衷様式のものとなった。翌明治22年2月11日には、この新宮殿で、大日本帝国憲法発布式典が盛大に執り行なわれた。

この後、明治42年に建設された赤坂離宮は、外観内装ともに西洋風の宮殿である。明治宮殿は昭和20年のアメリカ軍による空襲で焼失したが、赤坂離宮は迎賓館として現存する。（木下直之）

1

←**3代歌川広重『東京日本橋之勝景』** 明治元年10月13日に、天皇がはじめて東京に入る様子を描いた。鳳輦の御簾が上がり、天皇の姿がわずかに見える。京都を発ったのが9月20日だから、20余日を要した旅だった。

3

↑**明治丸** 明治9年の奥羽・北海道巡幸の際、青森―函館間、函館―横浜間で用いた。本来は灯台視察船のため揺れやすく、帰路は難渋した。横浜に無事に到着した7月20日は、のちに海の記念日となる。

2

→**明治天皇御乗馬写真** 西郷隆盛が明治4年末に郷里の叔父にあてた手紙に、〈天気さえよければ天皇は毎日乗馬を楽しむ〉という1節がある。そのころのめずらしい写真。

4

↑明治宮殿正殿 宮殿の中心は正殿といい、玉座が置かれた謁見の間である。格天井に絨毯、緞帳、シャンデリアが輝く和洋折衷の装飾がみられる。中庭を挟んだ背後には、宴会を催すための豊明殿が設けられた。（明治 25 年）

6

←御料車第 1 号の内部 明治 9 年に、神戸でイギリス人技師の監督のもと製造された木製車両。内扉には橘と桜が刺繍されている。翌 10 年の神戸―京都間の鉄道開通式ではじめて使われた。

5

➡割幌 4 人乗り馬車 イギリス製で、後部座席の部分は折りたたみ式の幌になっている。

和洋ごちゃまぜ風俗

庶民は、和装と洋装の組み合わせを楽しんだ

↑女学生にネルシャツが流行　きものの下に着た赤地格子のシャツは、当時の流行だった。ネルのシャツは手首、首元までボタン留めでき、寒気を防ぐので重宝された。（明治11年、月岡芳年『見立多以尽 洋行がしたい』）

明治初期、文明開化が進む都市のにぎやかな往来では、和洋まぜこぜの風俗が多く見受けられた。洋式の制服を着たのは軍人やポリス（巡査）で、ほかは昔のままのきもの姿が多いが、なかには和装と洋装を組み合わせたミスマッチな服装が散見できておもしろい。

●開化風俗が歌になる

明治初期に流行した*大津絵節には「おいおいの勉強に横文字洋楽大商法、シャッポ着て時計持って、立身つとめや月給取り、洋服に蝙蝠傘に、着流しの長羽織、馬車人力で駆け廻る、散髪頭に香水ぬって靴はいて、シャボンで体を洗い、ビール飲んで牛煮て食って、えら奮発」と、当時の開化風俗が歌われている。

明治5年（一八七二）頃の東京の落首に、「ざん切に洋服せしは官員衆、ざん切一刀参属と知れ」「ざん切に無刀無袴書生風、髷と大小家令貫属」とある。官吏はさすが西洋化の先端をいっていたようだ。髷を結って刀を差した守旧派は、高位顕官の家令か、貫属士族、おそらく帰藩せずに東京に戸籍を移した人であろう。

●きものにシャツの女学生

洋装一式をそろえるのは、かなり面倒で金がかかるが、きものを補う形で身に着けられる洋装品は普及が早かった。

きもののなかに着るシャツとズボン下にはメリヤス製とフランネル製の二種類があった。手編みのメリヤス製品は幕末から武家の内職でつくられており、フランネルに似た綿ネル（紀州ネル）は明治5年から国内で生産されるようになった。

*『富岡日記』は、明治6年に伝習のため、長野県の松代から群馬県富岡の製糸工場に向かう娘たちの旅姿を記録しているが、そこには紫メリンスの袴に赤シャツ、黒縞の袴に赤縞のネルシャツ、父親の緞子の義経袴（当時は女性にも男袴を着ける人がいた）に赤いスコッチ柄のメリヤスシャツといった組み合わせが出てくる。

●シャッポに洋傘の男たち

明治6年に天皇が髷を切り、民間人にもザンギリ頭が増えるにつれて、シャッポ（帽子）が大流行した。身分の高い人はラッコ製、

3

⬆昇斎一景『開化因循興廃鏡』「因循」とは、古い習慣に凝り固まっていること。開港によって日本に入ってきた新式のものと旧来の品が争い、新しいものが古いものを圧倒していく様子を描いた戯画である。（明治5年）

4

⬅よし藤『本朝舶来戯道具くらべ』上の絵と同様、新旧を比較した戯画の部分図。河童は江戸以来の雨具の合羽に唐傘、鳶は日本人が「とんび」と呼んだインバネスを着て洋傘をさしている。（明治6年）

商人は羅紗製だったという。

同じように流行した洋傘は、金属の骨に黒い布地を張ったつくりが蝙蝠を連想させたことから「蝙蝠傘」と呼ばれ、雨の日はもちろん、男性が日よけ用にも使ったという。

だが、履き物は相変わらず下駄・草履・草鞋が多かった。当時の代表的な靴は脇ゴム靴（アンクルブーツ）だが、靴は日本人の足型に合いにくく、自分に合ったものを探し当てるのがやっかいだった。

また、男性の洋装が一般社会に定着してからも、自宅でくつろぐときに着るのは和装という人がほとんどで、その区別は昭和まで続いた。

一方、女性の本格的な洋装は、明治10年代なかばの鹿鳴館時代まで待たねばならない。

（柳生悦子）

5

⬅ビゴー『食堂 英国直輸入、流行の最先端』左下に書かれた文の大意は「東京の煉瓦街の『小吾妻』に西洋料理を食べに行ったら、束髪頭で西洋服、靴は履かずに足袋はだし…こんなんで下女である」と手厳しい。店内はテーブルに椅子と洋風だが、暖房は足もとの火鉢だけのようだ。（明治20年『トバエ』3号）

2

➡3代歌川広重『東京名所之内京橋通り之真景』明治12年の京橋通りを描いた錦絵。ガス灯が立ち、乗合馬車や人力車が走っているが、商店の構えは江戸時代のまま。行き交う人々の服装も、和洋さまざまである。

＊**大津絵節**　三味線伴奏によるお座敷用の俗謡。大津絵の絵柄を歌った元歌から出て、時局や風俗を歌い込んだ替え歌が多くできて全国に広がり、江戸末期から大正時代まで流行した。

＊**『富岡日記』**　明治6年に官営富岡製糸場の工女募集に応じた、17歳の松代の士族の娘、和田英（旧姓横田）が、明治40年に当時のことを書いた回想録。

▶富岡製糸場（p108）、欧化の象徴・鹿鳴館（p282）

フロックコートと背広

洋装が奨励され、都市では仕立屋が繁盛する

明治新政府は、軍服、大礼服、警官・消防士の制服などを制定し、散髪・脱刀をはじめ、身なりの西洋化を奨励した。

●奇妙な組み合わせの洋装

はじめて着る洋服を、舶来古着屋で買う人が多かったが、服の型と着る人の身分との関係や、上着とズボンの組み合わせの善し悪し、着るべき時と場所の区別を理解しないまま、買い求めた例が多い。

明治4年（一八七一）10月の『新聞雑誌』に載った柳屋洋服店の広告には、〈奇なり妙なり世間の洋服、頭に普魯士の帽子を冠り、足に仏蘭西の沓を履き、筒袖は英吉利海軍の装、股引は亜米利加海軍の礼服、婦人の襦袢は肌に纏て窄く、大漢の合羽は脛を過てながし、恰も日本人の台に、西洋諸国はぎわけ鍍金せる如し……〉という文面がみられる。

●名の由来はシビルコート

当時の代表的な洋服は、幕末から「マンテル」と呼ばれていたフロックコートと、背広である。

福沢諭吉は慶応3年（一八六七）刊行の『西洋衣食住』で、フロックコートを「ゼントルマンコート＝割羽織」の名で「身分ある人の常服」、背広を「丸羽織」の名で「だいたい職人などの服だが、高貴の人でも自宅のくつろぎ着や屋外で着る」と解説している。だが、日本では、職人や商人の背広姿がみられるのはかなりあとになる。

欧米で背広に該当する言葉には、ビジネスコート、サックコート（米語。袋のような寸胴形のため）、ラウンジジャケット（英語。正装の会食後のラウンジにおけるくつろぎ着だったため）、シビルコート（シビリアンつまり市民服とい

⬆絵で説明された「せびろ」 西洋の新しい文物を紹介した『絵入智慧之環』（明治3年）のなかに、「せびろ」という名称がはじめて登場する。右上の「まんてる」はフロックコートのこと。右下が「せびろ」、左は上が「ちょっき」、下が「しゃあつ」。

⬆丸善が経営していた「丸屋裁縫店」

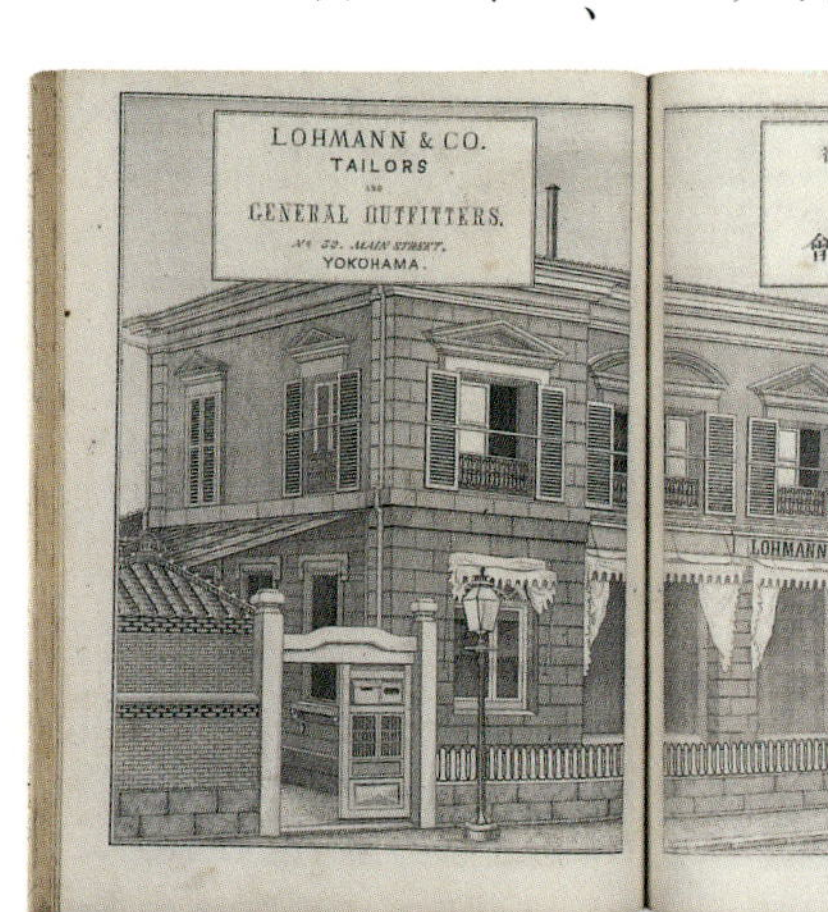

⬆横浜居留地のテーラー 洋服仕立職ローマンが明治6年に居留地70番に出した店。この店の日本人職人には、のちに有名になった人が多い。（明治19年『日本絵入商人録』）

➡明治10年代の洋服職人 明治12年に描かれた『諸工職業競』のなかの「舶来仕立職」の図。この絵の洋服職人はまだきもの姿である。仕事場の建物は洋館らしいが、ミシンを踏む職人以外は床に座って裁ち縫いしている。

う意味）など、複数ある。

「背広」という名の由来は、日本人が舶来の古着を買うとき、その服の形式が、オフィサー（官吏・士官）用か、シビリアン（市民）用かを確かめようとして、質問を繰り返すうちにシビリアンがシビルと略され、やがてなまって「せびろ」となったと考えられる。現に、背広の表記は、明治初期は「セビロ＊」「せびろ」など、かな書きである。

服を解体して苦心の研究

背広はフロックコートと違い、裾が短く活動的である。背中は中央一本の縫い目で、布幅を広くとる裁断法なので、「背広」と名付けたという説は、日本人の洋服職人が活躍しはじめてからの話であろう。

幕末のころ、横浜の外国人の家に洋服仕立ての見習いとして入ったのは、足袋職人・袋物職人が多かった。古服を解いて型紙をつくり、解いた布をまた縫い合わせるなど苦心の研究を重ねる人もいた。そして、舶来ミシンの登場で縫製技術は画期的に進歩した。

やがて、明治も年代が過ぎるにつれ、フロックコートはシルクハットと組み合わせて儀式用に押し上げられ、背広が男性の通常服として定着していく。（柳生悦子）

＊**セビロ**　明治3年の『法令全書』、兵部省「海軍概則之事」に〈兵卒（海兵隊員）と火焚（機関兵）の制服上衣…紺ヘルセビロ〉の記述がある。「ヘル」は目の詰まった厚地のウール。

6

⬆**背広姿の岸田吟香**　台湾出兵に随行して日本初の従軍記者となった岸田を、下岡蓮杖が撮影した写真。体に合った背広とチョッキを身に着けているが、ズボンはわきに筋があることから、軍服ズボンの流用かもしれない。（明治5年）

⬇**フロックコート姿の福地源一郎**　西南戦争を取材する福地を描いた絵。チョッキとズボンにフロックコートの組み合わせ。（明治13年、小林清親『教導立志基　福地源一郎』）

5

7

⬆**水野年方『開化好男子』**　当時の男性の代表的な服装を描いた、明治23年の錦絵。8人のうち、洋服姿は大礼服の文官（右端）、毛皮襟の外套を着た法学博士（右手後方）、フロックコートの代議士（中央左）、詰め襟・金ボタンつき制服の学校生徒（左手後方）の4人である。明治中期でも、男性の洋服姿はまだ少なかった。

▶新聞の誕生（p110）

巡査の誕生と違式詿違条例

警察制度が整い、軽犯罪が取り締まりの対象となる

社会がまだ不安定だった明治初年、治安を守る警察制度を望む声が高まっていた。

●巡査の武器は棍棒だけ

明治4年（一八七一）、政府は東京の市中取り締まりのため、旧藩士から邏卒三〇〇〇人を募集した。翌年8月、司法省に警保寮が設置されると、邏卒はその管轄下に置かれた。

東京府では、江戸時代の「自身番」を番人とし、邏卒の下に配備した。番人には、笠と洋風の上着（マンテル）を着用させ、棒を持たせて取り締まりにあたらせた。

明治7年1月、警保寮は内務省へ移され、犯罪捜査にあたる司法警察と、犯罪を防ぐ行政警察に分離された。首都警察として東京警視庁が創設され、邏卒は巡査と改称された。巡査は制服を着用、三尺（約九〇㎝）の棍棒を武器とした。すべての巡査に帯剣が許されるのは明治16年5月である。

●明治の「軽犯罪法」

明治5年11月、司法省警保寮は「違式詿違条例」の施行を東京府へ通達した。この条例は、軽い犯罪と処罰に関する法で、現在の軽犯罪法にあたる。「違式」は故意に慎むべきことへの違反、「詿違」は過失で人の迷惑となることで、違式のほうが刑罰が重い。

「東京府下違式詿違条例」は全五三条からなり、最初の五条が違犯者への処罰で、次いで違式罪目二三条、詿違罪目二五条があげられている。明治6年7月には、各府県に対して「各地方違式詿違条例」全九〇条が公布された。

違反者に対する裁判権は巡査に与えられた。基本的には罰金刑で、払えない場合、違式違反者は笞打ち、詿違違反者は拘留の実刑だった。明治12年の東京での違反者は九九％が男性。この条例は15年1月の旧刑法施行により、違警罪に吸収された。

（森田貴子）

『画解五十余箇条』

35枚の絵からなる折り本で、東京の違式詿違条例の禁止項目が描かれている。罪目や刑罰を具体的に警告するため、このように絵入りやふりがな、言葉の説明をつけた違式詿違条例が、多数発行された。（昇斎一景、明治6年）

↑入れ墨をする 火消などが、喧嘩や祭りで幅を利かせるための入れ墨を、治安と風俗取り締まりのため禁止した違式罪目。

←喧嘩を取り締まる巡査 喧嘩は治安維持のため禁止された詿違罪目で、逮捕者数の多い犯罪のひとつ。巡査の制服は黄絨線で縫いとり、帽子は銀線を巻き、徽章は一文字形である。（4代歌川国政『開化幼早学問』）

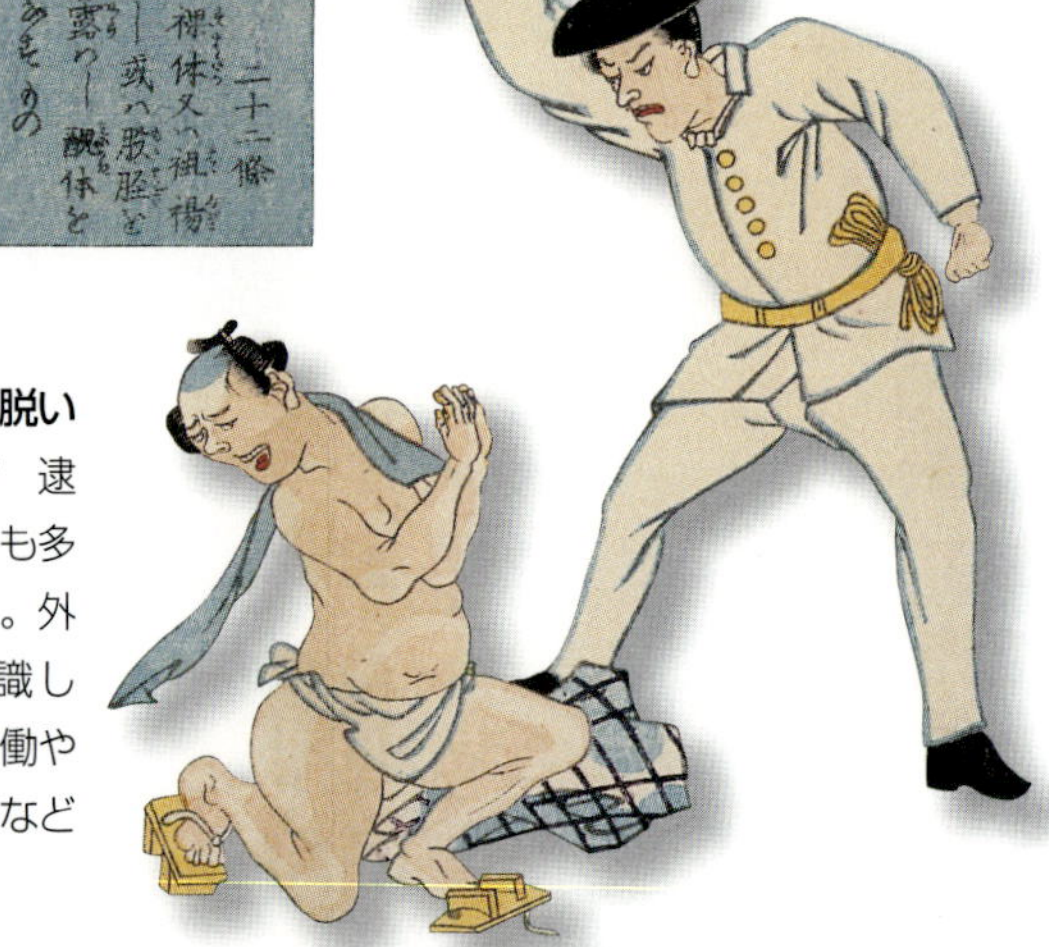

➡裸体や片肌を脱いで醜態をさらす 逮捕者数のもっとも多かった違式罪目。外国人の目を意識して、裸体での労働や湯屋への出入りなどを禁止した。

全国の違反者数の推移

（万人）　違式違反者　註違違反者

8 / 7 / 6 / 5 / 4 / 3 / 2 / 1 / 0

明治９年　10年　11年　12年　13年　14年

注：明治９年・10年は、違式・註違違反者の合計。

『帝国統計年鑑』第1・2回より

➡蓋のない肥桶を搬送する　臭気迷惑から禁止された註違罪目。掃除人は大家へ金を払って汲み取り、農家へ肥料として売った。

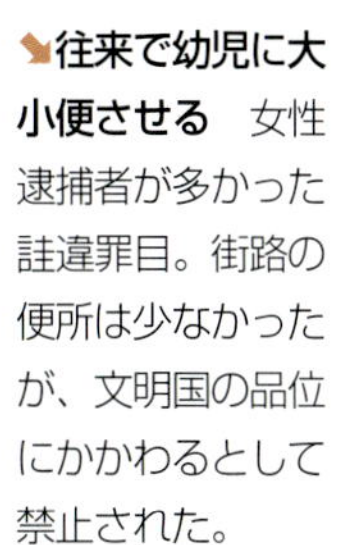

↘往来で幼児に大小便させる　女性逮捕者が多かった註違罪目。街路の便所は少なかったが、文明国の品位にかかわるとして禁止された。

➡婦人で理由なく断髪する　女性の断髪は醜態であるとして禁止された註違罪目。違反者は煎茶店の給仕女などに多かった。

⬆偽物や腐敗の飲食物を販売する　衛生面と営業詐欺として禁止された違式罪目。闇に紛れてのいんちき商売が横行していた。

↘荷車・人力車で、通行人に迷惑をかける　交通規則に関する註違罪目のひとつ。通行人におかまいなしに疾走する車夫もいた。

⬆いたずらに往来の常灯台を壊す　公共物破壊を取り締まる違式罪目。常灯台には文明開化のシンボルであるガラスがはめられていた。

洋風化する港町

開港場になった港町は、急速に西洋を吸収していく

神戸

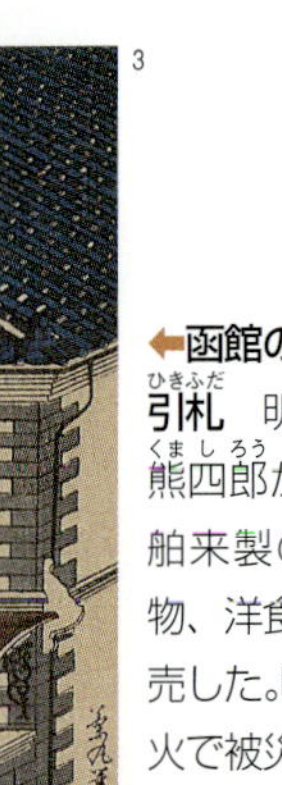

⬅函館の金森洋物店の引札　明治初年に渡辺熊四郎が開いた店で、舶来製の小間物や織物、洋食料品などを販売した。明治12年の大火で被災したため、翌13年、開拓使の茂辺地煉瓦石製造所の煉瓦を使った洋風建物を新築した。その新築開店を知らせる広告。

⬆神戸の西洋家具製造所　開港場には外国人相手の新しい商売が登場した。西洋家具製造所もそのひとつ。外国人から古い家具を購入し、修理・販売した。おもな顧客は官公庁や貿易商などで、家具職人は讃岐塩飽諸島の船大工から転職した者が多かった。

⬇函館のハリストス正教会　安政6年（1859）のロシア領事館建築時に、付属教会として建てられた。宣教師ニコライが来函して信者を集め、明治6年の復活祭礼拝者は160名にのぼった。明治40年に焼失。

⬅函館氷の採氷風景　氷は、外国人の飲料や肉類の保存、医療用として、アメリカから輸入された。明治4年の夏以降、五稜郭の氷が外国商船で輸送されるようになり、京浜地方で販売された。明治5年の移出量は、1061トンにのぼった。

▶お台場と開港場（p41）、居留地発の洋食屋（p92）

安政5年（一八五八）、幕府はアメリカと日米修好通商条約を結び、神奈川、函館（箱館）、長崎、新潟、兵庫の開港を約束した。これら五つの港町は外国からの人や物に接する場所として、急速に洋風化していった。

●経済が活発になった函館

函館は、なかでもはやくに開港した町である。安政元年の日米和親条約を受け、翌2年に薪や水、食糧補給に限り開港され、安政6年、貿易港として正式に開港した。

函館の商人たちは家屋や蔵などを外国人に貸与し、町は雑居地となったが、外国との貿易の急増で経済は活況を呈した。人口と交通量が増加し、海岸の埋め立てが何度も行なわれた。埋立地には新しい道路がつくられ、倉庫や商店、官公庁、住宅などが建てられた。

こうしたなかで、函館の人々は、外国語・洋食・洋服・写真・キリスト教など、西洋文化を吸収していった。〈函館開け、札幌開け、小樽開けて、豊平川に橋も架かれば…〉と、幸田露伴は明治30年の函館を述べている（『寶窟奇譚』）。

●居留地がつくられた神戸

慶応3年（一八六七）12月、当初予定されていた兵庫にかわり、神戸が開港した。当時、兵庫は五五〇〇戸あまりの港町で、居留地に適した土地がなかったため、東隣の五〇〇戸ほどの小さな港町である神戸が選ばれた。神戸港は、波が穏やかで水深の深い天然の良港であった。

開港に伴って外国人居留地が計画され、慶応4年に造成が完了した。設計は上海租界をつくったイギリス人J・W・ハート。中央に幅九〇フィート（約二〇m）の道路が南北に走り、さらに南北に四本、東西に二本と居留地を一周する道路がつくられ、一二街区一二六区画に分けられた。海岸通りには遊歩道が設けられ、南北の道路には下水道が埋設された。街路樹やイギリス製のガス灯が並び、西洋風の街が生まれたのである。

（森田貴子）

↑神戸港の風景　港町のにぎわいを描いた錦絵。居留地の洋風建築とガス灯が立ち並び、海岸通りにはちょんまげや洋装の男女がそぞろ歩く。自転車や馬や馬車に乗った外国人もいる。日本人と外国人が話をし、湾には和船と汽船が停泊している。

↓函館港の風景　埋め立てによって開かれた市街地と港湾の風景。湾内には三菱や外国の汽船が停泊し、周囲に艀が見える。中央右手は、安政3年（1856）から軍事用に築かれた洋式の弁天台場。浜辺では自然の地形を利用した地引き網漁が行なわれ、和と洋が混在していることがわかる。

函館

断髪令と廃刀令

なかなか浸透しなかった、ふたつの勝手令

明治4年（一八七一）8月9日の太政官布告に「散髪、制服、略服、礼服ノ外、脱刀モ自今勝手タルベシ」とある。

ちょんまげは西洋人から見れば未開人の異様な風俗であり、帯刀はいつそれを抜いて斬りかかられるかと恐ろしく感じたに違いない。

新政府は、まず髷を切ることで、国民の頭を名実ともに西洋並みに切り替えたいとのねらいで、断髪を奨励したのである。

●散髪、脱刀勝手たるべし

だが「勝手タルベシ」では、してもしなくてもよいわけで、官員や軍人など文明開化の先端をいく人はいち早く断髪したが、一般庶民は長年の習慣をなかなか変えなかった。

当時の有名な俗謡に、つぎのような文句がある。

「半髪頭をたたいてみれば、因循姑息の音がする。総髪頭をたたいてみれば、王政復古の音がする。ジャンギリ頭をたたいてみれば、文明開化の音がする」

「半髪」は月代を剃って髷を結った頭、「総髪」は月代を剃らない髪型、「ジャンギリ」はザンギリともいう、散髪のことである。

散髪を奨励するため、地方では役人を派遣して強制的に断髪させたところもあり、大阪府や山梨県では髪結い床に地方税を課し、散髪屋を無税にした。

しかし、明治6年3月に明治天皇が散髪すると、さすがに、庶民も髷を切る者が増えていった。東*京での散髪の割合は、明治8年が二五%、10年で六〇%、14年頃には八〇%にのぼり、21年頃になるとすべての人が散髪したといわれている。

もっとも、散髪の奨励は男に限った話であった。明治6年の10月には上野山内清水堂近くの茶店の女、新内浄瑠璃語りの女、京都では開化芸妓七人が断髪して話題になったが、女の断髪は風俗上よくないとして、東京府は禁止の告諭を出している。

●武士が反発した「廃刀令」

しかしながら、帯刀に関しては、「脱刀勝手次第」なので、容易に実行されない。帯刀は武士の特権であり、廃刀は武士階級の崩壊を象徴するものとして反発が強かったのである。

⬆帯刀禁止後、巡査にとがめられる田舎者
（『東京絵入新聞』明治9年4月4日）

⬇月岡芳年『熊本暴動賊魁討死之図』
明治9年の神風連の乱を描いた錦絵。神風連、別名熊本敬神党は、神官の太田黒伴雄らを指導者とする神がかり的な国粋主義集団で、断髪廃刀は武士道に反するものであると敵視した。明治9年10月、170名あまりが刀や槍で武装し、県庁と兵営を襲ったが、銃装備した鎮台兵に鎮圧された。

3

←**五姓田芳柳『断髪布告（理髪所内の景）』** 明治初期の床屋。店内はランプ・大鏡・椅子で開化風のしつらえだが、客の髪を刈る理髪師はちょんまげ姿である。入り口にある理髪店のサインポール、赤白2色を斜めに塗り分けたねじりん棒は、砂糖菓子を連想させることから「アルヘイ棒」と呼ばれた。鴨居の上に見える、おかめの面をつけた扇形の飾り板は、従来の髪結い床で月代を剃るときに使った毛受けを活用したもの。

ザンギリ頭になり洋服を着ても、その上から帯を締めて刀を差し、旧習を固守する士族が全国的には依然として多かった。

陸軍卿山県有朋の上申により、明治9年3月28日に「帯刀禁止令」（廃刀令）が太政官布告された。政府は士族の暴発を警戒して厳しく帯刀を取り締まったが、この発令は、同年秋の「神風連の乱」など、不平士族を過激な行動に走らせる要因のひとつとなった。

また、発令後も、所持するのはかまわないだろうと、「この刀売り物」と札をつけて刀を持ち歩く者、木刀やすりこぎを腰に差して外出する者もいた。

高見沢茂は、明治7年刊『東京開化繁昌誌』の「脱刀」において、〈夫レ江戸ノ繁昌ハ帯刀ヲ以テシ、東京ノ繁昌ハ脱刀ヲ以テス〉と卓見を述べている。（柳生悦子）

明治5年頃の新旧さまざまな髪型 4

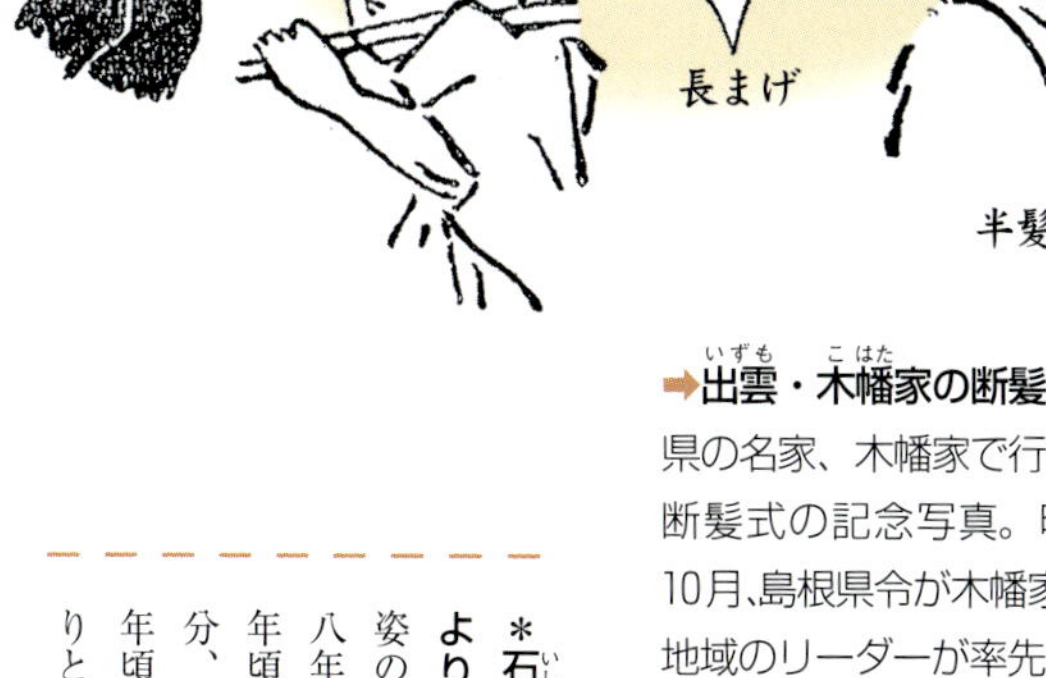

＊**石井研堂『明治事物起原』より** 〈さて東京にて散髪姿の増したる割合は、明治八年頃は散髪二分五厘、十年頃は六分、十四年頃は八分、十六年頃は九分、二十年頃は全く散髪のみになりとぞ〉（明治41年刊）

5

→**出雲・木幡家の断髪式** 島根県の名家、木幡家で行なわれた断髪式の記念写真。明治5年10月、島根県令が木幡家を訪れ、地域のリーダーが率先してザンギリ頭になるのが「天皇の御主意」と説諭した。木幡家当主は断髪を決意し、儀式を行なった。頭に手をあてた羽織袴姿が当主、主人の切った髷をしげしげと眺めているのは番頭である。

▶不平士族の反乱（p154）、日本髪と束髪（p198）

神仏分離と廃仏毀釈

天皇制を支える神道重視の宗教政策

明治政府の宗教政策は、神仏分離から始まる。慶応4年（一八六八）3月13日に、政府は王政復古に基づく祭政一致を宣言し、神祇*官を再興する。神祇官を通して全国の神社を掌握するとともに、神社に対する仏教寺院の影響力を排除した。3月17日には神社の別当・社僧に還俗を命じ、同28日には、神社から仏像・仏具の除去をも命じた。

この直後に、比叡山麓坂本の日吉山王社では、強引に押しかけた神官らによる仏像・仏具の焼却事件が発生している。逆に、奈良興福寺は内部から素早く対応し、僧侶の全員が還俗し離散した。建物も仏像も放置され、やがて五重塔は二五円で売却されてしまう。

1

鶴岡八幡宮境内大塔 仏教系の建物が破壊される直前の鎌倉・鶴岡八幡宮境内。右側に見える大塔からはまず相輪が取りはずされ、その後建物すべてが取り壊された。神奈川県庁が再三にわたって撤去を督促し、仏像や仏具も破壊されるか売却されたが、一切経は浅草寺に移されたという。

●各地で神社が創建される

戊辰戦争を終え、明治政府が政権を安定させるにつれ、神仏分離とそれに伴う廃仏毀釈が各地で展開した。

八幡神は典型的な神仏習合*であり、戦の神として武家の信仰を集めてきたが、鎌倉の鶴岡八幡宮では明治3年（一八七〇）5月に徹底した廃仏毀釈が行なわれた。仁王門・護摩堂・多宝塔・大塔などの仏教色の強い施設がすべて破壊され、現在に面影を何ひとつ残していない。

一方で、天皇に忠誠を尽くした人物を祀る神社の創建が相次いだ。鎌倉では、後醍醐天皇の皇子護良親王を祀る鎌倉宮の創建（明治2年2月13日に天皇が命じた）が、鶴岡八幡宮における廃仏毀釈と、まさしくコインの裏表の関係にある。こうした創建神社の代表的な存在が、楠木正成を祀る神戸湊川神社にほかならない。

●仏教美術品の海外流出

神社の台頭と寺院の没落は、江戸時代を通じて「寺社」と表記さ

美術館名（所在地）	収集した人（職業／御雇外国人の場合は勤務先）
ボストン美術館（米国・ボストン）	エドワード・S・モース（東京大学理学部） アーネスト・フェノロサ（東京大学文学部） ウィリアム・ビゲロー（医師）
ピーボディー博物館（米国・マサチューセッツ州セーラム）	エドワード・S・モース
フリーア美術館（米国・ワシントンD.C.）	チャールズ・フリーア（実業家）
ギメ東洋美術館（フランス・パリ）	エミール・ギメ（実業家）
大英博物館（イギリス・ロンドン）	ウィリアム・アンダーソン（医師）
リンデン博物館（ドイツ・シュトゥットガルト）	エルウィン・フォン・ベルツ（東京大学医学部）
キヨソーネ美術館（イタリア・ジェノバ）	エドアルド・キヨソーネ（大蔵省）

欧米の日本美術コレクション 廃仏毀釈の進行とともに寺院から流出した美術品の多くが御雇外国人や来日した実業家らによって収集され、母国に持ち帰られた。

2

湊川神社 明治元年、天皇は楠木正成を祀る神社の創建を命じ、神戸湊川に明治5年に竣工した。楠木は天皇親政を試みた後醍醐天皇の忠臣。明治政府にとって第一に顕彰すべき人物であった。本殿の左奥に自刃の場所がある。

＊**神祇官** 明治元年に置かれた官庁。神社の祭祀ほかを管理した。明治4年、神祇省と改称され、翌年廃止された。

＊**神仏習合** 神への信仰と仏への信仰を融合調和させること。奈良時代から日本

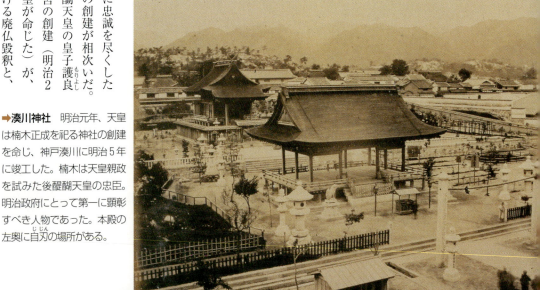

れてきたものが（たとえば寺社奉行）、明治時代になって「社寺」と表記されること（たとえば古社寺保存法）に象徴される。

明治４年の寺領上知令が、大きな打撃を与えた。旧幕府や旧大名家の庇護を失った寺院は経済的に困窮し、それは建物の維持管理の問題へと直結した。仏像をはじめとする宝物を手放さざるをえなくなったのはこのためである。法隆寺は明治11年に三〇〇件を超える宝物を皇室に献納し、対価として一万円を下賜されている。

東京の上野寛永寺と芝増上寺は、ともに将軍家の菩提寺であっただけに、またいちだんと厳しい状況に置かれた。境内の大半が公園となり、宝物が焼失、あるいは流失している。寛永寺に博物館や動物園が開設されたことと、増上寺に北海道の開拓使東京出張所仮博物場が開設されたことも、寺院空間の強引な改造という点でよく似ている。

この時期に寺院の手を離れた宝物は、さらに海外へと流失し、今も欧米の美術館でその姿を目にすることが多い。

（木下直之）

←リヨンのギメ博物館展示室　フランスの実業家エミール・ギメは明治９年に来日、２か月あまりの間に、仏像や仏教書を精力的に収集した。帰国後の1879年、リヨンに博物館を開設、1889年にパリに移転しギメ東洋美術館と名付けた。

→増上寺御霊屋の小扉　東京・芝増上寺にあった６代将軍家宣の父の御霊屋が廃棄され、その遺構の一部はシーボルトの息子ハインリッヒによって収集された。表面は金箔張り、裏面は漆塗りで、菊・葵紋・牡丹の浮彫りが施されている。

法隆寺から流出した宝物

↑摩耶夫人と天人像　法隆寺献納宝物は江戸時代、庶民の聖徳太子信仰から出開帳*に出されたものが多い。この彫像もそのひとつで、釈迦誕生の場面を表わしている。

←『聖徳太子および二王子像』　困窮した法隆寺は300件を超える宝物を皇室に献納。その大半は博物館（現在の東京国立博物館）が管理してきたが、この像は明治天皇の手もとに置かれ、そのまま京都御所に収められている。（８世紀）

固有の信仰のあり方として続いてきた。

＊出開帳　寺の本尊などの仏像・宝物類を、自所で公開することを居開帳、他所で公開することを出開帳という。

銀座煉瓦街
ビジュアル読み解き

⬆明治元年の銀座通り 明治天皇の東京行幸を描いた錦絵。煉瓦街建築以前の銀座通りの道幅は6間（10.92m）だった。擬宝珠のついた京橋の欄干があり、屋根の上に火の見櫓と半鐘がある。屋根は瓦葺と柿葺である。（月岡芳年画）

⬅3代歌川広重『東京開化名勝京橋石造銀座通り両側煉化石商家盛栄之図』 明治7年、京橋から見た銀座煉瓦街。中央の千里軒の乗合馬車は当初イギリス製30人乗り4頭立て2階馬車だったが、事故が多いため2階がはずされた。通りの人々は、和装と洋装、袴に靴とマフラー、ちょんまげと断髪など和洋折衷である。絵の欄干のガス灯は、実際には擬宝珠だった。

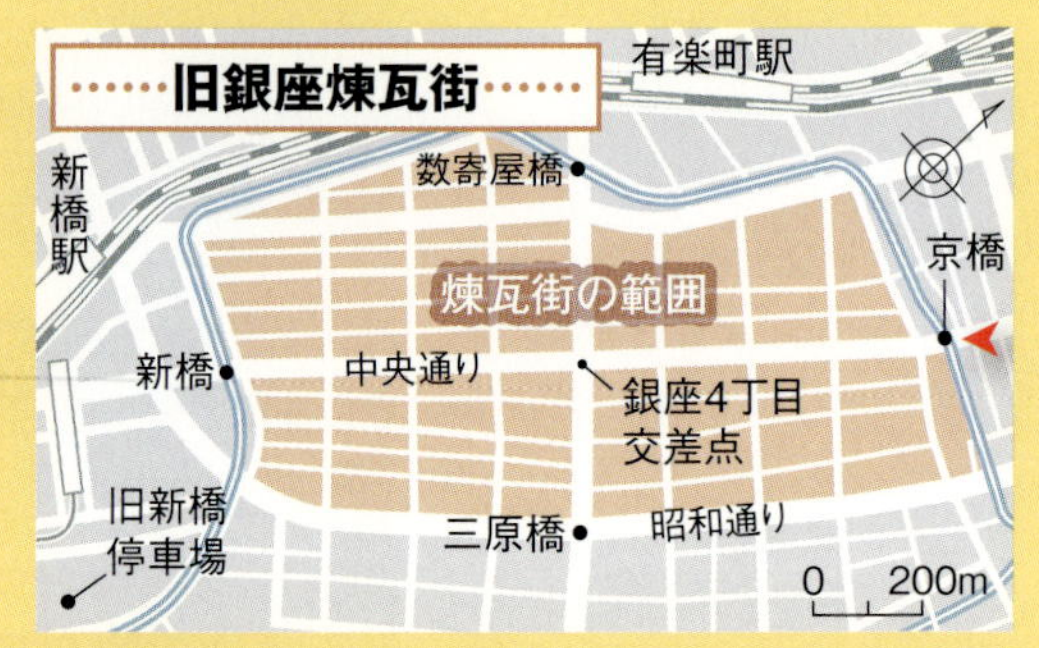

銀座煉瓦街は、明治10年（一八七七）5月28日に竣工した。表通りは幅一五間（二七・三m）、左右に三間三尺（六・四m）の歩道がつくられた。三階建てのジョージア様式の煉瓦建築が立ち並び、ガラス窓とバルコニーのある建物の下にはアーケードが設けられた。通りにはガス灯が並び、桜・松・楓の街路樹が植えられた。

銀座煉瓦街が誕生したきっかけは、明治5年2月26日の火事である。和田倉門内兵部省からの出火によって、京橋地域の家屋四八七四戸、二八万八〇〇〇坪が一日で焼失した。井上馨・大隈重信・伊藤博文たちは、道幅を広げて飛び火を防ぎ、煉瓦造りの不燃建物を建築して延焼を防止するという都市計画を立てた。

設計は、大蔵省の御雇外国人であるイギリス人J・T・ウォートルスがあたった。建築用の煉瓦は、川崎八右衛門が小菅につくった煉瓦製造所に、ウォートルスの指導で最新の窯を設置し、製造した。セメントは、建設局が深川に設けた製造所でつくられた。（森田貴子）

⬇明治9年頃の新橋から見た銀座通り 人力車があちこちで客待ちをし、ガス灯も見える。通りは縁石で車道と歩道が分けられ、街路樹は車道に植えられている。

▶明かりとエネルギーの変遷（p444）

⇐⇒煉瓦街の商店　煉瓦建築に入居したのは、飲食店や新聞社が多かった。建物の奥に「玉すし」の暖簾が見え、「牛肉」の旗が翻る。日報社は、東京で最初の日刊紙『東京日日新聞』を発行した。朝日新聞社校正係だった石川啄木は「春の雪／銀座の裏の三階の煉瓦造に／やはらかに降る」（『朝日新聞』明治43年5月16日）と詠んでいる。

⇐ガス灯の点火夫　明治7年12月18日、イギリス製のガス灯が東京ではじめて点灯する。金杉橋のガス工場から、地中にガス管を埋設してガスを送った。点火夫は、夕方になると硫黄を火種とした点火棒で火をつけ、朝になると消灯してまわった。（3代歌川広重『立斎漫画』）

⇑⇒馬車の変遷　右は、汐留で汽車から降りた客を東京市中に運ぶ、明治6年頃の乗合馬車の広告。上は、明治21年の銀座通りで、明治15年に開業した馬車鉄道が走る。手を上げて乗車するシステムだった。

農村の暮らし

稲作中心の農村では、文明開化の影響はわずかだった

浅井忠『収穫』 秋の収穫の様子が写実的に描かれている。稲刈りの数日後、田に筵を敷き、千歯扱で一握りずつ脱穀する。藁は稲架に掛けて乾燥させる。秋晴れの日に行なった。(明治23年、重文)

西洋の文明がつぎつぎに入ってきた都市とは違い、農村の暮らしは明治になってもあまり変わらなかった。座敷・広間・納戸・飯食い場からなる田の字形の間取りの家に住み、衣服は木綿。食事は麦飯が多く、味噌・醤油などはおもに自家製であった。

旧暦に基づいた一年

農村の生活は、稲作を中心に営まれた。新暦の2月末になると、田打ち、畦塗り、苗代づくりが始まり、5月になれば、播種、麦の収穫、代掻きを行なう。6月には田植えをし、その後草取り、施肥、灌漑が続く。10月には稲刈り、稲架掛けをし、大麦を蒔く。脱穀、俵詰めを経て、12月から1月にかけて米を納め、新年を迎える。

農閑期には、農具の修理、筵・叺*・草鞋づくり、炭焼き、薪づくり、堆肥づくりなどの作業が待っている。農民の平均的な労働時間は、夏は一二〜一三時間、冬は一〇時間ほどで、農繁期には夜明け前から日没後まで働いた。

明治6年(一八七三)から太陽暦が実施されたが、作付けや収穫時期などは、従来どおり旧暦に基づいて決められた。稲作に必要な用水路・堰などの灌漑設備は村で協力して維持した。田植えや収穫は総出で行なうこともあり、火事と葬式は村じゅうで助け合った。農村の生活は、こうした共同体に支えられ、その統制力は強かった。

近代化がもたらしたもの

農村で近代化が進んだのは、おもに農業技術の分野である。明治10年代には、農商務省主導で種苗交換が行なわれ、西洋農法が紹介された。30年代になると、国や府

*叺 稲藁でつくった筵をふたつ折りにし、両端を細い縄で縫ってつくった袋。穀物や塩、肥料などを入れるのに用いた。

ビゴー『いろり』 フランス人画家ビゴーが描いた農家の室内。天井から自在鉤が下がり、大きなやかんの下には火が焚かれ、酒樽がある。室内の明かりは、いろりの火と障子から入る光だけである。当時、室内の写真撮影は困難だった。

4

3

県は、土壌や肥料の改良、優良な種を選ぶ塩水選、害虫駆除、田の乾田化や牛馬耕などの「明治農法」と呼ばれる合理化を推進した。

一方で、政府は主たる財源を農民から地租として徴収し、明治6年には徴兵制を実施した。重要な労働力である男子が徴集され、近代化によって、農村は大きな負担を強いられた。

（森田貴子）

6

5

↑写真に見る明治の農村　左上は田植え。10数日間にわたり、泥田で腰を曲げ、頭を下げて行なう重労働だった。右上は農閑期に行なわれた綿繰り。男性が棉実の綿と種を分け、女性が左手に綿を持ち、右手で糸車をまわし糸を繰っている。右下は農村の子どもたち。子どもは一家に6、7人がふつうだったので、5、6歳になると子守を手伝った。左下は灌漑の様子。踏車で水路の水を汲み上げ、田植え前の田に灌漑している。裸足で働いていたことがわかる。

8

7

↑ささやかな文明開化　左は小林清親の『従箱根山中冨嶽眺望』（明治13年）。旅人の身なりは江戸時代と同じだが、頭上に電信線が走る。右は上総地方の昔ながらの豊作祈願行事「じゃんがりこ」。天井からランプが下がっている。

▶地租改正の実施（p64）、徴兵制と兵舎建築（p160）、「明治農法」の普及と農業改良（p344）

盛り場の繁盛

江戸からの繁華街に加え、新しい娯楽の場が生まれた

1

⬆昇斎一景『浅草並木人力車の賑ひ』 明治4年の浅草。仲見世通りには参詣者を乗せた人力車や馬車が疾走し、活況を呈している。明治6年に公園に選定された。

盛り場とは、娯楽施設があり、人々が日常を忘れ、憩い、楽しむ、にぎわっている場所である。

大都市には、東京の浅草・上野・両国、京都の四条河原、大阪の難波新地など、近世から続く盛り場があったが、明治になって、一定の期間、人々を集め、熱狂させる、新しい盛り場が誕生した。

●新しい場所とイベント

明治6年（一八七三）、政府は景勝地や名所などを「万人偕楽ノ地トシ、公園」とするよう通達し、東京では上野・浅草・芝・深川・飛鳥山が公園に指定された。

浅草公園は七区からなり、六区では興行、飲食、遊戯が許可された。生人形・水芸・玉乗りなどが行なわれ、凌雲閣・パノラマ館が建てられて大いににぎわった。

上野公園では、明治10年に第一回内国勧業博覧会が開催され、15年には博物館が開館、その附属施設として動物園も開園した。17年になると、上野共同競馬場が落成し、不忍池競馬が行なわれた。

従来の日本の競馬は直線距離を競ったが、明治3年、東京・九段招魂社で、楕円形の馬場をまわる洋式競馬が行なわれた。29年の秋季大祭では二六八頭、五六番の競馬が催され、相撲や花火もあった。

外国からはサーカス団がやってきた。明治4年、フランスのスリエ一座が招魂社境内で興行、19年にはイタリアのチャリネ大曲馬が横浜と秋葉原で興行した。曲馬やライオン・虎・象の芸が人気を博した。

（森田貴子）

2

3

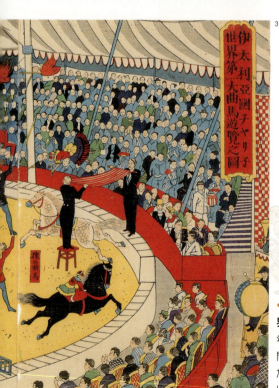

⬅梅堂政信『伊太利亜国チャリ子世界第一大曲馬遊覧之図』 明治19年、秋葉原での興行。3頭の虎と人間の檻の中での芸に、見物人は驚いた。上等椅子席1円でも、土・日曜は4000人の大入りだった。

▶都市空間の変容(p114)、万国博覧会と内国博覧会(p148)、上野動物園オープン(p228)、靖国神社(p276)

4

⬆山本松谷『蠣殻町水天宮之図』 水天宮は水難加護・安産の神で、明治5年に日本橋蠣殻町に遷座。水天宮のお札は紙幣より貴重、といわれるほど信仰され、縁日はいつも大にぎわいだった。

5

⬅3代歌川広重『靖国神社競馬の名人』 例大祭での陸軍省主催の競馬。馬場は500mの楕円形で、出走馬は軍馬に限らず募集した。観戦席は、開場前から人で埋まった。

➡3代歌川広重『上野公園地不忍見晴図』 上野は桜の名所で、公園に選定されてから馬車道や休憩所を設置した。明治9年には擬洋風建築の西洋料理店、精養軒が開店。

6

⬆長谷川園吉『水上自転車浅草公園ニ於テ興行』 明治20年、浅草公園の旧勧工場で開かれた水曲社の興行。「大小二輪車に乗り、水面を行く事あたかも平地を走るに異ならず」と新聞報道された。

居留地発の洋食屋

外国人向けの西洋料理店に、日本人も飛びつく

東京

1 ↑築地ホテル館　明治元年、居留地を築地に開くに際し、外国人の宿泊所としてつくられたホテル。設計はアメリカ人ブリッジェンスだが、当時の名大工、清水喜助（しみずきすけ）によって竣工された、日本人による最初の本格的外国人用ホテル。支配人・料理長ともフランス人で、その正統派フランス料理は外国人にも称賛されたが、明治５年焼失。

日本に洋食、つまり西洋料理が輸入されたのは、ポルトガルやオランダから長崎へもたらされたのが最初であり、ポルトガル人を南蛮人（なんばんじん）と称したことから「南蛮料理」、もしくはオランダ人のことを紅毛人（こうもうじん）と呼んだため「紅毛料理」などと呼ばれていた。

●店のなかで流血沙汰

外国への通商の窓口であった長崎では、すでに安政年間（一八五四〜六〇）に、西洋料理店が開店していた。

条約により開港した横浜、函館

2
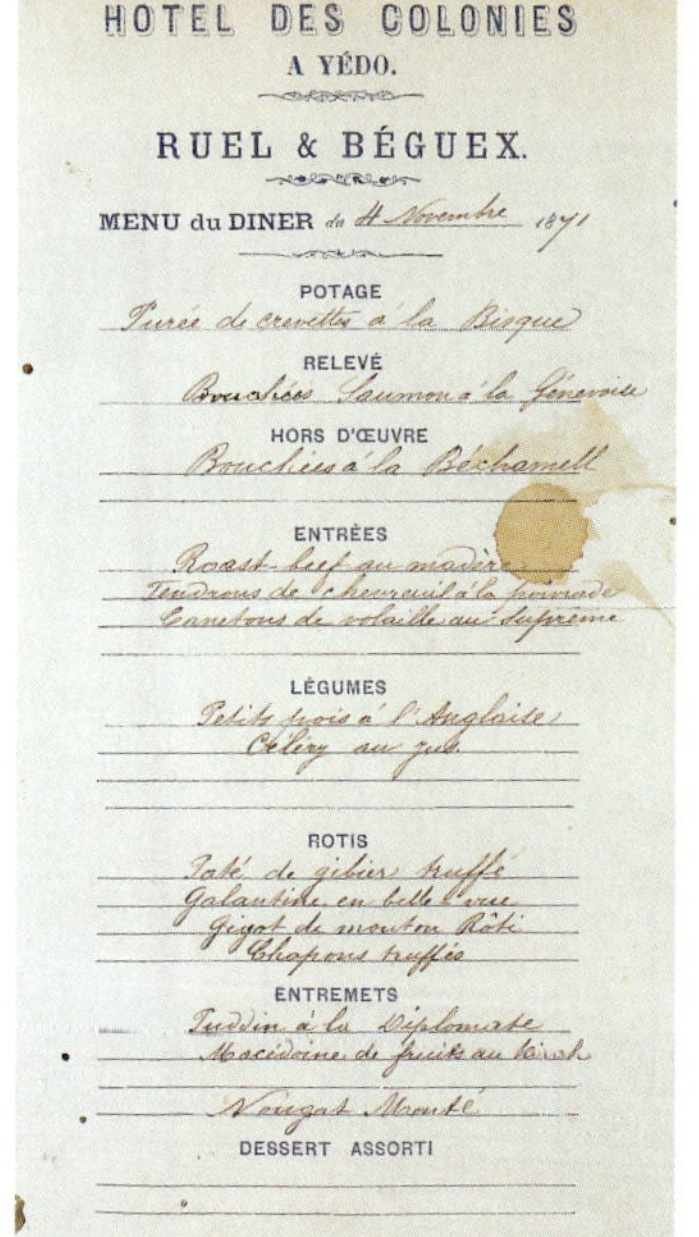
HOTEL DES COLONIES
A YÉDO.

RUEL & BÉGUEX.

MENU du DINER du 11 Novembre 1871

POTAGE
Purée de crevettes à la Bisque

RELEVÉ
Bouchées Saumon à la Genevoise

HORS D'ŒUVRE
Bouchées à la Béchamell

ENTRÉES
Roast-beef au madère
Tendrons de chevreuil à la poivrade
Canetons de volaille au suprême

LÉGUMES
Petits pois à l'Anglaise
Céleri au jus

ROTIS
Paté de gibier truffé
Galantine en belle vue
Gigot de mouton Rôti
Chapons truffés

ENTREMETS
Pudding à la Diplomate
Macédoine de fruits au kirsch
Nougat Monté

DESSERT ASSORTI

←天長節のフランス料理　明治４年、天長節を祝うため、外務省が在日外国人高官を招いて築地ホテル館で開催した晩餐会のメニュー。小海老を裏ごししたクリームスープに始まり、ローストビーフ、温野菜、トリュフ入り野禽（やきん）のパイ包み焼き、フルーツ入りプディングなど、本格的なフランス料理が供された。

4

↑神戸のハイカラ西洋料理店　慶応３年(1867)、兵庫の開港が勅許され、神戸村に居留地が設けられて翌年開港。当初ギルビー商会がパン、肉なども扱う雑貨商を始める。図は、明治10年開業の西洋料理店、外国亭。

3
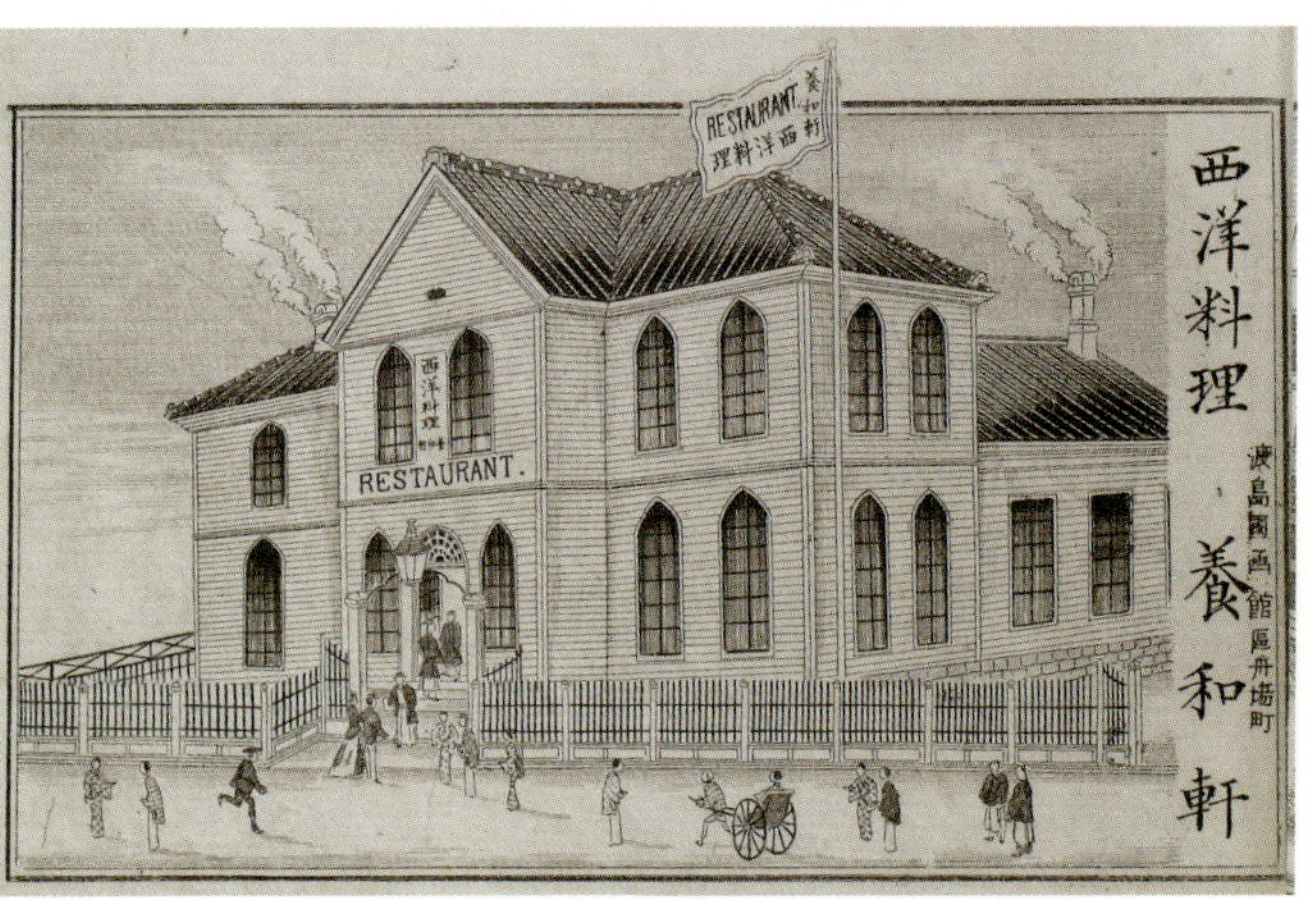

↑中華麺も出した西洋料理店　安政２年(1855)捕鯨船の補給地として、同６年貿易港として開港。同じ６年には、はやくも西洋料理店が開業していたといわれる。図の養和軒（ようわけん）は、明治17年に「南京そば」という中華麺を出したことで知られる。

⬇『西洋料理通』 仮名垣魯文が、明治5年に西洋料理の調理法や調理器具を紹介した指南書。横浜居留地のイギリス人が、日本人の雇い人に料理を命じる際の手控え帖が種本。絵は河鍋暁斎。写真はその外袋。

⬆芳員『五ヶ国異人酒宴之図』 万延元年（1860）に開港した横浜は、わずか数年で外国人街へと変貌を遂げる。ホテルやカフェ、レストランなどが乱立し、パン屋・洋酒屋・肉屋・アイスクリーム屋など、横浜がはじめてであった食材は多い。図は、日本と安政の5か国条約を結んだ、米・露・蘭・英・仏の各国人による酒宴の様子を描いている。

横浜

など各地の居留地で外国人が生活を始めると、必然的に外国人を相手に西洋料理店を始める者が出てくる。慶応2年（一八六六）のころには、西洋料理と名のる食べ物屋があちこちにできて、家の造りを西洋風にまねる店も出はじめたようである。

文明開化の波のなかで日本人も洋食にひかれていくが、当時の日本人にとって西洋料理は未知の食べ物で、目新しさに飛びついてはみたものの、西洋料理を上手に食べることを知らなかった。明治末に書かれた『明治事物起原』には、明治2年（一八六九）当時、西洋料理屋に食事に来る客は、スープを飲もうとして、胸から膝へ大量にこぼし、ある者はナイフの先で肉を刺して、これを食べようとして唇を切ったりと、流血沙汰のようなことが、今となっては奇談であるが、当時としてはよくあることだった、とある。

外国人が住む居留地は、当時の日本人にとってまさに「別世界」であり、そこから西洋料理が、最初は都市部中心に広まり、しだいに地方へと拡散していく。そして明治も末になると、庶民の味方として手軽な洋食屋が出現することになる。　（田中裕二）

⬇洋食を食べる書生 福沢諭吉の啓蒙書『訓蒙 窮理図解』をもじって開化の風俗を揶揄した、仮名垣魯文の『河童相伝 胡瓜遣』より。ドイツ語辞典の複写を頼まれた貧乏書生が、その報酬で慣れない洋食を食べているところ。

長崎

⬆西洋料理発祥の地の代表店 長崎の出島でボーイをしながら料理を修業し、文久3年（1863）西洋料理店を開いたのは草野丈吉といわれている。その「良林亭」は繁盛し、「自遊亭」から「自由亭」と改称。現在はその一部がグラバー園に移築・復元されている。

⬇西洋料理店兼ホテル 長崎で西洋料理店を成功させた草野丈吉は、明治2年、梅本町（現在の大阪市川口町・本田町）に外国人止宿所を開き、同14年には中之島に、西洋料理店とホテルを兼ねた公営の自由亭ホテルを開業。

大阪

▶洋風化する港町（p80）

牛鍋屋の流行

官民そろって盛り上げた牛肉ブーム

居留地の外国人が持ち込んだ新しい食習慣のひとつに、「肉食」がある。明治以前に肉食の習慣がなかったわけではないが、肉食は一般的ではなかったからである。なかでも牛肉は、鍋と出会って和洋折衷の「牛鍋」となることで、「牛肉を食べなければ時代遅れ」とまでいわれるほどの活況を呈するようになる。

●ゲテモノからハレの食へ

ただ、牛肉は最初からもろ手を上げて歓迎されたわけではなかった。明治元年（一八六八）に東京ではじめて本格的に営業を開始した牛鍋屋の中川屋では、店を開いたが一向に客が来なかった。たまに来るのは、閉店間際に駆け込んでくる泥酔客くらいで、「おれは牛の肉を食った」と自慢の種にするための「ゲテモノ食い」程度の認識しかなかったのである。

それでも、明治という時代の進取性と開化性が、牛肉を新しい「西

2 ←『安愚楽鍋』　牛鍋屋の客に開化風俗を語らせる形式で、明治初年の世相を描いた作品。右の男はザンギリ頭で、新しいメディア「新聞」を持ち、フランス製マント、イギリス製チョッキを着た「西洋かぶれ」の人物に描かれている。

1 ←牛鍋　当時の牛鍋は、七輪に載せた浅めの鉄鍋で食した。現代のすき焼き風のほかに、味噌味の土手鍋仕立てもあった。写真は、明治初年の調理法を今も守る横浜の「太田なわのれん」の牛鍋。肉を角切りにするのは同店のオリジナル。

3 ↓牛の焼却　海外からもたらされた牛の伝染病の対処法を周知させるために、明治4年に刷られたもの。『安愚楽鍋』にも、この病気にかかったら防ぐ手段がないとある。

4 ↑中川嘉兵衛　牛鍋屋ビジネスの祖。時代の趨勢をいち早く察知し、牛鍋屋以外にパン、ビスケット、バターなどの販売も手がけ、肉の保存に欠かせない製氷にも乗りだした。

洋の食べ物」として受け入れさせた。牛鍋は文明開化の波に乗り、ハレの日の外食としての地位をしだいに築いていったのである。

その牛鍋ブームを支えたのは、東京で一旗上げるために全国から集まってきた商人たちだった。彼らは、牛肉を介してさまざまなジャンルの商売に携わり、新たな流行をリードしていく存在となったのである。

また、日本人の体格向上のために肉食を推進した政府の方針も、流行の要因として見逃せない。明治5年には明治天皇が牛肉を食べたことが報道されている。福沢諭吉も熱心な肉食主唱者で、肉食・乳製品の普及促進の小冊子に推薦文を寄せたりしている。

牛鍋や肉食は、牛鍋屋を舞台に開化世相を描いた、明治4～5年刊の仮名垣魯文『安愚楽鍋』など、多くの出版物で取り上げられた。明治7年刊の服部誠一『東京新繁昌記』には、〈肉の流行は汽車に乗つて命を伝ふるより速かなり〉とある。文明の乗り物で、速さの象徴でもあった蒸気機関車よりも、肉食のブームは広まるのが速かったというたとえは、それだけ流行りの食べ物として注目されていたことの証であろう。（田中裕二）

6

↑東京名物「いろは」 明治東京の牛鍋屋を語るうえで「いろは」の存在は欠かせない。最盛期には約20軒の支店をもち、牛鍋チェーン店の先駆けとなった。図は、創業者木村荘平の息子の洋画家、木村荘八が描いた『牛肉店帳場』。

7

←牛店来客之写真 牛鍋屋に来る客層を描いた『安愚楽鍋』の口絵。右上は文明開化の人物、その対照をなすのが右下の因循姑息のお侍。左ページ下の男性は、「訳もわからず牛を食う人」。

5

↑本郷の牛鍋屋「平野屋」 当時は、店先で牛肉をつるし、肉の販売も行なう店もあった。

初ものづくし

「舶来品好み」が日本に定着させた西洋の味

明治初年の世の中では、舶来品がとにかくもてはやされた。江戸時代から明治初期の江戸・東京の風俗を描いた『武江年表』は、明治6年（一八七三）頃の世間の流行りものとして、ビール、ブランデー、シャンパンなどの「西洋酒類」をあげている。明治の博物誌『明治事物起原』の著者石井研堂は、万事万物、舶来と言わなければ、幅が利かなかったのは明治を通じての日本人の思想であった、と当時の世相を評している。

舶来品が幅を利かせれば、同じものをつくる日本人も出てくる。江戸時代から続く老舗の和菓子屋が洋菓子の技術を導入して躍進を遂げたり、職を失った士族が食の糧として洋菓子製造に挑戦したり、副業としてレモン水を販売したりと、日本の風土と味覚に合うようアレンジされたものは、今でいうベンチャービジネスとして成功した。そこには政府の殖産興業政策の後押しもあった。（田中裕二）

アイスクリーム

3

⬆アイスクリームは横浜から　日本人で最初にアイスクリームを食べたのは、万延元年（1860）に渡米した使節団だったという。明治2年、横浜馬車道通りで日本初の「あいすくりん」の製造販売が始まった。図は明治の新商売を描いた『新版商人づくし』。

1

ラムネ

2

⬅⬇ラムネに驚く　ラムネは炭酸飲料でレモン水とは違うが、どういうわけか「レモネード」がなまり「ラムネ」になったといわれている。当時の瓶は「胡瓜瓶」と呼ばれ、底がとがった形をしていた。明治初期の数寄屋河岸の洋食店を描いた左の錦絵にも、胡瓜瓶から噴き出したラムネに驚く客が登場する。下の写真は東京・汐留遺跡出土のラムネ瓶。

5

⬅⬇あんパンの祖、木村屋　万延元年に内海兵吉が横浜で日本初のパン屋を開いたが、そのパンはパンだか饅頭だかわからないものだったという。慶応3年（1867）、中川嘉平衛が『万国新聞』に「パン、ビスケット、バター」の日本人初の広告を出す。明治元年には風月堂が麺包（パン）を製造し、翌2年には木村安兵衛が東京・芝に文英堂（翌年木村屋と改称）を開店した。あんパンは木村屋が明治7年に発売し、翌8年に明治天皇が食している。図は、明治初期の木村屋の広告。

パン

4

ワイン

8

⬆最古の国産ワイン 明治以前から葡萄を栽培していた甲州が、葡萄酒づくりをはじめたのは明治4年頃からだった。アメリカで醸造業を学んだ内務省の官僚を呼び、葡萄酒醸造所を創設。明治10年に大日本山梨葡萄酒会社を設立し、社員をフランスに留学させ、葡萄栽培と醸造法を研究させた。写真は、現存する最古の国産ワインと、フランスに留学した高野正誠(右)と土屋龍憲(左)。

西洋菓子

6

⬆➡和菓子屋が西洋菓子製造 江戸時代創業の東京・凮月堂と、明治5年に暖簾分けした米津凮月堂は、西洋菓子の製造に乗りだした。米津凮月堂のほうが、フランス料理店の開業など、積極的に展開した。上の写真は京橋にあった明治10年代以降の米津凮月堂。右は明治11年の米津凮月堂広告。「貯古齢糖」はチョコレートの当て字。洋酒入りボンボン、祝日用飾り菓子など、西洋のクリスマス用菓子を想定したと思われる。

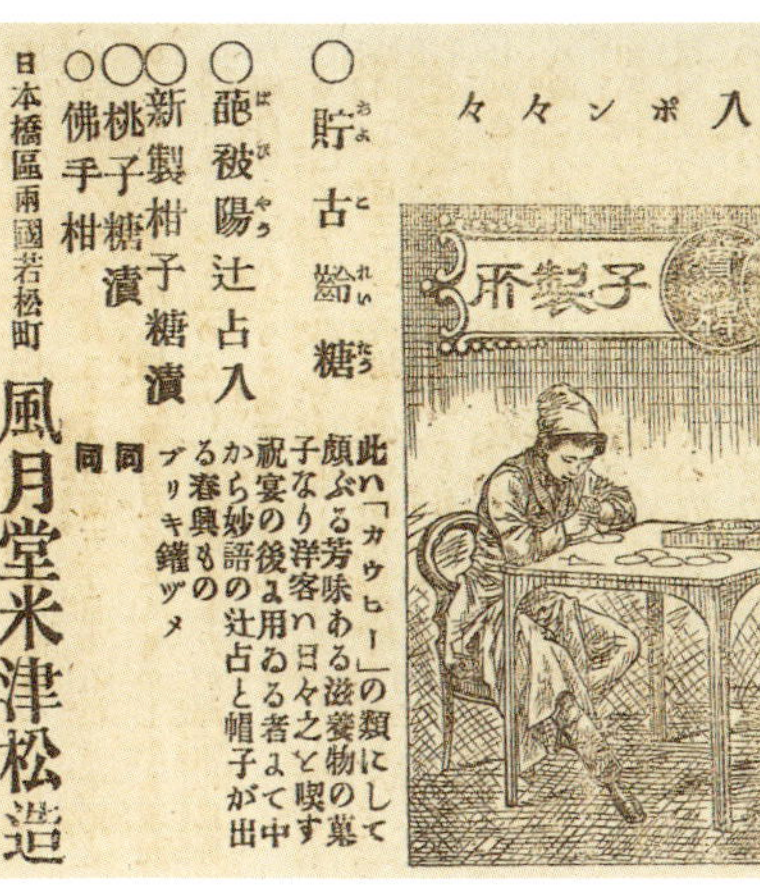

○ブロンケーク 祝日用かざり菓子種々

新發明洋酒入ボン々

西洋菓子製所

○貯古齡糖

此れ「カウヒー」の類にして頗ぶる芳味ある滋養物の菓子なり洋客ハ日々之を喫す祝宴の後ゑ用ゐる者ゑて中から妙語の辻占と帽子が出る春興ものブリキ罐ヅメ

○葩被陽辻占入

○新製柑子糖漬 同

○桃子糖漬 同

○佛手柑

日本橋區兩國若松町

風月堂米津松造

7

レモン水

黎檬水ハ清涼甘美にして第一渇を止め熱を解し精神を快爽にさるの功あり三夏の炎暑に當てハ一日も缺べからざるの飲料なり然るに近ごろ市中に賣る處のもの多くハ麁惡品にして恐らくハ人身に害あらんと依て私方にてハ昨年より始めて西洋人の傳法を受け精良なるレモンを選び十分に精製しされバ其色ハ玲瓏として水晶の如く其香ハ馥郁その味ひ極り無し酔後に宜しく酒後にも妙なり暑を縁蔭に避け涼水亭に納るゝの際これを氷水に和して御上りあッてお試しなさい一瓶三十五錢小瓶ハ二十錢これで誠に大安で五座りまする卸しハ下直に差上ます

銀座 丁目 岸田吟香

私方精錡水支店淺草第六天前榊町一番地山邊金三郎方にても本家同樣に賣捌ます

9

⬅レモン水広告 レモン水は明治初年のジャーナリスト、岸田吟香が発売した。図は、「当時第一流広告主」と評された岸田による明治10年の新聞広告。中身は日本製だが、横文字の表記が舶来の雰囲気を感じさせる。

ビール

10

⬅日本初のビールラベル 外国人経営のビール醸造所は、明治2年横浜に開業したジャパンヨコハマブルワリーが日本初といわれる。左上はそのビールラベル。日本人によるものは、明治4年に大阪で始まったという。政府もビール製造に乗りだし、北海道開拓事業の一環として明治9年、札幌に官営麦酒醸造所を設立した。左は明治5年開業の大阪の渋谷ビールのレッテル。

11

▶ビール企業の成長と寡占化(p340)

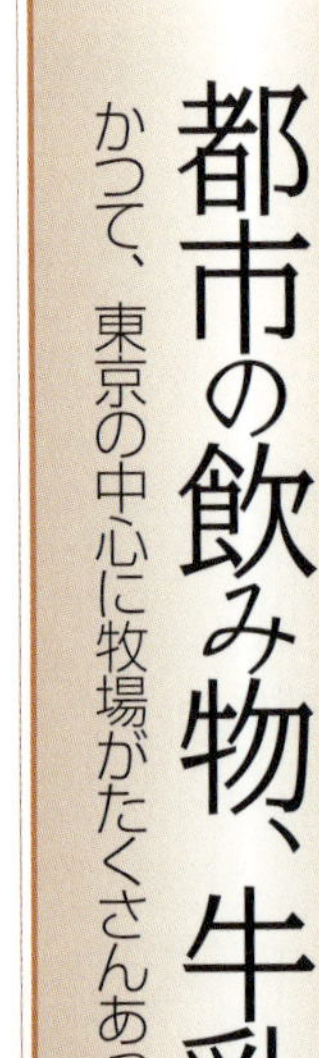

都市の飲み物、牛乳

かつて、東京の中心に牧場がたくさんあった

東京府南多摩郡南村成瀬
牛乳店 小山賢次郎

生乳 壹合代價 二錢八厘
同 五勺に付 壹錢五厘
同 四合以上 二錢四厘

官許賣捌所 芝新錢座町十二番地 前田留吉
水道橋内猿樂町三丁目壹番地 前沼代松

←↑**牛乳の広告**　左の広告は、『読売新聞』明治10年6月17日付に掲載された、日本搾乳業の祖といわれる前田留吉(まえだとめきち)の新聞広告。牛乳の値段が掲載されている。上の広告は、明治30年代の東京郊外の牧場の引札(ひきふだ)。

明治維新により政権交代が行なわれると、東京では江戸幕府に仕えていた旗本はその職を失い、各藩の大名も国許(くにもと)へと帰っていったため、人口は激減し、大名屋敷などは空き家となっていた。じつは、この「武士の都」であった江戸と、文明開化東京という時代背景は、都市の飲み物である牛乳の発展に一役買っているのである。

牛乳は牛肉と同様、政府や知識人が国民に飲用を勧めた文明開化の新しい飲食物のひとつだった。明治4年（一八七一）には、天皇が牛乳を飲んだことが報じられている。そして牛乳は、旧士族にとっては新しい時代の商売でもあった。空き家になった大名・旗本の屋敷は、牛を飼うのに好都合だった。政府関係者や財界の名士、旧藩士なども出資者、あるいは経営者となって東京で搾乳業(さくにゅうぎょう)を起こしていった。

その例として、五稜郭(ごりょうかく)で最後まで明治政府に抵抗した榎本武揚(えのもとたけあき)、同じく幕臣で榎本と行動をともにした大鳥圭介(おおとりけいすけ)、薩摩出身でのちに蔵相・首相も務めた松方正義(まつかたまさよし)、明治の元老として権力をふるった山県有朋(やまがたありとも)、東京府知事でもあった由利公正(ゆりきみまさ)らが出資者や事業主となっている。

↑↗**牛乳容器の変遷**　初期の配達人は、印半纏(しるしばんてん)に股引(ももひき)の服装でブリキ缶を持って家庭を訪問し、お客が出す容器に量り売りをしていた。明治10年頃からは小ぶりのブリキ製の缶に牛乳を入れて配達するようになる。明治20年頃にはガラス瓶が登場した。ガラス瓶の蓋(ふた)の色が午前・午後の配達区分を示し、写真の青は午後の配達分。

ブリキ缶で量り売り

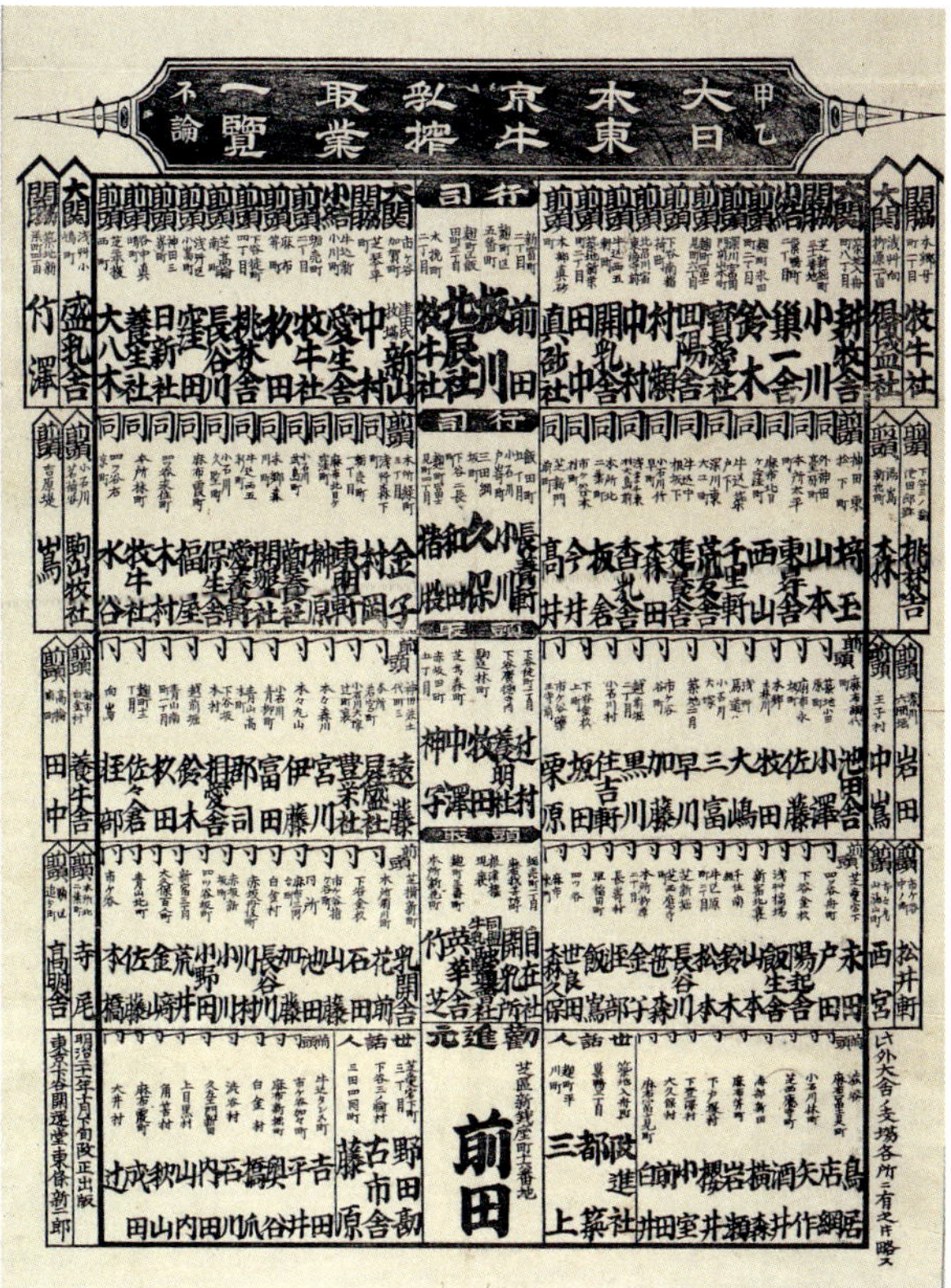

8

⬆牛乳業者番付　明治21年に発行された、東京府内の牛乳業者を相撲番付に見立てたもの。東の大関の耕牧舎は、芥川龍之介の実父、新原敏三が東京市京橋区入舟で経営していた牛乳屋。芥川自身も、牛乳だけで育った人工栄養児といわれている。

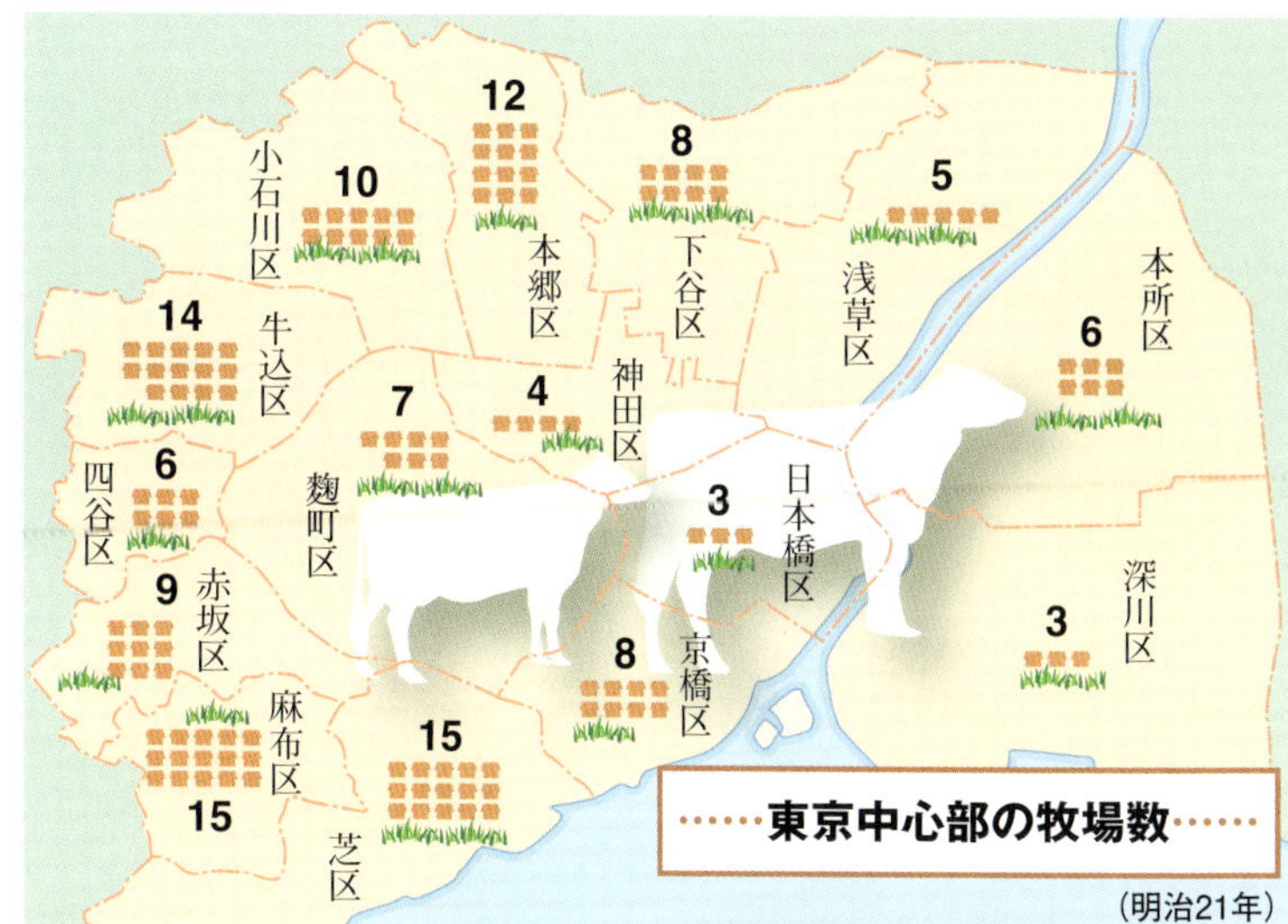

⬆搾乳業の中心地、東京　上の地図と右の表から、明治中期までの東京がいかに搾乳業の中心地だったかが、数字的にもわかる。

全国搾乳頭数ベスト5　（明治17年）

順位	府県	頭数
1位	東京府	853頭
2位	兵庫県	179頭
3位	神奈川県	155頭
4位	長崎県	121頭
5位	愛知県	96頭

ともに渡辺善次郎『近代日本都市近郊農業史』より

●東京の中心で牛が鳴く

意外なことだが、当時は東京の中心で牛を飼っていた。東京の牛乳屋は販売所に隣接して牧場をもち、そこで乳を搾り、販売・配達をしていた。市内交通が未発達で保冷技術もなかったので、新鮮な牛乳を供給するにはその場で搾り売る必要があったからである。

田山花袋の『東京の三十年』には牛乳と牧場のエピソードが残っている。明治29年頃の東京・渋谷というと、ナラ林と水車のかかった小川のある美しい武蔵野の丘で、そこに国木田独歩が住んでいた。すぐ近くに乳牛を飼っている牧舎があって、花袋が訪ねていくと、独歩は縁側から「おーい」と牛乳屋を呼んで、搾りたての牛乳を一、二合とりよせ、茶碗にあけて、それにコーヒーを入れてご馳走した、とある。

だが、明治33年の内務省による「牛乳営業取締規則」により、人家の密集地の牧場は不衛生であるという理由で、牧場は東京の中心部からしだいに東京府下の南葛飾・豊多摩・荏原・北豊島・南足立などの郊外へ移っていったのである。（田中裕二）

9

10

⬅↖都心から郊外へ　上の図は、四谷区（現在の東京都新宿区四谷）に明治7年に開業した四谷軒。牛乳の販売所と牧場が隣接している様子がうかがえる。明治後半になると、牧場は郊外へ移転する。下の写真は、巣鴨町（現在の東京都豊島区）にあった牛乳屋愛光舎の牧場。四谷軒も新宿から初台と、しだいに郊外に移転し、昭和60年8月まで世田谷区赤堤で牧場を経営していた。

貨幣の統一

つぶぞろいコレクション

明治政府が引き継いだ江戸時代の貨幣制度には、金・銀・銭の三貨と、各藩が発行する藩札があった。財政基盤の弱い明治政府は、明治元年（一八六八）から太政官札を、翌2年からは民部省札を発行した。ほかにも、為替会社の紙幣や大蔵省兌換証券なども発行され、明治初年の紙幣は多種となった。

だが、当時の日本の貨幣は品位・量目が不統一なため、国際的な通用が困難であった。貨幣に、国の通貨としての品格、耐久性と偽造の難しさが求められた。

政府は、正確な品量の統一的貨幣を新鋳することを決定し、明治4年5月、新貨条例を公布、「円」が正式に日本の貨幣単位となった。さらに5年4月には、新紙幣を発行して貨幣統一を図った。（森田貴子）

維新直後の貨幣

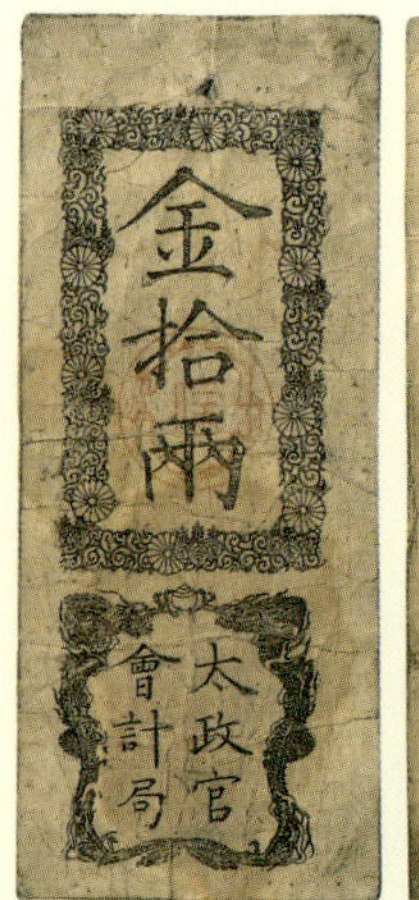

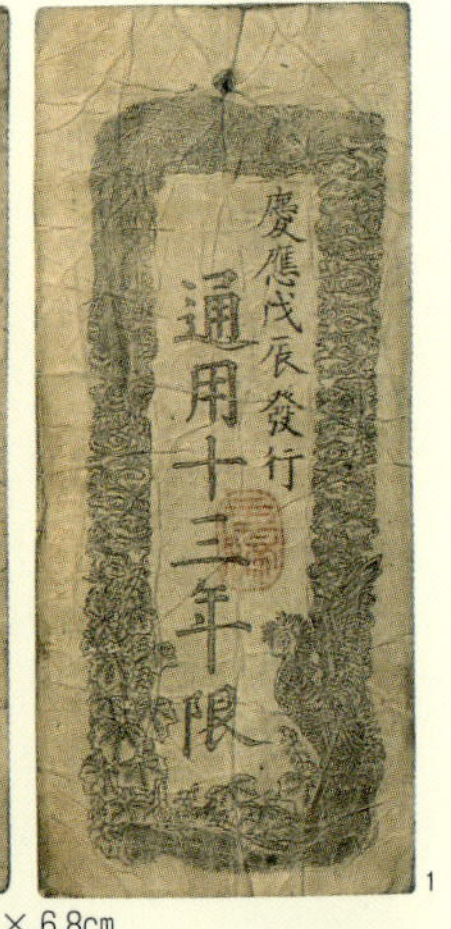

1 15.9 × 6.8㎝

←**太政官札**　全国通用の政府紙幣。明治2年7月までに4800万両が発行された。不換紙幣で政府に通用強制力がなかったため、藩などに貸し付け、元利を13年間で返済させた。5種類とも同一図案、銅版印刷。

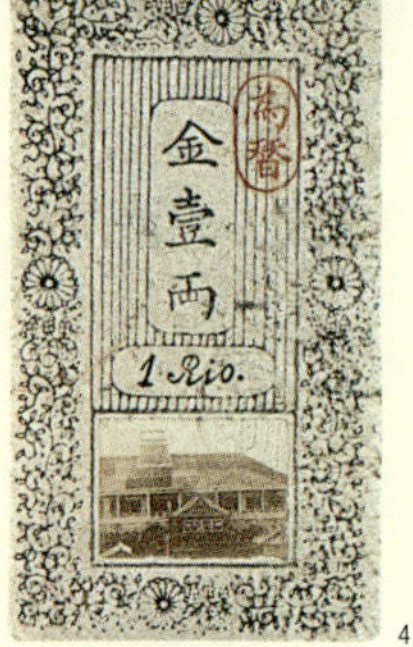

4 神奈川県札

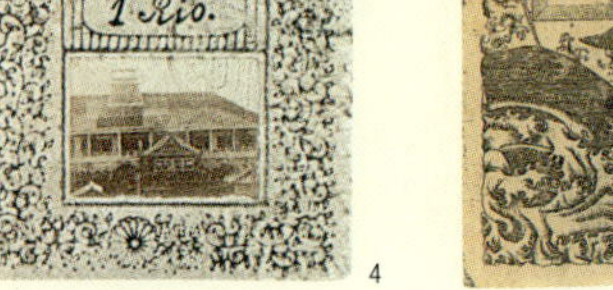

3 高知藩札

2 度会府札

↑➡**府県藩札**　明治になり、府県藩が発行、通用が認められた。神奈川県札には神奈川県裁判所の写真が貼られ、高知藩札の金札5両には鯨が描かれている。度会府札は銀1匁預札に大蔵省が1銭4匁印を捺印したもの。

6

5

➡**貨幣司二分金・貨幣司一分銀**　慶応4年閏4月、貨幣司が設置され、暫定的に江戸時代の万延二分金・安政一分銀などを増鋳した。

8 16.4 × 8.2㎝

←**大坂為替会社紙幣**　明治2年5月、政府は全国に為替会社8社を設立し、紙幣発行を許可した。偽造防止のため「大坂通商司玄関前の景」の写真を貼っている。

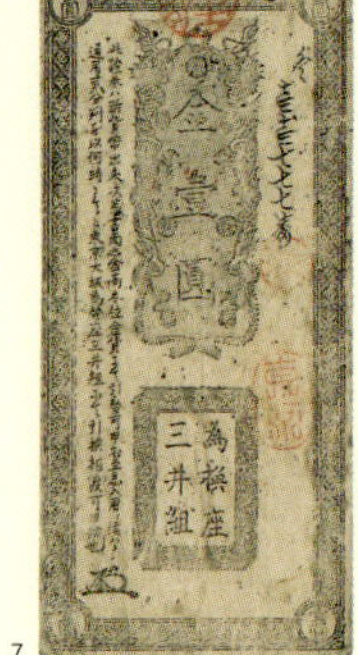

7 9.8 × 4.7㎝

←**大蔵省兌換証券**　日本最初の「円」単位の紙幣。明治4年に三井組の名義で発行された。

「円」の誕生

⬇**新貨条例による貨幣**　円形の金貨5種、銀貨4種。銅貨は明治6年以降。貿易銀は、香港ドルと同じ416グレイン（26.957g）だったが、8年にアメリカドルと同じ420グレインとし、1円の字を貿易銀と改めた。

10 50銭銀貨

9 20円金貨

12 貿易用の1円銀貨「貿易銀」

11 2銭銅貨

⬇**大阪の造幣寮**　貨幣の新鋳のため、明治2年2月、太政官造幣局を設置、4年2月に開業した。同年7月に大蔵省造幣寮と改称。13

政府紙幣

➡新紙幣「明治通宝札」 明治5年から発行された政府紙幣。当初はドイツで印刷し、日本で「明治通宝」印や官印などを押したが、損傷紙幣が多かったため、10年からは国産紙を使用、ドイツから原版を取り寄せて日本で製造するようになった。

15.9 × 10.7cm 14

⬆改造紙幣「神功皇后札」 明治14年から発行された、偽造防止の工夫をした改造紙幣。イタリア人キヨソーネが作成した原図・原版彫刻を用いて神功皇后の肖像を印刷。耐久力に富む、日本特産の三椏を紙料とした。

7.7 × 13.1cm 15

⬇最初の日本銀行券「大黒札」 不換紙幣の償却が進んだため、明治18年、日本銀行は「兌換銀券」と明記した兌換銀行券を発行した。大黒像はキヨソーネ画。紙にコンニャク粉を混入したため、鼠や虫害が多かった。

9.3 × 15.6cm 16

兌換紙幣

17

菅原道真が描かれた改造5円券（明治21年）
9.5 × 15.9cm

18

和気清麻呂が描かれた改造10円券（明治23年）
10 × 16.9cm

最大サイズの紙幣、改造100円券（明治24年） 20
13cm × 21.1cm

⬅⬉偽造防止のため、歴史上の人物を印刷することが、明治20年に閣議決定された。10円札には上段に6匹、下段に2匹の猪がいる。100円札の藤原鎌足のモデルは松方正義といわれる。肖像はキヨソーネ画。

8.5 × 14.6cm 19

⬆最初の金貨兌換券（明治32年） 日清戦争の賠償金2億3000万テールをもとに、明治30年3月に金本位制が確立。裏面に金貨兌換の文言が明記された。日本人がはじめて図案・原版を作成。肖像は武内宿禰。

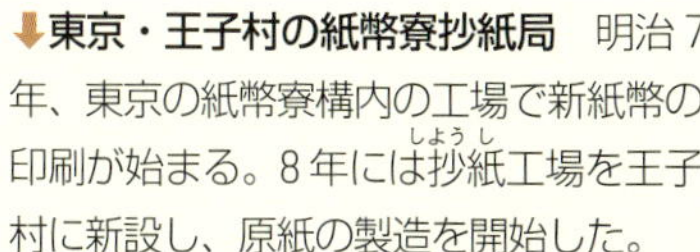

⬇東京・王子村の紙幣寮抄紙局 明治7年、東京の紙幣寮構内の工場で新紙幣の印刷が始まる。8年には抄紙工場を王子村に新設し、原紙の製造を開始した。 21

秩禄処分と士族授産

士族への禄が廃止され、起業政策が進められた

秩禄とは、江戸時代からの家禄と、維新の功績に対する賞典禄を合わせたものである。明治2年（一八六九）、家禄の支給額は、政府の歳入の三〇％以上を占め、大きな財政負担となっていた。

明治4年の廃藩置県と、6年の徴兵制の実施により、士族の軍事力は必要なくなり、家禄制度は見直しを迫られた。

●公債と現金による支給へ

明治6年、政府は家禄奉還希望者に、家禄の四年分または六年分を、公債と現金で交付することとし、秩禄公債一六五六万五八五〇円と現金一九三二万六八二九円が、一三万五八八三人に交付された。政府の家禄支給額は減少したが、奉還者数は予想を下まわった。

明治8年、政府は家禄・賞典禄を金禄に改正し、翌9年、すべての華士族に対して金禄の五〜一四年分を公債で支給する、秩禄処分を行なった。この結果、金禄公債一億七三八四万四五九五円と現金七九万三六二〇円が三一万三五一七人に交付された。

●士族に新しい仕事を

明治3年以降、政府は困窮士族に対して、帰農商政策を行なった。民部省は東京府士族を千葉県小金原に移住・開墾させ、内務省は、青森・山形・群馬・静岡・石川・鹿児島などの士族授産事業に交付金を支給した。

秩禄処分によって、大多数の士族は利子収入を得ることとなった。金額は少額だったが、利率は優遇された。だが、西南戦争によるインフレのため公債は下落し、着手した事業も多くが失敗に終わる。

明治11年、内務卿大久保利通は華士族授産を建議し、大蔵卿大隈重信は内国債募集を上申した。起業公債の募集が開始され、この公債のうちから、士族授産金の貸与が始まった。しかし、ただちに資金不足に陥ってしまう。

明治十四年の政変により、国会開設の詔勅が出されると、不平士族が反政府運動に向かわないよう、士族授産政策が具体化した。

明治15年、政府は明治15年度から22年度まで、毎年五〇万円の勧業資本金を一般会計から支出し、勧業委託金を設けることを決定する。これを受けて、明治22年度までに、起業基金二九九万六〇〇〇円、士族勧業資本金二九五万三八八六円、勧業委託金二八万六四七八円が貸与された。

だが、多くの授産事業は失敗に終わり、明治23年、政府は返納不可能な九五％の授産金の返納を免除し、士族授産政策を終了した。

（森田貴子）

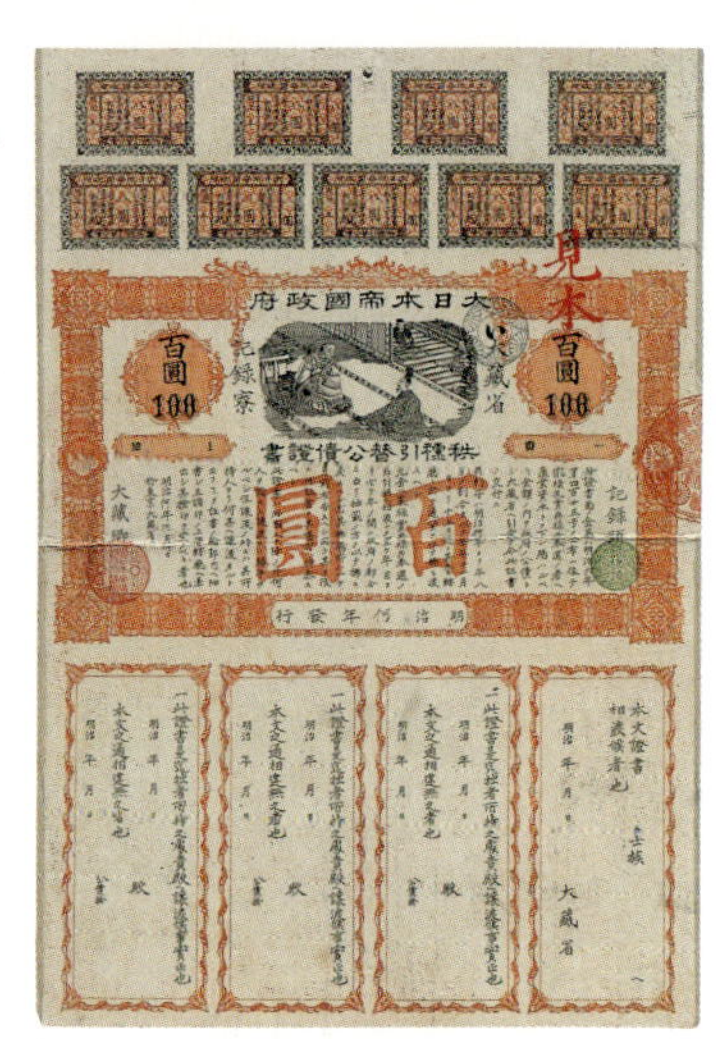

➡秩禄公債証書　年利8％、記名式で利払いは年1回。安価で手放す者が現われたため、大蔵省は受取本人に限り額面100円を80円で買い上げると通達した。

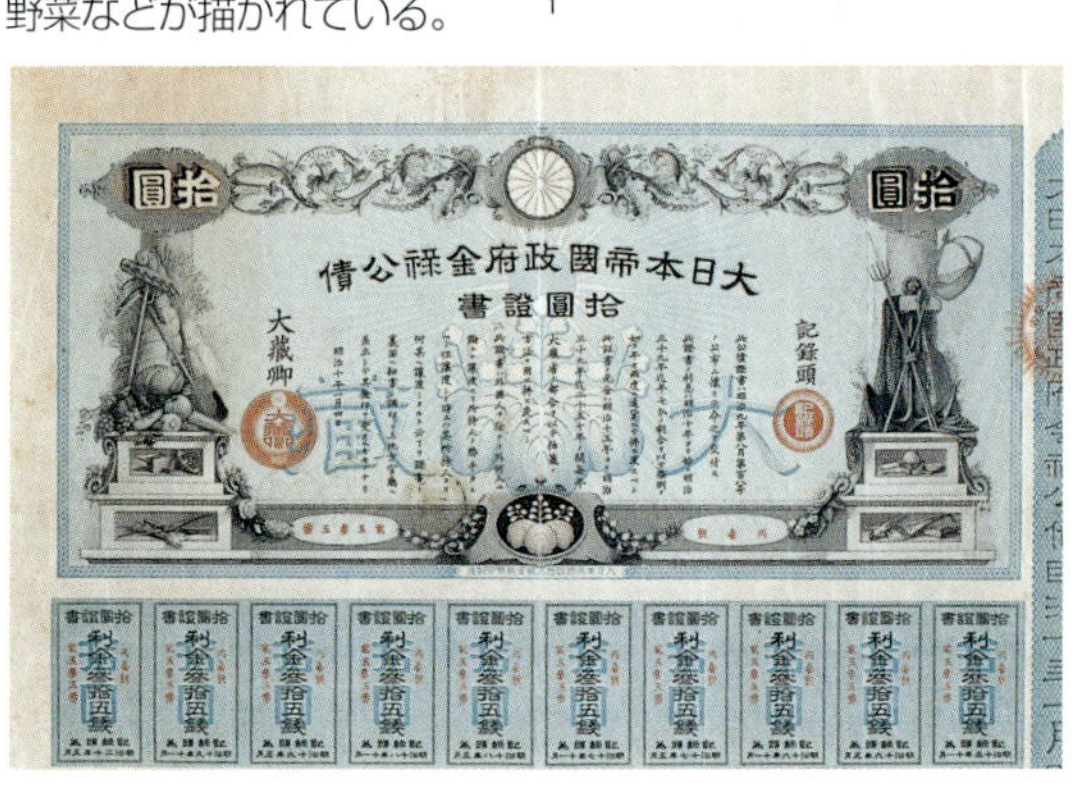

⬇金禄公債証書　記名式で利払いは半年に1回。公債の番号で抽籤が行なわれ、換金された。7分利付きの公債は発行数が多く、価格も高騰した。キヨソーネのデザインで鎌・鍬・漁網・野菜などが描かれている。

⬅士族の商法　士族が経営する菓子屋。品書きは「日々出ぱん旅費鳥せんべい」（官僚となった士族が出張し旅費を得る）、「毎日新製瓦斯提邏」（西南戦争で巡査に応募した士族が西日本へ行く）、「お芋の頑固り不平おこし」（鹿児島の不平士族の反乱）などで、士族の就職先や経営の様子、反乱を風刺している。

5

⬇活版印刷所・牛乳商「交同社（こうどうしゃ）」 交同社は福井県の士族授産会社。牛乳商は士族の起業が多い職業だった。活版印刷には文字の教養が必要だったので、士族向きだった。植字板、インク台、『福井布令日報』の看板が見える。

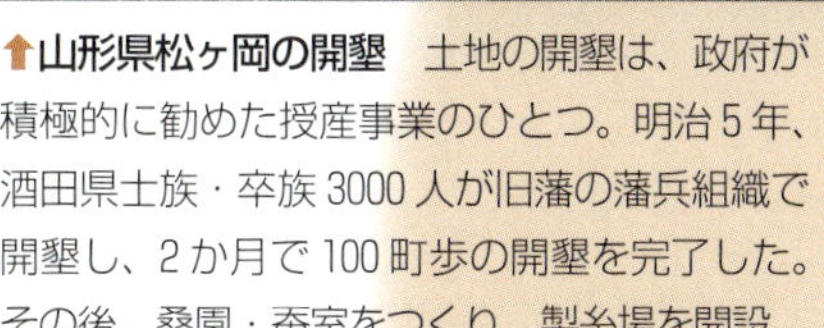

⬆山形県松ヶ岡の開墾 土地の開墾は、政府が積極的に勧めた授産事業のひとつ。明治5年、酒田県士族・卒族3000人が旧藩の藩兵組織で開墾し、2か月で100町歩の開墾を完了した。その後、桑園・蚕室をつくり、製糸場を開設。

4

⬅金沢製糸会社 明治7年、石川県士族が授産事業の交付金を受けて開業した器械製糸会社。群馬県の富岡製糸場を視察し、それに倣って建てられた。採用した工女約200人の多くが士族の子女だった。

6

7

石井寛治『日本経済史』第2版より

金禄高	公債利子率	公債受取人員	公債総発行額	1人平均額面支給額	1年間利子収入
1,000円以上（華族など）	5%	519人（0.2%）	31,413,586円（18.0%）	60,527円	3,026円35銭
100円以上（上・中級士族）	6%	15,377人（4.9%）	25,038,957円（14.3%）	1,628円	97円68銭
10円以上（下級士族）	7%	262,317人（83.7%）	108,838,013円（62.3%）	415円	29円5銭
売買家禄（鹿児島県士族が92%）	10%	35,304人（11.3%）	9,347,657円（5.4%）	265円	26円50銭

⬅起業公債証書 明治11年、はじめて国内で公募された公債。年利6％で、募集・支払い事務は第一国立銀行などに委託。応募金1000万円は殖産興業にあてた。絵はキヨソーネ。神功皇后（じんぐうこうごう）と農民・鉄道・帆船などが描かれている。

⬆金禄公債の支給額 受取人員の多い下級士族の利子収入は、1日平均8銭。労働者の日給は、佐渡金山の鉱夫が34銭、比較的高い大工が45銭。利子だけで生活するには少額だった。

▶廃藩置県と華族の創設（p62）、国会開設運動と明治十四年の政変（p180）

国立銀行設立

金融制度の改革のため、各地に銀行が設立された

明治3年（一八七〇）、大蔵少輔伊藤博文は、日本の財政・金融制度の改革のためアメリカへ調査に渡り、金本位制の採用と国立銀行制度の導入を建議した。

アメリカでは、南北戦争期に発行された不換紙幣の整理のため、ナショナルバンクが設立されていた。政府はそれに倣って、「国立銀行」の設立を決定し、明治5年「国立銀行条例」を制定した。

●金貨兌換制で経営難に

このときの国立銀行とは、国営の銀行ではなく、国が定めた「国立銀行条例」に基づいてつくられた銀行という意味である。

国立銀行の条件は、①資本金五万円以上、②資本金の六〇%を政府へ納入し、引き換えに同額の公債証書を受け取り、この公債を抵当として紙幣を発行する、③資本金の四〇%を正貨で払い込み、兌換準備とする、などであった。

この条例により、第一（東京）・第二（横浜）・第四（新潟）・第五（大阪）の四行が設立された。だが、政府紙幣の増発で紙幣価値が下落していたため、金貨兌換制をとる国立銀行紙幣はすぐ金貨に兌換されて流通せず、国立銀行の経営はふるわず、設立数は増えなかった。

●条件緩和で出願ラッシュ

明治9年、秩禄処分により一億七四〇〇万円の金禄公債の発行が決まると、政府は公債の下落防止と国立銀行の推進のため「金禄公債証書発行条例」を制定し、同時に「国立銀行条例」を改正した。

この改正で、金禄公債を元手に国立銀行を設立することが可能になり、正貨準備が不要になるなど、条件が緩和された。このため、明治10年以降、新規設立の出願が相次ぎ、12年までに全国に一五三の国立銀行が誕生した。

各地に点在した国立銀行は経済を活性化した。しかし、各国立銀行が資本金の八〇%まで紙幣を発行できたため、発行高は巨額となった。さらに西南戦争の戦費として政府が多額の不換紙幣を発行したことにより、紙幣価値が下落、物価は高騰し、インフレーションが引き起こされた。（森田貴子）

What a paying business it is to manufacture these paper toys. This is the 120th paper bank I have disposed of within a short time, and I hope to be able to place a lot more yet.

1 ←**急増する国立銀行に対する風刺画** 「紙細工処大倉屋庄兵衛」は大蔵省、「熊さん」は大隈重信のことで、「紙で組み立てるとは」は公債による設立、「百二十ばかり出来ました」は銀行数、「安いところで五六万」は資本金を、それぞれ風刺している。

3 **アメリカ、ナショナルバンクの10ドル券**

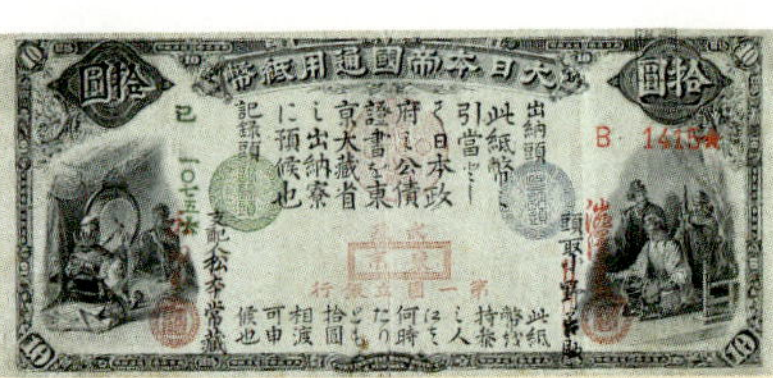

2 **旧券 第一国立銀行の10円券**
8.2×19.1cm

5 **新券 第百十八国立銀行の1円券**
7.4×15.5cm

4 **新券 第六国立銀行の5円券**
8.9×17.3cm

国立銀行券

初期の国立銀行券（旧券）はニューヨークで製造されたため、アメリカのナショナルバンク券に酷似した横長の紙幣となった。種類は5種で、10円券には雅楽の演奏が描かれている。条例改正を機に国内で製造されるようになった新券は2種類。1円券は水兵の図で海国日本を、5円券は鍛冶屋の図で工業の発展を表わしている。原版はキヨソーネが作画。旧券・新券とも、153行すべて同一図案で、銀行名が違うだけだった。

全国に誕生した国立銀行

明治12年までに、全国各地に153行の国立銀行が設立された。資本金200万円以上の銀行は、第一国立銀行と第十五国立銀行の2行だけで、大部分は資本金20万円未満の小規模なものであった。15年の日本銀行設立以後、漸次普通銀行に移行したが、設立時のナンバー名称の銀行は、今も各地に残っている。

松代（長野県）・第六十三国立銀行

仙台・第七十七国立銀行

富山・第百二十三国立銀行

新潟・第四国立銀行

福島・第百七国立銀行

高松（香川県）・第百十四国立銀行

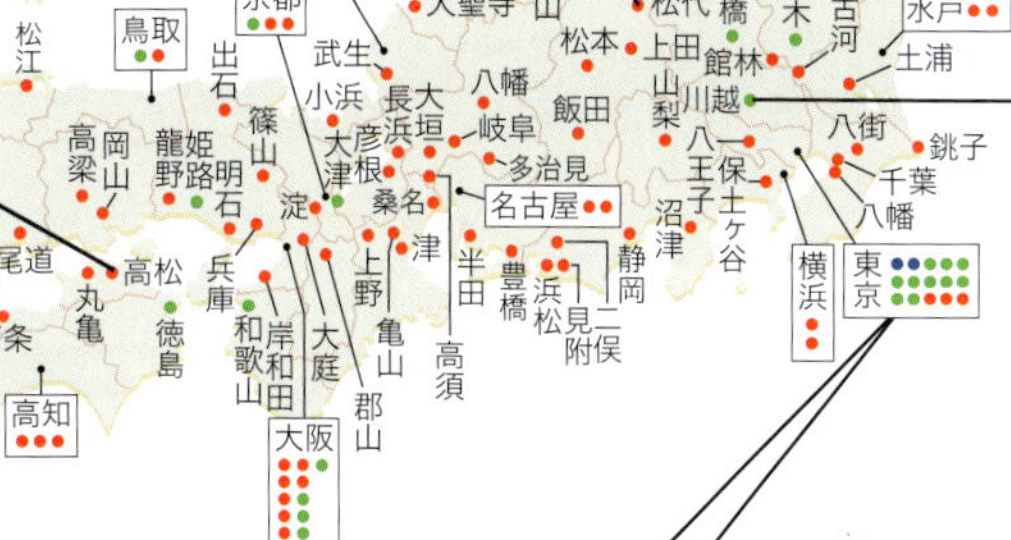

『大蔵卿年報』第3〜6回より

川越（埼玉県）・第八十五国立銀行

長崎・第十八国立銀行

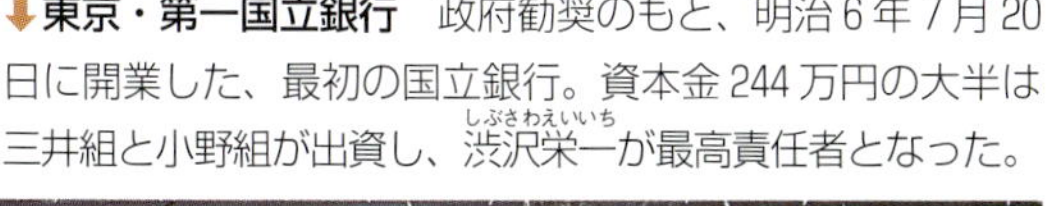

↓東京・第一国立銀行　政府勧奨のもと、明治6年7月20日に開業した、最初の国立銀行。資本金244万円の大半は三井組と小野組が出資し、渋沢栄一（しぶさわえいいち）が最高責任者となった。

↑東京・第十五国立銀行　岩倉具視（いわくらともみ）が華族の金禄公債を集め、明治10年5月、1782万6100円という巨額の資本金で開業。「華族銀行」と呼ばれた。

▶西南戦争（p156）、デフレと日本銀行の設立（p212）

和本から洋本へ

活版印刷と洋装本は情報伝達に必要だった

幕末・明治初頭に日本へ洋式製本技術が導入されたルートのひとつに、政府印刷局の御雇外国人による技術伝授がある。

法治国家をめざす明治政府は新たに諸制度を整備し、官報・法律書・報告書などの政府刊行物の出版を通じて、官の統制と民の啓蒙を図った。整版（木版）の作業効率・情報量を凌駕する活版印刷と、洋装本の組み合わせは、明治政府が国民に向けて情報をすみやかに確実に伝えるために有効であった。

カナダ在住のイギリス人製本教師W・F・パターソンは、この洋式製本技術を教えるために、明治6年（一八七三）から約三年間、明治政府の正院印書局と大蔵省紙幣寮活版局（統廃合されて、のち印刷局）に雇われた。

●分業を可能にする新技術

彼の製本技術のベースになった19世紀のイギリスでは、伝統的な「綴じ付け製本」から、大量生産を可能にした「くるみ製本」へと、ゆるやかな転換が起こっている。印刷紙をページ順に折った折丁を綴じ終えた中身に、表紙の芯材を綴じ付け、そのあとで表装材料をかぶせて表紙をつくる「綴じ付け製本」から、中身と表紙（芯材と表装材料からなる）を別々につくり、あとで合体させる「くるみ製本」への移行である。分業を可能にしたこの新技術は、20世紀に起こる全製本工程の機械化を準備する革新的なものであった。

パターソンはこれらの新旧両方の製本と、ボール紙を芯材に用いた、紙装・背クロス装、背革・角革・マーブル表紙装、総革装などの装丁技術を伝えている。

●大量生産するための機械

彼を雇い入れた政府印刷局には、ボール紙やマーブル紙などの輸入材料とともに、手引き断裁機、エンボス押し機などの、大量生産を目的とする機械類が導入された。

←背の丸み出しの作業　ハンマーを用いた、本の背の丸み出し作業。こうした道具や所作がパターソンによって導入された。

（図は1885年にイギリスで刊行されたW.J.E.Crane著『Bookbinding for amateurs』より）

←岡上儀正　明治6年に弟の福六とともに洋式製本所を興す。明治10年の第1回内国勧業博覧会に洋装本を出品した。明治期東京の製本業界における中心的存在で、のちの東京製本同業組合の初代組長。

↑箱盤　民間では、製本職人が一人ひとりこの小さな作業台の前に胡座をかいて座り、1冊ずつ本を仕上げた。手包丁や目打ちなどの製本用小道具類を収納する。形状を変えながら継承され、昭和30年頃まで使われていた。

↑『仏蘭西法律書』　明治3～7年に大学南校・文部省から40冊の整版和装本（左がその一部）で出された内容が、明治8年に刊行された印書局版の、綴じ付け製本・総革装の活版洋装本（右）では2冊に納まった。明治最初期に行なわれたメディア変換の好例である。

明治後半の印刷局製本室　このころ印刷局工場の人員は明治8年の約4.6倍3000人、製本室には三方断裁機、針金綴じ機械などが導入されている。（明治36年『印刷局沿革録』より）

一方で、製本作業における、折る、切る、たたく、といった基本動作に用いる数々の手道具類も、持ち込まれていた。これらは当然、ヨーロッパの伝統的な所作とともに導入されていたことになる。たとえば本の小口（背の部分以外の三方）断裁に使う「ライイング・プレス」と「プラウ」は、16世紀前半までその起源をさかのぼることができる道具である。ヨーロッパの伝統的な方法では、これらを用いて、水平方向に刃を動かしながら小口を断裁する。

しかし当時、日本の民間で行なわれていた洋式製本では、和式製本の伝統を継いで、定規の上に乗り、腰をかがめて手包丁で垂直方向に小口を截つ方法が採られていた。そもそも当時の民間における洋式製本職人の基本姿勢は、「居職」（座り仕事）に堪えうる胡座であった。このように、道具・所作の異なる洋式製本が、明治最初期の官と民で同時期に存在していた。

パターソンが教えた技術の枠は、彼の指導を離れた若い日本人生徒の製本によって明治9年秋、天皇の東北巡幸記『東巡録』の特装本となって結実する。（佐藤祐一）

ライイング・プレスとその上に置かれたプラウ　プラウには水平方向に刃が取り付けられている。小口を上にした本をこのプレスにはさみ、プラウを前後に動かし、徐々に刃を繰り出しながら、小口を化粧截ちする。

（図は『History of the Government Printing Office』より）

縢り台を使った、折丁の背を綴じる作業　11、12世紀に起源をもつこの種の手縢り台も、明治最初期の政府印刷局内で用いられていた。

（図は右と同様、『Bookbinding for amateurs』より）

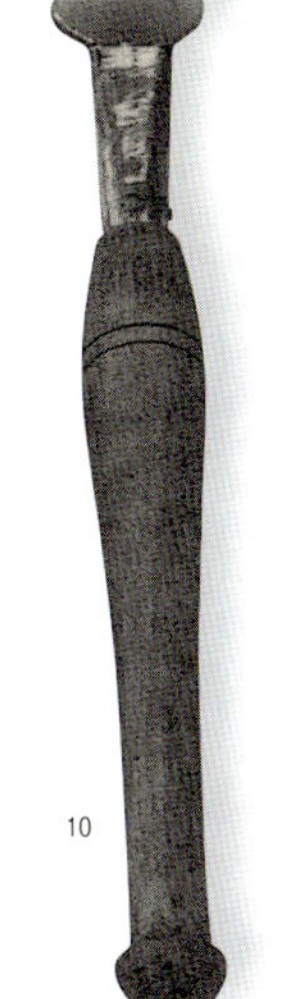

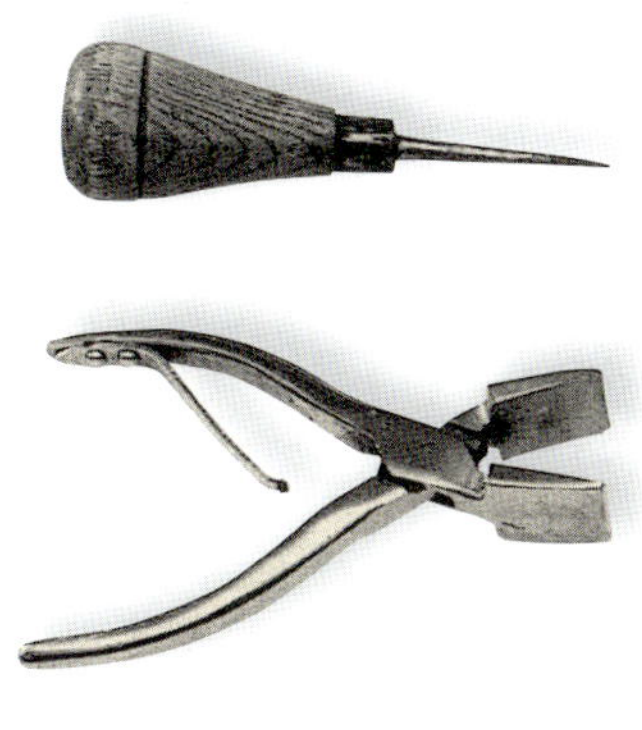

製本道具類の一部　錐（右上）、背革のバンドを整形するバンド・ニッパー（右下）、本の小口装飾の艶出しに用いる2種類のバーニッシャー（左）。明治8年に印書局で作成された79項目の製本機械道具リストから特定した。

『東巡録』特装本　綴じ付け製本。背革・角革・マーブル表紙装。小口・見返し・表紙のマーブルの色と柄が一致することから、紙幣寮活版局内でつくられた国産マーブル紙と判断できる。

富岡製糸場

ビジュアル読み解き

←全国から集められた工女たちを驚かせた正門

↑繰糸場(そうしじょう)　洋式のトラス構造で屋根を支え、柱がないのが特徴。広い空間が確保できるため、機械を新式のものに取りかえつつ、115年間にわたって工場の中心でありつづけた。

↑建築中の繭蔵(まゆぐら)　煉瓦は日本側責任者の小高敦忠(おたかあつただ)が郷里の埼玉・深谷から呼び寄せた瓦師(かわらし)が、フランス人の指導を受けて焼いた。

●史跡富岡製糸場は、現在も保存され、世界遺産登録の動きもみられる。

↓→繭蔵(まゆぐら)　通年操業のため、収穫期に買い入れた繭を保存する大規模な繭蔵をもつのが富岡製糸場の特徴であった。良質の繭を選ぶ作業にも使われたほか、階下は事務所や工場に転用されていた時期もある。

↑上州富岡製糸場　東京で刷られ富岡で売られた錦絵。煙突のある汽罐室や右手の女工寄宿舎・賄所が大きすぎるほかは、建物がほぼ正確にとらえられている。ただし、場内の柵や人物、繭蔵の窓は不自然で、開業後の現地を見ずに描かれたと思われる。

↑原動用蒸気機械　開業当初にフランスから輸入され、大正9年（1920）の電化まで使われた。

←富岡製糸場の商標　生糸に付けて出荷された。フランス語でブリュナ監督の工場であると記されている。

↓製糸工女の墓　市内龍光寺には製糸場関係者の個人墓とともに、工場民営化の明治26年に建てられた2基の墓があり、明治10年から25年までに没した27名が刻まれている。

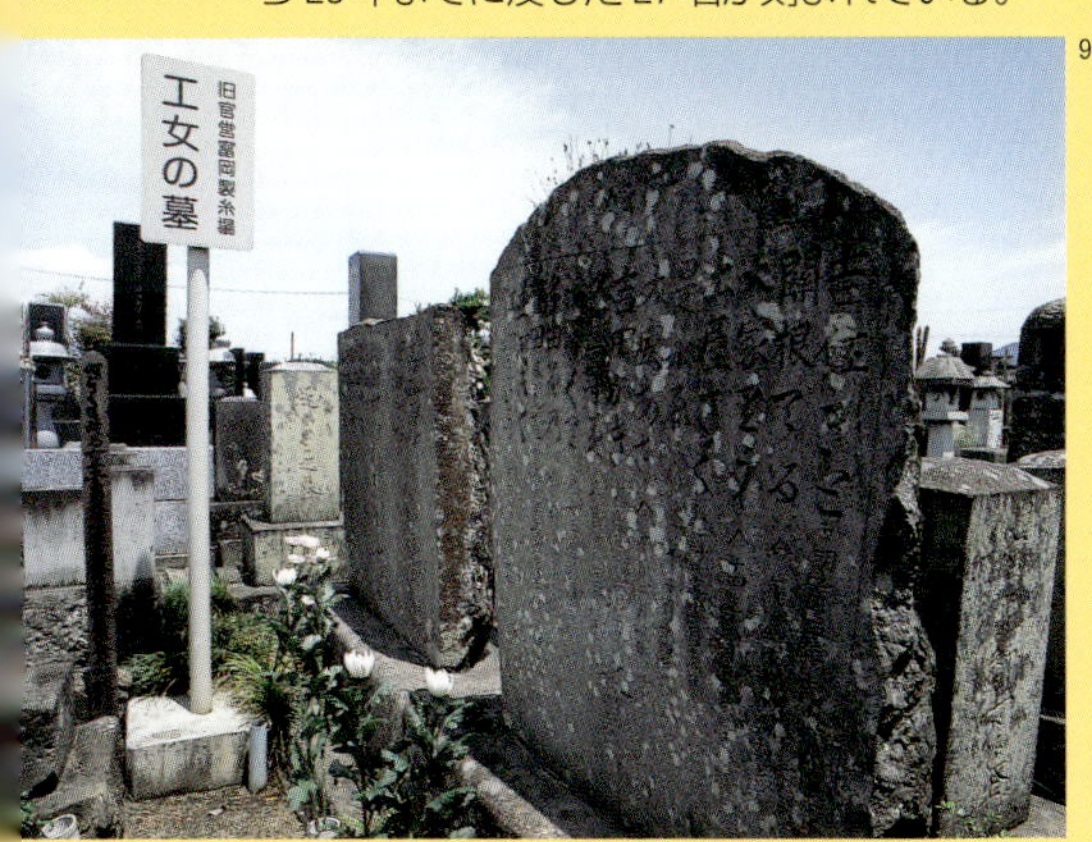

群馬の官営工場、富岡製糸場の設立は、輸出の振興のためであった。開港以来、生糸は主要な輸出品だったが、輸出の拡大による粗製濫造もあり、その評価は急速に低下していた。大蔵省の大隈重信、伊藤博文、渋沢栄一らは、生糸の品質を確保するためヨーロッパ式の製糸工場の設置を提案し、明治3年（一八七〇）2月に太政官の認めるところとなった。そこで横浜で商社の輸出生糸検査人をしていたフランス人ブリュナを雇い入れ、富岡に用地を選定した。当時横須賀の官営造船所にいたフランス人技師が建物を設計し、4年3月13日起工、5年10月4日に繰糸作業を開始した。

　全国各地から送り込まれた女性たちが、初期には直接外国人教師から、のちには熟練した日本人から製糸技術を伝習し、また工場の建設や経営の参考のため視察に訪れた人々も多かった。このあと国内につくられた製糸場の多くはより簡易なものであったが、富岡製の糸の評価は高く、長期にわたって民間事業者たちにとっての目標でありつづけた。明治26年10月1日に三井に払い下げられ、のちに原合名、ついで片倉工業によって昭和62年（一九八七）まで経営された。

　長野の松代から技術伝習に入場した和田英は、後年『富岡日記』を記し、〈富岡御製糸場の御門前に参りました時は実に夢かと思ひます程驚きました。生れまして煉瓦造りの建物なとまれに錦絵位て見る斗りそれを目前に見まする事て有ますから無理もなき事かと存じます〉と、はじめて工場を見たときの驚きを伝えている。太い木材で骨組みをつくり煉瓦をはめ込んだ構造は堅牢で、創建当初の主要建物は今も完全な形で残り、製糸改良に対する政府の熱意を示している。

　家庭での女性の副業に位置づけられていた製糸が、十分な努力と資金を投じて取り組むべき重要な産業であることを示すに、格好の建築であった。（鈴木　淳）

▶立ち並ぶ紡績工場（p214）

新聞の誕生

文明開化推進を目的としたニューメディア

日本初の日刊紙は、明治3年（一八七〇）12月8日に創刊された『横浜毎日新聞』である。その紙面は今日私たちが新聞と呼ぶものの直接の元祖であるが、欧米で誕生した新聞を日本に移植する試みは、幕末の文久年間（一八六一～六四）から始まった。

まず、開港された長崎と横浜の居留地で英語の新聞が発刊された。次いで幕府の蕃書調所がオランダの植民地であるバタビア（現在のインドネシア）の新聞を翻訳した『官板バタヒヤ新聞』を刊行、また上海の中国語紙を編集した『官板六合叢談』も出された。

●新聞発行を認めた新政府

民間による日本語紙の嚆矢は、元治元年（一八六四）ジョセフ・ヒコが横浜で創刊した『海外新聞』だが、これも海外の新聞を翻訳編集した内容だった。

国内ニュースを報じる日本語新聞が登場したのは慶応年間（一八六五～六八）で、柳河春三の『中外新聞』、福地桜痴の『江湖新聞』、ヒコに学んだ岸田吟香の『横浜新報もしほ草』などが誕生した。

しかしその多くが佐幕派であったため、明治新政府は江戸征圧後これら私刊新聞を禁止、福地桜痴は投獄され、最初の筆禍記者となった。だが、『太政官日誌』などの官版新聞しかなくなると流言飛語が飛び交い、これに悩まされた新政府は、一転して明治2年に新聞紙印行条例を出し、文明開化推進のため、新聞発行を許可するようになった。

1

↑新橋駅の『東京日日新聞』売店　東京初の日刊紙『東京日日』の創刊は明治5年2月、新橋駅は同年9月開業、翌年には新橋―横浜間の運転が1日12往復になった。（3代歌川広重『東京汐留鉄道館蒸気車待合之図』明治6年より）

2

➡函館の新聞縦覧所　新聞の普及のために設けられた、文字どおり新聞が読めるところ。東京・浅草奥山の新聞茶屋では、明治5年に見料が2厘～2厘半と記録されているが、無料のところもあったようだ。

3

⬅日本初の日刊紙『横浜毎日新聞』　現在の新聞の姿に近く、洋紙を用いて鉛活字で両面に印刷をした。明治4年4月から4ページとなった。横浜らしく、両替相場や外国船の記事が並ぶ。（創刊紙、明治3年12月8日）

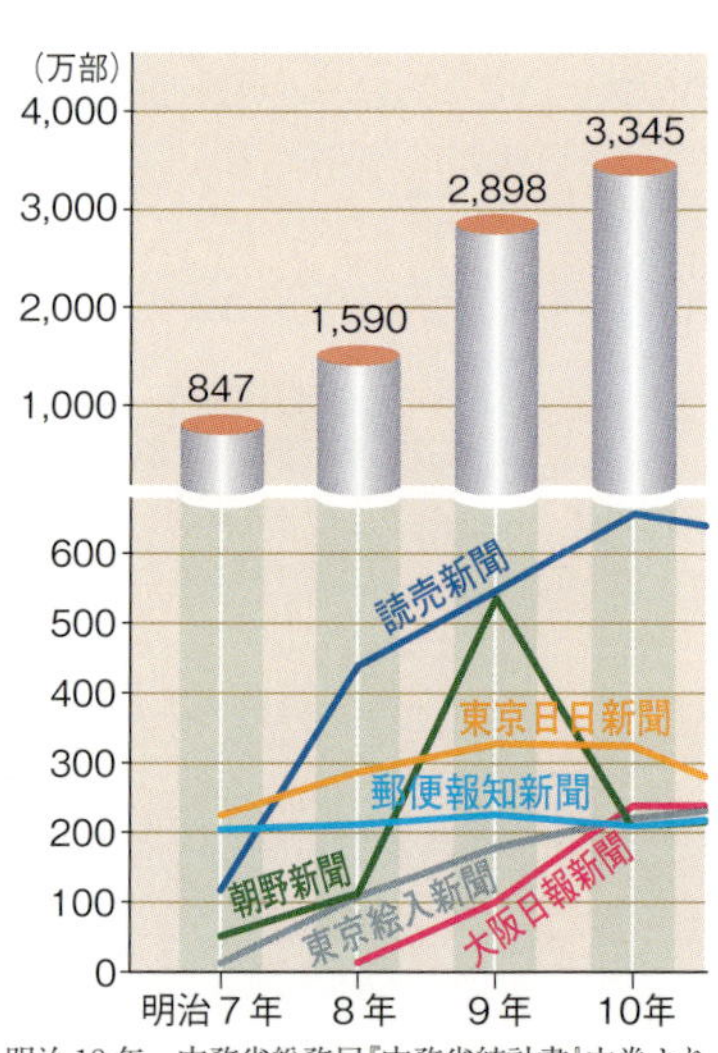

明治18年、内務省総務局『内務省統計書』中巻より

➡明治初期主要紙の年間総発行部数　明治7年から10年にかけての部数。上が全国の合計部数、下は『東京日日新聞』など主要6紙の発行部数。『読売新聞』は明治8年、435万部を記録してトップに立つ。

「大新聞」と「小新聞」

このころまでの新聞の体裁は、半紙二つ折りに木版印刷という和本に準じた形が主で、旬刊・週刊ないし三日ごとの発行で、雑誌との区別が不明確だった。明治5年に東京でイギリス人J・R・ブラック主宰の『日新真事誌』、続いて『東京日日新聞』『郵便報知新聞』、成島柳北と末広鉄腸を擁した『朝野新聞』が創刊されると、本格的な日刊紙の時代に突入した。

洋紙と鉛活字による活版印刷を用い、情報の大量伝達を実現するニューメディアであったこれらの新聞は当初、一部の知識人にしか普及しなかった。日刊の連続した印刷物という概念や、お上のお触れでない出版物が言論の自由をもたらすという意義と必要性が、人々には飲み込めなかったという以上に、識字率が低く、漢文読み下しをもとにした漢語だらけの難しい文体が障害であった。

そこでやさしい俗語と総ふりがなを用いて、「婦女童蒙」にもわかる新聞を標榜した『読売新聞』が、明治7年11月に創刊された。これはたちまち一万部を突破し、その成功に倣って『東京絵入新聞』『仮名読新聞』などの新聞が続出した。これらは、先行の知識人向けの新聞、いわゆる「大新聞」に比べてサイズが小さく価格も安かったので、「小新聞」と呼ばれた。

こうした新聞大衆化の試みと並行して、ニュースを浮世絵版画で描いた「錦絵新聞」が発行され、視覚的ニュース・メディアとして一時流行した。このアイディアは小新聞の挿絵に受け継がれ、写真掲載以前の新聞の視覚的報道として、新聞の普及を促進した。

（土屋礼子）

4

↑『朝野新聞』社屋の復元模型　成島柳北が社長で、政論新聞として東京の新聞界にその名を馳せた。銀座4丁目角にあり、木造2階建てのモダンな洋館だった。

5

↑明治7年11月2日創刊の『読売新聞』　俗談平話を編集方針として、総ふりがなつきで読者に受けた。政論を中心とする「大新聞」に対して、ニュース本位の庶民向け新聞は「小新聞」と呼ばれた。

6

↑岸田吟香　日本初の従軍記者として台湾出兵に随行したときの姿を掲載した、錦絵新聞。岸田を台湾の住民が背負っている。（落合芳幾『東京日日新聞』第736号、明治7年9月）

7

←『大阪錦画新聞』第12号　明治8年。東京で錦絵新聞が流行すると、大阪でもこれをまねてつぎつぎと発行された。大きさは東京の半分。これは「婚礼に異議をとなえて闖入してきた男（手前右）」がテーマ。花婿が襖の向こうにいる。

▶名物新聞記者たち（p380）、新聞の全国展開（p382）、戦争とメディア（p384）

人力車と鉄道

ビジュアル読み解き

←人気を呼んだ人力車　明治３年に営業の始まった人力車は、たちまち全国に広がった。

↓『東京往来車尽』　文明開化の乗り物がいろいろ描かれており、当時の人々の旺盛な想像力がうかがえる。人力車も、当時は馬車のように覆いが付いたものもあった。駅馬車なども描かれている。２階建て馬車は明治５年頃現われ、短期間ながら実在したが、明治７年には危険として禁止された。（一孟斎芳虎、明治３年）

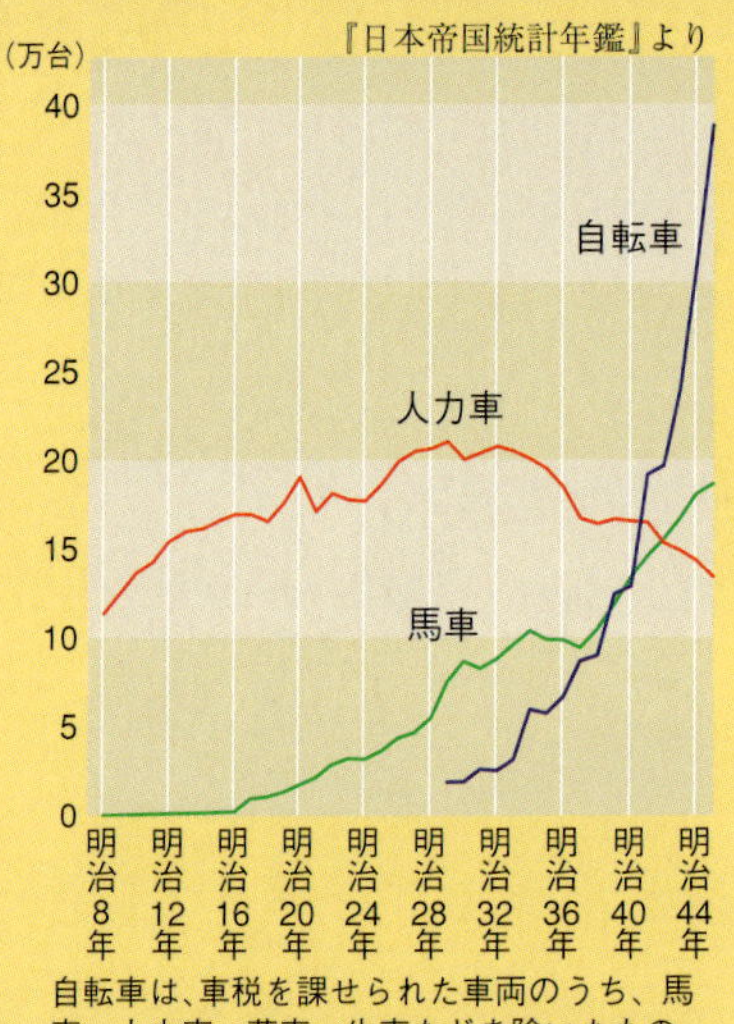

自転車は、車税を課せられた車両のうち、馬車・人力車・荷車・牛車などを除いたもの

↑人力車・自転車・馬車の普及グラフ

↑オーディナリー車　明治10年代に輸入された自転車。

『蒸気車陸道通行之図』 まだ鉄道用地の測量が始まったばかりの時期に、はやくも想像で描かれた汽車。レール、機関車の構造、2階建ての客車など、実物とは異なるものだらけ。こうした錦絵を見ながら人々は、実際の汽車（「蒸気車」）がいったいどんなものなのかと、想像を膨らませたのである。（一孟斎芳虎、明治3年）

明治維新期は、従来の交通制限が撤廃され、新しい乗り物が出現した日本史上最大の「交通革命」ともいえる時期だった。文明開化の乗り物として、まずあげるべきは人力車だろう。明治3年（一八七〇）、和泉要助ら三名が東京府の許可を得て製造・営業を始めたのが最初とされる（アメリカ人宣教師ジョナサン・ゴーブルの創案という説もある）。人力車は人々に大いに歓迎され、たちまち全国に普及した。

文明開化の乗り物の代表格は、鉄道である。日本最初の鉄道は、明治5年5月に品川―横浜間の仮開業によって幕を開け、同年9月に新橋―横浜間の開業式が、明治天皇臨席のもとに行なわれた。明治7年には関西で大阪―神戸間に鉄道が開業する。

新しい乗り物は人々の関心を集め、しばしば錦絵の題材ともなった。なかには、まだ見たこともない汽車（「蒸気車」）を想像して描いた絵もある。人々は「つぎはどんな新しい乗り物ができるのだろうか」と、さまざまに思いめぐらしながら、これらの錦絵を眺めていたに違いない。

人力車はその後、明治期を通じて、鉄道と連携した短距離輸送で活躍し、タクシーの登場後も、しばらく並行して使われていた。太平洋戦争時には、燃料不足を補うため登場した木炭車とともに、人力車が復活したこともあった。現在では、東京の浅草、京都、奈良、長崎をはじめ、全国の観光地で、観光客を乗せた人力車が走っている。

（平山 昇）

←**鉄道開業式の模様** 明治5年9月12日の新橋―横浜間の鉄道開業式に臨む明治天皇。

↓**新橋―横浜間を走った機関車第1号** 1871年イギリス製。現在は鉄道記念物として交通博物館（東京）に保存されている。

↓**『神戸名所之内 蒸気車相生橋之景』** 明治7年に関西初の鉄道が開業する。鉄道を上から眺められる陸橋には、見物人があふれている。蒸気車だけでなく、まだめずらしかった電信も見物したと思われる。

▶鉄道網の展開(p220)、汽車の旅(p408)

都市空間の変容

移動の自由が保障され、公共の空間がつくられる

明治2年（一八六九）1月に、新政府は全国におよそ五〇か所あったとされる関所を廃止し、人の移動を自由にした。各地で盛んになる道路建設や架橋や鉄道敷設は、その延長上の出来事であり、やがて大日本帝国憲法にも「居住及移転ノ自由」が盛り込まれた。

●江戸城の石で橋をつくる

濠と城門と木戸によって、いく重にも閉ざされた江戸の町は、すみやかに開放されなければならなかった。夜間の通行規制が緩和され、明治4年からは城門の撤去が始まる。その象徴的な出来事は、神田川に面した筋違御門の撤去とその石垣を転用した万代橋の架橋である（明治39年架け替えられ万世橋となる）。

明治10年出版の『東京名勝図会』は、それを「不用を転じて有益となし」と的確に評している。

江戸城と寛永寺を結ぶ御成街道と中山道の交わる要所であったこのあたりは、八つ小路とも呼ばれる火除け地であったが、明治時代を通じて、鉄道馬車、次いで路面電車が行き交い、甲武鉄道の万世橋駅が建設されて、都市広場の性格をもつ空間へと成長した。

●公共空間の設置を命じる

明治維新を迎えるまでは庶民が決して立ち入ることのできない施設が、その性格を改め、公共空間へと変貌した場合がある。

たとえば、天皇が東京に移ったあとの京都御所では、明治6年から毎年のように博覧会が開かれ、不特定多数の観覧者をその内部に迎え入れている。

同じことは大名という主を失い無用となった城郭にも起こり、徳島城、松本城、彦根城などが博覧会場となった。

もっとも、京都御所はその後も御所でありつづけたし、城郭の存廃は政府が明治6年に決定し、存在を認められたものの多くには軍

江戸時代の重要施設が転用された

⬇熊本城　明治3年9月、城郭廃棄の許可を得た熊本城は、破壊に先立ち、天守閣を一般公開したが、取り壊されることなく西南戦争を迎える。加藤清正を祀る錦山神社が城外に移転する明治7年以前の撮影。

⬇『大博覧会物品録』　天皇とともに多くの公家も東京に移ったので、京都御所とその周辺はさびれた。御所はたびたび博覧会会場となり、御物も公開された。（明治8年）

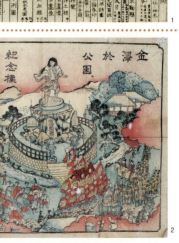

⬆金沢・兼六園　加賀家の庭園は、維新後、断続的に公開されたが、明治7年、正式な公園となる。明治13年には、西南戦争の石川県人戦死者を日本武尊の碑で慰霊した。

5

←万代橋 新橋駅と上野駅を結ぶ鉄道馬車が行き交う万代橋は、東京の交通の要所だった。橋の南詰が広場のように機能していた。秋葉原に荷揚げ場があり、神田川が物資の輸送に使われていたこともわかる。(『風俗画報』明治25年3月26日より)

6

→万世橋駅と広瀬中佐・杉野兵曹長の銅像の絵葉書 日露戦争の旅順港閉塞作戦で戦死したふたりを称える銅像が明治43年に建立。その2年後、甲武鉄道の終着駅として煉瓦造りの万世橋駅が完成、須田町界隈は有数の盛り場となる。銅像が都市空間へと進出した例。

隊が駐屯、廃止されたものは逐次取り壊されたから、それぞれが博覧会場となったことは過渡期ゆえの一時的な現象にすぎない。

熊本城のように、本丸に加藤清正を祀る神社が創建されたものの、参詣者に対する公開性と軍隊駐屯地としての閉鎖性とが衝突し、神社が城外へと移転を余儀なくされた場合もあれば、金沢城のように大名庭園たる兼六園が一般に公開された場合もある。

公園は英語の public garden の翻訳語であり、欧米諸国の都市公団をモデルに、政府はその設置を明治6年に命じた。

これにこたえて、東京府は浅草（浅草寺）・上野（寛永寺）・芝（増上寺）・深川（富岡八幡宮）・飛鳥山を公園とした。金沢の兼六園の公園化もこの一環である。

いずれも名所として親しまれてきた既存の社寺や庭園をもとにしており、本格的な西洋式庭園の出現は、東京の場合、明治36年の日比谷公園の登場を待たねばならなかった。ただし、寛永寺は上野戦争によって灰燼に帰していたから、博覧会の開催、博物館・動物園の建設などによってすっかり改造され、明治を代表する都市公園へと育った。（木下直之）

7

↑日比谷公園 明治36年に仮開園した日比谷公園は、社寺境内を公園に転じた先例と異なり、当初から西洋風の都市公園をモデルに設計された。絵葉書になった小音楽堂は明治38年に完成。大正12年(1923)の関東大震災で倒壊するまで、軍楽隊の演奏会場となった。

→上野公園 明治9年に天皇を迎えて開園した東京・上野公園は、博覧会の会場となるばかりでなく、しばしば国家的な祝祭の場となった。明治12年には、来日したアメリカの前大統領グラント将軍の歓迎会が盛大に開かれた。そのときの記念植樹が、今も動物園正門わきに残る。(楊洲周延『於上野公園地グラント君興応ノ図』明治12年)

▶首都改造の夢(p260)

1 創業の時代

急増する写真館

近代人の証明書でもあった肖像写真

インスタントやデジタルのカメラが普及した今日でも、七五三や成人式、結婚式などの際に写真館へ行ったり、写真師に依頼する機会がなくなったわけではない。

手もとの横浜市の職業別電話帳で調べてみると、平成16年8月12日現在で、二三一軒の写真館が登録されている。同時点の人口をこの数で割ると、約一万五〇〇〇人に一軒の割合となる。

東京では明治9年（一八七六）に写真師の数が一三〇人を超えたというが、右の数字と比べてみると、その数の多さに驚かされる。明治12年の記録では、浅草奥山に三七、八軒の写真館が集中していたという。もちろん東京の市民だけではなく、各地から商用や観光でやってくる「お上りさん」を相手にしていたもので、一流の写真師に交じって、粗末な写場で詐欺まがいの商売をする三流の写真師もいたという。首都として、また文明開化の中心として、その地位を高めつつあった東京で、写真師が花形職業として急速に数を増していたことがわかる。

横浜の場合、判明するかぎりでは、明治10、20年代が一〇軒ほどで、一軒あたりの人口が約六〇〇〇人、30年代に入ると年々数を増し、明治末までに二五軒ほどに達して、一軒あたり約一万人となり、現在の数字に近づく。

●低料金化で庶民に普及

もともと日本には、死後追慕のために描かれる遺像という肖像画のほかに、生前描かれる寿像があったので、写真がそれに取って代わることは比較的容易だった。しかし、料金が高く、幕末には一部の武士や上層の町人などに限られていた。明治時代に入り、四民平等の社会の出現と同時に、それが庶民の間に急速に広まっていったのである。それでも右下の表に見られるように、明治中期でもその料金は高額だった。しかしまた、同じころ、中流・三流の写真館だと手札判（小型）一〇銭から二〇銭という記録もある。写真の普及という点からみると、各地の無名の写真師の果たした役割が大きかったのではないか。（斎藤多喜夫）

撮影料		白米に換算	中等酒に換算	大工手間賃に換算
小型1組（手札）	0.65円	9.7kg	3.8升	1.2日
中型1組（キャビネ）	1.35円	20.1kg	7.9升	2.5日
大型1組（四ツ切り）	4.00円	59.7kg	23.5升	7.4日

↑**肖像写真の撮影料**　写真料は鈴木真一写真館の広告による。物価は朝日新聞社『値段史年表 明治・大正・昭和』による

↓明治初年の撮影風景　女性の左にある椅子には、頭を固定する道具が付いている。それくらい撮影には時間がかかった。（昇斎一景『東京名所四十八景　柳原写真所三階より御茶の水遠景』明治4年）

年代	横浜	東京	長崎	大阪	京都	その他
万延元年	O・E・フリーマン					
文久元年		鵜飼玉川				
文久2年	下岡蓮杖		上野彦馬			
文久3年	C・パーカー F・ベアト					
元治元年						木津幸吉（函館）
慶応元年				守田来三 内田九一		
慶応2年	内田九一				堀内信重 堀与兵衛	冨重利平（柳川）
明治元年（1868）	清水東谷	横山松三郎 金丸源三	亀谷徳次郎	花淵為介 佐野影明	鎌田永弼 市田左右太	上野幸馬（神戸） 菊地新学（山形） 和田久四郎（新潟）
明治2年	臼井秀三郎	内田九一				田本研造（函館）
明治3年		森山浄夢		葛城思風 田村景美	三崎吉兵衛	森川新七（神戸） 小島柳蛙（岐阜） 今井栄（高知）
明治4年	R・スティルフリート	北庭筑波		伊藤広治 内田西之助 成井頼佐 藤井万次郎		冨重利平（熊本）

↑**写真館の創業年表**　従来、下岡蓮杖と上野彦馬が最初とされてきたが、鵜飼玉川の文久元年（1861）開業が裏付けられた。

日本写真文化協会『写真館のあゆみ』による。横浜は斎藤多喜夫『幕末明治横浜写真館物語』（吉川弘文館）、京都の堀内・堀は中川邦昭「知恩院・京都写真発祥の地」（『日本写真学会誌』67-2）による

↑明治の写真師　写真館には肖像写真を撮影するための小道具が用意されていた。自然風景のなかにいるような空間と光が描かれた背景を前に、ポーズをとる写真師。明治時代中期。

➡下岡蓮杖の写真館　慶応3年（1867）、横浜の馬車道に開設された支店、全楽堂。絵師をめざして修業していた下岡は、オランダから入ってきた1枚の写真を見て、写真術の習得を決意したという。文久2年（1862）横浜で開業し、明治9年に東京・浅草に移った。

⬇鈴木真一写真館の台紙　横浜の宣教師ヘボン夫妻の写真が貼られた台紙の裏面。明治6年に横浜で開業した鈴木写真館の初代と2代目の肖像写真が印刷されている。

↑箱入りの写真　当時の高価で貴重な写真は、蓋つきの桐箱に入ったガラス写真か、台紙に貼った紙焼き写真が主流だった。これはガラス写真が桐箱に入ったもの。

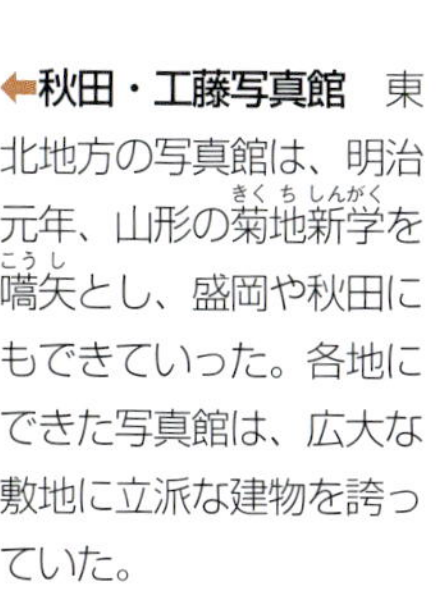

⬅秋田・工藤写真館　東北地方の写真館は、明治元年、山形の菊地新学を嚆矢とし、盛岡や秋田にもできていった。各地にできた写真館は、広大な敷地に立派な建物を誇っていた。

⬅内田九一写真館の引札　長崎で上野彦馬の手ほどきを受け、大阪と横浜で開業した内田は、明治2年、東京・浅草に写真館を出す。明治天皇の御真影の撮影者でもある。

⬅岐阜・瀬古写真館　のちに濃尾地震（明治24年）の根尾谷断層の写真を撮影する瀬古安太郎が、明治8年、岐阜に開いたモダンな建物の写真館。

➡上野彦馬（前列一番右）**とその家族**　文久2年（1862）、長崎で写真館を開いた上野の洋装姿。多くの弟子たちが各地に写真館を開業し、写真が普及していった。

▶教育勅語と御真影（p192）

太陽暦への改暦

歴史のターニングポイント

11月9日

旧 太陰太陽暦

詔書寫
朕惟フニ我邦通行ノ暦タル太陰ノ朔望ヲ以テ月ヲ立テ太陽ノ纒度ニ合ス故ニ二三年間必ス閏月ヲ置カザルヲ得ズ置閏ノ前後時ニ季候ノ早晩アリ終ニ推歩ノ差ヲ生ズルニ至ル殊ニ中下段ニ掲ル所ノ如キハ率子妄誕無稽ニ属シ

➡旧暦明治6年の柱暦　改暦前につくられた旧暦の柱暦。大小の月が新暦と異なる。旧暦の明治6年は閏年なので閏6月が入っている。歳徳（としとく）は年始に祀（まつ）る神で、この神のいる方位を恵方（えほう）と呼ぶ。金神（こんじん）は方位を侵すと祟（たた）る悪神。

明治5年（一八七二）11月9日の改暦の詔書と太政官達第三三七号により太陽暦と定時法が採用され、日本人の時間は激変した。太陰太陽暦（旧暦、陰暦）にかえて、太陽の運行に合わせて一年を三六五日とし四年ごとに一日多い閏年（うるうどし）をおく太陽暦（新暦、グレゴリオ暦）が導入され、昼夜をそれぞれ六等分して一刻とする不定時法にかわり、一日を二四等分して一時間とし、六〇進法で分・秒をおく定時法が採用された。紀年法には西暦紀元前六六〇年を元年とする神武天皇即位紀元（皇紀）が正式に採用された。明治5年12月3日をもって明治6年1月1日とすることとなり、二日で終わった明治5年12月分の俸給は支給されなかった。明治21年には東経一三五度の子午線が標準時の基準子午線とされた。28年には台湾領有を受けて西部標準時が設けられている（昭和12年廃止）。なお西暦一九〇〇年が平年なので明治31年勅令第九〇号で閏年の置き方が整備された。（佐々木隆）

太陰太陽暦とは

イスラム圏で現在も行なわれている太陰暦では、月の盈虧（えいき）（満ち欠け）を基準として暦月（大の月が30日、小の月が29日）を決め、1年を12か月とする。この暦だと1年が354日になるため、季節のずれを補正するため19年に7回の割合で閏月を入れる。グレゴリオ暦の閏年は平年より1日多いが、太陰暦はひと月多いことになる。

⬅明治初年の東京上野の時の鐘　松尾芭蕉（まつおばしょう）が「花の雲鐘は上野か浅草か」と詠んだ鐘は、戊辰（ぼしん）戦争でも焼失をまぬがれて現存。

不定時法と時の鐘

江戸時代に広く行なわれていた不定時法では、日の出と日の入りを基準に、昼夜をそれぞれ六等分していたため、季節により一刻の長さが異なった。夏至の昼の一刻の長さは冬至より五割も長かったが、人々の活動時間は昼間が中心で、時計もほとんどなかったので不便を感じることは少なかった。

江戸時代、人々は太陽の位置のほか、城の「時の太鼓」や寺の「時の鐘」で時刻を知った。江戸時代の旅行ガイドには旅人のために時の鐘の情報がしばしば載せられている。

0 1 2 3 4 5 6 7 8 9 10 11 12 13 14 15 16 17 18 19 20 21 22 23 24(時)
夏至
春分 秋分
冬至
夜 昼 夜
暁九つ　暁八つ　暁七つ　明け六つ　朝五つ　朝四つ　昼九つ　昼八つ　昼七つ　暮れ六つ　夜五つ　夜四つ　暁九つ

新

グレゴリオ暦

明治5年

大小月の変化　新暦になって大の月が30日から31日に、小の月が29日から30日（2月は28日）に変わった。

祝日　歳徳神や金神は「不稽（ふけい）の説」と退けられ、神武天皇即位日、神武天皇祭、天長節など皇室関連の祝祭の日が掲げられた。

皇紀の登場　江戸時代から一部で行なわれていた神武天皇即位紀元を正式に採用。ちなみに、閏年を定めた勅令は皇紀を基準としている。

1年365日　旧暦明治6年は閏年で、13か月・384日だが、新暦では平年で、12か月・365日。

曜日　宿曜道（すくようどう）の伝来とともに一部で行なわれていた七曜が、西洋の七曜に合わせる形で採用された。日曜日が休日となったのは明治9年4月。

西暦も併記　改暦には暦法を国際標準に合わせるという意図が強く、柱暦にも西欧の基準である西暦が登場。

官許

明治六年太陽暦略

西洋千八百七十三年

東京日々新聞社

4

多少ノ異アリト雖モ季候早晩ノ變ナク
四歳毎ニ一日ノ閏ヲ置キ七千年ノ後僅ニ
一日ノ差ヲ生スルニ過キス之ヲ太陰暦ニ
比スレハ最モ精密ニシテ其便不便モ固リ論
ヲ俟タサルナリ依テ自今舊暦ヲ廢シ太
陽暦ヲ用ヒ天下永世之ヲ遵行セシメン
百官有司其レ斯旨ヲ體セヨ
明治五年壬申十一月九日

⬆**改暦の詔書**　旧暦では2、3年に1度置かれる閏月の前後に季節感のずれがはなはだしいが、太陽暦ではこのような不便がないことが強調されている。詔勅と同時に出された太政官達と付表で具体的な暦法・時法が示された。

⬇**午砲の砲身**　江戸東京たてもの園に現存する、東京の午砲。大正11年（1922）から、予算削減のために順次廃止された。

6

⬇**正午砲台の図**　東京の午砲は、江戸城本丸の汐見櫓（しおみやぐら）跡に設置された。午砲は各都市に設置されたが、その多くは町の中心を占める城跡にあった。（『風俗画報』明治31年）

5

定時法と午砲（ドン）

暦には二四時間制の新時法も図示されている。旧時法と区別するため、新時法での時刻はしばらくの間、「午前〇字」という表記が併用されていた。

明治4年9月9日、政府は旧江戸城本丸跡で正午を知らせる時号砲の発射を始めた。昭和4年5月にサイレンの吹鳴（すいめい）に変わるまで東京の市民に親しまれた「ドン」である。当初は東京の平均太陽時（地方時）によっていたが、明治21年からは日本標準時の正午によった。明治文学を彩る真昼の風物詩。

きょうは天長節

新しい祝祭日の誕生

「天長節」は天皇の誕生日で、皇后の誕生日「地久節」とともに、その名称は『老子』の「天地長久」という言葉にちなむ。

明治天皇の誕生日は嘉永5年（一八五二）9月22日。明治元年（一八六八）の制定時には9月22日が天長節とされていたが、明治6年、新暦施行に伴い陽暦換算の11月3日に改められ、祝日・休日と定められた。

近現代の祝祭日は、国民国家の創成・統合となんらかの関係があるのがふつうだが、紀元節や神武天皇祭（4月3日）とともに、天長節はその典型である。

アメリカの女性旅行家エリザ・R・シドモアが、「菊のシーズンのさなかとあって、どの地方も祭日となるので、華麗な花のショーを開く好機となる」と書いたように、明治の天長節のイメージは、菊花と直結していた。

しかも天皇家の紋は十六菊である（天皇家の菊の御紋は後鳥羽院

天皇・皇族

天長節の当日、天皇はまず宮中三殿を親拝し「天長節祭の儀」を執り行なうが、観兵式天覧のために侍従の代拝となることが多い。午前は練兵場で天長節観兵式（初期は飾隊式）が挙行された。軍事がらみなのは欧州の君主に範をとったためだ。還御後、豊明殿で皇族や内外群臣を召して宴会の儀が行なわれる。

⬇天長節祝賀紀年の絵葉書（明治39年）

⬇村井弦斎著『食道楽 秋の巻』口絵「天長節夜会食卓之光景」（明治36年）

官僚・役人

元勲・閣僚級の要人は宮中の祝宴に招かれるが、ほかの文武の高官は参内して東車寄の参賀簿に署名して退出する。判任官など中級の官僚は、自分が属する省庁に参賀することになっている。天長節の夜には帝国ホテルで外務大臣主催の夜会が開かれる。2000人前後に招待状が出されるが、毎年招かれる者は欠席することも多い。

➡天長節祝宴（晩餐会）のメニュー　兎肉のポタージュ、野菜のコンソメ、鯛の蒸焼き・鶏卵牛乳合製汁添え、牛肉トリュフ合製、犢肉野菜添え、鴨裏ごしトリュフ製汁添え、牛背肉蒸焼き、トリュフ入り七面鳥蒸焼き、アスパラガス・青豆牛乳汁添えなど。宮中宴会では、ナイフやフォークは内側からとるのがマナー。（明治20年）

明治の祝祭日

祝祭日	由来・内容など	月日	現在の名称
元始祭	皇位の元始を祝う	1月3日	
新年宴会	新年を祝う宮中行事（休日）	1月5日	
孝明天皇祭	孝明天皇崩御の日	1月30日	
紀元節	神武天皇即位の日	2月11日	建国記念の日
春季皇霊祭	神武天皇をはじめとする皇霊を祭る	3月21日頃	春分の日
神武天皇祭	神武天皇崩御の日	4月3日	
秋季皇霊祭	神武天皇をはじめとする皇霊を祭る	9月23日頃	秋分の日
神嘗祭	天皇が伊勢神宮に新穀を奉る	10月17日	
天長節	天皇誕生日	11月3日	文化の日
新嘗祭	天皇が新穀を神と共食する	11月23日	勤労感謝の日

▶世相を映す菊人形（p496）

の創始と伝えられる）。

東京では駒込団子坂の菊人形に見物人が殺到し、盛り場の菊花壇に人があふれている。上野の山では日本美術協会の秋季展覧会が開かれている。主流は日本絵画だ。

●祝賀に事寄せて宴会も

この日は「天長節日和」と呼ばれるほど晴天が多く、明治天皇の御稜威によるものとささやかれた。町の辻には晩秋の淡い日射しのなか、日章旗が静まり返っている。天長節日和と日の御旗も一緒に語られることが多いが、祝日の国旗掲揚も近代に導入された習慣だ。

町角には花が飾りつけられ、夜には提灯やガス灯がともされた。もっとも四国宇和島出身の法学者穂積陳重に嫁いだ渋沢歌子（栄一の長女）の日記によると、宇和島では「笑覧会」（笑芸大会）が催されて、「にわか」（滑稽な寸劇）が町をめぐり、住民が祝賀に事寄せて酒盛りを開くなど新旧交錯する光景が繰り広げられていた。

（佐々木隆）

←天長節祝賀花電車の絵葉書（明治後期）

商家

日曜・祝祭日に休む商家は少なく、江戸時代と同様、「二七日」など5日ごと、あるいは「三の日」など10日ごとに休むのがふつうだった。盛り場の店は、祝日は稼ぎどき。展覧会・動物園・水族館・パノラマ館に人が繰り出す東京の上野・浅草では、鰻屋・牛鍋屋や天ぷら屋などが大繁盛だった。

勤め人

俸給生活者（会社員・官吏）にとって、天長節は日曜以外の数少ない休日であり、1日休養をとったり、菊見などの行楽や鯊釣りに出かけたりした。交通が整備された明治末期には、日並びによっては奥多摩や日光・塩原に紅葉見物に赴く者も現われた。

学生

大学でも祝賀の儀式は行なわれたが、出席は学生の自主性に任されていた。夏目漱石の『三四郎』では、天長節の日に友人の引っ越しの手伝いに出かける主人公が描かれている。

主婦

家事に従事する俸給生活者の妻が一般に「主婦」と呼ばれるものだが、主婦が増えたのは日露戦争後のことである。学校に通う子どもがいる家では、午前中に儀式があるため、起床時刻や朝の家事は半休日の土曜日とあまり変わらなかった。

児童

高等学校・中学校・小学校（尋常・高等）では、午前中に学校で天長節祝賀の儀式が行なわれるため全休ではなかった。これは2月11日の紀元節なども同様である。儀式では「今日の佳き日は大君の生まれ給いし佳き日なり」と唱歌『天長節』や、『君が代』が歌われた。

←鏑木清方『佳日』 明治時代の天長節当日の生活風景を回顧して描いたもの。

↓民家天長節を祝するの図（『風俗画報』明治29年）

共葬墓地の開設

埋葬法は宗教問題から都市問題へ

青山霊園・染井霊園・雑司ヶ谷霊園……、現在の東京を代表するこれらの墓地は、明治初年以来の歴史をもつ、特定宗派や寺院とは関係のない「共葬墓地」である。だが、これらは、創設当初から「共葬」墓地だったわけではない。

神道式の墓地が必要に

天皇を担ぐことによって政権を奪取した明治政府は、その権威を裏付けるイデオロギーである神道の地位向上を、大きな目標のひとつに掲げていた。そこで、従来仏教の力を支えてきた檀家制度にかわる新たなシステムの構築がめざされるが、その柱のひとつが、神葬祭（神道式の葬祭）の一般化であった。江戸時代、神葬祭を許されたのは、せいぜい神職とその嫡子、一部の国学者ぐらいだったのだが、明治に入ると一転して神葬化が図られていく。

その際問題となったのが墓地である。神葬をうたう以上、寺院墓地を使用するわけにはいかないため、専用の墓地を新設する必要が生じた。そこで、明治3年（一八七〇）、東京・青山百人町（現・青山霊園の一部）と下渋谷村羽沢（現存せず）の二か所に、百官*・華族用の神葬祭地が創設された。

明治5年、神葬祭が広く許可されるに及んで、この神葬祭地は一般にも開放され、東京では新たに指定された青山（現・青山霊園）・雑司ヶ谷（現・雑司ヶ谷霊園）・上駒込（現・染井霊園）・深川（現存せず）の四墓地とともに、神葬祭地として歩みはじめることとなった。

禁止された〝野蛮な〟火葬

そうしたなかで、明治6年、火葬*が禁止されることとなる。

火葬禁止は、仏教的な葬送習俗の象徴とされた火葬を野蛮で残酷な葬法と見なすなど、もっぱら宗教的、倫理的な根拠に基づいて断行された。しかし、実際に禁止されてみると、墓地の用地不足や改葬・分骨・衛生上の不都合などがつぎつぎと明るみに出て、かえって火葬のメリットが浮き彫りになる結果を招いた。

こうして火葬禁止はわずか二年弱で覆ることとなる。墓地や埋葬は、もはや宗教的な論理やイデオロギーのみで判断されるべき問題ではなくなっていたのである。以降、墓地や埋葬をめぐる政策や議論では、都市計画や衛生などへの配慮が不可欠の要素となった。

神葬祭地に関しても方針転換が進み、神道色を薄めて、信教を問わない「共葬」墓地へとその性格を変ずることとなったのである。

（石居人也）

*百官　さまざまな役人。この時期、政治家と官吏に明確な区別がなかったので政治家も含む。

明治前期東京のおもな共葬墓地と火葬場

⬆明治前期の東京の墓地と火葬場　墓地や火葬場は移設が難しいため、あらかじめ郊外に設ける必要性があった。しかし一方で、埋葬や墓参の便宜を考えると、都市民の生活圏から離れた地を選ぶわけにもいかない。そこで東京では、江戸後期以来、都市域を示す目安とされてきた朱引線の外縁部に、墓地・火葬場が設けられることとなった。

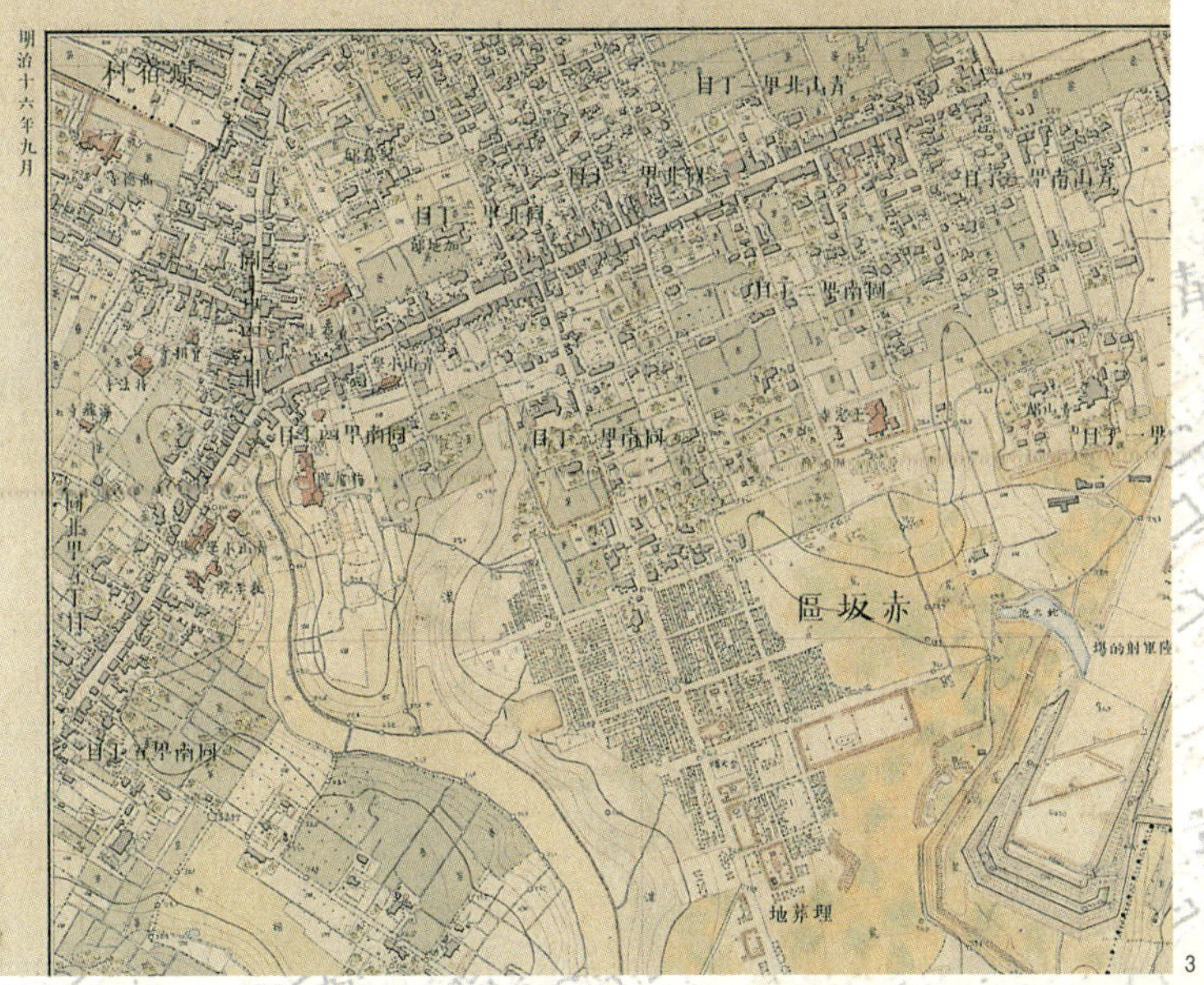

明治16年の青山墓地付近の地図　中央下に「埋葬地」の文字が見える。

建立されて間もない大久保利通の墓

現在の大久保利通の墓　明治11年5月14日、紀尾井坂で暗殺された大久保の葬儀は、青山墓地の仮神殿で、神葬式で執り行なわれた。実質的な宰相だった大久保にふさわしく広大な墓域をもち、その奥都城（神葬式の墓）は妻ますの奥都城と向かい合っている。鳥居や神道碑（故人の業績などを顕彰したもの）の存在が神道色をきわだたせている。

深川の神葬地　歌川広重の『名所江戸百景』にもある深川三十三間堂は、明治5年に廃棄解体され、その跡地は神葬地と定められた。しかしそれも、ほどなくして廃止となった。

火葬場の広告　明治中期、年間8000～9000体を扱った日暮里火葬場の様子。画面左手で棺桶を炉へと収めようとしているのがスタッフで、法被に染め抜かれた「博」の文字は、明治20年に創立した東京博善株式会社の標である。

葬送制度整備の変遷

年		事項
慶応4年（一八六八）		神職および家族に神葬祭採用指令
明治3年（一八七〇）		青山百人町・下渋谷村羽沢に官吏・華族用神葬祭地創設
明治5年	6月	一般の神葬祭を解禁
	7月	青山百人町・下渋谷村羽沢の神葬祭地を一般開放
	9月	寺院墓地への神葬許可
	11月	青山・雑司ヶ谷・上駒込・深川に神葬祭地創設
明治6年	7月	火葬禁止
	8月	都心部（朱引線内）への埋葬禁止
明治7年		神葬祭のモデル（葬祭略式）提示
明治8年		火葬解禁
明治8年		焼場取扱方心得
明治17年		墓地及埋葬取締規則

＊**火葬**　仏教およびヒンドゥー教で広く行なわれる葬制で、日本では文武天皇4年（七〇〇）、僧道昭が火葬されたのが初例と伝えられる。はじめは上層階級でのみ行なわれ、庶民層にまで普及したのは鎌倉時代以降だが、地域差が大きく、今も土葬の風習が残る地域もある。

海外渡航と留学

日本近代化の先導者育成をめざして

開国の衝撃は、日本の識者たちの目を海外へ向けさせることとなった。安政元年（一八五四）には、吉田松陰が伊豆下田において、渡航目的でペリー艦隊に乗り込もうとして失敗している。

幕府が海外渡航を解禁したのは慶応2年（一八六六）4月であったが、幕府はそれ以前に遣外使節を派遣し、オランダ・ロシア・イギリス・フランスなどに留学生を送った。長州藩・薩摩藩などもひそかに留学生を派遣した。渡航解禁後は、ほかの諸藩からも留学生が派出されるようになったほか、はやくも商用・興行・移民などの目的での渡航者が現われはじめた。

●初期に多かった政府派遣

明治新政府は、洋行・留学を積極的に奨励する方針をとった。明治3年（一八七〇）には、一五の大藩に各二名ずつの海外視察員を派遣するように命じ、また海外留学規則を設け、留学の目的と許可基準を明示した。

この時期の官費による洋行・留学者は、陸軍省・海軍省・工部省・開拓使など、各省庁が派遣したものが中心であった。たとえば、岩倉使節団に同行して留学した津田梅子ら五人の女子留学生は、開拓使が派遣したものである。

また、新しい国家の指導層としての使命感から、熱心に留学を希望した皇族や華族も多くいた。明治天皇は勅諭を発し、華族の海外遊学を奨励した。「書生の心得」にて勤学すべしとの御沙汰を受けてイギリスに留学した嘉彰親王（のちの小松宮彰仁親王）など、実際に洋行した皇族や華族は少なくなかった。

留学先としては、アメリカがもっとも多く、そのほかイギリス・ドイツ・フランスに集中している。アメリカが多いのは、アメリカのキリスト教界が積極的な斡旋を行なったこと、新興のアメリカが、日本の近代化の模範になることが

1

⬆文久3年（1863）の第2回遣欧使節団　一行は途中、ピラミッド、スフィンクスを見物した。第1回の使節団に随行した福沢諭吉もこれを見て、〈ピラミード、巨首あり〉とのメモを残した。

2

3

⬆最初の女子留学生　明治4年に出発、翌年アメリカで撮影された。右から山川捨松、津田梅子、吉益亮子、上田悌子、永井繁子。開拓使は女子教育の重要性から、士族の娘5人を選出した。

4

⬅ロンドンの長州藩士たち　文久3年、攘夷派5人は敵を知るため、グラバーの援助で渡英した。右から、伊藤博文（後列）、山尾庸三、野村弥吉、遠藤勤助、井上聞多（馨）（前列）。

多いと考えられたことなどが理由であった。

●留学生に求められたもの

この時期の海外渡航について、留学と視察などの洋行とを区別するのは難しい。留学のつもりが単なる視察で終わったり、視察の予定を留学に切り替えたりした例も少なくないからだ。

いずれにせよ、当時は語学教育など、日本人が外国で本格的に高水準の学問を学ぶための環境は整っていなかった。むしろ求められていたのは、西洋の新しい知識や技術を導入する指導者として必要な知見を身につけることであった。

また、旧来からの指導者層には、欧米の見聞により陋習的な考えを改め、日本の近代化の先導者たるべきことが求められた。（梶田明宏）

●幕末・明治初期の著名な海外渡航および留学者

分野	氏名	出発年	渡航先	期間	留学時と帰国後
政治家	寺島宗則	文久元年(1861)	仏英など	1年	第1回遣欧使節随員。慶応2年にも渡英。駐米公使・元老院議長
	伊藤博文	文久3年	英	1年	政治、法律学を学ぶ。首相・枢密院議長・韓国統監府初代統監
	井上馨	文久3年	英	1年	軍事、政治、法律学を学ぶ。外務・農商務・大蔵の各大臣を歴任
	森有礼	慶応元年(1865)	英米	3年	慶応3年に渡米。明治3年にも渡米。駐英全権大使・文部大臣
	高橋是清	慶応3年	米	3年	仙台藩留学生として渡米、苦学。首相・大蔵大臣
	西園寺公望	明治3年(1870)	仏	10年	社会主義を学び私費留学に転じる。各国公使・文部大臣・首相
	牧野伸顕	明治4年	米	3年	岩倉使節団に従い渡米、留学。文部・外務の大臣を歴任
	星亨	明治7年	英	3年	初の弁護士資格を取得。弁護士・衆議院議長・東京市議会議長
軍人、政治家	榎本武揚	文久2年	蘭	5年	軍事、国際法を学ぶ。箱館戦争降伏後、文部・外務の大臣を歴任
	山県有朋	明治2年	独仏露	1年	軍制の調査研究に渡航。陸軍大将・元帥・首相
	西郷従道	明治2年	独仏露	1年	山県有朋とともに近代兵制の調査研究。海軍大将・元帥・海軍大臣
	桂太郎	明治3年	独	3年	軍事学を学ぶ。明治8年にも渡独。陸軍大臣・陸軍大将・首相
	東郷平八郎	明治4年	英	7年	グリニジ海軍学校に学ぶ。連合艦隊司令長官・海軍大将・元帥
	大山巌	明治3年	仏	1年	普仏戦争を視察。明治4年にも渡仏。陸軍大臣・元帥・内大臣
学術・文化・教育者	福沢諭吉	万延元年(1860)	米	8か月	咸臨丸艦長従僕として渡米。文久元年遣欧使節にも参加。慶應義塾設立
	津田真道	文久2年	蘭	2年半	法律、経済、哲学を学ぶ。『明六雑誌』で活躍。学士院会員
	西周	文久2年	蘭	2年半	法律、経済、哲学を学ぶ。東京師範学校長・元老院議官
	新島襄	元治元年(1864)	米	7年半	函館より密航、神学校に学ぶ。同志社設立
	菊池大麓	慶応2年	英	3年	数学、物理学を学ぶ。明治3年再度渡英。東京帝国大学総長
	外山正一	慶応2年	英	1年半	明治3年には渡米、留学。哲学、理学を学ぶ。東京帝国大学総長
	中村正直	慶応2年	英	1年半	幕府の留学生監督として渡英。東京帝国大学教授・元老院議官
	馬場辰猪	明治3年	英	7年	法律を学ぶ。国友会・明治義塾創設。明治19年に渡米、帰らず
	津田梅子	明治4年	米	11年	最初の女子留学生。明治22年再渡米、教授法を学ぶ。津田塾設立
	永井繁子	明治4年	米	10年	最初の女子留学生。華族女学校教員、瓜生外吉海軍大将夫人
	中江兆民	明治4年	仏	2年半	フランス語、諸思想の習得。東京外国語学校長・『東洋自由新聞』主筆
	山川健次郎	明治4年	米	4年	物理学を学ぶ。初の理学博士・東京帝国大学・京都帝国大学総長
	山川捨松	明治4年	米	11年	最初の女子留学生。大山巌夫人、赤十字看護会の運営
	古市公威	明治8年	仏	5年	工学教育を受ける。帝国大学工科大学学長・土木学会会長
実業家	五代友厚	文久2年	上海	1か月	蒸気船購入。慶応元年に滞英1年、測量術を学ぶ。大阪株式取引所設立
	渋沢栄一	慶応3年	仏	2年	近代産業設備、経済制度を見聞。多くの企業・団体創立に携わる
	団琢磨	明治4年	米	7年	元藩主の黒田長知に随行、MITで採鉱冶金学を学ぶ。三井物産理事長
	岩崎弥之助	明治5年	米	1年半	ニューヨークへ、語学ほか。2代目三菱社長・日本銀行総裁
	三井養之助	明治5年	米	2年	私費留学、銀行業を学ぶ。三井銀行・三井物産社長

←パリの西園寺公望　華族である西園寺は明治4年に渡仏し、パリ・コミューンを目撃する。フランス政界との交流から政治の実際を学んだ。その経験を生かし、日本政界の重鎮となる。

➡大久保利通とパリの鹿児島県人　明治5年、欧米視察の大久保（中列右から4人目）を囲む、薩摩から渡欧した青年たち。後列右2人目から大山巌、川路利良、村田新八。

岩倉使節団が見たもの

スーパー大図解

岩倉(いわくら)遣欧使節団は、明治4年(一八七一)11月12日から明治6年9月13日にかけて米欧一二か国を歴訪してきた。新政府中枢の半数が、約二年にもわたって日本を留守にするというこの大胆な使節の目的は、条約締盟国を訪問し国書を捧呈することと条約改正の予備交渉、そして文物(ぶんぶつ)視察であった。

しかし条約改正交渉のほうは、列強諸国のキリスト教解禁の要求など厳しい条件のなかで頓挫(とんざ)。いきおい、もうひとつの目的である先進国の制度・文物を見聞・採取することに総力を費やすことになった。

使節団の視察はひじょうに広範囲にわたり、日本近代化のための現実的な視察結果を持ち帰った。これが文明開化、殖産興業、富国強兵といった明治を象徴するキーワードに直結することになるのである。

左に掲載した銅版画は、久米邦武(くめくにたけ)編『特命全権大使米欧回覧実記』(全一〇〇巻)の挿画である。岩倉使節団の視察報告書で、使節団帰国後、国民啓発のために広く刊行された。あらゆる分野を観察した「一種のエンサイクロペディア」となっている。

(山崎渾子)

1

使節団の企画者 フルベッキ

オランダ生まれのアメリカ人宣教師フルベッキは、安政6年(一八五九)に来日。長崎で教鞭(きょうべん)をとり、維新後は文部省雇いの開成学校教師となった。フルベッキは長崎時代の教え子大隈重信(おおくましげのぶ)に、欧米への視察団派遣と、その報告書公刊を勧める意見書「ブリーフ・スケッチ」を提出し、これが岩倉使節団の素案となった。その真のねらいは、政府首脳を欧米の文化に触れさせてキリスト教解禁に持ち込むことであった。

彼は使節団が視察すべきものを四九項目あげている。キリスト教宣教会は積極的に新天地に進出していたが、その宣教のために事前に可能なかぎりの情報を集め、精緻(せいち)な計画を練り、万般にわたる調査研究を怠らなかった。これら四九項目には、こうした宣教師の経験が息づいている。

2

エジプト人の風俗
スエズ運河を通る前に、使節団はエジプトに上陸している。

●フルベッキが提案した49の視察項目

01国中家屋ノ建築 02都邑ノ明細 03寓館舗店其他ノ家屋 04著名ノ土地及ビ光景 05山水 06風土及ビ寒暖ノ度 07海陸ニ於テ経験シタル天気陰晴 08道路市街ノ景状 09海陸運輸ノ便否 10全国ノ制度風俗 11全国ノ情態 12教法ノ儀式及ビ祭礼 13人民ノ楽趣 14演劇戯場 15飲食ノ物料 16花卉果蔬 17博覧公会 18市街昼夜ノ景及ビ気灯 19人民交際ノ倫序 20男女ノ交際及ビ礼譲 21幼孩及ビ少年ノ風俗 22会計ノ誌述 23人民ノ制俗 24教育及ビ法教ノ模様 25大小学校 26新機発明・奇巧ノ機械 27新聞紙月刊書類 28書画 29万物庫・書庫 30各国帝王謁見ノ式 31受得タル別段ノ懇切及ビ敬礼 32会見ノ節詞類 33公私往復ノ書信類 34公私讌饗ノ礼 35財政ノ模様及ビ国債 36農工商業 37救邮ノ模様及ビ病院 38国民性情ノ善悪 39教法ノ制ヨリ起ル所ノ結果ノ良否 40乞食及ビ貧民 41政府ノ体裁 42全国不朽ノ事業 43法律ノ良否 44市政及ビ囚獄 45議院及ビ裁判所 46海陸軍ノ制度及ビ強弱 47城堡武庫 48海港ノ有様 49其他ノ雑誌

地図原案/田中彰『岩倉使節団「米欧回覧実記」』(岩波書店)

➡岩倉具視と4人の副使　横浜出航時の使節団のメンバーは全権大使の岩倉具視（写真中央）、副使の木戸孝允（前列左）、大久保利通（前列右）、伊藤博文（後列右）、山口尚芳（後列左）ら46名、大使副使の随行員18名、さらに5名の女子を含む留学生43名を同行した総勢107名という大規模なもの。維新の実力者のみならず多数の旧幕臣も含み、平均年齢は約32歳（最年少は津田梅子6歳）という若い編成であった。政府の半分が渡航した結果、留守政府と深刻な対立が生まれ、征韓論の政変が引き起こされた。

⬇ロシア、サンクト・ペテルブルクのピョートル大帝像　プーシキンの詩に「青銅の騎士」とうたわれた観光名所。

⬇ウィーン万国博覧会　明治政府も正式参加した万博。一行は会場を訪れ、中央円堂の壮麗さに肝をつぶしている。

⬆ワシントンのアーリントン墓地　南北戦争の戦死者が多数葬られる。

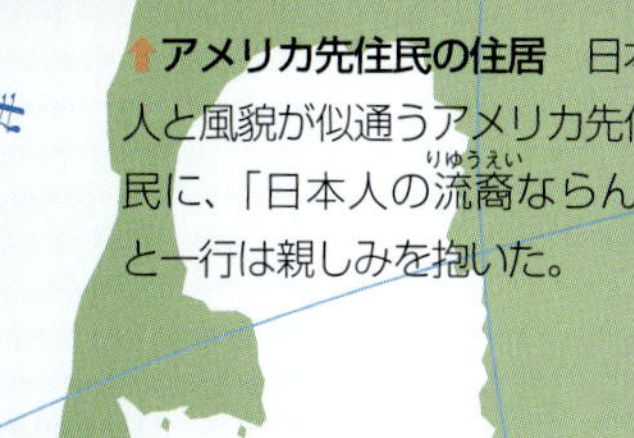

⬆アメリカ先住民の住居　日本人と風貌が似通うアメリカ先住民に、「日本人の流裔ならん」と一行は親しみを抱いた。

⬆ベルギー・ブリュッセルの植物園　欧米の動・植物園の存在と、その多さに一行は驚く。

⬅シカゴの町　シカゴはこの時期急速に発展した町。おびただしい数の電線が空中で交錯している。

⬅英マンチェスターの牢獄　使節団は、囚人に工技を課すシステムに注目している。

⬇パリの造幣局　使節団は各国で造幣局を視察するが、ここは英米以上に広壮だと評価している。

⬇ブリュッセルのガラス工場　視察は製造技術から職人育成システムまで細部にわたり、日本でのガラス製造の可能性を探っている。

➡仏ヴェルサイユ宮殿の歌劇場　新年の祝賀のために使節団はここを訪問した。

西洋音楽を取り込む

軍楽隊と雅楽家が広めた西洋の音

←調練歩行の図　幕府の洋式歩兵隊の行軍訓練を描いた錦絵。先頭の指揮杖をもつ司令官である鼓長（ドラム・メジャー）に、少年鼓手と笛手が続く。

江戸時代末期、日本人がはじめて手にした西洋楽器は、軍隊の行動を指示する太鼓やラッパだった。安政年間（一八五四～六〇）の長崎海軍伝習が発端となって、幕府や各藩の調練にオランダの太鼓信号が使われはじめ、のちに、これに笛を加えた鼓笛隊も登場する。

慶応年間（一八六五～六八）にはイギリスとフランスのラッパ信号も伝わった。二種のラッパ信号は、維新後もそれぞれ海軍と陸軍に継承され、明治18年（一八八五）にラッパ用「君が代」を含む日本独自の『陸海軍統一喇叭譜』が制定されるまで使われつづけた。

●文明開化の響き、軍楽隊

外国艦隊が連れてきた種々の楽器からなる軍楽隊の響きは、幕末の日本人を驚かせた。文久3年（一八六三）から横浜に駐屯した英仏軍の中核となったイギリス陸軍連隊は軍楽隊を率いており、野外での吹奏のほか、居留地の催しにも協力した。

明治2年、南アフリカから横浜に来たイギリス陸軍第一〇連隊の軍楽長フェントンより、薩摩藩の軍楽伝習生三二名がラッパ・鼓笛と吹奏楽を学び、これを母体に明治4年、陸海軍軍楽隊が発足する。

イギリス式の海軍軍楽隊に雇われたフェントンは、吹奏楽用の天皇礼式曲「君が代」をつくった人物で、明治10年に離任した。後任には、明治12年にドイツからエッケルトが招かれ、翌13年、現行の「君が代」への改訂に際しては、雅楽家のつくった旋律に和声をつけた。

フランス式の陸軍軍楽隊は、明治5年に来日したダグロンが一〇年間在任し、明治17年から22年まではルルーが指導した。エッケルトとルルーの時代に、日本の軍楽隊は水準を高め、10年代末からは、退役者のなかから民間で活躍する楽師が生まれていく。

●雅楽家による西洋の調べ

軍楽隊に続いて西洋音楽を職業的に学んだのは、式部寮（宮内庁楽部の前身）の雅楽家たちである。

それまで宮中行事での西洋音楽は海軍軍楽隊に依頼していたが、明治7年末から式部寮が行なうこ

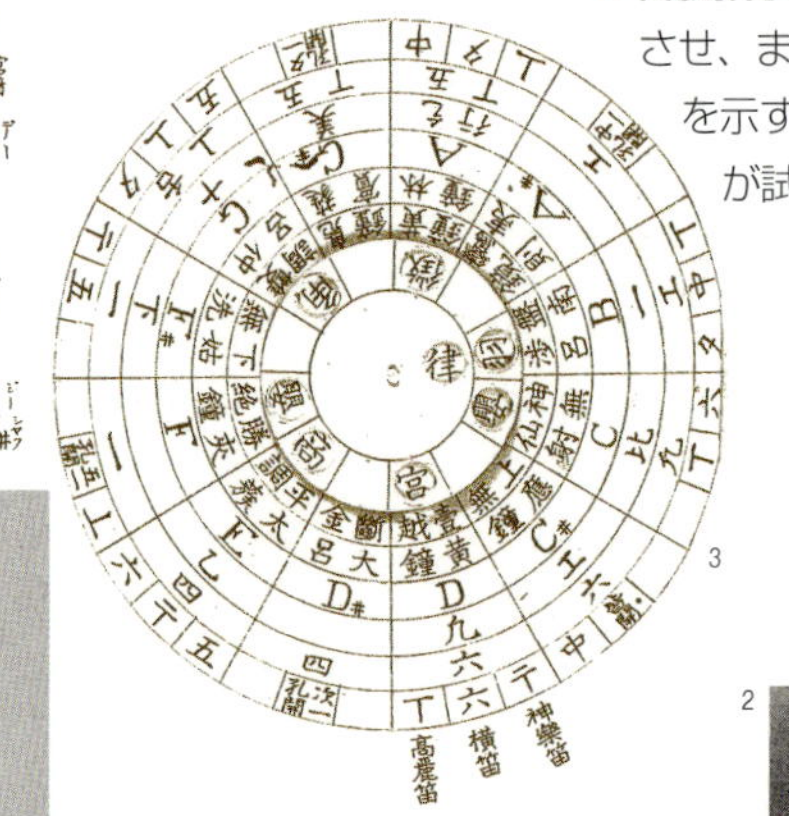

←音旋指掌図　西洋の音律を雅楽の十二律と対照させ、また各律を宮（主音）とする律旋・呂旋を示すために、明治11年に式部寮の雅楽家が試作したもの。

↓音楽取調掛初期の関係者　文部官僚伊沢修二がアメリカ留学中に師事した音楽教育家メーソン（前列左から2人目）と雅楽家たち。前列左端が芝葛鎮、後列中央は上真行、同右端が奥好義。女性は伝習人で通訳を務めた中村専。（明治13年撮影）

←大太鼓　明治6年のウィーン万国博覧会に、政府は雅楽器を出品。なかでも日光東照宮で使われていた巨大な大太鼓は人目を引いた。

5

⬆陸軍教導団楽隊　陸軍は当初、下士官の教育機関である教導団に軍楽隊を置いた。明治15年10月3日、横浜山手(やまて)公園での演奏会を撮影したとされる写真で、中央がダグロンと思われる。

6

⬆陸海軍統一喇叭譜「君が代」　ラッパで吹奏される天皇礼式曲「君が代」。

7

⬅エッケルト　27歳で来日、海軍軍楽隊を厳しく指導した。明治30年、英照(えいしょう)皇太后の大喪に「哀の極(かなしみきわみ)」を作曲。32年に帰国。

とになり、雅楽家が海軍軍楽隊とフェントンの指導を受けて、明治9年の天長節に初演奏をした。古い由緒(ゆいしょ)をもつ世襲の雅楽家が、日本の音楽家のなかでもっともはやく西洋音楽を身につけたのである。

明治12年に設置された音楽取調掛(とりしらべがかり)には、芝葛鎮(しばふじつね)や奥好義(おくよしいさ)・上真行(うえさねみち)ら式部寮の若手が勤務した。

音楽取調掛は明治20年に東京音楽学校となり、ドイツ人ディットリヒらの御雇(おやとい)外国人教師を招いて、西洋音楽の専門教育への傾斜を強めていった。（塚原康子）

8

⬆フェントン　13歳でイギリス陸軍に入隊、陸軍軍楽学校で学んだ。明治4年に退役し、日本海軍の御雇教師となった。

10

⬅英国式喇叭譜　上から、散開・閉合・進軍・退軍を指示するイギリスのラッパ譜。（『英国歩兵練法』より）

⬇薩摩バンド　薩摩藩の軍楽伝習生。手にするのは大太鼓(おおだいこ)・笛・ラッパ。（『ザ・ファー・イースト』1870年7月16日号）

9

▶歌による国民教育（p246）、暮らしのなかの音楽（p426）

御雇外国人

外国人による直接的な学術・技術の導入

御雇外国人とは、とくに明治初期に日本に招聘された外国人のことである。明治政府は、西欧の科学知識や技術、諸制度を導入するため、多くの日本人を留学させるとともに、専門の知識や技能をもった外国人を多く雇用した。

●まず「富国強兵」のために

政府が雇った外国人の数は、明治7、8年（一八七四、七五）がピークで、五〇〇人を超えていたが、その後しだいに減少していった。民間でも、学校や会社などで外国人を採用した。その数は政府雇いと対照的で、明治7年に一〇〇名余であったが、以後漸増し、明治20年代には五〇〇名を超えた。

政府でもっとも多くの外国人を雇用したのは文部省と工部省であり、いかに西洋の学術と近代技術の導入に熱心であったかがうかがえる。「富国強兵」に直接かかわる分野の人材が多く招聘されたのはいうまでもないが、人文科学・音楽・美術・宗教などの分野の御雇外国人もあり、広く西洋文明全体を受容しようとしていたといえよう。

また、御雇外国人にはさまざまなレベルがあり、職工程度の技術者もあれば、当時の最先端の学識や技能を身につけたトップクラスの人材もいた。

雇用された外国人の国籍は、当時日本との関係が深かった、イギリス・フランス・アメリカ・ドイツなどに集中した。各分野で最先端の技術・学術を有することや、日本に導入することが適するかどうかなども考慮されたが、どの分野でどの国の技術を導入したかは、その後の日本の近代化の方向づけに大きな影響を与えた。

●人材育成にも多大な影響

明治政府は、いずれの分野においても、御雇外国人に政策的主導権を渡さなかった。彼らはやがて姿を消していき、かわって彼らに

土木・機械工学

⬆**ヘンリー・ダイアー（英　1848～1918）**　工部大学校の教頭（正式職名は都検）を務める。土木・機械工学の実際を伝授し、日本人技術者を育成した。

地質学・鉱山学

⬆**ジョン・ミルン（英　1849～1913）**　工部大学校で地質学・鉱山学を講じた。明治13年の横浜地震を経験し、地震研究に熱中して日本地震学会の創設に尽力した。

内科学・産婦人科学

⬆**エルウィン・フォン・ベルツ（独　1849～1913）**　東京大学医学部の教師として内科学・産婦人科学を教授する一方、脚気の研究や温泉療法などにも業績を残した。

金石学・地質学

⬅**エドムント・ナウマン（独　1854～1927）**　20歳で東京開成学校の初代地質学教師として来日。授業に実地調査を取り入れるなど、日本地質学の基礎構築に貢献した。

⬅**ナウマンゾウの化石**　ナウマンが鑑定した横須賀発掘のゾウの下顎化石。

電気工学

➡**ウィリアム・エアトン（英　1847～1908）**　工部大学校で電気工学を教授。電信・電力輸送など、実験を交えて電気学全般を教えた。日本初のアーク灯点灯も行なった。

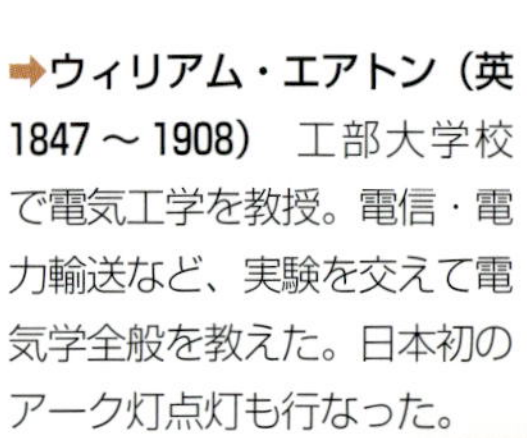

➡**エアトン発明の静電気式電圧計**　2800ボルトまで電圧測定が可能。

➡**ホーレス・ケプロン（米　1804～1885）** 米国農務局長だったケプロン（左から2人目）は、北海道の開拓使顧問として招聘され、大農場経営、鉱山開発、農学校の設立などを提言した。

……おもな御雇外国人の俸給（月給）……

人　名	国籍	月給	主要な職種	雇用期間
エアトン	英	500円	工部大学校電信科教授	明治3～12年
キンドル	英	1,045円	大蔵省大阪造幣寮首長	3～8年
クラーク	米	600円	開拓使札幌農学校教師	9～10年
グリフィス	米	330円	東京開成学校理化学教師	3～7年
ケプロン	米	833円	北海道開拓使顧問兼教師	4～8年
コンドル	英	400円	工部大学校造家学教師	10～24年
ダイアー	英	660円	都検兼工部大学校土木工学および機械工学教師	6～15年
デ・ロイトル	蘭	250円	開拓使仮学校女学校英語教師	5～7年
ナウマン	独	350円	東京大学地質学教授	8～18年
フォンタネージ	伊	278円	工部美術学校画学教師	9～11年
フルベッキ	米	600円	開成学校教頭、政府法律顧問	2～11年
ベルツ	独	700円	東京大学医学部教師	9～35年
ボアソナード	仏	700円	法律教師、司法省法律顧問	6～26年
ミルン	英	400円	帝国大学工科大学地質学・鉱山学教授	9～28年
モース	米	370円	東京大学動物学教授	10～12年
ロエスレル	独	900円	外務省法律顧問	11～23年

注：金額は雇用期間中の最高額。ちなみに、明治前期の日本人の月給は、東京府知事333円、上級公務員初任給50円、銀行員初任給35円、労務者5円、女工（一等）2円など。

学んだ者たちや留学経験者が、日本の近代化を担うようになった。

しかし御雇外国人の功績は、単に日本に新しい知識や技術をもたらしただけではなかった。彼らの残した足跡の多くが日本近代化遺産として残されているが、今なおわれわれは、彼らの有形・無形の貢献に多くを負っている。

モースやナウマンなど、日本を対象に新たな学術的発見をした者、ラフカディオ・ハーンなど、日本の文化を再発見して世界に紹介した者もいた。札幌農学校のクラークのように、強烈な精神的感化によって、人材育成に多大な影響を与えた人物もいたのである。

（梶田明宏）

英語教師

➡**デ・ロイトルとツワーテル（蘭　生没年不詳）** 明治5年から7年までの約1年半の間、このふたりのオランダ人女性教師は、東京の開拓使仮学校女学校で英語を教えた。

理化学教師

⬆**ウィリアム・グリフィス（米　1843～1928）** 福井藩の物理学教師から、東京開成学校などで理化学教師となる。『皇国』『ミカド』など著わし、日本を海外に紹介した。

造幣首長

⬆**トーマス・キンドル（英　1816～没年不詳）** 大阪造幣寮の首長として招聘される。もと香港造幣局長の経歴をもち、御雇外国人のなかで最高級の俸給、待遇であった。

日本帝國憲法草案
原規　日本帝國ハ萬世分割スヘカラサル世襲君主國トス
帝位ハ帝室家憲ノ規定ニ従ヒ帝室ニ於テ之ヲ世襲ス
第一章　天皇
天皇ハ神聖ニシテ侵スヘカラサル帝國ノ主権者ナリ
第二條
天皇ハ一切ノ國権ヲ總攬シ此憲法ニ於テ欽

法学者

⬆**ヘルマン・ロエスレル（独　1834～1894）** 内閣顧問として、憲法の基本方針について井上毅（いのうえこわし）らに多くの助言を与え、日本帝国憲法草案の作成にもあたった。

⬆**ロエスレル原案による『日本帝国憲法草案』**

⬇**ボアソナードが起稿した『日本民法草案』**

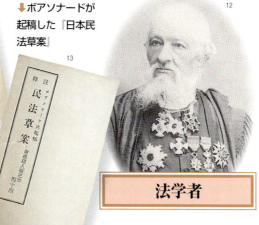

法学者

⬅**エミール・ボアソナード（仏　1825～1910）** 司法省、外務省の法律顧問。民法草案を起稿した。司法省法学校や和仏法律学校（法政大学の前身）などで法学教育にあたった。

▶銀座煉瓦街（p86）、コンドル（p258）

近代西洋思想の移入

翻訳・啓蒙時代の到来が意味するもの

日本における西洋思想の受容は、幕末に西洋の学術・技術・制度を本格的に学ぼうとしたときに始まったといえよう。鎖国下での洋学（蘭学）は、医学や自然科学などに限られていた。開国後も、開明的とされる佐久間象山や横井小楠でさえ、日本の伝統思想の優位を疑わず、西洋の学術のみを積極的に取り入れることを主張した。

しかし、西欧の進んだ文明を本格的に取り入れ、日本の近代化を進めようとすれば、その基礎となる西洋近代社会の精神に関心が向くことは、必然のことであった。

●哲学から生活習慣まで

明治初期に日本に西洋思想を翻訳・紹介した代表的な人々に、福沢諭吉・加藤弘之・西周・中村正直ら明六社の同人や、中江兆民などがいる。彼らは、洋行体験や翻訳活動などを通じ、西洋諸国の富強を支えるものとして、単に進んだ科学知識や技術だけではなく、政治制度や社会の仕組み、さらに歴史や道徳・生活習慣などにも目を向けた。

したがって、彼らが紹介した西洋思想は特定の哲学や倫理学だけではなく、歴史・法律思想・日常道徳・生活習慣までも含んだ、広汎なものであった。また、単なる知識としてではなく、日本の開化にとって必要な思想・精神は何か、という動機や視点があったことを見逃してはならない。

●文明化と独立を目的に

たとえば、福沢諭吉は『学問のすゝめ』で、日本が西洋諸国と対等になるには、国中の人民に「独立の気力」がなければならないとし、学問も含めた、個々の人間活動の新しい方向を示した。また、彼は『文明論之概略』でも、西洋文明は必ずしも理想ではないが、日本が半開の地位を脱するためには、その精神を取り入れなければならないと述べている。

3

⬆福沢諭吉と『西洋事情』 3度の洋行経験をもとに、『西洋事情』を刊行。西洋諸国の歴史・制度・社会・人間のあり方が紹介され、開化へと動き出した人々の関心にこたえる格好の書として、幕末のベストセラーとなった。

2

『西洋事情』（慶応2年〔1866〕刊）

1

明六社の機関誌『明六雑誌』

⬇『文明論之概略』 欧米が文明半開の国とみる日本を、福沢は西洋文明を模範としつつも、開化はみずから実験し修正すべきとした。

5

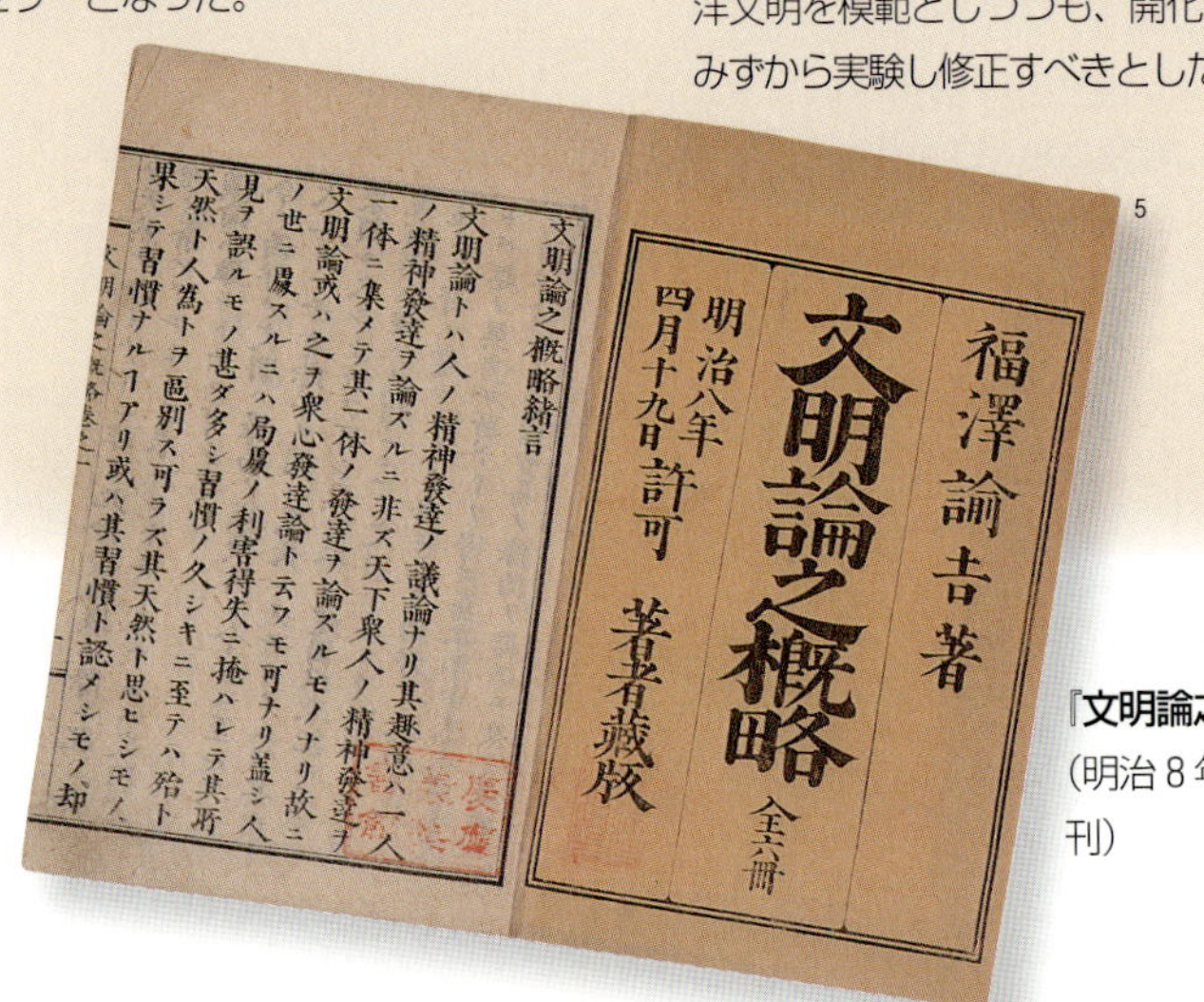

『文明論之概略』（明治8年〔1875〕刊）

4

➡森有礼 森は福沢諭吉らの代表的な洋学者を集め、学術結社の明六社を結成。機関誌『明六雑誌』に政治・歴史・婦人・教育などの諸問題を取り上げ、思想革新に影響を及ぼした。

スマイルズの『セルフ・ヘルプ』を『西国立志編（さいごくりっしへん）』に翻訳した中村正直も同様だった。彼は序文に〈国自主の権有る所以（ゆえん）は、人民自主の権有るに由（よ）る。人民自主の権有るは、其の自主の志行（しこう）有るに由る〉と書き、国家の独立の根源は、個々の人民の実践的な道徳にあるとした。

明治前期には、フランス革命やアメリカ独立など、自由民権運動に影響を与える思想も紹介される。これらの思想も、西欧が圧倒的勢力をもつ国際社会で、いかにすれば日本が文明化し、独立を維持していくことができるか、という問題意識を抜きには理解できないのである。（梶田明宏）

1000（点）
800
600
400
200
0
総点数
翻訳書点数
翻訳書純点数
明治1年　明治5年　明治10年　明治15年

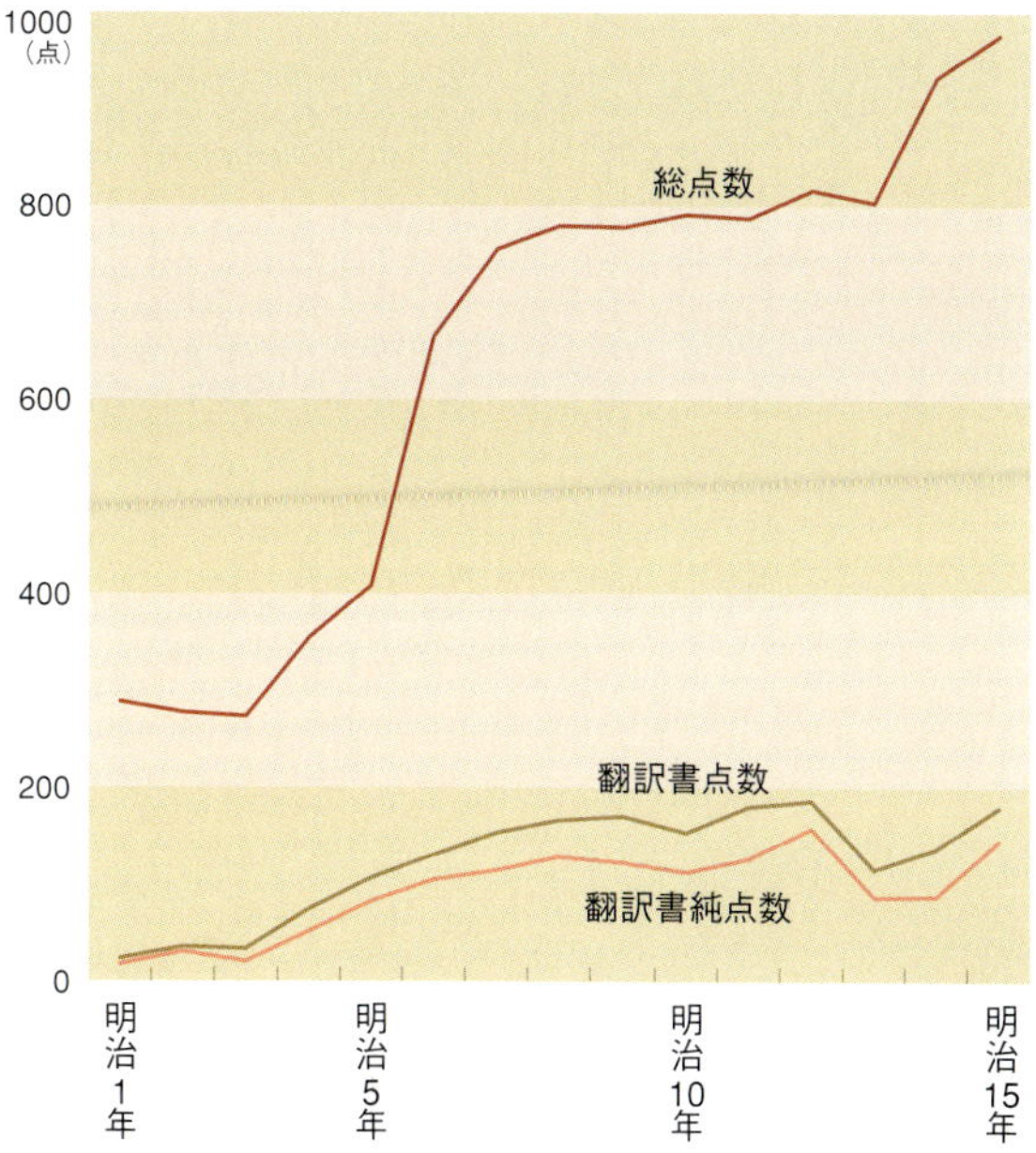

（翻訳家山岡洋一氏作成の表をグラフ化）

↑明治初期の翻訳出版の推移　総点数には文書も含まれるので、出版点数ではない。翻訳純点数は重複を抜いたもの。グラフから、文明開化期の翻訳出版の隆盛ぶりがうかがえる。

↑中江兆民　フランス留学時に、ルソーの民主主義思想に影響を受ける。帰国後、ルソーの『社会契約論』を『民約論』として訳しながら、自由民権を説いた。

↑西周と『万国公法』＊　西は翻訳に際し、哲学・心理学・主観・客観など多くの語をつくりだし、日本語の幅を大いに広げた。西の『万国公法』以外に、堤穀士志の『万国公法訳義』が刊行されている。

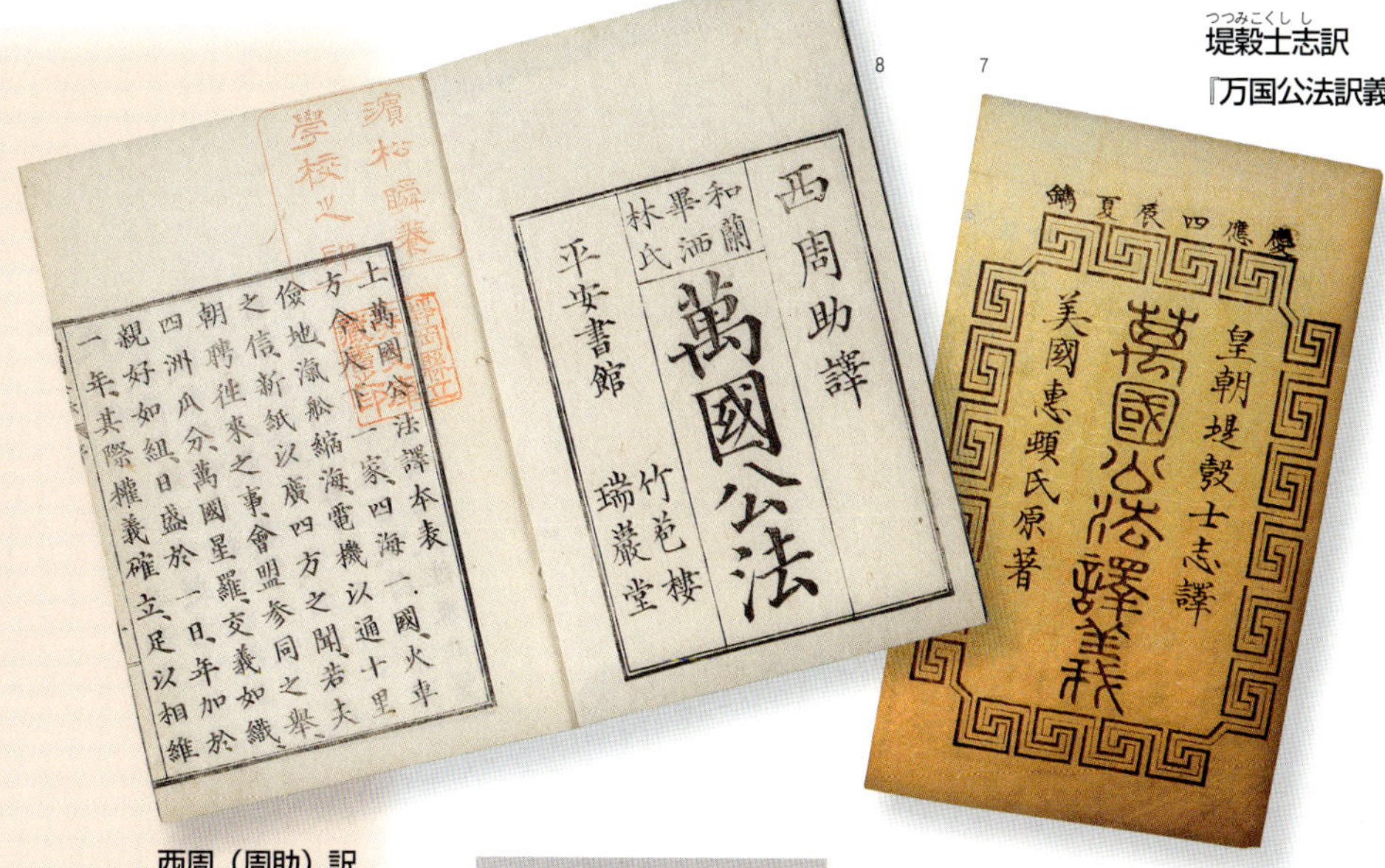

西周（周助）訳『万国公法』

堤穀士志（つつみこくしし）訳『万国公法訳義』

『西国立志編』（明治3年刊）

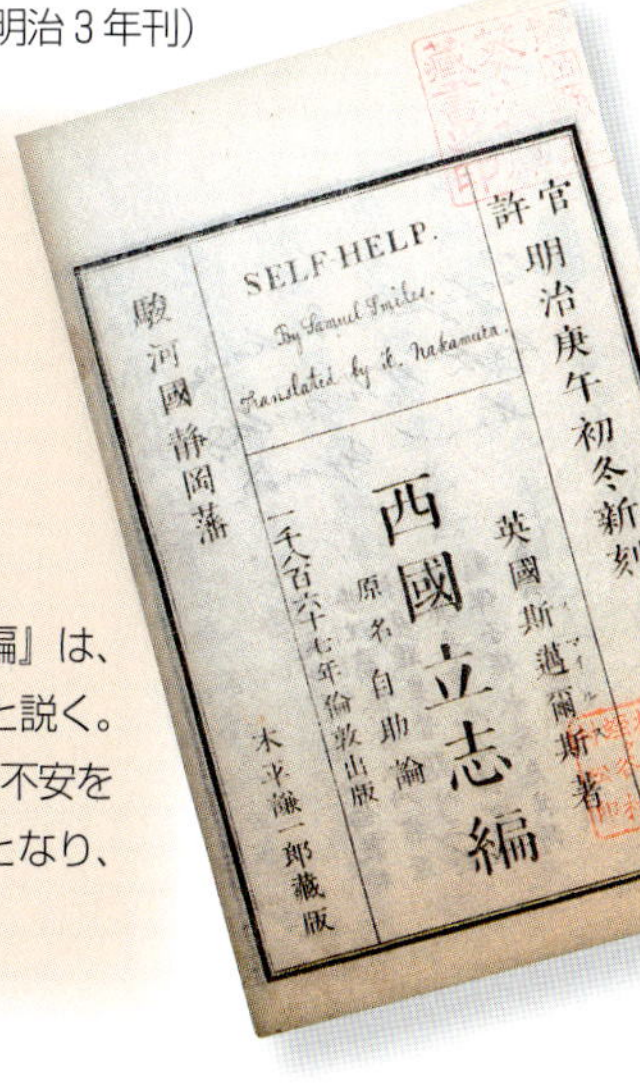

↑中村正直　中村の『西国立志編』は、志を立てて努力すれば成功する、と説く。維新後の激変する社会に、先行き不安を感じていた青年たちを励ます書となり、多くの支持を得た。

＊**『万国公法』**　西周の『万国公法』は、オランダ留学時代に津田真道（つだまみち）とともに、ライデン大学のフィセリング教授のもとに通って受けた講義を筆記したものの訳稿である。堤穀士志の『万国公法訳義』は、アメリカの国際法学者ホイートン著の大意をアメリカ人宣教師マーティンが、漢文に訳したものからの和訳である。ふたつの『万国公法』が、慶応4年（一八六八）にほぼ同時に刊行となったため注目を集め、ベストセラーとなった。

▶自由民権の時代(p174)、主要雑誌の創刊(p378)

キリシタン禁令の高札撤去

「黙許」されたが、法的には禁教が続く

維新直後に公布された「五榜の掲示（高札）」によって、明治政府は、徳川幕府に引き続きキリスト教を禁教することを明示した。江戸時代以上に苛酷なキリシタン弾圧も行なわれ、キリスト教解禁を迫る外国公使団は、これに対して強い抗議を繰り返していた。

一方、明治初年以来、不平等条約の改正は政府の最重要課題であった。条約は改正したくないが信教の自由を認めさせたい諸外国と、条約改正はしたいがキリスト教を解禁したくない日本政府との間で、キリスト教問題はいわば取り引きの材料になっていく。

結局、このせめぎあいを経て諸外国からの圧力が高まり、岩倉使節団が訪欧中の明治6年（一八七三）2月24日、政府はキリシタン禁令を含む高札を撤去した。

●ほんとうに解禁なのか

一般にこれをもってキリスト教解禁とされているが、実際にはこれは「法令伝達方式の変更」というトリックにすぎなかった。外国人の目につきやすい横浜・東京近辺で高札が撤去されただけで、キリスト教禁令について内容が変更されたわけではなかったのである。

同時期、政府は捕縛・流刑していた長崎・浦上村のキリシタンを釈放。また副島種臣外務卿は、外国に対してはあたかも積極的に方針変更を行なったかのように通達し、諸外国は、当然この動きを日本のキリスト教解禁と理解した。

しかし、「諸外国はキリスト教解禁と理解しているが、それでよいのか」との駐英公使寺島宗則の問い合わせに、滞欧中の岩倉具視は「高札撤去を外国人が勝手にそう解釈したまでのことで、解禁ではない」と答えている。

明治6年末頃、日本の各地を巡回旅行した宣教師の報告によると、大阪のほか、秋田・山形・会津・新潟などでも、キリスト教禁令の高札をしばしば目にしたと伝えている。

こうした欺瞞に諸外国も気づきはじめ、英国公使パークスは日本政府のキリスト教解禁は不完全なもので失望したと本国へ報告している。事実、明治7年のハリストス正教徒捕縛にみられるように、以降も弾圧は続くのである。

1

定

一 切支丹宗門之義ハ是迄御禁制（之通）固可相守候事

一 邪宗門之義ハ固ク禁止之事

太政官

（慶応四年三月 堅相守□候也）

長野縣廳

2

↓大浦天主堂（国宝）

3

←**ヴィリオン著『鮮血遺書』に描かれたキリシタン発見の場面**　長崎の居留地にできた大浦天主堂は、九州に多数潜伏していた隠れキリシタンを大いに刺激した。元治2年（1865）、大浦天主堂を訪れた長崎郊外浦上村の初老の女性が、プチジャン神父に信仰を告白した。神父が二百数十年ぶりのキリシタン発見という出来事を本国に報告し、信仰の奇跡として世界的なニュースになったが、これが「浦上四番崩れ」という大弾圧の発端にもなる。

実質解禁はなし崩しに

その後、＊御雇外国人や帰国者の影響でキリスト教が大きく進展するとともに、禁制も現実にはなし崩しになってくるが、それでも明治17、18年頃までは政府による取締まり、仏教・神道・民間によるさまざまな排耶運動も続いている。

明治6年の高札撤去は、難しい事情を抱えた明治政府の外交的快挙ともいえるが、信仰の自由については長く不明瞭さを残すことになった。「安寧秩序ヲ妨ケス及臣民タルノ義務ニ背カサル限ニ於テ」という条件つきながらも、国民が「信教ノ自由ヲ有ス」と法令によって正式に認められるには、明治22年の大日本帝国憲法の発布を待たなければならなかった。（山崎淳子）

←**大和郡山の浦上キリシタン配流碑**　幕末から明治にかけて、長崎・浦上村のキリシタンが受けた弾圧を、江戸時代以来4度目の捕縛であることから「浦上四番崩れ」という。逮捕されたキリシタン3300余名は、明治2年、遠くは富山までの21の藩（県）に分けて配流された。この碑が立つ奈良の大和郡山には86名が配流。満足な食事も与えられず苛酷な労働に従事させられ、毎夜のように改宗を迫られたという。

4

↗**キリシタン禁令の高札**　こうした高札は明治6年に撤去されるが、その折の太政官布告には「従来高札面の儀は一般熟知の事に付向後取除き可申事（この高札の禁教令は十分に知れ渡ったので、今後は掲示しておく必要はない）」とあり、キリスト教を解禁したわけではないという政府の意図が現われている。

キリスト教各派の活動	年	幕府・政府のキリスト教政策
ワシリイ・マフォフ、函館ロシア領事館付き主任司祭として来日	安政5（1858）	日米修好通商条約により踏絵を廃止。外国人居留地内での信仰の自由を承認
各国から宣教師多数来日	安政6	
ニコライ宣教師（ハリストス正教会）来日。横浜居留地に天主堂建立	文久1（1861）	
長崎居留地に大浦天主堂落成 フルベッキ、長崎の洋学所教師兼校長になる	文久4	
大浦天主堂内で浦上の隠れキリシタンが名のりでる（信徒発見）	元治2（1865）慶応1	
密出国した新島襄、米国で受洗	慶応2	浦上村キリシタン68名逮捕（浦上四番崩れ）
沢辺数馬ら、函館ロシア領事館内でニコライ宣教師より受洗	慶応4（1868）明治1	明治維新。「五榜の掲示」でキリシタンを禁教に 浦上の中心的なキリシタン114名配流 諸外国からの抗議により、高札の文面で邪宗門とキリシタンを分離
	明治2	沢宣嘉、寺島宗則、大隈重信らが政府のキリシタン問題担当に
	明治3	大教宣布の詔を発布 捕縛されていた浦上キリシタン3300余名が21藩へ配流
静岡バンド結成育成 熊本洋学校開設。教皇ピオ9世、日本のキリシタンへ親書を送る	明治4	岩倉使節団の出発 伊万里県（佐賀）のキリシタン67名を逮捕
日本最初のプロテスタント教会、横浜居留地に設立。横浜で第1回宣教師会議、聖書の横浜翻訳委員会を設置	明治5	使節団が条約改正交渉のためにキリスト教解禁を本国に問い合わせるが、政府は拒否
ヘボンおよびS・R・ブラウン訳『新約聖書馬太伝』刊行	明治6	キリシタン禁制の高札を撤去 浦上キリシタンの釈放
	明治7	プロテスタント諸教派を取り締まり、逮捕、尋問
新島襄、同志社英学校を設立	明治8	
熊本洋学校生徒35名、花岡山で奉教の誓い（熊本バンド）	明治9	
札幌農学校第1期生16名がクラーク作成の「イエスを信ずる者の契約」に署名	明治10	宗教政策の転換により教部省廃止
内村鑑三・新渡戸稲造ら札幌農学校生徒6名が受洗	明治11	
日本最初のYMCA（超教派の青年運動）結成	明治13	
内村鑑三、渡米（明治21年帰国）	明治17	外務卿井上馨、いまだに「鎖国攘夷」のキリスト教政策を変革すべきと議会で建議
	明治22	大日本帝国憲法発布
長崎にて第1回教会会議開催（カトリック）	明治23	教育勅語発布
内村鑑三の不敬事件起こる	明治24	徳育教科書より聖書を削除
熊本英学校事件	明治25	

＊**御雇外国人や帰国者**　札幌農学校のクラーク、熊本洋学校のジェーンズなどの精神的感化は強く、彼らの影響から内村鑑三や新渡戸稲造、それに熊本バンドといった日本人キリスト者が誕生した。また、キリスト教徒となって帰国した新島襄は京都に同志社を設立、日本のキリスト教を発展させた。

▶「不敬」な人々（p194）

擬洋風建築の出現

大工棟梁たちの工夫でできた和洋混淆様式

明治五年（一八七二）の東京に、忽然と奇怪な建築が現われた。海運橋三井組ハウスというその建物は、城郭然としたシルエットをもちながら、洋風のようにも中国風にもみえた。天を衝くようにそびえたそれは、やがて全国へと飛び火した。

ベランダや塔をもちながらも、洋とも和ともつかず、どこか滑稽にすらみえる建築が、各地に建てられていった。「擬洋風」と呼ばれる建築群である。

●歩いて見てつくった建築

明治初年は、ある種の空隙を生んだ時代であった。この時代、ホテル・工場・学校・役所といった欧米由来の機能をもった施設が矢継ぎ早に設けられた。そして、新しい時代を象徴する記念的性格も建物に求められた。

けれども、それを表現しうる「洋風」は、西洋建築そのものではありえなかった。

そもそも日本に最初にやってきた洋風建築は、海を渡って各地で変形を受けたコロニアルスタイル*だった。さらに横浜居留地では、外国人のオリエンタリズムゆえの極端な折衷建築が登場していた。新しいもののイメージは、こうした強烈な個性を放つ建物群から新たに立ち上げられたのだった。

洋風を表現するにしても、建設の担い手となる大工棟梁たちは、伝統的な技術しか持ち合わせていなかった。新しいものを知るためには、参考となる建物をみずから見て歩くしかなかった。

そして、新しい施設は廃仏毀釈や武家屋敷の破却で生じた物理的、精神的な空隙に設けられたため、場所の文脈と無縁ではなかった。

新しいものが必要とされるすき間は、時空をこじあけるようにしてできたものだった。その際に生じた摩擦力こそが、擬洋風建築誕生の源泉となっていく。

●摩擦をデザインする

棟梁たちは、いくつかの方法で洋風の表現に取り組んだ。

第一はなぞらえの手法。洋風の形に対し、みずからがもつ技術の範囲で最大限近づこうとしたもの

1

↑**旧開智学校校舎の車寄せ**　具象的な形を濃密すぎるほどに寄せ集めたこの建物の正面は、擬洋風建築の粋。波間にひそむ竜は、瑞雲を突き抜けて天使の支える開智学校へと飛翔する。（明治9年、立石清重設計、松本市、重文）

3

↑**海運橋三井組ハウス**　三井組の番頭三野村利左衛門の「まだ低い」という注文の末に、喜助は城郭のような一大折衷建築に到達。喜助は清水建設2代目。（明治5年、清水喜助設計、東京）

2

↑**フランス海軍病院**　洋風の石貼り地上階の上に寺院風大屋根を載せ、鳥居まで据えた大胆さ。フランス人のオリエンタリズムが生んだこの建築を、清水喜助も見ていたはず。（元治元年頃、設計者不明、横浜）

↑旧鶴岡警察署　下見板やアーチなど洋風の細部をもちつつも、和風要素も入り込み、かつ全体は和風楼閣のようにみえる、絶妙な和洋混淆。（明治17年、高橋兼吉設計、鶴岡市）

で、漆喰や木で隅石*をまねた努力などは、ほほえましい。

第二は伝統的な形をそのまま洋風意匠に見立ててしまう手法。壁は土蔵造りやなまこ壁のまま、入母屋造り屋根の妻はペディメント*のような顔をし、唐破風玄関に至っては堂々と正面に鎮座する。

第三が折衷である。形を与えられた諸要素が、西洋建築本来のルールとは無関係に組み合わされる。時には別の建物から部材を転用したり、建築以外に由来する形すらも持ち込まれたりした。

時空のすき間に発した摩擦をデザインするかのようなこれらの手法は、単なる疑似的な洋風建築を超えて、かつてどこにも存在しなかった形を産み落としたのだった。（清水重敦）

↑宝山寺獅子閣のベランダと螺旋階段　ベランダは、清水の舞台のごとき懸造りの土台に載り、螺旋階段は木造でありながら宙を駆けめぐる。（明治15年、吉村松太郎設計、生駒市、重文）

➡寧楽書院　廃仏毀釈のなか、興福寺食堂を破壊したその場所にこの洋風の師範学校が建てられた。棟梁の木奥は興福寺の大工集団の末裔で、入側柱に壊された食堂の柱を忍ばせた。（明治9年、木奥弥三郎高徳設計、奈良市）

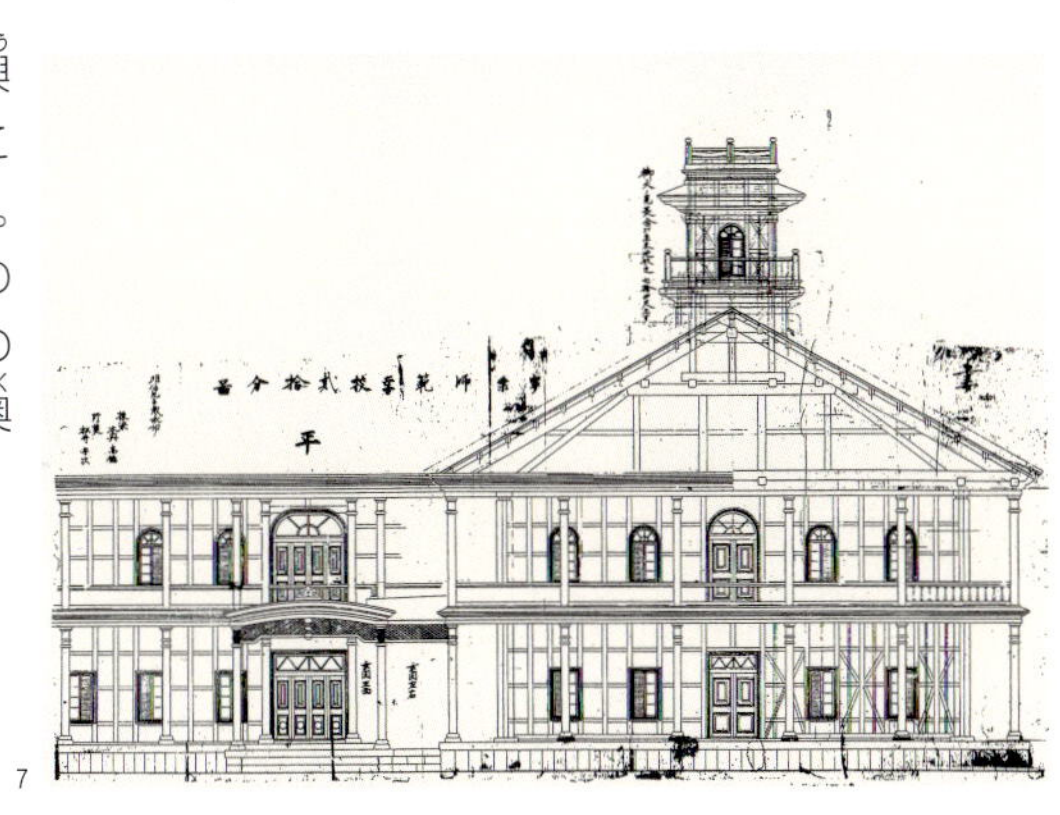

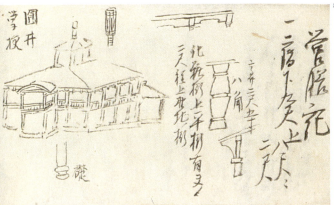

⬅『営膳記』　開智学校の棟梁の立石清重は、東京や山梨県の洋風建築を歩いて見聞しスケッチした。擬洋風建築はこうしたスケッチや大工の経験によって伝播した。（明治8年）

＊コロニアルスタイル　ヨーロッパの植民地で行なわれた様式。インドや東南アジアではベランダが付き、アメリカでは下見板張り。

＊隅石　石造・煉瓦造りなどの建物の出隅に、木口を見せて交互に積まれた石。

＊ペディメント　ギリシャ神殿の三角形の妻壁。転じて、窓や出入り口上の三角形ないし円弧形の部分。

近隣諸国との国境意識

明治になって日本は、それまでほとんど没交渉だった近隣の諸国と急激に接触した。それは、どこまでが「日本」なのかということを確認する作業でもあった。

日本が幕末に「開国」したのは欧米の国々に対してだけであり、したがって新政府の最初の外交課題は、条約による国交を隣国の清、朝鮮とも結ぶことだった。

しかし、日本が欧米のような主権国家としてふるまうことは、清を中心とした東アジアの秩序との衝突を招くことになる。清とは早期に条約を結ぶことができたが、琉球の所属をめぐり対立が起きた。朝鮮との交渉は難航し、不平士族をはじめとする対外強硬派のために問題はいっそう紛糾する。だが、台湾出兵とその解決、日朝修好条規の締結、そして琉球処分を経て、東アジア諸国との関係はいったん安定した。

北方ではロシアとの境界が問題となった。樺太（サハリン）や千島列島にはアイヌなどの諸民族が暮らしていたが、彼らは国家という意識をもっていなかったため、日露間で勝手な線引きが行なわれたのである。

安政元年12月（一八五五年2月）の日露通好条約では、択捉島以南を除く千島がロシア領となる一方、樺太がどちらに属するかは明確にされなかった。ロシアの進出に危機感をつのらせた政府は、北海道（蝦夷地）の開拓を急いだ。ロシアとの緊張が緩和するのは、樺太・千島交換条約の締結によってである。（塩出浩之）

外に向かう日本

明治初期に日本政府が主張した領土

千島列島
得撫島
択捉島
国後島
色丹島

明治2年(1869)
北海道開拓使設置

↓明治11年頃の色丹島　択捉・国後・歯舞・色丹の島々は幕末に日本の領有が確定していたが、明治に入っても開拓は進まず、もっぱらアイヌが生活していた。色丹島には明治17年、北方の千島アイヌも移住させられた。

↑函館の開拓使出張所　当初、北海道開拓使の本庁は東京に置かれ、五稜郭の箱館奉行所が開拓使の出張所となった。「箱館」から「函館」に改称されたのもこのときで、札幌に開拓使庁が設けられたのは明治4年である。

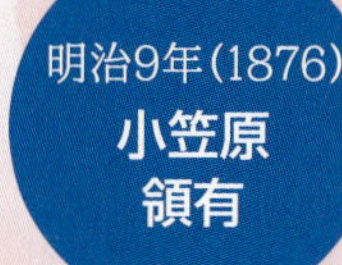

←↑明治初めごろの父島の風景　文久元年（1861）、江戸幕府は無人島だった小笠原諸島の開拓に着手したが、2年後には途絶。以後、欧米の捕鯨船がしばしば寄航し、乗組員のなかには島に住み着く者もいた。左の写真に写っているのはそうした人々である。日本政府は明治9年、列強に小笠原諸島の領有を承認させ、15年までにすべての住民を日本国籍に編入した。

安政3～5年頃の樺太西岸　アイヌ語でクシュンナイと呼ばれる地域。川の左岸には「露人雑居地」と記され、ロシア人が入植していたのがわかる。(目賀田帯刀『北海道歴検図』)

明治8年(1875)
樺太・千島交換条約

ロシア

樺太・千島交換条約の批准書　明治8年5月、榎本武揚特命全権公使がサンクト・ペテルブルクでロシアと条約を締結。樺太をロシア領とする一方で、幕末にロシア側の領有が決まっていた得撫島以北の千島列島を、日本側に譲渡することを認めさせた。

樺太(サハリン)

明治4年(1871)
日清修好条規

清

伊達宗城大蔵卿らが全権として天津に赴き、李鴻章との交渉を経て締結された。東アジアの国家同士が結んだ最初の条約である。対等条約だったが、清側の意向で最恵国待遇や内地通商権が規定されなかった点が、欧米との条約と異なっている。

19世紀なかばの中国・広東の風景　中央奥の建物は、当時、清がつくった砲台。

朝鮮

明治8年(1875)
江華島事件

函館

新潟

横浜

神戸

長崎

明治7年(1874)
台湾出兵

南西諸島

台湾

ペリーに随行した画家が描いた幕末の琉球。ペリーは日米和親条約を結んだ帰路、琉球との間に開港・通商条約を結んだ。(『ペリー艦隊日本遠征記』より)

明治12年(1879)
琉球処分

小笠原諸島

▶征韓論の政変(p152)、朝鮮をめぐる動き(p284)

樺太・千島交換と北海道の開拓

蝦夷地に開拓使が置かれ、日本化が進む

明治の北海道は、新たに切り開かれた「日本」であった。江戸時代、すでにこの地は「蝦夷地（えぞち）」として知られ、渡島（おしま）半島には「和人地（わじんち）」もつくられていた。しかし、あえていえば、蝦夷地は「日本」の外部にあった。

維新以後に始まったのは、この地の〝日本化〟である。明治2年（一八六九）7月、新政府は開拓使を設置し、蝦夷地と樺太（からふと）の統治、開拓にあたらせることとした。同年8月、蝦夷地は「北海道」となり、一一か国八六郡に分けられた。ほかの地方と同じ「国」が、はじめて置かれたのである。明治4年8月には「開拓使十年計画」が定められ、国家財政支出の四～五％という巨額の投資が開始された。

桑園を開墾した士族たち　刀を携えたこの人々は、酒田県（現在の山形県）の士族。授産事業の養蚕（ようさん）に従事していた彼らを明治8年に開拓使が北海道に招き、札幌・函館の近郊で桑園の造成が行なわれた。

●樺太を放棄し、対立解消

ロシアとの間で帰属を争っていた樺太も開拓の重要な対象と目され、明治3年2月には樺太開拓使が設置された。だが開拓は進まず、ロシア人の入植が進む一方だったため、樺太開拓使は4年8月に廃止された。

そして、明治7年3月に政府は正式に樺太放棄を決定。翌8年には樺太をロシア領とし、千島（ちしま）列島を日本領とする「樺太・千島交換条約」を締結する。これにより、樺太をめぐる幕末以来の日露（にちろ）対立は平和裡（り）に解決したのである。

●士族の移住が多かった

北海道の〝日本化〟のため、とくに重要視されたのが移住民の入植である。当初は東北諸藩の士族の移住が多く、成功例としては、地名にも残る仙台・亘理（わたり）藩の伊達（だて）士族団などがあげられる。

開拓使は明治4年以後、土地の貸し付けにより移民を募集し、さらに明治7年以降、対ロシア防備と開拓との両方を担う*屯田兵（とんでんへい）を募

北見市の寺に奉納された屯田兵人形　大正12年（1923）、屯田兵の功労を称（たた）えるためにつくられた。屯田兵は、軍事訓練を行なう一方で、給与された土地を家族とともに開墾した。兵士としては、西南（せいなん）戦争や日清（にっしん）戦争に従軍した。

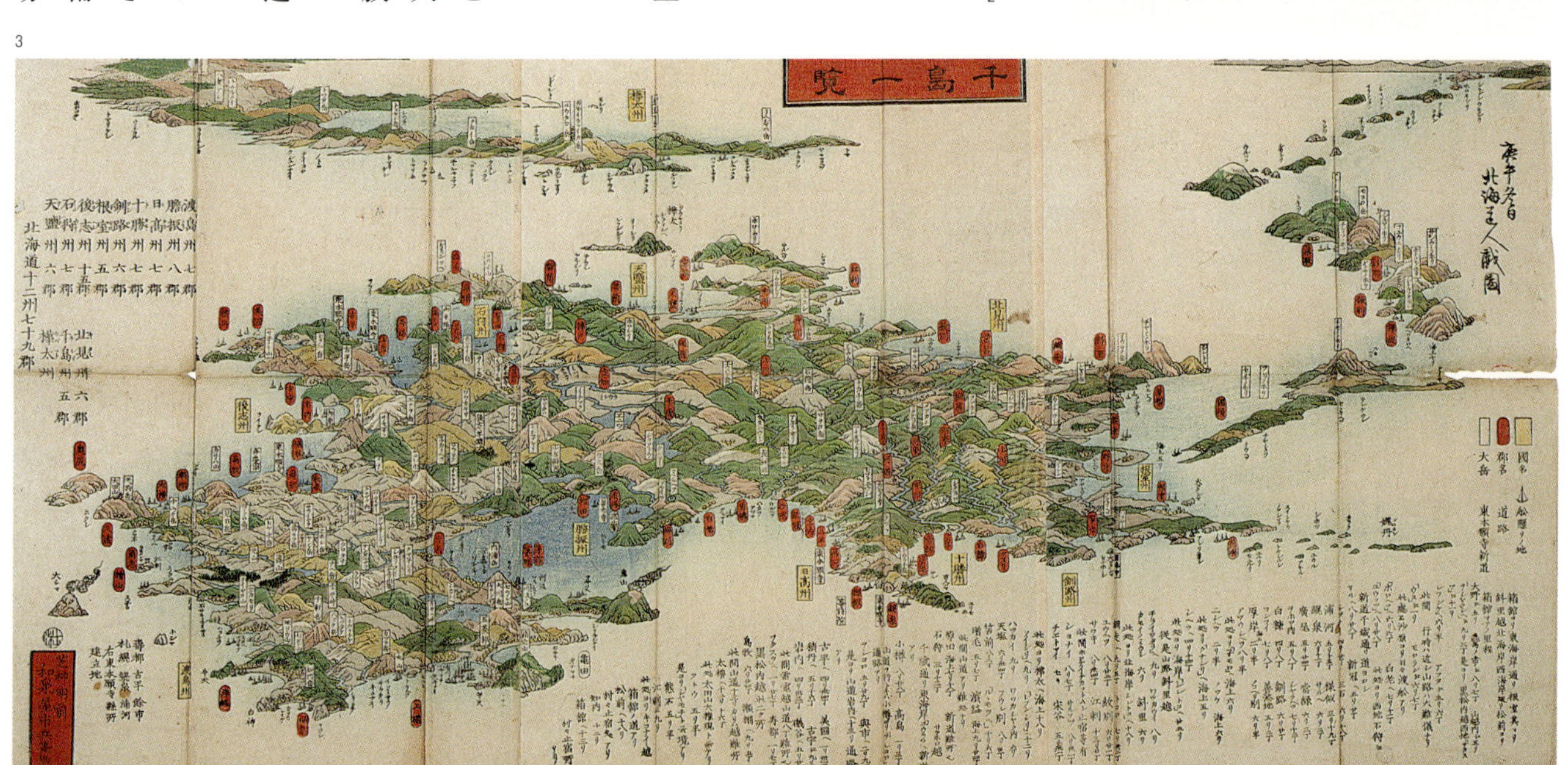

明治3年の北海道・千島・樺太の俯瞰図　北海道・樺太・千島列島がすべて画面に収まっているところに、樺太・千島交換以前の地理感覚がよく現われている。松浦武四郎（まつうらたけしろう）は幕末に蝦夷地探検の第一人者として知られた。（松浦武四郎『千島一覧』）

集した。また明治11年以降は、政府の援助を受けた士族の開墾結社が増加し、他方で自費による入植者もしだいに増えていく。

しかし、新天地に賭けた彼ら移民たちは、体ひとつで原野や森林を切り開き、故郷とはまるで異なる気候や風土で農業を軌道にのせるため、ひじょうな苦心と忍耐を強いられた。北海道に移住民が定着し、順調に増加してゆくのは、明治20年代以降のことである。

アイヌ困窮を招いた政策

こうした入植、開拓によって、それまでの生活を大きく変化させられたのが、北海道本来の住民アイヌである。漁業や狩猟を中心に生活していた彼らは、漁業の自由化や移住民への土地払い下げによって活動の場を奪われた。勧農のための土地給与も行なわれたが、その土地はしばしば移住民の手に渡り、アイヌ困窮の一因となった。

アイヌの子どもたちは明治34年以後、特設学校などで言語や文化、生活を〝日本化〟する教育を受けた。アイヌの多くは、これを生き抜くための手段として受け入れた。だが、それによってアイヌ固有の言語や文化の多くが失われることとなった。

（塩出浩之）

↑明治6年頃の札幌　現在の札幌中心部にあたる場所。一面の原野である。札幌は、北海道全土を開拓するための拠点として石狩(いしかり)平野に新たに定められた首府であった。右手遠くに見えているドーム形の建物は、明治6年10月に完成したばかりの開拓使札幌本庁（明治12年に焼失）。

↑クラーク博士と樺太アイヌの女性　樺太・千島交換に伴い、800名あまりの樺太アイヌが札幌近郊の対雁(ついしかり)に移住させられた。右うしろは、明治9年にアメリカから札幌農学校に赴任したばかりのクラーク。

↑移住民住宅の建設　入植した移民たちは、切り開いた土地に丸太や笹、萱(かや)で掘っ立て小屋をつくった。このような住まいで、厳しい寒さや雪をかろうじてしのいだのである。

←アイヌの住居、チセ　土地それぞれの自然環境に応じてつくられたチセは、木造住宅より防寒に優れていた。

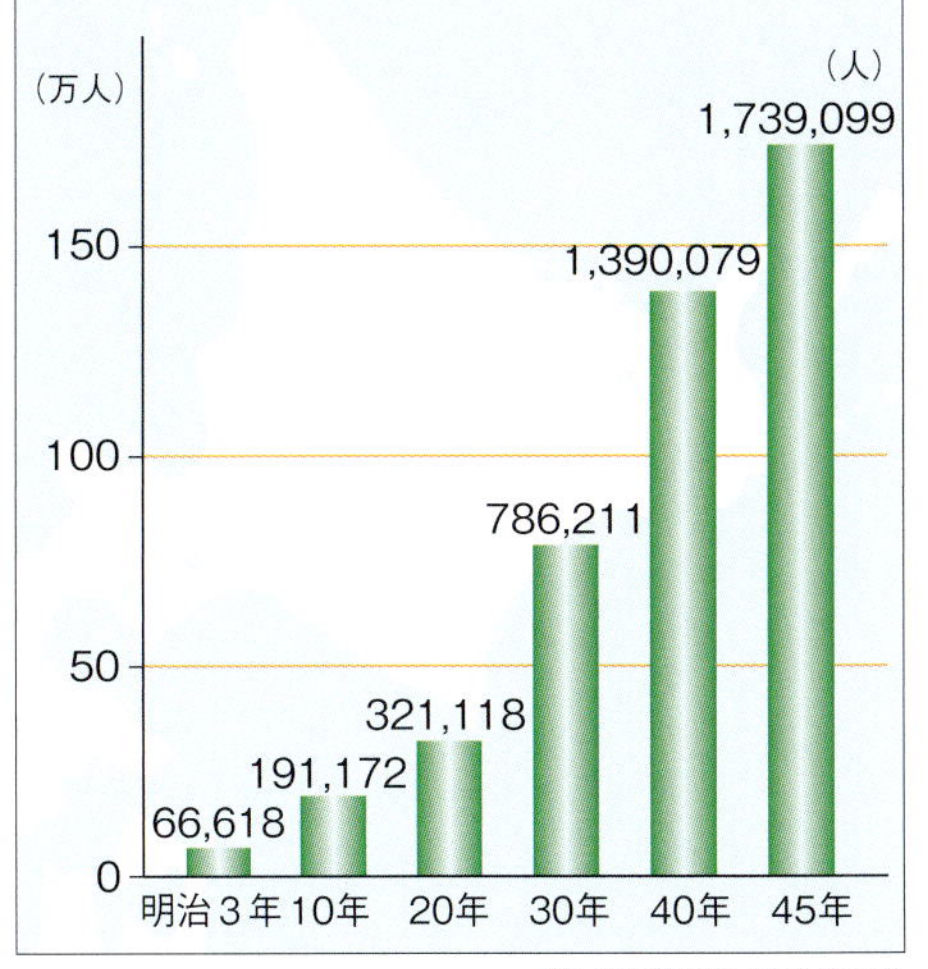

『新北海道史』第9巻より

→北海道の人口増加　明治20年代に始まる移住人口の増加は、大正10年頃に頭打ちとなるまで続いた。地震や洪水などの天災にあって、村ごと移住した人々もいた。

＊**屯田兵制度**　北海道に常備兵を置くのは財政的に困難なため、その打開策として創設された。明治6年に開拓次官黒田清隆(くろだきよたか)が、東北地方の士族で「強壮ニシテ兵役ニ耐ユヘキ者」を移住させ、「且耕シ且(かつ)守ル」ことを骨子とした建議を政府に提出、認められた。23年の改正で応募資格を平民に拡大、服務期間も終身から20年に改めた。一般の兵隊と違い、家族とともに兵屋に住んだ。37年に廃止。

▶秩禄処分と士族授産（p102）、南樺太の領有（p508）

台湾出兵と北京交渉

不平士族のエネルギーが、派兵を推し進めた

明治4年（一八七一）10月、琉球の宮古島から台湾南端に漂着した船の乗組員六六名のうち五四名が、現地民に殺害される事件が起こった。そののち7年2月に至って、明治政府は大久保利通（おおくぼとしみち）、大隈重信（おおくましげのぶ）の提議により、この事件への報復として台湾に出兵することを決定した。

●出兵決定のふたつの側面

この決定にはふたつの側面があった。第一は、日清（にっしん）間の領土問題である。報復には、被害者は日本人だという前提があり、琉球の領有を清に認めさせる意図があった。

第二の側面は、国内情勢の不安である。事件から出兵決定までの二年あまりの間に起こっていたのは征韓論（せいかんろん）の政変、そして佐賀の乱だった。大久保は征韓派士族のつのる不満を、台湾での武力行使で解消することをねらったのである。

大久保が台湾出兵をよしとしたのには、列強の干渉も清の抗議も

臣等
側ニ聞ク臺湾問罪ノ師結局葛藤ヲ生シ將サニ清國ト事アラントスト若シ兵馬ノ事ニ至レバ實ニ 皇國ノ隆替ニ關係スル重大事件ニシテ苟モ臣子タルモノ傍観坐視スヘキ秋ニ非ラズ臣等同心血誓一死以テ國難ニ徇ヒ應分ノ力ヲ尽シ奉報洪恩ノ萬一度志願ニ付仰キ冀クハ
王師ニ被差加度請フ區々ノ微衷御諒察アラン事ヲ臣等懇願ノ至ニ不堪此段
御上申奉願候也
北條縣貫属
旧津山藩士族
同盟四百五拾名惣代

2

1

➡台湾の西郷従道と兵士たち　西郷従道（中央）は隆盛（たかもり）の弟で、当時陸軍大輔を務めていた。遠征隊の人数は3658名で、そのなかには、福島九成（ふくしまきゅうせい）（在廈門（アモイ）領事）のように台湾への「植民」を計画する者もいた。

明治4年　琉球漂流民殺害事件

明治7年
2月　政府、台湾出兵を決定
5月　西郷従道率いる日本軍、台湾に上陸
6月　現地民を制圧
9月　大久保利通、訪清。北京にて日清交渉始まる
10月　和議成立、「日清両国間互換条款」調印

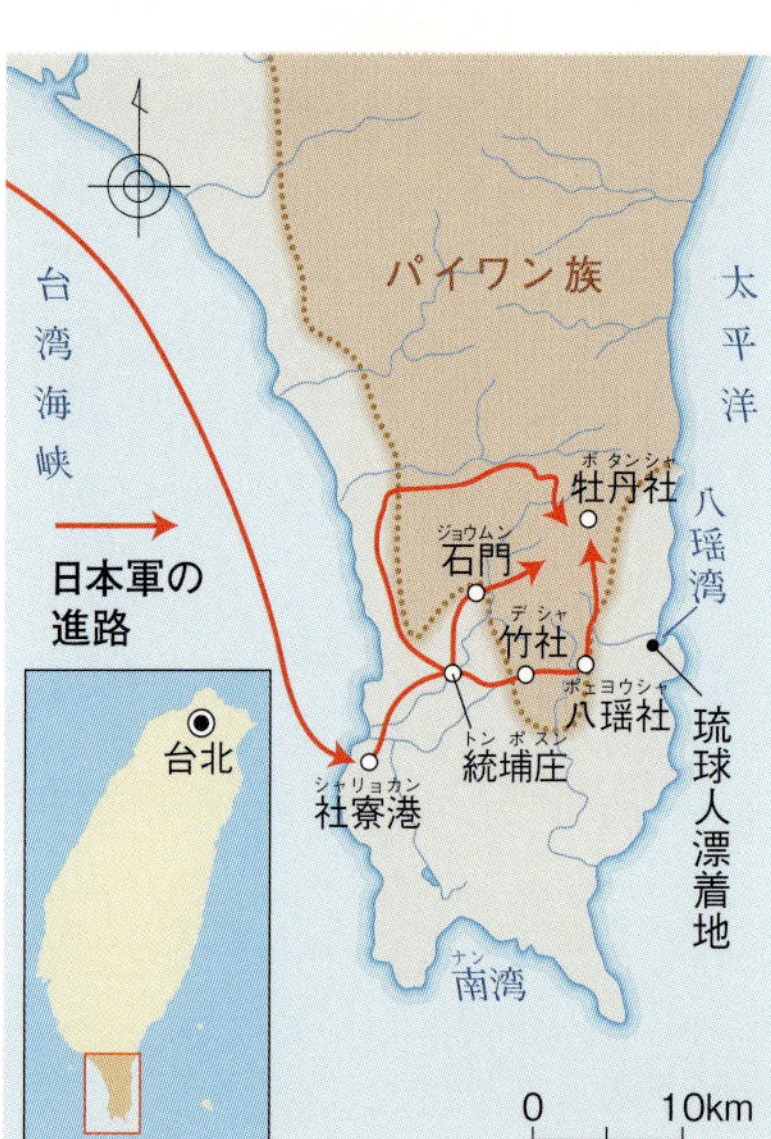

⬆出兵ルート　琉球漂流民殺害に関与した現地民部族への討伐は、あっけなく終わった。日本側の戦死者は12名とわずかだったが、マラリアなどによる病死は561名にものぼった。

⬇明治8年頃の高雄港　当時、中国やベトナムなどを旅したジョン・トムソンの写真をもとに描かれた。

3

©"Formosa:19th-century images," Reed College (Portland, Oregon), url: http://academic.reed.edu/formosa/

ないだろうとの見通しがあった。以前、事件について清側が、「台湾南部の住民には支配が及んでいないので、責任はとれない」と述べたのを、日本側は、「台湾南部はどこの領土でもないから軍事行動は問題ない」と受け止めたのである。

しかし、いざ西郷従道(さいごうつぐみち)の率いる軍艦が東京を出発すると、英公使パークスや米公使ビンガムが激しく抗議した。このため政府は出兵の中止を命じたが、従道らはこれを聞かず台湾に向かい、討伐を終えるとそのまま駐留した。

さらに、予想に反して清は、台湾は自国の領土であり、出兵は日清修好条規の違反だと非難して撤兵を要求。日本は清と一触即発の危機に陥ったのである。

●難航した交渉を勝ち取る

出兵決定の責任者である大久保はこの難局を打開するため、周囲の反対を抑えて、みずから全権弁理大臣として北京に赴いた。

台湾が清の領土かどうかについての見解が双方で食い違ったままだったため、交渉は難航し、たびたび破裂に瀕した。他方、日本国内では義勇兵志願者など、清との開戦を望む声もわき起こり、事態はいっそう緊迫した。しかし、粘り強い努力と英公使ウェードの仲介の結果、大久保は撤兵の条件として、清側に出兵を「義挙」と認めさせ、賠償金を勝ち取った。

北京交渉の成功は大久保に「終生忘るべからざる」感慨を与え、破談・開戦を予期していた政府首脳も、彼に最大限の称賛を贈った。

もっとも、誰もがこの交渉を成功とみたわけではない。反政府派の人々は、賠償金が出兵の費用に対してわずかであることを指摘し、出兵そのものが失敗だと批判した。そして対外強硬派の不満はくすぶりつづけることになる。

（塩出浩之）

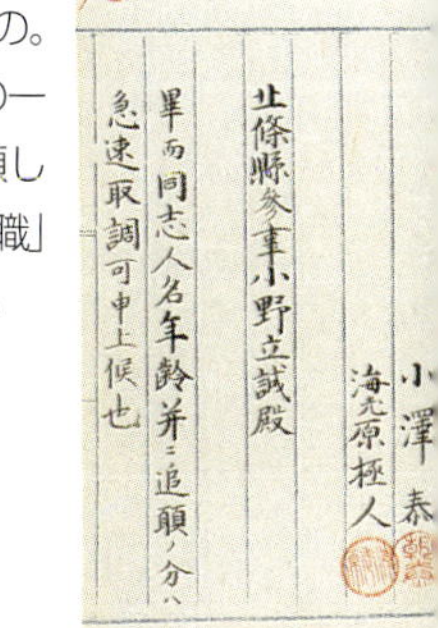
十八
北條縣参事小野立誠殿
畢而同志人名年齢并ニ追願ノ分ハ
急速取調可申上候也
小澤泰
海老原極人

➡**派兵を志願する士族の嘆願書** 旧・津山藩（現在の岡山県）の士族が提出したもの。清との戦争は間近に迫っており、日本の一大事であるから軍に加えてほしいと懇願している。このような志願の背景には、「武職」に復帰したいという士族の願望があった。

⬇**日清交渉の図** 場所は、清の外交担当官庁である総理衙門(そうりがもん)。交渉成立までには7度の会談、48日間を要した。大久保は窮地に置かれながらも、交渉打ち切り通告という切り札まで用いて、清側の妥協を引き出した。

4

5

⬅**大久保利通帰朝の図** 北京交渉を成功裡に終わらせた大久保の、帰国祝賀のパレードを描いた錦絵(にしきえ)。沿道には日の丸の旗が数多く飾られ、人々は小旗を振って出迎えた。横浜港に到着した大久保は、明治天皇が差し向けた馬車で東京に凱旋(がいせん)した。

▶征韓論の政変（p152）、不平士族の反乱（p154）

江華島事件と日朝修好条規

武力で応じさせた、朝鮮との新たな国交

維新から九年を経て、日本は朝鮮との間に「日朝修好条規」を結び、国交を樹立した。これは大きな成果だったが、その後の日朝関係につながるさまざまな問題をはらむものでもあった。

●拒まれた国交再開

江戸時代、日本と朝鮮とは対馬*藩の宗氏を介した国交があったが、19世紀初頭には没交渉となった。

明治元年（一八六八）、新政府は朝鮮に対し、国交を刷新するための使者を送る。だが朝鮮は、通知書の形式が「三百年以来」の旧例と異なるため受け取りを拒否した。日本側では、修好の意思を拒まれたのは「国辱」で、武力による威圧で国交を開くしかないと主張する人々が現われた。これが征韓論の重要な根拠となった。

●しかけられた「事件」

事件が起こったのは、明治8年9月20日のこと。日本の軍艦「雲揚」号は朝鮮の江華島要塞付近に測量のため無許可で寄航し、さらにボートで接近し上陸しようとしたところ砲撃を受けた。翌21日、雲揚は報復として発砲して砲撃戦となり、22日には要塞に乗り込んで戦闘の末に制圧、大砲など武器類を略奪して帰国した。

雲揚の艦長井上良馨は征韓論者であり、江華島への接近は意図的な挑発行為だった。この事件が報道されると、征韓派は朝鮮側が先に発砲したことを問題とし、朝鮮討つべしとの声を、いちだんと強くした。

政府は12月、黒田清隆を特命全権弁理大臣として朝鮮に派遣することを決定した。ただ、木戸孝允や大久保利通は征韓に否定的で、この派遣は朝鮮に国交更新を改めて求めることが何よりの目的だとし、戦闘行為を固く禁じた。

江華府　江華島　塩河　漢江　草芝鎮（第三砲台）　頂山島（第二砲台）　永宗鎮（第一砲台）　京畿湾　永宗島　仁川　月尾島　漢城（現・ソウル）　黄海　0　20km

↑**江華島付近の地図**　江華島は、朝鮮の首都漢城への水上交通路だった漢江の河口部に位置する。19世紀なかばには欧米の船が朝鮮沿岸にしきりに現われたので、それらが漢城に近づくのを防ぐために、砲台が備えられた。

↓**江華島の城門**　江華島事件以前、慶応2年（1866）にはフランス艦隊、また明治3年にはアメリカの軍艦が武力による朝鮮開国を企てたが、撃退され失敗に終わっている。江華島はどちらの戦いでも戦場となった。

1

2

↑**軍艦「雲揚」号**　慶応2年にイギリスで建造され、長州藩が購入した砲艦。明治4年に政府に献納された。雲揚のとった一連の行動は、かなりの部分が艦長井上良馨の独断によっていたと思われる。

3

↑**雲揚の兵士が砲台に乗り込む図**　『明治太平記』に描かれた江華島事件の情景。永宗島の砲台に、30名ほどの兵士がボートで近づき、浅瀬から城壁を越えて攻め入った。

新たな関係の始まり

黒田ら一行は明治9年1月、軍艦「孟春（もうしゅん）」号で朝鮮に向かい、2月に江華府で朝鮮側代表との会談を開始した。「旧交」の復活について朝鮮側の同意を得ると、黒田は条約の締結を求めた。日本は条約を世界各国と結んでおり、朝鮮も倣うべきだという主張だった。

当初、朝鮮側は応じなかったが、黒田らの姿勢が強硬だったので、漢城（現在のソウル）の朝鮮政府に判断を仰いだ。すると、朝鮮政府は条約締結を拒絶せず、日本側の条約案に修正を加えた対案を提示したのである。この対応の変化は、日本の軍事力による威圧もさることながら、国王の実父で政権を握っていた攘夷主義者の大院君（たいいんくん）が、明治6年に隠退させられていたことが大きいと思われる。

さらなる交渉の結果、日朝修好条規が締結された。なお日本側の要求で、朝鮮政府は国書の受け取り拒絶と江華島での「紛擾」について、遺憾の意を表わした。

日本がしかけた「事件」がきっかけではあったが、朝鮮との間に改めて国交を結んだことは、両国の関係を安定させた。しかし、この条約で朝鮮を「自主の邦」としたことは、やがて朝鮮の清（しん）への臣従を否定し、日本の影響下に置こうとする日清戦争の論理にもつながっていく。

（塩出浩之）

⬆当時の朝鮮国・光化門の六曹通り 光化門は、朝鮮の王宮だった景福宮の正門。その前の通りを、伝統的な白い朝鮮服の人々が数多く行き交っている。光化門は現在もソウルに残る。

⬇日朝修好条規 「大日本国」「大朝鮮国」の間で、対等の形式で結ばれた。領事裁判権が日本側だけにあり、日本と欧米との条約同様、不平等なものだったが、そもそも、朝鮮側が日本に領事を置かなかったことも考慮する必要がある。以前は対馬経由で厳しい管理のもとでしかできなかった通商が、自由になったことは大きな変化である。

➡日朝修好交渉の図 江華府の練武堂における交渉の様子を描いたもの。あくまでも想像図だが、左手奥の洋装の一団が黒田たちだろう。（『皇国一新見聞誌』）

＊**対馬藩の宗氏** 対馬は九州と朝鮮半島の間にある島で、釜山（プサン）まで四〇kmの近距離にあることから、古くより大陸と日本との文化・経済・交通・軍事面において、重要な役割を果たしてきた。宗氏はもともと北九州の豪族だったが、15世紀初頭に対馬に本拠を移し、16世紀後半には朝鮮貿易をほぼ独占する。江戸時代には代々対馬藩主を務めた。

▶征韓論の政変（p152）、朝鮮をめぐる動き（p284）、激動する東アジア情勢（p328）

琉球王国から沖縄県へ

日清関係の変化で「日本」とされていく

江戸時代には薩摩藩に実質的に支配されていた琉球王国は、明治になって琉球藩へ、さらには沖縄県へと移り変わってゆく。北海道と同様、琉球も新たに「日本」とされたのである。

⬅明治10年頃の首里城・正殿　首里城は琉球王国の王宮で、政治・外交や貿易、祭祀の中心であった。琉球処分以後も建物は存置されたが、昭和20年に焼失した。

日本にも清にも属する国

かつての琉球は、江戸幕府に使節を送る一方、清の皇帝からも冊封＊を受け朝貢を行なっていた。この「両属」の状態は王政復古以後、さらには廃藩置県で薩摩藩が消滅してからも変わっていなかった。

最初の変化は、明治5年（一八七二）9月の琉球藩の設置である。維新以後はじめて訪れた琉球からの使臣に対し、政府は琉球国王の尚泰を「琉球藩王」とする詔を与えた。ただしこれは、琉球は「日本にも属する」ということを明らかにしただけだった。琉球を完全に併合することは、清との争いを招く恐れから避けられたのである。

また、明治7年の北京交渉で、清が台湾出兵を「義挙」と認めたのは日本側に有利な材料とはなったが、それで琉球の両属が解消されたわけではなかった。

明治8年7月、政府ははじめて、琉球と清の関係断絶を図った。内務官僚の松田道之が琉球に派遣され、清への朝貢差し止めを命じたのである。琉球側は清への恩義を無にすることになるとして、朝貢継続を許すよう懇願したが、政府は応じなかった。

明け渡された首里城

明治12年3月、松田道之は「処分官」として琉球に赴き、ついに琉球藩を廃し、沖縄県を置くことを告げた。軍隊・警察官の動員により首里城は明け渡され、琉球王国は名実ともに崩壊した。

しかしここに至って、清は琉球

➡最後の琉球国王、尚泰　琉球処分までの32年間という、動乱の時代に在位した。琉球藩王とされる際に華族に列せられ、琉球処分にあたっては東京での居住が命じられた。明治17年に帰還が許され、明治34年に没すると歴代の国王に倣って葬られた。

⬆明治5年、東京から戻った琉球使節団　尚泰を「琉球藩王」と定める命を明治天皇から与えられた使臣たちの、那覇への帰島を描いた絵。彼らは元来、徳川将軍の代替わりごとに「慶賀使」として江戸を訪れていた。

＊**冊封**　近代以前の中国と周辺諸国との関係を示す言葉。もともとは中国の皇帝が一族や臣下に対して、王・侯などの爵位を与え、みずからの藩国とすることを指したが、漢の時代から周辺諸国にも及ぶようになった。冊封を受ける国の君主は中国の皇帝の臣下となり、朝貢などの義務を負う。清代には、日本とインド以外のアジアの大部分が冊封を受けていた。

処分を停止するよう、日本に強く抗議した。朝貢国の喪失は、清の威信を著しく傷つけることになるからであった。琉球側からも李鴻章に救援を求める使者が送られた。

日本と清との間にふたたび厳しい緊張が走ったが、ちょうどこの時期に両国を訪れていた前アメリカ大統領グラントの仲介で、翌13年に北京で日清の会談が行なわれることになった。

協議によりつくられたのは、琉球の本島を日本領とし、宮古と八重山の、いわゆる先島を清の管轄とする分島案だった。清は、先島に琉球王国を復興させようとしたのである。しかし、琉球側はそれは不可能だと清に訴え、分島案は破棄された。

以後、日本の琉球領有は、清がこれを認めたわけではなかったが、なしくずしに既成事実化していく。そして、日清戦争の結果、明治28年に日本が台湾までを領有したため、日清間の琉球所属問題は自然消滅した。

（塩出浩之）

4

↑琉球藩処分官の一行　明治12年、琉球に渡った内務省の官員たち。前列中央の、サーベルを携えた人物が松田道之。この年の1月、清への朝貢停止などの命令に従うよう琉球に改めて要求したが、受け入れられなかったため、沖縄県の設置が決定した。

5

世界七不思議の一つ 執兒狼手港の古銅人の圖

Japan trying to obtain sole possession of "The Colossus of Riukiu," by pUlling China's leg.

←日本と清に両属する琉球を巨人像に擬した風刺画　巨人像＝琉球は、日本と清との両方に足を置いて立っており、清側の足を日本側から綱でひっぱっている。この絵は琉球処分の直後に描かれたもの。ということは、琉球が日本の領土となるのは当然だとは、必ずしも考えられていなかったのである。（本多錦吉郎「執児狼手港の古銅人」『団団珍聞』明治12年5月）

↓廃藩後の琉球士族　琉球王国の支配階級だった彼ら士族のなかには、廃藩以後も沖縄県の統治に協力しようとせず、藩王の復活や清の援助を待望する人々がいた。

6

7

↑明治17年の第1回県費留学生　東京に留学した少年たち。のちに沖縄社会の一新に力を注いだ。謝花昇（右から2人目）は沖縄県民の参政権のため運動。高嶺朝教（右端）と太田朝敷（左端）は『琉球新報』を興し、沖縄言論界の中心となった。

↓明治末ごろ、那覇の繁華街の正月風景　沖縄県では、明治30年代から地租改正など制度上の“日本化”が進み、40年代には制度面でほかの府県とほぼ等しくなった。繁華街のあちこちに見える日の丸に“日本化”が見てとれる。

8

▶廃藩置県と華族の創設（p62）、朝鮮をめぐる動き（p284）

万国博覧会と内国博覧会

文明開化の推進から産業振興へと目的が変わる

↑クリスタル・パレス　世界初の万国博覧会は1851年にロンドンのハイドパークで開催された。会場となったのは鉄とガラスによる巨大建築、クリスタル・パレス（水晶宮）。

19世紀後半の世界は博覧会の時代であった。それは産業革命、植民地支配、通信・交通の発達によってはじめて可能になった催しで、世界中の産物を欧米の都市にわざわざ集め、それを実際に人々の目に触れさせ、知識を開き勧業を促した。

たまたま一八六二年（文久2）のロンドン万国博覧会を体験した福沢諭吉は、その性格を「知力工夫の交易」（『西洋事情』初編）と見抜いている。

↑各国国王集合写真　1867年のパリ万国博覧会では、日本が出品した美術工芸品や、芸者が接待する茶店、芸人たちの曲芸が人気を集めた。写真は合成されたもので、中心にいるのが徳川昭武。

博物館の開設も視野に

万国博覧会とは、世界が急速に狭くなった時代ならではの催しであり、福沢もその一員となった遣外使節団がたびたび企てられたように、日本は開国を余儀なくされ、欧米中心の世界へと組み込まれた。

一八六七年（慶応3）にはフランスの強い要請を受けて、幕府はパリ万国博覧会に正式に参加、代表使節として将軍慶喜の弟昭武を送り込んだ。日本のありとあらゆる産物が展示された。そこには開成所*画学局に属した高橋由一らの油絵までもが含まれる。随員のひとり田中芳男は同じ開成所の物産局に所属し、帰国後は、明治の博覧会を方向づける主導的な役割を果たした。

薩摩藩の留学生としてイギリスに学んだ町田久成や、幕府の留学生としてオランダに学んだ内田正雄は、博覧会や博物館にもっとも通じた幕末の日本人である。町田や内田や田中らは、明治維新後文部省に出仕し、日本での博覧会を明治5年（一八七二）に東京・湯島聖堂で実現させた。博覧会が文明開化を進めるための有効な方策と認識していたからだ。彼らの構想は、それを常設化すること、すなわち博物館*の開設までを視野に入れていた。動物園・植物園・図書館を含む建設案が残されている。

しかし、聖堂はあまりに狭いため、翌明治6年には場所を山下門内の大名屋敷跡に移し、ここでおよそ一〇年にわたって活動を展開した。博物館が上野公園に移り、同時に動物園を開園させるのは明治15年のことである。

娯楽的な要素が高まる

この間に、政府の博覧会に対する期待は大きく変わっていった。欧米諸国で日本の美術工芸品が好評を博したことをふまえ、国内の産業を盛んにし、輸出品を増やすこと、すなわち勧業が博覧会の重要な目的となった。

こうして、「万国」博覧会に対する「内国」博覧会は、勧業博覧会と称され、政府主催のそれは明治時代を通じて五回（東京で三回、京都で一回、大阪で一回）開かれることになる。性格の変化に応じて、所轄は文部省から内務省、次いで農商務省へと移動した。しかしまた、現実の博覧会は社会の変化に応じて、しだいに娯楽的な要素を高めてゆく。美術展も、まずは博覧会のなかからその歩みを始めた。

（木下直之）

内国勧業博覧会の入場者数の推移

回	会場	入場者数	会期
第1回（明治10年）	東京・上野公園	454,168人	102日間
第2回（明治14年）	東京・上野公園	822,395人	122日間
第3回（明治23年）	東京・上野公園	1,023,693人	122日間
第4回（明治28年）	京都・岡崎公園	1,136,695人	122日間
第5回（明治36年）	大阪・天王寺公園	4,350,693人	153日間

永山定富『内外博覧会総説』（昭和8年刊行）による

＊**開成所**　江戸幕府の洋学研究機関である洋書調所を文久3年（一八六三）に改称し、教育研究機関として充実させたもの。明治元年、新政府に移管され、開成学校となった。

＊**博物館**　福沢諭吉『西洋事情』に博物館の紹介がある。明治5年の湯島聖堂博覧会は、会期終了後も「博物館」の名で展示物が公開された。その後、山下門内、上野へと移転を重ね、施設を充実させた。文明開化の象徴として期待を集めた。

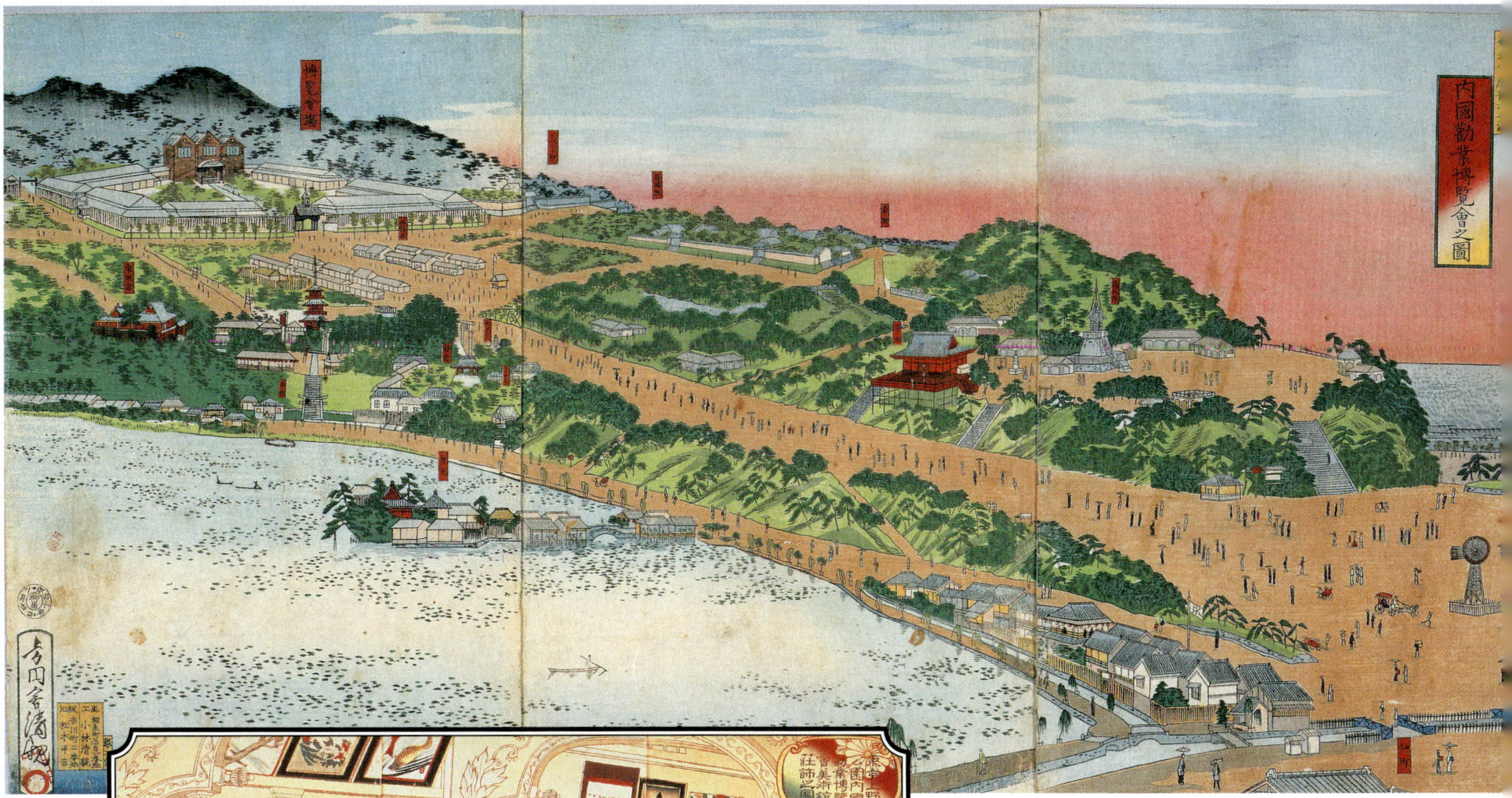

3

⬆小林清親『内国勧業博覧会之図』 明治 10 年の第 1 回内国勧業博覧会会場は、前年に開園したばかりの東京・上野公園。画面左奥の美術館を要とし、取り囲むように東本館・農業館、西本館・機械館・園芸館が配された。

4

⬅3 代歌川広重『東京上野公園内国勧業博覧会美術館荘飾之図』 美術館には外光を採り入れた。

5

➡平尾賛平『第二回内国勧業博覧会観場必携』 1 枚ものの案内。明治 14 年の第 2 回内国博の中心はコンドル設計の煉瓦造りの美術館。博覧会終了後は博物館（現在の東京国立博物館）として用いられた。

⬇ウィーン万国博覧会の展示物 明治時代最初の万博、1873 年のウィーン博では、陶磁器・漆器・七宝・金工などの美術工芸品が人気を博し、ヨーロッパに日本ブームを巻き起こした。

6

⬇山下門内博物館の展示室 ウィーン博への出品物と現地での購入品が、明治 7 年に一般公開された。

7

▶上野動物園オープン(p228)、至芸の輸出工芸品(p236)、シカゴ博とパリ博(p358)、娯楽化する博覧会(p500)

湯島聖堂博覧会

ビジュアル読み解き

1

↑聖堂博覧会関係者記念写真 名古屋城天守閣の金鯱は、屋外に特製ガラスケースで展示された。その前で撮影された記念写真。前列左の2人目から、蜷川式胤、町田久成、伊藤圭介、内田正雄、田中芳男、服部雪斎（画家）。

2

↓ウィーン万国博覧会会場 金鯱を展示。ほかに紙製の鎌倉大仏、浅草寺雷門の大提灯などが「巨大物品」として海を渡った。

明治政府は、明治4年（一八七一）5月に東京の九段で会期一週間ほどの小さな物産会を成功させたあと、翌5年3月、東京湯島聖堂を会場に、文部省主催で本格的な博覧会を開催した。前者の出品物の大半が鉱物・植物・動物からなる自然物であったのに対し、後者では人工物がぐんと増えた。この錦絵は、湯島聖堂での展示状況をかなり正確に描いており、陳列棚は大成殿と回廊を示す。いくつかの展示物は特定でき、いくつかは現存する。目玉は名古屋城の天守から降ろされた金の鯱であり、そのほかにも歴史的な文化財の出品が多い。

文部省が広く出品を呼びかけた開催趣意書には、博覧会の目的は自然物・人工物の区別なく、世の中のあらゆる産物を集め、それが何であるかを正し、用法を説き、人の知見を広めることにあるとしたうえで、とりわけ古器旧物は「時勢の推遷制度の沿革を追徴す可き要物」であると重視する。明治維新がもたらした旧きを顧みない風潮に対し、政府が明治4年5月に古器旧物保存を命じたことが、ここには反映している。

文部省は、博覧会終了後も展示物の一部を保管し、定期的に公開し、博物館へと移行させるとともに、社寺や華族に伝来する宝物調査を実施するなど、現代でいう文化財保護に積極的な姿勢を示している。

3月10日に始まり二〇日間の予定だった会期は、好評のために4月末まで延長され、じつに一九万三〇〇〇人もの観客を集めた。これに刺激され、その後、全国各地でもさかんに博覧会が開かれるようになる。この博覧会に展示されたものの一部は、金鯱も含めて海を渡り、翌明治6年のウィーン万国博覧会に出品された。

湯島聖堂は、官学である昌平坂学問所が置かれていた場所であった。そこが役割を失い、文明開化のための博覧会が開かれたことは、日本の学問が儒学から洋学へと方向を転じたことを象徴している。

（木下直之）

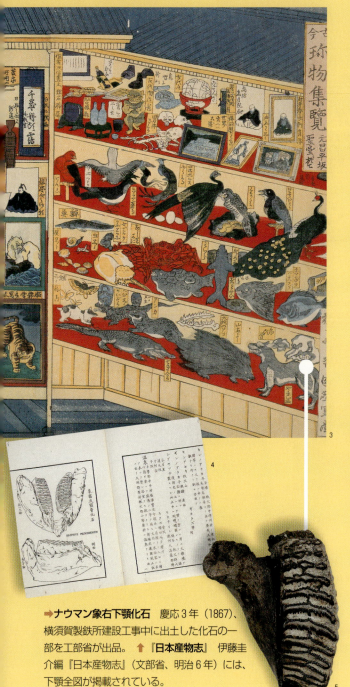

3 4 5

→ナウマン象右下顎化石 慶応3年（1867）、横須賀製鉄所建設工事中に出土した化石の一部を工部省が出品。 **↑『日本産物志』** 伊藤圭介編『日本産物志』（文部省、明治6年）には、下顎全図が掲載されている。

▶至芸の輸出工芸品（p236）、シカゴ博とパリ博（p358）、娯楽化する博覧会（p500）

↑**博覧会刷物**　会期中に、博覧会は展示物の図に簡単な説明を付した刷り物を出版した。

➡**『加藤清正像』**　京都・本圀寺所蔵の加藤清正像。会場には清正の十文字槍も並んだ。

➡**『織田信長像』**　京都・大雲院所蔵の織田信長像。加藤清正像とともに、錦絵や摺物では中央に大きく紹介されている。大雲院は、ほかに織田信忠像、前田玄以像、村井春長軒像も出品した。

➡**明智拵**　明智光秀所用の刀。柄や鍔を分解した詳細な図解の刷り物も出版された。

↑**宝螺貝蒔絵鞍**　使用者である出羽守忠尚の末裔・町田久成が博覧会の直前に献納したもの。その略歴を記した説明板とともに撮影された写真が伝わっている。

↑**歌川国輝『古今珍物集覧』**　博覧会の出品物を伝える錦絵は数種類が出まわり、人気の高さを物語る。なかでもこれは展示図録の性格が強い。

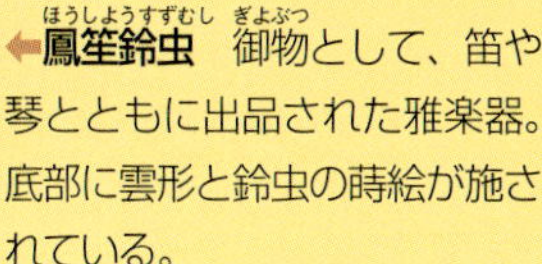

←**鳳笙鈴虫**　御物として、笛や琴とともに出品された雅楽器。底部に雲形と鈴虫の蒔絵が施されている。

➡**昇斎一景『博覧会諸人群集之図』**　孔子を祀っていた大成殿内部とその前庭の光景。左側に天造物、右側に人造物が、ガラスケースの中に並んで展示された。動物の剥製で聖域が汚されたと反発する儒者もいた。（明治5年）

征韓論の政変

岩倉使節団

岩倉・大久保・木戸　使節団の中心だったこの3人は、国力面のリスクに加え、征韓論を主導する留守政府組がさらに勢いを増し、政府内の力のバランスが崩れてしまうという強い危機感もはたらいて、絶対征韓阻止へと猛烈な巻き返しをかける。

大隈　征韓は危険な賭であるうえに、実行されれば政策通である自分も出番がなくなるという思惑から、大久保側につく。

伊藤　木戸の弟分だった伊藤は、外遊中に大久保にも接近し、征韓論争では裏面で木戸・大久保のために尽力した。

※年齢は明治6年時の数え年

内治派

有司専制・藩閥政府

征韓論――朝鮮討つべしという議論は、維新当初からあった。明治元年（一八六八）末、新政府は王政復古を朝鮮に通告して、江戸時代と同様の国交再開を求めたが、保守的な鎖国攘夷政策をとる朝鮮側は、外交文書の形式不備を理由に拒否。実際には、開国して西洋化しようとする国となぞ国交はできぬというのが朝鮮の本音で、以来、日朝関係は円滑を欠いていた。

他方、維新によって地位も特権も奪われた全国の士族の不満は、行き場のないエネルギーとして蓄積され、爆発寸前であった。大村益次郎や木戸孝允は、戊辰戦争に動員された士族を、朝鮮との戦争に転用する構想をもっていた。こうした背景のもとに明治6年6月、武力により朝鮮に修好条約調印を迫るか、日本人居留民全員を朝鮮から引き揚げるか、態度を決定されたいと外務省が政府に迫ったため、征韓問題がはじめて廟議にのぼった。

西郷隆盛は、自分が大使として赴き、殺害されればそれを名分として出兵すればよいと主張。薩長閥分断をねらう江藤新平らが西郷を後押ししてこの方針に決定しかけたが、岩倉具視・大久保利通ら帰国した使節団組の猛烈な巻き返しによって征韓派は敗れた。のちの江華島事件を見ても明らかなように、征韓論は、その内容の是非ではなく、外交に名を借りた権力闘争が本質であったようだ。

（村瀬信一）

図版作成／infographics 4REAL

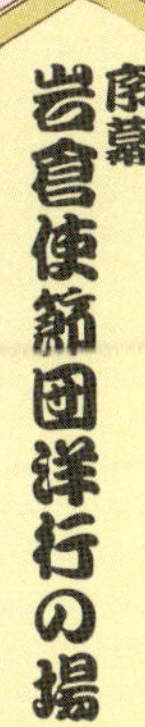

留守政府の功績

明治5年1月 初の全国戸籍調査
2月 陸軍・海軍省設置
3月 教部省設置
8月 学制公布
司法職務定制制定
10月 人身売買禁止
11月 太陽暦採用

明治6年1月 徴兵令
2月 キリスト教禁制高札の除去
6月 石高廃止
7月 地租改正

明治4年11月、条約改正の予備交渉や欧米事情視察を目的とする岩倉使節団が横浜を出帆した。使節派遣の発案者は大隈だが、洋行願望の強い大久保・木戸らがそれを乗っ取ったという。使節団を見送った留守政府は、新規の改革はしない約束を無視して上表に見るような諸改革を実行、帰国した使節団と対立することになる。

文部卿 大木喬任
司法卿 江藤新平
外務卿 副島種臣
参議 板垣退助
参議 大隈重信
参議・大蔵事務監督 西郷隆盛
太政大臣 三条実美

明治4年11月12日～6年9月13日　西郷"留守"政府

二幕目 征韓論争の場

江藤　司法制度を整備して勢力をのばした江藤。薩長の優位を覆すべく、西郷を担いで、まずは薩摩勢の分断を図ろうとしていた。

西郷　西郷の主張は即派兵・即征韓ではなく、まず自身が朝鮮に赴き、譲歩を引き出せればよし、仮に殺されたら、それを名目に派兵すればよいというものだった。人望ある西郷にとっては不平士族のガス抜きが先決であった。

三条　征韓派と内治派の板挟みになった三条は、その政治決断の重大さに耐えかねて、病気で倒れ、人事不省に。

使節団が帰国してみると、政府内の状況は出発前と一変し、江藤・後藤・板垣らが台頭していた。留守政府の巨頭・西郷が、おそらくは士族の不満をなだめるために征韓論を主張、江藤らは主導権奪取の思惑からこれにのる。大久保・岩倉らは劣勢を挽回すべく、内治優先・征韓反対をとなえ、一触即発の情勢となった。

参議 江藤新平(40)
参議 後藤象二郎(36)
参議 副島種臣(46)
参議 板垣退助(37)
参議 西郷隆盛(47)
太政大臣 三条実美(37)
右大臣 岩倉具視(49)

明治6年10月中旬　征韓派

三幕目 大久保独裁確立の場

▶民撰議院設立建白書

三条が病気で倒れ、内治派の岩倉が代理の太政大臣となったことで征韓派の敗北となった。征韓派の参議5名は下野し、政府は「勝利連合」を基礎に大久保独裁体制へ。下野した参議は自由民権運動や士族反乱で反政府の闘士となり、江藤と西郷は非業の死を遂げるが、内治派も木戸が病死、勝利者・大久保も数年後には暗殺される。

板垣退助

民撰議院設立建白書　明治7年1月、板垣ら元征韓派参議4人が提出。有司専制を批判して広い層の政治参加を求める自由民権運動の原点となった。運動は当初は不平士族が中心だったが、のちに農民も参加して政党の源流となる。征韓論による政府の大分裂は、立憲政治につながるのである。

明治6年11月以降　士族の反乱　自由民権運動

▶江華島事件と日朝修好条規(p144)、国会開設運動と明治十四年の政変(p180)

不平士族の反乱

新政府の方針が必然的にもたらした不満

明治初年から明治10年（一八七七）頃まで、各地で起こった士族の武装蜂起を「士族反乱」と呼ぶ。テロリズム、未遂事件も含めると発生件数は二〇を超える。直接的な動機や規模はさまざまだが、明治新政府の政策と、薩長中心の新政府のあり方への不満から発生し、政府の転覆をねらった点では共通している。また、大部分が維新の勝利藩で起こったのも特徴である。

●士族を否定する諸政策

反乱が起こった根本的な原因は、明治維新の性格そのものにあった。維新の原動力は間違いなく尊皇攘夷の志士をはじめとする武士たちであったが、新政府がめざした国のあり方は、攘夷主義と士族の利益を否定するものであった。開化政策、廃藩置県、徴兵令、秩禄処分など、例は枚挙にいとまがない。近代化断行のためには士族の特権を剥奪するほかなかったのである。

その意味からいえば、士族反乱は明治新政府が必然的に通らねばならない道であった。最大の反乱である西南戦争を起こした西郷隆盛も、そのことを理解し、捨て石になることを喜びながら死んでいったのかもしれない。（村瀬信一）

長州藩脱隊騒動

期間：明治2年12月1日～明治3年2月11日

参加人数：約1800名

指導者：大楽源太郎

経緯と結末 長州藩は幕末から武士階級以外からも兵を集めて、奇兵隊をはじめとする諸隊を編制していた。明治2年、長州藩は余剰兵を整理して、精選の常備軍へ改編しようとしたが、12月1日、これに反発した兵士約1800名が脱隊し防府に屯集。藩内不平派や攘夷主義者の扇動もあって状況が複雑化し、農民一揆とも呼応して規模が拡大。翌年1月、脱隊兵たちは山口藩庁を包囲し、常備軍解散を要求したが、帰藩中の木戸孝允によって武力鎮圧された。

雲井竜雄事件

期間：明治3年2月～5月

参加人数：44名

指導者：雲井竜雄

経緯と結末 戊辰戦争で敗れた米沢藩出身の雲井竜雄は、幕末以来、薩長に対して激しい憎悪をつのらせていた。明治3年2月、雲井は、不平士族を政府に帰順させることを表向きの目的とした「帰順部曲点検所」を東京・芝の寺院に設け、趣旨に賛同した政府側要人の後援も受けていた。しかし、その実態は、政府転覆をねらう旧佐幕系の東北諸藩出身者のアジトであった。疑惑をもった政府の捜査によって計画が発覚し、雲井以下11名が斬罪となった。

外山光輔・愛宕通旭事件

期間：明治4年3月7日（外山事件）、3月14日（愛宕事件）

参加人数：百数十名

指導者：外山光輔、愛宕通旭、高田源兵衛など

経緯と結末 明治政府の開明政策と、維新後の京都の衰微を強く憤っていた攘夷主義の公卿、外山と愛宕が、北九州一帯の不平士族と連携して企てた政府転覆事件。武力をもって天皇を京都に戻し、公卿の失権を回復しようとした。明治4年正月、参議広沢真臣暗殺の下手人もこの一味と考えられる。明治4年3月、計画が発覚し、外山・愛宕、熊本藩士・神風連の高田源兵衛（河上彦斎）、柳川藩士古賀十郎ら百数十名が捕縛、首謀者は死罪となった。

赤坂喰違の変

暗殺未遂

2

期間：明治7年1月14日

参加人数：9名

指導者：武市熊吉

経緯と結末 右大臣岩倉具視暗殺未遂事件。征韓派の敗北は、病に倒れた三条実美にかわって代理太政大臣となった岩倉の画策によるところが大きかった。これを恨んだ征韓派の高知県士族武市熊吉ら9名が、東京・赤坂の喰違見附で岩倉を襲撃。岩倉は負傷して濠に転落したために犯人がこれを見失い、奇跡的に助かった。犯人は3日後に捕らえられ全員斬罪に処せられたが、同じ高知出身の板垣退助にも嫌疑が及び、初期の自由民権運動に影響を与えた。

不平士族のシンボル 島津久光（しまづひさみつ）

1

倒幕に最大の役割を果たした薩摩藩。その実質的な藩主である島津久光は、じつは倒幕も維新も望んでおらず、新政府の諸政策、とくに廃藩置県に強い不満をもっていた。政府は、財力・軍事力をもつ久光が、不平士族たちの旗頭に担がれることを極度に恐れていた。明治5年の鹿児島を含む天皇の西国巡幸は、久光のご機嫌とりが最大の目的であったし、征韓論後には久光を左大臣（政府ナンバー2）という破格の地位で厚遇している。不平士族に期待されながらも、頻発する反乱に久光が呼応することはついになく、西南戦争でも中立を守った。明治20年に亡くなるまでちょんまげで通したこの保守家は、結局はお家を守る藩主の立場を貫いたのである。

西南戦争

期間：明治10年2月15日～9月24日
参加人数：約3万3000名
指導者：西郷隆盛、桐野利秋

経緯と結末 鹿児島県は、旧薩摩藩以来の強力な軍事力を背景に、新政府の士族解体政策に従う気配も見せず、なかば独立国のように政府と対立していた。最大の士族反乱となった西南戦争は、征韓論で下野した西郷が組織した私学校生徒が暴発し、戦火が開いた。九州各地の士族も呼応して戦線は拡大したが、熊本城の攻防が分岐点となって西郷軍が敗退。反乱軍の指導者たちは鹿児島の城山で最期を遂げた。西郷の名誉回復はそれから12年後のことである。

紀尾井坂の変

期間：明治11年5月14日
参加人数：6名
指導者：島田一郎

経緯と結末 参朝途上の参議兼内務卿大久保利通は、麴町紀尾井坂清水谷で石川県士族島田一郎ら6名に襲撃され、絶命した。享年49。犯人6名はその足で赤坂仮皇居に至り、「斬姦状」を提出のうえ自首。「斬姦状」の内容は国政全般にわたる批判で、暗殺計画も1年前から練られていたから、単純に西南戦争の復讐とはいえない。傑出した指導者を失った政府は混迷状態になり、跡目をめぐって伊藤博文と大隈重信の暗闘もひそかに始まった。

『西国新聞双六』（明治9年） 上は萩の乱、下は神風連の乱を描いたもの。

萩の乱

期間：明治9年10月28日～11月8日
参加人数：150名
指導者：前原一誠

経緯と結末 幕末の長州藩志士として活躍し、新政府では参議にもなった前原だったが、長州藩脱隊騒動の事後処分で木戸孝允と対立したのを機に下野して帰郷。長州藩の不平士族の頭目に祭りあげられた。元来保守的な攘夷主義者で、士族の解体に反対し、征韓論をとなえていた前原は、神風連の蜂起を知って同志150名とともに萩で挙兵。山口の県庁を襲撃しようとしたが、政府軍の行動は素早く、萩から出ることなく鎮圧された。

秋月の乱

期間：明治9年10月27日～11月3日
参加人数：240余名
指導者：磯淳、宮崎車之助

経緯と結末 秋月藩（福岡県）では維新以来士族の不満が強く、佐賀の乱が勃発した折にもこれに呼応する動きがあったが、機が熟さず中止。結果的には神風連の乱に呼応して決起したが、神風連から連携の誘いがあったわけではなく、神風連の決起直後の大きな戦果を聞いて挙兵したかたちだ。近隣諸藩の士族にも呼びかけて戦線を拡大し、萩の乱の前原軍と合流する計画だったが、はかばかしい戦果をあげるまえに小倉鎮台兵に鎮圧された。

神風連の乱

期間：明治9年10月24～25日
参加人数：193名
指導者：太田黒伴雄

経緯と結末 神風連（敬神党）は、幕末の国学者、林桜園門下生が結成した、復古的攘夷主義者の集団。もともと政府の開明政策に不満をもっていたが、同じ熊本士族の一党がキリスト教を奉じた（熊本バンド）ことなど世の中の西洋化に強い危機感を抱き、さらに廃刀令が引き金となって決起。熊本鎮台と熊本県庁に白刃で切り込んだ。鎮台司令種田政明ら多数の鎮台兵を殺害されたが、翌日鎮圧された。この反乱に呼応して、秋月の乱、萩の乱が勃発した。

佐賀の乱

期間：明治7年2月1日～3月1日
参加人数：1万1820名
指導者：江藤新平、島義勇

経緯と結末 征韓論政変で下野した江藤は、佐賀県の施設を占拠するなど不穏な動きを見せる不平士族の鎮撫のため帰郷。しかし逆に頭首に担がれ、乱に身を投じた。反乱軍は2月に蜂起し、あなどれぬ戦闘力を見せたが、3月初頭にほぼ鎮圧された。江藤は鎮圧前に佐賀を脱出。鹿児島、高知へと逃亡して再起を図ったが捕縛され、除族のうえ梟首の極刑に処された。全権を帯びてみずから鎮圧に赴いた大久保利通内務卿の指導力がきわだっていた。

▶秩禄処分と士族授産（p102）

西南戦争

西郷率いる最後の士族反乱軍は七か月で鎮圧された

西南戦争は、最大・最終の士族反乱で、明治10年（一八七七）2月15日に西郷隆盛が兵を挙げてから、同年9月24日に城山が陥落（西郷が自刃）するまでの、七か月余にわたる内乱であった。

熊本城　熊本城の守備兵力は、熊本鎮台兵に、歩兵第14連隊の一部と警視隊を加えた3315人。司令長官谷干城は、徴兵が3分の2を占める熊本鎮台の戦力では、精強な西郷軍を野戦で迎え撃っても勝算がないことを認め、防御に専心する方針を固めた。

●激しい戦いの経緯

西郷軍は、鹿児島の士族たちで構成された私学校党一万三〇〇〇人を中核に、士族の有志隊（党薩諸隊）の約一万人が加わり、さらに薩摩・日向・大隅三州の兵一万人を含めて、総計三万三〇〇〇人余の兵力であった。一方政府側は、七個旅団および熊本鎮台からなる征討軍団を編制し、兵力は五万八五五八人に達した。また海軍の軍艦九隻を九州へ出動させ、制海権を完全に握っていた。

西郷軍は卒兵上京という挙兵の名目を掲げて鹿児島を発ち、熊本城を包囲して開戦した。熊本城の攻防戦はついに五二日間に及んだが、西郷軍はついに熊本城を陥落させることができず、また八代に上陸した官軍（衝背軍）が熊本城に達したため、包囲を解いて撤退せざるをえなかった。この間、西郷軍は博多方面から南進する正面軍を迎え撃ち、田原坂では一六日間にわたってこれを食い止めた。田原坂が陥落したあとも西郷軍は抵抗を続けたが、熊本城の包囲が解かれると、いっせいに後退した。

その後の西郷軍は、人吉・都城・延岡などの各地で敗退を繰り返し、可愛岳の重包囲を突破して鹿児島へ戻ったとき、兵力はわずか四〇〇人ほどを残すのみであった。西郷は城山を最後の拠点として立てこもったが、政府軍の総攻撃を受けて自刃。こうして西南戦争は終結し、士族の武力反乱にも終止符が打たれることになった。

●豊富な物量で鎮圧

政府側の征討軍は、徴兵令施行からまもないこともあって、壮兵（士族兵）と徴兵とが混在していた。当時増えつつあった徴兵は、

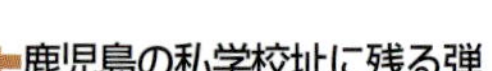

鹿児島の私学校址に残る弾痕　鎮台の徴兵は小銃の火力に依存、さかんに射撃を繰り返した。私学校址の石垣には当時の弾痕がなまなましく残っている。

熊本城を攻撃する西郷軍　西郷軍による熊本城への強襲は成功せず、一部の兵力で城を包囲し、主力は北上して征討軍を撃破するという長囲持久策がとられた。

薩摩の兵士　西郷軍の兵力は士族によって構成されており、士気・団結・技量の面で格段に優れていた。しかし装備とその補給力・軍費が不十分で、近代的な消耗戦のなかで敗北した。

訓練が不十分で士気も高くなかった。このため彼らは火力に頼って小銃を乱射（田原坂では一日平均三二万発を消費）する傾向があった。また、徴兵は白兵戦が苦手で、士族を徴募して結成された警視隊（抜刀隊）がこれを補った。西南戦争における征討軍の勝利は、「赤いシャッポ（近衛兵）に銀線（警視隊）なけりゃ、花のお江戸に踊り込む」と薩軍側がうたったように、壮兵の力によるところが大きかった。

開戦当初の西郷軍は士気も高く、各地で善戦したが、武器弾薬の欠乏と徴募兵（その多くが強制的に集められた補充兵）の質の低さが相まって、しだいに戦力が低下していった。政府側は、海軍力によって武力反乱を九州のなかだけに封じ込め、豊富な物量を駆使してこれを鎮圧した。その意味で西郷軍は、国家対地方士族という対立のなかで、敗北せざるをえなかったのである。こうして西南戦争は、政府に不満を抱く士族の反乱の限界を全国に示し、それ以後、士族が言論による自由民権運動に参加していくきっかけとなった。

（淺川道夫）

5

6

⬆⬇**戦場の将兵たち**　戦場に投入された将兵は、陣中の生活に慣れるに従い、それぞれ活動しやすいように服装を変えていった。特徴的なのは、軍靴を脱いで、草鞋（わらじ）・足袋（たび）・脚絆（きゃはん）となっている点であろう。炎天下や降雨時には傘をさしたり蓑笠（みのがさ）をつけることもあった。戦場の実相は、現存する錦絵（にしきえ）に描かれた芝居絵風のものとはまったく異なっていた。（『従征日記』明治11年刊より）

7

⬆**警視隊の徴募**　政府側は鎮台徴兵の戦力不足を補うため、士族を徴募して警視隊を編制し、九州の戦場へ送り込んだ。彼らは小銃と日本刀を携え、「抜刀隊」として征討軍の白兵力を補った。

8

⬆弾込めが速い後装式のスナイドル銃（左）と、それが遅い前装式のエンピール銃は、ともにイギリス製。征討軍ではスナイドル銃が主力で、西郷軍ではエンピール銃がおもに使われた。

⬇**鎮台兵**　鎮台の徴兵は訓練が十分でなく、士気の面では劣っていたが、物量に支えられて近代戦を戦いぬいた。

9

西南戦争経過図

博多
官軍上陸南下
2月22日〜
長崎
南関
山鹿
熊本城攻防戦
2月22日〜4月14日
田原
田原坂攻防戦
3月4日〜3月20日
別府
熊本
八代
可愛岳
人吉攻防戦
4月27日〜6月21日
官軍（衝背軍）上陸
3月19日〜4月7日
人吉
延岡
可愛岳攻防戦
8月15日〜8月18日
薩軍北上
2月14日
城山攻防戦
9月1日〜9月24日
飯盛山
鹿児島
都城
宮崎
官軍鹿児島上陸
4月27日
西郷軍の行動線
政府軍の行動線
政府軍の船舶輸送

海軍省『明治十年 西南征討志附図』（明治18年）より

▶戊辰戦争（p60）、自由民権の時代（p174）、竹橋事件と軍紀の確立（p270）

陸軍の創設

御親兵と徴兵による政府直轄軍がつくられた

明治新政府の最初の直轄軍となったのは「親兵」である。これは高野山挙兵のときに結成された一三〇〇人余の部隊で、その一部は戊辰戦争に出兵した。戊辰戦争中、新政府は「陸軍編制法」を発布し、各藩に石高に応じた兵員の差し出し（現石一万石につき一〇人、当分のうち三人）を命じた。この戊辰徴兵は、七個大隊（約二〇〇〇人）が編制されたが、藩の協力を得られず、明治2年（一八六九）2月に解隊となった。さらに東征が進むにつれて、旧幕府歩兵・旧田安兵・旧一橋兵などや、草莽隊の一部も新政府の直轄軍に編入されていった。

●一万石につき五人の徴兵

明治2年から3年にかけて、これらの軍隊は六個大隊と三個遊軍隊（約三三〇〇人）に再編された。このうちの約半数の部隊が、建軍期の日本陸軍へ引き継がれていった。また新政府は、明治3年11月に「徴兵規則」を発布し、府藩県に対して一万石につき五人の徴兵差し出しを命じた。これは全国には行き渡らなかったが、歩兵・騎兵・砲兵・築造兵・喇叭兵あわせて一四八一人の徴兵隊が編制されることとなった。

他方、新政府は、薩摩・長州・土佐の三藩に兵員の差し出しを命じ、明治4年2月、歩兵九大隊・砲兵四隊・騎兵二小隊（六二七五人）からなる「御親兵」を編制した。この「辛未徴兵」と「三藩御親兵」が、それぞれ「鎮台兵」と「近衛兵」の原形となった。

●階級や軍服を整える

新政府による諸藩の軍事力統制は、明治2年の版籍奉還に伴う府藩県三治一致制を背景に、政府による兵制改革を通じて、各藩兵の編制や指揮組織を統一しようとするものだった。これは、石高（現石）に応じた兵力の規模を定め、兵員資格を士族・卒族*に限定し、兵式を統一（陸軍はフランス式、海軍はイギリス式）し、階級制度を整備することで、各藩の「常備兵」を全国にわたって均質化することをめざしていた。

また明治3年12月の「各藩常備兵編制法」で、軍を構成する階級がほぼ出そろい、同時に公付され

↑和歌山藩常備兵の演習　和歌山藩では、ドイツから軍人ケッペン（Carl J. W. Köppen）を招き、明治3年から「交代兵制」と呼ばれる徴兵制度により、藩兵組織の近代化に乗りだした。この図では、ドイツ式の後装単発銃（ツンナール銃）を兵士に持たせ、中隊縦隊による隊形訓練を実施している様子が描かれている。

←聯隊旗の原案　駒場野調練のとき、「我国の軍隊を表象し且つ諸兵の意気を顕揚する為」の軍旗としてつくられた。その後「陸軍御国旗」と称され、明治7年の軍旗改正まで使われた。

→近衛兵の練兵風景　近衛兵は、明治5年に3藩御親兵を改称して発足した。その後鎮台壮兵や徴兵が増えるにつれて、5年という長期の服役期間を継続しながら、給与面での優遇を失っていった。明治12年の徴兵令改正で、服役期間は近衛兵・鎮台兵とも、現役と予備役を通して同じとなった。

＊士族・卒族　明治二年に、旧武士階級に与えられた身分。士族は、それまでの石高によって家禄が給付された。その後、従来からの特権がしだいに廃止されていった。卒族は、下級武士（藩士以下、御家人、足軽、中間など）に与えられた身分だが、明治五年に廃止され、士族と平民に編入された。

4

東京・駒場野調練　明治3年4月17日、新政府は諸藩兵を連合して天覧演習を実施した。兵式の統一が布告される前の合同演習だったため、各藩それぞれが英・仏・蘭まちまちの兵式を採用していた。（一孟斎芳虎『駒場野之風景』、明治3年）

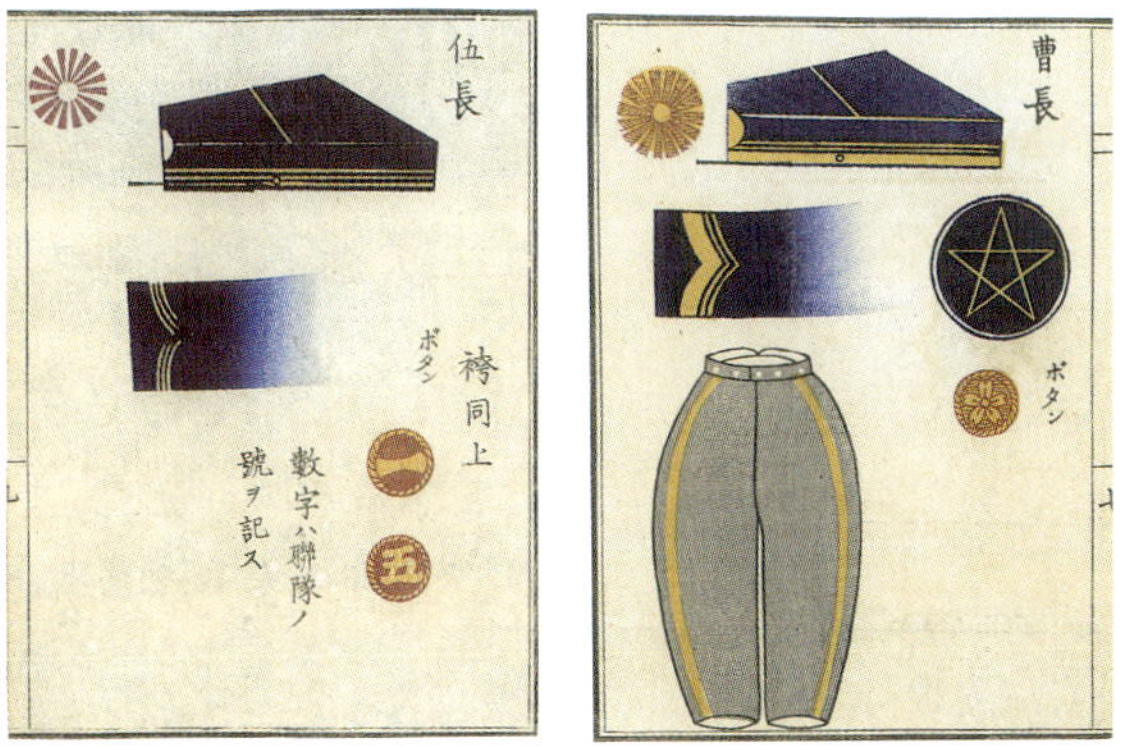

た「陸軍徽章軍服軍帽等之部」で、はじめて軍服が統一された。

廃藩置県後の明治4年8月、東京・大阪・鎮西・東北の四鎮台が設置された。そして「元藩下の常備兵を召集」して鎮台の常備兵とする命が下され、旧藩兵の志願者を選別した。こうした、旧藩兵出身の兵を「壮兵」といった。明治6年1月、東京・仙台・名古屋・大阪・広島・熊本の六鎮台制となり、「徴兵令」が発布された。しかしその年に徴兵を実施したのは東京鎮台だけであり、六鎮台すべてが徴兵を行なうのは明治8年以降となる。

新政府は、徴兵を年々増加して壮兵にかえていく方針をとったが、明治16年にすべての壮兵が除隊するまで、一〇年間にわたって壮兵と徴兵との混在が続いた。

（淺川道夫）

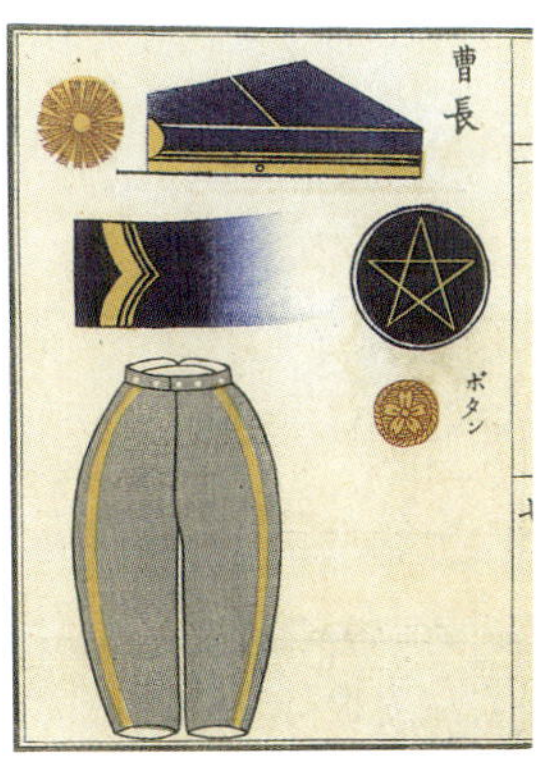

5

「陸軍徽章」の制服図　この規定により、新政府の直轄軍と諸藩常備兵の制服が統一された。各藩では「陸軍徽章」に倣い、和裁によって軍服をつくった。

6

鎮台の歩卒と砲卒　明治4年制式の「鎮台兵軍帽服」を着用した鎮台壮兵。彼らは旧藩常備兵出身の、職業的な士族兵だった。

7

徴兵籤　現役の兵として入営する者は、徴兵検査の合格者からくじ引きで選ばれた。くじの不正を防止するため、名札へ無作為に選んだくじ番号を貼り付けて朱印を押すという、念の入れようだった。「甲種合格、籤はずれ」を社寺に祈願する者も多かったと伝えられている。

▶戊辰戦争(p60)、拡充される陸軍(p272)

徴兵制と兵舎建築

白亜の洋風建築が農村からの徴兵たちを迎えた

明治7年（一八七四）、全国の鎮台や分営（営所と呼ばれた）で白亜の兵営が姿を現わし、徴兵された若者たちを迎えた。

●兵舎が輝いてみえた時期

当時、地方でも一部の府県庁舎や学校に洋風建築が現われはじめていたが、国が全国的にほぼ同一の洋風建築を行なったのは兵営が最初であった。さらに、兵営は全長五〇mを超える大型二階建ての建物が、一か所に四棟か八棟立ち並ぶという類例のない規模であったので、人々に与える印象は強かったと思われる。

東京には煉瓦造りの兵舎もつくられたが、そのほか各地の兵営は木造で、外部を漆喰塗りにして洋風の意匠とした。多数の棟からなる兵営を、各地で急速に築くには、こうした蔵や城造りの在来技術を生かした方法をとるしかなかったのである。しかし大きなガラス窓をもつ外観は、守りを固める蔵や城とは異なり、新たな時代を感じさせた。建築に参加した大工たちは、その経験を新時代にふさわしい建築に活用したであろう。これらの兵舎の造りは堅牢であり、三棟が現存している。

江戸時代の武士たちは、兵農分離で城下町に集められ、それぞれの家に住んだため、籠城すべき城のほかに兵営はなかった。これに対して明治の軍隊は、村々から兵を集めるため、単身の兵卒を収容する兵営が必要であった。

しかし、そもそも、「バラック」という言葉が兵舎に由来したように、兵営建築は一般に豪壮なものではない。明治初年に横浜に駐屯していたイギリス軍の兵舎にせよ、明治なかば以降の日本陸軍の兵舎にせよ、もっと地味である。兵舎が輝いてみえたのは明治7年以後の一時期だけであった。

●兵役を魅力的に見せた

東京の煉瓦兵舎が、薩摩・長

←↑**名古屋鎮台と室内復元展示** 明治6年建築。明治村に保存されているが、建物の幅23間を16間に短縮してある。名古屋鎮台の兵舎建設を請け負った現・竹中工務店は、陸軍の厳しい監督と追加工事によって大赤字となった。そこで陸軍を相手に追加支払いを求める訴訟を起こし、大審院まで争ったが敗訴し、その後長らく官庁の仕事を避けたという。建築請け負いや監督の方法も、試行錯誤の時代であった。

←↓**広島鎮台本部**（左）**広島鎮台本部全景**（下）

州・土佐三藩差し出しの御親兵が転じた近衛兵や、軍人を志願した教導団生徒のためだったのに対して、各地の白亜の兵舎は、明治6年の徴兵令によって農村から徴兵された人々を迎えた。豪壮な兵舎は兵役を魅力的に見せる効果をもったであろう。

兵営は、多くが旧城内やその周辺に、御殿や上級家臣の屋敷を壊して設けられた。農民出身者の住む兵営が、特権階級の上級武士たちの生活や執務の場に取って代わることは、新しい時代が訪れ、この国の武力の担い手が変わったことを如実に示していた。それゆえ政府は、乏しい予算のなかから、兵営建設に巨費を投じたのである。

徴兵は明治6年の東京周辺から段階的に拡大し、8年に全国実施の予定であった。しかし、実際には台湾出兵による清国との緊張のため、明治7年に全国実施される。そのため、最初の徴兵には新しい兵舎が間に合わないこともあった。急速な時代の推移のなかで、徴兵にふさわしい兵舎を与えるといった綿密な計画がほころびを見せるのも、この時代にありがちなことであった。

（鈴木　淳）

明治7年頃の白亜の兵営建築地

青森営所
新発田営所
第二軍管
仙台鎮台
金沢営所
高崎営所
第一軍管
佐倉営所
東京鎮台
第三軍管
名古屋鎮台
大津営所
大阪鎮台
姫路営所
第四軍管
丸亀営所
松山営所
第五軍管
広島鎮台
小倉営所
福岡営所
熊本鎮台
第六軍管

↑明治6年、全国を6軍管に分け、6鎮台を置いた。

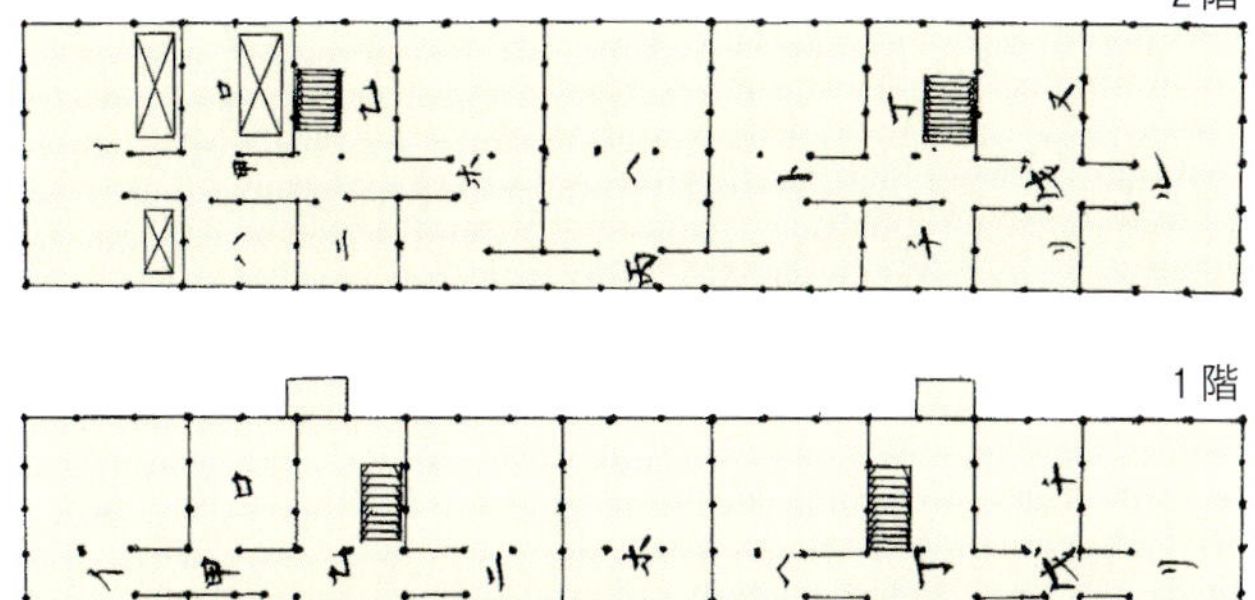

↑**大津兵舎内部配置図**　フランスの兵舎をモデルにしている。甲乙丙丁戊が廊下・階段部。1階はイロニホヘチリが兵卒室で、そのほかは軍曹室など。2階はイロホヘトヌルが兵卒室で、そのほかは大尉・中尉少尉・軍曹などの居室。（『陸軍省大日記』明治6年より）

➡**最初の徴兵検査**　明治7年4月に、徴兵検査に集まった壮丁の記念写真。

↑**仙台鎮台**　明治7年あるいは9年に建築。現在は仙台市歴史民俗資料館になっている。

➡**新発田分営**　明治7年に建築。現在は自衛隊新発田駐屯地史料館となっており、部隊関係の展示がある。雁木のついた雪国仕様が特徴。

毛布を着た人々

軍隊の寝具から始まり、お上りさんのマントになる

舶来の毛布は、戊辰戦争期に戦場の必需品となった。広げれば野営の寝具または敷物になるし、壊れやすい物品を巻き包むこともできる。従来の蓑や合羽よりも防寒・防湿性に優れていた毛布は、紐をつけてマントの代用としても着用された。

陸軍が支給した赤い毛布

明治初期の陸軍では、下士卒の寝具は赤い毛布で、ひとり分が四枚。そのうち二枚は新品で、明治18年（一八八五）から軍医の意見でカバーを掛けて使用、古いものは寝具と背嚢付き着用に兼用した。毛布の色が赤から鼠色に変わるのは明治22年のことで、カーキ色の毛布は日露戦争以後である。

一方、明治初期の海軍は、陸上で基礎教育中の水兵には赤か青の毛布を渡し、乗艦のときに白毛布を交付した。海軍の毛布の一隅には山形線が入っていたが、それは29年に錨の染め出しとなった。

社会に広がる赤ゲット

初期の毛布はみな舶来品なので、英語の blanket を略して「ケット」と呼びならわした。色は白・鼠色・萌黄・紫などがあったが、日本に入ってきたのは赤い毛布が圧倒的に多い。これは元来、インドやアフリカへ売るための安価な製品であったらしい。

国産の毛布は明治26年頃に千住製絨所がつくりはじめ、29年創設の日本毛織が赤毛布の大量製造に成功する。

軍隊から一般に広がった毛布は、人力車の膝掛け、掛茶屋の敷物などに使われ、やがて誰もが毛布といえば赤いものと心得るようになった。明治20年から30年代にかけては、毛布をマントがわりに着て東京見物するのが大流行し、「赤ゲット」はお上りさんの代名詞となる。

（柳生悦子）

1

⬆『北征将軍仁和寺宮御凱陣越後御通過図』 明治元年10月16日、北越の戦いから凱旋する越後口総督仁和寺宮嘉彰親王（のちの小松宮彰仁親王）の部隊を描いたもの。隊列のなかに、赤や青の毛布を着た人々の姿がみられる。

『鶴ケ城籠城絵巻』

明治元年8～9月、会津若松城は新政府軍の総攻撃を受け、9月22日に降伏した。その凄絶な戦いを描いた臨場感あふれる錦絵である。

2

⬆物見櫓の向こうに砲弾が炸裂し、城壁の銃眼に拠って応戦する藩士が見られる。石垣の下、右端の後ろ向きの人物は、黒筋入りの赤ゲットに陣笠。戸板で運ばれる人に掛けられた布も赤い毛布らしい。

3

⬇城内の弾丸製造の作業場付近。龕灯を照らす見回りの武士は、赤筋入りの白毛布を羽織って帽子をかぶっており、その後ろには、陣羽織に半袴の侍と、鎖頭巾に赤いマンテルを着た侍が従っている。

➡ビゴー『歩兵の食事風景 食事中につき』 大演習中、赤い毛布をつけた背嚢を背負ったまま食事する歩兵一等卒。兵隊の毛布は陸軍創設から明治22年まで赤色である。(明治25年)

⬅ビゴー『文明の美に見とれる田舎者』 3人の赤ゲットを描いたビゴーの風刺画。東京見物のお上りさんだろう。(明治25年)

⬆近藤正純『銃隊式教練沿革図』
教練の帰途のふたりの銃隊員は、毛布に通した紐を襟元で縛ってマントのように着ている。左の人物は裾に子持ち縞の入った赤毛布（絵は褪色している）、黒い脚絆に草履の足ごしらえ。右側は鼠色の毛布、銃に韮山笠をひっかけ、アンクルブーツを履いている。

⬅『新橋停車場之図』 明治中期の東京・新橋駅の構内を描いたもの。右隅のグループと時計の下の時刻表を見る人のなかに、赤ゲットの姿が見える。(『風俗画報』明治34年より)

▶戊辰戦争(p60)、拡充される陸軍(p272)、海軍の整備(p274)

明治前期の軍服

つぶぞろいコレクション

明治4年9月制定

兵部省武官、陸軍大佐の正服 上衣は9個ボタン1列のフランス式長マンテル。帽子の前立はヤクの毛か絹糸の房でつくった。

明治3年12月制定

歩兵軍曹の軍服 廃刀令前には、軍服に帯を締めて、サーベルのかわりに日本刀を差すことも多かった。

明治19年

3月制定

師団兵卒の夏服

近衛歩兵上等兵の軍服

左の下士卒の夏の白服は前面が鉤ホック留めで、ふくらはぎまでの短い脚絆を巻いている。右の近衛兵は当時の平常の規則に従って、脚絆をズボンの下につけている。

諸藩の出身者を一国の軍隊にまとめる一助として、軍服の制定が急がれた。明治3年（一八七〇）に「陸軍は仏蘭西式」と決まり、軍服もフランス型で調えるが、世界の軍服の流行に添って、しだいにドイツの影響を受けるようになっていく。

陸軍服は、士官と下士卒に歴然とした差があり、兵種によっても違う。たとえば騎兵は、明治19年から兵卒も組紐飾りの肋骨服で、歩兵や砲兵との違いは明瞭だった。

名称は年代により異なるが、陸軍服には、正服・軍服・夏服・略服の四種類がある。正服は儀式の際に着用し、重要な儀式では正帽に前立を飾る。通常服にあたる軍服のときは略帽（後年の軍帽）をかぶるなどの規則があった。そのほか、外套・雨覆（マント）・下着・脚絆・靴など、被服品は多種にのぼる。初期の履き物は、短靴・長靴・工兵靴だが、教練には草鞋を多用し、輜重兵と憲兵は半長靴を履いた。

明治19年に服制の大改正があり、そのときに定められた軍服は、そののちもわりあい長く使われたものが多い。明治前期の陸軍服はじつに多種類に及び、ここに紹介したものは、その一部にすぎない。

（柳生悦子）

イラスト／柳生悦子

⬆大尉・将校の夏服　⬆近衛砲兵伍長の正服

左の夏服は白麻の折襟肋骨服。帽子に垂れ付きのカバーを掛け、長靴を履いている。近衛兵の正帽の頭部は赤塗革。鎮台は黒革だった。服の胸飾りの黄色は砲兵の色。

⬆歩兵大尉の正服　⬆参謀科少尉の軍服

将校の正服の上衣は9個ずつのダブルボタンになった。右の軍服は、前面についた組紐飾りの形状から「肋骨服」と呼ばれた。右肩に掛けた紐は参謀飾緒である。

明治19年の兵科色

兵科とは職務別の兵の種類のことで、各兵科を見分けるために定めた色を「兵科色」という。明治期には、襟・肩章・ズボンの側章などを彩った。下表は明治19年の兵科色だが、21年には憲兵が黒色に変わり、屯田兵は36年に廃止される。38年に会計は経理部と改称されて兵科色も銀茶色に変わり、45年には軍楽兵が紺青色となる。

兵科	兵科色
歩兵・憲兵・屯田兵	緋色
砲兵	黄色
工兵	鳶色
輜重兵	藍色
騎兵	萌黄色
軍楽兵	茜色
看護兵	深緑色
会計	花色藍

⬆歩兵少佐の正装　⬆近衛騎兵少尉の正装　⬆歩兵少佐の軍服

右端は明治期の代表的な将校軍服の肋骨服。帽子の黄色は師団勤務を示す。中央と左は、第1種帽と改称された正帽に白手袋をつけた正装。ドイツの影響を受けていかめしい。

▶拡充される陸軍(p272)、変化した軍服(p392)

兵食の献立と食事風景

軍隊では白米が食べられ、カレーも口にできた

兵士たちの食事は、厳しい軍隊生活のなかで、もっとも楽しみな時間のひとつだった。

白米が出る豊かな兵食

兵食は、営内に居住する兵士に給与されたもので、将校や営外に住む下士官は原則として食べなかった。兵士たちは、中隊の給養班で食事をとった。明治時代では、白米を腹一杯食べられれば満足、という国民一般の生活水準からみると、一日六合の白米が食べられる兵食はぜいたくでもあった。

食事の時間は、連隊ごとに若干の違いがあるが、朝食は6時、昼食は12時、夕食は17時頃で、所要時間は30分ほど。この時間外に給養班で飲食することは禁じられていたが、甘味品や酒などは酒保という売店で飲食することができた。

明治20年（一八八七）代頃まで、兵士ひとり一日あたり「精米六合、賄料金六銭」という水準が保たれていた。明治18年改正の「陸軍給与概則」では、それまで白米だった主食が〈麦小豆其他雑穀類を混用するも妨けなし〉とされ、主食費を抑えて副食費を増やすようになった。

軍当局は、兵士たちが食事に不満を抱くのを懸念したためか、同年公布した『歩兵内務書　第四版』のなかに、〈食物の良否多寡等の事件に就て直に兵卒より何事を申出るとも決して採用すへからす〉という件を盛り込んでいる。

洋食にはじめて接する

明治23年公布の「陸軍給与令」は、その後の給与体系の基礎となった。そのなかでは、下士官兵に対する一日ひとりあたりの兵食を、「精米六合、賄料五銭一厘～七銭二厘（地域により四区分）」と定めていた。実際の献立例には明治30年代のものが残されているが、この内容を現代の感覚で見ると、かなり質素なものに映る。一方で、『兵営小訓』（民友社、明治30年）などの一般向け兵役解説本には、牛肉とジャガタラ薯の副食物（今日の肉ジャガ）・ビフテキ・オムレツ・ライスカレーなどのメニューも並んでおり、当時の庶民が、兵食を通じて洋食に接する機会をもった様子がうかがわれる。

海軍では、兵食の内容が全般に陸軍よりも良好だったといわれるが、これは入隊したときから炊事専門の教育を受けた「烹炊兵」が調理をしており、献立に洋食が多く取り入れられたりしたためであろう。ライスカレーや肉ジャガ（当時は陸海軍ともに甘煮と呼んでいた）などが、海軍の兵食を代表する献立として、今日でも知られている。

また海軍では、明治17年に「艦船営下士官給与概則」が公布されて以後は、主食に「麦飯」を導入して、脚気患者を大幅に減らしていた。ちなみに、陸軍で「麦飯（精米四・二合と精麦一・八合の引割飯）」が常食となるのは大正2年（一九一三）からで、それまでは明治の時代全体を通じて脚気の発生に悩まされつづけていた。

（淺川道夫）

1

献立表

曜日	朝食 名称	朝食	昼食 名称	昼食	夕食 名称	夕食
日	漬物	夏蕪漬、胡麻	浸物	三ツ葉、水菜、胡麻	酢物	千切干、青昆布、白砂糖、酢、澤庵
月	汁	干魚、赤味噌、干大根、澤庵	煮附	魚、荀、蕗、澤庵	交飯	鰹魚節、蕗、水菜、三ツ葉、胡麻
火	漬物	芥子漬(茄子)	煮附	鰹魚節、大根、酢	汁	鰌、午蒡、葱、豆腐、澤庵
水	煮豆	黒大豆、生姜、蓮根	味噌焼	牛肉、赤味噌、胡麻煮蓮根、蕗、夏蕪漬	酢物	雑子魚、大根、酢、澤庵
木	汁	干魚、赤味噌、輪切干、澤庵	煮附	豆鯵、蓮根、焼豆腐	交飯	油揚、荀、蕗、芥子漬(茄子)
金	漬物	梅干、白砂糖、澤庵	餡掛	牛肉、糸蒟蒻、三ツ葉、焼麩、蕗、葛、鰯ノ干物	煮附	魚、夏大根、油揚
土	漬物	菜漬、胡麻	和物	烏賊、独活、荀、白味噌、木ノ芽、澤庵	煮附	千切干、油揚、澤庵

明治30年代の陸軍の献立表　朝食の副食はおもに漬け物で、汁物や煮豆などがそれにかわるときもある。昼食・夕食の副食は魚が多く、牛肉も味噌焼きやあんかけで、週に2回ほど出されている。全体に酢の物・あえ物・交飯といった菜食も多い。（『国民必読軍事一班』明治35年より）

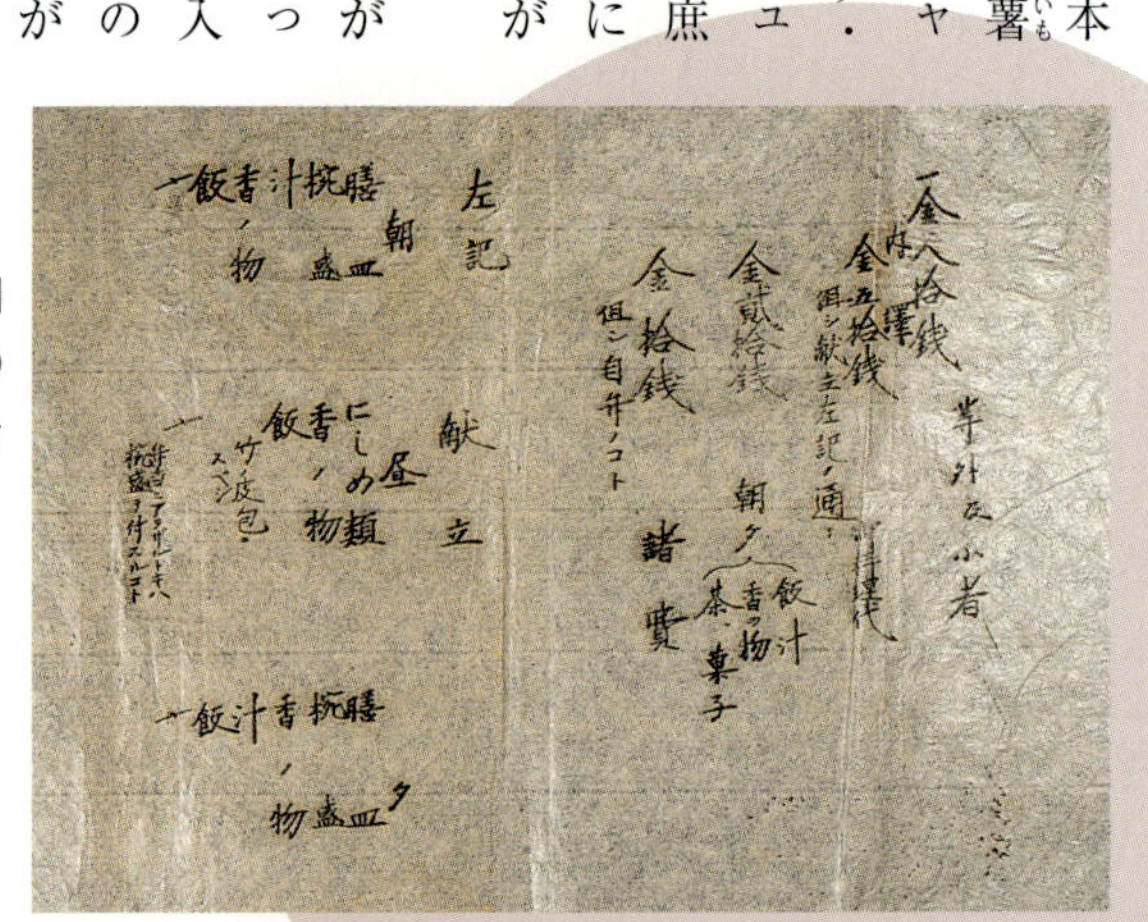

2

陸軍特別大演習時の献立　明治40年に行なわれた大演習のとき、宿泊先で出された献立を記録したもの。

➡**炊事**　炊事場には、各中隊から割り振られた人員が「炊事当番卒」として勤務した。どの中隊も出来の悪い古兵を炊事兵にあてる傾向があり、食事の受け取りや食器返納をする新兵にとって、炊事場は鬼門だった。（日露戦争直後）

⬇**食事分配**　明治の軍隊では、食事の盛り付けまで炊事場で行なった。主食の白米は「メンコ」という箱型食器に1食2合ずつ盛り切りで供され、副食はブリキの丸皿で配食された。このほかライスカレーなどは、やや大型の楕円形ブリキ皿に盛られ、スプーンで食べた。（日露戦争直後）

⬆**食器返納**　炊事場への返納に先立って、食器を丁寧に洗う。米粒ひとつでも残っていたら、炊事兵から制裁を受けた。もちろんこれも新兵の仕事。（日露戦争直後）

⬆**食事運搬**　炊事場から食事を受け取って各中隊へ運ぶのは、新兵の仕事だった。「メンコ」は目籠（めかご）に積み、副食は輦台（れんだい）のようなものに並べて担いだ。（『歩兵第三連隊写真帖』明治36年より）

⬆**食事風景**　兵士たちは、中隊の「給養班」ごとに席を並べて食事をとった。この「給養班」は、明治41年以降「内務班」となる。また、箱型食器にちなんだ「メンコめし」という兵食の俗称は、軍隊での生活経験を示すスラングとして定着していった。（『歩兵第三連隊写真帖』明治36年より）

⬅**海軍（艦内）の食事風景**　食事は「卓子（ていぶる）」によるものとされ、1卓子は8～12人で構成されていた。このなかから毎日当番卒を決め、「テーブルボーイ」と称して、配膳や片付けを担当させた。（『兵営画話』明治32年より）

▶陸海軍の脚気論争（p206）

明治時代 数字が物語る 1

人口増加と府県別人口ベスト5

人口はいかに増えていったのか

年度別人口増加

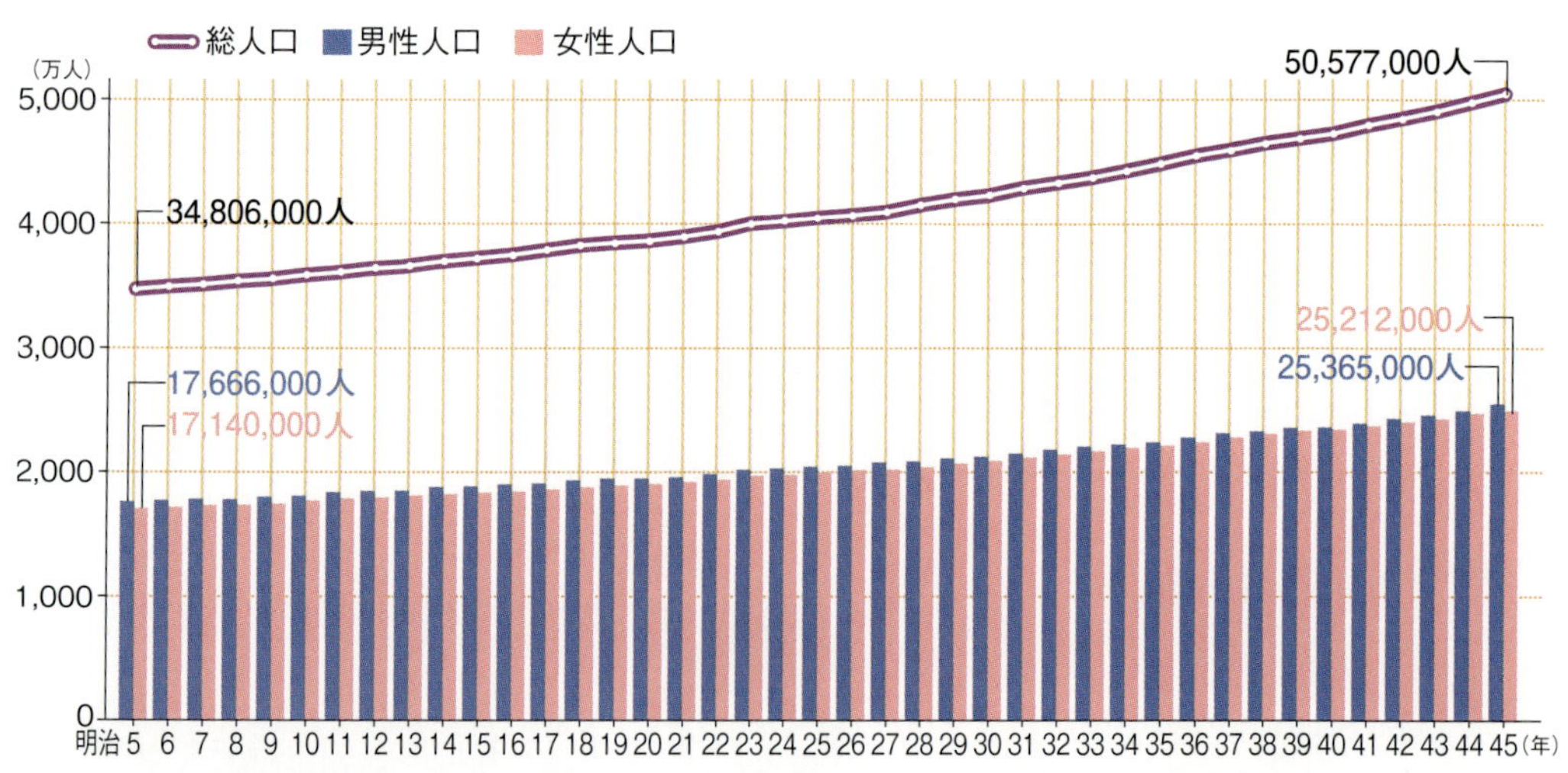

総務省統計局「国勢調査報告」「日本の推計人口」「人口推計年報」「人口推計月報」より

工業化の進展とともに、近代的な人口成長が始まるのは幕末期からである。そして、明治時代を通じて、人口はおよそ3500万人から5000万人へと一貫して増加している。男女別に見ると、たえず男性が女性を上まわっているが、その格差は徐々にではあるが縮小していった。

府県別に見ると、新潟と東京・大阪の動きが注目される。明治時代前半は新潟が1位を占める。開港の影響もあるだろうが、面積が広いことがおもな理由で、明治期を通じて新潟の人口増加はあまり顕著ではない。一方、東京・大阪は維新期の混乱で一時的に人口が減少したが、近代産業の発展に伴い顕著な人口増を見せ、明治時代後半になると、それぞれ新潟を抜いていく。大都市への人口集中が進んでいったのである。

（満薗　勇）

府県別人口ベスト5

	1位	2位	3位	4位	5位
明治21年	新潟 1,662,900	兵庫 1,510,500	愛知 1,436,100	東京 1,354,400	広島 1,291,400
明治26年	新潟 1,706,400	東京 1,608,700	兵庫 1,563,700	愛知 1,494,800	広島 1,339,100
明治31年	東京 1,878,000	新潟 1,707,100	兵庫 1,659,600	愛知 1,554,700	大阪 1,485,500
明治36年	東京 2,251,300	兵庫 1,761,800	新潟 1,732,200	大阪 1,675,600	愛知 1,660,600
明治41年	東京 2,681,400	大阪 1,948,200	兵庫 1,891,000	愛知 1,789,500	新潟 1,765,500

総務省統計局「国勢調査報告」「人口推計資料　日本の推計人口」「自明治十七年至同四十年道府県現住人口」明治42年刊、「日本帝国統計年鑑」より

図版作成：蓬生雄司

第2章 建設の時代

明治11年（1878）
……
明治22年（1889）

西暦	和暦	日本の動き
一八七八	明治11	5 大久保利通暗殺（49）。
		6 東京株式取引所が開業。
		7 地方三新法を制定。
		8 近衛砲兵大隊が反乱を起こす（竹橋事件）。
		9 愛国社が再興し自由民権運動が全国に広がる。
		12 監軍本部を設置。
一八七九	明治12	4 琉球藩を廃して沖縄県を設置（琉球処分）。
		植木枝盛が『民権自由論』を刊行。
		6 東京招魂社を靖国神社と改称。
		9 学制を廃し、教育令を制定。
		この年、コレラが全国に蔓延。
一八八〇	明治13	2 横浜正金銀行開業。
		3 愛国社が国会期成同盟を結成。
		4 集会条例を制定。
		7 刑法・治罪法を制定。
		11 工場払い下げ概則を公布。
一八八一	明治14	3 参議大隈重信が国会開設の意見書を提出。
		4 大日本農会が設立。
		交詢社が「私擬憲法案」を発表。
		7 開拓使官有物払下げ事件。
		10 国会開設の詔。

西暦	世界の動き
一八七八	イタリア、ウンベルト一世即位。
	オスマン帝国がロシアとサン・ステファノ条約を締結。露土戦争終結。
	ドイツでベルリン会議が開かれる（サン・ステファノ条約を破棄し、ベルリン条約締結）。
	第二次アフガン戦争起こる。
一八七九	チリ、硝石の採掘をめぐって、ペルー・ボリビアと太平洋戦争（〜一八八四年）。
	清国、日本の琉球処分に対して抗議。
	エジプト内閣、崩壊。
	アフガニスタンで、イギリスに対する反乱が起こる。
	ドイツ・オーストリア二国同盟成立。
	アメリカでエジソンが白熱電球を発明。
	ノルウェーのイプセン、戯曲『人形の家』発表。
一八八〇	イギリス、第二次アフガン戦争終結。アフガニスタンを保護国とする。
	南アフリカのトランスヴァール

立憲政治の準備が着々と進められる

木戸孝允の死と西南戦争の勝利で独走体制を固めたかにみえた大久保利通は、明治11年（一八七八）5月、紀尾井坂の変に倒れた。大久保は明治の最初の一〇年を創業の時代と位置づけ、つぎの一〇年を内治殖産＝国内建設の時代と想定していたという。建設の時代までは自分たちの責務ととらえていたのだが、その矢先の出来事だった。維新の三傑はすべて鬼籍に入り、明治政府は多頭化した。やがて大隈重信が混戦から抜け出たが、それまでの本流勢力の薩長と確執が生まれた。憲法制定・国会開設問題と開拓使官有物払下げ事件で対立は頂点に達し、大隈は政府を追われた。明治十四年の政変である。この政変で薩長の覇権が再確立して「藩閥政府」と呼ばれる政治形態が固まった。しかし、同時に国会開設の詔によって明治23年までに国会が開設されることが公約され、必然的に、それまでに憲法が制定されることになった。

国会開設の詔は自由党、立憲改進党など本格的な政党を誕生させ、民権運動に具体的な目標を与えた。幕末以来、政治・社会のキーワードとして注目されていた「輿論」が正式に国政に反映されることが確実になったのである。各地で演説会が催され、政党系の新聞が叢生した。学習会が開かれ、私擬憲法もつくられた。政治が、参加できるものとしてこれまでになく人々のなかに入り込んだ。私擬憲法は君民共治型のものがほとんどで、政府への抵抗権を認めるものはあっても君主制を否定するものはなかった。民権派に主導権を奪われるのを嫌った政府は、新聞紙条例の改定、集会条例・保安条例の制定などで対抗した。一時は昂揚した自由民権運動も板垣洋行問題をはじめとする自由・改進両党の確執、自由党系の激化事件などにより低迷期を迎えるが、明治19年から22年にかけて民権派を糾合する三大事件建白運動、大同団結

大隈重信の参議罷免（明治十四年の政変）。
自由党が結成。
松方財政が始まる。
11 日本鉄道会社が設立。

一八八二 明治15

1 軍人勅諭を発布。
3 立憲帝政党が結成（翌年解党）。
伊藤博文らが憲法調査のため渡欧（翌年帰国）。
4 立憲改進党が結成。
6 日本銀行条例制定（10月営業開始）。
『自由新聞』創刊。
10 東京専門学校が創立。
11 板垣退助らが渡欧（翌年帰国）。
12 福島事件が起こる。

一八八三 明治16

3 高田事件が起こる。
7 大阪紡績会社が開業。
岩倉具視没（59）。
11 鹿鳴館が開館。

一八八四 明治17

5 群馬事件が起こる。
7 華族令を制定。
9 加波山事件が起こる。
10 自由党が解散。
11 秩父事件が起こる。

共和国、イギリスに武力蜂起（第一次ブーア戦争）。
フランス、タヒチを領有する。
ロシアのドストエフスキーが『カラマーゾフの兄弟』を刊行。

一八八一

エジプトでアラビ・パシャの反乱が起こる（～八二）。
ロシア、清国との国境を画定する第二イリ条約を締結。
フランス、チュニジアを保護国とする。
ドイツ・オーストリア・イタリア、新三帝同盟調印。
上海—天津間に電信線開通。

一八八二

エジプト、国民党内閣成立憲法制定。
ドイツのコッホ、結核菌を発見。
アメリカ、中国移民制限法成立。
朝鮮で壬午事変が起こる。
ドイツ・オーストリア・イタリアの三国同盟が成立。
ハーグ列国会議、領海三マイルの協定を結ぶ。
イギリス、エジプトを軍事占領する。

一八八三

フランス、ベトナムを保護国とする（ユエ条約）。
コッホがコレラ菌を発見。

運動の盛り上がりをみることになる。

一方、藩閥政府は伊藤博文の主導のもと、立憲政治の準備を進めた。伊藤は欧州に赴いて国制・憲法を調査し、大日本帝国憲法の起草作業を始めた。一見、天皇に権力を集中させたかにみえる帝国憲法だが、実際には権力は国家の諸機構に分散して、元勲（のちの元老）がまとめ役を果たしていた（明治憲法の分権体制）。プロシア風と呼ばれることが多いが、フランス法の要素も取り入れられており、運用も日本独自のものである。

憲法実施（明治23年）に先立ち、近代太政官制度にかわり内閣制度が発足し（明治18年）、行政制度の合理化・効率化が前進した。また「皇室の藩屛」として、将来の上院の基礎として華族制度が整備され、指導層や功労者に爵位が与えられた。これを補う栄誉の体系としては勲章や位階が設けられた。憲法には盛り込めない国民としてのあるべき姿は、教育勅語として発布された。

一等国をめざして国力増強につとめる

近代日本の外交課題は、朝鮮半島の管制（朝鮮の親日化）と不平等条約の改正である。朝鮮の国内情勢と連動して壬午事変（明治十五年朝鮮事件）と甲申事変（明治十七年朝鮮事件）が起こったが、朝貢関係を近代的な支配・被支配関係に読み換えて、支配を実態化しようとする清に押され気味で目標達成にはほど遠かった。

条約改正には岩倉使節団以降、多大の努力が払われたが、すべて失敗した。このうち井上馨・大隈重信両外相の交渉は妥結寸前、あるいは一部調印までこぎ着けたが、外国人判事採用問題が輿論の非難を浴びて挫折した。治外法権撤廃の条件に西洋人裁判官の任用が求められたのは異文化の国・民族としての日本・日本人への不信があったためだ。鹿鳴館に象徴される欧化政策はこの隘路を側面から打開しようとしたものだが、内外の共感を得ら

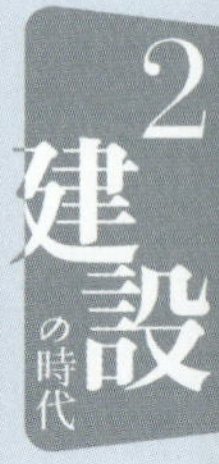

西暦	和暦	日本の動き	世界の動き
一八八四	明治17	12 朝鮮で甲申事変が起こる。 大隈重信が改進党を離党。 この年、松方デフレ政策による不況で、農民騒擾が起こる。	イギリスで、フェビアン協会結成される。 朝鮮、ロシアと修好条約調印。 清国、フランスに宣戦布告、清仏戦争始まる（～八五年）。 アフリカに関するベルリン会議開催（～八五年二月）。 イギリスで第三次選挙法改正。
一八八五	明治18	3 福沢諭吉が「脱亜論」を発表。 4 天津条約が調印。 5 日本銀行が兌換銀行券を発行（翌年より銀本位制確立）。 9 坪内逍遙が「小説神髄」を発表（～八六） 日本郵船会社が設立（10月開業）。 11 大阪事件が起こる。 12 太政官制を廃して内閣制度を創設。 伊藤博文が初代総理大臣となる。宮中に内大臣を設置。	スペイン、赤道ギニアの保護領化宣言。 清国、フランスと天津条約に調印し、ベトナムより完全撤退。 インド国民会議が成立。 カナダ、太平洋鉄道の大陸横断路線が完成。 フランスのパストゥール、狂犬病のワクチンを発見。
一八八六	明治19	1 北海道の三県を廃して北海道庁を設置。 3 帝国大学令などの学校令を公布。 6 甲府の雨宮製糸場で最初のストライキが起こる。 10 星亨らが大同団結をとなえる。 ノルマントン号事件が起こる。 11 伊藤博文ら憲法起草に着手。	イギリス、ビルマをインド帝国に併合。 ドイツ、マーシャル諸島を占領。 ドイツのヘルツ、電磁波を発見。 アメリカ、ジェロニモの降伏でアパッチ戦争終結。 アメリカ、自由の女神像建立。 アメリカ労働総同盟（AFL）が結成。

れずに終わった。栄誉の体系の一環をなす観桜会・観菊会も、もとは社交外交のバックアップをめざしたものだ。

条約改正が難航した最大の要因は、端的にいって日本の国力（軍事力と経済力）が小さく、国際的な存在感が乏しかったことである。そこで明治政府は、インフラストラクチュアの整備に精力を注ぎ、軍備の拡大に努力を傾けた。鉄道網の建設が進められ、東海道線、東北線、上越線、山陽線などが敷設された。車両その他は輸入に頼っていたが、しだいに国産化していった。郵便・電信網の整備が概成し、電話の整備も始まりつつあった。道路や用水の整備も精力的に推し進められ、地方長官のなかには「土木県令」などの異名をとる者も現われた。地域振興に貢献したが、地元負担をめぐる抗争も発生し、一部では激化事件の原因となった。

海運は当初、和船による輸送が主軸だったが、しだいに汽船が増えていった。三菱と、政府の肝いりで発足した共同運輸の過当競争なども発生したが、両者は合併して日本郵船となった。明治前期には開港場間航路を中心に内国海運でも外国船が活躍していたが、しだいに日本船が優勢になり、さらには外国航路にも進出していった。

工業界では「企業勃興」として知られる第一次産業革命が明治10年代末から始まり、紡績業が発展した。重工業・機械工業が興るのはだいぶ先のことであり、鉄材や軍艦などは輸入に依存していた。政府の助成や官業の設立が広く行なわれていたが、相応の成果をあげる一方で、民業圧迫の批判も絶えなかった。

軍備拡張は、優先課題として国家予算の相当部分が投入された。内乱対応の鎮台にかえて師団が設けられ、軍艦が英仏から購入された。国防を精神面から下支えするものとして軍人勅諭が発せられ、靖国神社が整備された。

また、各界の人材を育て、近代化と国民国家化の基盤たる「国民」を養成するべく教育の充実が進められた。

一八八七 明治20

4 欧化主義への非難が高まる。
6 二葉亭四迷が『浮雲』第一編を刊行。
7 横浜正金銀行条例を公布して特殊銀行とする。
文官高等試験の制を定める。
条約改正交渉が国内の反対で挫折。
9 井上馨が外相辞任。
10 「三大事件建白書」提出。
東京音楽学校、東京美術学校が創立。
12 保安条例を公布・施行。

一八八八 明治21

4 市制・町村制を公布。
政教社が雑誌『日本人』を創刊。
枢密院を設置（5月開院式）。
6 枢密院で憲法草案審議が始まる。

一八八九 明治22

1 徴兵令を改正し猶予制度を廃止。
2 大日本帝国憲法を発布し、皇室典範を制定。
衆議院議員選挙法を公布。
陸羯南が新聞『日本』を創刊。
4 大同団結運動が諸派に分裂。
7 東海道線（新橋―神戸間）が全通。
10 大隈外相、玄洋社社員に襲われ重傷。
12 条約改正交渉が延期。
この年末より最初の経済恐慌が起こる。

一八八七

イギリス・イタリア、地中海協商成立。
清国、ポルトガルとの間でリスボン議定書に調印。マカオを正式割譲。
フランス領インドシナ連邦が成立する。

一八八八

イギリス、チベットを攻撃。
ドイツでヴィルヘルム二世が即位。
イギリス、北ボルネオを保護領化する。
スエズ運河の自由航行に関する条約締結。
清国、北洋海軍成立。
オランダのゴッホ『アルルの夜のカフェ』を制作。

一八八九

パリにエッフェル塔が建つ（パリ万博）。
アメリカで『ウォール・ストリート・ジャーナル』創刊。
パリで第二インターナショナルが結成（～一九一四）。
朝鮮、対日穀物輸出を禁止（防穀令。九〇年解除）。

西洋近代文化が少しずつ普及する

衣食住や生活習慣の分野では、前代との連続性が強かった。とくに女子の髪型・服飾では引き続き結髪と着物が隆盛をきわめ、流行もこのなかから生まれた。洋髪は限られたTPOでしかみられぬ非日常のものだった。婦人のたしなみも基本的に江戸時代のものが踏襲されており、洋風のものは上流子女のヴァイオリンなど、わずかだった。食生活も和風の惣菜が圧倒的で、洋食は基本的に外食だった。上水道はごく一部の都市にしかなく、台所も多くは座り台所だった。

娯楽も花や月を愛でる旧来のものが主流だったが、動物園・博物館・展覧会など西洋近代のものも増えはじめた。東京の上野はこうした教養型娯楽の発信源だった。歌舞伎・落語・講談・義太夫などの大衆芸能も引き続き栄えていたが、歌舞伎では史実・考証重視の「活歴劇」や、演劇改良運動が提唱された。壮士芝居から新派が生まれ、歌舞伎はしだいに現代劇から時代物に重心を移していった。義太夫では娘義太夫が異様な盛り上がりを見せ、「どうする連」や「おっかけ」が社会問題化した。

美術では洋画が紆余曲折を経て本格的、系統的に導入され、美術学校や団体が設けられた、これに対し、岡倉天心やフェノロサの活動で知られる日本美術の復興運動も興った。文学では戯作や月並俳句が依然行なわれていたが、明治20年頃から近代小説が書かれるようになった。なかでも硯友社を率いる尾崎紅葉が人気を集め、昭和初年まで近代作家の最高峰と目されていた。

音楽の分野でも在来のものが栄えていたが、学校教育で西洋音楽が採用されたため、洋楽が少しずつ普及しはじめた。外国曲に日本語の歌詞をつけたり、日本化された西洋音階（ヨナ抜き音階）で作曲された唱歌が洋楽の普及に一役買った。

（佐々木隆）

自由民権の時代
ビジュアル読み解き

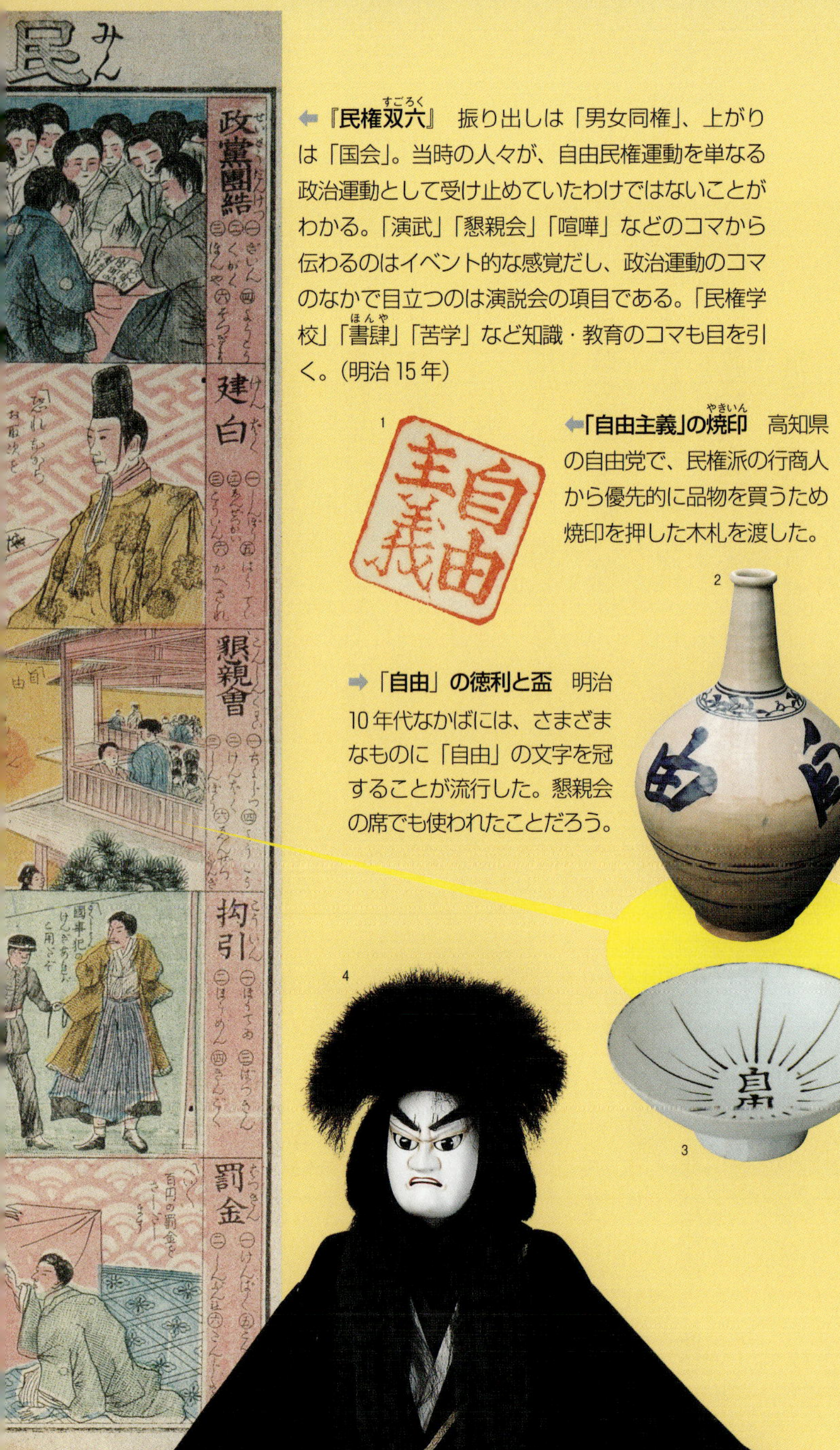

⬅『民権双六（すごろく）』 振り出しは「男女同権」、上がりは「国会」。当時の人々が、自由民権運動を単なる政治運動として受け止めていたわけではないことがわかる。「演武」「懇親会」「喧嘩」などのコマから伝わるのはイベント的な感覚だし、政治運動のコマのなかで目立つのは演説会の項目である。「民権学校」「書肆（ほんや）」「苦学」など知識・教育のコマも目を引く。（明治15年）

1 ⬅「自由主義」の焼印（やきいん） 高知県の自由党で、民権派の行商人から優先的に品物を買うため焼印を押した木札を渡した。

2・3 ➡「自由」の徳利と盃 明治10年代なかばには、さまざまなものに「自由」の文字を冠することが流行した。懇親会の席でも使われたことだろう。

4 ⬅「自由」の衣装を着た車人形 「自由」という言葉の晴れがましさをよく表現した衣装。背中にも大きく「新」と刺繍されている。車人形は、自由民権運動が盛んだった東京・八王子に伝わる独自の人形芝居。この衣装をつくった秋山国三郎（あきやまくにさぶろう）も民権家だった。

明治10年代、新しい日本の到来を象徴するような一大ムーブメント「自由民権運動」が巻き起こった。この運動を通して人々はそれ以前にも、また以後にもないような形で、政治とのかかわりをもったのである。

自由民権運動とは、国民が政治に参加する権利、すなわち「民権」を要求した運動で、具体的には新政府に国会開設を求める活動が展開された。だが、この運動に「民権」だけでなく、なぜ「自由」という理念が必要だったのだろう。それは、国会の開設という目標と同時に、社会の「解放」が運動の核心にあったからだと思われる。

江戸時代には「自由」とは身分社会からの逸脱、つまり「悪」を意味した。しかし、明治の新しい時代を迎え、「自由」とは誇るべき価値だと知らされた人々は進んでこれを受け入れ、流行（はや）り言葉にまでなったのである。

このように、社会的な変革という視点で自由民権運動の特徴をみると、それまでの日本ではありえなかった、まったく新しい現象だったことがわかる。

まず、結社や政党により人々の広汎な結びつきが生まれたこと。つぎに、演説会や新聞、雑誌という新しいコミュニケーションの手法が用いられたこと。これらは、生まれ育った土地や身分に縛られ、情報の制限が大きかった江戸時代には考えられないことだった。だからこそ、人々は運動に爆発的なエネルギーを注いだのである。

（塩出浩之）

権雙六

明治十五年十二月一日御届

画工兼出版人 埼玉縣士族 吉田正太郎

上り

議員

卒業

洋行

苦學

新聞社

書肆

演説紛議

討論會

演説解散

民權學校

演武

放免

禁獄

法庭

男女同權振出し

5

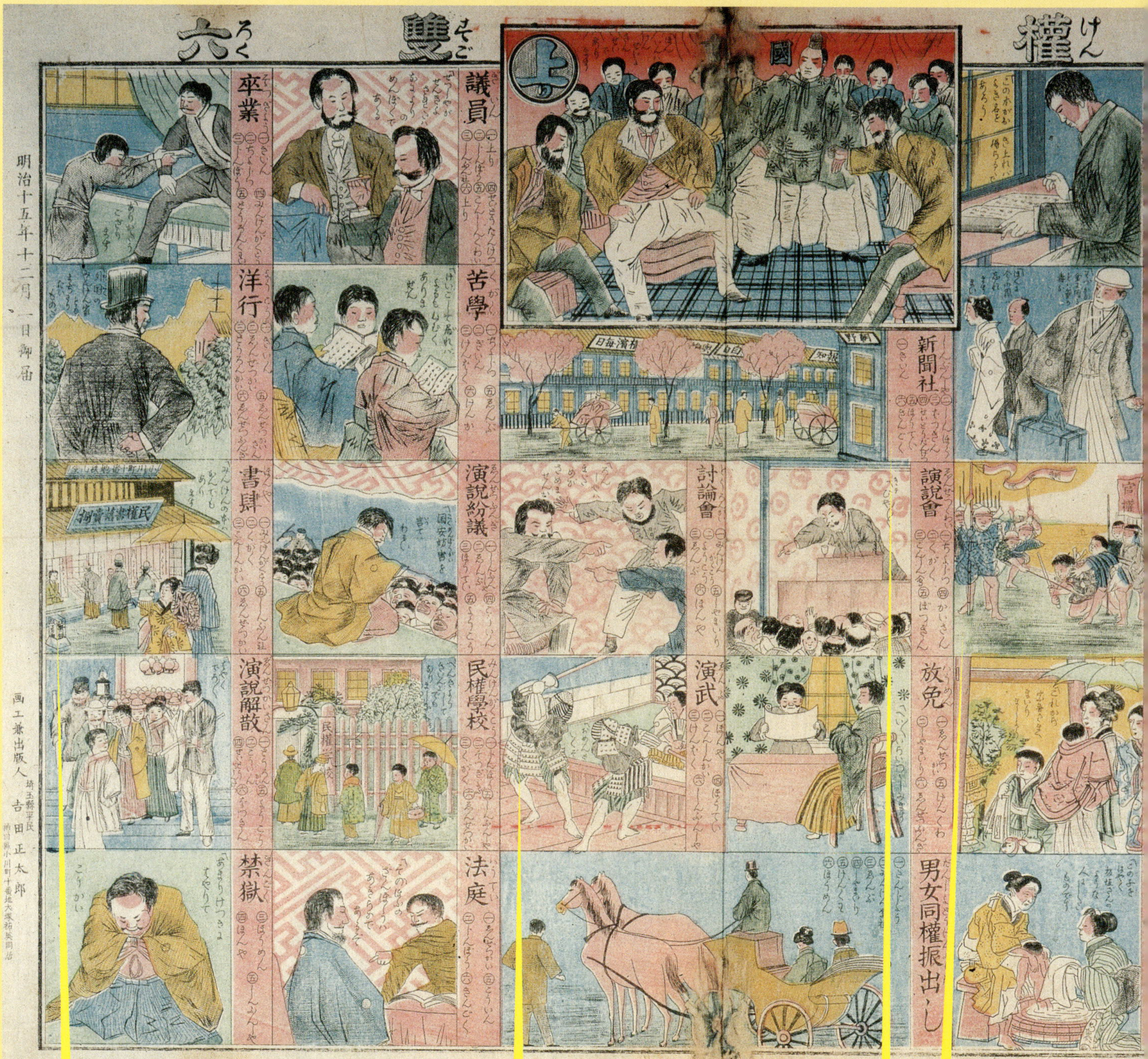

現在でいえば剣道の試合。奇妙なようだが、民権派の集会ではしばしば催された。

子どもたちが敵味方に分かれ、「民権党」「官権」の旗を掲げている。こんな“民権ごっこ”がほんとうにあったのかもしれない。

8

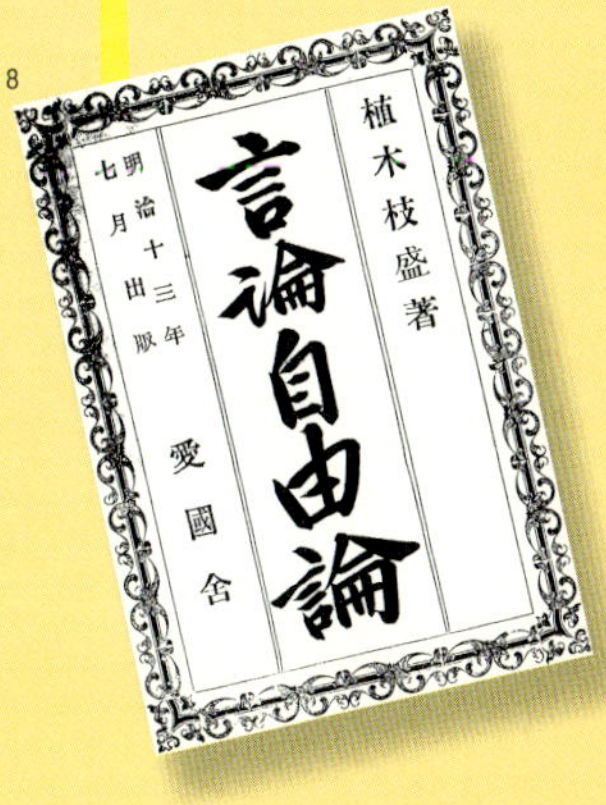

植木枝盛著

言論自由論

明治十三年七月出版

愛國舍

7

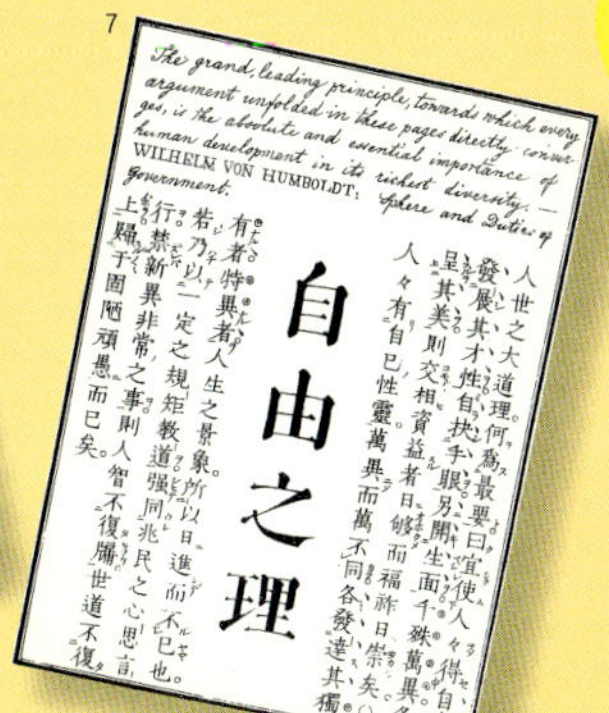

自由之理

⬆民権家の愛読書　植木枝盛(うえきえもり)は土佐立志社出身の理論家で、この本では言論の重要性を論じている。右はイギリスの哲学者J・S・ミルの著書を中村正直(なかむらまさなお)が訳したもの。中村は元幕府の儒者として洋学を学んだ。

6

⬅「自由」の凧揚げの図　『東北新報』に掲載された風刺画。明治14年(1881)に仙台で実際に行なわれた「自由凧揚げ大会」の様子を描いている。

▶近代西洋思想の移入(p132)

さまざまな結社

多くの結社が生まれ、運動が全国規模になる

自由民権運動が大きな広がりを見せたのは、ひと握りの指導者の力だけによるものではない。日本全国で生まれた数多くの「結社」が、この運動を担う強力な基盤となった。

●自由民権の理念を共有

「結社」とは、目的を同じくする人たちの集まりである。自由民権運動の結社は「民権結社」ともいわれるが、それらは、この運動のためだけに生まれたわけではない。

維新以後、都市部では知識人たちの結社が生まれ、旧藩の士族たちは相互扶助のため結社をつくった。また各地の地域社会では、学習や産業振興、救済・扶助など多様な目的をもつ結社がつくられた。

このようなさまざまな結社の多くが、「自由民権」の理念をも同時に共有していたのである。

結社のモデルを最初に明確に提示したのは、森有礼（もりありのり）、福沢諭吉（ふくざわゆきち）らが明治6年（一八七三）7月に結成した明六社（めいろくしゃ）である。在官・在野を問わず最先端の知識人が集まって時事を論じ、『明六雑誌』を通じてそれぞれの主張を公にしたことで大きな影響力をもった。

明六社は政治目的の結社ではなかったが、民撰議院設立建白書が世に出ると、多くの社員が意見を表明し注目を集めた。

●政治意識を高めあう

士族の結社は、多くの場合、廃藩置県（はいはんちけん）により職を失った彼らに生計の道を与えることを最大の目的とした。「武職」への回帰願望を根強くもった人々もあり、それは士族反乱や仕官運動にも結びついたが、彼らが「民」として政治参加を要求することで自由民権運動は出発した。

都市、とりわけ東京には新興知識人たちが交流し、互いに討議する結社が叢生（そうせい）した。学術の討究が主目的ではあったが、政治体制や国際情勢をめぐる議論は彼らの一大関心事であり、これらの都市結社は民権運動の指導者を輩出することとなった。学校や塾という形をとったものにも、都市結社と共通する性質がみられる。

都市結社の人々は、都市の新職業の担い手でもあった。ジャーナリストや代言人（弁護士）はその代表である。彼らの先導により、新聞・雑誌や演説会など、公的な場で議論を闘わせるという新しい政治慣習が定着した。

こうした士族や知識人の結社に影響を受け、各地で数多くの結社がつくられた。「自由民権」を含めて、新知識への希求がその強い動機のひとつであり、結社はしばしば私塾ともなった。結社による勧業もこの延長上にある。

そのなかで、豪農など地方の有力者たちは政治的関心を高めていった。彼らの政治意識は、府県会への参加（明治12年〜）を通じていっそう強められた。（塩出浩之）

仏学塾（ふつがくじゅく）（東京）

東洋自由新聞

3

4

⬆中江兆民（なかえちょうみん）の家塾で、フランスの言語や思想、歴史をおもに教えた。兆民はルソー『社会契約論』の漢訳『民約訳解』（明治15年）を著わし、その名をとどろかせる。上は中江が主筆を務めた『東洋自由新聞』創刊号。

民権運動と新聞

➡新聞同士の筆戦を描いた風刺画（本多（ほんだ）錦吉郎（きんきちろう）「新聞合戦」、『団団珍聞（まるまるちんぶん）』明治11年11月2日）

1

⬇新聞紙条例の条文

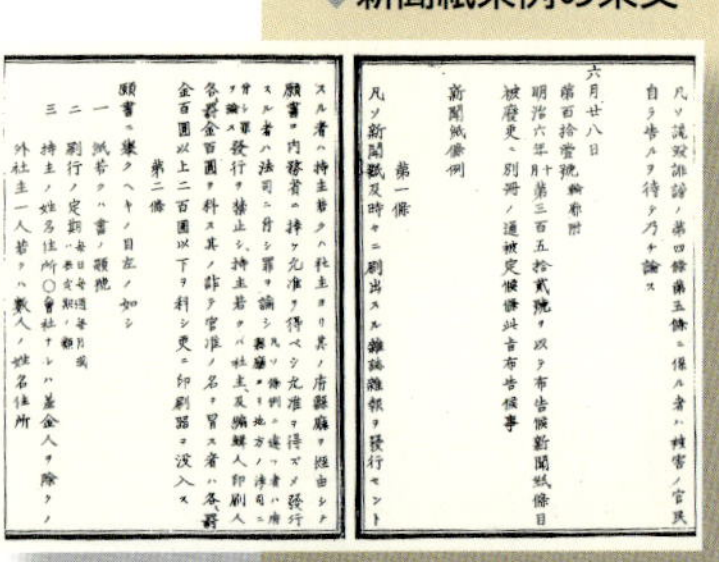

2

新聞は、民権派が言論により政府に対抗するための、このうえなく有効な手段となった。多数の人々に向けて時事に即した議論ができ、また投書などにより意見を交わすことも可能にしたからである。政府ははじめ新聞を育成したが、明治8年6月に新聞紙条例を制定し、政府批判への規制・弾圧を開始した。だが記者たちは知恵を絞ってたくみに政府を批判し、これに対抗した。また、処罰を受けることは記者の名声を高める結果となった。

三師社（福島）

⬆明治 11 年、河野広中らが結成した。河野は郷士（農村に住む武士）の出身で、自由民権運動における「東北派」の中心となった。写真は結社が置かれた寺・龍穏院。

奨匡社（長野）

⬆明治 13 年、国会開設を目標として設立された。中心となった松沢求策は醤油醸造業の家から上京、帰郷後『松本新聞』主筆を務めた。右が社員証。左は演説会の聴聞切手。

天橋義塾（京都）

⬆明治 8 年、丹後の士族や有力者が結成、地元住民のための学校として運営した結社。社長の沢辺正修は明治 13 年、国会期成同盟に参加。

自由民権の結社数

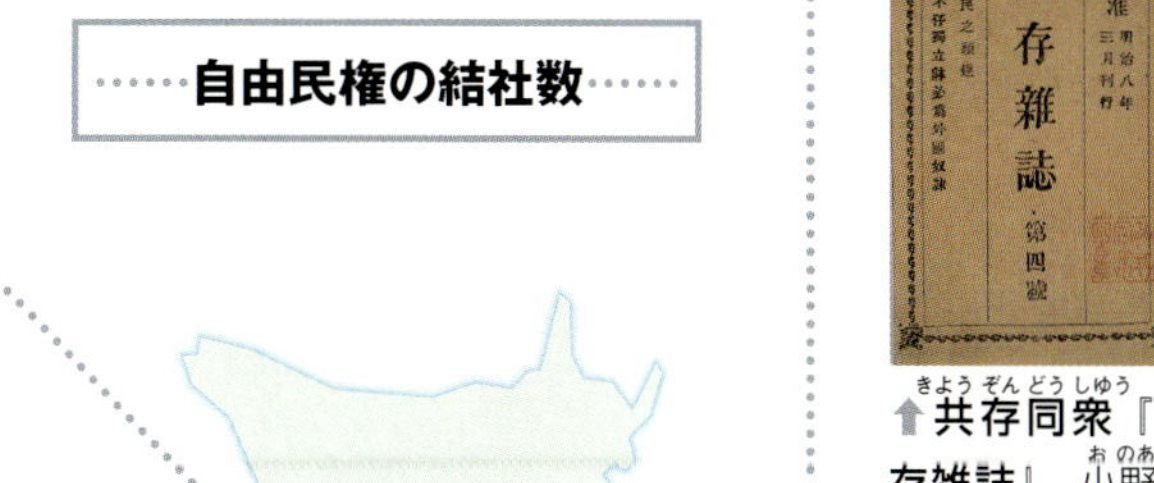

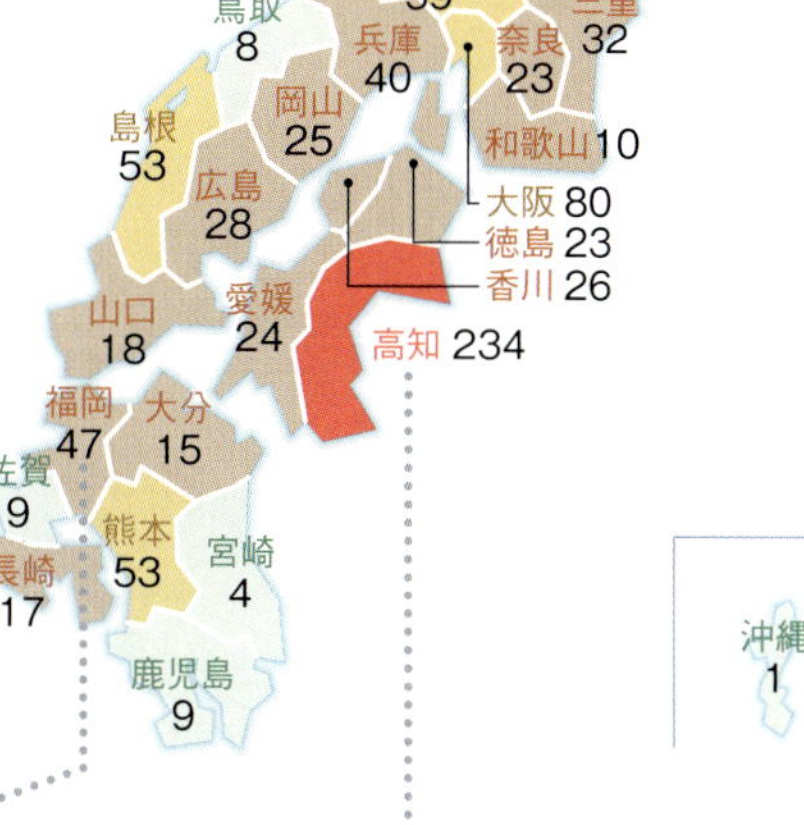

都市結社の雑誌（東京）

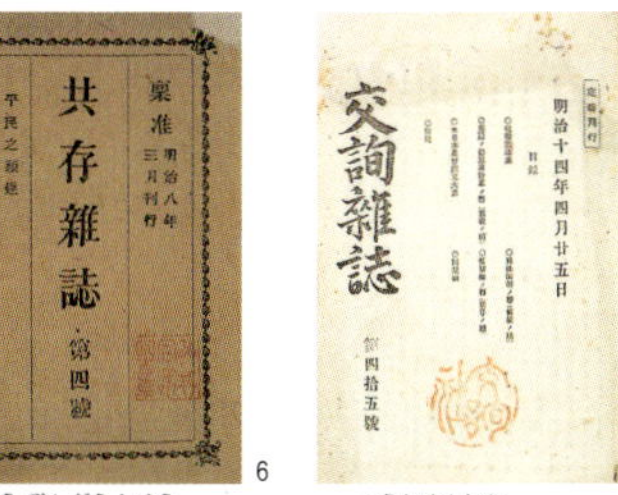

⬆共存同衆『共存雑誌』 小野梓らを中心に、明治 7 年に結成された都市結社。

⬆交詢社『交詢雑誌』 明治 12 年に慶応義塾出身者により設立された社交クラブ。

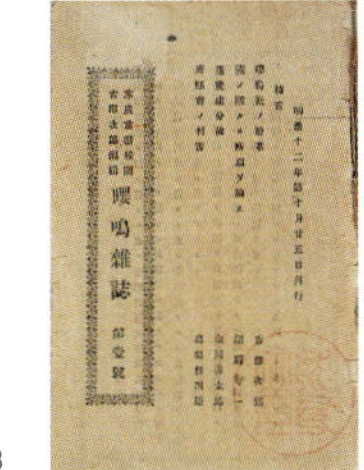

⬆嚶鳴社『嚶鳴雑誌』と『東京横浜毎日新聞』 明治 11 年頃沼間守一らが結成した。「政治もしくは諸般の学術」を議論し、関東で多くの演説会を開いた。

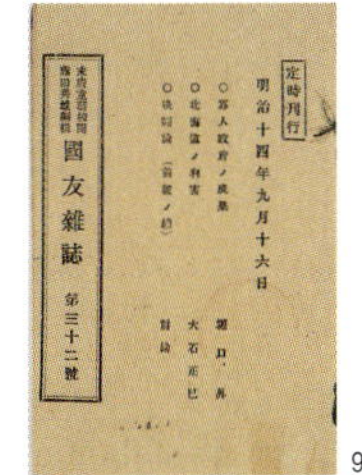

⬆国友会『国友雑誌』 明治 14 年 4 月に馬場辰猪、末広重恭（鉄腸）らが組織した。会員の多くが、同年秋の自由党の結成に合流する。

玄洋社（福岡）

⬆福岡県士族の結社。母体の向陽社は愛国社設立大会に参加、立志社以上に先鋭な民権派集団として知られた。のちに頭山満や内田良平などの対外膨張主義者を輩出。

立志社（高知）

⬆板垣退助が創設した士族結社。西南戦争直前には挙兵の動きもあった。明治 10 年 6 月に国会開設請願の先駆けとなる建白書を提出。

養英館（神奈川）

⬆神奈川県南多摩郡（現・東京都）の地域有力者、青木正太郎の邸宅わきに設けられた私立学校。勧業演説会、政談演説会なども行なわれた。

▶新聞の誕生（p110）、近代西洋思想の移入（p132）、不平士族の反乱（p154）

盛り上がる演説会

民権家の演説に、一般の人々が熱狂した

自由民権運動を盛り上げるうえで、きわめて重要な役割を果たしたのが演説会である。

演説は、明治に登場した新しいコミュニケーションの作法であった。〈人が*其心に思ふ所を口に述べて公衆に告る〉（福沢諭吉）、つまり人々が「公の場で、大勢の人々に自分の主張を語る」ことは、それまでの日本にはなかったのである。

それはまさに、「自由」のひとつの形だったといえよう。

⬆**三田演説館**　明治8年、福沢諭吉が慶應義塾に設けた演説会場。「演説」を「スピーチ」の訳語にあてたのも福沢である。明治8～9年頃の三田演説会には、のちに自由党に入る植木枝盛や大井憲太郎も傍聴に訪れた。現在も慶應大学構内にある。

●民権家の欠かせない武器

演説は、その普及とともにすみやかに自由民権運動と結びついた。

最初の公開演説会のひとつとして知られるのが、福沢諭吉ら慶應義塾グループの三田演説会（明治8年）だが、ここに参加した弁士や傍聴者のなかには、まもなく民権派の指導者となる人々が多く含まれている。

翌9年（一八七六）には、すでに集思社（東京）や立志社（高知）などにより、政治を題材とする「政談演説会」が開かれはじめている。以後、この政談演説会は、自由民権運動の高揚と相まって全国で盛んになっていく。

巧みに雄弁をふるって政治を論じ、時には激しい口調で政府を批判する。そうした民権家の演説は、何よりパフォーマンスとして、人々を魅了した。

知識人や富裕な人々だけでなく、当時はまだ新聞や雑誌で政治の議論を読むことがまれだった多くの人々も、民権家の演説を聴きにいって熱狂した。

政府に対抗するため、そうした「公衆」の支持をこそ求めていた民権家たちにとって、演説はまさに欠かせない「武器」となったのである。

⬇**弁士、巡査と聴衆**　巡査が演説の中止に入り、満場の聴衆がどよめき沸き返るさま。描かれている会場は浅草井生村楼と思われる。井生村楼は東京にあった代表的な貸席（現在のホールのようなもの）で、数多くの政談演説会が開かれた。（『絵入自由新聞』明治21年1月4日）

⬅**吟光『明治会堂演説之図』**　明治会堂は明治14年、まだまれだった演説会専用の会場として、木挽町（現在の銀座）に慶應義塾系の人々が建設した。明治17年に厚生館と名前が変わり、「木挽町厚生館」として知られた。

●巡査が「弁士中止！」

政府は、このような演説会に対して大いに警戒し、規制や弾圧を加えた。

明治11年7月の「太政官布告第二九号」をはじめとする規制は、明治13年4月の「集会条例」で体系化される。政談演説会には巡査が臨席し、「国安・治安に妨害あり」と認めたときは演説が差し止められ、それに従わなければ演説会自体が解散となった。

しかし、弁士が政府の「圧制」を声高にとなえ、聞きとがめた巡査が「弁士中止！」と叫んで壇上に乗り込めば、かえって聴衆はどっと盛り上がった。弁士と巡査との衝突までもが、政談演説会を成り立たせる一要素となっていたのである。ここには明らかな娯楽性が見てとれ、演説会は時として講談や寄席になぞらえられた。

政談演説会にはまた、料亭や旅館での「懇親会」「親睦会」が付きものだった。

このような場は、地域社会の有力者たちにとって、自由民権運動を率いる「名士」と近づくことのできる貴重な機会ともなったのである。

（塩出浩之）

4

⬆懇親会席上演説絵馬　この絵馬に描かれているように、懇親会の場で演説が行なわれることもあった。懇親会では民権家との交流だけでなく、地域社会の人々が一堂に会して飲食し談話したこと自体にも意味があった。

5

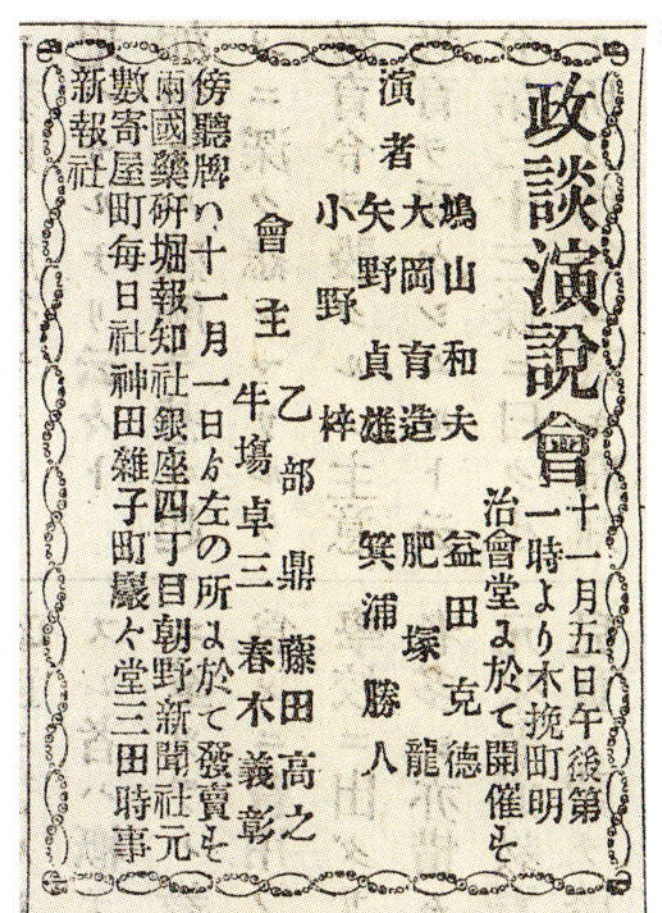

政談演説會

十一月五日午後第一時より木挽町明治會堂に於て開催を

演者
鳩山和夫　益田克德
大岡育造　肥塚龍
矢野貞雄　箕浦勝人
小野梓

會主　乙部鼎　藤田高之
牛場卓三　春木義彰

傍聽牌ハ十一月一日より左の所に於て發賣を
兩國藥研堀報知社　銀座四丁目朝野新聞社　元數寄屋町毎日社　神田雛子町巖々堂　三田時事新報社

6

○車夫政談演說會

右ハ來る廿四日午後三時より淺草井生村樓ニおゐて相催候也
但し切符ハ神田雛子町巖々堂幷ニ當日井生村樓ニ於て賣却す

出席員
大石正巳　奥宮健之　示野潤
小笠原省三　松浦半兵衛　三浦龜吉
久野初太郎　野中久井　照山峻三
雨森眞澄　宮崎富要　植木枝盛
神田區駿河臺西紅梅町四番地
三浦龜吉方止宿

十一月　會主　雨森眞澄

⬅（右）立憲改進党員の演説会広告
『朝野新聞』明治15年10月13日
（左）「車夫政談演説会」の広告
『自由新聞』明治15年11月23日
広告や演説筆記など、新聞とのタイアップも演説会の人気に一役買った。「傍聴牌」「切符」の販売場所が書いてあるが、10銭ほどの入場料を取ることも多かった。じつにさまざまな人々が弁士を務めており、左の演説会の弁士は自由党と交流のあった人力車夫の親方三浦亀吉である。

7

⬅婦人演説の図　左上には「女子といえども勉強〔努力〕次第で男子に優る演説ができます」と書かれている。政談演説を行なった女性は、岸田（中島）俊子や福田（景山）英子が有名。ただし、明治23年の「集会及政社法」で女性の政治集会参加は禁止された。（『女子教訓出世双六』明治20年頃）

3

＊〈人が其心に…〉明治30年刊の『福澤全集』の緒言のなかで、演説の定義をこう記している。福沢は、はやくから演説の重要性を説いており、明治7年刊の『学問のすゝめ』一二編に「演説の法を勧るの説」という項目を設けている。そのなかでは演説について、〈大勢の人を会して説を述べ、席上にて我思ふ所を人に伝るの法なり〉と定義づけている。

国会開設運動と明治十四年の政変

スーパー大図解

明治12年（一八七九）末から14年秋に至る国会開設運動の過程で、自由民権運動は結社、演説会、ジャーナリズムといった新たな要素を結集し、ひとつの頂点を迎えた。

明治12年11月、愛国社の第三回大会で国会開設建議案の作成を呼びかける決議がなされ、各地の結社はこれに呼応して請願運動を開始した。愛国社は、二府二二県から代表が集まった13年3月の第四回大会で国会期成同盟へと改組され、同盟を中心にいっそう数多くの請願書が政府に提出された。

この運動を通じて、自由民権運動は士族の結社に加え、都市の結社、地方の結社を主要な勢力とする全国的なものとなった。

さらに、明治14年8月に発覚した「開拓使官有物払下げ事件」のスキャンダルは、国会開設運動にとってまたとない追い風となった。払い下げ反対を訴える演説会は、かつてない盛況を博した。民権派は「政府高官が国家の財産を私的に左右する悪弊は、国会開設によってこそ一洗される」と主張したのである。

この結果、払い下げは中止され、明治23年の国会開設を約した詔勅が発せられる一方で、政府からは大隈重信が下野することとなった。すなわち、明治十四年の政変である。（塩出浩之）

民撰議院設立建白書 ← 明治7年

愛国社結成　讒謗律・新聞紙条例制定 ← 明治8年

明治10年 → 西南戦争

愛国社再興 ← 明治11年

士族中心の民権運動

社会に広がった民権運動

3 2

⬆全国各地から提出された国会開設の建白書　明治13年に国会開設を求めて提出された建白書や請願書は、合わせて70件以上にのぼった。建白書には各地域の人々が署名し、結社の指導者などが総代となって提出した。写真は山際七司らが提出した新潟県の有志人民による建白書。

➡小林清親『鹿児島征討戦記』　民撰議院設立建白（明治7年1月）以後の当初の自由民権運動は、さまざまな新しい要素がみられるとはいえ、不平士族との関係が強く、軍事反乱と切り離されていなかったし、何より社会的な広がりを欠いていた。それが大きく変わったのは、西南戦争以後のことである。（明治10年）

⬅『民の竈勇気の焚付』　国会開設運動の盛り上がりを描いた風刺画。（本多錦吉郎画『団団珍聞』明治13年5月）

←「黒ダコ」になぞらえられた黒田清隆　ジャーナリズムの活発化に伴い、このような政治風刺画も数多く生まれた。黒ダコとは「黒田公（くろだこう）」。頭に書かれた「定価三十万円」とは、開拓使官有物の払い下げ代金である。取り囲んでいる人々の頭は「国」と書かれた貝、つまり「国会」である。（本多錦吉郎「奇鯰碑（きねんひ）」、『驥尾団子（きびだんご）』第154号）

国会期成同盟結成

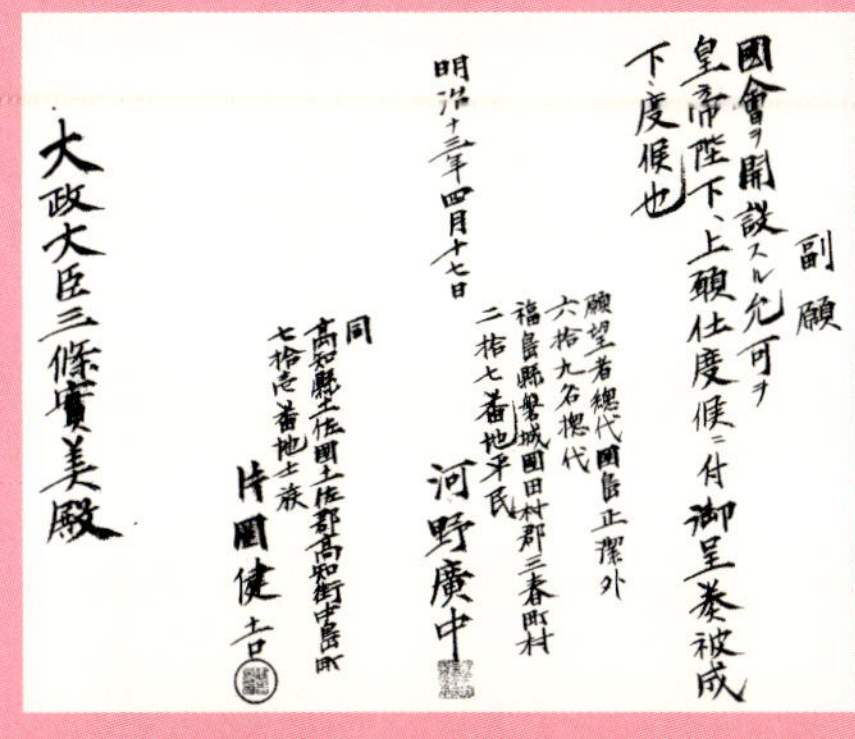

國會ヲ開設スルノ允可ヲ
皇帝陛下ニ上願仕度候ニ付御呈奏被成
下度候也

副願

願望者總代國島正躰外
六拾九名總代
福島縣磐城國田村郡三春町村
二拾七番地平民
河野廣中

明治十三年四月十七日

同
高知縣土佐國土佐郡高知街中島町
七拾壱番地士族
片岡健吉

太政大臣三條實美殿

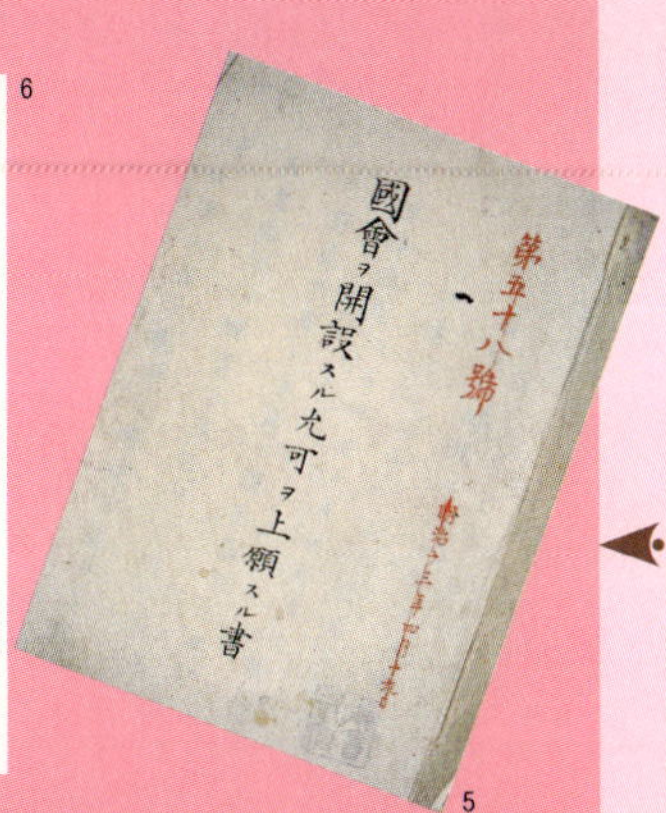

第五十八號
國會ヲ開設スルノ允可ヲ上願スル書

4月に提出された国会期成同盟の国会開設上願書　同盟の結成とともに作成されたもの。総代が河野広中（こうのひろなか）（福島・三師社）・片岡健吉（かたおかけんきち）（高知・立志社）のふたりとなっているところに、地方結社と士族結社の提携という民権派の変化が見てとれる。なお、政府はこの請願書が政府宛（あて）でなく天皇宛だったため受理しなかった。

開拓使官有物払下げ事件

札幌麦酒醸造所

函館常備倉

北海道の統治と開発・入植事業を担ってきた開拓使は、明治14年度での廃止が決まっていた。そこで、開拓使の経営する工場や農場を民間に払い下げる必要が生じたが、長官の黒田清隆（くろだきよたか）はその大半について、自分と同郷の鹿児島士族出身の商人、五代友厚（ごだいともあつ）と格安で契約した。ところが明治14年8月、『郵便報知新聞』や『東京横浜毎日新聞』はこの契約の情報をつかんで大々的な批判を展開し、政府は民権派の総攻撃を受けた。上の写真は、払い下げの対象となった建物。

大隈重信・下野

大隈重信は明治14年3月の建白書で、イギリス流の議院内閣制、早期の国会開設を提案していたが、政府から「それは福沢諭吉（ふくざわゆきち）の意見で、民権派の開拓使攻撃も両者の陰謀だ」との疑いをかけられた。しかし、憲法・国会の必要性自体は政府内でも以前から了解があり、だからこそ国会開設の詔勅も可能だったのである。にもかかわらず大隈が失脚した原因は、大隈と伊藤博文（いとうひろぶみ）との確執の発生、そして井上毅（いのうえこわし）によるドイツ流の欽定憲法採用への運動にあるとみられる。以後、政府では伊藤を中心に憲法制定の態勢がつくられてゆく。

明治13年

明治14年
国会開設の勅諭

←『幕内の相撲』　これも風刺画。世間では大隈重信の政府追放についての内情が知られておらず、黒田（タコ）と大隈（熊）の対立の結果と解釈されていたことがわかる。（本多錦吉郎画『団団珍聞』明治14年10月）

▶樺太・千島交換と北海道の開拓(p140)、不平士族の反乱(p154)、西南戦争(p156)、大日本帝国憲法発布(p190)、政商の出現(p216)

政党の発足

一〇年後の国会開設に向け、政党の結成が相次ぐ

政党は、国会の開設が予告されるとともに、自由民権運動の中核をなすものとして登場した。

●「憲法と国会」をめざして

すでに明治7年（一八七四）には、民撰議院設立建白書の提出者たちにより「愛国公党」が結成されていたが、ほとんど知られないまま消滅している。したがって、実質的な意味での政党の誕生は、明治14年10月の自由党の結成をもって画期とすべきだろう。以後、これを追って続々と政党が結成された。

これら諸政党には、重要な共通点がひとつあった。立憲政体、つまり憲法と国会による政治体制の実現を標榜したことである。政府に対して批判するにせよ支持するにせよ、国会開設という目標については変わりがなかった。さらにいえば、それは政府と民間勢力とが、激しく対抗しながらも共有した目標でもあったのである。

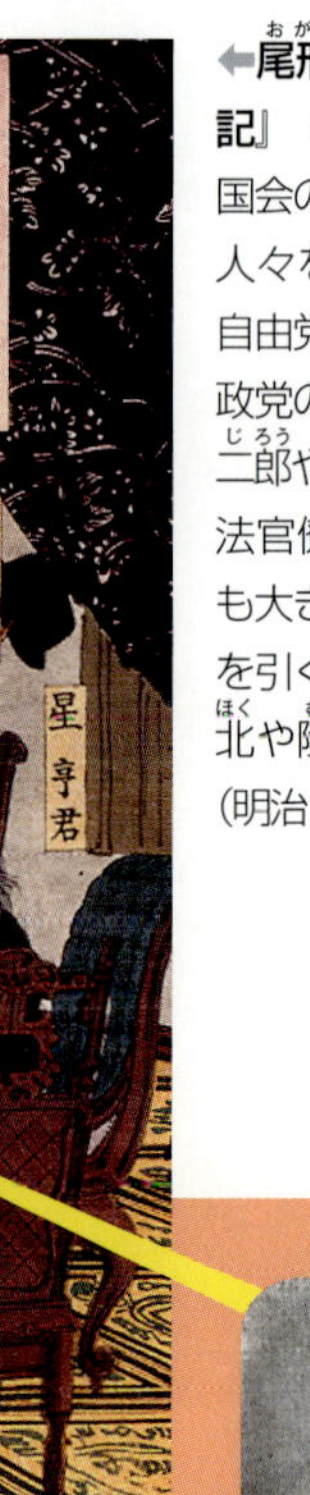

←尾形月耕『廿三年の未来記』 明治23年に開設される国会の場で活躍するであろう人々を描いた、未来予想図。自由党や立憲改進党、立憲帝政党の面々に加えて、後藤象二郎や福沢諭吉、北畠治房（司法官僚、大隈とともに免官）も大きく扱われているのが目を引く。左手後景には成島柳北や陸奥宗光の名も見える。（明治16年）

右から星亨（自由党、以下自）、河野敏鎌（立憲改進党、以下改）、板垣退助（自）、大隈重信（改）、北畠治房、福沢諭吉、丸山作楽（立憲帝政党、以下帝）、後藤象二郎、福地源一郎（帝）、矢野文雄（改）、沼間守一（改）、馬場辰猪（自）、末広重恭（自）、中島信行（自）、藤田茂吉（改）、成島柳北、陸奥宗光。

自由党

【結党】明治14年10月
【党首】板垣退助

愛国社以来の士族勢力、とくに高知県の士族が当初は中枢を占めたが、まもなくジャーナリストや代言人が指導者として台頭。国会期成同盟以来の地方有力者も、数多く参加した。植木枝盛のような有力な理論家を抱えていたものの、全体の主張は国会開設の早期実現、民権の拡張という原則論に傾きがちだった。だがそれゆえにかえって、「自由」に対するさまざまな期待を引き受けることとなり、広汎な支持を集めた。おもな党員は、馬場辰猪、大石正巳、末広重恭（鉄腸）、大井憲太郎、星亨など。

↑自由党の機関紙『自由新聞』 明治15年6月25日に創刊された。

↑『板垣君遭難之図』 明治15年4月、板垣退助は岐阜で演説を終えた帰りぎわ、刺客にあった。犯行の背景は明確でないが、重要なのは報道のなかで板垣が負傷しつつも「板垣死すとも自由は死せず」と啖呵を切った、というストーリーができあがったことである。この"板垣の名言"はたちまち広まり、自由党の人気をいっそうあおった。（一陽齊豊宣、明治15年頃）

●二大政党政治の源流

結成された政党のなかでもとくに大きな役割を果たしたのは、愛国社、国会期成同盟を母体とする自由党と、「明治十四年の政変」で下野した大隈重信のグループを中心とする立憲改進党である。

どちらも反政府という立場ではあったが、自由党は政治体制変革の主張に重点を置き、立憲改進党は穏健な活動を主とした。

両党は自由民権運動期だけでなく、初期の国会でも中心的な政党として活動した。以後、さまざまな離合や党名の変化はあったが、昭和の初めに実現した二大政党政治は、この二党を源流としている。

また、福地源一郎（桜痴）らによる立憲帝政党の結成も注目すべきである。彼らは政府支持であることを自認して活動した点で自由党、立憲改進党とは大きく異なっている。しかし彼らが政府を支持できたのは、立憲政体の必要や集会・言論・出版の自由について、政府が基本的に認めていたからこそであった。

だが、ほかの二党のように支持基盤を固めることはできず、のちの政党政治への影響をもつに至らなかった。（塩出浩之）

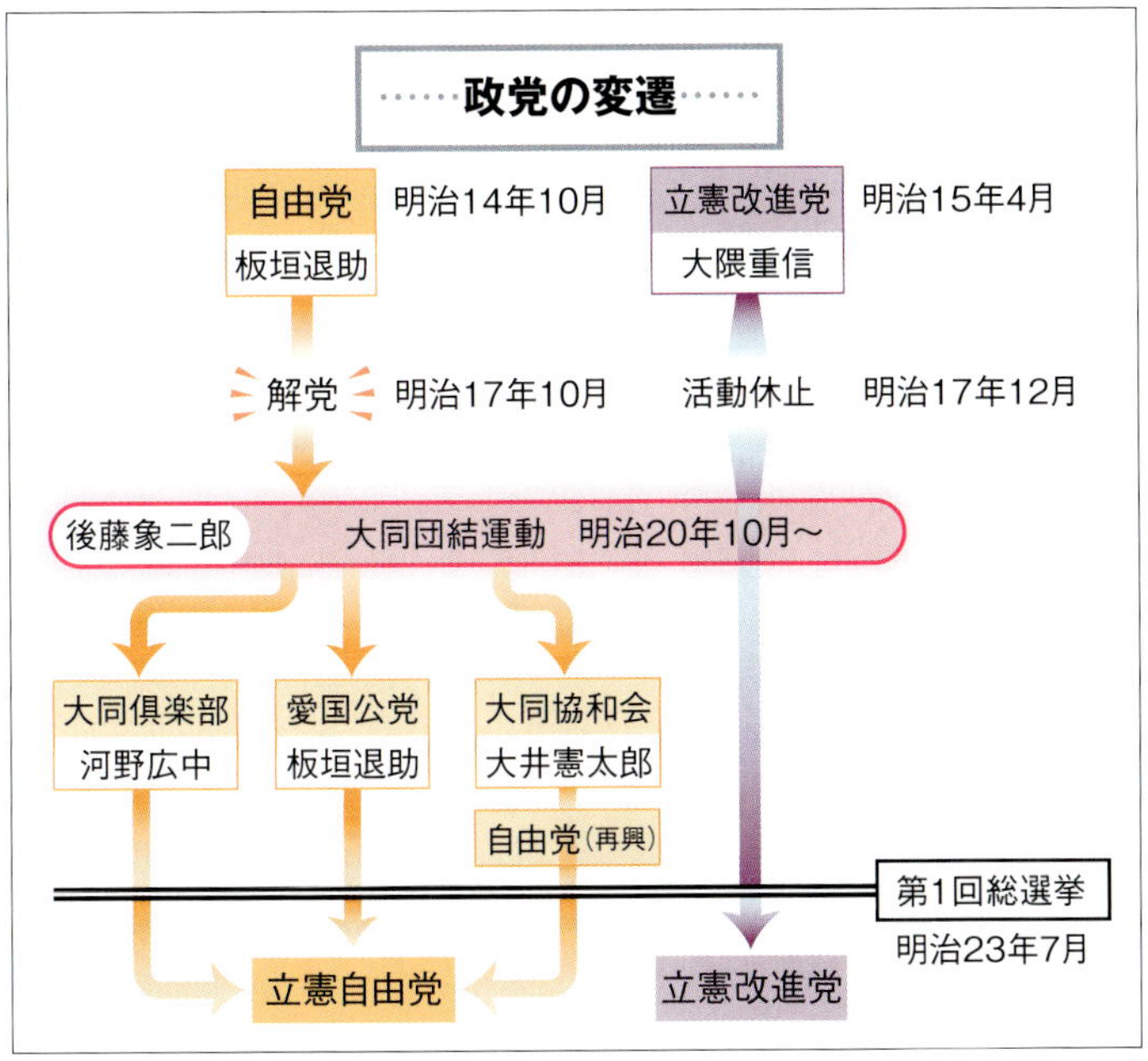

政党の変遷

- 自由党（板垣退助）明治14年10月 → 解党 明治17年10月
- 立憲改進党（大隈重信）明治15年4月 → 活動休止 明治17年12月
- 後藤象二郎　大同団結運動　明治20年10月～
  - 大同倶楽部（河野広中）
  - 愛国公党（板垣退助）
  - 大同協和会（大井憲太郎）→ 自由党（再興）
- 第1回総選挙　明治23年7月
  - 立憲自由党
  - 立憲改進党

1

立憲帝政党

【結党】明治15年3月
【中心人物】福地源一郎

7

伊藤博文や井上馨らの意向を受け、政府支持党として発足したが、活動は自主性に任された。現内閣と主義が同一だから与党にほかならないと自称するなど、政党内閣制を見据えた面もあったが、保守派と見なされたため、勢力は弱かった。おもな党員として、丸山作楽、水野寅二郎などがいる。

8

➡『東京日日新聞』明治5年創刊。立憲帝政党の結成に伴い、政党機関紙に。

立憲改進党

【結党】明治15年4月
【党首】大隈重信

5

⬇『郵便報知新聞』明治5年創刊。立憲改進党の結成に伴い、政党機関紙に。

6

大隈とともに政府から下野した福沢諭吉門下のもと官僚たち、および彼らと近い関係にあった嚶鳴社や鷗渡会など、都市部の知識人集団がおもな母体となった。立憲政体の実現を要望する一方で、学識と経験とを強みに実際的な政策論議を行なった。またすでに地方議会として開かれていた府県会で影響力の浸透を図った点では、自由党以上に政府から警戒された。おもな党員は、小野梓、矢野文雄、河野敏鎌、高田早苗、犬養毅、尾崎行雄、沼間守一など。

▶はじめての選挙と議会（p292）、最初の解散と選挙干渉（p294）、手を結ぶ藩閥と政党（p330）、政党内閣発足（p332）

運動の退潮と「激化事件」

自由党員による武装蜂起が、各地で頻発する

自由民権運動は、政党の結成によっていっそうの高揚を見せながらも、さまざまな要因により、数年で勢いを失っていった。

●数年で失われた熱気

まずあげられるのは、政党そのものの動揺である。政府の工作により、明治15年（一八八二）から16年にかけて板垣退助（いたがきたいすけ）がヨーロッパに外遊したことで、自由党では内紛が起こり、また改進党から批判を受けた。逆に自由党は改進党に対して、大隈重信（おおくましげのぶ）と海運業の三菱とのいきすぎた関係を暴露して「偽党撲滅」キャンペーンを展開した。

つぎに、政府による地方政界での自由党圧迫があげられる。「福島事件」は、その最たるものである。また明治15年12月～16年2月の府県会規則改正により、改進党の勢力伸張も大幅に制約された。

さらに、「松方（まつかた）デフレ」による米価の下落は農村に打撃を与え、

明治15年 11月

福島事件

明治16年 4月
・新聞紙条例改正
・検閲制度の強化

明治17年 5月 **群馬事件**

●群馬県八城の演説会のあと、人々が竹槍を手に行進、警察により解散。
●自由党員と博徒が率いた約三〇〇〇人が金融業者と警察署を襲撃。さらに陸軍高崎分営を襲うが失敗し、捕縛される。

⬆困民党総理・田代栄助（たしろえいすけ）

⬆三島通庸が開削を命じた三方道路
（高橋由一（たかはしゆいち）『三島県令道路改修記念画帖』より）

⬆逮捕された河野広中（こうのひろなか）

⬆農民が打ち壊した家の大黒柱
柱を倒そうとした斧の跡が、くっきりと残っている。

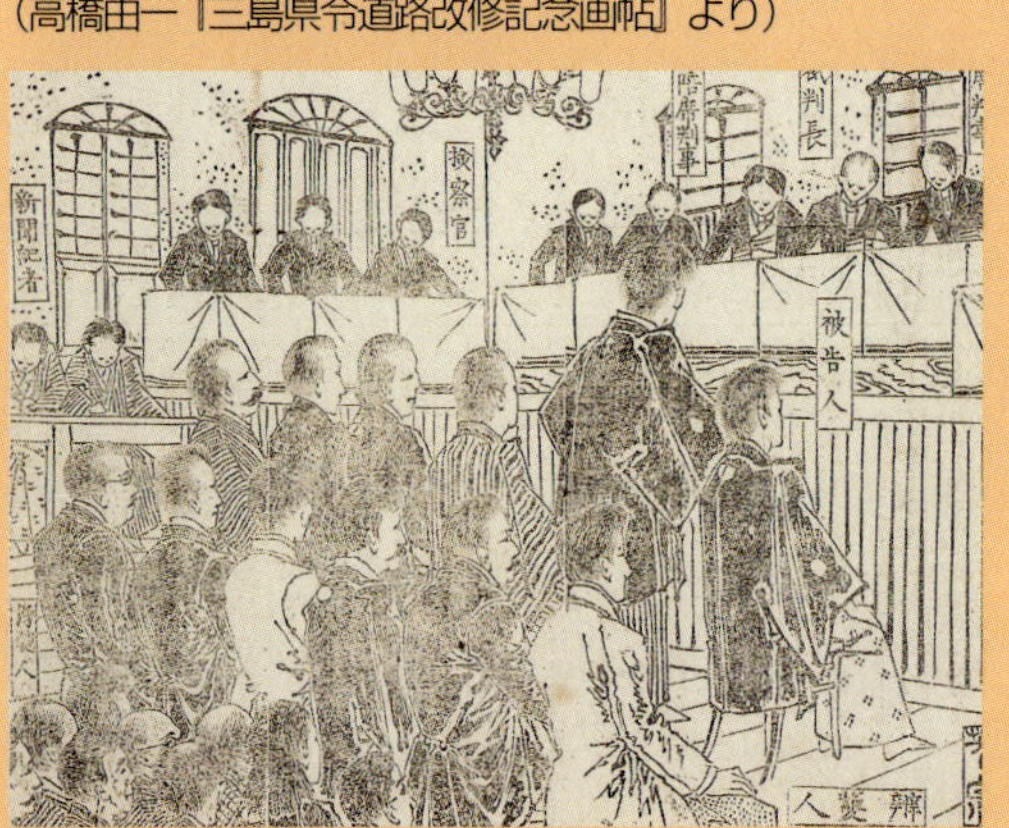

⬆報道された福島事件の裁判風景
（『絵入自由新聞』明治16年7月27日）

●福島県令三島通庸（みしまみちつね）の道路開墾政策に対し、住民が反抗。
●県会議長の河野広中、県からの議案を毎号否決。
●河野ら6名が内乱陰謀罪で捕縛され、禁獄6～7年の判決を受ける。

三島の「自由党退治」により、東北有数の実力者が姿を消した。住民の反発は三島の強引さや税負担によるところが大きかったが、彼らは道路開墾自体には必ずしも否定的ではなく、むしろその路線の決定や補助金の配分をめぐる地域間の利害対立が、問題の紛糾する一因となった。

それは活動資金の窮迫に直結したのである。

過激な行動が頻発する

やがて、自由党員のなかには、武装蜂起や暴動、テロにより窮状の打開を図る者も現われるようになった。いわゆる「激化事件」である。

党内の統率に苦しんだ自由党は明治17年10月、ついに解党に至った。改進党も同年12月、大隈重信が脱党し、活動を停止した。以後、民権派の動きは、明治19年の大同団結運動まで、しばらく沈滞することとなる。

なお、従来「激化事件」と呼ばれてきたさまざまな事件は、関与した人々のあり方がひじょうに多様かつ複雑で、「圧政に抵抗する人民」といった画一的な把握が難しいことが、現在では明らかにされている。

とくに「秩父事件」や「名古屋事件」には、維新以後の大きな社会変動、すなわち伝統社会と近代の論理との拮抗(きっこう)が反映されていた。なおかつそれが、「自由」「民権」に対する人々の期待と結びついたことが特徴的なのである。

（塩出浩之）

9月　加波山(かばさん)事件
●関東の自由党員16名が、三島通庸ほか高官の暗殺などを計画。
●計画が発覚し、警察に追われて周辺で金品・武器を強奪、茨城県加波山に立てこもる。
●全員捕縛、極刑に処される。

10月　自由党解散

11月　秩父事件

●自由党員を指導者とする埼玉県秩父地方の農民約1万人が、「困民党」として武装蜂起。
●郡役所や警察署、監獄、富豪の家などを襲撃。
●政府は鎮台兵・憲兵を動員して鎮圧。

秩父困民党は結果的に政府軍との衝突にまで至ったが、本来の要求は負債の返済延期だった。襲撃行為のなかには借金の証書や地券の焼却があり、ねらいは金融業者や地主への「征誅(せいちゅう)」にあった。質地(しちち)の取り置きや救済的な貸し付けといった伝統的な慣行が、契約という近代法の原理によって否定されたことへの反発が、農村の困窮によって噴出したのである。

⬆農民が集結した、秩父郡吉田町の椋(むく)神社

12月　名古屋事件

●明治16年末、愛知県の自由党員が公道協会を足場として政府転覆を計画。
●活動資金調達のため、51件に及ぶ強盗・殺傷事件を起こす。
●20数名が捕縛される。

強盗実行者の中核は、愛国交親社（愛知県）に参加していた博徒集団であった。事件以前、彼らは農村での撃剣会の興行や剣術指導を中心に勢力を広げていたのである。しかし、これが民権運動の例外だとはいえない。撃剣会は民権集会には付きものだったし、関東でも博徒は自由党の実力行使派と密接にかかわっていた。村社会に身を置きえない人々にも生きていく場所を与えてくれる「自由」が、一時的にせよ信じられていたのである。

⬆愛国交親社・槍術撃剣(そうじゅつげっけん)奉納行列の図　明治16年8月21日、愛知県の甚目寺(じもくじ)で行なわれた奉納仕合（＝演武）に向かう、愛国交親社の大行列。参加者は槍や竹刀を担いでいる。

明治18年

11月　大阪事件
●旧自由党員が大井憲太郎(おおいけんたろう)の指導のもと、朝鮮政府「改革」のための爆弾テロを計画。
●渡航前に捕縛。

▶地租改正の実施(p64)、デフレと日本銀行の設立(p212)、土木の時代(p224)

爵位と勲章

ビジュアル読み解き

⬇勲章の等級と種類 大勲位菊花章が勲等・格で最上位。旭日章と瑞宝章は男性を対象とし（大正8年以降、瑞宝章は女性にも）、宝冠章は女性専用。同じ勲等なら格は上から旭日章、宝冠章、瑞宝章の順となる。勲章にはほかに軍人向けの金鵄勲章（明治23年制定）と文化勲章（昭和12年制定）があり、金鵄勲章が昭和22年に廃止された以外はすべて現行である。なお、勲等は平成14年に廃止された。

勲等＼種類	菊花章	旭日章	宝冠章	瑞宝章
大勲位	菊花章頸飾（明治21年） 菊花大綬章（明治9年）			
勲一等		旭日桐花大綬章（明治21年） 旭日大綬章（明治8年）	宝冠章（明治21年）	瑞宝章（明治21年）
勲二等		旭日重光章（明治8年）	宝冠章（明治21年）	瑞宝章（明治21年）
勲三等		旭日中綬章（明治8年）	宝冠章（明治21年）	瑞宝章（明治21年）
勲四等		旭日小綬章（明治8年）	宝冠章（明治21年）	瑞宝章（明治21年）
勲五等		双光旭日章（明治8年）	宝冠章（明治21年）	瑞宝章（明治21年）
勲六等		単光旭日章（明治8年）	宝冠章（明治29年）	瑞宝章（明治21年）
勲七等		青色桐葉章（明治8年）	宝冠章（明治29年）	瑞宝章（明治21年）
勲八等		白色桐葉章（明治8年）	宝冠章（明治29年）	瑞宝章（明治21年）

年次は制定年

爵位は大仰な称号、勲章は古めかしいアクセサリー。現在の感覚ではその程度のものかもしれない。しかし、戦前の日本における爵位と勲章の存在意義は大きかった。

明治17年（一八八四）、華族令が施行され、「華族」が誕生した。その背景には、貴族社会が色濃く残る欧米列強との等質性を強調し、秩序ある近代国家としての日本をアピールする意図がまずあった。が、それ以上に、来るべき立憲政治に向けて、下院（＝衆議院）に対抗する上院（＝貴族院）の構成員をつくりだす役割を担っていた。

華族に列せられたのは、旧公卿・旧大名、そして国家に勲功のあった者。そして、それぞれに授けられたのが公・侯・伯・子・男の爵位であった。

「国家への勲功」に基づく爵位は、幕末維新から立憲制成立に至るまでの、その人物への格付けそのものである。薩・長・土・肥閥のリーダークラス（伊藤博文、黒田清隆、板垣退助、大隈重信ら）は伯爵に叙せられ、以下、薩長出身の官僚・軍人がとくに多く叙爵された。

勲章は、爵位に先駆ける明治8年にまず旭日章が制定され、以後、大勲位〜勲八等の勲等や全体の体系が、順次整備されていった。勲等も業績に対する国家による格付けで、宮中の席次にも厳密に反映されていたのである。

明治の官僚・軍人の墓石には「勲〇等・〇爵」などと誇らしげに刻まれていることが多い。勲章や爵位は、彼らの国家への忠誠の動機づけとして、無視しえぬ機能を果たしていたのである。（村瀬信一）

1

⬆**大勲位菊花大綬章副章**

2

⬆**勲一等旭日桐花大綬章副章** 旭日章は最初に制定された勲章で、日の丸をモティーフにデザインされている。叙勲者には終身年金が支払われていた。

➡**叙爵者の出自** 爵位は個人にではなく家に与えられ、長子が相続する。叙爵の原則は、旧幕府時代の家柄・家格をベースに、幕末維新〜明治新政にかけての功績をプラスするものであった。家柄だけなら侯爵クラスの旧薩長藩主（島津家・毛利家）が、倒幕の功を加味して徳川家と同じ公爵になっているのが象徴的だ。

叙爵内規

公爵 親王諸王より臣位に列せられた者、旧摂家、徳川宗家、国家に偉勲ある者

侯爵 旧清華家、徳川旧三家、旧大藩（現高15万石以上）知事、旧琉球藩王、国家に勲功ある者

伯爵 大納言まで宣任の例多き旧堂上、徳川旧三卿、旧中藩（現高5万石以上）知事、国家に勲功ある者

子爵 維新前に家を興した旧堂上、旧小藩（現高5万石未満）知事、国家に勲功ある者

男爵 維新後華族に列せられた者、国家に勲功ある者

爵位は変動する場合があり、ここでは最終的に与えられた爵位によって分類した

爵位	戸数	内訳						
		皇族	公家	公家分家	諸侯	諸侯分家	神職・僧職	勲功
公爵	20	0	9	0	4	2	0	5
侯爵	42	7	10	0	15	0	0	10
伯爵	117	9	30	0	33	1	2	42
子爵	388	0	89	1	222	4	0	72
男爵	444	0	4	50	12	32	18	328
計	1011	16	142	51	286	39	20	457

持田晃一『廃絶大名総覧』http://wolfpac.press.ne.jp/ より

➡功一級金鵄勲章副章　金鵄勲章は明治23年に制定され、武功抜群の軍人・軍属に与えられた。功一級〜功七級まであり、受章者には終身年金も支給された。

⬇大勲位菊花章頸飾　工芸技術の粋を集めた金と七宝の連環が首まわりを飾る、日本で最高の勲章。皇族・外国元首以外でこれを授与されたのは伊藤博文、吉田茂ら13人だけである。

➡元帥陸軍大将大山巌　薩摩閥のリーダーのひとり大山巌は、伯爵から公爵まで昇り、伊藤博文らと同様に元勲、さらには元老として遇された。爵位も勲等も軍人としての階級も、まさに位人臣をきわめた人物だった。

⬅功一級金鵄勲章正章

⬅元帥徽章　元帥は、天皇の軍事上の最高顧問機関である元帥府に列せられた者の称号。元帥徽章はその地位の象徴だが、勲章には分類されない。左は実際に大山がつけていた徽章。

⬅外国の勲章　大山クラスの人物なら、外交上の交際から左のレジオン・ドヌール勲章(フランス)など外国から勲章をもらうことも多く、正装時にはこれらも併佩した。

⬅勲章の佩用の仕方　勲章を下げるリボンを「綬」という。勲等によって大綬・中綬・小綬と分かれ、それによって佩用の仕方も異なる。勲一等以上の勲章は、幅広の大綬で右肩から左脇に垂らし(金鵄勲章は左右逆)、ブローチ状の副章を左胸につける。正装時にはこのセットが基本だが、もらった勲章は全部つけるのが原則なので、大綬が重複する場合は格上の勲章を優先し、あとは副章のみをつける。

⬅女性向けの勲章　宝冠章は功労ある女性に授与される勲章。写真は勲三等宝冠章。女性向けらしく、花を多くあしらったデザイン、綬(リボン)の色合いもかわいらしい。

▶廃藩置県と華族の創設(p62)

内閣制度と藩閥政治

立憲体制に向けた強い行政府の構築

明治18年（一八八五）12月、太政官制から内閣制度への移行が断行され、第一次伊藤博文内閣が発足した。これによって、何がどう変わったのであろうか。

太政官制では、天皇を太政大臣と左右大臣が補佐し、伊藤ら実力のある薩長閥の政治家は参議として大臣の下についた。

しかし明治16年に実力ある右大臣岩倉具視は死去し、太政大臣三条実美、左大臣有栖川宮熾仁親王は指導力・意欲ともに欠けて十分な役割を果たさず、政治を実質的に担う参議たちは、天皇周辺の宮中勢力、さらには明治天皇その人にも振りまわされがちであった。

このような事態を回避するとともに、立憲政治の開始に向けて議会に対抗しうる強力な行政府をつくるべく、薩長指導者が、大臣として名実ともに政治の第一線に立つシステムを構築することが、内閣制度施行の目的であった。

最初は、官制そのものは据え置きにして、左大臣伊藤博文、右大臣黒田清隆とするような漸進案も検討されたが、結局、伊藤をはじめのちに元老に列する六人の薩長実力者（元老になる前に死去した山田顕義を加えれば七人）を中核とする、最初の内閣発足となった。つまり内閣制度施行とは、薩長の共同作業による、薩長政権の確立であった。このことから、以後の組閣においては薩長間のバランスがとくに重視され、第三次伊藤内閣までの七代の総理大臣は、薩長出身者が交代で務めている。

●総理大臣の突出を防ぐ

内閣制度施行と同時に定められた「内閣職権」（内閣の構成と役割を規定）では、総理大臣に「行政各部ノ成績ヲ考ヘ其説明ヲ求メ及ヒ之ヲ検明スルコトヲ得」という強い権限を認めていた。しかし四年後の明治22年の「内閣官制」（「内閣職権」の改訂版）ではそれが削除され、総理大臣は単に「各大臣ノ首班」とされた。これは総理に就任した人物の突出を防ぐという政治的配慮によるものだったが、各大臣は独立して天皇に仕えると定めた憲法との整合性をとるためでもあった。

しかし、このように細心の注意を払っても、従来からの対立に加え、議会開設後は議会対策などをめぐっても軋轢が生じ、結局薩長の横並びは維持できなかった。

また、バランスを考慮したあまり「内閣官制」によって権限が弱められた総理大臣のあり方は、明治期だけではなく、大正・昭和初期の政治にも少なからざる影響を与えていくのである。（村瀬信一）

	第１次伊藤内閣	黒田内閣	第１次山県内閣
大臣	人名	人名	人名
総理	伊藤博文	黒田清隆	山県有朋
外務	井上　馨	大隈重信	青木周蔵
内務	山県有朋	山県有朋	山県有朋(兼)
大蔵	松方正義	松方正義	松方正義
陸軍	大山　巌	大山　巌	大山　巌
海軍	西郷従道	西郷従道	西郷従道
司法	山田顕義	山田顕義	山田顕義
文部	森　有礼	森　有礼	榎本武揚
農商務	谷　干城	榎本武揚(臨兼)	岩村通俊
逓信	榎本武揚	榎本武揚	後藤象二郎

メンバーは内閣発足時のもの。(兼)は兼任、(臨兼)は臨時兼任の略

長州　薩摩　土佐　肥前　幕臣

⬅初期内閣の構成　一見してわかるとおり、内閣の構成は完全に薩長閥によっている。「薩長土肥」といわれ、維新当初は政府の中枢を占めていた土佐・肥前出身者は、征韓論の政変、「明治十四年の政変」を経て淘汰され、野党化した。なお、引退した三条のために明治18年に新設された内大臣は、内閣とは別に宮中官として置かれた。内大臣は昭和期に重要な存在となる。

明治時代歴代内閣

第１次伊藤博文内閣（明治18年12月～21年4月）
藩閥内閣　薩長の元勲7人をそろえた

黒田清隆内閣（明治21年4月～22年10月）
連立内閣　大日本帝国憲法発布

第１次山県有朋内閣（明治22年12月～24年4月）
藩閥内閣　最初の衆議院選挙と帝国議会

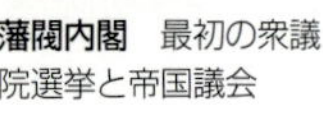

第１次松方正義内閣（明治24年5月～25年7月）
藩閥内閣　大津事件、蛮勇演説

第２次伊藤博文内閣（明治25年8月～29年8月）
藩閥→提携→連立内閣　日清戦争、三国干渉

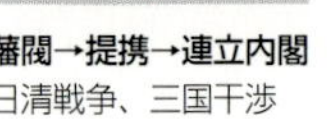

第２次松方正義内閣（明治29年9月～30年12月）
連立内閣　政党と藩閥が連立した「松隈内閣」

第３次伊藤博文内閣（明治31年1月～6月）
藩閥内閣　政党との大連立を模索

■内の数字は在位月数

藩閥内閣期 政界相関図

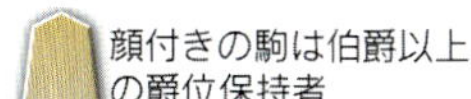
顔付きの駒は伯爵以上の爵位保持者

明治期の首相経験者

陸軍軍人

海軍軍人

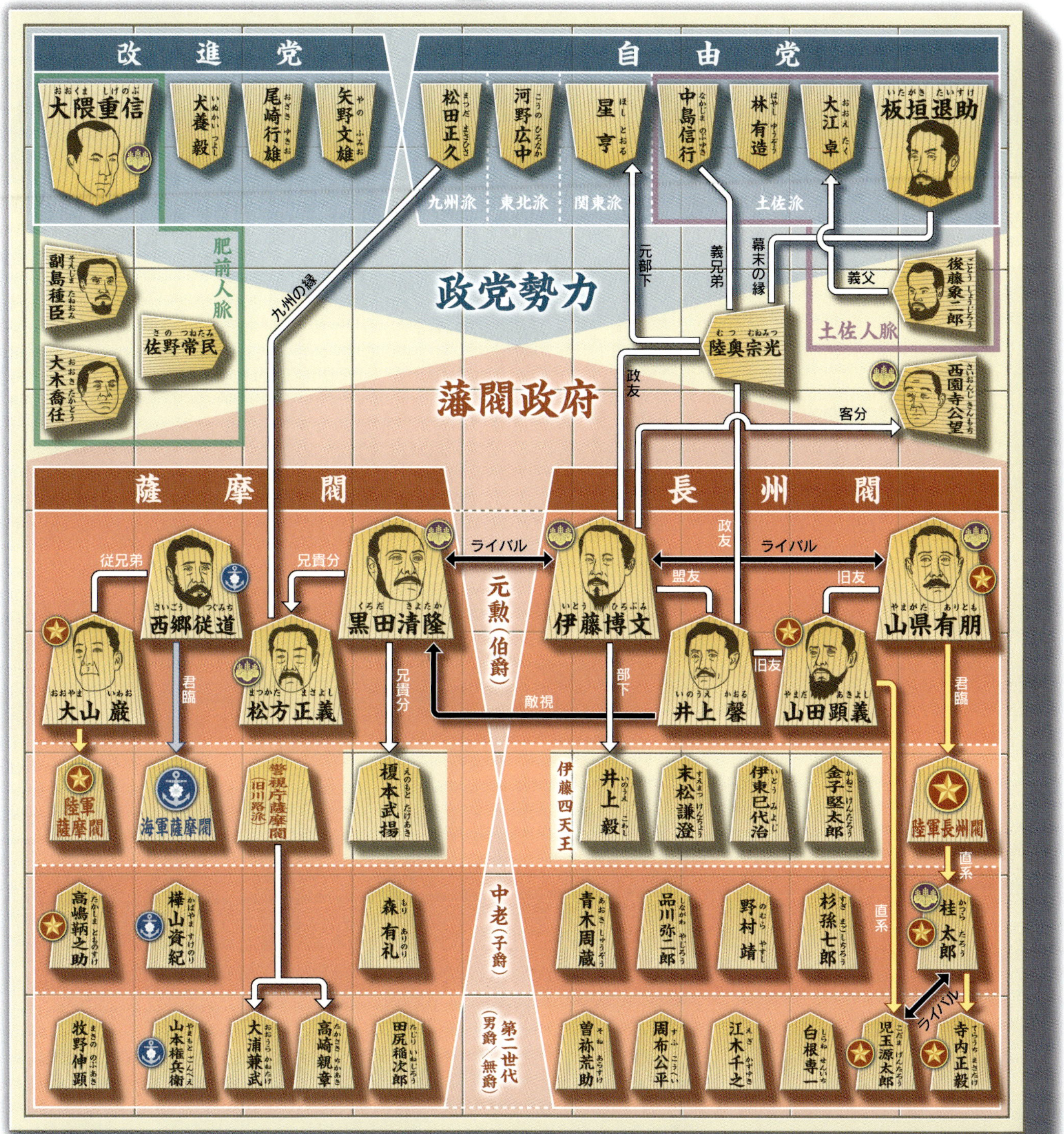

改進党
大隈重信（おおくま しげのぶ）　犬養毅（いぬかい つよし）　尾崎行雄（おざき ゆきお）　矢野文雄（やの ふみお）

自由党
松田正久（まつだ まさひさ）　河野広中（こうの ひろなか）　星亨（ほし とおる）　中島信行（なかじま のぶゆき）　林有造（はやし ゆうぞう）　大江卓（おおえ たく）　板垣退助（いたがき たいすけ）
九州派　東北派　関東派　土佐派

肥前人脈
副島種臣（そえじま たねおみ）　佐野常民（さの つねたみ）　大木喬任（おおき たかとう）

土佐人脈
後藤象二郎（ごとう しょうじろう）　義父
陸奥宗光（むつ むねみつ）　元部下　義兄弟　幕末の縁　政友
西園寺公望（さいおんじ きんもち）　客分
九州の縁

政党勢力
藩閥政府

薩摩閥
西郷従道（さいごう つぐみち）　従兄弟　大山巌（おおやま いわお）
黒田清隆（くろだ きよたか）　兄貴分　松方正義（まつかた まさよし）
君臨　兄貴分　敵視
陸軍薩摩閥　海軍薩摩閥　警視庁薩摩閥（旧川路派）　榎本武揚（えのもと たけあき）
高嶋鞆之助（たかしま とものすけ）　樺山資紀（かばやま すけのり）　森有礼（もり ありのり）
牧野伸顕（まきの のぶあき）　山本権兵衛（やまもと ごんのひょうえ）　大浦兼武（おおうら かねたけ）　高崎親章（たかさき ちかあき）　田尻稲次郎（たじり いなじろう）

元勲（伯爵）　ライバル
中老（子爵）
第二世代（男爵／無爵）

長州閥
伊藤博文（いとう ひろぶみ）　ライバル　山県有朋（やまがた ありとも）
政友　盟友　旧友　旧友　部下
井上馨（いのうえ かおる）　山田顕義（やまだ あきよし）
伊藤四天王　井上毅（いのうえ こわし）　末松謙澄（すえまつ けんちょう）　伊東巳代治（いとう みよじ）　金子堅太郎（かねこ けんたろう）
君臨　陸軍長州閥　直系　直系
青木周蔵（あおき しゅうぞう）　品川弥二郎（しながわ やじろう）　野村靖（のむら やすし）　杉孫七郎（すぎ まごしちろう）　桂太郎（かつら たろう）
ライバル
曽祢荒助（そね あらすけ）　周布公平（すふ こうへい）　江木千之（えぎ かずゆき）　白根専一（しらね せんいち）　児玉源太郎（こだま げんたろう）　寺内正毅（てらうち まさたけ）

注：この図は明治20年代における人物の相関関係を表わしたものです。

図版作成／infographics 4REAL

第２次西園寺公望内閣（明治44年8月〜大正元年12月）
政党内閣　辛亥革命、明治天皇崩御

第２次桂太郎内閣（明治41年7月〜44年8月）
藩閥内閣　韓国併合、大逆事件

第１次西園寺公望内閣（明治39年1月〜41年7月）
政党内閣　鉄道国有法、満鉄設立

第１次桂太郎内閣（明治34年6月〜38年12月）
藩閥内閣　日露戦争、明治期最長の政権

第４次伊藤博文内閣（明治33年10月〜34年5月）
政党内閣　立憲政友会を伊藤が結成

第２次山県有朋内閣（明治31年11月〜33年9月）
提携内閣　政党と提携

第１次大隈重信内閣（明治31年6月〜10月）
政党内閣　日本初の政党内閣

大日本帝国憲法発布

立憲政治の優等生であろうとした日本

大日本帝国憲法は、明治22年（一八八九）2月11日、当時でいう紀元節に、衆議院選挙法・議院法など立憲政治に不可欠な附属の諸法令とともに、東アジア初の近代的な憲法として発布された。

●誰が憲法をつくるのか

明治政府内では、近代国家へと脱皮し、欧米列強からの独立を維持するために憲法が必要であることは、「民撰議院設立建白書」が出される以前から認識され、構想もされていた。自由民権運動は政府と激しく対立したが、それは憲法をもつこと自体の是非ではなく、いつ、誰の主導で憲法をつくるかが争点だったのである。

民権運動の弾圧や「明治十四年の政変」を経て、この主導権は政府側、なかでも伊藤博文を中心とした人々の手に帰することになった。

しかし民権運動も一方的に敗北したわけではない。「明治23年を期して議会を開く」と期限を設定させたことはきわめて重要であったし、民権運動対策に消耗した経験が、議会開設後の藩閥政府に、憲法停止といった非常手段をとらせない抑止力になったと推測されることも特筆されてよいだろう。

伊藤らの手によってできあがった憲法は、君主権が強く議会の権限が弱いドイツ欽定憲法に倣ったものとされる。明治15年から伊藤がヨーロッパで行なった憲法調査も、主たる調査対象はドイツであった。しかし、条件つきながら議会の予算議決権を認めるなど、全面的にドイツの模倣だったわけではない。また伊藤は、天皇の権限が憲法によって制限を受けることにも、大きな意義を見いだしている。

●懸命に憲法を運用

伊藤らによるこの憲法を、国民はひじょうな喜びをもって迎えた。ジャーナリズムもおおむね好意的であった。だが、もとより憲法はつくるだけではなく、実際に運用していかなければならない。

欧米諸国では、有色人種には立憲政治を運用する能力はないと見なされていた。大日本帝国憲法に先立つこと十数年前の、オスマン帝国のミドハト憲法*の失敗はそうした認識をいっそう強めていた。藩閥政府の面々も、民権派の人々、さらには国民も、欧米の認識を覆そうと懸命に努力した。そしてそれは十分に報いられたと評価しても差し支えないだろう。

日本が条約改正を達成していく背景には、日清・日露戦争の勝利などの要素もあるにせよ、日本人に立憲政治を運用する能力があると証明した国民全体の存在が大きかったのである。（村瀬信一）

*ミドハト憲法　一八七六年に公布されたオスマン帝国（現在のトルコ）の憲法。近代的な憲法だったが、君主スルタンの非常大権を認めていたために、その条項によって憲法起草者で大宰相のミドハト・パシャが追放された。

↑梅堂小国政『憲法発布式桜田之景』　憲法発布式典を終えて観兵式へと出かける天皇一行を、帝大生たちが万歳三唱で出迎えた。帝大総長外山正一の発案といわれ、これがバンザイの始まりである。

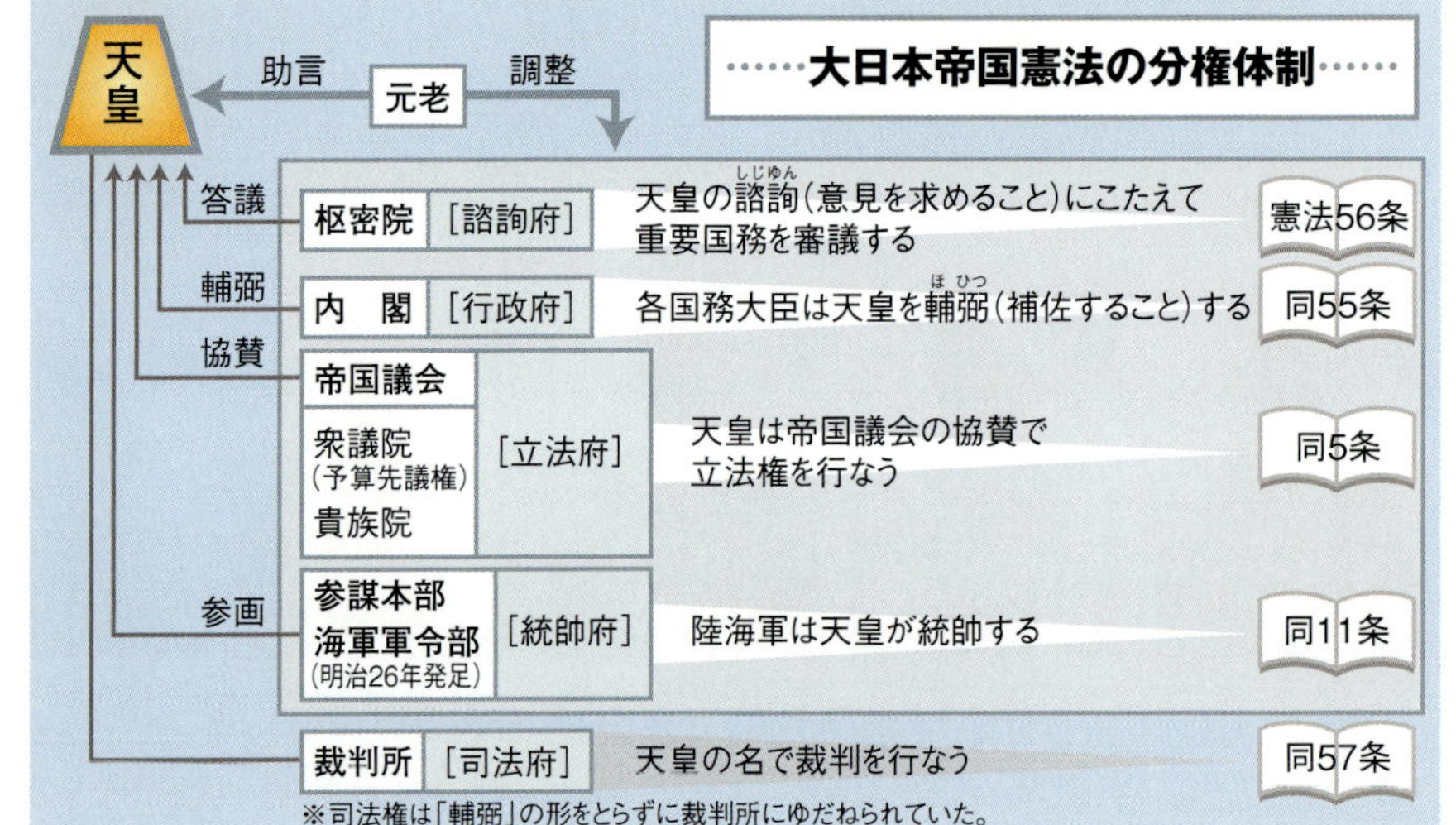

2

⬆床次正精『憲法発布式之図』 憲法発布の諸儀式の記録を残そうと計画した宮内省が、司法官を務めるかたわら独学で洋画を学んだ床次に作画を委託。床次は制作にあたって宮殿を見学し、主要な列席者の顔写真を集め、女性たちの服の生地・色まで問い合わせるなど、徹底的に取材して正確を期した。

3

⬆大日本帝国憲法御署名原本 帝国憲法の原本で、明治天皇の御名御璽以下、各大臣の署名が入っている。

⬇床次正精『豊明殿御陪食之図』 発布式の夜に行なわれた晩餐会の様子。席次は原則男女が交互になっているが、この日の朝に暴漢に刺された森有礼（翌日死亡）夫妻が欠席したところは、男性２人女性２人が並んでいる（テーブル内側右上）。

4

教育勅語と御真影

天皇神格化を支えた言葉と肖像

朕惟フニ我カ皇祖皇宗國ヲ肇ムルコト
宏遠ニ德ヲ樹ツルコト深厚ナリ我カ臣
民克ク忠ニ克ク孝ニ億兆心ヲ一ニシテ
世世厥ノ美ヲ濟セルハ此レ我カ國體ノ
精華ニシテ教育ノ淵源亦實ニ此ニ存ス
爾臣民父母ニ孝ニ兄弟ニ友ニ夫婦相和
シ朋友相信シ恭儉己レヲ持シ博愛衆ニ
及ホシ學ヲ修メ業ヲ習ヒ以テ智能ヲ啓
發シ德器ヲ成就シ進テ公益ヲ廣メ世務
ヲ開キ常ニ國憲ヲ重シ國法ニ遵ヒ一旦
緩急アレハ義勇公ニ奉シ以テ天壤無窮
ノ皇運ヲ扶翼スヘシ是ノ如キハ獨リ朕
カ忠良ノ臣民タルノミナラス又以テ爾
祖先ノ遺風ヲ顯彰スルニ足ラン
斯ノ道ハ實ニ我カ皇祖皇宗ノ遺訓ニシ
テ子孫臣民ノ倶ニ遵守スヘキ所之ヲ古
今ニ通シテ謬ラス之ヲ中外ニ施シテ悖
ラス朕爾臣民ト倶ニ拳拳服膺シテ咸其
德ヲ一ニセンコトヲ庶幾フ

明治二十三年十月三十日

御名　御璽

教育勅語謄本と奉納箱　教育勅語は、文部省から全国各学校に頒布された。帝国大学や第一高等中学校などには、とくに天皇が宸署したものが下賜された。

明治政府は明治12年（一八七九）に教育令を制定するなど、近代教育制度の整備に努めてきた。一方で、それによって伝統的な道徳教育が蔑視・軽視され、西洋崇拝の風潮が生まれているとして、不満や危機感をもつ者も少なくなかった。とくに、明治10年代なかばごろから、そうした危機意識をもつ人々が増えてきた。

教育勅語起草の直接の契機も、欧米偏重の教育が民情に悪影響を及ぼしていると感じた地方官からの運動であった。

教育勅語は井上毅と元田永孚が中心となって起草が進められた。法制官僚である井上は、勅語を政治上の命令とは異なる君主の「著作公告」の形式とすることや、特定の教義を示唆する用語、哲学上の理論は避けることなどの方針を立てた。

実際の教育勅語の内容は、儒教的な徳目を骨子としながらも、キリスト教的倫理や、自助の道徳、功利主義的道徳なども混在し、皇祖皇宗以来臣民とともに遵守してきたこうした徳目を、今後も臣民とともに遵守し実践することを希望するという趣旨になっている。

●最初は外交儀礼から

御真影は正式には「御写真」*といい、天皇あるいは皇后の公式の肖像写真のことである。明治5年、遣欧使節団の大使岩倉具視が、訪問先のアメリカから天皇の写真下賜を申請したことが始まりで、まず外交儀礼上の要請から各国の日本公使館・領事館などに下賜されるようになった。

天皇の写真が国民の奉拝の対象として国民に下賜されたのは、明治6年の奈良県令からの申請によるものが最初。以後地方庁・軍隊・官立学校・府県立尋常中学校などに下賜されるようになったが、一方、それを複写して売買することは厳しく取り締まられた。

教育勅語の起草者　元田永孚（上）は、熊本藩出身の儒学者。明治天皇の信任が厚く、侍講・侍補などを務めた。井上毅（下）も熊本出身である。伊藤博文のもとで帝国憲法・皇室典範を起草した、優れた法制官僚であった。

↑**『教育勅語双六』**　教育勅語下賜の翌年（明治24年）に発行された双六。「ふりだし」は奉読式で、勅語の文言にちなんだコマが続き、「上がり」は八咫鏡のなかに神武天皇が描かれている。中央に勅語全文が記されたコマがあり、ここに差しかかると勅語を誦読、読み間違うと「1回休み」、というふうに遊んだ。

●奉読・奉拝が儀式化

教育勅語は明治23年10月30日に下賜された。翌日、文部大臣芳川顕正は勅語の謄本を全国の学校に頒布すると発表し、式日などに生徒を会集して勅語を奉読すべきことを訓令した。

御真影も、この明治23年から公立高等小学校にまで下賜の範囲が広げられていたが、翌年には、教育勅語謄本と御真影は、校内の一定の場所に丁重に奉安すべしと訓令が発せられた。

教育勅語の文言は道徳を強制する命令ではなかったし、御真影も形式上はあくまでも自発的な申請に基づいて各学校に下賜された。しかし、勅語奉読、御真影奉拝と教育の場において儀式化され、それが繰り返されることによって、天皇にある種の宗教性を与える結果となった。（梶田明宏）

＊**御写真**　最初の明治天皇の御真影は、明治6年に内田九一が撮影した軍服姿のものであった。その後、天皇は写真の撮影を許さず、明治21年になって、イタリア人キヨソーネが描いた肖像画に変更された。これが現在、一般に明治天皇御真影として知られている。

➡**奉安殿**　奉安殿とは、御真影（キヨソーネが描いた明治天皇肖像画の複製写真）を収めておく神殿様の建造物。このように独立したものもあれば、学校の講堂などの壁面に造りつけられる場合もあり、また校庭の一角などに単独の建物として建てられる場合もあった。

「不敬」な人々
人物そろい踏み

Case 1 森有礼、不敬のうわさ

暗殺

3

▶ Who？ 森有礼（1847～1889）
▶ When？ 明治20年
▶ Where？ 伊勢神宮
▶**事件の経緯と結末**

帝国憲法発布式典当日の朝、文部大臣森有礼は、山口県士族西野文太郎に刺され、翌日絶命した。西野が所持していた斬奸状に、森が伊勢神宮を参詣したとき靴を脱がずに神殿に昇り、杖で御帳を持ち上げて中をのぞき込んだことは、皇室を蔑視するものだと書かれていた。実際にはそうした事実はなく、神官の不適切な誘導によって、本来入ってはいけない御門を誤ってくぐりかけたというのが真相であった。しかし、森有礼の近代国家主義的教育政策に不満をもつ神官・国学者などによって、不敬のうわさはまことしやかに広められていたのである。

Case 2 宮武外骨不敬事件

逮捕・有罪

1

▶ Who？ 宮武外骨（1867～1955）
▶ When？ 明治22年2月12日
▶ Where？ 『頓智協会雑誌』誌上
▶**事件の経緯と結末**

帝国憲法発布後まもなく、『頓智協会雑誌』第28号に、憲法発布勅語と憲法本文になぞらえた「研法発布囈語」「大日本頓智研法」、および「研法」下賜の図が掲載された。「研法」は第1条「大頓智協会ハ讃岐平民ノ外骨之ヲ統轄ス」から始まり御名御璽のかわりには頓智協会会長である宮武外骨の名が記されていた。当局はこの記事を不敬罪として摘発し、『頓智協会雑誌』は発行停止、宮武外骨ほか2名が起訴された。大審院まで争ったものの、外骨は重禁固3年・罰金100円の判決を受けた。

2
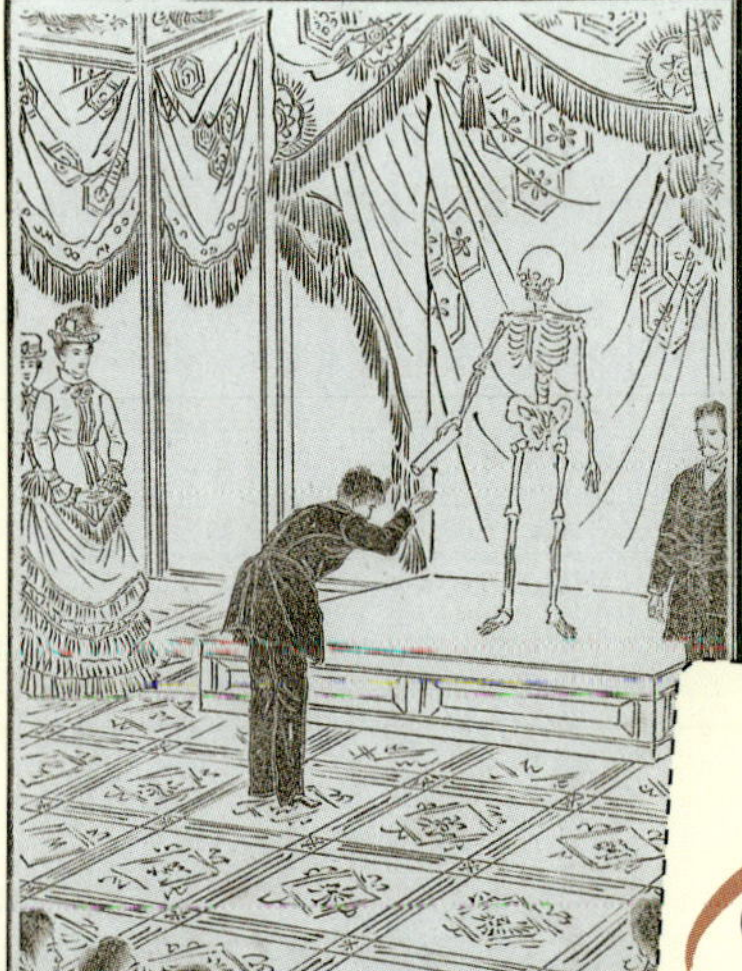

←『頓智研法』下賜の図　玉座の位置に立つ骸骨が、すなわち外骨を指すことは明らか。反骨の奇人と呼ばれた宮武外骨の面目躍如たるパロディである。

戦前の刑法には、皇室に対する不敬の行為を処罰する条文があり、実際にこの条文が適用された事件はしばしば起こった。しかし、ここに取り上げた有名な「不敬事件」のうち、不敬罪で起訴されたのは、宮武外骨の事件だけである。

内村鑑三と奥村禎治郎の事件は、急激な西欧化に対する人々の不安や不満が、キリスト教に対する警戒感となって、過剰に反応したといえよう。森有礼や久米邦武の事件も、同様に合理主義的な近代化に対する神道家・国学者などの反発とみることができる。

日本が近代化路線を進めるしかないことは誰も否定はできなかったが、それに対する不満もあった。「皇室＝錦の御旗」を背にした不敬問題は、そうした不満をぶつける格好の材料であった。「不敬」という概念は、日本の近代化のひずみを顕在化する機能を演じた。

したがって、これらの事件は国家が率先して弾圧を促したというわけではない。宮武外骨の事件も、当時、井上毅が冤罪の一例として司法当局を批判したことが、のちに明らかになった。（梶田明宏）

Case 3 内村鑑三不敬事件

4

失職

- Who？　内村鑑三（1861～1930）
- When？　明治24年1月9日
- Where？　東京・第一高等中学校
- **事件の経緯と結末**

第一高等中学校では、天皇宸署（しんしょ）の教育勅語を拝受し、式典を行なった。キリスト教徒であった嘱託教員内村鑑三は、宗教的な拝礼にあたるのではないかという疑念から、勅語に対する敬礼をためらった。生徒・教員から、これを不遜（ふそん）とする批判があがり、新聞・雑誌にも不敬事件として大きく取り上げられ、攻撃が集中した。事件直後より病床にあった内村は、友人に代拝をしてもらい、さらに新聞に弁明書を発表。自分はもとより皇室を尊崇し、勅語の趣意を奉戴実行するつもりであるとし、改めて拝礼する意を明らかにしたが、依願解職に追い込まれた。

Case 4 熊本英学校事件

5

解雇

- Who？　奥村禎治郎（1870～1914）
- When？　明治25年1月15日
- Where？　熊本英学校
- **事件の経緯と結末**

キリスト教系の私立学校、熊本英学校の新校長就任式の祝辞として、同志社出身の教員奥村禎治郎が、同校の教育方針は「博愛主義」であり「眼中国家なし」などと述べたことが、保守派の新聞に取り上げられ大問題となった。結局、知事の解雇命令によって奥村は辞職させられ、熊本英学校も分裂してしまった。この年、熊本県内では、山鹿町の高等小学校で聖書を持っていた生徒が棄教勧告を拒否して退校処分となり、八代高等小学校でもキリスト教徒の子弟が天皇の聖影に向けて意識的に扇子を投げつけたとされ、不敬事件にまで発展している。

Case 5 「神道は祭天の古俗」事件

7

失職

- Who？　久米邦武（1839～1931）
- When？　明治25年1月
- Where？　雑誌『史海』誌上
- **事件の経緯と結末**

帝国大学教授久米邦武は、『史学雑誌』に掲載した論文「神道は祭天の古俗」において、神道＝敬神は日本の国体精神の中核であるとしながらも、それは宗教ではなく日本固有の習俗であるとし、神道家などの謬説（びゅうせつ）・偏見を排して公正に研究すべきことを主張した。この論文が発表されたときには問題とならなかったが、内容に感激した田口卯吉（たぐちうきち）が挑発的な序文を付して、雑誌『史海』に転載。これが神道・国学関係者などの憤激を買い、大きな問題となった。久米は大学を免官となり、掲載された『史海』は発売禁止となった。

6

➡**教育勅語奉読式**　神戸湊川小学校における奉読式の様子（明治42年）。校長が勅語を読みあげるのを、生徒がかしこまって聞いている。

8

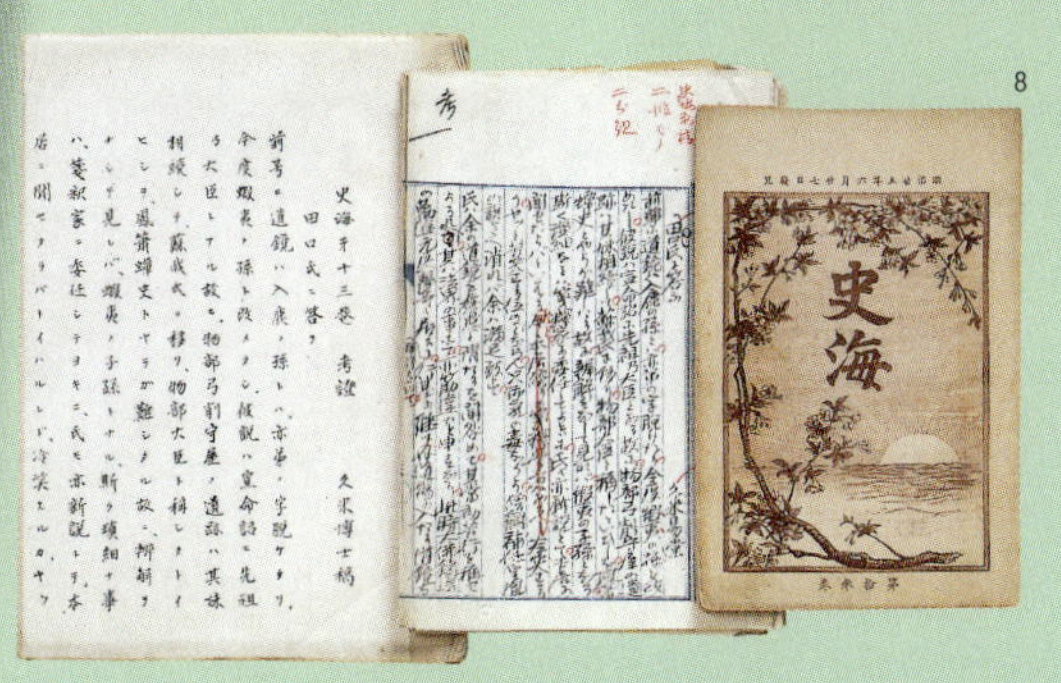

⬅**雑誌『史海』と久米邦武の自筆および清書原稿**　久米は、帝国大学免官後、事件の端緒（たんしょ）となった『史海』に古代史考証の原稿を発表するなど、在野の史学者として活躍する。

観菊会と観桜会

日本の優美な行事として創案された春秋の催し

現在、東京・赤坂御苑で春と秋に開催される「園遊会」。これと同様の催しが、明治から昭和前期にかけて開かれていた。「観菊会」と「観桜会」という、明治に創案された宮中年中行事である。

●王室外交を見習って

観菊会は明治13年（一八八〇）11月に赤坂離宮において、観桜会は翌14年4月に吹上御苑においてはじめて開催された。観桜会は明治16年から浜離宮、大正6年（一九一七）から新宿御苑、観菊会も昭和4年（一九二九）から新宿御苑で開かれている。

開催の背景には、不平等条約の改正という、当時の日本の悲願があった。

明治12年、条約改正交渉が膠着状態に陥るなか、外務卿に就任した井上馨は、「側面工作として、外国人をして欧州文明がわが国に瀰漫していることを知らしめる必要がある」と考えた。参議伊藤博文とも意見が一致して、鹿鳴館に代表される欧化主義がとられることになった。

他方、ヨーロッパでは王室（皇室）が社交の中心であり、王室主催の音楽会や舞踏会といった社交の場で内外の人物との謁見が行なわれていることを、井上は訪問先のロンドンで知る。そして日本の皇室にも、そのような応対を望むようになっていた。こうしたことから「イギリスの王室に於いて行なわれているような内外人に対する御仕向を、皇室に於いても賜わること」を奏請したのである。

●イギリス式の園遊会に

日本の宮中では、古くから花宴や重陽節など、桜や菊を賞美する宴が催されていた。そうしたことから、外国人に示すにたる日本の優美な行事として、観菊・観桜の会が新たに考案され、開催されるに至る。

両会の式次第は、イギリス式の

⬆衆芳亭石台大造菊花壇（明治43年）

⬆仮立食所玉座入口破風作正面（明治42年）

⬆立食所中央正面（明治37年）

⬆↗明治後半の観菊会の様子　観菊会で展観される菊は、ひじょうに高度な技術で栽培された。大きく半円形に整えられた「大造」は、1本の株から何百という花を同時に咲かせる。仮立食所も菊で飾られ、菊でつくられた菊の紋章も掲げられている。

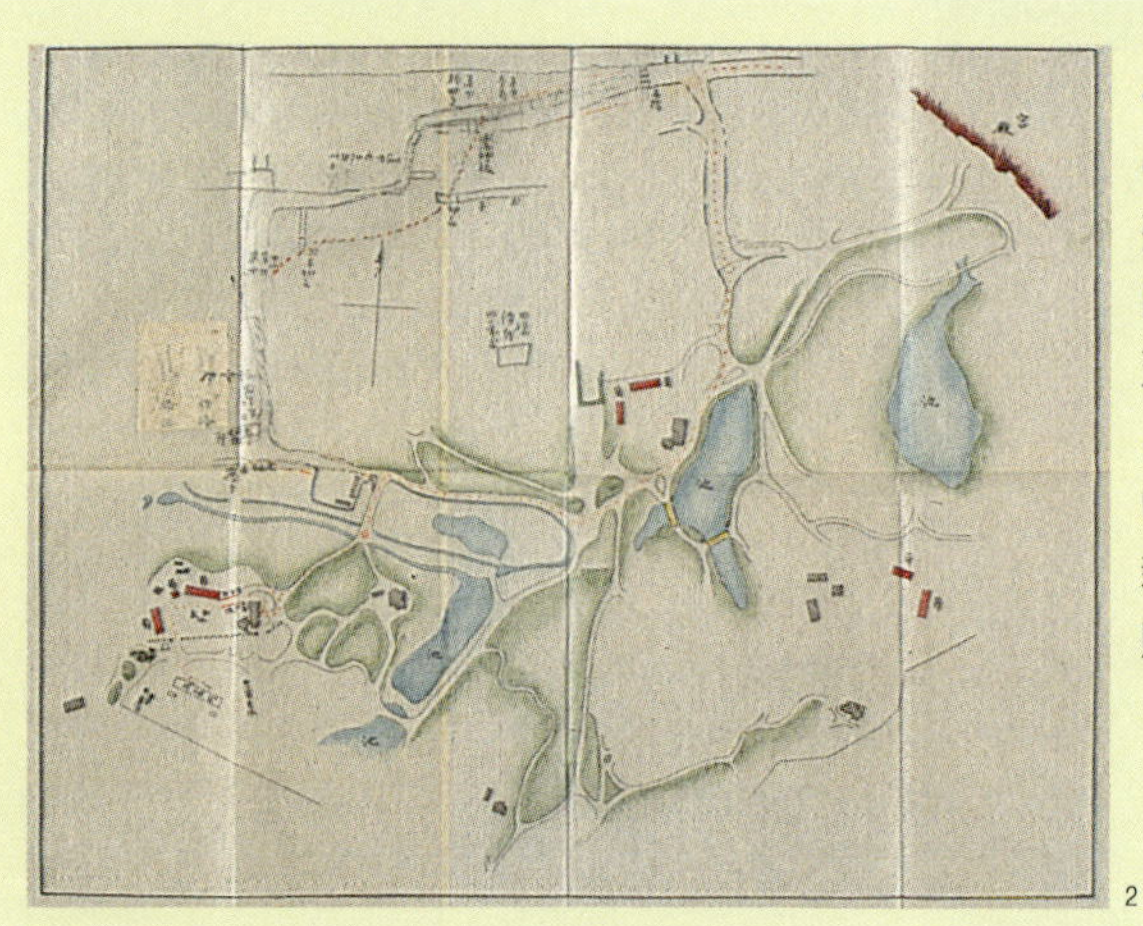

⬅明治22年の観菊会の会場絵図　宮内庁に残されている図で、各国公使の立ち位置や、天皇皇后の移動経路などが細かく図示されている。明治になって、新たにできた行事の細則を決めていく様子がうかがえる。

▶条約改正を阻んだもの（p280）、欧化の象徴・鹿鳴館（p282）

園遊会を参考に定められた。

それまでの皇室のあり方からはとうてい考えられなかったことであるが、天皇皇后は、内外の招待者の前を会釈しながら歩き、外国公使とその夫人には握手までしている。さらに招待者には立食がふるまわれ、音楽が奏でられるなか、天皇皇后も食事をともにした。ある旧公家は「未曾有のことで仰天するしかない」と驚いている。

この行事が、条約改正の一助にという当初の目的に、どれほど有効だったかはわからない。しかし外交団のみならず、多くの内外国人が招待を希望していたことが伝わっており（とくに内国人の招待範囲は外国人に比べて厳密に規定されていた）、招待が栄誉と受け取られていたことがうかがわれるのだが、実際に爵位や位階で報われない人々へ栄誉を与える意味合いもあった。

明治末には不平等条約は解消されるが、その後も観菊会・観桜会は、宮中の年中行事として定着したのであった。

（川上寿代）

⬆**中沢弘光『観菊会』** 観菊会と同時期に行なわれる陸軍大演習観閲のため、明治天皇が観菊会に必ず参加するとはかぎらなかった。これは明治天皇が臨御した明治42年の観菊会の様子。天皇の後ろに皇后や梨本宮守正王など皇族が続く。

⬇➡**現在の浜離宮（下）と浜離宮における観桜会（右）** もと徳川将軍家の御殿だった浜離宮は東京湾に面し、海水が出入りする大きな池がある。池の中央の島に「御茶屋」と呼ばれる茶亭があり、天皇皇后は到着すると、まずここで休憩をとった。

日本髪と束髪

和装にも洋装にも似合う簡便な髪型が広まる

明治時代の女性の髪型を見てみると、ほとんどの人は旧態依然のまま、日本髪の島田髷・丸髷・桃割れ・銀杏返しなどを結っていた。

●「婦人束髪会」の結成

明治16年（一八八三）11月、東京・麹町内山下町に鹿鳴館が建てられた。外交官などを招いて催された舞踏会には、華族や高官の夫人・令嬢たちも出席した。しかし、どうにか洋装は身に着けられたとしても、長い間日本髪を結っていたものがすぐに洋髪化することは難しく、日本髪でも洋髪でもない「夜会巻」など、束髪系統の髪型が結われた。

明治18年7月、医師の渡辺鼎と経済雑誌社の石川暎作が相談し、それまでの日本髪を廃して束髪にする運動「婦人束髪会」の設立を提唱した。その理由は、日本髪は①不便窮屈、②不潔汚穢、③不経済であるということであった。

束髪会設立の趣旨を徹底させる

日本髪

桃割れ

↑桃割れ　17～18歳の娘に結われた髪型。髷の形が桃を割ったようであるところから、この名がついた。

➡髪結い　男性は髪結い床に通ったが、女性が髪を結うときは、自宅に女髪結いに来てもらうのが一般的だった。束髪が普及すると、自分で髪を結う女性も増えたが、多くの女性は女髪結いの手を借りていた。

銀杏返し

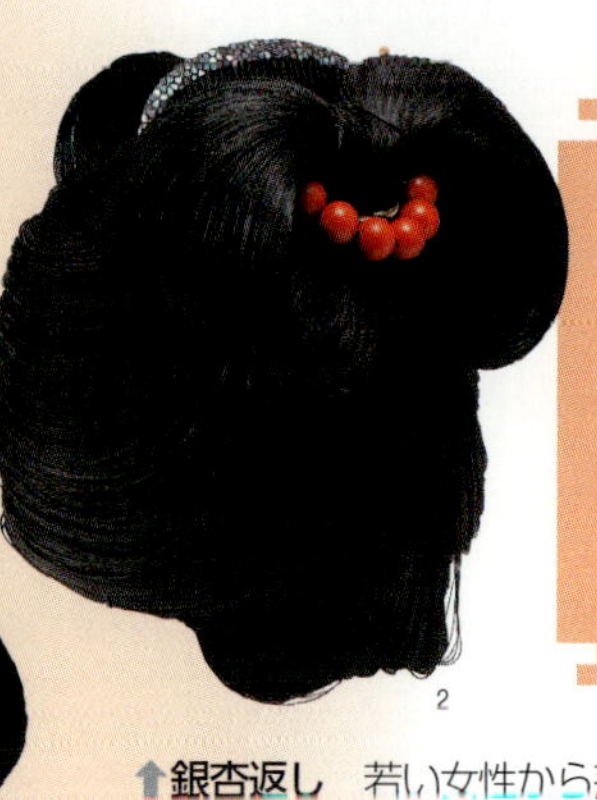

↑銀杏返し　若い女性から芸人、または30歳以上の女性まで幅広く結われた髪型。珊瑚の根掛けが粋にみえる。

丸髷

↑丸髷　既婚女性の髪型。「丸髷形」という紙の型を入れて形をつくった。若い妻は桃色、年配は水色や紫色の手絡を掛けた。

島田髷

⬅万龍　島田髷は若い未婚女性の髪型で、素人も粋筋も結った。万龍は明治の美人絵葉書を代表する芸妓で、明治41年に雑誌『文藝倶楽部』の「日本百美人」コンテストで1等。

元禄髷

➡『婉姿百態　元禄姿』　日露戦争が終わった明治38年頃、元禄風俗が流行したころの絵葉書。髱が鴎髱で、髷が投げ島田のようになっている。

ために、『大日本束髪図解』という三枚続きの錦絵が発行され、会の趣旨とともに、四種類の束髪「上げ巻」「下げ巻」「イギリス結び」「マガレイト」を図示して説明している。

束髪は簡単で斬新なうえ、自分でも比較的簡単に結えることや、軽快で和服にも似合うことがわかったため、東京女子師範学校の教師や生徒も束髪を採用するようになり、まもなく全国的に広まっていった。

●日露戦争で流行した髪型

明治35年頃になると、束髪は、前髪をだんだん前に広く突き出すようになっていった。これは「庇髪」とか「おでこ隠し」と呼ばれ、前髪と鬢との区別はつけずに膨らませ、庇のようにした髪型である。

明治37年2月、日露戦争が勃発した。開戦時は順調であったが、旅順港の攻撃目標であった二〇三高地がなかなか落ちず、苦戦を重ねた結果、ようやく陥落させたのはその年の12月であった。

そのころ、人々の間では二〇三高地の話でもちきりで、ちょうど庇髪の流行と、日露戦争の二〇三高地奪取とが重なって、この庇髪を「二〇三高地髷」と呼ぶようになった。

束髪が結われはじめた当初は、目新しい西欧風の髪型であったが、五年、一〇年たつと、従来の衛生的であるとか、経済的であるとかいう観念は薄れ、油をつけて30匁(約一一三g)もある蛇籠型の芯を入れたり、すき毛を入れたりし、髪飾りも華美になっていった。

(村田孝子)

束髪

マガレイト

⇒マガレイト　日本ではじめて登場した三つ編みの髪型。リボンをかけた髪型は、若い女性の憧れでもあった。

⇒松井栄吉『改良束髪之図』　この錦絵も、婦人束髪会による束髪推進のためにつくられたもの。洋装の女性も描かれ、和装でも洋装でも似合う髪型として紹介している。(明治18年)

上げ巻

⇑上げ巻　「夜会巻」ともいう。和装でも洋装でも似合うことから流行した。髪飾りは洋櫛や玉簪も使われた。

二〇三高地髷

⇒二〇三高地髷　庇髪の一種。明治37年、二〇三高地が陥落したときに流行していたといわれている。

庇髪

⇐庇髪　前に大きく突き出した髪型を庇髪といった。中にすき毛や赤熊(縮れ毛でつくった入れ髪)を入れて形をつくった。昭和まで、年配の女性の間でみられた髪型である。

束髪

⇒照葉　頭にリボンが2か所ついた束髪は、雑誌にもよく描かれた。下のリボンのところに髷がつくられている。照葉は明治44年に東京新橋の置屋から半玉として出た芸妓。

▶開戦と陸海の激闘(p396)

装身具の流行

つぶぞろいコレクション

帯留が一般に使われるようになったのは、幕末から明治にかけてであろう。天保から嘉永（一八三〇～五四）にかけて喜田川守貞が書いた風俗誌『守貞謾稿』には、御殿女中が帯留を締めている図が描かれている。

明治初期の帯留は、「パチン式」と呼ばれるもので、両端につけた金具を留めるときに、パチンと音がするところから、この名が付いた。帯留の意匠には、彫金師たちが、明治維新の前までつくっていた刀装具の柄頭や目貫などにかわって、腕をふるったのであろう。小粒でありながら、凝った細工には力強さがみられる。

明治30年代に入るまでは、宝石入りの帯留よりも、金属に精巧な彫刻の施されたものが好まれたようで、明治30年（一八九七）6月4日の『都新聞』付録『都の華』第一号には〈パチンには宝石よりは、寧ろ精巧の彫刻を好む〉とある。しかし、明治30年代以降はエメラルドや真珠、ダイヤモンドなどの宝石類が頻繁に使われるようになった。

髪飾りの流行は、髪型の変化や発達と大いに関係があ

➡**菊帯留「秋雄極」** 名工の加納夏雄作の鉄彫りの帯留。夏雄は天皇の御太刀の装具を彫刻、大坂造幣局にも出仕、東京美術学校彫金科初代教授。

➡**怪和尚図帯留** 小林盛明作の帯留。迫力のある図柄だが、どことなくユーモアが漂っている。

➡**揚羽蝶鹿角帯留** 小説家尾崎紅葉の父、尾崎谷斎が鹿の角に蝶を彫った帯留。谷斎は牙彫りの名人で、材質のよさを生かした作品が多い。

➡**柿の実帯留** 花鳥図を得意とした金工師山内玉雄作の帯留。柿の実には真珠、葉にはエナメル技法を用いている。

➡（上から）**桜花ひさご帯留／蜂狩くも帯留／桐花図K22帯留白牡丹本店／水鳥図無線七宝帯留** パチン式の帯留。上3点は金工で、いちばん下は七宝。金工の帯留はそれぞれ細工の凝ったもので、江戸時代から続いた金工師たちの職人技が伝わってくる逸品である。七宝のものは若い女性が用いたものか、形や絵柄を見るとモダンな感じがする。

る。いわゆる日本髪に似合うものとして、明治中期の櫛を見てみると、江戸時代のような大胆な意匠のものは影をひそめ、精緻な模様で小ぶりな「政子形」などの櫛が流行している。

簪は、変わり簪・びらびら簪などいろいろあったが、帯留同様、江戸期の流れを引く細工師の遊び心が現われているものがまだまだ多い。素材で見ると、江戸時代まで、玉簪には天然の珊瑚玉を使用していたが、明治10年にアメリカからセルロイドが輸入され、その後、こうした新素材によってつくられたものも登場してきた。

鹿鳴館時代といわれる明治16年から20年に束髪が結われはじめると、その髪型に合った洋風の簪、さらには洋櫛などもつくられ、髪飾りにも徐々に変化が出てきた。

（村田孝子）

⬅（上）**菊文様蒔絵木櫛・笄**　桐材に蒔絵で菊を描く。作者は赤塚鳳玉。（中）**紅葉散朱漆絵木櫛・笄**　櫛は漆絵。（下）**蛇籠に千鳥装蒔絵甲櫛・笄**　蒔絵で流水と蛇籠を描き、千鳥は金・銀・鉄・蝶貝などで嵌装。蒔絵師可交斎枩山と金工師山内玉雄の合作。

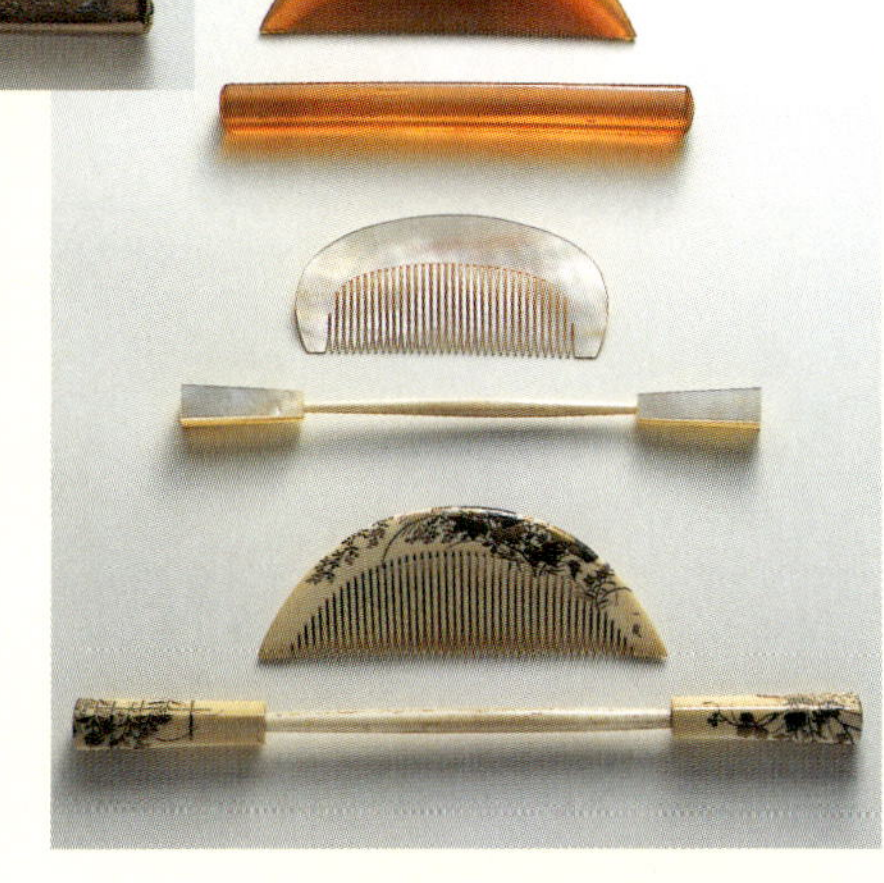

➡（上）**鼈甲櫛・笄**　斑のない白鼈甲製は最高級。月形の櫛は幕末から明治中期ごろに流行した。（中）**白蝶貝櫛・笄**　夏用のお初形の櫛。笄の軸のみ骨製。（下）**秋草文様蒔絵象牙櫛・笄**　新月形の櫛で明治後期に流行。名工一色一哉の作。

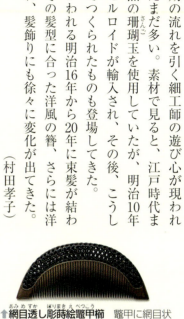

⬆**網目透し彫蒔絵鼈甲櫛**　鼈甲に網目状に透し彫りを施し、細工師の技がきわだった櫛になっている。

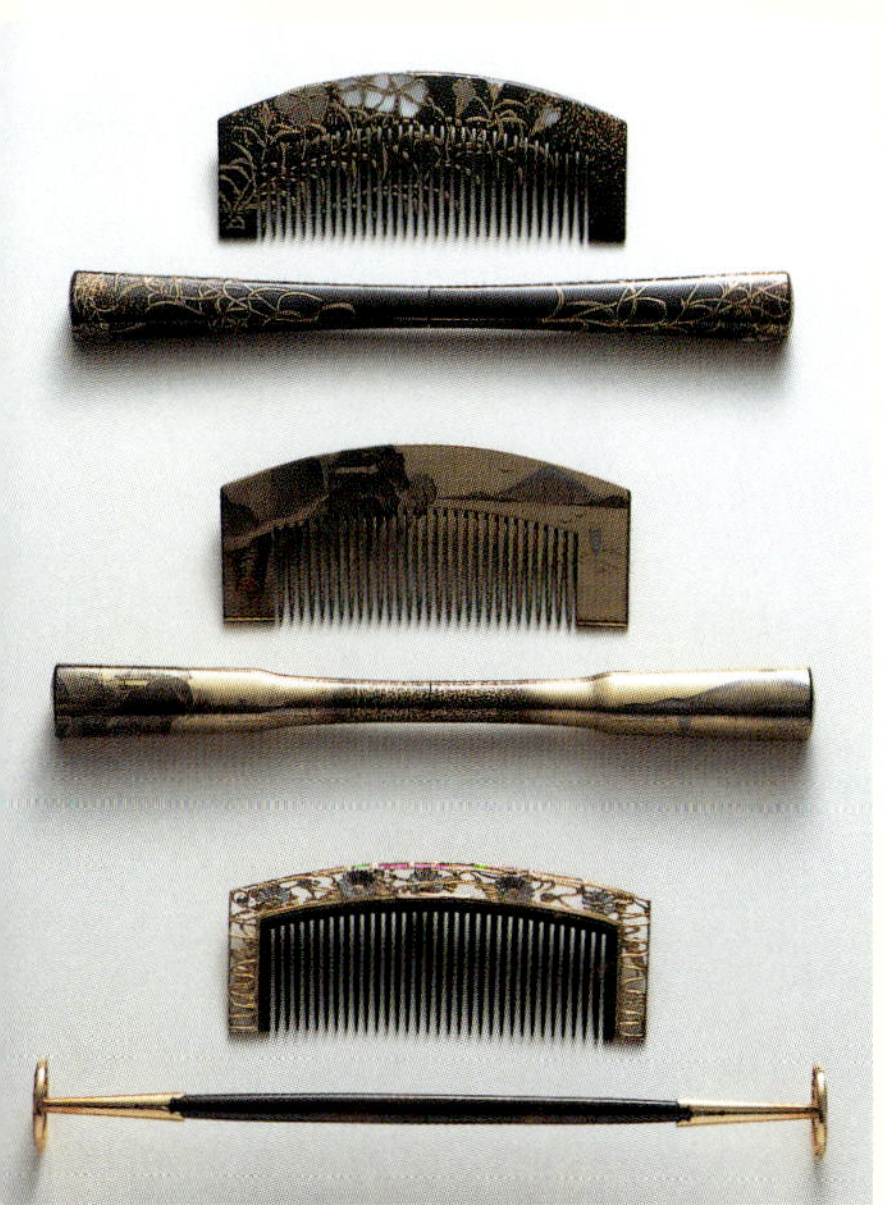

⬅（上）**撫子蒔絵螺鈿鼈甲櫛・笄**　作者は赤塚鳳玉。（中）**遠見富士図蒔絵鼈甲櫛・笄**　見事な研ぎ出し蒔絵で富士を描く。作者の玉斎は明治中期の櫛にその名を見る。（下）**菊水文様透し金覆輪鼈甲櫛・笄**　明治末期ごろの櫛で20金。宝飾品の色合いが濃い。

⬆**内国勧業博覧会記念櫛**　明治23年の第3回内国勧業博覧会を記念してつくられた櫛であろう。菊と桐、博覧会の様子が描かれている。合成樹脂製。

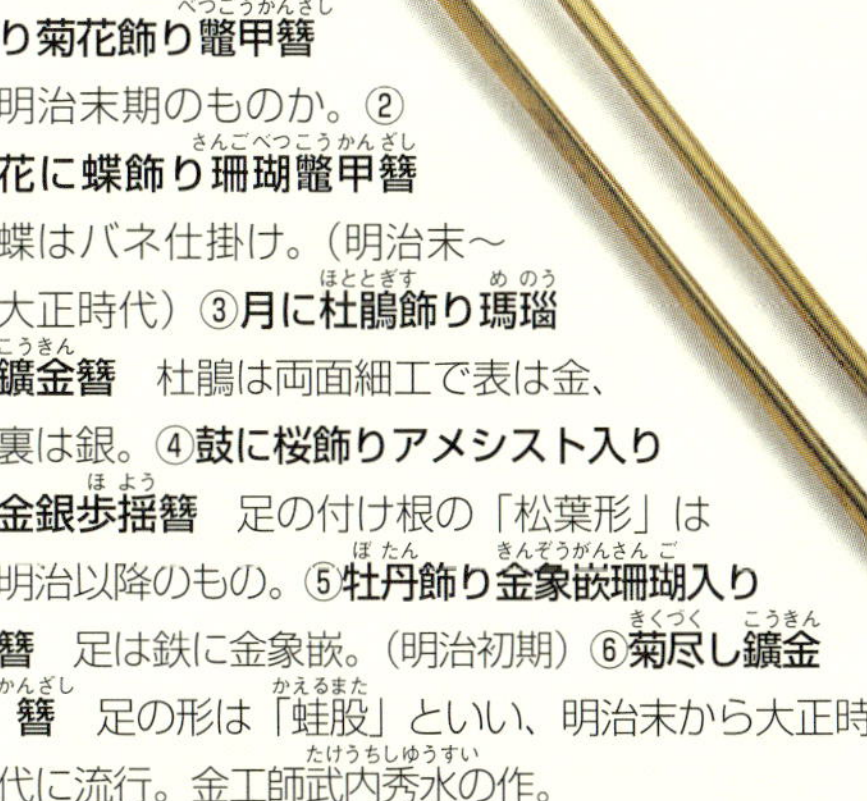

➡①**金銀真珠入り菊花飾り鼈甲簪**　明治末期のものか。②**花に蝶飾り珊瑚鼈甲簪**　蝶はバネ仕掛け。（明治末～大正時代）③**月に杜鵑飾り瑪瑙鑲金簪**　杜鵑は両面細工で表は金、裏は銀。④**鼓に桜飾りアメシスト入り金銀歩揺簪**　足の付け根の「松葉形」は明治以降のもの。⑤**牡丹飾り金象嵌珊瑚入り簪**　足は鉄に金象嵌。（明治初期）⑥**菊尽し鑲金簪**　足の形は「蛙股」といい、明治末から大正時代に流行。金工師武内秀水の作。

⬆**菊花モール飾り朱漆花櫛**　軍服などに用いられたモールを使った飾り櫛。若い娘が使用したと思われる。モールを用いた装飾品の現存数はきわめて少ない。

⬆**菊水文様彫り象牙櫛**　鬢櫛といい、流行の「銀杏返し」などの髷に挿したもの。鬢のほつれを直すときなどにも使われた。夏用である。

コレラと避病院

衛生システムの整備を促した急性伝染病

明治期のコレラ罹患者数
明治期のコレラ死亡者数

内務省衛生局『衛生局年報』より

⬆**コレラ罹患・死者数の変遷** コレラは罹患・死者数はもちろん、致死率の高さで人々を恐怖におとしいれた。

元来インドの風土病であったコレラは、19世紀における世界的規模の人と物の移動に伴って、またたく間に世界的な流行を見せるようになる。日本もそうした動向から無縁ではいられず、文政5年（一八二二）、西日本を中心に初流行。続いて安政5年（一八五八）には、長崎に来航したアメリカ軍艦によってもたらされたコレラが大流行。江戸にまで侵入し、全国に甚大な被害をもたらした。

維新期には一時的に鳴りをひそめたが、明治10年（一八七七）、西南戦争の戦地から帰郷する兵士に乗じて全国へ広がった。これ以降、コレラは数年おきに大流行し、明治初期の衛生行政につぎつぎと課題を投げかける。結果的にコレラに対する行政の持続的な対応が、衛生システムの整備を促した。コレラが「衛生の母」と称されるゆえんである。

しかし、当初は原因も有効な治療法もいっさいわからず、発症から三日もすれば生命を奪っていく未曾有の急性伝染病は、人々を民間信仰や民間療法に盲従させた。一方、医療の現場では予防、さもなくば消毒と隔離という両極端な措置しかとりえず、治療不在の状況が生じた。

●死を待つための施設

そうしたなかで、コレラ対策の切り札となったのが「避病院」であった。避病院とはその名のとおり、病者を避難させるための施設だが、有効な治療法がわからない以上、病の克服は期待するべくもなく、そこは必然的に死を待つための施設と化した。つまり、健康な人々への感染を防ぐために病者を隔離する施設が避病院だったわけで、「避ける」べきは病ではなく、

⬇**木村竹堂『虎列刺退治』** 虎列刺の化物に対して鎧甲姿の「衛生隊」が応戦しているが、なんとも心細い。

病者そのものだったのである。

それゆえ、人々は避病院を忌み嫌った。病者は避病院行きを拒み、身内は病者を隠蔽し、避病院の建設やそこへの病者の移送に周辺住民は反対したのである。また、行政の側の、警察権力まで行使した強制入院や、村落共同体に相互監視機能をもたせるなどの強硬姿勢も人々の不信感をあおり、時に騒擾の誘因にすらなった。

避病院は当初、コレラをはじめとする急性伝染病の流行時のみに設置され、流行の終息とともに焼却処分される臨時の施設であった。しかし、治療の可能性の増大とともに、常設化の必要性が認められるようになり、明治30年には、「伝染病予防法」によって、市町村ごとに伝染病院の設置が義務づけられた。これにより、避病院の系譜をひく多くの病院が、伝染病院として常設化されることとなったのである。

（石居人也）

3

⬆**橋本直義『流行虎列剌病予防の心得』**「新しき空気をすい」など、横浜在留の「ドクトル」による、予防の要点が記されている。(明治10年)

2

⬆**茶毘室混雑の図** 安政5年のコレラの際の火葬場の様子。以降、コレラ蔓延防止に火葬が推奨される。

⬇**大阪の桃山避病院病舎** 廊下（土間）を共有しつつも病室は独立しており、隔離病舎として機能している。

5

4

⬆**祝部至善『コレラの避病院おくり』** 患者は巡査・役人の先導で夜陰に乗じて避病院へと移送された。

▶上下水道の発達(p442)

衛生の父 長与専斎

人物クローズアップ

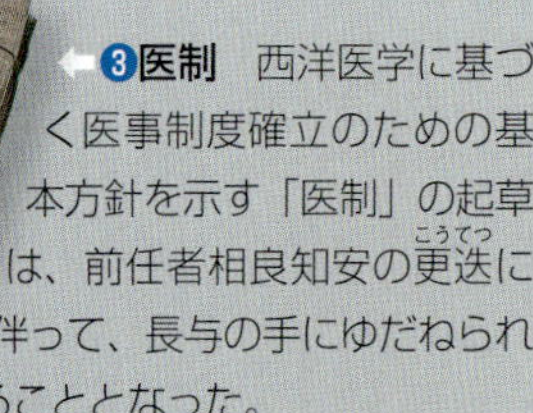

③**医制** 西洋医学に基づく医事制度確立のための基本方針を示す「医制」の起草は、前任者相良知安の更迭に伴って、長与の手にゆだねられることとなった。

長与専斎年譜

- 天保9年(1838)8月28日　肥前国大村(長崎県)の藩医の家に生まれる
- 嘉永7年(1854)　適塾に入塾。安政5年(1858)から塾頭に
- 文久元年(1861)　長崎へ遊学、医学伝習所に入所
- 慶応2年(1866)　長崎へ再度遊学、精得館に入館。翌々年から頭取を務める①
- 明治4年(1871)　上京し、文部省に出仕。岩倉使節団に随行し欧米視察②
- 明治6年　文部省医務局長に就任 「医制」を起草③
- 明治7年　司薬場を創設。④ 東京医学校校長に就任⑤
- 明治8年　内務省衛生局発足、初代局長に就任(～24年8月)
- 明治9年　フィラデルフィアの万国医学会に出席、アメリカの衛生行政調査

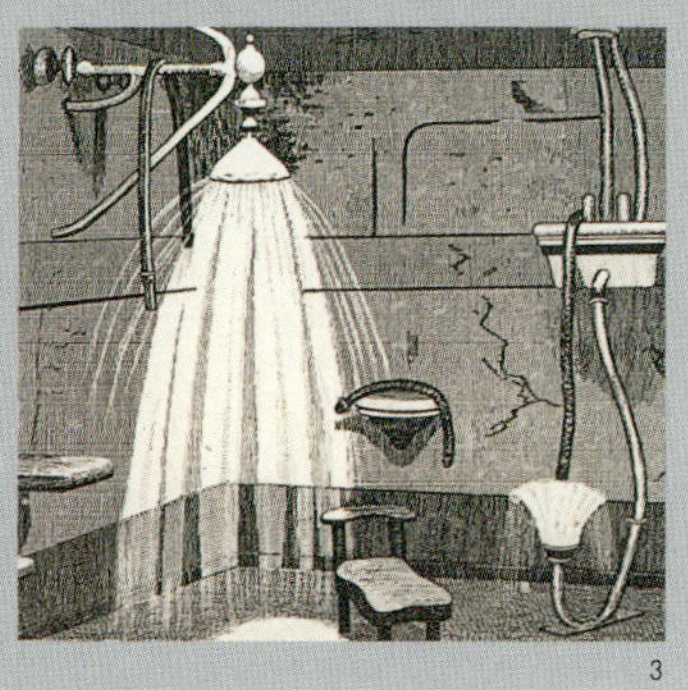

②**ローマの病院の浴室** 長与は米・英・仏・独・蘭を歴訪し、医学教育・医療行政について調査。衛生概念を「発見」した。

①**幕末の長崎小島養生所** 精得館は日本初の洋式病院、小島養生所を改称したもので、医学教育・研究を行なう医学所と分析究理所を併設していた。長崎大学医学部の前身である。

「衛生」という、今日では誰もが耳にする言葉は、明治の初めにはその概念すら存在しなかった。そうしたなか、欧米視察を通じて「国民一般の健康保護」が行政上の重要課題であることに気づき、これに「衛生」という語をあてて日本に紹介、みずから先頭に立ってその普及・実践に努めた人物が長与専斎である。

代々種痘に深い造詣をもつ肥前大村の藩医の家に生まれた長与は、大阪の適塾で蘭学を学ぶ。適塾では塾頭を務めるほどの才覚を発揮し、その後は国許で藩医を務めつつ、長崎へ二度遊学している。

維新後、政府への出仕の機会を得た長与は、岩倉使節団に随行。欧米で「衛生」に出会い、帰国後、内務省衛生局長となる。いわば厚生大臣にあたるこのポストを一六年にわたって務め、医事・薬事制度、伝染病対策、医学教育、衛生インフラの整備など、現代につながる医療・衛生システムの基礎を築いた。晩年にはその功績が認められ、正三位・勲一等瑞宝章を授与されている。

これだけの長期間、衛生行政の先頭に立ちつづけられたのは、長与の人格と、適塾・長崎時代に築かれた人脈によるところが大きい。

長与は、長崎時代の先輩、相良知安から医療行政トップのポストを引き継ぐと、適塾同窓の池田謙斎を東京医学校綜理に、佐野常民を大日本私立衛生会会頭に据えた。北里柴三郎を後援したのも、適塾同窓の福沢諭吉との交友からである。こうした「学閥」を生かした行政の舵取りこそ、彼の持ち味だったといえよう。（石居人也）

④**京都の司薬場** 司薬場（現在の国立医薬品食品衛生研究所）は、薬品の検査を行なう機関として、東京、京都、大阪に順次創設された。

長与専斎　専斎は妻園子との間に5男3女をもうけた。長男称吉は消化器内科の草分け、3男又郎は東京帝国大学総長、4男裕吉は同盟通信社の創業者、5男善郎は作家。

後藤新平　初代満鉄総裁・東京市長などを務めた稀代の切れ者、後藤新平は、内務省衛生局で長与の右腕として行政手腕を磨き、長与の後継者として第3代衛生局長も務めた。

5東京医学校　東京医学校（現在の東京大学医学部）校長は医学教育の最高責任者。長与は衛生行政のトップとの兼任の困難を訴え、ほどなく副綜理へと「降格」している。

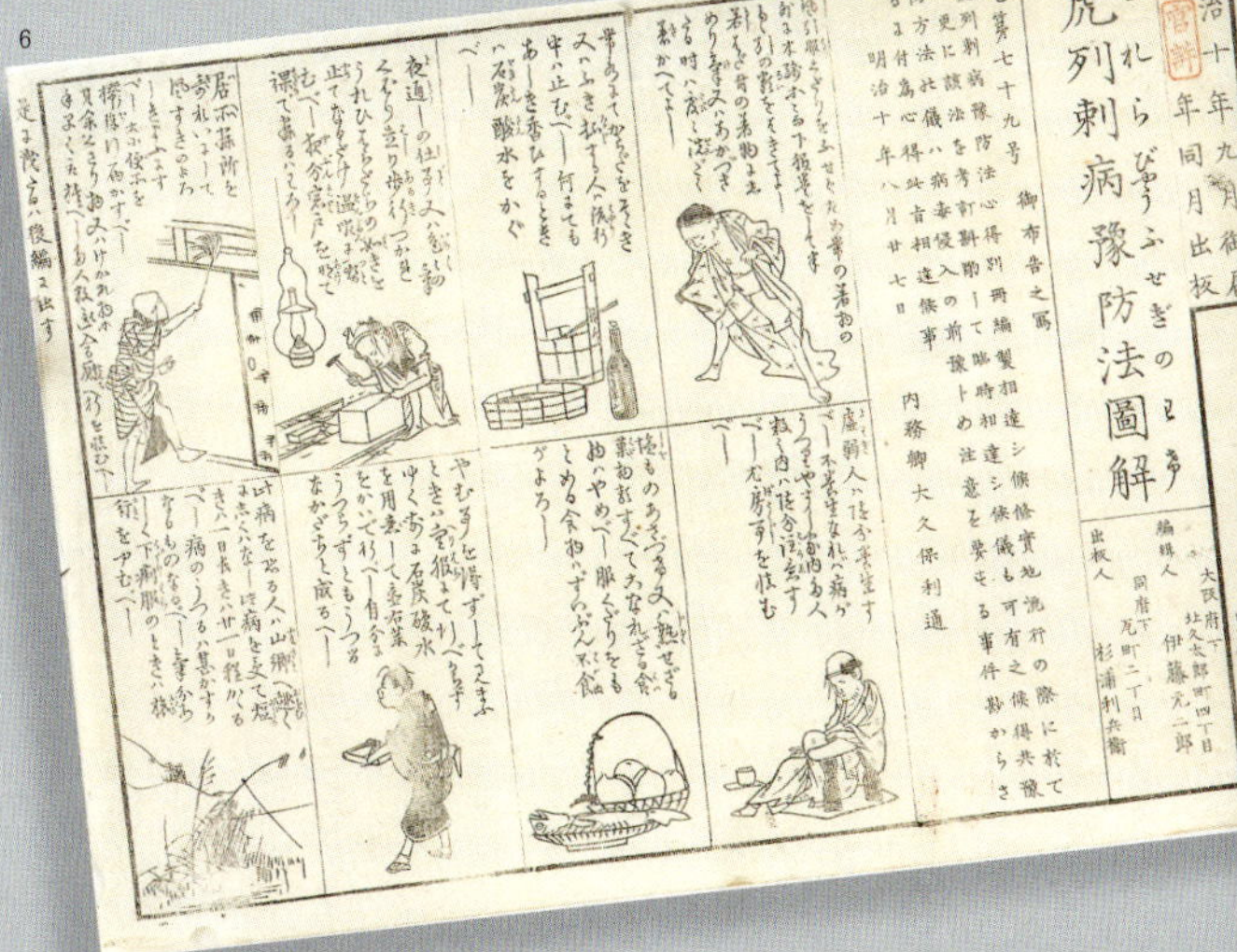

明治十年九月御届
同　年同月出板
虎列剌病豫防法圖解
乙第七十九号　御布告之寫
虎列剌病豫防法心得別冊編製相達シ候條實地施行の際に於て
ハ更に該法を考訂斟酌シて臨時相達シ候儀も可有之候得共豫
防方法此儀ハ病毒侵入の前豫トめ注意を要する事件勘からさ
る付為心得此旨相達候事
明治十年八月廿七日
内務卿大久保利通
編輯人　大阪府下北久太郎町四丁目　伊藤元二郎
出板人　同府下瓦町二丁目　杉浦利兵衛

6虎列剌病予防法心得　コレラ対策は、長与が腐心した衛生行政の大きな課題だった。内務卿大久保利通の名で布告されたこの心得は、上の「図解」のように誰もがわかるよう絵解きされた。

7『大日本私立衛生会雑誌』　大日本私立衛生会は、官民共同で衛生啓蒙にあたることを目的に結成された。ピーク時には6000名を超える会員を全国に擁し、会誌を刊行。

8『日本薬局方』とそのラテン語版　薬の調合や投薬量を規定する「薬局方」は、司薬場の外国人教師らの原案のものが頒布されていたが、長与らの再調査で『日本薬局方』の第1版が公布された。

長与専斎年譜

- 明治10年　「虎列剌病予防法心得」を各府県に通達6
- 明治12年　中央衛生会を発足
- 明治16年　大日本私立衛生会を発足。7「医術開業試験規則」「医師免許規則」を制定
- 明治18年　東京市区改正審査会委員に就任
- 明治19年　元老院議官となる
- 明治21年　日本薬局方調査委員長に就任8
- 明治23年　貴族院議員となる
- 明治28年　臨時検疫局長官に就任
- 明治35年9月8日　肋膜炎により死去（享年65歳）

鎌倉・材木座海岸の海水浴　健康の維持・増進のために、長与は海水浴を推奨し、普及させた。しかし悲運なことに、次女が海で溺死するという不幸に見舞われている。

陸海軍の脚気論争

自説に固執しつづけた陸軍が招いた悲劇

脚気は、米が主食の民族に多い病で、明治期日本の国民病のひとつだった。明治天皇も脚気に悩まされたとされる。ことに深刻だったのは軍隊における蔓延である。健康で強靭なはずの兵士に広まる脚気の克服は、陸海を問わず軍の医学上の最重要課題に浮上した。

●病因は栄養か、細菌か

脚気の病因は不明で、予防・治療法が模索されていた。明治11年（一八七八）、新設の東京府脚気病院で漢方医と西洋医とが脚気治療の優劣を競う試みが公開で行なわれた。この公開治験は「漢洋脚気相撲」として注目され、旗色は漢方側が優勢だったが、結論はうやむやになってしまう。その後、脚気病院は東京大学医学部の傘下に入り、脚気研究は東大医学部・内務省衛生局・陸軍軍医部が主導することとなる。そして脚気病因の究明に海軍が加わり、論争が始まった。

練習航海で脚気罹患・死亡者を多数出した海軍は、病因をたんぱく質の摂取不足（栄養説）とみるイギリス医学系の海軍軍医高木兼寛の提言で、麦飯などの兵食に変えたところ、劇的に改善した。

一方、伝染病説（細菌説）を支持するドイツ医学系の陸軍は、白米中心の兵食を貫いたため、海軍に大きく水を開けられてしまう。

しかし論争に黒白はつかず、結果的に、日清戦争において陸軍は多数の脚気病死者を出した。このため日清戦争後に、陸軍では現場の軍医の判断で麦飯の採用が増えた。ところが、石黒忠悳や森林太郎（鷗外）らはこれを牽制、栄養説の否定に躍起となって白米中心の兵食を続け、日露戦争でも甚大な脚気被害を出した。

●患者不在の論争を四〇年

日露戦争の実態を無視できず、明治41年、陸軍は森を会長に、臨時脚気病調査会を設立する。同会

1

2

⬆**軍艦「龍驤」（上）と「筑波」**　龍驤は明治15～16年の練習航海（乗組員376人、日数272日、兵食は米食中心）で、脚気罹患169人、死亡25人を出した。高木兼寛は明治17年、筑波が287日間の練習航海に出航するのに際し、兵食をパン・牛乳主体にした。結果は乗組員333人のうち、罹患は14人、死亡は0であった。

明治期の脚気の罹患・死亡者数

『日本帝国統計年鑑』などより

年	一般	陸軍		海軍	
	脚気死亡者	脚気罹患者	脚気死亡者	脚気罹患者	脚気死亡者
明治10年	—	※2687	※44	※※135	※※6
明治11年	—	13,570	410	1,485	32
明治12年	1,051	10,568	247	1,978	57
明治13年	455	6,638	129	1,725	27
明治14年	505	6,322	158	1,163	30
明治15年	764	7,884	204	1,929	51
明治16年	713	9,935	235	1,236	49
明治17年	—	10,225	209	718	8
明治18年	—	6,609	63	41	0
明治19年	—	1,741	44	3	0
明治20年	—	2,484	77	0	0
明治21年	—	1,887	65	0	0
明治22年	—	851	39	3	1
明治23年	—	522	29	4	0
明治24年	—	277	6	1	0
明治25年	—	66	0	3	0
明治26年	—	122	2	1	0
明治27年	—	※86	※0	29	2
明治28年	—	※590	※19	17	1
明治29年	—	969	19	11	0
明治30年	—	1,547	10	22	2
明治31年	—	1,179	22	16	1
明治32年	9,034	1,475	15	6	0
明治33年	6,500	1,468	21	10	0
明治34年	7,180	1,311	8	14	0
明治35年	11,099	1,611	18	32	0
明治36年	10,783	1,882	22	18	1
明治37年	9,408	—	—	41	3
明治38年	11,703	—	—	70	0
明治39年	7,766	4,421	97	39	0
明治40年	8,767	1,919	11	37	2
明治41年	10,786	1,144	7	29	0
明治42年	15,085	915	5	27	0
明治43年	9,598	649	3	24	0
明治44年	8,237	458	1	41	0
明治45年	4,750	409	3	35	0

※西南戦争・日清戦争従軍者を除いた数値　※※海軍本病院患者のみの数値

は、鈴木梅太郎が抗脚気の有効成分を抽出、命名したオリザニンを無視するが、その後、それは新栄養素ビタミンとしてヨーロッパで認められる。さらに脚気はビタミンB欠乏と特定されたため、大正13年（一九二四）に調査会もこれを認めて解散、四〇年に及ぶ論争にようやく終止符が打たれた。

この論争は、病者をなくすことを優先した高木と、病理学的裏付けに欠ける高木説を認めない石黒や森らとの、病と患者に対する姿勢の違いを浮き彫りにした。科学的証明を待って栄養説を認めた陸軍は、患者不在の論争を続けた結果、大量の脚気病死者を出すことになったのである。（石居人也）

細菌（非栄養）説

3

←**石黒忠悳**　医学所（東京大学医学部の前身）の出身で、陸軍軍医総監・医務局長・日本赤十字社社長などを歴任。脚気は空気感染する伝染病との説を強く主張した。

4

↓**緒方正規**（おがたまさのり）　東京大学医学部教授。明治18年に脚気菌を発見したと発表、一大センセーションを巻き起こす。高木の栄養説を否定し、脚気論争を加熱させた。

5

←**森林太郎**　東京大学医学部卒業後、陸軍入り。陸軍軍医総監・医務局長。高木の栄養説を徹底批判、陸軍の白米食を継続したため、膨大な脚気罹患者・病死者を出す結果を招いた。

6

↑**北里柴三郎**（きたさとしばさぶろう）　東京大学医学部を卒業して内務省衛生局へ進み、緒方正規に学ぶ。ドイツ留学中に緒方の脚気菌説を否定、官・東大閥と対立することとなる。

栄養（非細菌）説

7

→**高木兼寛**　イギリス医学を学ぶ。海軍軍医として兵食改革を進め、海軍から脚気を一掃、軍医総監となる。成医会講習所（現在の東京慈恵会医科大学）の創設者でもある。

8

←**鈴木梅太郎**　東京帝国大学農科大学教授として脚気予防調査会に参加。明治43年、米糠（こめぬか）から抽出したオリザニン（ビタミンB_1）が脚気治療に有効な成分であることを発見した。

日清・日露戦争における陸海軍の脚気罹患・死亡者数

	日清戦争				日露戦争			
	総入院患者	脚気入院者	総死者	脚気死亡者	総入院患者	脚気入院者	総死者	脚気死亡者
陸軍	115,419	30,126	13,488	4,064	251,110	110,751	85,208	5,896
海軍	3,286	50		3	12,460	87	2,925	3

注：データは軍人・非戦闘員の合計値。「総入院患者」の項は戦傷を含まない。「総死者」の項は戦死・病死の合計値

『陸軍省統計年報』『日清戦史』『戦役統計』などより

▶兵食の献立と食事風景（p166）、戦闘の内実（p322）、草創期の科学者たち（p370）、開戦と陸海の激闘（p396）、漱石と鷗外（p476）

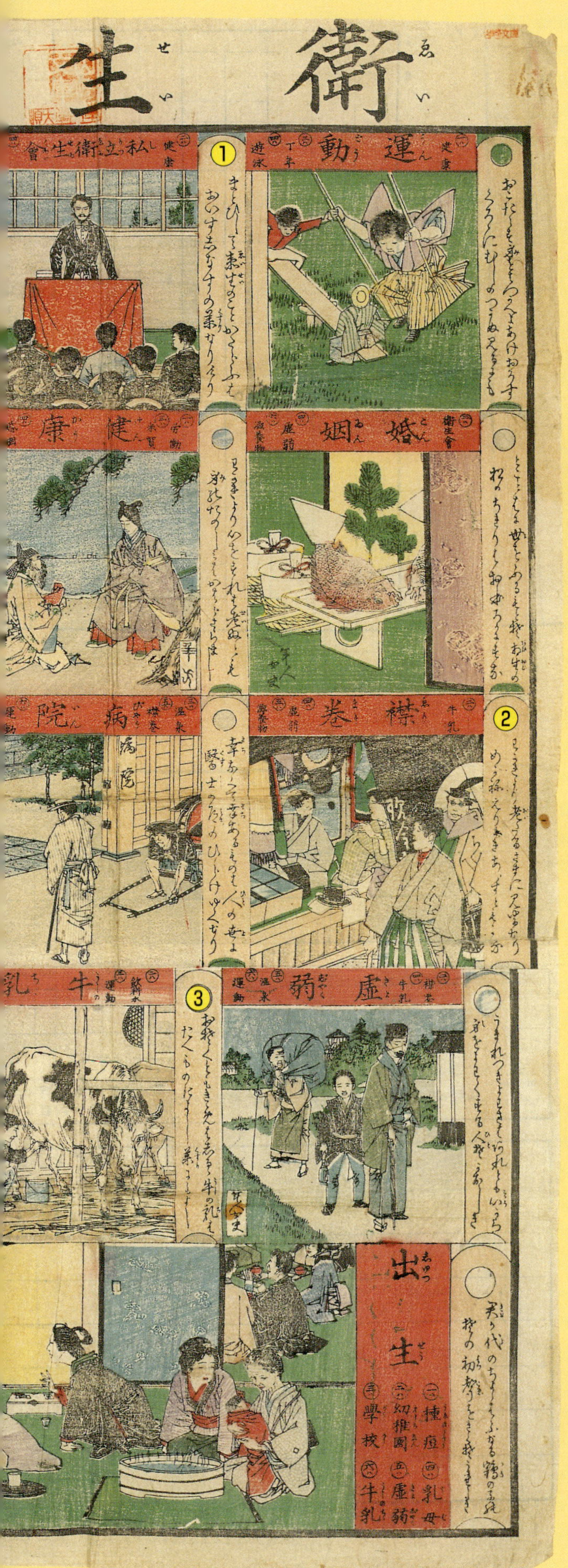

衛生を身近に

ビジュアル読み解き

国家が富国強兵をめざすとき、「衛生」の普及は不可欠だった。国民一人ひとりが健康でなければ富国も強兵もありえないからである。それゆえ国家は、個人・家庭・地域社会の能動性を最大限に引き出しつつ、各人の健康状態を管理するシステムをつくりだそうとした。

明治16年（一八八三）、内務省衛生局長長与専斎らが企図し、日本赤十字社の創設者佐野常民を初代会頭として発足した大日本私立衛生会（現在の財団法人日本公衆衛生協会）も、そうした目的に添った半官半民の組織だった。

左の『衛生寿護禄』は、大日本私立衛生会の作成。出生をふりだしに、円満長寿な家庭（上がり）をめざす仕組みになっている。サイコロの出目で健康長寿な人生だったり病院送りだったり。盤上の疑似体験を通して「衛生」のなんたるかを啓蒙している。

（石居人也）

① **私立衛生会**　演説会は大日本私立衛生会の主要活動のひとつ。洋装の弁士は文明社会の体現者でもあった。

② **襟巻**　襟巻は明治期を通じて普及していくが、当初はその衛生上の功罪が一大テーマとなった。

③ **牛乳**　添え書きに「たべものによし薬にもよし」とあるように、牛乳は滋養物として推奨された。

④ **不養生**　江戸以来、生活全般を律してきた「養生」を巧みに取り込んで、「衛生」は新しい社会規範となっていく。

⑤ **清潔／不潔**　清潔·不潔という感覚や両者の線引きは、さまざまな媒体を通して人々の心に植えつけられた。

⑥ **種痘**　種痘は天然痘の予防接種。明治に入って本格的に普及し、子どもたちの「通過儀礼」となった。

⑦ **温泉**　明治になって湯治の効能に科学的な根拠が与えられた。「薬のまぬ人」も温泉で身を「やしなへ」と推奨。

⑧ **遊泳**　夏のレジャーの代表、海水浴は、明治当初は療養や心身鍛錬の一環として推奨された。

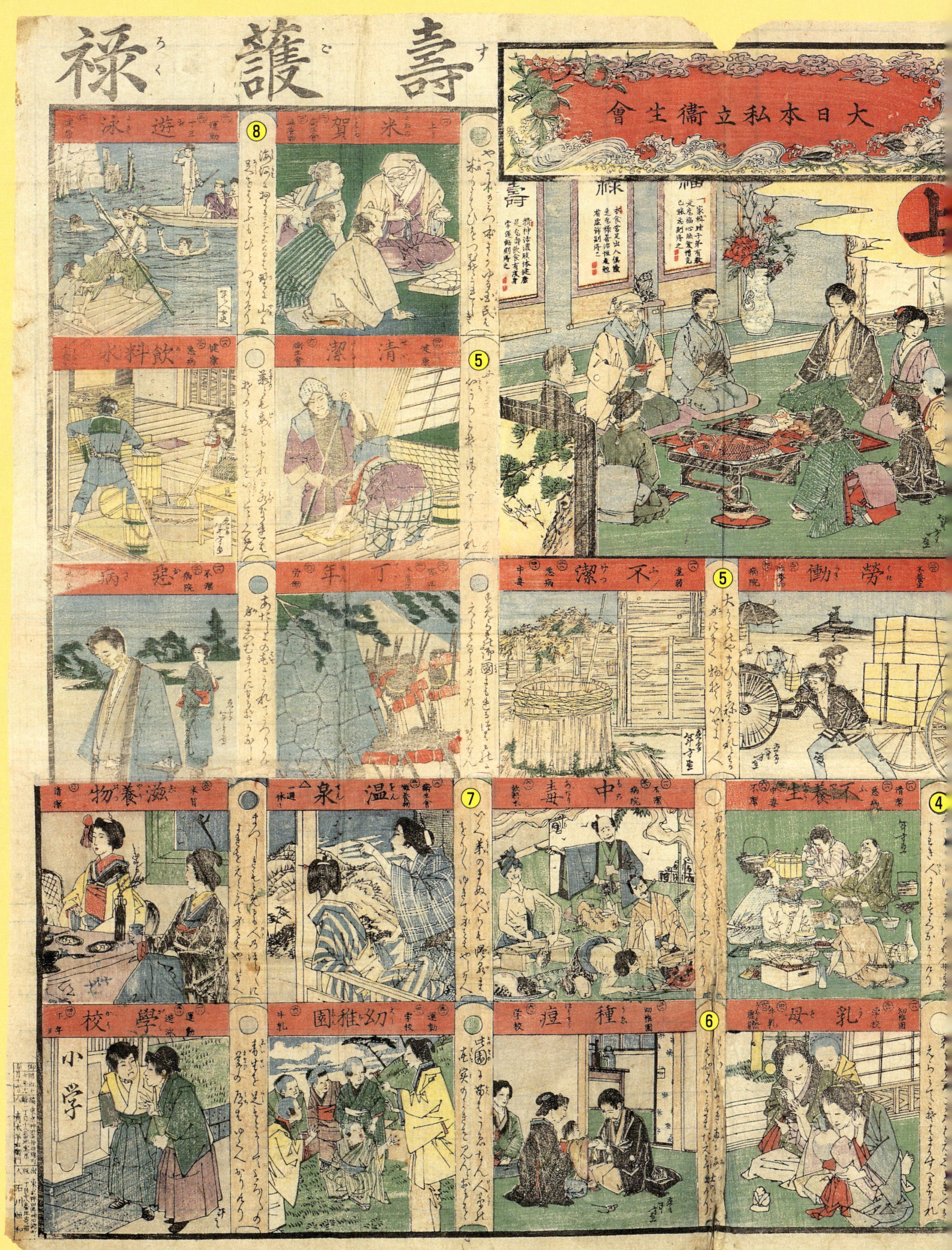
壽護祿
大日本私立衛生會
上
遊泳
米賀
飲料水
清潔
病患
丁年
不潔
勞働
滋養物
温泉
中毒
不養生
學校
幼稚園
種痘
乳母
小学

恐怖の病・結核

難病への取り組みと文学的イメージ

明治前期に猛威をふるったコレラにかわり、人々が恐れるようになったのは、結核だった。結核による死者は、明治17年（一八八四）に三万人近くに達し、その数は増加する一方であった。明治15年に、ドイツの細菌学者コッホによって結核菌は発見されたが、治療が難しく、日本では抗生物質が開発される太平洋戦争後に至るまで、死因の上位を占めつづけた。

●死者が五万人を超えた

結核は、江戸時代には労咳などと呼ばれ、明治初期には医学上の問題にはなっていた。それにもかかわらず、新政府や社会は結核をさほど重大な疾病としてとらえていなかったようだ。それはおそらく、症状の激しさ、死亡率の高さ、コロリと呼ばれるほど、かかるとすぐに死ぬことで人々に恐怖心を抱かせたコレラなど、急性伝染病の陰に隠れていたからだろう。しかし明治20年代なかばに、慢性伝染病の結核による死者は五万人を超え、改めて社会が取り組むべき難病として浮上してきたのである。

人から人へと空気感染する結核は、必然的に多くの人が密集する場所で広まる。殖産興業・富国強兵の前線である工場・兵営・学校で結核が広まれば、日本の近代化を担う若い生命を危険にさらす。

そこで、罹患を防ぐ身体や環境づくりと並んで、患者の快復を促す結核療養所（サナトリウム）が創設されはじめた。当初、療養には温暖で風光明媚な場所が推奨され、海岸近くに私立の療養所がつくられた。しかし、入所費用が高額なため、一般化しなかった。

●文学がイメージを変える

そうしたなか、真摯に生きる結核患者の姿が紹介されはじめ、人々の共感と涙を誘った。徳冨蘆花の人気小説『不如帰』のヒロイン片岡浪子への感情移入や、新聞に報じられた茅ヶ崎南湖院での国木田独歩の療養の様子への注目などと相まって、健康な人々は結核に対し、時に誤った甘美なイメージすら抱いた。

しかし、結核患者の大多数は療養所に入ることもできず、快復への望みは薄かった。23、24歳で死んだ滝廉太郎や樋口一葉、病中で

明治期の伝染病による死亡者数

年	結核	コレラ	赤痢・疫痢	腸チフス	天然痘
明治21年	39,687	460	6,576	9,211	853
明治22年	42,452	431	5,970	8,623	328
明治23年	46,025	35,227	8,706	8,464	25
明治24年	54,505	7,760	11,208	9,614	721
明治25年	57,292	497	16,844	8,529	8,409
明治26年	57,798	364	41,284	8,183	11,852
明治27年	52,888	314	38,094	8,054	3,342
明治28年	58,992	40,154	12,959	8,401	268
明治29年	62,790	907	22,356	9,174	3,388
明治30年	—	488	23,189	5,854	12,276
明治31年	—	374	22,392	5,697	362
明治32年	67,599	487	23,763	6,452	245
明治33年	71,771	231	10,164	5,364	4
明治34年	76,614	67	10,889	5,411	4
明治35年	82,559	9,226	8,442	4,808	7
明治36年	85,132	91	7,209	4,292	6
明治37年	87,260	1	5,166	4,627	237
明治38年	96,030	—	8,606	5,276	62
明治39年	96,069	—	5,144	5,897	109
明治40年	96,584	2,526	5,939	5,691	437
明治41年	98,871	401	7,846	5,331	5,838
明治42年	113,622	221	6,836	5,470	26
明治43年	113,203	1,957	7,053	7,571	13
明治44年	110,722	4	6,009	6,830	34
明治45年	114,197	1,683	5,721	6,289	1

『日本帝国統計年鑑』『衛生局年報』より

1

⬆**女工と結核**　殖産興業の主力産業だった製糸・紡績業の工場で働く若い女性たちの多くは、農山漁村出身であった。彼女らは、結核感染の危険と隣り合わせの悪労働条件下にあり、実際に罹患率は高かった。

2

➡**須磨浦療病院**　明治22年に創設された、日本で最初期の結核療養所。西に淡路島を望む、風光明媚な神戸の高台に設立された高級な療養施設であった。

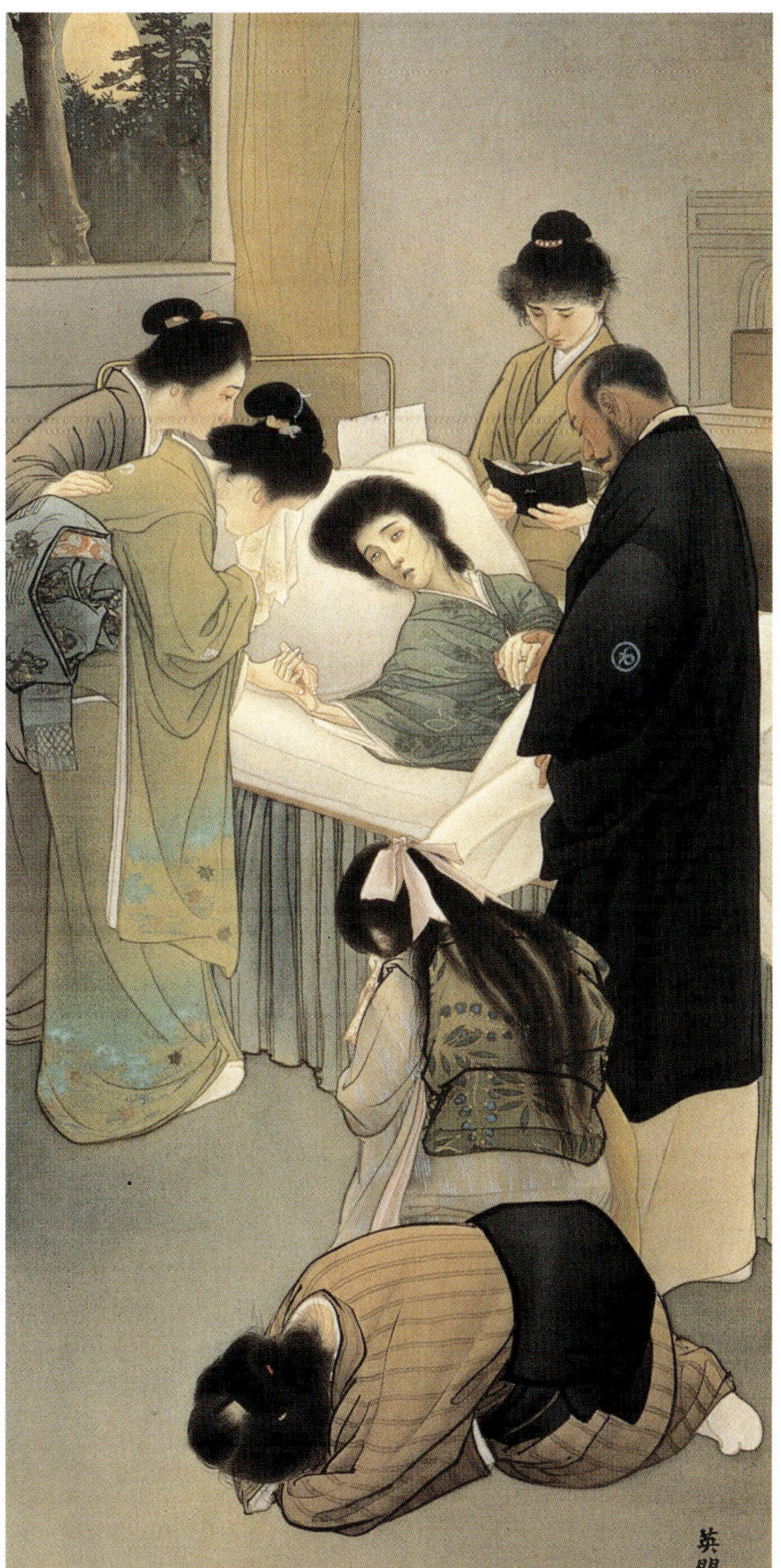

5

⬅『不如帰』 日本画家の鰭崎英朋が小説『不如帰』の1場面を描いたもの。本郷座で新派劇の『不如帰』を上演するに際し、大入りを期待して劇場入り口、または劇場内に掲げられた。

も創作を続けた正岡子規、貧困と病苦のうちに没した石川啄木や青木繁など、結核により夭折した彼らが残した作品は、今も若い才能のきらめきを失っていない。

コレラから結核へ——向き合うべき病が移行するなかで、人々は、「罹患＝死」ではなく、対処次第では克服可能なものとして、病をとらえるようになっていく。（石居人也）

……結核により夭折した著名人……

名前	生没年	職業	年齢
滝 廉太郎	1879～1903	作曲家	(23)
樋口 一葉	1872～1896	小説家・歌人	(24)
石川 啄木	1886～1912	歌人・詩人	(26)
青木 繁	1882～1911	画家	(28)
山川登美子	1879～1909	歌人	(29)
高山 樗牛	1871～1902	評論家・思想家	(31)
正岡 子規	1867～1902	俳人・歌人	(35)
長塚 節	1879～1915	歌人・小説家	(35)
国木田独歩	1871～1908	詩人・小説家	(36)
斎藤 緑雨	1867～1904	評論家・小説家	(36)
宮沢 賢治	1896～1933	詩人・思想家	(37)

注：( ) 内の数字は満年齢を示す

3

4

➡土筆ヶ岡養生園 右上はベッドの置かれた病室。明治26年、福沢諭吉が提供した東京・芝白金の地に設立。運営を任された北里柴三郎は、ここで結核の治療・予防・研究を行なった。

●結核にかかわる略史

年	出来事
明治15年	東京府下一五区、京都府下二区、神奈川県下一区で肺病（肺結核）調査が行なわれる。
明治22年	結核療養所として、須磨浦療病院が創設される。この年、死因別統計調査が開始され、結核による死亡統計も始まる。
明治23年	コッホが、結核治療剤としてツベルクリンの創製を発表。
明治24年	結核治療剤ツベルクリンがドイツから到着。五〇週間分の投薬料金約三〇〇〇円の高額。
明治26年	東京芝に土筆ヶ岡養生園設立。
明治27年	肺病に烏骨鶏が効くとして、売れ行きのびる。
明治29年	樋口一葉、肺結核で死去。満24歳。
明治30年	岡見京、東京新宿で結核療養所「衛生園」を開設。
明治31年	徳冨蘆花『不如帰』の新聞（『国民新聞』）連載始まる。
明治32年	はじめて肺結核死亡者数の全国調査が実施される。この年の肺結核死亡者六万七五九九人にのぼる。神奈川県茅ヶ崎に結核療養所の南湖院、神奈川県腰越に恵風園が開設される。
明治33年	徳冨蘆花『不如帰』の刊行。
明治35年	正岡子規、肺結核で死去。満35歳。
明治37年	内務省、公共の場への痰壷の設置、病院などの患者使用の部屋・物品の消毒など、初の肺結核予防令を公布。
明治44年	工場法制定。工場労働者の結核予防対策。ただし施行は大正5年9月。

▶新聞小説とベストセラー(p376)、肉体の改造(p436)

デフレと日本銀行の設立

経済の立て直しのため、銀行制度の整備が求められた

⬅**大蔵卿時代の松方正義**　薩摩藩の出身。日田県（現在の大分県）知事、大蔵大輔などを経て大蔵卿に就任。緊縮財政を実施し、財政確立に功績を残した。（キヨソーネ画）

明治10年（一八七七）、西南戦争が起こると、政府は軍事費を不換紙幣の発行によって補った。その結果、紙幣価値が下落し、物価が高騰するインフレーションが起こった。物価の騰貴は輸入を促し、正貨が日本国内から流出していくこととなった。高騰する銀貨と下落する紙幣の間に、価格格差が生じた。

新たな経済政策で不況に

大蔵卿大隈重信は、銀貨と紙幣の価格格差は銀貨価格の上昇が原因であると考えた。そこで、横浜洋銀取引所の設立を認め、国庫の銀貨を売り出し、銀貨騰貴の抑制を図った。明治13年には横浜正金銀行を設立し、民間から正貨を引き出して、海外荷為替の業務によって貿易を活発化し、正貨の高騰を抑えようとした。だが、紙幣価値の下落はおさまらなかった。

明治14年、金融の安定を図るため、大隈は中央銀行を設立し、兌換制度を確立する建議を提出する。この建議は裁可されたが、「明治十四年の政変」で大隈が失脚したため、具体化せずに終わった。

同年10月に大蔵卿に就任した松方正義は、不換紙幣の整理と正貨の蓄積を進めることを計画した。財源は、外債を発行せずに増税でまかなうこととしたが、地租減税が期待されるなかで、増税は地租

⬆**物価の下落**　松方デフレの物価下落を描いた風刺画。中央では、瓦とブリキが争い、屋根板が転落している。不況で建築が減少したため、材木が下落の先頭を行く。明治14年と18年で、杉1本の価格は62銭4厘から20銭3厘へ暴落している。「これではとてももちこたえられぬ」と下落する米を田地持（地主）と小作人が追いかける。茶・酒・湯屋・蕎麦や小判にはまだ余裕があるが、職人の賃金も下落している。

以外に求めざるをえなかったため、酒造税の引き上げ、地方税の増税、国費の一部の地方費への移管などの増収政策がとられた。

横浜正金銀行は海外荷為替業務により正貨の輸入に努め、兌換制度への準備金の増加を図った。この結果、政府紙幣の流通高は減少し、国庫の正貨準備高は増加した。

だが、こうした政策によって紙幣整理は進んだが、国民が負担する消費税と地方税の増税は、深刻な不況を引き起こすこととなる。物価は急激に下落し、松方デフレと呼ばれる激しいデフレーションが起こった。

●貨幣信用制度の確立へ

松方は、日本の産業が未発達な原因は貨幣信用制度が確立していない点にあると考え、銀行制度の整備と兌換制度確立のため、明治15年に日本銀行を創設する。設立にあたっては、政府の監督権の強いベルギー中央銀行をモデルとした。さらに16年には、国立銀行の営業期間を創立から二〇年間に制限し、その間に国立銀行の紙幣を整理することとした。

明治17年には、国立銀行紙幣と政府紙幣の整理が進み、銀貨と紙幣の価格格差もなくなったため、18年5月、日本銀行は最初の兌換銀行券を発行し、全国統一的な兌換制度が確立されたのである。

（森田貴子）

➡米価の推移　米1石の全国平均価格は、明治14年には9円9銭だったが、17年には4円71銭と、約半分に下落している。一方、金納の地租は据え置かれたため、中小地主や農民のなかには土地を手放し、小作人となる者もいた。

(円／1石あたり)
松方デフレ
1石＝10斗＝約2.5俵
15　10　5　0
明治8年　15年　20年　25年　30年　35年　40年

『帝国統計年鑑』より

⬆創立当初の日本銀行本店　最初の本店は、日本橋区北新堀町、永代橋横の、J・コンドルが設計した「旧北海道開拓使東京出張所」の建物。（井上安治『永代橋際日本銀行の雪』）

藤井卓也・川原義仁編『図説・日本銀行』より

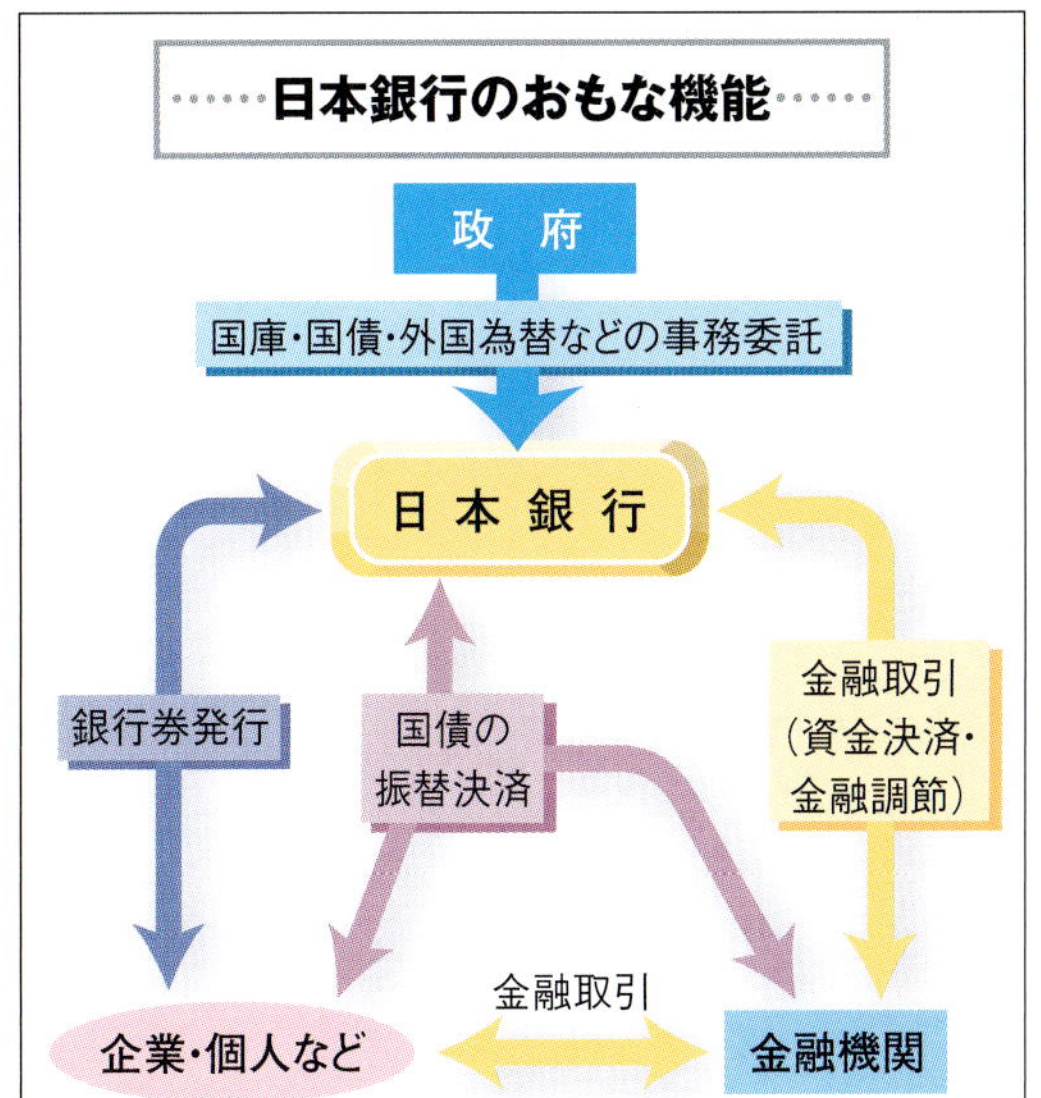

⬆日本の中央銀行として設立され、総裁は勅任で、政府との関係が強い。「発券銀行」「政府の銀行」「銀行の銀行」としての機能をもつ。

⬅⬇日本銀行営業場と女子職員の執務風景（左）明治29年竣工の日本橋本石町の日本銀行本店新築に際し、川田総裁は「金庫は百千万の金銀財宝を蓄積する」銀行として、堅牢・宏壮であるよう命じた。女子職員は明治21年に初採用。事務服は長い白衣だった。

▶貨幣の統一（p100）、国立銀行設立（p104）

立ち並ぶ紡績工場

近代資本主義の成立に貢献した紡績工場

明治19年（一八八六）から企業勃興と呼ばれる、日本の産業革命の開幕を告げる企業設立ブームが起こった。

●産業の担い手、株式会社

この時期には輸出の好調に支えられた製糸業や石炭業の成長も著しく、これらによる外貨獲得が経済成長の前提となった。こうした部門の大半は個人経営で、技術的には国内で生産できる簡単な機械を導入しての在来技術の改良によっていた。

これに対して、鉄道業や綿糸紡績業では株式会社を設立し、欧米から機械を輸入して創業することが流行した。明治18年に一一社であった紡績会社は22年に四一社、明治18年には三社にしかすぎなかった鉄道会社も22年には一五社に達した。近代技術を活用する株式会社が、産業の重要な担い手として登場したことは、近代的な資本主義経済体制の成立を示している。

●工業都市大阪の誕生

近代紡績業の規模は、最終製品の綿糸を紡ぎ出す精紡機の錘数で表示される。明治18年には全国で八万錘足らずであったが、24年には四〇万錘を超えた。企業勃興期には従来の数千錘規模の工場にかわって、一万錘以上の大規模工場が中心となったが、その先駆けとなった大阪紡績会社は、明治16年に大阪で開業した。それから一五年後の明治31年初め、一万錘以上の綿糸紡績会社は二七に達していたが、そのうち一一社が大阪府内に所在し、大阪は綿糸紡績の中心地となった。

明治29年に大阪の紡績工場で働く労働者は約二万名、うち一万五〇〇〇名ほどが女性である。大阪に立地したのは、原材料や製品、石炭の輸送の便、また修理部品の調達や、複数の企業を掛け持つ技術者や経営者の便宜などのためであったが、市内では十分な敷地が

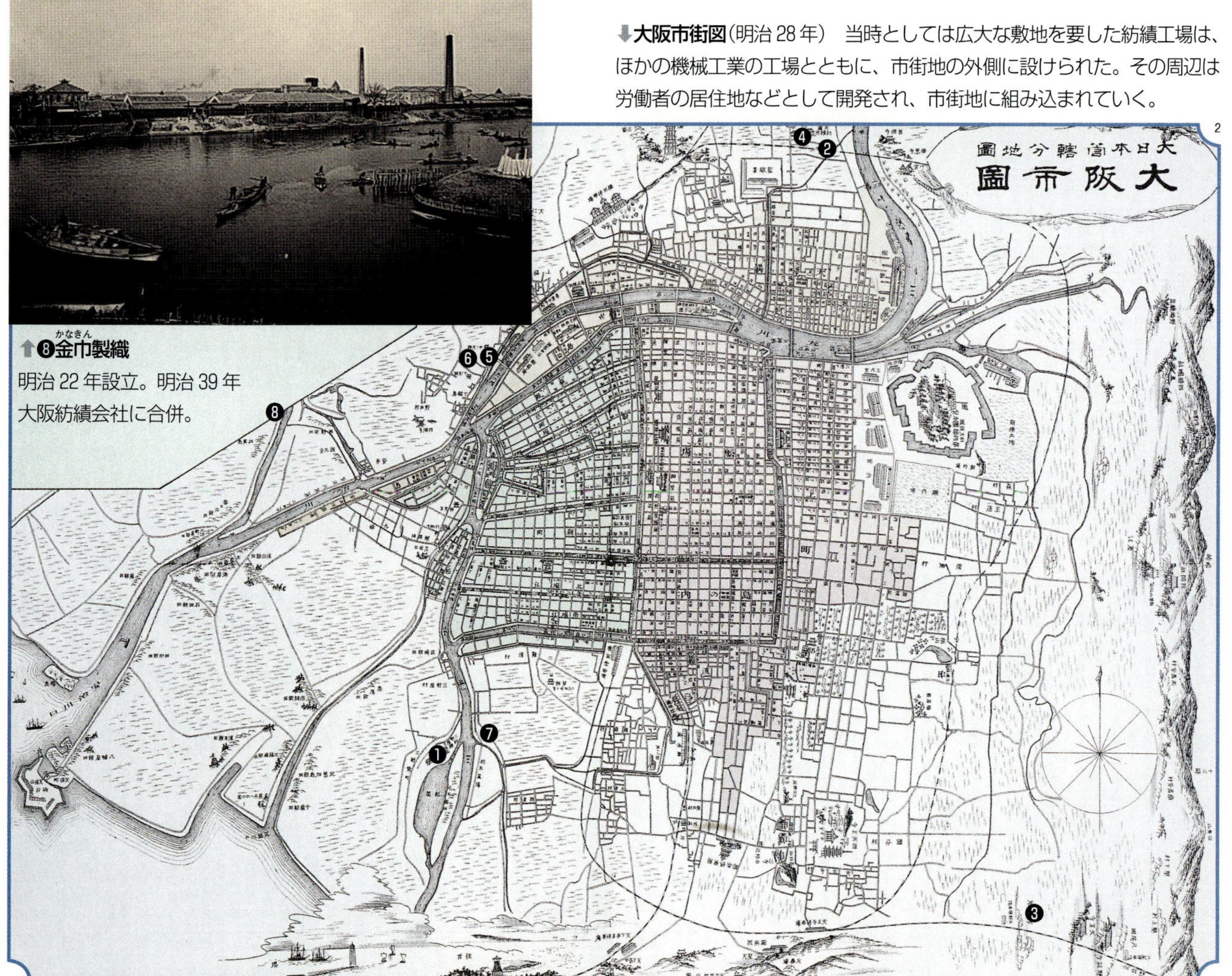

⬆❽金巾製織
明治22年設立。明治39年大阪紡績会社に合併。

⬇大阪市街図（明治28年） 当時としては広大な敷地を要した紡績工場は、ほかの機械工業の工場とともに、市街地の外側に設けられた。その周辺は労働者の居住地などとして開発され、市街地に組み込まれていく。

上図の❶〜❽は、214〜215ページの各紡績工場の所在地を示す

得られなかったので、紡績工場は市街地の周辺部に立ち並んだ。煉瓦造りのその威容と煙突からたなびく黒煙は、大阪に工業都市としての新たな時代が到来したことを告げた。

●紡績工場はなぜ大きい

イギリス産業革命でも大きな役割を果たした紡績機械は、その生産の効率が日本で従来行なわれていた手紡ぎや、輸入機械に触発されて国内で開発されたガラ紡機より圧倒的に優れていた。当初は、国産の繊維が短い綿花を使用したため機械の能力が生かせなかったが、輸入綿の使用と、綿にあった紡績機の選定により、利益が出る状態で操業できるようになった。

大正時代に電化が進むまで、おもな原動機は蒸気機関であった。ひとつの蒸気機関からシャフト（軸）やベルトで多数の各種機械に力を伝えたので、大規模な建屋に集中的に機械を配置する必要があった。工場には技術者が必要で、蒸気機関もある程度大規模なほうが効率がよいため、工場の規模も大きくなった。

綿屑が舞う工場内は出火しやすかったので、建築には耐火性が求められた。また、株式会社の形態をとるため、株主の信用を得るうえからも重厚な建築が好まれ、その結果、壮麗な煉瓦建築となったのである。

（鈴木　淳）

↑❶大阪紡績　操業当初の明治16年に完成した第1工場は平屋であったが、19年の第2工場は3階建て、22年完成の第3工場は4階建てである。3、4階建てはイギリスではふつうだというが、日本ではめずらしい。先進企業としてほかの工場と差をつけようという意識の表われのようにも思われる。25年火災により、95名の犠牲者を出した。

↑❸平野紡績　明治22年設立。

↑❷天満織物　明治20年設立。おもに輸入力織機を用いた織物が中心であったが、紡績部門もあった。

↑❺福島紡績　明治25年設立。

→❹天満紡績　明治20年設立。

↑❻日本紡績　明治26年設立。内外綿会社に買収される。

←❼摂津紡績　明治22年設立。35年には大和紡績、平野紡績を合併、大正7年（1918）尼崎紡績会社と合併し、大日本紡績会社（ニチボー）となる。

洋式紡績は、①綿塊を解きほぐす打綿（スカッチャ）、②1本ずつの繊維に分離して向きをそろえる梳綿（カード）、③繊維を引き伸ばして平行に配列する練条、④粗糸をつくる粗紡、⑤粗糸から製品の糸をつくる精紡、の工程に専用の機械が用いられた。製品の糸は綛機で巻き、玉締機で縛って出荷された。

①シングルスカッチャ
②カード
③練条機
④粗紡機
⑤リング精紡機

▶富岡製糸場(p108)

政商の出現
人物そろい踏み

①五代友厚

⬆1835～1885　薩摩国鹿児島郡の儒者の次男。明治元年に参与・外国事務掛となり、その後大阪で鉱山経営を開始。明治14年、同郷の黒田清隆と官有物払下げ事件を引き起こす。大阪株式取引所を設立、大阪財界に貢献した。

②住友友純

⬆1864～1926　公卿の徳大寺家の6男で、西園寺公望の実弟。大阪の豪商住友家の婿養子となり、15代を継ぐ。住友家は銅山・銀行経営を行ない、明治28年に住友銀行を設立する。のちに住友財閥を確立。

明治政府は、欧米の先進諸国と並ぶ、独立国としての国力を得るため、政治・経済・軍事において急速な近代化を迫られた。だが、政府が改革を主導するには、財政的基盤があまりにも弱かった。

このような状況下で、政府の政策や産業育成の要望にこたえて、経済的、軍事的側面を補完し、その見返りとして政府から強力な保護を受け、自己の資本を形成した商人たちがいた。彼らはのちに「政商」と呼ばれた。

政商には三つのタイプがあった。三井・住友・鴻池のように、近世期に特権商人として巨大な富を蓄積し、明治になってさらに発展を遂げた者。岩崎弥太郎・安田善次郎・大倉喜八郎・藤田伝三郎・浅野総一郎・古河市兵衛のように、幕末から明治初期にかけて急激に富を蓄積した者。五代友厚・渋沢栄一のように、政府官僚から実業界に転じ、財界の指導者として貢献した者である。

井上馨と三井、大隈重信と三菱のような政府高官との私的な結びつきをもつ政商もおり、政策への対応、政府の特権的保護、事業の基盤は多様であった。彼らは近代化の牽引力としての役割も担い、のちには政府の保護から独立し、財閥を形成した者が多かった。（森田貴子）

大日本持丸長者高名鏡

明治中期の長者たちを、番付と首引きなどの遊びで描いた錦絵。商人・大地主・資産家が経済力・知名度・個性を競っている。（孟斎春暁、明治24年）

大倉喜八郎と岩崎弥之助

左は貿易商の大倉（着物に「大」と蔵の絵）。右は海運業から三菱を興した岩崎（着物に三菱のマーク）。岩崎「そこをこうして」、大倉「どっこい、そうはゆかぬぞよ」。

渋沢栄一と本多政以

左は渋沢（着物に「ブサワ」）。右は金沢藩の家老本多政均の長男で、4歳で家督を相続した、政以（本多のせりふ「加州の力の金剛力で」。着物の「モト田」は誤り）。

⑤ 岩崎弥太郎（いわさきやたろう）

⬆1834～1885　土佐国安芸郡の地下（じげ）浪人の長男。藩営事業を経て、海運業に進出。台湾出兵や西南戦争時に政府の軍事輸送を引き受け、利益を得る。金融や造船業に着手、三菱財閥の基礎を築く。番付の弥之助（やのすけ）は弟で２代目。

④ 三井高福（みついたかよし）

⬆1808～1885　近世来の豪商三井北家の８代目。三井家は幕末に一時経営危機に陥るが、新政府の軍用金をととのえ、その信用により官金取り扱いを務めた。明治９年に三井銀行、三井物産を設立し、三井財閥の基礎を築く。

③ 安田善次郎（やすだぜんじろう）

⬆1838～1921　越中国富山の下級藩士の子。小銭両替店の経営を経て、太政官札の取り扱い、公債の買い付けで利益を得る。明治13年に安田銀行を開業、保険業にも進出し、安田財閥を築く。日本銀行の設立に携わる。

⑥ 渋沢栄一（しぶさわえいいち）

⬆1840～1931　武蔵国榛沢郡の豪農の長男。一橋（ひとつばし）家の家臣として渡欧。明治２年民部省（大蔵省）官吏となり、財政制度の確立に尽力。退官後、第一国立銀行、王子製紙などを設立。公共事業にも関与し、実業界を指導した。

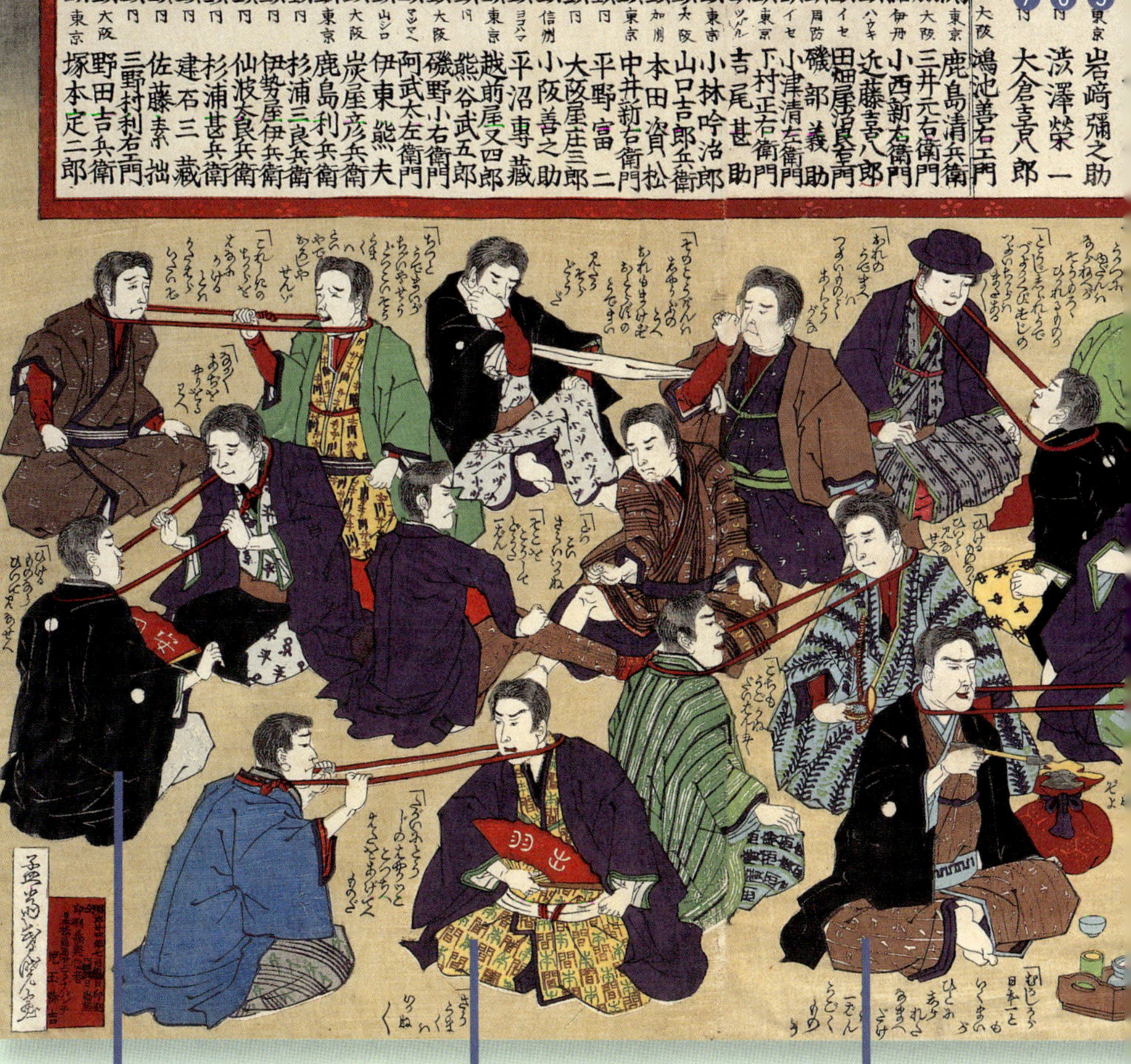

安田善次郎と平沼専蔵（ひらぬませんぞう）
左は安田（扇子と着物に「安田」）。右は横浜の貿易商で洋糸などを扱い、銀行を設立した平沼（着物に「平」と糸巻きの絵）。安田「引けるものなら引いてみなせへ」、平沼「なかなか味をやりおるわへ」。

五代友厚と本間光輝（ほんまみつてる）
左は五代（着物に「ダイ」）。右は山形県酒田の大地主、本間（着物に「本間」）。五代「互いに当時の流行（はやり）っ子、こっちへ旗をあげてへものだ」、本間「さううまくはいかぬ、いかぬ」。

鴻池と三井
左は大阪の豪商鴻池（着物に「コウノイケ」）。右はのちの財閥三井（千両箱に「三井」）。鴻池「…人に知られた名前だけ、ここ一番動くものか」、三井「…こっちも知られた持丸の力を表わし、こてんぱ見せるは」。

⑦ 大倉喜八郎（おおくらきはちろう）

⬆1837～1928　越後国蒲原郡の名主の３男。鰹節（かつおぶし）店の見習いを経て、乾物店・銃砲店を開業。欧米を視察し、明治６年に貿易商社・大倉組商会を設立する。軍需物資の輸送で利益を得て鉱業・土木にも進出、大倉財閥を築く。

▶国立銀行設立(p104)、国会開設運動と明治十四年の政変(p180)、美術コレクターの登場(p466)

海運業の進展

近代化した海運業で繰り広げられた激しい競争

明治初年の日本の海運業は、おもに和船型帆船によって行なわれ、外国貿易や開港場間の輸送は外国汽船に頼っていた。

明治政府は海運業の近代化を図るため、明治5年（一八七二）、郵便物・旅客貨物の輸送を行なう日本国郵便蒸気船会社を設立した。

●軍事輸送で台頭した三菱

高知藩藩営の大坂商会で、藩船購入や資金調達にあたっていた岩崎弥太郎は、明治3年に九十九商会と改組し、藩船三隻を借り入れて海運業を開始した。6年には三菱商会と改称、本拠地を東京の南茅場町に移した。

明治7年、台湾出兵に際し、三菱は政府の要請を受け、軍隊と軍需品の輸送を行なう。その後、政府は、上海航路の開設を命じ、三菱は最初の海外航路として東京丸を出帆させた。さらに、海運会社育成のため、郵便物の運搬や海員養成などを条件に、政府は汽船一三隻を三菱に下付、年二五万円の助成金を一五年間給付することを定めた。

三菱は、政府への会計報告のため、会社組織を整え、西洋式複式簿記を導入した。海員養成要求に対しては、三菱商船学校（現在の東京海洋大学）を設立した。さらに、アメリカやイギリスの汽船会社との沿岸航路をめぐる競争にも勝って、他社を撤退させる。明治10年の西南戦争時には、政府の軍

1

⬆明治10年頃の三菱商会幹部　前列左から、石川七財、社長岩崎弥太郎、川田小一郎、クレブス。後列左から、本社会計方浅田正文、香港支社支配人本田政治郎、副社長岩崎弥之助（弥太郎の弟）、荘田平五郎。

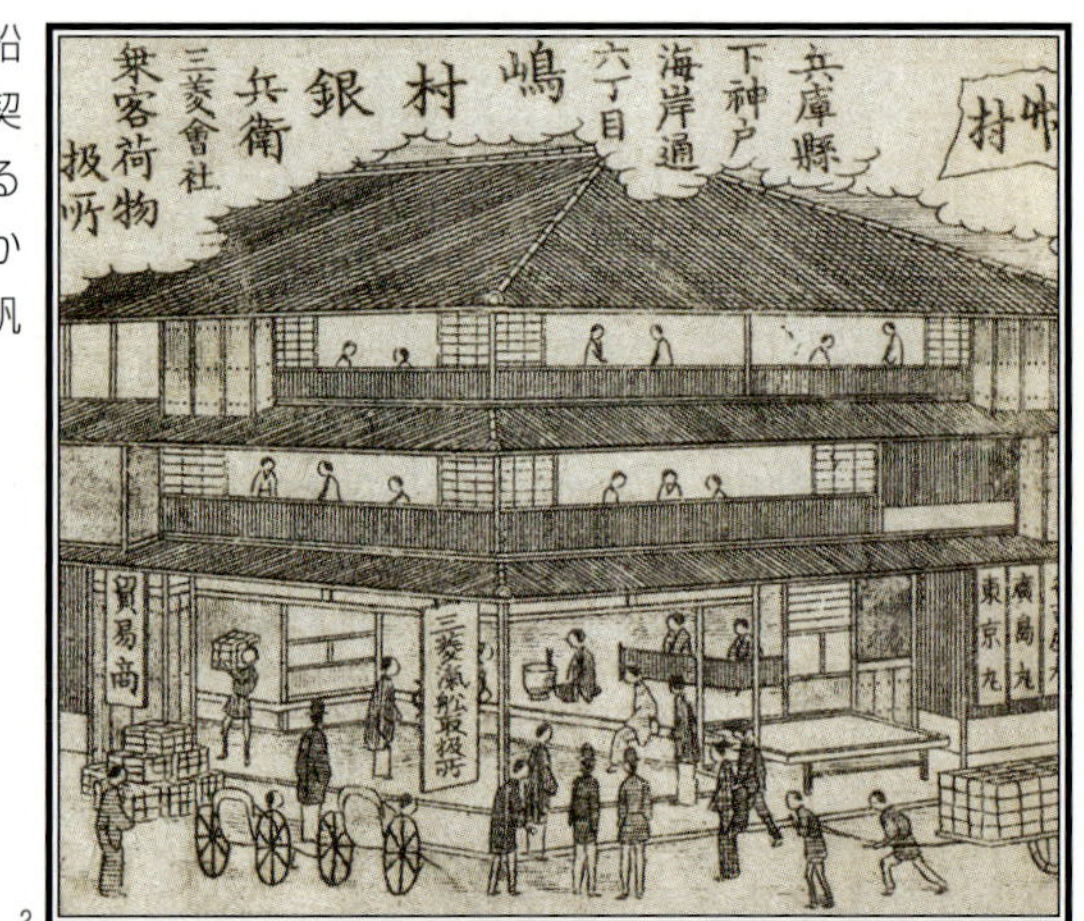

2

➡三菱会社乗客荷物扱所　汽船乗客荷物扱所は、海運会社と契約し、貨客を集めて切符を売る店。旅館も兼ねており、地方からの客はここに宿泊して、出帆を待った。

3

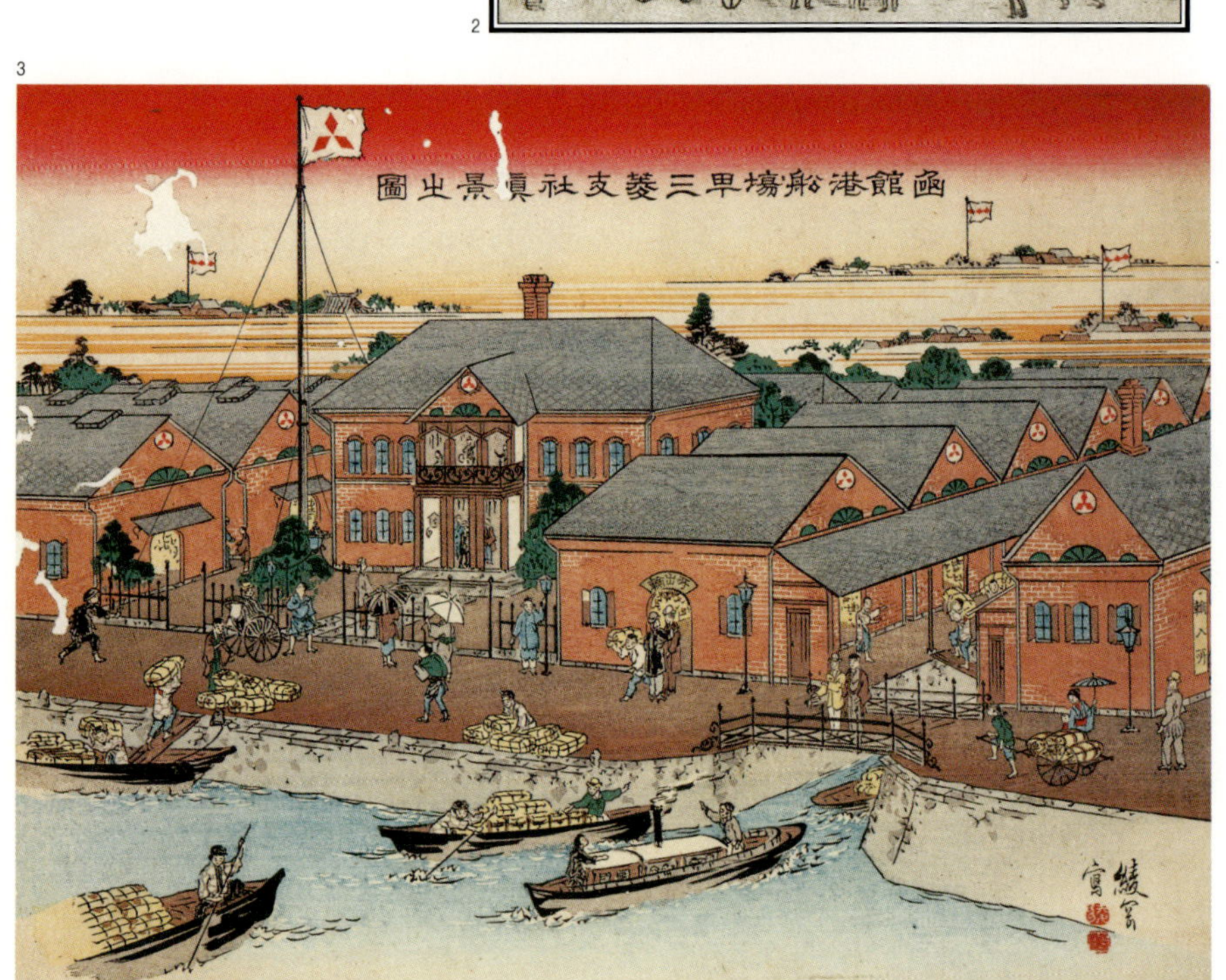

4

⬅⬆三菱の函館支社と東京丸（上）　明治8年に函館支社を設立。15年に新社屋と煉瓦倉庫15棟を竣工した。倉庫間の堀割は、艀からの積み下ろし用。東京丸は2217トンの木製外輪船で、台湾出兵時に政府が購入し、三菱に払い下げた。

事輸送を引き受け、四四隻が徴用されて莫大な利益を得た。

●日本郵船会社の設立

しかし、こうした三菱の海運業の隆盛に対し、周囲からの批判が高まっていった。明治16年、農商務卿品川弥二郎の主導により、東京風帆船会社・北海道運輸会社・越中風帆船会社が合併、共同運輸会社が開業した。

三菱と共同運輸は、乗客貨物の運賃をめぐり、二年九か月にわたって、激しい引き下げ競争を展開した。政府諭告により協定が締結されたが、ふたたび競争が始まり、両社の損失は増大した。政府は共倒れになることを恐れ、合併を勧めた。

明治18年、両社の合併により、資本金一一〇〇万円の日本郵船会社が誕生した。汽船は三菱・共同運輸会社から各二九隻、合計六万八一九七トンで、社長には旧共同運輸の森岡昌純が就任した。

三菱は全国的な支店・航路網と人材を擁していたが、汽船は老朽化していた。一方の共同運輸は新造汽船を所有していたが、損失が大きかった。さらに、鉄道網の敷設、新興汽船会社や外国海運との競争が、日本郵船会社の新たな課題となっていった。（森田貴子）

⬆**三菱と共同運輸の競争**　明治16年1月～18年9月にかけて、熾烈な競争が繰り広げられた。海上で両社の船舶が出会うと、互いに航路を譲らず速力を競ったため、衝突事故も起こった。

共同運輸會社　東濱町角

⬆**共同運輸会社函館支社**　明治16年、共同運輸会社は函館市東浜町の北海道運輸会社の社屋を函館支社とした。支配人は北海道運輸会社の園田実徳、副支配人は東京風帆船会社代理店の宮路助三郎が務めた。

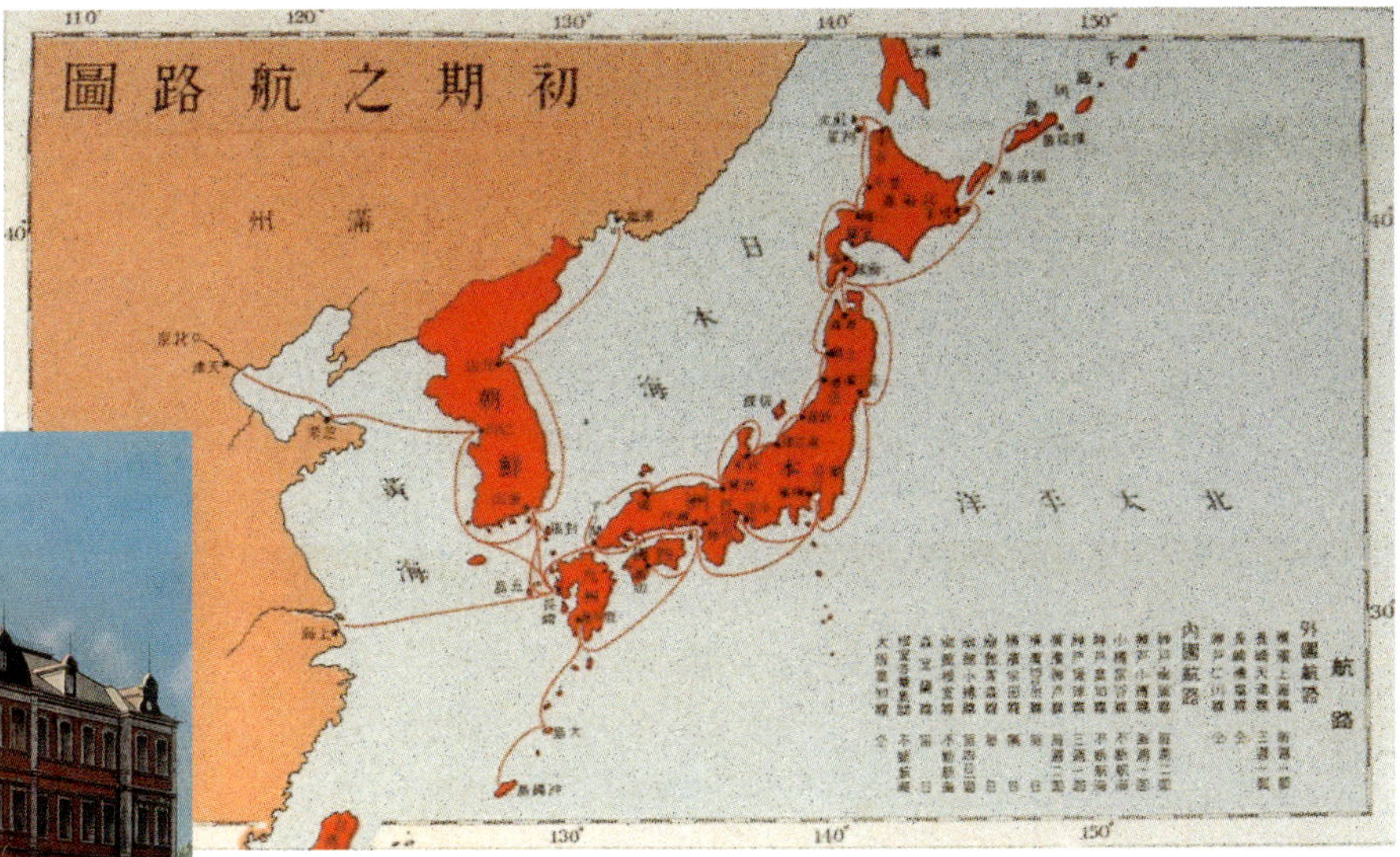

初期之航路圖

⬅⬆**日本郵船会社本社と初期の航路図**（上）　三菱の所有地・丸の内に明治29年に竣工。煉瓦造り、地下室付き3階建てで、水圧式エレベーター・水道設備を備えた近代的オフィスビルだった。当初、国内航路は11線、近海航路は3線だった。

▶台湾出兵と北京交渉(p142)、西南戦争(p156)、船の旅(p414)

鉄道網の展開

ビジュアル読み解き

試運転中の弁慶号　小樽入船　陸橋を通過する幌内鉄道の弁慶号は、アメリカから輸入。幌内鉄道は明治15年小樽港の手宮―札幌―幌内炭鉱が全通。

明治5年（一八七二）5月に、品川―横浜間に日本初の鉄道が仮開業し、同年9月に新橋―横浜間が本開業した。しかし、それに続く鉄道建設は政府の財政難のためはかどらず、その後の一〇年間は官設鉄道が一七〇マイル（約二七三・六km）を開業させるにとどまった。

そのような状況のなかで、鉄道網の拡大に貢献したのは私設鉄道だった。日本で最初の私鉄、日本鉄道会社は明治14年に設立され、明治16年の上野―熊谷間を皮切りに東日本に路線を拡大し、国有化されるまでは最大の私鉄会社だった。日本鉄道会社の良好な営業成績に刺激されて、明治18年以降私鉄会社の設立が盛んになり、明治20年には私鉄の営業キロが官設鉄道を上まわった。

当初の鉄道路線は局地的なものだったが、明治20年代になると、長距離の幹線がつくられるようになる。明治22年、東海道線が全通して関東と関西が鉄道で結ばれたのをはじめとして、24年に日本鉄道の上野―青森間、26年に高崎―直江津間、27年に山陽鉄道の東京―広島間が、それぞれ全通した。

日清・日露戦争間には、さらに建設が進められ、明治35年には官鉄・私鉄を合わせた開業路線は四二三八マイル（約六八二〇km）に達した。路線網が拡大すると、並行する鉄道同士で乗客を奪い合うケースもみられるようになる。明治36年から37年の官鉄と関西鉄道の競争は、とくに有名である。

このように私鉄と官鉄によって鉄道網が拡大されたが、日露戦争後の明治39年に鉄道国有法が成立し、翌年10月までに幹線の私設鉄道はすべて国有化されることになった。

（平山　昇）

明治の鉄道路線図

（明治39年3月末現在）

青森　秋田　山形　塩釜　岩沼　新潟　直江津　喜多方　福島　若松　郡山　日光　長野　宇都宮　前橋　太田　塩尻　高崎　水戸　谷　川越　大宮　佐倉　佐原　甲府　八王子　東京　銚子　横浜　千葉　成田　静岡　三島　横須賀　大原　大仁

東京周辺

赤羽　大宮　水戸　八王子　田端　北千住　池袋　日暮里　隅田川　千葉　新宿　亀戸　両国橋　御茶ノ水　秋葉原　新橋　品川　大崎　横浜

安倍川鉄橋を渡る東海道鉄道の列車　さまざまなハイカラ趣味で知られる徳川慶喜によって撮影されたもの。（明治26年頃）

国産第1号機関車　御雇外国人トレビシックの指導のもとで、鉄道局神戸工場で製造された最初の国産機関車（明治26年完成）。機関車の国産は少数ながら続けられ、量産が軌道に乗るのは大正期になってから。

➘5500形式の機関車　明治後期に主力として使われた蒸気機関車。旅客列車専用で、イギリス製。

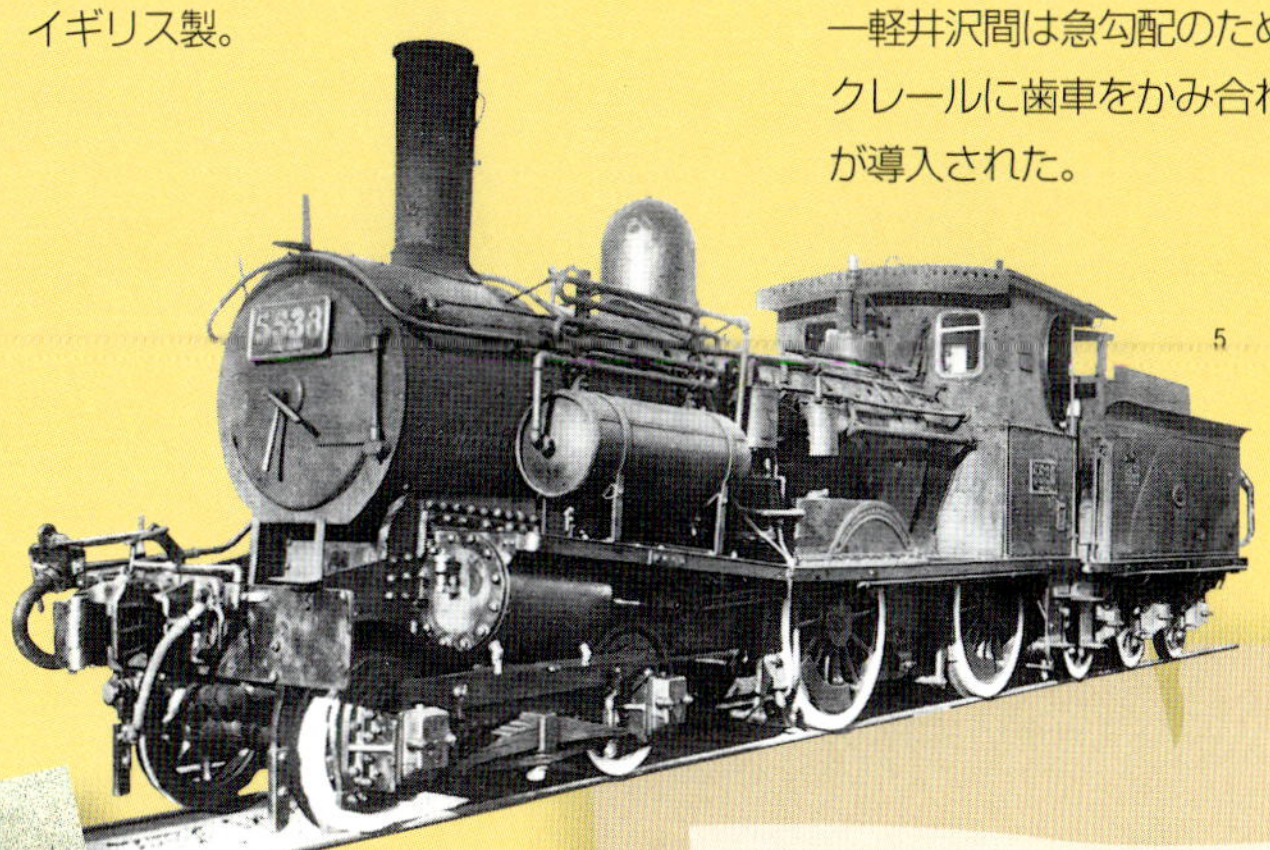

➡アプト式区間を走行中の蒸気機関車　明治26年、高崎―直江津間が全通。途中の横川―軽井沢間は急勾配のため、線路中央のラックレールに歯車をかみ合わせて走るアプト式が導入された。

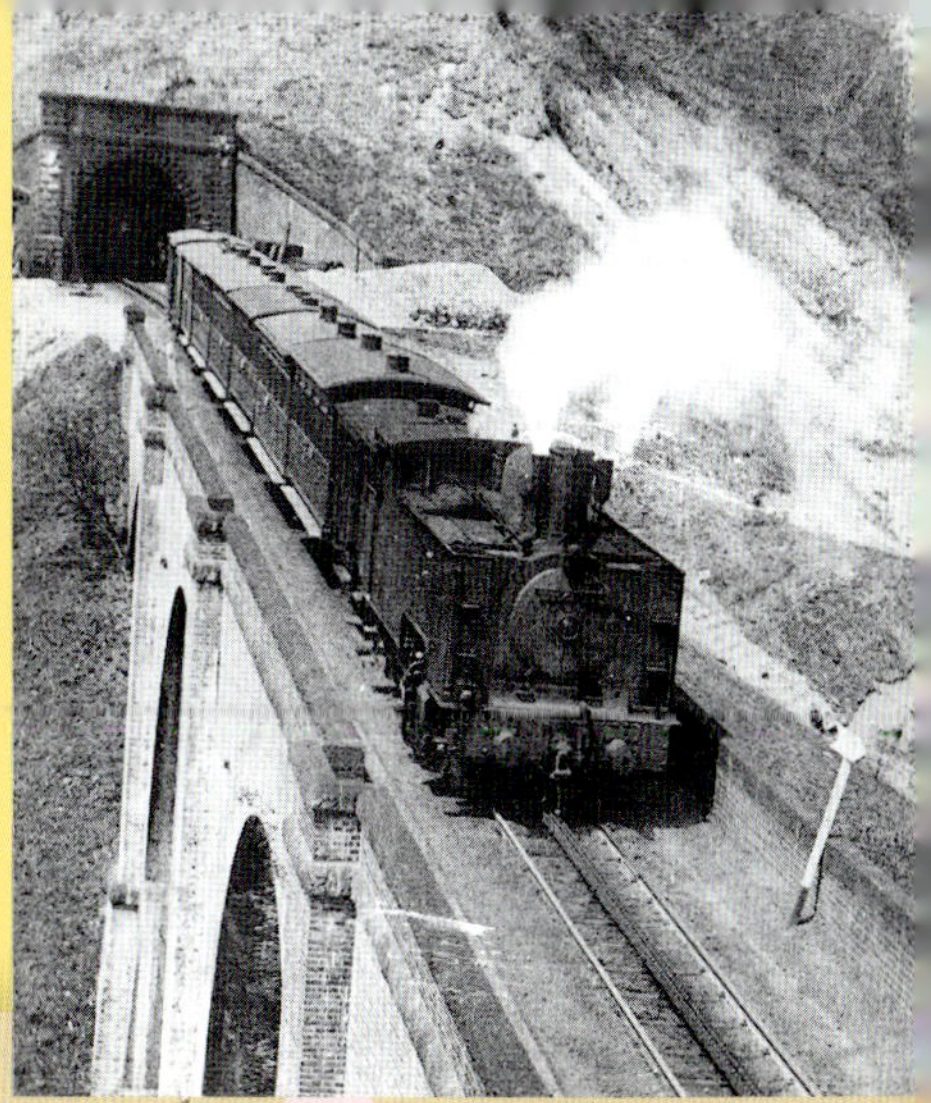

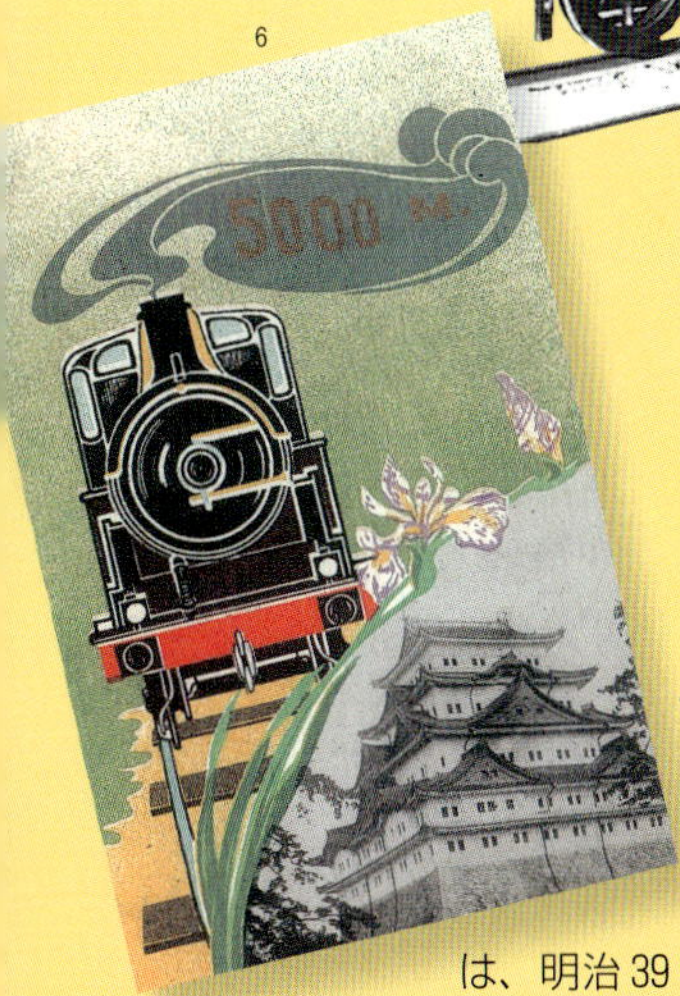

⬅鉄道5000マイル記念絵葉書　台湾を含めて鉄道路線は、明治39年に5000マイル（約8047km）に達した。

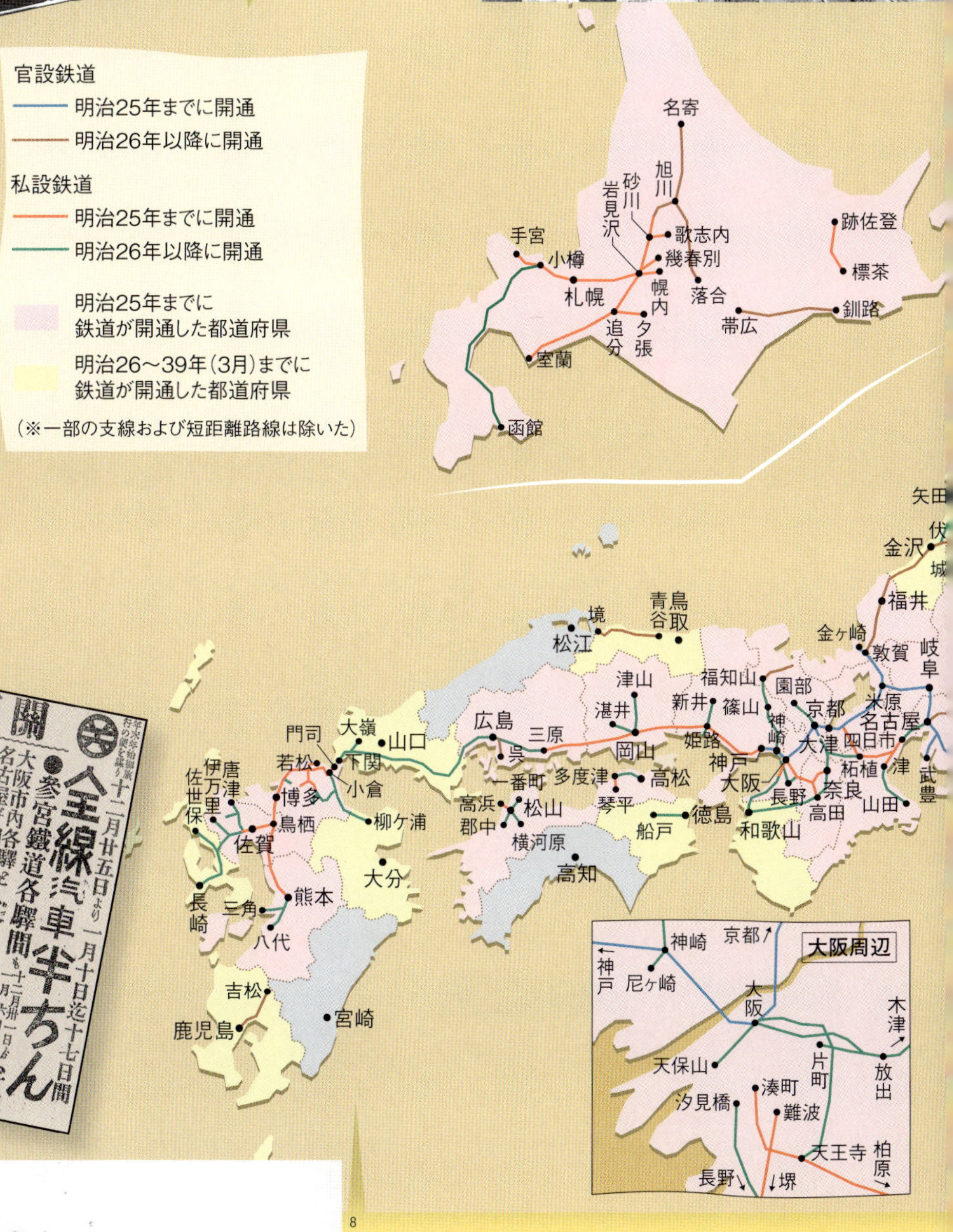

官設鉄道
明治25年までに開通
明治26年以降に開通
私設鉄道
明治25年までに開通
明治26年以降に開通
明治25年までに鉄道が開通した都道府県
明治26～39年（3月）までに鉄道が開通した都道府県
（※一部の支線および短距離路線は除いた）

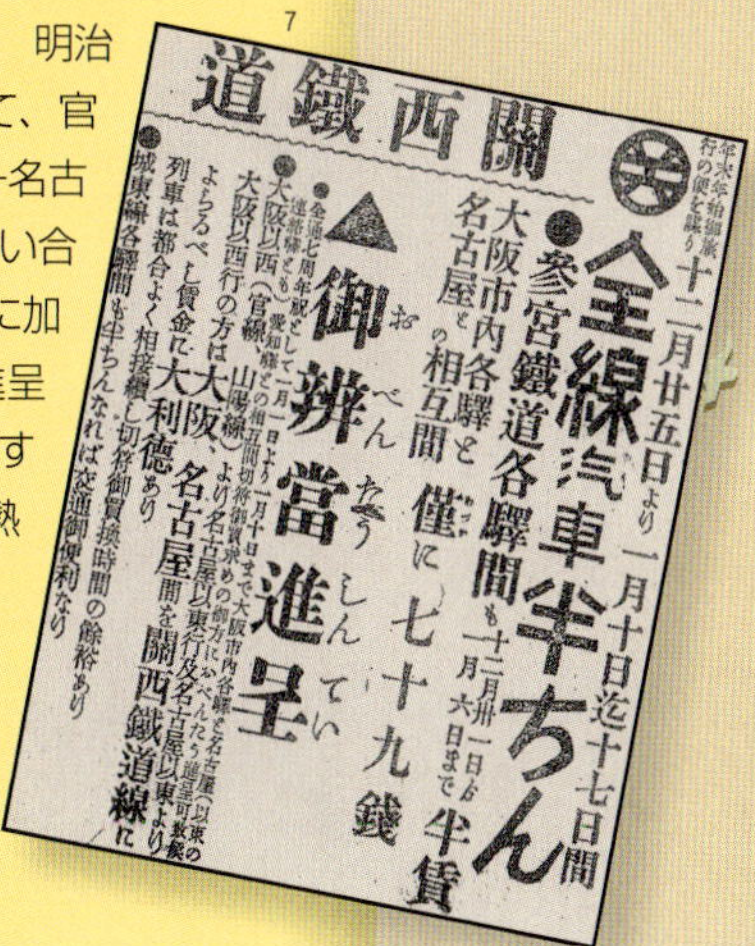

➡関西鉄道の割引広告　明治36年から翌年にかけて、官鉄と関西鉄道は大阪―名古屋間の乗客を激しく奪い合った。大幅な運賃割引に加えて関西鉄道が弁当進呈といった奇策を打ち出すなど、異常なほど過熱した。

關西鐵道
全線汽車半ちん
十二月廿五日より一月十日迄十七日間
参宮鐵道各驛間も十二月一日より六日まで半賃
大阪市内各驛と名古屋の相互間　僅に七十九銭
御辨當進呈

⬅鉄道による軍事輸送（総武鉄道佐倉駅）　鉄道は戦時輸送でも重要な役割を担った。明治27年、日清戦争開戦時には、日本鉄道・官鉄東海道線・山陽鉄道により、青森―東京―大阪―広島の直通輸送が可能となり、この縦貫ルートを中心として、各地から軍隊や軍事物資が運ばれた。

▶汽車の旅（p408）、鉄道時刻表と旅行案内（p412）

琵琶湖疏水と京都の水

日本人による初の大規模な土木事業

⬆第3トンネルの出口

明治2年（一八六九）3月の東京遷都により人口が激減した京都では、退勢の挽回が最大の課題であった。

そのため、輸入織機による西陣織や、西洋顔料による清水焼のように、欧米から導入した新技術による伝統産業の振興を中心に、はやくから殖産興業による都市の再建が積極的に行なわれた。なかでも巨額の資金と長い年月をかけて実現されたのが、琵琶湖疏水事業である。

●工事主任は弱冠21歳

この事業は明治14年に就任した第三代京都府知事の北垣国道のもとで、琵琶湖―京都間の船運の開通を最大の目的に、その水を水車動力・灌漑・防火・井泉・衛生に利用するために計画された。明治14年4月に最初の測量がなされたが、政府をはじめ各地域との折衝は四年に及び、明治18年6月になってようやく起工式が行なわれた。

疏水工事の御用掛に抜擢されたのは、明治16年に工部大学校を卒業したばかりで当時21歳の田邊朔郎である。事業は当時の最先端技術を動員して進められたが、ダイナマイトとセメント以外の資材の大半は国産でまかなわれ、工事は貧弱な機械による困難な作業の連続であった。ようやく明治23年4月、就労者数延べ四〇〇万人、総工費一二五万有余円という琵琶湖疏水事業の竣工式が行なわれた。

この疏水事業は、日本初の大規模な近代的土木事業であっただけでなく、国の重要な工事はすべて外国人技師にゆだねていた当時、設計から工事まですべて日本人の手によったことは特筆に値する。疏水は今なお、京都市民の飲料水の大半を供給しつづけている。

●画期的な竪坑工法

全長一万一一〇三mに及ぶという大規模な土木工事のため、当初多くの人が懐疑的であった。とくに長等山の小関越トンネル二四三六m、日岡峠のトンネル八九四mの長いトンネル工事は日本初であり、御雇オランダ人技師ヨハネス・デ・レーケなども技術的観点から計画に反対した。京都府では工事

⬆田邉朔郎　21歳で工事の主任となった。

➡京都市史跡となっている南禅寺境内の水路閣　この上を毎秒2トンの水が流れる。

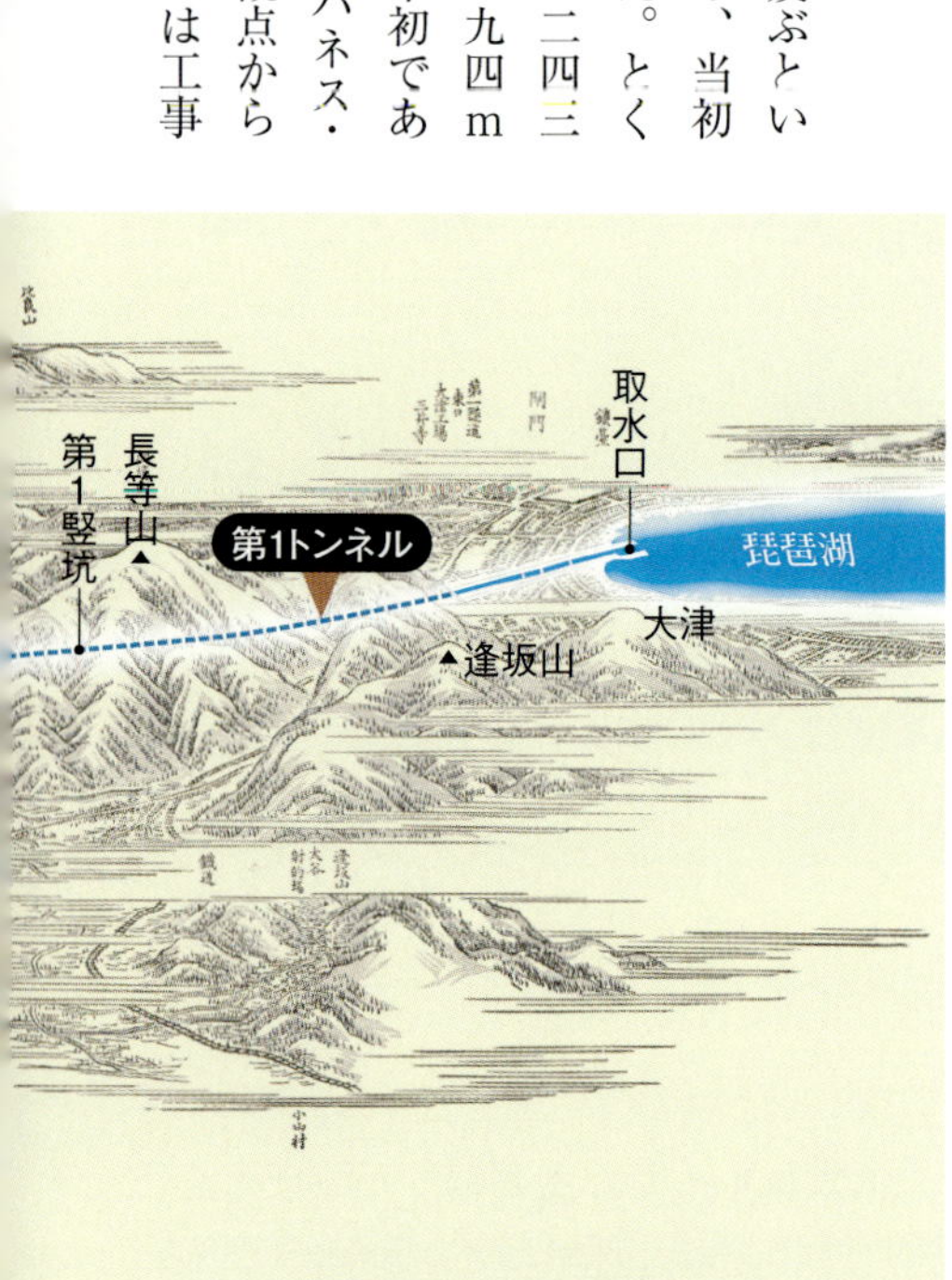

……琵琶湖疏水線路全景……

河田小龍画（明治23年）をもとに作成

⬅**インクライン** 船を荷物ごと台車に載せて坂を上下させた。片道10～15分かかったという。

⬆**長等山の第1隧道**（全長2436m） 掘削は、硬い岩と湧水との闘いのなかで、たいへんな難工事となった。

➡**第1隧道の竪坑出入り口跡** 第1隧道は、当時日本最長であり、工期の短縮と換気のため、シャフト（竪坑）方式が採用された。

の万全を期して、当初予算の二倍近い額の一二五万六七三五円の予算を疏水計画にあて、明治18年1月、国から起工許可を獲得した。

工事中最大の難関は、角硅岩と砂岩の互層からなる長等山のトンネルであった。ダイナマイトによる一日あたり一五、六回の発破を繰り返しながら掘削が進められた。この工事で画期的なのは、シャフトといわれた竪坑の利用である。東口から一六七八m地点にあたるところから竪坑を掘り、両口と竪坑口から掘削して工期を早めた。

当初予定されていた水車動力事業も日本初となる水力発電事業に切り替えられ、そこでつくられた電力が、これも日本初のインクライン（傾斜鉄道）の動力に利用されたのである。水力発電は新たな産業の振興にも大きく役立ち、明治28年京都に日本初の路面電車を開業させ、京都の各家に電力を供給した。古都京都は、時代の先端をゆく近代都市に生まれ変わったのである。今日、船運はその役割を終えたが、疏水上の夷川・蹴上・墨染の三か所の発電所は、現在も約二万世帯の電力をまかなっている。

（竹本知行）

⬆**蹴上発電所跡** 日本で最初の事業用水力発電を行なった。

⬆**ねじりまんぽ入り口** 「まんぽ」とはトンネルなどをいう方言で、内部では煉瓦をねじるように積んで、強度を増している。

土木の時代

地域経済の発展をめざして道路が整備された

車が走る道は、全国的に共通する近代の景観であった。江戸時代には、町並みのなかや京都―大津間の伝統的な例外を除き、街道を車が通ることは禁止されていた。貨物は馬や人の背に載せて運ばれ、大名の参勤交代や公用荷物の安価な運搬を担う街道筋の輸送体制を保護するために、新たな輸送手段の利用は禁止されていた。

●馬車や人力車のための道

文明と権威を象徴する馬車や、庶民も使える人力車が新たに登場し、人や牛や馬が引く荷車も、街道という大きな活躍の舞台を得て急増したのが、明治という時代であった。

人や馬が歩くための道を車両の通行に耐えるようにするには、道幅を広げ、橋を架けるほか、盛り土や切り通しの工事を行ない、さらには道筋を変更する必要もあった。とくに山間部では道路を改修する必要があり、県境となるような急峻な山脈では、大幅な経路の変更やトンネルの掘削が必要となった。

●開発された東北の交通網

このような大がかりな道路改修は、西南戦争後の東北地方でもっとも活発に行なわれた。すでに鉄道も導入されてはいたが、それは新橋―横浜間と神戸―大阪―京都間だけで、すぐには広域な交通網の主役となりそうになかった。そ

東北地方幹線道路通車状況図

⬆日本鉄道線（現在の東北本線）が青森まで達した明治24年頃の、道路と河川の通行状況。

⬆鳴瀬川河口に残る突堤

➡予定された野蒜港の新市街地地図

⬅**野蒜港跡**　北上川・阿武隈川の水運を汽船海運と結びつける港として、明治11年から工事が開始されたが、流砂や暴風雨の被害のため明治17年に工事が中止された。左の航空写真では、中央を流れるのが鳴瀬川。左手にのびる東名運河は貞山堀を経て阿武隈川に至り、右手にのびる北上運河は、北上川につながる。中央三角地帯は、新市街地として予定されていた。

のため、幕末から人の動きを急速に変え、さらに貨物輸送にも活用されはじめた汽船海運、近世から貨物輸送に大きな役割を果たし、小型汽船の導入により旅客輸送の可能性も大きくなってきた大河川での水運と組み合わせて、道路を整備することが、現実的な交通網整備策と考えられたのである。

●地元負担の道路整備

山形・福島・栃木の県令を歴任し、山形・福島県境の栗子山隧道をはじめとする大規模な土木工事を行なった三島通庸は、「道路県令」「土木県令」と呼ばれ、宮城県令松平正直もそう呼ばれることがあった。県境の隧道などには国費も投じられたが、道路は基本的には地元負担であった。道路整備の利益が十分には理解されていない時代に、県民を動員して働かせ、あるいは出金を迫って道路整備を推し進めたのは、それが地域経済の発展をもたらすだけではなく、人心を開明させる手段ともなると考えた県令たちであった。

しかし、明治24年（一八九一）に日本鉄道線が青森まで開通すると、道路は陸運の主役から鉄道駅までの連絡手段に位置を転じた。

（鈴木　淳）

高橋由一の土木工事画

3

↑**栗子山隧道**　日本ではじめての蒸気動力の削岩機も用い、明治13年に完成した。このトンネルを通る道は、翌年に明治天皇を迎えて開道式を行ない、万世大路と命名された。図にあるような荷馬車は、明治17年の山形県内で22台にとどまり、道路を走る車の中心は、同年に2000台を超えていた人力車や、5000台を超えた人が引く荷車であった。

4

↑**男鹿川橋**　栃木県内の福島に通じる山間部に架けられた。この部分の道路は数年で廃道になった。

5

↑**栃木県塩谷郡薄葉村**　切り通しや橋梁を用いる近代の道の姿を、よく示している。

6

→**山形県飽海郡吹浦村内の新道**　日本海に沿って秋田県下につながる。

注：左に掲載した高橋由一の絵は、彼が土木工事によってつくられた新世界を、写実性に富んだ洋画で全国に伝えたいと三島通庸に願い出て、工事関係者の案内で写生旅行した成果である。

▶高橋由一（p242）

婦人のたしなみ

武家の女性を規範とした婦人教育

「たしなみ」という言葉には、日ごろの心がけ、慎みや節制という意味のほか、作法・素養・教養・趣味という意味もある。ある程度の生活の余裕があってはじめてできることだが、明治時代の女性は何をたしなみ、どのようなたしなみを求められたのだろうか。

●模範とされる女性像

ここに掲げた絵は「女礼式」という。よき主婦、よき妻としてあるべき姿の模範型を絵解きしたもので、このような錦絵や双六は、明治時代には多数制作された。描かれている和裁・華道・茶道・歌道・箏曲・香道などの作法や素養は、おおむね江戸時代の武家娘や御新造（中級武士の妻）のあり方と共通するものであり、他方、実際に明治の中流家庭婦人が残した日記などからうかがえるたしなみと符合一致する。

「女礼式」では、「夫唱婦随」の一方で、家政を預かる妻という伝

『教育女礼式』 江戸以来の書院造、武家住宅は中流以上の住居。描かれている女性は、武家風島田・丸髷で明治中流婦人が江戸の武家女性の系譜を引くことがわかる。地袋には和本と同様に横倒しに置かれた洋本があり、文机にはクロスが掛けられているなど、まぎれもなく明治の情景だ。画風も陰影をつけるなど洋画の影響が濃い。（明治34年）

統的な女性像が継承されているのだが、同時に女性をめぐる衣食住などの生活風俗は、江戸時代との連続性が強いこともわかる。

とはいっても、地袋の上には洋本が置かれていたり、ガラス鏡の姫鏡台で着物を合わせたりと、新時代の文物が生活に取り入れられていたこともうかがえる。

●学校教育にも礼法を導入

明治後半期に入ると、ヴァイオリンなどが上流子女のステータスとしてたしなみのなかに加わる。ここに描かれていない女性の趣味としては、謡・盆石などもある。

三弦（三味線）は、大都市下町の娘のたしなみであった。また、同じく明治後半期にはジャーナリズムが発達し、女性向けの雑誌がつぎつぎに刊行された。しかし、女性の教育や権利を主張した啓蒙的な雑誌にさえも、こうした女性のたしなみに関する記事・写真・絵などが頻繁に掲載されている。さらに、学校教育のなかでも礼法の授業として、茶道や華道が取り入れられているところもあった。

たしなみといっても義務に近い側面も皆無ではなく、それは社会のなかでの女性の位置を表わしてもいるだろう。（川上寿代）

▶暮らしのなかの音楽(p426)

上野動物園オープン

日本初の近代的大衆娯楽施設の誕生

現在の恩賜上野動物園は明治15年（一八八二）3月20日、東京・上野の清水谷（しみずだに）に開園した。明治天皇の行幸を仰いで開園式が行なわれ、午後2時30分より一般に公開。日本初の近代的動物園の誕生である。

維新以降、政府は列強の仲間入りを果たすことを国家目標のひとつに掲げ、列強から近代国家と認めてもらえるよう、懸命に欧化政策がとられた。博物館や動物園の導入が検討されたのも、西洋の猿まねと揶揄（やゆ）されたこの風潮のなかでのことだった。西欧では18世紀から博物学が隆盛をきわめ、各地に本格的な博物館や動物園が整備されるようになっていたからである。上野動物園も、農商務省の博物館（現在の東京国立博物館）の附属施設という位置づけだった。

●平日一銭、日曜二銭

開園当初の入園料は、火〜土曜が一銭、日曜が二銭で、5歳から10歳までの子どもが半額、5歳未満は無料だった。休園日は毎月曜日と年末年始。臨時休園となる場合は門外に掲示されるほか、新聞紙上にも広告が出された。

開園の年はコレラが流行したため、8月1日から9月19日まで休園したが、この年の入園者数は20万人を超えている。しかし、開園の翌年からは開園日数が多いにもかかわらず、入園者数は初年を超えることができなかった。

現在では動物園といえば子どもが主役の娯楽施設だが、開園当初の入園者はおもに大人だった。上野動物園が大人も子どもも集う大衆娯楽施設として脚光を浴びるのは、明治20年以降である。

●トラやゾウが大人気に

明治19年秋、来日中だったイタリアのサーカス団のトラが、三頭の子を産んだ。上野動物園は、ヒグマと交換で、この子トラ雄雌二頭をもらい受けた。

開園当初はほとんど国産の動物しかいなかった上野動物園で、明治20年2月からトラが公開されると、入園者は急増したのだった。翌21年にシャム（現在のタイ）皇帝からインドゾウ二頭が贈られると、ますます入園者数はのびていった。

その後もライオン、キリン、カバなど新奇な外国産の動物が来園すると入園者数も増え、この現象は昭和47年（一九七二）のパンダの例まで続く。

東京の一主婦が残した日記（明治31年）に、評判となっていた猩々（しょうじょう）（オランウータン）を見に、女中まで連れて家族で出かけたことが書かれている。日記によると、この家族はしばしば動物園に出かけており、上野動物園が大衆の娯楽施設、レジャーのひとつとしてすっかり定着していることがうかがえる。

（川上寿代）

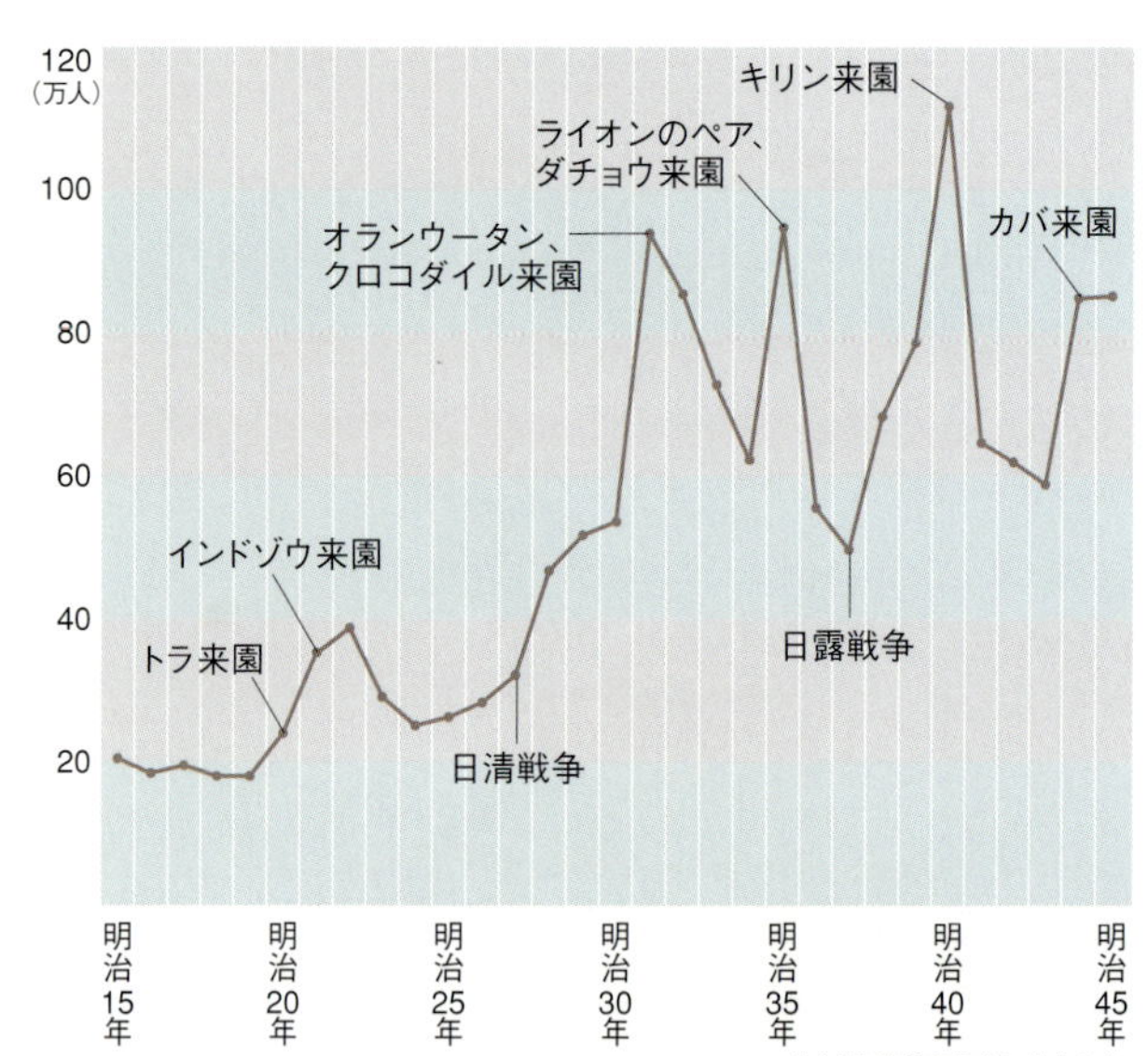

『上野動物園百年史』より

⬆**上野動物園入園者数の推移**　動物園の人気者は今も昔も変わりない。トラやインドゾウ、オランウータン、キリンなど、めずらしい外国の動物が来園すると入園者数も跳ね上がる。

⬅**中国からきたシフゾウ（メス）**

▶万国博覧会と内国博覧会（p148）

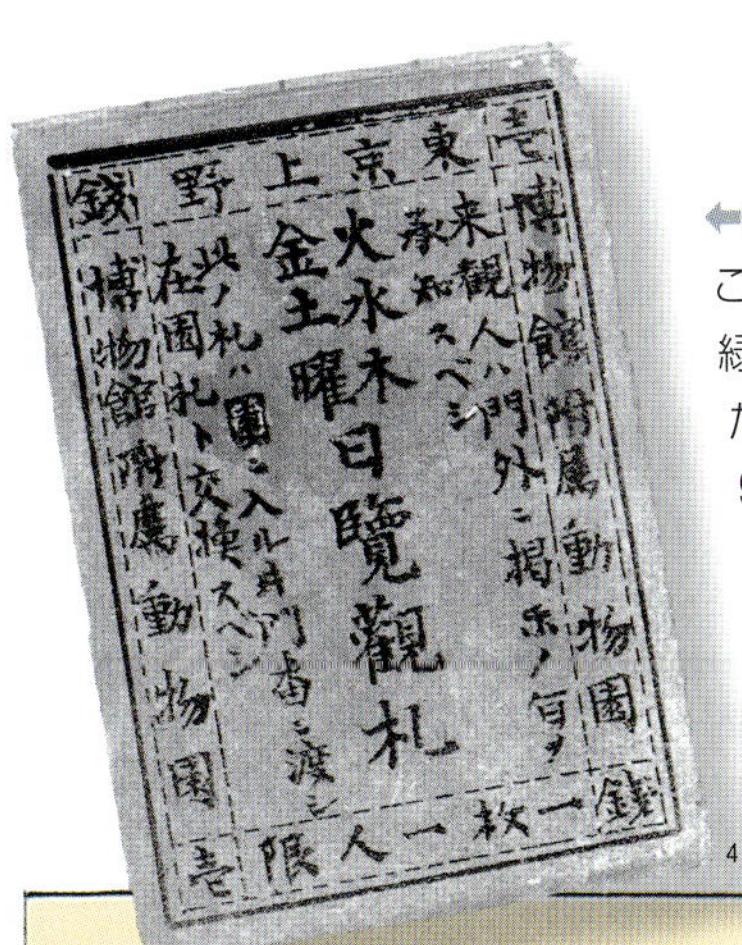

⇦開園当初の覧観札（入場券）
これは平日・大人用の入場券で緑色。日曜日用の入場券は紫色だった。開園時間は、冬は午前9時〜午後4時、夏は午前8時〜午後5時など、季節に合わせて定められた。

⇧見物人でにぎわう明治末年ごろのサル雑居舎

上野公園動物園之圖

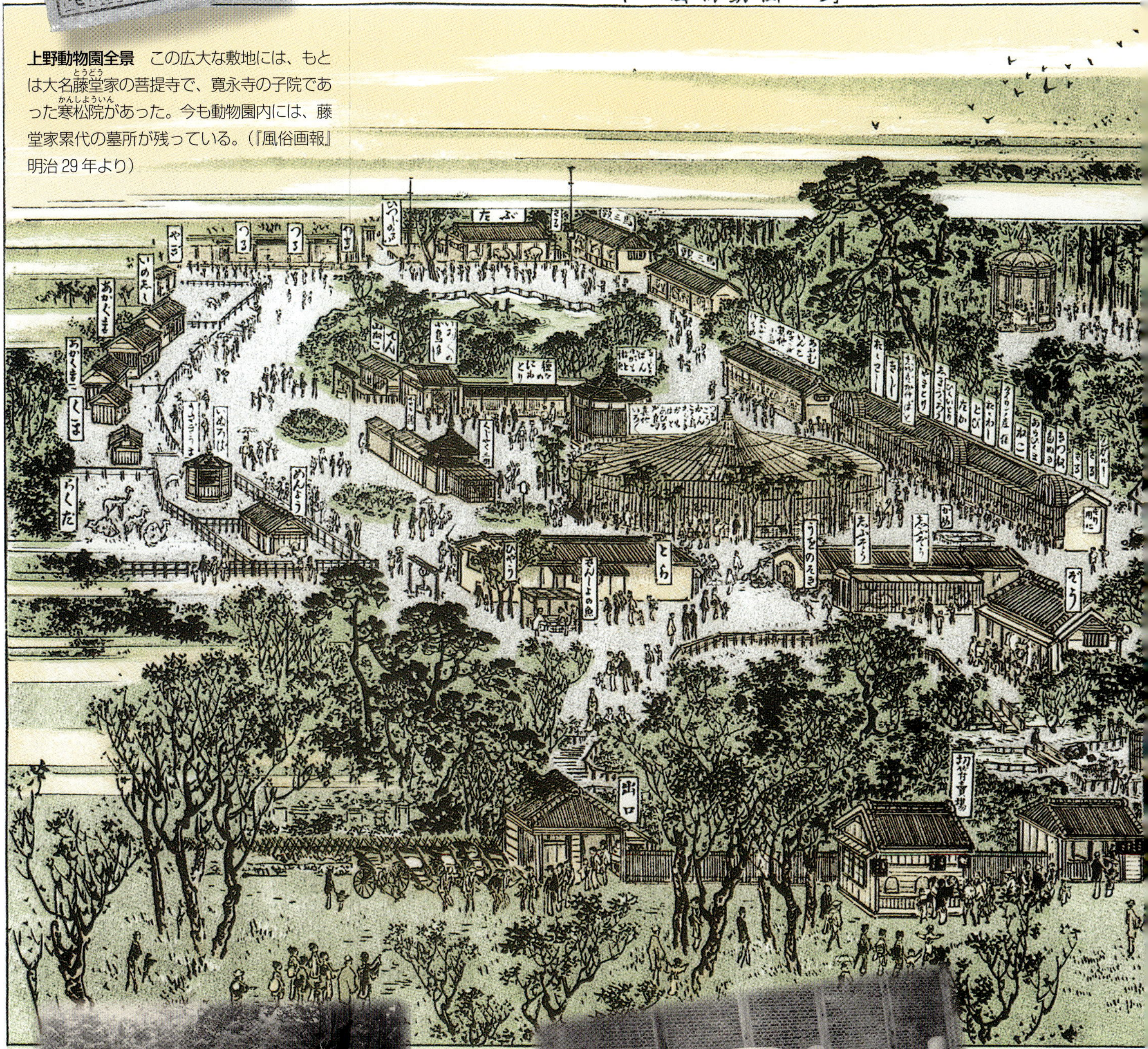

上野動物園全景　この広大な敷地には、もとは大名藤堂(とうどう)家の菩提寺で、寛永寺の子院であった寒松院(かんしょういん)があった。今も動物園内には、藤堂家累代の墓所が残っている。（『風俗画報』明治29年より）

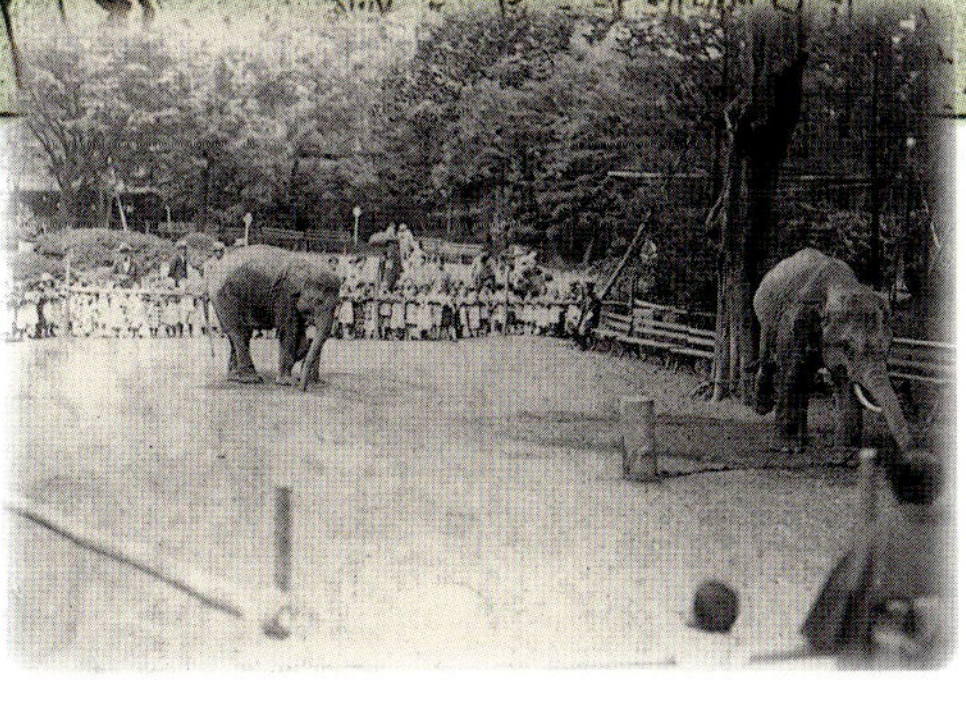

⇦明治25年頃のゾウの繋(つな)ぎ場

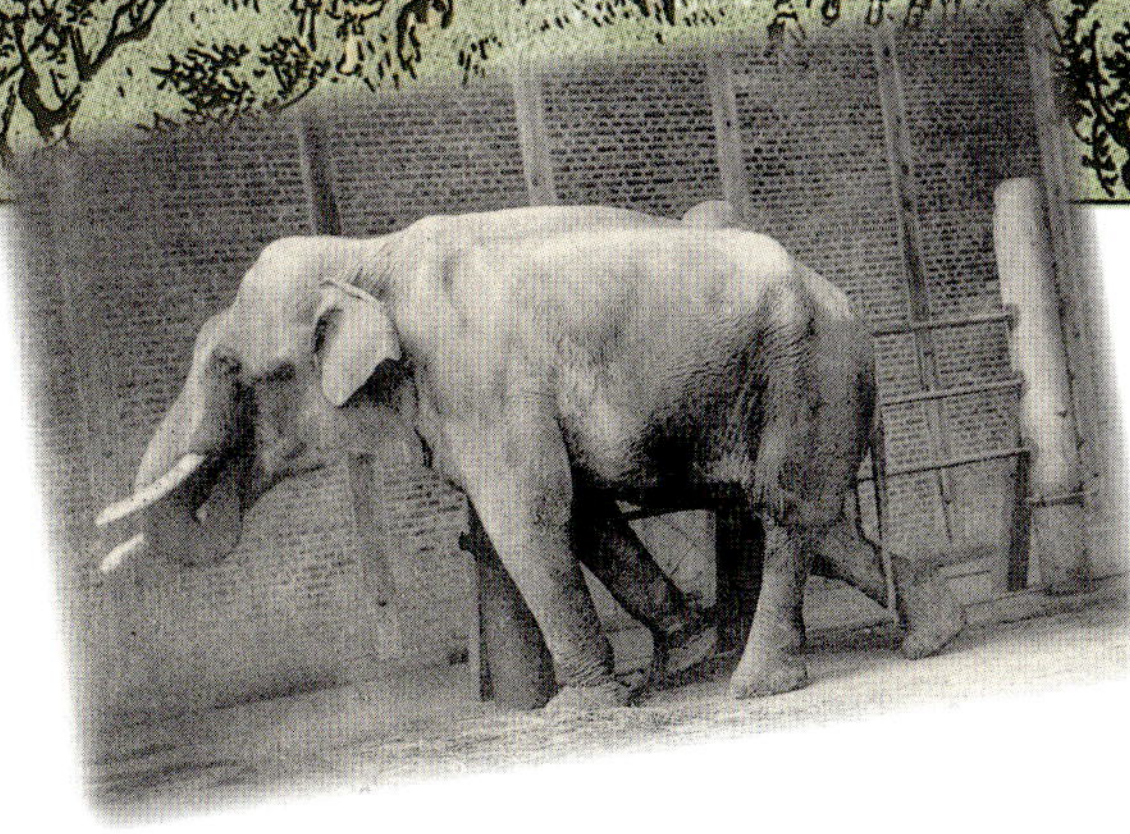

⇦明治21年、シャム皇帝より贈られたインドゾウ

百花園や植木屋に遊ぶ

江戸時代から続く明治園芸ブーム

江戸が東京になっても、人々の暮らしがすぐに変わるわけではない。庶民は江戸ふうの趣味を引き継いで、暮らしに彩りを添えていた。なかでも、江戸時代後期に江戸の庶民の間で一大ブームとなった園芸は、明治以降もますます盛んであった。

江戸では、まずは大名や旗本などが園芸の担い手となって、趣向を凝らした庭園をつくり、他方、植木屋のほか富裕な町人や農民なども庭園をつくって、その一部を人々に開放した。

●植木屋が娯楽の場に

*向島百花園は、そうした庭園の代表格だ。文化元年（一八〇四）、日本橋の骨董商佐原鞠塢が開いたこの庭園には、多数の梅や、『万葉集』などの古典に現われる植物が植えられ、一年を通して楽しむことができた。

本所、向島の界隈にはこのような庭園がとりわけ多く、また、たくさんの植木屋が居住するところでもあった。彼らは、朝顔など多くの植物の品種改良を行なって園芸ブームに一役買うとともに、自家の庭を開放した。そこでは、苗木が販売されたほか、時には茶店も設けられ、人々が集うこととなった。

植木屋久蔵による本所四ツ目の牡丹園、農民小高伊左衛門の堀切の菖蒲園、植木屋森田六三郎が浅草に開いた花屋敷も人気を呼んだ。

●政治家たちも園芸好き

人々の園芸熱は明治維新後も衰えず、東京近郊の手軽な行楽地として、親しまれていた。こうした庭園には庶民だけでなく木戸孝允、乃木希典、伊藤博文といった大物も足を運んだ。

明治後期には、鉄道の発達に伴い、花見や紅葉狩りのための臨時列車も出た。

また、人々は競って菊や朝顔などを栽培し、狭い路地にもそうした花々が咲き誇っていた。たとえば、朝顔は変化朝顔が人気で、行灯づくりや切り込みづくりなど、仕立て方には地域性がみられた。ほかにも藪柑子（紫金牛）、千両、

↑**向島百花園**　上が入り口の様子。門の左右に「東西南北客争来」「春夏秋冬花不断」の文言が掲げられていた。下は庭園内。明治時代になっても有名な行楽地で、いわば東京名所であったために、古写真も数多く残されている。

➡**堀切の菖蒲園**　大阪で発行された『東京名所』。日本銀行、ニコライ堂よりも大きく堀切の菖蒲園を紹介していて、東京の代表的な名所だったことがうかがえる。（明治35年）

苔香園の図　苔香園は芝の盆栽屋で明治24年（1891）の開業。盆栽・盆石が並ぶ園内に茶屋も設けられていた様子がわかる。主人の木部米吉は盆栽の名人として名高く、『盆栽培養法』という著書もある。（『風俗画報』明治30年より）

浅草の花屋敷　現在、レトロな遊園地として人気の「浅草花やしき」の前身。明治中期には奥山閣という5階建てのシンボルが建ち、庭園も和洋混淆に。トラやクマも飼育され、植物だけでなく動物も観賞できた。

万両が江戸に引き続き流行し、藪柑子は投機化して当局が取り締まるほど人気は過熱した。

このような園芸と行楽が結びついたブームにより、明治中期には入谷の朝顔が朝顔市として名物になり、また維新期に衰退していた団子坂の菊人形も復活した。全国の事情も同様で、大阪・翫菊庵や名古屋・奥村黄花園の菊人形のほか、各地の朝顔園も人気を呼んだ。（川上寿代）

百花園七草の図
山上憶良の歌にちなんだ秋の七草も、百花園の呼びもののひとつだった。（『風俗画報』明治28年より）

＊**向島百花園**　この庭園に植えられていたのは、ほとんどが在来の園芸植物であり、西洋系の植物は人々にとってあまり身近ではなかった。

▶世相を映す菊人形（p496）

子ども遊び12か月

ビジュアル読み解き

「遊びをせんとや生まれけむ」と『梁塵秘抄』にうたわれたように、古くから遊びは子どもの特権とみられてきた。そのなかには古来、子どもの世界に伝えられてきた鬼ごっこや雪合戦などの日常（ケ）の遊び、羽根突き・凧揚げなどの特別な日にかかわる非日常（ハレ）の遊び、また、七夕・桃の節句・端午の節句などの在来の年中行事、あるいは蛍狩り・茸狩りなどの季節の行事もある。

そして、学制発布＝初等教育の義務化に伴って学校教育・学校行事の一環として新たに登場した運動会や唱歌などもある。学校行事は本来遊

岡村旭東『小供遊び十二ヶ月』（明治40年発行）

① **正月**　男の子は凧揚げ、女の子は羽根つき
② **正月**　男の子は雪合戦、女の子はかるた会
③ **二月**はお稲荷さんの初午、兵隊さんごっこで参詣、**三月**はひな祭り
④ **四月**　男の子も女の子も桜の下で目隠し鬼
⑤ **五月**　晴れた空に、鯉のぼりとシャボン玉
⑥ **六月**　金魚売りと海水浴
⑦ **七月**　蛍を追い、魚を釣る
⑧ **八月**　星祭（七夕）は旧暦で祝う
⑨ **九月**　茸狩りと、楽しい運動会
⑩ **十月**　まさにスポーツの秋
⑪ **十一月**　天長節の観兵式と観艦式
⑫ **十二月**　年の瀬の酉の市と忘年会

びではないが、子どもが「遊び」の一種としてとらえていたのは誰にも経験があろう。この『小供遊び十二ヶ月』（題は「遊び」だが、実態は「楽しみ」）には、こうした新旧の子どもの遊びが描き出されている。

ただし、子どもの姿に仮託して当時の世相を描いている部分もある。自転車・競馬・ボートレース・海水浴（当時は大人中心）など、子どもと縁の薄いものがあるのは、じつは子どもに見立てた明治の東京人の楽しみが描かれているからだが、絵からは明治の子どもの姿を存分に味わうことができよう。（川上寿代）

▶子どもの遊びの変遷（p486）

西洋美術と工部美術学校

建築装飾・絵画・彫刻を西洋式教育法で教える

工部美術学校は、明治9年（一八七六）11月に、東京・虎の門の工部省所属工学寮（のちの工部大学校、東大工学部）の校舎を借りて開校した。内容は、予科、画学科、彫刻科の三科からなる。予科は投影図法など基礎過程で、工部大学校建築科への進学予備過程の性格もあったらしい。この三科構成は、建築・絵画・彫刻を純粋芸術（ファイン・アート）と考える西欧の美術学校（アカデミー）を踏襲したもので、駐日イタリア全権公使フェ伯爵が、工部卿伊藤博文に勧めた結果という。

●開校二年目で廃校決定

フェ伯の斡旋で、イタリアから教師として建築家カッペレッティ、画家フォンタネージ、彫刻家ラグーザが招かれた。彼らは美術の国イタリア代表に恥じないキャリアの持ち主で、短期間に豊富な教材を用意して来日した。

学生募集の詳細は不明だが、フォンタネージ在任中に入学した画学の学生は女性七名を含む四六名、それ以後の入学生一〇名、ラグーザに師事した学生四六名、合計一〇二名の在籍名が判明している。入学者は大部分がすでに天絵社・彰技堂などの洋画塾で修業したエリートで、画学科男子には浅井忠、五姓田義松、小山正太郎、松岡寿、山本芳翠らの名が見え、彫刻科にはのちに近代彫刻の草分けとなる大熊氏廣の名がみえる。

エリート集団の工部美術学校は軌道にのったかに思えたが、11年9月のフォンタネージ辞任を境に、

1

⬆**フォンタネージ送別記念写真（女子の部）** 入学女生徒は秋尾園、大鳥雛、須川蝶（すでに退校）、山下りん、川路花、山室政。なぜ共学が実現したかは不明であるが、校長大鳥圭介の娘、雛の存在が注目される。左端の男性は通訳官。授業はフランス語で行なわれた。（明治11年）

2

⬅**秋尾園『トルソー』** フォンタネージが携行した石版画手本集の模写か。園の姓については「秋尾」と「秋保」の2説あったが、2004年に新資料が出て秋尾に確定した。その生涯については不明。（明治13年）

3

⬆**松岡寿『工部大学校風景』** フォンタネージは、暗い前景から明るい遠景を見はるかすというバルビゾン派の典型的構図の素描手本を多数携行し、模写させた。手本の構図と師の油彩の明暗表現をよく学んで、校庭実景を描いている。（明治11年）

……美術教育の歩み……

西洋美術重視

- 明治9年　フォンタネージら来日／開校
- 11年　フォンタネージ帰国
- 工部美術学校（9年〜16年）
- 16年　廃校
- 22年　洋画家ら「明治美術会」結成
- 26年　黒田清輝、フランスより帰国
- 29年　西洋画科・図案科設置
- 32年　塑造科設置

日本美術重視

- 明治10年　第一回内国勧業博覧会
- 11年　フェノロサ来日
- 12年　龍池会結成
- 17年　鑑画会設立
- 18年　文部省図画取調掛設置　委員に岡倉天心、フェノロサら
- 20年　図画取調掛を東京美術学校と改称
- 22年　開校（日本画・木彫・彫金・漆工）
- 23年　フェノロサ帰国
- 東京美術学校（22年〜）
- 31年　岡倉天心、校長を辞任

⬆サンジョヴァンニ『山尾忠次郎』　フォンタネージの後任フェレッチは学生に不評で1年で解任され、かわってサンジョヴァンニが着任した。アカデミックな作風であるが確かな技術をもっていた。モデルは工部卿山尾庸三の父。（明治14～15年）

➡ラグーザ『清原玉像』　ラグーザはシチリア島パレルモの出身。塑像彫刻を得意とした。玉は夫の死後、夫の代表作すべての石膏原型と自作油彩画の一部を携えて昭和8年帰国、東京美術学校に寄贈した。（明治11年頃）

⬆ラグーザ・玉『ラグーザ像』　ラグーザは来日時に35歳。玉は20歳年下。ラグーザは玉の画才に注目し、秘書兼モデルとして教育した。玉はイタリアのパレルモで油彩画を習得、教会の天井画を依頼されるほどの画家となった。晩年の夫像。

開校二年にしてはやくもその前途に暗雲が立ちこめた。師の辞任に抗議する退学者の続出、後継教師への不信任騒動などが続く。

●伝統美術からの巻き返し

考えてみれば、純粋芸術をめざす美術学校が、殖産興業をつかさどる工部省に属すること自体が矛盾だった。設立の経緯をみると、美術学校の必要を政府に進言した勢力は、明治6年のウィーン万国博覧会参加を指揮した政府高官佐野常民*と、御雇外国人ワグネル*である。彼らは万国博覧会での経験から、日本の美術工芸を有望な輸出産業と考え、日本的美術工芸教育を提唱したが、伊藤博文がフェ伯爵の進言を入れたため、思いもかけない西欧アカデミー型の美術学校が生まれたのである。

これに危機感を抱いた佐野常民らは、日本の伝統美術工芸の振興を目的とする「龍池会」を組織し、明治12年3月から政財界の要人を集めて活発な活動を始める。龍池会は工芸・デザイン科を併設した世界の美術学校の先例調査や、輸出用工芸デザインの公募、日本の古美術展覧会などを精力的に行なうが、その重要目的のひとつは工部美術学校を廃校とし、新たな日本的美術学校をつくることだったと推測される。

開校二年目にして廃校の方針が確定的だったことは、明治12年以降の入学者がいないことからも明白だ。工部美術学校は、16年1月に最後の学生一五名が卒業して廃校となった。以後、日本画や伝統工芸中心の東京美術学校が明治22年に開校するまで公的な美術教育の空白期が続く。西洋画教育の再開は29年、同校に西洋画科が新設され、黒田清輝が登場したあとのこととなる。（新関公子）

⬆フォンタネージ『トリノのポー河畔』　フォンタネージは北イタリア・レッジョ市の出身。市立美術学校を卒業後、スイス、フランス、イギリスを遍歴、コローやミレーらのバルビゾン派に影響を受けた。トリノ美術学校教授だった。

***佐野常民**　佐賀藩士。一八六七年、佐賀藩のパリ万博参加に際し渡仏。維新後は新政府官僚として明治6年のウィーン万博にも渡欧。日本の美術工芸の輸出産業としての可能性に着目し、龍池会を興すなど美術文化行政に影響力を発揮。

***ワグネル**　明治元年来日。長崎の石鹸製造指導を皮切りに日本の近代産業の振興を指導。佐野常民の信頼が厚く、美術行政にもかかわった。

▶御雇外国人（p130）

↑**クーン・コモル商会の室内風景**　横浜には多くの輸出問屋が店舗を構え、工芸品を販売した。巨大な薩摩焼や銅器花瓶などが見える。（明治20年頃）

至芸の輸出工芸品

つぶぞろいコレクション

維新政府の殖産興業政策のもと、美術工芸の振興は行政の主要な柱のひとつであった。伝統的な美術工芸品は芸術品というだけでなく、重要な輸出産業品であった。

輸出された美術工芸品は、その需要地である欧米の嗜好を反映したものが中心となった。そのためのマーケット調査や情報収集を重要と考えた政府が取り組んだのが、万国博覧会への参加や、内国勧業博覧会・内国絵画共進会などの開催である。

一八六七年（慶応3）のパリ万国博覧会や一八七三年（明治6）のウィーン万国博覧会に日本が参加することで、西欧では日本美術ブーム、いわゆるジャポニスムが盛んになるが、それは日本の工芸界が新たな創作へ向かう契機となった。制作と輸出を手がける商人や会社がつぎつぎと生まれ、海外からの需要を満たすために、日本的要素を意識的に取り入れた工芸品の制作が行なわれた。明治7年に設立された工芸品輸出販売の国策会社、起立工商会社では、渡辺省亭らの日本画家が工芸図案を描くなど作品の改良に努め、一流の工芸家が腕を競った。

しかし、輸出を目的とした工芸品は、粗製濫造などによる質的低下によってしだいに評価が落ち込み、伝統の見直しや美術としての工芸のあり方が求められていった。

そうしたなかで、明治28年の第四回内国勧業博覧会では、美術品の出品区分が「美術及美術工芸」とされ、それまで美術と不可分であった工芸が、絵画・彫刻などのいわゆる純粋美術と分離されてしまう。さらに一九〇〇年のパリ万国博覧会では、美術館の展示は絵画・彫刻・建築のみとなり、工芸の展示は許されなかった。美術と工芸の棲み分けは、より明確となり、明治40年開催の文部省展覧会では工芸は除外されてしまう。以後、日本の工芸は、存在理由を模索する苦難の時代を迎えることとなる。

（濱中真治）

七宝

←**並河靖之『七宝花鳥図花瓶』**　京都の並河靖之は、尾張の有線七宝の技法に工夫を加え、精緻な図様を表わした。本作は、明治9年フィラデルフィア博で銅賞。

牙彫

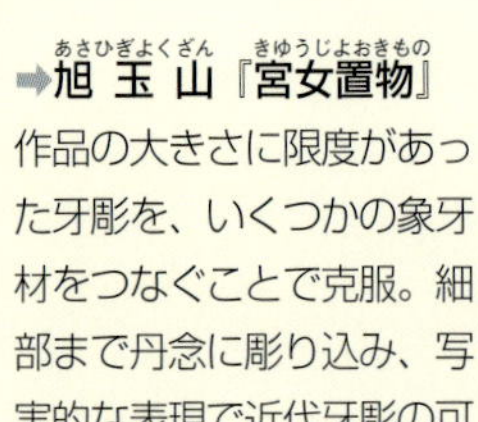

→**旭玉山『宮女置物』**
作品の大きさに限度があった牙彫を、いくつかの象牙材をつなぐことで克服。細部まで丹念に彫り込み、写実的な表現で近代牙彫の可能性を求めた。（明治34年）

図案集『温知図録』

政府は工芸品の図案をより欧米向けに改良するため、図案集『温知図録』を作成、各地の制作者に配布した。明治9年の第1輯から、明治18年頃の第4輯までが現存している。

8

7

陶磁器

⬆初代宮川香山『褐釉蟹貼付台付鉢』／⬅盈進社 初代永澤永信『白磁籠目梅に鶯貼付花瓶』 宮川香山は京都出身の陶工。士族授産の目的で設立された盈進社は、佐賀藩窯伝来の細工物の技法で精緻な作品を制作。

金工

➡銅器会社『金銀象嵌兜香炉』（明治 11 年）／⬇起立工商会社 杉浦行也『柳燕図花瓶』（19 世紀） 維新後パトロンである武士階級を失い、欧米への輸出用に技巧をきわめた作品が制作された。

6

5

9

⬅2代川島甚兵衛『日光祭礼図綴織壁掛』 幅 7 m の巨大な綴織。出品されたシカゴ博には、京都を中心に国をあげて染織品に取り組み、純粋絵画に近い性格の作品がつくられた。（明治 26 年）

11

漆工・蒔絵

10

↗柴田是真『富士田子浦図蒔絵額面』（明治 6 年）
⬅日本漆工会『扇散蒔絵書棚』（明治 29 年）
柴田是真の額面大作はウィーン博に出品。

▶万国博覧会と内国博覧会（p148）、シカゴ博とパリ博（p358）、娯楽化する博覧会（p500）

日本美術の学校教育

伝統美術の復興を旗印に、日本美術学校が設置される

明治22年（一八八九）、文部省直轄の学校として東京美術学校が開校した。工部美術学校が西欧美術の移植を目的とした教育を行なったのに対し、東京美術学校は、明治10年代に起こった日本美術復興運動の過程を経て設立されたものであった。

●伝統美術の発展めざす

この時代、伝統美術の再評価に大きな影響を及ぼしたのは御雇外国人のフェノロサである。フェノロサは明治17年設立の「鑑画会」を母体に、岡倉天心、狩野芳崖らと日本美術復興運動に取り組む。そして文部省図画調査会・図画取調掛の設置、天心との欧米美術視察を経て、明治20年に東京美術学校が設置された。

このような経緯から、東京美術学校では創立後しばらくの間、伝統美術再興の理念が教育・研究全般に強く反映された。絵画は日本画、彫刻は木彫、美術工芸は彫金と漆工のみが教えられ、西洋美術は教科に含まれていなかった。

なかでも日本画は、フェノロサ、天心らの考えを具現化する格好の分野であり、教育の中心となった。日本画の近代化に重要な役割を果たした狩野芳崖は、開校目前に世を去っていたが、同じ狩野派出身の実力者、橋本雅邦が中心的指導者となり、＊円山四条派、＊大和絵の画家らが指導にあたった。ちなみに第一回入学生には横山大観、下村観山がおり、翌年には菱田春草が入学している。

日本画のカリキュラムでは、筆法を古画の模写によって学び、実物写生を行ない、さらに自由で新しい着想によって制作することを学んだ。伝統の継承にとどまらず、新たな絵画の創出をめざす方向が定められたのである。

東京美術学校での日本画教育は、「日本画」「洋画」の概念が成立する過程と歩調を合わせて進められたのであった。

（濱中真治）

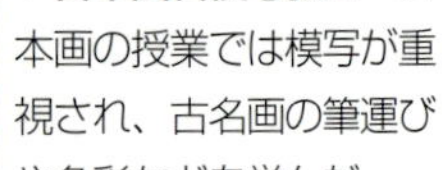

⬅日本画科模写教室　日本画の授業では模写が重視され、古名画の筆運びや色彩などを学んだ。

⬆美術取調委員の購入写真　フェノロサ、天心らが欧米で購入したもので、授業に用いられた。

⬅川端玉章の『草画手本』　円山派を学んだ玉章も指導にあたった。

➡菱田春草『海老にさざえ』　筆遣いが初々しい。

7

開校当初の校舎　校舎は、上野公園内の教育博物館の跡地と建物を使用した。

6

5

フェノロサ（右）と岡倉天心　天心は明治23年に東京美術学校の校長となった。ふたりは伝統的な表現様式の継承にとどまらず、西洋絵画の手法を摂取しながら積極的に新しい伝統美術の創出をめざし、日本絵画の近代化を図った。

9

知恩院観音像完成記念写真　教員には授業だけでなく、嘱託制作を行なわせるという岡倉天心の運営方針のもと、彫刻科では仏像などを制作した。知恩院より委嘱された観音像の向かって左隣は教師の高村光雲。右隣は奈良時代の官服を模した校服を着た岡崎雪声。（明治24年頃）

10

横山大観『村童観猿翁』　第1期生、横山大観の卒業制作。学びとった成果をもとに、自由な着想で制作している。（明治26年）

8

狩野芳崖『悲母観音』　芳崖が急逝する直前まで筆をとっていた作品。新しい伝統美術への志向がみられる。（明治21年、重文）

＊円山四条派　江戸中期に興った絵画の流派。円山応挙が開いた円山派と、その弟子呉春を祖とする四条派の総称で、京都を中心に京阪地方に広まった。四条の名は呉春が四条通に住んでいたことによる。狩野派をベースに、写生を重んじた平明な写実表現を行なう。

＊大和絵　やまと絵、倭絵、和画とも書く。平安時代以降、現代に至るまで用いられた用語であるが、時代によって意味や内容は変遷している。現在、広義で使用するときには、日本的な主題や様式をもった絵画を包括する意味で用いる場合が多い。

▶岡倉天心（p352）

乾板による写真の普及

操作性の向上が写真の可能性を広げた

一八三九年（天保10）、フランス人ダゲールは、銀メッキをした銅版に画像を写し取る方法で写真を発明した。その数年後にはイギリスのタルボットが紙のネガを発明し、一八五一年（嘉永4）には画像の鮮明度の高いガラスのネガが得られる湿式コロディオン法という技法が考案された。

この技法を長崎の上野彦馬と横浜の下岡蓮杖が会得して、ともに幕末の文久二年（一八六二）年に草創期の写真館開業へとこぎつけた。しかし通称湿板と呼ばれたこの技法は、撮影直前に粘り気がある液状の感光剤をガラスに塗布し、乾く前に撮影や現像をすませなければならなかった。

●「早撮り写真師」登場

だが、一八七一年（明治4）に感光剤が乾いた状態で撮影できるゼラチン乾板が考案され、またたく間に世界中に普及した。この乾板は持ち運びにも便利で、撮影の準備も楽なため、写真の可能性を飛躍的に拡張した。

日本にこの乾板がはじめて登場したのは、明治16年5月、東京の有力な写真師江崎礼二が、隅田川の海軍競漕会撮影に用いたときだとされている。このとき江崎は水雷の爆発の瞬間を撮影し、立ち昇る水柱を鮮明にとらえたことから、「早撮り写真師」と呼ばれるようになった。用いた乾板は渡米中の写真師小川一真から入手した。小川は帰国後の明治21年には東京・築地に本格的な乾板製作所を開設した。これ以降手づくりの湿板にかわって、工業生産された乾板の

1

⬆江崎礼二の水雷爆発写真　乾板の開発で、露光時間が格段に短くなり、動くものの撮影が可能になった。江崎は下岡蓮杖の弟子で、明治6年には浅草で営業していた。（明治16年）

2

➡上野彦馬の愛用カメラ　上野はこのスタジオ用カメラのほか、野外用カメラを使って、明治10年の西南戦争の撮影も行なった。自製のトランク型湿板用携帯暗室を持参したという。

⬇小川一真撮影の東大寺三月堂内陣　明治21年から翌年にかけて、小川は全国的規模の宝物調査に写真撮影担当者として従事。本尊不空羂索観音の、向かって左側の諸像。

3

4

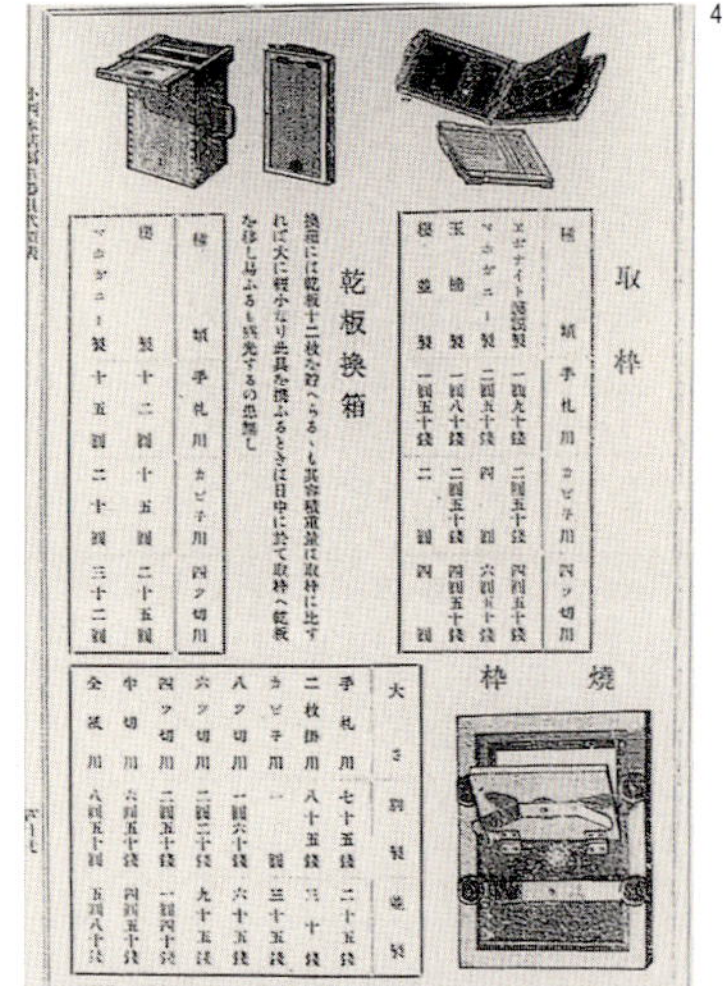

⬆小西六商店の乾板換箱（左上）の広告　乾板12枚を蓄えることができ、軽量を売り文句にしている。キャビネ用で桜製が15円、マホガニー製が20円。（明治36年）

使用が常識となり、コストの低廉化をもたらした。こうして庶民にも、高嶺の花だった写真がより身近なものになる。

さらに、乾板による写真は、明治21年、宮内省の臨時全国宝物取調局による、奈良や京都の社寺の宝物調査にも活用された。これは写真が、記録のための公器として承認された証ともいえる。

●現実感の共有をもたらす

乾板が速写を可能にしたことから、写真は世の中の事件や事故の記録、報道にも使われるようになった。湿板の時代にはごく原始的なものばかりだったカメラも、乾板の時代になり、迅速に操作ができるよう工夫が凝らされたからである。

育ちはじめたジャーナリズムを介して、写真は人々が世の中の現実感を共有するのを助け、合理的なものの考え方に向かうのを背後で支える役割も果たした。

くわえて、写真撮影と現像などの処理が容易になったことから、アマチュア写真愛好者の誕生を促したことも、乾板登場の結果といえるだろう。

こうして乾板による写真は、その後に展開する映像化社会の先駆けとして、文化史的にも重要な変化をもたらし、人々の世界観の拡張と深化に貢献したのである。（平木　収）

5

➡はじめての写真雑誌　撮影技術の簡便化によりアマチュア写真家が増え、本格的な写真雑誌が定着していった。右は明治22年、博文堂書店から創刊された『写真新報』。

6

⬆濃尾地震の記録写真　明治24年、未曾有の大地震が起こり、多くの写真家が被災地の惨状を写真に収めた。これは帝国大学の地質学者ミルンが刊行した『1891年の日本の大地震』の1枚で、名古屋の紡績工場。

7

⬅アマチュア写真愛好者の誕生　明治26年に東京で大日本写真品評会が結成され、このころアマチュアが現われはじめる。乾板写真のカメラは、この写真のように家庭に入り込み、幅広い層の写真愛好者を増やした。

＊**濃尾地震**　明治24年10月28日6時38分頃、愛知・岐阜両県にまたがって発生した地震。規模はM八・四、死者七二七三人、全半壊の家屋二二万戸強。この地震で延長八〇㎞に及ぶ根尾谷の大断層が出現した。

▶写真の役割(p482)

高橋由一

人物クローズアップ

『美人（花魁）』 娼妓の髪型を惜しむ某氏が制作を依頼し、モデルは新吉原稲本楼の娼妓小稲。粘着力ある油彩の特質を駆使して対象の表面を執拗に描き、花魁という存在の悲劇にまで迫る初期の代表作。（明治5年、重文）

『丁髷姿の自画像』 由一の油画技法と違うので、自画像ではなく、画学局時代に同僚が描いたとする説が近年優勢。（慶応3年）

『酢川にかかる常磐橋』 栃木県令三島通庸の委嘱による作。酢川は山形市の川。参照した写真が存在する（下）。長時間露光の当時の写真自体非現実感を漂わせるが、迫真の気迫で描かれた石橋は永遠の時空への夢の架け橋となって凍りついている。（明治17年）

高橋由一は文政11年（一八二八）に下野国（現在の栃木県）佐野藩の江戸屋敷に仕える武士の家に生まれた。佐野藩は小藩ながら譜代大名で、主君堀田正衡は蘭学にも造詣が深く、幕府に重用された開明派。由一は主君の影響を強く受けたに違いない。由一が西洋画を志した直接の動機は、自伝にあるように、嘉永年間（一八四八〜五四）に一枚の西洋石版画を見る機会があり、〈悉皆真に逼りたるが上に一の趣味あることを発見し、忽ち習学の念をおこし〉たのであろう。しかし、この習学の念は趣味的なものではなく、西洋画学は今後の日本国家に有用の学問であるという判断に基づいていた。

当時、西洋に関する情報は幕府に一括管理されていた。したがって西洋画学に接近する方法はただひとつ、幕府が安政3年（一八五六）に開設した洋学教育研究機関、蕃書調所の画学局に入所することだったが、開設当初、そこには幕臣（旗本・御家人）しか入所が許されなかった。藩士にも門戸が開放されるのを待って文久2年（一八六二）に入所したとき（洋書調所に改称）、由一はすでに34歳だったが、川上冬崖の指導下に急速な成長を遂げ、翌年には画学世話心得という役に就く。維新直前の一八六七年のパリ万国博覧会には『日本国童子二人一世那翁の肖像画を観て感あるの図』（所在不明）を出品した。洋書調所は維新後に東京大学の前身の大学南校（明治2年）となり、由一は南校画学教官となる。しかし、由一はこの職に安住せず三年後に辞職し、みずから画塾天絵楼（のちに天絵社・天絵学舎と改称）を創立。専門的西洋画家の養成と西洋絵画の普及に乗りだす。

明治9年に工部美術学校教師としてフォンタネージが来日すると、謙虚に教えを請いに行くなど、年齢を重ねても向学心旺盛に制作。月例展覧会を開き、美術雑誌を創刊し、美術学校や美術館開設の必要を政府に建議しようとも試みた。機は熟さず、由一の提案は実現しなかったが、まさに西洋画道の志士ともいうべき66歳の生涯であった。

（新関公子）

9

←『鮭（さけ）』 フォンタネージの指導を受けたころの本作では光源が設定され、影が壁と鮭の間の空間を表現している。魚をつるした絵は、長崎版画にも中国洋風版画にもある。起源は西洋の獲物画ではないだろうか。（明治10年、重文）

6

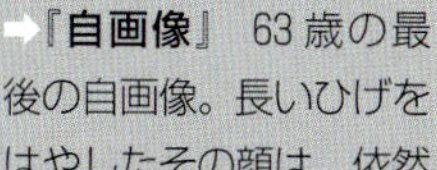

→『自画像』 63歳の最後の自画像。長いひげをはやしたその顔は、依然として眼光鋭く闘志にあふれ、西洋画道の志士の面構えである。（明治23年『写生帖』7冊のうちの6より）

5

↑『上杉鷹山像（うえすぎようざんぞう）』 米沢藩主鷹山は藩政改革の断行者として有名。背景の書物や、織物業を興（おこ）した業績を思わせる着物の質感描写などに人格表現の工夫がみられる。三島通庸の委嘱を受け山形で制作。（明治14年）

8

↑『日本武尊（やまとたけるのみこと）』 「格物窮理」の精神で西洋画に邁進（まいしん）してきた由一も、洋画排斥の国粋主義の台頭と老齢が重なって疲れた。明治22年開校の東京美術学校には西洋画科がなく、弟子たちの前途も暗い。ひげ面の悲劇の英雄は無念の自己像か。（明治24年）

7

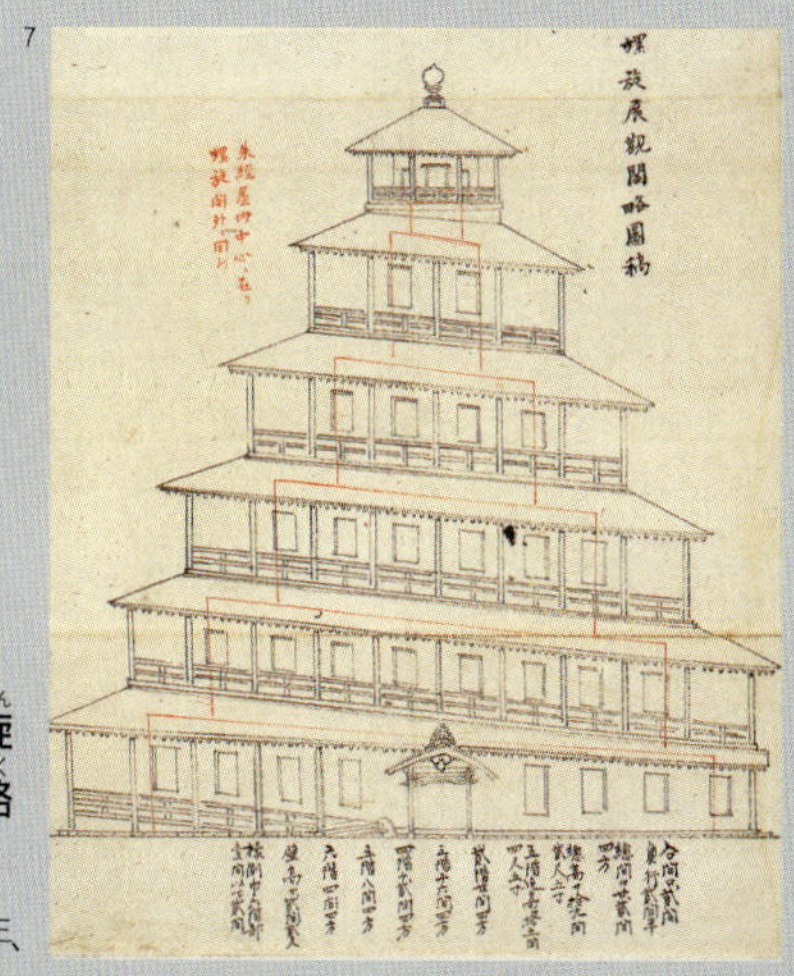

→『螺旋（らせん）展画閣略（てんがかくりゃく）図稿（ずこう）』 明治14年、「螺旋展画閣創築主意」という文書を制作し、美術館設立運動を始めた。明治18年には趣意書を元老院議長佐野常民（さのつねたみ）に提出するが不受理となる。螺旋構造は江戸後期の羅漢寺栄螺堂（らかんじさざいどう）が手本。（明治14年）

●高橋由一　略年譜

年	年齢	事項
文政11年（一八二八）	0	2月5日、佐野藩士高橋源十郎の嫡子として江戸に生まれる。
嘉永元年	20	絵画に従事することを決断する。
安政5年	31	11月12日、長男源吉生まれる。
文久2年	34	幕府洋書調所画学局に入局。洋書調所画学世話心得になる。
慶応2年	38	横浜にワーグマンを訪ねて入門する。
慶応3年	39	藩命で遣清貿易使節団に参加する。パリ万国博覧会に出品。
明治4年	43	南校の画学掛教官に任命される。
明治5年	44	湯島聖堂博覧会に出品。翌年のウィーン万国博覧会に出品を命ぜられ、東海道、京都、大阪方面へ出張写生旅行。
明治6年	45	南校教官を辞任し、日本橋浜町に画塾「天絵楼」を創設。
明治9年	48	フォンタネージを訪ね、教えを受ける。
明治10年	49	12月天絵社月例展覧会に『塩鮭の図』出展。
明治11年	50	パリ万国博覧会に『東京十二景』を出品。
明治12年	51	元老院の命で明治天皇像揮写、翌年に上納。三五点の油彩画を金刀比羅宮に奉納し、資金補助として二〇〇円を受領する。
明治14年	53	山形県令三島通庸の委嘱を受けて東北地方へ出発。山形に滞在し、油彩画一〇点を描く。宮城県令松平正直から宮城県下の風景画制作を委嘱され、宮城入り。
明治17年	56	栃木県令三島通庸の委嘱により、栃木・福島・山形の新道を写生し、11月に帰京。
明治26年	65	長年の洋画拡張の努力に対して、賞勲局より銀盃を下賜。明治美術会より多年の功績を顕彰し賞状が贈られる。
明治27年	66	7月6日、東京・根岸の自宅で逝去。

▶土木の時代(p224)

『浮雲』と近代小説の成立

言文一致の文体が写実的な表現を可能にした

明治10年代後半は、新時代の教育を受けた青年たちが、自由民権思想に関心をもつ一方、新文学の誕生を希求し独自の表現方法を模索する時代でもあった。そんな風潮のなかで、日本初の文学結社「硯友社」が、明治18年（一八八五）2月に設立された。

●話すように書く文体

そのメンバーは、尾崎紅葉、山田美妙、石橋思案、丸岡九華など、当時まだ大学予備門などに在籍する学生たちだった。彼らは機関誌『我楽多文庫』を発行し、坪内逍遙が小説論『小説神髄』（明治18～19年）や『当世書生気質』（同18～19年）で提示した「勧善懲悪主義の廃止」「写実主義」という枠組みを継承し、近代小説を生み出す活動を開始した。

山田美妙は、歴史小説『武蔵野』（同20年）で、会話を南北朝時代の俗語体、地の文を言文一致体にした文体を書き、源平時代を背景とした歴史物語『胡蝶』（同22年）で、「です」調の言文一致体を試みた。また『二人比丘尼色懺悔』（同22年）以来、さまざまな新文体を試みていた尾崎紅葉は、『二人女房』（同24年）などで試みた「である」調の言文一致体を、明治の知識階級の心理と日常を描いた『多情多恨』（同29年）で完成させた。

●写実的な心理小説『浮雲』

だが、ほんとうの意味での近代小説の誕生は、二葉亭四迷の『浮雲』（明治20～22年）からであった。東京外国語学校ロシア語科を退学した23歳の二葉亭は、退学後すぐに『小説神髄』『当世書生気質』で新文学の旗手となった坪内逍遙を訪ね、師事を仰いだ。そして逍遙の勧めで文学論『小説総

2

↑『浮雲』第2篇の挿絵　観菊のとき上司に出会い、如才なくふるまう本田昇（右）を描く。明治22年から雑誌『都の花』に第3篇が連載されはじめるが中断した。（尾形月耕画）

1

↑二葉亭四迷『浮雲』第1篇の挿絵　主人公文三（左）をお勢（右）が部屋に誘ったとき、思いを打ち明けかけた文三を、月をちょっとご覧なさいと、お勢がかわした場面。（月岡芳年画）

3

←『浮雲』第1篇の表紙　まだ無名の青年にすぎなかった四迷が、坪内雄蔵（逍遙）の名を借りて出版。明治20年の第1篇に続いて、第2篇も翌年、金港堂から出版された。

4

↓二葉亭四迷　本名長谷川辰之助。尾張藩の下級士族の出身で、軍人か外交官をめざしたが果たさず、ロシア文学の影響を受けて文学を志す。

5

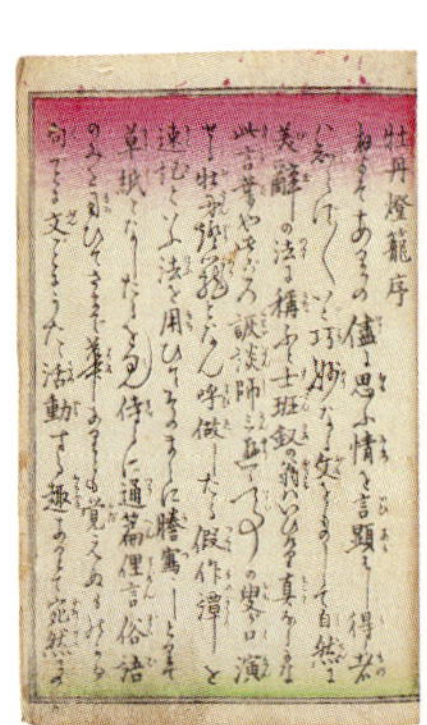

←三遊亭円朝『怪談牡丹灯籠』の表紙と序　「演述」と記された速記本。語り口調をそのまま活字にした点で、文章はすべて文語体だった当時としては画期的な本だった。（明治17年初版、これは第5版）

論』（同19年）を著わし、続けて、三遊亭円朝口演の速記本の文体を参考にして、文末に「だ」調を用いた言文一致体の写実的な心理小説『浮雲』を執筆した。

この『浮雲』において二葉亭は、優秀な成績で学業を修め下級官吏となった内海文三が、失業後、処世術に長けた同僚の本田昇に、ひそかに恋していた従姉妹お勢を奪われ苦悶する姿を通して、旧思想と新思想の谷間で揺れる明治社会の未熟さを批評し、ゆがんだ日本近代を生きる文三の苦悩に作者自身の問題を重ねて、明治知識人の生き方を問うた。また、語りに式亭三馬の言葉遊びを取り入れて痛烈な文明批評を実現させた第一篇に始まり、ロシアの文豪ドストエフスキーやゴンチャロフの心理描写を下敷きとして、主人公内海文三の心理的葛藤を鮮やかに描出した第三篇に終わる、近代小説にふさわしい表現を獲得した。

ツルゲーネフの『あひびき』や『めぐりあひ』の翻訳を通じて描写力を磨いた二葉亭は、『浮雲』によってたしかに内容、文体両面からの近代小説を誕生させた。だが、この作品が未完である点に、新文学を生み出す明治作家の苦悩も暗示されているといえよう。

（神田由美子）

6

↑坪内逍遙 幼少時、歌舞伎を見て近世戯作を耽読し、英語学校でシェークスピアを知った。のちに『早稲田文学』の創刊、演劇研究所の設立と、多岐にわたる活躍をする。

7

↓『小説神髄』 従来の小説が勧善懲悪を主題とすることを批判し、小説とは「世態」人情をありのままに写すものであると主張した、写実主義の理論書。全9巻。（明治18～19年）

8

↑硯友社同人 前列右から尾崎紅葉、石橋思案、巌谷小波、後列右から江見水蔭、川上眉山、武内桂舟。ほかに丸岡九華、山田美妙（写真右）もいた。明治18年2月に結成された。

10

➡山田美妙 硯友社結成メンバーのひとり。言文一致の理論と実践、『日本韻文論』などの詩論に才能を示したが、『武蔵野』『胡蝶』以外はみるべき作品は少ないとされている。

9

➡山田美妙『胡蝶』の挿絵 『国民之友』明治22年1月号に発表された小説に、渡辺省亭の裸体画が掲載された。雑誌は発禁処分、センセーショナルな評判をとった。

▶寄席の出しもの(p254)

歌による国民教育

集団への帰属意識を高める目的で歌がつくられた

明治期には、唱歌・軍歌など、近代以前にはなかった新しいタイプの歌が大量に生み出された。それらは拍子のはっきりした短い歌で、西洋の同じ種類の歌がモデルだった。ともに声を合わせて歌うことを通して、出身地域や階層を異にする人々からなる学校・軍隊などの集団への帰属意識を高め、近代国家の国民となった人々に経験を共有させる働きをもっていた。

●公教育で唱歌が始まる

こうした歌の先駆けとなったのは、プロテスタント教会で歌われた讃美歌である。横浜などの居留地の教会で歌われていたのは英語の讃美歌だったが、キリスト教解禁前の明治5年（一八七二）から、歌詞の日本語訳が始まった。西洋曲に日本語の歌詞をどう当てはめるかという実験は、まず讃美歌で行なわれ、明治10年代初めには七五調の定型が固まってゆく。

明治12年には、公教育に唱歌を実施するため、音楽取調掛（とりしらべがかり）が設置された。掛長伊沢修二（いさわしゅうじ）は、高名なアメリカの音楽教育家メーソンを招聘（しょうへい）して、教材となる唱歌づくりや教員の養成に取り組んだ。そこで最初の唱歌集として刊行されたのが、「蛍の光」や「庭の千草」を含む『小学唱歌集』である。

唱歌は、「蛍の光」のような西洋曲に日本語の歌詞をつけ、オルガンで伴奏されるものというイメージが強いが、実際には四通りの歌詞と曲（旋律）の組み合わせ方式があった。すなわち、①既存の西洋曲＋翻訳歌詞（讃美歌の方式）または新作歌詞（初期唱歌の大半）、②翻訳歌詞＋雅楽風の新旋律（保育唱歌の方式）、③既存の日本曲＋新作歌詞、④新作歌詞＋西洋風の新旋律、である。

このうち、②の保育唱歌は、明治10年に東京女子師範学校附属幼稚園が宮内省式部寮の雅楽課に作曲を依頼したもので、10年代なかばまでに約一〇〇曲がつくられた。

⬆軍歌集　日清・日露戦争では、国外での近代戦の体験に基づく軍歌がさかんにつくられ、軍歌集も数多く出版され流行した。音階やリズム面での歌いやすさから、学校の唱歌教材にも使われた。

〈明治を代表する軍歌〉

- 戊辰戦争「とことんやれな」
- 西南戦争「抜刀隊」
- 陸海軍礼式歌「海ゆかば*」「皇御国（すめらみくに）」
- 日清戦争「雪の行軍」「勇敢なる水兵」
- 日露戦争「広瀬中佐」「橘中佐」「戦友」

*…陸海軍の将官礼式曲。昭和12年に信時潔（のぶときさよし）が作曲した曲とは別曲。

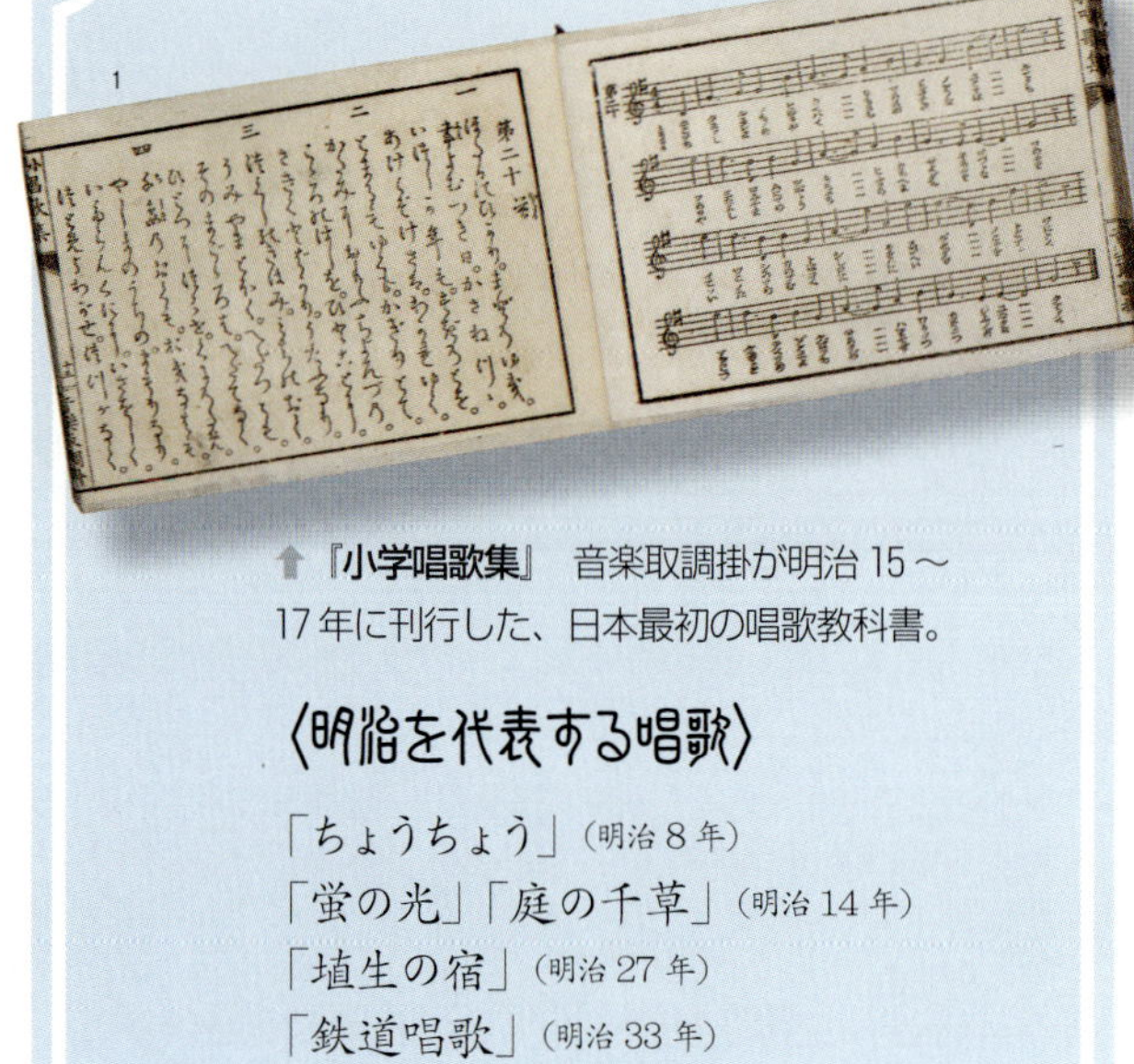

⬆『小学唱歌集』　音楽取調掛が明治15～17年に刊行した、日本最初の唱歌教科書。

〈明治を代表する唱歌〉

「ちょうちょう」（明治8年）
「蛍の光」「庭の千草」（明治14年）
「埴生の宿」（明治27年）
「鉄道唱歌」（明治33年）
「箱根八里」「荒城の月」
「うさぎとかめ」（明治34年）
「春が来た」「われは海の子」（明治43年）

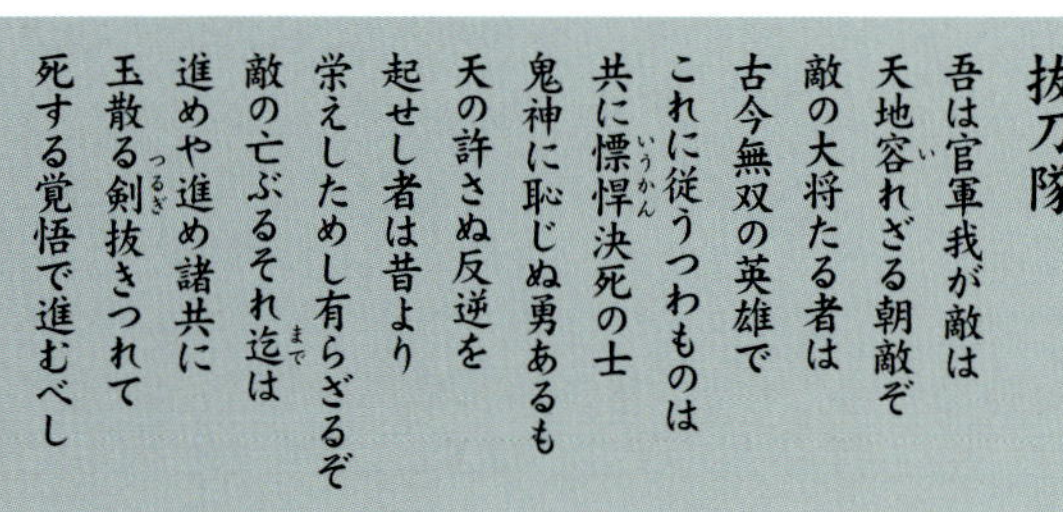

➡西南戦争錦絵『鹿児島征討一覧』（明治10年）に描かれた抜刀隊

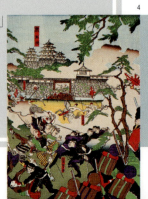

抜刀隊

吾は官軍我が敵は
天地容れざる朝敵ぞ
敵の大将たる者は
古今無双の英雄で
これに従うつわものは
共に慓悍（ひょうかん）決死の士
鬼神に恥じぬ勇あるも
天の許さぬ反逆を
起せし者は昔より
栄えしためし有らざるぞ
敵の亡ぶるそれ迄（まで）は
進めや進め諸共に
玉散る剣（つるぎ）抜きつれて
死する覚悟で進むべし

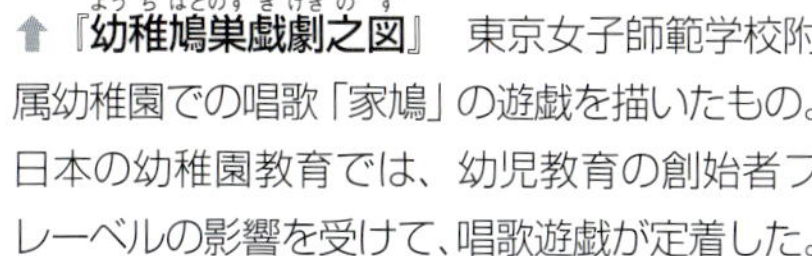

『幼稚鳩巣戯劇之図』 東京女子師範学校附属幼稚園での唱歌「家鳩」の遊戯を描いたもの。日本の幼稚園教育では、幼児教育の創始者フレーベルの影響を受けて、唱歌遊戯が定着した。

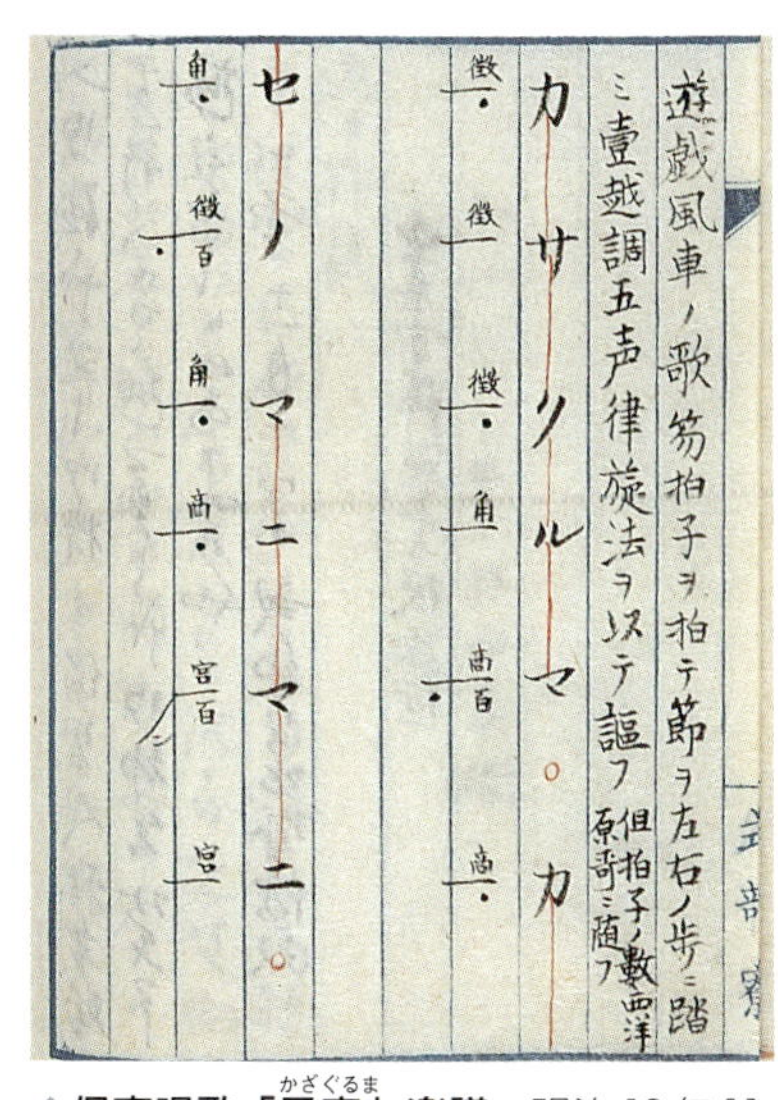

保育唱歌「風車」楽譜 明治10年11月27日の東京女子師範学校附属幼稚園開業式への皇后行啓にあわせて、保育唱歌「風車」と「冬燕居」がつくられた。「風車」は式部寮の雅楽家東儀季熙が作曲。

国産オルガン 唱歌の伴奏楽器にはオルガンやピアノ、箏が推奨されたが、実際に普及したのはオルガンだった。写真は明治14年に音楽取調掛が才田光則に試作させたオルガン。

歌詞を古歌にとり、同じ方式で現行の「君が代」がつくられたと聞けば曲風がわかるだろうか。

③には民謡や、明治12年に京都女学校で地歌*を替え歌にした唱歌などの例がある。そして西洋風の旋律が自在につくれるようになると、④の唱歌が多くなり、明治26年の大祭日祝日唱歌や、明治後期の軍歌の創作が続いてゆく。

●広く歌われた軍歌

はじめて作曲された軍歌は、西南戦争の故事をうたった外山正一の新体詩に、明治18年当時の陸軍軍楽隊フランス人御雇教師ルルーが節づけした「抜刀隊*」である。

日清・日露戦争の戦場での未曾有の体験は、ヨナ抜き音階*と付点リズムを多用した軍歌に歌い込まれて日本中に広まった。さらに、軍歌「勇敢なる水兵」や「鉄道唱歌」のように、アジア各国で別の歌詞を付けられ、原曲が日本でつくられたとは知らずに流布する曲も現われる。植民地となった台湾や朝鮮での日本モデルの唱歌教育とあわせ、明治の日本が生み出した新しい歌の影響力は絶大であった。

（塚原康子）

*地歌 近世の上方で、盲人音楽家が創作・伝承した三味線歌の総称。

*抜刀隊 熊本城攻めに活躍した官軍の斬り込み隊をうたった軍歌。明治18年、鹿鳴館で初演されて流行した。ルルーが同じ旋律を用いて作曲した「分列行進曲」は、昭和18年10月の学徒出陣式でも鳴り響いた。

*ヨナ抜き音階 近代日本で生まれた音階で、当時「ヒフミヨイムナ」と数えた西洋の七音音階（ドレミファソラシド）から第四音と第七音を抜いたもの。

東京音楽学校校舎と卒業記念写真 音楽取調掛は明治20年に東京音楽学校となり、23年5月には日本最初のコンサートホール、奏楽堂を中心に備えた新校舎が東京・上野に完成した。下は明治22年7月の卒業生と教師。前列中央は校長伊沢修二と前年にウィーンから来日したドイツ人教師ディットリヒ。

▶西洋音楽を取り込む(p128)、暮らしのなかの音楽(p426)

壮士芝居とオッペケペー

音二郎の時代風刺が一世を風靡した

←『中村座大当たり書生演劇』　上京した川上音二郎は、陣羽織姿で扇を振りかざし、芝居の合間にオッペケペー節を演じた。歴史ある劇場での成功で、一躍、有名になった。（梅堂小国政画。明治24年）

政治活動にかかわる血気盛んな青年たちを「壮士」と呼んだ。自由民権運動の高まりは、明治20年（一八八七）12月の保安条例*による大弾圧を招き、政談演説の機会を奪われた壮士たちは、思想鼓吹の手段を歌や芝居に求めた。これが演歌あるいは書生節と呼ばれた歌謡、そして壮士芝居であった。

●即興寸劇の音二郎

一般に壮士芝居の嚆矢とされるのは、中江兆民の後援を受けた角藤定憲による、明治21年12月大阪・新町座での「大日本壮士改良演劇会」の旗揚げである。

だが川上音二郎が、これより早く舞台に立っていた。自由童子を名のり、政府弾劾演説でたびたび拘引されていた川上は、「改良二〇カ」に進出した。「二〇カ（俄）」とは、芝居のパロディや時事を笑いの種とする即興性寸劇である。

川上は京都で歌舞伎の小芝居の一座に加わり、次いで神戸で「改良演劇」の看板を掲げた。今日まで俄が盛んな博多出身の川上は、俄の即興性を生かして、新しい演劇をつくりあげていった。明治20年のことである。

しかし、音二郎はやがて舞台を飛び出し、大阪で落語家に入門、浮世亭○○と号して寄席に出た。ここで始めたのがオッペケペー節である。「権利幸福嫌いな人に、自由湯をば飲ませたい」とか「親が貧すりゃ緞子の蒲団、敷いて娘は玉の輿」といった文句に、「オッペケペッポー、ペッポッポー」と囃子詞を重ねる早間の節は一世を風靡、川上の代名詞となった。

●「現在」を表現する演劇

オッペケペーが京都を席巻していた明治23年、同志を糾合した川上は、再度、舞台に戻って東上、壮士芝居の横浜公演を成功させて東京の開盛座に乗り込んだ。さらに翌24年、川上一座は中村座で板垣退助の遭難劇を上演して大好評を得、劇壇での地歩を固める。

オッペケペーの流行が全国に広がるころ、壮士芝居もまた、全国各地に広まった。全国を巡演して

⬆角藤定憲　自由党員で、『東雲新聞』の記者としても活動した。明治21年、大阪で自作の小説『剛胆之書生』を「耐忍之書生貞操佳人」に劇化して上演し、好評を得た。

⬅川上音二郎　元治元年（1864）、博多生まれ。14歳で上京し、職業を転々としたのち、郷里で政治活動を始め、ふたたび東京で名をあげることとなる。川上貞奴と結婚。

＊保安条例　反政府言動を弾圧した法律で、内乱陰謀や治安妨害の恐れのある者を三年以内、皇居外三里の地へ退却させる条項があり、星亨、尾崎行雄、中江兆民ら五七〇人に退却命令が出た。

亭主の職業知らないが、おつむは当世の束髪で言葉は開化の漢語で、晦日の言い訳＊カメ(洋犬)抱いて、不似合いだおよしなさい
何にも知らずに知った顔、むやみに西洋を鼻にかけ、日本酒なんぞは飲まれない、ビールにブランデー、ベルモット

⬆『川上一座新演劇　岐阜遭難実記』 明治24年6月に中村座で公演された。実際の事件は、明治15年の出来事。板垣退助を襲う暴漢相原尚褧（右）役が音二郎。（3代歌川国貞画）

いた角藤定憲が大阪道頓堀に進出し、川上の元同志たちが地方で続々と旗揚げした。東京では依田学海の肝いりで「男女合同改良演劇」を名のる済美館が生まれた。伊井蓉峰が女優の千歳米坡と組んだ済美館は、のちの新派劇に直接つながる演劇運動となる。

　川上一座は、「国家の元気」を振興するため「政治的自由主義の風刺演劇」創立をめざしたという。その趣意のもと、明治20年代の「現在」を描くことにもっとも成功したのは、川上が渡仏後に演じた明治27年の日清戦争劇だった。歌舞伎と競演の形となった戦争劇で川上一座は完勝、歌舞伎が同時代を描くことから撤退してゆく大きな契機をつくったのである。（児玉竜一）

⬆『新板オッペケペー寿語路く』 音二郎のオッペケペー節が流行すると、まもなく双六になって売り出された。歌の文句にあわせて、コマの絵が工夫されている。（梅翁画、明治24年）

権利幸福嫌いな人に、自由湯をば飲ませたい、オッペケペ、オッペケペッポー、ペッポーポー

＊カメ　居留地の外国人が飼い犬に「カモン」「カムヒヤ」と英語で呼びかけていたのを聞き、日本人は洋犬のことを「カメ」というのだと思った。

▶戦争とメディア(p384)、川上貞奴(p422)

歌舞伎人気と歌舞伎座

庶民の娯楽が舞台芸術へと変わっていく

江戸時代以来、庶民の娯楽の頂点に立ってきたのは、歌舞伎であった。その地位は、時代が明治となってからもゆらぐことはなかった。しかし、江戸時代とは大きく変わったことも少なくない。

ひとつは劇場の場所である。天保の改革（一八四一年）以来、東京浅草・猿若町に閉じこめられていた大芝居が開放され、明治11年（一八七八）には守田座が新富座と名を改めて新富町に進出した。市村座も、明治25年に下谷の二長町に移転した。江戸時代に官許を受けていた大芝居とは別に、小芝居と称された劇場も、神社境内などの仮設から、常設の建築と興行を正式に許されることとなった。明治10年代までに東京市中に八つの劇場が林立し、大正年間には二二軒にまで膨れ上がってゆく。

●演劇改良運動への呼応

環境の変化と同時に、演じられる中身も変わっていった。明治新政府は演劇を、国史にのっとった民衆教化に資するものとして位置づけ、明治5年には、興行師の守田勘弥、狂言作者の二代目河竹新七（黙阿弥）らを招いて、狂言綺語（道理にあわない言と巧みに飾った語）を廃して実録にのっとるよう、通達を行なった。

さらに10年代に入ると、イギリス帰りの末松謙澄らの急進的な意見を反映して、歌舞伎を西洋演劇に比肩しうる存在とするべく、「演劇改良」の議論もかまびすしくなり、明治19年には井上馨、森有礼、渋沢栄一ら政・官・財界らの発起人による演劇改良会も生まれた。

歌舞伎界の内部にも、政府のそうした方針に呼応する動きが現われる。江戸以来の演技様式を飽きたらなく思った九代目市川団十郎は、従来にはなかった素顔での出演や劇進行途中での沈黙といった演出で、独自の写実的な演技を生み出した。

同時に、有職故実を糺し、時代風俗や衣裳などをめざましく変更した、新しい歴史劇の創出を図ったが、それらは芝居ではなく〈まるで活きた歴史〉だと非難され、「活歴」と揶揄された。しかし、その過程で入ってきた舞台装置や照明、衣裳などをめぐる新しい技術と発想は、やがて歌舞伎を高尚な舞台芸能へと脱皮させてゆくはたらきをした。

⬆新富座開場式 明治11年6月7日と8日に行なわれた、新富座開場式の模様。海陸軍楽隊の演奏に続いて、市川団十郎が福地桜痴執筆の祝辞を読み上げた。来賓には政官界の名士を招き、全員が洋服を着た万事洋風の進行は、演劇改良熱を象徴していた。

⬆新富座の手札形写真 場内にガス灯を備え、それまでに先例のない夜興行を始めた。正面には江戸時代以来の絵看板・名題看板が掲げられている。大正12年（1923）、関東大震災で焼失した。

⬅9代目市川団十郎 活歴劇「重盛諫言」の平重盛に扮した。有職故実に従って「正しい歴史」の姿を造形しようとする活歴は、美術における歴史画などの動向とも連動した。

天覧劇「勧進帳」 左から中村福助の義経、市川団十郎の弁慶、市川左団次の富樫。天皇皇后がそろって観劇した日は実際にはなかったので、この錦絵はイメージ再現。

役者の社会的な地位向上

江戸時代、歌舞伎役者は士農工商の下に位置づけられ、厳しい身分の差に呻吟してきた。その社会的地位を大きく向上させたのが、明治20年4月、麻布鳥居坂の井上馨邸で七日間挙行された天覧歌舞伎であった。井上邸の茶室開きの余興を天皇が見るかたちで実現した催しには、九代目市川団十郎、五代目尾上菊五郎、初代市川左団次、五代目中村福助らがそろった。これが演劇改良運動がもたらした、ほとんど唯一の成果となった。

明治22年には、福地桜痴らが構想した改良劇場が、東銀座の木挽町に開場した。洋風クラシックの白亜の劇場は「歌舞伎座」と名付けられ、従来の興行師ではなく、桜痴や資産家の千葉勝五郎らによって経営されながら、歌舞伎の殿堂へと成長してゆく。（児玉竜一）

雑誌『歌舞伎』創刊号 森鷗外の弟三木竹二が編集長となった研究誌（明治33年創刊）。西洋演劇まで幅広く取り上げた。

河竹黙阿弥 歌舞伎界を代表する狂言作者。幕末から明治へ、ふたつの時代を生きた。写真は、新富座開場式に際しての洋服姿。

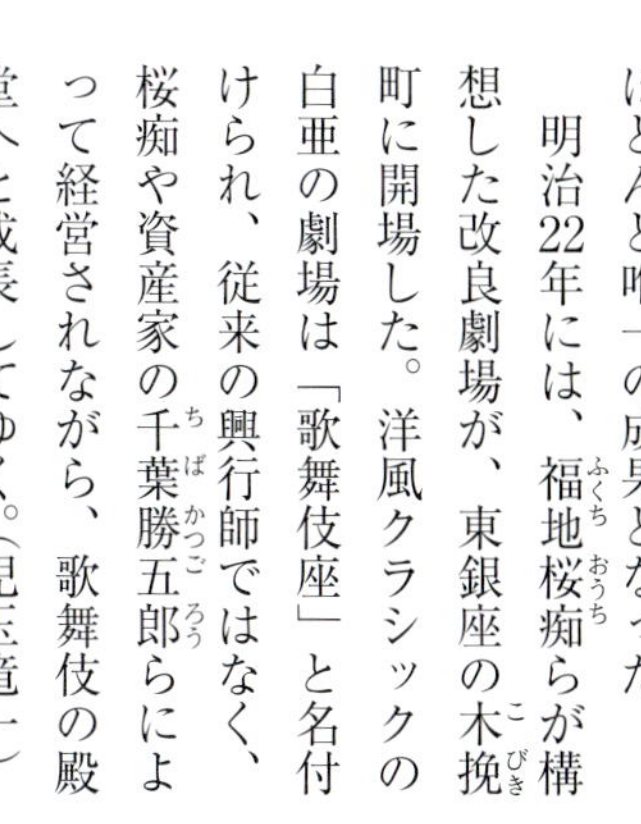

明治22年開場の歌舞伎座 外観は洋風ルネサンス様式ながら、内部は下足を脱いで上がる桝席であった。3階建てで当時最新設備の劇場。写真は興行宣伝のため、和風に飾ったものめずらしい光景。のちに本格的洋風劇場の帝国劇場の開場（明治44年）を受けて、客殿のような和風建築に改築される。

団・菊・左

人物そろい踏み

明治を代表する歌舞伎役者として、九代目市川団十郎、五代目尾上菊五郎、そして初代市川左団次があげられる。略してひとくちに「団菊左」というが、「団菊」と「左」では技芸や地位の点で開きがあり、また、団十郎は菊五郎の倍の給金を取っていた。

劇聖とうたわれた九代目団十郎は、文政・天保年間（一八一八～四四）から幕末まで江戸劇壇の王者だった七代目団十郎の五男。幼くして河原崎座の座元の養子となったが、兄八代目団十郎が謎の自殺を遂げたため、団十郎を継ぐ身となった。朗々たる音吐で、多くの見物客に終生忘られぬ声の記憶を残した。

五代目菊五郎は、市村座の座元に生まれた。団十郎ともども、江戸時代の座元の権威が明治まで持ち越された。時代物を得意とする団十郎に対して、菊五郎は粋でいなせな世話物が本領だった。菊五郎の実子幸三が、団十郎から舞踊の薫陶を受け、大正・昭和の歌舞伎界を担う六代目菊五郎になる。

1

九代目 市川団十郎

↑「博多小女郎浪枕」での９代目団十郎の毛剃九右衛門　月岡芳年が、団菊左の３優を『雪月花』の画題に描き分けた３部作の「月」。父７代目団十郎譲りの毛剃は、蝦夷錦の唐服に長崎言葉も豪快な密貿易の首領。舳先に立って波間を見込む「汐見の見得」の瞬間を、冴えた月光の下にとらえる。

2

←「岩倉宗玄恋慕琴」での５代目菊五郎の宗玄　『雪月花』の「雪」。折琴姫の色香に迷って破戒堕落する高僧を、世話物の名手菊五郎が演じる。殺されたのちも執心の鬼となって、姫につきまとう。粋というものが着物を着たよう、といわれた菊五郎だが、同時に家の芸である幽霊も得意とした。

初代左団次は、幕末の名優四代目市川小団次の養子である。父に先立たれて鳴かず飛ばずの左団次を、小団次の盟友河竹二代目黙阿弥（新七）が後見して、ついに一流の人気役者に育てあげた。出世作となった「丸橋忠弥」の立ちまわりは、リュミエール兄弟社撮影の記録映画に、その片鱗が残っている。

団菊は明治36年（一九〇三）に相次いで没し、左団次もまた翌37年にこの世を去る。明治末の一〇年を残して、歌舞伎は大きく世代を交代させた。

（児玉竜一）

3

↑歌舞伎座で上演中の「暫」 団十郎主演。木挽町で玄鹿館という写真館を経営する素封家鹿島清兵衛が、数千燭光のアーク灯を準備して撮った。上演中の舞台撮影の嚆矢。異例の撮影を可能にしたのは、鹿島の並はずれた財力だった。（明治28年12月9日）

初代 市川左団次

4

↑「侠客御所五郎蔵」での初代左団次の五郎蔵 『雪月花』の「花」。養父小団次が初演した河竹黙阿弥作の侠客物。花満開の吉原へ、「雁と燕」の下座唄で登場するさっそうたる男ぶりだが、遊女勤めの妻から愛想づかしを受けて殺しに至る辛抱役。左団次は、大衆人気では団菊に勝るとも劣らなかった。

五代目 尾上菊五郎

5

←新富座開場式にそろった団菊左 明治11年の新富座開場式は、明治劇壇の盛儀だった。左から菊五郎（当時35歳）、左団次（37歳）、団十郎（41歳）。団菊左は、先輩諸優の多くが若死にしたり、時勢に遅れたため、40歳前に劇壇の第一線に躍り出た。

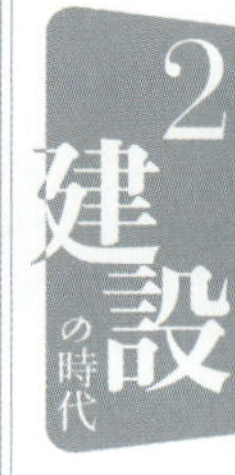

寄席の出しもの

落語・講談・娘義太夫が寄席で人気を博す

江戸時代末期から、寄席は庶民の日常に密着した娯楽として、生活に浸透していた。

寄席で披露される演芸の中心に位置したのは、落語である。落し噺を本流としながら、芝居の道具を使った芝居噺、人情噺と内容は多岐にわたる。幕末には三題噺が流行し、その作者として、明治時代にも活躍する条野採菊や仮名垣魯文、三遊亭円朝、河竹黙阿弥（新七）らが親しく交流圏を築いた。黙阿弥作の「鰍沢」は、現代にまで生き残っている。

●落語の円朝、講談の伯円

三遊亭円朝は、芝居噺から扇一本で話芸に徹する素噺に転向したが、外国種の翻案やそれまでの種本の換骨奪胎などにも長けていた。「真景累ヶ淵」「怪談牡丹燈籠」など、多くの傑作長編人情噺を送り出すとともに、これらは速記による出版物としても成功し、言文一致の文体に影響を与えた。円朝とともに、人情噺の柳亭燕枝・春錦亭柳桜、落し噺の二代目柳家小さんらが続いた。

一方、異彩を放った四天王として、ステテコ踊りの三遊亭円遊、高座でラッパを吹いた橘家円太郎、ヘラヘラ節の三遊亭万橘、中国の郭巨の故事にちなむ釜掘りの所作を演じた立川談志が数えられる。彼らの珍芸で、寄席の観客層はいちだんと広がった。

落語に円朝あれば、講談には松林伯円（二代目）がいた。幕末期から白浪物（盗賊物）を得意とした伯円は、明治演芸界の物語作家としても円朝と双璧をなし、歌舞伎の白浪物の原作も提供した。明治18年（一八八五）に民衆教導の地位を与えられた伯円は、明治25年には鍋島邸への明治天皇御幸に際して御前口演を行なった。

軍談の小金井芦州・放牛舎桃林、時代物の伊東燕尾らが続き、新聞講談も現われ、日清戦争期には戦争講談も注目を浴びた。講談速記も連載読み物として人気を誇り、来るべき大衆小説の時代の素地を用意した。

←**鏑木清方『三遊亭円朝像』** 清方は、父を通して円朝と懇意だった。のちに、明治の人々の面影を画幅に残す仕事を始めるが、これはその嚆矢。樋口一葉なども描いた。

→**怪談噺のビラ** 幕末以来、怪談噺を得意とした落語家、初代柳亭左龍のビラ。お得意の「小夜衣草紙」は連続物の怪談で、遊女から幽霊となる展開を一目瞭然に見せる。

4

⇧娘義太夫の舞台姿 『風俗画報』に掲載された「高座の花」。芸で信頼された娘義太夫も多いが、この竹本京子（左）はあどけない美貌で人気。三味線は竹本京枝。

5

⇦娘義太夫のビラ 琴平亭は東京・芝区琴平町（現在の虎ノ門）にあった定席。竹本素行は、在野政治の巨魁で義太夫通の、杉山茂丸にも庇護を受けた、娘義太夫の名人だった。

6

⇦元祖「追っかけ」どうする連 娘義太夫の人力車のあとを追っかけるファンたち。軟派観客たちの行状をめぐって、『万朝報』の撲滅キャンペーンもあった。

⇨伊藤晴雨『明治時代の寄席』 女性を描いた特殊な絵の大家として知られる晴雨だが、新派や新国劇の絵看板や舞台美術を手がけ、寄席芸にも造詣が深かった。風俗考証家としての著述もあり、この絵は風俗画家として、寄席の客層を如実に描き出している。

●娘義太夫が大人気

寄席ではそれ以外の演芸や音曲、総称していうところの「色物」も人気だった。音曲師による音曲噺などのほか、新内や琵琶、剣舞なども寄席に出演した。東京では浄瑠璃も寄席に出演し、男の太夫のほかに、娘義太夫が人気を博した。

出勤する寄席ごとにあとをついてまわるファンもあり、語りの山場で「どうするどうする」と声をかける「どうする連」を結成、明治20年代からは娘義太夫ブームが吹き荒れた。（児玉竜一）

⇩見立番付「講談 扇 競」 得意のジャンルと演題が記される。軍談・政談・端物に交じって新聞とあるのは、新聞講談。当時、都内に32軒の講談定席があった。（明治26年）

7

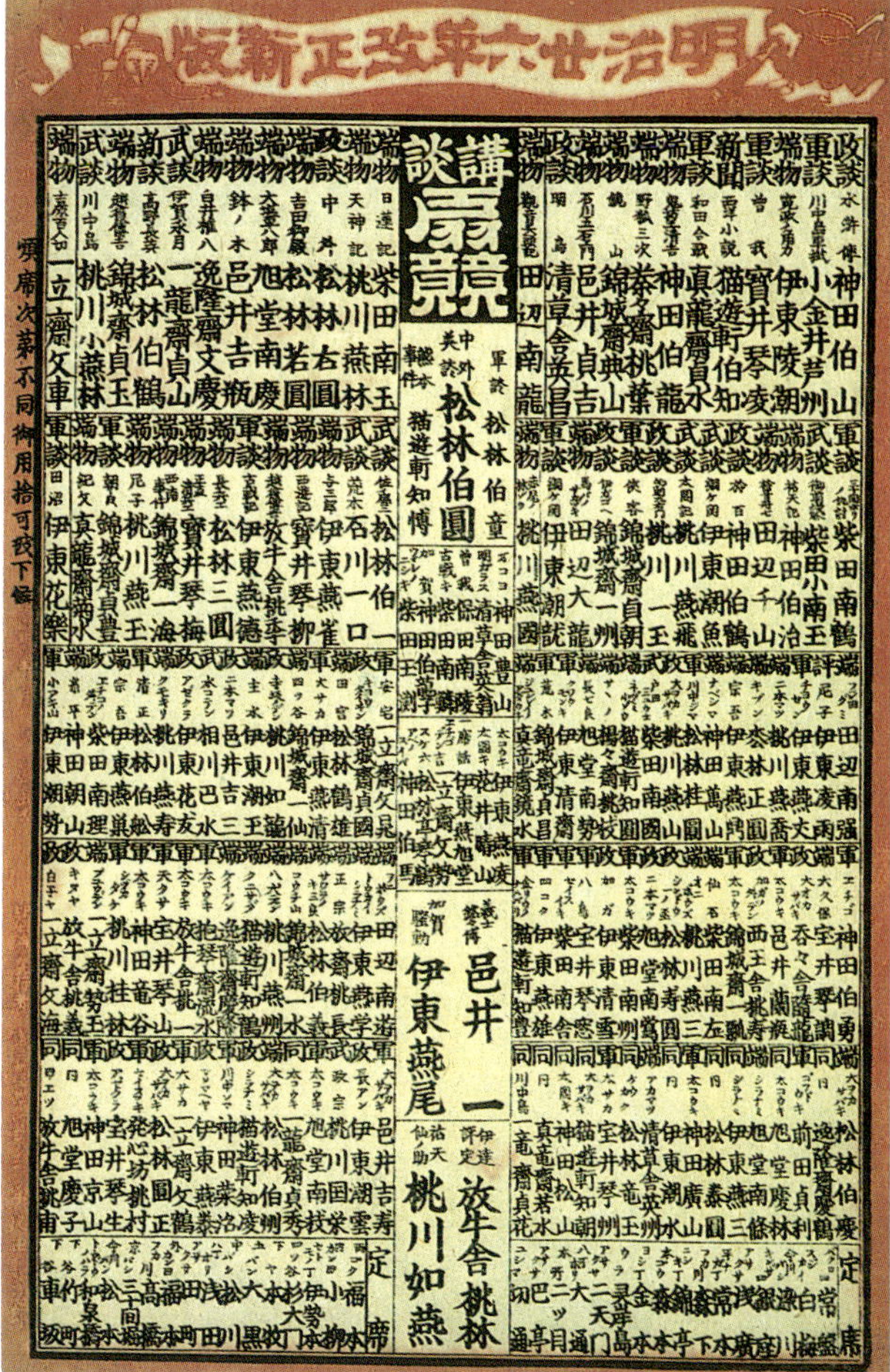

明治廿六年改正新版

講談扇競

軍談 松林伯童

中外美談 總本事件 松林伯圓

猫遊軒知博

⇧講談家落語家肖像 落語・講談速記を中心にした雑誌『百花園』第11号の付録。上段右から1人目が2代目松林伯円、中段左から2人目が三遊亭円朝。（明治22年）

8

▶『浮雲』と近代小説の成立（p244）

工学としての建築

建築は芸術ではなく「造家学」として始まった

日本の大学における建築学科は、多くは工学部に属している。この事実は、当たり前のようにみえて、じつは国際的には必ずしも一般的ではない。明治の日本における建築家の誕生とは、「工学士」として建築家が輩出されることであった。

●「冒険技術者」が設計

日本で洋風建築が求められたのは、まず、洋式工場と外国人のための住宅だった。設計者は当時冒険技術者と呼ばれ、アジアの植民地やアメリカ開拓地の欧米人用住宅や、建築の雛形本などをもとに形をつくった。建築の様式は、実用に供するものとしてあった。

日本での西洋建築教育は、はやくも明治6年（一八七三）に開始された。擬洋風建築も登場しはじめたばかりで、建築家という職能への認識もない時期だった。その教育は、工部省の付属機関である工学寮工学校、のちの工部大学校において、「造家学」として、専任教師を欠いたまま始められた。建築が他の工学諸領域と並列しうる、実利的な行為としてのみ認識されていたことの証左といえる。

●教授コンドルの着任

その一方で、実利的なだけの洋風建築が国家を飾るにはふさわしくないという認識も芽生えていた。そこで、工学としての造家学を補うべく「家屋装飾術」なる発想が登場する。明治9年、工学寮に家屋装飾術を含む美術学校（のちの工部美術学校）が併設された。

学校創設にあたり、工部省から教師選定を依託されたイタリア政府は、建築・絵画・彫刻からなる美術アカデミーを企図し、建築教師として美術アカデミー出身の建築家カッペレッティを送り込んだ。しかし、翌年に工部大学校「造家教師」に着任したイギリス人コンドルは、建設工学から様式デザインに至る建築教育の全課程を教授しうる人物であった。

結果、カッペレッティは美術の枠組みで建築を教育する場を失い、日本の建築学は工学系教育機関にゆだねられることとなった。

明治12年、造家学科第一回卒業生として辰野金吾、曾禰達蔵、片山東熊、佐立七次郎の四名が世に出た。同時期に外国留学組の妻木頼黄、山口半六らも活動を開始した。彼らは建築家の名にふさわしい本格的な西洋建築で国家を飾っていったが、建築様式の思想的背景には踏み込まなかった。彼らにとって、様式も技術のひとつにすぎなかったのである。建築は芸術としてではなく、工学として立ち現われたのだった。（清水重敦）

➡**泉布観**　造幣局応接所として建てられた、ベランダ付きの植民地住宅スタイル。本来エンジニアだったウォートルスは、ほぼこの様式のみで建物を設計していった。（明治4年、T・J・ウォートルス設計、大阪市、重文）

⬇**参謀本部**　陸軍の軍令統括機関。イタリア郊外のヴィッラのような古典主義様式のシンプルな立体に、アルプス以北の急傾斜屋根を載せた19世紀らしい折衷。（明治14年、G・V・カッペレッティ設計、東京）

⬇**新橋駅本屋**　木骨石造という、アメリカでよく用いられた構造形式。ブリッジェンスは、外壁仕上げになまこ壁や伊豆の斑石など、日本の素材をうまく活用した。（明治4年、R・P・ブリッジェンス設計、東京）

4 **工部大学校第１回卒業生**　建築家は４人で、中央の辰野金吾、前列左端の佐立七次郎（明治24年、日本水準原点標庫を設計）、その右の片山東熊、後列右から３人目の曾禰達蔵である。辰野は建築学会の重鎮となり、曾禰は民間の建築家、片山は宮廷建築家として活躍する。ほかは、建築以外の工学士。（大正４年撮影）

5

6

日本銀行本店本館　イギリスの新古典主義風の装飾の少ない様式。2、3階に比べて１階が高すぎるなど比例に難はあるが、「辰野堅固」のあだ名どおり堅苦しくも異様な迫力。（明治29年、辰野金吾設計、東京、重文）

7

占勝閣　複雑な屋根構成、装飾的な妻壁やベランダで特徴づけられるアメリカ風スティックスタイルの優品。曾禰は、最新の木造様式も取り入れる柔軟性をもっていた。（明治37年、曾禰達蔵設計、長崎市）

旧横浜正金銀行本店本館　全高を貫く柱を並べ、隅には巨大すぎるほどのドームを載せる。ドイツ留学後の妻木の作品らしい、規模を雄大に見せる重厚なバロック様式。（明治37年、妻木頼黄設計、横浜市、重文）

▶擬洋風建築の出現（p136）、西洋美術と工部美術学校（p234）

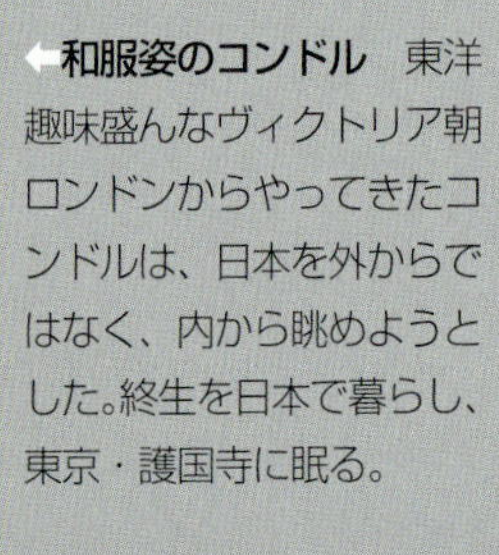

コンドル

人物クローズアップ

⬅和服姿のコンドル　東洋趣味盛んなヴィクトリア朝ロンドンからやってきたコンドルは、日本を外からではなく、内から眺めようとした。終生を日本で暮らし、東京・護国寺に眠る。

⬇東京大学案　イギリスの田園風景にたたずむキャンパスのごとき静謐な計画。イギリス19世紀の中世主義と日本の文化的環境との同一視が感じとれる。（明治17年頃）

幕末から明治にかけて活躍した絵師河鍋暁斎には、青い目の弟子がいた。鹿鳴館の建築家ジョサイア・コンダー、すなわちコンドルである。このイギリス人は、日本画のみならず、生け花や庭園についても研究書を出版するほど、日本文化にのめり込んだ。その目は、失われた日本の伝統ではなく、生きた生活文化に向けられていた。

建築家としてのコンドルの作品には、西洋建築を日本という地に建てることへの問いがつねに込められている。日本と西洋の地理的中間点であるイスラムのスタイルを用いて両者を架橋しようとしたり、洋風木造建築の壁に用いられる水平材と垂直材に、柱と長押の組み合わせからなる日本建築の細部を用いたり。そこには日本という場所とその伝統への連続の意識はあっても、断絶はない。

コンドルは工部大学校造家教師として来日し、日本人建築家を育てた。弟子たちは見事に西洋建築を習得し、さらに次世代の建築家たちは法隆寺を筆頭に日本のなかに建築の古典を見いだしていった。けれども、国家を背負う彼らの視野にあったものは、混じりけのない西洋建築であり、あるいは失われた伝統の復興だった。弟子たちの進んでいった方向から、コンドルの伝統への視線、建築への取り組みは取り残されてしまったわけだ。けれども今日のわれわれにとって、コンドルの繊細な視線は、明治という時代が意識的に切り捨てていったものに、改めて光を当ててくれるのである。（清水重敦）

●コンドル　略年譜

年	年齢	事項
嘉永5年（一八五二）	0	イギリス・ロンドンに生まれる。
明治2年	17	サウスケンジントン・アート・スクールおよびロンドン大学で建築を学ぶ。
明治6年	21	建築家ロジャー・スミス、W・バージェスに師事。
明治9年	24	王立建築家協会ソーン賞受賞。
明治10年	25	工学寮（工部大学校）造家教師に着任。
明治14年	29	河鍋暁斎に入門。上野博物館、竣工（設計）。
明治16年	31	鹿鳴館、竣工（設計）。
明治18年	33	官庁集中計画、立案。
明治21年	36	帝国大学講師を辞任。建築設計に専念。
明治22年	37	『日本の花と生け花の芸術』出版。
明治24年	39	ニコライ堂、竣工（実施設計）。
明治26年	41	花柳流師匠の前波くめと結婚。
明治27年	42	三菱一号館、竣工（設計）。
明治29年	44	岩崎久弥湯島本邸、竣工（設計）。
大正3年	62	工学博士。
大正9年	68	逝去。東京・護国寺に眠る。

岩崎久弥湯島本邸　17世紀の古いスタイルを用いながらも、全体を左右非対称の複雑な構成とする、同時代のイギリスの流行を取り入れる。室内でもイスラム風装飾など、複数のスタイルを濃密に折衷。（明治29年、東京、重文）

『霊昭女と拾得』「暁英」の印章のあるコンドルの日本画。水彩画の名手でもあったコンドルは、河鍋暁斎に師事して日本画を学んだ。暁斎は「コンデール」と呼んだ。

唯一館　和風真壁の柱や長押を、洋風の壁を縦横に区切る細長い板に見立て、洋風縦長窓と組み合わせる。和風スティックスタイル模索の端緒。（明治27年、東京）

鹿鳴館の主階段　東京大学大学院建築学専攻が保管。昭和15年の取り壊しを惜しんだ建築家谷口吉郎は、建造物保存のための明治村を立案する。

鹿鳴館　鹿鳴館にはイスラム風のバルコニーが付いていた。西洋と日本をつなぐものとして、地理的に中間にあるイスラムを持ち込むという発想は、2年前の上野博物館などにもみられる。（明治16年、東京）

▶欧化の象徴・鹿鳴館（p282）

首都改造の夢

舞台装置のようなプランは現実の前に消えた

1

⬆『東京市区改正予図』　官庁集中計画が挫折した明治21年、東京市区改正条例が公布された。その直後に描かれた市区改正の実現イメージ図である。道路拡幅などの交通計画を軸に都市構造を修正していくこの手法は、現実的ではあるが、実現後の姿を描いたはずの本図から、鮮烈な新都市といったイメージは読みとれない。（明治21年）

　パリのシャンゼリゼを思わせる雄大な街路が放射状に走り、視線の先には壮麗なモニュメントの数々が屹立する。そんな舞台装置のような都市への大改造が、明治の東京で実現寸前まで進んでいた。明治19年（一八八六）の官庁集中計画である。

　計画の推進者は外務卿井上馨である。条約改正交渉を主体的に推進した井上は、対外的に日本の表玄関を飾るため、明治18年、鹿鳴館の建築家コンドルに官庁集中計画の立案を依頼した。しかし諸官庁を日比谷の一角に集めブロック状に配置するだけの案は、政府の容れるところとならなかった。

　井上は明治19年に臨時建築局を創設し、つぎなる人材をドイツに求めた。政府や学術諸分野で、急激にドイツへの傾斜がみられた時期である。結果、ドイツ政府土木建築アカデミー建築部長兼工科大学教授のエンデに行き当たる。

⬇**国会議事堂の夢**　アメリカ人建築家R・A・クラムが明治31年の来日にあたり、出発前に作成した和風国会議事堂案。ドイツ風官庁建築計画に対し、日本の伝統に調和する様式を日本政府に進言する材料として設計。

2

⬇**官庁集中計画ベックマン案**　銀座から霞ヶ関に至る一帯に放射状に大道を通し、視線の集まる結節点に中央駅、国会議事堂、皇居などのモニュメントを新たに配置する。この壮大なバロック都市計画は天覧に供された。ベックマンは建設中のイメージを鳥瞰図に仕立てることにより、壮麗な都が立ち上がっていくさまを演出した。（明治20年）

3

夢と現実が衝突する

明治19年、エンデと共同で建築事務所を経営するベックマンが来日し、銀座から霞ヶ関に至る一帯に冒頭のようなバロック都市を築く壮大な計画を立てた。翌年、都市計画家ホープレヒトによる広範な都市計画のもと、ベックマン案は大幅に縮小されたものの、なんとか着工にこぎ着けた。しかし条約改正交渉の失敗で井上が失脚、官庁集中計画はわずかに裁判所と司法省の二棟を残して挫折した。

この派手な改造計画の一方で、市区改正という堅実な都市計画が進行していた。既往街路の拡幅を軸に、交通網を改革する手法である。官庁集中計画により消えかかったその火はふたたび燃え上がり、以降、市区改正は明治の都市計画の基盤となっていく。

官庁集中計画以降も、建築家たちは舞台装置のごとき都市改造を繰り返し夢想していった。けれども、既往の文脈を白紙に帰し、新たな線を自在に引いていく手法は、ついに日本には根づかなかった。夢は消え、既存都市を粘り強く開いていく手法のみが残った。しかし、このリアルな態度こそ、日本の都市に適応した、継承すべき方法なのであろう。（清水重敦）

4

5

裁判所　洋風の実施建物（左）と和洋折衷案（下）　ベックマンに続いて明治20年に来日したエンデは、日本建築の美に打たれ、帽子を取り替えるように、ベックマンの洋風案の屋根部分のみを和風に変える案を提示した。骨格をそのままに、中央屋根を入母屋に、小塔のドームを寺院風の鐘楼に、正面上部のアーチ形飾りを唐破風（反転曲線をもつ小屋根）にと、モティーフを和風にすり替えた。折衷案の正面構成は、どこか海運橋三井組ハウスを思わせる。日本人建築家はこの案を「和七洋三の奇図」と揶揄した。（明治20年設計、洋風案で29年竣工）

6

司法省　計画案のうち、裁判所とこの建物だけが実現した。古典主義のデザインに、赤煉瓦の壁と急傾斜の屋根を合わせた本格的なドイツ建築の骨太な造形を、今日に伝えている。（現在の法務省赤煉瓦棟、ベックマン設計、明治28年、重文）

学校教育の普及

義務教育が始まり、就学率は九割を超える

明治5年（一八七二）公布の「学制」は、近代的学校制度ではあったが、実情には即していない面もあった。明治12年、文部大輔田中不二麻呂と学監D・マレーにより、アメリカの制度に倣った、四七条からなる教育令（自由教育令）が制定される。

●学校制度の整備

この教育令では、就学を強制せず、小学校設置を緩和して、教育を府県に任せる方針がとられた。だが、学校の廃止や就学者の減少など、教育制度の停滞を招くこととなる。そのため、明治13年、文部卿河野敏鎌は改正教育令を公布し、学校の設立、就学義務の督促、中央・地方官庁の権限を強化した。

明治14年改正教育令に基づき、「小学校教則綱領」が制定されると、各府県はそれぞれ小学校教則を定め、文部省の認可を受けて実施した。これにより、教育は府県ごとに統一されることとなった。

明治19年には一連の学校令とともに、一六条からなる小学校令（第一次）が公布された。学校令によって、小学校から中学校を経て帝国大学へ進む系列が編成され、このとき定められた学校体系が、太平洋戦争までの日本の学校制度の基礎となる。この小学校令で教科書検定制度*が定められ、小学校は府県から国の管轄下へ移された。

明治23年、地方自治制が確立されると、小学校令が改正され（第二次）、八章九六条からなる詳細な規定がなされる。さらに、同年10月30日には「教育勅語」が発布され、国民道徳、国民教育の理念が示された。

明治33年、小学校令は再度改正され（第三次）、四年間の義務教育制が規定され、義務教育における授業料無償の原則が成立する。明治40年の改正（第四次）では、尋常小学校の年限が六年となり、義務教育期間が延長された。

年	明治5年	14年	19年	23年	33年	40年
上級	上等小学校	高等科	高等小学校	高等小学校	高等小学校	高等小学校
中級		中等科				
下級	下等小学校	初等科	尋常小学校	尋常小学校	尋常小学校（義務教育）	尋常小学校（義務教育）
	学制公布	小学校教則綱領制定	小学校令（第一次）公布	小学校令（第二次）改正	小学校令（第三次）改正	小学校令（第四次）改正

⬆**小学校制度の変遷**　明治23年の改正で、尋常小学校の年限は3年または4年となったが、33年にはふたたび4年に統一されて義務教育となった。

⬆**就学率と通学率**　就学率は小学校に登録された児童数の割合。通学率は毎日出席している児童数の割合で、実態に近い。日清戦争後の明治28年頃から、ともに急上昇している。

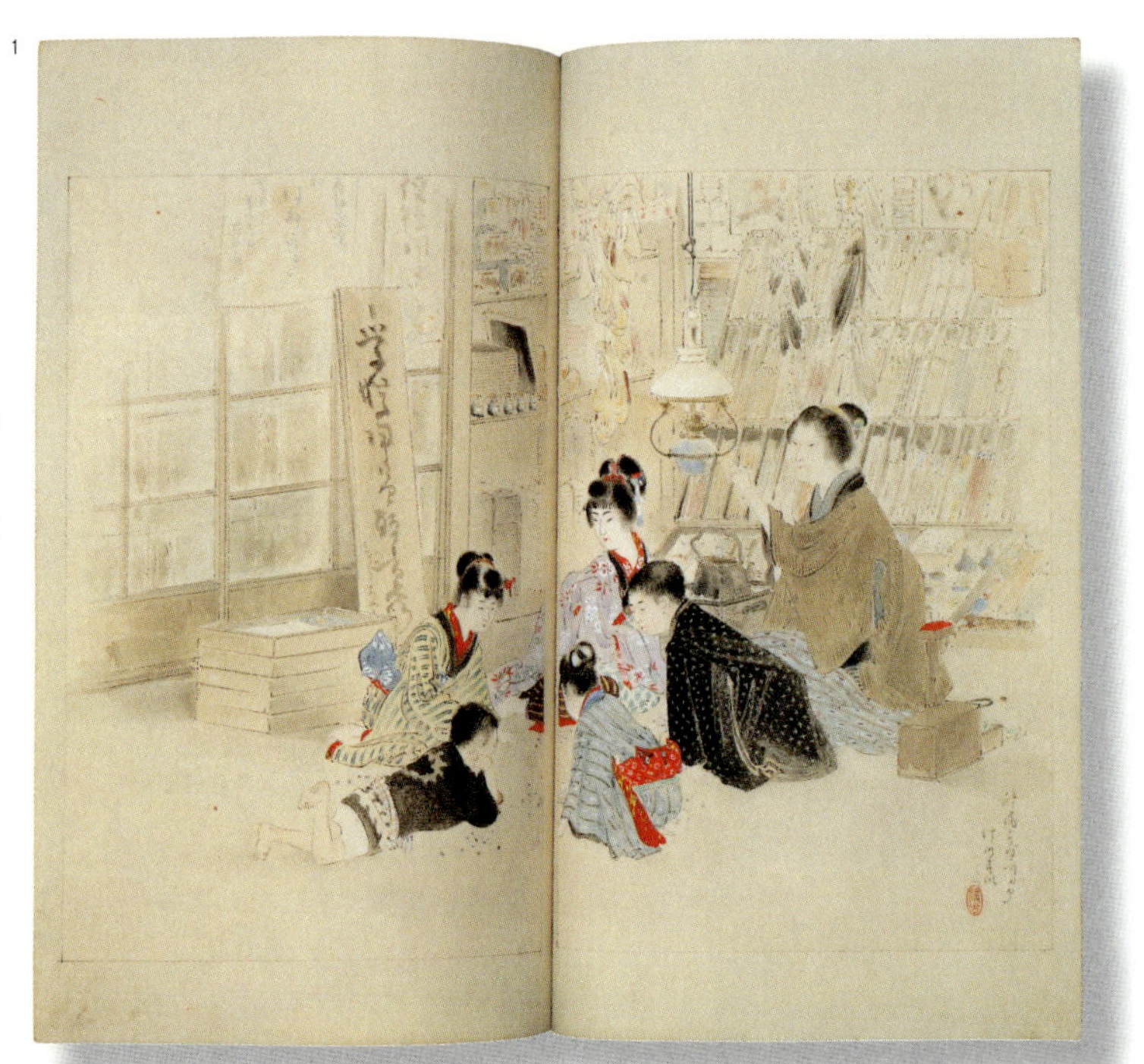

➡**学校用品店の登場**　樋口一葉『たけくらべ』（明治28～29年）から、"筆や"の場面。美登利たちは東京・入谷近くの私立小学校の生徒。学校用品を扱う店ができ、子どもたちの遊び場ともなった。（鏑木清方画）

＊**教科書検定制度**　国が教科書を規制する最初の制度は、明治14年に文部省が各府県に採用教科書の届け出を義務づけた「開申制度」で、17年には認可を必要とする「認可制度」に改められた。その後、19年に、小学校教科書を文部大臣の検定を受けたものに限定する「検定制度」が導入され、36年には、文部省が教科書の著作権をもつ「国定制度」に変わった。

●教育の国家管理を強化

教科書の内容については、明治19年以降、教科書検定制がとられていたが、裁定をめぐる不正事件の防止と、国民思想の統一のために、教科書の国家管理が主張されるようになった。

明治36年に国定教科書制度が確立されると、まず修身・国語・地理・歴史などで国定教科書が使われ、明治38年には、算術・図画でも使用されるようになった。国定教科書制度により、教育内容への国家統制が強化されていった。

一方、就学率は、日清戦争後、教育への関心の高まりから上昇し、明治33年の義務教育の授業料無償により、35年には九〇％を超える高さとなった。（森田貴子）

⬆明治37～43年頃の女子学級の授業風景　初期に比べ、1学級の生徒数が増えていることがわかる。教科書は『尋常小学書キ方手本　第4学年用・下』（明治36年）。この教科書から習字も国定教科書となった。教えている内容はきわめて実用的である。

⬅明治10年の体操の授業　体操は明治6年に教科に設置された。内容は休憩時の保健体操だった。11年にアメリカ人体操教師リーランドを招聘、普通体操が普及する。（『生徒勉強東京小学校教授双六』）

⬅明治33年の体操の授業　明治19年に体操は必須科目となり、幼児は遊戯、児童は軽体操、男児は隊列運動（兵式体操）と規定された。絵は『児童教育体操遊戯双六』（明治33年）より、木銃稽古（上）と徒手体操（下）。

体操

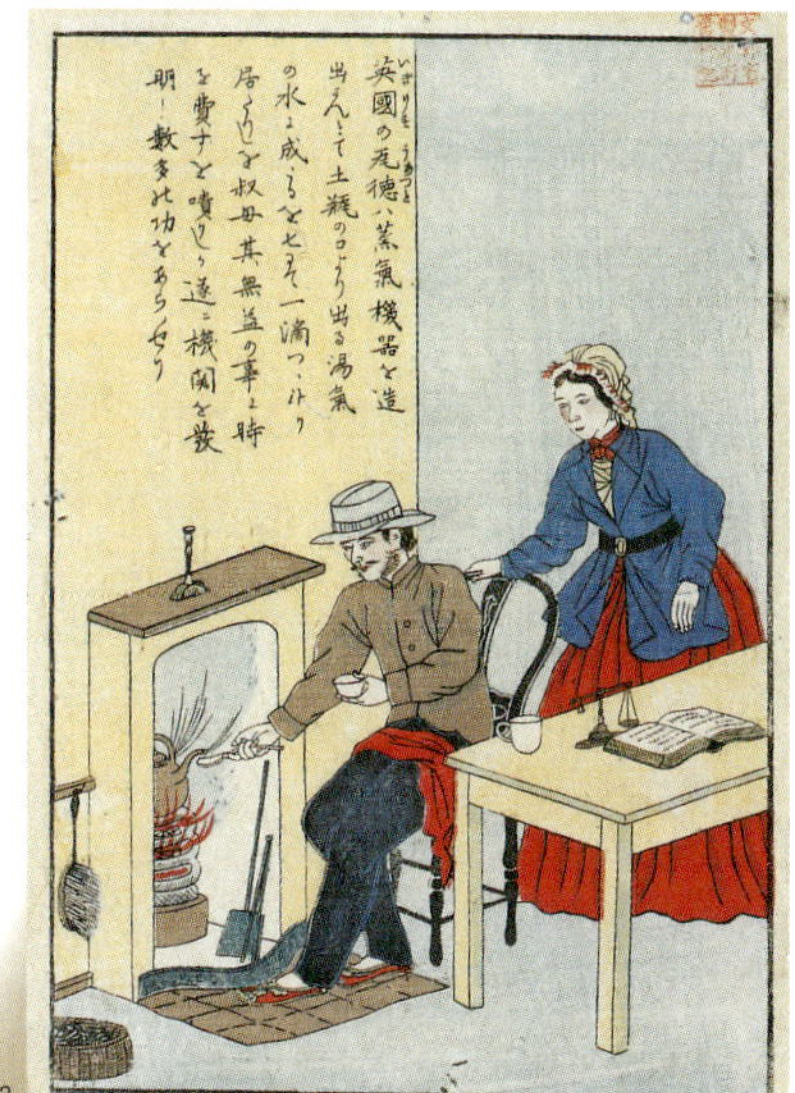

⬆明治6年の修身の教材　明治6年に刊行された21部の修身の教科書のうち、13部は翻訳教科書だった。偉人の業績や道徳的な実話・伝記を集めた教科書もあった。絵は、スマイルズ著、中村正直訳『西国立志編』から、ワットが蒸気機関を発明する話。

修身

⬆『幼年修身双六』（『幼年世界』明治43年付録）

⬆明治43年の修身の教科書

⬅明治23年、教育勅語で修身の方針が決まる。図は明治43年4月から使用された、第2期国定教科書。第1期の教科書が忠義、祖先崇敬の不足を批判されたため、家族関係が強化され、日清戦争で戦死した木口小平は「忠君」「義勇」を示す存在となっている。

▶学校制度の整備（p66）、教育勅語と御真影（p192）

図書館の創設と浸透

明治なかばから、質・量ともに充実していく

すべての人々が利用でき、あらゆる分野の蔵書をもつ図書館の創設は、明治の初めに検討された。

欧米の図書館を最初に紹介したのは、福沢諭吉である。アメリカ、ヨーロッパを訪問した福沢は、『西洋事情』のなかで、イギリスの大英博物館図書館をはじめ、諸外国の図書館の蔵書数や納本制度などを報告している。

●開館するとすぐに満員

明治5年（一八七二）、文部省博物局は、東京・湯島の旧*昌平坂学問所大成殿に「書籍館」を開館した。蔵書は旧昌平坂学問所の書籍や旧大学*南校の洋書などからなり、希望者は〈貴賤ヲ論ゼズ〉閲覧を許可された。7年には蔵書を浅草に移して「浅草文庫」と改称、のちに所管は内務省へ移管される。

引き継ぎ蔵書がなくなった文部省は、明治8年5月、ふたたび旧昌平坂学問所大成殿に「東京書籍館」を開館する。蔵書は文部省所有の図書一万冊と旧藩校書籍などであった。この図書館は閉架式で無料、図書分類は欧米に倣って六門に分け、目録が作成された。

東京書籍館は、西南戦争による財政支出削減により、明治10年2月にいったん閉館するが、同年5月に東京府が「東京府書籍館」として引き継ぎ、開館した。そして、13年7月には、ふたたび文部省へ移管され、「東京図書館」となった。

図書館は、明るさ、暖かさ、静けさを提供する場所として受け入れられた。一日の平均閲覧者は、明治16年には二七九人に増加、閲覧室の狭さを解消するため、移転が検討されはじめる。

明治18年10月、東京図書館は書庫と閲覧室を備えた図書館として、新たに上野に開館する。有料制の導入で一度は利用者数が減ったものの、24年には開館するとすぐに満員となる状態となった。

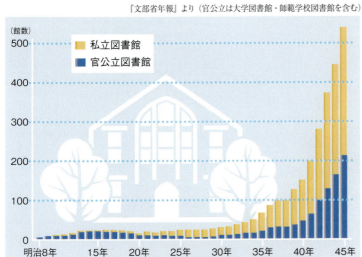

「書籍館」が設けられた湯島聖堂大成殿　昌平坂学問所の建物が図書館となった。正殿中央が閲覧室で、両側に書籍が並べられた。のちに東西の回廊も修繕されて閲覧室となる。カード目録と冊子目録も発行された。

上野公園内の「東京図書館」　明治18年10月に湯島から移転した。書庫は新築されたが、閲覧室は東京教育博物館施設のひとつを改造して使用。混雑緩和のため、1回1銭5厘の有料閲覧制を導入し、夜間利用も中止された。

『文部省年報』より（官公立は大学図書館・師範学校図書館を含む）

全国の図書館数の推移　明治10年代には書籍縦覧所や図書館が多数設立されたが、明治20年以降、その多くが経営難から廃館となった。明治37年頃から日露戦争の戦捷紀念と地方改良運動の一環として、図書館設立が急増する。

明治39年竣工の「帝国図書館」　ルネサンス様式、高さ30mの高層建築で、2階は目録室、特別閲覧室、婦人閲覧室、3階が300人収容の普通閲覧室。書庫は9階建てで50万冊収蔵できた。現在は国際子ども図書館になっている。

●待ち望まれた帝国図書館

明治28年、日清戦争に勝利すると、国立図書館の充実を求める声が高まった。30年4月22日に「帝国図書館官制」が公布され、東京図書館は帝国図書館となる。このときはじめて、図書館業務の専門職として「司書」が規定された。

帝国図書館新築の建議が帝国議会に提出され、満場一致をもって可決された。八年間の長い工期を経て、明治39年3月に新しい帝国図書館が開館すると、閲覧者数は一日平均六〇〇人を超えるようになった。

（森田貴子）

↑帝国図書館旧館（元・東京図書館）の普通閲覧室　利用者は入り口で求覧券を購入し、看守所で閲覧証と交換する。参考図書は開架式だが、一般図書は閉架式で、目録から選んで出納係員に渡し、呼ばれるのを待った。火災の恐れのあるガス灯は高く、電灯は低くつるされている。換気と採光のため、窓は大きい。

←図書館の新聞閲覧台　図書館には国内外の新聞が置かれ、自由に閲覧できた。図書ではなく新聞閲覧を目的とした利用者も多かった。図書館のない地方では、無料の新聞縦覧所が設置され、情報の普及に役立った。

↓閲覧者の職業別割合　東京市役所統計課編『東京市統計年表』（明治41年度）より

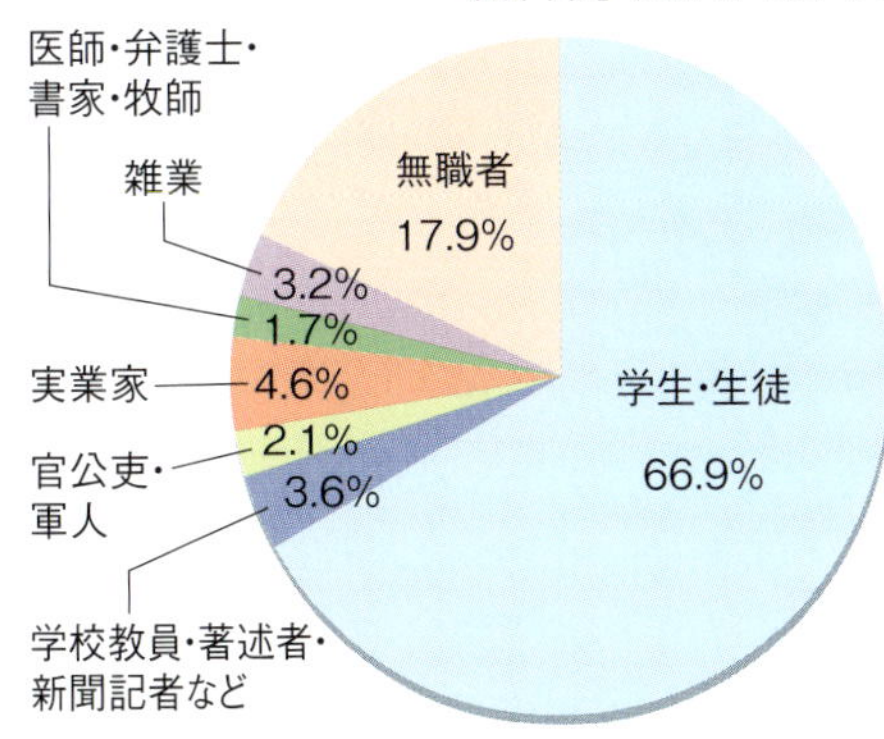

↓東京書籍館〜帝国図書館の蔵書数と閲覧者数の推移　明治16年以降、少年が時間つぶしのために小説を閲覧することを禁じたが、閲覧者は減少していない。閲覧者の67%は学生・生徒である。明治38年に中学校へ入学した芥川龍之介も、帝国図書館へ通い、耽読したひとりであった。

（万冊）　洋書　和漢書　（万人）
5月 東京書籍館開館
5月 東京府書籍館開館
7月 東京図書館開館
10月 夜間閲覧中止 有料閲覧の開始
東京図書館、上野へ移転
7月〜 日清戦争
4月 帝国図書館開館
2月〜 日露戦争
3月 帝国図書館新館開館
閲覧者数
明治8年　15年　20年　25年　30年　35年　40年　45年

『文部省年報』より

↑山口県立山口図書館の閲覧室　山口県の図書館数は、明治44年度には公・私立を合わせて67館、全国の15%を占めた。山口図書館は明治36年7月の開館で、木造2階建て、蔵書数1万5000冊。同年10月からは夜間も開館した。

＊昌平坂学問所　江戸幕府直轄の学校。明治維新後、昌平学校、のちに大学校と改称されたが、明治3年に閉鎖となった。

＊大学南校　大学東校とともに東京大学の前身となった官立の洋学校。江戸幕府設立の開成所の後身にあたる開成学校が、明治2年に改称された。

▶湯島聖堂博覧会（p150）

帝大の誕生と私学の隆盛

人材育成のため、高等教育機関が数多くつくられる

明治6年（一八七三）、旧幕府の開成所*を引き継ぐ、第一大学区開成学校が開設された。

●高額な高等教育の授業料

開成学校の年限は普通科三年、本科三年で、法学・化学・工学・諸芸学・鉱山学が設けられた。実験や実習が中心で、学生の自発性が重んじられたが、試験が頻繁に行なわれ、進級は厳しかったので、毎年三割の学生が退学していった。学生の多くは士族層で、出身地は全国にわたった。毎月の授業料は普通科二円、本科四円とひじょうに高額だった。

明治10年には、旧幕府の医学所を引き継いだ東京医学校と合併し、法・理・文・医学部からなる東京大学が開校した。

明治初期には、技術官僚の養成のため、各省が高等教育機関を設立する。工部省の工部大学校、司法省の司法省法学校、開拓使の札幌農学校、内務省の駒場農学校などが開設された。

これらの高等教育機関では、当初はボアソナード、クラークなど外国人教師が教鞭をとっていたが、しだいに帰国した留学生や大学卒業生など、日本人教師へと変わっていった。

さらに、明治10年代には、多数の私立専門学校が独自の理念に基づいて開設され、富裕者層子弟の教育要求にこたえた。

明治15年には、大隈重信が学問の不偏不党・在野の精神を掲げ、東京専門学校（現在の早稲田大学）を設立した。相前後して、13年に専修学校（専修大学）、14年

2 ←『時事新報』に載った慶應義塾大学部生徒募集広告　慶応4年、福沢諭吉が実学主義を掲げて設立した慶應義塾は、明治23年に「大学部」を開設。入試科目は多く、授業料は高額だった。

3 ←明治38年の『早稲田大学講義録之栞』　明治19年以降、「校外生」という扱いで希望者に頒布した。初期の通信教育である。校外生総数は、大正8年に8万8805名となった。

1
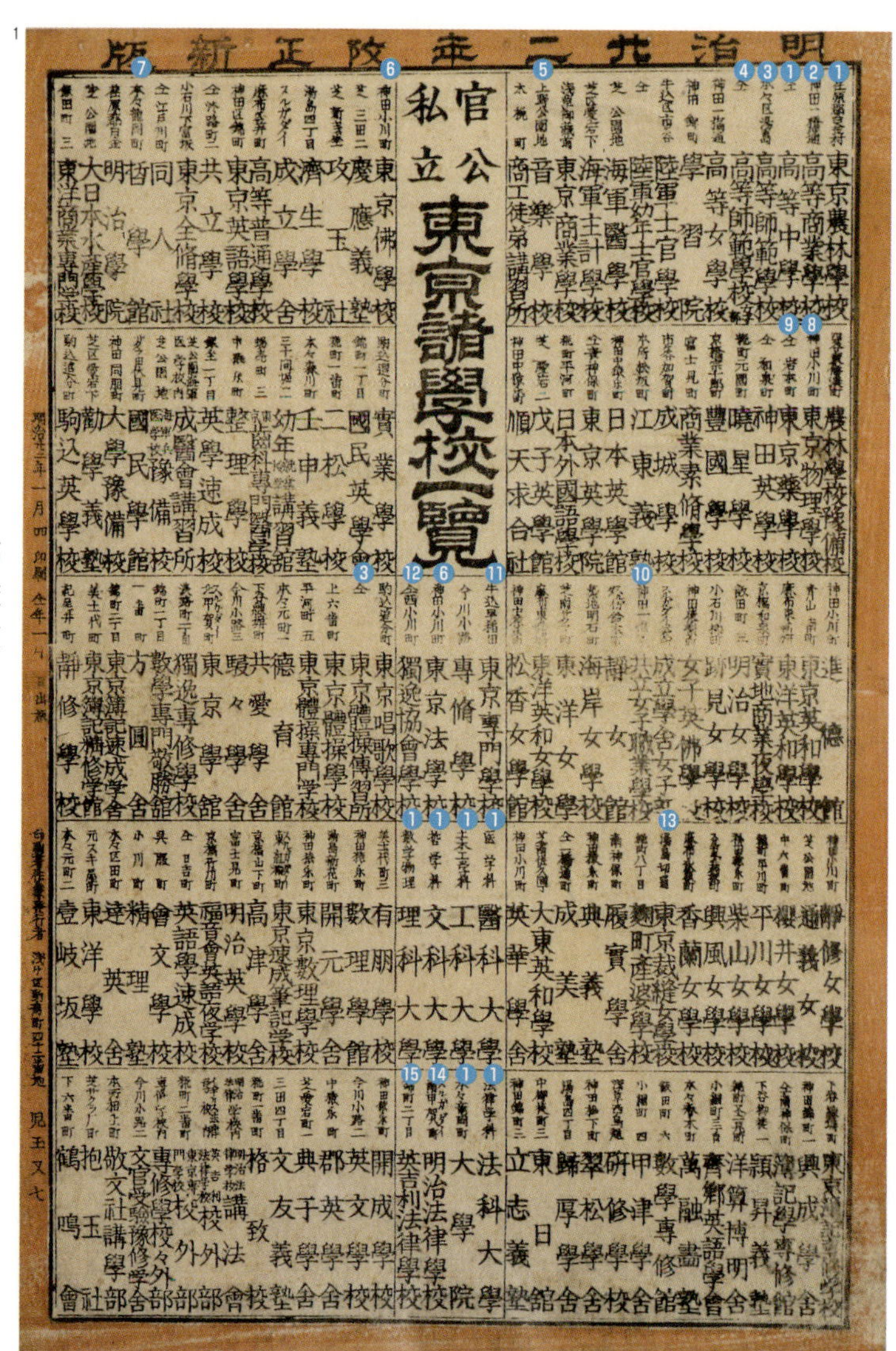
明治廿二年改正新版
官公私立東京諸學校一覽

➡官公私立東京諸学校一覧　明治22年作成の高等教育機関の一覧。現在まで大学として続く学校も多い。学習院や慶應義塾、明治学院、跡見、東洋英和、専修など同じ名称のところと、まったく変わった学校がある。図中の番号の現在の学校名は次のとおり。
①東京大学　②一橋大学　③筑波大学　④お茶の水女子大学　⑤東京藝術大学　⑥法政大学　⑦東洋大学　⑧東京理科大学　⑨東京薬科大学　⑩共立女子大学　⑪早稲田大学　⑫獨協大学　⑬東京家政大学　⑭明治大学　⑮中央大学

＊開成所　江戸幕府が設けた洋学研究教育機関。安政3年（一八五六）に洋学研究のために開設された蕃書調所が、文久2年（一八六二）に洋書調所となり、翌年開成所と改称された。英・仏・独などの語学をはじめ、さまざまな分野の洋学の講義が行なわれた。維新後は明治政府に移管され、のちに大学南校を経て開成学校となった。

▶学校制度の整備（p66）、西洋美術と工部美術学校（p234）

には明治法律学校（明治大学）と東京法学校（法政大学）、16年に独逸（ドイツ）協会学校（獨協大学）、18年に英吉利（イギリス）法律学校（中央大学）などが設立された。

4

⬅『東京第一大学区開成学校開業式之図』 明治6年10月9日、神田錦町の開成学校で、明治天皇の行幸のもと開業式が行なわれた。国旗が掲揚され、花のアーチが飾られる華やかな式典だった。建物は木造2階建て。

官僚養成か実務者育成か

明治19年、帝国大学令の公布により、東京大学と工部大学校が合併し、大学院と法・医・工・文・理の五分科大学からなる「帝国大学」が誕生した。

帝国大学には、国家が必要とする高等教育と学問研究が求められ、その後、京都帝国大学（30年）、東北帝国大学（40年）、九州帝国大学（43年）が創設された。

明治36年、専門学校令の公布により、予科のある私立専門学校に「大学部」の設置が認められ、多くの学校が「大学」と改称した。

帝国大学がおもに官僚養成を目的としたのに対し、私立大学は実務的な人材の育成をめざした。高等教育機関の在学者数は、明治33年には二万三〇〇〇人に達した。

（森田貴子）

5

⬅慶應義塾の本館 明治4年に芝新銭座（しばしんせんざ）から三田（みた）の旧島原藩邸へ移転。明治20年に、2階建て煉瓦（れんが）造りの本館を竣工した。学生400～500人を収容でき、大学部設置以降は講堂として使用された。

6

➡明治23年頃の東京専門学校 校舎は牛込区早稲田の田園に建っていた。正面左が正門で、右が最初の校舎。左手奥は大隈重信が寄贈した、明治22年竣工の大講堂。

7

⬅明治41年頃の東京帝国大学法科大学の講義風景 明治33年頃には1講座1教場に300人あまりの学生が集まった。卒業後は、司法官・行政官・弁護士などの職に就くか、民間企業に就職した。

⬇明治37年頃の東京帝国大学 本郷通りの赤門は、加賀藩前田家の屋敷の門だった。後方の建物は医科大学。明治9年に東京医学校と病院が本郷元富士町の旧加賀藩邸に移り、17年以降、法・文・理学部も移転してきた。

8

女子の教育

ビジュアル読み解き

明治5年（一八七二）の「学事奨励に関する被仰出書（学制序文）」は、「男女の別なく小学に従事」させることとし、女子の初等教育の機会均等を重視した点で画期的だった。

明治初期の女子中等教育は、日本女性の伝統的教育を重視した跡見女学校や、アメリカ人宣教師が創設したフェリス和英女学校など、私立学校が隆盛だった。明治7年には女子教員養成のための女子師範学校が創立された。

明治15年、東京女子師範学校附属高等女学校の創立に際し、文部省は女子の中等教育機関の名称を「女学校」とし、修身、礼節を重んじる教育を義務づけた。

明治32年、「高等女学校令」の公布により、高等女学校は男子の中学校とほぼ同格となり、地理・歴史・理科などの幅広い教養科目が設けられた。30年代後半には、女子の高等教育機関として、日本女子大学校、女子英学塾（現在の津田塾大学）などが創立された。（森田貴子）

1
↑**裁縫の授業**　家庭での女子の役割として、裁縫の授業が設けられ、縫い方、裁ち方を教わった。写真は、日本女子大学校附属高等女学校の裁縫の授業風景。

2
↑**女学校の授業風景**　明治8年創立の跡見女学校の授業風景。教室は机と椅子で、筆箱や教材が置かれている。髪型は、桃割れ・銀杏返し・切り下げ前髪などで、広帯を胸高に締めている。

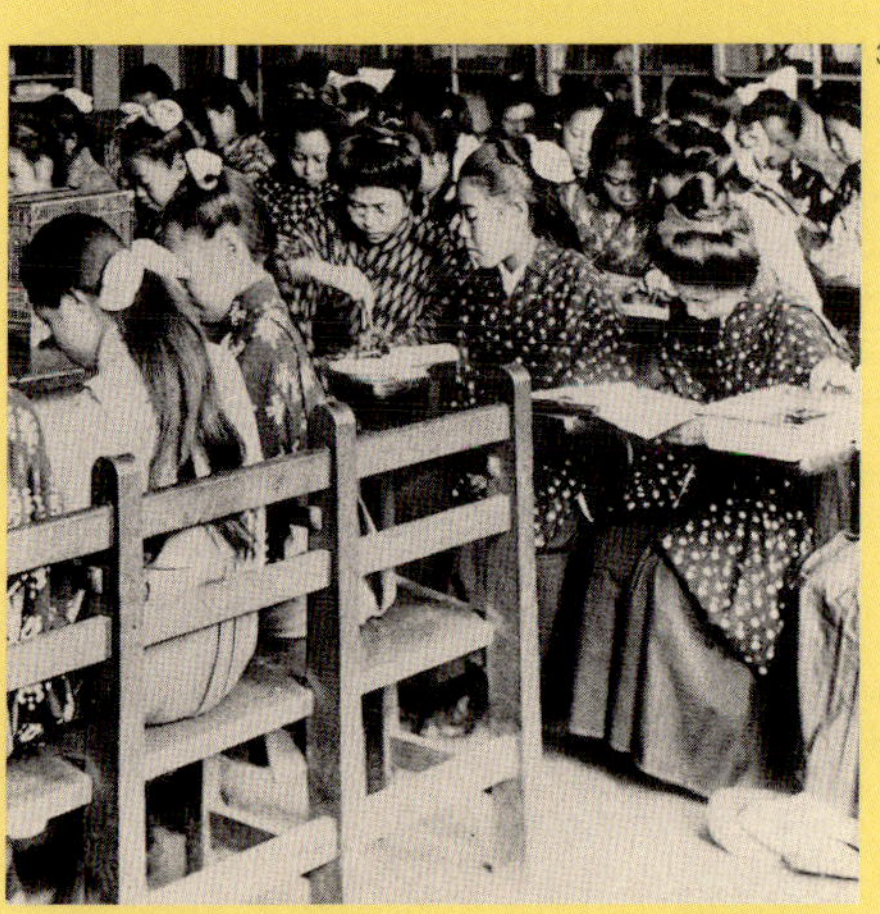

3
↑**女学生のファッション**　お下げやリボン、ショールなど女学生の髪型や服装は、時代の最先端をいった。明治30年代から袴が広まり、髪型・持ち物・服装などにこまかい校則が設けられた。

4

5
⇒**自転車に乗る女学生**　袖を風に翻し、さっそうと自転車を乗りまわしている、日本女子大学校（明治34年創立）の女学生たち。運動会で行なわれる「自転車マーチ」は、同校の名物だった。

▶学校制度の整備（p66）

➡**洋裁の授業**　明治 19 年に創立された共立女子職業学校の裁縫科の授業風景。まだめずらしいミシンが使われている。同校には編物科・刺繍科・造花科・図画科などもあった。

6

7

⬅**理科の実験**　日本初の女子高等教育機関として設立された日本女子大学校では、明治 39 年、新たに教育学部を設置した。写真は教育学部の動物実験の授業風景。実物・実地が重視された。

8

➡**体操の授業**　多くの女学校では知育・徳育に加え、体育を重視した。写真は、ダンベル体操を行なうフェリス和英女学校（明治 3 年創立）の生徒たち。

9

⬅**明治 22 年の『男子学校教育寿語録』**　明治 19 年の小学校令により、尋常・高等小学校で体操がはじめて必須科目になり、図画・唱歌が尋常小学校の随意科目になった。明治 20 年頃から運動会・遠足などの学校行事が登場し、学級が増えたため職員会議が開かれるようになった。こちらの双六の上がりに描かれているのは、勲章をつけた将校。男子がめざすのは「立身出世」だったようである。

⬆**明治 20 年の『女子学校勉励寿語録』**　女子の尋常小学校・高等小学校の入学から卒業までを描いた双六。上がりに描かれているのは洋装の貴婦人で、このような女性になることが女子教育の目標だったようだ。読本・習字・洋算・そろばん・体操は男子と同じだが、裁縫と洋裁は女子だけにある。

竹橋事件と軍紀の確立

国家への忠誠心を求められた兵士たち

竹橋事件とは、明治11年（一八七八）8月23日、近衛砲兵大隊の兵卒が中心となって引き起こした暴動事件である。

●三九四名が処罰された

事件の原因は、西南戦争にまつわる論功行賞の遅れと、戦後に給与が削減された（伍長・兵卒は二〇分の一強の減少）ことへの不満とされている。事件に参加した兵卒たちは、皇居・砲兵本廠・大蔵省などを取り囲み、その不満を天皇に強訴することを企てていた。

暴動を起こした近衛砲兵は、大隊長宇都宮茂敏少佐と週番深沢巳吉大尉を殺害したのち、山砲一門を引き出して、当時仮御所となっていた赤坂離宮に向かった。蜂起した近衛砲兵は仮御所正門まで迫ったが、全員捕縛された。

この事件に参加した「暴動兵卒」は、合計二五九名で、明治11年10月15日、そのすべてに対し陸軍裁判所で判決が言い渡された。処分内容は、死刑五五名・准流刑一一八名・徒刑（懲役刑）六八名・戒役（一〇五日の懲役刑）一五名・杖（笞打ち刑）および錮（禁固刑）一名・錮四名であった。事件に直接参加しなかった将校や下士官も含め、処罰者は総計三九四名に達したといわれる。

●忠実・勇敢・服従の徹底

軍紀（軍隊組織の統制と、士卒の命令服従関係）の確立について、軍当局は大きな関心を寄せていた。廃藩置県を経て軌道にのりはじめた国軍建設は、はじめ壮兵（武士階層出身の職業的志願兵）を中心に進められたが、この段階では、壮兵の忠誠心を旧藩から国家へ移すことが求められた。

明治6年に徴兵令が施行されると、新たな兵員となった徴兵（おもに平民からなる、兵役義務によって入営した兵士）に、国家への忠誠心や軍務への義務感を定着させることが、軍紀確立の大きな課題となった。国軍のなかに壮兵と徴兵が混在する状況は、明治16年まで続いたが、徴兵が増えるにつれて統制も強化されていった。

西南戦争後の明治11年2月から5月にかけて、西周は「兵家徳

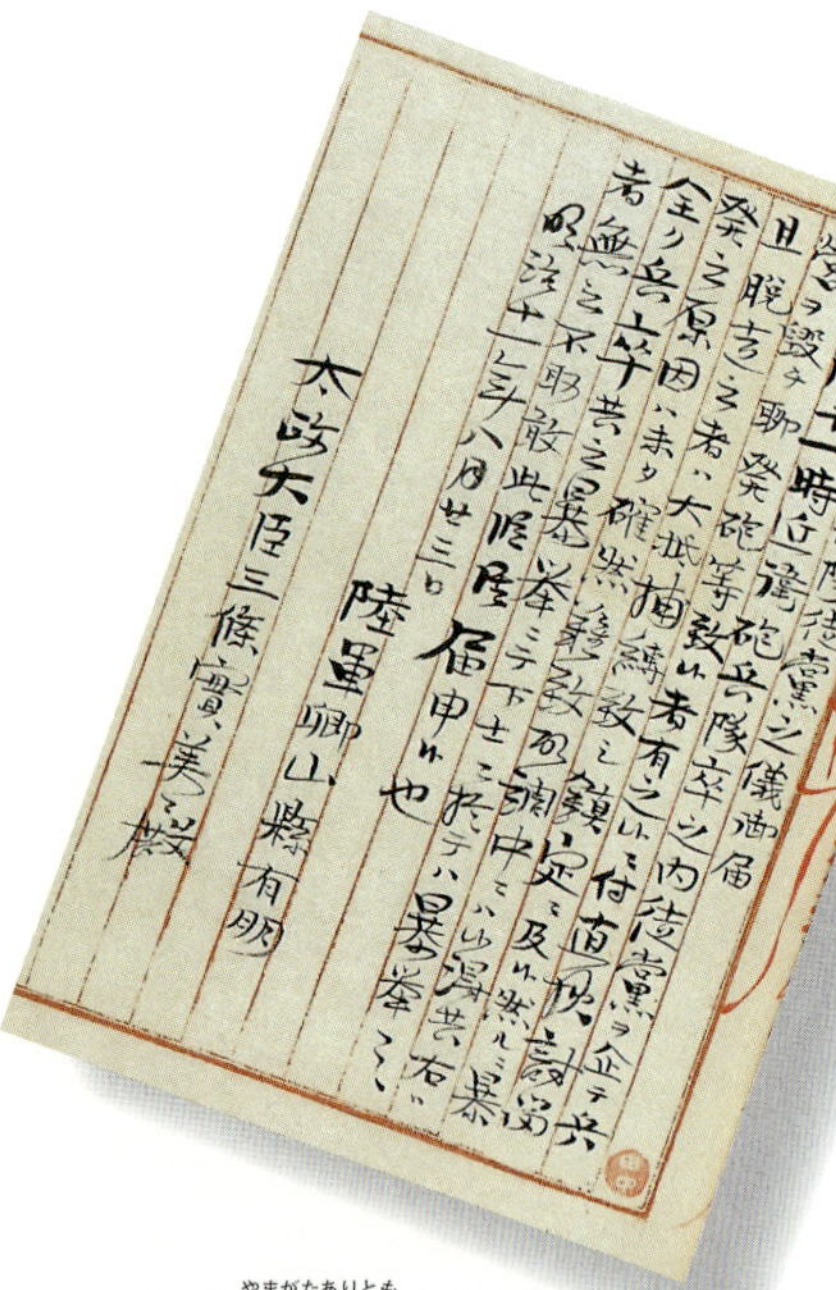

⬆**陸軍卿山県有朋の事件報告書**　近衛兵の暴動事件は、軍当局に大きな衝撃を与え、厳格な軍紀を早急に確立する必要を痛感させた。

⬆**宇都宮茂敏少佐**（A）**と深沢巳吉大尉**（B）　竹橋事件当日、暴動を制止しようとしたふたりの士官は、近衛砲兵営のなかで殉職した。

⬇**竹橋練兵場における近衛歩兵の訓練**　近衛歩兵の一部も暴動計画に関与していたが、部隊としては竹橋事件に呼応せず、むしろ事件鎮圧の主力となった。

4

↑『近衛砲兵暴発録之画』 事件後ほどなくして発売された錦絵。芝居絵的な内容で、写実性はほとんどないが、大きな話題となったことがわかる。（小林清親画）

行」と題する講演を行ない、兵士の「節制（規則と操練）」を強化するとともに、将校の「徳行」を高めて〈衆心を維持し、能く衆力を合して強勢を発せしむる〉ことの必要を説いていた。

次いで軍当局は、竹橋事件後の明治11年10月12日、「軍人訓誡」を発して軍紀の徹底を図った。そのなかでは、当時の軍の実情を〈外見の強壮既に緒に就くも、内部の精神未だ充実を見ざるなり〉とし、「軍人ノ精神」を確立するため、「忠実・勇敢・服従」の徹底が強調されていた。

さらに明治15年1月4日、「軍人勅諭」が発布され、「忠節・礼儀・武勇・信義・質素」の五か条からなる軍人精神が示された。また軍人を「股肱」と位置づけて、大元帥としての天皇がこれを親しく率いることの意義が説かれ、後代に至る日本陸海軍の軍紀の基調が成立した。

（淺川道夫）

佐々木克著『日本の歴史⑰　日本近代の出発』1992年より

↑処刑兵士の出身地　近衛兵の兵役は5年間で、各地の鎮台から選抜された徴兵には、鎮台の在営期間にこれが加算されて、大きな負担となった（鎮台兵のままなら3年で除隊）。竹橋事件に参加した兵士には、西南戦争終結後に近衛へ入隊した徴兵も多く、過重な兵役に対する不満が事件の動機のひとつになった。

5

↑『軍人勅諭下賜』　明治15年1月4日、天皇は陸海軍の軍人に対して勅諭を発し、天皇親率・政治不干与・軍人精神確立といった、軍紀の根幹を明らかにした。

6

←『勅諭奉読ニ就テノ注意』　軍人勅諭は、唯一のふりがなつき勅諭であったが、このふりがなは、古典的な読み方を基調としており、正確に音読することが難しかった。軍当局は勅諭の読み方を解説し、奉読にあたっての注意を促している。

▶西南戦争（p156）

拡充される陸軍

鎮台にかわって機能的、近代的な師団が編制された

日本における近代的な軍隊の建設は、制度面では、まず西洋の軍制を貪欲に摂取して進められた。

●ドイツの軍制を見習う

明治3年（一八七〇）の兵部省布告により、陸軍はフランス式に統一されることになった。明治6年に制定された徴兵令にも、フランスの徴兵法が色濃く反映されている。それが変化するきっかけとなったのが西南戦争であった。

西南戦争後、軍を効率よく統帥するため、軍令が軍政から独立することとなった。当時このような二元主義をとっていたのはドイツであった。新興国家でありながら普仏戦争にも勝利したドイツの軍事システムは、さまざまな点で合理的で、日本でも見習うべきであると判断された。こうして、明治18年、ドイツ陸軍少佐メッケルが陸軍大学校教官として来日し、軍制改革が本格化していった。

また、西南戦争をはじめとする一連の反政府暴動の終結は、軍隊のありようを大きく転換させた。明治4年4月の石巻・小倉の二鎮台設置以来、軍隊は内乱の鎮圧を第一の目的としていた。しかしその必要性が消滅していくと、国の独立の維持という国家的課題が改めてクローズアップされてきた。軍制においても、外線防御の観点から、より効率的な編制として、明治21年、師団制が導入された。

師団は諸兵連合の建制（常備部隊で、独自に作戦を遂行できる戦略単位である。師団への改編にあたっては、それを構成する全兵種を戦術単位以上の編制とし、鎮台制では未整備だった工兵・輜重兵の拡充が行なわれた。とくに師団独自の兵站部として輜重兵の整備が進められたので、軍の機動力は飛躍的に向上した。これにより、拠点の防御を主眼とした鎮台制に比べると、より広範囲にわたる兵力の展開が可能となった。

師団編制のあと、明治23年には

➡**クレメンス・メッケル** 明治18年（1885）少佐のときに来日し、陸軍大学校教官・参謀本部顧問を務めた。その間、師団制の導入などドイツ式の軍制改革を指導し、日本陸軍の成長に大きく寄与した。

「陸軍定員令」が発布されるなど、陸軍組織の整備は日進月歩であった。このような軍の成長を強く促したものこそ、日に日に高まる日清関係の緊張だったのである。

●国民皆兵の実現に向けて

日本では、国民皆兵に基づく近代軍隊をつくるためには、身分制の解体が最重要の課題であった。明治6年、国民皆兵をうたった徴兵令が制定されたが、当初、官立学校の生徒や代人料を支払った者に対しては免除されるなど、社会的にみて不公平な免役規定も多かった。また財政上、西南戦争あたりまでは毎年一万人程度の壮丁しか徴募されなかった。そのため徴兵による鎮台兵だけでは兵力の点でも限界があったので、士族兵も徴募された。つまり、徴兵令制定のあとも士族兵が重要な位置を占めていたのである。

しかし西南戦争後の軍備拡張によって徴募数が増やされ、しだいに免役規定も縮小していった。徴兵令中の免役規定が全廃され、国民皆兵が名実ともに実現したのは明治22年のことである。

（竹本知行）

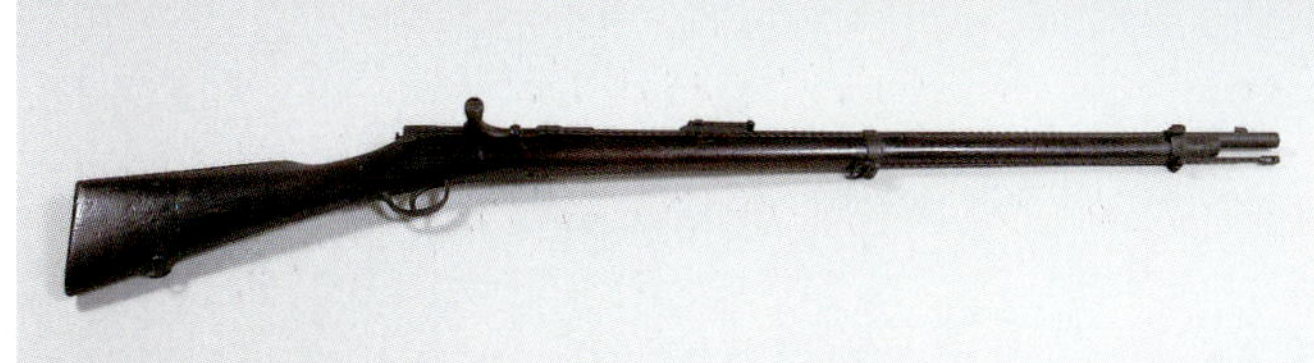

3

4

⬅⬆13年式村田銃　国産兵器の開発は後進国には困難な課題であり、当時、達成基準とされたのは野戦砲と歩兵銃の開発であった。日本では、伊式7センチ砲・13年式村田銃の開発によって、それが明治10年代にはやくも実現したことは特筆に値する。左図は13年式と18年式村田銃を使用した歩兵訓練図。（明治20年）

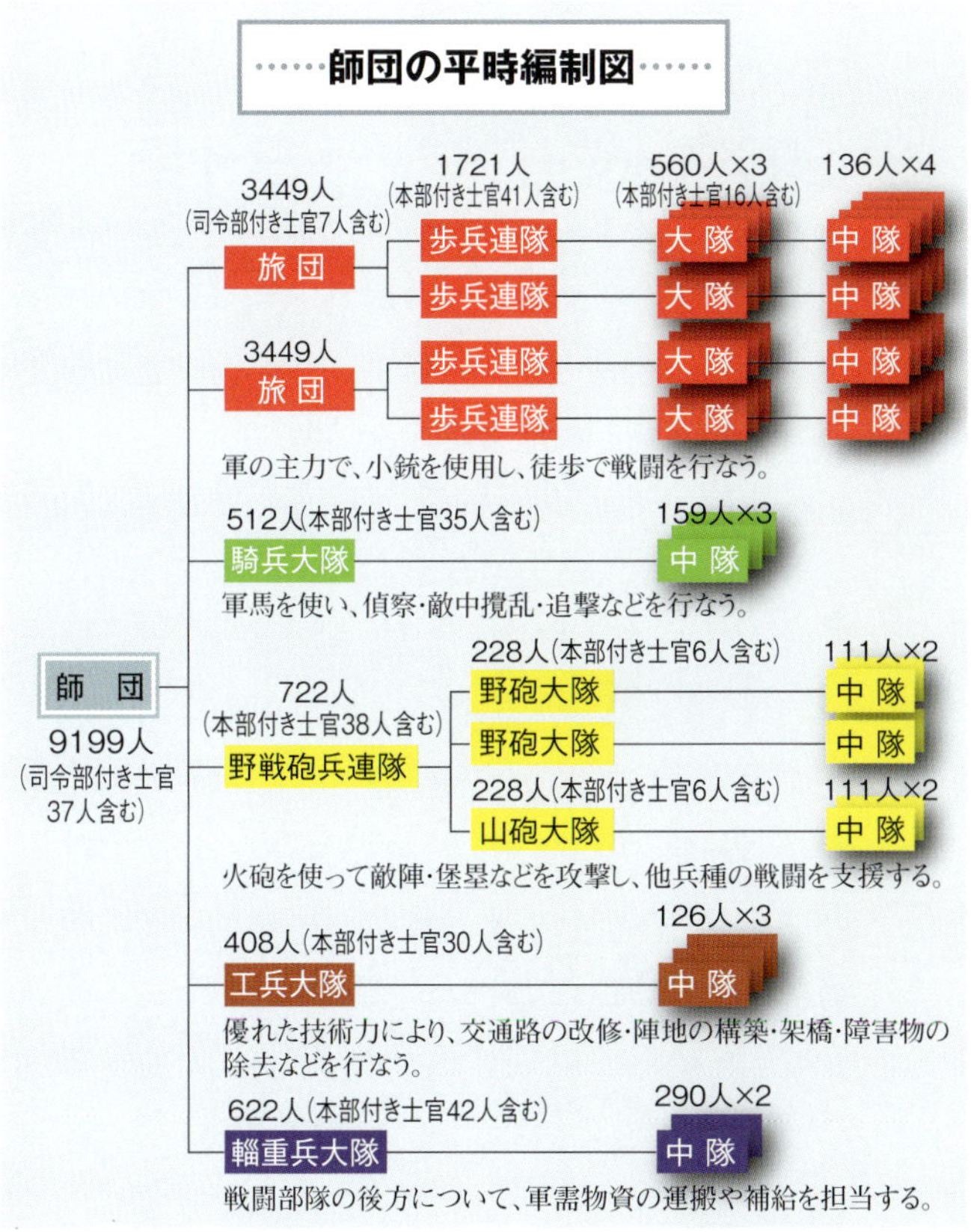

師団の平時編制図

師団　9199人（司令部付き士官37人含む）

- 旅団　3449人（司令部付き士官7人含む）
  - 歩兵連隊　1721人（本部付き士官41人含む）→ 大隊　560人×3（本部付き士官16人含む）→ 中隊　136人×4
  - 歩兵連隊 → 大隊 → 中隊
- 旅団　3449人
  - 歩兵連隊 → 大隊 → 中隊
  - 歩兵連隊 → 大隊 → 中隊

軍の主力で、小銃を使用し、徒歩で戦闘を行なう。

- 騎兵大隊　512人（本部付き士官35人含む）→ 中隊　159人×3

軍馬を使い、偵察・敵中攪乱・追撃などを行なう。

- 野戦砲兵連隊　722人（本部付き士官38人含む）
  - 野砲大隊　228人（本部付き士官6人含む）→ 中隊　111人×2
  - 野砲大隊 → 中隊
  - 山砲大隊　228人（本部付き士官6人含む）→ 中隊　111人×2

火砲を使って敵陣・堡塁などを攻撃し、他兵種の戦闘を支援する。

- 工兵大隊　408人（本部付き士官30人含む）→ 中隊　126人×3

優れた技術力により、交通路の改修・陣地の構築・架橋・障害物の除去などを行なう。

- 輜重兵大隊　622人（本部付き士官42人含む）→ 中隊　290人×2

戦闘部隊の後方について、軍需物資の運搬や補給を担当する。

「陸軍定員令」明治23年より

➡『陸軍式始之図』　天皇が親臨する陸軍始式は、明治5年から行なわれた。この図は明治14年のもので、この年から各国の公使も観兵式を見ることができるようになり、日本の陸軍の水準が欧米並みになりつつあることをアピールした。

⬇陸海軍合同大演習　明治23年、はじめての陸海軍合同の大演習が、明治天皇臨御のもと、愛知県武豊にて挙行された。図に示されているように、演習は敵の本土上陸を想定して行なわれた。

5

▶陸軍の創設（p158）、徴兵制と兵舎建築（p160）

海軍の整備

対清国戦に備え、イギリス式軍備を整えた海軍

⬆海軍創設期の軍艦　新政府の管轄に入った軍艦のほとんどは、旧幕府から接収したものか、藩が献納したものだった。
①**千代田形**　排水量138トンの木造・スクリュー船。慶応2年に日本で最初に建造された蒸気軍艦である。旧幕府から新政府が接収したもの。②**甲鉄艦**　排水量1358トンの木造装甲艦。アメリカ南北戦争時、南部連合がフランスに発注したもので、CSSストーンウォールと命名された。慶応3年に幕府が購入契約を結んだが、戊辰戦争中新政府がこれを収管した。③**孟春**　排水量358トン、鉄骨・木皮造りのスクリュー船。イギリス製で、佐賀藩が新政府に献納したもの。④**龍驤**　排水量2530トン、木製・鉄帯造りのコルベット艦。イギリス製で、熊本藩から新政府に献納された。

明治新政府による海軍の建設は、三職の下に官制を定めたことに始まるが、当初は直轄する艦船はなかった。慶応4年（一八六八）3月26日、大阪の天保山沖で海軍の天覧操練が行なわれたが、これに参加した六隻の艦船は、いずれも藩が所有していたものだった。同年4月、新政府は旧幕府の艦船四隻（観光・富士山・朝陽・翔鶴）を献納させたが、戊辰戦争にあたっては、藩のもつ海軍力に依存するところが大きかった。

●先進的な軍事教育

明治3年（一八七〇）に兵制が布告され、新政府による海軍力の統合は、「諸藩所納の海軍資（現石の四・五％）を以て」進めるという方針が打ち出された。翌明治4年には、軍艦一四隻と輸送船三隻（総トン数一万三八三二トン）を保有するまでになった。

新政府は、幹部の養成に重点を置いて海軍を整備した。日本海軍の士官教育は、明治2年に開設された海軍操練所に始まる。これは海軍兵学寮と名称を変え、イギリスの海軍士官を中心とする外国人教官を雇い入れて、語学・砲術・航海術などの先進的な軍事教育に力を注いだ。

一方、明治6年には、ダグラス中佐以下三四名からなるイギリス海軍の軍事顧問団が来日した。ダグラスは、イギリス式の兵学寮規則を定めるとともに、英語教育を強化して「海軍は英吉利式」とする政府方針の徹底を図った。また機関科の設置や遠洋航海の実習など、教育内容も充実させた。日本海軍のイギリス式伝統は、太平洋戦争まで引き継がれることとなる。

➡大阪・天保山沖の海軍天覧操練　天皇が親閲するはじめての観艦式だったが、所要時間30分ほどの小規模なものであった。薩摩藩の三邦丸、長州藩の華陽丸、佐賀藩の電流丸、熊本藩の万里丸、広島藩の万年丸、久留米藩の千歳丸が参加し、総トン数は2452トンだったといわれる。

⬆横須賀造船所（上図の中央）**と軍艦「清輝」**（右上）　横須賀造船所は、旧幕府の遺産を引き継ぎ、新政府の官営工場として明治４年頃に施設が整った。「清輝」は、フランス人技師ヴェルニーの設計により、ここで建造された、総トン数898トンの軍艦である。

日清開戦への準備

海軍の軍備には、軍艦をはじめ艦船の整備が不可欠だが、明治初期の日本の造船技術では、十分対応できなかった。当時の財政状況からも、年に一艦を建造するのがやっとだった。明治9年竣工の「清輝」は、こうした時代の国産艦で、神奈川の横須賀造船所でつくられた。新政府は明治8年、イギリスに三隻の軍艦を発注し、明治11年、扶桑・金剛・比叡が竣工、回航された。

明治16年には、清国に対する軍備拡充のため海軍力の整備が開始され、軍艦の建造・輸入が盛んになった。当時清国側は、艦艇数・総トン数とも優位にあり、とくに定遠・鎮遠（排水量七二二〇トン）という大型艦が日本への脅威となっていた。日本海軍は、招聘したイギリス海軍イングルス大佐の提言を入れ、単縦陣を用いた肉迫速射戦法でこれに対抗する方針をとった。その結果、日本海軍は、艦艇速力の優位と、新型の中口径速射砲（主力はイギリスのアームストロング社製速射砲）の装備充実に重点を置いた。

日清戦争開戦までに、日本海軍の兵力量は軍艦二八隻・水雷艇二四隻（合計排水量五万九一〇七トン）に達した。その主力となったのは、松島・橋立・厳島といった三景艦と吉野・高千穂・浪速・秋津洲などの新鋭艦で、均斉のとれた艦隊を編制することができた。（浅川道夫）

⬅⬇海軍兵学寮の校舎とダグラス中佐　海軍操練所は、明治２年２月に旧広島藩邸跡地に建設され、翌３年11月、海軍兵学寮と改称された。海軍兵学寮の教師は、その半数が旧幕臣で、オランダ式の要素がまだ相当残っていた。ダグラス顧問団が来日したのは明治６年で、これ以後、海軍兵学寮の教育はイギリス式に統一されてゆく。

⬆吉野　イギリスに発注された32.5ノットの速力をもつ巡洋艦で、日清戦争当時は世界最速といわれた。黄海海戦では、第１遊撃隊の旗艦として活躍。備砲は安式15㎝速射砲４門・同12㎝速射砲８門。これらアームストロング社製の速射砲は、毎分３発の発射速度を有し、90秒に１発程度の発射速度しかもたない清国側の火力を圧倒した。

▶周到な開戦準備（p320）

靖国神社

殉難者を合祀した靖国神社は東京の名所でもあった

招魂社
高壹萬石
為祭資永世被
宛行候事
明治二年己巳八月廿二日

➡東京招魂社への沙汰書　太政官から祭祀料として1万石を下付されたが、国庫窮乏の折、当分の間5000石の返上を願い出ている。

⬇東京招魂社　仮本殿と拝殿は明治2年6月27日竣工。

慶応4年（一八六八）5月10日、太政官は「癸丑以来、唱義精忠天下ニ魁シテ国事ニ斃レ候藩士及ビ草莽有志」に、戊辰戦争の戦死者を加えた霊を祭祀するための社建立を布告した。この沙汰を受けて、京都・東山の霊山に招魂場が建設されることとなったが、ここは文久2年（一八六二）以来、志士の墳墓の地として、多くの招魂墓碑が建てられてきたところでもあった。

●各地に招魂場ができた

霊山に招魂場を建てたのは、山口・福岡・高知・熊本・鳥取・久留米の各藩と京都府で、祭祀は合同祭のかたちで行なわれていた。ちなみに薩摩藩は霊山に招魂場を設けておらず、京都の東福寺即宗院墓地に「東征戦亡之碑」を建て、そこで祭祀を行なった。支藩の佐土原藩も同様で、京都の大雲院に招魂碑を建立していた。

また諸藩でも、戊辰戦争の戦死者を藩地で祀ったり、藩設の招魂場を建立するところが多くあった。これらはのちに官祭招魂社となり、さらに各県の護国神社へと発展してゆく。

●東京招魂社として建立

明治2年（一八六九）3月に東京への遷都が行なわれると、新たに東京招魂社を建設することが発議された。軍務官知事仁和寺宮嘉彰親王は、大村益次郎らに社地の選定を命じ、九段坂上三番町の旧幕府歩兵屯所跡に決定した。同年6月、仮本殿と拝殿が竣工すると、戊辰戦争戦没者の招魂式が実施され、三五八八柱の第一回合祀が行なわれた。

次いで8月22日には、祭祀のため、永世高一万石が太政官より付せられ、11月23日には社司として、駿州赤心隊・遠州報国隊の隊士六

⬆駿州赤心隊の碑　浅間大社の神職、富士赤八郎を中心にした赤心隊は、有栖川宮に従って東征に参加。東京招魂社創設の際、赤心・報国両隊士が祭事を預かり、最初の社司となる。（静岡県富士宮市浅間大社）

➡京都・東山霊山の山口藩・京都府招魂場　慶応4年（1868）の太政官布告に基づいて建てられた。祭神のほとんどは、靖国神社へも合祀されている。

5 ⬆『東京名所之内九段坂靖国神社境内一覧之図』　靖国神社の境内を、市民は自由に参詣することができた。庭園には噴水などもあり、散策を楽しめる公園といった趣があった。（梅寿國利、明治 14 年）

二名を採用した。こうして戦役で亡くなった英霊を弔うという招魂社の基本的な体制が整い、靖国神社に改称されるまでの間に、佐賀の乱、征台の役、神風連・秋月・萩の乱、西南戦争、竹橋事件などにまつわる戦没者が合祀された。

●靖国神社へと改称

明治12年6月4日、東京招魂社は社号を靖国神社と改め、別格官幣社に列せられた。同時に、祭典も神社祭式に準拠し、神道の祭祀形式を整えてゆくことになる。

他方、明治8年に太政官が布告した「癸丑以来、殉難死節之霊、東京招魂社へ合祀」の方針に基づき、明治12年から、靖国神社への諸藩殉難者の合祀が開始された。この合祀は明治33年まで続き、吉田松陰や坂本龍馬といった幕末の志士も、靖国神社の祭神となった。

その一方、春秋の例大祭には、境内で競馬や相撲などが大々的に催され、参詣する人々に娯楽を提供した。

さらに明治15年（一八八二）、西洋建築の遊就館が開館し、祭神の遺品や古今の武器などを展示する博物館となった。こうして明治10年代を通じて、靖国神社は広く市民一般に親しまれる東京の名所となったのである。

（浅川道夫）

6

⬆『九段馬かけ』　招魂社例大祭の競馬は、陸軍省主催の日本最初の近代的な競馬競技会であった。（小林清親、明治 10 年）

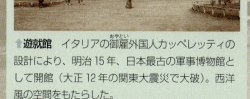

8 ⬆遊就館　イタリアの御雇外国人カッペレッティの設計により、明治 15 年、日本最古の軍事博物館として開館（大正 12 年の関東大震災で大破）。西洋風の空間をもたらした。

7 ⬅東京招魂社での洋式礼拝　「ヂヌワ、テール」の号令で、右足を後ろに引き、膝を地につけて捧げ銃をし、右手で挙手の礼をした。これは、靖国神社への社号変更後、神社祭礼の形式が整うとともに廃止された。

不平等条約の争点

条約改正の取り引き材料となった内地雑居

安政5年（一八五八）6月、江戸幕府が結んだ日米修好通商条約は、その後の不平等条約の出発点となった。なぜならば、この条約で、領事裁判権と協定関税が決められたからである。

領事裁判権により、アメリカ人が起こした刑事・民事事件は、日本ではなく、アメリカ本国の法によって裁かれ、協定関税により、日本側は関税自主権を喪失した。アメリカとの条約締結後、オランダ、ロシア、イギリス、フランスと修好通商条約が結ばれたが、これらも、領事裁判権と協定関税が存在する不平等条約であった。

また、横浜、神戸などには居留地が設けられ、そこは日本の主権が十分には及ばない、国内における「外国」といえる区域となった。

●条約改正が国家目標に

幕府が倒れ、新たに誕生した明治政府は、「万国対峙（たいじ）」を掲げ、不平等条約の改正を国家目標とした。政府は当初、領事裁判権の撤去よりも関税自主権の回復に力を注いだ。財政難に苦しむ明治政府にとって、関税自主権の回復は単なる外交問題というだけでなく、逼迫（ひっぱく）する財政の改善問題とも関連する政治課題であった。

しかし、関税自主権回復への道は険しかった。当時、欧米諸国では、歳入全体に対する関税の割合が数十%と、高い位置を占めていたからである。そこで、明治政府は、難攻不落の関税自主権回復よりも、実現性の高い領事裁判権の撤去を優先させることとした。

●独立国の体面をかける

寺島宗則（てらじまむねのり）*にかわって外務卿に就任した井上馨（いのうえかおる）が中心となって、明治15年（一八八二）には内地開放*が閣議決定された。これ以後、明治政府は、欧米列国との条約改正に対し、欧米人の内地雑居を認める代償として、各国に領事裁判権の撤去を求めるという方針を踏襲していくことになる。

一方、民間でも、明治10年代後半になると、民権派・国権派を問わず、条約改正を求める声が高まった。民間の輿論（よろん）も、関税自主権の回復よりも領事裁判権の撤去を求める声が強かった。政府・民間を問わず、当時の日本人にとって、領事裁判権の存在は独立国の体面を汚すものとして認めがたく、かつ芽生えつつあったナショナリズムを大いに傷つけた。

国内で不平等条約の改正の争点となったのは、領事裁判権の撤去を実現させるための手段であった。条約改正の困難さを熟知しているがゆえに、明治政府は、井上およびその後の大隈重信（おおくましげのぶ）の条約改正交

➡『横浜周辺外国人遊歩区域図』 朱線の枠内が外国人の遊歩区域。区域外に出かける際には内地旅行免状が必携であった。日本国内を自由に通行できる内地開放は、外国人の念願だった。

➡横浜税関　日本最大の貿易港、横浜の玄関口。幕末設立の神奈川運上所が発祥で、明治4年に横浜運上所、同6年に横浜税関と改称された。写真の庁舎は明治18年建設。

＊寺島宗則　薩摩出身。外務卿。アメリカとの条約改正交渉で税権の一部回復に成功したが、イギリスなどの反対で失敗に終わった。後任は井上馨。

＊内地開放　外国人に日本を開放し、居留地外居住・移動の自由・土地所有などを認めること。「内地雑居」も同義。

3

⬆3代歌川広重（うたがわひろしげ）『横浜海岸通之図』　明治初めごろの横浜港波止場の様子がうかがえる。中央の建物は運上所の上屋（うわや）で、ここで陸揚げされた輸入貨物の検査が行なわれた。絵図の左側は山下（関内（かんない））居留地で、そこには中国人も多数居住していた。全居留地の合計でも、明治期を通していちばん多い在留外国人は中国人だった。

4

⬅製茶見本検査　当時の日本の、主要な輸出品のひとつはお茶だった。ここでは、茶の秤量（ひょうりょう）検査と品質検査を行なっているところ。

渉の際には、領事裁判権撤去の取り引き材料として、外国人法官の任用および内地雑居問題を用いた。

しかし、輿論の大勢は、欧米人への内地開放は新興国日本の経済的、文化的危機を招きかねないとして、強硬に反対した。そして議会開設後は、内地雑居を取り引き材料とする外交手法をめぐる対立に加えて、内地雑居の得失をめぐる議論が、新たな対立点として浮上したのである。（小宮一夫）

日本の輸出入額

(万円)
9,000
8,000
7,000
6,000
5,000
4,000
3,000
2,000
1,000

輸出
輸入

明治5　10　15　20　25（年）

日本の輸出入品構成

明治21年輸出品（%）

6571万円
生糸類 44
米 11
茶類 9
銅類 5
石炭 5
その他 26

明治21年輸入品（%）

6546万円
糸類 25
砂糖 11
毛織物 9
綿織物 7
油類 6
機械類 5
その他 37

『横浜市史資料編第2』より

⬆輸出入の推移　明治前半の日本の主要な輸出品は、生糸や米・茶といった1次産品に限られ、糸類のほか、繊維製品や機械類も大部分を輸入に頼っていた。輸出入額は、明治15年から20年代なかばまで、輸出が輸入を上まわる。

5

⬆赤煉瓦倉庫（あかれんが）　幕末に開かれた横浜港は、施設が貧弱で港とは名ばかりであった。そのため本格的築港は、明治になっても懸案のままだった。第1次築港工事は明治22年から始まり、29年に竣工したが、整備はその後も続いた。現在に残る新港埠頭は明治32年から築造が始まった。写真の赤煉瓦倉庫もそのときのもので、埠頭に現存し、当時の面影をしのばせている。

▶条約改正にかけた男たち(p298)、戦後不況と産業の動向(p514)

スーパー大図解 条約改正を阻んだもの

井上外交

井上馨、外務卿に　明治12年

伊藤博文・井上馨ら、大隈重信を政界から追放（明治十四年の政変）　明治14年

明治15年　条約改正予備会議開始

明治18年　初の内閣、伊藤内閣成立。井上馨、初代外相に

明治19年　5月　条約改正会議始まる

10月　ノルマントン号事件

明治20年　4月　英独案、修正のうえ議定

4月〜　法律顧問ボアソナードら改正案に反対。農商相の谷干城、抗議の辞職

7月　条約改正交渉無期限延期を決定

9月　井上馨、外相辞任

12月　保安条例

明治政府にとって、条約改正の実現は憲法制定と並ぶ国家的課題であった。しかし、条約改正への道のりは険しく、改正交渉は何度も頓挫した。憲法制定の前後の時期をみても、明治20年（一八八七）には井上馨外相、同22年には大隈重信外相によって推し進められた条約改正交渉が、ともに中止に追い込まれている。

どちらの場合も、交渉中止の原因は対外要因ではなく、国内要因に求められる。すなわち、諸外国との交渉ではほぼ合意に達していながら、国内の反対によって交渉を頓挫させられたという点が共通している。

反対派の代表は、在野の国権派や自由民権派だった。彼らは、領事裁判権撤去の取り引き材料として、内地雑居と外国人の裁判に外国人法官の任用を認める政府の改正案は、独立国家である日本の国権を損なうと猛反発した。さらに政府内にも反対派が存在し、彼らは在野の国権派や民権派とも手を結ぶことをいとわなかったので、条約改正をめぐる政治対立は複雑な様相を見せた。

井上・大隈は、欧米列国との合意とりつけには神経を注いだが、国内の反対派勢力の猛反発を過小評価し、その抑え込みに失敗した。その結果、井上は交渉中止という失意のなかで、大隈は条約改正を強引に進めようとしたがテロによる負傷で、外相を辞任した。ふたりは、ともに条約改正実現という悲願達成の美酒を味わうことができなかったのである。（小宮一夫）

➡**ボアソナード**　政府の法律顧問だったが、井上馨外相の条約改正案に反対の意見書を提出した。それを井上毅がひそかに民間に漏らすと、国権派・民権派ともに反対論を高騰させた。

外相交代と反対派　井上馨条約改正案に対しては、旧自由党系と改進党がともに反対したが、大隈改正案のときは、旧自由党が反対したのに対し、改進党は、党首辞任後も水面下で結びつきのある大隈が外相であったため、賛成の立場をとった。政府内では、井上馨改正案には国権派の谷干城や井上毅が反対し、大隈改正案には、大隈と改進党の勢力増強に対する危惧から旧自由党系の後藤象二郎が反対するなど、政府内の足並みもそろわなかった。

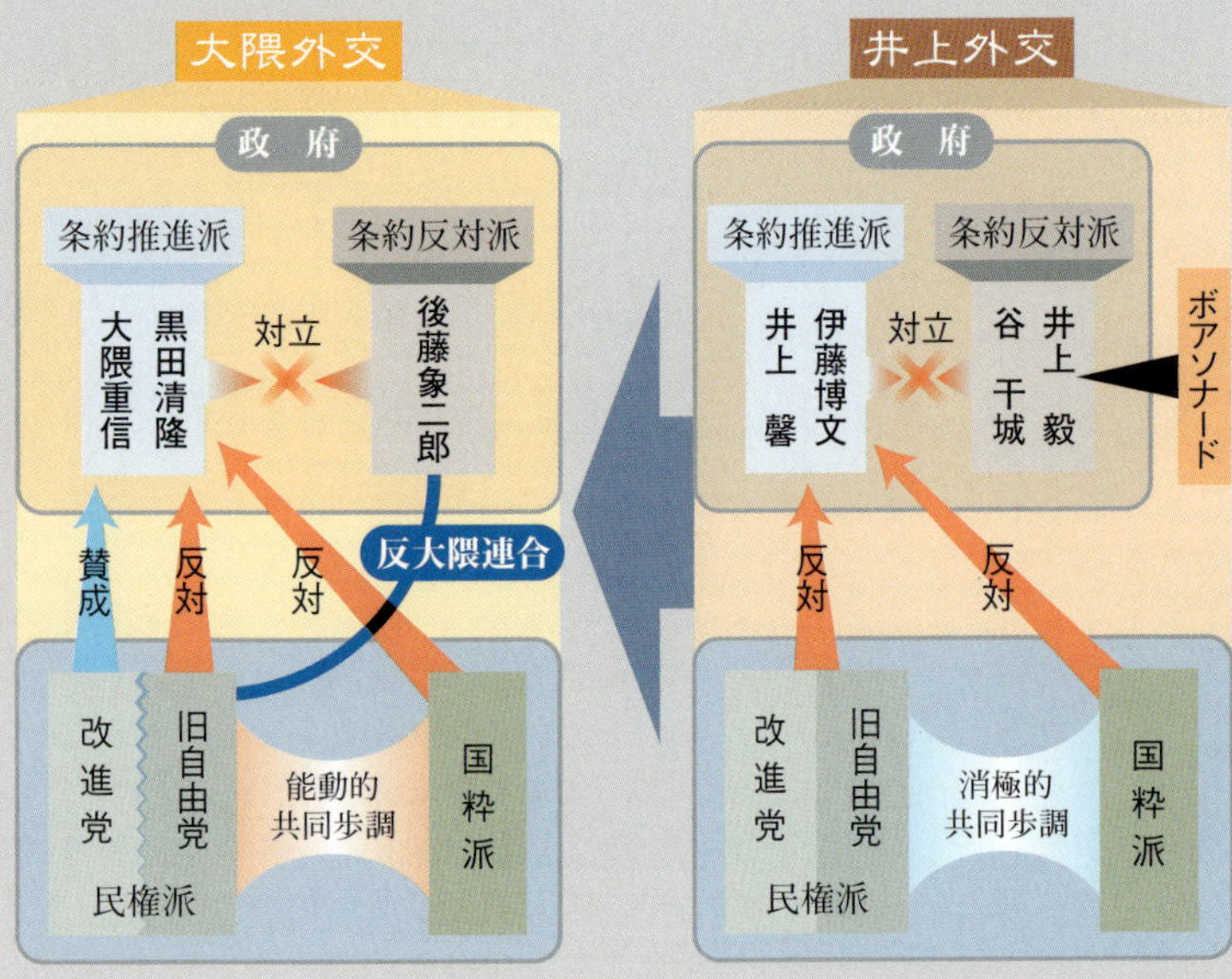

↑ノルマントン号事件　明治19年、紀州沖で貨物船ノルマントン号が沈没した際、日本人乗客25名は船に取り残され、全員が死亡した。しかし、日本人乗客を見殺しにしたイギリス人船長は、領事裁判の結果、無罪となった。この事件は日本人に不平等条約の悲哀を痛感させ、領事裁判権撤廃を望む輿論は日増しに強まっていった。

↓条約改正をめぐる論戦　大隈条約改正案をめぐる新聞・雑誌の論戦の熱度を表にした明治22年の『絵入自由新聞』。大隈案非難の「攻撃論」が『東雲新聞』など旧自由党系の新聞・雑誌や『日本人』など国権派の新聞・雑誌で、大隈案擁護の「弁護論」の『報知新聞』など改進党系の新聞は、輿論の猛反発のなか擁護の論理構築に苦心した。

大隈外交

明治21年　2月　大隈、外相就任

4月　黒田清隆内閣成立、大隈外相留任

11月　新通商条約案を各国に通告

明治22年　4月　条約改正案、『ロンドンタイムズ』に掲載。反対輿論起こる

10月　大隈、玄洋社の来島恒喜に襲われ負傷

12月　条約改正交渉無期限延期を決定

●新聞雜誌條約改正論の熱度　昨日の日本に局外生とかの投稿たる條約改正論の熱度表をかゝげぬ即ち左の如し

	攻撃論者	辯護論者
沸騰點	東京公論　東雲新聞	報知新聞
熱暑	政論　繪入自由新聞　關西日報　保守新論	朝野新聞　毎日新聞　改進新聞　讀賣新聞
温暖	東京新報　朝日新聞　日本人	經濟雜誌　憲法新誌
中和	時事新報　中外電報	理財雜誌　國民之友　自治新誌
番外	氷點　日々新聞　大坂毎日新聞	

又日本を以て沸騰の極を出でたるものなりとなせり此評の當否は予輩固より之を知ること能はず將た我自由新聞の熱度果して適當なるや否やは讀者の判斷に任せん

↑来島恒喜墓前の玄洋社社員　国権派の政治団体、玄洋社社員の来島は、明治22年10月、大隈条約改正交渉を中止に追い込むため、単身で大隈を襲撃し、その後自刃した。写真は、来島の追悼会終了後、玄洋社の社員が墓参した際のもの。墓碑正面の白ひげの老人が、中心人物の頭山満。

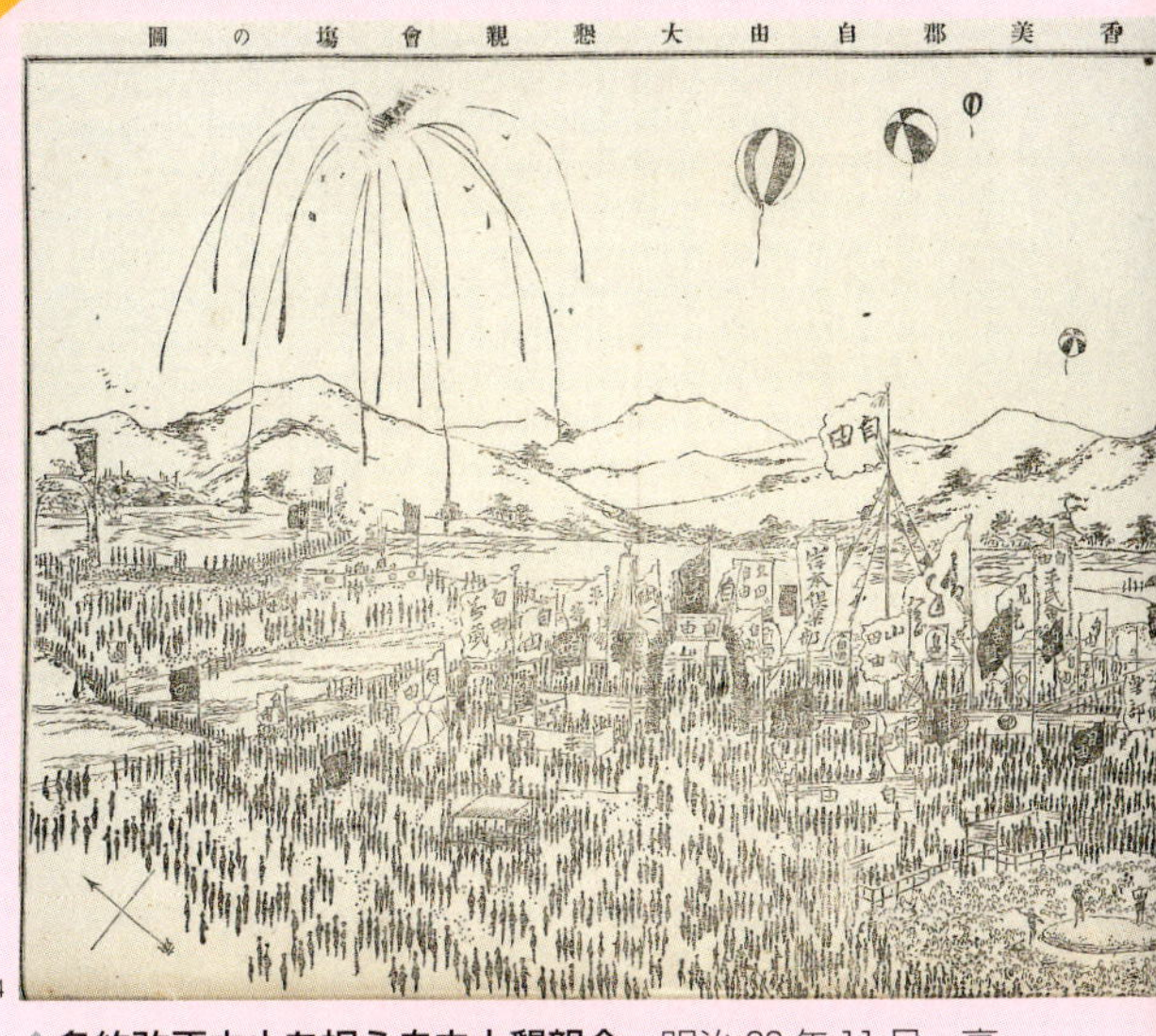

↑条約改正中止を祝う自由大懇親会　明治22年11月、高知県香美郡では、大隈外相の条約改正交渉が中止となったことを祝って、旧自由党系の人々による大懇親会が開かれた。

欧化の象徴・鹿鳴館

国民に理解されなかった井上馨の真意

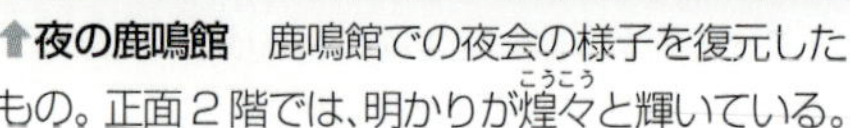

⬆**夜の鹿鳴館**　鹿鳴館での夜会の様子を復元したもの。正面2階では、明かりが煌々と輝いている。

明治16年（一八八三）11月28日、首都東京に、約二年の歳月と総工事費一八万余円をかけて建設された、外国人接待所の落成式が挙行された。政府の御雇建築家コンドルの設計によるこの西洋式建築物が、世に名高い鹿鳴館である。

●欧米式の社交を学ぶ

鹿鳴館では、連日のように夜会や舞踏会、演奏会、バザーが開催された。鹿鳴館は、文明開化に突き進む明治政府の要職者や旧大名家・旧公家の華族らが、在日公使館の欧米外交官らと欧米式の社交を実地に学ぶ社交場であった。そして、社交を通して、欧米の風俗や文化、精神を学ぶことが期待されていた。

鹿鳴館建設の推進者であった外務卿井上馨にとって、鹿鳴館で繰り広げられる夜会や舞踏会は、条約改正事業の一環と位置づけられていた。なぜならば、当時の西欧では、「外交」と「社交」が深く結びついていたからだ。すなわち「社交」を通してお互いを知り、信頼関係を構築していくことは、円滑な外交交渉を行なううえで必要不可欠とされていたのである。

また、臨時建築局＊総裁を兼任していた井上は、副総裁を兼任する警視総監の三島通庸らと、鹿鳴館の周辺に官庁街を建設することを構想した。井上らは、首都東京の一画に、欧米の主要都市に引けをとらない煉瓦街が現出することを夢見たのである。

●国民から怨嗟の視線が

しかし、外交の世界における社交の重要性や、鹿鳴館が首都東京の都市計画の一環であるということは、当時の庶民には理解しがたいものであった。その点は国権派や民権派も同様である。彼らは鹿鳴館を、明治政府が推し進める軽薄で浮わついた欧化政策の象徴と

＊**臨時建築局**　井上馨外相の提案に基づき、明治19年2月内閣に新設された、官庁舎および議事堂の建設を担当する機関。西洋式建築による大規模な官庁街建設をめざしたが、総裁の井上が翌年9月に辞職し、欧化政策が挫折すると、同局の勢力は衰え、23年3月廃局となった。

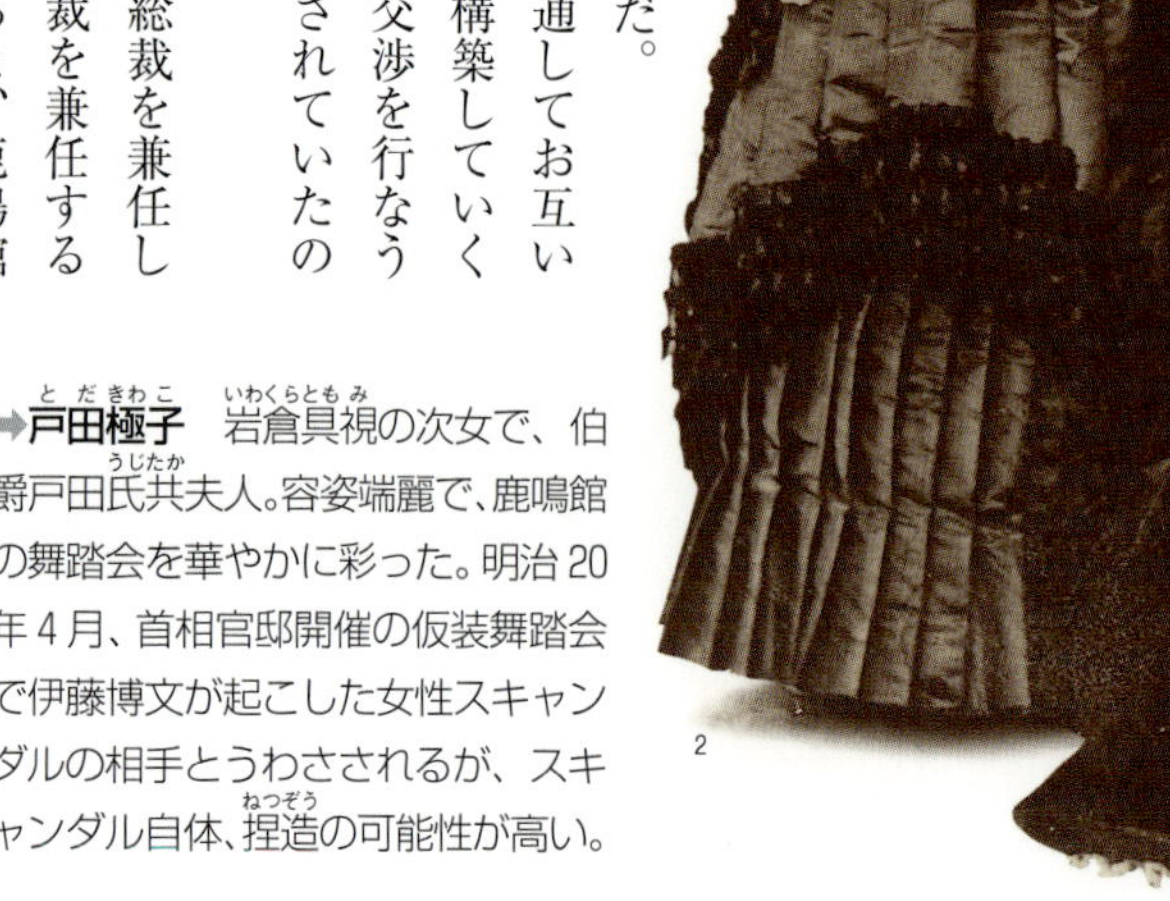

➡**戸田極子**　岩倉具視の次女で、伯爵戸田氏共夫人。容姿端麗で、鹿鳴館の舞踏会を華やかに彩った。明治20年4月、首相官邸開催の仮装舞踏会で伊藤博文が起こした女性スキャンダルの相手とうわさされるが、スキャンダル自体、捏造の可能性が高い。

↑**鍋島直大** 侯爵。旧佐賀藩主で、明治維新後、イギリス留学を経てイタリア公使を務める。帰国後は、宮内省式部長官などを歴任した。海外生活が長く、鹿鳴館開館当初は、ダンスのできる数少ない貴賓として重宝された。

↑**舞踏会の夕べ** 正装の紳士・淑女が鹿鳴館でダンスを踊る様子を描いたもの。鹿鳴館では夜ごと、こうした夜会が開かれた。

↑**舞踏会の実情** 女性の踊り手不足のため動員された芸者が、ダンスの練習の合間に喫煙する様子を描いたビゴーの風刺画。ビゴーは鹿鳴館外交に批判的だった。

とらえていた。鹿鳴館で繰り広げられたさまざまな社交は、国民多数の目には、欧米列強に媚びる政府による貴重な国費の浪費としかみえなかったのである。

こうしたこともあって、鹿鳴館には、江戸時代末期と生活水準が変わらない貧しい国民から怨嗟の視線が向けられた。また、国権派や民権派は、井上馨や井上の盟友伊藤博文が推し進める欧化政策・鹿鳴館外交を、国民から乖離したものとして批判し、その軌道修正を強く求めたのである。

欧化政策の象徴であった鹿鳴館の存在意義は、井上の条約改正が失敗に終わると急速に色あせた。その後、鹿鳴館は、明治23年に外務省から宮内省へ移管され、同27年には華族会館*へ払い下げられるという運命をひっそりとたどったのである。（小宮一夫）

＊**華族会館** 華族の親睦などを目的として、明治7年創立。一時期鹿鳴館の払い下げを受け使用するが、のちに移転。鹿鳴館は昭和15年に解体される。

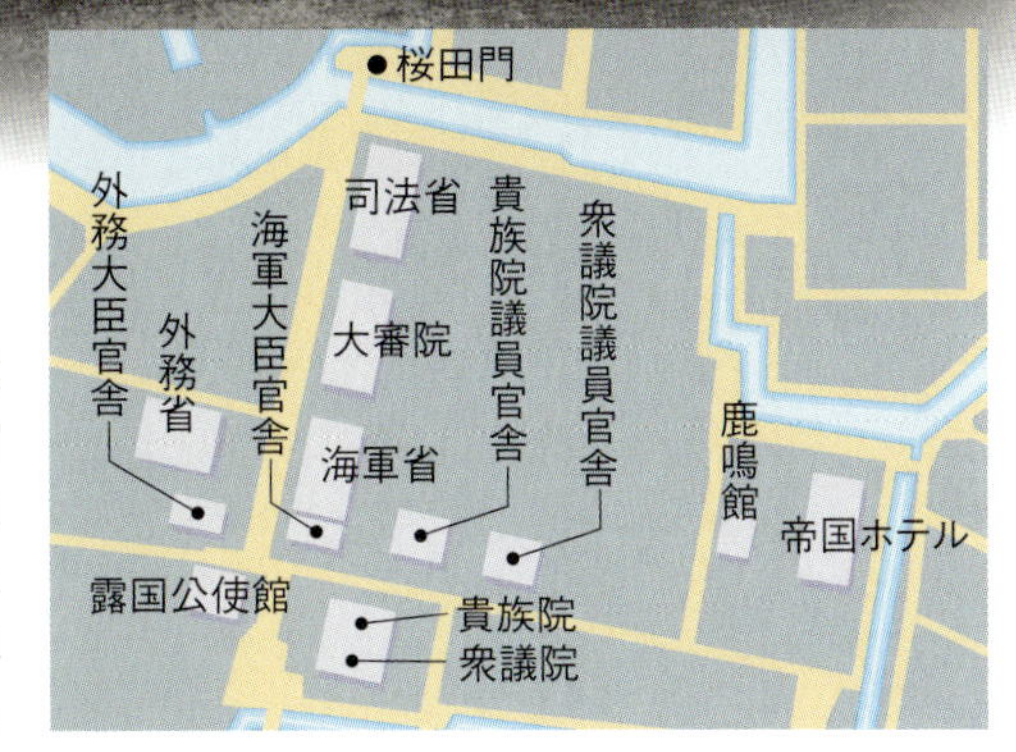

↑➡**井上馨の官庁街計画**
井上は外相と同時に臨時建築局総裁も辞任し、その官庁街計画も中止される。ただ、すでに着工されていた司法省と大審院は竣工された。上の写真は司法省庁舎。

▶コンドル(p258)、首都改造の夢(p260)

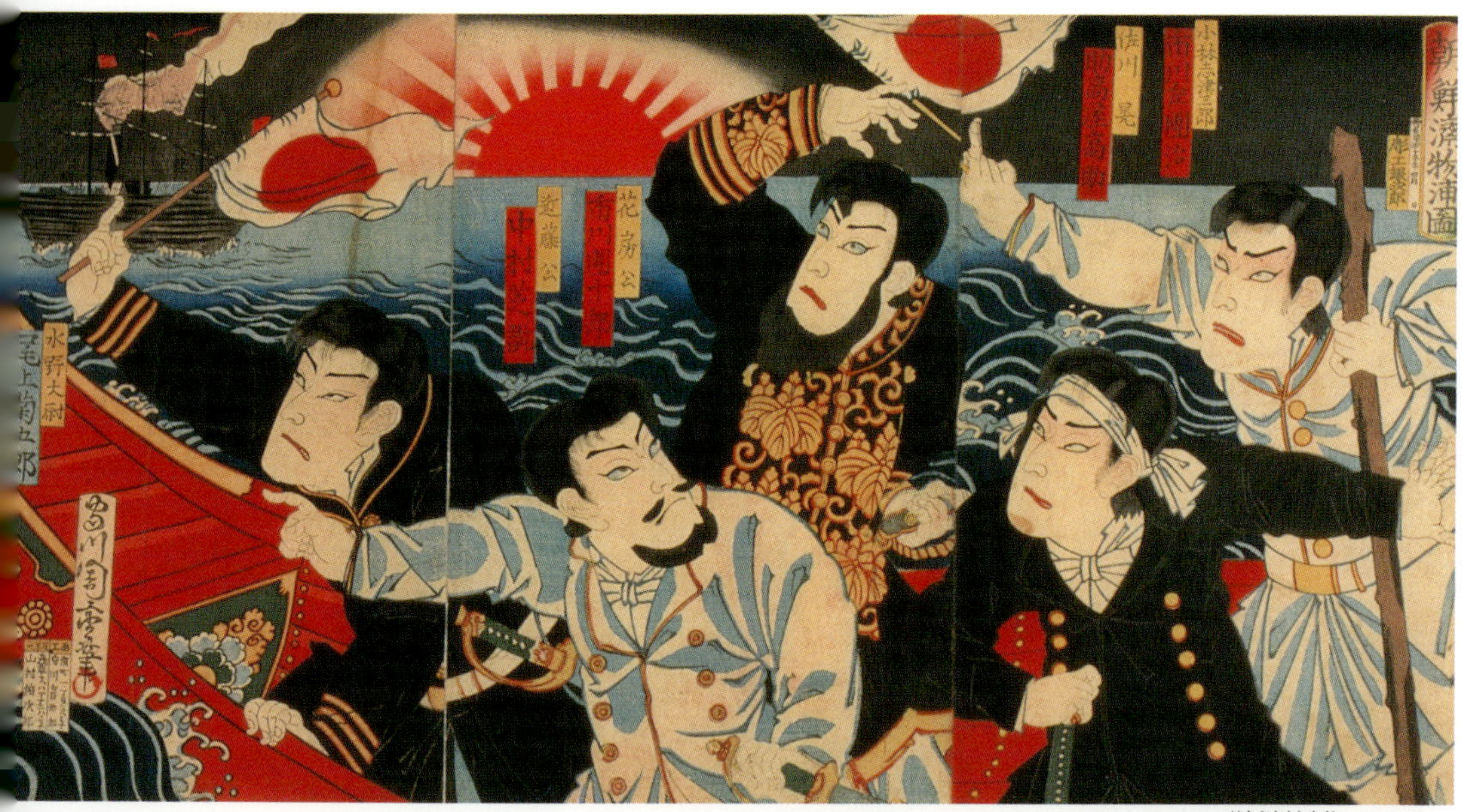
朝鮮済物浦図
花房公
水野大尉

⬆**壬午事変**　日本公使館を襲撃された花房義質(はなぶさよしただ)公使らは、漢城から仁川(インチョン)に逃れ、そこからイギリスの測量船で長崎に帰国した。壬午事変は、民間のナショナリズムを呼び起こし、事変を題材とする書籍の出版や芝居の上映がなされた。図は歌川周重(うたがわちかしげ)『朝鮮済物浦図』（明治15年）。

朝鮮をめぐる動き

日本にとって死活問題だった朝鮮の独立

近代以前の東アジアには、冊封(さくほう)体制と呼ばれる中国を中心とする国際秩序が存在した。冊封とは、中国の皇帝が朝貢を行なった周辺諸国の君長を、冊書(さくしょ)*をもって国王に封じることである。冊封体制下では、中国は宗主国、朝貢国は属国と位置づけられ、両者の間には君臣関係が存在した。

近世の日本は、江戸幕府が明(みん)・清(しん)という中国王朝に朝貢を行なわなかったため、両王朝とは冊封関係になかった。一方、中国大陸と地続きで、中国との文化的結びつきが日本よりもはるかに強い朝鮮は、明・清と冊封関係にあった。

●なぜ朝鮮独立が必要か

明治政府にとって、朝鮮問題は条約改正問題と並ぶ主要な外交課題であった。明治政府は、朝鮮が独立を維持できず、欧米諸国の影響下に置かれることを、日本の国防上の観点からひじょうに恐れた。すなわち朝鮮半島の命運が、日本の自主独立にとって死活的問題であるという強い危機意識をもっていたのである。

明治9年（一八七六）、日本は日朝修好条規を結び、そのなかで朝鮮は独立国であるとした。これは、朝鮮に中国の宗主権を否定させようとするものであったため、清国は日朝修好条規を認めなかった。日清戦争に至るまでの日本の対朝鮮外交の主眼は、いかにして朝鮮から中国の影響力を排除し、かわりに日本の影響力を増大させるかにあった。

●迫りくる日清対決

明治15年、朝鮮の開化派と守旧派の抗争から壬午事変(じんごじへん)が勃発(ぼっぱつ)し、朝鮮軍の近代化を図るため日本から派遣されていた堀本礼造(ほりもとれいぞう)少尉が殺害され、日本公使館も襲撃された。それに対し、日本は朝鮮と済物浦(さいもっぽ)条約を結び、朝鮮に日本公使館の守備兵駐留を認めさせた。

そして、明治17年12月、開化派の金玉均(キムオクキュン)・朴泳孝(パクヨンヒョ)らがクーデターを起こすと、開化派を支援する竹添進一郎(たけぞえしんいちろう)公使は日本公使館守備兵とともに、王宮に突入した。しか

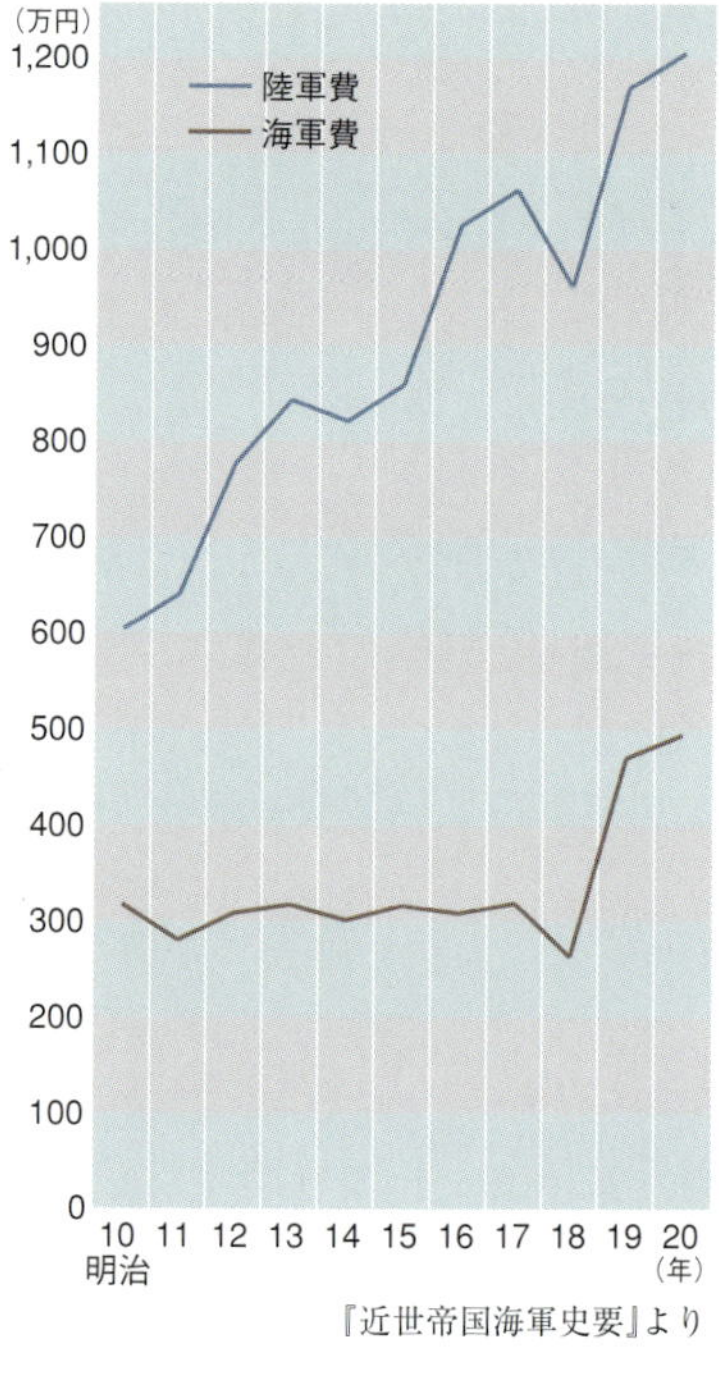
（万円）
1,200
1,100
1,000
900
800
700
600
500
400
300
200
100
0
陸軍費
海軍費
10 11 12 13 14 15 16 17 18 19 20
明治
（年）

『近世帝国海軍史要』より

⬅**陸海軍費の変遷**　明治10年代後半の緊縮財政下でも、陸軍費は基本的には増加した。横ばい状態だった海軍費も、清の海軍増強に対抗して明治10年代末に急激に増加した。

➡**金玉均**　科挙に合格し、官途に就く。朴泳孝らと開化派を結成し、朝鮮の清国からの独立と近代化政策の導入をめざした。明治15年、視察のために来日し、福沢諭吉(ふくざわゆきち)ら要人と接触した。守旧派の一掃をめざした甲申事変が失敗に終わると、朴泳孝らと日本に亡命した。

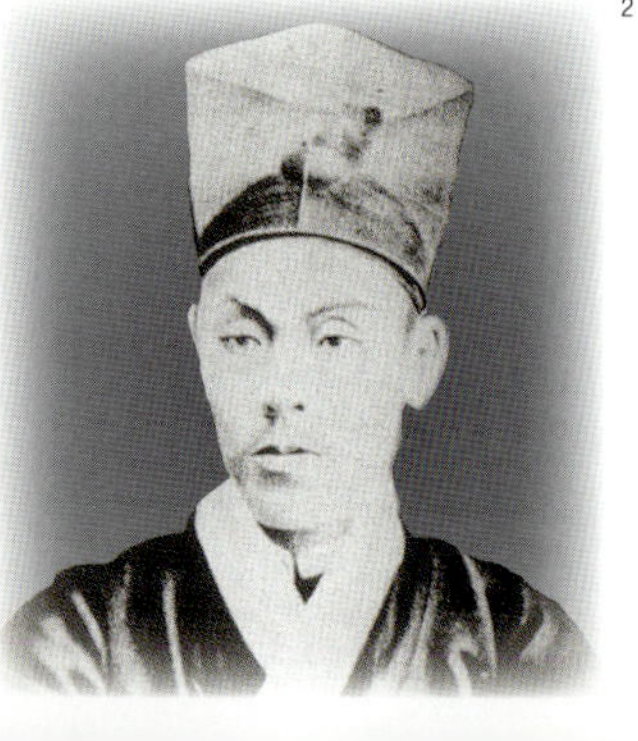

↑**朝鮮軍隊の訓練**　明治14年、朝鮮は日本の要求を受け入れて軍制を改革し、西洋式軍隊を新設した。日本から陸軍少尉堀本礼造が軍事教官として派遣され、指導にあたった。写真は、西洋式軍隊の訓練風景。

↓**袁世凱**　清国の軍人。壬午事変の際、清国の派遣軍とともに漢城へ入り、そのまま軍隊を率いて同地にとどまった。甲申事変時は親日勢力鎮圧の先頭に立ち、天津条約によって清の軍隊が撤退してからも、漢城に駐在を続けて朝鮮への清の影響力保持に努めた。日清戦争の際に清に帰国。

し、朝鮮政府の要請を受けた清国軍によって敗れ、甲申事変と呼ばれるクーデターは失敗に帰した。

この甲申事変の処理をめぐって、日本は朝鮮と漢城条約を、さらに清国と天津＊条約を結び、朝鮮問題に対する日清間の取り決めを行なった。このときの日清両国の全権が伊藤博文と李鴻章であった。天津条約によって、日清両国の軍隊は撤退し、朝鮮をめぐる日清対決は先送りされることとなった。

明治23年12月、最初の帝国議会で山県有朋首相は施政方針演説を行ない、そのなかで日本の国境線である「主権線」の外延に位置し、日本の生存に多大な影響を及ぼす地域を日本の「利益線」と述べた。当時、「利益線」とは朝鮮半島を指すと一般に思われていた。この山県の演説から三年半後に行なわれる日清戦争とは、朝鮮における影響力を死守しようとする清国と、それにかわって新たに影響力拡大をめざす日本が、雌雄を決する戦争であった。（小宮一夫）

＊**冊書**　「冊」とは中国の皇帝が諸侯に爵位などを授ける際に下す詔勅のこと。冊書はその文書を指す。

＊**天津条約**　明治27年の東学党の乱の際、先に出兵した清に対し日本は、この条約で定められた「出兵時の相互事前通告」にのっとり、出兵を行なった。

……日清戦争に至る流れ……

日本 → 独立支援 → 朝鮮 ← 君臣体制 ← 清

明治15年7月　壬午事変
軍隊らの反日・反政府暴動に乗じて守旧派の大院君派が政府転覆を企てるが失敗
（清）出兵 → 大院君幽閉

明治15年8月 済物捕条約
・暴動首謀者の処罰と賠償金
・日本公使館護衛のための軍隊駐留権

清、朝鮮に駐屯軍
日本、朝鮮に駐屯軍

明治17年12月　甲申事変
金玉均ら独立党(開化派)によるクーデター。清軍の介入で失敗
（日本）開化派支援 → 金玉均ら亡命
（清）朝鮮の要請で出兵

明治18年1月 漢城条約
・日本公使館焼失、居留民殺害に対する謝罪と賠償
・公使館護衛のための軍隊駐留権

明治18年3月 福沢諭吉「脱亜論」

明治18年4月　天津条約
・朝鮮からの日清両軍の撤兵
・朝鮮出兵の際の相互事前通告

明治18年11月 大阪事件

明治22年〜26年5月 対日防穀令問題
日本への穀物の輸出・移出禁止を事前通告なく朝鮮が実施したため対立。清の仲介で朝鮮が日本に賠償金を支払う
（日本）抗議
明治26年5月 賠償金

明治27年2月　東学党の乱
朝鮮農民の反乱。5月には朝鮮半島南西部の全羅道を制圧し閔氏政権を脅かす
（日本）天津条約を理由に出兵
（清）朝鮮の要請で出兵

明治27年7月　日清戦争

▶江華島事件と日朝修好条規(p144)、周到な開戦準備(p320)、韓国併合(p502)

数字が物語る明治時代 2

初等義務教育の実質就学率
いつから全員が教育を受けるようになったのか

小学校と中学校以上（高等女学校・師範学校・大学）の在籍者数

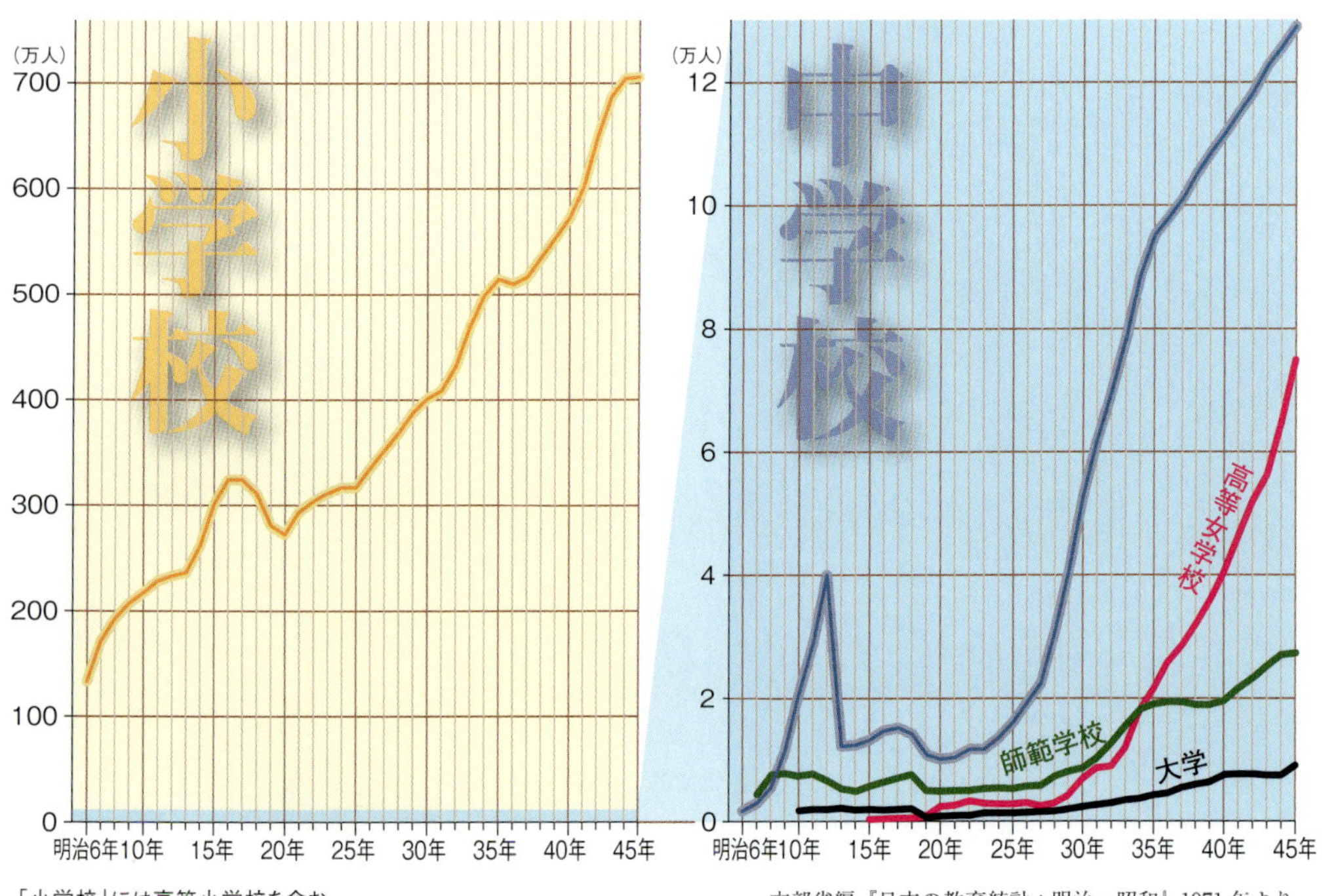

「小学校」には高等小学校を含む

文部省編『日本の教育統計：明治－昭和』1971年より

初等義務教育の実質就学率

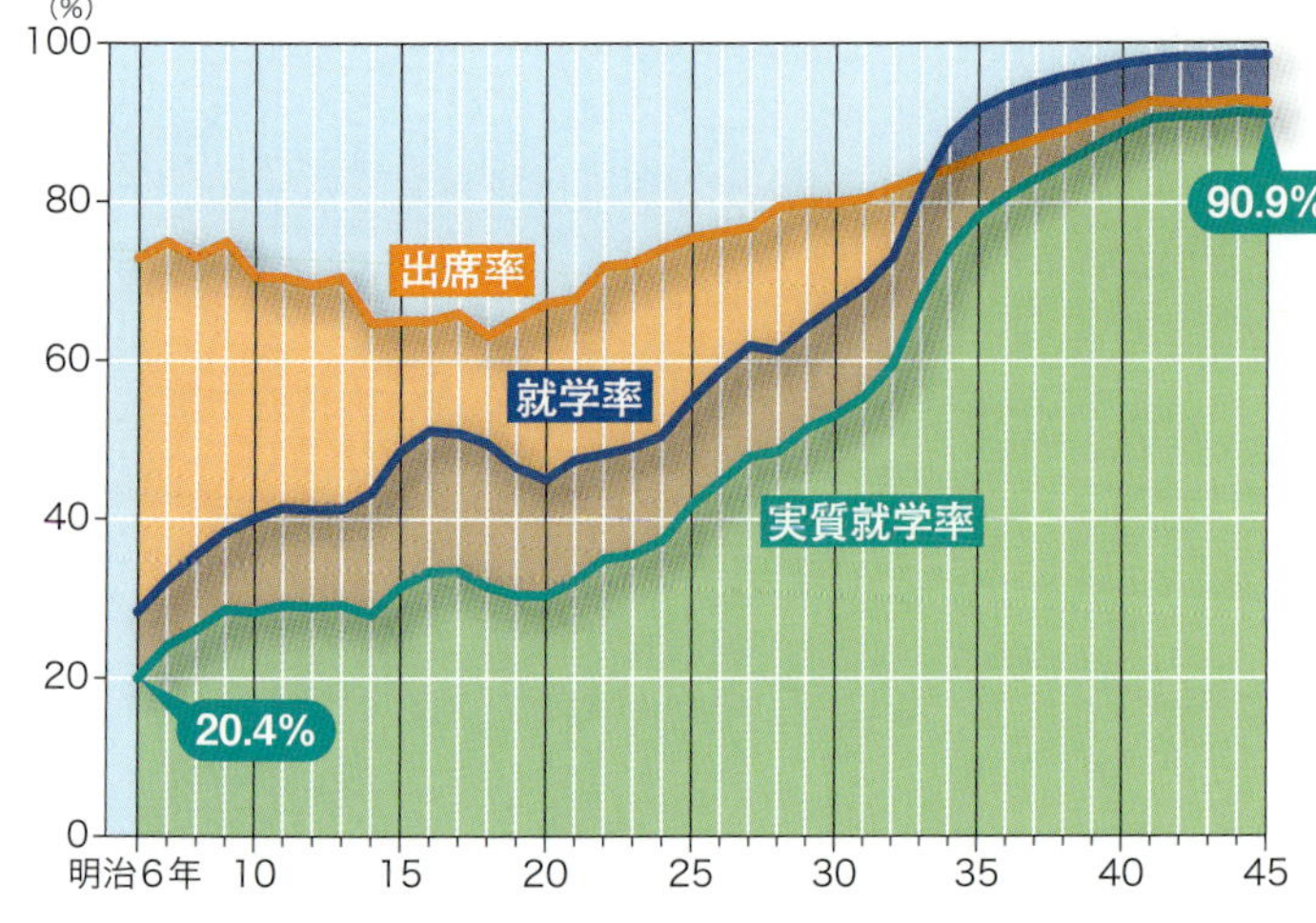

「**就学率**」：学齢人口あたりの学校在籍者数の比
「**出席率**」：在学生徒数に対する１日平均の出席生徒数の比
「**実質就学率**」：就学率×出席率

天野郁夫『教育と近代化－日本の経験』玉川大学出版部　1997年より

明治5年に学制が公布され、8年の義務教育年限と近代的なカリキュラムによる学校制度が発足した。

国民皆学を目標としたが、民衆の教育要求とのギャップは大きく、就学率はのびなやんだ。

政府は「就学督促」として、行政機関を通じて強制的な就学率の引き上げを図ったが、実質就学率とのギャップは広がっていった。

明治12年の教育令公布などの試行錯誤を経て、23年に公布された改正小学校令によって義務教育年限が三～四年となると就学率は上昇し、とくに33年に義務教育期間の授業料が廃止されると、二年後に就学率は90％を超えた。

40年には義務教育は六年とされ、明治時代末には就学が社会的慣行として定着する。それに伴い、中学校や高等女学校などの上級学校への進学も増えていった。

（満薗　勇）

図版作成：蓬生雄司

第3章 展開の時代

明治23年（1890）
……
明治38年（1905）

西暦	和暦	月	日本の動き
一八九〇	明治23	4	琵琶湖疏水が開通。
			民法のうち財産編などが公布（民法典論争で施行延期）。
		5	府県制・郡制を公布。
		7	第一回衆議院議員総選挙が実施。
		10	「教育勅語」を発布。
		11	第一回帝国議会が開会。
			この年、綿糸の生産高が輸入高を上まわる。
一八九一	24	5	大津事件が起こる。
			青木周蔵外相が辞任して条約改正交渉は挫折。
一八九二	25	2	第二回総選挙で選挙干渉が起こる。
		3	久米邦武が帝国大学教授の職を追われる。
		11	北里柴三郎が伝染病研究所を設立。
一八九三	26	2	天皇の詔勅が出され海軍軍備が拡張。
		5	防穀令問題で朝鮮から賠償支払いを受けることで妥結。
		10	文官任用令を公布。
一八九四	27	7	日英通商航海条約が調印され、法権と税権の一部が回復。
			豊島沖で清国艦を攻撃。
		8	清国に宣戦布告。日清戦争が始まる（～九五）。

西暦	世界の動き
一八九〇	欧米各国で最初のメーデーが実施される。
	ドイツのビスマルクが罷免。
一八九一	露仏同盟が調印（～九四）。
	ロシア、シベリア鉄道建設開始。
	イギリスのコナン・ドイル、『シャーロック・ホームズの冒険』を刊行。
一八九二	アメリカ、人民党がセントルイスで正式結成。
	タイ内閣制度発足。
	フィリピン民族同盟結成。
	三国同盟に対抗して露仏軍事協定が締結。
一八九三	フランス、ラオスを保護国とする。
	イギリス、上院がアイルランド自治法案を否決。
	ハワイで政変が起こり、リリウオカラニ女王が退位させられる。
一八九四	露仏同盟、正式に成立。

アジア初の立憲政治が始まる

明治23年（一八九〇）11月、第一回帝国議会が開かれ、アジア初の立憲政治が開始された。初期議会の争点となったのは議会の予算査定権の範囲をめぐる憲法論争（六七条問題）と政費節減・民力休養問題である。自由党・立憲改進党の民党連合は歳出削減による地租引き下げを藩閥政府に迫り、政権への参入を企てた。超然主義（近代化達成のためには公正かつ連続的な政治運営が不可欠なので、党派性の排除が必要とする考え方）を奉ずる藩閥政府はこれに応ぜず、熾烈な抗争が展開した。政府は「末路の一戦」とされる第四議会で「和協の詔勅」の力を借りて軍艦建造費を確保したが、決戦そのものは痛み分けに終わった。

折しも自由党が条約改正問題で政府の内地開放路線に同調すると、これに反発する対外硬派が台頭した。政府と自由党の提携が視界に入ってきたが、内外情勢が流動化するなか、日清戦争後に持ち越されたのである。

条約改正問題は青木周蔵外相の交渉が大津事件の余波で挫折したあと、第二次伊藤内閣の陸奥宗光外相が内地開放を条件に治外法権の撤廃に成功した（明治27年7月）。立憲政治の開始で西欧諸国と政治・法体系が共有されたことが与かって大きい。

朝鮮問題では東学党の乱をきっかけに日清の抗争が一気に露呈し、豊島沖海戦で戦端が開かれた（27年7月。宣戦布告は8月）。戦闘は海陸ともに日本が圧勝し、28年4月には下関条約で講和が実現した。この条約で日本は二億両の償金や台湾・遼東半島などを得たが、露仏独の三国干渉で遼東半島を放棄させられた。清国を朝鮮半島から排除したものの、新たな強敵ロシアに直面することとなり、列強の清国分割も始まったのである。朝鮮（明治30年、韓国に改称）での威信も失墜し、暴走した三浦

一八九五 28

この年、器械製糸の生産量が座繰製糸を上まわる。

1 樋口一葉が「たけくらべ」を発表。

4 日清講和条約を調印（下関条約）。

露・独・仏が遼東半島の返還を要求（三国干渉）。

5 樺山資紀を台湾総督に任命。

10 漢城で三浦梧楼がクーデターを起こす(閔妃事件)。

11 自由党と第二次伊藤内閣が提携。

一八九六 29

3 大隈重信が進歩党を結成。

造船奨励法・航海奨励法などを公布。

4 日本勧業銀行法・農工銀行法を公布。

6 黒田清輝ら洋画家が白馬会を創立。

一八九七 30

1 尾崎紅葉が「金色夜叉」の連載を開始。

3 足尾銅山鉱毒の被害者が上京し、鉱業停止を請願。

金本位制を確立。

6 京都帝国大学が設立。

7 高野房太郎らが労働組合期成会を設立。

一八九八 31

6 自由党・進歩党合同して憲政党結成、隈板内閣成立。

7 民法全編が施行。

10 憲政党が分裂し、大隈内閣退陣。

岡倉天心ら日本美術院を創立。

安部磯雄・片山潜らが社会主義研究会を結成。

ハワイ共和国成立宣言。

フランス、ドレフュス事件が起こる（～九九）。

朝鮮、甲午農民戦争が起こる。

一八九五 ドイツのレントゲンがX線を発見。イタリアのマルコーニが無線電信を発明。

一八九六 第一回国際オリンピック大会がアテネで開催。

フランス、マダガスカルを併合。

一八九七 第一回シオニスト会議、バーゼルで開催。

朝鮮、国名を大韓帝国に改称。

一八九八 アメリカ、ハワイ併合条約調印、カリブ海進出始まる。

イギリス・フランス間で、ファショダ事件が起こる。

ロシア社会民主労働党が結成(直後に弾圧)。

アメリカ、米西戦争でフィリピンを領有。

梧楼公使が王城事変（閔妃事件）を起こしたため、日本の立場はさらに悪化した。山県・ロバノフ議定書や西・ローゼン協定で日露間の調整が試みられたが、ロシアの浸透は止まらず緊張が続いた。

日清戦争後、第二次伊藤内閣は遼東半島還付問題を乗りきり、戦後経営を推進するため、自由党との正式提携に踏み切った。つぎの第二次松方内閣は進歩党と連立して政策協定を結んだ。明治31年6月には日本初の政党内閣である第一次大隈内閣が成立した。政党の政権参入が現実のものとなるなか、藩閥では政党の政権参加の是非をめぐって再編が起き、肯定的な「伊藤系」と否定的な「山県系」、それに「薩派」が鼎立した。

藩閥の限界を悟った伊藤博文は明治33年、旧自由党と直系勢力を基礎に立憲政友会を結成し、第二の政党内閣である第四次伊藤内閣を組織したが、内紛で短命に終わった。伊藤はつぎの第一次桂内閣と微妙な関係にあったが、36年夏、謀略で枢密院議長に祭り上げられ政友会を退会した。伊藤の威信は低下し、政界の主導権は桂太郎や山県有朋に移ったのである。

日露戦争の結果、列強の座に加わる

明治33年初夏、清国で排外民族運動が激化して北清事変に発展した。この事変で日本は暴徒鎮圧の主役となり、日本軍の精強さと日本の地政学的位置が一躍、列国の注目をひいた。事変中、満州を占領したロシアに対抗すべく、日英同盟構想が浮上し、満韓交換を軸とする日露協商構想と交錯したが、35年1月、第一回日英同盟が結ばれた。日本は国際的孤立を脱したのである。

満州からの撤兵の公約を履行しないロシアに対し36年夏、国交調整の交渉が始まった。日英同盟を背景に満韓交換が模索されたが、交渉は難航した。最近公刊されたロシア側資料『千九百四、五年露日海戦史』によると、

西暦	和暦	月	日本の動き
一八九九	32	3	新商法を公布。
			文官任用令を改正。
		4	横山源之助が『日本之下層社会』を刊行。
		7	日英通商航海条約など条約改正を実施、治外法権を撤廃。内地雑居を許す。
		10	幸徳秋水ら普通選挙期成同盟会を結成。
一九〇〇	33	3	産業組合法を公布。
			治安警察法を公布。
			衆議院議員選挙法を改正、選挙権の納税資格・直接国税を一〇円以上とする。
		5	軍部大臣の現役武官制を確立。
		6	義和団鎮圧のために派兵を決定。
		9	伊藤博文の主導で立憲政友会が結成。
一九〇一	34	5	最初の社会主義政党である社会民主党が結成（即時禁止）。
		6	第一次桂太郎内閣が成立。
		9	清が北清事変の講和議定書（北京議定書）に調印。
			八幡製鉄所が操業を開始。
		12	田中正造が足尾鉱毒事件で天皇に直訴。
一九〇二	35	1	日英同盟協約が締結。
		2	木村栄が緯度変化に関するZ項を発見。

西暦	世界の動き
一八九九	第一回ハーグ万国平和会議が開催。
	南ア戦争（ブーア戦争）が始まる（〜〇二）。
	フランス、ラオスをインドシナ連邦に編入。
	清で義和団事件が起こる。
	アメリカ、中国の門戸開放を宣言する。
一九〇〇	イタリア、国王ウンベルト一世アナーキストに暗殺される。
	義和団事件に対して八か国共同出兵（北清事変）。八か国連合軍が北京に入城。
一九〇一	オーストラリア連邦が成立。
	ノーベル賞の授与、始まる。
	清国、北京議定書に調印。
	イギリス、エドワード七世が即位する。
一九〇二	アメリカ占領軍が撤退し、キューバ共和国成立。

ロシアは朝鮮半島を領有する方針をすでに固めており、日本海軍を圧倒できる戦力が整ってから開戦する肚だったらしい。ロシア側に開戦の責を負わせつつ最適のタイミングを選んだ日本側の政治力はなかなかのものである。旅順戦の苦戦はあったが、日本は日露戦争に完勝し、東アジアの地域強国として列強の座に加わった。

各分野で多彩な展開が見られるように

日清戦争後、政府は「戦後経営」と呼ばれる経済成長・軍備拡大政策を進めた。官営八幡製鉄所の設立など重工業の萌芽もみられたが、日本経済の原動力は生糸の輸出であった。清国償金の大部分は軍事費にあてられ、設備投資は八幡製鉄所など一部だった。産業の勃興に伴って大都市への人口集中が著しくなり、居住環境の悪化、社会の流動化などの都市問題が徐々に顕われはじめた。日比谷焼き打ち事件は指導層に大きな衝撃を与え、社会政策の導入の端緒となっている。

農業では乾田化と牛馬耕による「明治農法」が普及し、米の収量を増加させた。林業では木炭生産に加えて木材生産も盛んで、森林の育成が進められた。漁業では北海道のニシン漁が活況を呈し、今に残る「鰊御殿」が築かれた。蒸気動力の普及に伴い炭鉱の開発が本格化し、主要産業のひとつに浮上した。

運輸・交通では諸産業の発達を受けて鉄道が精力的に敷設された。鉄道は旅行の手段として重要なものとなり、汽車弁（駅弁）・時刻表・沿線案内などの関連文化も派生した。海運では日清戦争後、法律が整備されたこともあって遠洋航路がつぎつぎに開設されている。このころには女子の職業も広がり、教員・看護婦・電話交換手などが注目された。俸給生活者の増加に伴い、女中・下女を雇用する家が増えた。

食生活では洋風料理の指南書も現われはじめた。娯

3 日本興業銀行が設立。
8 大谷光瑞らが中央アジアに仏蹟探検（～〇三）。
12 教科書疑獄事件（～〇三）。

一九〇三 36
4 小学校国定教科書制度が成立。
5 一高生の藤村操が日光・華厳の滝に投身自殺。
6 東京帝大教授ら七博士が対露強硬論を主張。
8 頭山満らが対露同志会を結成。
11 幸徳秋水らが平民社を結成し『平民新聞』を創刊。

一九〇四 37
2 日露戦争が始まる（～〇五）。
日韓議定書を調印。
8 第一次日韓協約を調印。

一九〇五 38
1 夏目漱石が「吾輩は猫である」を発表。
5 連合艦隊がロシアのバルチック艦隊を破る（日本海海戦）。
7 桂・タフト協定が成立。
8 孫文らが東京で中国革命同盟会を結成。
9 日露講和条約を調印（ポーツマス条約）。
講和条約反対の国民大会が暴動に発展（日比谷焼き打ち事件）。
11 第二次日韓協約を調印。
12 韓国に統監府を設置し伊藤博文が初代統監となる。

ロシアのゴーリキー、『どん底』を刊行。

一九〇三
ロシア、社会民主労働党が分裂。
アメリカで、ライト兄弟が初飛行に成功。
パナマ独立。

一九〇四
アメリカ、パナマ運河建設着手。
英仏協商が調印。
清国と朝鮮、日露両国に局外中立を宣言。

一九〇五
インドでベンガル州分割令公布、反対運動が起こる。
ロシア、血の日曜日事件をきっかけに第一次革命が起こる。
ドイツで第一次モロッコ事件が起こる。
ノルウェー、スウェーデンより分離独立。
清国の孫文ら、東京で中国同盟会結成。
ドイツのアインシュタインが特殊相対性理論を発表。

楽・文化としての食への関心が高まり、村井弦斎の『食道楽』がヒットした。ビールが国産化され、平野水などの炭酸水も人気を呼んだ。衣生活は男子は勤務の関係で洋服を着るものも増えたが、私生活は男女とも着物が主だった。女子の髪型は結髪が大部分だが、明治30年代後半に入ると女学校では束髪が増えた。建築では大都市や近代産業で西洋建築がつくられたが、少数派だった。古代・中世建築を折衷した「和風建築」が全国展開した。

新聞界では日清・日露戦争の報道合戦で大きく部数がのびるとともに、報道中心の「中新聞」化・企業化の傾向が顕著になった。有力紙乱立の東京に対し、大阪では寡占の傾向が著しく、のちの全国制覇の一因となった。新聞掲載の小説も人気を集め、近代小説の勃興に一役買っている。挿絵にも人気画家が現われ、新聞・雑誌の風刺漫画も関心をひいた。『東京パック』など専門誌も登場し、「ポンチ絵」の語が一般化している。

大衆文化では桃中軒雲右衛門の出現によって浪花節（浪曲）が興隆した。活動写真も導入され、当初は見世物だったが、明治末期以降、徐々に興行・製作システムを整えていった。舞台でも「女優第一号」と呼ばれる川上貞奴が現われた。東京や大阪の盛り場には凌雲閣や通天閣などランドマーク的な高層建築がそびえ、呉服店のなかには百貨店に衣替えする動きも出てきた。また、学校を中心に野球をはじめとする西洋起源のスポーツが導入されている。競技としてのおもしろさが学生・生徒の人気を呼んだが、武道などの影響もあって社会性、実用性も強調された。

この時期の日本は政治・経済・社会全般の嵩上げが比較的順調に進む一方、西欧的な文物が徐々に根づきはじめていた。とはいっても、それは公的な局面が中心で、私的な場面では依然として伝統・在来の文化が幅を利かせ、活力を保っていたといえよう。

（佐々木隆）

はじめての選挙と議会

憲法が施行され、立憲政治が始まった

国会開設・立憲政治開始の明治23年（一八九〇）が明けた。

6月10日の貴族院多額納税者議員の選挙を皮切りに議員選出が始まり、7月1日、第一回衆議院議員総選挙が行なわれた。直接国税一五円以上を納めた25歳以上の男子を選挙人とする制限選挙で、有権者は総人口の一・一四％だった。

●政府苦戦の選挙結果

選挙の結果、旧自由党系の大同倶楽部、愛国公党、九州連合同志会、再興自由党が計一三一、立憲改進党が四三の議席を得た。無所属は七九議席を数え、大部分が政府系だった（定数は三〇〇）。

選挙後、民権派を糾合（きゅうごう）する「進歩党合同」が試みられたが、立憲改進党が離脱したため、自由党系四派が合同して立憲自由党が成立。対する政府系無所属は、院内会派の大成会を結成した。自由・改進両党はみずからを「民党」と呼び、大成会は「温和派」を名のった。民党が過半数を超え、政府の苦戦は必至だった。

第一回帝国議会（第一議会）は、明治23年11月29日に開会。この日、帝国憲法が施行され、立法権と予算査定権が議会に移った。東洋最初の立憲政治の開幕である。

12月6日、山県有朋（やまがたありとも）首相は、日本の安全を確保するためには主権線、つまり国家の領域を防衛するだけでは不十分で、その安危に密接にかかわる利益線を守る必要があると演説した。朝鮮半島の管制を念頭においたものと思われるが、特段の質疑などはなかった。

●予算査定権が争点に

第一議会の争点となったのは、議会の予算査定権の範囲をめぐる憲法解釈問題だった。

民党は、政府予算を減額して地租を引き下げることを主張したが（民力休養・政費節減）、実行不可能なことを政府に強要して政権に食い込むねらいが多分にあった。

1

⬅歌川国利（うたがわくにとし）『帝国国会議事堂之図　貴族院議場』　第1回帝国議会の開院式は、玉座がある貴族院で行なわれた。現在の国会の開会式が参議院で行なわれるのはこの名残である。

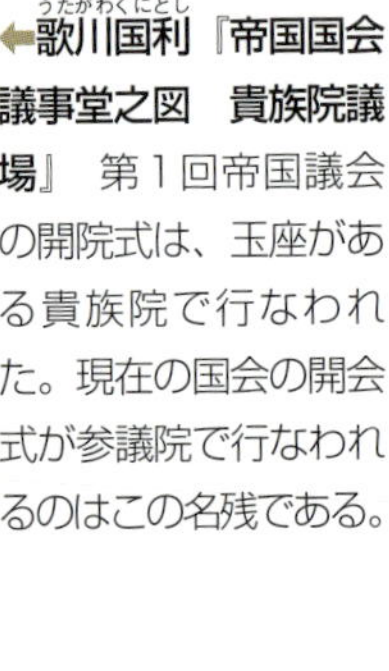

3

⬅初代貴族院議長、伊藤博文

2

⬆貴族院議員記章

▶政党の発足(p182)

憲法六七条には議会の予算削減への歯止め規定があるが、その範囲や、政府・議会の間で合意ができなかったときにどうなるかなど、未解決の問題が残っていた。政府と議会の力関係に直結する問題なので、ここでの対立は激しかった。

山県は、一時は解散を覚悟したが、伊藤博文に制止された。また衆議院でも自由党土佐派が妥協し、政府と議会の間で歩み寄りが実現した。最初の議会が解散に終わることで、西欧諸国が日本の近代化・立憲政治に懐疑の目を向けるのを怖れたのだ。政府は憲法解釈を棚上げして予算削減に応じたが、問題は先送りされただけだった。

（佐々木隆）

選挙結果		第1議会時		
大同倶楽部	54	立憲自由党	131	民党
愛国公党	36			
九州連合同志会	24			
再興自由党	17			
立憲改進党	43	立憲改進党	43	
自治派	12	大成会	85	政府系
国権派	12			
保守中正派	6			
無所属その他	96			
		無所属	41	
合計	300		300	

⬆第1回総選挙の結果と第1議会時の政党構成

⬆3代歌川国輝『大日本帝国衆議員肖像』　和洋の通常礼装、すなわち羽織袴かフロックコートの人が多い。長髪の高梨哲四郎（最前列の左から3番目）、描かれていないが奥州なまりで「緊急動議」を提出する“チン急議員”工藤行幹、“ドクトル・ハーゲマン”こと鈴木万次郎（禿頭の医師）などの名物議員が議場を彩った。

⬇第一次仮議事堂全景　赤坂につくられたこの議事堂は、竣工からわずか2か月、まだ第1議会の会期中に焼失した。大臣や議員を「○○君」と呼ぶのは当時からの慣行だが、明治前半期の「君」は高い敬意のこもった尊称だった。

⬆衆議院議員記章

⬅初代衆議院議長、中島信行

最初の解散と選挙干渉

議会対策に苦慮する政府

明治24年（一八九一）5月、薩長準実力者（中老）と非薩長実力者を中心とする第一次松方正義内閣が発足した。

新首相松方と、閣外から影響力を行使しようとする伊藤博文との間では主導権争いが絶えず、また政権内部でも対民党強硬派（武断派）と柔軟派（文治派）の対立、薩長と非薩長の確執、世代間抗争が交錯した。こうした状況に指導力を発揮することができない松方は、「後入斎」（あとから出た意見にすぐ影響される）、「泥鮒」（酸欠状態の鮒）などと酷評された。

「真の第一議会」といわれる第二議会を勝ち抜くため、松方は議会・政党・新聞対策の一元化、政府系会派の強化、憲法解釈の見直しなどの手を打ったが、すべて失敗した。解散覚悟で第二議会に臨んだ松方は「積極主義」を掲げて政策論争を挑んだが、倒閣ねらいの民党には効果がなかった。明治24年12月25日、初の衆議院解散が敢行された。

翌25年2月15日投票の第二回総選挙に向けて、松方は買収を中心

「黒幕内閣」誕生

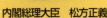

↑内閣総理大臣　松方正義

元勲としては格下の松方は、他の元勲の入閣を政権引き受けの条件としたが、組閣中に起きた大津事件を機に、元勲はすべて閣外に去った。とはいえ伊藤や井上馨をはじめとする元勲が松方への口出しをやめたわけではなく、松方政権は外部からの干渉に弱い非力内閣と見なされた。このため「黒幕内閣」「緞帳内閣」「二流内閣」などの不名誉な異名を付けられた。

予算審議（委員会）

第一議会では、立憲政治の開幕を飾るため藩閥政府・民党とも自重して解散を回避したが、第二議会こそは官民激突の「真の第一議会」だとの観測が広がっていた。開会直前の明治24年11月8日、板垣・大隈会談で自由党と改進党の提携が合意されたが、政府は大隈重信の枢密顧問官免官で対抗し、対決の機運が高まった。

政府予算案 ……… 8,350万円
衆議院査定案 …… −794万円

予算再審議（本会議）

政府は鉄道事業費や濃尾地震復旧問題を取り引き材料に乗りきりを試みたが、失敗に終わった。松方との確執で故郷・山口に引きこもっていた伊藤も我慢できなくなって、激励の電報を打ってきた。閣内では陸奥宗光と後藤象二郎のふたりが解散に難色を示していたが、伊藤の激励に力を得た松方は、解散を天皇に奏請した。

衆議院再査定案 … −98万円
計 ……………… 892万円の削減

蛮勇演説

政府はインフラ整備や軍備拡張を軸とする歳出八三五二万円の明治25年度予算案を提出したが、民党は新規事業費や軍拡費を削減し、その額は衆議院予算委員会段階で七九四万円に達した。こうしたなか、樺山資紀海軍大臣は民党の藩閥批判に対し、「日本国民が無事に暮らしていられるのは薩長のおかげだ」と本音発言を行なって民党を激高させた。

↑海軍大臣　樺山資紀

解散

12月25日夜、衆議院解散の詔書が発せられた。衆議院は閉鎖され前議員は出入りにも不自由をきたした。松方政権は政府系候補の当選のため、大量の資金を投入する選挙戦略を立てた。資金には各種の機密費があてられたが、不足分は閣僚が拠出し、後日、内閣機密金基金の取り崩しや天皇のお手許金で弁済された。

朕帝國憲法第七條ニ依リ衆議院ノ解散ヲ命ス
睦仁
明治二十四年十二月二十五日

↑最初の解散詔書
政府は第2議会開会前から、最悪の場合には解散で議会に対抗すると閣議決定していた。

3 展開の時代

とした選挙対策を講じたが、ことは買収だけで収まらなかった。

実力行使で流血の事態に

薩摩出身地方官や古参地方官が暴走し、流血の選挙干渉が展開した。責任者の処分をめぐり、品川弥二郎内相・陸奥宗光農商相の辞任問題が起きた。さらに、前後して伊藤新党問題・伊藤枢密院議長進退問題が発生している。

第三議会では、松方内閣は選挙干渉問題と追加予算問題で民党の猛攻撃を受け、政府内部の確執も再燃した。議会による倒閣だけはまぬがれたものの、松方内閣は死に体と化した。

松方は、延命のため内閣改造で河野敏鎌を内相に起用した。その河野が選挙干渉の首謀者・白根専一内務次官や知事の処分を行なうと、政権内部の分裂が一気に露呈、迷走を繰り返した松方内閣はついに退陣した。後任の首相には、民党との決戦のため元勲総出を条件として、伊藤が就任した。第二次伊藤内閣である。（佐々木隆）

「元勲総出の内閣」成立

第三議会後、松方は伊藤への禅譲を申し出たが、伊藤は真意を怪しんでいた。松方政権は選挙干渉責任問題の処理に失敗して自爆し、明治25年8月、第二次伊藤内閣が成立した。伊藤はつぎの議会を「明治政府末路の一戦」、すなわち藩閥・民党の最終決戦ととらえ、最強の布陣で臨むべく、元勲を網羅した内閣となった。

←内務大臣 井上馨
→司法大臣 山県有朋
↑総理大臣 伊藤博文
→逓信大臣 黒田清隆
↖陸軍大臣 大山巌

選挙結果

自由党・改進党は議席を減らしたが、政府系議員も過半数には至らず、第三議会を前に会派の再編が行なわれ、政府系議員は新会派・中央交渉会（通称中央交渉部）を発足させた。与野党の勢力の帰趨は中立会派・独立倶楽部が握った。独立倶楽部にはひそかに倒閣をねらう陸奥の手が及び、政府の前途は多難だった。

総議席数	300議席
自由党	92
中央交渉部	84
立憲改進党	38
独立倶楽部	34
諸派・無所属	52

予算協賛権論争

第三議会の追加予算審議で衆議院が削減した軍艦建造費が貴族院で復活し、予算審議における両院の優劣が焦点となった。最終的に天皇により両院対等との裁定が下されたが、両院協議会で建造費は削除された。民党が野党であるかぎり、両院対等の予算協賛権は、重要経費防衛の役に立たなかった。

政府追加予算案 … 278万円
衆議院……………… これを削除
貴族院……………… これを復活
↓
衆・貴どちらが優越するのか

選挙干渉

死者	（全国）	… 25人
	（高知）	… 10人
負傷者	（全国）	…388人
	（高知）	… 66人

とくに西日本の地方官・警察官が藩閥の前途に危機感をもち、内務省の黙認と庇護をあてこんで実力行使の選挙干渉を行なった。東京では警視庁の暴走で板垣検挙未遂事件まで起きた。「品川内相の選挙干渉」と呼ばれるが、首謀者は白根専一次官で、品川は問題化してから関係者を擁護したというのが実態のようだ。

↑香朝楼『高知県民吏両党の激戦』 板垣・大隈の故郷の高知と佐賀では、とくに死傷者が多かった。

→内務大臣 品川弥二郎

←内務次官 白根専一

大津事件

明治24年（一八九一）5月11日、親善の名目で来日したロシア皇太子ニコラス（のちのロシア皇帝ニコライ二世）が、訪問先の大津で、警護中の滋賀県巡査津田三蔵に突如切りつけられ、負傷した。これが、明治政府を震撼させる大事件、大津事件であった。

当時の松方正義内閣は、発足一週間たらずで、いきなり国家の命運を左右しかねない大事件に直面し、その危機管理能力が問われることとなった。日露間の緊張を何よりも恐れる政府の大勢は、現行刑法を拡大解釈して、今回のロシア皇太子襲撃に本来は適用できない皇室罪を適用し、犯人を極刑に処そうとした。

こうした政府の方針に断固異議をとなえて立ち上がったのは、大審院院長（現在の最高裁長官）児島惟謙や、前法政局長官井

↑負傷箇所の報告図　大山巌陸軍大臣宛てに、ロシア皇太子の傷の場所を図解したもの。骨まで達する長さ9㎝と7㎝の傷があったという。

↑ロシア皇太子ニコラス　長崎に到着後、お忍びで上陸した際に撮影した写真。

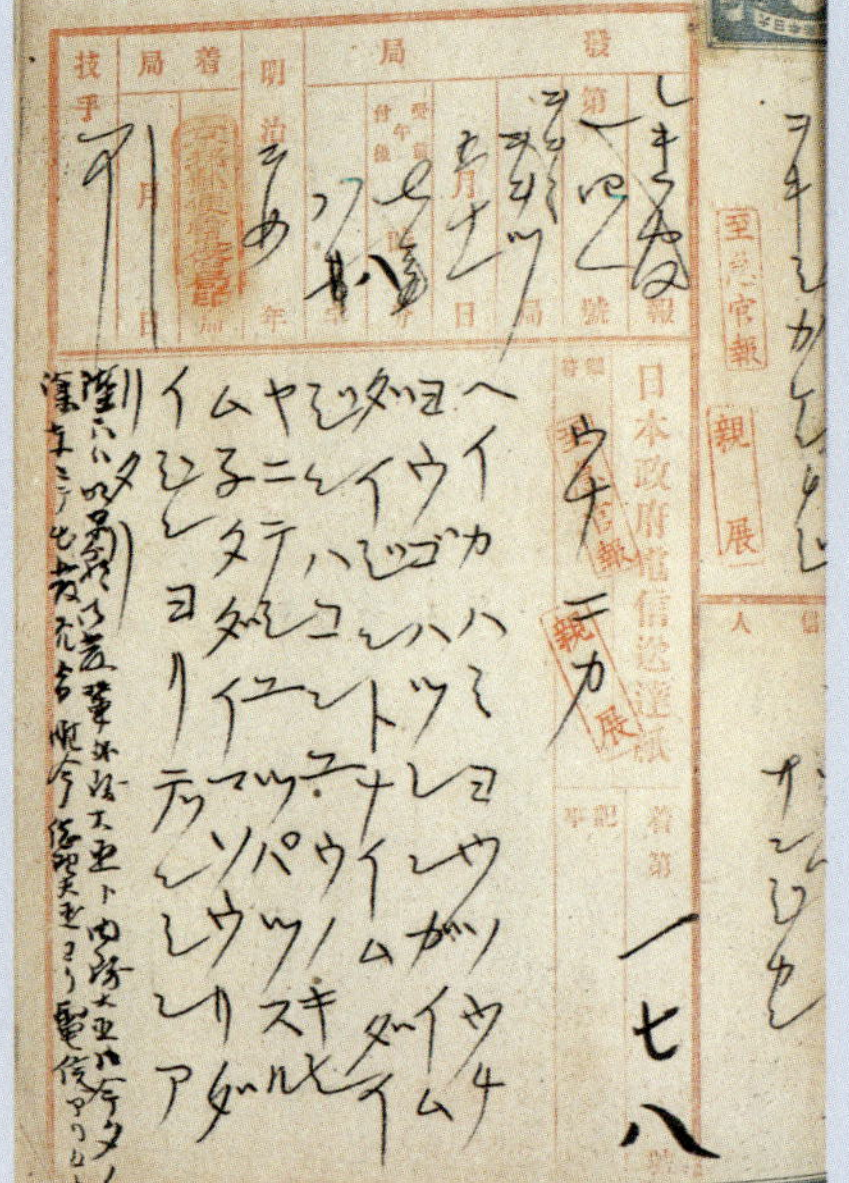
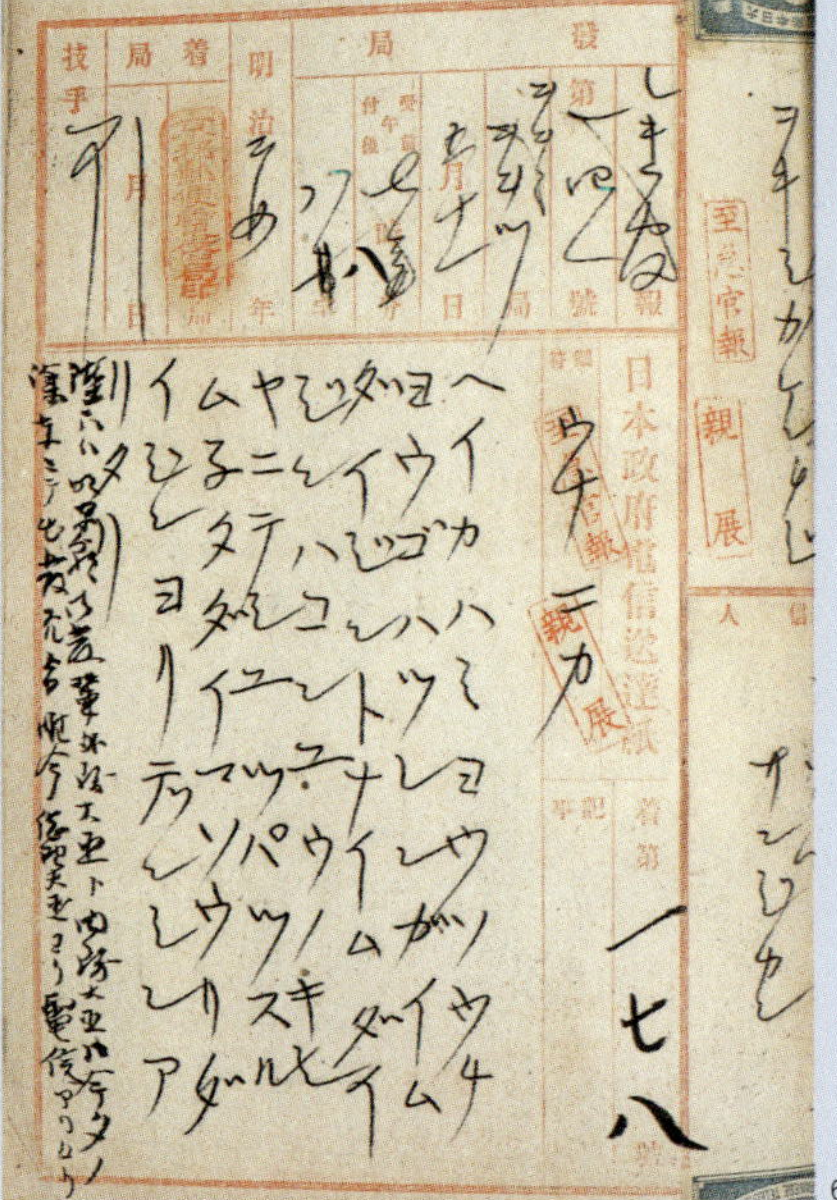

→天皇の行幸を伝える電報　天皇は事件直後に御前会議を召集し、事件発生の翌日には京都に向かうなど、事件に即座に反応した。

←↑ロシア皇太子を助けた車夫とロシアの勲章　身を挺してロシア皇太子を守った北ケ市市太郎（上）と向畑治三郎（下）は、その功により、日露両国から勲章および金銭が贈られた。

↑児島惟謙　松方内閣同様、大審院院長に就任直後、いきなり大津事件に直面した。

上毅、法制局第一部長尾崎三良といった法制官僚であった。遵法精神に基づき、犯人をあくまでも現行刑法の謀殺未遂罪で裁くことを主張した児島は、みずから裁判官の説得に乗りだした。しかしこれは、政府が司法への政治介入を試みたのと同じく、裁判官の独立を侵害する違法行為であった。

また、大津事件に対する従来の評価は、政府から「司法の独立」を守った児島、という面を強調してきたが、じつは児島は、「犯人に皇室罪を適用するのであれば、緊急勅令を発するほかない」という訴えを、山田顕義法相に行なっている。強硬姿勢を最後まで貫いたかにみえる児島も、最終局面では「政治」と「司法」の世界のはざまで逡巡したのである。

一方、天皇を巻き込むことになる緊急勅令は避けたい政府は、裁判日程を延期してまで児島を説得しようとするが、失敗に終わる。だが、ロシア側の反応が日本の恐れていたほど強硬ではなかったこともあって、政府は、緊急勅令による皇室罪適用という禁じ手を用いずにすみ、津田には無期徒刑の刑が下されたのである。（小宮一夫）

皇室罪適用反対		皇室罪適用賛成			
緊急勅令反対	緊急勅令賛成		ロシアとの密約	戒厳令主張	暗殺主張
井上　毅（前法政局長官） 尾崎三良（法制局第一部長）	児島惟謙（大審院院長）	松方正義（首相） 西郷従道（内相） 山田顕義（法相）	青木周蔵（外相）	伊藤博文（枢密院議長）ら	後藤象二郎（逓信相） 陸奥宗光（農商務相）

←皇室罪適用をめぐる諸意見　ロシア皇太子に何事かあった場合は皇室罪適用をロシアに約していた青木周蔵や、皇室罪適用のため戒厳令を敷こうとした伊藤博文、暗殺者による津田三蔵殺害を主張した後藤象二郎・陸奥宗光など、賛成派のなかにも多様な意見があった。

←畠山勇子　政治に関心をもつ27歳の一庶民であった畠山は、新聞で事件を知り、京都府庁の門前で自決した。畠山の名は、身命を賭して日露間の危機回避を祈願した忠臣愛国の「烈女」として、語り継がれていった。

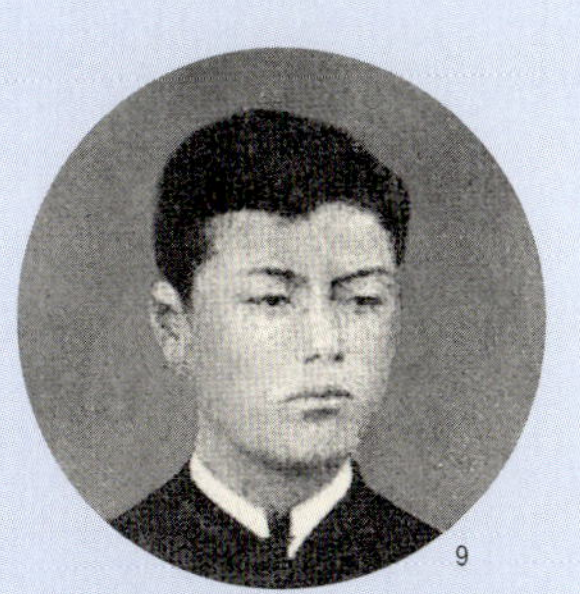

↑津田三蔵　ロシア皇太子を襲った理由は定かでないが、西南戦争に従軍し勲7等を受けており、西郷生存説に動揺していたといわれる。明治24年9月、釧路集治監で病死。

↑西郷伝説　西南戦争で自決した西郷隆盛がじつはロシアで生存しており、ロシア皇太子の訪日に同行してくるといううわさが、当時流布していた。

●大津事件の一七日間

5.11　警護の津田三蔵巡査、ロシア皇太子ニコラスに斬りかかる(大津事件の発生)。

12　天皇、京都に出発。重臣閣僚会議が開かれ、「皇室罪適用」の方針を定める。会議の席上では「犯人暗殺案」「戒厳令案」などさまざまな案が出る。

13　天皇、皇太子を見舞う。児島、大審院判事を集めて意見を求める（全員が皇室罪適用に反対）。

15　京都御所で御前会議を開き、皇室罪適用を決める。

16　言論統制のため「勅令四六号」公布。

17　松方首相、児島を呼び出し皇室罪適用を説得するが失敗。政府、裁判担当の裁判官を説得し、四名が皇室罪適用に翻意（全体で七名中五名が賛成に）。

19　ロシア皇太子、帰国。児島、松方首相と山田法相に「意見書」を提出後、裁判の行なわれる大津に向かう。

20　畠山勇子、自殺。

21　児島、裁判官の説得開始。

23　児島らの説得により、裁判官三名が翻意（七名中五名が反対に）。

24　児島、法相宛に「津田を死刑にするなら緊急勅令しかない」旨の電報打電→政府、25日予定の公判を強引に延期し、法相と西郷内相を大津に派遣。

26　法相と内相、児島および裁判官の説得を図るが失敗。

27　公判、津田被告に「無期徒刑」の判決。西郷内相・山田法相・青木外相引責辞任。

条約改正にかけた男たち

みずからの力で政治的上昇をめざした陸奥と星

日清開戦の直前の明治27年（一八九四）7月、日英通商航海条約が結ばれた。関税自主権の回復こそならなかったものの、この条約によって五年後には領事裁判権が廃止されることから、当時の輿論は、明治国家の悲願であった条約改正が、何はともあれついに実現されたと受け取った。

●陸奥と星の野心

このときの外務大臣が、陸奥宗光である。政治的飛翔を内心に秘めた陸奥は、有能な政治家であったが、明治政府の中心勢力であった長州・薩摩出身ではなかったため、みずからの手で功績をあげる以外に、政治的飛翔はありえなかった。そこで陸奥は、外相として井上馨や大隈重信も成功しえなかった難事業、すなわち条約改正交渉に、みずからの政治生命をかけることにしたのである。

この難事業を、自由党の政権参入戦略という観点から手助けしようとしたのが、陸奥と旧知の間柄であった自由党の星亨である。星は、江戸の町人出身で、陸奥と同様、みずからの才覚で立身出世を遂げてきた人間であった。

当時衆議院の第一党だった自由党の最高幹部の星は、議会開設以降、自由党を政権担当能力のある現実政党に方向転換させようと苦心していた。星は、政党に宥和的な伊藤内閣と信頼関係を構築するきっかけとして、条約改正問題に着目した。明治25年末からの第四議会は予算問題をめぐって紛糾するが、その陰で翌年2月15日、星が改進党にも働きかけた欧米人の内地雑居を容認する条約改正上奏案が、衆議院を通過した。

この上奏案は、議会の多数派の意向は欧米人の排斥ではなく内地雑居の容認にあることを示すことで、政府が民意を後ろ盾とし、欧米列強と対等な条約改正交渉を行なうことを暗に要求するものであった。事実、陸奥外相はこのあと、

↑陸奥宗光　和歌山出身。西南戦争の際に政府倒閣の嫌疑で投獄される。出獄後、海外に留学。明治19年帰国し、外務省入りした。

年	陸奥宗光	星亨
明治20	6 駐米公使に就任	12 保安条例で東京追放
明治21	11 日墨修好通商条約調印	2 出版条例違反で逮捕
明治22		2 憲法発布の恩赦で出獄 4 欧米旅行（陸奥と再会）
明治23	1 帰国 5 農商務相に就任 7 第一回総選挙で当選	10 帰国 10 立憲自由党に入党
明治24	9 代議士辞職	3 自由党総務に
明治25	8 外相就任	2 第二回総選挙で当選 5 第二代衆議院議長に就任
明治26	12 条約励行反対演説	2 条約改正上奏案、衆議院で可決 12 議長不信任案可決され、議員除名
明治27	7 日英通商航海条約調印（条約改正実現）	3 第三回総選挙で当選、自由党復帰

↓星亨　英国で法律を学び、帰国後代言人（弁護士）として活躍。明治15年の自由党入党の際には、入獄中の陸奥と相談をしている。

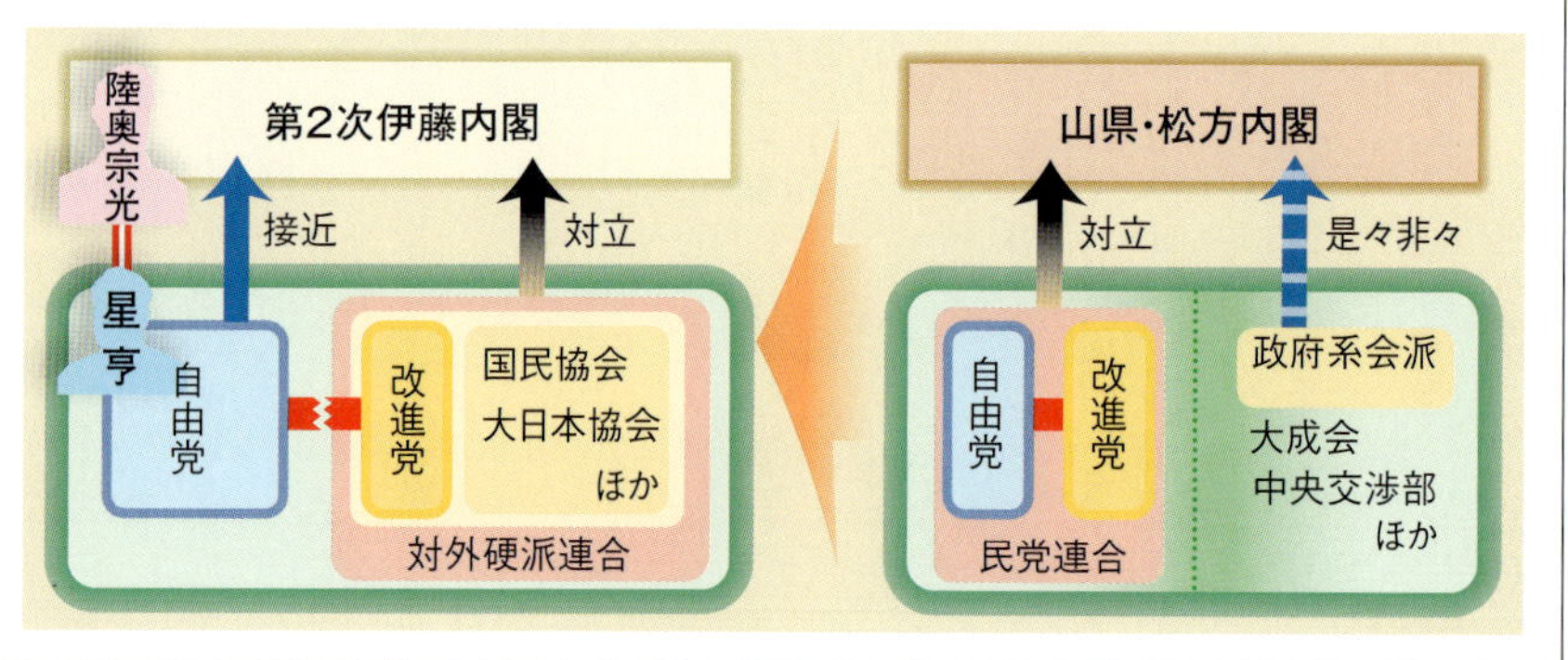

➡転機としての第4議会　予算問題で紛糾した第4議会は、明治26年2月10日、天皇が内閣と議会の妥協を求めた和衷協同の詔書によって劇的に変化した。自由党の賛成で予算修正案が可決され、これを機に自由党は内閣に歩み寄りを見せていく。自由党と民党連合を組んでいた改進党は、両者の接近に反発。同年末の第5議会から翌年の第6議会にかけて、国民協会などと対外硬派連合を結成し、伊藤内閣および自由党と激しく対立した。

内地雑居の実現と引き替えに領事裁判権の撤去を要求する条約改正案をまとめ、欧米列強との交渉に乗りだしていく。

●対外硬派連合との対決

そのとき、陸奥の前に立ちふさがったのは、条約改正問題は党利党略ではなく天下国家の問題であるとする、対外硬派連合であった。対外硬派連合は、星と陸奥が条約改正問題を利用して互いの政治的地位を上昇させ、さらには伊藤内閣と自由党の提携を実現させようと水面下で画策していると見なした。こうして、対外硬派連合から憎悪の対象となった星と陸奥は、攻撃の矢面に立たされ、星はついに衆議院議長除名に追い込まれ、失意の時代を送ることになる。

一方、対外硬派連合と断固対決する姿勢をとりつづけた陸奥は、条約改正を実現させるとともに、日清開戦外交を繰り広げた。外相としての仕事に忙殺され、心身をすり減らした陸奥は、明治32年7月の改正条約の施行を実際に見ることもなく、また最大の悲願であった首相にもなれずに、この世を去ったのである。（小宮一夫）

3

←板垣（いたがき）・星連名領収書　陸奥家に残っていた、自由党総裁板垣退助（たいすけ）と同党最高幹部星の連名による明治27年8月23日付領収書。同年9月1日の第4回総選挙を前に、陸奥がひそかに政府から金を用立て、資金難に苦しむ自由党に貸し付けたのではないか、という推測が成り立つ。

4

←居留地返還祝賀会　明治32年7月の改正条約の施行により、幕末以来の居留地制度は廃止された。居留地のあった各地では、返還記念の催しが行なわれた。写真は大阪・川口の祝賀会。

5

←『内地雑居風俗寿吾六（すごろく）』　内地雑居とは、当時の日本人にとってまさしく「国際化」への直面を意味する、身近な大問題であったといえる。そこで庶民向けに、内地雑居の心得などをわかりやすく説いた案内本や、内地雑居後の風俗を予想した双六（すごろく）などがつくられた。左の双六では、内地雑居により小学校では外国語の授業が始まり、日本人が西洋式の握手をするようになるのに対し西洋人が日本式のお辞儀をするようになる、などといった場面が描かれている。

▶不平等条約の争点（p278）、条約改正を阻んだもの（p280）、欧化の象徴・鹿鳴館（p282）

拡大する美容産業

新しい化粧品が開発され、広告戦略も激化する

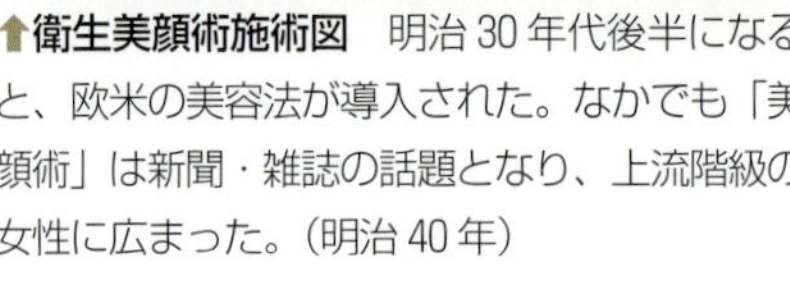

衛生美顔術施術図　明治30年代後半になると、欧米の美容法が導入された。なかでも「美顔術」は新聞・雑誌の話題となり、上流階級の女性に広まった。(明治40年)

高島屋用広告写真　明治39年に神戸の中山太陽堂が発売した「クラブ洗粉」は、国産品の洗顔用石鹸がなかったこともあり、大ヒット商品となった。芸妓をモデルにした百貨店向けの広告写真。

文明開化で幕を開けた明治時代は、まだ江戸時代と同様、化粧の中心は白粉化粧で、鉛白粉を使っていた。しかし、長年使い慣れてきた鉛白粉が体に害を与えるものだということを、多くの女性たちが認識しはじめたのは、明治20年(一八八七)に起きた鉛中毒事件からであろう。

●鉛白粉による「中毒事件」

明治20年4月26日、東京・麻布鳥居坂にある井上馨外務大臣邸で、「八窓亭」という茶寮の新築落成披露に、天覧歌舞伎が催されることになった。天覧歌舞伎は「勧進帳」で幕が開き、九代目団十郎の弁慶、左団次の富樫、福助の義経という顔ぶれであった。

左団次などは、緊張して名乗りをあげる声も震えがちで、義経役の福助は足ががたがたと震えだし、止まらなくなった。福助は、以前から原因不明の手足の震え、関節や筋肉に刺すような痛みを感じていたのである。福助の様子は尋常でなく、花道から抱きかかえられるように退場したため、会場は騒然となった。

その後、日本赤十字社中央病院長の橋本綱常博士によって、この症状は鉛白粉による慢性鉛中毒であると診断されたため、この事件は大きな社会問題にまで発展した。翌明治21年には、化粧品会社の各社が無鉛白粉の開発に乗りだした。

完全無鉛の白粉が完成したのは明治33年、長谷部仲彦による「御園白粉」が最初で、福助の事件から、じつに一二年もかかった。

明治37年には、伊東胡蝶園がこの「御園白粉」を製造し、翌38年にはレート白粉(平尾賛平商店)、赤門白粉(長瀬商店)、クラブ白粉(中山太陽堂)など、各社が無鉛白粉を発売するようになった。

●クリームが新たに登場

一方、化粧水は、明治11年、平尾賛平商店が、白粉下化粧水「小町水」を発売している。江戸時代にも「江戸の水」「蘭奢水」という化粧水があったが、この「小町水」は、透明な瓶に透明な化粧水ということから、新時代の化粧品と感じられたのだろう。たいへんな売れ行きだったという。

このほか、明治時代には、それまでなかった化粧品が新たに登場した。それはクリームで、明治41年、長瀬富郎が独自の製法で完成し、発明特許を受けている。42年には、平尾賛平商店がバニシングクリームの「クレームレート」を、

クラブ美身クリーム　クラブ化粧品が明治43年に発売。大正時代にはクリームと粉白粉でスピード化粧が行なわれるようになる。

御園白粉　胡蝶園が明治37年に発売した無鉛白粉。芸者たちのなかには、明治の末ごろまで鉛白粉を使っている者もいたという。

小町水　平尾賛平商店が明治11年に発売した化粧水。美人の象徴である小野小町の名が、美人になれるかのように連想させた。

明治	白粉	化粧水	（もりそば 1人前）
27年	6～25	—	1.5
29年	5～30	8～12	—
31年	7～75	5～20	1.8
33年	2～30	20～25	
37年	—	—	2
39年	10～25	15～25	—
43年	—	12～50	—
45年	—	—	3

ポーラ文化研究所資料より　（単位：銭）

⬆化粧品の値段　雑誌『風俗画報』の広告にある化粧品の値段を、もりそば1人前の値段と比較したもの。

⬅松屋百貨店店頭販売風景　クラブ化粧品の創業者中山太一は、知識層や富裕層に愛用者を広げるため、百貨店にねらいを定め、三越、高島屋などにも積極的に化粧品を納入した。

⬇麝香美人水引札　本舗牛谷麝香堂が明治27～29年に発売した化粧水の引札。「志ら雪」は洗い粉。商標に描かれた断髪の男性が、いかにも新時代を表わしている。

43年には中山太陽堂が「クラブ美身クリーム」を発売している。

　こうしたクリームの流行には、新聞や雑誌にたびたび掲載された広告宣伝の影響も大きかったと思われる。

　無鉛白粉の開発、新時代の化粧品であるクリームの発売により、多くの女性たちが、伝統的な和風化粧から、洋装に似合う洋風化粧を取り入れるなど、明治時代は化粧品や美容業界が大きく発展した。

　伊東胡蝶園、長瀬商店、中山太陽堂、平尾賛平商店など、白粉やクリームで勢いがあった。とくに「西のクラブ、東のレート」といわれた中山太陽堂、平尾賛平商店の両社は、人気の女優を起用したり新聞広告をするなど、いろいろな広告合戦を繰り広げ、当時の化粧品業界をリードした。

（村田孝子）

⬅新形石鹸ラベル　明治6年、日本ではじめて堤石鹸製造所が石鹸を製造。ラベルには桃太郎のお供の犬・猿・雉が描かれている。清潔にして流行病のコレラを退治する意味合いか。

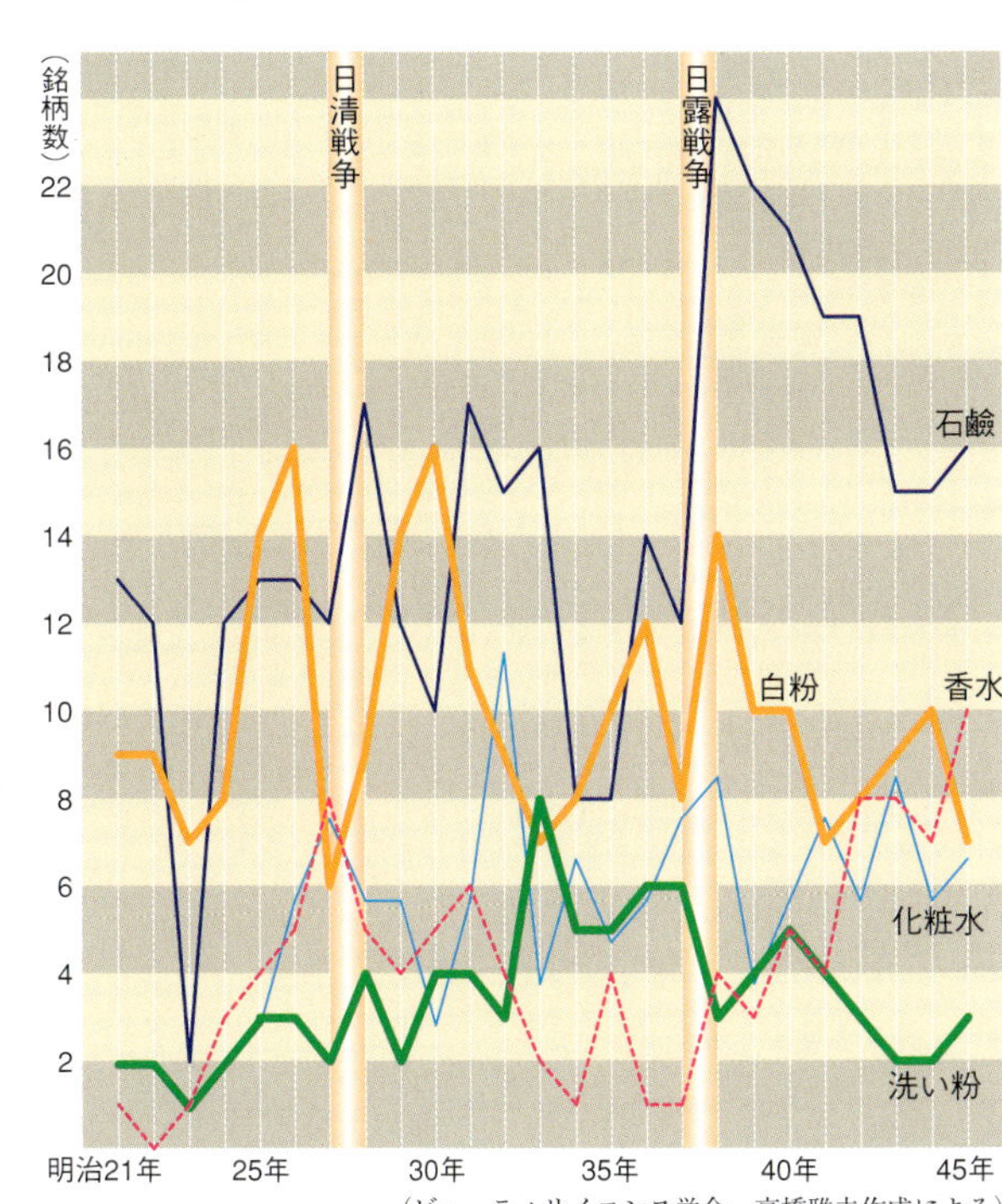

（ビューティサイエンス学会　高橋雅夫作成による）

➡広告に見る化粧品銘柄数の推移　『東京朝日新聞』が創刊された明治21年7月から45年7月までに掲載された化粧品の広告を分類集計したもの。香水の銘柄数は、日露戦争後、飛躍的に増えている。

和服の着こなし

西洋の小物も取り入れて楽しんだ和のおしゃれ

明治20年代に入ると、西欧化への反動で、社会の風潮が国粋主義となり、服装界にも影響を与えた。女性はほとんどが和装に戻り、洋装は宮中で働く女性や一部外交関係者に残るくらいとなっていた。

●おしゃれ着としてのきもの

『都の華』は『都新聞』の付録として明治30年（一八九七）より月一回、刊行された小冊子である。その特徴のひとつは、多色刷りで表わされた表紙絵である。全七三冊発行されたうち、五二％の表紙絵に女性が描かれており、それらはすべて和装姿である。これらの表紙絵の解説からは、当時のきものの模様や色、生地の内容だけでなく、年齢や職種によるそれぞれの違いや、身につけた装飾品などを、詳細に知ることができる。

たとえば第一号の表紙絵には、春の季節の17歳と13歳の令嬢の姉妹が描かれている。そこでの姉は、当時流行の高島田に結った髪に、本鼈甲の櫛、花簪と松葉形金脚の珊瑚の簪を挿し、衣服は縮緬の三枚重ね。きものの表衣は黒の五つ紋付きの裾模様で、雲に菊を友禅染で表わし、雲は白茶に切金砂子を施すという。帯は海老茶の緞子で、伝統的な牡丹唐草の模様を表わしたもの。板締めで源氏香模様を表わした緋の帯上げを締め、懐に筥迫を挿し込み、三保袋を持って、藤色ビロードの鼻緒をつけた履き物を履いているという。

このように、『都の華』からは、当時の和装の着装の様子が具体的にわかる。夏以外は、一般的に襦袢を着た上に、一枚または二枚重ねの「襲」または「下着」と呼ばれる下衣を着用し、その上に表衣となるきものを着用する。夏は長襦袢に、夏に適した生地のきものを着て帯を締める。ここに記されているのは明治30年代の着装であるが、20年代、40年代も着装に関しては大きく変わることはなかったと思われる。

『都の華』にみる流行の装い

2

➡**第２号表紙**　夫人（右）と令嬢の夏の流行姿。夫人のきものは綾のお召し、柄は濃い萌黄地の鶉模様。帯は利休色の富田金襴の写し。帯上げは縮緬に押合桜の模様を表わす。（明治30年7月7日号）

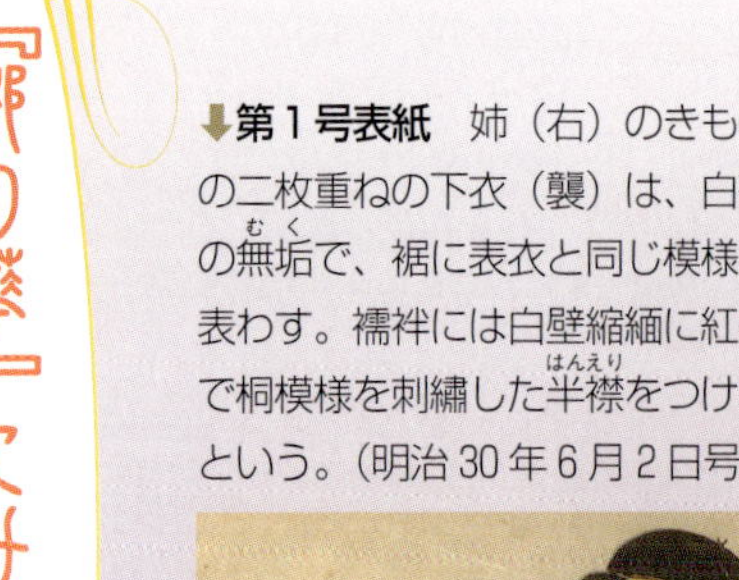

1

⬇**第１号表紙**　姉（右）のきものの二枚重ねの下衣（襲）は、白茶の無垢で、裾に表衣と同じ模様を表わす。襦袢には白壁縮緬に紅糸で桐模様を刺繍した半襟をつけるという。（明治30年6月2日号）

4

⬇**第26号表紙**　夏の装いの芸妓。年かさの芸妓（左）は、薄藍緑地の鶉革模様の縮緬のきものに、濃いお納戸地に水鳥を織り出した博多の帯を締め、宝石入りの指輪を3個、左右の指にはめている。若い芸妓は露草模様を染め出した絽のきもの。（明治32年8月17日号）

3

⬆**第４号表紙**　秋の初めの装いをした芸妓。きものは絽の二枚重ねで、上衣を紫、下衣を薄紫にし、重ね色目と呼ばれる手法で「萩」という色目を表現。光琳水の裾模様。帯は小萩模様を織り出した厚板。（明治30年9月8日号）

礼装が白から黒へ変わる

外出着として着用されることの多かったこれらのきもののほかに、儀礼用のきものには、依然として伝統を受け継いだ模様が用いられた。黒縮緬地に若松や竹などを表わした褄模様のきものなどは、その典型的な例である。

古代以来、日本では、冠婚葬祭の儀礼の際には白が正装として用いられてきた。ところが明治に入り、西欧の正装が黒であったことの影響により、黒が正装に用いられるようになった。その習慣は、黒留袖や喪服として、現在にまで引き継がれている。（長崎　巌）

5

←**波々伯部捨四郎『金春銘妓婦美』** 縞のきものに黒襟の芸妓の石版画。黒襟は写真にも多くみられる。襟を大きく開け、半襟を見せる着付けも一般的だった。（明治14年）

6

↑**宮川春汀『美人十二ケ月　其十一　嫁』** 高島田の髪に花笄を挿し鏡に向かっている娘が着ているのは、黒地に松模様の振袖。帯は蜀江模様。黒地に吉祥模様を表わした振袖は、明治時代後期にはしばしばみられる。（明治32年）

8

→**女学生の服装** 束髪にきもの、海老茶の袴をつけ、そのうえに総模様の被布を着た女学生。被布は女性・子どもの外出用の衣服。革靴を履き、こうもり傘を持っている。（明治40年頃）

7

←**ショール** 洋装の小物が和装にも取り入れられた。肩掛け・ショールは、明治20年代に綿織の安価なものが発売されてから流行した。（『風俗画報』明治40年より）

▶装身具の流行（p200）

和服の柄

つぶぞろいコレクション

明治前期のきものは、江戸後期中流の町人女性の小袖様式を受け継いで、濃い鼠色を基調にした地味な地色の縮緬や平絹地に、友禅染などの技法を用いて褄模様や裏模様を表わし、一部に刺繍を施している。

柄の多くは伝統的な風景や花鳥で、それらが繊細に表現されている点は江戸時代と共通しているが、地色は江戸時代よりもさらに暗く地味で、若い女性が着用する振袖にすら、その特徴が認められる。これら褄模様形式のきものは、明治時代後期までその様式を伝えていく。

明治20年代には10年代同様、江戸時代から続く伝統的な様式がまだ生きていたが、30年代もなかばを過ぎたころから、化学染料や西洋の染色技術が普及し、また西洋画の影響を受けた斬新な模様もみられはじめる。このころ一方では、日本画家を起用し、日本画風の写生調の模様もつくられはじめ、友禅染の色差しは、鮮やかさと写実的な表現を同時に追求することとなった。以後、化学染料を用いて鮮やかな模様を表わしたものが主流となる。

明治40年（一九〇七）を過ぎると、百貨店による流行づくりの努力が実って、派手で大柄な元禄模様、尾形光琳の意匠を継いだ光琳模様といった復古的な模様が少しずつ普及していく。同時に、このころから西洋のアール・ヌーヴォーの影響を受けた植物模様が流行し、ここに至って、新たな時代を感じさせるきものの意匠表現が確立したのである。

（長崎　巌）

➡**黒平絹地芝垣雪輪枝垂桜模様着物**
江戸時代のきものが小紋染のみで模様を表わすのに対し、明治時代には、小紋染に加えて裾や褄の部分に友禅染と刺繍が加えられる。（明治前期）

⬆**鼠壁縮緬地風景模様振袖**　若年向けの振袖のきものも鼠色の地色を用いている。（明治前期）

⬇**濃藍壁縮緬地柳鷺模様襲着物**
刺繍はごくわずかな色糸と平金糸を用いている。（明治前期）

⬅**鼠平絹地荒磯模様着物**　初期は鼠色を地色に多用するが、模様には繊細な技法を用いたものが多い。裏地に赤地を用いている。（明治前期）

▶日本髪と束髪(p198)、装身具の流行(p200)

藤紫壁縮緬地風景模様振袖　明治30年代なかばを過ぎるころから明るい色調の地色が多くなり、裾模様の部分で地色をぼかす曙染が流行した。（明治中期）

紫縮緬地牡丹模様四つ身
日本的なモティーフを西洋的な色遣いで表わすものが増え、菊・牡丹などの植物を、ぼかしを含んだ深い色合いで表現したものが流行した。（明治後期）

紺縮緬地草花模様一つ身　明治後期から大正時代にかけては、西洋蘭、ダリア、チューリップなどの洋花をモティーフとしたものや、それらを油絵のような表現で表わしたものが多くみられる。（明治後期）

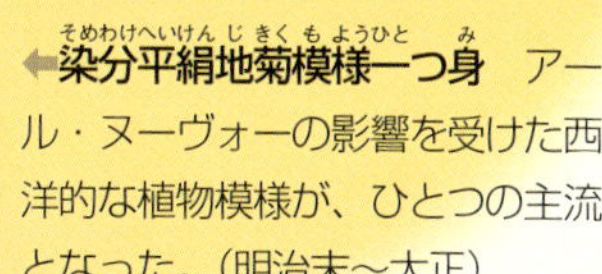

染分平絹地菊模様一つ身　アール・ヌーヴォーの影響を受けた西洋的な植物模様が、ひとつの主流となった。（明治末～大正）

紺縮緬地風景模様着物
江戸時代以来の薄手の縮緬を用いながらも、ぼかしを用いて明るい色彩へと裾で変化させている。（幕末～明治前期）

紺木綿地雪輪に鶴松菊模様着尺
木綿地に型紙を用いて糊を置き、藍につけて模様を染め表わす中形染は、江戸時代後期から明治にかけて、着尺のほかさまざまな用途の染織品に用いられた。（明治後期）

家庭で洋食を楽しむ

和洋折衷の新しいライフスタイルの創出

東京・築地に明治5年（一八七二）に開業し、本格的な西洋料理店として名を馳せた精養軒の主人が、口伝による家庭向けの西洋料理書『西洋料理　厨の友』を出版したのは、明治35年のことである。

この本の出版の動機は、最近西洋料理のつくり方を説明した本が世に多く出まわっているが、家庭向きではなく、本を買った人はからだという。本のタイトルには、この本が厨房に欠かせない身近な存在になってほしいという願いが込められている。〈直ちに失望する有様〉であった

家庭でのもてなし料理へ

「家庭向け」の西洋料理法を説いた本は、明治初期から数多く出版されていたが、その内容は高尚な話やテーブルマナーに関するものが多く、また、調理器具の値段が高い、準備が仰々しい、材料が手に入りにくい、調理時間が長くかかる、説明がわかりにくいなど、現実には手が出せなかった。西洋料理といえばまだまだぜいたくで、専門のコックでなければ調理ができないと思われていたのである。

しかし明治も30年代になると、「今時の婦人令嬢で、この料理を知らぬといっては許されぬ」とまでいわれるほど、西洋料理は外で食べるだけの料理から、家庭でのもてなし料理へと徐々に変わっていったのである。明治36年には、村井弦斎による食をテーマにした料理小説『食道楽』が報知新聞に連載後、単行本化されて大ベストセラーとなるなど、家庭向けの西洋料理本がこの時期に続出する。

それでも、本格的な西洋料理はまだ一般家庭では難しかった。そこでそれらの本では、ごくごくふつうの家庭がちょっとした工夫で、家庭の食卓を洋風に変え来客をもてなしたり、和洋折衷で西洋気分を味わったりする、新しいライフスタイルが提案された。

たとえば、明治39年刊の『家庭

⬆ハレの日の外食、西洋料理　ひげや洋装と同様、西洋料理も明治の政治家や官吏にとって特権階級の証だった。（『風俗画報』明治23年より）

⬇家庭で西洋料理　一般の台所はまだ大部分が座り台所だった。それでもフライパンがあれば、七輪で西洋料理の調理も可能だということを紹介する『家庭西洋料理と支那料理』の挿絵。

➡銘々膳　卓袱台やテーブルが普及する前の一般家庭では、銘々がひとり用の膳の前に座って食事をしていた。（ビゴー『クロッキ・ジャポネ』より）

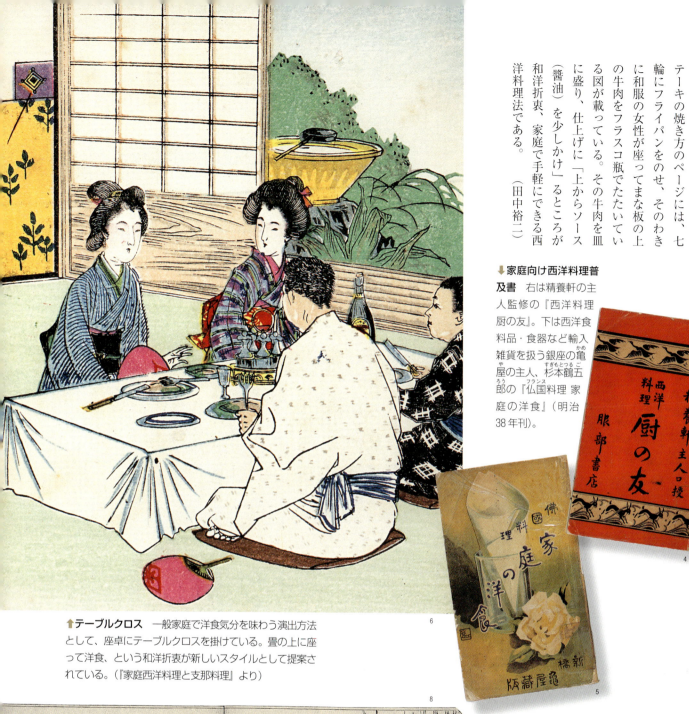

西洋料理と支那料理』のビーフステーキの焼き方のページには、七輪にフライパンをのせ、そのわきに和服の女性が座ってまな板の上の牛肉をフラスコ瓶でたたいている図が載っている。その牛肉を皿に盛り、仕上げに「上からソース（醤油）を少しかけ」るところが和洋折衷、家庭で手軽にできる西洋料理法である。（田中裕二）

⬇家庭向け西洋料理普及書　右は精養軒の主人監修の『西洋料理 厨の友』。下は西洋食料品・食器など輸入雑貨を扱う銀座の亀屋の主人、杉本鶴五郎の『仏国料理 家庭の洋食』（明治38年刊）。

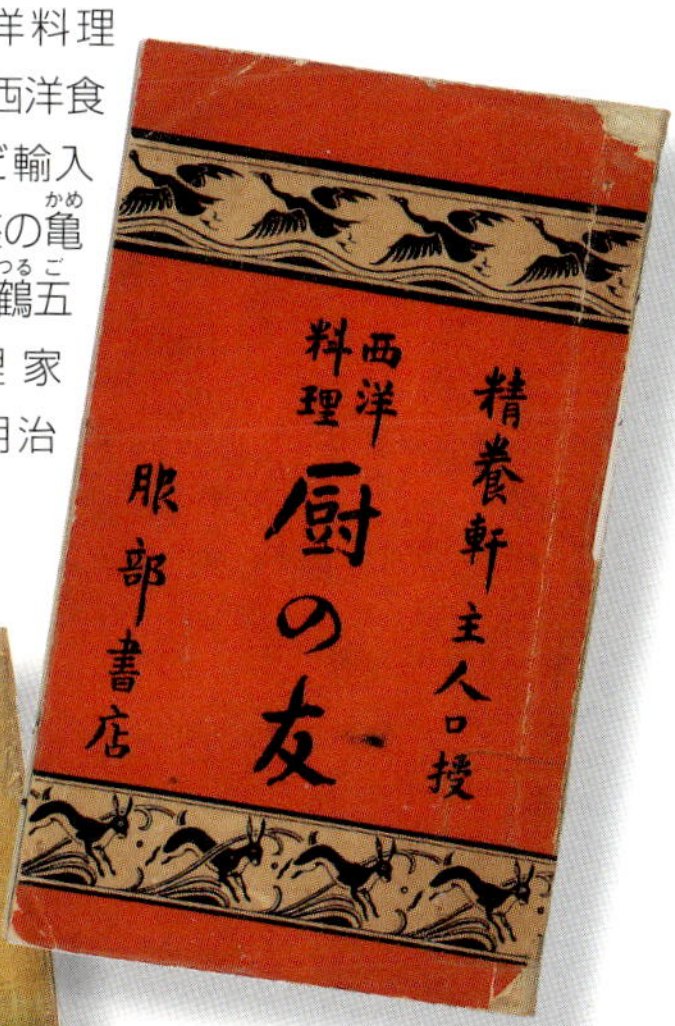

精養軒主人口授
西洋料理
厨の友
服部書店
4

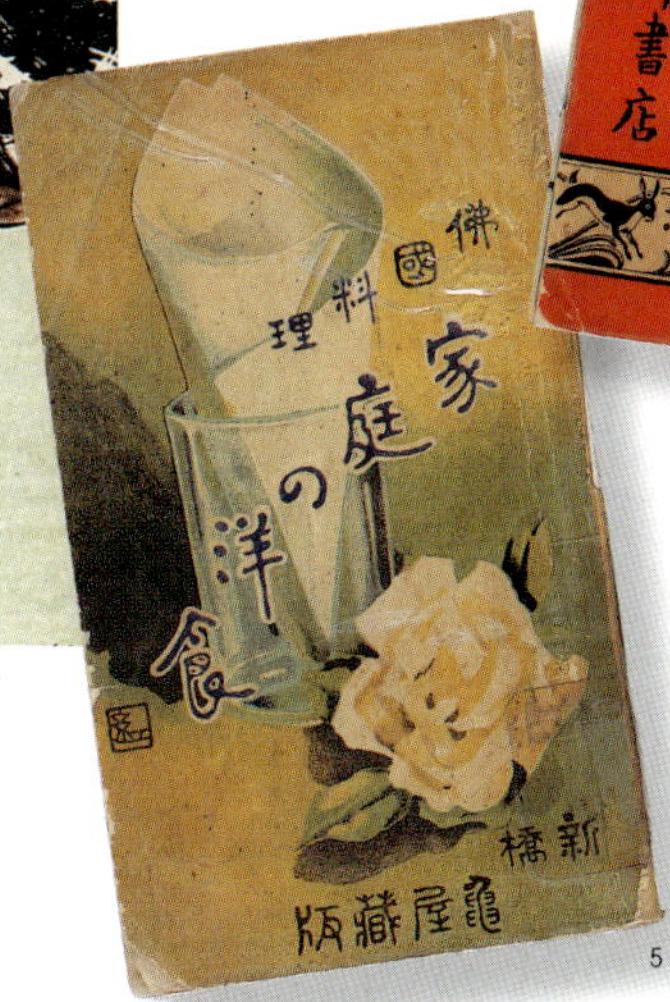

佛國料理
家庭の洋食
新橋 亀屋藤版
5

6

⬆テーブルクロス　一般家庭で洋食気分を味わう演出方法として、座卓にテーブルクロスを掛けている。畳の上に座って洋食、という和洋折衷が新しいスタイルとして提案されている。（『家庭西洋料理と支那料理』より）

8

7

⬅↗アイスクリーム　当時、アイスクリーム製造器もあったが（上）、普及はしていなかった。『食道楽』は、家庭の道具で工夫してアイスクリームをつくる方法を、挿絵入りで紹介している（左）。材料を入れた茶筒を、氷と塩を詰めた桶に入れ回転させるというもの。

3

⬅**電灯**　初期の白熱灯は暗かったため、平たい笠が用いられたが、タングステン電球の普及などで明るくなるにつれて、深い笠や意匠を凝らした笠が用いられるようになった。

大隈邸の台所

ビジュアル読み解き

3 展開の時代

1

明治日本が歩んできた近代化の、台所における理想像がここ、大隈邸に集約されている。ガス化、電化、水道、時計、調理器具、そして立ち働き式の台所である。当時の現実的な生活水準からみれば、その設備と規模はけた外れだった。この台所が近代的台所のひとつの「模範」とされ、遅れた日本の台所を「改良」しなければならないといった動きに連なるのである。

左は、明治の大ベストセラーであり、実用的な料理本としても中流家庭の令嬢の必読書となった、村井弦斎『食道楽 春の巻』の口絵で、伯爵大隈重信邸の台所を描いたものだ。村井弦斎の妻は、大隈重信の従兄弟の長女にあたる。細部は異なるものの大隈邸の内部がほぼ忠実に描き出されていることが、下の写真と比較してもよくわかる。

大隈邸が新築落成したのが、明治35年（一九〇二）年であり、『食道楽』が新聞に連載され、出版されたのは翌36年。政府高官の台所風景をいち早く紹介したことになる。（田中裕二）

➡**大隈邸の台所**　通常でいっぺんに60人分の食事がつくれたという。明治45年1年間で、来客3714人分の食事を供したとの記録がある。そのうち西洋料理は550人前。

2

←**温室栽培の野菜**　大隈邸にはガラス張りの温室があり、そこでとれた野菜が大隈邸の食卓をにぎわしたという。海外からの来賓に温室で洋食をふるまうこともあった。

神棚　台所からの出火で邸宅を焼失した経験からであろうか。台所の近代的な設備とは裏腹に、火の神を祭ることは忘れていない。

洋食器　当時、洋食器はほとんどが高価な輸入品だった。それを西洋料理店ではない一個人の邸宅で取りそろえているのは、大隈邸ならでは。

↑**八角時計**　配膳や調理を正確に行なうために、時計は欠かせない。西洋時間は近代化の過程で工場・鉄道・学校などにも導入されたが、その結果、時間に厳しい国民性が形成された。

フライパン　洋食用調理器具の代名詞的存在。西洋料理や調理器具を紹介した、明治5年刊の『西洋料理通』では鉄鍋と表記されていた。

←**ガス**　大隈邸では、調理用のガスストーブだけでなく、竈にもガスを導入した。安全確実に発熱できる利点から、ガスは明治末には都市部の住宅近代化の牽引役となった。

水道　都市計画事業のなかでも上水道の整備は遅れ、東京では明治32年にようやく水道落成式が行なわれた。それまでは、井戸や江戸時代からの木樋に頼っていた。

▶上下水道の発達(p442)、明かりとエネルギーの変遷(p444)

住まいと暮らしの変化

椅子に座りはじめた日本人

住まいと暮らしの近代化は、電気やガス・水道など都市の基盤整備や、板ガラスなど新しい建築材料の発達、そして生活スタイルの変化とともに少しずつ進んでいったが、生活スタイルの大きな変化のひとつに、椅子の導入がある。

皇族をはじめとする上流階級は、公的な場での正装が洋装とされたのに伴い、執務空間が椅子に座る洋風スタイルとなった。住宅においては、洋服を着て過ごす部屋と、今までどおり和服で過ごす部屋との使い分けをする必要が出てきた。このような生活スタイルの変化に応じ、広大な敷地のなかに、伝統的生活の場である和館と、接客の機能を重視した洋館の両方を建てるようになった。このような住宅は和洋並列型と呼ばれている。

●江戸を引き継ぐ一般住宅

一方、都市部の一般住宅は、江戸時代の町人が住んでいた町家の流れをくむものと、武士住宅の流れをくむものに分けられる。

町家とも呼ばれる、都市部の庶民の住宅は、間口が狭く奥に向かって縦長に建てられた長屋が一般的であった。住居専用に使われることもあったが、表通りに面したものは、一階部分を「店」としたものや、商人や職人の仕事場を兼ねる併用住宅として使われるものもあった。また複数戸の間取りがひとつの屋根の下につくられた棟(むね)

1

⬆⬇和洋並列型住宅 写真上は旧岩崎久弥(いわさきひさや)邸。三菱3代目当主の岩崎久弥は、明治19年から24年までのアメリカ・ペンシルヴァニア大学留学時の生活体験をもとに、和洋並列型住宅を計画したと思われる。コンドルの設計で明治29年に竣工された。下図は洋館部分の平面図。接客用ということで客室が多い。和館は日常生活の場となった。

3

⬅⬇徳冨蘆花(とくとみろか)旧宅 徳冨蘆花は、明治38年、ロシアのトルストイを訪ね、約4か月洋行する。その後、明治40年に東京府北多摩郡千歳村粕谷（現在の東京都世田谷区粕谷）に移り住む。写真下はその書斎。伝統的な畳敷きの住宅に机と椅子を置いて、洋風の生活をしていた様子がうかがえる。写真上は明治期に撮影された家の外観。

4

2

⬆町家の2階化 都市部の町家では、狭い敷地での生活空間確保のために2階化が進んだ。当初は2階部分の軒高が低く抑えられ、おもに物置や使用人の部屋として使われ、2階への階段も急勾配の簡易なものが多かった。しかし生活空間の拡張に従って、2階部分にも天井板が取り付けられ、軒高も十分に確保され、階段も傾斜がゆるやかになっていった。写真は明治村に移築された明治初年の商家（右）と明治40年代の床屋（左）。

割長屋もあった。こうした住宅では、狭い敷地の有効利用のために二階化が進んだ。

また、官吏など俸給生活者の多くは、江戸時代の中・下級武士たちが住んでいた庭付きの戸建て住宅（多くは貸家）に住んでいた。このような中流階級の住宅が今日のいわゆる「庭付き一戸建て住宅」へと発展していく。明治20年（一八八七）頃建てられ、現在は明治村に移築されている森鷗外・夏目漱石住宅は、当時の典型的な事例である。

こうした一般住宅では、基本的には畳に座る生活が続けられたが、畳敷きの住まいでも椅子とテーブルを置いて、洋風の暮らしを取り入れることができた。畳敷きの部屋で椅子を使うため、「畳摺り」と呼ぶ橇を椅子の脚に付けたり、畳の上に絨毯を敷く方法がとられた。また、これらの生活スタイルは、西欧への留学や旅行の経験がある知識層にも取り入れられたのである。

（早川典子）

和洋折衷の知恵 畳摺り

椅子の脚に取り付ける橇状の「畳摺り」は、畳と椅子が接触する面積を増やして圧力を分散させ、畳表が傷むのを防ぐためのものである。畳摺り自体は、明治以前から畳の部屋で使われていた文机などにも見ることができるが、明治になって西洋の椅子に取り付けるという和洋折衷の形がみられるようになった。

たとえば、同志社の創立者でアメリカに留学していた新島襄は、明治11年に竣工したといわれる自宅で、椅子を畳敷きの部屋で使うために、アメリカ製の椅子の脚に畳摺りを取り付けている。また、明治23年頃京都に建てられた三井八郎右衛門邸のように、畳の上に絨毯を敷き、その上に畳摺り付きの椅子を置くというスタイルもあった。

←畳摺り アメリカ製の椅子に、日本で畳摺りを取り付けたもの。

↓三井八郎右衛門邸の客間 三井八郎右衛門は三井惣領家の代々当主名。江戸東京たてもの園に現存するのは11代目が昭和27年に京都の邸の一部を移築して東京に建てたもの。

↑新島襄旧邸と畳摺りの椅子 新島襄旧邸には、畳摺りの椅子とそれを置いた広間が現在も保存されている。

▶コンドル（p258）、「和風」という新建築（p364）

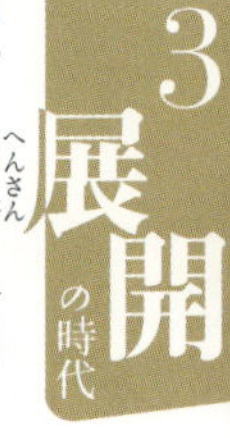

新時代の結婚のあり方

民法の「家制度」をめぐる結婚の実情

明治初期から編纂（へんさん）を企図されていた民法が、明治31年（一八九八）になって施行された。その特徴は「家制度」の制定にあり、あわせて戸籍法も改正され、「家」が編制の単位となった。

法的には不平等な結婚

民法の規定には、結婚で夫の家に入る妻は夫の家の氏を称すること（以前は夫婦別姓）、夫と同居すること、妻の財産は夫が管理すること、などがあった。女性は嫁入りすると、夫が戸主（または夫の父が戸主）の家の家族となり、その管理下に入るのである。そのほか、結婚には戸主（親）の同意を得ること、との規定もあった。

その一方で民法は、配偶者のある者の重婚を禁じ、協議離婚を可能とし、夫か妻の一方から離婚を提訴できる、とした。しかし、重婚ではないにせよ、富貴な夫が妾（めかけ）を囲い、「甲斐性（かいしょう）のある男」などと称される現実があり、一夫一婦制を有名無実なものにしていた。

離婚においても、妻の姦通（かんつう）は離婚の理由になるが、妻からの離婚が可能なのは、夫が姦淫罪（かんいんざい）（姦通により相手の夫から提訴される）で有罪となる場合に限られた。明らかに、法的な婚姻には男女の権

1 ↑民事慣例類集　司法省は明治10年に、民法典の編纂に向け、各地の民事上の慣例（人事・出産・婚姻・死去など）を調査していた。

2 ←相馬愛蔵（そうまあいぞう）・黒光（こっこう）夫妻　東京・新宿中村屋の創業者。文学への夢を捨て、安曇野（あずみの）の相馬家に嫁いだ黒光は、農村生活になじめず、仙台の実家に戻る。愛蔵は妻と話し合ってふたりで上京、商いを始める。新しい夫婦像の1例であった。

4 ↑結婚媒酌業者の広告　良縁を求めるものが多かったのか、明治前期から、このような業者の広告が新聞に掲載されていた。

3

→明治中期の婚礼　近親者や媒酌人を中心にして行なわれた、農村の典型的な結婚式。婚礼は、嫁入り先の婚家で挙行されるのが通例となった。

利・義務の不平等があった。

●妻は人生の同伴者である

そうした状況より以前のことであるが、明治8年には、森有礼の『妻妾論』における男女平等論や、契約結婚（互いの尊敬、夫婦同意による共有財産の処分などを契約）、福沢諭吉の一夫一婦論など、開明的な男性の啓蒙・実践があった。明治21年には、親の反対にあいながらも、恋愛結婚を果たした北村透谷による恋愛賛美論が、若い女性の共感を大いに得たところであった。むろん、女性も拱手傍観していたわけではなかった。明治22年には婦人矯風会が一夫一婦の建白をしている。このときにも植木枝盛をはじめ、男性の賛同者も多く参加している。

しかし、それらの動きは男尊女卑の陋習に阻まれ、民法にほとんど反映されなかった。それでも、平塚らいてう・与謝野晶子・山川菊栄らの活動にみられるように、先人たちの恋愛論や男女同権・母性保護などの考えは受け継がれ、徐々に社会に認知されていく。

そうした傾向は男性側にも受け入れられ、実際の家庭生活において、妻は人生の同伴者であると理解する夫は少なくなかった。そのような面からみれば、民法の定めた家制度のもとでの結婚であっても、必ずしも女性が不幸であるとはかぎらなかった。（川上寿代）

⬆国際結婚　明治25年に東京で行なわれた、オーストリアのクーデンホーフ＝カレルギー伯爵と青山みつとの婚礼。政府は、明治6年に国際結婚を認めていた。

明治期の婚姻率と離婚率

『日本統計年鑑』より

（人口1000人あたり）

婚姻率

離婚率

14.00 / 12.00 / 10.00 / 8.00 / 6.00 / 4.00 / 2.00 / 0.00

明治16年 / 明治20年 / 明治25年 / 明治30年 / 明治35年 / 明治40年 / 明治44年

⬅婚姻と離婚の推移　明治の10年代、20年代の離婚率は1000人あたり2～3件の間で現在よりも高かった。

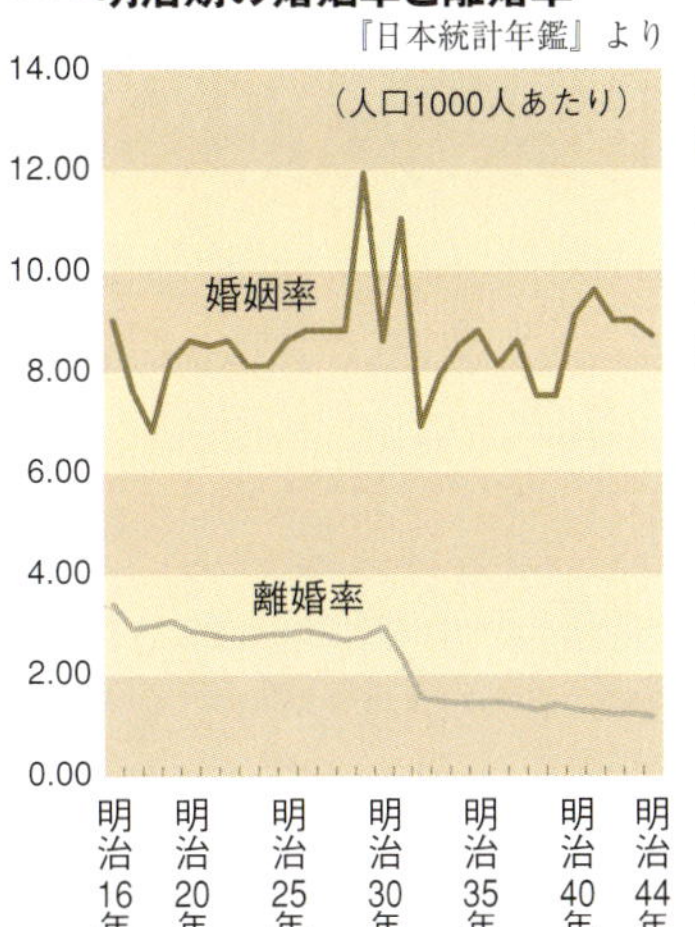

➡大正天皇と貞明皇后　明治33年に執り行なわれた大正天皇の御成婚は、西洋流の婚儀に倣い、夫婦の契りを神道儀礼として行なわれた最初といわれる。

●結婚にかかわる略史

年	出来事
明治4年	戸籍法の公布。華族・士族・平民の相互の結婚を許可。
明治6年	女子の戸主の認可。外国人との国際結婚を許可。
明治7年	ニューヨーク領事官の富田鉄之助と杉田縫が婚姻契約書を取り交わして結婚。
明治8年	森有礼が福沢諭吉を証人に、広瀬阿常と契約書三か条を取り交わして結婚。
明治9年	福島県で、男女平等を誓約した契約書を取り交わす結婚式が挙行される。
明治13年	大阪東区で結婚相談所が開設される。養子・女婿嫁妻縁組仲媒取扱所と称した。
明治14年	京都で結婚媒介業の会社が設立され、東京神田にも結婚仲介業者が現われる。『石川新聞』に娘の婿を求める広告が載る。
明治16年	井上勝之助（井上馨の養子）、結婚後、夫婦で熱海へ旅行に。新婚旅行の初めとされる。
明治17年	結婚二八万七八四二件、離婚一〇万九九〇六件。離婚の原因は結婚に対する思慮不足・貧困・家風に合わないなど。
明治20年	高峰譲吉がアメリカのニューオーリンズでアメリカ人女性と結婚。
明治25年	青山みつ、オーストリア代理公使ハインリッヒ・クーデンホーフ＝カレルギー伯爵と結婚。
明治30年	日比谷太神宮（のちの東京大神宮）が結婚式場をつくり、結婚式を始める。神前結婚式の始まり。
明治31年	民法全編が施行される。
明治33年	皇太子嘉仁親王（大正天皇）と九条節子の御成婚の大礼式が挙行される。
明治34年	大正天皇の御成婚により、民間でも神前で結婚式を行なうものが増える。

▶「家庭」の時代(p454)

飛躍する才媛たち

人物そろい踏み

明治以前、女は家にいるもの、学問など無用、とする社会通念がはびこっていた。そんな世の中に開化の波が押し寄せ、新時代が到来した。進取の気性に富む女性は、活躍の場を求めて社会に進出していった。

それが可能だったのは、明治新政府が近代化政策により、女性の活用も必要としたことにある。しかし、女性が社会的意識を高め、自己を発展させようとする情熱と努力で、新天地を切り開いたともいえよう。

その分野は、地道な学術研究・教育、女性の権利と地位の向上をめざす社会運動・福祉活動、芸術分野での才能の発揮など、多岐にわたる。まだ封建的慣習が残るなかで、徐々にだが着実に、女性の力が社会に反映されはじめた。ここに紹介するのは、明治期に時代の先駆者となった女性たちである。

（川上寿代）

教育

1

↑津田梅子（1864～1929）　東京出身。満6歳で渡米。帰国後、華族女学校（のちの女子学習院）で教鞭をとる。明治33年（1900）、女子英学塾（現在の津田塾大学）を創設した。

2

↑羽仁もと子（1873～1957）青森県出身。教員勤務ののち、初の女性記者となる。明治36年、女性誌『家庭之友』を創刊。大正10年（1921）、自由教育をめざす自由学園を設立した。

3

↑保井コノ（1880～1971）香川県出身。生物学・細胞学者。明治38年に女性初といわれる研究論文を発表。昭和2年(1927)に、石炭の研究論文により女性初の理学博士号を取得した。

4

←下田歌子（1854～1936）　岐阜県出身。華族女学校の教授を務める。明治31年、帝国婦人協会を設立し女子教育に尽力。実践女学校・女子工芸学校（現在の実践女子学園）を創設した。

福祉

5

↑瓜生岩（1829～1897）福島県出身。会津戦争で孤児となった子どもたちの教育を支援し、明治22年には福島教育所を設立した。児童福祉・社会福祉活動により、女性初の藍綬褒章を受けた。

社会

6

→福田（景山）英子（1865～1927）　岡山県出身。婦人社会運動の先駆者。明治18年、「大阪事件」で逮捕される。明治40年に『世界婦人』を創刊、社会主義による女性解放をとなえた。

7

←平塚らいてう（1886～1971）　東京出身。明治44年、雑誌『青鞜』を発刊。その創刊の辞「元始、女性は太陽であった」は、女性解放宣言として、社会に大きな衝撃を与えた。

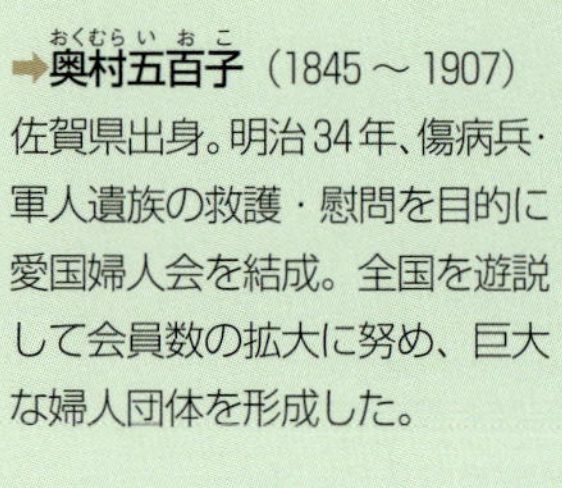

8

→奥村五百子（1845～1907）佐賀県出身。明治34年、傷病兵・軍人遺族の救護・慰問を目的に愛国婦人会を結成。全国を遊説して会員数の拡大に努め、巨大な婦人団体を形成した。

実業

13

⬅**鈴木よね**（1852～1938） 兵庫県出身。明治27年、夫の死で鈴木商店（のちの日商）を継ぎ、果断な采配を見せる一方、初の公立女子商業学校（のちの神戸市立神港高等学校）創立に寄与。

医療

9

➡**吉岡彌生**（1871～1959） 静岡県出身。自立を考え、医学専門学校の済生学舎に進み、女医となる。明治33年、日本初の女医養成の東京女医学校（東京女子医科大学の前身）を創立した。

10

➡**三浦こう**（1872～1943） 長野県出身。上京して済生学舎に学び、明治26年、医術開業試験に合格。夫の故郷である愛知県東三河で医院を開業、往診も熱心に行ない、地域医療にも尽くした。

11

➡**荻野吟子**（1851～1913） 埼玉県出身。内務省に女性の医術開業試験の受験を認めさせ、明治18年に試験に合格。女医第1号となる。東京で産婦人科医院を開業。婦人参政権運動にも参加した。

12

➡**楠本イネ**（1827～1903） 長崎県出身。父シーボルトの弟子だった石井宗謙などから産科を学ぶ。明治3年に東京で産科医を開業、最初の女医となる。明治6年に宮内省御用掛を受ける。

芸術

14

⬅**ラグーザ・玉**（1861～1939） 東京出身。最初の女流洋画家。明治22年、イタリア人彫刻家ラグーザと結婚。イタリアの地で画才を開花、ニューヨーク国際美術展で婦人部門最高賞を受賞。

15

⬆**与謝野晶子**（1878～1942） 大阪府出身。浪漫的な歌風で、明治34年、初の歌集『みだれ髪』を発表。『明星』の代表的歌人となる。女性に関する教育・評論など、婦人問題にも活躍した。

16

⬆**三浦環**（1884～1946） 東京出身。明治36年、日本人による初のオペラ上演で主役を演じる。大正4年、ロンドンで日本人初のプリマドンナとして『蝶々夫人』を演じ、絶賛された。

17

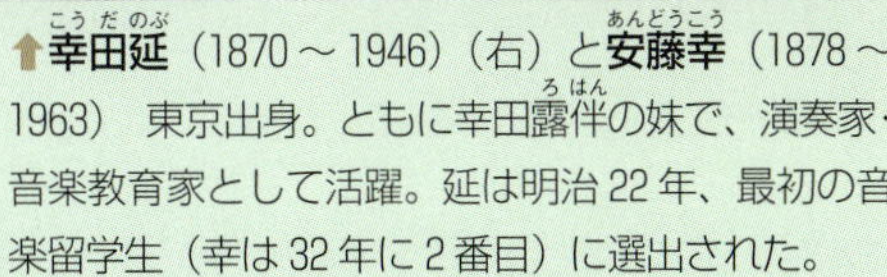

⬆**幸田延**（1870～1946）（右）と**安藤幸**（1878～1963） 東京出身。ともに幸田露伴の妹で、演奏家・音楽教育家として活躍。延は明治22年、最初の音楽留学生（幸は32年に2番目）に選出された。

女性の新しい職業

近代化のなかで必要とされはじめた女性の能力

明治時代になると、女性は社会に出て働くようになる。もちろんそれまでの時代においても、女中奉公や農作業など、女性はよく働いていた。しかしそうした労働は、行儀見習いや家業である場合がほとんどで、「社会に出る」というものではなかった。言い換えれば、女性が就ける職業もほとんどなく、女性が職業に就くという感覚も社会には存在しなかったといえよう。

しかし、明治維新後の国をあげての近代化、文明開化は産業を発展させ、いわば必然的に女性の就労に門戸を開いた。働き手としての女性の労働力、能力が必要とされはじめたのである。

●官庁勤めが人気に

近代化の礎（いしずえ）は教育にある。政府は教育水準を上げるため明治5年（一八七二）に学制を発布して全国に小学校を設置することとしたため、それに伴い緊急に教員の数を増やす必要に迫られた。小さな子どもの教育には女性が適していること、さらに女性は低賃金で雇えることも手伝って、政府は女子師範学校を設置して女性教員の養成を図った。

明治の近代化は、強力な官僚機構による中央集権によって推進された。男性社会であるこうした官庁でも、女性の力が必要とされるようになった。明治23年に電話が開通すると、逓信省電話局は電話交換手に積極的に女性を採用した。業務内容が女性に向くとされたからだった。同じ逓信省の貯金管理局などでも女性の採用があった。最初は見習いとして勤務し、成績により明治39年には判任官（高等官と区別される下級官吏）になるものも出た。女性側にとってみても官庁勤めや官吏は安心感があって、新しい職業として人気を得た。

また、西洋医学の導入・発展によって看護法の有用性が注目され、看護婦も代表的な女性の職業となった。看護婦の養成は、高木兼寛（たかぎかねひろ）

1

2

⬅⬇電話交換手（左）**と逓信省の女子判任官**（下）　明治23年、最初に採用された交換手は9名。15～25歳の独身女性で、逓信省官吏の血縁だった。賃金は日給25銭前後。（下は『婦人画報』明治43年より）

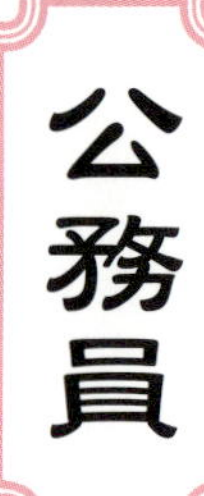

3

⬆日本赤十字社々員の貴婦人淑女包帯を製する図　佐野常民（さのつねたみ）によって創立された日本赤十字社では、明治23年から看護婦の養成を始め、女性皇族・華族の強いバックアップを得た。（『風俗画報』明治28年より）

が明治18年に設立した有志共立東京病院看護婦教育所（慈恵看護専門学校の前身）から始まった。一方、同性の医師の診察を望む女性の要求が門戸開放につながり、女性が医師になる道も開けた。明治18年に荻野吟子が国家試験の受験資格を得て医術開業試験に合格すると、多くの者があとに続いた。

●「職業婦人」の出発点

ほかにもさまざまな分野に女性の新しい職業は誕生したが、そうした結果、近代において現われるのがいわゆる「職業婦人」である。「職業婦人」という言葉はおもに大正時代に入ってから使われるようになるが、明治時代はその出発点ともいうべき時代である。国家的な必要性から生まれた職業が多いが、近代化のなかで、女性自身にも職業意識が芽生えてきたことも付言しておくべきだろう。

（川上寿代）

4

教育

⬆世界地図を説明する女教師 小学校では、このような掛け図を用いて授業を進めた。世界地図を教材にしている場面が描かれるあたりに、開国したばかりの明治国家の初々しさが感じられる。（明治7年頃）

5

医療

芸術

6

⬉女流作家 ⬅女美術家 芸術分野では明治20年、官立の東京音楽学校が創設され、幸田延（露伴の妹でピアニスト）などを輩出。明治33年には私立の女子美術学校が創設された。卒業後は女学校教員となる者が多かった。（『風俗画報』明治39年より）

女中さんの一日

家事全般にわたる下働きが主の長時間労働

家人が、諸々の事情により家事をまかないきれない、あるいはそもそも家事を行なわないといった場合に雇用される家事使用人（多くは女性）を、現代ではお手伝いさん・家政婦さんなどと呼ぶ。明治時代においてそうした役割を求められた奉公人は、「女中」あるいは「下女」などと呼称された。

●雇うことがステータス

この奉公人は、富裕層の家庭の女子が「行儀見習い」を主目的に、より上層の家庭に奉公に上がる場合と、おもに農村などの貧困家庭の女子が口減らしや出稼ぎのために奉公に出る場合とがあった。社会の近代化が進むにつれ、婦人雑誌などで「女中論」として女中を雇うことの是非、女中の使い方、また女中の地位向上などの議論の対象となるのは、後者の貧しい家庭出身の女中についてである。

男性だけが担ってきた職業に、女性も従事するようになる以前の女性の働き口は、こうした女中や女工が主であった。もともと多数の奉公人を使っていた華族など上流階級のほかに、官吏・会社員・教員など新たに出現した俸給生活者、いわゆる「新中間層」（新中産階級）の家庭も彼らを必要とした。この新階層では、現実的に家事や育児に人手を必要とした場合のほか、奉公人を雇うことが一種のステータスでもあった。雇用する奉公人はおおむねひとりないしふたりと少数だった。

●向学心と都市への憧れ

こうした、いわゆる「ひとり女中」の仕事内容は水汲み・炊事・洗濯・掃除・裁縫・子守など多岐にわたり、下働きが主であったため、女中以外にも下女・下婢・家婢などと侮蔑的にも称された。

往々にして長時間の重労働であったので、下働きよりは小間使いなど、主人の雑用の世話を希望する者が多かった。もともと学問への志を抱きながら、学費がないために奉公に上がった者が少なくなく、学問や裁縫を習う時間をもちたいと願う者もかなりいた。雇用主のほうにも、そのような志を有する真面目な者を奉公人に希望する向きも多々みられた。

一方、単に都会に出るための手段として奉公の口を求めるという例もあり、そうした場合は、女中の働きぶりへの雇用主の不満もまた少なくなかったのである。

しかし、やはり奉公人たちからの労働環境への不満の声のほうが多く、このような状況が女子労働人口を勤務形態が比較的明確な工場（女工）へと移動させ、奉公人の不足という事態が生まれてくるのである。

そうした過程で、「下女」などの侮蔑的な呼称は、明治末には徐々に「女中」へと言い換えられていくのであった。（川上寿代）

1

2
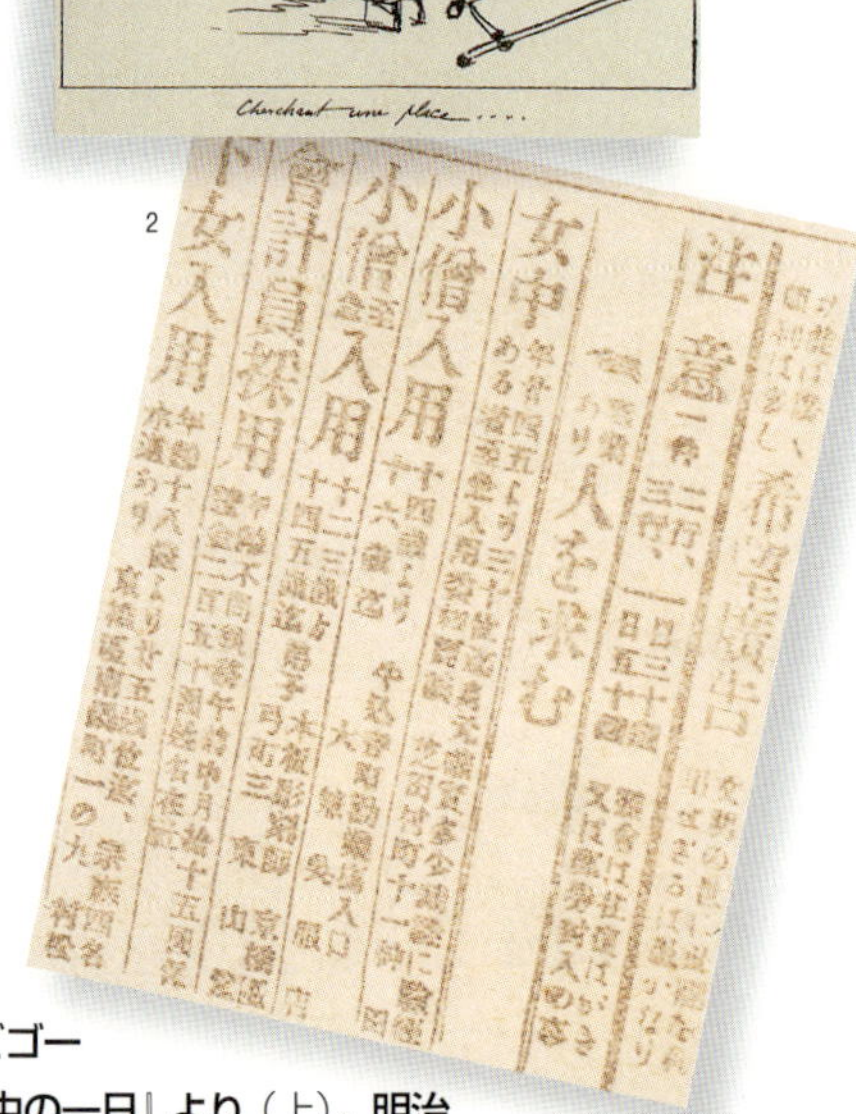
注意
人を求む
女中
小僧入用
小僧入用
會計員採用
下女入用

⬆ビゴー『女中の一日』より（上）。明治36年『万朝報』の求人広告（下）　奉公の口は、つてを頼るか、求人広告や人材斡旋業である桂庵（口入れ屋）で見つけることになる。

⬆女中部屋のある家　女中部屋は、家の北側や西日の当たる西側で、広さは3～4.5畳。住環境はあまりよいとはいえなかった。家によっては使用人のトイレも別だった。この図は、明治村に保存されている幸田露伴の家をもとにしている。写真好きの露伴は暗室までつくっていた。

⬅お風呂　内風呂のある家なら風呂焚きという重労働も。女中が入るのは最後。（ビゴー『女中の一日』より）

LA JOURNÉE
D'UNE
SERVANTE
par
G. Bigot 1899

➡水汲み　井戸から水を汲んでは、台所などに日に何度も運ぶ。ひじょうな重労働だった。（ビゴー『女中の一日』より）

⬆井戸端で米をとぐ　水仕事は、冬の朝はとくにつらいものだった。（『婦人之友』明治44年6月）

⬆夕飯の支度　主人一家の夕食の支度、夕食の給仕、後片付けをして自分の食事。（『風俗画報』明治35年）

明治44年、医学博士の加藤家に雇用されていた飯炊き担当の女中の1日（加藤家は少なくとも女中4名を雇用していた）。

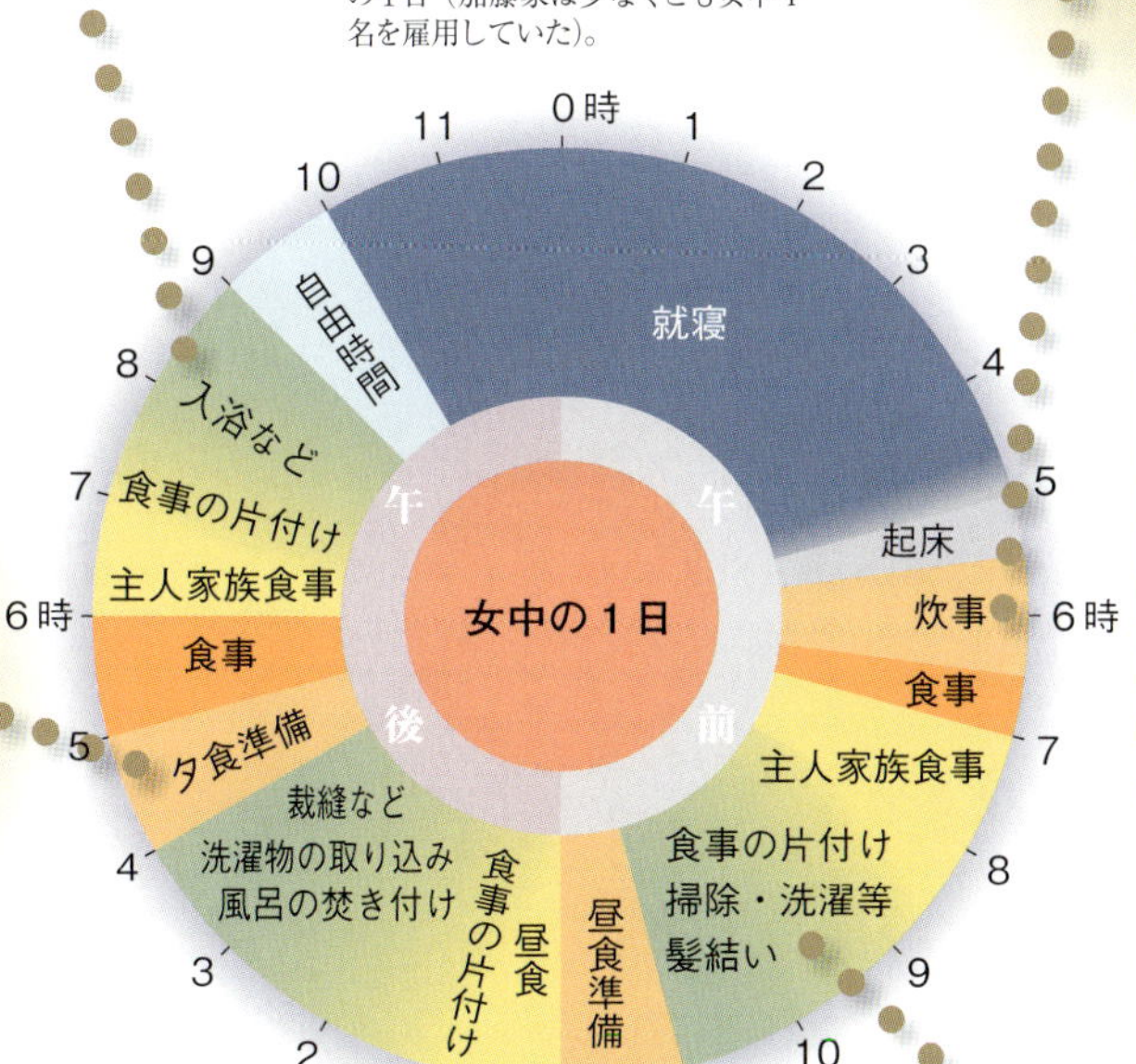

⬆ご飯を炊く　関東では流しも竈（かまど）も床面につくられ、膝（ひざ）をついて炊事する「座り台所」だった。（ビゴー『おはよ』より）

⬆➡小間使い、子守　小間使いは主人の身の回りの雑用に使われる女中さん。子守は専業もいたが、子どものいる家の女中さんの仕事でもあった。（『風俗画報』明治35、37年）

➡洗濯　かがんだ姿勢でたらいを使う洗濯は、鎌倉・室町から昭和初期まで続く。（ビゴー『また』より）

周到な開戦準備

勝敗を分けた両国のインフラ整備の差

日清両国は、明治15年（一八八二）の壬午事変、17年の甲申事変以来、朝鮮国への覇権をめぐって鋭く対立していた。朝鮮国内で東学党の暴動が事実上の内乱に発展したのをきっかけとして、明治27年7月に両国は戦争状態に突入する。戦いは翌28年5月に日本の圧勝で終わるが、その勝敗を分けた大きな要因のひとつは、両国のインフラの差であった。統制ある国軍とその輸送手段、そして命令伝達用の通信設備などである。

●突貫工事で鉄道開通

日本は甲申事変の翌年、半国策会社として日本郵船株式会社を設立して大型船舶を保有させ、平時は運輸業に使用し、戦時には徴して軍事輸送船もしくは軽装軍艦に改装するという巧みな船舶管理体制をつくっていた。日清戦争中にも、同社に多くの大型船を購入させている。それに比べて清国軍は、軍事輸送を外国船の雇用によってまかなう状態にあった。

それでも外洋航海に耐えられる船舶の数は限られていたから、部隊を戦地に近い一地点に集めてピストン輸送をしなければ、大規模な外征は不可能であった。軍隊は国土防衛上、全国の主要拠点に散在しており、鉄道による軍事移送がどうしても必要になる。

東海道線の新橋—神戸間はすでに明治22年に完成し、東北線の上野—青森間も24年に竣工していた。しかし、山陽線は神戸から三原までの開通にとどまっていたため、出征港として予定された広島の宇品軍港まで移送するには早急に三原—広島間を完成させねばならなかった。政府は全力でその敷設工事を進め、わずか一年たらずで竣工させる。開戦の三か月前に、青森—広島間が一本のレールでつながったのである。

他方、清国本土においては、天津—山海関鉄道が存在するのみで、軍事輸送を鉄路に頼れる状態にはなかった。

●事前の視察で差を確認

大本営と外征軍のやりとりは、有線電信で行なわれる。戦場との安定した交信を確保するためには、朝鮮半島に日本軍の管理する電信線をもたねばならない。日本政府は朝鮮政府の許可を得ぬまま釜山—漢城間に自前の電線を強行架設し、命令・報告を迅速かつ的確に行なえる環境を手に入れる。

このほかにも、軍事動員システムの整備、陸海両軍協力関係の設定、国産兵器の供給体制など、日本側の戦争準備は相当に進んでいた。その歴然とした差を、参謀次長川上操六みずからが事前に清国を視察して確認している。何か特別のことが起きないかぎり、日本軍の勝利の可能性はきわめて高かったといえる。（斎藤聖二）

1

⬆川上操六陸軍中将　大本営上席参謀兼兵站総監として戦争の指揮をとった。日清戦争は川上の戦争といわれる。

⬇野戦郵便隊　日本は第一次派兵当初から野戦郵便局を設けた。集配はおもに軍夫と兵士が担ったが、逓信省も人を出した。運搬には現地の人を雇用している。台湾戦も含めた集配数はじつに1205万通に達し、国民に戦争を実感させるきわめて有効な手段となった。

3

2

⬆⬅電信線の強行架設　朝鮮国の電信事業は清国の監督下にあり、電信線は清国軍の駐屯地域を通っていた（左図細線部）。日本は開戦時に釜山—漢城間385㎞の電線を25日間で強行架設した（左図太線部）。上の絵は、電線を強行架設する日本兵を描いたもの。

5 **⬆⬇広島大本営**　大本営は、開戦後の明治 27 年 9 月に広島城内第 5 師団司令部に移動した。天皇も 9 月 15 日に広島に着いた。「天子親征」を内外に誇示して出征兵士を鼓舞するためである。上図は楊斎延一『広島県御安着之図』。

⬆千葉県佐倉駅の出征風景 4
全国各地で竣工まもない鉄道による出征風景がみられた。開戦直後には 16 日間の突貫工事で広島―宇品軍港間の軽便鉄道を開通させ、青森―宇品間が約 60 時間で結ばれた。

⬅日清戦争時の広島市街図
大本営のほか帝国議会も移動するなど、広島市は国内における最前線都市としてにぎわった。開戦時には、第 5 師団司令部―広島郵便電信局―宇品軍港間に有線電信も架設された。

6

7

⬇釜山兵站病院　日本赤十字社は 1373 名を救護活動に従事させたと軍の記録にある。ただし看護婦は国内勤務にあて、海外には看護士が送られた。写真の女性たちは、居留民のなかから志願した「篤志婦人」たちである。

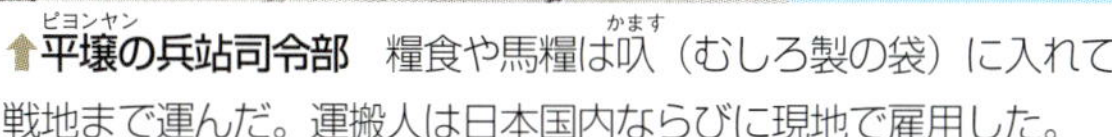

⬆平壌の兵站司令部　糧食や馬糧は叺（むしろ製の袋）に入れて戦地まで運んだ。運搬人は日本国内ならびに現地で雇用した。

⬇日本郵船の徴用船舶　日本郵船株式会社は、日清戦争で国からの貸船料で莫大な利益を得て、さらに 24 隻を新規購入した。ほかの船舶会社も積極的に大型船を購入し、日本の保有船舶トン数は戦前の 1.67 倍になった。

	自社船（隻）		国費での代理購入船（隻）		計
	既所有船	新規購入船	陸軍の指示	海軍の指示	（ ）内は増加数
陸軍徴用	31	8	9	5	53（22）
海軍徴用	10	2	0	0	12（2）

『日本郵船株式会社五十年史』『日本郵船百年史資料』より

8

▶海運業の進展（p218）

戦闘の内実

誤算もあったが、戦局は圧倒的に日本軍が優勢に

↓松島の惨状　明治29年刊行の『黄海々戦ニ於ケル松島艦内ノ状況』は、軍艦松島の水雷長木村浩吉大尉が体験した海戦の実情を子細に描いたものである。図は清の戦艦鎮遠の砲弾による下甲板右舷砲台の惨状。

1

日清戦争は大きく分けて五つの戦役で構成されている。朝鮮半島掃討戦、黄海海戦、遼東半島占領戦、金州半島占領戦、威海衛攻略戦である。大規模な軍隊を自由に移動させられる自国船の存在が、主戦場を大きく変えるこのような戦い方を可能にしたのであった。

●冬の前に制海権を握れず

日本軍の作戦計画の原形は、明治27年（一八九四）6月21日に陸海共同で作成され、7月中旬までに裁可された。これを携えて連合艦隊は佐世保を出航し、7月25日に豊島沖海戦を行なう。29日には陸戦も始まり、8月1日の宣戦布告を待たずに陸海ともに交戦状態に入った。作戦計画の骨子は、艦隊決戦に勝利して黄海・渤海湾の制海権を掌握し、陸軍主力を直隷省（現在の河北省）に上陸させ、直隷平野で大決戦を実施するというものであった。

最初の大会戦は、平壌をめぐるものである。双方一万人以上を投入した大規模な戦闘であったが、予想に反して清国軍は早々に白旗を掲げた。陸戦は順調に進んだものの、このとき三つの問題が生じていた。

まず清国艦隊との遭遇が遅れ、黄海海戦がようやく9月17日に実現したことである。直隷省への大軍のピストン輸送には二か月半かかるため、これにより上陸・前進が厳冬期に及ぶことになった。第二に、新規購入輸送船舶が予定数に達せず、輸送作業にさらなる時間が必要になった。そして第三に、清国艦隊を殲滅できなかったため、

2

↑黄海海戦　同じく木村の本より、清の艦隊を挟撃する連合艦隊。炎上しているのは清の巡洋艦、超勇と揚威。

➡日清戦争データ　戦病死は戦闘死の4倍もあった。赤痢、コレラ、腸チフス、脚気などにかかっている。なお、清国軍側に関しては正確な数字は把握されていない。

	日本	清
出兵兵士数	240,616人	不明
死者総数	13,488人	不明
病死者数	11,894人	不明
臨時戦費	2億48万円	不明
軍艦数	28隻	82隻

『日清戦史』『週刊朝日百科日本の歴史』より

3

➡陸軍の軍服　明治19年制定のドイツ式軍服。写真のように革靴のかわりに履き慣れた草鞋を着用する兵士もいた。小銃は18年式村田銃。全兵士がこの小型軽量国産銃を持って訓練を繰り返していた。

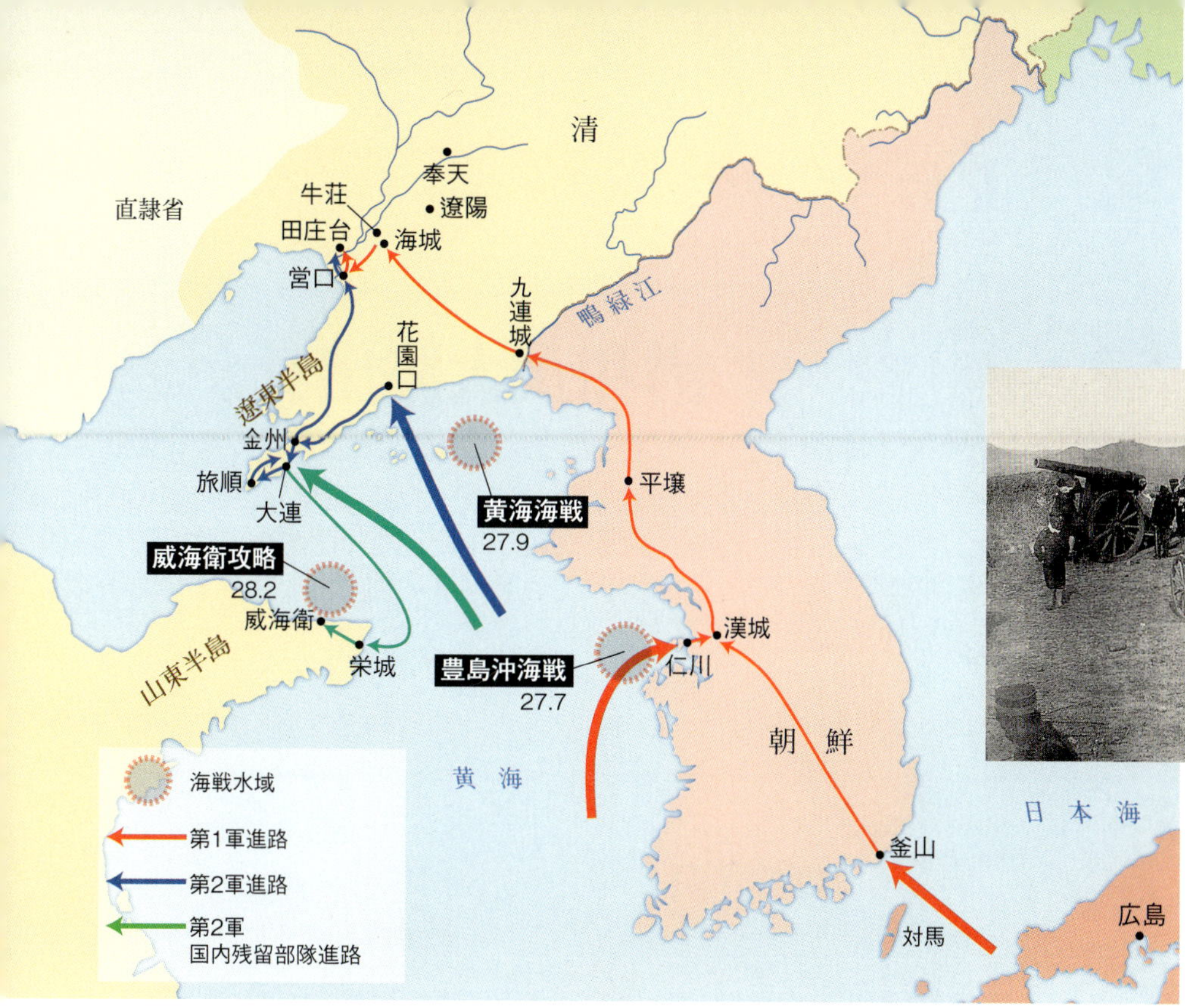

清
直隷省
奉天
牛荘
遼陽
田庄台
海城
営口
九連城
鴨緑江
花園口
遼東半島
金州
旅順
大連
黄海海戦
27.9
平壌
威海衛攻略
28.2
威海衛
栄城
山東半島
豊島沖海戦
27.7
漢城
仁川
朝　鮮
黄　海
日　本　海
釜山
対馬
広島
海戦水域
第1軍進路
第2軍進路
第2軍
国内残留部隊進路

⬅日清戦争経過図　第1軍（第3師団、第5師団）は朝鮮半島を北上し、第2軍（第1師団、第6師団半個）は花園口（かえんこう）に上陸した。威海衛攻略作戦には第2軍の国内残留部隊（第2師団、第6師団半個）が投入された。

⬆旅順の戦闘　日本軍が占領した旅順口の椅子山（いすざん）第2砲台。清国は旅順口周辺に多くの堡塁（ほうるい）を設けていた。しかし、十分に機能していたとはいえず、日本軍の白兵突撃によってつぎつぎと攻略された。

日本の制海権は不完全なままだった。これらにより直隷省上陸作戦は翌春に延期せざるをえなくなり、冬季中は朝鮮半島から遼東・金州半島へと軍を進めることになる。

講和の前にもう一戦

第一軍は鴨緑江（おうりょくこう）渡河作戦を実施して遼東半島の基部を占領し、他方、第二軍は大連（だいれん）・旅順（りょじゅん）のある金州半島を攻略した。これらの冬季作戦は、11月22日の旅順占領によって完了する。

清国政府は、その旅順陥落の日に日本に講和を申し入れた。これ以上の混乱を望まぬ列国の助言に従ったものである。このとき日本政府は、有利な講和を実現するにはもう一戦が必要であると判断する。大本営はそれを受けて、清国艦隊を壊滅させる目的で明治28年2月、真冬の山東半島で威海衛攻略作戦を実施し、2月12日に清国艦隊を全面降伏させた。（斎藤聖二）

⬆➡清国兵の武器　上の写真は平壌戦後に集められた清国軍の軍刀類。部隊内でも武器の統一性はなく、銃器を持つ兵士は6割程度であった。しかもその一部は火縄銃だった。残りの兵はこのような刀や槍（やり）で武装した。外国人画家が描いた右の絵のように、飛礫（つぶて）で闘う場合もあった。

⬅従軍写真班と演出写真　日清戦争には小川一真（おがわかずまさ）や亀井茲明（かめいこれあき）などの写真家が従軍した。彼らは世界の目を意識して、日本がこの戦いに文明国の精神をもって臨んでいることを誇示するための写真も撮影した。写真左は明治28年1月の金州兵站（へいたん）病院。日本の兵站病院では敵国の兵士も治療していたことを示すために、屋外において撮影用に演出された写真。右のカメラは亀井茲明が日清戦争で使用したもの。

講和か大陸出兵か

スーパー大図解

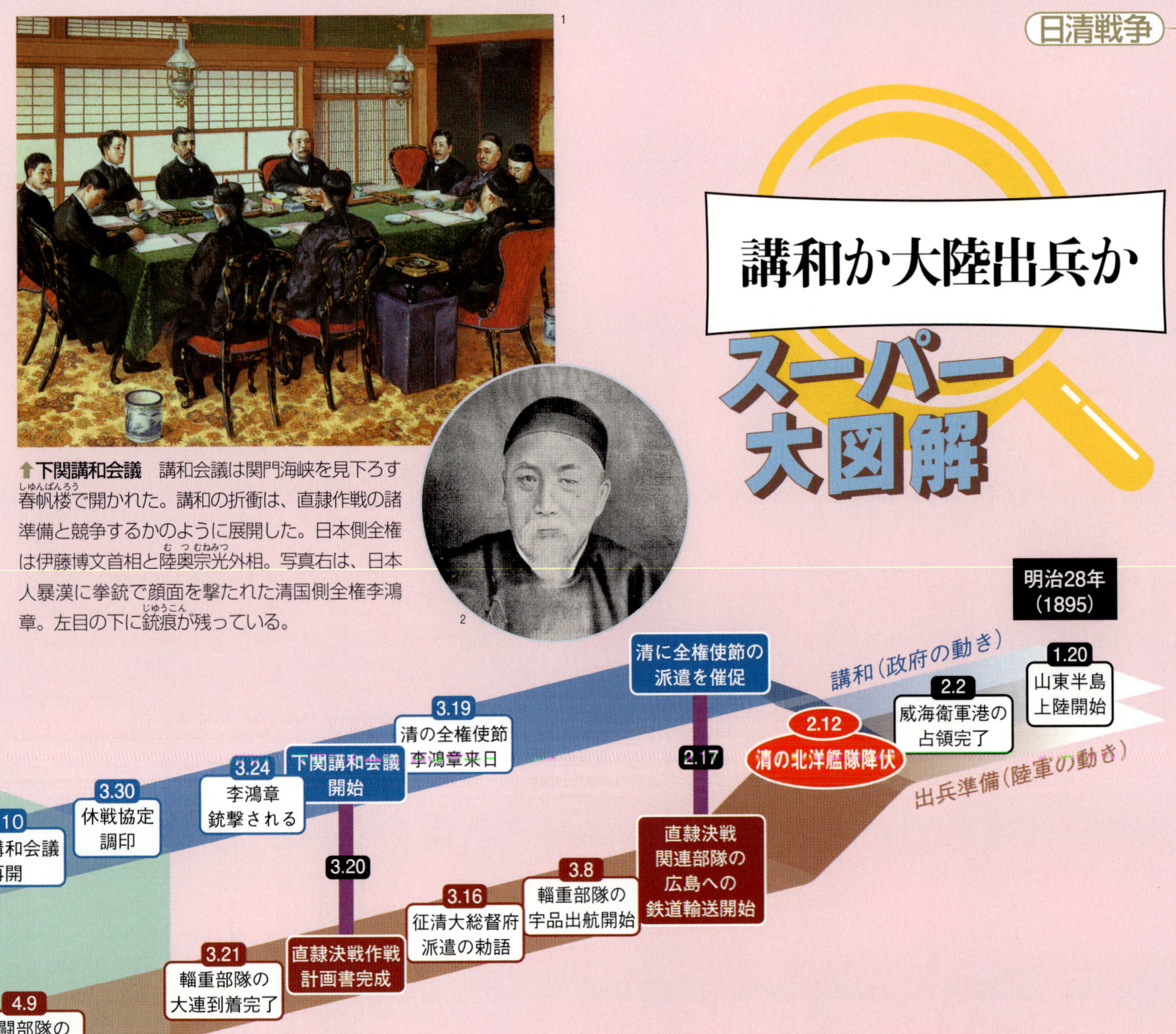

下関講和会議　講和会議は関門海峡を見下ろす春帆楼で開かれた。講和の折衝は、直隷作戦の諸準備と競争するかのように展開した。日本側全権は伊藤博文首相と陸奥宗光外相。写真右は、日本人暴漢に拳銃で顔面を撃たれた清国側全権李鴻章。左目の下に銃痕が残っている。

威海衛攻略作戦の成功は、軍事的には清国直隷省での決戦の準備作戦が完遂したものと見なされ、政治的には有利な講和のための最後の一戦が終わったととらえられた。この直後から、日本はこの両面を並行して進めていくことになる。つまり、軍は直隷決戦のために征清大総督府を設置して北戴河への上陸準備を開始し、同時に政府は清国に全権使節の派遣を促して列国の干渉を受けぬうちに講和を実現しようと動きはじめたのである。

清の講和全権大臣李鴻章が来日し、下関で第一回会議が開催されたのは明治28年（一八九五）3月20日である。李鴻章は講和条件の交渉前に休戦して軍の動きを止めることを望んだ。しかし、軍の動向からそれは容易でないと伊藤博文全権は判断した。ところが24日に李鴻章狙撃事件が起こったことで、このすきに直隷作戦に着手することになれば列国の干渉は必至とみて、伊藤は軍から期限つき休戦の合意を取り付けた。

下関講和会議は4月10日に再開されるが、宇品軍港ではその前日から直隷作戦軍の乗船を開始している。大連まで移送しておき、4月20日正午の休戦明けとともに作戦を決行するためである。

17日に講和条約が調印されると、伊藤はただちに現地の大山巌司令官に電報を打ち、批准書交換のために休戦は5月9日まで延長され、交換がなれば戦争は終わると伝えた。伊藤首相に軍への命令権限はなかったが、大山司令官はこれを見て独断で直隷上陸作戦を停止した。その翌日、大総督府一行が旅順に到着し、追って大本営から条約調印の知らせが届いた。それに基づく大総督府の最初の訓令は、休戦継続と下船を命じるものであった。批准書交換は期限内に果たされ、直隷決戦は幻に終わった。

（斎藤聖二）

3

⬆戦闘部隊の宇品軍港出航 写真上は、講和会議が再開された4月10日の宇品軍港。宇品から出航した直隷作戦軍は、講和会議の会場を臨む下関海峡を北上していった。13日に宇品を出た征清大総督府も、翌日下関海峡を通過する。その際、甲板上で軍楽隊が演奏し、祝砲を撃ち鳴らした。写真右は、征清大総督府大総督に任じられた参謀総長の小松宮彰仁(こまつのみやあきひと)大将。

4

⬆三国干渉 下関講和条約によって遼東(りょうとう)半島や台湾が日本に割譲され、蘇州(そしゅう)などが開港された。ロシアはみずからの南下政策に対する障害と見なして、フランスとドイツを誘って日本に遼東半島の返還を迫った。日本にはロシアなどと戦争する余力はなく、三国干渉を受け入れて遼東半島を断念するしかなかった。

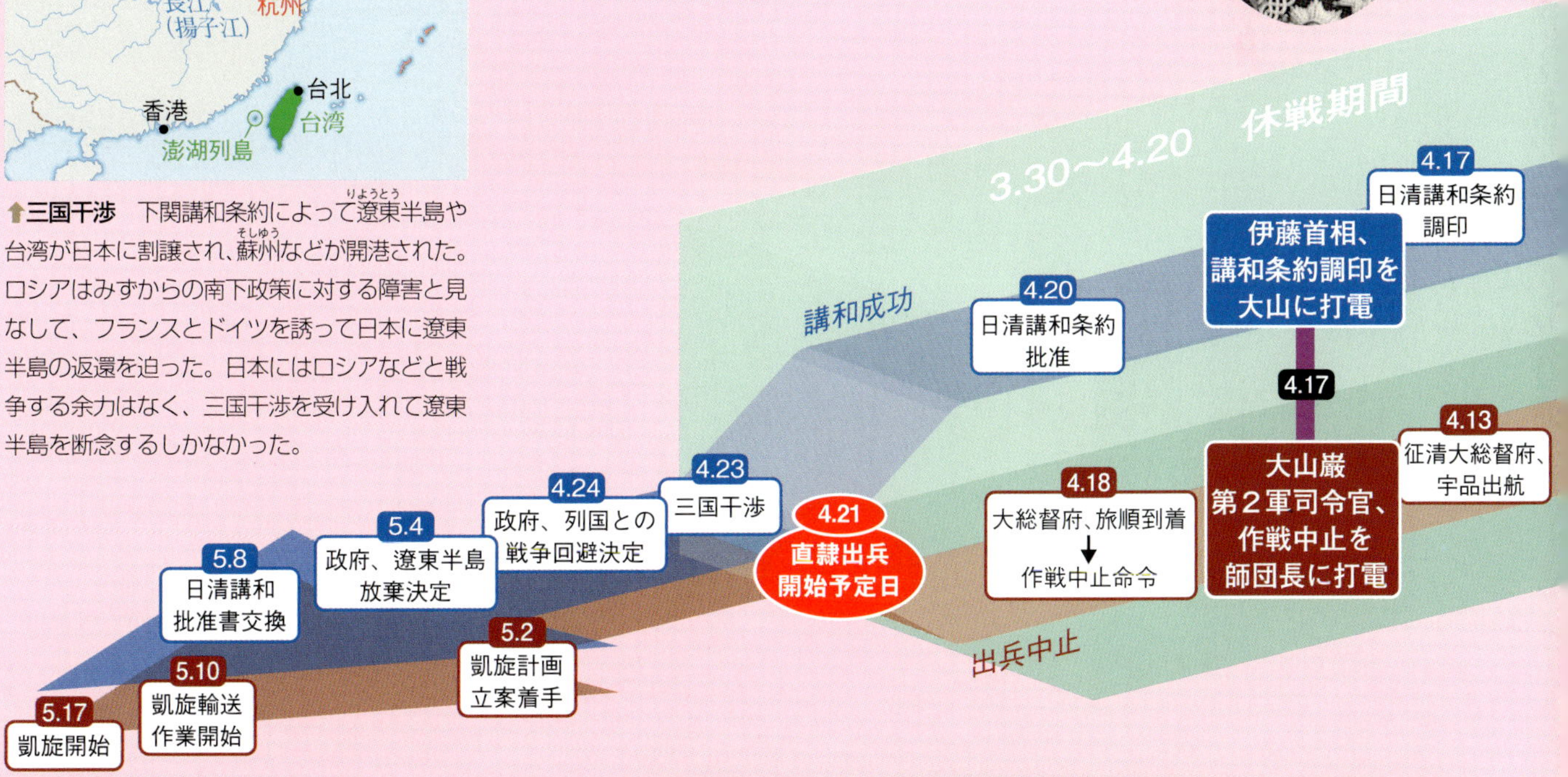

3.30〜4.20 休戦期間

4.17 日清講和条約調印

伊藤首相、講和条約調印を大山に打電

4.17

大山巌第2軍司令官、作戦中止を師団長に打電

4.13 征清大総督府、宇品出航

4.20 日清講和条約批准

講和成功

4.18 大総督府、旅順到着 ↓ 作戦中止命令

4.21 直隷出兵開始予定日

出兵中止

4.23 三国干渉

4.24 政府、列国との戦争回避決定

5.4 政府、遼東半島放棄決定

5.2 凱旋計画立案着手

5.8 日清講和批准書交換

5.10 凱旋輸送作業開始

5.17 凱旋開始

5

➡第2軍司令部 直隷上陸作戦の停止命令を出した翌日、第2軍司令部将校たちは集合写真を撮影した。後ろから2列目中央が大山巌第2軍司令官。

▶激動する東アジア情勢(p328)

3 展開の時代

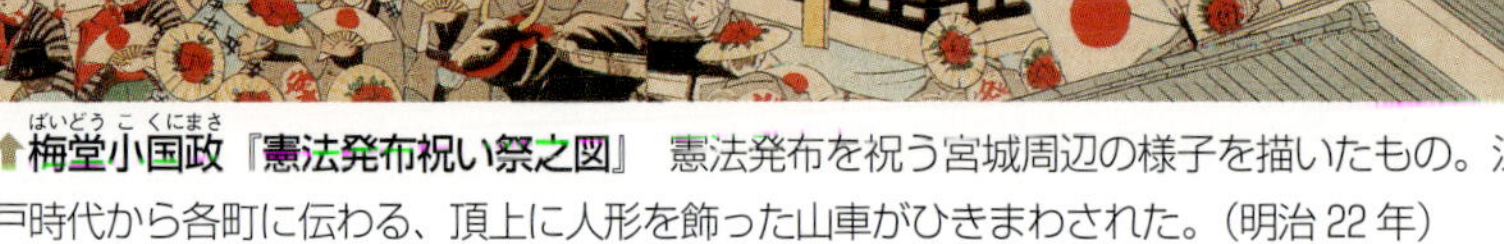

↑梅堂小国政『憲法発布祝い祭之図』　憲法発布を祝う宮城周辺の様子を描いたもの。江戸時代から各町に伝わる、頂上に人形を飾った山車がひきまわされた。（明治22年）

国民の祝祭

国家行事や戦争を祝うかたちと視覚的仕掛け

明治22年（一八八九）2月11日の大日本帝国憲法発布を祝って、全国各地で祝賀会が開かれた。その様子は多くの錦絵に残されている。東京では、神田祭、山王祭、深川祭などの一〇〇基を超える山車が市内を練り歩いた。本来は、それぞれの祭礼時に、氏子たちによってひきまわされるべき山車が、憲法発布という国家行事を祝して用いられたことになる。

またこの日、青山観兵式場に向かう天皇に対し、宮城正門前で帝国大学教職員と学生が万歳三唱*を叫んだことも祝賀の新しいスタイルであり、以後定着する。国民意識は、このような祝祭を通してしだいに醸成されていった。

●国民意識を高めるために

政府は明治6年に、元始祭・新年宴会・孝明天皇祭・紀元節・神武天皇祭・神嘗祭・天長節・新嘗祭の八日を祝祭日と定め、休暇とした。それらは学校や職場を通して浸透したものの、国民意識を高めるには、国民が参加可能な国家的な出来事と、それを祝うための視覚的な仕掛けが効果的であった。

緑門と呼ばれる植物製のアーチは、明治のはやい時期に登場し、鉄道や道路、橋の開通式などの際、さかんに建てられ、定着した仕掛けである。街頭を国旗で飾ることも、祭礼の幟にかわって普及した。

明治27年3月9日の天皇皇后の銀婚式を祝して、東京の町が、いかに飾り立てられたかは、高橋源吉の描く一連の油絵に克明に記録されている。市内各所に飾られた作り物は、緑門や国旗のような西洋式のものばかりでなく、前近代からの日本の造形表現が根強く続いていたことを示している。

この年の夏に始まった日清戦争は、明治国家がはじめて経験する本格的な対外戦争であったがゆえに、国民をひとつにまとめ熱狂させた。戦勝のたびに祝賀会が開かれ、戦争が勝利で終わると、緑門を巨大化した凱旋門が各地に建設され、凱旋軍を迎えた。

一〇年後の日露戦争は、日清戦争をはるかに上まわる戦死者を出し、大きな負担を国民に強いたはずだが、それを払拭するかのごとく、祝勝大会や凱旋祝賀会が派手に催された。凱旋門も建設されたが、緑門ではなく、木造モルタル製の、一見して石造と錯覚させるものが多い。日露戦争の勝利によって、国民の間に芽生えた一等国意識が、そんなところにも現われている。

（木下直之）

＊**万歳三唱**　万歳は一万年を意味し、皇帝や国家の長寿繁栄を祝する言葉。古くは「バンゼイ」と読まれたが、憲法発布式典に際し文部省と識者が協議し「バンザイ」に変えたといわれる。

＊**八朔**　8月朔日（1日）に、日ごろ世話になっている人に贈答品を贈る習慣は、公家社会・武家社会のものとして平安時代から記録がある。江戸幕府はこの日を公式の祝日とし、総登城を行なった。

3

4

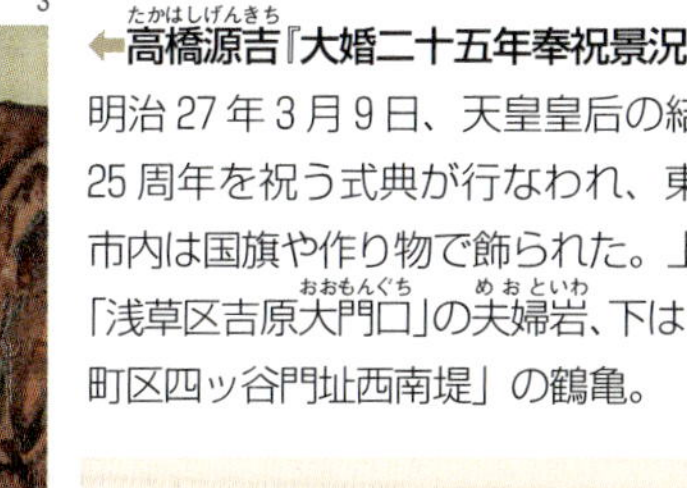

←**高橋源吉『大婚二十五年奉祝景況図』** 明治27年3月9日、天皇皇后の結婚25周年を祝う式典が行なわれ、東京市内は国旗や作り物で飾られた。上は「浅草区吉原大門口」の夫婦岩、下は「麹町区四ッ谷門址西南堤」の鶴亀。

↓**東京開市三百年祭** 明治22年8月26日に旧幕臣が集って上野公園で開催。この日は旧暦8月1日の*八朔で、徳川家康が江戸に入城した日。幕府は毎年盛大に祝ってきたが、開市300年という名目で、ようやく復活できた。

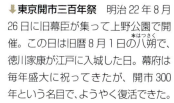

2

➡**日比谷凱旋門** 日清戦争が終わり、明治28年5月30日に、天皇は広島から東京に凱旋した。新橋駅から宮城に向かう途中の日比谷に、高さ33mという巨大な凱旋門が建設された。木材で骨組みをつくり、杉の葉で覆ったものだった。

5

↓**凱旋図会** 日露戦争の祝賀行事では花電車が登場した。(『風俗画報』明治38年より)

6

7

➡**上野凱旋門** 日露戦争の兵士を迎える門の制作には、画家岡田三郎助、彫刻家新海竹太郎など東京美術学校関係者が深くかかわった。

激動する東アジア情勢

ロシアの進出と日本の影響力低下による変化

日本は日清戦争により台湾を獲得したが、なんの抵抗もなく台湾が植民地となったわけではなかった。それどころか、日本への割譲に反対して、漢族系住民は「台湾民主国独立宣言」を発し、清派遣の役人、台湾巡撫を総統に推挙して独立式典を行なった。日本軍の進撃を聞いて民主国要人は清国本土に逃亡したが、台湾中南部の土豪と民衆は激しく抵抗した。

しかしながら、台湾の割譲は清国が条約で認めたものであったため、日清戦争から日露戦争にかけての清国と日本との関係は、その前後の時期と比べて、比較的平穏かつ安定していた。明治29年（一八九六）には、講和条約に基づき日清通商航海条約が結ばれた。

●ロシアの東アジア進出

かたや朝鮮に対しては、日本は清国の影響力を排除することに「成功」したにもかかわらず、日本の影響力は大幅に後退せざるをえなかった。それは、朝鮮公使の三浦梧楼らが暴走して、明治28年に、朝鮮国王高宗（李太王）の王妃である閔妃を殺害する事件を起こしたからである。

そして、日本にかわって朝鮮半島に進出してきたのが、ロシアだった。高宗は翌明治29年、ロシア公使館に避難し、親日政権は崩壊した。以後、高宗の件の処理をめぐる明治29年5月の小村・ウェーバー覚書をはじめとして、日本は朝鮮問題についてロシアと再三妥協しなければならなかった。

明治29年のロシア皇帝ニコライ二世の戴冠式の際に、日露間に山県・ロバノフ協定が締結されたが、その裏では、戴冠式に出席した清の李鴻章とロシア外相ロバノフの間で、日本を仮想敵国とした同盟条約である露清密約が締結されていた。同時に、満州（中国の東北地方）を横断する東清鉄道の敷設権がロシアへ付与された。

当初、李鴻章は清朝発祥の地・満州に外国の鉄道が走ることを嫌悪していたが、露清同盟によって清国の領土保全を行なうにはヨーロッパ・ロシアから迅速に軍事力を輸送する必要があるとのロシアの説得を、最終的に受け入れた。

●列強による中国分割

このころ、清国では新しい事態が展開していた。それは列強による中国分割の動きである。

日清戦争によって、清国が「眠れる獅子」ではなく、「死せる鯨」と見なされるようになると、明治31年以降、ドイツ、ロシア、フランス、イギリスといった列強は、清国から港湾や鉄道の租借権や鉱産物採掘権をつぎつぎと獲得、それぞれの勢力範囲を設定していったのである。（千葉　功）

1

↑山県・ロバノフ協定　明治29年6月締結。朝鮮における日露の権利はほぼ対等とされ、以後日本は不干渉主義を標榜せざるをえず、朝鮮内政改革には関与することなく、借款供与や利権獲得による実質的保護国化政策を推し進めていくことになる。写真中央が山県有朋。なお、明治31年に山県・ロバノフ協定の追加協定として西・ローゼン協定が結ばれた。

明治29年（1896）	小村・ウェーバー覚書
明治29年	山県・ロバノフ協定
明治31年	西・ローゼン協定

…緊張関係…

2

←ビゴー『列強クラブの新入り』　ついに日本も列強の仲間入り。通常、「列強クラブ」入りが日本の帝国主義化の指標とされる。なお、図に描かれた日本、イギリス、アメリカ、ロシア、フランス、ドイツ、イタリア、オーストリアの8か国は、義和団事件の際に共同出兵した8か国と同一である（北清事変）。

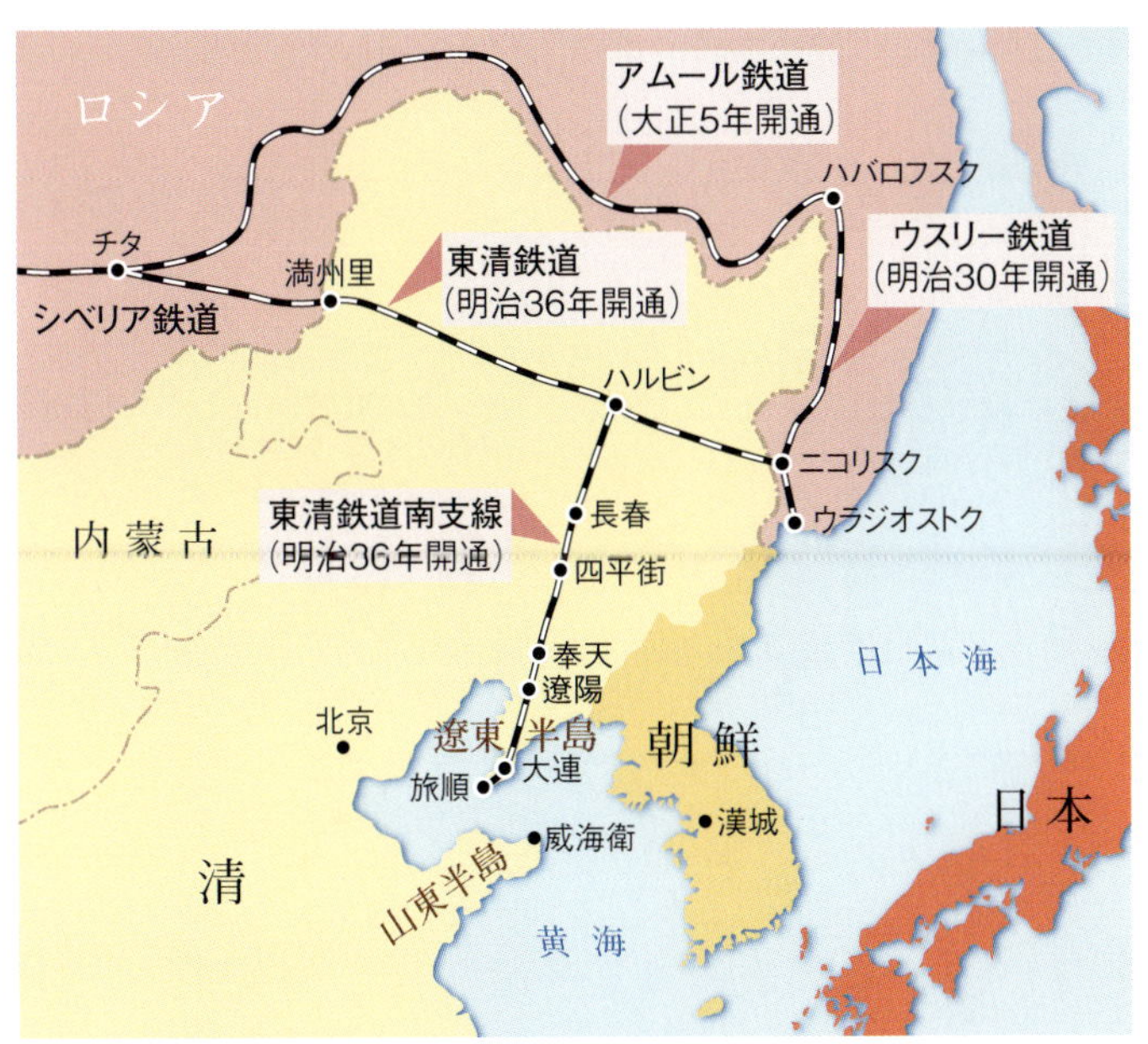

⬆**東清鉄道**　シベリア鉄道を露清国境沿いに敷設すると遠まわりになることから、明治29年、ロシアが清国から敷設権を獲得した中国東北部横断鉄道。ロシアはさらに明治31年、租借した大連・旅順と東清鉄道とを接続する南支線の敷設権をも獲得した。

ロシア

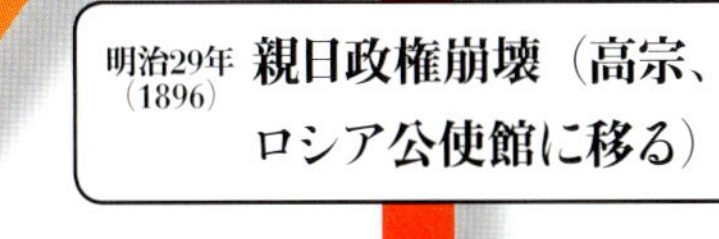

朝鮮（大韓帝国）

⬅**高宗**　朝鮮李朝第26代の王。在位1863〜1907年。12歳で国王に就いたが、父の大院君と王妃の閔妃との間の政権争いに苦しんだ。閔妃殺害後のナショナリズムの高揚を受けて、明治30年、国号を大韓帝国と改め、皇帝と名のり、清国との宗属関係を否定した。

明治29年（1896）露清密約締結、ロシアが東清鉄道敷設権獲得
明治31年 ロシア、大連・旅順を租借、東清鉄道南支線（ハルビン―大連・旅順）敷設権獲得
明治34年 東清鉄道完成（営業開始は明治36年）

…満州進出…

明治30年（1897）朝鮮、国号を「大韓帝国」に改称、高宗が皇帝に

明治28年（1895）朝鮮公使の三浦梧楼ら、閔妃を殺害

明治28年（1895）下関条約に基づき台湾割譲
明治29年 日清通商航海条約調印

…安定期…

➡**台湾占領**　明治28年5月に台湾に上陸した日本軍は、10月に全島を平定したが、その後も民衆の抵抗に苦しめられた。顔写真は、台湾征討軍を指揮した近衛師団長北白川宮能久。マラリアのため台湾で病没した。右図は台湾での戦闘を描いたもの。（『風俗画報』明治28年より）

▶日露の緊張と日英同盟（p394）、植民地の風景（p504）

手を結ぶ藩閥と政党

政党がはじめて政権に参画

明治28年（一八九五）11月、第二次伊藤内閣と自由党の提携が正式に発表された。政府は戦後経営、すなわち日清戦争後の経済成長・軍備拡張政策を推進するため自由党との提携に踏みきったのだ。自由党の協力で無事、第九議会を乗りきった伊藤政権は29年4月、板垣退助を内相に迎え（伊板内閣）、内務省関係の高官や地方官に若干の自由党員が起用された。

政府は、板垣は党籍を離脱し維新の功臣として入閣したと説明したが、真に受ける人はいなかった。同年8月、伊藤博文は松方正義と大隈重信の入閣を企てたが、失敗して政権を投げ出した。

●もはや無視できない政党

29年9月、松方（薩摩閥）を首班とし進歩党を与党とする第二次松方内閣が成立した（松隈内閣）。発足にあたり政府と大隈を盟主とする進歩党の間で政策協定が結ばれ、言論・集会の自由の回復・党員の起用などが合意されたが、財政問題は先送りとなった。大隈は外相に就任し、翌年には党員の高官・地方官への起用が大規模に行なわれた。また政策協定に基づいて新聞紙条例が緩和され、行政権による発行禁止が廃止された。

しかし、30年秋になると歳入不足を増税で補おうとする松方と緊縮論を掲げる進歩党が対立して提携は解消、松方は自由党との連立組み替えを図ったが失敗に終わった。第一一議会で松方は内閣不信任決議案には衆議院解散で対抗したものの、繰り返される迷走と指導力不足に愛想をつかした天皇に辞任を勧告されて、退陣した。

31年1月成立の第三次伊藤内閣は自由・進歩の二大政党との大連立に失敗、長州閥の若手を多用した藩閥内閣として発足した。第一二議会で伊藤は地租引き上げを企てたが否決され、自由・進歩両党は合同して憲政党を結成した。空前の危機にみまわれた伊藤は政府党結成で対抗しようとしたが、天皇や元勲の支持が得られず強引に隈板内閣を奏請して退陣した。

これらの三内閣はすべて、政党との抗争がきっかけとなって崩壊し、もはや政党の存在が無視できないのは誰の目にも明らかだった。

（佐々木隆）

⬆**明治後半の国家歳出の変化**　明治29年、一挙に倍加した予算案が第9議会で承認された。軍備拡張とインフラ整備が歳出倍増の原動力であり、なかでも軍事費は前年比3倍以上の伸びを示した。

⬅**明治30年代前半の政界の動き**　藩閥は政党に肯定的な伊藤系と否定的な山県系に再編、伊藤系には伊藤派、旧陸奥派、一部官僚が加わり、旧自由党とともに政友会を結成した。伊藤の跡目は旧陸奥派の西園寺公望、原敬が継いだ。山県系は高級官僚、陸軍軍人、枢密院、貴族院、帝国党に穏やかな連合体として展開、薩摩閥は黒田、西郷の死去、西南戦争による人材凋落で衰亡して、薩派へと小型化した。

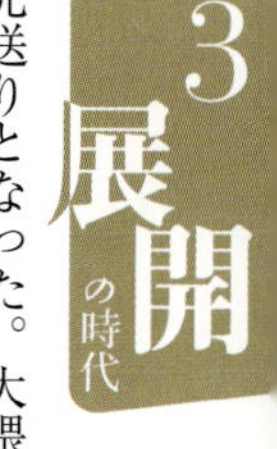

対立と提携を組み替える藩閥と民党

藩閥　　民党

第２次伊藤内閣

伊藤の思惑

三国干渉による遼東半島返還を、改進党や旧対外硬派が追及する構えを見せていた。また、ロシアとの対決が現実的になり、軍備を拡張する必要から、産業化と経済成長を促進しての国力のかさ上げが急務だった。そのためには予算査定権や立法権をもつ議会、とりわけ衆議院と円滑な関係を築くことが望まれた。

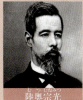

2 長州 伊藤博文

提携

1 自由党 板垣退助

自由党の条件

提携の際、予算案・重要法案の事前の内示を合意。板垣の閣僚起用が暗黙の了解だった。また、政府は自由党の本部家屋の買い入れや『めさまし新聞』の機関紙化の費用として1万2170円を交付した。板垣入閣後には党員が高級官僚や県知事に起用・任用された。板垣や自由党の活動費も内閣機密金から拠出された。

長州閥系

4 西園寺公望

3 陸奥宗光

6 伊東巳代治

5 末松謙澄

提携の成果

第９議会では改進党が野党として抵抗を続けたが、自由党と無所属が政府側についたおかげで、政府提出の予算案や重要法案は大きな障害なしに成立した。日清戦争中の政治休戦を除けば、予算問題で議会が混乱しなかった例はほかにない。政府提出法案の成立率も空前の出来栄えだった。しかし、それは自由党への依存度を高め、藩閥政府の主体性をせばめることでもあった。政府のなかにも反発の声があがり、板垣入閣の動きに憤った野村靖内相の辞任事件などが起きている。

野党（立憲改進党、立憲革新党、国民協会）123
与党（自由党）106
中間派（実業団体、大手倶楽部など）71

第９議会の衆院与野党勢力図

対立　　対立

第２次松方内閣

松方の思惑

松方は伊藤政権を倒す機会をうかがっており、伊藤に入閣を求められたとき大隈の外相起用を条件とした。自由党・進歩党との大連立を考えていた伊藤はこの構想に乗ったが、板垣が反対したため失敗、退陣に追い込まれた。みごと政権を奪取した松方だが、財政問題のすり合わせを先送りしたことが禍根を残した。

8 薩摩 松方正義

提携

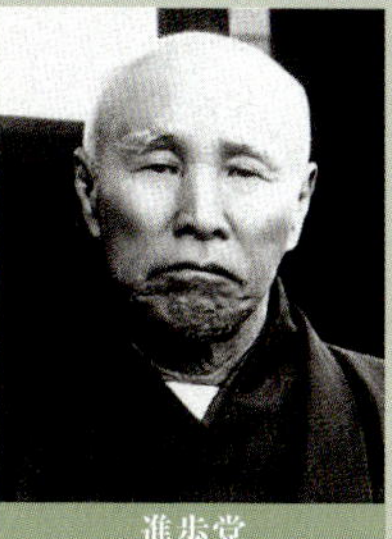

7 進歩党 大隈重信

進歩党の条件

進歩党は明治29年3月に、大隈を事実上の指導者として立憲改進党と中小会派が合同して成立。大隈は入閣条件として衆望ある人物の閣僚起用、言論・出版・集会の自由などを求め、さらに陸軍軍拡の抑制、財政の整理を求めた。松方は政策協定で大部分を認めたが、財政政策は折り合わず積極主義との併記になった。

薩摩閥系

10 榎本武揚

9 大山巖

12 樺山資紀

11 西郷従道

提携の成果

財政問題の合意が困難なので、松方は言論・出版・集会の自由の回復を先行。明治29年3月、新聞紙条例の改正が実現した。この改正は蛮勇演説で知られる樺山資紀内相が主導し、その変貌ぶりが人々を驚かせた。明治30年の春から夏にかけて外務・内務・農商務などの諸省で、進歩党や準与党から党員の次官・局長・勅任参事官など政府高官への任用が行なわれ、政党が官界へ大進出。官僚は政党に容認的な元勲への反発を強め、藩閥が薩長を軸とする構造から、政党の政権参加に肯定的な「伊藤系」と否定的な「山県系」に再編されていくきっかけとなった（薩摩閥は黒田清隆と西郷従道の死後、小型化して「薩派」となった）。

野党（自由党、国民協会）136
与党（進歩党）97
中間派（議員倶楽部、無所属）67

第10議会の衆院与野党勢力図

▶最初の解散と選挙干渉（p294）

政党内閣発足

政党の影響力が強まり、ついに伊藤博文が政党結成

明治31年（一八九八）6月、伊藤博文の奏請によって、軍部大臣を除く閣僚を憲政党員だけで構成した日本最初の政党内閣、第一次大隈内閣、通称「隈板内閣」が成立した。

●「政党嫌い」も政党と提携

憲政党は8月の総選挙で圧勝したが、党内では進歩党系と自由党系の抗争が絶えず、尾崎行雄文相の「共和演説」問題を契機に党は分裂、一会期の議会も迎えることなく、隈板政権は崩壊した。

天皇は元勲と政党の連立内閣を望んだが、藩閥単独政権の第二次山県有朋内閣が成立（11月）。山県は旧自由党系の新・憲政党と提携し、第一三議会で五年間の地租引き上げを実現した（旧進歩党系は憲政本党を組織した）。政党嫌いで知られる山県も政党との提携に踏みきったのだが、閉会後、文官任用令を改定し、勅任文官を試験任用制に改めた。これにより、党員の次官・知事・局長への任用が困難になった。

●藩閥の長が政党結成

一方、伊藤は政党結成の地ならしに着手、全国を遊説して結党計画の既成事実化に努めた。明治33年6月、憲政党が伊藤に党首就任を求めると、伊藤は逆に伊藤新党への合流を呼びかけ、9月には伊藤系勢力と憲政党を核とする立憲政友会が、伊藤を総裁として結成された。

立憲政友会は国益・公益本位に行動する模範的な政党と位置づけられ、党派性を退ける立場から、あえて「党」を名のらなかった。伊藤は多数を占める旧憲政党系に実権を奪われることを恐れ、総裁の一存で党議を変更できる総裁専制権を認めさせた。

明治33年10月、第四次伊藤内閣が発足したが、渡辺国武の蔵相就任をめぐり「心機一転事件」が起こるなど多難なスタートであった。伊藤の政党結成は藩閥の大多数を離反させ、伊藤系と山県系の分化は決定的になった。伊藤政権は第一五議会で増税法案を貴族院に否決されたが、天皇の助けで突破した。長期政権への道が開けたかにみえたが、財政再建のための公債支弁事業中止を主張する渡辺蔵相とほかの閣僚の対立が収拾できず、34年5月に退陣した。

井上馨の組閣失敗のあと、伊藤は再組閣を模索したが、結局、第一次桂太郎内閣が成立、元勲以外の人物を首班とする初の政権となった。当初、短命政権とみられたが、多くの懸案を解決して戦前最長の政権となり、この政権下では藩閥の世代交代も進行した。

（佐々木隆）

1 ⬆憲政党本部　憲政党は明治31年6月に自由党と進歩党が合同して結成されたが、すぐに分裂した。

新内閣大臣
NEW MINISTERS OF STATE

2 ➡隈板政権の顔ぶれ　総理は大隈重信、一方の板垣退助は内務大臣に就任。両人を含め、進歩党系5人、自由党系3人が入閣。大隈は外相を兼務したが、自由党系は星亨の外相起用を求め、両派対立の要因のひとつとなった。党員を起用できない軍部大臣には桂太郎（陸相）と西郷従道（海相・「つぐみち」は通名で「じゅうどう」が正しい）が留任。桂は元勲に閣内の情報を内報する一方、進歩・自由両派の対立を仲裁して力をのばした。図の左上から右に桂、板垣、西郷。左中から尾崎行雄（文相）、大隈、大石正巳（農相）。左下から林有造（逓相）、大東義徹（法相）、松田正久（蔵相）。

3 ⬆政権瓦解のきっかけとなった尾崎文相の「共和演説」　尾崎文相は8月、帝国教育会夏期講習会で拝金主義の風潮を批判し、「日本が共和政治の国なら三井・三菱が大統領候補になるだろう」と演説した。この演説に対して、尾崎が本心では共和思想をもつ証拠だとの声があがり、自由党系から尾崎の引責辞任を求める動きが顕在化、10月下旬には板垣内相が天皇に弾劾上奏した。

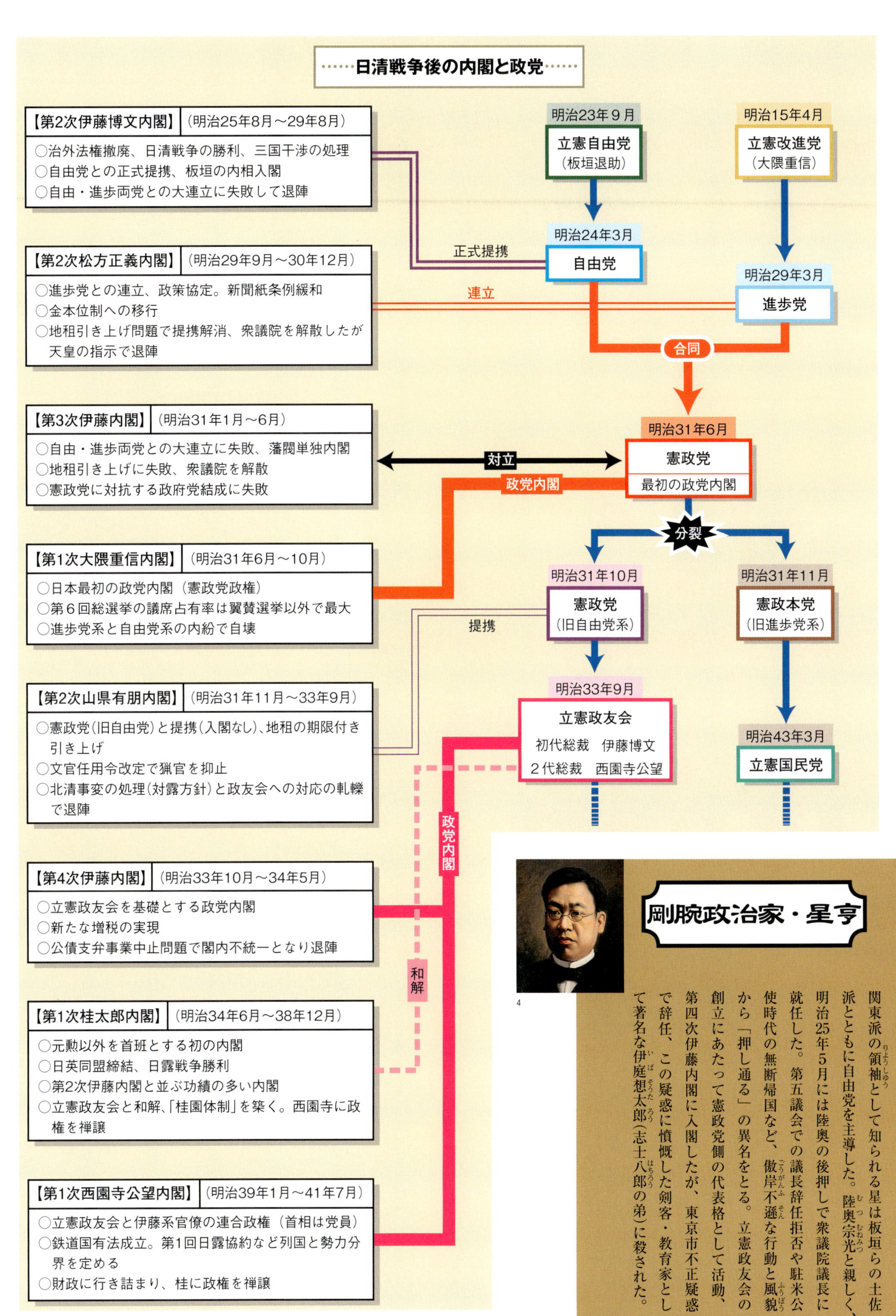

日清戦争後の内閣と政党
【第2次伊藤博文内閣】（明治25年8月～29年8月）
○治外法権撤廃、日清戦争の勝利、三国干渉の処理
○自由党との正式提携、板垣の内相入閣
○自由・進歩両党との大連立に失敗して退陣
【第2次松方正義内閣】（明治29年9月～30年12月）
○進歩党との連立、政策協定。新聞紙条例緩和
○金本位制への移行
○地租引き上げ問題で提携解消、衆議院を解散したが天皇の指示で退陣
【第3次伊藤内閣】（明治31年1月～6月）
○自由・進歩両党との大連立に失敗、藩閥単独内閣
○地租引き上げに失敗、衆議院を解散
○憲政党に対抗する政府党結成に失敗
【第1次大隈重信内閣】（明治31年6月～10月）
○日本最初の政党内閣（憲政党政権）
○第６回総選挙の議席占有率は翼賛選挙以外で最大
○進歩党系と自由党系の内紛で自壊
【第2次山県有朋内閣】（明治31年11月～33年9月）
○憲政党（旧自由党）と提携（入閣なし）、地租の期限付き引き上げ
○文官任用令改定で猟官を抑止
○北清事変の処理（対露方針）と政友会への対応の軋轢で退陣
【第4次伊藤内閣】（明治33年10月～34年5月）
○立憲政友会を基礎とする政党内閣
○新たな増税の実現
○公債支弁事業中止問題で閣内不統一となり退陣
【第1次桂太郎内閣】（明治34年6月～38年12月）
○元勲以外を首班とする初の内閣
○日英同盟締結、日露戦争勝利
○第2次伊藤内閣と並ぶ功績の多い内閣
○立憲政友会と和解、「桂園体制」を築く。西園寺に政権を禅譲
【第1次西園寺公望内閣】（明治39年1月～41年7月）
○立憲政友会と伊藤系官僚の連合政権（首相は党員）
○鉄道国有法成立。第1回日露協約など列国と勢力分界を定める
○財政に行き詰まり、桂に政権を禅譲
明治23年９月
立憲自由党
（板垣退助）
明治15年4月
立憲改進党
（大隈重信）
明治24年3月
自由党
正式提携
明治29年3月
進歩党
連立
合同
明治31年6月
憲政党
最初の政党内閣
対立
政党内閣
分裂
明治31年10月
憲政党
（旧自由党系）
明治31年11月
憲政本党
（旧進歩党系）
提携
明治33年9月
立憲政友会
初代総裁　伊藤博文
２代総裁　西園寺公望
明治43年3月
立憲国民党
政党内閣
和解
剛腕政治家・星亨

関東派の領袖として知られる星は板垣らの土佐派とともに自由党を主導した。陸奥宗光と親しく、明治25年5月には陸奥の後押しで衆議院議長に就任した。第五議会での議長辞任拒否や駐米公使時代の無断帰国など、傲岸不遜な行動と風貌から「押し通る」の異名をとる。立憲政友会の創立にあたって憲政党側の代表格として活動、第四次伊藤内閣に入閣したが、東京市不正疑惑で辞任、この疑惑に憤慨した剣客・教育家として著名な伊庭想太郎（志士八郎の弟）に殺された。

▶条約改正にかけた男たち（p298）、妥協の提携、桂園体制（p512）

官営八幡製鉄所 写真アルバム

軌条工場　明治34年創業。レールの本格的な国産化は、この工場によってなされた。

外輪工場　明治39年創業。鉄道車両用の外輪を製造した日本で最初の工場。

ロール旋削工場　所内で用いる圧延用のロールを加工する工場。

坩堝鋼工場　明治42年に陸軍の要求する小銃用地金をはじめて製造した。翌年から所内の鍛鋼工場で鍛錬・圧延した銃身鋼を供給し、はじめて小銃の完全な国産化に成功した。

厚板工場　明治38年12月創業。この工場の創業により、はじめて軍艦や商船の主要材料が国産化された。これを背景に、日露戦争後に大型の軍艦や商船の国産化が進んだ。

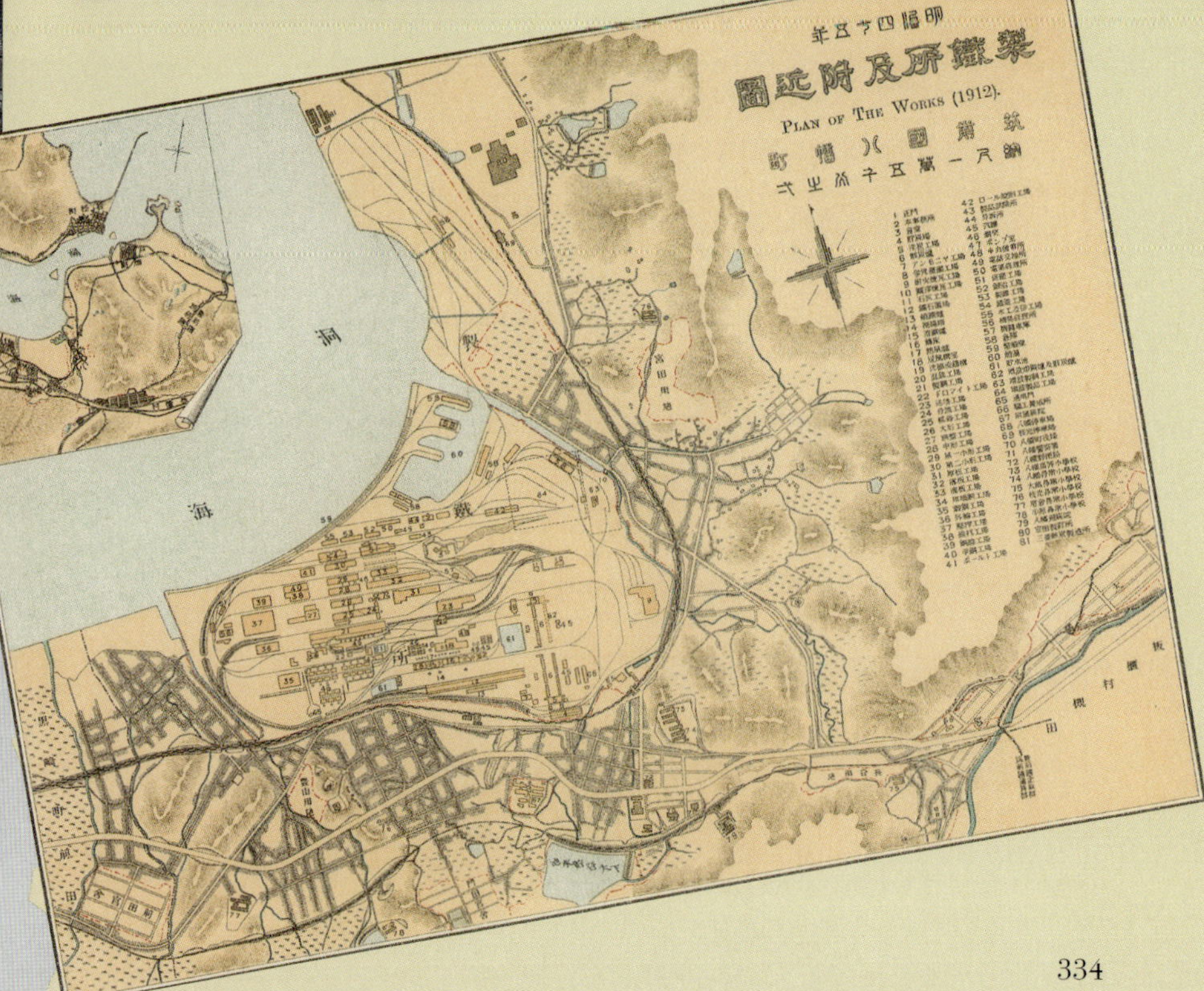

明治45年の八幡製鉄所の付近図　原料や製品の輸送のため、海運の便が重視された。周辺は市街地化し、官舎も設けられた。

⬆**製鋼工場　ベセマー転炉**　明治34年に設けられた10トン転炉2基。当時は平炉のほうが多かった。

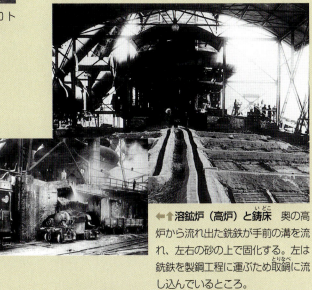

⬆**骸炭（コークス）工場**　製品のコークスを荷車に積み、それをまとめて電車で牽引している。

日清戦争の賠償金を財源のひとつとして計画された官営製鉄所は、ドイツから主要な設備を輸入して明治34年（一九〇一）に開業した。しかし、九州・八幡で用いられた石炭や鉄鉱石に適するように、高炉などを改良することが必要で、日露戦争ごろまでは操業が思うにまかせなかった。技術的に安定して操業でき、経営的にも黒字になったのは明治43年、まさに明治の末のことであった。日露戦争後、製鉄所では一万人以上が働いていた。

日本の製鉄業は、これより前から岩手県釜石の田中製鉄所が高炉で操業していたものの、銑鉄の生産にとどまり、それを錬鉄や鋼鉄に加工し、さらに圧延して製品に加工することは、ほとんどできていなかった。そのため、近代化に欠かせない鉄板や鉄道のレールも輸入に依存しており、はじめての鉄鋼一貫製鉄所となった官営製鉄所への期待は大きく、多種多様な製品工場をもつことになった。（鈴木　淳）

⬅⬆**溶鉱炉（高炉）と鋳床**　奥の高炉から流れ出た銑鉄が手前の溝を流れ、左右の砂の上で固化する。左は銑鉄を製鋼工程に運ぶため取鍋に流し込んでいるところ。

➡**中央汽罐場**　発電機や高炉に熱風を送る送風機の動力源としてボイラーが並んでいた。

⬇**鉱石置き場**　落差を利用している。蒸気機関車も所内の輸送で大きな役割を果たした。

⬆**修繕工場**　所内の機械類の修理・改修は、もっぱら所内の工場で行なわれた。右は仕事を終えて、通用門から帰る職工たち。

▶鉄道網の展開(p220)、海軍の整備(p274)

炭鉱の成立と炭鉱町

筑豊や夕張で大規模な炭鉱と炭鉱町が生まれた

石炭は明治期日本の最大の鉱産品で、拡大する国内需要をまかない、また、有力な輸出品でもあった。

石炭の採掘は江戸時代から行なわれていたが、一年を通じて採掘され、それを専業とする人々が多く現われたのは明治になってからであった。

九州では、蒸気機関が導入され、排水や巻き揚げの主要部分が機械化されることで、北海道や茨城では、鉄道が開通して輸送が便利になることで、それぞれ大規模な炭鉱が成立した。

●長屋住まいの労働者

排水や運搬に機械力が利用されていたとはいっても、石炭の採掘自体は完全に手作業によっていた。そのため、多くの労働者が必要であった。

長時間労働のうえ、坑口から坑道を歩いて採炭現場まで行くので、労働者は坑口近くに集住する必要があった。このため、日露戦争後には一〇万人を超えた炭坑労働者の大半は、炭鉱主が設けた労働者住宅（納屋）に住むことになった。納屋には独身者の合宿施設である大納屋と、家族向けの小納屋があり、後者は長屋の形態であった。それは、従来の町とはまったく関係なく、新たな労働力需要に対応して形づくられた町であった。

商店や浴場も、多く炭鉱主によってつくられた。北海道などではまったく未開の山中に、筑豊では坑内から搬出された不要の土砂で埋め立てられた水田跡などに、長屋が立ち並んだ。職員らには本格的な家が提供されたが、一般労働者の家族にあてがわれるのは、一間か二間のものがほとんどであった。

（鈴木　淳）

ここに見る絵を描き、貴重な炭坑の生活記録を残した山本作兵衛は、明治25年に生まれた。32年から、数年間を除き、昭和30年代まで筑豊の炭鉱で働きつづけ、その閉山を見守って、昭和59年、92歳で没した。

←筑豊の一般坑夫用住宅の間取り　屋根は粗末な片木葺が多く、雨漏りして強風にあうと吹き飛んだ。畳は夏には蚤の巣となり、住民を悩ませた。炊事場がない住宅は、天候が許せば屋外で煮炊きした。下の写真は官営製鉄所付属二瀬炭鉱の長屋。

筑豊の炭鉱町

⬆開発当初の坑夫住宅　明治 21 年に大露頭が発見された夕張炭鉱の開発は、明治 23 年、北海道炭鉱鉄道によって着手された。住宅は森を切り開いて設けられた。

⬆炭鉱町　明治 24 年に 307 名だった夕張(ゆうばり)の人口は、40 年に 1 万 4044 人に達した。斜面を切り開いて坑夫長屋が広がっていった。夕張線は 25 年 11 月に開通。

夕張の炭鉱町

⬅⬆坑内の重労働　筑豊では昭和初年まで多くの作業が、労力を要する男性の先山(さきやま)と、補助的な作業を行なう女性の後山(あとやま)のふたり組みを単位にした。基本的に夫婦、兄妹、父娘など血縁者が組み、家族をあげての農作業の習慣が持ち込まれた。後山の作業も石炭の搬出や坑木の運搬など重労働であった。

➡共同浴場風景　戦前の町場では共同浴場が一般的であり、炭坑も例外ではない。坑内からポンプで送られる排水を蒸気で加熱する。なお明治期の筑豊の男性坑夫は刺青(いれずみ)を入れるのがふつうで、それがないと新参者と見なされたという。

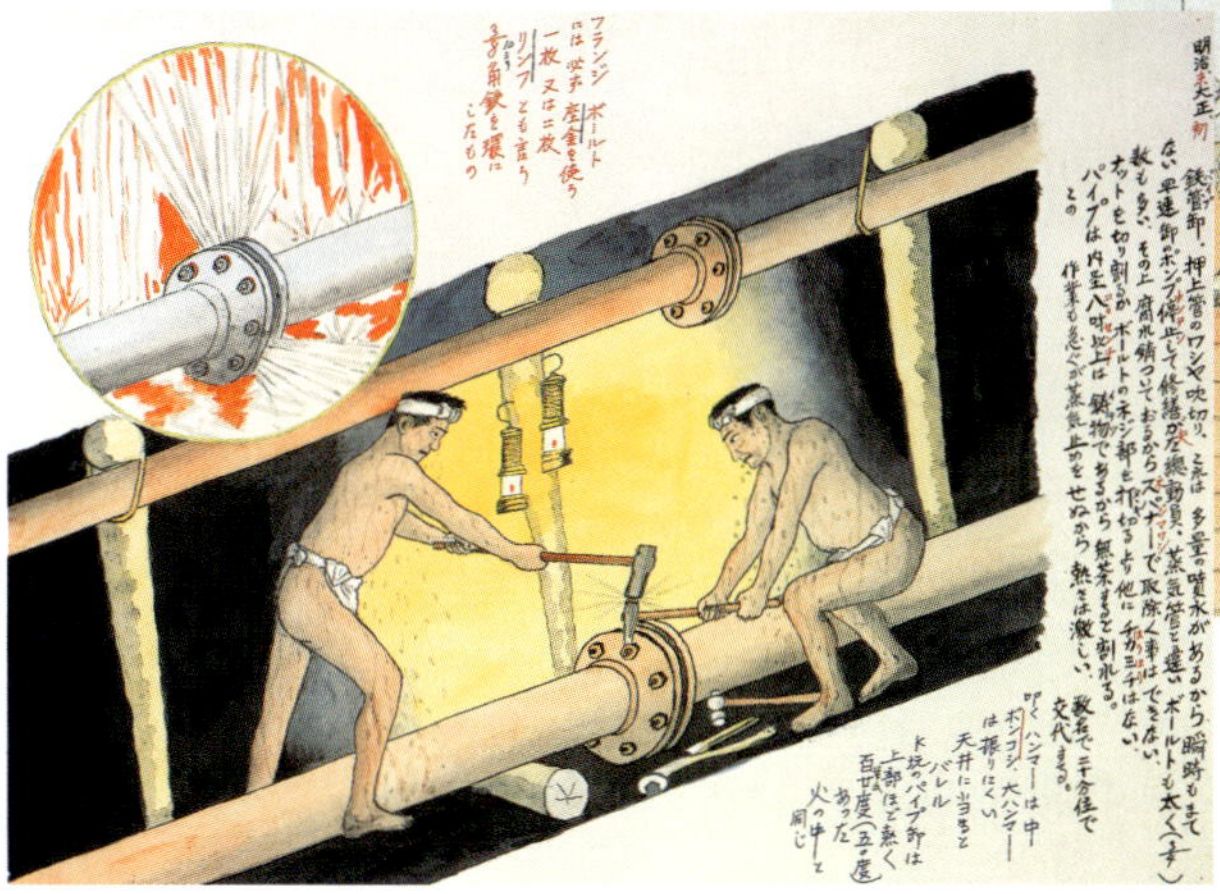

⬅鉄管の修理　電化前、あるいは小炭鉱では戦後でも、坑内の排水用に蒸気動力のポンプが用いられていた。地上のボイラーから坑底のポンプまで蒸気を送る鋳鉄管の保守整備は、もっとも厳しい環境下での作業であった。

道具から機械へ

写真アルバム

慶応3年（一八六七）、現在の静岡県湖西市に大工の子として生まれた豊田佐吉は、生来の工夫好きのうえ、近くの小学校の先生に特許制度ができたことを教わって、発明家を志した。彼の発明である木鉄織機や自動織機は、明治後半から日本各地に普及し、当時の中心的な産業であった繊維産業の発展と近代化に大きく貢献した。彼の興した企業が、現在の自動車産業の雄たるトヨタの源流であることを除いてもなお、豊田佐吉は明治期を代表する成功した発明家であった。

豊田佐吉の発明は、彼自身の才能と、並はずれた粘り強さが生み出したものである。しかし、それまでの発明家たちの努力や、さまざまな技術者たちの助力も、豊田の発明には生かされていた。そして、豊田と彼を助けた技術者たちは、製品を多くの人々に受け入れられる価格と高い品質で大量に生産する体制を築くことで、日本の機械工業を新たな段階へと進めた。

（鈴木　淳）

1 ➡37歳ごろの豊田佐吉

2 ⬅**小幅力織機**　豊田佐吉の最初の画期的な発明品で、日本で初の動力織機。和服地に用いられる小幅の布は、それまで手織りに頼っていたが、この機械で織れるようになった。明治30年に発明され、安価で、なお堅牢にするため木と鉄でつくられた。初の実用的な小幅力織機として全国に普及し、各地で地元の織物用に調整した改良品もつくられた。

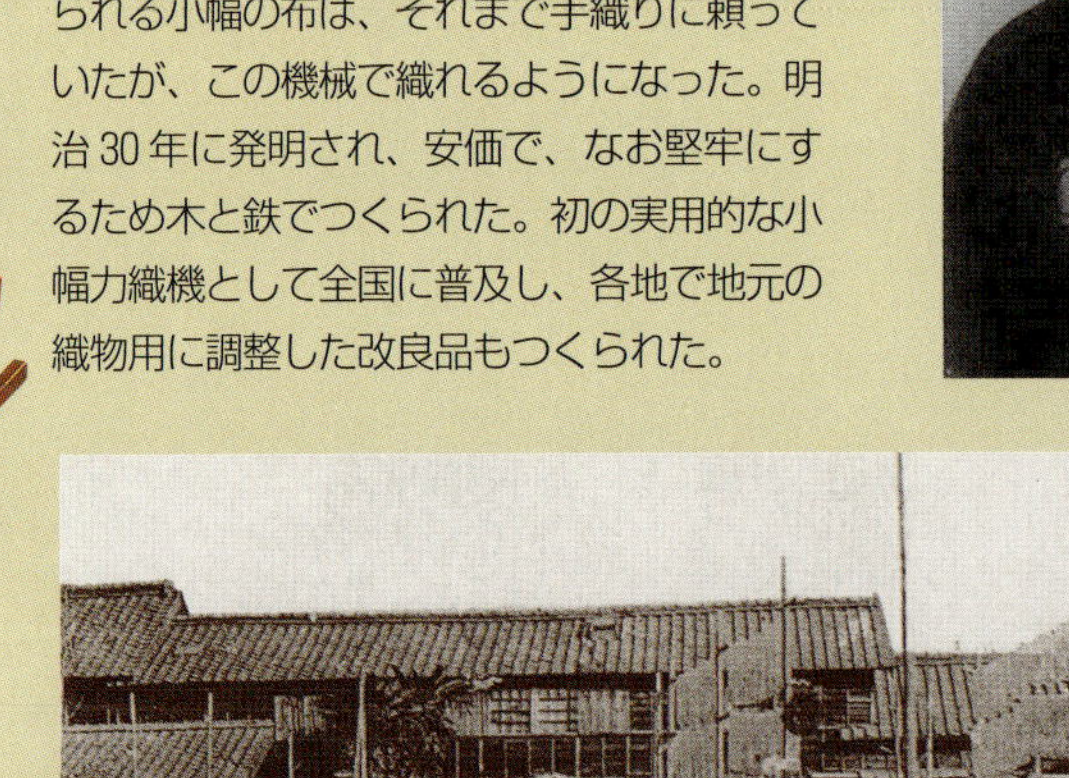

3 ⬅**乙川綿布合資会社**　明治30年、豊田式小幅力織機60台を並べ、日本製の力織機がはじめて動いた。（現・愛知県半田市）

5

専賣特許 小林機織器械

發明人賣捌所

小林耕作

⬅**明治20年の国産力織機広告**　豊田佐吉は明治23年、東京で開かれた第3回内国勧業博覧会を見学し、とくに機械館に通いつめた。機械館には、不完全なものではあったが、小林耕作の国産力織機が展示されていた。力織機は輸入品を参考にして、多くの人々によって製作が試みられた。しかし、実用に堪えるものをつくるのは難しかった。明治10年の第1回内国勧業博覧会から、国産の力織機が出品され、小林の力織機には図のような販売広告もある。しかし、豊田式が出るまでは、製作者以外によって大規模に使われた力織機は見当たらない。

4

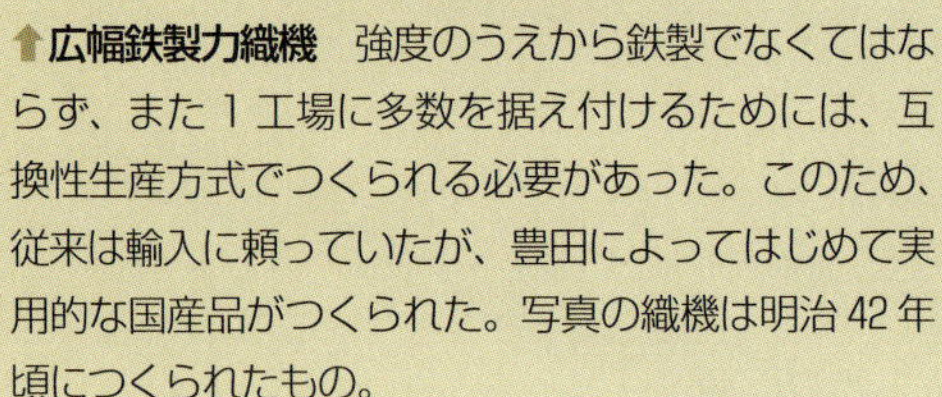

⬆**広幅鉄製力織機**　強度のうえから鉄製でなくてはならず、また1工場に多数を据え付けるためには、互換性生産方式でつくられる必要があった。このため、従来は輸入に頼っていたが、豊田によってはじめて実用的な国産品がつくられた。写真の織機は明治42年頃につくられたもの。

⬅チャールズ・A・フランシス アメリカの工作機械メーカーであるプラット・アンド・ホイットニー社に20年間勤め、明治36年に東京高等工業学校の外国人教師として来日した。豊田佐吉に招かれ、明治42年に完成した豊田式織機製造会社の新工場建設にあたって、互換性生産を可能にするための設備や工作方法を指導した。互換性生産とは、同種の他の機械部品と交換できる精度をもった部品によって、機械を製作することである。当時アメリカでは、互換性生産方式が普及しており、これを基礎として機械の大量生産の時代が始まりつつあった。フランシスは池貝鉄工所でも指導を行ない、日本の工作機械工業の発展にも貢献した。

⬆豊田式織機の新工場 職工のわきに置かれた歯車などの部品から、旋盤を使って同じサイズのものを連続して加工している様子がわかる。(明治43年)

⬅池貝(いけがい)鉄工所の工場内部 フランシスの指導により、トロッコ用のレールやターンテーブルなど、近代的な施設をそろえている。(明治40年)

⬆土屋富五郎(つちやとみごろう) 明治37年に京都帝国大学機械工学科を卒業し、親戚の豊田のもとで技師長を務めた。フランシスや高辻の助言を理解し、また海外の情報を取り入れたりすることに貢献したものと思われる。

➡高辻奈良造(たかつじならぞう) 三井物産の技師であり、はやくから豊田の発明に注目して、自動織機開発にさまざまな助言を与えた。工部大学校で機械工学を学び、三井物産の織物事業のために、欧米の織物工場を視察した経験があった。鐘紡では明治38年に織物試験工場を完成させ、力織機より進んだ自動織機の比較試験を行なった。その担当が高辻であった。

⬆鐘紡の自動織機試験工場 高辻の担当した鐘紡での試験には、輸入自動織機とともに豊田佐吉が発明した自動織機も使われたが、不具合が多かった。当時、豊田は鉄製織機をつくれる工場をもたず、ほかの工場に依頼した。その機械は互換性生産によらなかったため精度が低く、それが一因であった。もっとも、当時の日本の紡織工場の技術水準では、自動織機の有効活用が難しく、自動織機の本格的な導入は、第一次世界大戦後にずれ込み、そのときには豊田の自動織機が主役となった。(明治38年、兵庫県)

ビール企業の成長と寡占化

国産となったビールは多くの人に親しまれた

幕末の開港直後から居留外国人向け飲料として輸入されていたビールは、舶来品好みの日本人にファンを増やしていった。

●国産ビールが市場を掌握

国内醸造によるビールは、明治3年（一八七〇）に横浜でアメリカ人コープランドが手がけたのが最初で、4年には大阪、7年には甲府で、日本人経営の醸造所が現われた。明治10年に第一回が開催された内国勧業博覧会は、全国各地のビール業者にとって、またとない宣伝の機会であった。第四回（明治28年）になると、博覧会場内に飲食店や売店が増え、第五回（同36年）には、大手ビール各社のビヤホールも出店し、巨大な酒樽の飾りなどで注目を集めた。

洋酒は国産振興のため酒税が優遇されたので、重税に苦しむ地方の清酒醸造家らが兼業でビール生産に乗りだし、簡易な設備で可能なかぎり安いビールをつくった。しかし消費者の好みが、より厳密な管理を要するビールへ向かうと、在来の酒造家では限界があった。そこで明治20年頃に、ジャパン・ブルワリー（キリン）、日本麦酒醸造（ヱビス）、札幌麦酒（サッポロ）、大阪麦酒（アサヒ）の各社が相次いで設立され、豊富な資金力でドイツから最新式の設備・技術・原料を導入して、本場直伝の風味で人々の人気をさらった。

●販売競争と寡占化

こうして国産ビールは輸入ものに対抗し、明治19年には、国内生産量が輸入量を超えた。その後輸入量は漸減し、明治32年の関税引き上げをきっかけに激減した。

明治23年5月30日付の『時事新

⬆ウィリアム・コープランド

➡東京勧業博覧会　不忍池辺のカブト、ヱビスビールの売店。（明治40年）

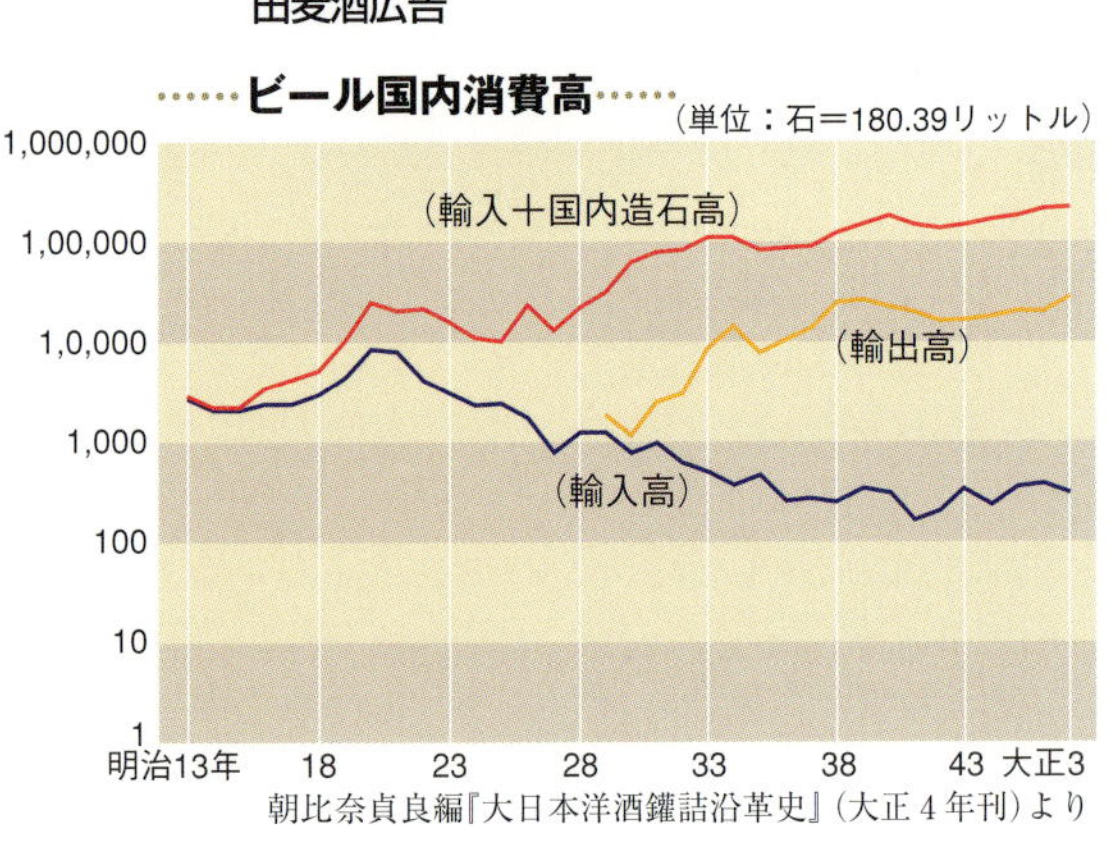

⬆第3回内国勧業博覧会で一等を受賞した浅田麦酒広告

➡大阪麦酒株式会社吹田村工場　明治23年竣工。ドイツに留学した官僚妻木頼黄の設計。妻木はほかに日本麦酒、丸三麦酒も設計した。（明治30年代）

ビール国内消費高（単位：石＝180.39リットル）

(輸入＋国内造石高)
(輸出高)
(輸入高)
1,000,000 / 1,00,000 / 1,0,000 / 1,000 / 100 / 10 / 1
明治13年 / 18 / 23 / 28 / 33 / 38 / 43 / 大正3

朝比奈貞良編『大日本洋酒鑵詰沿革史』（大正4年刊）より

3 展開の時代

報』には、ビール大瓶一本の価格として、イギリス製バッスビール三〇銭、ドイツ製ストックビール二四銭、麒麟および恵比寿ビール一八銭、東京桜田および浅田ビール一七銭、と記されている。いずれも職人たちの日給に相当するほど高価で、瓶単位でビールが買える層は限られていた。そこで、ビールは、コップ一杯でも飲ませる西洋料理店、牛鍋屋、小売酒店などでおもに飲まれた。また、明治20年代末から大阪・東京にできた会社直営のビヤホールは、冷えたビールに加えて独特の雰囲気によって人気を博し、ビールの消費を大きくのばした。

日清戦争後、国内需要と輸出が増えたため、大手各社は設備を拡張したが、明治33年からの不況で需要は落ち込み、回復は日露戦争後となった。明治34年に麦酒税ができると、ビール業者の経営は圧迫され、地方の業者は淘汰されてしまった。

明治33年、札幌麦酒東京工場の新設が決まると（同36年竣工）、各社の販売競争も激化した。相次ぐ増税にもかかわらず値崩れが続いたので、窮状打開のため明治39年に札幌・日本・大阪の三社合同で大日本麦酒株式会社が設立され、他社の増資・改組も相次いだ。明治末期のビール業界は、はやくも寡占状態となったのである。（差波亜紀子）

⬆キリンビールの初代宣伝カー

➡東京・新橋のビヤホール　東京発のビヤホールで、日本麦酒が明治32年に開業。多様な服装の、さまざまな職業・階層の人々が来店した。（明治34年）

➡憲法麦酒のラベル　大日本帝国憲法発布を記念して発売されたと思われる。（明治20～29年）

⬅ジャパン・ブルワリーのラベル（明治21年）

⬅サッポロビールのポスター（明治43年頃）

➡カブト・ビールのラベル（明治32年）

●ビール企業の成長

- **明治3年**　横浜山手でアメリカ人W・コープランドがスプリング・バレー・ブルワリーを開業。
- **明治4年**　大阪堂島で渋谷庄三郎がアメリカ人H・フルストの指導を受けビール醸造を開始(渋谷麦酒)。
- **明治7年**　甲府の酒造業者野口正章が、三ツ鱗麦酒を醸造。ここまでコープランドらの指導を仰ぐ。
- **明治9年**　開拓使札幌麦酒醸造場設立、翌10年4月試作成功。
- **明治10年**　第一回内国勧業博覧会、麦酒出品者数五。
- **明治14年**　第二回内国勧業博覧会、麦酒出品者数一〇。
- **明治18年**　横浜居留外国人、岩崎弥之助、渋沢栄一らが、コープランドの事業を継承するジャパン・ブルワリー・カンパニー・リミテッド（日本醸造株式会社）を設立。21年にキリンビールを発売。40年設立の麒麟麦酒株式会社が事業を継承。
- **明治20年**　東京に日本麦酒醸造会社（のちに日本麦酒株式会社）設立。23年にエビスビールを発売。
- **明治21年**　渋沢栄一、大倉喜八郎らが株式会社札幌麦酒会社設立、旧札幌麦酒醸造場を継承。
- **明治22年**　酒造業者鳥居駒吉ら、大阪北区に有限責任大阪麦酒会社（のちに大阪麦酒株式会社へ社名変更）設立。工場は吹田村。25年にアサヒビール発売。
- **明治23年**　第三回内国勧業博覧会、麦酒出品者数六八。
- **明治28年**　第四回内国勧業博覧会、麦酒出品者数二二。
- **明治34年**　麦酒税法施行。
- **明治36年**　第五回内国勧業博覧会、麦酒出品者数一一。
- **明治41年**　麦酒税法改正で造石制限（一〇〇〇石以上）導入。

▶家庭で洋食を楽しむ（p306）

引札

つぶぞろいコレクション

➡**菓子屋の引札** 子どもの喜びそうな図像で、菓子屋にふさわしい。日露(にちろ)戦争ごろの勇ましいもの。

⬅**酒屋の引札** 縁起のよい恵比寿(えびす)・福助(ふくすけ)・大黒(だいこく)。使われはじめたばかりの電話番号があり、その周知がねらいかもしれない。

↘**為替・小包料金表を織り込んだもの** 電話する女性が新時代の雰囲気を感じさせる。この図の上のほうに店名などを刷り込む。

商品宣伝のための引札(ひきふだ)は、江戸時代からさかんに用いられていた。従来は文章と簡単な挿絵で人目をひいたが、明治中期からは多色刷り石版印刷の利用によって、カラー画像を中心とした手軽で効果的な宣伝手段となり、それまで以上に幅広い業種・規模の商店によって全国各地で用いられるようになった。

江戸時代から多かった薬品の引札では、効能の宣伝が中心であったが、その他の場合は新年などに得意先に配って、店や商品の知名度を上げることがおもな目的とされた。そのため、図版は営業内容と関係なくても差し支えなかったので、見栄えや縁起がよさそうな出来合いの図版に、店名などを刷り込むのが一般的であった。

図版は目をひく意匠のほか、室内に貼って長く役立てられるよう、暦や小包料金表なども用いられた。明治末年から石版印刷技術の進歩によって、大型のポスターがつくられるようになると、従来の形での引札の役割は少なくなっていったが、宣伝用のカレンダーやビラ、マスコットなどと徐々に形を変えながら、その流れは現在までつながっている。無料で配られるだけに高級なものではないが、明治の庶民の生活空間に、彩りを添えた品である。

(鈴木　淳)

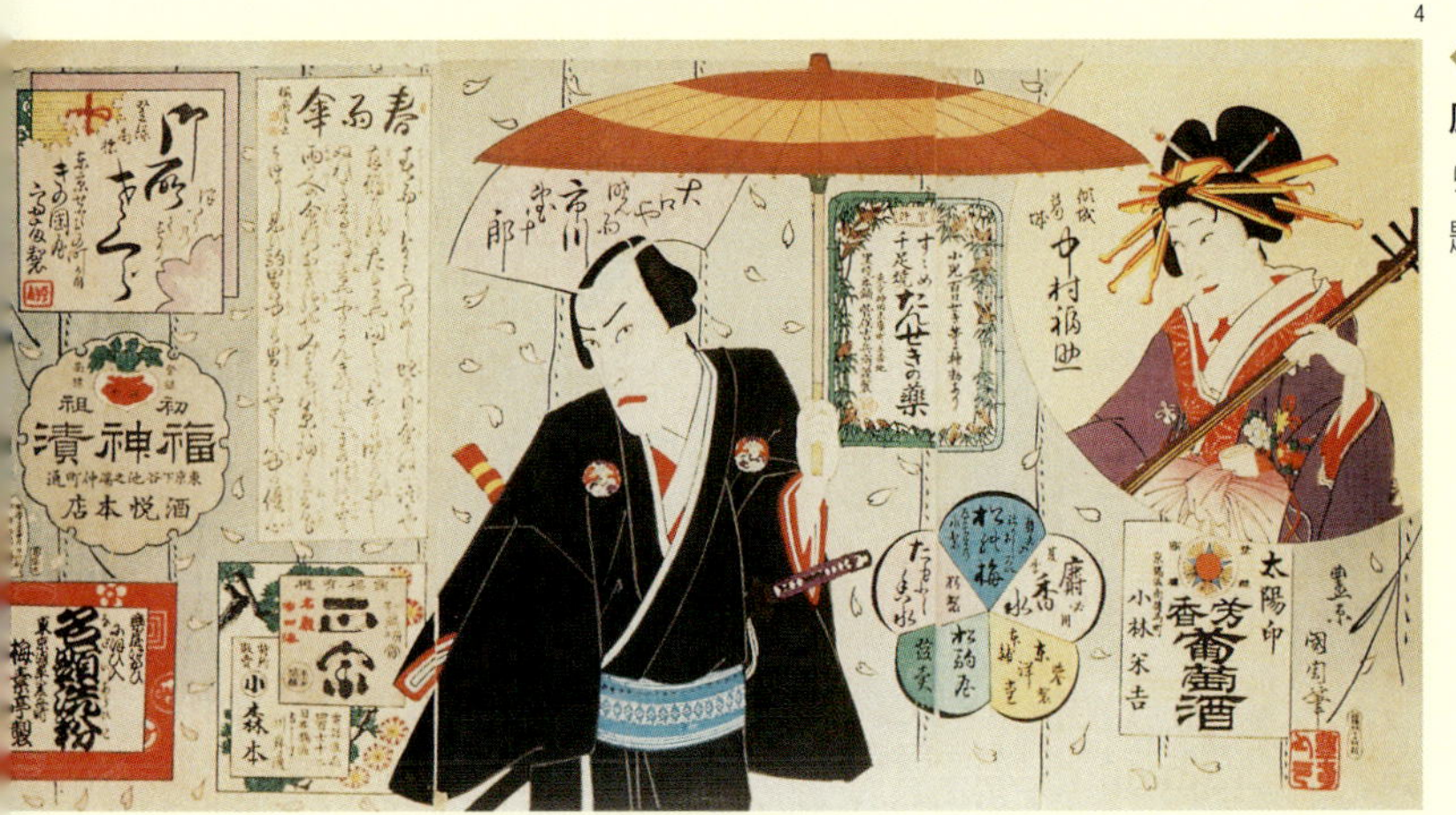

⬅**複数の商店相乗り広告** 福助・団十郎(だんじゅうろう)らの歌舞伎興行を題材にしている。

8

⬆**蘭方薬の引札**　オランダ語を中心に、読みと翻訳を併記。

9

⬆**薬屋の引札**　各種の痛みに効用があることを巧みに図示した鎮痛剤の広告。

5

⬆**干支を題材にした年賀用引札**　この図の左側に店名などを入れた。

➡**呉服屋の引札**　めでたい鶴の図があしらわれている。文字は、現金正札付・ごふく太物・洋たんもの類。

6

7

⬅**薬・煙草屋の引札**　小野道風を題材に、明治 42 年大阪で印刷。兵庫県姫路市北方の内陸部で用いられた。

11

⬆**暦販売所の引札**　佐渡に雑太郡があったのは明治 29 年まで。当時、軍艦は白く塗られていた。

10

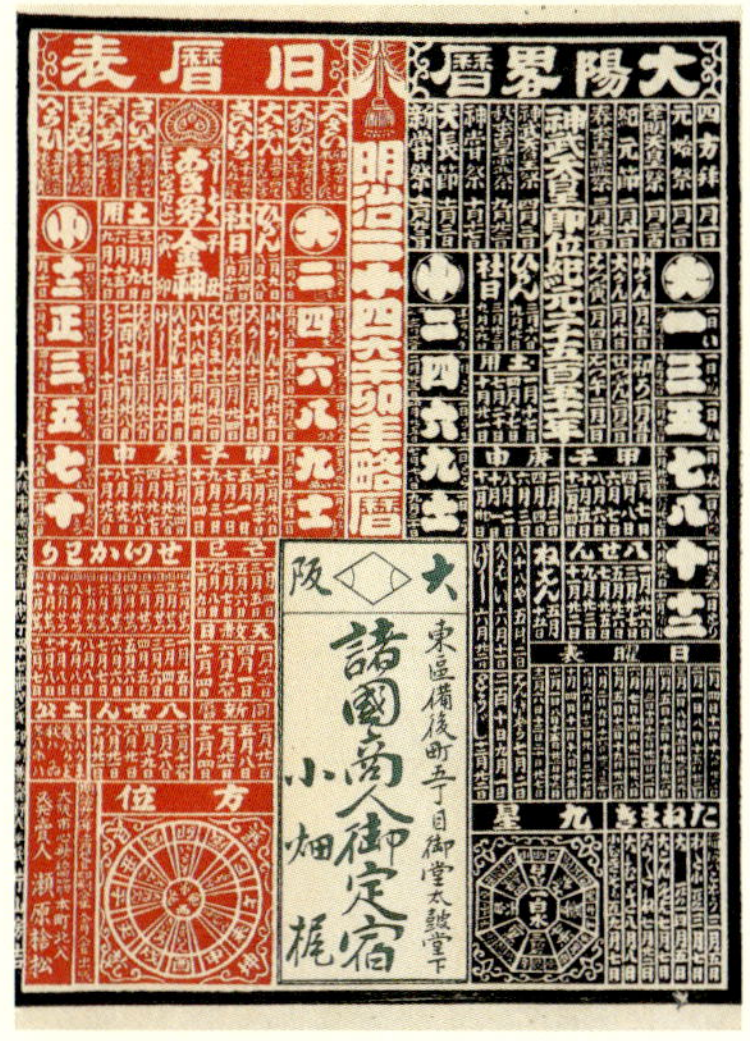

⬆**暦を入れた商人宿の引札**　明治 6 年の太陽暦採用後は、新暦・旧暦併記の暦が長く使われた。(明治 24 年用)

▶日用品のデザイン(p462)

「明治農法」の普及と農業改良

新しい農業技術の導入が、全国規模で行なわれた

明治政府の農業政策は、西洋技術の導入から始まった。明治初年より内藤新宿試験場や三田育種場を開き、海外の品種を取り寄せて試験栽培が行なわれた。また、農業教育・研究の機関として、明治11年（一八七八）には東京に駒場農学校がつくられた。

●日本農業の問題点

駒場農学校では、外国人教師による西洋農法の講義が行なわれた。明治14年に農学校に着任したオスカー・ケルネルは日本の実情を考慮して、もっとも重要な作物である稲作の研究を進めた。彼は農学校内に水田を設け、はじめて化学肥料を用いた稲作の土壌試験を実施した。ケルネルの行なった稲作試験は、その後、日本人農学者に引き継がれていく。

明治15年に御雇外国人として日本にやってきた農学者マックス・フェスカも、土質調査のかたわら駒場農学校で講義を行なった。そして、調査結果に基づき、当時の日本農業について、耕耘の浅さ、排水の不良、肥料の少なさの三点を問題点として指摘した。

一方、当初もくろんだ西洋式の農場経営の大半は、気候や風土の違いから失敗に終わる。そのため政府は、明治20年前後から稲作中心の農業改良に方針を転換した。

その中心となったのが、「老農*」と呼ばれた農業の熟達者である。政府は彼らを集めて農談会を開き、長年の経験に裏付けられた

明治の「老農」のひとり、船津伝次平　群馬県出身で農業改良に活躍した人物。農民としてただひとり駒場農学校教師に採用される。日本農業の利点と西洋農業の利点を合わせた「混合農業」を学生に教えた。

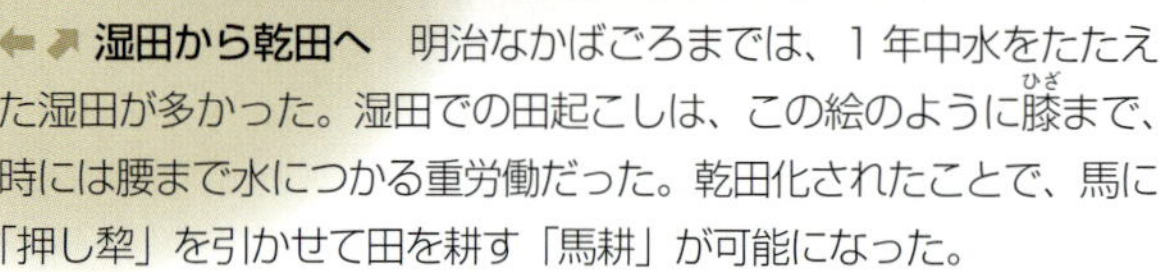

湿田から乾田へ　明治なかばごろまでは、1年中水をたたえた湿田が多かった。湿田での田起こしは、この絵のように膝まで、時には腰まで水につかる重労働だった。乾田化されたことで、馬に「押し犂」を引かせて田を耕す「馬耕」が可能になった。

馬耕に使われた「抱持立犂」　山形県酒田市の日枝神社に、福岡県の馬耕教師伊佐治八郎が奉納した絵馬。福岡で開発されたこの犂は、深く耕すことができたが、安定性が悪く、抱え持つように使ったため、この名称がついた。

明治20年代の秋田県での乾田馬耕　秋田県由利郡では、地主の斎藤宇一郎が中心となって、山形県庄内地方の馬耕教師斎藤源之助を招き、馬耕の導入を進めた。斎藤源之助は伊佐治八郎から福岡式馬耕技術を学んだ人物。

知識の交換・普及を図り、稲作や麦作などの改良に取り組んだ。

進歩を遂げた農業技術

こうしたなかで確立されたのが「明治農法」と呼ばれる一連の技術で、その中心が乾田化と牛馬耕の普及であった。

乾田化とは、稲の生長期に水田から水が抜けるように排水を整えることであり、土中の養分の分解が進むことで生産の向上に結びついた。

だが、水田を干せば土は固くなってしまい、春に田起こしをする際は人の手では不可能となる。そこで、牛や馬を使って田を耕す「牛馬耕」が行なわれるようになったのである。

乾田での牛馬耕で使う犂は、従来のものとは違って操作が難しかったので、熟練した牛馬耕教師が全国各地に派遣され、指導にあたった。

明治農法では、「塩水選」「短冊形苗代」といった技術も、稲作改良に有効なものとして推奨された。塩水選とは、種を塩水につけることで短期間に優良な種を選ぶ選別法、短冊形苗代とは、苗代を短冊形に切ることで健全な苗の生育を図るというものである。

肥料についても、近世来使われていた干鰯にかわって鰊魚肥の使用が増えていった。

このように明治農法は、ケルネルやフェスカの指摘した日本の農業の問題点を克服する技術であった。だが、乾田化や牛馬耕は、費用がかかるものだったため、実際には地域差を伴って進行していくことになる。（市川大祐）

『日本農業発達史』第3巻より

期間	収穫量（石）
明治11〜20年	1.227
明治21〜30年	1.387
明治31〜40年	1.546
明治41〜大正4年	1.767

米の収穫量の推移 明治以降の日本農業は、耕地を増加させるより、品種や肥料の改良によって一定面積あたりの収穫量を増やす方向に発展した。豊作や凶作による変動はあるものの、明治期を通じて増加している。

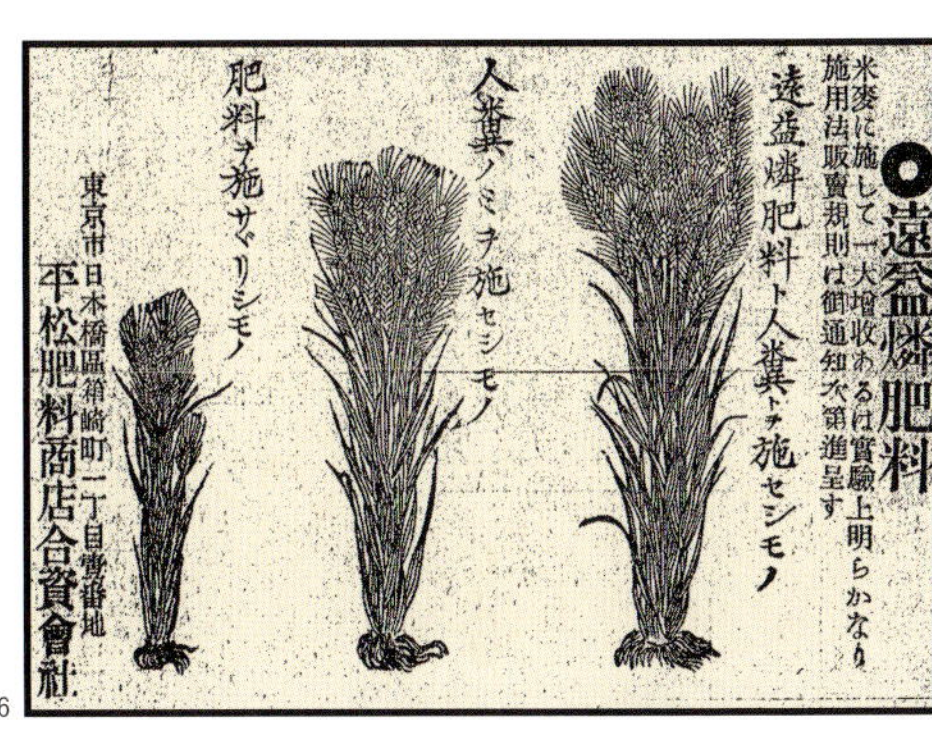

明治35年の肥料の広告 明治30年代には、大豆粕や化学肥料など新しい肥料が急速に普及していく。これは、ベルギーから輸入された化学肥料の広告で、無肥料、人糞と比較し効能を示している。

秋田県の農民団体「歴観農話連」 秋田の老農石川理紀之助が、明治13年に各地の老農を結集して結成した農民団体。自主的な農事研究や種苗交換を行なうなど、明治農法の実践団体として活動した。

農学者津田仙が発行した『農業雑誌』（右）と、福岡県の老農林遠里が著わした『勧農新書』 津田は東京に学農舎をつくり、明治初年から西洋農法の導入に努めた。林は勧農社を組織し、独自の農法を『勧農新書』に著わした。

進歩した農具 肥料の使用量が増加して土地が肥えてくると、当然雑草も多くなった。除草には手につけて使う「雁爪」（右）などが使われたが、腰をかがめての重労働であった。明治25年に立ったまま使える除草器「太一車」（左）が発明されると、同様のタイプの除草器が全国に普及していった。

＊**老農と農談会** 農談会とは農民が農業についての体験を発表しあって、農業技術や知識の交流を図る研究会で、もともとは民間の篤農家たちによって始められた。明治10年頃から各地で盛んになり、その後、政府の奨励によって全国規模の会合が開かれるようになる。農談会を率いた篤農家のなかで、とりわけ優れた知識や技術をもつ者が、老農と呼ばれた。

▶農村の暮らし(p88)、御雇外国人(p130)

木材需要の拡大

産業の発達や都市化により木材が大量消費された

明治の近代社会を築いていくうえで、建築用など各方面に使われた木材は重要な役割を担っていた。

●需要の八割が燃料用

この時代に急増した木材需要の約八割は燃料用であった。工業用の燃料は、しだいに石炭から石油、電力へと変わっていったが、家庭では薪や炭が多く使われるようになり、とくに木炭は、煙が気にならないという理由で、都市を中心に需要が急増した。

木炭の原料は、それまで使い道の少なかったクヌギやナラなどの広葉樹であった。鉄道の開通により、大都市への輸送が便利になると、沿線を中心に広葉樹の開発が進んだ。日清戦争後あたりからは、全国各地の山村で先進地の技術導入も進み、木炭の生産はさらに盛んとなった。

このほか、工業生産が進むにつれて新しい木材需要も生じた。たとえば工場で大量生産されて遠方まで運ばれる商品を包む箱や樽などの需要が増した。また交通網や鉱業の発展につれて、鉄道に使う枕木や、鉱山用の坑木の需要も生じてきた。

さらに新商品の原料として、マッチの軸木やパルプもあった。20世紀に入って需要が急増したパルプの場合、まとまった量の原料木材を確保するため、製紙会社は広大な国有林のある北海道、さらには樺太まで進出していった。

現在では想像しがたいが、明治の日本は、中国などアジア地域への茶箱や枕木、坑木をさかんに輸移出する国でもあった。

●乱伐で山林の荒廃が進む

こうして増えていく需要に応じるため、木材の生産もさかんになった。

鉄道の建設が進むと、木材の産地として利用できる土地が広がり、またそうした産地では、林道の建設によって奥地の天然林が開発さ

➡木材を鋸で引く小挽職人（明治23年頃）

⬆木炭窯からの木炭の積み出し　北海道・倶知安。（明治40年代）

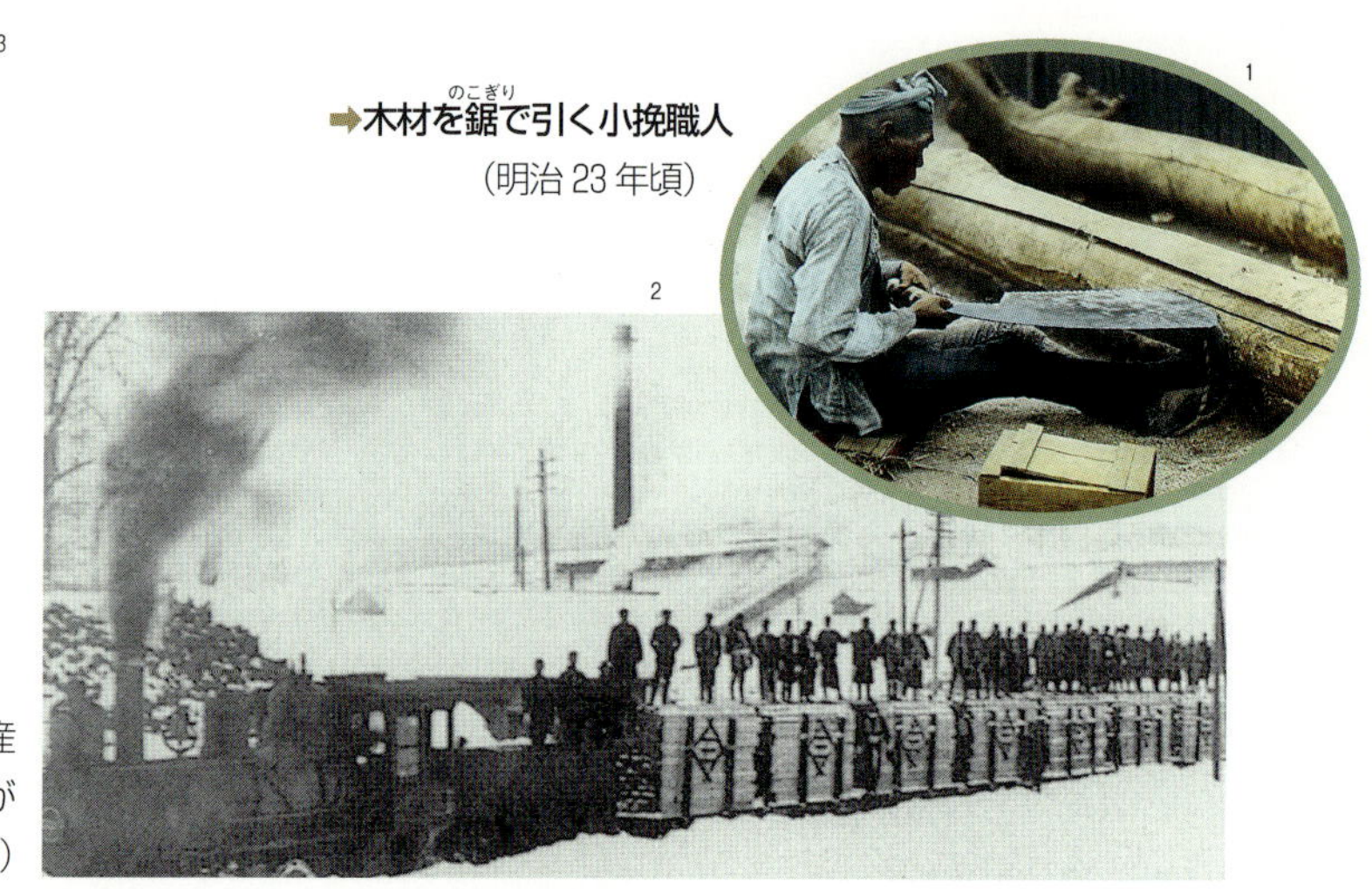

➡汽車で運ばれる木材　北海道・三井物産合名会社砂川木挽工場。製材はほとんどが輸出向けで、小樽に送られた。（明治末期）

用材輸移出入量

（万石）　1万石＝2783m^3

輸移出量　輸移入量

明治12年　16年　20年　24年　28年　32年　36年　40年　44年

用途別木材消費量

（100万石）　1万石＝2783m^3

燃材　建築用材　その他の用材　紙パルプ

薪材　炭材

明治12年　16年　20年　24年　28年　32年　36年　40年　44年

大川一司ほか編・梅村又次ほか著『長期経済統計：推計と分析』東洋経済出版社（1966年）より

↑長野県塩尻峠より諏訪湖を望む　薪を燃料とする製糸工場が増えて森林が乱伐され、水害をもたらすまでになった。

↑天城山伐木十四枚続　伊豆の官林では「天城」など軍艦建造のための伐木事業が行なわれた。

英名（ポルトランドセメント）
佛名（シマンポルトランド）
壹樽代價
上　金三圓七拾五錢
下　金三圓三拾錢
但兩品目方樽共四拾貫目
右者一樽以上拂下候條望の者ハ誰ニても直ニ當局へ可被申出事
深川　工作分局

←東京・深川工作分局のセメント広告　こうした樽などの需要も増えていき、木材の需要増大を進めた。（『中外工業新報』第8号、明治10年）

れ、さらに樹木の育成も行なわれるようになった。

民間での育成林業は、都市市場との交通の便に恵まれ、継続して林業経営を行なえる先進地、たとえば吉野・尾鷲を中心とする紀伊山地や、埼玉県西部山地などでは、すでに江戸時代から行なわれていた。しかしその他の地域では、いまだ自然林を採取するといった形が多かった。また、広大な諸藩の直轄林では、森林の保護育成が行なわれていたが、明治期になると廃藩置県や地租改正に伴う混乱のなかで乱伐が行なわれ、多くの地域で山林の荒廃が進む結果となってしまった。

政府は明治12年（一八七九）に内務省山林局を設置するなど、林政の必要性を認識してはいたが、財源不足などでなかなか有効な対策が打てなかった。

そのため、森林資源の造成が進むのは、明治30年の森林法制定、同40年の改正により、国が民有林に対しても施行案を編成させ、事前監督を行ないうる制度が整備されてからのことであった。

（差波亜紀子）

↑印刷局抄紙部　抄紙機械。（現・東京都北区王子）

←↓三井物産合名会社砂川木挽工場の製品置き場（下）　明治末期の最盛期には270mにもわたって製品が積まれた。（明治末期）　同工場内部（左）（明治40年）

↙同工場内部（明治42年）

ニシン漁の発展

ビジュアル読み解き

明治も中期ごろまでは、漁業の方法自体は、江戸時代とそれほど大きくは変わらなかった。しかしそのなかで、江戸後期から明治20年代にかけての北海道ニシン漁の発展には、目を見張るものがあった。

ニシンの大群が浜に押し寄せる（群来）ため、短期間に大量の労働力と設備を投入して漁獲し、加工するという漁法は、北海道特有のものであった。

当時はもちろん、冷蔵保存技術も高速の輸送手段もなかったので、大量に獲れたニシンはすぐに浜ゆでしたうえで、腐りやすい内臓を取り出して身欠鰊にするか、あるいはゆでたあとに油を搾り、乾燥させて鰊〆粕という肥料に用いた。身欠鰊をとった残りの部分は、胴鰊と呼ばれ、やはり肥料となった。

つまり、当時のニシン漁は、食料を獲るというよりも肥料を獲っていたといったほうがよいだろう。

ニシンは、昆布などとともに北前船に乗せられて、北陸・瀬戸内・近畿地方に運ばれていき、農業生産を支えた。また、はるか離れた京都においては、鰊蕎麦

北海道鰊大漁概況之図

1

2

➡**明治42年頃の寿都のニシン漁**　寿都は江戸時代から有力な漁場であったが、明治2年に開拓使の収税を行なう海官所が設けられると、寿都郡や近隣の歌棄郡の漁獲物が集まり、にぎわいを見せた。それらの取り扱いのため有力商人や運輸会社、銀行も進出した。

➡**建網漁法の仕組み**　ニシンの大群を効率よく獲るため、大規模な建網（定置網）が使われた。ニシンが身網に入ったら網の口をふさぎ、起こし船の側から引き揚げる。ニシンはそのまま枠船の枠網に落ち、枠船ごと川崎船にひかれて汲み船に積み替えられ、岸へ運ばれる。

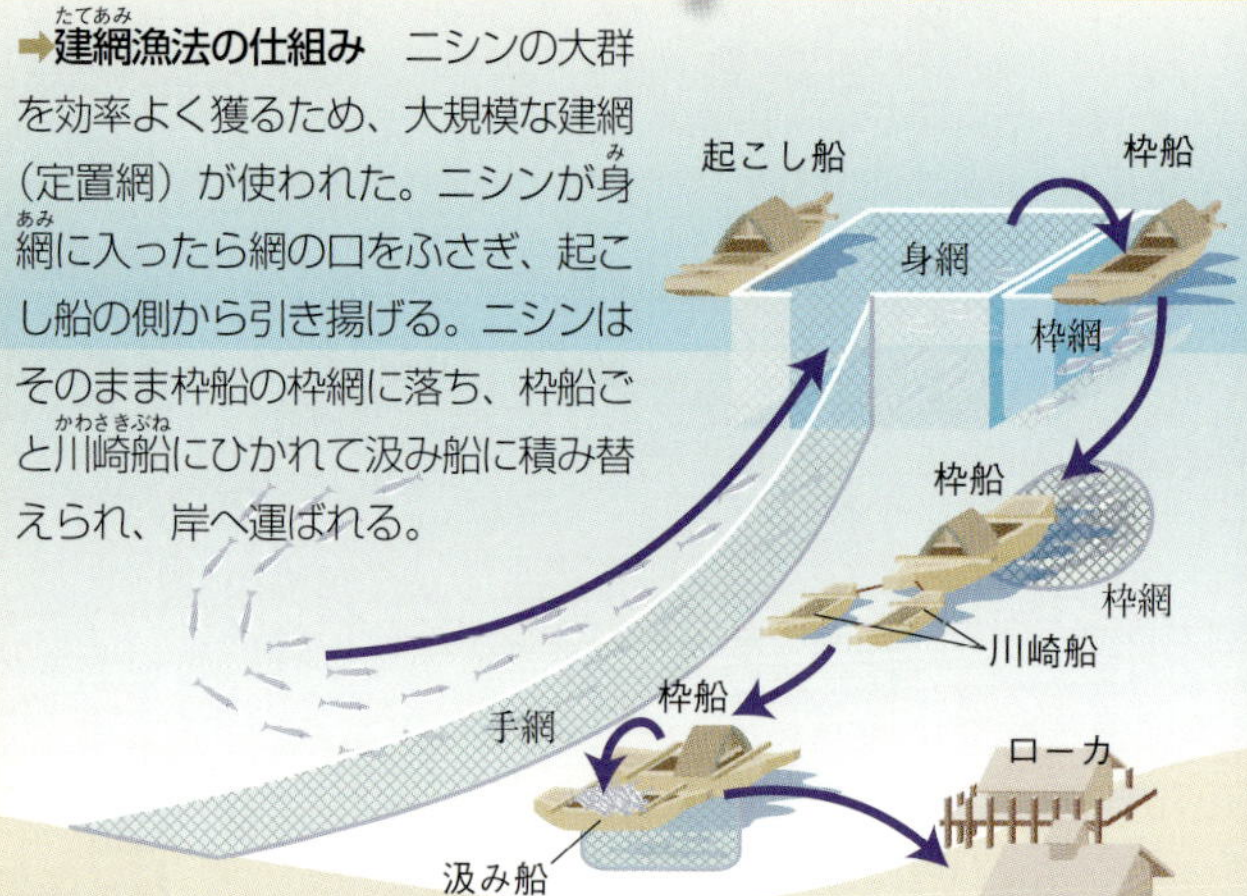

や昆布だしなどの食文化に結びついたのである。

こうしたニシン漁の発展は、生産者である網元に、莫大な富をもたらした。北海道の各地には、現在も多くの番屋建築が残されている。観光地としてにぎわうこれら「鰊御殿」は移築されたものが多いが、もとは干し場や船倉、網倉など、種々の倉庫を備えた広大なものであった。（市川大祐）

⬇➡旧田中家の番屋「鰊御殿」と漁場 積丹泊村の田中福松は「鰊大尽」と呼ばれた網元。鰊御殿はニシン漁最盛期の明治30年に建造された住居兼番屋で、現在は小樽市祝津に移築されている。漁場には番屋を中心に、ローカ（ニシンの納屋）や魚坪（露天のニシン貯蔵所）、各種倉庫、釜場や干し場などが配されていた。

『季刊大林・No29「漁場」』（株式会社大林組）より

4

➡『北海道鰊大漁概況之図』 ニシン漁場を明治天皇が観望するという構図で描かれた、10枚組の版画の部分図。漁場の実況を知ることのできる貴重な史料である。鰊潰し、釜炊き、乾燥などの各作業の様子や、漁場を歩く小間物商、餅売り、収税委員といった人々まで、こまかく描き込まれている。（明治22年）

5

⬅鰊〆粕の俵詰め作業 筵の上で乾燥された〆粕は、最後に俵に詰められて出荷される。写真は礼文島香深村の漁場での〆粕の俵詰め作業風景。明治末年と思われる。このころには各地への輸送も、北前船から汽船が主力となった。

3

⬆ニシンの陸揚げの風景 浜に着いたニシンを運ぶモッコ担ぎは、女性の役割。モッコには約20kgが入り、報酬は1往復いくらの歩合給だったため、食事時間も惜しんで働きつづけた。

▶樺太・千島交換と北海道の開拓（p140）

養蚕業の発達

生糸輸出の拡大で、重要な産業となる

幕末の開港以来、養蚕業は日本の輸出産業として急速に発展していった。

当初、日本の輸出がのびたのは、欧州での微粒子病による蚕の死滅が原因だった。そのため、微粒子病が終息すると、座繰製糸で品質の低かった日本生糸の輸出は、いったん減少するのである。

しかし、明治20年代ごろから長野県、山梨県を中心に器械製糸業が急速に発展し、均一な高品質の生糸の大量生産が可能になると、輸出はふたたび拡大していく。

おもな生産地には繭の選別から製糸までを一貫工程で行なう大工場が設立され、輸出先の中心も、それまでの欧州からアメリカへと変わっていった。

●生糸を売って軍艦を買う

明治27年（一八九四）に器械製糸の生産量が座繰製糸のそれを上まわり、42年には、日本は世界最大の生糸輸出国となった。「生糸で軍艦を買う」という言葉に示されるように、機械や綿花などの輸入が増えつづけるなか、生糸は最大の輸出品として輸入に必要な外貨を稼ぎつづけたのである。

こうした生糸輸出の拡大に伴い、農村では養蚕業が重要な位置を占めるようになる。養蚕農家では蚕の餌となる桑を育て、蚕の飼育を行なった。当初は春が中心だったが、原料である繭の需要が高まると、夏や秋にも養蚕を行なうようになっていく。

●養蚕を担った人々

鉄道が整備されて遠隔地からの繭の輸送が可能になると、諏訪をはじめとする長野県の製糸業者は、関東や東北の養蚕農家から繭を購入するようになった。

当時、繭は生のまま取り引きされたため、その輸送はスピードを要求された。明治30年代後半まで諏訪地方には鉄道が通っていなかったので、各地から運ばれてきた繭は信越本線の上田、大屋などの駅で降ろされ、馬の背に積まれて和田峠を越えて諏訪まで運ばれた。繭の出荷時期になると、馬方たちが松明を燃やし、夜を徹して峠を越える姿がみられたという。

繭の販売は、農家にとって貴重な現金収入をもたらすものだったので、多くの農家では養蚕に力を注いだ。その養蚕労働の中心を担ったのは、おもに農家の女性たちであった。

蚕を育てるのは、温度調節などが難しく、神経を使う仕事であった。また、掃き立て、桑摘み、育蚕などの作業は、稲作などの作業と同時期に行なわれたので、日々の労働は、ひじょうに忙しいものとなったのである。（市川大祐）

1

⬆**製糸会社での繭の選別**　農家から集めた繭は、選別・加熱して内部のサナギを殺し（殺蛹）、乾燥（乾繭）させる。とくに乾繭作業は生糸の品質を大きく左右するため、製糸工場に設置した乾繭場で行なわれるようになった。

⬇➡**生糸の輸出**　生糸の生産量が増大する明治20年代以降、輸出量は飛躍的にのびた（右グラフ）。各地で生産された生糸は、売込商の手を経て外国商人に販売された。荷物は仮契約の段階で商館に引き渡し、計量や品質検査は下の絵のように外国商人の手でなされた。（梅窓幾英、明治18年『皇国養蚕図会』、左ページの図もすべて同）

3

生糸の輸出量の変化

(トン)
12,000
10,000
8,000
6,000
4,000
2,000
0
明治1年 5年 10年 15年 20年 25年 30年 35年 40年 45年

中林真幸『近代資本主義の組織』より

➡**田島弥平『養蚕新論』**
田島弥平は、群馬県で蚕種製造に従事、風通しのよい状態で蚕を飼育する「清涼育」など、養蚕技術の改良に取り組んだ。その成果が『養蚕新論』にまとめられている。

2

3 展開の時代

描かれた養蚕図 皇國養蠶圖會

養蚕をテーマにした錦絵は古くからあり、近代になってからも、明治中期ごろまで数多く描かれた。蚕の誕生から織物ができるまでを物語形式で錦絵にしたものは、「蚕織錦絵」と呼ばれ、蚕の成長する過程や、餌の桑を与える様子などが美しく描かれている。あくまでも観賞用なので、実態とは異なる部分もある。

⬆第13図「蚕を蔟に入れる」

⬅**蚕が繭をつくるための「藁蔟」** 成長した蚕は蔟のなかに移されて、そこで繭をつくる。藁蔟は藁を折り曲げてつくったもの。1回限りの使用で終わってしまうが、農家の自家藁で簡便にできるため、広く使われた。

⬆第17図「卵を産ませる」

⬅**産卵に使う「種紙」と「蛾輪」** 蚕の卵（蚕種）は粒がひじょうに小さいので、画用紙くらいの大きさの蚕卵紙（種紙）に産みつけさせる。蚕の病気を防止するため、蛾は1匹ずつ「蛾輪」の輪の中で産卵させ、輪ごとに検査を行なって有毒なものは削り取った。

⬆第18図「繭から糸を繰り出す」

⬆第2図「蚕種を箱から出す」

⬆第9図「蚕に桑を与える」

⬆第11図「桑葉を採る」

▶農村の暮らし（p88）、富岡製糸場（p108）、鉄道網の展開（p220）

人物クローズアップ 岡倉天心

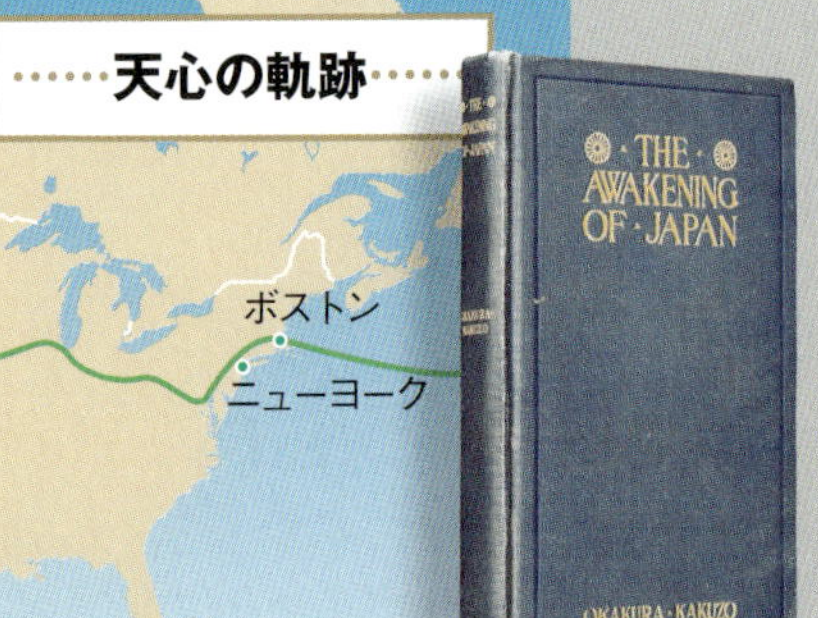

注）天心の旅の軌跡は詳細な記録がありません。とくにヨーロッパの経路は不明です。概念図としてご覧ください。

1 ↗『日本の覚醒』 1904年、ニューヨークの出版社から出版。1903年から書かれ、『東洋の理想』のあとを継ぐ書。急激に西洋に伍するようになった近代日本の達成について、西洋に向けて発信した。

4 ←天心肖像 『日本の覚醒』を出版したころ、43歳の正装姿。

Photograph © 2005 Museum of Fine Arts, Boston Copley Square location, ca. 1902

3 ↑ボストン美術館 1870年に設置され、所蔵品40万点以上。日本美術コレクションは海外では最大級で、モース、フェノロサ、ビゲローなどの収集品が収蔵されている。天心はここを拠点に、講演や執筆活動によって、日本と東洋の文化を西洋社会に紹介した。

2 ↑ボストンの人々と天心 天心は、ボストン美術界の女王とうたわれたガードナー夫人（後列右）ら、社交界との交友を深めた。下院議員アンドリュー（後列左）邸で。（1910年頃）

3 展開の時代

美術行政家・美術指導者・思想家であり、東西文化交流にも役割を果たした岡倉天心。急激な西洋化の波が押し寄せる時代のなかで、危機的状態にあった日本美術の窮状を打破しようとして始まったその活動は、スケールが大きく、広範囲に及んでいる。

美術行政家としての功績で重要なものに、古美術の保護施策がある。廃仏毀釈の風潮により、古美術品の破壊や海外流出が横行するなか、関西を中心とした古美術を調査し、文化財保護に関する提案を行なった。その後は帝国博物館理事・美術部長として、京都・奈良の帝国博物館設立に尽力し、現在の文化財保護行政の基礎を築いた。

東京美術学校校長としては、西洋美術の長所を取り入れながら、新しい日本美術の復興をめざした。明治31年（一八九八）に同校を退いたあとは、美術団体・日本美術院を結成し活動の拠点としたが、ここでも新しい日本画を創造するための理論的、精神的支柱となった。

東洋美術・日本美術への造詣と、西洋美術の知識を持ち合わせた天心は、日本美術史編纂の端緒を開き、その成果は、明治33年のパリ万国博覧会のために編纂された『稿本日本帝国美術略史』へと結実していく。

『東洋の理想』などの英文三部作などを通して、東洋や日本の美術・文化を欧米に紹介した思想家としての面も注目される。ボストン美術館の中国日本美術部顧問・部長としても、東西文化交流に重要な役割を果たした。

天心の活動は多方面にわたるが、矛盾も多い。太平洋戦争中に、『東洋の理想』のなかの「Asia is one.（アジアはひとつ）」という言葉が政治的に利用されたこともあり、その評価は定まりにくい。しかしながら、対西洋という図式のみで理解されがちな近代の日本を、アジア総体のなかでとらえようとした功績は大きく、その全体像の解明は、今なお課題として残されている。

（濱中真治）

『茶の本』 1904年の秋に構想され、1906年にニューヨークの出版社から出版。日本の生活と文化を茶の湯に託して描いた。のちにドイツ、フランス、スペイン語版などに訳され、欧州各国に紹介された。

『東洋の理想』 英文著作の第1作。1902年のインド滞在中に完成し、翌年、ロンドンの出版社から出版。インドに発する仏教、中国の儒教などに言及しながら、宗教と日本美術の融合発展について論じた。

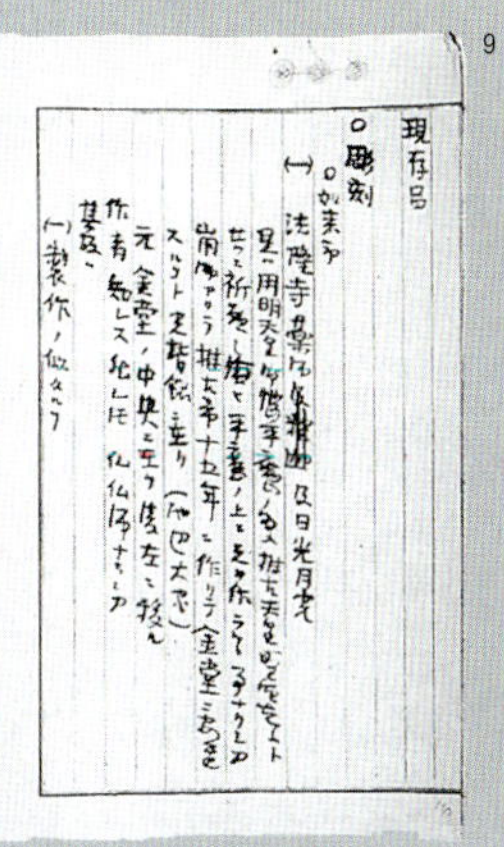

日本美術史編纂綱要自筆メモ 明治23年から、東京美術学校で日本初の体系的な日本美術史を講義した。このメモは帝国博物館が企図した日本美術史編纂のためのものと思われる。これを下敷きに、明治34年、『日本帝国美術略史稿』などが農商務省より発行された。

奈良古社寺調査手録 文部省の命により、明治17年にフェノロサらと古社寺調査を始め、以後数度にわたり調査を行なった。それにより日本美術への見識を深め、古美術保護の施策を打ち出した。明治19年の調査には、画家の狩野芳崖も同行した。（明治19年）

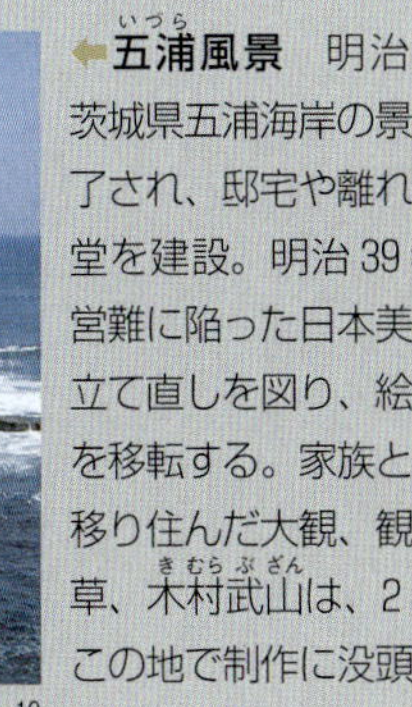

五浦風景 明治36年、茨城県五浦海岸の景勝に魅了され、邸宅や離れの六角堂を建設。明治39年、経営難に陥った日本美術院の立て直しを図り、絵画部門を移転する。家族とともに移り住んだ大観、観山、春草、木村武山は、2年ほどこの地で制作に没頭した。

日本美術院開院記念写真 明治31年10月15日、東京・下谷区谷中に建てた研究所で、開院式と第1回日本美術院展を開催した。後列右から岡倉天心、2人おいて菱田春草、寺崎広業、下村観山。左端に横山大観。前列右から5番目が主幹の橋本雅邦。（明治31年）

岡倉天心　略年譜

年	年齢	事項
文久2年（一八六二）	0	12月26日、横浜に生まれる。父は福井藩商館の手代。
明治6年	11	一家が東京日本橋蠣殻町に移転。
明治8年	13	東京開成学校（のちの東京大学）に入学。
明治13年	18	東京大学文学部を卒業、文部省音楽取調掛に勤務。
明治17年	22	フェノロサらと奈良古社寺調査を行なう。
明治18年	23	文部省図画取調掛委員となる。
明治19年	24	フェノロサとともに欧米美術視察（翌年まで）。
明治21年	26	関西古社寺調査を行なう。
明治22年	27	帝国博物館理事兼美術部長となる。
明治23年	28	東京美術学校校長となる。
明治26年	31	清国美術調査を行なう。
明治31年	36	帝国博物館理事兼美術部長、東京美術学校校長を辞職。日本美術院創立。
明治34年	39	インド美術調査（翌年まで）。
明治37年	42	横山大観らと渡米、ボストン美術館の東洋美術品の整理を開始。以後五回にわたり現地で勤務。
明治39年	44	関西、清国で、ボストン美術館のための美術品収集。五浦を日本美術院の拠点とし、第二部を奈良に置く。
明治40年	45	文展審査員となる。
明治43年	48	ボストン美術館中国日本部部長となる。
明治44年	49	ハーヴァード大学より文学修士の学位を授与される。
明治45年	50	九州古社寺調査。北京で美術品収集。インド、ヨーロッパ経由でボストンへ。
大正2年（一九一三）	51	病気のため帰国。法隆寺金堂壁画保存の建議案を作成後、新潟県・赤倉の山荘にて9月2日死去。

▶日本美術の学校教育（p238）

彫刻の果たした役割

首都の景観に必要だった銅像

仏像を筆頭に、根付や置物から生人形まで、日本には豊富な彫刻術の伝統があったのに、維新政府は積極的に西洋彫刻を導入した。絵画にこと彫刻に関するかぎり、絵画におけるような国粋主義的立場からの洋風彫刻弾圧は存在しない。その理由は、彫刻が近代的国家の都市景観の創出に不可欠の要素と思われたからではないか。

←大熊氏廣『大村益次郎銅像』 台座から像頂まで13mの巨大な記念碑が、広大な境内空間を支配している。八角形石の基段3段重ねに、鋳鉄円柱上の像の全身は円錐形にまとめられている。（明治26年完成。東京・靖国神社境内）

1

●銅像記念碑制作の意図

幕末から明治初頭にかけて欧米を視察した政府要人は、パリやロンドンの至る所に、近代市民社会の形成と一体化し、高揚する市民感情を象徴する彫刻記念碑（モニュメント）を見た。帰国した彼らが、日本も近代国家というなら、宗教像でも置物でも人形でもない、社会性と時代感情を象徴する記念碑が、公園や広場に必要だと考えたのは当然であろう。

それゆえ、国粋主義の風当たりも、外国人教師たちには弱かった。ラグーザは、工部美術学校最後の彫刻学専攻学生が卒業する明治15年（一八八二）まで日本にとどまるし、カッペレッティは工部美術学校廃校方針が固まった明治12年には工部省営繕局に転出し、18年まで日本にとどまって、靖国神社境内に遊就館、三宅坂に参謀本部という純西洋建築を建てた。

東京で最初の野外記念碑銅像は、靖国神社境内に今日も一三mの高さで屹立する『大村益次郎銅像』である。作者の工部美術学校卒業生大熊氏廣は、この銅像制作研究のため明治21年から一年半の欧州視察に出かけたが、台座部分は彼の帰国時にはすでに完成していた。つまり、この記念碑は政財界の発案（明治15年）になり、建築家・土木工学技術者・彫刻家の総合的プロジェクトとして遂行されたのだった。

さらに東京美術学校が制作の委嘱を受け、高村光雲らにより明治33年に宮城広場に完成した『楠木正成銅像』、31年に完成した上野公園の『西郷隆盛銅像』など、大がかりな銅像記念碑制作が続いた。

ところでこれらの銅像は、あくまで近代的都市景観の創出が目的であって、政治権力の誇示や偉人崇拝の強制などは意図されていないことに留意する必要があるだろう。

大村は徴兵制を主張して反対勢力に刺殺された政治家、楠木正成も足利尊氏軍に湊川で討たれた敗軍の将、西郷隆盛もまた西南戦争という反乱軍の指揮者として戦死した悲運の志士、いずれも歴史的敗者なのである。

●歴史的敗者を選んだ理由

ほんとうの権力者や天皇は、決して銅像の主人公には選ばれなかった。菅原道真を祀る天満宮のように、敗者の霊を鎮魂したいという日本人独特の心情に添う巧みな

➡新海竹太郎『北白川宮能久親王銅像』 山形の仏師の出身ながらベルリンに留学し、西洋彫刻を学んで帰国した新海の出世作。走行中の馬の躍動感には、光雲や氏廣とは世代の違う表現が感じられる。（明治36年完成。東京・北の丸公園・国立近代美術館工芸館前）

2

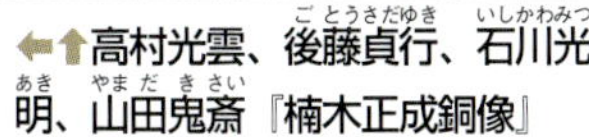

←↑高村光雲、後藤貞行、石川光明、山田鬼斎『楠木正成銅像』 別子銅山の操業200年を記念し、銅像を天皇に献上したいという住友家の依頼が東京美術学校に対してなされ、日本画家岡倉秋水と川端玉章の原画に基づき、人物を光雲が、馬体を後藤貞行が中心になり木型を制作、学内で鋳造した。上は完成記念写真。（明治33年完成。皇居外苑）

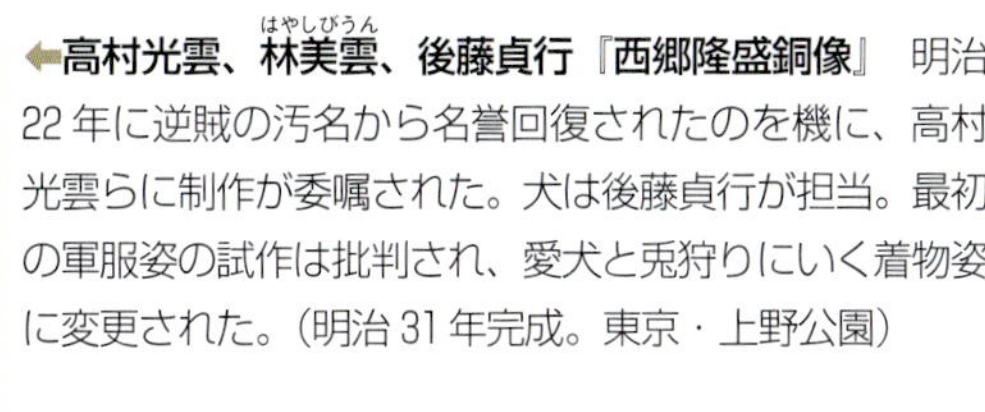

←高村光雲、林美雲、後藤貞行『西郷隆盛銅像』 明治22年に逆賊の汚名から名誉回復されたのを機に、高村光雲らに制作が委嘱された。犬は後藤貞行が担当。最初の軍服姿の試作は批判され、愛犬と兎狩りにいく着物姿に変更された。（明治31年完成。東京・上野公園）

モティーフ選択により、これらの銅像は勝者からも敗者からも反感をかわず、太平洋戦争下にも砲弾と化すことなく、都市の景観のなかに生きのびている。

とはいえ、これらの銅像制作は近代彫刻の夜明けではあっても、純粋に彫刻家個人の表現意欲の結晶とはいえない。内面的精神を表現する真の近代彫刻の出現には、新海竹太郎、高村光太郎、朝倉文夫、荻原守衛らの活躍する明治40年代を待たなければならなかった。（新関公子）

→荻原守衛『女』 荻原守衛（碌山）は不同舎で洋画を学んだあと、渡仏してロダンに出会い彫刻に転向。遺作となったこの作品には、ロダン的生命感の表出が感じられる。（明治43年、重文）

←高村光太郎『獅子吼』 明治32年、東京美術学校彫刻科に洋風彫刻の塑像科が新設された。光雲を父にもつ光太郎は木彫科の所属だったが塑像を好み、卒業制作は塑像を石膏像にして残した。若き日の日蓮が主題。（明治35年）

▶都市空間の変容（p114）、西洋美術と工部美術学校（p234）、靖国神社（p276）

人物クローズアップ 黒田清輝

⬅『読書』 画家修業に転じてから約4年。パリ近郊の小村グレー・シュル・ロワンに滞在し、農家の娘マリア・ビヨーをモデルに描いた。1892年の「フランス美術家協会」サロンに出品して入選した作。(明治24年)

⬆『鉄砲百合』 黒田は地面から生える植物を描くことを好んだ。陽光の下での制作、素早い筆さばき、生命への賛歌は、印象派そのものであろう。(明治42年)

⬅ラファエル・コラン『若い娘』 多くの日本人画家が師事したコランは、画商の林を介してたびたび白馬会に作品を送った。これは第10回展に出品された大作。そのさわやかな画風は、同時に記念出品された黒田の『湖畔』とともに人々を魅了した。(1894年)

⬆1884年、パリで撮影された18歳のころの黒田。留学の前には法律家をめざし、神田の共立学校と築地の英学校で英語を、外国語学校でフランス語を学んだ。

黒田清輝は慶応2年(一八六六)、薩摩藩士黒田清兼の長男として生まれた。養父清綱は明治政府の高官。

明治17年(一八八四)、法律家をめざしパリに留学するが、二年後に画家修業に方向転換する。転向を促したのは画商林忠正だった。一八七八年の万国博覧会に通訳として渡仏以来、留学生の世話をし、日仏美術の架橋的立場にあった林は、趣味で描く黒田の画才・知力・門閥を、未熟な日本洋画界の指導者にふさわしいとみた。

師ラファエル・コランを紹介したのも林である。コランはアカデミックな技法と印象派の明るい色彩の折衷様式で高い評価を得ていた画家で、日本美術の愛好家でもあった。適切な師を得て黒田は才能を磨き、ふたつの民営サロンへの入選も果たして、明治26年に帰国する。

明治28年、第四回内国勧業博覧会審査官に迎えられると、立場上拒否されないと判断、滞欧中に制作した裸体画を出品し、意図的に裸体画論争を巻き起こすのである。

ギリシャ美術に始まる西洋美術は、理想化された人体、ことに裸体をモティーフとして人間の歴史や理想を造形的に表現する。西洋美術を日本に根づかせるには、まず裸体表現への抵抗を除かなければ、と黒田は判断した。明治29年に東京美術学校に新設された西洋画科の指導者に迎えられると、男女裸体モデルを使ったカリキュラムを導入する。

明治33年のパリ万博には、金地に日本女性の裸体を描いた『智・感・情』を出品、銀賞を得た。このときのパリ滞在期間中に制作した『裸体婦人像』を帰国後の白馬会展に出品したところ、官憲はその官能性を許さず、下半身を布で覆わせた。以後、彼の裸体表現はしだいに抑制され、花や風景を印象派的手法で描く方向に向かう。晩年は父の爵位を継いで貴族院議員となる。政治家への転身は日本洋画壇の社会的地位向上をねらう犠牲的行為であり、日本の西洋画教育と画壇は今なおその恩恵下にある。(新関公子)

6

←『湖畔』 明治30年夏、箱根に逗留し、のちの夫人をモデルに描き同年秋の第2回白馬会展に『智・感・情』と同時に出品。このころ、自然主義的と装飾的の2方向で日本的油彩画のあり方を模索していたと思われる。(重文)

5

裸体画問題

9

↑明治31年に岡倉天心が東京美術学校長を辞したあと、東京美術学校西洋画科教授となり、名実ともに日本洋画界の指導的立場についた。

8

↗『朝妝』 出品に警察が干渉したが、審査総長九鬼龍一は「排斥すべき理由を見出し得ず候」と回答し議論沸騰した。(明治26年) ↓『智・感・情』 抽象的背景に三幅対の仏画のように直立する裸婦。日本独自の油彩画をねらったのだろうが、師コランには不評だった。(重文) ←『裸体婦人像』 パリ制作の裸婦には、黒田の力が遺憾なく発揮されている。(明治34年)

7

●黒田清輝 略年譜

年	年齢	事項
慶応2年（一八六六）	0	6月29日、鹿児島市高見馬場に生まれる。
明治4年	5	伯父黒田清綱の養嗣子となる。
明治5年	6	実母と上京、麹町平河町の清綱邸に住む。
明治17年	18	フランスに留学。
明治19年	20	大使館の日本人会で、林忠正らに画学修行を勧められラファエル・コランに入門。
明治20年	21	法律大学校を退学、画業専念を決意。
明治24年	25	フランス美術家協会サロンに『読書』入選。
明治26年	27	国民美術家協会サロンに『朝妝』入選。アメリカを経由して7月帰国。
明治27年	28	明治美術会に『朝妝』などを出品。久米桂一郎と画塾天真道場を開設。
明治28年	29	第四回京都内国勧業博覧会に『朝妝』を出品。裸体画問題起こる。
明治29年	30	東京美術学校西洋画科嘱託となる。白馬会を結成。
明治31年	32	東京美術学校教授となる。
明治33年	34	文部省の命によりフランスに留学。パリ万国博に出品、『智・感・情』で銀賞を受賞。
明治34年	35	帰国。白馬会出品作の『裸体婦人像』をめぐってふたたび裸体画問題起こる。
明治40年	41	東京勧業博覧会審査官。文展審査員に任命される。
明治43年	44	帝室技芸員を命じられる。
大正2年	47	国民美術協会会頭となる。
大正6年	51	養父清綱没。爵位を継ぐ。
大正9年	54	貴族院議員補欠選挙で当選。
大正11年	56	森鷗外死去のあと帝国美術院長に就任。
大正12年	57	狭心症を起こし病臥。
大正13年（一九二四）	58	フランス政府よりグラン・クロア・ドラゴン・ランナン勲章を受ける。喘息を併発し、7月15日死去。

 ▶日本美術の学校教育（p238）

シカゴ博とパリ博
西欧の人々に工芸品とみられた日本の美術

明治6年（一八七三）、明治政府はウィーン万国博覧会に参加するにあたり、英語の「fine arts」、フランス語の「beaux-arts」に相当する「美術」という訳語を創出し、日本人には美術品と考えられるものを大量に出品した。ところがそれらはみな「手工業品」として扱われ、「美術館」への展示は許されなかった。

●美術ではない「日本美術」

日本美術が高度な精神文化の所産とは見なされず、「工芸館」や「産業館」にしか陳列を許されなかったことは、屈辱とも受け止められた。ウィーン博以後の万国博覧会でも、日本美術の「美術」部門への陳列はかなわなかった。

日本の美術を「美術館」に展示してもらいたいという積年の悲願は、政府の熱心な外交交渉の結果、一八九三年のシカゴ・コロンブス世界博覧会でようやく実現した。絵画・彫刻および芸術性の高い工芸も、美術館に展示してもよいとされたのである。

関係者はひじょうな意欲をもって日本画・木彫・金工・漆工など三四九点を出品し、そのうち五〇点が等級なしの一律受賞をした。しかし、工業製品の受賞率に比べ、

CHICAGO 1893

1

↑シカゴ博覧会美術館会場　シカゴ博の公式記録写真部が撮影。中央には竹内久一の『伎芸天像』が、向かって右側には同じ竹内の『執金剛神立像』が立ち、大空間を引き締めている。

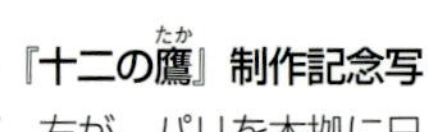

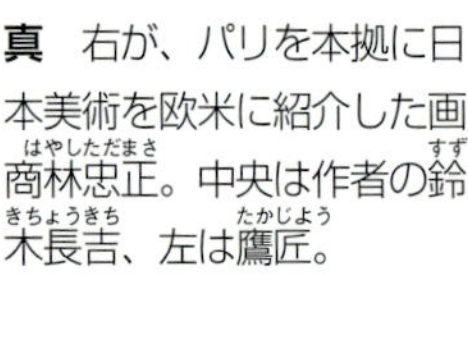

2

➡『十二の鷹』制作記念写真　右が、パリを本拠に日本美術を欧米に紹介した画商林忠正。中央は作者の鈴木長吉、左は鷹匠。

3

4

↑➡鈴木長吉『十二の鷹』　さまざまな姿態の鷹12羽が、木製漆塗りの架に留まっている。画商林忠正が鈴木に発注し出品。構想に林はデザイナーとして大きく関与したという。鈴木は日本では工芸家と見なされているが、そのいきいきとした造形性が評価され、彫刻部門で受賞した。（明治26年）

5

➡竹内久一『伎芸天像』　岡倉天心は美校の日本美術史講義で、伎芸天は〈将来には面白き題ならんか〉といい、彫刻彩色法も奨励した。しかし彩色仏像は工芸と見なされ、日本の伝統的木彫技法も高い精神性も理解されなかった。（明治26年）

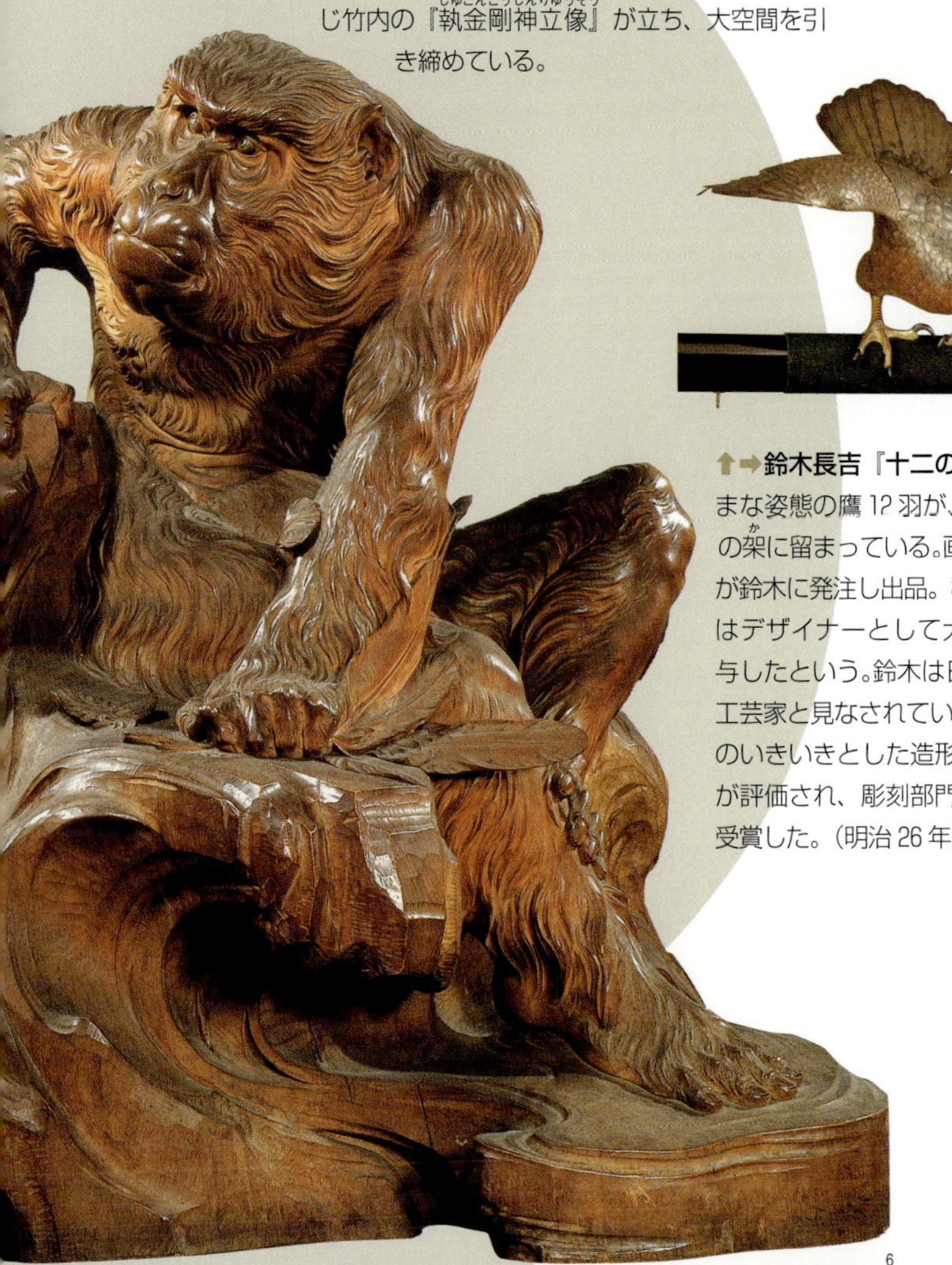

6

美術は格段に低い受賞率であったうえに、東京美術学校彫刻科教授竹内久一の木彫『伎芸天像』と、同じく彫刻科教授石川光明の木彫『浮彫観音菩薩倚像』が美術部門で受賞しなかったことは、美術界に衝撃を与えた。

一八九〇年代といえば、フランスでは印象派も後期印象派も評価されだし、ロダンは『地獄の門』を完成していた時代である。仏像彫刻の伝統を継ぐ竹内や石川の作品が、個人の思想を問われる近代芸術と見なされないのは当然だった。かろうじて高村光雲の『老猿』のみが受賞し、美術学校教授の体面を保ったにすぎない。

●パリでも存在希薄な日本

一九〇〇年のパリ万国博覧会に、政府は考えを一新し、シカゴ博では三点しかなかった洋画を五三点、日本画一四〇点、彫塑七一点を「美術」部門に送った。正木直彦校長以下、美校教授大勢がパリに集結し、たいへんな意気込みだったが、結果はまたも惨めだった。産業品は総出品数の三〇％ぐらい受賞したのに対し、美術は一四％ぐらいの受賞で、しかも下位の賞が大部分だった。黒田清輝の『智・感・情』など五点は銀賞だったが、産業品を含む受賞総数一三一五点中の二五七番目で、低い評価だった。

同じく美術学校西洋画科教授として出品したが受賞しなかった浅井忠は、〈日本の油絵は遺憾ながら顔色なし〉と、『時事新報』に書き送り、帰国後はしだいに洋画から撤退してデザインの方向へ向かう。ロンドンへ留学の途中にパリで万博美術館を見た夏目漱石も、〈日本の出品作よくないと思う〉と日記に記した。日本画も洋画も彫刻も、世界に出てみるとじつに存在感希薄なことに、美術家がみな衝撃を受けた一九〇〇年のパリ博であった。

（新関公子）

PARIS 1900

7

↑パリ万国博覧会会場　会場のグラン・パレ（写真）、プティ・パレは恒久的建築として設計された。200m の横幅を誇るグラン・パレが美術館にあてられ、右翼はフランス１国が占めて19世紀の美術史を回顧し、他国を圧倒した。

←海野勝珉『舞楽太平楽置物』　東京美術学校教授で帝室技芸員でもあった勝珉は、万国博覧会事務局の委嘱と賛助金を受け、技術の粋を尽くした作品をパリ博の工芸部門に出品したが、受賞記録は見つからない。（明治32年）

↘石川光明『鷹匠置物』　石川は、シカゴ博に出品し、製造品の部で受賞したが、パリ博では美術部門（彫刻）で金賞を受賞した。象牙という工芸的素材にもかかわらず、人体の彫刻的造形性が評価されたのである。（明治33年）

↓下村観山『嗣信最期』　巨大作であるが、銅賞にとどまった。日本画は、油彩画のなかではどんなに大画面にしようとも、物質的存在感の弱さをいかんともしがたかった。（明治30年）

9

10

8

→高村光雲『老猿』　巨大な栃の木から彫り出された。老猿の手に残る羽は、大鷲との凄絶な格闘を物語る。逃げ去った鷲を追う無念のまなざしに、審査員は人生の暗喩を読みとったのか。彩色されていないことも近代彫刻の造形理念にかなっており、入賞した。（明治26年）

▶万国博覧会と内国博覧会（p148）

横浜写真

つぶぞろいコレクション

地球が丸くなったのはコロンブス以来のことだが、それが手ごろな大きさになったのは19世紀後半のことであった。スエズ運河とアメリカ大陸横断鉄道の開通（ともに一八六九年）は、世界の門戸を多くの旅行者に開放した。横浜には、東から西から、地球漫遊者（グローブトロッター）たちが押し寄せるようになる。そこで彼らが目にしたのが、日本の名所や美人、彼らにとって物めずらしい風俗習慣を写し撮った写真に、見事な手彩色（てざいしき）が施され、蒔絵（まきえ）に螺鈿（らでん）細工の豪華な表紙で飾られた写真アルバム、すなわち「横浜写真」だった。

日本には江戸時代以来、錦絵（にしきえ）を生み出した豊かな彩色材料と、陶器の絵付けをはじめ、七宝（しっぽう）や蒔絵など、繊細な手仕事の技術が存在していた。横浜写真はそれらを舶来の写真と結びつけた、開港場にふさわしいスーヴェニール・アートであった。それは日本の正確無比なイメージを伝えたものではなかった。名所写真とは、絵になる対象を選んで撮影された「目で見る歌枕」のようなものだった。

しかしそこには、20世紀に入って急速に変貌する以前の「古き日本」の風景と生活がたしかに写し撮られており、かけがえのない歴史資料ともなっている。

（斎藤多喜夫）

↑静岡・前田村から望む富士山 日下部金兵衛（くさかべきんべえ）撮影。日下部は玉村康三郎（たまむらこうざぶろう）と並んで、横浜写真全盛時に活躍した写真家。日本の風景写真のうちでも、富士山は外国人にとくに人気があった。

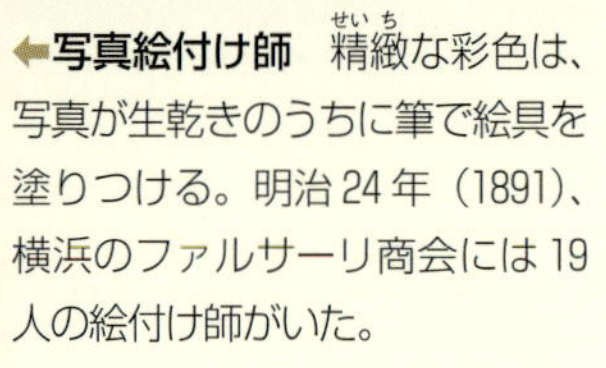

←茨城県霞ヶ浦の貨物船

←写真絵付け師 精緻（せいち）な彩色は、写真が生乾きのうちに筆で絵具を塗りつける。明治24年（1891）、横浜のファルサーリ商会には19人の絵付け師がいた。

←↑横浜写真アルバム 蒔絵に螺鈿細工を施した表紙（写真上）で装丁され、台紙に鶏卵紙（卵白を塗って平滑にした上に感光膜をつくる印画紙）の写真を留めたり、貼ったりしている（写真左）。

7 京都・四条大橋

6 東京・亀戸天神の藤棚

8 祭りの日の山車

東京・向島の桜 9

大阪・松島通り 10

鼓を打つ芸者 芸者をモデルにして、歌舞音曲を主題とする「お座敷写真」ともいえるタイプの写真。三味線や月琴を奏でるものもある。

12

11 滋賀・彦根の公園

（『大日本貿易年表』より）

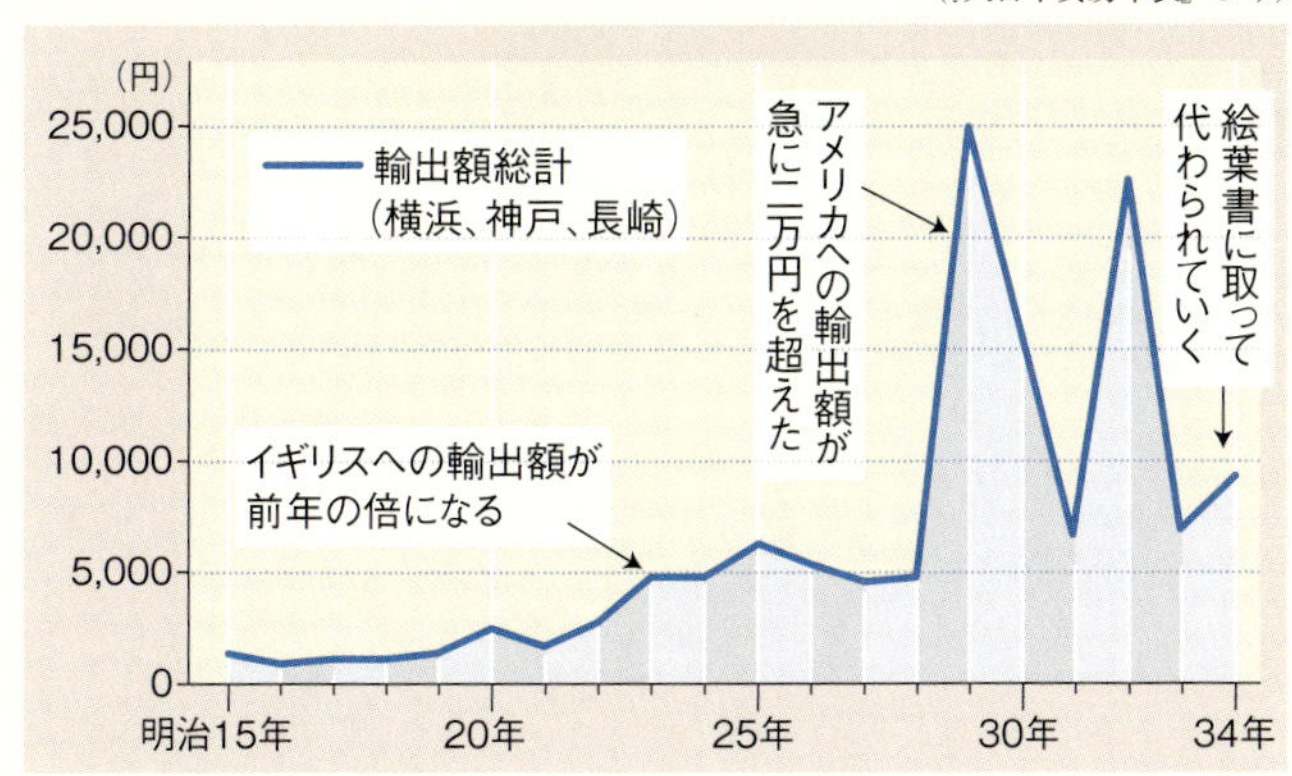

写真の輸出金額の推移 明治20年代に増加傾向が強まり、29年に急増。その後は増減を繰り返しながら減少していき、20年代から30年代初頭が全盛期。29年にアメリカから大量受注の新聞記事がある。

⬆伊東忠太　野帳「高塔伽藍実測」　明治26年に法隆寺伽藍を実測調査した伊東は、みずからを巨大な赤鬼になぞらえて、法隆寺を西洋的手法で征服する心境を表現。

伊東忠太

人物クローズアップ

⬊野帳と収納木箱　伊東はみずからの活動を、10×16㎝のフィールド・ノート（野帳）76冊に、豊富な絵入りで克明に書き留めた。ノートは専用箱に几帳面に収められる。

⬆伊東忠太　野帳「建築ト頭」　風刺画の名手でもあった伊東が、世界旅行中、明治36年にインドで描いたもの。このほかにも、各国の人や建築を比較した画を多数残している。

⬇伊東忠太肖像（右）　明治36年、世界旅行中のコンスタンチノープル（現在のイスタンブール）にて。活動の大胆さとは裏腹に、本人はいたって物静かな人物だったという。

法隆寺の発見者にして奇妙な折衷建築をつくる建築家。世界探検家にして国粋主義者。東京帝大教授にして風刺漫画家・妖怪デザイナー。いくつもの相反する顔をもつ伊東忠太という人物の心の内は、こま切れになった断片が千々に乱れ散っているかにも思えるが、日本という場所にいる自分自身の内的思考と世界とをいかに関係づけるかを考えつづけたという点で、ひとつの線につながっている。

近代日本の建築学を構築しようとした伊東は、その活動を明治26年（一八九三）の法隆寺の実測から開始した。「日本建築」という枠組みが、広く世界との関係においてしか成立しないことを意識したこの建築家は、法隆寺に遠くギリシャとの連関を夢想した。この認識を胸に、一方では日本全国への、他方ではアジア・ユーラシア大陸横断の旅に出る。

国内については、古社寺保存という制度の力を借りて古建築を行脚した。日本建築の様式化と通史構

←浅野総一郎邸　世界旅行前の構想になり、和風の諸要素を伝統形式から切り離して自在に取り混ぜた。玄関口にはひときわ大きな唐破風を据える。（明治42年、東京）

↓建築進化地図　法隆寺の起源を求めて世界を横断した伊東は、「建築進化論」という結論に到達。英国人建築史家フレッチャーによる、西欧の様式を太い幹とし他国の様式を枝葉と見なした世界建築モデルに反発し、伊東は各様式を地理的に並列し、相互の影響と材料の変化により様式が進化するというモデルを提示した。（『建築雑誌』265号をもとに作図）

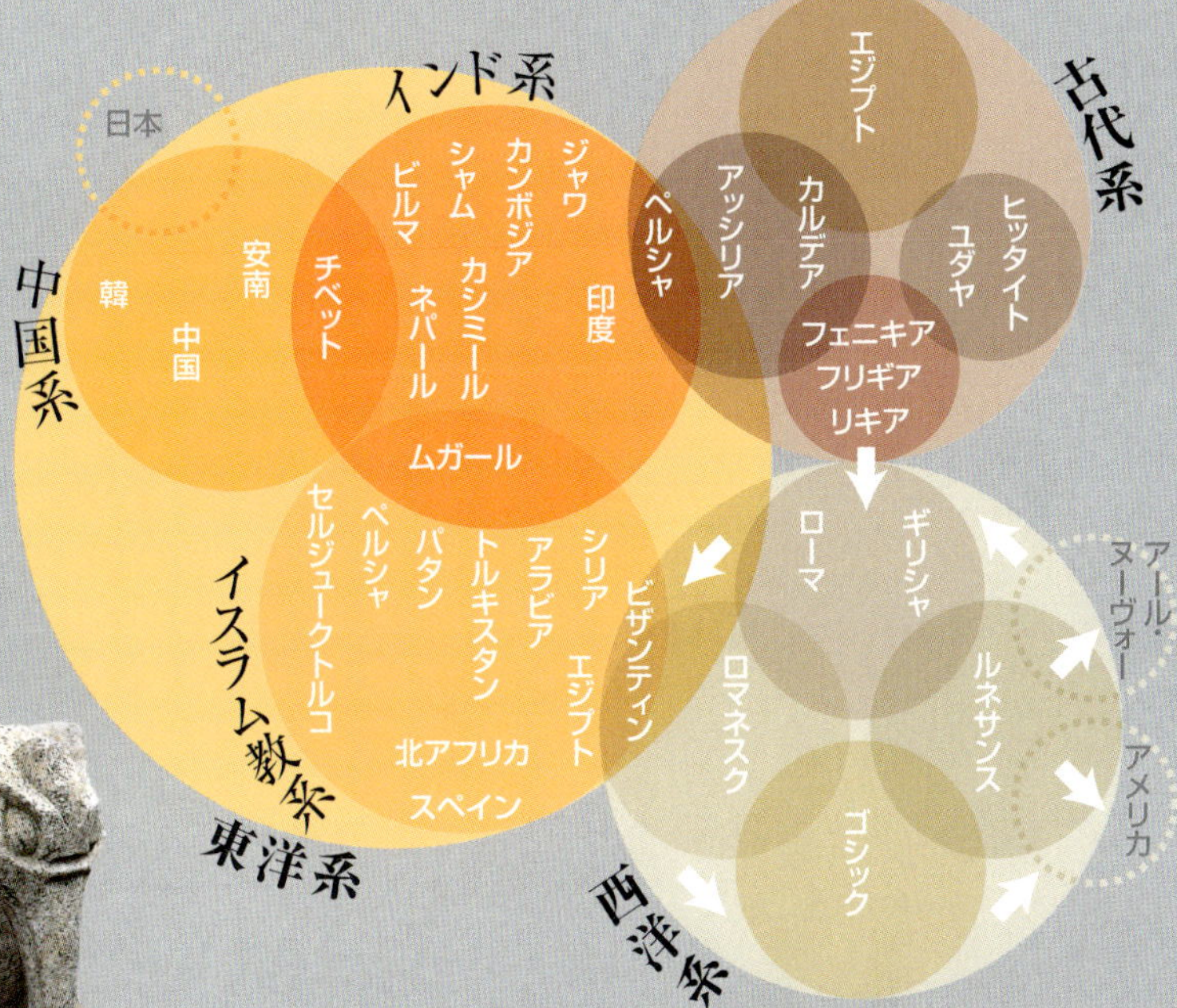

↑→西本願寺伝道院と玄関の石像　世界旅行を終えた伊東はアジアの各様式の折衷へと向かう。洋風の躯体に、インド・イスラム風のドームを載せ、和風の細部意匠を織り混ぜる。伊東のデザインになる珍妙な怪獣が建築を取り囲む。（明治45年、京都市）

築をめざしながらも、その視線は沖縄などの周縁的な場にも向かう。明治35年からの世界旅行では、世界の建築様式を地理的に並列する発想へと行き着いた。以降、日本と西洋を、地理的中間であるアジアで架橋することを試みていく。

その思想は、ひとつのものを執拗に掘り下げることではなく、もの同士の関係の取り結び方にのみ関心を向ける。すなわち、世界の地理的把握である。その思想の根底に強固なナショナリズムがひそんでいたにせよ、今日の私たちは、その並列的な視座にひかれるのである。

（清水重敦）

●伊東忠太　略年譜

年	年齢	事項
慶応3年（一八六七）	0	山形県米沢市に生まれる。
明治25年	25	帝国大学工科大学造家学科卒。卒業論文は「建築哲学」。
明治26年	26	「法隆寺建築論」。
明治27年	27	「造家」から「建築」への改名論。
明治28年	28	京都・平安神宮、竣工（設計）。
明治29年	29	古社寺保存会委員。以降、全国の古社寺建造物を行脚し、価値づけ。
明治30年	30	帝国大学工科大学講師（明治32年助教授、明治38年教授）。
明治31年	31	造神宮技師兼内務技師。神社造営の中核を担う。
明治34年	34	「法隆寺建築論」ほかの論文により、工学博士の学位を授与。
明治35年	35	三年三か月の世界旅行に出発。
明治42年	42	「建築進化論」。
大正9年	53	東京・原宿の明治神宮、竣工（設計指導）。
昭和3年	61	東京帝国大学名誉教授、早稲田大学教授。
昭和9年	67	築地本願寺、竣工（設計）。
昭和29年	87	死去。横浜・総持寺に眠る。

「和風」という新建築

和風建築は洋風に対するものとして誕生した

「和風建築」といえば、古建築を含めて、日本に昔からある建築の形を脈々と受け継いできたもの、というイメージがあろう。けれども古建築と今日の和風建築との間には近そうで遠い距離がある。じつは、われわれが「和風建築」と呼んでいるカテゴリーは、明治に生まれたものだった。

明治を彩る建築といえば洋館が思い浮かぶが、大半の建物は伝統的な技術や美学の延長上につくられたものだった。洋風建築は、明治の風景の点景にすぎなかった。ただ、その点景は逆に、ベースとなる伝統建築に埋めつくされた風景と、伝統建築の体系とを、新しい目で見直すきっかけを与えた。「洋風」という触媒を得ることにより、伝統建築は「和風」という新建築へと転化したのだった。「和風」という言葉自体も、「洋風」に対置されることではじめて生まれうるものだったのである。

●伝統建築を様式と見なす

現在いうところの和風建築は、建築家・大工・施主それぞれの模索から生まれていった。ゴシックや古典主義といった西洋のスタイ

1

愛珠幼稚園遊戯室　大阪市に残る現存最古の幼稚園舎。伝統的な細部意匠を用いながらも、近代ならではの新しい内部空間を造形。（明治34年、中村竹松・久留正道設計）

2

吉島家住宅　伝統美と技術を研ぎ澄ませた先には、モダンな空間感覚が現われる。西洋の美学・技術はこの建築とは無縁である。（岐阜県高山市、明治40年、西田伊三郎設計、重文）

3

東大寺大仏殿明治修理後の姿　明治の建築家は、古建築をも表現の対象とした。外観を復元するために内部を大胆に改造。大仏殿は鉄骨の橋（赤い部分）で支えられた。（明治36～大正2年、妻木頼黄ほか修理設計）

4

旧武徳殿　切妻造りの主体部を高くとり、その四周に屋根をめぐらせる形は、室町時代の東福寺禅堂を思わせる。京都府の古社寺修理監督を務めた松室ならではの発想。（京都市、明治32年、松室重光設計、重文）

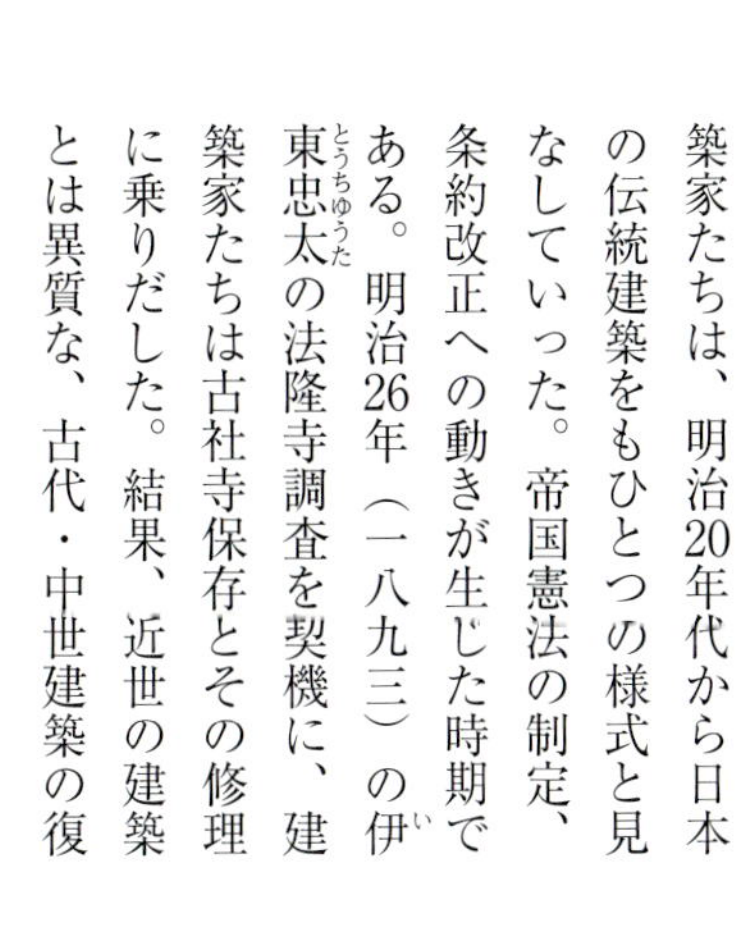

⬆旧亀岡家住宅　養蚕家の自邸。洋館と和館が不自然にぶつかりあう。洋館を欲しながらも和館を捨て去ることができない明治人のジレンマ。（福島県保原町、明治 30 年頃、江川三郎八設計）

⬆道後温泉本館　一般浴場、特別湯、皇族専用湯を並列した複雑な内部構成が外観に現われる。温泉の遊興性を直截に表現。（松山市、明治 27 ～大正 13 年、坂本又八郎ほか設計、重文）

ルをもとに建築を設計していた建築家たちは、明治20年代から日本の伝統建築をもひとつの様式と見なしていった。帝国憲法の制定、条約改正への動きが生じた時期である。明治26年（一八九三）の伊東忠太の法隆寺調査を契機に、建築家たちは古社寺保存とその修理に乗りだした。結果、近世の建築とは異質な、古代・中世建築の復興とその折衷が試みられていく。

　また、当時注目されていたアメリカ風木造の、壁を細長い板で縦横に区切るスティックスタイルと、日本の木造形式とが、なじみがよいことに着目した建築家は、和風スティックスタイルというべきデザインをも生み出した。こうした建築家のデザインは、公共建築や宗教建築に展開されていった。

技術と美学が花開く

　明治はまた、伝統的な技術と美学が最大限に花開いた時代でもあった。江戸時代までは、三階建ての禁止、使用材種の制限など、建築に種々の禁制が敷かれていたが、それらが解かれた結果、大工たちは伝統建築による表現の可能性を広げていった。良材の使用、銘木趣味、装飾の集積など、豪華さが志向され、あるいは造形感覚をいっそう研ぎ澄ませていった。

　明治に花開いた商・工・農業により財をなした施主たちも、自邸や商業建築に趣味を最大限に投入し、和風の新たな展開を鼓舞した。その展開は、都市部にとどまらず、農村を含めた全国津々浦々に及んでいる。（清水重敦）

⬅旧日本勧業銀行本店　壁や窓が縦長になる洋風の壁面構成を伝統形式の細部で表現し、屋根も日本風にした、和風スティックスタイルの初期の例。（東京、明治 32 年、妻木頼黄・武田五一設計、千葉市に移築・改造されて現存）

▶擬洋風建築の出現（p136）

明治を代表する建築

つぶぞろいコレクション

1

⬅旧済生館本館　多角形を複雑に組み合わせるアメリカの木造スタイルが海を渡り、遠く東北で最大限に花開いた。塔屋の背後にはドーナツ状十四角形の病室が控える。県令三島通庸自身の関与も指摘される。（山形市、明治11年、原口祐之ほか設計、重文）

➡旧奈良県物産陳列所　奈良県の古社寺修理監督関野貞は、学生時代からの研究対象である平等院鳳凰堂をもとに和洋折衷を模索。中央部の2階ファサードの窓に、イスラム風細部が入り込むところに、建築家コンドルの影響がみえる。（奈良市、明治35年、関野貞設計、重文）

2

⬇↘日光田母澤御用邸　現存最大の皇族住宅。和室に椅子を置くスタイルは明治の皇族住宅に発している。椅子を置けば畳座よりも目線が上がるため、建具や天井を高くしつらえる必要が生じ、建物全体の高さも上がる。こうした要素が、伝統建築を着実に変質させた。（日光市、明治32～大正10年、宮内省内匠寮設計、重文）

4

3

←↑旧赤坂離宮　片山東熊を中心とする設計陣による、明治の西洋建築学習の総決算。正面はダイナミックに湾曲させて規模の雄大さを演出し、背面は対比的にパリのルーヴル宮殿東面の構成と共通する落ち着いたデザイン。室内装飾にも当代一流の美術家が結集し、高密度な室内空間を実現。現在の迎賓館。（東京、明治41年、宮内省内匠寮設計）

幕末の日本に西洋建築が渡ってきてから、明治年間を通じて膨大な数の洋風、和風建築がつくられ、新たな風景がもたらされた。西洋建築導入の歴史は、その形についての情報量の増加と、習熟の深まりの過程として説明されることが多い。けれども、情報が少なければ少ないなりに、あるいは習熟の度合いが浅いなりに、大工や建築家は持ち前の技術を駆使して洋風と格闘し、西洋建築の習得を終えたときには、得がたい、味のある擬洋風建築などをつくりだしていた。

洋風の追求の一方で、日本という地に建つ建築はいかにあるべきか、という意識も芽生えた。和風建築は、こうした意識のなかから新たに生まれたカテゴリーだった。

そして明治24年（一八九一）の濃尾地震は、耐震という日本ならではの問題を呼び起こした。というのも、西洋からきた煉瓦造りは、地震に極端に弱かったからである。建築家たちは煉瓦造りの芯に鉄骨を入れる構造を多用するようになり、明治末年には鉄筋コンクリート造りの建物も現われた。それは、歴史的なスタイルの建築と入れ替わるように、簡素な外観をまとって登場した。

明治建築の歴史は、西洋建築を日本という土地に根づかせるため、スタイルと技術の両面からかみ砕き、血肉化していく過程であるとともに、それによって日本に昔から存在していた伝統建築を、新たな和風へと脱皮させていく過程でもあった。（清水重敦）

←旧函館区公会堂　木造洋風建築は明治後半には定型化し、地方技師に波及した。これは外壁を鮮烈な配色のペンキで塗り分けることで、定型化による退屈さを乗り越える。（函館市、明治43年、小西朝次郎設計、重文）

↓横浜三井物産ビル　最初の鉄筋コンクリート造りオフィスビル。装飾を最小限に抑えた外観により、それまでの建築との違いをきわだたせている。右側は昭和初期の増築。（横浜市、明治44年、遠藤於菟設計）

▶擬洋風建築の出現（p136）

挿絵画家の人気

新聞や書籍、雑誌の売れ行きをも左右した

明治期は挿絵の黄金時代であった。新しく登場した新聞・雑誌などのマスメディアを飾る挿絵の人気は、その販売部数をも左右した。

●浮世絵師から日本画家へ

江戸時代には、草双紙（絵双紙）などの版本の挿絵が浮世絵師の仕事の重要なジャンルとなっていた。実用的な書物の挿絵を手がける絵師もおり、挿絵文化の土台は築かれていたといえよう。

維新以後も、読本類の挿絵は、まだ木版技術に支えられる部分が多く、依然として浮世絵系絵師の仕事が大勢を占めていた。一方で、錦絵新聞と呼ばれる大衆向けの絵入り新聞では、落合芳幾や月岡芳年らが活躍し、河鍋暁斎も世相をいきいきと描き出した。

明治20年代に入ると、浮世絵系絵師とは一線を画す、新進・大家の日本画家が挿絵に用いられるようになる。少年雑誌『小国民』では小堀鞆音が、また文芸雑誌『都

↑河鍋暁斎『伊蘇普物語之内　畜犬と狼の話』 歌川国芳に学んだあと狩野派も学んだ河鍋暁斎は、錦絵でも活躍した。明治初期は絵入り新聞『日本地』や雑誌・版本の挿絵を描いた。海外での評価が高く、多くの作品が欧米の美術館に収蔵されている。（明治6～8年）

3 展開の時代

↑鈴木華邨『新浦島』口絵 菊池容斎の高弟、中島亨斎に学んだ華邨は各派の絵画を学び、花鳥画や山水画に特色を示した。『読売新聞』『都の花』『文藝倶楽部』『新小説』などに挿絵・口絵を描いた。（明治28年『文藝倶楽部』）

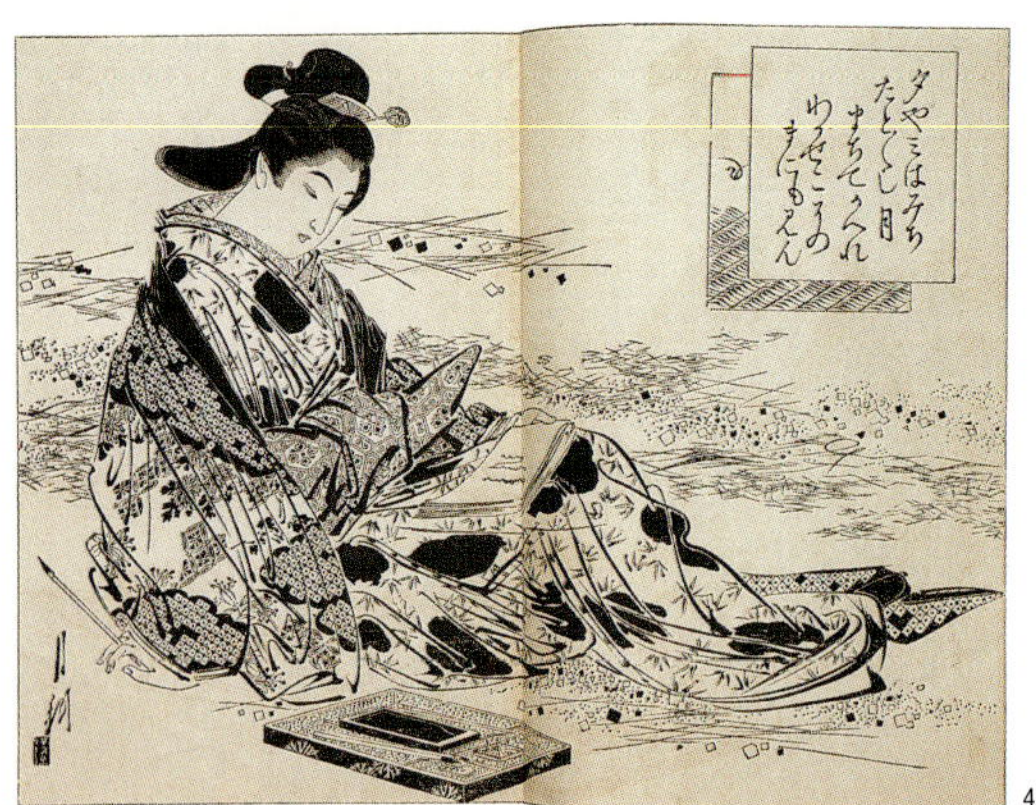

↑尾形月耕『大風乾之介』挿絵 月耕は菊池容斎に私淑し浮世絵も独習。『絵入朝野新聞』などの新聞挿絵や、雑誌小説の口絵も手がけた。錦絵も制作し、日本画家としても活躍。日本美術院の正員となった。（明治26年『都の花』）

↓武内桂舟『当世書生気質』挿絵 狩野永悳に入門し養子になったほどの桂舟であったが、浮世絵風の作風をもつ挿絵画家として活躍。尾崎紅葉の小説のほか、博文館発行の雑誌の挿絵を多く描いた。（明治18年）

の花』では渡辺省亭、松本楓湖、武内桂舟らが活躍した。

明治10年代から、石版画など洋画系の挿絵も登場していたが、まだ抵抗もあったようで、草双紙風の冊子として刊行された坪内逍遙『当世書生気質』では、長原孝太郎による挿絵が読者に受け入れられず、結局、日本画の武内桂舟に交代させられてしまった。

技術の進歩で色刷りに

明治30年（一八九七）近くになると、『太陽』『文藝倶楽部』などの文芸雑誌を中心に、各種雑誌が発刊され、多くの挿絵が描かれるようになる。ここでは浮世絵系の画家はほとんど姿を消し、日本画家や洋画家の台頭が顕著であった。

ことに、正岡子規が〈小説雑誌新聞の挿絵として西洋画を取るに至りしは喜ぶべき事なり〉（『松蘿玉液』明治29年）と述べたように、新機運にふさわしく、洋画家による挿絵が求められるようになったのである。

新聞にも木版のコマ絵が登場し、新聞小説と挿絵は密接に結びついた。『読売新聞』の尾崎紅葉『金色夜叉』や、『国民新聞』の徳冨蘆花『不如帰』が好評を得ると、各紙とも連載小説を読者獲得の重点策と考えるようになり、新聞小説は盛況を迎えた。

伝統的な木版から、銅版・石版・コロタイプ版などへと製版技術が進歩するに従って、色刷りの表紙絵・口絵も重要な位置を占める。こうして挿絵は、日本画とも洋画とも異なる独特の文化を生み出していった。

（濱中真治）

5

⬆**鏑木清方『金色夜叉』続編口絵**　清方は明治20年代後半から挿絵画家として活躍。明治30年代中ごろから日本画にも取り組んだ。この作品は、当時日本に紹介されはじめた19世紀イギリスのラファエル前派の画家ミレイの描くオフィーリア像に着想を得たもの。（明治35年）

6

➡**梶田半古『胡蝶』口絵**　四条派の鍋田玉英に学んだ半古は日本画で活躍。その門から前田青邨・小林古径らを輩出した。新聞挿絵も多く描き、『文藝倶楽部』や『新小説』の口絵も手がけた。（明治40年『文藝倶楽部』）

7

➡**中村不折『吾輩は猫である』上編挿絵**　洋画家として出発した不折は、明治38年にフランス留学から帰国し、夏目漱石の処女出版の挿絵を描いた。『日本新聞』『団団珍聞』『ホトトギス』などに数多くの挿絵を残した。

8

⬅**浅井忠『吾輩は猫である』中編挿絵**　工部美術学校で洋画を学んだ浅井は明治期洋画の第一人者。図案家としても優れ、陶芸・漆芸・染織の図案を手がけ、『ホトトギス』などの雑誌の口絵・挿絵を描いた。（明治39年）

⬇**名取春仙『三四郎』挿絵**　名取は日本画家として出発し、明治40年に二葉亭四迷が『東京朝日新聞』に連載した『平凡』で、はじめて挿絵を手がけた。夏目漱石『三四郎』、森田草平『煤煙』など、『朝日新聞』を中心に活躍。（『東京朝日新聞』明治41年9月13日）

9

東京朝日新聞　第七千九百二

は已めだ。是から本郷の方を散歩して歸らうと思ふが、君どうです一所にあるきませんか」

三四郎は快く應じた。二人で坂を上がつて、岡の上へ出た。野々宮君はさつき女の立つてゐた邊りで一寸留つて、向ふの青い木立の間から見える赤い建物と、崖の高い割に、水の落ちた池を一面に見渡して、

「一寸好い景色でせう。あの建築の角度の所丈が少し出てゐる。木の間から。ね。好いでせう。君氣が付いてゐますか。あの建物は中々旨く出來てゐますよ。工科もよく出來てるが此方が旨いですね」

三四郎は野々宮君の鑑賞力に少々驚いた。實を云ふと自分には何方が好いか丸で分らないのである。そこで今度は三四郎の方が、はあ、はあと云ひ出した。

▶新聞小説とベストセラー（p376）

草創期の科学者たち
人物そろい踏み

「科学」や「技術」という言葉が、啓蒙思想家西周の考案による訳語であることにも示されているように、近代の科学や技術はヨーロッパやアメリカから導入された。

欧米で「科学」が市民権を得たのは19世紀も後半になってからである。このころ、学問としても技術としても、科学は社会的に認知され、大学をはじめ研究と教育のシステムも整備されてきた。

ちょうど同じ時期に欧米を視察した明治新政府は、科学技術の成果を目のあたりにし、重要な課題として科学者の養成に取り組んだ。帝国大学をはじめとする高等教育機関では御雇外国人を招き、多くの卒業生がヨーロッパに留学することになる。

こうした日本の近代科学の草創期に、目覚ましい成果をあげたのが、ここに掲げた人物に代表される科学者たちである。

彼らはいずれも、旺盛な好奇心と勉学欲、豊かな創造性、オリジナルな着眼点、そして粘り強さをもって研究を続け、各種の発明や発見・知見をもたらした。その成果は、近代化されていく過程の日本人に大きな自信を与えたに違いない。

（青柳　亮）

北里柴三郎

きたさと　しばさぶろう

1852～1931

日本細菌学の祖

⬅コッホの研究室で破傷風菌を研究中の北里柴三郎。

明治19年（一八八六）からドイツのローベルト・コッホに師事して多くの貴重な研究業績をあげ、それまで多くの研究者が挑戦して失敗した破傷風菌の純粋培養に成功した。次いで免疫体を発見し、血清療法を考案して、全世界に知られた。

明治25年帰国すると、福沢諭吉の援助により日本最初の私立伝染病研究所を創設し、所長として活躍。明治27年、政府よりペスト大流行中の香港に派遣されて調査中に、短時間でペスト菌を発見した。その直後、福沢諭吉が「北里は日本の宝だ。死なせてはならない」と進言し、ただちに本国に戻されたという。研究所員の志賀潔が赤痢菌を発見するなど、伝染病研究所は華々しい成果をあげ、日本の細菌学、予防医学に大きく貢献した。

⬆愛用の顕微鏡

高峰譲吉

たかみね　じょうきち

1854～1922

長者となった科学者

イギリス留学後、明治20年渋沢栄一らと日本最初の人造肥料会社を設立。アメリカへ渡り、明治25年、麹から強力な消化剤「タカヂアスターゼ」を創製して生産販売し、市場を席巻。バイオ産業の先駆けとなった。

ニューヨークに高峰研究所を設立し、明治33年、抽出した副腎髄質から世界最初のホルモン成分を結晶で取り出すことに成功、アドレナリンと名付けた。止血・強心作用をもつアドレナリンは、外科手術では欠かせない重要な薬剤となり、日本の科学者としてはめずらしくアメリカン・ドリームを地でいく成功を得た。

35年帰国すると、国民科学研究所の設立を提唱。これが理化学研究所の創立に結実し、物理・化学の研究開発を大きく進めた。

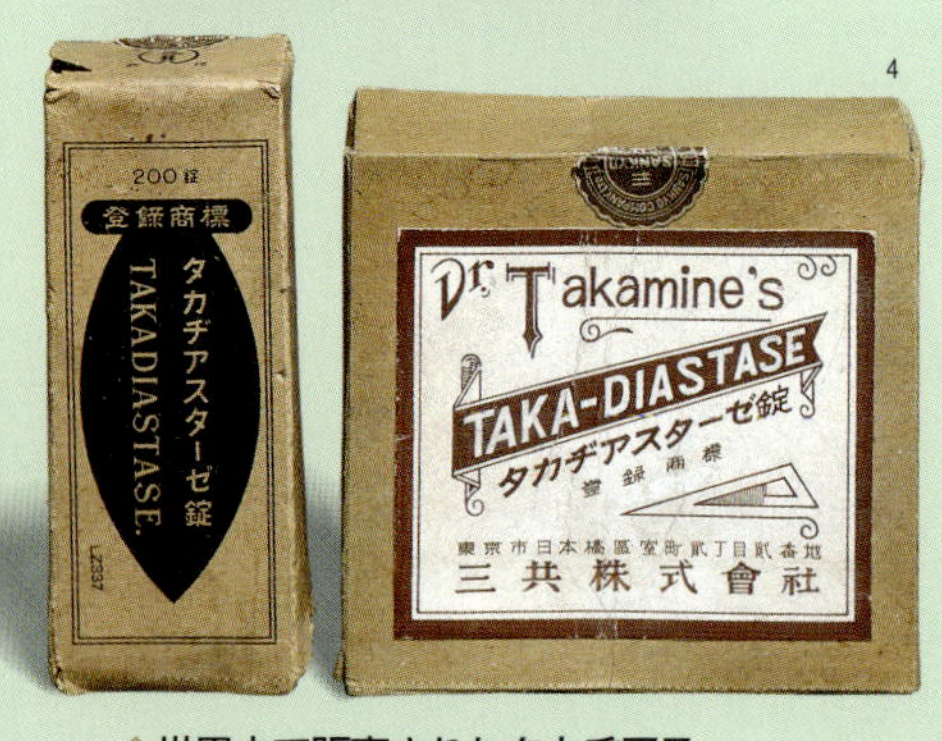

⬆世界中で販売されたタカヂアスターゼ　（写真は国内向け三共製）

植物を採集する牧野富太郎

ガマズミの実（牧野富太郎画）

ジョウロウホトトギズ（牧野富太郎画）

牧野富太郎

まきの　とみたろう

1862 ～ 1957

植物分類学のパイオニア

九五年間の生涯に、収集した標本約四〇万点、命名した新種・変種合わせて約一六〇〇種。明治21年自筆画を石版印刷にした精緻な『日本植物志図篇』を自費出版し、植物図鑑という新分野を開拓した。以後、小学校中退という学歴のハンディを乗り越えて、精力的に新植物の発見・命名、記載の業績を積み、植物分類学の第一人者に。民間の植物知識の普及にも力を尽くして人々に親しまれた。

昭和15年刊行の『牧野日本植物図鑑』は、牧野植物学の総決算ともいえ、現在も『牧野新植物大図鑑』として版を重ねている。帝国大学講師のままとどまった彼の生活は、夫人の寿衛に支えられること多く、新種のササに「スエコザサ」と命名されたものがある。

長岡半太郎

ながおか　はんたろう

1865～1950

日本物理学の源流

ドイツ留学時代に講義を聴講したときのノート

明治20～30年代に、磁気歪み現象の分野で世界の注目を集める研究を発表し、また濃尾地震直後の地磁気測定に始まる地震研究の積み重ねは、日本の地震学の基礎をつくった。明治26年ドイツに留学。一八九五年（明治28）のX線発見や、キュリー夫妻のラジウム発見に大いに刺激され、放射能現象に関心を深めて、明治36年、世界ではじめての土星型原子模型を発表。

分光学・原子構造の研究・鉄鋼、地球物理学など多分野で活躍し、日本の物理学を国際的な水準に引き上げた。大正13年（一九二四）、水銀から金を抽出することに成功したと発表して話題を呼んだが、これは勇み足。こうした無鉄砲は自認するところで、門下から「雷親爺」と呼ばれた。

寺田寅彦

てらだ　とらひこ

1878 ～ 1935

文人の科学者

有名な警句「天災は忘れたころにやってくる」は、寺田の言葉を要約したものだが、彼は本格的に地震・災害を研究する前、物理学でノーベル賞に値するほどの研究を成し遂げている。ドイツ留学から帰国した翌年明治45年から、X線を使って結晶の立体構造を解明する実験を開始。大正2年、実験に成功し、結果を科学誌『ネイチャー』に送った。しかし、その数か月前、イギリスの科学者ブラッグ父子が同じ実験結果を同誌に発表していた（彼らはこの業績によりノーベル賞を受賞）。

事物の本質を見抜く直観力やユニークな着想によって、身近な日常に見いだされる現象までを研究した。夏目漱石に認められ、科学者の目と詩人のセンスをもつ独特の随筆を数多く残している。

成増風景（寺田寅彦画）

愛用のヴァイオリン　門弟や子どもたちと合奏を楽しんだ。

▶コレラと避病院(p202)、衛生の父　長与専斎(p204)

花柳界を描く

花柳小説は金権主義への批判でもあった

井上安治『洲崎』 洲崎は現在の木場6丁目、東陽1丁目あたり。明治21年に根津遊廓が移されて以来、遊里になった。洲崎のシンボルともいえる時計塔もみえる。

上流階級の西欧化志向に対して、庶民の日常には、江戸時代の芸能がいまだ深くかかわっていた明治時代。遊廓の花魁や花柳界の芸者を主人公にした花柳小説が多く書かれた。たとえば、広津柳浪は明治29年（一八九六）に、それぞれ東京の吉原・洲崎を舞台として『今戸心中』『浅瀬の波』を著わし、吉原田圃や洲崎風景の情感を伝えた。

同時期、樋口一葉は、花魁になることを運命づけられた少女美登利のせつない初恋を吉原遊廓の夏から初冬の情趣を背景に描写した『たけくらべ』（明治28～29年）、明治の私娼街を舞台に酌婦お力の無残な最期を写した『にごりえ』（同28年）を発表し、明治の下層社会を生きる女の悲劇を鮮やかに浮き彫りにした。

●柳橋・湯島・新橋

斎藤緑雨は明治24年に、東京柳橋を舞台として、芸者に片想いした初心な青年の一人芝居を描く『油地獄』や良家の若旦那が堕落する『かくれんぼ』を書き、金と駆け引きで動く花柳界を風刺した。

一方、泉鏡花は、金力を振りまわす俗物に抗議する美人芸者の意気地を描き、江戸花柳小説の伝統を、東京の花柳界を舞台として継承した。たとえば、湯島芸者蝶吉が登場する『湯島詣』（同32年）、柳橋芸者お蔦と早瀬主税の悲恋で有名な『婦系図』（同40年）、亡霊となって愛する人のもとへ訪れる築地芸者の純愛を描く『白鷺』（同42年）などに、神楽坂芸者を妻とした鏡花の、江戸前芸者への憧憬が反映されている。

また小山内薫は、純情な演劇青年が半玉や芸者に翻弄される姿を芳町・柳橋を背景に描く自伝小説『大川端』（同44年）を著わし、明治の花柳風俗を巧みに描ききった。

さらに永井荷風は、明治に残る江戸情趣を花柳界の世界に求めた『すみだ川』（同42年）や、柳橋を抜いて東京一となった新興花柳界新橋を舞台に、けだるく抜け目のない花柳社会の生態を活写した『新橋夜話』（同45年）を発表した。

●一流芸者は女優と同じ

明治時代の花柳界は、明治の著名な政治家・実業家・芸術家と密接に結びつく空間であり、新柳二橋（新橋と柳橋）の一流芸者は、現代の有名女優に匹敵するような憧れの対象だった。

だからこそ花柳小説は、張りや意気地をしだいに喪失し、金力・権力に価値を見いだす明治社会を鮮明に戯画化できた。そして、明治文学者の反近代思想の砦として、明治文学史のなかで、重要な役割を担っていたのである。

（神田由美子）

井上安治『柳橋』 神田川が隅田川へ流入する地点に架けられた橋が柳橋。江戸時代から船遊びの船宿が発生し、花街へと発展した。（明治15～20年）

⬅『たけくらべ絵巻』 江戸の名残としての明治期の東京風俗に関心を寄せた木村荘八が、名作小説を下敷きにして描いた絵巻。幻灯が始まるのを待つ子どもたち。

⬆樋口一葉 わずか2年ほどの間に『大つごもり』『にごりえ』『たけくらべ』など優れた作品を書き、明治29年、25歳の若さで病没した。これは13回忌に配布された肖像写真。

⬅泉鏡花 金沢に生まれ、尾崎紅葉の作品に感嘆して上京、入門を許された。明治28年、『夜行巡査』で新進作家として脚光を浴びた。同32年、のちの夫人、神楽坂芸者桃太郎を知る。

⬅泉鏡花『婦系図』の口絵 明治40年『やまと新聞』に連載され、翌年、春陽堂から刊行された長編小説。後年、脚色されて新派劇の代表作になった。(鰭崎英朋画)

⬇吉原大門 明治30年代初めには、吉原の妓楼は126軒を数えたという。『たけくらべ』の主人公美登利は、吉原の妓楼大黒屋の養女として描かれる。

⬆新橋芸者 江戸時代以来の遊里新橋が、明治維新後、近くに官庁街ができ、鉄道も開通したことで東京一の花街になった。鹿島清兵衛の撮影。左端は鹿島の愛妾ぽん太。(明治30年頃)

▶隅田河畔の異国情調(p480)、美人コンテスト(p490)

恋愛をうたう

恋愛を人生の美とする価値観が羽ばたいた

1

↑「みだれ髪歌留多」 与謝野晶子の歌集『みだれ髪』に刺激された画家中沢弘光と杉浦朝武（非水）が、カルタ化を試みて競作。画中の弘のサインが中沢、Sは杉浦の画。

明治初期にLoveの翻訳語として生まれた「恋愛」という言葉には、知識青年たちを色事の旧弊な世界から救い出す、新鮮な響きがあった。

北村透谷は、キリスト教精神に基づき、恋愛という言葉を普及させた『女学雑誌』（明治18年創刊）に、「厭世詩家と女性」（同25年2月）を発表し、恋愛賛美と人生における恋愛の重要性を訴えた。

●清新な恋愛詩を発表

親友透谷の恋愛論に衝撃を受けた島崎藤村は、みずからの初恋や教え子佐藤輔子との悲恋をきっかけとして、『文學界』（同26年創刊）に、清新な恋愛詩をつぎつぎに発表した。そして、明治30年（一八九七）8月、その発表作品をまとめ、第一詩集『若菜集』を出版した。

『若菜集』には、巻頭に六人の乙女の言葉で、青春の悲哀や恋情や漂泊の思いがうたわれている。藤村は、女性に仮託して自己の心情を語ることで、さまざまな社会的制約に縛られる男性には至りえない、恋三昧の境地をうたいあげたといえよう。「恋は吾身の社にて」と述べる恋愛至上主義によって、藤村は、旧道徳からの解放をめざし、新時代の青春を提示したのである。

2

↑『みだれ髪』単行本 晶子が『明星』に寄稿した歌をまとめて、明治34年8月刊行。奔放な感情の表現は文壇に衝撃を与えた。装丁と挿絵は白馬会の新進画家藤島武二。

3

➡与謝野鉄幹と晶子 明治34年6月、上京した晶子は鉄幹のもとに身を寄せ、同棲生活が始まった。9月、バイロンの翻訳で知られた木村鷹太郎の媒酌で結婚、そのころの写真。

5

⬆『明星』終刊号　明治41年11月号。定価1円、100号記念と銘打たれ、洋画家和田英作の3度刷りの木版画が表紙を飾った。

4

⬆雑誌スタイルになった『明星』　明治33年4月の創刊号は新聞形式で、6号目から雑誌の体裁になる。文芸と美術の専門雑誌を標榜していた。（一条成美画。明治34年1月号）

また、現在も愛唱される詩「初恋」では、恋こそが人生の美だとする自己の信条を、林檎の匂いやかな季節感に託して表現し、恋をうたうことのすばらしさを世間に知らしめた。

●官能的で大胆な短歌

このように、恋愛力による新時代の建設と女性言葉での青春賛歌をめざした『若菜集』の精神は、与謝野晶子の『みだれ髪』（同34年8月）に、より大胆な恋愛歌として継承された。

『若菜集』を愛読する文学少女だった鳳晶子は、明治33年、22歳のときに、『明星』を主宰していた与謝野鉄幹に出会い、熱烈な恋におちた。

そしてその恋心に基づく官能的かつ艶麗な短歌を『明星』に発表し、それらをまとめて『みだれ髪』を刊行した。

晶子は、「やわ肌のあつき血潮にふれも見でさびしからずや道をとく君」「乳ぶさおさへ神秘のとばりそとけりぬここなる花の紅ぞ濃き」のような性愛を称える歌を発表し、『女学雑誌』のプロテスタント的恋愛観を超えた、心身両面の解放をめざす、新時代の恋愛をうたいきったのである。

（神田由美子）

6

⬅島崎藤村の詩集4部作　明治30年8月の『若菜集』から、31年6月の『一葉舟』、同12月の『夏草』、34年8月の『落梅集』。いずれも春陽堂から刊行された。

8

⬅『若菜集』の挿絵　藤村の処女詩集は、青春の情熱と感傷を典雅な言葉でうたいあげ、好評を博した。（中村不折画。明治30年8月）

7

厭世詩家と女性（上）

透谷隱者

戀愛は人世の祕鑰なり、戀愛ありて後人世あり、戀愛を抽き去りたらむには人生何の色味かあらむ、然るに尤も多く人世を觀じ、尤も多く人世の祕奧を究むるといふ詩人なる怪物の尤も多く戀愛に罪業を作るは抑も如何なる理ぞ。古往今來詩家の戀愛に失する者擧けて數ふ可からず、遂に女性をして嫁して詩家の妻となるを戒しむるに至らしめたり、詩家豈無情の動物ならむ、否其濃情なる事常人に幾倍する事著るし、然るに綢繆終りを全ふせざる者尠きは何故ぞ。ギョオテの鬼

➡北村透谷の「厭世詩家と女性」　明治25年2月号の『女学雑誌』に発表した評論。〈恋愛は人世の秘鑰なり、恋愛ありて後人世あり〉で始まる、大胆な恋愛至上主義宣言といえる。

▶社会民主党と非戦運動（p438）、『青鞜』と新しい女たち（p478）

新聞小説とベストセラー

ベストセラーの多くは新聞小説から生まれた

↑**徳冨蘆花**　水俣の郷士の家に生まれ、兄は蘇峰。20歳で上京し兄の民友社に入るが立身できず、自然に親しむことで解脱の境地に達し、のちの活動を展開した。

←**村井弦斎**　明治17年に渡米、母の危篤を受けて3年後に帰国し、『報知新聞』の社員になる。36年連載開始の『食道楽』は大人気を呼んだ、日本初のグルメ小説。

新聞小説は、庶民を読者層とする小新聞（明治6〜7年頃発行）の、「毒婦もの」や「実録もの」に始まる。明治10年代後半の自由民権運動勃興期には、知識階級の男性を読者層とする大新聞や政党新聞に、政治小説が多く発表された。

●発行部数を増やす

明治19年（一八八六）から21年にかけては『やまと新聞』が、三遊亭円朝の人情噺や松林伯円の講談の速記を掲載して人気を集め、『都新聞』も主筆黒岩涙香が外国探偵小説の翻訳を掲載し、発行部数をのばした。さらに涙香は、明治25年にみずから発刊した『万朝報』に、『巌窟王』（明治34〜35年）などの翻訳を発表し、『万朝報』ははぼ一〇年間、東京で最大の部数を誇った。

一方、『読売新聞』には、山田美妙『武蔵野』（同20年）、尾崎紅葉『多情多恨』（同29年）など、硯友社を中心とした名作がつぎつぎと発表された。同時期『報知新聞』に『三日月』（同24年）を発表した村上浪六も、町奴の任侠を描く「撥鬢小説」で大衆の人気を得た。

●大衆の絶大な支持

しかし、新聞小説という言葉が定着するのは、なんといっても尾

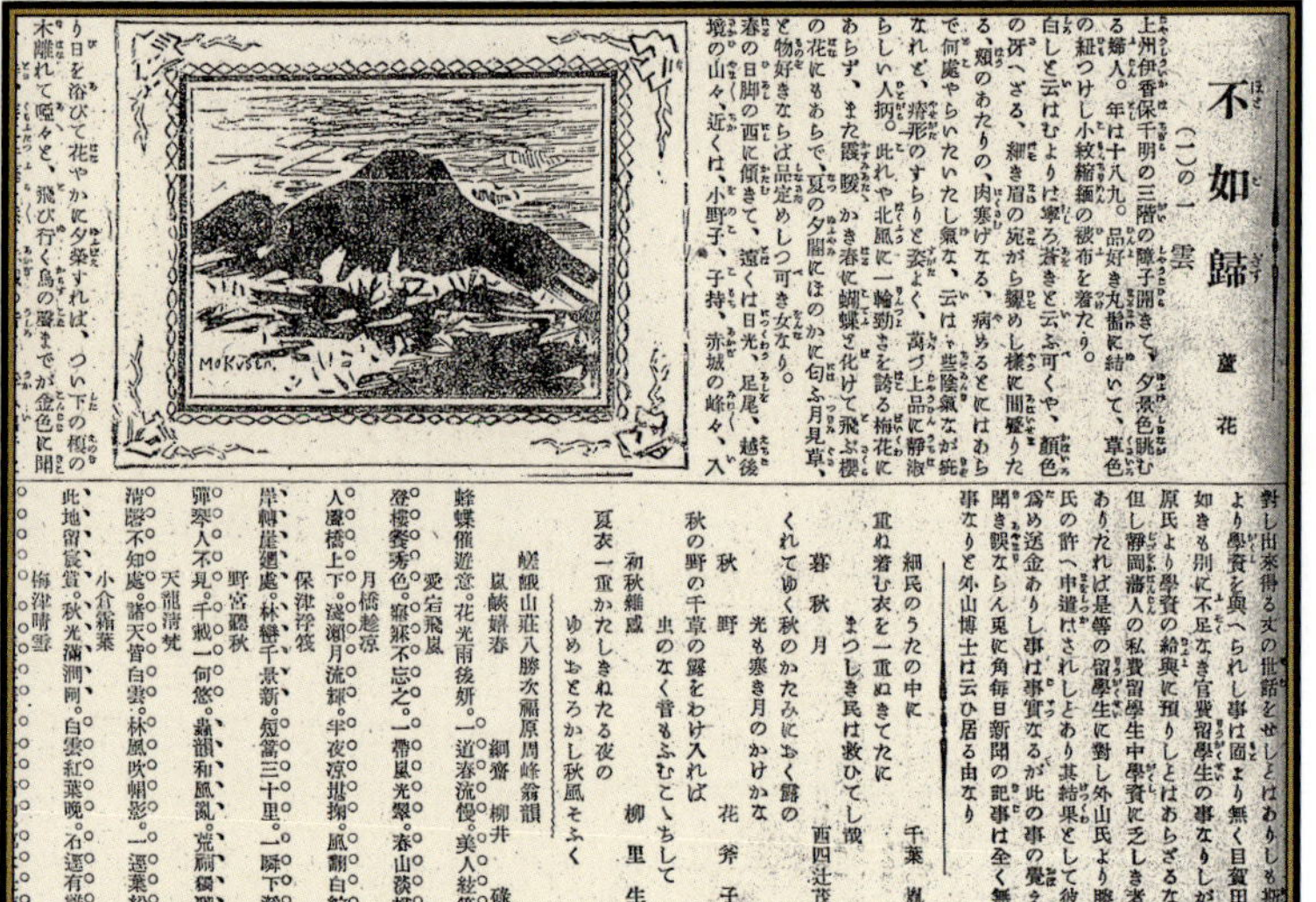

不如帰　蘆花

（一）の一　雲

上州伊香保千明の三階の障子開きて、夕景色眺むる婦人。年は十八九。品好き丸髷に結いて、草色の紐つけし小紋縮緬の被布を着たり。

白しと云はむよりは寧ろ蒼きと云ふ可くや、顔色の冴へざる、細き眉の宛がら顰めし様に間蹙りたる、頬のあたりの、肉寒げなる、病めるとにはあらで何處やらいたいたし氣な、云はゞ些陰氣ながら疵なれど、痩形のすらりと姿よく、萬づ上品に靜淑らしい人柄。此れや北風に一輪勁きを誇る梅花にあらず、また霞める春に蝴蝶と化けて飛ぶ櫻の花にもあらで、夏の夕闇にほのかに匂ふ月見草、と物好きならば品定めしつ可き女なり。

春の日脚の西に傾きて、遠くは日光、足尾、越後境の山々、近くは、小野子、子持、赤城の峰々、入り日を浴びて花やかに夕栄すれば、つい下の槭の木隠れて啼々と、飛び行く鳥の聲までが金色に聞

←『不如帰』連載第1回目の『国民新聞』
蘆花は大山巌大将の娘信子の実話に刺激されて、処女作となる小説を発表。明治33年、単行本刊行。（明治31年11月29日）

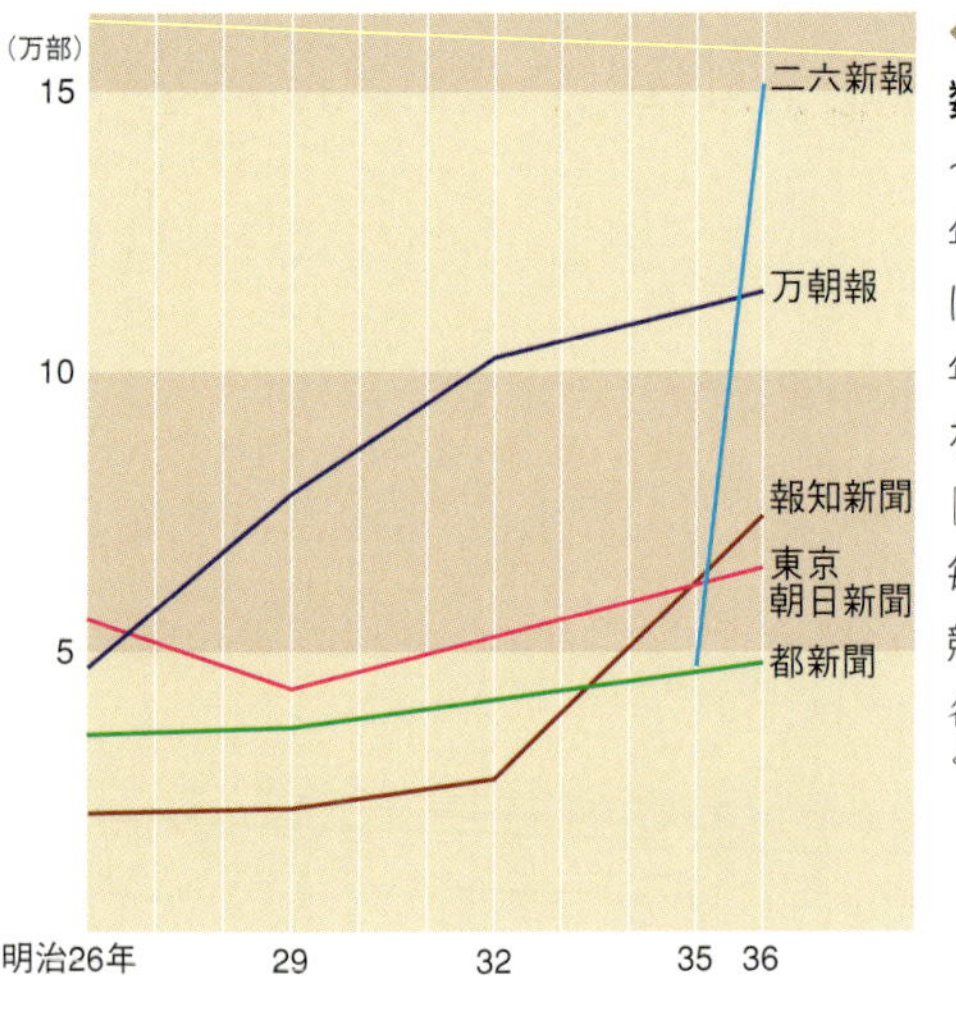

←**東京の新聞販売部数の推移**（明治26年〜36年）　創刊後、1年あまりで『万朝報』は5万部を超え、30年なかばすぎ最大部数を誇った。大阪では、『大阪朝日』と『大阪毎日』が約20万部で競っていた。

各年度の『警視庁統計書』より

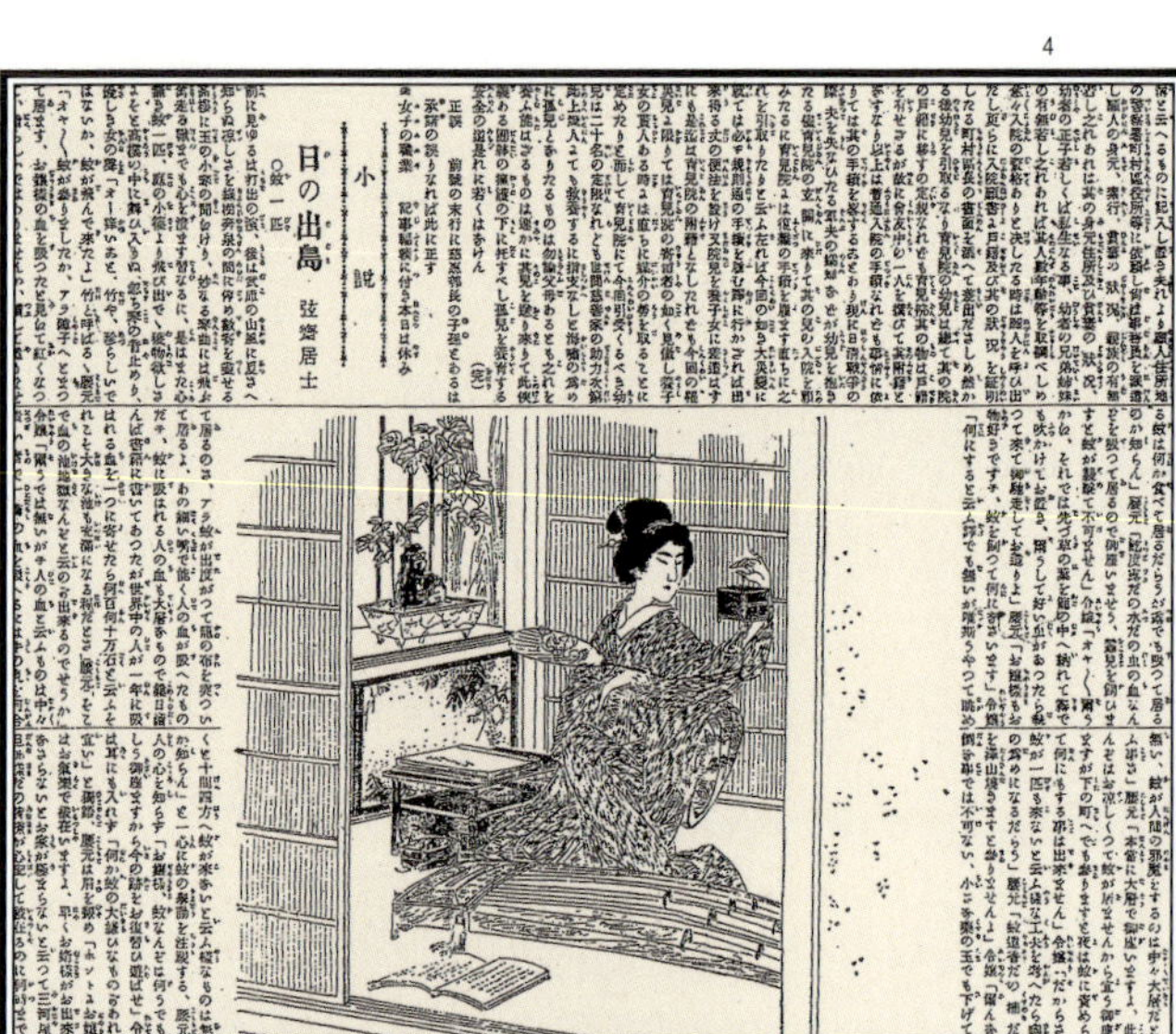

小説　日の出島　弦斎居士

↑『日の出島』連載第1回目の『報知新聞』
連載は足かけ6年に及び、明治34年、未完で終わる。明治期の小説としてはもっとも長いとされている。（明治29年7月8日）

崎紅葉の『金色夜叉』（明治30～35年）が『読売新聞』に連載されてからである。

『金色夜叉』は、高等中学校生の間貫一が、資産家の富山唯継に乗りかえた婚約者鴫沢宮の行為に絶望し、高利貸しになる話である。紅葉は、金色の夜叉となって宮に復讐する貫一の生き方を通して、黄金に勝る愛の力を描こうとしたが未完に終わった。

また『国民新聞』に連載された徳冨蘆花の『不如帰』（同31～32年）も、日清戦争を背景として、家族制度に翻弄され結核に倒れるヒロイン浪子の姿が共感を呼び、『金色夜叉』に次ぐ人気を得た。『金色夜叉』と『不如帰』は、その後繰り返し芝居や流行歌となり、大衆に親しまれた。

さらに、明治中期の新聞小説家として村上浪六と並称された村井弦斎は、大長編『日の出島』（同29～34年）を『報知新聞』に連載した。

『日の出島』は、財産家のヒロインとその従兄弟が発明を競う姿を主筋として、そこに、当時のさまざまな社会問題を織り込んだ啓蒙小説である。その明快な文体と、舞台が海外にまで及ぶスケールの大きさから、大衆の絶大な支持を得た。

このように、明治期のベストセラーの多くを誕生させた新聞小説は、明治の知識人にも庶民にも、日々楽しみにして待つ、生活に不可欠な存在だった。（神田由美子）

5

⬆尾崎紅葉『金色夜叉』前編の口絵 間貫一が熱海の海岸で宮を蹴飛ばし、復讐を月に誓う名場面。（武内桂舟画、明治31年7月刊）

8

⬆『金色夜叉』連載第1回目の『読売新聞』 明治35年まで断続的に連載されるが、はやくも31年3月には市村座で新派劇の初演があった。（明治30年1月1日）

6

⬅明治27年の尾崎紅葉 紅葉は慶応3年（1867）東京生まれ。学生時代から硯友社を主宰し、読売新聞社にも入社して、つぎつぎと作品を発表。24歳で文壇の大家と仰がれた。

7

➡『金色夜叉』の特製紙袋 前編・中編・後編と刊行された単行本は大好評を得た。版元春陽堂は、色刷りの袋をつくって大々的な販売キャンペーンを行なった。

明治期作家の著作点数

作家名	点
江見水蔭	108
巌谷小波	106
村上浪六	86
福地桜痴	86
渡辺霞亭	82
尾崎紅葉	81
幸田露伴	81
黒岩涙香	64
小栗風葉	62
村井弦斎	52
須藤南翠	50
広津柳浪	49
泉　鏡花	46
武田仰天子	40
遅塚麗水	33
後藤宙外	23
小杉天外	23
井上笠園	13
斎藤緑雨	10

永嶺重敏『〈読書国民〉の誕生』（２００４年、日本エディタースクール出版部）より

▶『浮雲』と近代小説の成立（p244）、名物新聞記者たち（p380）

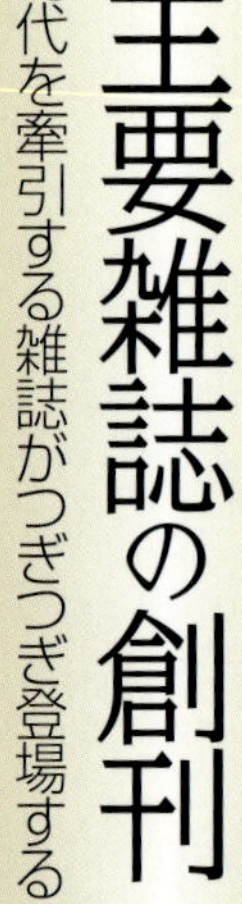

主要雑誌の創刊

時代を牽引する雑誌がつぎつぎ登場する

↑『国民之友』（民友社）

↑『風俗画報』（東陽堂）

↑『少年園』（少年園）

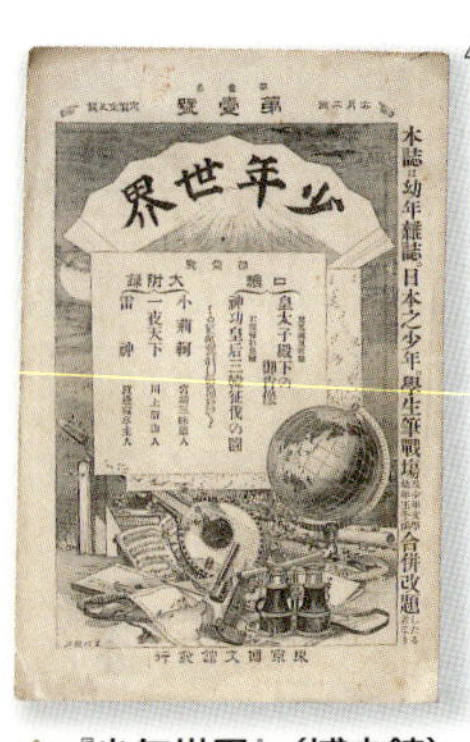
↑『少年世界』（博文館）

日本における雑誌の始まりは、慶応3年（一八六七）に柳河春三が創刊した『西洋雑誌』だといわれるが、明治4年（一八七一）創刊の『新聞雑誌』にみられるように、明治初年まで新聞と雑誌の区別は判然としなかった。評論・解説・娯楽などの情報を提供する定期刊行物としての雑誌が明確に独立したのは、明治7年創刊の『明六雑誌』からである。森有礼・福沢諭吉・西周など明六社会員の知識人による論文を中心としたこの啓蒙雑誌は、欧米の高級総合誌に倣った内容で、人々に大きな影響を与えた。

●総合雑誌の登場

これ以降、西洋のスタイルを取り入れた多様な雑誌が刊行された。欧米風の風刺画を取り入れた風刺雑誌『団団珍聞』（明治10年）、売薬・宝丹の宣伝雑誌でもあった戯作文芸誌『芳譚雑誌』（同11年）、初の経済誌である田口卯吉の『東京経済雑誌』（同12年）、芸能誌の先駆である久保田彦作の『歌舞伎新報』（同12年）が代表的である。

これらの雑誌は、部数では万を超えるものは少なく、結社の機関誌的な性格が色濃かったが、ナショナリズムの勃興と出版社の近代化を背景に、新たな雑誌群が登場したのは明治20年代である。徳富蘇峰の『国民之友』（同20年）は、西洋的な教養高い雰囲気で青年の心をとらえ、時代を牽引する総合雑誌となった。また文芸の領域では、硯友社の『我楽多文庫』（同19年）、山田美妙の『都の花』（同21年）、坪内逍遙指導の『早稲田文学』（同24年）などの雑誌が生まれ、文芸雑誌というジャンルを確立した。

性別・年齢層別の雑誌が誕生したのも相前後してこのころである。巌本善治の『女学雑誌』（同18年）、国光社の『女鑑』（同24年）をはじめとする女性雑誌、山縣悌三郎の『少年園』（同21年）や石井民司の『小国民』（同22年）などの少年雑誌が刊行された。

●雑誌王国、博文館

また、雑誌発行を基盤とし、こうした各種の雑誌を二〇以上発行して利益を上げる新しいタイプの

↑『太陽』発刊の言葉　博文館がそれまでの数誌を統合して、総合雑誌を創刊。〈一方には知識を万国に求むるの途を啓き、一方には国光を世界に輝かすの端を開き、敢て第二維新の大業を賛助〉とある。（明治28年1月5日発行）

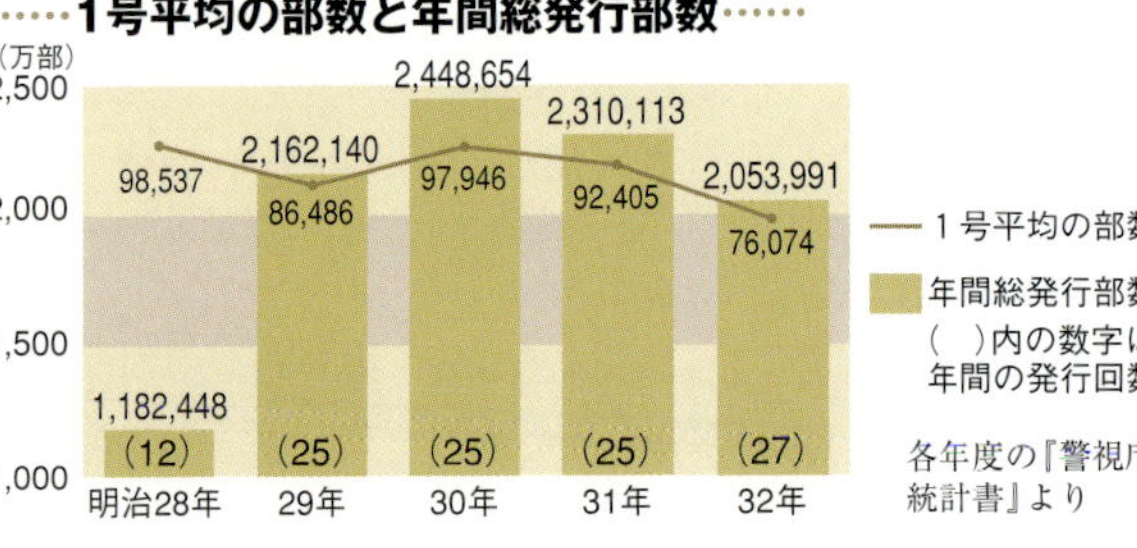

➡『太陽』の発行部数　当時の政治評論雑誌の発行部数が数千部のところ、創刊号は6刷り28万5000部だったと第2号表紙に記された。年間発行回数が増えたりしているが、1号平均では8～9万部だった。

➡『少年倶楽部』の巻頭口絵　明治30年、少年世界社から北隆館に発行元が変わった。源平合戦の「扇の的」が写真銅版で掲載されている。1冊10銭。（明治31年2月号）

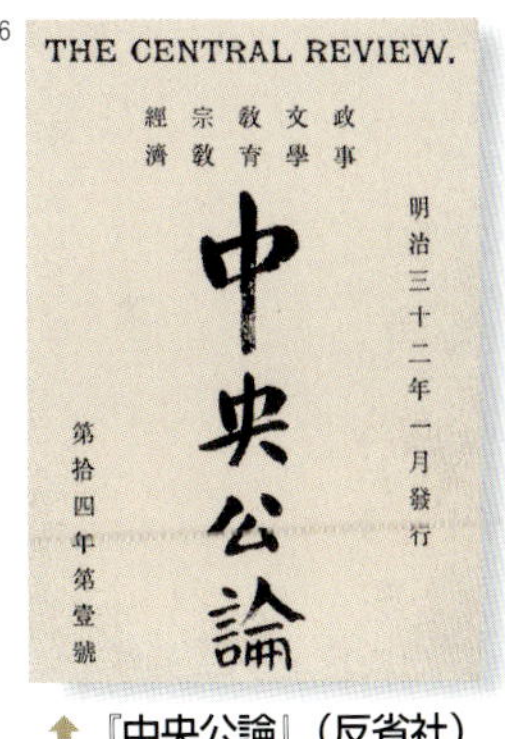

⬆『中央公論』（反省社）

出版社、大橋佐平の博文館が登場する。博文館は当初成功していた同社の雑誌を明治28年に全部廃刊し、『太陽』『少年世界』『文藝倶楽部』の三誌を創刊、『女学世界』（同34年）などを加えて、大正期に至る雑誌王国を形成した。

これに続いたのが増田義一の実業之日本社で、通俗経済雑誌『実業之日本』（同30年）や『婦人世界』（同39年）などを刊行した。一方、東陽堂の『風俗画報』（同22年）は、石版や写真版によるグラフ中心の見る雑誌として人気を博した。

日露戦争後には、仏教系の『反省会雑誌』を改題した『中央公論』（創刊は同32年）が、名編集長とうたわれた滝田樗陰の腕により一流の論壇誌に脱皮した。また、佐藤義亮の新潮社による文芸誌『新潮』（同37年）が文壇の中心として台頭し、他方、新しい女性の生き方や労働者の権利を訴えたり、社会主義による改革を主張するなど、さまざまな雑誌が誕生した。

明治末年には、つぎの大正期に飛躍する出版企業家が活動を開始した。明治42年に『雄弁』を大日本雄弁会から創刊した野間清治である。彼は明治44年に大衆娯楽雑誌『講談倶楽部』を創刊し、のちに講談社による雑誌王国を築き上げるのである。（土屋礼子）

⬆**博文館**　明治20年創業。『太陽』『少年世界』『文藝倶楽部』の3誌で雑誌時代の先端を行き、大衆的な商業雑誌をめざして、読者の拡大と大量販売に成功した。（明治39年頃）

⬆**東陽堂**　明治8年、東京・日本橋で創業。石版印刷の新技法を開発し、明治時代の風俗を中心に編集。「画報」という言葉をはじめて使った『風俗画報』の出版元。

雑誌名	創刊年	内容
明六雑誌	明治7年	最初の総合啓蒙雑誌。明六社の機関誌。
女学雑誌	18年	女性啓蒙雑誌。巌本善治が主宰した。
国民之友	20年	徳富蘇峰の総合雑誌。20年代に影響大。
日本人	21年	翌年『日本及日本人』と改題。三宅雪嶺主宰。
文學界	26年	前期浪漫主義文学の拠点。透谷、藤村など。
太陽	28年	博文館発行。高山樗牛が日本主義をとなえる。
少年世界	28年	巌谷小波主筆の児童向け総合誌。博文館発行。
ホトトギス	30年	正岡子規による日本初の俳句雑誌。
中央公論	32年	社会評論・学術・学芸などの総合雑誌。
明星	33年	与謝野鉄幹・晶子らの浪漫主義文学の中核。
婦人之友	36年	はじめ『家庭之友』。羽仁もと子が主宰。
アララギ	41年	『阿羅々木』を伊藤左千夫が継承した短歌雑誌。
白樺	43年	白樺派の同人雑誌。文学と美術の交流の場に。
青鞜	44年	婦人解放をとなえる青鞜社の機関誌。

⬆**明治時代の代表的な雑誌**　初の総合啓蒙雑誌『明六雑誌』（明治7年）から、明治44年の女流文芸雑誌『青鞜』まで、明治時代にはさまざまなジャンルの雑誌が登場した。現在に継続している雑誌もある。

▶近代西洋思想の移入（p132）

名物新聞記者たち

パーソナル・ジャーナリズムの興隆と終焉

明治期の新聞は総じて、党派的機関紙を除けば、名物記者の筆が新聞の盛衰を左右した。

初期には、『東京日日新聞』の福地桜痴の論説を読まぬ知識人はないといわれ、『朝野新聞』は成島柳北の皮肉のきいた戯文で人気を博した。

●記者の魅力で部数増

明治20年代になると新世代のジャーナリストたちが個性的な新聞を主宰した。伝統の再認識と国民精神の回復発揚を主張した陸羯南は『日本』を明治22年（一八八九）に創刊、三宅雪嶺、池辺三山、鳥居素川、長谷川如是閑、千葉亀夫、丸山幹治、正岡子規、田岡嶺雲などの言論人を輩出し、思想界に大きな影響を与えた。この『日本』の保守主義に対して、自由・平等・平民主義を掲げた徳富蘇峰は明治23年に『国民新聞』を創刊、青年知識人層の支持を得た。

一方、さらに広い大衆読者の興味と正義感をセンセーショナルな記事で煽ろうとする新聞も登場した。記者のかたわら探偵小説の翻案作家として活躍していた黒岩涙香が明治25年に『万朝報』を創刊。上流貴顕のスキャンダルを暴露して「まむしの周六（本名）」と恐れられ、反権力的な庶民の人気を集めた。彼はまた堺利彦、幸徳秋水、内村鑑三などの配下の記者たちとともに理想団を結成し、社会の救済と改良を訴えた。

また、クリスチャンの島田三郎は明治25年から『毎日新聞』を主宰、東京市政批判・廃娼問題・足尾鉱毒事件・労働者の解放運動など、人道主義の立場からキャンペーンを張った。

東京帝国大学卒で弱冠26歳の秋山定輔は明治26年に『二六新報』を創刊、三井財閥や岩谷商会を攻撃するほか、労働者懇親会の開催など派手な企画で、明治36年には一四万部を超える東京一の発行部数を達成した。

⬇明治20年代後半の主要新聞の主筆・社主　上右から左に『自由』板垣退助、『都』楠本正隆、『郵便報知』箕浦勝人、『朝野』波多野承五郎、『日本』、『東京日日』朝比奈知泉、『改進』寺家村逸雅、『国会』志賀重昂、『中央』大岡育造、『国民』徳富猪一郎、『やまと』條野伝平、『寸鉄』織田純一郎、『毎日』島田三郎、『時事新報』福沢諭吉、『東京朝日』村山龍平、『読売』市島謙吉、『絵入自由新聞』渡辺義方、『万朝報』と、似顔絵入りで紹介。（『各社新聞毎夕評論』創刊号付録、明治25年）

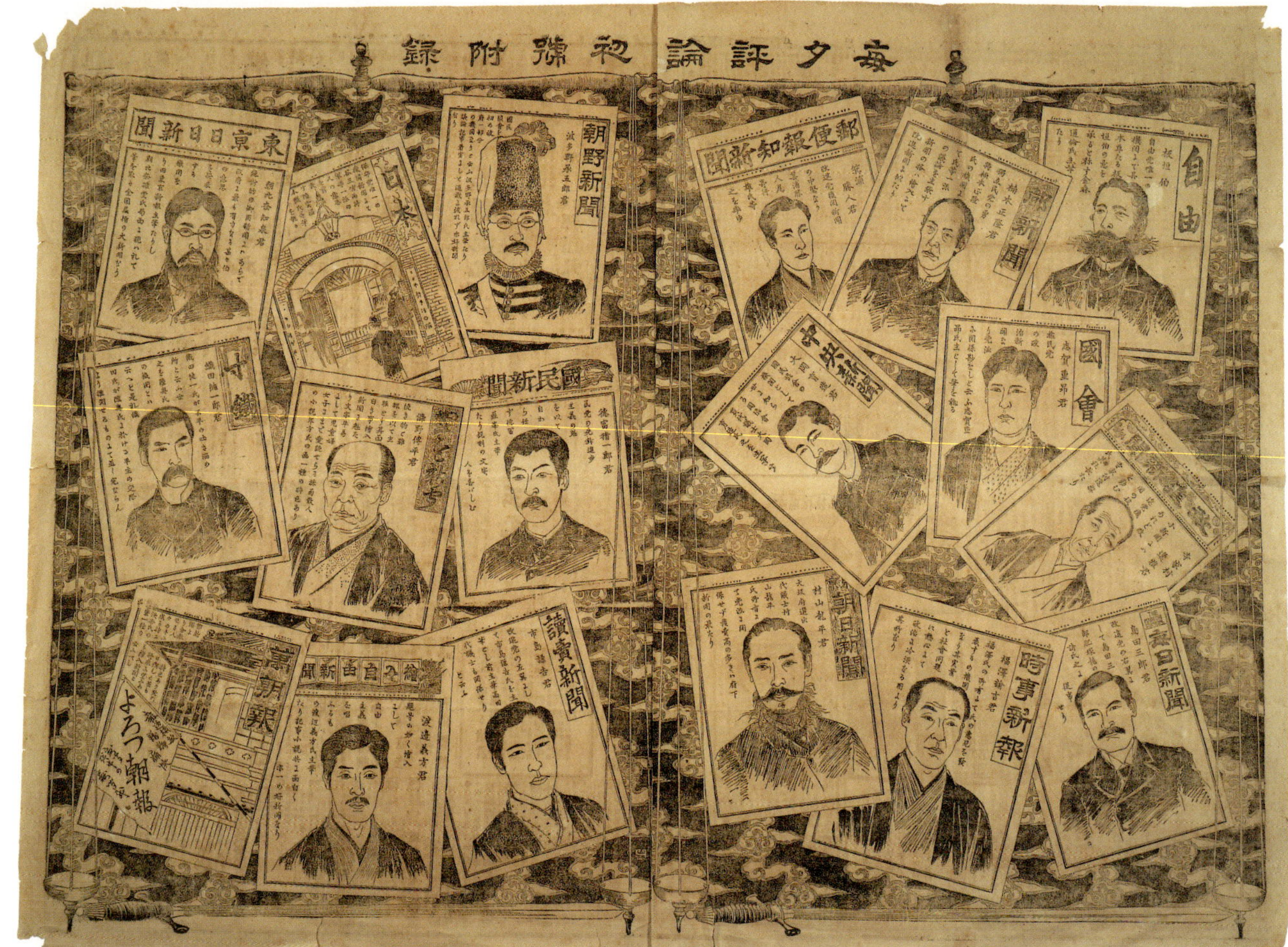

4

⬆『東京日日新聞』編集室　『郵便報知新聞』などに挿絵や漫画を書いていたビゴーが、政府系の代表的「大新聞」の編集室を描いた。

2

⬆『国民新聞』創刊号　明治23年2月1日、徳富猪一郎（蘇峰）が創刊。当初は青年層に人気があったが、日清戦争後、徳富が桂太郎に接近したため官僚・軍人の支持を得た。

3

⬅徳富蘇峰　明治19年、23歳のときに『将来之日本』で中央の論壇にデビューし、20年には民友社を設立して雑誌『国民之友』を創刊。3年後に『国民新聞』をつくった。

5

⬅『万朝報』創刊号　明治25年11月1日創刊の日刊紙。簡単、明瞭、痛快をモットーに、黒岩涙香の翻案小説や名士の妾の暴露、キャンペーン記事で大衆に受けた。

6

➡黒岩涙香　高知に生まれ、慶應義塾中退後、『改進新聞』『都新聞』などで記者生活を送った。31歳で創刊した『万朝報』では、社会の不正や悪徳を糾弾する論説を書いた。

7
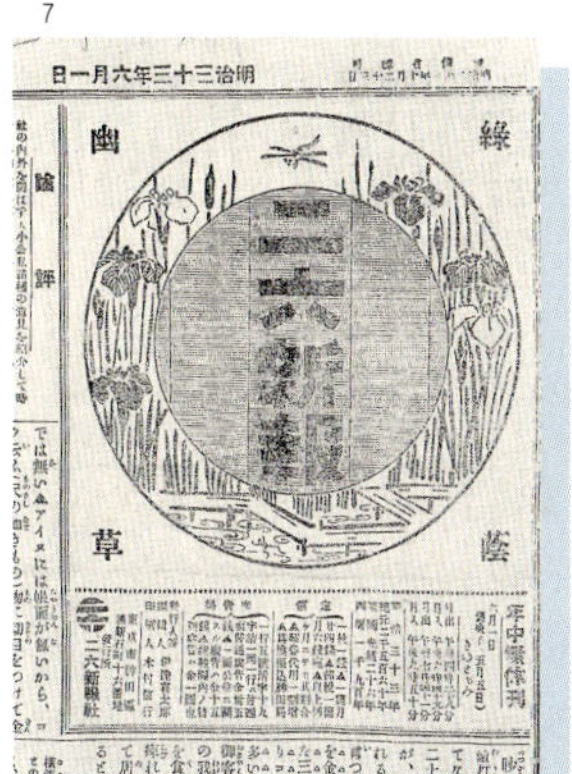

⬅復刊後の『二六新報』　明治26年10月に創刊されるが、資金難のためにいったん休刊、33年2月に復刊。翌年には日本最初の労働者懇親会を主催、「東洋一の発行部数」をうたった。

8

➡秋山定輔　東京帝国大学を卒業し、『二六新報』を創刊。復刊後は大衆の人気を集め、秋山も明治35年、衆議院議員に当選。しかし政府から危険視され、議員を辞職した。

企業化する新聞社

日清戦争を契機に勃興した資本主義とナショナリズムを背景とする、新聞のパーソナル・ジャーナリズムは、日露戦争で曲がり角を迎えた。開戦前年、主戦論の『大阪朝日』『東京朝日』『時事新報』『大阪毎日』に対し、『東京日日』『毎日』『万朝報』『二六新報』が非戦論をとなえ論戦を闘わせたが、非戦論派はつぎつぎに転向した。なかでも『万朝報』は黒岩が開戦論に転じると、内村・幸徳・堺の三名が退社を表明、退社した幸徳と堺は『平民新聞』を創刊、非戦平和と社会主義を掲げたが、まもなく廃刊に追い込まれた。

また、『二六新報』の秋山は、いわゆる「露探事件＊」で勢いを失った。他方、号外を乱発して戦勝報道に過熱した多くの新聞は、ポーツマス条約（明治38年）に対して不満と反対をとなえ、民衆が内相官邸や講和条約に賛同した国民新聞社を襲撃する「日比谷焼き打ち事件」を引き起こし、戒厳令と新聞発行禁止の発動に至った。

こうして日露戦争以後は、部数と広告の増加により新聞社の企業化が進展するとともに、主筆の名物記者が新聞を代表する時代は過去となっていった。一方、明治42年には改正新聞紙法が公布され、太平洋戦争終了まで新聞を統制するようになった。（土屋礼子）

＊**岩谷商会**　薩摩出身の岩谷松平が、東京・銀座に開業した鹿児島名産品店に始まり、明治17年「天狗煙草」と命名した紙巻き煙草を製造、販売したところに改名した煙草企業。奇抜で誇大な広告宣伝活動などによって売り上げをのばし、明治37年の煙草専売法実施のときには、少額の補償金で営業権を政府に献上した。

＊**露探事件**　「露探」とはロシアの軍事探偵の意。『二六新報』が明治36年6月17日に「日露和約成立」の誤報号外を出し、金をもらって世論操作を謀ったというわさが立ち、衆議院議員でもあった社長秋山が、その露探疑惑がもとで議員辞職を余儀なくされた事件。

▶日比谷焼き打ち事件(p402)、社会民主党と非戦運動(p438)

新聞の全国展開

印刷技術の発達と販売競争で読者が広がる

1

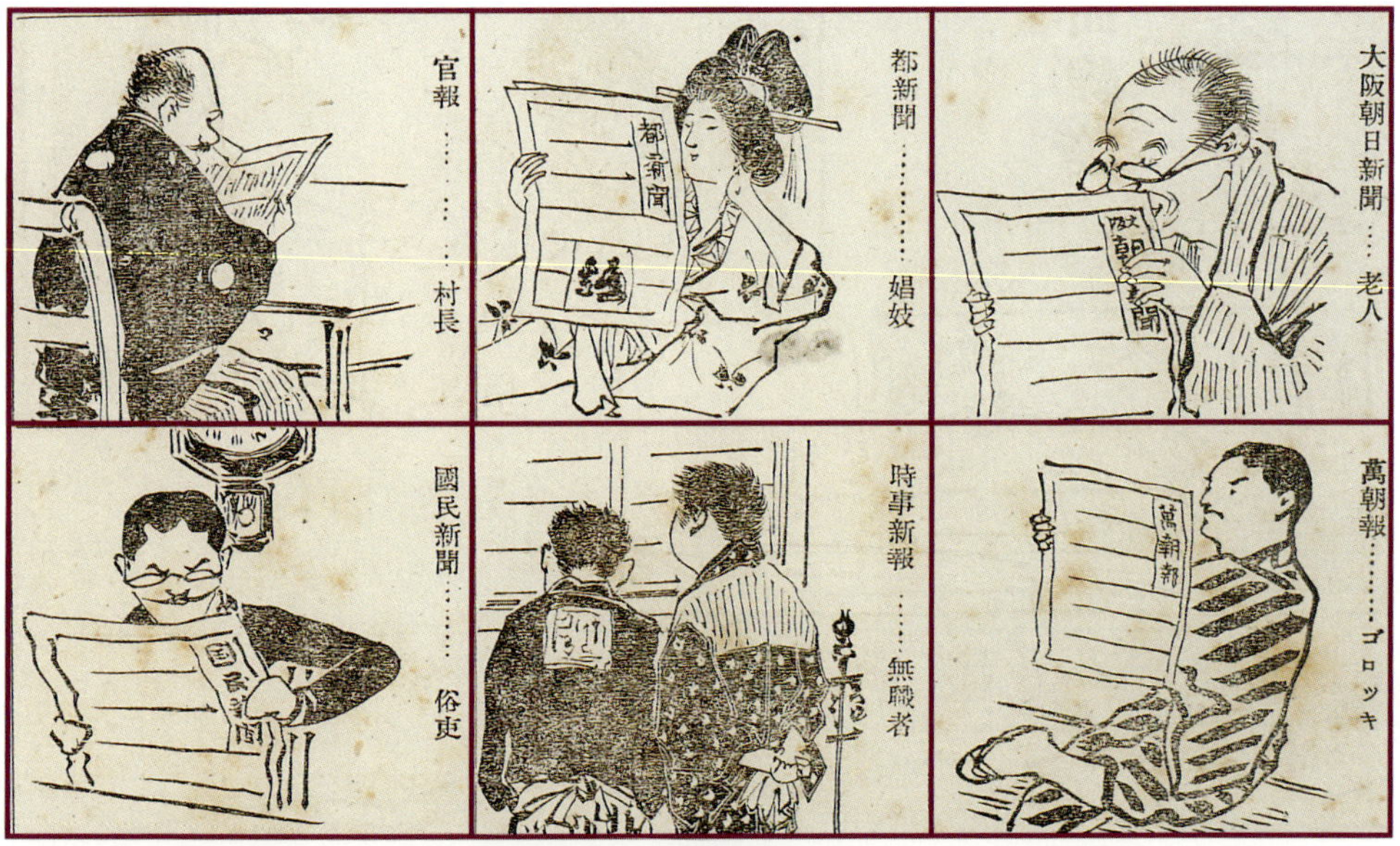

大阪朝日新聞……老人
都新聞……娼妓
官報……村長
萬朝報……ゴロツキ
時事新報……無職者
國民新聞……俗吏

←↑「新聞雑誌の愛読者」 明治40年7月20日号の『滑稽新聞』に掲載された絵の「新聞」の部分。『都新聞』は娼妓、『万朝報』はゴロツキ、『読売新聞』は蚊士（文士のこと）などと、各新聞の愛読者がどんな種類の人間かを明解に独断。『滑稽新聞』は「皆様」を読者としている。新聞の読者があらゆる階層に広がっていったことを示すものでもある。

明治の初期に新聞を読む人は、ほんのひと握りだった。東京や大阪のような都会では、官吏や政治家、あるいはそれらをめざす学生・青年たち、あるいは商人の一部がおもな購読者であり、地方では役人や旧家、豪農などのごく少数の人たちが新聞の定期購読をしていたにすぎず、女性の読者はさらに少なかった。

●音読して、回覧・保存

新聞は音読され、その読みあげる声に文字の読めない者は聞き入った。また新聞は大切に隅から隅まで熟読され、近所や仲間内で回覧され、書籍のように綴じられて保存された。

しかし義務教育制度が整備され、識字率が向上するにつれて新聞の読者は拡大し、新聞の読み方もしだいに情報を消費する方向へと変わっていった。明治10年代後半には、約三万部というのが各新聞の最高部数であったが、明治20年代になると一〇万部近い部数を上げる新聞が現われた。

明治20年代から30年代は、東京では主筆による個性的な新聞ジャーナリズムが花開き、読者はそれぞれの階層や主義・志向に合う新聞を選んだ。逆に新聞社もみずからの得意とする読者層を意識した紙面づくりに励み、輿論に投じようとした。一方で、印刷と報道の迅速性における競争が、新聞の企業化を促進した。

●印刷の進化で大部数に

明治23年（一八九〇）、『東京朝日新聞』が当時最新鋭のフランス製マリノニ輪転機を購入、翌々年には『大阪朝日新聞』、明治27年には『大阪毎日新聞』も同機を購入した。この蒸気機関を動力とする印刷機は、従来の平板ロール式印刷機が一時間に一枚がけ四ページ一五〇〇枚の能力だったのに比べ、一時間に一万五〇〇〇回転、二枚がけ八ページで一時間三万枚の約二〇倍という驚異的なスピードを可能にした。大阪ではこのような技術革新を背景に『大阪朝日』と『大阪毎日』の二紙が熾烈な販売拡大競争を展開した。日清戦争はこの競争を加速し、それまでは新聞を読まないような職人や労働者、家庭における女性をも読者として浮上させた。

充実した海外通信網をもってリードしていた『大阪朝日』に対し、『大阪毎日』は家庭欄を設け、人気投票・懸賞募集による「桐原式」と呼ばれた営業政策で追撃し

2

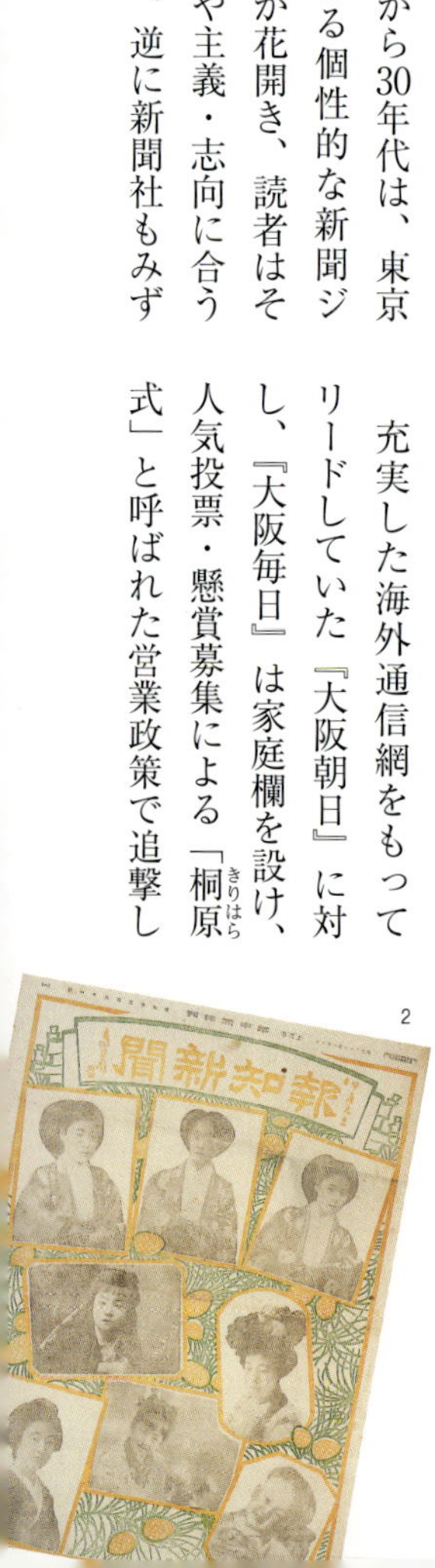

←新聞に写真が登場 『報知新聞』明治37年1月2日号の紙面に、はじめて写真が掲載された。写真網目版を活字面に刷り込む技術が入ったことで可能になった。柳原愛子、川上貞奴ら8人の肖像写真だった。

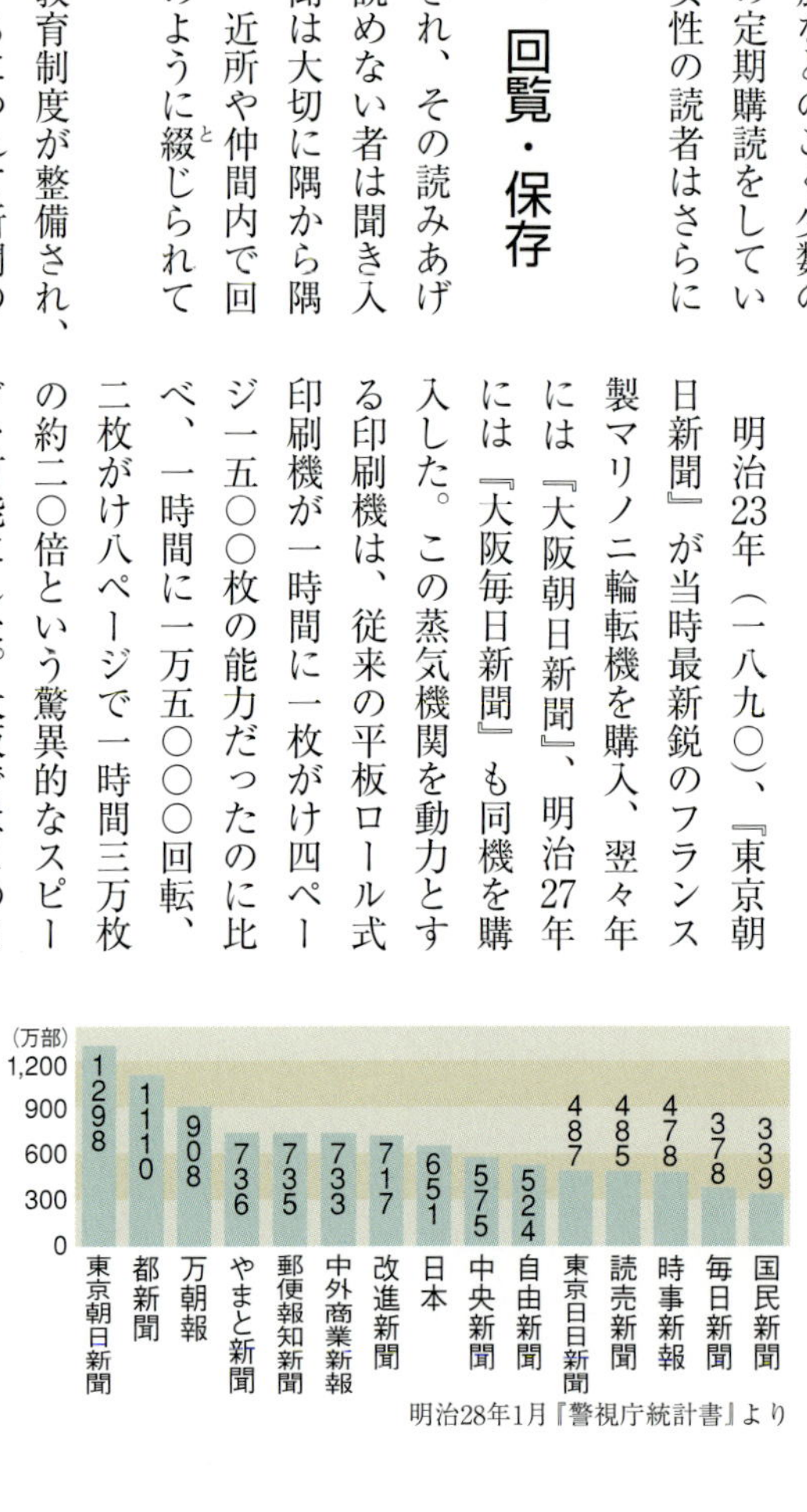

（万部）
1,200
900
600
300
0
1298 東京朝日新聞
1110 都新聞
908 万朝報
736 やまと新聞
735 郵便報知新聞
733 中外商業新報
717 改進新聞
651 日本
575 中央新聞
524 自由新聞
487 東京日日新聞
485 読売新聞
478 時事新報
378 毎日新聞
339 国民新聞

明治28年1月『警視庁統計書』より

←明治26年の新聞別年間総発行部数 翌年の日清戦争開戦で、販売合戦はエスカレートしていくが、この年の総発行部数1億600万部というデータが残っている。『万朝報』は前年創刊。

た。明治36年に本山彦一が『大阪毎日』の社長に就任すると二紙は競って経営近代化を率先した。日露戦争では豊富な経費と人員を投入した組織的報道体制を敷き、両紙とも他の追随を許さない一〇万部以上の部数を上げるに至った。

二紙の競争はつぎに東京へ展開した。朝日新聞社はすでに明治21年に『めさまし新聞』を買収して『東京朝日』と改題、いち早く東京進出を果たしていたが、明治41年に東西別個になっていた合名会社を、資本金六〇万円の合資会社に統合した。一方、大阪毎日新聞社は資本金を五〇万円に増資した翌年、明治44年に東京紙の老舗『東京日日新聞』の発行権を譲り受け、『大阪毎日』とあわせて全国紙への布石を打った。

こうして全国制覇をめざした二大新聞社の激突は、大衆という名の読者を急速に拡大させていった。（土屋礼子）

（年）
- 横浜毎日新聞 3.12 → 東京横浜毎日新聞 12.11 → 東京毎日新聞 19.5 → 毎日新聞 39.7 → 『帝都日日新聞』に合併 15.11
- 東京日日新聞 5.2 → 毎日新聞 18.1
- 時事新報 15.3
- 大坂日報 9.2 → 大阪日報 18.9 → 大阪毎日新聞 21.11 → 毎日新聞 18.1
- 郵便報知新聞 5.6 → 報知新聞 27.12 → 読売報知新聞 17.8 → 読売新聞 21.5
- 読売新聞 7.11 → 読売報知新聞 17.8
- 朝日新聞 12.1 → 大阪朝日新聞 22.1 → 朝日新聞 15.9
- 自由灯 17.5 → 20.4 めさまし新聞 → 東京朝日新聞 21.7 → 朝日新聞 15.9

明治3〜45　昭和4〜22

⬆「朝日・読売・毎日」各新聞の系統図　『朝日新聞』は、『自由灯』の後継紙『めさまし新聞』を買収して設立した『東京朝日』と『大阪朝日』に分かれたが、昭和15年に統合。『読売新聞』は、『郵便報知』に始まる『報知新聞』と合併し、昭和21年に復題。『毎日新聞』は、『大坂日報』に連なる『大阪毎日』が『東京日日』を買収、昭和18年、現在名に統一した。

（『三訂　日本新聞通史』より）

3

5

⬅明治30年頃の『大阪毎日新聞』編集室　明治21年に『大阪日報』から改題した当初は、必ずしも順調な経営とはいえなかったが、日清戦争後は『大阪朝日新聞』とともに大阪の二大新聞になっていった。

4

➡マリノニ輪転機　明治23年、この機械の視察のためフランスへ出張した官報印刷局長に社員を同行させた東京朝日新聞社が、最初に購入した。高速回転は印刷革命をもたらし、各新聞社はこぞって輪転機を導入した。

戦争とメディア

国民の関心にこたえる報道と世論の誘導

明治における戦争報道は、明治7年（一八七四）の台湾出兵から始まった。それ以前の戊辰戦争までは、時事報道が禁じられていたため、日々変化する戦況を伝えたのはおもに人のうわさであった。だが当時の『東京日日新聞』編集長岸田吟香は、欧米に倣って従軍記者を出す必要性を主張、みずから日本初の従軍記者となり、台湾から現地の戦況を書き送った。政府軍に密着した報道は評判となり、吟香の従軍記者姿は錦絵や油絵にも描かれた。

●報道を競い、号外を連発

明治10年の西南戦争では、『東京日日新聞』の主筆福地桜痴が政府軍に従軍しながら戦地報告を送り、『郵便報知新聞』も犬養毅が前線からなまなましい報道を行なったが、一方では厳しい報道統制が実施された。そのせいか、新聞記事では「賊軍」「暴徒」と非難された西郷隆盛らの軍が、統制外の錦絵では英雄のように描かれたものが大量に制作された。

明治27年から28年の日清戦争では、戦争報道を競う新聞が、画工や写真師を含めて一九〇名以上の従軍記者を派遣し、号外を連発した。その記事は戦意高揚一色に染まり、「勇敢なる水兵」「勇卒原田重吉」などの下級兵士たちの武勇談や美談がさかんに紹介された。明治16年の改正新聞紙条例による事前検閲が行なわれたとはいえ、戦争に反対をとなえる新聞は皆無だった。戦況を描いた錦絵もおびただしく制作され、露骨に清国人を侮蔑する風刺画も描かれた。

●軍事美談で戦意を煽る

このころは、まだ新聞紙に写真を印刷する技術がなかったが、上

1 ↑『日清戦争絵報』 三面記事を視覚化して大衆に受けていた錦絵新聞の延長上に、日清戦争を取り上げた錦絵が現われた。この時期は、西南戦争関係に匹敵するくらいの数の錦絵がつくられた。

2 ➡『日本万歳百撰百笑』 山東省占領を主題として、日本軍は「向ふ処に敵なし」、外国人も驚いているという錦絵。清を蔑んだ戯画になっている。（小林清親、明治28年）

3 ➡『日清戦争実記』 明治27年8月30日、戦争報道専門の新雑誌を博文館が創刊すると、その手の雑誌が相次いだ。これは、翌年発行第45編の折り込み口絵写真「名誉戦死者」。

＊幻灯　ガラス板に描いた風景画や写真などに強い光を当て、レンズを利用して映写幕に拡大して映して見せる仕掛け。明治22、23年頃から全国的な流行を示し、活動写真（映画）ができる以前は映画同様の人気を得ていた。

質紙を用いた雑誌が銅版印刷写真を掲載して、視覚報道に新たな進展を見せた。とくに『日清戦記』『日清戦争実記』『日清戦争画報』などと題する戦争報道専門の雑誌が多数発行され、軍艦や人物の写真、絵を載せてひじょうによく売れた。

また幻灯*でも戦争関係の写真が上映された。戦勝に沸く人々は通りに国旗を掲げ、戦捷祝賀会に繰り出して万歳をとなえ、戦争を題材にした講談や芝居が上演された。

明治37年から38年の日露戦争では、開戦前に新聞が主戦論と非戦論に分かれて論戦を展開した。しかし結局、非戦論派がしだいに脱落・転向し、主要紙がすべて開戦論派になったところで、開戦となった。

戦争が始まると、新聞各社は日清戦争を上まわる従軍記者を送り込み、通信網の拡大や新たな無線電信も駆使して、空前の号外合戦を展開した。しかし検閲と規制が厳しかったため、戦況の詳報よりも、旅順港における広瀬中佐の戦死を「軍神」物語に仕立てあげるような軍事美談がさかんに取り上げられ、戦意を煽った。

またこの時期から新聞に報道写真が掲載されるようになり、『日露戦争実記』などの雑誌や画報とともに、視覚的報道の主力を写真が担うようになる一方、錦絵は視覚報道の役目を退いた。他方、活動写真と呼ばれる輸入されたばかりの映画も戦争を報じ、戦捷記念絵葉書の発行により絵葉書がブームとなった。新聞をはじめとするメディアによって戦争が多くの人々に伝えられると同時に、戦争を大きな契機として、メディアは産業として、発展を遂げたのである。（土屋礼子）

4

↑街頭新聞を見る人々 日露戦争の黄海海戦を伝える記事が、『中央新聞』社屋前に貼り出され、大勢の人が集まった。（明治37年）

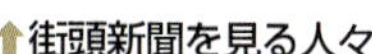

5

↑日露戦争の赤刷り号外 遼陽占領を伝える明治37年9月2日の『東京朝日新聞』号外（右上）をはじめ、赤い色が使われたものが出てきた。また、1日に数回、号外が発行されたりもした。

↓川上一座の戦争野外劇 壮士芝居で名をあげていた川上音二郎は、明治27年8月に「壮絶快絶日清戦争」を、12月には「戦地見聞日記」を興行した。写真は12月、東京市祝捷大会での上演。

6

7

←号外売りの挿絵 日清戦争が勃発し、号外の発行が頻繁に行なわれるようになると、号外専門の売り子が商売として成り立った。（『時事新報』明治27年より）

似顔絵のいろいろ

つぶぞろいコレクション

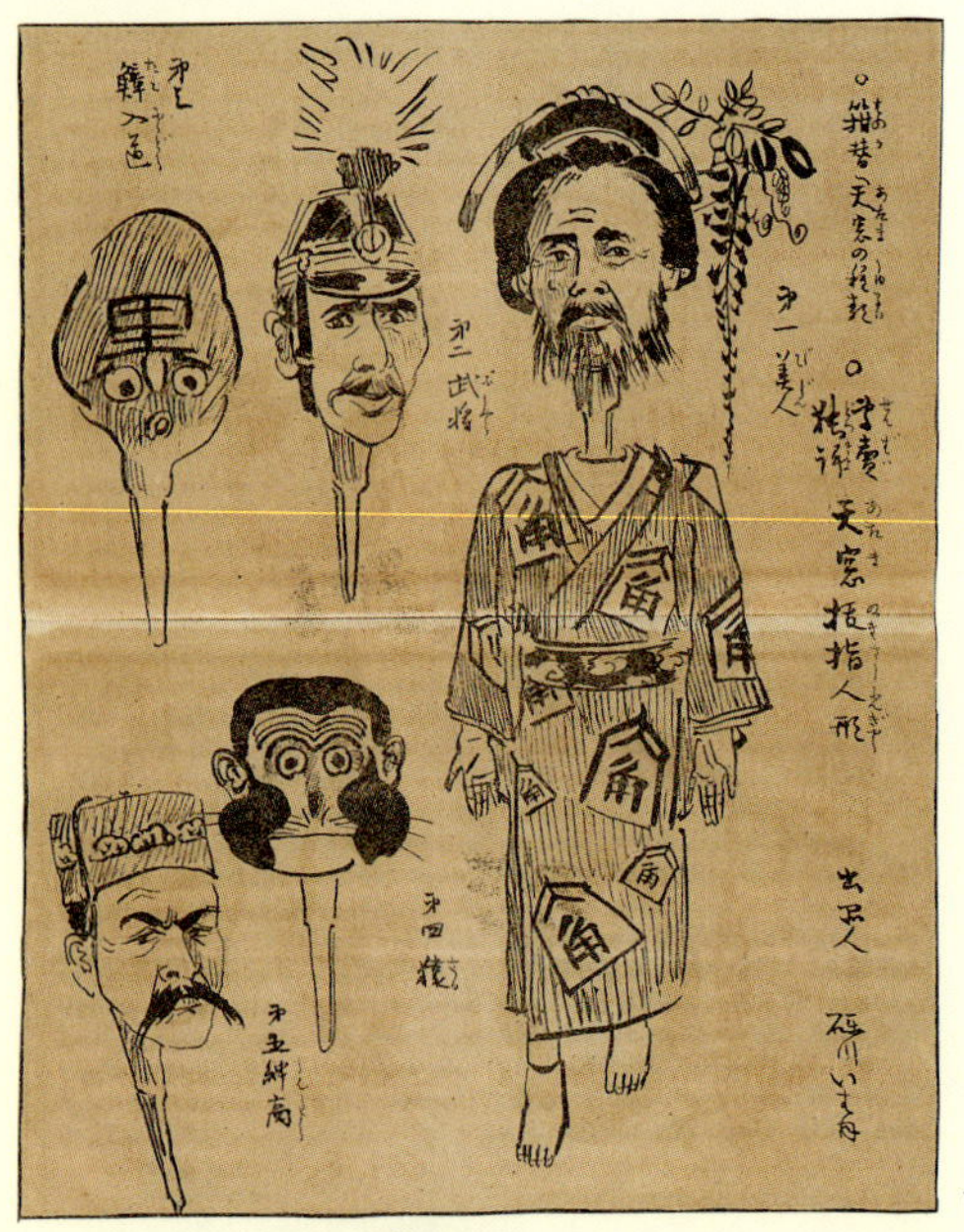

1

⬅田口米作「専売独許天窓抜指人形」 美人＝伊藤博文、武将＝山県有朋、蛸入道＝黒田清隆、猿＝井上馨、紳商＝松方正義。黒田を黒ダコとして描く、本来の似顔絵とは違う方法を残す。（『団団珍聞』1039号、明治28年12月21日より）

2

⬅連立内閣の図 顔の向かって左側が伊藤博文、右が板垣退助。（筆者不詳『小日本』明治27年4月25日より）

➡田口米作「尻を据え風呂湯の中廻り持ち」 左から松方正義、伊藤博文、山県有朋、黒田清隆。かなり誇張と省略が行なわれ、表情の変化もつけられている。（『団団珍聞』1040号、明治28年12月28日より）

3

似顔絵は、明治の風刺表現が新たに手に入れた、最大の武器であった。似顔絵が似顔絵として成立するには、まずその人物の「ほんとうの顔」が知られていることが前提となる。その点、写真と写実的な肖像表現によって、それまで人々が容易に見ることのできなかった為政者たちの顔が、広く知られることになったのは、まさに明治の政治文化史上、大きな出来事だったのである。

風刺表現のなかに似顔絵が十分普及する前、明治10年代の前半ごろは、黒田清隆なら「くろだ」という音からの連想で「黒ダコ」として描くといった手法がよく用いられていた。そこに、誇張や省略や変形の施された、滑稽なしぐさの身体に、まさに写真をそのまま再現したような写実的な顔を組み合わせて、顔と体の描法のギャップがおもしろさを醸し出すタイプの似顔絵表現が、風刺画の世界に現われてくる。

そして明治20年代を通じて、十分に顔の知られた政治家から順に、顔の描き方も誇張や省略、変形が施されたものになっていく。

さらに明治30年代に入ると、似顔絵表現の対象は、政治家から軍人、経済人と拡大していき、役者似顔絵も江戸の浮世絵とは異なるスタイルが、工夫されるようになっていった。

（宮本大人）

4

⬆小林清親「蝶と子供」 衆議院議長を辞任した星亨。議長＝「ギ蝶」という駄じゃれと、写真のような似顔絵表現の組み合わせ。（『団団珍聞』937号、明治26年11月25日より）

➡**中島春郊「無題」** 戦勝を祝って歌い踊る陸軍大将大山巌（右）と海軍大将東郷平八郎。日露戦争では軍人が似顔絵の世界に定着する。（『日ポン地』第8編、明治38年1月25日より）

5

6

⬆**弾丸変じて寺内陸相となる** 軍という同じカテゴリーに属するものが、形態的にも似ているという視覚的なおもしろさ。（北沢楽天『東京パック』1巻4号、明治38年7月15日より）

7

⬇**団十郎追善興行の「勧進帳」** 中央の2代目市川猿之助ほか、歌舞伎役者を浮世絵の役者似顔絵とは異なる技法で描く。（筆者不詳『東京パック』1巻7号、明治38年10月15日より）

8

⬅**鹿子木不倒（孟郎）「山県元帥模様」** 単に似ているだけでなく、巧みにデザイン化が施されている。（『時事漫画非美術画報』第2巻、明治37年5月20日より）

10

⬅**北沢楽天画『東京パック』1巻6号表紙** 岩崎弥之助（2列目右から2人目）、大倉喜八郎（同3人目）、安田善次郎（前列2人目）など、当時の経済人たち。（明治38年9月15日）

9

➡**鹿子木不倒「百年後における桂太郎君の肖像」** フランス帰りの鹿子木は、日本人の〈先祖伝来の醜面〉を「武国」らしいと述べている。（同上、第3巻、明治37年6月1日より）

ビゴーは何を見たのか

「明治の目撃者」、その視線の力と限界

ビゴーが明治15年（一八八二）から32年の一七年あまりの滞日中に残した数多くの仕事の主題は、日本人の日常生活のスケッチから、国際政治のなかの日本を描いた風刺画、戦争や災害の報道記録画までと幅広く、また、表現手法も主題に応じて、石版画*・水彩画・油絵など、巧みに使い分けた。

●日本人が意識できない姿

明治の目撃者、ビゴー。外国人としての彼の視線は、明治の人々自身にはあまりにも当たり前すぎて、改めて意識化し、描き出す必要など感じられないさまざまな事物を、見慣れないものとして発見する。

彼が描き残した膨大なスケッチは、今日それを見るわれわれに、明治の日本が、すでに十分「異文化」であることを教えてくれる。江戸時代から続く日常的な習慣と、明治になって取り入れられた、西洋人からみれば滑稽な「西洋的」なる風俗。それらのいくつかは、ビゴーが描かなければ、そのまま忘れられていったかもしれない。

国際政治の舞台に、にわかに登場してきた新興国としての日本を描いた政治風刺画もまた、当事者が意識できない、したくない日本の姿を知らせる力をもっている。

日清戦争に従軍した際の写真やスケッチは、疲労した兵士たちや軍夫の仕事の様子、さらにはビゴー自身による撮影ではないにしても、所持していた写真帳にあった旅順での「虐殺」の記録までを含んでいる。

大国との戦争の勝利に浮かれ騒ぐ国内で、浮世絵師たちが『日本万歳百撰百笑』などとしゃれ交じりの表題の下に、清と清国の人々を笑いのめし、ほかの日本人の従軍画家や写真家が、「望ましい戦争」の姿しか写しえなかったことと比べれば、ビゴーが戦争の「現実」にもっとも肉薄していたことは確かだろう。

←寺の門構えが崩れて死んだ母と子　ビゴーの長期滞在を可能にしたのは、英仏の画報紙の通信員としての仕事であった。これは明治24年10月28日の濃尾地震を描いたもの。（『ザ・グラフィック』明治24年12月26日号より）

↓おれがついている……すぐ後ろにだ　ここでまず風刺の対象となっているのは、ロシアを前に日本を盾にするイギリスだが、盾の日本もまた皮肉られている。（『極東における古き英国』明治28年より）

→『トバエ』1号の表紙　横浜の居留地で発行されたこの雑誌は、明治22年まで69号刊行された。これ以前の明治17年に『TOBAYE』を刊行しているが、1号のみで途絶えている。（明治20年2月15日号）

←お目出とう――正月元日の祝詞　膝を折り曲げて、相手の目線よりさらに下まで頭を下げる。洋服は着ていても、お辞儀の習慣は以前のまま、ということだろう。（『日本人の生活』7号、明治32年1月より）

清国兵を串刺しにする絵

　だが、ビゴーの仕事を、単に「明治の真実」を伝えるものとしてみるべきではない。どんな視線にも死角と偏りはあるはずだからだ。

　たとえば、女性にかかわる風俗を好んで描くビゴーの視線に、白人男性がアジアの女性を見るという関係性がもたらす偏りはなかったか。旅順での「虐殺」を記録した写真が、清の兵士を何人も串刺しにして持ち上げる日本兵の凶暴な姿を描いた風刺画になる際には、日本人への蔑視(べっし)に近い心象がはたらいてはいなかっただろうか。

　戦地でのきわめて貴重な記録もまた、日本人や清国人自身が、みずからの経験をどのように見ていたかまでは、教えてくれない。そして、彼らの目に、彼らを写真に撮りスケッチするビゴーが、どのようにみえていたのかも。

　明治が遠くなればなるほど、ビゴーの仕事を見ることの意味は、大きくなっていくに違いない。だからこそ、われわれは、ビゴーが何を見たのかだけでなく、何が見えていなかったのか、その視線の限界を、意識しておく必要がある。

（宮本大人）

5

←和装のビゴー　ジョルジュ・フェルディナン・ビゴーは、明治15年に来日し、32年にフランスへ帰国した。写真は来日の年、ビゴー22歳の誕生日のもの。

6

→軍夫の活躍　ビゴーはイギリスの『ザ・グラフィック』紙の特派員として日清戦争に従軍し、多くの写真を撮り、スケッチを送った。その視線は日本人画家が描かない場面にも向けられた。（『ザ・グラフィック』明治27年10月27日号より）

8

→戦地の朝鮮人をとらえた写真　旅順の写真などとともにビゴーの写真帳に収められている。被写体とされた人物が、カメラからそむけた目で見ていたものは何なのか、ビゴーは認識していただろうか。

7

←清国兵を串刺しにする日本兵　旅順虐殺事件をモティーフにした作品。事実を、誇張という方法によって、訴求力のある表現に変容させる操作というべきか。（『ショッキング・オ・ジャポン』明治28年より）

9

←旅順　この写真はビゴーの撮影によるものではないが、日本軍の旅順での虐殺行為を示すものとしてビゴーが『ザ・グラフィック』紙に送り、明治28年2月2日号に掲載された。

＊**石版画**　石灰岩などの石材の上に油性クレヨン・油性インクで描画し、水と油の反発しあう性質を利用して印刷した版画作品のこと。リトグラフともいう。

「ポンチ」から「漫画」へ

ジャーナリズムと「美術」の間で表現を磨く

漫画というジャンルは、明治20年代から30年代にかけて形成された。今日われわれが「漫画」という言葉から連想する形式の表現が成立し、それに「漫画」という呼び名が与えられたのが、まさにこの時代だった。

●音読が前提の「ポンチ」

幕末から維新期以来、新聞・雑誌という新しいメディアに掲載されることになった、絵と文字の組み合わせによる風刺・滑稽(こっけい)表現は、英国の風刺雑誌『PUNCH(パンチ)』やチャールズ・ワーグマンが横浜の居留地で発行した『THE JAPAN PUNCH』の影響で、「ポンチ（絵）」と呼ばれた。

「ポンチ」は、筆ではなくペンで描かれたものや、木口(こぐち)木版や銅版、石版といった新しい製版技術によるものも多く、それなりの目新しさを備えてはいる。しかし大枠としては、幕末に流行した風刺的な浮世絵と同じ表現形式を保ち、江

1

⬆小林清親(こばやしきよちか)「節分座敷の鬼遊び」 西洋の漫画の手法であった吹き出しが取り入れられている一方、添えられた文章は長く、文体も音読を想定したものになっている。（『団団珍聞(まるまるちんぶん)』734号、明治23年1月4日より）

4

⬇田口米作(たぐちよねさく)「狂花書林の運動会」教科書疑獄を素材にしている。長い文は姿を消しているが、教科書林を「狂花書林」とし、出版社の金港堂を「金光堂」とするなど、発想は駄じゃれで、聴覚的な言葉遊びに根ざしている。（『団団珍聞』1254号、明治32年2月10日より）

3

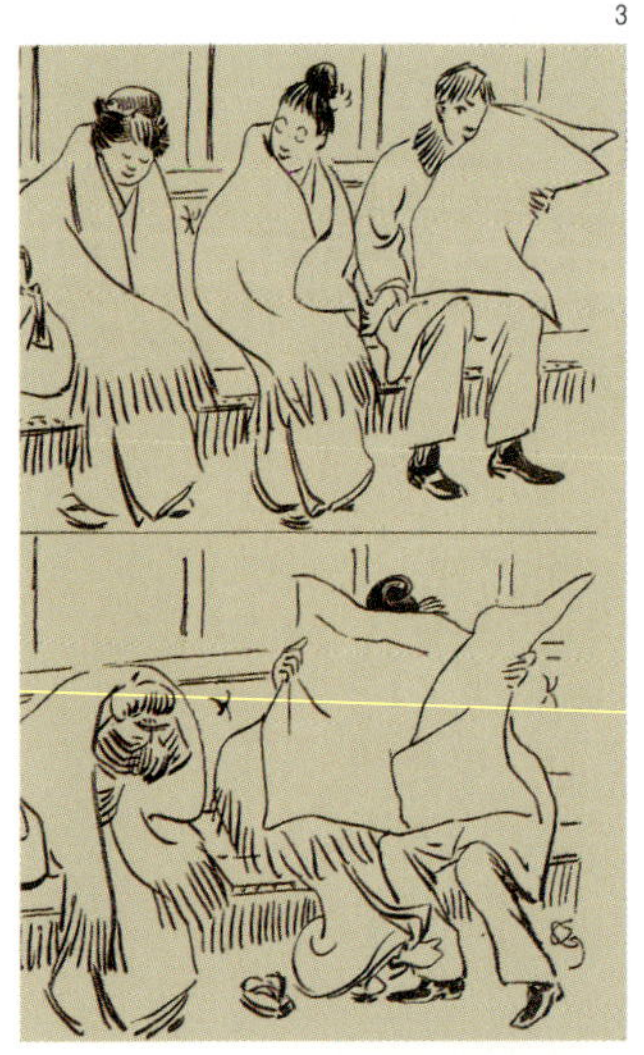

➡長原孝太郎(ながはらこうたろう)「無題」 社会風俗の風刺を、聴覚的、言語的要素を含まない視覚表現で行なっている。（『めさまし草』12巻、明治29年12月28日より）

5

➡今泉一瓢「後はよろしく」『時事新報』は、聴覚的な言葉遊びを含まない、視覚表現としての「漫画」の普及に、もっとも大きな役割を果たしたと考えられる。（『時事新報』明治28年5月5日より）

2

➡漫画という言葉の初出 最上欄に「漫画」の文字。西洋のcaricatureやcartoonに相当するものとして用いた最初の例とみられる。コマによる時間表現も輸入されたものだった。（『時事新報』明治24年4月27日より）

戸の文化圏内にとどまっていたといえる。

すなわち、「ポンチ」は、画面の余白に大量の文字が書き込まれ、文と絵が対等の比重で組み合わされており、その文は、七五調の文体をとることが多く、駄じゃれ・地口の類を多く含み、音読することによってはじめてそのおもしろさが堪能できる表現になっている。

したがって、文を書く戯作者と絵を描く絵師との合作になる場合がほとんどであり、聴覚的な言葉遊びが、絵の表現にまで入り込むことが多い。そのことが、表現全体に、そこに何が描かれているのかを読み解く楽しみを読み手に与える「判じ絵」としての性格をもたせている。だが、それゆえ、その表現を読み解き、楽しむには、それなりの時間がかかるだけでなく、江戸以来の戯作文化に、ある程度なじんでいる必要があるため、読者層が限定されるのである。

●視覚的な「漫画」の普及

しかし、明治20年代に入ると、「文」の比重が著しく低下していき、当然、画家がひとりで手がけるものが増えていく。そのおもしろさは、あくまで視覚的に、誰もが容易に迅速に理解できるものとなり、より広範な読者層に訴えることが可能になって、「マス」メディアとしての新聞・雑誌への適合性が高まっていく。このように変容していく表現に、『時事新報』の今泉一瓢が「漫画」という名前を与え、同紙の「時事漫画」（北沢楽天）によってこの語が普及することになる。

注目すべきは、一瓢が黒田清輝らの興した白馬会の展覧会に「漫画」を出品しているという事実である。

一瓢は、この新しいジャンルに、「美術」としての価値をもたせようとしていたのである。

実際、その後「漫画」は、西洋美術の教育を受けた若い「画家」たちにも手がけられ、政治状況のみならず、人々の日常の営みを繊細かつユーモラスに描き出すようになった。

そこには戦勝気分に浮かれ騒ぐ表現がある一方で、戦地の苛酷な日常のひとこまを切り取る力を備えたものまで現われる。20年代から30年代は、「ポンチ」から「漫画」への過渡期であった。（宮本大人）

6

↑中島春郊「摘み切れぬ露都のゴタ草」『日ポン地』は、『団団珍聞』にいた戯作者鶯亭金升を主筆とする、「ポンチ」最後の拠点。「ストライ木」「不軌の党」など駄じゃれのオンパレード。（『日ポン地』10編、明治38年2月20日より）

7

←中島春郊「国有の闇蜘蛛」駄じゃれに基づきながら、視覚的なインパクトの強い表現になっている。（『日ポン地』34編、明治39年4月5日より）

9

←小杉未醒「蟲軍と我が兵士」従軍画家としての小杉は、国木田独歩発行の雑誌に、当時もっともリアルな「戦争の日常」を、「漫画」にして送った。（『戦時画報』20号、明治37年9月1日より）

10

←北沢楽天画『東京パック』表紙　『時事新報』の連載を手がけた楽天が創刊した『東京パック』は、「漫画」の視覚的な訴求力をさらに高める場となった。（1巻5号、明治38年8月15日）

8

↑「日本とロシヤ」日本とロシア軍人が戦争をしていても労働者は手を組もうという政治的メッセージが、漫画という方法によって明解に表現されている。（筆者不詳『平民新聞』10号、明治37年1月17日より）

▶黒田清輝(p356)

変化した軍服

戦場に合わせて、色も黒からカーキへ

日露戦争開戦当初、戦地へ赴く将校の軍服は、黒色の肋骨服か肋骨部分に飾りのない戦地服で、下士卒はボタン留めの濃紺、つまり黒の軍服だった。夏服はすべて白である。

だが、戦場の満州（中国の東北地方）は茶褐色の大地であり、冬には日本軍がかつて経験したことのない厳寒となる。その環境が軍服を大きく変化させた。

明治37年（一九〇四）夏、狙撃の的になりやすい白服を保護色の茶褐色（カーキ色）に改め、前線では秋になっても、黒い冬服の上から茶褐色服を無理やり着用した。

また、従来の陸軍外套では防寒力不足のため、被服廠は毛皮襟と頭巾を付けたカーキ色の毛布製外套、綿入れの布製長靴などを急いでつくった。

戦争末期の明治38年7月に、将兵とも同形式のカーキ色の戦時服を制定、同時に編上靴と巻脚絆を支給した。この38式戦時服を39年に正規の軍服に改め、布地を内地でもなじみやすい茶褐色霜降りとした。

以後、色相は少しずつ変わっていったが、「陸軍の軍服はカーキ色」が定着した。（柳生悦子）

↑師団歩兵一等卒の軍装

→開戦初期の将校の戦時服
日清戦争以来の黒い簡素な戦時服。近衛の軍帽をかぶり、将校背嚢・雑嚢・水筒・双眼鏡を身につけている。足ごしらえは、短靴に紺色の将校脚絆。

←「鎮台縞」のシャツ
明治初期から使われた細縞・綿ネルの「兵卒襦袢（シャツの軍隊用語）」は「鎮台ネル・鎮台縞」と呼ばれ、市販もされて、一般になじみの深い衣類であった。ズボンの黄筋は砲兵を表わしている。

1

→作者不詳『戦傷士の俤』 負傷した将校を部下の兵が支えて歩む。前線なのでふたりとも茶褐色の上衣を着用している。所属は、兵の軍帽の黄色と将校の黒ズボンの赤筋で、師団歩兵とわかる。

2

鹿子木孟郎『日露役奉天戦』 明治38年3月15日、大山巌総司令官以下幕僚の奉天入城の情景。馬上の3人は毛皮襟の紺の外套。その後ろに白い毛皮襟のカーキ色毛布製外套を着た部下が続く。右に整列している師団の将兵は、特別防寒用品のミトン型手袋を首から下げている。

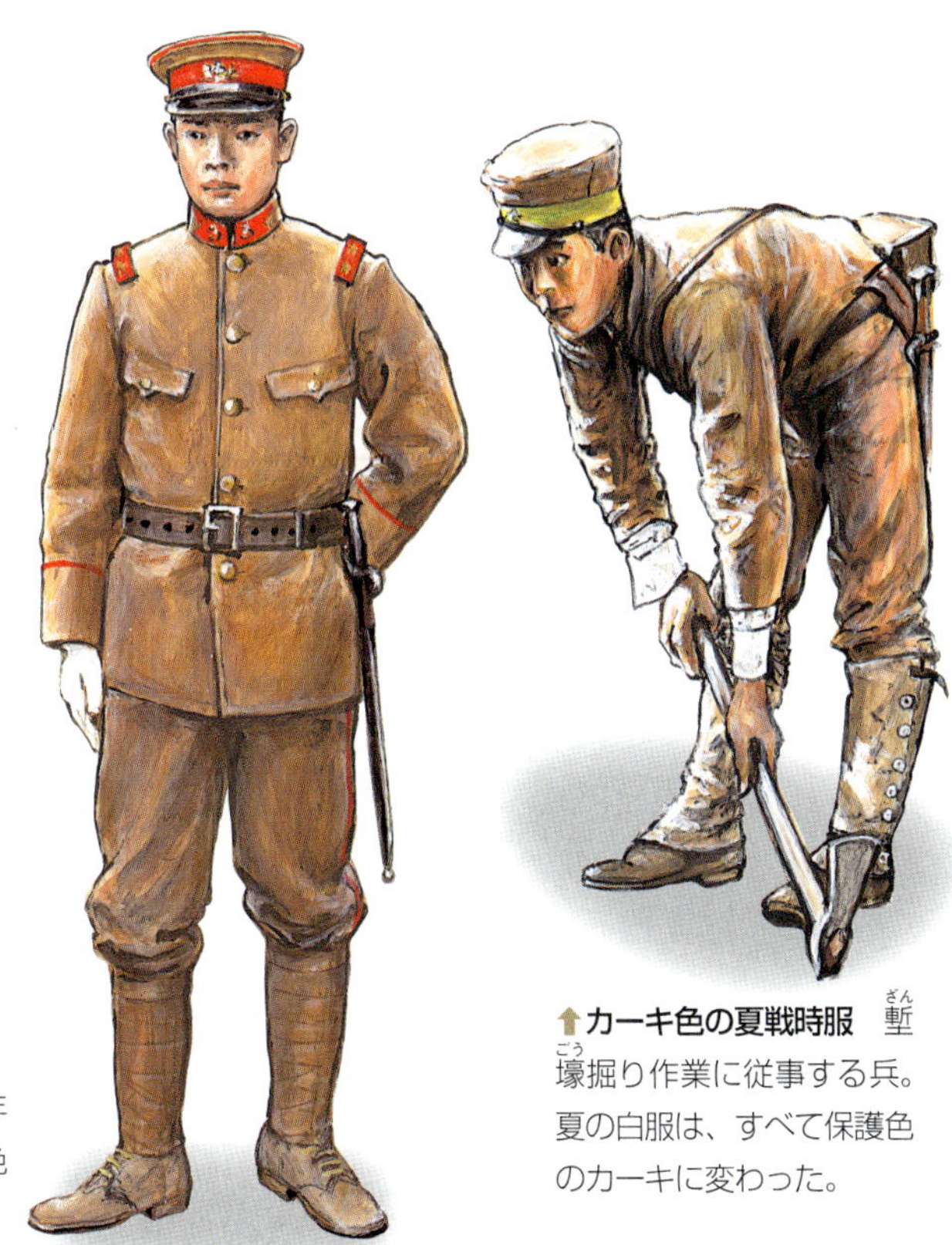

陸軍カーキ色軍服の始まり 明治39年4月の「陸軍軍服服制」による、カーキ色の軍服を着た近衛歩兵一等卒。

カーキ色の夏戦時服 塹壕掘り作業に従事する兵。夏の白服は、すべて保護色のカーキに変わった。

明治38年5月27日・日本海海戦時の海軍服

ロシアとの海戦に備え、海軍では戦闘時に着る服をすべて消毒した。被弾したとき、体にめり込んだ服から黴菌が入るのを防ぐためである。士官は紺の通常軍服を着用、汚れやすい配置につく士官には、茶褐色の作業服を着た人もいる。水兵科下士卒はセーラーカラーの「水兵服型事業服」、機関兵は「煙管服」を着た。当時の軍艦の燃料は石炭なので、汗と炭塵にまみれた機関兵の姿はまるで銅像のように見えたという。

水兵服型事業服 「事業服」は作業服の海軍用語。右袖の線は右舷直員を示す。ズボンの裾を紐で縛り、麻裏の紺足袋を履いた。

機関兵の「煙管服」 軍艦の煙突を煙管ということから、煙突掃除用つなぎ服を指す海軍俗語。靴は爪先を硬くつくった安全靴。

海軍士官の通常軍服 紺色の軍服は、開戦後に帽子の金線も廃し、上衣の縁と袖章に黒テープをまわしただけの簡素な制服である。

イラスト／柳生悦子

▶明治前期の軍服(p164)

日露の緊張と日英同盟

「満韓交換」交渉は決裂し、ついに戦争へ

清国への西欧列強の進出は、清国内の反キリスト教感情をかき立て、明治31年（一八九八）夏ごろから「扶清滅洋」をスローガンにした義和団運動が起こり、教会の焼き打ちや宣教師の殺害、鉄道・電信施設の破壊などが行なわれた。

ロシアだけ撤兵を守らず

義和団運動がますます盛んとなり、明治33年に北京を包囲すると、清国政府も反乱軍に便乗して列国に宣戦布告を行なった。北京で包囲された各国公使館は本国政府に救援を求め、その救出にあたるために、英・米・仏・露・独・伊・墺・日の八か国が共同で軍隊の派遣に踏みきった（北清事変）。

列国の軍隊の力で、義和団は鎮圧された。敗戦国清国と列国との間では、明治34年に北京議定書が結ばれ、中国側は多額の賠償金支払いを約束し、列国は撤兵する。

しかし、東清鉄道保護を名目に共同出兵以前から満州（中国の東

1 ⬆8か国連合軍　共同出兵した列国のうちアジア唯一の国が日本であり、日本にとって欧米列強の軍隊とともに戦ったはじめての経験だった。

2 ⬆小村寿太郎　藩閥全盛の明治期における非藩閥出身者の出世ルートが、外交官などの技術官僚への任官であった。小村は、日清戦争期の第１軍管民政長官時代に桂に認められ、桂内閣成立とともに外相に抜擢された。

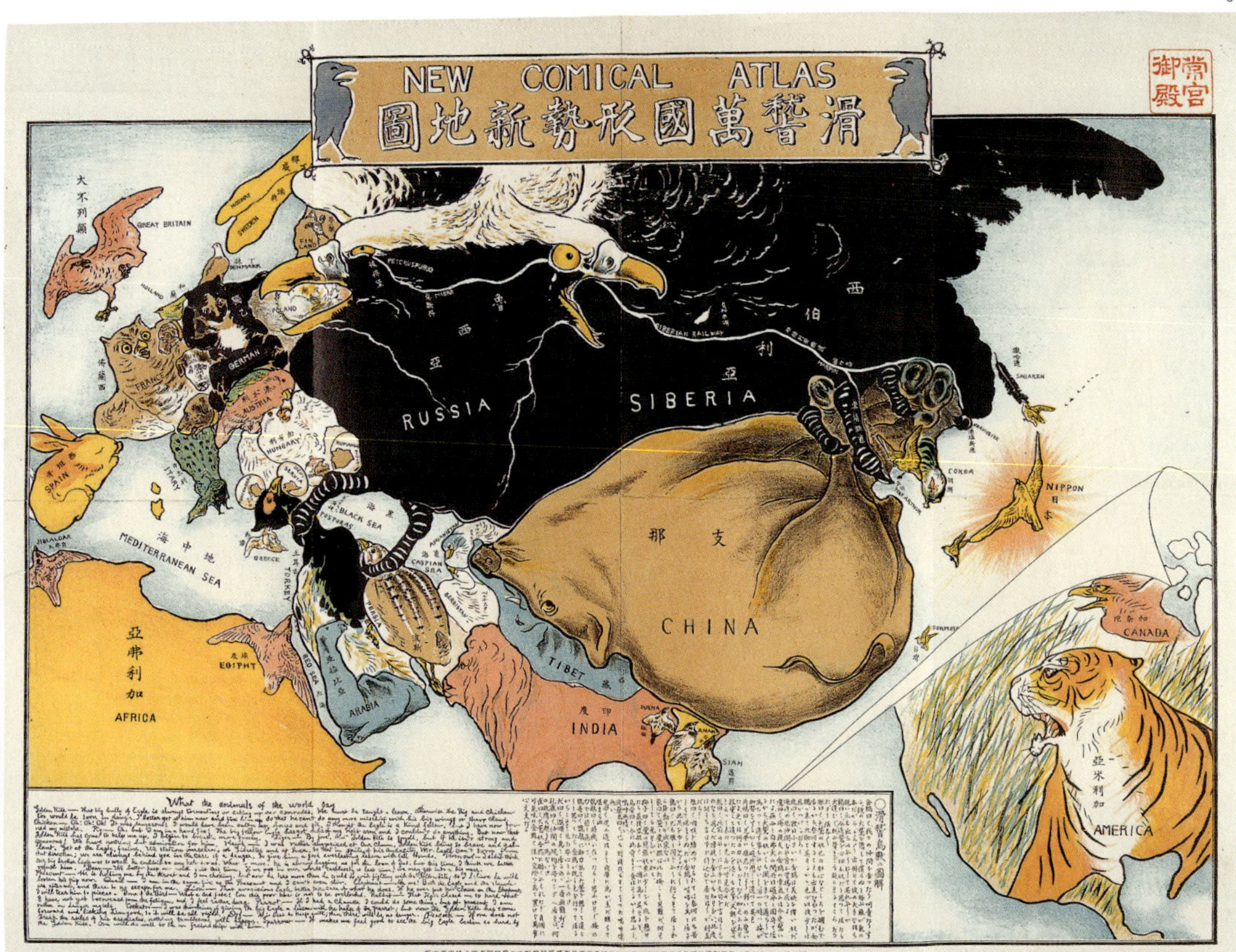

3 ⬅世界情勢の風刺画　ロシア（「鷲」）がその爪をもって清国（「豚」）や中東諸国を略奪しようとしている。日本は建国神話に由来する「金鵄（黄金色のトビ）」に描かれている。

北地方）に出兵していたロシア軍は、北京や天津からは撤兵したが、満州からは撤兵の約束を十分に守らず、駐兵継続の姿勢を明らかにする。

ロシア軍の満州占領に危機感を抱いた日本政府は、従来ロシアとは韓国問題のみを交渉し、韓国問題の枠内で妥協していたものを、満州におけるロシアの優越権を認める代償に韓国における日本の優越権をロシアに認めさせるという、いわゆる「満韓交換」論へと外交方針を硬化させた。もちろん、すでに満州占領という既成事実をつくっていたロシアからは反発が予想されるため、ロシアへの圧力としての日英同盟締結と、ロシアとの日露協商締結がめざされた。

●交渉成立か断絶か

このときの日本の首相は、元老のつぎの世代である桂太郎だった。重要な政策決定に際して桂内閣は元老の同意を得なければならず、日露問題をめぐっても伊藤博文ら元老と桂内閣との間で行き違いや誤解がみられた。

しかし結局、明治35年1月、イギリスと同盟が締結される。これは、どちらかの国が一国（ロシアを想定）と開戦した場合、同盟国は中立を守り、敵国にほかの国（フランスを想定）が加わった場合、同盟国も参戦するといった、中立条約と同盟条約との中間形態であった。この日英同盟の圧力もあって、ロシアは清国との間で満州還付条約を締結、半年ごとに三期にわたって満州から軍を撤兵させることを約束した。

しかしながら、明治36年4月、ロシアが第二期撤兵期限を守らなかったうえ、清国に撤兵条件を提出したことから日露関係はふたたび緊迫化した。8月から日露協商締結のための交渉がもたれることとなったが、満州問題は基本的に露清間の問題と考えるロシアと、満韓交換の実現をめざす日本とのスタンスの違いが、交渉を難航させた。スタンスの差は徐々に縮まりつつも、最終的には妥結に至らず、明治37年2月、日露両国は交渉断絶、戦争状態に入った。日露戦争である。（千葉　功）

⬆➡日英同盟締結　上図は明治35年2月12日、桂首相が貴族院で行なった日英同盟条約締結の報告演説を描いた山本鼎の『日英同盟』。当時条約締結は政府の専権事項で、首相がすすんで議会に条約成立を報告するのはめずらしいが、それだけ桂は功を誇っていた。そして国民も日英同盟を熱狂的に歓迎した。写真右は記念の煙草。

⬆満州占領　明治33年6月頃から義和団の勢力が満州に波及、また清国軍が黒龍江対岸を砲撃したのを理由に、ロシア軍は満州を占領した。写真は東清鉄道警備のロシア兵。

➡戦艦三笠　日本ではまだ最新鋭の軍艦の国産は困難であり、多くをイギリスに頼っていた。写真は明治33年11月、イギリスでの三笠の進水式。

開戦と陸海の激闘

膨大な犠牲を払った旅順要塞攻略

日露戦争は、韓国の完全確保が日本側の目的だったため、開戦の舞台も韓国だった。明治37年（一九〇四）2月8日、陸軍が仁川に上陸、また海軍も仁川や旅順のロシア艦隊へ攻撃を開始した。続いて、ロシアと日本政府は、それぞれ2月10日に宣戦布告を行なった。

このように韓国での戦闘で始まったが、日露戦争の戦場は基本的に満州（中国の東北地方）となった。そして、ロシア軍は局所局所で負けつつも、最終的に巻き返す作戦で北方へ退却、日本軍がそれを追撃して北上を続けるというのが基本的パターンであった。

●はてしない旅順攻防戦

しかし、日本軍には旅順を攻略する戦略上の必要があった。制海権を確保し、またロシア増遣艦隊（バルチック艦隊）との合流を阻止するためにも、日本海軍は、バルチック艦隊の極東来航以前に旅順艦隊を撃滅しなければならなかった。旅順艦隊が旅順港内から出てこないため、逆に港口に老朽船を沈めて港を閉塞することで旅順港内に封じ込める作戦を、すでに開戦直後から三回にわたって行なったが失敗に終わった。

37年8月には、湾内から出てきた旅順艦隊と連合艦隊との間で黄海海戦が行なわれたが、旅順艦隊はふたたび旅順港に逃げ込んだ。その結果、海ではなく陸から旅順港を攻撃する作戦に変更となった。

旅順攻略のため編制された第三軍の司令官には、日清戦争の際、わずか一日で旅順を陥落させた経験が買われて、乃木希典大将が任命された。

しかしロシアは、明治31年の旅順租借後、各砲台・堡塁の要所をコンクリートで固めた近代的な要塞を築いていた。日本軍にとって近代要塞の攻略ははじめての経験であり、知識は乏しかった。さらに、第三軍はなるべく早く満州軍主力と合流するため、要塞自体の

➡日露戦争の展開　韓国に上陸した第1軍は中国・韓国国境である鴨緑江をめざして北進、鴨緑江渡河後はロシア軍と交戦しつつ前進した。かたや、遼東半島に上陸した部隊のうち第3軍は旅順攻略のために残され、第2・4軍は北上、遼陽に向かった。沙河の会戦後、弾薬・兵員不足と厳冬のため、翌年春まで沙河を挟んでロシア軍と対峙した。旅順陥落後、第3軍は北上し、第1・2・4軍や鴨緑江軍と合流、奉天会戦に臨んだ。

⬇日露戦争データ　戦費・出兵兵隊数・戦死者数など、あらゆる面で日清戦争より日露戦争のほうが規模が大きかった。日本軍戦死者の約2割は、旅順をめぐる戦闘でのもの。

	日本	ロシア
出兵兵士数	約108万人	約129万人以上
死者数	約84,000人	約50,000人
負傷者数	約143,000人	20数万人（諸説あり）
臨時戦費	17億1644万円	約20億円
軍艦数	106隻	63隻（太平洋艦隊）
軍艦総トン数	233,200トン	191,000トン（同上）

『明治大正財政詳覧』、横手慎二『日露戦争史』などより

旅順をめぐる攻防

28センチ砲兵隊
水師営
二〇三高地
椅子山
二龍山
松樹山
盤龍山
望台
東鶏冠山
旅順新市街
旅順旧市街
▲黄金山
ロシア軍要塞
第3軍のおもな攻撃目標
旅順港閉塞作戦（37年2月～5月）で沈んだ船舶

陥落を必要としており、旅順港を見下ろす位置にある二〇三高地の奪取よりも、要塞への正面攻撃を優先した。これらのことが重なって、37年8月以降の三回の総攻撃で戦死者一万五〇〇〇人強という莫大な犠牲が生まれた。

第三軍は11月の第三回総攻撃失敗のあと、ようやく二〇三高地攻略に戦力を集中して、12月に占領に成功した。日本から送り込まれた28センチ砲兵隊は、占領後ただちに二〇三高地山頂からの観測に基づいて旅順港内への砲撃を行ない、旅順艦隊を壊滅に導いた。旅順要塞が陥落するのは、翌明治38年1月のことである。（千葉　功）

明治37年
- 2月8日　連合艦隊、旅順港襲撃
- 24日　第一回旅順港閉塞作戦
- 3月27日　第二回旅順港閉塞作戦
- 5月3日　第三回旅順港閉塞作戦
- 8月19日　第一回旅順総攻撃
- 10月26日　第二回旅順総攻撃
- 11月26日　第三回旅順総攻撃
- 27日　二〇三高地に目標変更
- 12月5日　二〇三高地占領
- 6日　旅順港のロシア艦隊へ砲撃開始
- 21日　旅順艦隊全滅

明治38年
- 1月1日　旅順のロシア軍降伏、旅順陥落

➡乃木将軍　第3軍司令官に任命された乃木希典が、宇品軍港出帆前に撮影した写真。手には、日露戦争で戦死するふたりの息子（勝典中尉・保典少尉）の写真を持っている。

⬆白襷隊の玉砕　第3回総攻撃の際、松樹山要塞への夜襲を命じられた特別支隊。白襷は白兵戦の際の識別用である。

⬆二〇三高地占領　ロシア軍の塹壕は、日本軍の砲撃によって形をとどめないほど破壊された。写真は塹壕内のロシア兵遺体。

⬇陥落後の旅順市街後方から見た旅順港　港外に点在する沈没船は、日本海軍が閉塞作戦の際に自沈させたもの。港内の沈没船は、28センチ砲の砲撃で沈没した、旅順艦隊の主力をなす戦艦や巡洋艦。

⬆28センチ砲　本来は外国軍艦の侵入に備え本土要塞に設置されていた榴弾砲。明治37年9月以降、戦局を打開するために急遽前線へ送られ、旅順攻略に多大な威力を発揮した。

▶乃木大将(p524)

➡東郷平八郎　薩摩出身。少年のとき薩英戦争に参加して以来、多くの実戦を経験した。日露戦争開戦直前、海軍大臣山本権兵衛の推挙によって、舞鶴鎮守府司令長官から連合艦隊司令長官に就任した。日本海海戦での勝利によって英雄となり、のち「聖将」視されるようになる。写真は、戦艦三笠の主砲の砲口を写真の額縁にしたもの。

日本海海戦

スーパー大図解

ロシア太平洋艦隊は、明治37年（一九〇四）8月の韓国・蔚山沖海戦で上村彦之丞率いる第二艦隊に撃破され、また明治38年1月に旅順要塞のロシア軍が降伏するとともに、ほぼ全滅した。その間ロシアは、明治37年10月、ロジェストウェンスキーを司令長官とする太平洋第二艦隊（バルチック艦隊）を編制、軍港リバウから遠征の途につかせた。バルチック艦隊は、旧式艦船や輸送船なども交えた航行のため速度が遅く、明治38年4月にやっとフランス領インドシナのカムラン湾に到着した。

かたや、旅順陥落後、日本海軍は艦隊の整備を万全にし、朝鮮半島の南端の鎮海湾に集結させた。対馬海峡を望む鎮海湾で来るべき海戦に備えて訓練に励みつつ、バルチック艦隊が姿を現わすのを待った。しかしながら、バルチック艦隊がなかなか現われないことから、一時、連合艦隊司令部では津軽海峡方面にまわるのではとの判断に傾き、北進を準備したが、艦隊移動を一日遅らせた間にバルチック艦隊の位置に関する情報がもたらされた。

5月27日、仮装巡洋艦信濃丸が敵艦発見の報告を打電、東郷平八郎司令長官は「本日天気晴朗ナレドモ波高シ」の暗号電報を大本営に打電して、連合艦隊を出撃させた。翌28日にかけての決戦の結果は日本軍の一方的勝利であり、ロシア海軍が撃沈一六隻、自沈五隻、捕獲六隻などの結果、目的のウラジオストクに入港できたのが三隻だけだったのに対して、日本艦艇の損失は水雷艇三隻だけであった。これだけ圧倒的な差がついた要因としては、長い航海の疲労によるロシア軍の士気の低下、日本側が新開発した高性能の「下瀬火薬」による爆発力の優位などがあげられる。

（千葉　功）

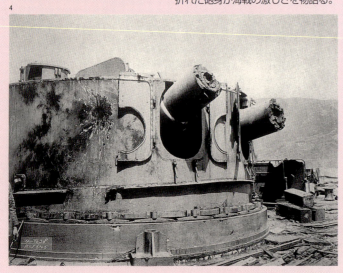

⬅⬆残存主隊の降伏　5月27日の戦闘で沈没を免れた戦艦「ニコライ1世」や「アリヨール」も、翌28日降伏した（写真上）。写真左はアリヨールの惨状。

⬇巡洋艦日進の被害　日露戦争開戦直前にアルゼンチンから購入した軍艦。折れた砲身が海戦の激しさを物語る。

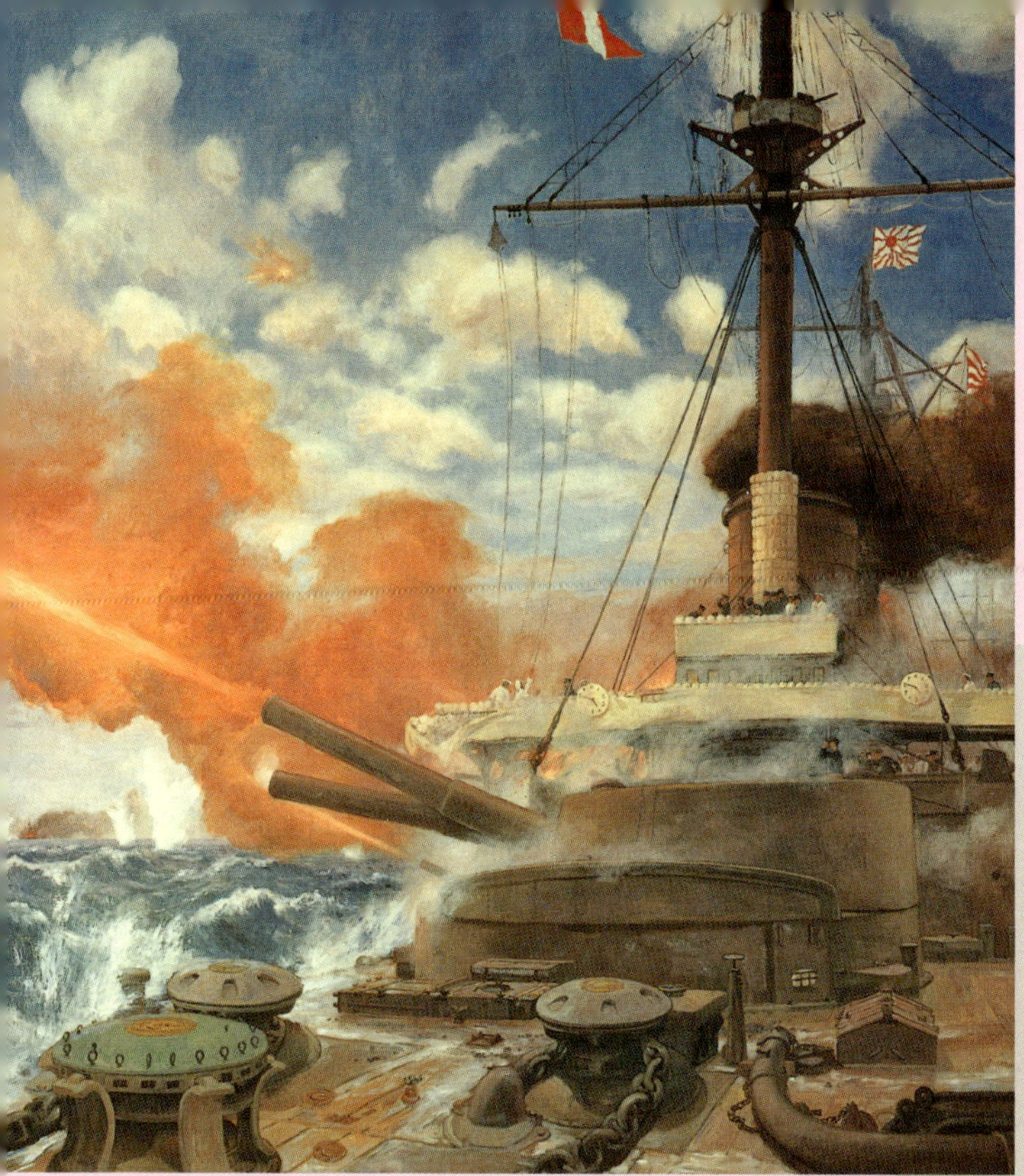

6

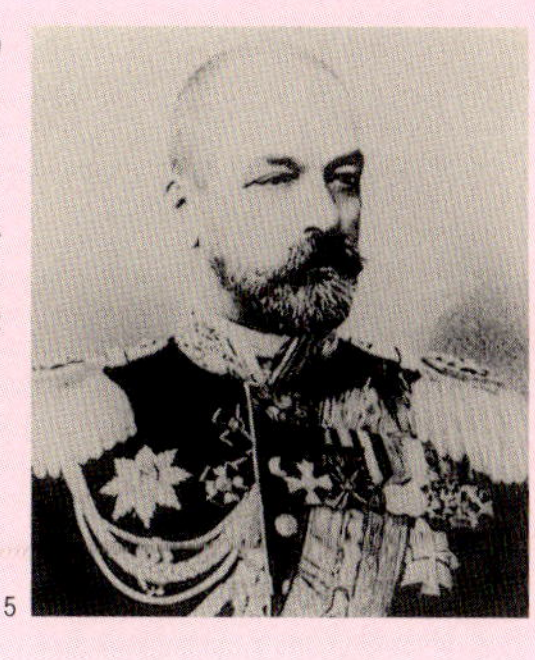

5

➡ロジェストウェンスキー中将　ロシア側の長官。5月27日の戦闘で旗艦の戦艦「スワロフ」が大破した際に重傷を負い、スワロフ沈没後は駆逐艦に移りウラジオストクをめざしたが、日本の駆逐艦に追撃され、28日降伏した。

連合艦隊
第2戦隊
13:55（Z旗）
14:15
朝日
14:20
14:27
14:24
富士
第1戦隊
敷島
14:15
14:18
三笠
14:08
バルチック艦隊
14:24
14:15
オスラビア（沈没）
14:15
14:08
シソイ・ウェリキー（沈没）
14:08
スワロフ（沈没）
ナワリン（沈没）
アレクサンドル3世（沈没）
ニコライ1世（降伏）
ボロジノ（沈没）
アリヨール（降伏）
戦艦
数字は時刻

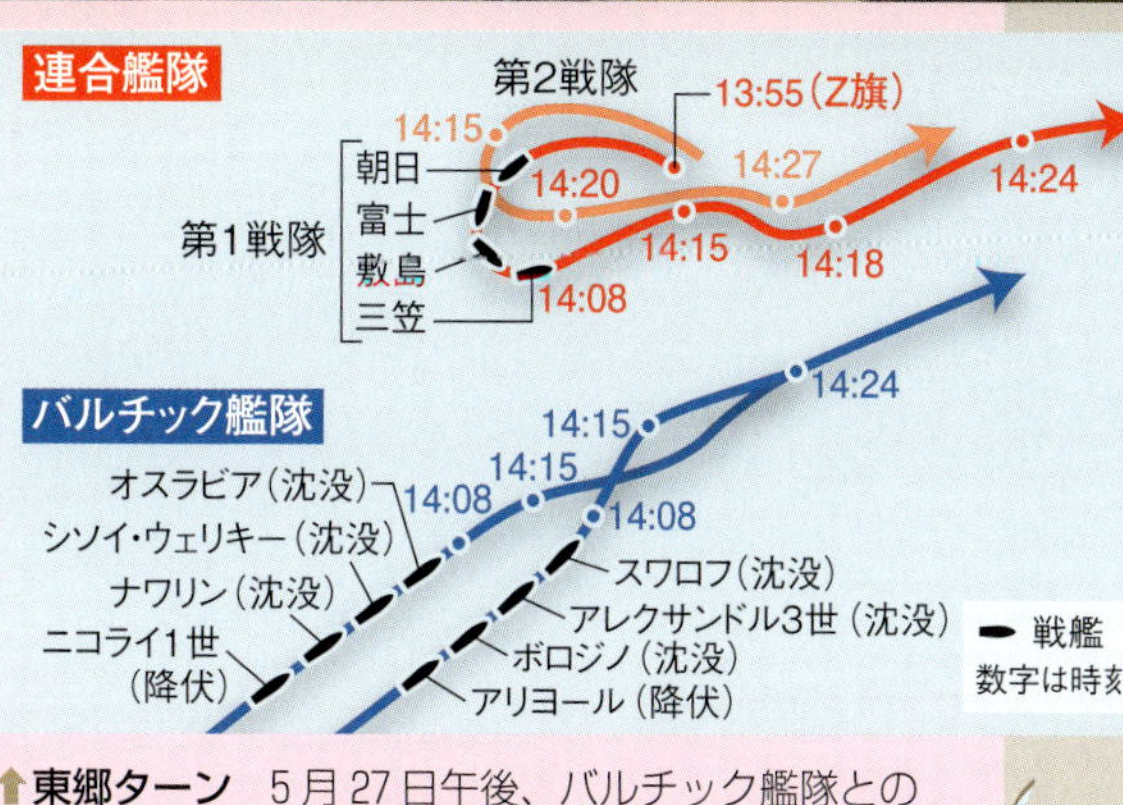

⬆東郷ターン　5月27日午後、バルチック艦隊との戦闘開始寸前に、連合艦隊が敵艦隊の目前で大回頭したことを指す。直線に並んだ敵艦隊の前に自軍艦隊が横断する「丁字（T字）戦法」に移行するためのものといわれるが、日本海海戦では丁字戦法は採用されなかったという説も、近年ではとなえられている。上図は砲撃する戦艦三笠を描いた中村不折（なかむらふせつ）『日露役日本海海戦』。

日本海海戦展開図
沈没したロシアの戦艦
5月28日夕方
ロジェストウェンスキーの乗った駆逐艦「ベドウイ」降伏
5月28日午前
戦艦
「ニコライ1世」
「アリヨール」
降伏
朝鮮半島
日本海
蔚山
連合艦隊
鎮海湾
釜山
「ナワリン」沈没
「シソイ・ウェリキー」沈没
巨済島
5月27日夜
夜戦開始
5月27日午後
戦闘開始
「ボロジノ」沈没
「アレクサンドル3世」沈没
「スワロフ」沈没
「オスラビア」沈没
対馬
沖ノ島
下関
小倉
バルチック艦隊
壱岐
信濃丸
5月27日早朝
信濃丸、バルチック艦隊を発見

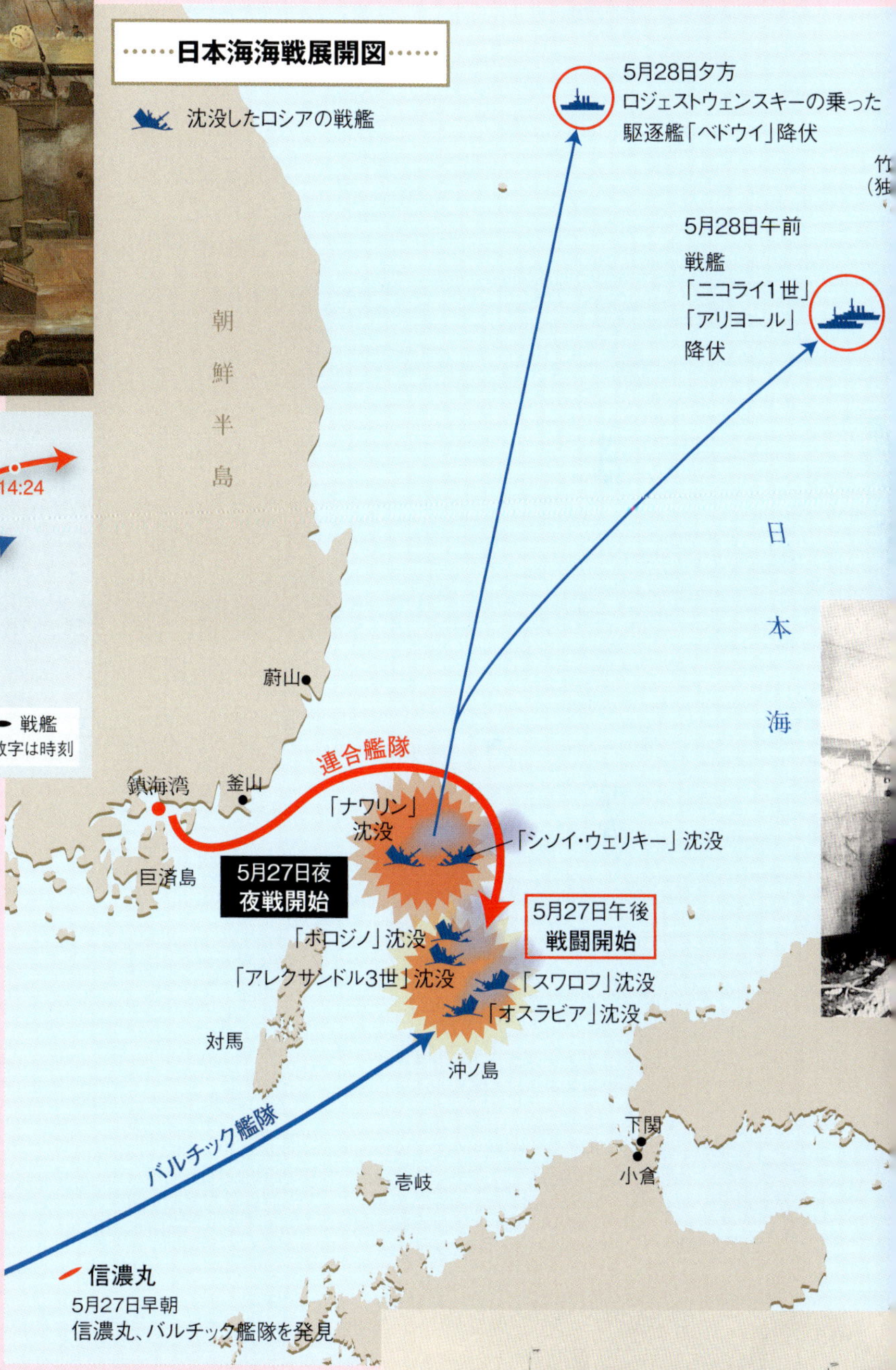

⬇連合艦隊とバルチック艦隊の陣容　主要艦では戦艦数だけはバルチック艦隊が優位だったが、その戦艦も8隻中6隻が撃沈し、残り2隻も日本に捕獲された。

連合艦隊（隻）		バルチック艦隊（隻）
4	戦　　艦	8
8	装甲巡洋艦	3
12	巡 洋 艦	6
5	海 防 艦	3
21	駆 逐 艦	9
3	通 報 艦	0
0	特 務 艦	9
42	水 雷 艇	0

『日本海軍史第1巻』より

7

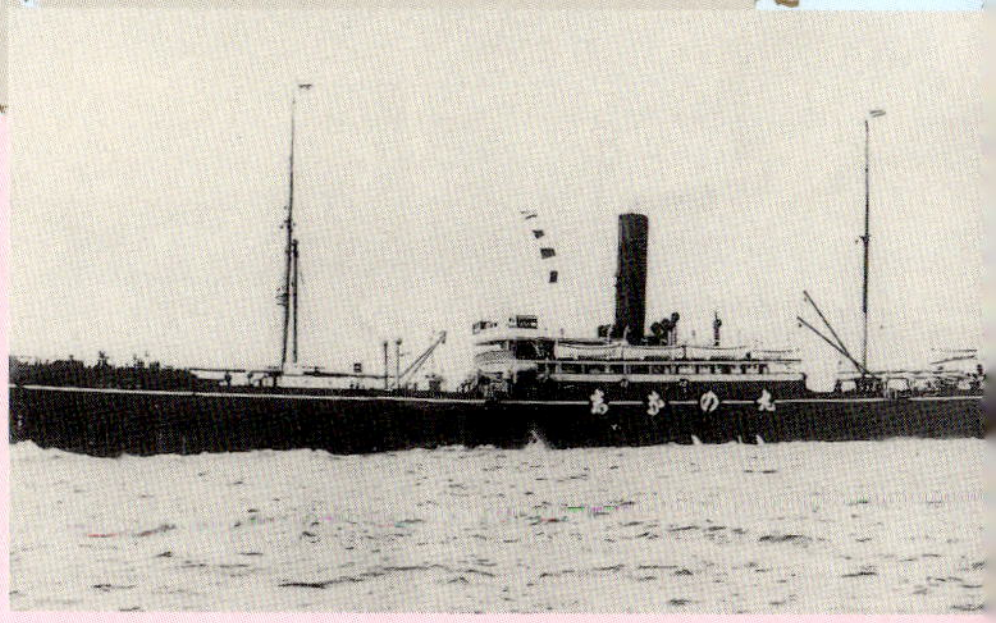

➡信濃丸　本来は貨客船だが、日本海海戦当時は仮装巡洋艦として五島列島北西海域で哨戒任務につき、バルチック艦隊と最初に接触。5月27日午前4時45分、「敵艦隊ラシキ煤煙見ユ」との発見の報告を打電した。

戦勝感と政府への不満

過熱した国民を怒らせたポーツマス条約

3 展開の時代

⬇「軍神」広瀬の銅像 広瀬少佐（死後中佐）は、第2回旅順港閉塞作戦の際、沈みゆく船内で行方不明の杉野兵曹長を捜し、ボートに乗り移った瞬間、敵弾で戦死した。明治43年、東京・万世橋に銅像が建立された。

1

日露開戦までは、世界最強の陸軍国と戦うことへの緊張感が国民に存在したが、開戦後の連戦連勝の報道によって、緊張感は熱狂へと転化した。たとえば、海軍の広瀬武夫少佐、陸軍の橘周太少佐を英雄として「軍神」化する動きが、彼らの戦死直後からわき起こった。広瀬の場合は、軍が意図的に宣伝した要素が強かったが、国民はそれを熱狂的に受け入れたのである。

●二〇万人が集まり熱狂

また、東京では日露戦争の各戦勝に際して、提灯行列や旗行列、祝捷会がさかんに催され、明治38年（一九〇五）3月の奉天占領記念のときには二〇万人以上が、同年5月の日本海海戦戦勝記念の

2

3

⬆敵負傷兵や戦争未亡人へのまなざし 上は小杉未醒、下は石井柏亭の作品。日露戦争は、のちの日中戦争・太平洋戦争といった総力戦時代と比べて、遺族や敵国兵への同情の吐露はより率直であった。

4

⬆絵画による戦争報道 図は旅順攻撃を伝える『東京日日新聞』付録。絵画は写真よりも、日本有利を誇張した描写になりがちであり、国民の戦勝感に与えた影響は少なくなかった。

▶国民の祝祭（p326）

ときには一〇万人以上が参加したという。

それは、提灯行列や祝捷会が民衆にとって「祝祭」の側面を有していたからでもあり、東京市主催の祝捷会も二回目以後は花火・剣術試合・今様能・狂言・風船・神楽・活動写真などが行なわれたという。

こうした民衆の過度の戦争熱は、国家にとって取り締まりの対象とされ、警視庁は開戦当初、夜間の提灯行列を禁止していた。これに対し、社会主義者系の新聞を除く一般の新聞、とくに『万朝報』や『東京朝日新聞』などは、提灯行列を「国民の元気の源泉」と見なす立場から、政府による提灯行列取り締まりを痛烈に批判した。

●期待はずれの内容に憤慨

奉天会戦後、日本陸軍は継戦能力が不足してきており、ロシアも国内に革命的騒乱状態を抱えていた。よって、日本海海戦を契機に、日露両国はアメリカ第26代大統領ルーズヴェルトの斡旋を受け入れ、明治38年8月よりアメリカのポーツマスで講和交渉に入った。

交渉前に日本側は「絶対的必要条件」と「比較的必要条件」を閣議決定していたが、前者に関してロシアはほぼ承認した。しかし、後者、とくに樺太割譲と賠償金支払いにロシアが頑強に反対したため、結局は南樺太の割譲の線で妥結に至った。講和条約のおもな内容は、①韓国に対する日本の指導・保護・監理措置の承認、②清国の同意を条件として、関東州租借地と長春—旅順間鉄道の日本への譲渡、③南樺太の日本への譲渡、④沿海州沿岸における漁業権の日本への許与、などである。

国民は戦勝気分に酔っていただけに、領土割譲や賠償金獲得の失敗に対して強い不満を抱いた。政府による提灯行列の取り締まりを批判した新聞も、非立憲的な桂内閣の失政と見なし、条約を締結した政府を「挙国一致」を損なうものとして指弾した。（千葉　功）

↑提灯行列　政府の取り締まりにもかかわらず、提灯行列や祝捷会に参加する国民はあとを絶たなかった。（『風俗画報』明治38年より）

↓ポーツマス講和会議　下の写真左は、会議に臨む日露両国全権団。左から3人目が小村寿太郎外相。ロシア皇帝が賠償金支払いに強硬に反対したため、会議は難航した。写真右は、アメリカで歓迎される日本側一行。

日比谷焼き打ち事件

日露戦争の戦費負担に民衆の怒りが爆発した

1

↑明治38年9月5日の国民大会　治安警察法による開催の禁止が決められ、警察は柵を設置して会場の東京・日比谷公園を封鎖。しかし、講和条約に反対する群衆が続々と押し寄せ、昼ごろには約3万人であふれた。

2

滿洲各軍ニ打電スヘキ
決議案
吾人ハ擧國一致必ス屈辱條約ヲ破毀センコトヲ期ス
吾人ハ我カ出征軍カ奮然奮進以テ敵軍ヲ粉砕センコトヲ熱望ス
明治卅八年九月五日
日比谷公園ニ於テ　國民大會

樞密顧問官ニ對スル
決議案
今日ノ事復タ言フニ忍ヒサルナリ吾人ハ樞密顧問官諸氏カ最後ノ一斷ヲ以テ日露和約批准ノ拒絶ヲ奏上シ國家ヲ一大危急ヨリ救ヒ出サンコトヲ熱望ス
明治卅八年九月五日
日比谷公園ニ於テ　國民大會

←国民大会の決議案　頭山満（とうやまみつる）、河野広中（こうのひろなか）、大竹貫一（おおたけかんいち）ら対外硬派政治家の講和問題同志連合会が主催する大会の結論は、条約批准反対、満州出征軍の戦争継続を訴えるものだった。

日露（にちろ）戦争は一七億二〇〇〇万円という多額の戦費を必要とした。明治36年（一九〇三）度国家財政の歳出総額二億五〇〇〇万円と比べて、国民にとっていかに巨額な負担となったかが理解されよう。

●講和条件に対する不満

桂（かつら）内閣は、内債八億、外債七億を募るとともに、明治37年と38年の両年、二度の非常特別税（総計一億四〇〇〇万円）を国民に課した。この徴税過程で、煙草（たばこ）と塩が国家専売制となり、相続税・織物消費税*・通行税が新設され、地租・営業税・所得税・酒税など既存の諸税が、五〇%から二〇〇%増税となったのである。

この結果、東京中の消費者物価は明治34年を一〇〇として、38年8月には、味噌が二〇二%、塩が三一八%にまで高騰する。他方、国内経済は軍需を除いて深刻な不況に陥った。

政府は国民を戦争に動員するために、「自衛のための国民戦争」論を、あらゆる機会を利用して国民の間に浸透させ、勝利したあかつきには、戦時下の諸負担（重税・物価高・強制募債・不況など）が解消される幻想をふりまいた。

だが、ポーツマス条約で得たものは、領土割譲と中国東北部でのロシアの利権の譲渡であり、国民がもっとも求めた賠償金ではなかった。

国民は賠償金を、一九万人にのぼる戦死者・傷病兵への手当、遺族家族の救恤（きゅうじゅつ）、軍費手当などの目的で要求したのであり、単純な軍国主義的な要求ではなかった。

〈一体政府は国民を何と思って居るのだろう。戦費を出させるときは議会だとか何だとか騒いで金を出させて（中略）、肝要の講和条件になると独断でやって、おまけにろくでもない結果を国民に負担させる。戦費と兵卒は誰が出したんだ〉との新聞投書は、よく国民の気持ちを代弁していた。

＊織物消費税　織物の製造・販売・取引業者などが納税義務者となった間接消費税。

➡群衆の移動経路と焼き打ち・破壊された場所　警官に対する投石などから、銀座の国民新聞社や内相官邸の襲撃へとエスカレートした。その後、周辺部の警察署・派出所が対象になっていく。

（松本武裕『所謂（いわゆる）日比谷焼打事件の研究』、松井茂『日比谷騒擾事件の顛末』、藤野裕子「都市民衆騒擾期の出発」などをもとに作成）

3 展開の時代

4

⬆電車を焼き打ちする群衆　東京市街鉄道の電車15台も焼かれた。（『戦時画報』第66号臨時増刊『東京騒擾画報』明治38年9月18日より）

⬆日比谷公園正門前　日比谷焼き打ち事件は、東京市中で2日間にわたって起こり、都市騒擾（そうじょう）の最初とされている。一帯が燃えさかるさまを描いた絵葉書。ふつうは見えないが、裏から光を当てると情景が浮き上がる仕掛け。 3

八五日間の戒厳令

明治38年9月5日、講和条約破棄を主張する講和問題同志連合会主催の国民大会が日比谷公園で開かれるや、数万の民衆が公園につめかけ、入場しようとする民衆と公園の六つの門を閉鎖した警官との間で乱闘が始まった。

これをきっかけに、5日から7日にかけ、東京全市で暴動が起こり、市内の警察署二、分署九、派出所・交番所二五八が焼き打ちされ、無警察・無政府状態を回復すべく、政府は6日から戒厳令を敷き、軍隊を出動させた（11月29日解除）。

東京市内で逮捕され予審にかけられた人々は三一一人、内訳は人足・車夫などの都市雑業層一〇八人、職人六七人、職工六二人などとなっていた。

この日比谷焼き打ち事件以降、東京、横浜、名古屋、大阪、神戸などでは、反藩閥・反政友会・反金権・反重税を掲げる都市民衆運動が繰り広げられることとなる。

急速な資本主義化による都市職人層の解体、地方からの人口流入、形成されはじめた劣悪な労働条件のもとでの賃金労働者の不満などがその要因となった。（宮地正人）

⬇戒厳令下の東京　警察だけでは収拾不能と判断した桂内閣は、明治38年9月6日午前2時、戒厳令を施行し、近衛師団を出動させた。当日の午後、市中を見まわる歩兵たち。

5

⬆焼き打ちされた日本橋派出所　無人だった幸門（さいわいもん）派出所に始まり、内相官邸、警察署・派出所、キリスト教会、路面電車などが破壊され、焼き打ちされた。（『戦時画報』第65号、明治38年9月10日より）

6

▶戦勝感と政府への不満（p400）

貧民と都市問題

急激な資本主義の発達が困窮を招いた

明治時代前期に都市貧民窟（スラム）として注目を集めるようになる地域は、東京、名古屋、京都、大阪のどの都市にしろ、江戸時代後期から貧民窟だった地域と同一である。

明治10年代後半の松方デフレによって新たに生まれた地方の困窮民が、すでに存在していたこれらの貧民窟に流入して貧民窟を増大させ、都市貧民の問題を広く社会的に自覚させることとなった。

地方から都市への流入人口は、明治14年（一八八一）の八六万人が明治34年には一六三万人と増加した。こうして貧民窟は、日清戦争後の産業革命で需要が生まれた低賃金労働の供給源として機能するとともに、都市活動の底辺を支える都市雑業層が集まる場所ともなっていった。

日清戦争後の東京の三大貧民窟として、四谷鮫ケ橋、下谷万年町、芝新網があげられるが、そこでの主要な仕事は、日雇い（道路人足、工場日雇い労働、大工・左官に従う日雇い、運送人足など）、人力車夫、屑拾い、諸芸人、マッチ箱貼りや巻き煙草の内職など、多種多様なものがあった。

劣悪な長屋にすら住めない人々は木賃宿を利用するしかなかったが、各都市は市内に散在する木賃宿の営業区域を特定するようになり、このことは神戸の新川スラムなどの成立の契機ともなったのである。

●都市の構造が変わった

日露戦争後の都市部での資本主義の発展は、都市構造を変えていくこととなる。

市街鉄道の全市的な敷設は、都市貧民の主たる生業であった人力車夫業に大きな打撃を与えた。また江戸時代から続いてきた都市部での各種の職人層・家内工業労働者層は、電力と動力機械の導入によって解体させられ、生活が困窮化していった。

日露戦争後のさまざまな都市問題は、一方では労働者階級の形成過程から発生し、他方では都市貧民層の不満の蓄積から激発してくるのである。

この後者の、下積みの貧しい人々の生活に同情と共感の目を注ぎ、その実態を広く社会に知らせるジャーナリストとして、終始一貫して活動したのが横山源之助であった。

明治32年には名著『日本之下層社会』を刊行、その後、農商務省の主催した「職工事情」調査にも参加した。

またクリスチャンの賀川豊彦は、明治42年から神戸の新川スラムに定住して救済と伝道の活動を行ない、その過程で、ゴム工場に働く労働者などと接触し、労働運動の必要性と正当性に開眼していったのである。

（宮地正人）

⬇**マッチ箱貼りをする母親** 明治末年、東京の芝新網で。巻き煙草などとともに、家庭で子どもを育てながら女性ができる内職の代表的なもののひとつだった。

⬆**横山源之助と『日本之下層社会』** 富山湾岸の魚津に網元の婚外子として生まれた横山は、東京で二葉亭四迷や＊松原岩五郎の影響を受け、毎日新聞社に入社。新聞連載の社会探訪記をまとめたものが『日本之下層社会』である。

➡**下谷万年町の長屋の内部** 着るものや布団も満足にない長屋で、松原岩五郎はルポ『最暗黒之東京』に〈憐れなる母子三人裸体を抱き合いて身を縮め、……〉と書いた。（森田華香画、『風俗画報』明治31年より）

＊**松原岩五郎** 『文明疑問』を自費出版し、明治25年、国民新聞社に入社、下層社会のルポを発表した。代表作『最暗黒之東京』は明治36年の刊行。

5

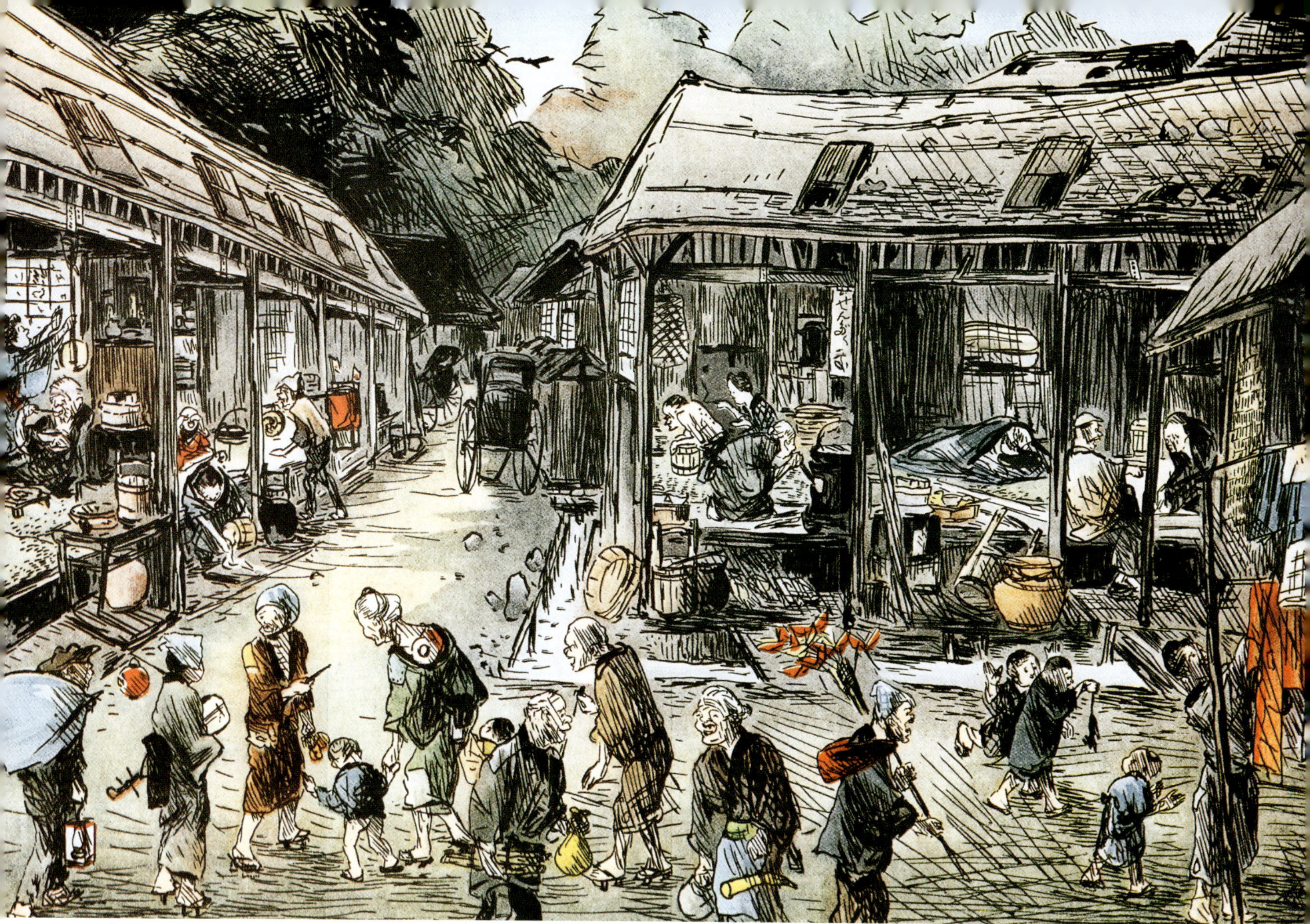

⬆四谷鮫ケ橋　東京最大の貧民窟で、明治 31 年の調査では戸数 1400 戸近く、人口約 4900 人を数えた。万年町は 3900 人、新網は 3200 人。(『風俗画報』明治 36 年より)

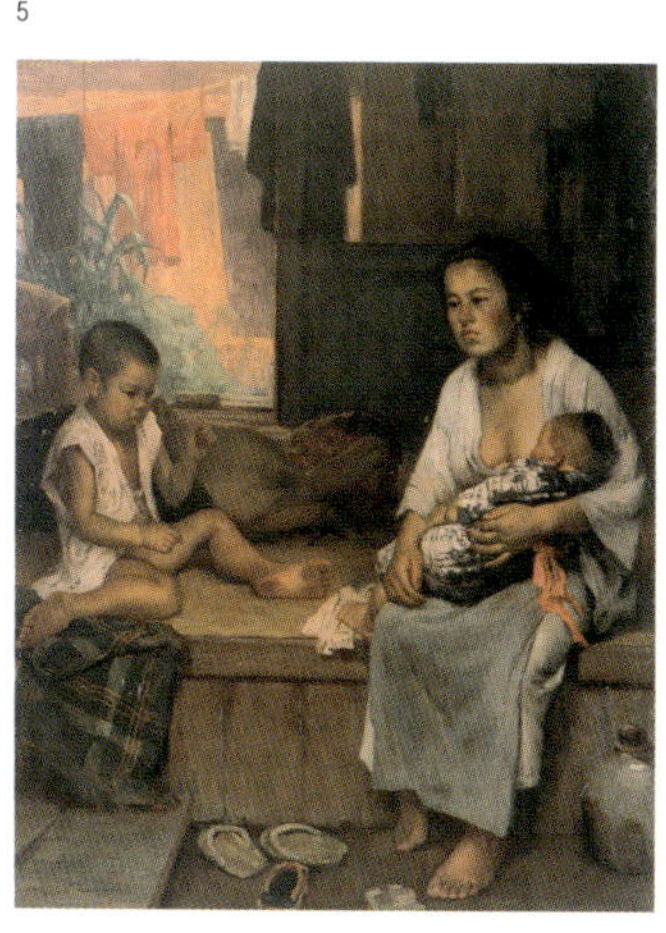

7

⬅満谷国四郎（みつたにくにしろう）『車夫の家庭』　明治 41 年、審査員だった第 2 回文展に出品したもの。鮫ケ橋に住む車夫で 1 日 30 銭稼げれば豊かなほうで、人足は平均 22 ～ 23 銭だった。

6

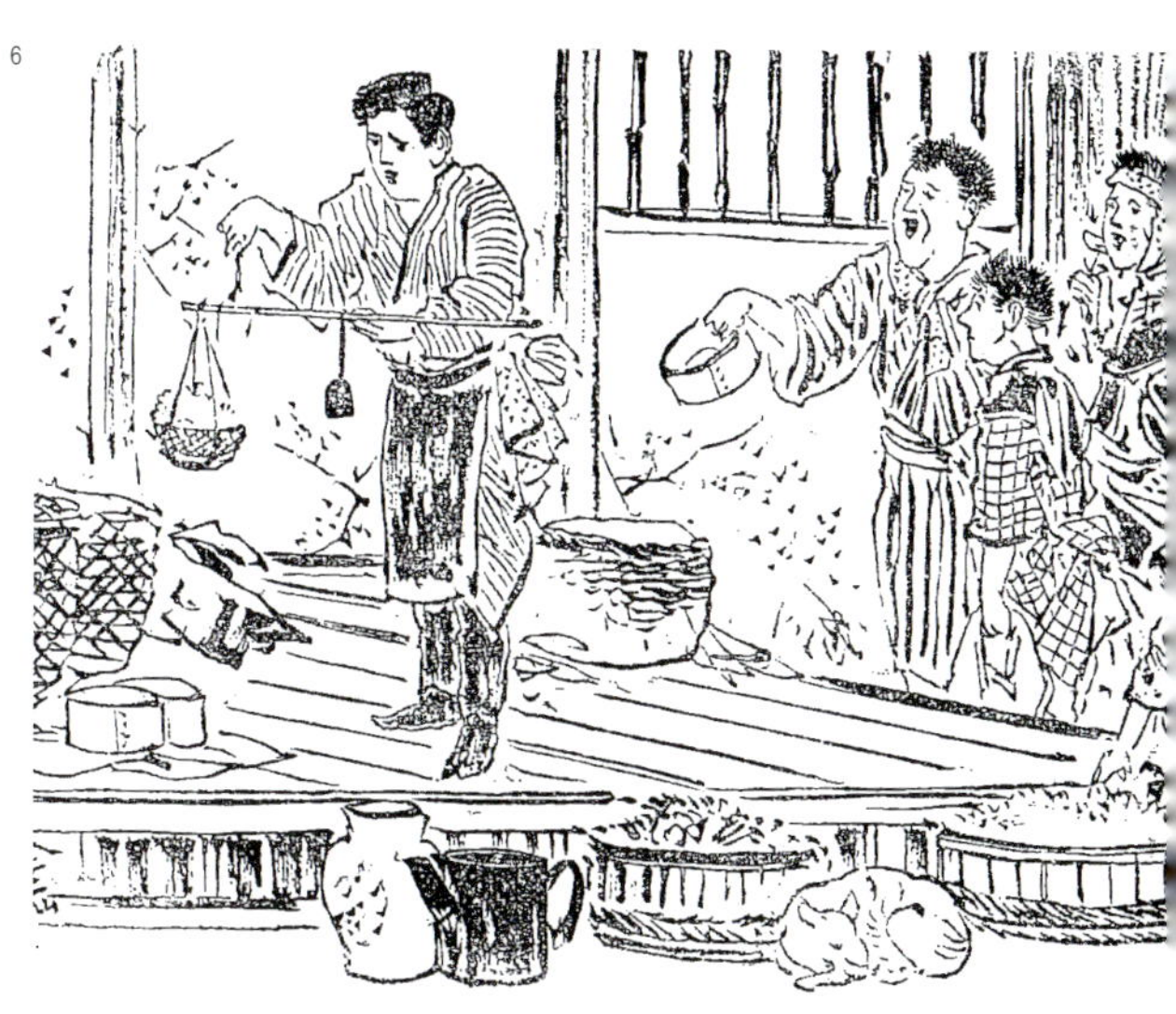

⬆残飯屋　兵営や市中の料理屋で集めてきた残飯が売られ、明治 38 年頃の値段は 1 升が 3 銭。残飯のほかに残菜や漬け物を買って食べ、1 日の家族の食費は 14 ～ 15 銭だった。(久保田米僊（くぼたべいせん）画、松原岩五郎『最暗黒之東京』挿絵)

8

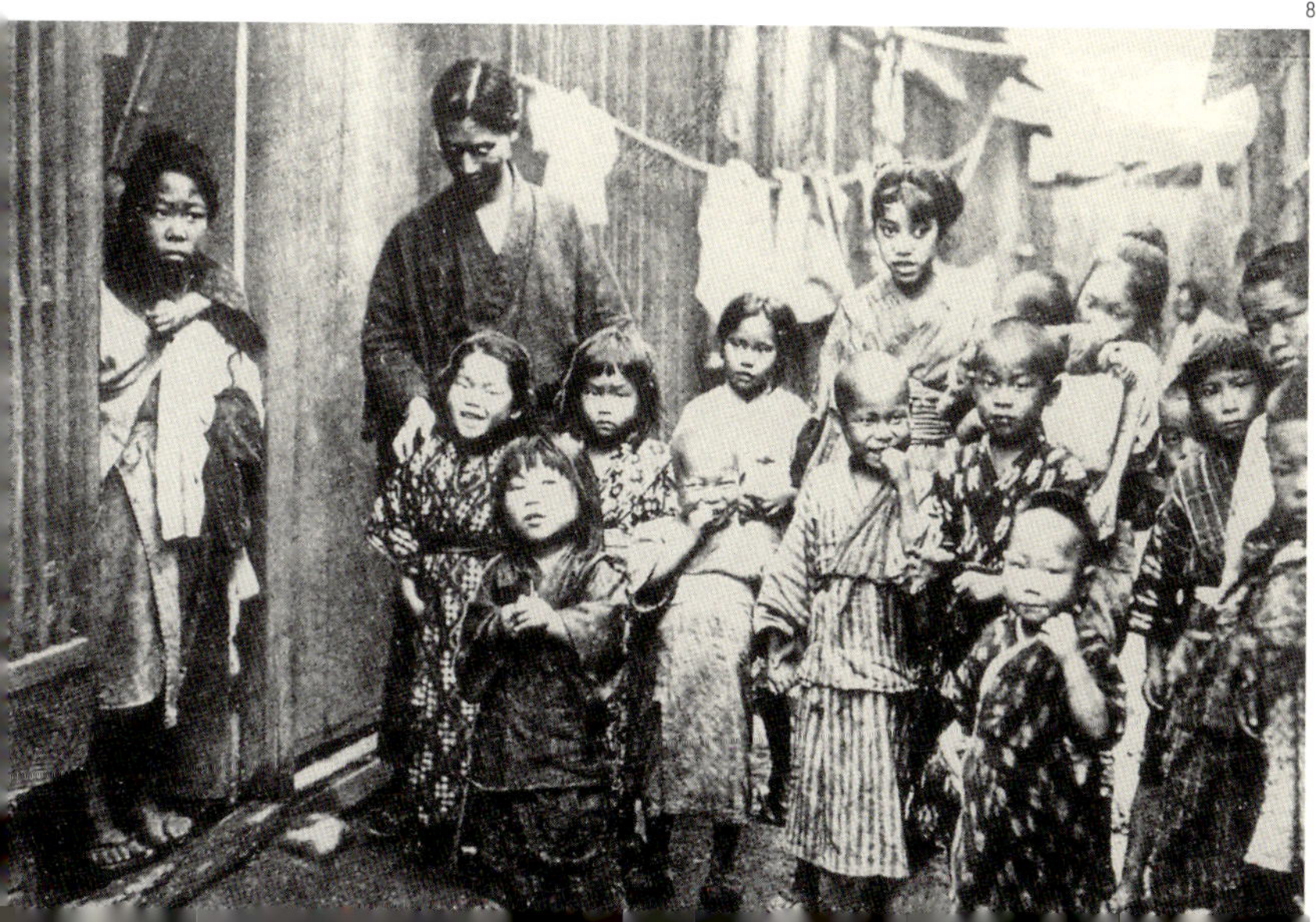

⬅賀川豊彦（左から 2 人目）と子どもたち　明治 42 年頃、神戸市葺合（ふきあい）新川地域に、戸数約 1700 戸、人口 6500 人の貧民窟があった。クリスチャン賀川は、貧民救済のためここに移り住み、「イエス団友愛救済所」をつくった。

▶デフレと日本銀行の設立(p212)

捕虜と収容所

文明国と認知されるため国際法を守った

⬆**松山の古町駅に着いたロシア兵将校**　松山収容所は将校の収容率が高く、捕虜の待遇がよかった。市長や県の高官が出迎えることもあり、延べ人数6000人の捕虜が、市の公会堂や周辺寺院8か所に収容された。

明治期の戦争捕虜の扱いは、昭和期のそれと異なり、国際法にのっとった、人道的なものであった。日清戦争での清国軍捕虜は一七九〇名、そのうち何名が日本に送られたかは不明だが、明治28年（一八九五）6月現在、遼東半島五九八名、日本国内に九八八名の清国兵捕虜が存在した。この時点の国内収容所は、東京、佐倉、高崎、豊橋、名古屋、大津、広島、大阪、松山の九か所、一収容所あたり平均一〇〇名強の収容人数である。彼らは同年8月、本国に送還され、いったん収容所は閉鎖された。

膨大な捕虜の人数

日露戦争では、ロシア兵の捕虜総数は七万九〇〇〇強（陸軍六万三〇〇〇、海軍一万六〇〇〇）、うち明治38年9月現在の国内収容人数は七万二〇〇〇強なので、数千人は国内に送られていないこととなる。このうち四万四〇〇〇人が旅順降伏、二万人が奉天会戦の際に捕虜になった人々である。

国内での収容所は、明治37年3月18日に開設された松山収容所を最初として、同年中に五つ増え、翌年には合わせて二九収容所になった。そのうち、佐倉の捕虜は明治38年5月に習志野に移され、佐

⬇**松山収容所の内部**　捕虜の人道的取り扱いを定めた*ハーグ条約（明治32年）にのっとり、祖国のために戦ったロシア兵を厚遇するよう訓令を出していた。そこには不平等条約改定に向けて、文明国と認知されたいという意図もあった。

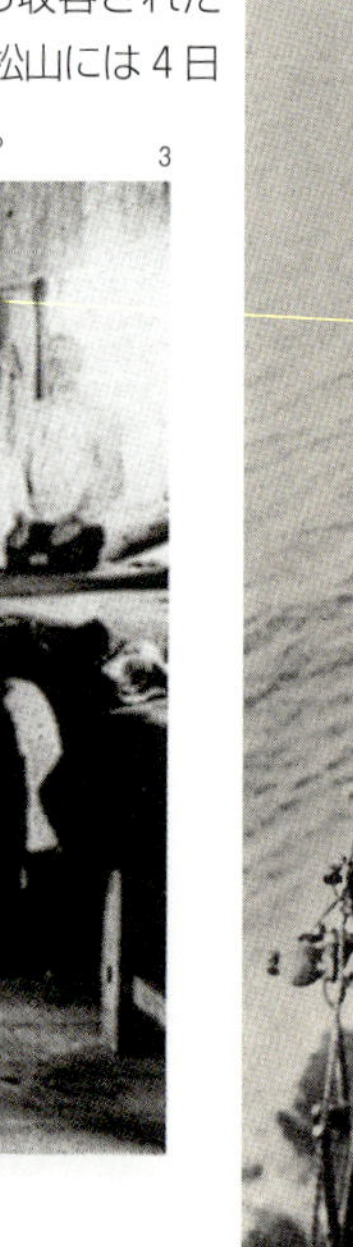

➡**救出されたロシア巡洋艦「リューリック」の乗組員**　明治37年7月28日の黄海海戦で撃沈され、沈んでいく艦から収容された600人が捕虜になった。当時の松山には4日に1度、捕虜が到着したという。

倉収容所は閉鎖された。
　そして、静岡、大阪、弘前、秋田、山形、鯖江の収容所は将校主体のごく小規模の収容所であった。下士・兵卒だけを収容する習志野では、ロシア人、ポーランド人、タタール人、ユダヤ人ごとに収容棟が分けられていた。その理由は、民族的な対立が強いので、いがみあいのないように配慮したためである。
　ところが、明治38年7月中旬、ロシア人とユダヤ人との間で大事件が起こった。ユダヤ人が「日露戦争」という演劇を上演したのである。開幕早々ロシア軍が敗北し、潰走（かいそう）する場面が続いた。ユダヤ人のロシア国内での恨みの表われであった。ロシア人たちは消灯後、一〇〇〇人ほどがユダヤ人区域に殴り込みをかけ、警備隊の小銃発射で、ようやく鎮静化した。
　捕虜の送還は明治38年11月に始まり、翌年2月に終了した。なお、ロシア側の捕虜となった日本軍将校は一〇六名、兵卒は一九七七名である。

（宮地正人）

4

⬅姫路収容所の炊事場　食事の準備をする捕虜と彼らを見守る舎監。姫路には、「リューリック」の乗組員など、旅順での捕虜が2000人近く収容されていた。

5

➡長崎見物をするロシア将校　捕虜となり、収容所に送られる将校たちが、長崎に寄港した折に、人力車に乗って見物した絵が、イギリスのグラフ紙に掲載されている。

6

⬅松山市の民家に住む捕虜家族　将校の捕虜はおおむね裕福で、外出も認められ、松山の経済にも影響を与えた。妻が来日した家族同伴者には、民家への居住も許可された。

日露戦争での捕虜収容人数の上位10か所（明治38年9月末現在、100人未満は四捨五入）

浜寺	2万3000人
習志野	1万5000人
熊本	6000人
福岡	4000人
名古屋	3800人
金沢	3300人
久留米	2800人
松山	2200人
姫路	2000人
仙台	2000人

⬅捕虜収容所と収容人数
明治37年に6か所、38年に23か所ができて29になった。総勢7万2000人強の捕虜が29か所の収容所に分散していた。

＊**ハーグ**　オランダ南西部に位置する都市で、正式名称はスフラーフェンハーヘ、略称デン・ハーフ、その英語名がザ・ハーグ。17世紀以降、重要な国際会議の舞台となり、とりわけ一八九九年と一九〇七年の二回のハーグ平和会議は有名。

▶開戦と陸海の激闘（p396）

汽車の旅

鉄道網が充実するにつれて食堂車や寝台車も登場

明治10年（一八七七）代までの鉄道路線は、おおむね局地的な範囲に敷設されていたので、「汽車の旅」というよりは、長い「旅」のごく一部に汽車が組み込まれる、という程度だった。

●長距離の幹線網が整備

しかし、明治の中ごろ以降になると、しだいに長距離の幹線網が整備されていき、人々は長距離列車を利用して旅に出かけるようになる。本格的な「汽車の旅」の時代の到来である。

こうした変化に対応するため、鉄道側ではさまざまな改善を重ねた。たとえば、創業以来、客車にはトイレの設備がなかったが、東海道線全通を控えた明治21年になると、官鉄ではトイレ・洗面所の設備をもった客車がつくられるようになった。

長距離列車の旅では、腹もすいてくる。明治20年前後から各地の主要駅では、地元の旅館・料理屋などが弁当を売るようになった。明治32年、山陽鉄道が日本で最初の食堂車を導入した。時速数十kmもの速さで陸上を移動しながら食事をするのは、鉄道誕生以前の時代には考えられないことだった。

路線の長距離化に伴い、夜行列車（夜汽車）も運行されるようになった。夜中に眠りながら陸上を移動するという、新しい旅の形が生まれたのである。夜の旅を快適にするため、明治30年代以降には寝台車が登場した。その先陣をきったのも山陽鉄道で、明治33年に一等寝台車を導入した。しかし、寝台車は庶民にとっては高嶺（たかね）の花で、彼らは三等車の硬い座席で我慢しなければならなかった。

●立ち寄る場所も変化する

汽車による長旅が普及するにつれて、江戸時代以来の社寺参詣（さんけい）の旅も変化を見せた。たとえば明治27年に、現在の千葉県柏市から伊勢参宮へ出かけた伊勢講の人々は、頻繁に途中下車をして、なるべく江戸以来の参宮ルートをたどろうとはしたが、鉄道路線から大きくはずれた場所へは、もはや立ち寄らなくなった。逆に、以前は訪れることのなかった広島の宮島厳島

3 展開の時代

1

↑**食堂車の旅** 長い旅を快適にするため、明治30年代以降、食堂車が導入された。（明治34年）

2

←**1等寝台** 上野―青森間の急行列車で、ベルや扇風機もあり、設備が行き届いていた。（明治42年）

「東京―神戸間の鉄道」

ビゴー独特の鋭い観察眼で、東海道線を旅する人々の様子が描かれ、当時の鉄道風俗を知る貴重な資料である。（明治32年）

4

⇒3等車の夜汽車風景。車内マナーを守るための罰則もあった。

5

↓2等車のなかで将校にビールを注ぐ乗客。

3

⇒切符を買う3等車の乗客たち。子どもが軍帽をかぶっており、日清（にっしん）戦争後まもない時期であろう。

⬆**最初の特急列車につながれた展望車**　日露戦争後、満州・朝鮮とロシアを通じて、ヨーロッパとの国際連絡運輸ルートをめざした日本は、明治45年6月に日本最初の特急列車（新橋ー下関間）を開通させた。両駅を25時間あまりで結び、最後部に展望車が連結された。（明治45年）

⬇**2等寝台車**　寝台を組み立てる前（上）と、組み立てたとき（下）。現在ではめずらしいダブルベッドになっている。（明治43年）

神社に、鉄道を利用して足をのばした。

また、鉄道会社が積極的に参詣客を呼び込むようになり、「鉄道会社の割引があるから……」などという軽い動機で、物見遊山の旅のついでに参詣をするという人も、めずらしくなくなっていった。

（平山　昇）

⬆**伊勢参宮客と参宮鉄道**　明治26年12月31日に参宮鉄道が開業し、津で関西鉄道と連絡して、遠隔地からの参宮客を山田まで運ぶようになった。（明治35年）

明治三十一年三月一日ヨリ同年六月三十日迄
但日限経過スレハ効力ヲ有セス
奥社遺物拝観之證
金刀比羅宮社務所

讃岐鐵道乗車割引票
（往）
金刀比羅宮社務所

⬆**乗車割引券と神社拝観券のセット**　讃岐鉄道は金刀比羅宮の参詣客を運んだが、写真のようなものを発行するほど、神社と鉄道会社の協力関係は緊密であった。また、江戸時代から盛んな伊勢参宮にも鉄道が利用されるようになる。（明治31年）

⬆2等車で、夫を寝かしつける妻。

⬅停車の間に、洗面所に集まる乗客たち。

▶鉄道網の展開（p220）

京都の観光戦略

東京に対抗して「新」と「旧」を共存させた

京都は、幕末には政治的に重要な場所となり、久方ぶりに名実ともに首都としての様相を呈した。しかし、その後東京が首都となると、京都は一〇〇〇年に及ぶ首都の地位を完全に失った。京都の人々にとって、この衝撃は大きかった。

●京都博覧会の大成功

町に活気を取り戻すため、京都ではさまざまな近代化政策が推進された。

なかでも重要な役割を果たしたのが京都博覧会である。明治5年（一八七二）、官民合同の京都博覧会社によって第一回京都博覧会が開催された。これは数多くの物産が展示されて産業界に刺激を与えただけでなく、娯楽性も備えており、茶席を設けたり「都をどり」を披露するなどの工夫がなされた。博覧会はたいへんな盛況で、総入場者数は四万人近くにものぼった。以後、京都博覧会は毎年開催されて多くの観光客を呼び込み、京都を「近代化する都市」としてアピールしていくことになる。

●国際的な観光都市へ

明治前半の京都は近代化を前面に出したが、中ごろからは伝統的な側面にも力を入れた。

明治28年、平安遷都一一〇〇年記念祭と第四回内国勧業博覧会が立て続けに開催され、「古い京都」と「新しい京都」というふたつのイメージが強くアピールされたのである。

新しい京都を象徴したイベントは、内国勧業博覧会であった。4月から7月の会期中、総入場者数は一一三万人あまりという盛況。黒田清輝（くろだせいき）の裸体画『朝妝（ちょうしょう）』や、この年日本ではじめて京都電気鉄道が営業開始した路面電車など、さまざまな新しさが見物客たちの興味をひきつけた。

一方、古い京都を演出したのは平安遷都一一〇〇年記念祭で、このときはじめて行なわれた「時代祭」は、京都の古都としての歴史を仮装行列で描き出した。また、3月には、平安神宮が創建され、隣接する内国勧業博覧会会場とともに、「新・旧」の鮮やかなコントラストをなした。

このように、京都は新と旧というふたつのイメージで演出されながら、国内外からの観光客を集める観光都市へと成長していったのである。

（平山　昇）

1

➡**都をどり**　明治5年の京都博覧会ではじめて披露された「都をどり」を描いたワーグマンの絵。京都の伝統を紹介する性格をもっていたが、従来の座敷での京舞を大がかりに公開する点では、新しいものだった。大好評を博し、京都の一大名物として定着した。

2

⬅**『京都名所一覧』（双六（すごろく））**
京都の名所を案内する冊子や絵図類は、江戸時代から数多くあったが、明治には新しい世相を反映したものが多数出版された。この双六は、金閣寺など歴史的名所とともに、五條鉄橋、勧業場、七条停車場といった近代的な施設も描かれており、ふりだしが七条停車場と新しいものであるのも興味深い。（明治 15 年）

平安神宮　社殿・楼門・拝殿はそれぞれ平安京の朝堂院・応天門・大極殿を模したもので、古都の伝統を象徴した神社である。しかし、平安時代から続く古い神社ではなく、明治28年につくられた。

3

5

4

➡⬆明治28年にはじめて行なわれた「時代祭」の様子　「延暦文官式」「織田信長上洛式」といった京都の歴史を仮装行列で表現。現在も「祇園祭」「葵祭」とともに京都の三大祭りに数えられる。上の写真は信長上洛の部分。

6

⬆➡第4回内国勧業博覧会　明治28年の内国勧業博覧会会場。疏水運河に架かる慶流橋を渡ると噴水があり、その背後が工業館。右の写真は会場の正門。

7

▶江戸開城と東京遷都（p58）

鉄道時刻表と旅行案内

時刻表や旅行案内書によって旅が便利になった

明治5年（一八七二）5月7日、品川―横浜（現在の桜木町）間の鉄道が仮開業し、日本の鉄道旅客営業が始まった。それに先立つ5月4日、工部省鉄道寮から「鉄道列車出発時刻及賃金表」という一枚刷りの文書が公示された。これが日本最初の時刻表とされている。

●好奇心をそそった時刻表

文明開化の象徴として、新しい面ばかりが注目されがちな明治初期の鉄道であるが、江戸時代以来の文化と「習合」した側面があることも見逃してはならない。その代表例が、鉄道を描いた鉄道錦絵である。

そのなかには時刻表を併載するものが少なくなかった。また、江戸時代以来の旅の手引き書である「道中案内記」の類も、鉄道時刻表を収録するようになった。いずれも、鉄道という新しい交通機関の登場をふまえて、人々の好奇心と実際上の必要にこたえようとしたものである。

明治16年7月に『官報』が創刊されると、同月26日付第二二号に「上野熊谷間汽車時刻表」が掲載され、以後、官鉄・私鉄の時刻表が改正のつど巻末に収録されるようになった。

明治20年代になると冊子型時刻表が登場する。現在判明しているかぎりでもっとも古い冊子型時刻表は、明治22年5月に静岡の文正堂が発売した『改正鉄道便覧』である。さらに、小型ポケット時刻表も発売されるようになった。

1

鐵道列車出發時刻及賃金表

定

上り		
横濱發車	午前八字	午後四字
品川到着	午前八字三十五分	午後四字三十五分

下り		
品川發車	午前九字	午後五字
横濱到着	午前九字三十五分	午後五字三十五分

車ノ等級	賃金表
上等	片道壹圓五拾錢
中等	同壹圓
下等	同五拾錢

来る五月七日より此表示の時刻に日々横濱並に品川ステイションより列車出發す乗車せむと欲する者は遅くとも此表示の時刻より十五分前にステイションに来り切手買入其他の手都合を爲すへし

但發車並に着車共必す此表示の時刻を違はさるやうには請合かたけれとも可成丈遅滞なきやう取行ふへし

手形は其日限り乗車一度の用たるへし

小児四歳までは無賃其餘十二歳までは半賃金の事

旅客は總て鐵道規則に随ひ旅行すへし

手形検査の節は手形を出し改を受又手形取集の節は之を渡すへし

旅客自ら携ふ小包みドウランの類は無賃なれとも若し損失あらは自ら負ふへし其餘の手廻り荷物は目方三十斤迄は二十五錢三十斤以上六十斤迄は五十錢を拂ひ荷物掛へ引渡請取證書を求め置くへし尤一人に付目方六十斤迄を限とす

手廻荷物は總て姓名か又は目印を記すへし

旅客中乗車を得ると得さるは車内場所の有無によるへし

犬一疋に付片道賃錢二十五錢を拂ふへし併し旅客車に載するを許るさす犬箱或は車長の車にて運送すへし尤首輪首綱口網を備へて相渡すへし

發車時限を惰らさるため時限の五分前にステイションの戸を鎖さすへし

吸煙車の外は煙草を許るさす

旅客車上中下三等の内乗らむと欲する所の賃金を過金取引なきやうに用意致し来るへし

明治五年　鐵道寮

↑工部省鉄道寮「鉄道列車出発時刻及賃金表」 品川―横浜（現在の桜木町）間が仮開業したときの時刻表。まだ途中の停車駅はなく、所要時間は35分。従来の時刻表記との混同を避けるため、「八時」ではなく、あえて「八字」と表記している。（明治5年5月）

↑➡一孟斎芳虎『鉄道独案内』 新橋―横浜間の各駅ごとに時刻表と駅付近の情景を収めたもの。（明治5年）

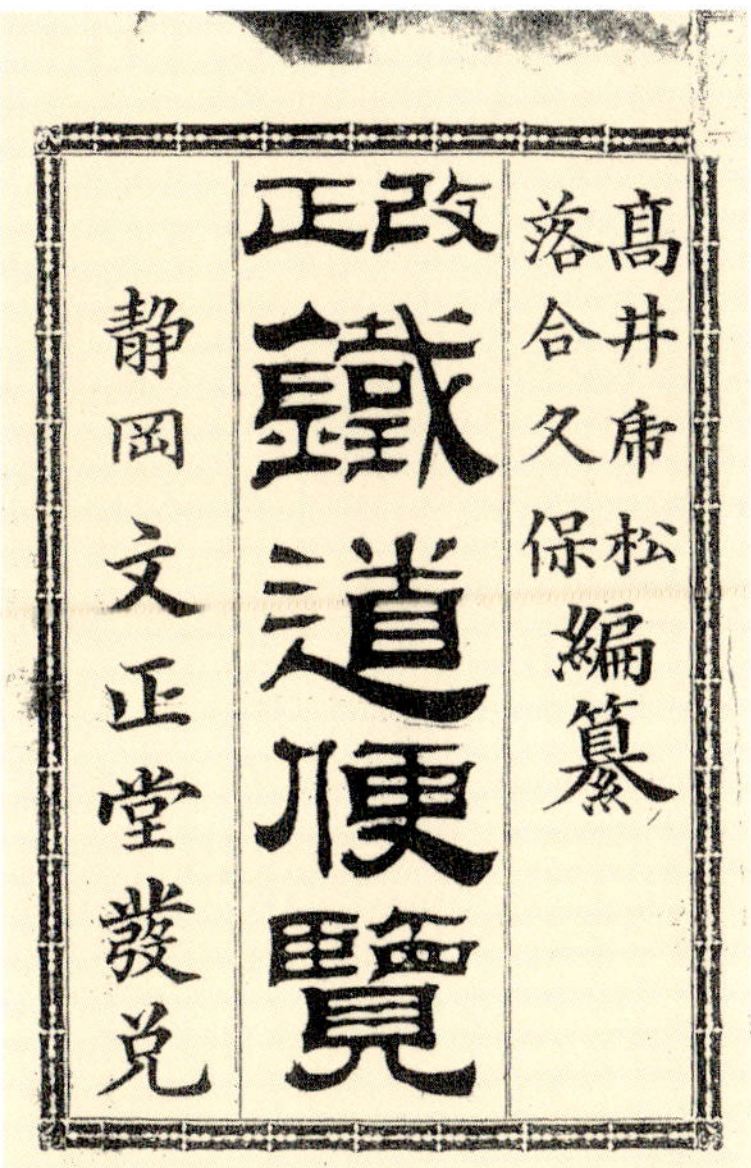

↑『改正鉄道便覧』 もっとも古い冊子型の時刻表。東海道線静岡―浜松間が開通したのを受けて発刊されたと思われる。（文正堂、明治22年5月）

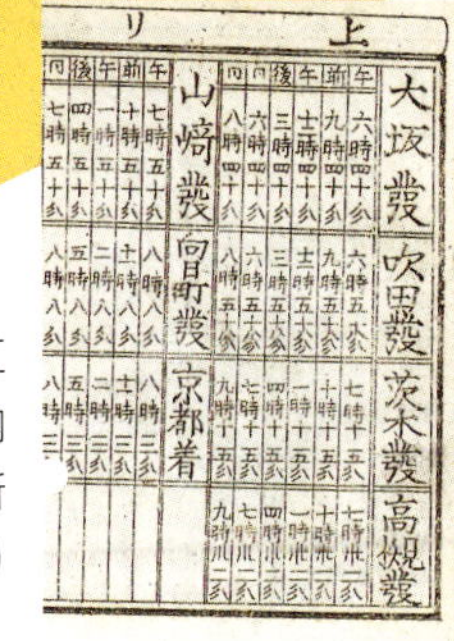

➡辻本久兵衛（つじもときゅうべえ）『大日本道中記（だいにほんどうちゅうき）』 江戸時代以来の道中記にも鉄道の案内が掲載されるようになり、鉄道は新たな「道中」となった。（明治11年）

毎月發行
明治廿七年十月五日發兌
汽車汽船旅行案内
東京 庚寅新誌社

⬅『汽車汽船旅行案内』第1号 はじめての月刊時刻表で、今日の時刻表の原形。時刻表だけでなく「其他一切旅行案内となるべきもの」を盛り込んだ画期的なものだった。表紙に広告がなく、シンプルである。（庚寅新誌社、明治27年10月）

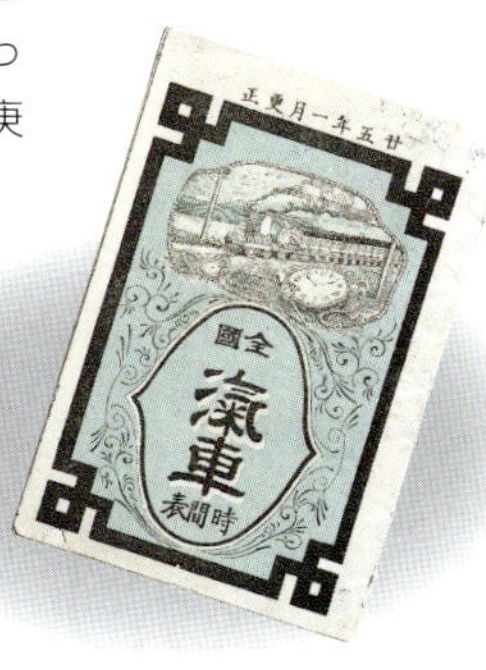

➡池尾紋次郎（いけおもんじろう）『全国汽車時間表』 明治20年代には必要最小限の情報のみを掲載したポケット型時刻表が発行され、旅行者の便を図った。（明治25年1月）

競合する旅行案内書

今日につながる時刻表の原形としてもっとも重要なのは、初の月刊時刻表『汽車汽船（きせん）旅行案内』（明治27年10月創刊）である。毎月発行される冊子型の時刻表、という今日のスタイルが登場したわけである。発行元は慶應義塾出身の手（て）塚猛昌（づかたけまさ）が社長を務める東京の庚寅（こういん）新誌社だった。手塚は福沢諭吉（ふくざわゆきち）からイギリスの「ブラッドショウの時刻表」を教えられたことをきっかけに、発刊を思い立った。この『汽車汽船旅行案内』は、汽車・汽船の時刻表を掲載したのはもちろんのこと、鉄道馬車・人力車の情報や沿線名所案内、小説・紀行文なども盛り込んだ総合旅行案内雑誌であった。

この雑誌は大好評を博し、明治30年代になると、この成功に刺激されて『鉄道船舶旅行案内』（交益社）、『鉄道航路旅行案内』（駸々（しんしん）堂（どう））などといった類似の月刊時刻表がつぎつぎと創刊され、激しい競争を繰り広げるようになった。この時期になると、表紙が驚くほどたくさんの広告で埋めつくされるのが当たり前となり、各社とも少しでも収益を上げるよう、しのぎを削っていたことがうかがえる。

また、同じころには外国人向けにも横組みの時刻表が発行された。

このように、明治期には、単に鉄道が発達しただけでなく、多くの民間人が積極的に時刻表や旅行案内を刊行し、必要な情報を提供したことによって、人々はあらかじめ正確な予定を立てたうえで全国を旅行してまわることができるようになったのである。

（平山　昇）

⬅『最新時間表旅行あんない』第1号 『汽車汽船旅行案内』が成功すると、月刊時刻表がつぎつぎと発行された。各社とも収益アップのため、表紙は広告で埋めつくされるのが当たり前となっていく。（交益社、明治40年7月）

Train Service
Imperial Government Railway Lines
列車時刻表
鐵道院営業課

⬅『列車時刻表 Train Service』 外国人向けにつくられた時刻表で、算用数字を使い、はじめて横組みを採用している。（鉄道院営業課、明治43年5月）

▶鉄道網の展開（p220）

船の旅

海外航路が開設され、豪華な貨客船が航行した

一八六三年（文久3）、イギリスのP&O会社は、従来のロンドン―上海航路を横浜まで延長した。その後、一八六〇年代を通じて欧米諸国は相次いでアジア航路を開設し、日本もそのなかに組み込まれていった。

●海外定期航路が開設

日本からの海外航路は、当初は欧米の海運会社の独壇場であったが、徐々に日本も参加するようになる。その先駆けが、三菱である。三菱は明治8年2月、横浜―上海間に定期航路を開設し、これが日本の海運会社による初の海外定期航路となった。長距離の遠洋航路は、明治26年11月、日本郵船が神戸―ボンベイ（ムンバイ）間に開設した定期航路が最初である。

日清戦争後、日本は本格的に遠洋航路に進出するようになる。明治29年には、航海奨励法・造船奨励法が公布され、海運業・造船業に対する保護が強化された。これを背景に、3月に欧州航路、8月に北米航路、10月にオーストラリア航路と、日本郵船が続けて三つの遠洋定期航路を開設した。その後、東洋汽船・大阪商船による遠洋航路の開設が続いた。

これらの海外航路には、商用で遠隔地を行き来する人、出張する上級官吏、留学生、世界一周旅行をする裕福な人々など、さまざまな国籍・身分・職業の人々が乗船した。また、北米航路には、ハワイやアメリカへの日本人・中国人移民も数多く乗船していた。

●快適な客室

海外航路に使用される船舶は、貨物・旅客の両方を運搬する貨客船であった。旅客用のスペースは一等～三等の等級別に仕切られ、たとえば三等客が一等客用の設備に入ることはできなかった。客室のほかに、喫煙室、食堂・浴室・理髪所、さらにピアノを備えた談話室など、さまざまな施設が備え

船内に上る乗客 横浜港の大桟橋に着岸した春日丸に乗船する人々。春日丸は明治30年にオーストラリア航路向けに建造され、乗船客定員は1等が61人、2等が28人、3等が255人となっていた。赤帽に紺色の半纏の運搬夫（ポーター）が見える。見送りの人たちも一緒に船に乗り込み、出港時に下船した。（『風俗画報』明治34年より）

られていた。

海外航路の船は、上流貴顕の人人の社交の場でもあった。日本郵船では、昇降口に一等客・二等客の姓名を列記した「パッセンジャア　リスト」（乗客リスト）が掲示され、乗船客たちは、どのような紳士淑女が同乗しているかを、このリストで知り、船内での社交に役立てることができた。（平山　昇）

船内の乗客　1等客室（左上）・2等客室（右上）は、ホテル並みの設備のうえに、喫煙所や談話室なども整っており、汽車よりも快適であったが、3等客室は、大部屋に老幼男女200～300人が詰め込まれた。（『風俗画報』明治34年より）

日本郵船ポスター　女性と富士山で日本をイメージし、そこに自社の汽船を描き入れるものが多かった。（明治40年）

日本郵船平野丸（ひらのまる）の食事メニュー　日本の伝統的なイメージだが、メニューの中身はフランス料理のコース。（明治44年）

日本郵船ポスター「恭賀新禧（きょうがしんき）」　中国人は日本の海運会社にとって大切な客だった。右端に清（しん）国の紀年を記してある。（明治41年頃）

明治32年の海外航路図　1860年代には、スエズ運河や北米大陸横断鉄道の開通と遠洋航路の整備によって国際交通路が開拓された。

外国人の日本旅行

世界漫遊旅行の波が日本にまで寄せてきた

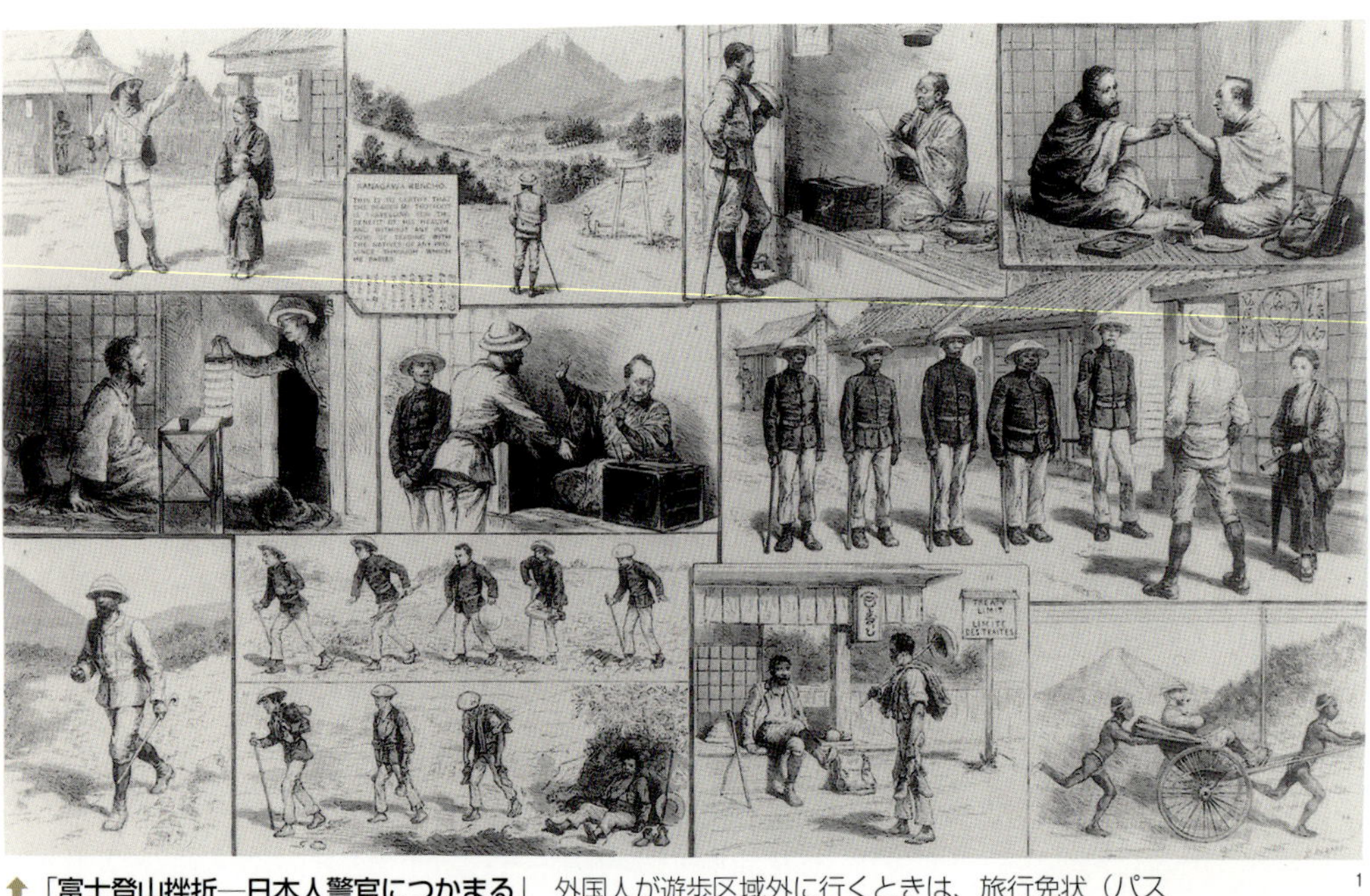

1

⬆「富士登山挫折―日本人警官につかまる」 外国人が遊歩区域外に行くときは、旅行免状（パスポート）が必要であったり、イギリスの『ザ・グラフィック』紙掲載のこの記事のように、厳しい取り締まりを受ける場合もあった。そのあらすじは、外国人旅行者がパスポートを持って富士山に登るため出発するが（上段）、宿屋で真夜中に起こされ、パスポートの不備をとがめられる（中段）。そこで、護送の警官をへとへとにさせながら遊歩区域内へ戻った（下段）というもの。（明治23年）

日本が開国した時期は、ちょうど欧米で世界旅行が流行した時期と重なっていた。汽船による太平洋横断の定期航路の開設（一八六七年）、アメリカ大陸横断鉄道・スエズ運河の開通（一八六九年）といった交通網の発達に後押しされて、観光のために世界中を旅行をする人が増え、「地球漫遊家（グローブトロッター）」という呼び方も登場した。日本にも、好奇心旺盛な外国人旅行客が訪れるようになる。

●外国人旅行の制限緩和

当初は、外国人の「内地旅行」にはさまざまな制限があり、移動も開港場および周辺の遊歩区域内に限られていた。しかし、そうした制限は少しずつ緩和されていき、明治32年（一八九九）には、外国人の内地雑居の実施によって、規制が撤廃されることになる。

また、世界旅行の流行につれて、ヨーロッパ諸国および日本でも、多数のガイドブックが出版されるようになった。なかでも代表的なのは、ロンドンのマレー社が明治14年から発行した、日本旅行のためのハンドブックだった。

●ホテルが開業した

日本への外国人旅行客に対して、国内ではどのように対応したのだろうか。その一端を見てみよう。

明治26年、欧米人の日本旅行に際して宿泊施設の案内などの便宜を図るため、渋沢栄一（しぶさわえいいち）の発案によって喜賓会（きひんかい）(The Welcome Society of Japan)が設立された。これは、のちにジャパン・ツーリスト・ビューロー(Japan Tourist Bureau)となり、今日のJTBへとつながっている。

外国人旅行客向けの宿泊施設もしだいに増えていき、横浜では明

2

18 Advertisements.
FUJIYA HOTEL
MIYANOSHITA
SAGAMI, JAPAN.
FIRST CLASS ACCOMMODATION, NATURAL HOT SPRINGS.
LIGHTED THROUGHOUT WITH INCANDESCENT ELECTRICITY.
English and French Billiard Tables, Large Swimming Bath, Library.
Barber in the Hotel.
EXCELLENT CUISINE, AND BEST OF ATTENTION.
S. N. Yamaguchi . . . Proprietor.
TELEPHONE No. 2, MIYANOSHITA.
S. SHIMA.
Artistic Photography.
Portraits taken in every size.
ALL THE FAVOURITE VIEWS ON HAND, COLOURED & UNCOLOURED.
PHOTOGRAPHS OF NATIVE COSTUMES IN GREAT VARIETY.
ALBUMS.
Enlargements carefully executed.
Close to the FUJIYA HOTEL, Miyanoshita.
Prices strictly moderate.
Amateurs' negatives developed.
Advertisements. 19
Established 1871.
KANAYA HOTEL,
NIKKO, JAPAN.
Z. KANAYA & SONS . . . . . . Proprietors.
Strictly First Class in all its appointments.
EXCELLENT CUISINE.
Every Modern Convenience, Including the Electric Light.
Hot and Cold Baths.
THE HOTEL is only 10 minutes' drive from the Station, commands the finest views in Nikkō, and is close to the Famous Shrines of the Shōguns and all other points of interest. An Employé of the Hotel, in uniform, meets all trains. The NEW ANNEXE, containing a magnificent Dining-room and clean and airy Bedrooms en suite, is now open.
PUBLIC TELEPHONE No. 1, Connects with TOKYO & YOKOHAMA.
PRIVATE TELEPHONE Connects with the
LAKE SIDE HOTEL, CHUZENJI.
THE LAKE SIDE HOTEL is charmingly decorated in Japanese style, while furnishing every European convenience and an excellent European cuisine.
4,000 Ft. Above Sea Level.
Murray's HAND-BOOK JAPAN

➡マレー社の日本旅行ガイドブック 主要都市・観光地をはじめ、日本の文化についても詳しく説明。巻末には富士屋ホテル・金谷（かなや）ホテルなど主要ホテル・旅館の広告も。（1907年）

←**帝国ホテルの外観**　外観は洋風だが、内部は和風と洋風の混在。外国人観光客を喜ばせるために、和風趣味を取り入れることが必要だったと思われる。

↓**帝国ホテルの内部**　外国人向けに、破風や盆栽などをあしらって、洋風のなかに日本調の雰囲気を出している。

治元年に開業したグランドホテルが、長らく横浜の代表的なホテルとして栄えることになる。東京では明治6年に開業したレストラン築地精養軒などが外国人旅行客向けに利用されたが、明治23年に鹿鳴館の隣に帝国ホテルが開業すると、内外の貴顕に愛用されるようになった。

主要都市以外でも、箱根の富士屋ホテルをはじめ、外国人客が多く訪れる温泉地・避暑地では、洋風旅館やホテルが開業するようになった。（平山　昇）

←↑**帝国ホテルのメニュー**　フランス語と英語が併記されている。日本女性と富士山というセットは、欧米人に対して日本のイメージを表現する際の典型的なパターンだった。（明治36年）

↑**富士屋ホテル本館**　明治11年に、箱根で開業した日本で4番目の外国人向けホテル。現存する日本最古のホテル遺構とされている。24年には写真左手の本館が竣工。

←↑**デューア『世界漫遊』の挿絵**　世界漫遊の旅に出たイギリス人デューアの旅行記。左は長崎の茶屋で座布団に座ろうとしたが、見事失敗。上は横浜の土産物屋で、かわいい売り子から、思わず土産をたくさん買い込んでしまったというもの。（1894年）

▶海運業の進展（p218）、横浜写真（p360）

さまざまな見世物

写真アルバム

3 展開の時代

パノラマ館

↖⬆パノラマ館外観と内部の絵　明治23年、上野と浅草に建てられた。巨大な円形建物の内壁に360度の眺望が描かれ、観客は中央部の台から臨場感を楽しんだ。（下）パノラマ館内部。（中）図解「南北大戦争パノラマ」浅草公園・日本パノラマ館（明治29年）。（左上）上野パノラマ館（明治38年頃）

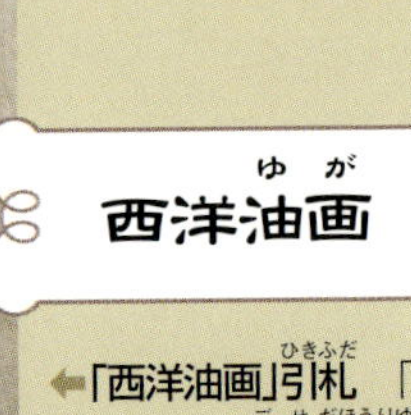

西洋油画

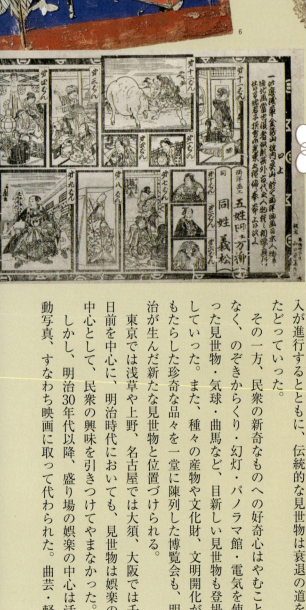

⬅「西洋油画」引札　「西洋画工」を自称した五姓田芳柳・義松親子による、浅草奥山での興行の引札。油絵が見世物のひとつとして興行されていたことを伝える資料。（明治7年）

⬇両国一座ポスター　幕末から明治にかけて多くの曲芸師たちが欧米各地を中心に巡業した。日本の芸人は、その高い技術で人気を博した。（19世紀末）

見世物は、社寺の境内や盛り場に小屋掛けし、さまざまな芸や珍奇なものを見せた興行物で、江戸時代の江戸・大坂・名古屋などの大都市で最盛期を迎え、庶民にとって最大の娯楽であった。

いろいろな見世物があったが、ひとつは技術や芸能を見せるもの（軽業・曲芸・手品・舞踊など）、ふたつめは自然の珍奇なものを見せるもの（珍獣・奇草木石など）、三つめに細工物を見せるもの（生人形・籠細工・菊細工など）に大別される。

明治維新以降は、近代国家が発展し、西欧文化の流入が進行するとともに、伝統的な見世物は衰退の道をたどっていった。

その一方、民衆の新奇なものへの好奇心はやむことなく、のぞきからくり・幻灯・パノラマ館・電気を使った見世物・気球・曲馬など、目新しい見世物も登場していった。また、種々の産物や文化財、文明開化がもたらした珍奇な品々を一堂に陳列した博覧会も、明治が生んだ新たな見世物と位置づけられる。

東京では浅草や上野、名古屋では大須、大阪では千日前を中心に、明治時代においても、見世物は娯楽の中心として、民衆の興味を引きつけてやまなかった。

しかし、明治30年代以降、盛り場の娯楽の中心は活動写真、すなわち映画に取って代わられた。曲芸・軽

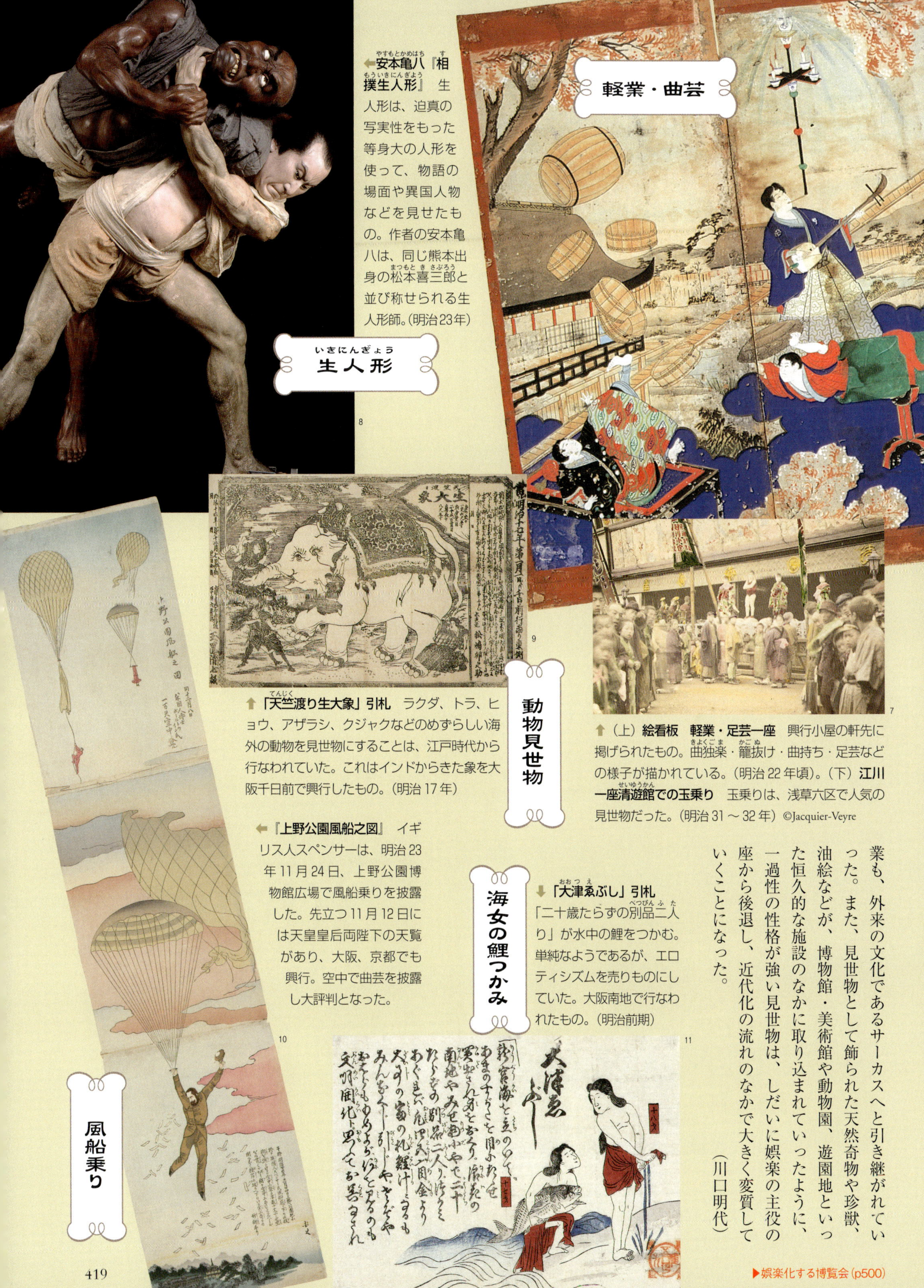

←安本亀八『相撲生人形』 生人形は、迫真の写実性をもった等身大の人形を使って、物語の場面や異国人物などを見せたもの。作者の安本亀八は、同じ熊本出身の松本喜三郎と並び称せられる生人形師。(明治23年)

↑「天竺渡り生大象」引札　ラクダ、トラ、ヒョウ、アザラシ、クジャクなどのめずらしい海外の動物を見世物にすることは、江戸時代から行なわれていた。これはインドからきた象を大阪千日前で興行したもの。(明治17年)

↑(上)絵看板　軽業・足芸一座　興行小屋の軒先に掲げられたもの。曲独楽・籠抜け・曲持ち・足芸などの様子が描かれている。(明治22年頃)。(下)江川一座清遊館での玉乗り　玉乗りは、浅草六区で人気の見世物だった。(明治31～32年) ©Jacquier-Veyre

←『上野公園風船之図』 イギリス人スペンサーは、明治23年11月24日、上野公園博物館広場で風船乗りを披露した。先立つ11月12日には天皇皇后両陛下の天覧があり、大阪、京都でも興行。空中で曲芸を披露し大評判となった。

↓「大津ゑぶし」引札　「二十歳たらずの別品二人」が水中の鯉をつかむ。単純なようであるが、エロティシズムを売りものにしていた。大阪南地で行なわれたもの。(明治前期)

業も、外来の文化であるサーカスへと引き継がれていった。また、見世物として飾られた天然奇物や珍獣、油絵などが、博物館・美術館や動物園、遊園地といった恒久的な施設のなかに取り込まれていったように、一過性の性格が強い見世物は、しだいに娯楽の主役の座から後退し、近代化の流れのなかで大きく変質していくことになった。（川口明代）

▶娯楽化する博覧会(p500)

正月の風俗

伝統的なしきたりと明治に始まる習わし

⬅⬆獅子舞い 古くから伝わる民俗芸能で、正月に五穀豊穣や悪魔祓い（ばらい）を願う。（明治23年頃）

消防出初め式 江戸時代中期から伝わる正月の儀式。これは横浜の吉田橋（明治2年に関内（かんない）への入り口に建設された鉄製橋）の上で行なわれた出初め式。消防夫たちが余興として梯子（はしご）乗りの離れ業を披露している。

明治期の正月風俗には、大ざっぱにいえば、江戸時代以来の正月風俗を引き継いだものと、明治になって新しく始まったものの二種類があった。

●江戸から受け継いだもの

江戸から続く東京の正月風景としては、出初（でぞめ）め式（しき）・万歳（まんざい）・鳥追（とりお）い・獅子舞（ししま）い・初日の出詣で、恵方詣（えほうもう）で（初詣で）、初縁日参詣（さんけい）（正月5日の初水天宮（すいてんぐう）や21日の初大師（だいし）など、各社寺の最初の縁日に参詣すること）といったものがあげられる。ただし、江戸時代の形がそのまま残っていたとは限らない。たとえば、江戸の出初め式は町火消（まちびけし）がそれぞれの組合の町で行なう私的なものだったが、明治8年（一八七五）に東京で始まった消防出初め式は、消防夫たちが整然と並び、警視総監が臨席して各消防組の巡視を行なうなど、公的な性格をもつものとなった。

また、明治期といえば、江戸時代以来のさまざまな古い慣習が衰微していったと思われがちだが、必ずしもそうとばかりはいえない。たとえば、元日の恵方詣では、維新後しばらくの間、低調となっていたが、明治20年代以降、ふたたびにぎわうようになる。

⬆「参賀と登城」 正月元日および2日には、宮中で朝賀が行なわれ、礼装した文武官が皇居（宮城）に参集した。その壮観を見物することは東京の人々の楽しみでもあった。これは江戸の庶民たちが元日の武士たちの登城をひれ伏しながら見物し、うわさしあった光景（図中右上）とよく似ていた。（明治42年）

⬆「恵方詣、住吉詣、春遊びの図」（恵方詣での部分） 元日の恵方詣では、維新後やや低調となったが、明治20年代になるとふたたび盛んになった。（『風俗画報』明治28年より）

さらに明治後期になると、交通機関が整備されていくにつれて、移動が格段と便利になったため、東京のさまざまな社寺参詣行事が活性化していった。なかでも元日の恵方詣では、鉄道会社が新聞広告や運賃割引などによって郊外の社寺への恵方詣でをさかんに宣伝するようになったこともあって、隆盛をきわめるようになった。必ずしも都市化・近代化が、旧来の慣習を衰退させるとは限らないのである。

●明治に生まれた正月風俗

一方、明治期になって新しくみられるようになった正月風景としては、官公庁や学校での新年行事があげられる。たとえば、小学校では明治24年に小学校祝日大祭日儀式規定が施行され、元日に「君が代」斉唱、教育勅語奉読、御真影拝礼を行なうことが慣例となった。また、8日に天皇が臨席して行なわれる陸軍観兵式は、公的な行事ではあるが多くの見物客でにぎわった。

（平山　昇）

5

⬅「小学校元旦勅語奉読並唱歌」　小学校では、元日の朝9時までに生徒を集め、まず「君が代」を歌い、教師が、天皇皇后の肖像のかたわらで教育勅語を奉読する。その後、肖像を拝して解散となった。（『風俗画報』明治27年より）

6

⬆**新年の動物園**　東京の正月風景には、上・中流の人々が家族連れで動物園を見物する、といった新しい風俗もみられるようになった。（『風俗画報』明治40年より）

7

⬆**陸軍観兵式**　毎年1月8日には、青山練兵場で天皇が臨席して陸軍観兵式が行なわれた。諸連隊が威風堂々と整列する光景は多くの人々の関心を集め、見物客でにぎわった。そのため、もよりの甲武鉄道の駅（飯田町・新宿）はたいへんな混雑をきわめた。（明治20年）

8

➡「市中新年の有様」　正月のさまざまな風俗を描いている。「年玉」は今日の「お年玉」ではなく、商家が得意先に変わらぬ贔屓を願って配った品物のこと。「鳥追」は、元日から中旬まで、菅笠に縞の着物、日和下駄のふたり連れの女が、艶歌を三味線の伴奏で門付をしたもの。（明治32年）

川上貞奴

人物クローズアップ

←**川上音二郎一座「ボンドマン」初日**　本郷座座主が新派大合同を呼びかけ、川上一座に伊井一座が加わった。連日超満員が続き、このあと名古屋・大阪・京都・神戸で上演された。左側の芝居茶屋の垂れ幕に「正劇」の文字がみえる。（明治42年11月20日）

小熊貞は、明治4年（一八七一）、東京日本橋に生まれ、15歳で芳町の芸者となった。乗馬・水泳・玉突き・柔道、なんでもこなすお転婆者の小奴は、伊藤博文に水揚げされ、後年に至る知遇を得る。

運命の変転は明治24年（23年とも）、東京劇壇に乗り込んだ壮士芝居の川上音二郎と出会ったことだった。すぐにひかれあったふたりは「一緒になった」。

しかし音二郎は、ひとつところに落ち着かない。結婚後、フランスに渡り、帰国して日清戦争劇で大当たり、歌舞伎座に進出したところまでは上出来だった。ところが、自前の川上座を創設するのに借金を重ね、参議院に立候補しては落選。失意に沈んだ音二郎は、貞と娘と犬を連れ、ボートで横須賀を発って漂うこと四か月、神戸に漂着したこともあった。

貞にとって思いもよらぬ出来事の最たるものは、明治32年からの欧米巡業で、舞台を踏まされたばかりか、貞奴と名のらされ、看板女優に仕立てあげられてしまったことだった。しかも女優貞奴は、各地で絶賛を浴び、万国博覧会に沸くパリでもその名声を高めた。二度の訪欧で貞奴は、当時の名優になぞらえ〝東洋のドゥーゼ〟とうたわれた。

日本での舞台は、帰国後の明治36年が初舞台だった。川上の起こしたせりふ重視の「正劇」運動を助けてシェークスピア劇を演じ、明治41年からは帝国女優養成所を主宰した。音二郎の没後、大正6年（一九一七）に女優を引退したのちも、川上児童劇団を経営した。昭和8年、岐阜の鵜沼に貞照寺を建てて入山、没したのは昭和21年のことだった。

私の人生はミステイク、といいながら、「サダ・ヤッコ」は世界に輝いた日本女優の第一号となった。

（児玉竜一）

川上貞奴　略年譜

年	年齢	事項
明治4年	0	7月18日、東京・日本橋に生まれる。
明治16年	12	日本橋浜田家の雛妓「小奴」となる。
明治20年	16	芸者「奴」となり、伊藤博文を知る。
明治27年	23	川上音二郎と結婚。
明治29年	25	神田三崎町に川上座開業。
明治31年	27	音二郎とボートで日本脱出を図る。
明治32年	28	アメリカ巡業で舞台に。芸名「貞奴」。
明治33年	29	欧州へ渡り、パリ万博に出演。
明治34年	30	帰国ののち、再度渡欧して巡演。
明治36年	32	翻案「オセロ」で国内初舞台。「ベニスの商人」「ハムレット」に出演。
明治41年	37	帝国女優養成所を創設。
明治44年	40	川上音二郎没。
大正4年	44	「軍神」で六代目菊五郎と共演。
大正7年	47	大阪で引退興行。福沢桃介と同棲。
大正13年	53	川上児童劇団を創設。
昭和8年	62	岐阜県鵜沼に貞照寺を建立。
昭和21年	75	12月7日、熱海の別荘で死去。

↓**音二郎と貞奴**　明治32年4月、音二郎・貞奴一行はアメリカ巡業に旅立った。その後、数度、欧米へ出かけ、貞奴は名声を獲得して帰国。これは、帰国後、36年頃のふたり。41年に音二郎が死去し、14年に及ぶ夫婦生活が終わる。晩年、貞奴は初恋の人でもあった実業家福沢桃介と同棲し、75歳で病没する。

『ル・テアトル』誌表紙の貞奴　その踊りと着物姿の美しさから、フランスでは「マダム貞奴」の名前が鳴り響いた。ピカソも彼女をモデルにした作品を残している。(1900年10月号)

「芸者と騎士」の貞奴　パリ万国博覧会の催し物のひとつとして、川上一座が公演。髪を振り乱して芸者の死を演じた貞奴の姿が、観客に強烈な印象を与え、フランスの新聞『イリュストラシオン』で、絶賛された。(1900年9月8日号)

「オセロ」の辻番付(つじばんづけ)　明治35年8月に帰国した音二郎は、翌36年2月、明治座で「正劇」と銘打ち、シェークスピアの翻案劇「オセロ」を上演した。貞奴の日本におけるデビュー作になった。翻訳ではなく江見水蔭(えみすいいん)による翻案。オセロは音二郎演じる室鷲郎(むろわしろう)、デズデモーナは貞奴演じる鞆音(おとね)と役名が変えられた。辻番付は配役などを知らせるポスターのこと。

「ヴェニスの商人」の舞台　翻案劇「オセロ」に続いて選ばれたシェークスピア劇。法廷の場面だけを、アメリカで見た舞台そのままに再現しようとした翻訳正劇だった。第3弾は本郷座での「ハムレット」、これも翻案ものだった。

▶壮士芝居とオッペケペー（p248）

3 展開の時代

映画時代の幕開け

短期間に見世物から報道にまで展開した

←（上）**シネマトグラフの1シーン**　フランスから輸入された。（中）**歌舞伎の一場面**　名古屋の御園座で中村鴈次郎一座が公演した「鳰の浮巣」が、劇場の裏手で撮影された。（明治33年）（下）**日露戦争の活動写真**　乃木希典とロシアのステッセル両将軍会見の一場面。　2・3・4

↓**「活動大写真」ポスター**　駒田好洋の興行により、明治32年6月には日本製の活動写真が登場した。東京・本郷中央会堂のあと、歌舞伎座、明治座などを経て、春木座で公開された際のポスター。　1

日本の映画の黎明は、海外からの輸入に始まった。まず明治29年（一八九六）11月、エジソンが発明した「キネトスコープ」が神戸・神港倶楽部で公開された。これは箱の中のフィルムを回転させ、動く映像をひとりずつのぞき見るものだった。続いて30年2月、フランスのリュミエール兄弟が発明*した、一度に大勢が鑑賞できるスクリーンに映写する方式の「シネマトグラフ」が、大阪・南地演舞場で上映された。

●巡業隊が全国をまわった

時を同じくして、エジソンの映写式「ヴァイタスコープ」が、大阪・新町演舞場で公開された。東京神田・錦輝館でも、別ルートで輸入されたヴァイタスコープが公開され、また同時期に横浜・湊座では別のシネマトグラフも上映された。わずか四、五か月の短期間に、相次いで映画が輸入され、各地で公開されたのである。

当初は公開の際の呼称も「自動幻画」「自動写真」などさまざまだったが、やがて「活動写真」が一般的になる。音声はまだなかったが、はじめて現実そのままの動く映像を目にした人々にとって、驚きの出来事であったに違いない。

はじめは上映フィルムも輸入されたものだったが、明治32年6月、東京の本郷中央会堂で、日本人の手による映画がはじめて興行された。浅野四郎や柴田常吉が撮影した、風景や芸者の手踊りなどのきわめて簡単な記録映像であった。

日本製劇映画の第一号となったのは、柴田常吉撮影の『ピストル強盗清水

→**ヴァイタスコープ**　アメリカのトーマス・エジソンがキネトスコープをみずから改良したもの。　→**活動写真を見る人々**　東京神田の錦輝館。桟敷に腰を下ろしたり、立ち見でヴァイタスコープを見る人々。（『風俗画報』明治30年より）　6　5

定吉』、現存最古の映画は、九代目団十郎と五代目菊五郎による歌舞伎舞踊『紅葉狩』である。

当時は、説明者（弁士）・技師・楽隊がフィルムと映写機材を携えて全国を巡回し、芝居小屋や貸席、仮設の天幕などで活動写真を興行していた。このような巡業隊を主宰した駒田好洋は、みずから弁士を務め、得意文句からとった「頗る非常〟大博士」の愛称で人気を博した。

ニュース映画が大ヒット

明治33年5月に勃発した義和団事件に、博文館の写真技師として特派された柴田常吉は、吉沢商店の要請により映画撮影も行なった。10月には錦輝館でいち早く興行された。日本のニュース映画の先駆けとなったこの記録映像は、全国を巡業し、記録的な大ヒットとなった。

明治37年2月に日露戦争が起こると、さっそく世界各国から戦場にカメラマンが駆けつけた。吉沢商店も撮影班を派遣し、その第一報が5月に錦輝館で上映された。この記録映像の上映は、戦争の実況を見たいという人々の欲求にこたえ、各地でたいへんな活況を呈した。それまで見世物の一種と認識されていた活動写真が、ニュースを伝えるという役目も果たすようになったのである。

（川口明代）

＊リュミエール兄弟　動く映像の撮影・現像・上映を兼ねた機械「シネマトグラフ」を開発し、一八九五年、パリではじめて上映した。明治10年（一八七七）、フランス・リヨンに留学した京都の実業家稲畑勝太郎と交流があったことから、稲畑が日本への最初の紹介者となった。

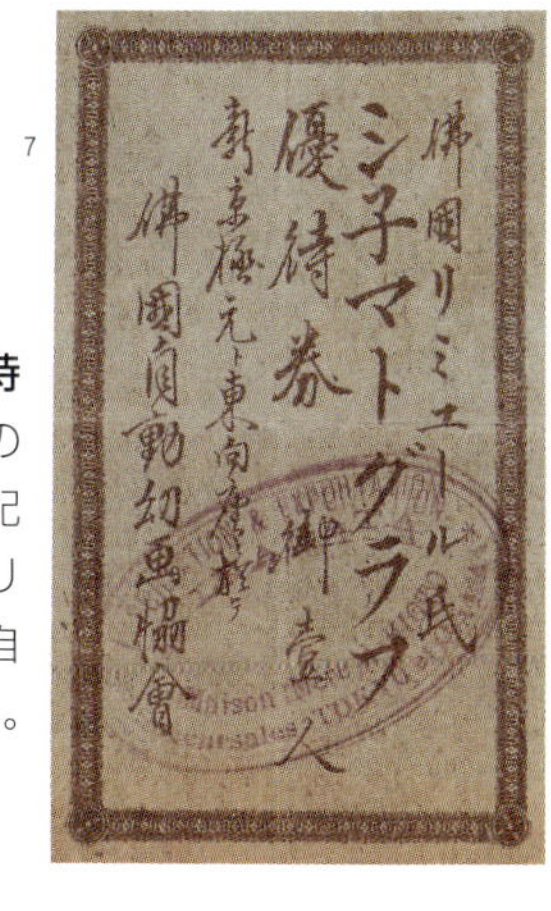

7

➡シネマトグラフ優待券　シネマトグラフの「ネ」が「子」と表記されている。「佛国リミエール氏」「佛国自動幻画協会」とある。（明治30年）

8

⬆劇場前の観客　明治35年、蓄音機を用いた「発声活動大写真 原名キ子トフォン」が公開された。これは12月に大阪道頓堀の角座で興行されたときの様子。

……常設館の増加……

（件）

明治	東京	横浜	名古屋	大阪	京都	神戸	合計
36年	2						2
40年	2			1			3
41年	4	1	4	2	1		12
42年	4			2	1	1	8
43年	6			1		4	11
44年	4	2		5	6		17
45年			1				1

注：45年は7月30日まで　　御園京平『活辯時代』に基づく

⬆増加する常設館　当初、芝居などの劇場を代用しての上映だったが、明治36年10月、東京・浅草に、見世物小屋を改造したはじめての活動写真館、浅草電気館が開業した。明治末年までに映画上映専門の常設の活動写真館は50を超えた。

9

⬆活動写真ポスター　明治40年に開かれた東京勧業博覧会の様子などを上映。「其の他斬新奇抜なる演劇、魔術、滑稽、風景、戦争等数十種、毎夜差替へ観覧に供す」とある。（明治40年頃）

10

⬅「戦争大活動写真」ビラ　戦争の記録が上映される一方で、象の曲芸も同時に出され、活動写真はまだ見世物と同列に扱われることもあった。東京・本郷座。（明治末頃）

▶映画の隆盛と俳優たち（p494）

暮らしのなかの音楽

邦楽に加え、明清楽、洋楽と庶民の好みは変化する

明治も後期になると、人々が暮らしのなかで楽しむ音楽も明治初期とはずいぶん変わってきた。そのことを、まず、明治8年（一八七五）と41年の、東京に居住していた音楽専門家数の変化から見てみよう。

●お稽古事と明清楽

邦楽のなかでは、家庭のお稽古事として琴曲（箏曲）が大幅にのび、長唄がそれに次いだ。三味線音楽のなかでも常磐津・清元などの江戸の浄瑠璃は減少し、寄席で流行した義太夫と、新興の浪花節が増えている。謡曲・琵琶・尺八なども徐々に教習者を増やしつつあり、全体として、東京の町中では今日「邦楽」とくくられている音楽が大きな部分を占めていた。

一方、明治後期になって耳にしなくなった音楽に、文化文政期から天保期にかけて（一八二〇～三〇年代）中国から伝わった清楽がある。清楽は先行して伝来した明楽を取り込み、「明清楽」とも呼ばれた。月琴などの合奏音楽として、明治前期には各地で流行していたが、日清戦争で敵性音楽となり、急激に衰退した。しかし代表曲「紗窓」の替え歌が関東大震災後に「復興節」として歌われるなど、その音の記憶は意外に後年まで生き残ったのである。

諸芸人名録（明治8年）		東京市市勢調査（明治41年）	
清楽	31	音楽教授（清楽を含む）	31
		洋楽指南	7
		音楽師	87
能狂言師	92	能狂言師	6
		能楽・謡曲師匠	95
琵琶（平家）	3	琵琶指南（薩摩・筑前）	17
琴曲（箏曲）	12	琴曲指南（箏曲・二弦琴）	340
二弦琴	33		
尺八	14	尺八指南	17
		三味線指南	158
		遊芸師匠（端唄・歌沢・新内）	56
義太夫	280	義太夫師匠	173
		義太夫語り	322
都節（一中節）	51	一中節師匠	19
長唄	302	長唄師匠	340
		長唄唄い	21
新内節・富士松	133	新内語り	28
常磐津・岸沢	471	常磐津師匠	210
清元	331	清元師匠	250
音曲	30	遊芸稼人	204
		浪花節語り	277

⬆東京市の音楽専門家数　明治8年発行の『諸芸人名録』に掲載された音楽専門家の数を、『明治41年東京市市勢調査職業別現在人口表』と比較。明治41年に「音楽師」とあるのは、おもに活動写真館の洋楽奏者と思われる。

●庶民に広まった西洋音楽

西洋音楽は、明治初期にはキリスト教会や学校、公的行事の場にしか響いていなかったが、この時期には広告宣伝や活動写真のために演奏する楽師たちも増え、町中でピアノ・オルガン、ヴァイオリンなどを教授する人々も登場しはじめた。こうしたなかから、ヴァイオリンと箏（琴）や尺八を合奏する光景も生まれる。

日露戦争後の明治38年から日比谷公園で始まった陸海軍軍楽隊の野外演奏会でも、当時の人々の耳になじんでいた「越後獅子」「千鳥の曲」などの邦楽曲が西洋曲に交じって演奏されていたし、活動写真の世界でも、洋楽と邦楽を組み合わせた和洋調和楽という音楽が使われていた。

さらに、新しい音楽の楽しみは、大学などに誕生したアマチュアの合唱団や合奏団だけでなく、楽器とユニフォーム一式をそろえ、指導者を頼んで結成された地方のアマチュア・バンドにも広がっていったのである。

（塚原康子）

3 展開の時代

明清楽の流行

2

⬅『月琴楽譜』　明治期には、中国の伝統的な記号譜（工尺譜）で記された清楽の楽譜が、100種ほど刊行された。これは明治10年に大阪で刊行されたもので、曲は「紗窓」。

3

⬇清楽器之図　清楽に用いる楽器一覧。（『風俗画報』明治28年より）

1

⬇清楽合奏会　清楽は江戸時代の1820～30年代に長崎に伝来し、明治に入ると各地で親しまれた。写真は、明治20年代の清楽合奏会を撮影したもので、月琴（左端）、木琴・阮咸・唐琵琶（中央～右端）などが見える。

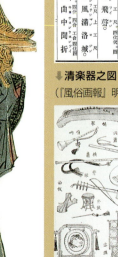

4

5

⬇『日本俗曲集』 西洋音楽の浸透とともに、当時流行っていた邦楽や俗曲なども五線譜に写された。これは手風琴（アコーディオン）などの西洋楽器で演奏するための初の楽譜集。楽譜は「越後獅子」。（明治28年）

⬇彭城貞徳『和洋合奏之図』 家庭で西洋楽器のヴァイオリンと尺八とを合奏する場面を描いた油絵。ヴァイオリンを畳に座って弾いていることに注目。（明治39年頃）

⬆白瀧幾之助『稽古』 東京の下町では、女子が6歳になるとお師匠さんについて長唄などのお稽古を始めるのが通例で、こうした光景は日常的だった。白馬会系の画家白瀧による油絵。（明治30年）

7

6

⬅天道音楽隊 福岡県嘉穂郡穂波町天道で、商店主らにより結成されたアマチュア・ブラスバンド。外国製のユニフォームを身に着け、東京から指導者を呼んで練習に励み、日露戦争時には出征兵士の見送りにも活躍した。（明治33年）

8

➡法界屋 編笠をかぶり、月琴や胡弓を携えて清楽の歌に由来する「ホーカイ」という囃子詞入りの「法界節」を歌う大道芸人。（西沢爽『日本近代歌謡史 資料編』より「新はうかいぶし」表紙挿画。明治33年）

▶西洋音楽を取り込む（p128）

大ブームの浪花節

筋のある語り芸が階層を問わず大流行した

洋の東西を問わず、かつて大道は芸能の舞台であった。「阿呆陀羅経」「ちょんがれ」や「でろれん祭文」と呼ばれた道の芸を母体として、「浮かれ節」と名のる語り芸が江戸時代の大坂で成立し、同種のものが関東にも伝播した。

●放浪芸からの成長

明治5年（一八七二）、教務省の指示によって芸人の組合をつくるに際し、関東ではこれを「東京浪花節組合」と名付けた。組合の所在地は、江戸以来の貧民窟として知られた芝新網町。浪花節は、まぎれもなく放浪する道の芸の末裔であった。

江戸時代以来、大道や境内などで行なう葭簀張りの掛け小屋興行をヒラキと称した。明治10年代から、浪花節は徐々に寄席への進出を始めるが、多くは「ちょんがれ」や「でろれん祭文」同様に、ヒラキがおもな舞台であった。ヒラキは自由民権運動の興隆期にあっては、ゲリラ的な政談演説の場ともなったため取り締まりの対象となり、明治24年には保安条例によって、浅草などを除いていっせいに閉鎖される。

これと並行するように、明治20年代から30年代にかけて、浪花節はその勢力を伸長してゆく。祭文やくどき、音頭などを下地にして筋のある語り物として成長した浪花節は、とくに講談の物語性を十分に取り入れて、長大な物語を編み出していった。

●桃中軒雲右衛門の成功

浪花節の興行形態を根底的に刷新したのは、明治40年6月、東

1

↑雲右衛門の肖像　明治6年生まれなので、雄渾な節で本郷座を制したときは、まだ34歳。明治45年には歌舞伎座の舞台にも立つが、胸を患い、大正5年、わずか43歳で世を去る。

↓雲右衛門のレコード　雲右衛門得意の「義士伝」のうち、「南部坂後室雪の別れ」。発売は明治45年5月、2枚組み3円80銭、雲右衛門のギャラは1万5000円だった。

3

2

↑桃中軒雲右衛門人気　庶民に拝まれる雲右衛門のカリスマ人気を象徴する戯画（『東京パック』明治40年12月1日号より）。のちに雲右衛門は剃髪し、雲右衛門入道と称した。

↓桃中軒雲右衛門公演の日の明治座　観客入場前の高座の光景。諸方から贈られた垂れ幕をはじめ、大劇場での公演の様子がよくわかる。ここに羽織袴姿で現われ、口演した。

4

京・本郷座での桃中軒雲右衛門による二七日間興行の成功であった。これをさかのぼるわずか六年前、師匠の女房を奪って東京を追われた雲右衛門は、九州で宮崎滔天の助力を得て再起、大阪を席巻した勢いのまま東上して、東京の大劇場を征服したのであった。

「武士道鼓吹者」を名のった雲右衛門は、赤穂義士伝を得意としたが、本郷座では舞台上手に四十七士の画幅を掲げ、舞台中央には壮士演説会風の卓を置き、美麗なテーブル掛けは演題ごとに交換し、総髪を束ねた自身も演題ごとに衣装を着替えたという。

雲右衛門の大成功に続くかたちで、吉田奈良丸・京山小円も大劇場公演を成功させ、浪花節は聴衆の階層を問わぬ大流行を巻き起こすことになる。明治43年には東家楽遊が吹き込んだ「小松嵐」が大ヒット、奈良丸の「義士伝」も続いて、浪花節はレコードという新メディアを拡張させ、全国にその流行圏をのばしつづけたのである。

浪花節の興隆を快く思わぬ旧勢力もあった。『講談倶楽部』(明治44年11月創刊)は講談速記を柱として、浪花節の物語も掲載していたが、大正2年(一九一三)、講談師が浪花節と同じ誌面に載ることを拒否する問題が起こり、これを機に、はからずも大衆文芸の誕生が促されることになる。

(児玉竜一)

5

⬆横浜・劇場通りのにぎわい 明治30年代、東京では浪花亭一門や東家楽遊一派と並んで、横浜で人気を得た青木勝之助一派が台頭した。彼らも盛り場伊勢佐木町の小屋で口演した。

6

➡寄席の浪曲師 大劇場進出以前の典型的な高座姿。ほかの邦楽同様、脇にいた三味線の曲師を陰に隠し、それがその後の定型になった。(『風俗画報』明治40年10月より)

7

⬅雲右衛門と宮崎滔天 雲右衛門(右から2人目)の東上以前、九州での雌伏期間を支えたのが大陸浪人、宮崎滔天(中央)だった。雲右衛門に弟子入りし桃中軒牛右衛門を名のった。

盛り場の塔

つぶぞろいコレクション

1

⬅⬆凌雲閣（りょううんかく）（浅草十二階）　煉瓦造り 10 階の上に木造の 2 階を載せる。ベネツィアのサン・マルコ広場鐘楼を八角形にしたような形。日本初のエレベーターは、開館後まもなく使用停止となる。世俗の塔の象徴である。（東京・浅草、明治 23 年、バルトン設計）

➡南明館（なんめいかん）　百貨店の前身である勧工場（かんこうば）の建物。洋風と和風が入り混じり、各層間の意匠が不連続なその構成は、ほとんど擬洋風建築である。（東京・神田、明治 32 年）

3

4

➡服部（はっとり）時計店（現セイコー）時計塔　複雑な構成は一見異様だが、ルネサンス様式の細部は意外に端正。現在は建て替えられ、小売り業務を継承した銀座・和光が営業。（東京・銀座、明治 27 年、伊藤為吉（いとうためきち）設計）

2

凌雲閣機繪双六

ずっしりと重い瓦屋根が、地をはうように立ち並ぶ日本の都市空間。水平方向に飽和しきった都市のエネルギーを垂直に解放するかのごとく、明治の盛り場には数々の塔が立ち上がっていった。

塔はまず視線を集めるものとして立ち現われた。その代表が時計塔である。町家の屋根に火の見櫓（やぐら）のごとく取り付けられるだけで、それは文明開化を表わす記号となりえた。火の見櫓は灯台のような洋風意匠へと変わり、ついには建物全体が時計塔となる。記号としての塔が広告媒体へと転化するのも、当然の流れであった。

立ち上がった塔に登りたくなるのも人情。しかし、明治初期には信仰の名目がなければ、高みに登る行為は実現しなかった。初期の塔がどこか伝統的な高層建築の形態を模しているようにみえるのは、それゆえである。この呪縛（じゅばく）は、明治20年（一八八七）頃に破られた。眺望を求める庶民の声は京都や大阪の料亭を楼閣化し、その傾向が一挙に加速して、塔の出現になった。奇妙な形態を帯びた塔がまず大阪に現われたのち、東京で煉瓦（れんが）造りの本格建築となり、そして全国へと飛び火していく。

庶民のエネルギーが昇華した盛り場の塔は、様式のルールに縛られない、擬洋風建築に通じる不思議な高揚感にあふれている。とはいえ、その造形にはどこかで見たような印象もそこはかとなく感じられる。そんな異形の塔の競演を楽しむことにしよう。

（清水重敦）

5

←通天閣　第5回内国勧業博覧会跡地に設けられた娯楽地新世界に建てられた。現在の通天閣の前身。凱旋門にエッフェル塔を重ねてしまう欲張った造形のうえ、ロープウェーまで設けられた。（大阪、明治45年）

6

仁丹広告塔　広告の重要性を痛感していた創業者の森下博が、大阪駅前に建設した。各地の仁丹塔の端緒。広告塔の名にふさわしく、主体部をごく単純な方形とし巨大な文字を目立たせる。頂部のドームは仁丹か。（明治40年、大阪）

7

←眺望閣　日本橋有宝地に建てられた、灯台を太らせたような八角5階建て。コリント式の柱が内に転ぶ奇妙さ。翌年には北野に9階建て凌雲閣も建つ。（大阪、明治21年）

9

亜公園集成閣　浅草十二階に刺激されてできた八角七重塔。上すぼまりで、各層にベランダが巡るその形態は、伝統的な塔に似て非なるもの。（岡山、明治25年）

8

↑吉水温泉の塔　医師明石博高が、治療施設としての温泉の静養室兼展望台として建設。金閣を模したという木造3階建ての形態ゆえか、歓楽地化した。（京都・円山公園、明治6年）

10

➡高砂館　中洲に建てられた木造8階建てで、高さ30mに及ぶ。八角の基部に方形の頂部を載せた異形を、さらに多数の看板で飾り立てる。眺望塔と広告塔の合体（福岡、明治35年）

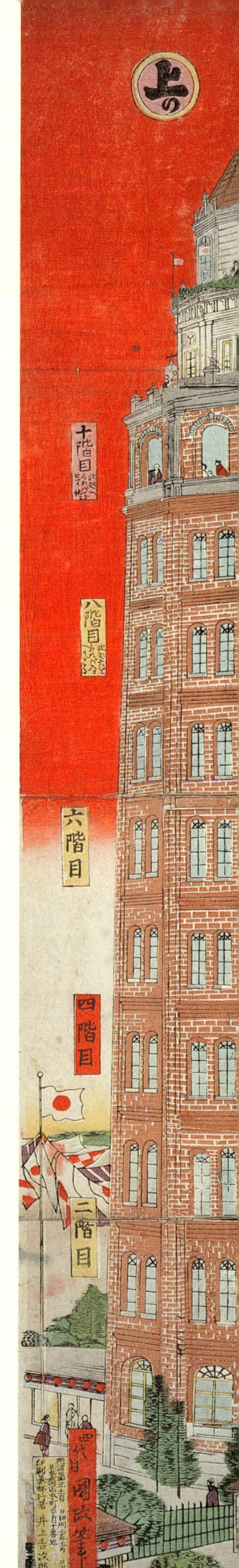

デパートの誕生

陳列販売によるデパートが新しい消費と娯楽を提供

1

↑**新しい陳列販売方式**　1階に座売りを残し、2階を新しいタイプの陳列棚にした三井呉服店。（明治28年）

江戸時代までの一般的な店での販売方式は、「座売り」と呼ばれた。客と店員が相対して、店の奥から商品を少しずつ運んでくる方法のため、客は限りある商品のなかで選択せざるをえなかった。

●ひやかし歓迎の陳列方式

明治前期になると、東京の街なかに「勧工場」（「かんこば」とも読み、「勧業場」とも書いた）という施設が登場し、人気となる。勧工場とは、当時数多く催されていた勧業博覧会、共進会の際に売れ残った商品をさばくための施設である。勧工場が人気となった秘密は、商品の見せ方にあった。従来の店とは異なり、商品を陳列して客の目に触れるようにしたのである。「ひやかし」が許される空間の登場であった。しかし、勧工場は明治中期にはすたれていく。

一方で、近代的な商法を模索しつつあった老舗の呉服店が陳列方式を採用しはじめ、三井呉服店は、明治33年（一九〇〇）10月に全館を陳列場として開場した。やがて、この陳列方式が一般的となる。明治38年1月2日の新聞各紙に、三越呉服店は「デパートメントストア宣言」を掲載し、これを契機に、百貨店は近代的商業施設であるデパートメントストア（百貨店）へと変貌を遂げていく。

2

↑**勧工場の様子**　東京・上野広小路の杉山勧業場。中央の店に食器類が、手前の小屋に傘が陳列された。（明治22年）

●明治期百貨店のおもな出来事

年	事項
明治5年	三井家、呉服業を分離（三越家の創設）
明治21年	三越洋服店、東京・日本橋に開業
明治28年	越後屋、合名会社三井呉服店に改組
明治31年	高島屋大阪・心斎橋店開業
明治32年	三越、百貨店ポスターを初使用、PR誌『花ごろも』創刊
明治33年	三越で女子店員が初採用される
明治37年	三越、株式会社組織に改組、三越呉服店設立
明治38年	東京・日本橋の白木屋で、初の食堂設置
明治39年	三越、「デパートメントストア宣言」を主要新聞紙上に掲載
明治40年	高島屋で「ア・ラ・モード陳列会」（のちの百選会）開催
明治41年	高島屋心斎橋店増築開店、陳列販売に
明治42年	大丸、新会社としての営業開始
明治43年	三越少年音楽隊結成
	株式会社いとう呉服店、名古屋に創立（松坂屋）

3

←**陳列立ち売りの開始**　ガラスのショーケースなどに、商品が整然と並べられている。現代とそれほど変わらないともいえる。（明治末期、松坂屋東京・上野店）

▶「家庭」の時代（p454）、百貨店がつくりあげた文化（p470）

百貨店が生活を変えた

百貨店は近代都市を象徴するもののひとつとなり、近代建築、先端的な装飾のショーウインドーなどで、人心を引きつけた。当時の百貨店では取り扱い商品の中心はまだ高級品・奢侈品などであり、庶民の手に届くものではなかった。しかし、半期に一度くらいの割合で行なわれた売り出し（バーゲンセール）の際には、大勢の人々がつめかけて売り場を埋めつくした。日本の百貨店の特徴のひとつとして、娯楽施設としての側面がある。高価な商品を買うことはできなくても、百貨店を訪れる人は絶えなかった。それは、各種の催しや付属施設などに娯楽的な要素が強かったためといえる。音楽隊の演奏、博覧会・展覧会などは連日大盛況であり、百貨店は競い合って、催しをつぎつぎと企画・開催していった。明治36年の白木屋を皮切りに、各店につくられた食堂も、たいへんな人気だった。

一方で、電信・電話の発達に伴って百貨店は通信販売網を整備し、遠隔地からも購入可能となった。

こうして、都市の消費・娯楽施設として百貨店は登場し、人々のライフスタイルを変えつつ、生活に浸透していくこととなる。

（近藤智子）

4 ←いとう呉服店（松坂屋）新店舗　木造3階建て、高さ15mで、人々の目を引いた。（明治43年、名古屋）

5 ←三越呉服店の食堂内部　西洋風の調度品に囲まれ、瀟洒な雰囲気で食事を楽しむ。着物姿にエプロンの少女が給仕するのは日本食、和洋菓子など。（明治40年）

6 ↑マネキンを使った高島屋のショーウインドー

7 ↓ズラリと並んだ三越のメッセンジャーボーイたち（明治42年）

8 →西洋風な高島屋のポスター

9 ←デパートで売られた商品のいろいろ　中央に品目のおおよそが記されている。（三越呉服店の絵葉書）

舶来品としてのスポーツ

学生たちの心をとらえた欧米のスポーツの展開

一高・早大戦（明治42年）の写真絵葉書　攻撃側が一高。一高野球部は、明治23年以降対外試合で圧倒的な強さを発揮するとともに黎明期の野球界において主導的な役割を果たした。明治37年に早慶両校に敗れて以降は、早慶両校が野球界の盟主と見なされるようになる。

スポーツは、20世紀を代表する「ヒット商品」のひとつである。欧米のスポーツが世界各国に普及していくのは、今からおよそ一〇〇年前、19世紀後半から20世紀の初めにかけてであったが、その最大の輸出国は、いうまでもなくスポーツの母国イギリスであった。

●大英帝国からの発信

サッカー、テニス、ラグビー、陸上競技、ゴルフ、水泳、漕艇、ボクシング、バドミントンなどのスポーツが、ユニオンジャックが翻る大英帝国の領土を越え、まさに地球的規模で広がっていった。こうしたなかアメリカでは、イギリスから輸入されたスポーツのうち、ラウンダースなどの名称で行なわれていた球技を野球に、そしてラグビーをアメリカンフットボールに改造し、さらに冬場の室内スポーツとしてバスケットボールとバレーボールを新たにつくりだした。そして、限られた範囲ではあるが、アメリカ産のスポーツもしだいに国境を越えはじめる。

地球的規模での欧米スポーツの普及。それは、世界の最強国として世界の最先端をいく、イギリスやアメリカへの憧れと一体となったものであった。

日本において欧米スポーツの受け皿となったのは、旧制高校や中学、大学などである。明治政府が招いた外国人教師や帰国学生などによって紹介された欧米スポーツが、剣道や柔道などとともに「運動部活動」として定着していった。

ユニフォーム姿の正岡子規　子規が一高の生徒であった明治23年4月、「恋知らぬ猫のふり也　球あそび」という俳句とともに友人の大谷是空（おおたにぜくう）に送った写真。

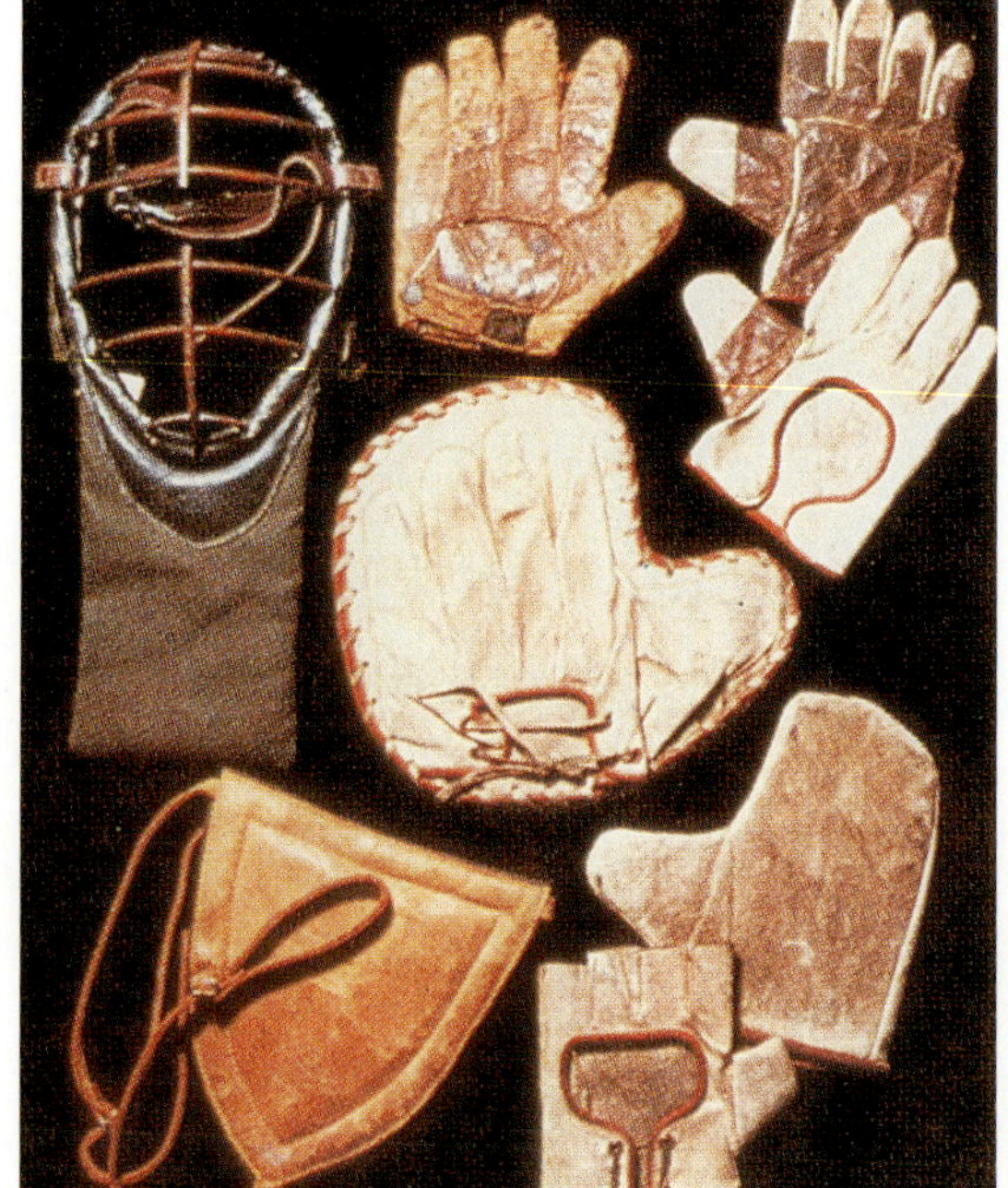

明治20～30年代の野球用具（複製品）　ナイン全員がミットやグラブを使うようになるのは、明治30年代からである。

⬆明治34年の慶應ラグビー部員　第1回横浜外国人戦のメンバー。中央のふたりが慶應大学にラグビーを根づかせた英国人講師E・W・クラークとケンブリッジ大を卒業して帰国した田中銀之介。

⬆日本でのラグビー試合　横浜の居留地に住むイギリス人たちによって行なわれたラグビー試合を描いたものと思われる。（『ザ・グラフィック』1874年4月18日号より）

⬅明治36年の日本のサッカー　東京高等師範学校（現在の筑波大学）フットボール部の練習風景。この年の2月に行なわれた横浜外国人チームとの試合は、9対0で完敗だった。

⬅⬇欧米スポーツの紹介　日本の実情に即したスポーツとして、テニスと漕艇のほかに、ベースボール、サッカー、クロッケーなどが紹介されている。（坪井玄道・田中盛業『戸外遊戯法』明治18年より）

国際舞台への進出

なかでもアメリカの国技である野球は、一高をはじめとするエリート学生たちの心をとらえ、20世紀に入るころには、正岡子規が〈愉快とよばしむる者たゞ一ツあり、ベースボールなり〉と断言したように、学生スポーツのなかでも王座の地位を占めるようになる。

柳田國男は、『明治大正史 世相篇』のなかで、〈外国の多くの競技法には、不思議なほど日本人は早く上達した〉と指摘しているが、たとえば、柳田が一高在学中の明治29年（一八九六）には、一高野球部が横浜外国人チームに三連勝し、その前年には、帝大漕艇部もボートレースで横浜外国人を破っている。

明治末になると日米の野球交流も本格化し、明治38年の早稲田大学野球部のアメリカ遠征を皮切りに、ハワイ・セントルイス野球団やワシントン大学野球部などが相次いで来日した。また、明治45年にストックホルムで開催された第五回オリンピック*に、マラソンの金栗四三、短中距離走の三島弥彦の二名が日本選手としてはじめて参加した。国際舞台への進出が始まるのである。（坂上康博）

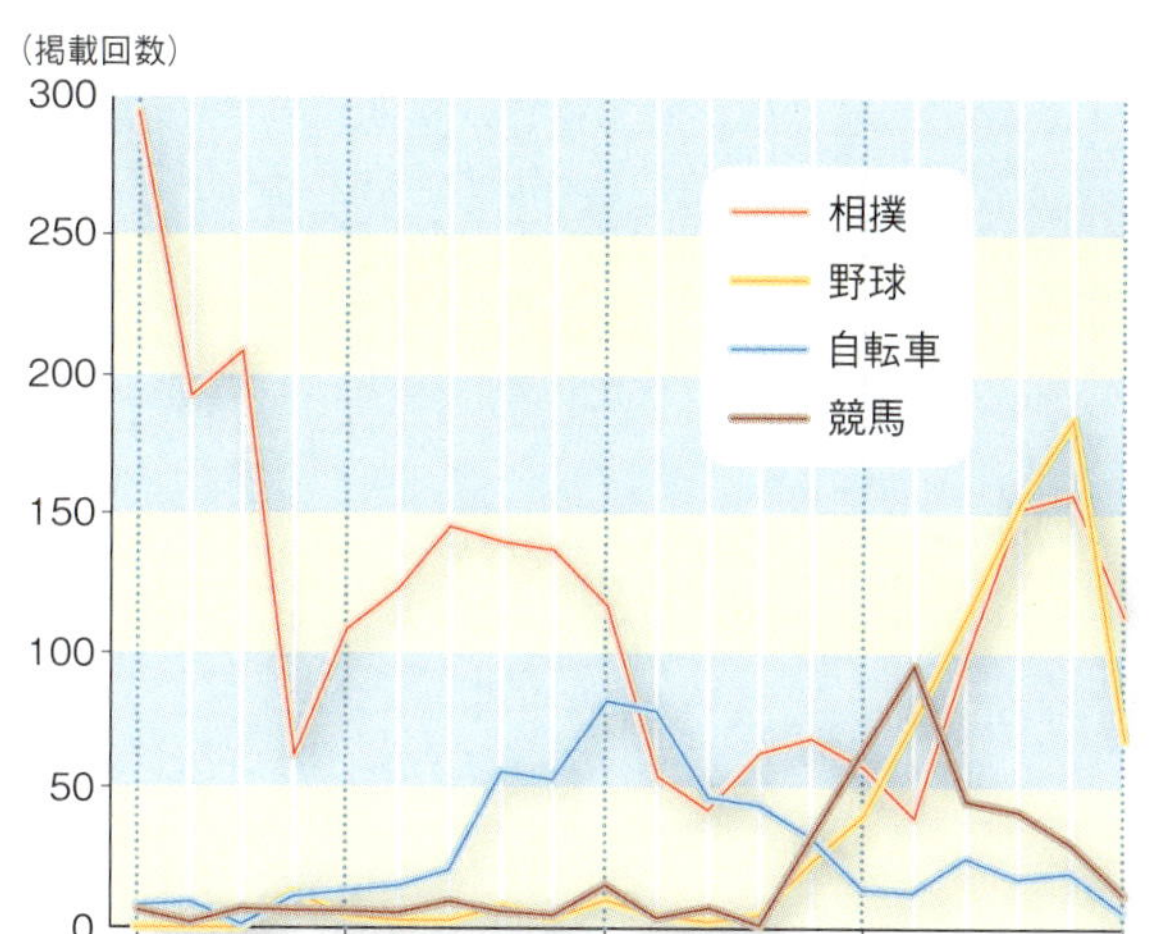

⬅『読売新聞』のスポーツ記事　明治26年から明治45年7月までに掲載されたスポーツ記事のうち、掲載回数が多い上位4種目をまとめたもの。明治の後半には、自転車・競馬・野球の記事数が相撲を上まわりはじめる。

グラフ／高橋直也作成

＊**オリンピック**　一八九六年にギリシャ・アテネで第一回大会が開かれた。参加国一三、選手数二九四。第五回は参加国二七、選手数二五三九だった。

肉体の改造

体操による体位の向上と規律訓練

小学校の連合運動会　後方から陸軍参謀本部の高い建物が見下ろし、嘉仁親王（のちの大正天皇）が見物席の最前列で観覧しているという構図は、国家による身体管理を象徴するかのようである。（井上探景『学校生徒大運動会図』明治21年）

第廿一　第十二　第十九

第三十　第廿九　第廿八

西洋体操の導入　これらの図は、英語文献から転載されたもの。いきなり西洋体操の実施を指示された教師たちは困惑したに違いない。（文部省編『体操図』明治9年より）

「六尺の偉軀」の欧米人に対し、「五尺の痩身」の日本人。身体についた日本人が抱かざるをえなかったコンプレックスは、現在の私たちには想像できないほど強烈で切実なものだった。そのため、日本人の身体の改造が、明治日本の国家的課題となるのだが、そのもっとも重要な場となったのが軍隊と学校であった。

体操と運動会

先行したのは軍隊だった。体操を含む洋式調練の導入は、すでに幕末期に幕府や諸藩によって行なわれており、維新後にはその研究・開発が陸軍戸山学校へと引き継がれた。

一方、明治5年（一八七二）の学制公布とともに誕生した学校体育は、翌年に「体操科」へと名称が変更され、身体の発達や健康増進を目的として欧米で開発された柔軟体操、球竿・亜鈴を使った手具体操などがその中心的なものとなる。

これらの体操は、明治19年以降、一括して普通体操と呼ばれるようになるが、それと同時に、全国各地で開催されるようになるのが運動会である。運動会は、地域住民に対して、体操による身体の改造の重要性を大々的にアピールする場となり、洋服の普及や就学率の向上を促すとともに、町村の祭りとも結合して独特の体育行事として定着していった。

東京大学、秋の運動会　明治18年の東京大学の運動会は、夏目漱石の『三四郎』にも描かれているように、陸上競技会の色彩が濃いものであった。

5

4

↖↑小学校の兵式体操と身体検査　湊川小学校（現在の神戸市）では、明治32年に木銃100組を購入し、兵式体操（中隊教練）を実施（写真上）。また、明治27年から学校医を置くとともに、定期的な身体検査を開始した（写真左上）。（『湊川小学校沿革絵巻』大正2年より）

6

↑兵士の身体の国際比較　身長が高い順に、左からイギリス、オーストラリア、アメリカ、インド、ドイツ、フランス、イタリア、オーストリア、そして最後が日本の歩兵。義和団事件（1900～01年）後に中国に駐屯した各国の兵士たちと思われる。（高島平三郎著『体育原理』明治37年より）

兵式体操の導入

ますぐにたてよ、正しくむけよ、左を見るな、右もみるなよ。かしらをまげず、むねをばいだし、ちかよりすぎず、ほどよくならべ。ゆだんをするな、がうれい（号令）まもれ、足なみそろへ、しづかにあゆめ。

これは、明治20年刊の小学校の国語教科書、『尋常小学読本（巻一）』に描かれた隊列行進についての描写である。

明治政府は、明治19年の諸学校令の制定を機に、兵式体操という名の軍隊式の集団行動を、小学校低学年を除くすべての男子生徒に課したが、これはその小学校版なのだ。こうして学校にも、軍隊式の規律訓練がなだれ込んでくるのである。

さらに日清・日露戦争後には、体位の向上と規律訓練が、欧米列強に伍する強固な兵士を育成し、弱肉強食の帝国主義時代を生き抜いていくために必要不可欠なものとして、改めてクローズアップされてくることになる。（坂上康博）

7

←陸軍戸山学校の器械体操　陸軍戸山学校は、陸軍のいわば体育学校であり、兵士の訓練方法や体操について、最先端の研究と授業が行なわれた。（歌川国利『新板器械体操之図』明治20年頃）

社会民主党と非戦運動

労働組合が結成され、反政府の声が高まった

⬆明治34年4月3日の日本労働者懇親会　二六新報社が主催し、東京・向島の同社運動場で開かれた。前売り入場券5万枚を売りつくし、多くの労働者が参加した。片山潜が「労働者の要求」5か条を提案した、日本初のメーデーといえる集会であった。

日清戦争後、急速に進行する産業革命のなかで、労働争議が多発していった。明治29年（一八九六）には二七件だった労働争議の数が、翌年には一一六件になる。そして、この年の7月、「労働は神聖なり」「結合は勢力なり」をスローガンとした労働組合期成会が結成され、12月に機関誌『労働世界』が創刊された。

●社会主義政党の結成

労働組合期成会の結成者は、靴工の城常太郎や洋服職工の沢田半之助などの職工や高野房太郎、片山潜などで、四名とも長期にわたって米国で働き、同国の労働運動を熟知していた人々であった。

期成会の指導により、機械・鉄道・印刷などの職工のなかに労働組合が組織されていったが、明治33年治安警察法が成立し、労働運動が弾圧される新しい段階を迎えた。片山潜は、事態打開のためには、社会主義政党を組織する必要があるとして、明治34年5月、安部磯雄・幸徳秋水・木下尚江・河上清・西川光二郎とともに、八時間労働制、団結権の保障、治安警察法廃止などの要求を掲げた社会民主党を結成するが、二日後、治安警察法により結社を禁止された。幸徳を除くメンバーは全員クリスチャンであった。

社会主義運動・労働運動が困難な状況に直面する一方で、藩閥と政友会が結合する支配政治体制と金権専横に反発する都市民衆と知識人は、明治33年頃から社会正義を掲げて足尾鉱毒反対運動を組織し、都市の雰囲気を変化させていった。『万朝報』は34年に理想団

労働世界

⬆『労働世界』創刊号　労働組合期成会の機関誌として、明治30年12月1日付で創刊された。片山潜を主筆とし、月2回発行され、労働運動の推進に大きな役割を果たした。

社会主義の普及

社会主義研究会	社会民主党	平民社	日本社会党
明治31年（1898）	明治34年（1901）	明治36年（1903）	明治39年（1906）
安部磯雄 片山　潜 幸徳秋水	安部磯雄 片山　潜 幸徳秋水	『平民新聞』 堺　利彦 幸徳秋水	堺　利彦 幸徳秋水

⬅➡高野房太郎（右）と片山潜（左）　高野は明治19年に渡米し、日本の労働組合運動の創始者となった。片山も明治17年に渡米、日本の社会主義運動誕生期の指導者になった。

6

←**平民社社屋と社員たち**　明治36年、幸徳秋水（前列着物姿）・堺利彦（その右）が平民社をつくり、同年11月、週刊の『平民新聞』を発行。石川三四郎（前列右端）と西川光二郎（同左端）も参加した。

5

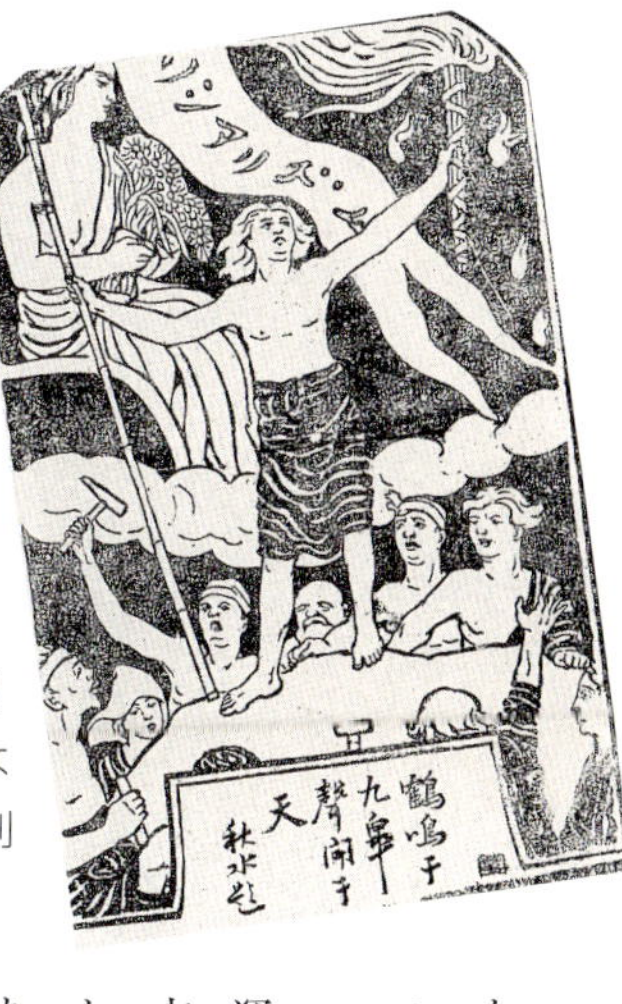

➡**日刊『平民新聞』創刊号の挿絵**　週刊『平民新聞』は発禁処分を受けるなど、明治38年の第64号で廃刊。日刊が40年1月15日に創刊された。

を結成、社会改良を主張して、この時流に乗った。

日露戦争の切迫が、このような運動のまとまりを砕いた。戦争を支持し、資本主義を発展させるなかで政治・社会運動を行なうか、あるいは戦争に反対し、好戦論の背後にある資本主義に抵抗するのかが焦点となった。

戦争に反対する主張

明治36年10月、『万朝報』は開戦論を明確にし、記者の幸徳秋水・堺利彦・内村鑑三はただちに退社、幸徳、堺のふたりは翌月平民社を設立、自由・平等・博愛と平民主義・平和主義・社会主義をうたった『平民新聞』を創刊した。

平民社は、成立の経緯からみても、社会主義一般ではなく、迫りくる戦争に対し、平和主義と非戦論を堅持し、この思想を宣伝するための結社であった。国家権力による個の抑圧を鋭く感じとり、生命とヒューマニズムを国家価値の上に置く青年がここに結集した。政府は38年1月、「共産党宣言」*を掲載した『平民新聞』の刊行を禁止し、同年10月、平民社を解散させた。

内村鑑三はクリスチャンの立場から戦争に反対した。日清戦争は、開戦の理由と裏腹に朝鮮の独立を危うくし、国民の道徳に腐敗をもたらした。戦争の利益は強盗の利益にすぎない。足尾鉱毒反対運動の先頭に立った田中正造は、足尾銅山と手を結び、日本国民たる被害民の生命と財産をなんら顧みない国家の起こす戦争は、国民のためになりえないと、戦争に反対したのだった。（宮地正人）

8

←**『火の柱』表紙**　『東京毎日新聞』に連載された反戦小説。社会民主党結成に参加した木下尚江が書いた。（明治37年5月刊）

7

君死にたまふことと勿れ

（旅順口包圍軍の中に在る弟を歎きて）

與謝野晶子

あゝをとうとよ君を泣く
君死にたまふことなかれ
末に生れし君なれば
親のなさけはまさりしも
親は刃をにぎらせて
人を殺せとをしへしや

↑**「君死にたまふこと勿れ」**　与謝野晶子が明治37年9月号の『明星』に発表した詩。出征中の弟をうたった詩は国民の心にしみ、大町桂月は「乱臣なり、賊子なり」とこれを非難した。

9

←**『軍人の妻』**　戦死した夫の形見を前にした妻を描いた作品。日露戦争後にはこういう反戦的ともいえる絵が現われた。（満谷国四郎、明治37年）

＊**共産党宣言**　一八四八年、ロンドンで出版された共産主義の最初の綱領的文書。ドイツ語の小冊子で、表紙に「万国のプロレタリア団結せよ」の文字があり、マルクスとエンゲルスが執筆した。

▶名物新聞記者たち（p380）

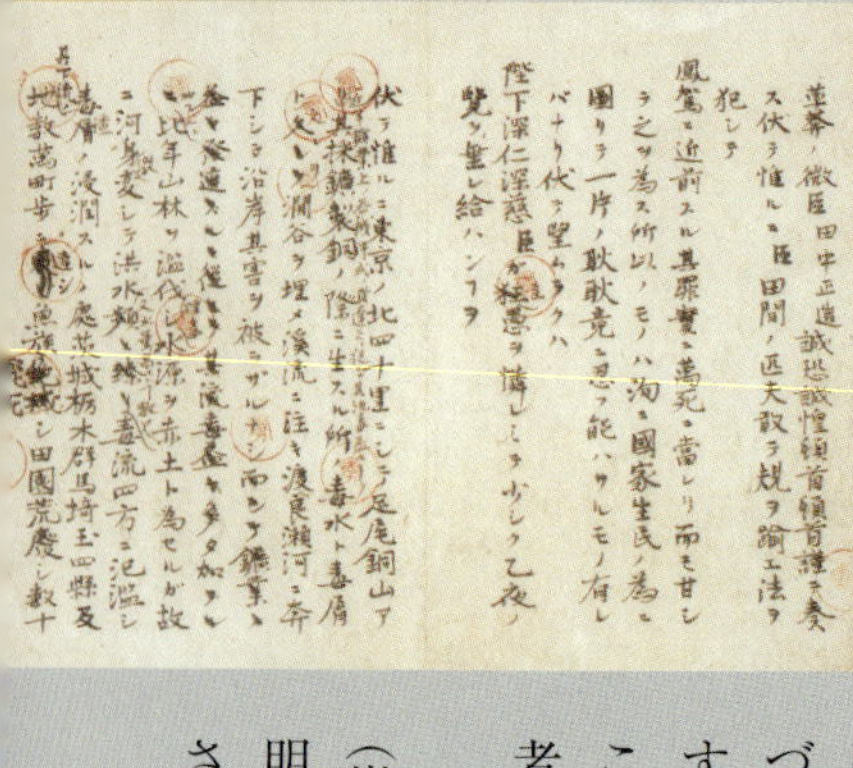

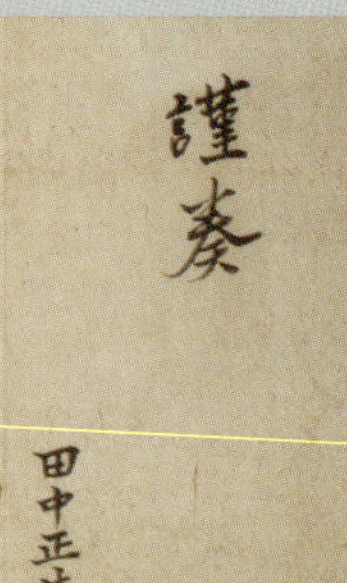

田中正造

人物クローズアップ

田中正造（幕末期は兼三郎を名のる）は下野国安蘇郡小中村（現在の栃木県佐野市）の農民で、同家は父の代から村内旗本六角家所領分の名主の家柄であった。彼も安政4年（一八五七）から名主役を務め、文久3年（一八六三）以降、領主の不法・圧政と闘い、明治元年（一八六八）には一〇か月以上も投獄された。

名主になる以前、村内居住の浪人儒者赤尾小四郎に水戸学的な教育を受けたが、六角家と闘っているさなかの慶応元年（一八六五）閏5月、百姓を天皇の御民と位置づけ、領主は天皇の委任を受け、百姓を預かっているにすぎないと主張する平田国学塾（気吹舎）に入門する。これは、田中家が敬神と社会奉仕を強調する富士講の信者であったことと関係がある。

明治3年、正造は尊王家であった友人の推薦で江刺県（岩手）の下級官吏となったが、殺人の嫌疑をかけられ、明治4年から7年4月までの約三年間、冤罪のまま投獄された。獄中の苦しみのなかで、正造は権力の恣意性、

➡田中正造　大正元年(1912)10月撮影の最後の写真。晩年に不動産を村の自治会に寄付し、死の枕元には、菅笠と合切袋だけが残された。袋のなかには日記や新約聖書などのほか、収集した小石が3個入っていた。

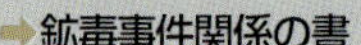

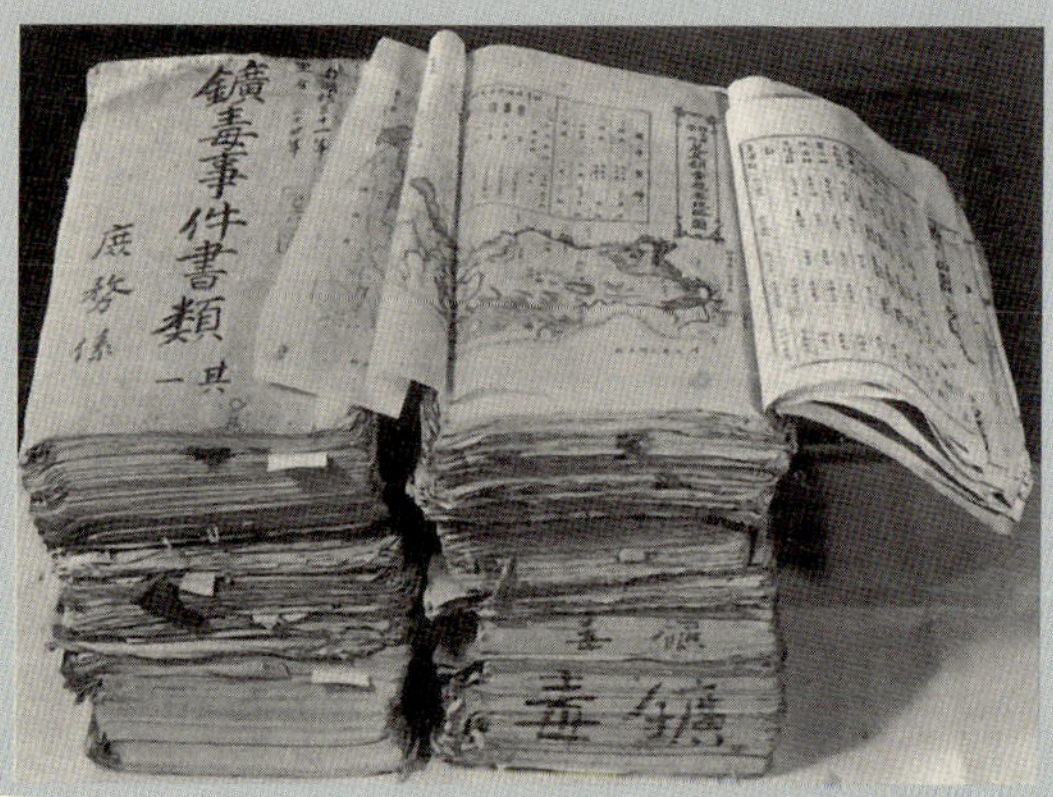

➡鉱毒事件関係の書類　群馬県議会に残る関係書類の一部。「鉱業停止」を求めた請願、農民と警官・憲兵の衝突、正造の直訴などを交えた20年に及ぶ反対運動は、日本初の公害闘争だった。

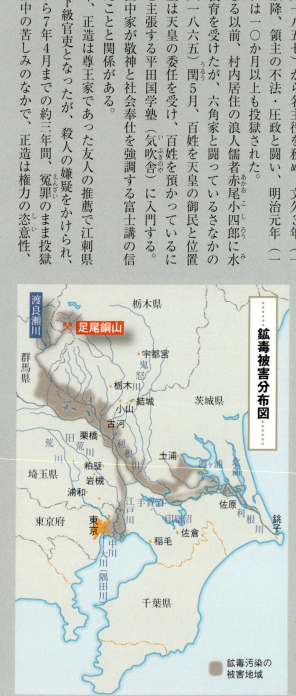

➡足尾銅山　明治10年に、古河市兵衛が鉱山を入手して再開発。34年頃、従業員は1万人弱だった。(『風俗画報増刊』明治34年より)

⬅鉱毒被害分布地図　水野政舟筆『足尾銅山鉱毒被害地全略図』(佐野市郷土博物館蔵)をもとに作成。被害は1府5県、10万haに及んだ。

直訴状　明治34年12月10日、正造は議会の開院式から帰る天皇の馬車に向かって鉱毒被害問題についての直訴を試みたが、警官に取り押さえられた。幸徳秋水が起草し、正造が加筆訂正したもの。

藩閥権力への怒りを骨の髄までしみこませ、所有権を核とする人民の権利を法的に保障する必要性の認識を深めていった。

反封建的近代の精神を、泥くささのなかから輝かすことのできた民権政治家がここに誕生する。

明治13年、安蘇郡から県会議員に選出されて以降、その有能で誠実な活動は地元の絶大な信頼を得ることとなり、専制的な県令三島通庸と闘い、明治19年には栃木県会議長に選出された。衆議院議員選挙でも、明治23年の第一回総選挙当選から34年まで、一貫して選挙区民の支持を獲得しつづけた。

明治23年8月の渡良瀬川の大洪水以降、足尾銅山が引き起こす鉱毒問題が顕在化するなかで、正造は、一資本家の私欲が数万の農民の生命と所有権を侵害する不当性と、銅山操業の即時停止を、断固として不断に訴えつづけ、ついには、明治34年12月、議員を辞職したうえで明治天皇に直訴した。

この闘いの過程で正造は、政治の基盤における、人の苦しみに共感しうる社会と倫理性の存在の不可欠さを実感し、自然に内在する神性とキリスト教の愛の精神との融合を図っていくのである。

（宮地正人）

7

一本歯の下駄　大洪水で汚染が広がり、明治40年、政府は谷中村に土地収用法を適用した。水没しつつある村に入り、ぬかるみを歩きやすいように、正造が特別に注文してつくらせた。

5

鉱毒被害調査団　被害民の請願活動や正造の行動が世論を動かし、鉱毒被害への関心が高まった。明治34年10月、新聞記者や弁護士などが被害地を視察、これはそのときの記念写真。前列右から2人目が田中正造。

田中正造　略年譜

年	年齢	事項
天保12年（一八四一）	0	下野国安蘇郡小中村（現在の栃木県佐野市）に名主富蔵の子として誕生。
文久3年	22	大沢カツと結婚。
明治元年（一八六八）	27	領主六角家を批判。入牢一〇か月余。
明治4年	30	前年より江刺（岩手）県へ出仕。上役殺害の冤罪で逮捕。
明治7年	33	無罪釈放。小中村へ帰る。
明治12年	38	『栃木新聞』を創刊。
明治13年	39	県会議員となる。
明治15年	41	立憲改進党に入党。
明治17年	43	県令三島通庸の圧政に抵抗、入獄。
明治23年	49	第一回総選挙に当選。以後六回連続当選。
明治24年	50	議会にはじめて「足尾銅山鉱毒の儀」の質問状提出。
明治29年	55	渡良瀬川大洪水。被害調査。
明治34年	60	議員辞職。天皇に鉱毒問題を直訴。
明治37年	63	鉱毒問題に専念するため谷中村に住む。
大正2年	72	自己所有の不動産を村の自治会へ寄付申し込み。9月4日胃ガンで死去。

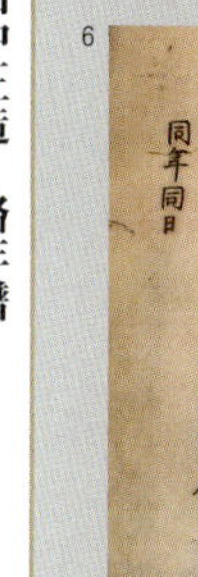

6

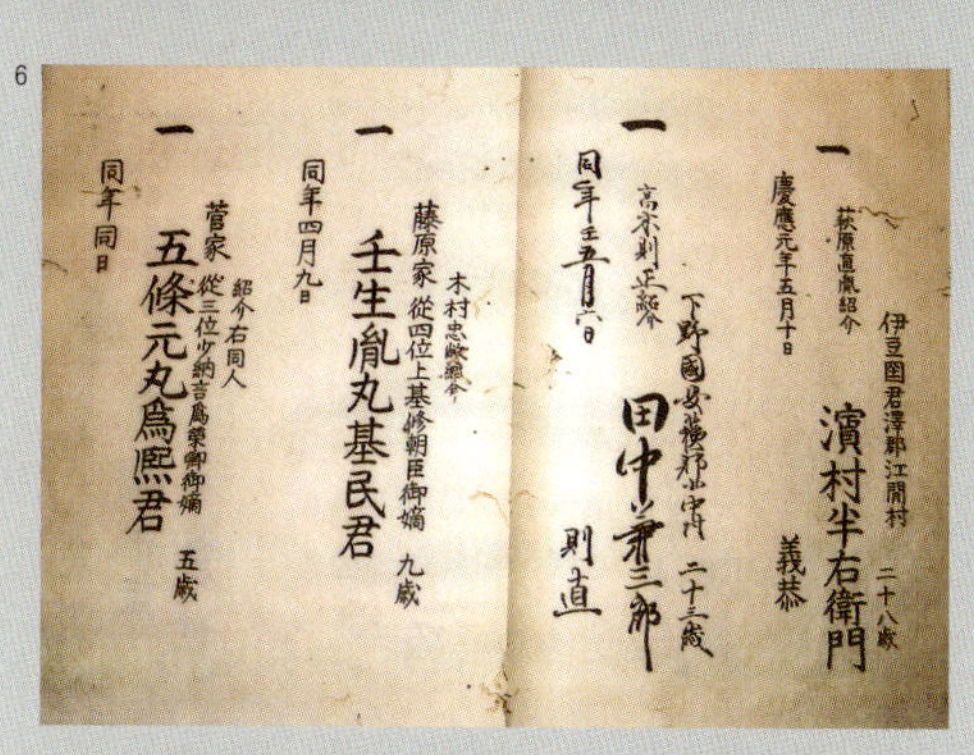

一　伊豆国君沢郡江間村　慶應元年五月十日　濱村半右衛門　義恭　二十八歳

一　下野国安蘇郡小中村　同年五月六日　田中兼三郎　則直　二十五歳

一　同年四月九日　藤原家　壬生胤丸基民君　九歳

一　同年同日　菅家　五條元丸為熙君　五歳

平田国学塾への入門誓詞　23歳の正造が江戸にあった「気吹舎」塾に入門したときの、兼三郎の自署。地方から送られたものは誓詞帳に名前が写されたが、来塾した入門者は誓詞帳に署名した。

上下水道の発達

衛生観念が行きわたり、水道が各地につくられる

開港後、外国船からコレラ・赤痢・腸チフスなどの伝染病が侵入し、全国的に流行した。明治12年（一八七九）に、愛媛県から発生したコレラでは、患者数が一六万二六三七人、死者は一〇万五七八六人に及んだ。

衛生教育や新聞・雑誌の飲料水への注意によって、コレラが水系伝染病であることが知られ、飲料水の改良が求められた。

●相次ぎ敷設された上水道

明治初期の上水供給は、自然流下によって、木樋や石樋を使って配水する上水道と、堀井戸・水売りによっていた。

明治20年10月、横浜市で、濾過した浄水にポンプで圧力をかけて鉄管で配水する、H・S・パーマーの設計による、最初の近代水道が通水した。以後、函館、長崎、大阪などで、近代水道の開設が続いた。

明治23年2月、「水道条

1

⬆**井戸からの水汲み** 東京では、明治32年12月に近代水道敷設が完了するまで、江戸時代からの神田上水・玉川上水の水が使われていた。井戸の管理は、使用する住民に任されていた。（『風俗画報』明治33年9月10日号）

日本水道協会『日本水道史』より

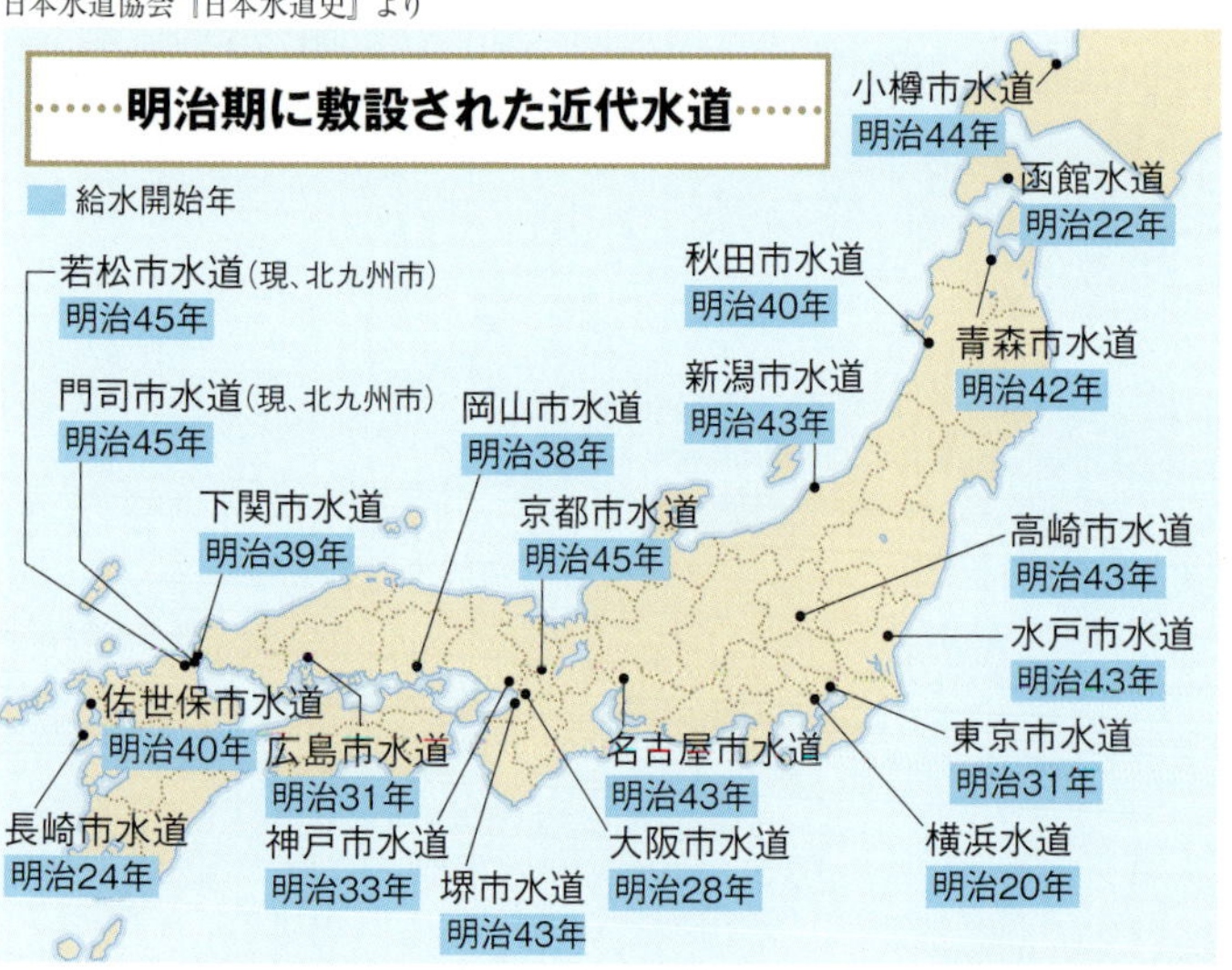

2

➡**横浜水道の獅子頭共用栓** 同じ型の共用栓が、市内各所に設置されたが、日本製が間に合わず、輸入品を使用した。横のねじをひねって水栓を開けると、獅子の口から水が出る仕組み。

⬅**明治末年までに給水が始まった都市** 5つの開港場と東京・大阪・京都の3大都市は、国庫補助もあったため早期に着工された。広島市は軍用水道。横浜は明治23年から、函館は大正11年から市営水道となる。

3

➡**函館上水道・配水池の敷設工事** 明治22年に敷設された、全国2番目の近代水道。函館は水の便が悪かったため、水道を必要とした。亀田川から取水した水を、元町の低区配水池に溜め、10～30㎝の鉄管で配水した。

＊**専用給水と共用給水** 専用給水は一戸で一栓を使用し、共用給水は二戸以上で一栓を共用する。

例」が制定され、水道事業は公共事業とされた。政府は、明治21年度以降、三府五港の水道敷設工事費の三分の一を国庫補助し、明治33年度からは師団のある都市などにも国庫補助を行なった。

給水は、使用量を計らない放任給水と、量水器で使用量を計る計*量給水があった。放任給水には専用給水と共用給水があった。計量給水は、官衙・兵営・学校・病院・工場・湯屋など多量に水を使用するものと、噴水などぜいたくに使用するものに対して行なわれた。

都市人口の増加に伴う使用量の増加によって、明治43年4月、大阪市は放任給水を計量給水に改正し、各都市もしだいに計量給水へ移行していった。

●下水道は居留地から

日本では、屎尿は肥料として利用されたため、水路の汚染は少なかったが、開港後、外国の要求により、居留地に下水道がつくられるようになった。

横浜では、R・H・ブラントンが陶器管の下水道を敷設し、神戸では、外国人商人の商品を天井川の氾濫から守るため、J・W・ハートが下水道の敷設にあたった。ハートは、雨水は円形管、汚水は卵形の煉瓦積み、枝管は陶器管の下水道を敷設し、車道と歩道の境には雨水の集水渠を設けた。

明治10年代には、防疫対策と条約改正交渉のため、神奈川県は居留地の下水道を卵形煉瓦管に改修し、日本人街には三田善太郎設計の馬蹄形石造りの管渠を敷設した。明治17年、東京府は内務省の示達に基づき、石黒五十二設計の神田下水に着工する。

明治30年代になると、産業の発達と工業化が進み、都市の人口増加と工場廃水による水質汚濁が問題となる。明治33年に下水道法が制定され、雨水流量を算定した、本格的な下水道が各地に敷設されていった。

（森田貴子）

4

⬅**東京府の神田下水**　現在も使われている下水道。神田区はコレラ患者の発生率が高かったため、明治17年、東京で最初に下水道が敷設された。本主管の外側はコンクリート打ち、内側は卵形の煉瓦積み、最大で縦4尺5寸（約136㎝）、横3尺（約91㎝）である。

5

⬆**大阪の太閤下水**　大坂城建設時に下水溝が建設され、「太閤下水」「背割下水」と呼ばれた。明治27年に、石積みの溝渠の底面と立ち上がりをコンクリートで打ち、モルタルで仕上げて板石で蓋をし、暗渠化した。現在も使われている。

6

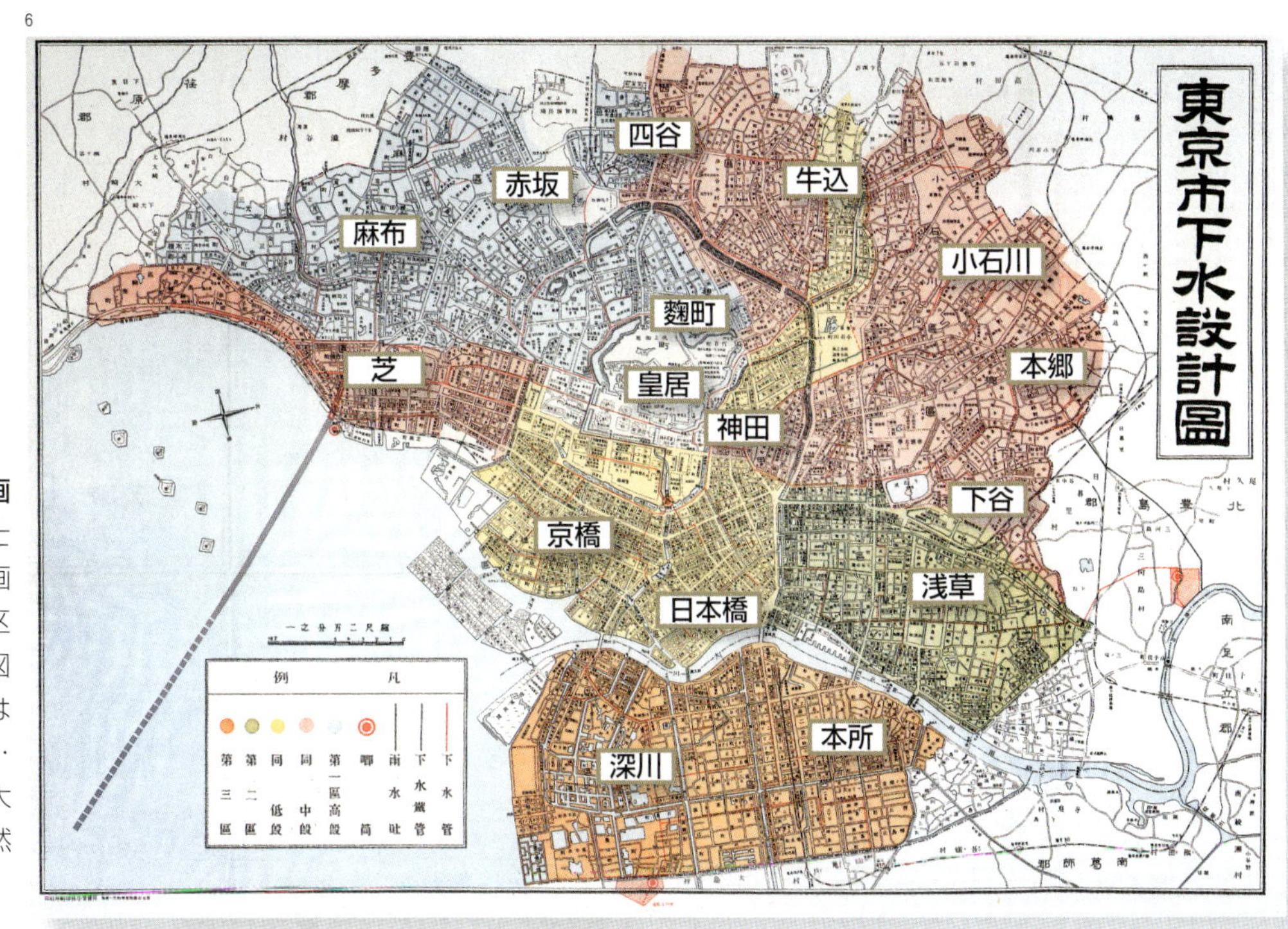

➡**明治40年の東京市下水敷設計画**　多くの給水施設を設計した工学博士中島鋭治が作成した、下水敷設計画の図。3つの区に分けられ、第1区は麻布・牛込・本郷・日本橋など（図の赤・青・黄のエリア）、第2区は浅草ほか（黄緑）、第3区は本所・深川（オレンジ）。実際の着工は大正2年12月で、雨水・汚水の自然放流が困難な第2区から始まった。

▶コレラと避病院（p202）、衛生を身近に（p208）、琵琶湖疏水と京都の水（p222）

明かりとエネルギーの変遷

ガスは燃料に使われ、電気が照明の主流となる

明治になって導入された技術のなかで、ガスと電気は、人々の暮らしに大きな変化をもたらした。

●新しい明かり、ガス灯

日本最初のガス灯は、明治5年（一八七二）、横浜で点灯した。横浜の実業家高嶋嘉右衛門がガス会社を設立、フランス人技術者H・A・プレグランに設計・建設を依頼した。明治7年には東京にもガス灯が点灯し、18年に東京瓦斯会社が設立される。

当初、ガスは明かりとして使われていたが、電気の登場により燃料としての利用が多くなり、東京瓦斯会社は燃料用ガス普及のためガス竈やガス七輪を開発する。明治34年以降、神戸・大阪・博多にもガス会社が開業、43年の全国のガス引用戸数は、灯火用一一万七〇〇〇戸、灯火用四万戸を超えた。

●水力発電で普及した電気

明治12年にエジソンが白熱電球

←『東京銀座通電気燈建設之図』 明治15年11月1日、電灯を宣伝するため、夜7時半から10時まで銀座の大倉組前で2000燭光のアーク灯が点灯された。電灯の高さは50フィート（約15m）電源はアメリカのブラッシュ社技師が持参した発電機だった。

明治5年 横浜ではじめてのガス灯、点灯

明治7年 東京でガス灯、点灯

明治11年 新富座落成

明治12年 エジソンが電灯を発明

明治15年 銀座でアーク灯、点灯

←3代歌川広重『新富座開業式花瓦斯燈』 明治11年6月7日の新富座の開業式を描いた錦絵。花ガスのイルミネーションと、ガス灯が見える。場内には270個あまりのガス灯が使用され、8月には夜間興行が行なわれた。

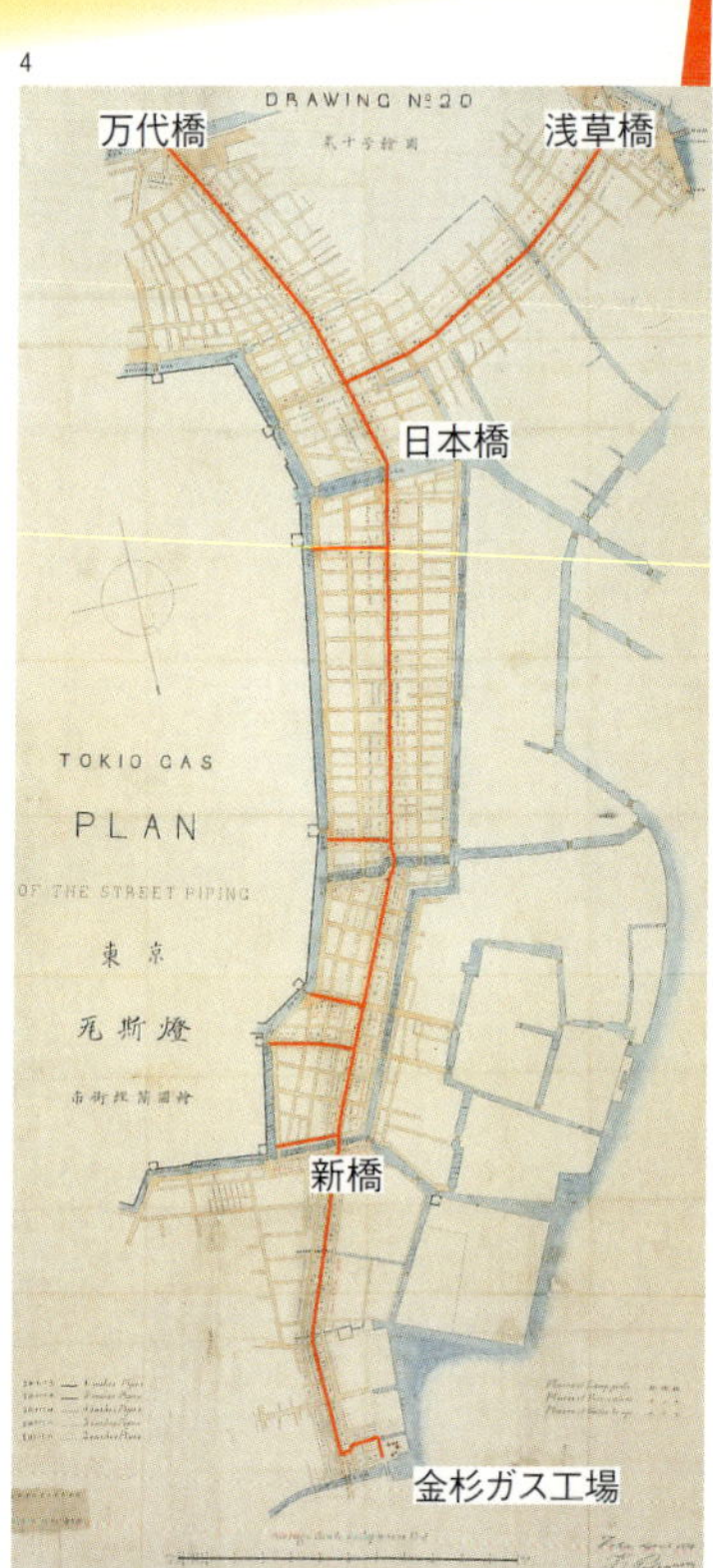

➡『東京瓦斯燈市街埋簡図絵』 明治7年にプレグランが作成した、東京のガス管・ガス灯の計画図。金杉ガス工場から新橋・日本橋を経て、万代橋・浅草橋へ配管がのびている。

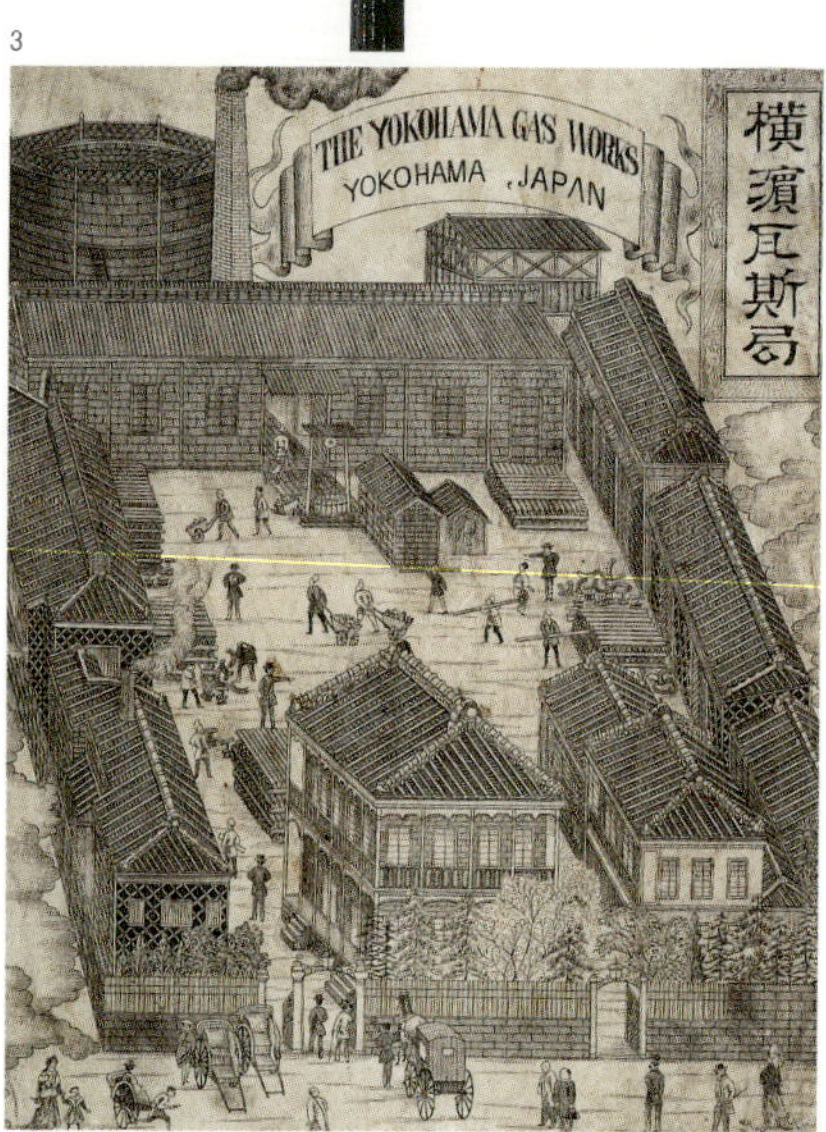

⬆横浜瓦斯局 明治6年竣工の横浜のガス製造所。高嶋嘉右衛門が設立した横浜瓦斯会社は、8年に横浜瓦斯局と改称された。左奥に見えるのがガスタンク。（『横浜諸会社諸商店之図』）

を発明し、19年には東京電燈会社が開業する。21年以降、神戸・大阪・京都・名古屋で電燈会社が設立された。

明治25年、京都市は蹴上に日本初の水力発電所を建設し、昼夜間連続操業を行なった。その後、山梨の駒橋発電所から東京への高圧長距離送電が開始されると、電気の供給は、小規模火力発電から大規模水力発電へと移行する。

明治43年の全国の引用戸数は六〇万戸を超え、44年には「電気事業法」が公布されて、電気の普及が図られていった。（森田貴子）

7 ←3代歌川国貞『凌雲閣機絵双六』 明治23年11月に開業した12階建ての凌雲閣には、2基のエレベーターが設置された。当時の雑誌には〈轟然たる響を聞くこと二分…夢の如く九層の階上に達せり〉とある。広さは約3畳で、腰掛け・電灯・姿見が置かれていた。

8 ←駒橋発電所 東京電燈株式会社が、山梨県の桂川水系に建設した、大規模水力発電所。55kVの高電圧で、東京の早稲田変電所まで76㎞の長距離離送電を行なった。

6 →東京・本郷の架空配線 明治20年、日本橋区南茅場町に火力発電所が設置され、電線による近隣地域への電気供給ができるようになった。

明治20年 東京電燈会社、架空配線による電気の供給開始

明治23年 東京電燈会社、電気の動力利用開始

浅草・凌雲閣で電動エレベーター運転

はじめて国産電球を製造

9

明治27年 ガスマントルの輸入開始

明治35年 東京瓦斯会社、ガス竈を発明

明治40年 駒橋発電所竣工

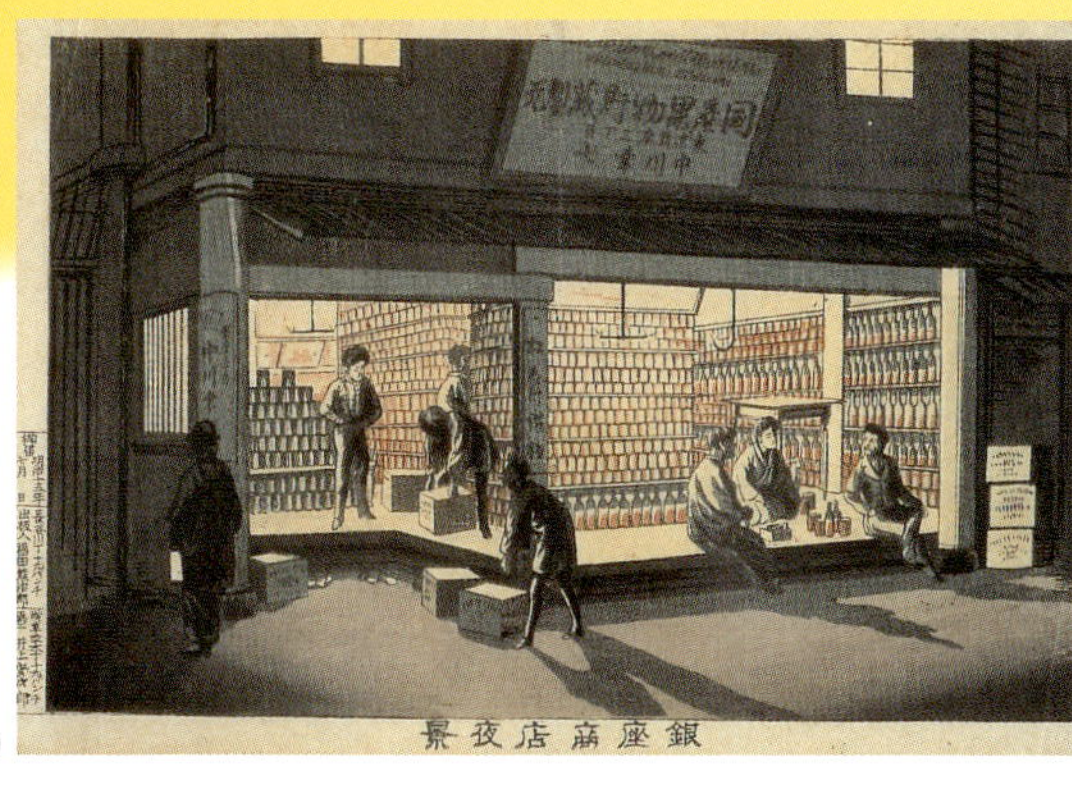

10 →井上安治『銀座商店夜景』 国産果物の缶詰・瓶詰を扱う、銀座3丁目の中川幸七の店。裸火のガス灯をともし、夜間営業を行なった。

12 ←特許を取った炊飯用ガス竈 東京瓦斯株式会社が考案し、明治35年に専売特許を得た。釜がかけられるようにつくった鋳鉄製の風炉のなかに、ガス七輪がセットされている。

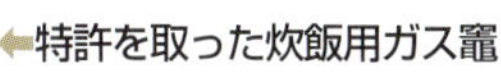

11 ←ガスマントル 明治19年にオーストリアで発明されたガス灯の発光装置。袋に発光剤を吸収させ、乾燥後に燃焼すると、発光剤が網状に固まる。裸火にかぶせると、化学反応で炎が安定し、裸火の5倍の明るさとなる。

▶琵琶湖疏水と京都の水（p222）、大隈邸の台所（p308）

福祉施設の設立

生活困窮者や孤児を助ける施設が、各地につくられる

日本の福祉政策は、労働能力のある者の保護を排除する制限扶助の方針をとった。公的扶助を受けるには厳しい制限があったため、多くの窮民救済は地域共同体に任された。

だが、共同体に期待できない地域がしだいに増えてきたため、地方自治体や民間の施設が、生活・所得・医療を保護し、窮民の自力更生や児童への家庭機能の補完を行なうようになっていった。

●成人の社会復帰を援助

東京府では明治2年（一八六九）に設立された三田救育所が、最初の福祉施設である。次いで、5年には東京養育院が設立され、浮浪者など一四〇人を収容した。

東京養育院は明治8年に東京府へ移管されたが、15年には閉館が東京府会で議決される。しかし、一五〇人の入院者が路頭で餓死することになると、院長の渋沢栄一らが東京府へ継続を建議した。建議は可決され、東京府養育院は22年に東京市に移管された。

東京市養育院では、極貧や疾病、重傷のため働けない者、70歳以上の高齢者などを収容した。老衰以外の者は出院を目的とし、院内の作業で得た賃金の半分を銀行預金にして出院後の資本とさせた。

その背景には、犯罪の削減と、職業教育を与え社会に帰すという授産による救済方針があった。

●「孤児院」の誕生

貧困階層においては、堕胎や生まれてからの圧殺、捨て子などが絶えなかった。明治初年の児童保護は、こうした状況からの子どもの救済と養育を目的とした。

孤児院は、宗教家や慈善事業家によって運営されたものが多い。明治7年にカトリック教徒岩永マキが長崎に設立した浦上養育院、12年に仏教徒によって東京・麻布につくられた福田会育児院、20年にプロテスタント石井十次が設立した岡山孤児院などが有名である。

岡山孤児院はそのなかでも大規模なもので、受け入れる子どもの

↑東京市養育院の工場風景　男子は張文庫・炭団・草鞋・草履をつくり、女子は洗濯・裁縫を行なった。つくった製品は慈善会などで販売され、養育院の収入となった。賃金の半分は銀行へ貯蓄し、出院時に就業の資本とした。

➡養育院の慈善会　東京市養育院では、裕福な階層の女性たちにも協力を仰いだ。慈善会を催し、令夫人・令嬢手製の品を販売、収益を寄贈してもらった。第1回は鹿鳴館で、第5回以降は歌舞伎座で行なわれた。この絵は明治35年4月の慈善会。余興公演が行なわれ、幕間には養育院製品や会員の作品が販売され、喫茶店が開かれた。

年齢は6～12歳、出院は16～20歳だった。全国の孤児を受け入れたため、明治31年には二七府県の児童がいた。

維持費は、日本人・外国人の篤志家からの寄付金と、活版印刷・理髪・精米などの労働教育を行なう院内の実業部からの収入によった。明治30年には、院内に尋常・高等小学校を設立して普通教育を与え、卒業後は実業部や、他所での農工業に奉公させた。

東京市養育院も、成人だけでなく、捨て子・遺児・迷子を収容した。乳幼児は七〇～一〇〇人の里親に託し、養育した。里親には保育料一か月一円七〇銭・布団・被服・おむつ・枕などを給与し、保育を委託した。

里親を希望する者に対しては、健康や人物の審査が行なわれ、委託後も毎月、保育料の受け取り時に看護婦が乳幼児の健康を検査し、3歳で帰院させた。最初は内職の気持ちで希望した里親も、月日とともに子どもへの愛情が増し、離れがたくなることが多かった。

（森田貴子）

4

↑岡山孤児院の食事風景　食事は米麦半々でひとり1日平均5合だった。菜代はひとり1日1銭で、朝食は5時半、昼食は12時、夕食は5時。女子部では年長の女子が幼い子どもたちの世話をした。衣服は単衣(ひとえ)と袷(あわせ)を1年に1枚ずつ新調したが、寄付された古着を仕立て直して着ることもあった。

5

←岡山孤児院内の尋常小学校　明治30年、10歳から16歳の児童の小学教育のため、院内に尋常・高等小学校が設立された。16歳から20歳の青年には毎夜2時間の夜間学校が開かれ、成績優秀者は中学校・高等女学校に進学することもできた。

↓授業風景　小学校では教師4人を招聘(しょうへい)、生徒114人が学んだ。夜間学校は、教師3人に対し生徒は28人だった。

7

6

←岡山孤児院内の理髪部　明治24年8月、労働教育のために理髪部を創設し、院内の児童と来客の理髪を行なった。専業者はひとりで、学校の余暇に働く児童がふたりいた。

▶貧民と都市問題(p404)

産業別の従事者と産業別国内生産額

産業化はどのように実現したのか

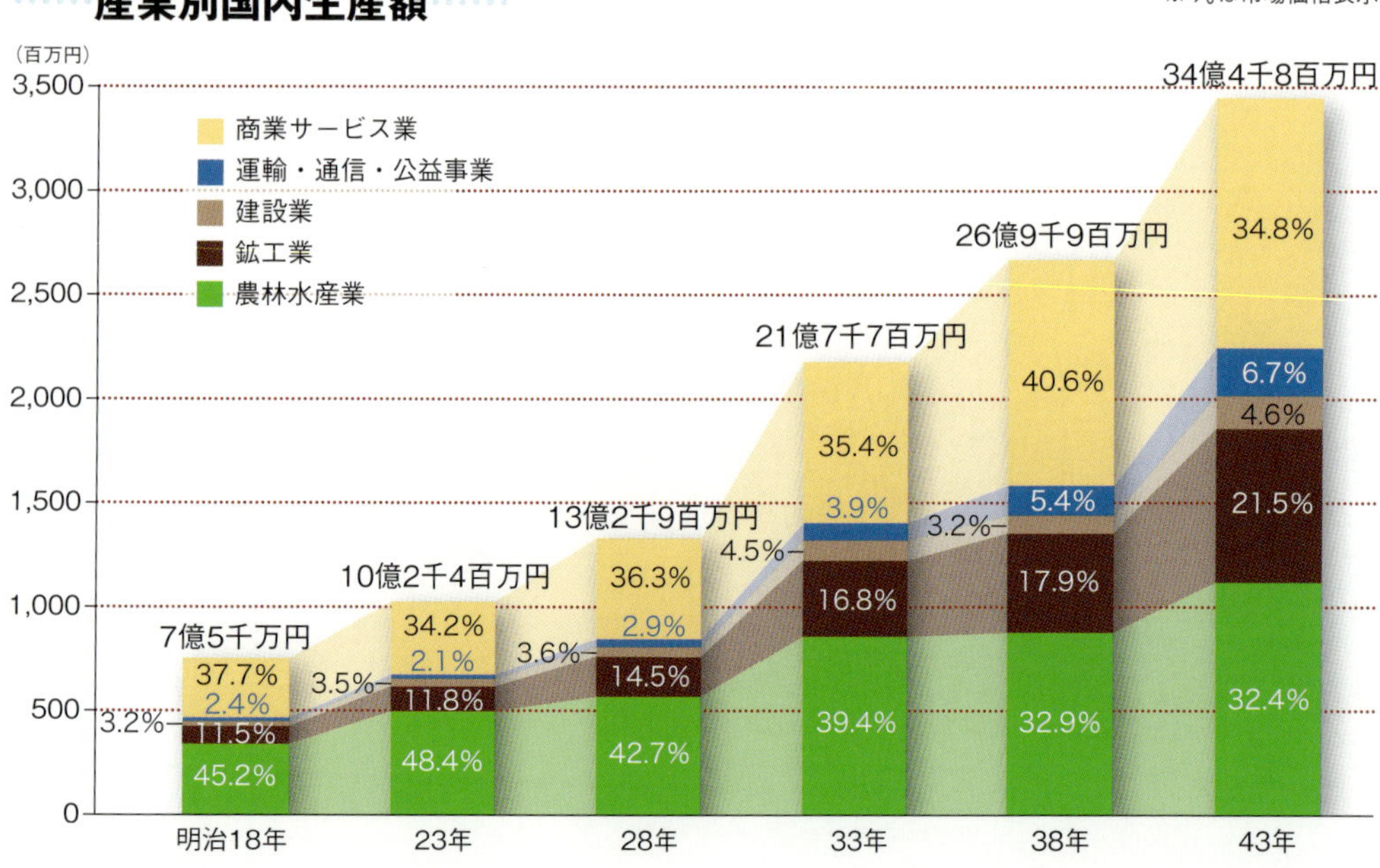

『近代日本経済史要覧』より

純国内生産額は、明治時代を通じて高成長を続け、とくに28年以降の伸びが著しい。産業別に見ると、農林水産業が比率を減少させているのに対し、鉱工業、運輸・通信・公益事業が大きく伸びていることがわかる。鉱工業のなかではとくに繊維工業の発展が顕著であり、綿業と製糸業がその中心であった。

有業者人口も一貫して増大し、比率は、第1次産業が減少し、第2次・第3次産業が増加していくさまが見てとれる。ただし、農業就業人口は1400万人台を維持しており、増加した有業者人口を第2次・第3次産業が吸収していった。

都市化・産業化が進展し、明治時代後期には資本主義の本格的な成立をみることとなったのである。

（満薗 勇）

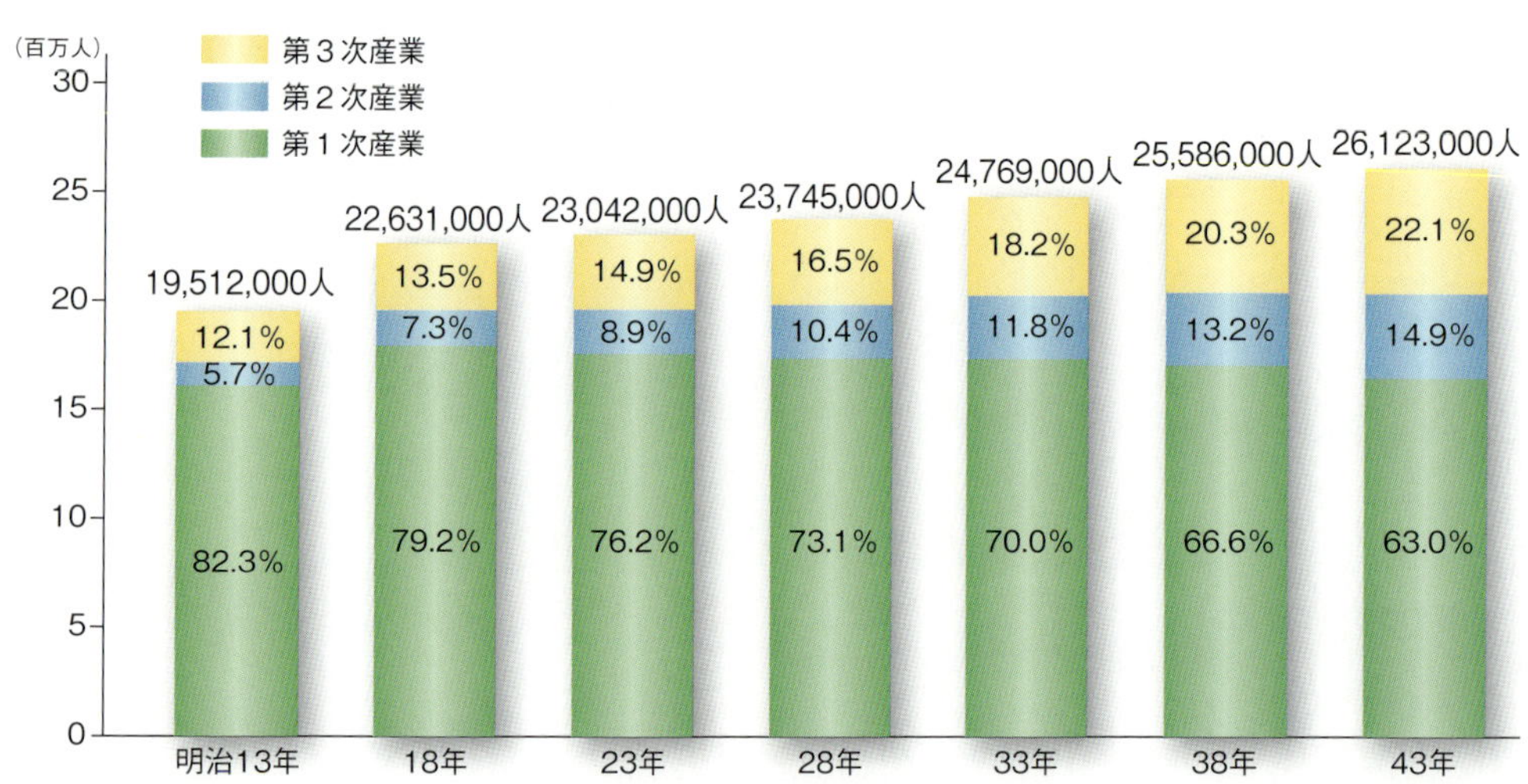

日本リサーチ総合研究所編『生活水準の歴史的分析』総合研究開発機構　1988年より

図版作成：蓬生雄司

第4章 変質の時代

明治39年（1906）

……

明治45年（1912）

西暦	和暦	月	日本の動き
一九〇六	明治39	1	堺利彦らが日本社会党を結成。
		2	坪内逍遙・島村抱月らが文芸協会を結成。
		3	島崎藤村が『破戒』を刊行。
			鉄道国有法を公布。
		4	夏目漱石が「坊っちゃん」を発表。
		5	元老や閣僚が満州問題協議会を開催。
		8	満州に関東都督府を置く。
		10	山県有朋が「帝国国防方針案」を上奏。
			サンフランシスコ市が日本人学童の隔離を決定。
		11	南満州鉄道株式会社が設立（翌年開業）。
一九〇七	40	2	足尾銅山でストライキが起こる（足尾暴動）。
			日本社会党が第二回大会開催。結社を禁止される。
		3	小学校が六年制となる。
			東京勧業博覧会が開催。
		4	元帥府会議で「帝国国防方針」を決議。
		6	第二回万国平和会議で韓国皇帝が密使を派遣（ハーグ密使事件）。
			別子銅山で暴動が起こる。
		7	第三次日韓協約を調印。
			第一回日露協約を調印。
		10	第一回文展が開催。

西暦	世界の動き
一九〇六	インドで国民会議派がスワラージ（自治独立）、スワデーシー（国産品愛用）運動を展開。それに対抗して全インド・ムスリム連盟が結成。
	ロシアで第一回国会が開会。
	フランスでドレフュス、無罪となる。
	イランで憲法作成に着手、国民会議開催。
	イギリス労働党が結成。
	アメリカ、キューバに武力介入。
一九〇七	第二回ハーグ万国平和会議開催。英露協商が締結され、イギリス・フランス・ロシアの三国協商が成立。
	ルーマニアで農民の大暴動が起こる。
	アメリカ、大統領令で日本人労働者の渡米を禁止。移民に関する日米紳士協約調印（〇八年発効）。
	パリでピカソが『アヴィニョンの娘たち』を制作。
	オーストリアのマーラー『第八交響曲』を完成。

日露戦争勝利により帝国日本が確立

日露戦争の勝利により、日本は日清戦争で獲得した植民地台湾に加えて、朝鮮への排他的支配権の承認、長春―旅順間の鉄道と付属炭鉱の営業権、旅順・大連とその付近の租借権、南樺太の領有権をロシアからかちとった。植民地支配国家、帝国日本の骨格がここに確立する。

この骨格を確実にするための第一の方策は、東アジアにおける帝国主義的国際秩序の再編成であった。日英同盟は明治38年（一九〇五）8月に改定され、朝鮮への日本の保護権が、インドを攻守同盟の範囲に加えることとの引き換えで承認される。日米間では、同年8月、秘密協定が結ばれ、アメリカのフィリピン統治と日本の朝鮮への優越支配が相互に認め合われた。日仏間では、明治40年6月、日仏協約が結ばれ、日本の朝鮮支配とフランスのインドシナ支配が互いに承認された。とくに日露両国は、両国の満州分割支配に反対する清国およびアメリカの動向をにらみつつ、同年7月から明治45年7月まで三次にわたって秘密協約を締結し、満州のみならず内外蒙古を含む全地域の勢力範囲が確定されるのである。

帝国日本の骨格を確実にする第二の方策は、清国に対し、日本がロシアから引き継いだ在満諸権益を強引に認めさせることであった。清国の強い抵抗を押し切り、明治38年12月、「満州に関する日清条約」が調印された。中国の反日ナショナリズムの原点が、この剝奪された自国権益の回復となるのである。

そして、第三の方策にして最重要なものが、「大韓帝国」の解体であった。はやくも明治37年8月には日本人の財政・外交顧問を韓国政府に雇用させる第一次日韓協約を強要し、さらに翌年11月には韓国の外交権を奪う第二次日韓協約、同40年7月には日本側が韓国の全行政事務を掌握し、韓国軍を解散させる第三次日韓協約を押しつけ

経済恐慌が起こる。

11 米駐日大使が日本人移民の渡航制限を要請。

この年より翌年にかけて韓国で義兵闘争が激化。

一九〇八 41

1 羽仁もと子が『婦人之友』を創刊。

2 移民に関する日米紳士協約が成立。

6 赤旗事件が起こる。

9 夏目漱石が「三四郎」の連載を開始。

10 戊申詔書を発布して地方改良運動を推進。

11 高平・ルート協定。

12 東洋拓殖株式会社を設立。

一九〇九 42

1 文芸雑誌『スバル』創刊。

2 小山内薫らが自由劇場を創立。

5 二葉亭四迷没（46）。

6 両国に国技館が開館。

9 満州・間島に関する日清協約を調印。

10 三井合名会社が設立。

伊藤博文暗殺（69）。

この年、生糸の輸出規模が世界最高となる。

一九一〇 43

3 犬養毅らが立憲国民党を結成。

4 武者小路実篤らが『白樺』を創刊。

5 大逆事件の検挙が始まる。

永井荷風らが『三田文学』を創刊。

一九〇八

プラハでスラヴ会議開催。

トルコで青年トルコが政権を把握。

オーストリアがボスニア・ヘルツェゴヴィナを併合。

清国、憲法大綱を発表して議会開設を公約。

ブルガリア、フェルディナント一世が独立宣言。

清国、2歳の溥儀が宣統帝として即位。

アメリカ、ヘンリ・フォードがT型フォードの製造販売始める。

一九〇九

独仏モロッコ協定締結、モロッコにおけるドイツの経済的、フランスの政治的特権を相互確認。

アメリカのピアリーが北極点に到着。

ベルギーのメーテルリンクが『青い鳥』を刊行。

イタリアの詩人マリネッティ「未来派宣言」発表。

た。そして同43年8月には「大韓帝国」全域を日本の完全な植民地としてしまったのである。

民族的な優越意識と軍部勢力の拡大

帝国日本の確立によって日本民族は他民族を支配する支配民族となり、朝鮮人や中国人を蔑視し差別する意識、みずからを支配する能力をもった民族だとする優越意識が形成されていった。と同時に、他民族を支配し、植民地の権益を維持するために、不可避的に軍部勢力が強力なものになっていった。

日清戦争以降の台湾総督と同様に、朝鮮総督（明治43年10月以降）も、関東州統治の関東都督（同39年9月以降）も、ともに現役陸軍大中将が任命される。しかも同40年9月には、陸海軍の統帥に関しては首相の副署を必要としない軍令第一号が公布され、統帥権の独立が法制的にも完璧に確立されたのである。同年、首相や内閣になんら相談することなく、明治天皇と陸海軍統帥部の間で決定された「帝国国防方針」により、陸軍は平時二五個師団海軍は八八艦隊の実施を目標とすることとなった。

これによって陸軍は、四個師団増設を第一期計画として樹立し、明治41年には第一七（岡山）・第一八（久留米）の二個師団を設置、残りの二個師団を、当時内地から派遣していた朝鮮反日武装勢力弾圧師団・連隊にかえ、朝鮮に恒常的に配置する方針を固めた。しかも同44年10月、中国における辛亥（しんがい）革命の勃発と清朝の崩壊、中華共和国（民国）の成立は、陸軍に強い危機感を与え、朝鮮への二個師団増設要求はさらに強硬なものとなっていった。

帝国日本の確立は、海外への国家の拡大を意味するだけではなく、国内での思想的内実の形成をも伴うものである。忠君愛国を骨子とする、天皇を頂点に置く家族国家論が日本の公的社会論として定着するのが日露戦争後のこの時期である。

西暦	和暦	月	日本の動き
一九一〇	43	6	柳田國男が『遠野物語』を刊行。
		7	第二回日露協約を調印。
		8	韓国併合条約を調印（韓国併合）。
		10	朝鮮総督府を置き寺内正毅を初代総督とする。
		11	白瀬矗ら南極探検隊が出港（〜一二）。
			帝国在郷軍人会が設立。
		12	石川啄木が『一握の砂』を刊行。
一九一一	44	1	幸徳秋水ら一二名が死刑（幸徳・41）。
			西田幾多郎が『善の研究』を刊行。
		2	徳冨蘆花が一高で「謀叛論」を講演。
			日米通商航海条約改正が調印され、関税自主権が確立。
		3	工場法を公布（一六年に施行）。
			帝国劇場が開場。
			『大阪毎日新聞』が『東京日日新聞』を併合。
		5	大阪砲兵工廠で軍用自動車が完成。
		7	第三回日英同盟を調印。
		8	警視庁に特別高等課（特高の先駆）が設置。

西暦	世界の動き
一九一〇	イギリス領南アフリカ連邦が成立。
	ポルトガル革命、共和国成立。
	清国、円単位・銀本位制を施行。
	アメリカで「全米黒人向上協会」が発足。
	韓国を朝鮮と改める。
	メキシコ革命起こる（〜一七）。
	ハリー彗星が大接近し、世界中が騒然となる。
一九一一	ジャワ（インドネシア）でイスラム同盟が結成。
	外モンゴルが独立宣言。
	清国で辛亥革命が始まる。
	第二次モロッコ事件が起こる。
	ノルウェーのアムンゼンが南極点に到達。
	ロシアの画家カンディンスキーらが表現主義グループ「青騎士」を結成。
	メキシコの独裁者ディアス大統領、追放される。
	オーストリアの作曲家マーラーの『大地の歌』、ワルターの指

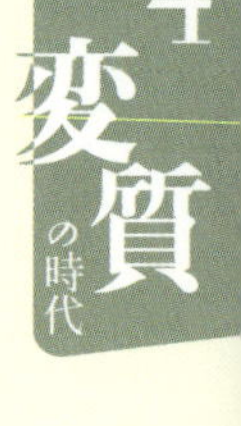

明治36年から小学校教科書は国定化され、同40年には、国家主義教育の強化を図るため、義務教育期間が四年から六年に延長されるとともに、女子就学率の上昇が督励された。小学校の卒業生は、それまでは集落ごとの若者組に入っていたが、この時期以降は小学校長や村長が指導者となる青年会・青年団に入るものとされた。

さらに陸軍は、将来の総力戦に備え大量の予備役兵を獲得するため、明治40年10月、三年の兵役期間を二年に短縮する一方、予備役と入営経験のない補充兵役の訓練および軍国思想の維持・向上のため、同43年10月、帝国在郷軍人会を組織する。そして各府県の軍徴兵組織である連隊区司令部がこの在郷軍人会の統制と指導を行なうのである。

このような天皇主義的、軍国主義的イデオロギーの浸透が強く意図される以上、その対極にある社会主義思想がさらに危険視されていくのは当然のことであった。明治43年5月の大逆事件の摘発と、見せしめを兼ねた翌年1月の幸徳秋水以下一二人の死刑執行は、その象徴的事件である。社会主義運動は厳しい「冬の時代」を迎えることとなる。

日露戦争後は、帝国日本の確立とともに日本資本主義の確立期ともなった。明治41年には船舶生産高が輸入高を超え、42年には綿布輸出額が輸入額を超え、44年には中国を抜いて生糸生産高が世界第一位となった。幕末以来の日本民族の悲願であった関税自主権の回復も明治44年に実現した。

都市民衆の不満がつのり騒擾に

資本主義化・商品社会化の動きは、文化にも敏感に反映した。古い都市商店街のイメージを変える画期となったデパート形式の三越呉服店は明治37年に開業した。デパート形式は全国の大都市に普及し、店員制度も従来の

9 平塚らいてうが『青鞜』を創刊。
10 講談本『立川文庫』の刊行が始まる。
12 伊波普猷『古琉球』を刊行。
東京市電でストライキが起こる。

一九一二
45

3 ジャパン・ツーリスト・ビューロー（日本交通公社の前身）が設立。
6 新橋─下関間で展望車つき特急列車が運転。
7 第三次日露協約を調印。
明治天皇死去。
皇太子嘉仁親王が皇位に就いて大正と改元。
8 鈴木文治らが友愛会を設立。
9 明治天皇大葬の日に乃木希典夫妻が殉死。
日本活動写真会社（日活）が設立。
12 陸相上原勇作が単独辞職（この影響で第二次西園寺内閣が総辞職）。
「閥族打破」をとなえた憲政擁護運動が起こる（第一次護憲運動）。
この年、自動車登録台数が五〇〇台を突破。

揮で初演。
イタリア、リビアに侵攻、併合を布告。
アメリカ、第一次ニカラグア干渉。

一九一二

中華民国臨時政府が成立、清の宣統帝退位、清朝滅亡。
モロッコがフランスの保護領となる。
中華民国臨時政府、袁世凱が北京で臨時大総統に就任。
イギリスの豪華客船タイタニック号、大西洋で氷山に激突し、沈没。
第一次バルカン戦争が起こる。
ドイツのトーマス・マンが『ヴェニスに死す』を刊行。
アルバニア、独立宣言。
スウェーデンのストックホルムで第五回オリンピック開催、日本人選手が初参加。
イタリア、トルコとの間にローザンヌ講和条約調印。
アルゼンチン、男子普通選挙法制定。

年季奉公制が動揺しはじめる。都市の娯楽面でも、近代演劇が登場し、常設映画館も明治36年の浅草の電気館を皮切りに、全国に広がっていった。西欧式音楽も、43年の『尋常小学読本唱歌』あたりから、言文一致の歌詞とともに小学校を介して国民的なものとなっていく。

　ただし、明治39年の国策会社南満州鉄道株式会社の設立や翌年の鉄道国有化（国内鉄道と朝鮮・満州の鉄道との連結という軍事的要請も絡んでいた）などをみても、日本資本主義の確立は、国家資本と国家財政の多大な援助なしには不可能であり、日露戦後経営のためには、日露戦争時の非常特別税の恒常化や増税が不可避となった。この結果、都市の中小商工業者の不満は強くなり、とりわけ織物消費税や営業税の廃止要求が高まっていった。

　一方、地主制が確立するようになった農村部からは、北海道移民、朝鮮移民、ハワイ・北米移民と並んで都市部への流入人口が多くなり、流入貧窮者層は都市の人力車夫や車力などの下層労働者としてスラム街に生活することとなる。また、都市部での産業革命の進展により、多種多様な手工業者や職人層も生活のあり方の変更を迫られた。さらに、形成されつつあった賃労働者層も、治安警察法によって労働争議が禁止されていたため、その不満は暴動のかたちで表現されざるをえなかった。

　都市部でのさまざまな不満の蓄積は、この時期の全国の都市部における民衆騒擾を起こりやすいものとした。そして、このような特殊な都市状況をふまえて、都市の政治運動を展開する新聞記者や法曹家の人々が登場しはじめた。彼らは、藩閥や軍部、また既成官僚勢力と結びついて、みずからの政治的影響力を強めようとする政友会を激しく批判するなかで、自分たちの政治的上昇をねらっていた。明治天皇死去直後の大正政変やシーメンス事件は、このような日露戦争後の都市状況のもとに勃発するのである。

（宮地正人）

「家庭」の時代

主婦の登場による新しい生活スタイルが広がった

御注文の節は「婦人之友」の廣告を見たと御申越下さい

幾千と云ふ日本の家庭は

皆此圖にある様に楽しき家庭をして居られます。なぜと云へば皆様がシンガーミシンを買つて家庭裁縫上非常の經濟をして居られるからです

あなたはお求めになりましたか

極上等のシンガー廿八種手ミシンは

月參圓づゝ數ケ月間拂即一日僅か

十錢宛の割合で買へます

僅かこれだけの金を節約すれば一生涯家庭裁縫全部出來るシンガーミシンを買へます

無料御試用、無料教授はお宅で致します

何卒御最寄のシンガー分店の中へ今日御註文下さい

右の外全國到る處の各市各町に御座います

横濱市山下町二十三番地　シンガーミシン會社日本中央店

シンガーミシンの広告　当のミシンはきわめて小さく描かれ、家庭のイメージが前面に出ている。楽しい家庭のイメージを掲げて、商品を売るやり方が明治末期に生まれた新しい手法だった。(『婦人之友』明治45年より)

「家庭」はホームの訳語として、明治20年代から広まった言葉である。家族どうし、とりわけ夫婦の愛情によって結びつく一家団欒の空間、という新しい「家庭」のイメージが、文学などを中心に少しずつ世の中に広がっていった。

主婦の存在が浮上する

「家庭」というものが、実際にはっきりと姿を現わしてくるのは、日露戦争のあとである。この時期になると、都市化・資本主義化が進むにつれて、官公吏・会社員といったサラリーマンを中心とする新中間層が増えてくる。彼らの多くは親子関係中心の「家」とは異なって、夫婦関係を中心とした家庭をつくるようになった。また職住分離の傾向も進んだため、家庭は職場と切り離された空間という性格も、もつようになった。

家庭ができてくると、主婦の存在が大きく浮上してくる。家庭内の仕事は、ほとんど主婦ひとりの責任だった。というのも、家庭は大家族ではなく、生家や生地と切り離された核家族としてつくられることが多かったからである。また、主人たちにとっては、家庭はもっぱら安息の場だったという事情もあった。

消費の場となる「家庭」

こうした「家庭」像が一般的になってくると、さまざまな新しい現象が生まれてくる。

たとえば、明治末期以降、新聞

主婦の一日

「家庭」「主婦」「婦人」といったタイトルがつけられた女性向けの雑誌は、主婦のあるべき姿を取り上げた。これは模範的な主婦の1日を示したもの。(『婦人之友』明治44年より)

【午前】

女中を相手に掃除

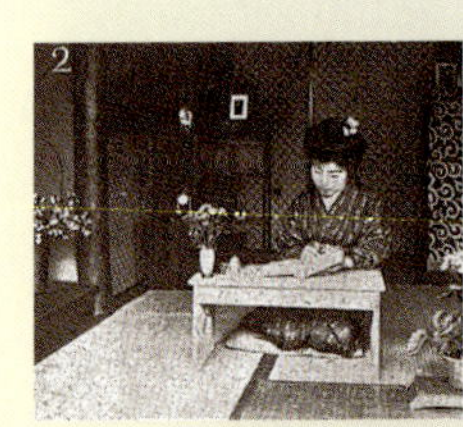
30分ほど読書

勝手口で魚屋に注文

天気のよい日は張り物

【午後】

静かな昼過ぎは花を生ける

隣の奥さんが子どもを連れてやってくる

4時になると晩ご飯の支度

夜の裁縫

家計簿と日記をつける

や雑誌では、家庭の幸福な一家団欒、というイメージのなかに商品を組み込んでアピールする、といった形の広告が多くみられるようになる。この手法は今日のテレビCMの始まりである。家庭が、有力な消費の場として注目されるようになったわけである。

風俗や社会現象面でも変化が生じた。新しい考え方をもった家庭の人々は、庶民の風俗をそのまままねることに抵抗を感じるが、かといって上流のハイカラな風俗には手が届かない。

このような新中間層の家庭に広まったのが、「簡易」「簡素」でありながら「精神的」な満足感が得られる、という風俗だった。この精神的な満足感にはふたつの要素があった。ひとつは「伝統」を味わうというもの。たとえば神前結婚式は、手ごろな費用ながら伝統的で荘厳な雰囲気を味わえるため、上中流の人々を中心に広まった。もうひとつは、都会の喧噪から離れた閑静な場所で心身ともにリフレッシュするというもの。これには、鉄道によって手軽に楽しめる郊外の行楽がうってつけだった。

（平山　昇）

3

↑『新案家庭衣裳あはせ』「家庭」のメンバーは御主人、奥様、男御隠居（祖父）、女御隠居（祖母）、御令嬢、御令息、坊ちやん、お女中となっており、それぞれにふさわしい（と三越が推奨する）衣類・持ち物が、その下に並べられている。（『三越タイムズ』明治43年付録）

4

↑**神前結婚式**　皇太子嘉仁（よしひと）（のちの大正天皇）の婚儀にちなんで日比谷大神宮（ひびやだいじんぐう）が神前結婚式を行なうようになり、新中間層を中心に徐々に普及していった。当時としてはたいへんハイカラな風俗。（写真は大正期のもの）

5

←**「お玄関から台所まで」**「家庭」のイメージが浸透するにつれ、著名人が家庭という切り口で、紹介されるようになる。これは大隈重信（おおくましげのぶ）伯爵の家庭を紹介したもので、中央は有名な温室にある応接室（右が大隈）、右上が玄関、左上が居間、右下が廊下、左下が厨房である。（『新家庭』明治44年より）

▶住まいと暮らしの変化(p310)、女中さんの一日(p318)、デパートの誕生(p432)

もらいもの事情 目食帖

ビジュアル読み解き

⬇黄金芋③は、東京・人形町の壽堂の明治17年創業以来の人気菓子。右下の朝鮮飴④は、餅米でつくる熊本名物の飴飴。

⬇右の饅頭①は、江戸時代創業の老舗、神戸駒屋のもの。左の餅②は、陸奥のこおり餅。青が青海苔入りで、赤が小豆入り。

⬆上は、大阪の名店、駿河屋製羊羹。その横は、大阪の精肉味噌漬。左は、霞ヶ浦産の煮海老。

⬆西洋南瓜は、当時まだめずらしかった。その下の蕎麦羹は、京都のもの。右下は北海道産の小豆といんげん豆。

⬆上は、松洲の小石川時代の家主の結婚の祝儀菓子。右下の空也最中⑥は、現在は東京・銀座の人気商品。その横は北陸名産の巻鰤。

「頂き物」を、二五年にもわたり記録しつづけた画家がいる。作者は、斎藤松洲。明治3年（一八七〇）大阪の堂島に生まれ、京都で日本画の修業を積み上京した。詳細は不明だが、東京・小石川などで俳画塾を開いていたという。『目食帖』と名付けられたその記録の内容は、東京の風月堂などの菓子折りや地方から送られた漬け物・果物・野菜・海産物・海外からの缶詰など多岐にわたり、何月何日に誰から頂いたという一筆が添えられている。また、通常捨てられて記録に残りにくい包装紙や箱まで詳細に記録しているのも、大きな特徴である。

その数と種類の豊富さに圧倒されるが、さらに包装紙や箱の多様さといった、日本の「包む文化」の美しさにも目を奪われる。食べ物はその性質上、後世に残されることは少ないため、明治末から昭和初期までの「食の日記」といえるこの記録は、当時の東京に集積した贈答品や食材を鮮やかによみがえらせた稀少な作品である。（田中裕二）

東京・神保町の花月堂の笹まき（左上）、小石川の紅谷本店の紅白饅頭（その下）など、お菓子が並ぶ。

上は、全快祝いにもらった菓子。下は、松洲のパトロンのひとり、加賀豊三郎の隠居古稀寿宴の祝儀料理。

下は、現在もお土産の定番といえる、聖護院ハツ橋屋の生ハツ橋⑤。その右上は駿河・江尻町の干し海老。

上は、今なお博多名物の二〇加煎餅。博多の郷土芸能「博多仁和加」のお面を模したもの。左ページはその由来書を書き写したもの。

上の鯛の花は、薄く削ったかまぼこ。岡山産網塩辛や長崎・島原の文旦砂糖漬など各地の品がそろう。右下は松茸。

『目食帖』 松洲が明治42年元日から死去する昭和9年まで描きつづけた『目食帖』は、経帖65冊に達し、描かれた頂き物は約1万2000品、送り主も1200～1300人に及ぶといわれる。送り主には画家の上村松園などがいる。

1

鉄道馬車と電車の交替　東京では鉄道馬車の動力が変更されて電車が誕生する。その切り替えの過渡期には、同一の軌道上を鉄道馬車と電車の両方が走った。（明治37年）

電車の登場

路面電車は都市生活の原形をつくった

明治の後半から昭和の高度経済成長期のころまで、日本の多くの都市で、人々の移動に欠かせなかったものが路面電車（市街電車）である。

●鉄道馬車から路面電車へ

東京では、市街電車の前身は鉄道馬車だった。明治15年（一八八二）、新橋―日本橋間に日本ではじめての鉄道馬車を開通させた東京鉄道馬車会社は、やがて東京電車鉄道と改称して明治36年8月に、品川―新橋間の電車路線を開業した。さらに翌月には東京市街鉄道が、数寄屋橋―神田橋間で開業した。こうして、東京の市街電車の路線網が拡大していった。

しかし、最初に市街電車が開業した都市は、東京ではなく京都だった。東京より八年もさかのぼる明治28年、京都電気鉄道が七条―伏見油掛間に開業した。これ以降、名古屋電気鉄道（明治31年）、大師電気鉄道（明治32年）など各地で電気鉄道が登場し、市内交通あるいは参詣・観光などを便利にしていった。

●住居が郊外に広がる

電車の登場は、人々の生活・行動を大きく変えていった。たとえば通勤・通学が普及したことである。もともと、明治前期の東京では職住分離があまり進んでおらず、通勤も中央官庁の官吏など一部の人々に限られていた。しかも、人力車を常用できるほど裕福な者はごくわずかだから、通勤・通学と

2

➡**女学生の通学風景**　明治前期には通学・通勤は徒歩だったが、電車網が拡大すると、電車による通学・通勤が一般的となる。（明治41年）

4

⬅**空前の満員電車**　大雨による被害地に見舞いや見物に押しかける人々。（明治43年）

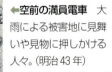

5

⬅**電車の事故**　逓信省の地下線埋設工事のため地盤がゆるんで転覆した路面電車。（明治44年）

3

➡**値上げ反対**　電車の値上げは市民にとって一大事だった。（明治42年）

6

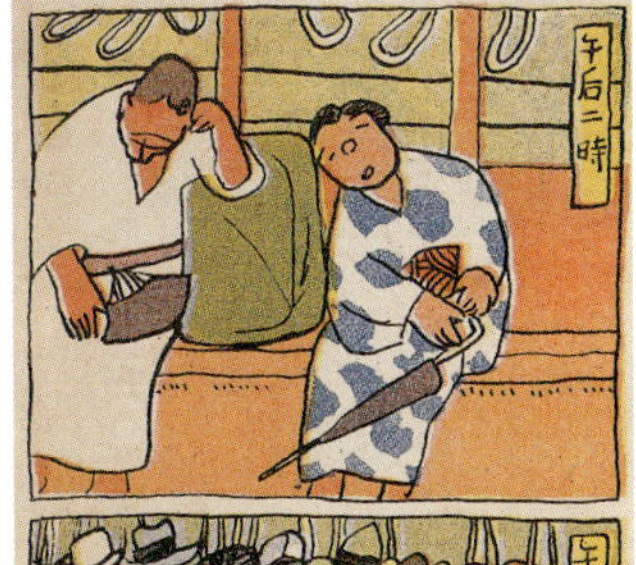

↑**電車の1日**　午前7時にはすでに通勤ラッシュとなり、痴漢をはたらく不逞(ふてい)の輩(やから)も。午前10時になると混雑はなくなるが、深夜12時でも乗客がいる。（『東京パック』明治45年より）

7

←**銀座の交通ラッシュ**　路面電車が交差し、中央に自動車、右上に人力車、左下に散水車、中央下に荷車、各所に自転車が見える。線路の上では配達人が自転車にぶつかって岡持(おかもち)をほうり出した。（『東京パック』明治45年より）

いっても基本的には徒歩によっていた。だが、電車網が拡大していくと、市街地から離れた郊外などに住み、電車で都心に通勤・通学できる人が上・中層を中心に増えていく。今日の都市生活の原形が形づくられていったのである。

やがて、都市に住む人々は、もはや電車なしではふだんの生活を営むことができないほど、電車に依存するようになっていく。たとえば明治45年の元日、東京ではストライキのために電車が止まってしまったが、このとき多くの人々が恒例の恵方詣(えほうもう)で＊・初詣でを見合わせた。何時間も歩いて参詣に出かけるのが当たり前だった江戸の社寺参詣の姿は、すでに過去のものとなっていた。

だから、電車の運賃が値上げされるとなると、人々は「じゃあ電車には乗らずに歩いて行こう」などと、平然としてはいられず、猛烈に値上げ反対をした。「電車はしょっちゅう事故を起こすから危険だ」などとぼやきながらも、市民は電車に頼らざるをえなかったのである。

（平山　昇）

＊**恵方詣で**　元旦に、恵方にあたる社寺に参詣して、一年の幸福を祈ること。恵方とは、その年の干支(えと)によって、もっともよいとされる方角のことで、その方向に守り神の歳神(としがみ)がいるとされる。「恵方詣り」ともいわれる。

▶正月の風俗(p420)

地方改良運動

日露戦争で疲弊した農村を立て直す運動を展開

地方改良運動とは、日露戦争後に疲弊した国力を高め、また国内の統治を進めるため、民力の涵養と風紀の振興をめざして行なわれた試みのことをいう。

●無駄なく勤勉に

日露戦争後の社会状況は、政府に強い危機感を抱かせた。まず、膨大な戦費は必然的に大きな増税となって、人々の生活を圧迫した。かろうじて戦争に勝ったとはいえ、多くの人々は生活の苦しさにあえぎ、貧国強兵とさえ皮肉られるありさまだった。もうひとつには思想問題があった。自然主義や社会主義思想といった思潮が台頭してくると、末は博士か大臣かといった、国家のなかでの自己実現は色あせてみえるようになり、多くの青年たちが煩悶するようになる。

地方改良運動は、こうした状況に危機感をもった内務官僚たちを中心に推進されていった。まず、日露戦争終結の翌年、明治39年（一九〇六）の地方長官会議で、府県知事が町や村に実行を促すべき課題を示した。さらに明治41年には「上から下まで心をひとつにして、無駄をなくして勤勉に仕事をし、人としての義務を果たして、よい風紀にするよう努力すべきである」とうたった＊戊申詔書が発布され、地方改良運動の主軸の役割を果たすことになる。

民力の涵養と風紀の振興という大目標のもと、中央で「地方改良事業講習会」といった講習会や展覧会が催されたほか、各地で、林野の統一、町や村の方針制定、神社の合祀、模範村の表彰、その他各種の講習会といった試みが奨励され、自分たちで努力して町村の統合強化を図るよう指導されていった。

●青年たちの積極的な活動

このような上からの方針に対応して、町や村で運動を推進する要としての役割を担ったのが、各地の名望家のほか、青年団や在郷軍人会といった組織であった。

たとえば青年団（青年会）は、江戸時代以来の若者組の流れをくむ農村の組織だが、日清・日露戦争中の青年会の自発的な奉仕活動に注目した政府は、これを再編成して運動推進の中核のひとつとしようと図った。

また、上からの動きだけではなく、これに積極的にこたえようとする下からの動きがあったことも忘れてはならない。たとえば『良民』を発行した山本瀧之助のように、当時、各地の農村には、東京での立身出世を夢見ながらも、家の事情で上級学校に進学できず、僻村から離れることができない青年たちがいた。青年団・青年会の活動は、このような青年たちが「良民」となることによって、国家のなかで自己の存在意義を確認し、自己実現を図る場にもなったのである。（平山　昇）

➡「貧国強兵」「富国強兵」への皮肉。（『東京パック』明治41年より）

⬇中等の自作農民の苦しみ　1町（約9917m²）の自作耕地をもつ中等の農民でさえ、種々の税金、被服費、肥料代などさまざまな出費によって赤字になってしまう、といった内容で、農民の困窮ぶりを訴えている。（『東京パック』明治43年より）

さまざまな地方改良運動

←**源村**（みなもと）**の貯蓄運動**　日露戦争中の明治38年、内務省が選定した全国の模範3か村のひとつが千葉県山武郡源村。日露戦争後、模範村は地方改良運動のモデルとなり、源村は全村で、貯蓄運動など模範的な活動を展開した。

↑**講習会場の光景**　明治42年第1回地方改良事業講習会の模様。

↑**千葉県源村の青年団の作業**　道路を修復している。（明治44年）

↑**長野県の小学校記念室**　乃木希典（のぎまれすけ）揮毫（ごう）による掛軸が見える。（明治40年）

↑**千葉県上三原**（かみみはら）**の青年団の作業**　養蚕の講習を受けている。（明治44年）

↓**雑誌『良民』**　明治44年2月に創刊された『良民』は、当時広島県沼隈（ぬまくま）郡立実業補習学校の校長だった山本瀧之助が編集を担当した。岡山県邑久（おく）郡生まれの竹久夢二（たけひさゆめじ）が挿絵を添えた。山本瀧之助は、東京に出て立身出世を夢見るが実現できず、明治28年『田舎青年』を著わし、都会崇拝を批判して「田舎青年」を大日本帝国の中堅と位置づけた。このような農村青年が地方改良運動の推進力となった。上は『良民』第1巻第11号に掲載された竹久夢二のイラスト（明治44年）。下は『良民』第2巻第3号表紙（竹久夢二画、明治45年）

南方熊楠と神社合祀反対運動

廃棄された神社の跡に立つ南方熊楠（明治44年）

地方改良運動と関連して実施された神社合祀は、一行政市町村に一社と限って、既存の神社・小祠（しょうし）を集約し、住民を統合する中核として、神社の機能を強化するもので、明治39年（一九〇六）以降に本格化した。合祀の実態は地方によって大きく異なり、たとえば三重県、和歌山県では合併率が九〇％以上と激しかった。

和歌山県で神社合祀反対運動を精力的に行なったのが、民俗学者の南方熊楠（みなかたくまぐす）である。近隣の神社合祀の様子に憤った熊楠は、地元の『牟婁新報（むろしんぽう）』や東京・大阪の新聞に寄稿し、また、柳田國男（やなぎたくにお）や和歌山県選出の代議士中村啓次郎（なかむらけいじろう）に協力を依頼するなど、精力的な運動を展開した。

熊楠の主張のうち、今日でも重要と思われるのは、神社林の伐採による自然環境の破壊という観点である。彼はいち早く「エコロギー」という語を用いている。熊楠は、神社は愛国心の要として重要だという考えをもっており、そうした点では、地方改良運動の大枠は否定していなかったわけである。（平山　昇）

＊**戊申詔書**　日露戦争後の国民精神を教化するため、明治41年10月13日に発布。勤倹貯蓄・産業奨励を勧めて戦勝気分を抑え、列強諸国とは友好関係を結ぶべきだと説いて人心の安定を図った。これに基づいて各地で地方改良運動が進められ、学校教育でも、教育勅語と並んで重要な指針となった。

▶貧民と都市問題（p404）、戦後不況と産業の動向（p514）

日用品のデザイン

つぶぞろいコレクション

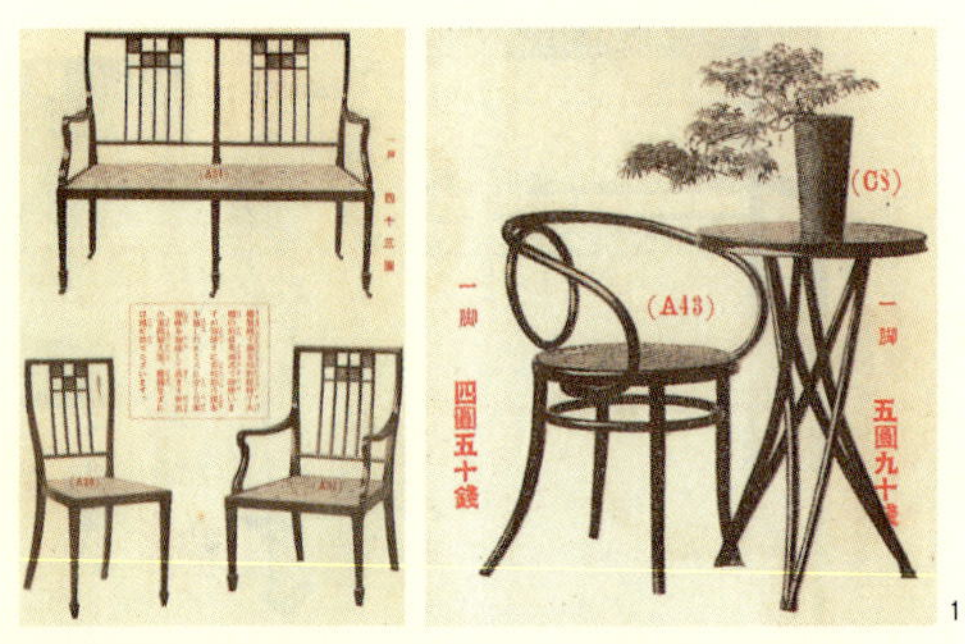

1

↑最新式の洋風家具 アール・デコ調を取り入れている。(明治44年)

2

↑ヴィクトリアン・ロココ風につくられた椅子(明治18年)

↓ワニ革製のボストンバッグ(明治35年)

3

↓柱時計(明治25年)

7

5

↑ソフト帽のいろいろ(明治44年)

←欧米で最新流行のモーニング(明治42年)

4

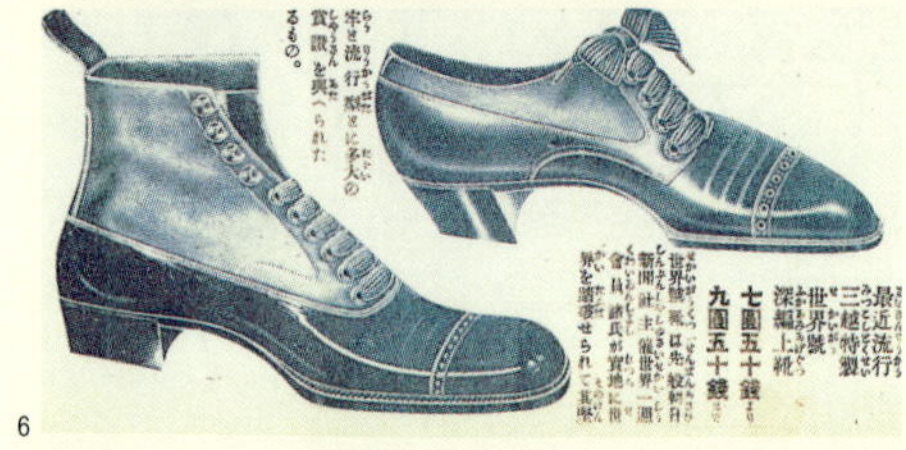

6

←最新流行型編上靴(明治41年)

↓印刷された初の百貨店包装紙 商品や店舗内の写真が見える。(明治44年)

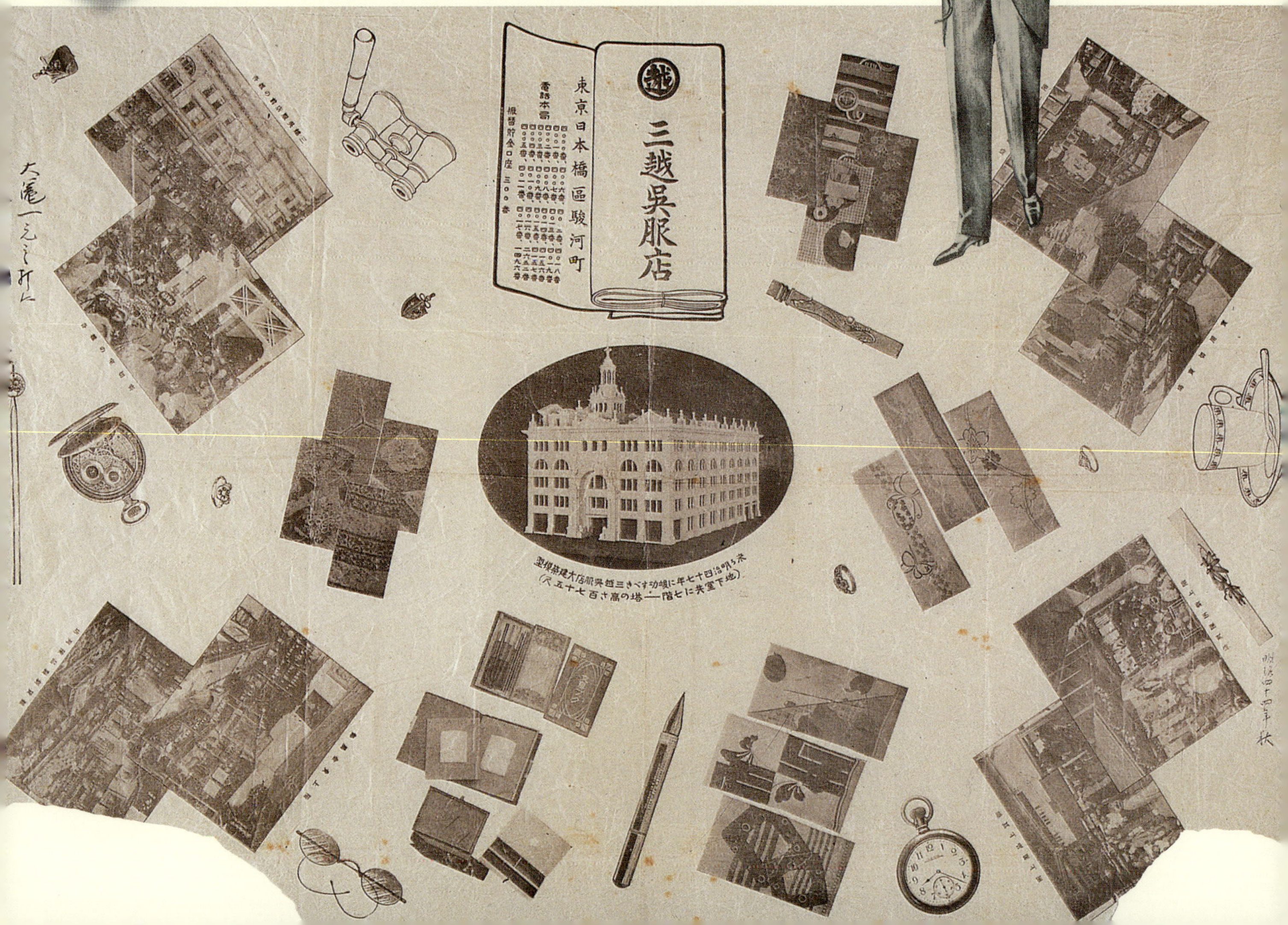

8

←石鹸　左下は石鹸に押したスタンプ。（明治23年）

↑畳紙　厚手の和紙を折ってつくられる伝統的な包紙。（明治後期）

→紅茶用のカップとポット（明治44年以降）

→化粧水ミルド（明治40年頃）

→クラブ白粉（明治40年代以降）

↑洋傘　洋装の広まりとともに洋品類も増え、洋傘が定着していった。（明治28～30年）

↑氷水用の器（明治末年）

←化粧水オイデルミン（明治30年）

明治時代になり、文明開化の波が訪れると、人々の生活スタイルは流行や洋風化を取り入れて、しだいに変化していった。こうした変化はとくに都市生活者の間で目覚ましかったが、それを端的に表わすのが、人々の生活に密着した日用品である。

当時の近代化生活とは、ほぼ洋風化を意味するものといえ、日々の生活のなかに西洋風の品々が少しずつ増えていくことであった。それはまず男性と子どもを中心に、洋服の着用という形で現われ、下着類や靴などの洋品、さらには洋風の家具や食器などが登場して、家庭のなかにも徐々に流入した。

こうした動きを敏感にキャッチし、その牽引役となったのが明治後期に登場した百貨店である。日本の百貨店の多くは呉服店に端を発しているため、当初は呉服の扱いがほとんどだったが、短期間のうちにさまざまな種類の生活用品が売り場に並ぶようになった。また、デザイン性に富む商品を取り入れるようになったことも特筆に値する。百貨店を中心として、このころから「ファッション」あるいは「流行」という概念が、大きな意味をもちはじめたのである。

こうした流行りの商品は、西洋文化の影響も受けつつ、用途や商品の性格にふさわしい近代的で斬新なデザインが施されていた。そして製造技術の向上、材質の変化、生活スタイルの変化に伴い、さらに変貌を遂げていった。近年、携帯電話や家具など「プロダクトデザイン」が注目を集めているが、その源流は明治期にすでに存在していたわけである。（近藤智子）

▶デパートの誕生(p432)、百貨店がつくりあげた文化(p470)

絵葉書ブーム

つぶぞろいコレクション

⬆東京郵便局記念絵葉書発売大混雑の光景　➡大阪絵葉書大展覧会開催記念絵葉書　金牌・銀牌のメダルを浮彫り加工したもの。（明治40年）

⬇明治24年の絵葉書　私製絵葉書解禁以前の海外宛のもの。画家寺崎広業による。

絵葉書は、明治期後半から大正時代にかけて、日本じゅうで大流行した。この流行は、写真や印刷という大量複製を可能にする技術を通して、ヴィジュアル表現を使った新しいメディアの登場を意味した。

日本での私製絵葉書は、明治33年（一九〇〇）10月に逓信省令によって発行許可が出されたことに始まる。石井研堂の『明治事物起原』によれば、合法的な最初の絵葉書は同月5日に発行された『今世少年』一巻九号の付録口絵の石井研堂案・小島沖舟筆の石版によるものだという。その後明治37～38年の日露戦争中に、戦地での勝利のたびに発行された「戦捷記念絵葉書」や、慰問のための絵葉書によって、絵葉書ブームは頂点に達した。

さまざまな題材やデザイン、印刷技術を用いた絵葉書が発行されるようになり、青年たちを中心に収集熱が高まっていく。このブームの過熱は相当なもので、新作が出ればこれを購入するために早朝から並び、気に入ったものを求めるために交換会も催された。

このような流行のなかで、洋画家・日本画家・挿絵画家など、名だたる画家の多くが絵葉書の製作に携わり、自由な発想で多彩な絵葉書をつくりだしていく。美術団体の「烏合会」でも、展覧会への絵葉書の出品、会場での肉筆絵葉書の製作、記念絵葉書の印刷などが行なわれたことが知られている。絵葉書の流行は、明治30年代後半の水彩画の流行とも相まって、美術の大衆化を進める要因ともなった。

（濱中真治）

➡『はがき新誌』　明治38年、便利堂発行。明治37年創刊の『はがき文学』を皮切りに愛好家向けの専門誌が刊行され、葉書の文面の研究や、新しい絵葉書の紹介も積極的に行なわれた。

↘コレクション・ブック　好きな絵葉書を綴じて楽しんだ。右には日露戦争絵葉書、左には写真絵葉書が綴じてある。

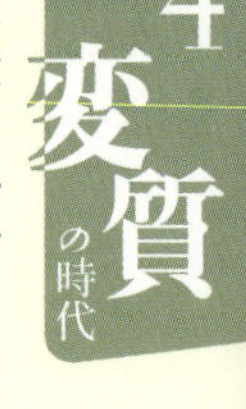

④

③

①

②

⑥

⑤

❶日露戦争をテーマにした絵葉書。デザイン性に力点が置かれている。
❷明治44年4月9日の吉原大火を伝える災害絵葉書。遠方の知人に無事を伝えるなど、報道的な役割も果たした。
❸竹久夢二(たけひさゆめじ)原画。コマ絵風の図柄。夢二は前年、『ハガキ文学』の絵葉書図案懸賞募集で1等に入選した。(明治39年)
❹五百城文哉(いおきぶんさい)原画。五百城は植物の精密描写を得意とした。
❺自然主義的作風で知られた平福百穂(ひらふくひゃくすい)による肉筆絵葉書。
❻藤島武二(ふじしまたけじ)原画。アール・ヌーヴォー風の装飾味を取り入れた図案。
❼松岡映丘(まつおかえいきゅう)原画。近代大和絵(やまとえ)の画家映丘の、西洋風意匠を取り入れた図柄。
❽富岡永洗(とみおかえいせん)『傘を持つ美人』。風俗美人画を得意とし、挿絵も手がけた永洗らしい図柄。

⬇橋本雅邦(はしもとがほう)『画法寸美(がほうすんび)』「松」と「鯉」で「しょうり(勝利)」を表わした絵葉書。台紙に挟んで販売された。

⑦

⑧

美術コレクターの登場
人物そろい踏み

維新による社会体制の変化、廃仏毀釈の風潮、欧化政策など、明治を迎えてからの施策は、美術品の所有関係に大きな変化をもたらした。江戸時代まで美術品を所有していたのは大名や公家あるいは社寺などであったが、彼らが所有していた美術品が市場に放出される。当初は国内よりも、欧米での日本美術ブームを背景とした需要が高まり、明治初年から10年代にかけて膨大な古美術品が海外に流出した。危機感を感じた政府は、明治20年代以降、古美術品の海外流出や破壊に対する保護政策をとるようになる。それに呼応するように、国内で新たな美術コレクターとしての役割を担ったのは、新興資本の実業家たちであった。殖産興業政策による政府の手厚い保護のもと、急成長をした三菱、三井、住友、大倉、藤田などの財閥、それに続く鉄道や繊維など日本の基幹産業の中枢にいた彼らは、豊富な資金力をもとに、質量ともに備えた大コレクションを形成していった。

（濱中真治）

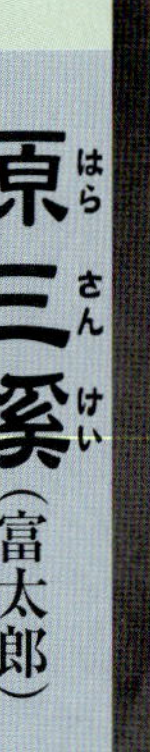

原三溪（富太郎）　一八六八～一九三九

岐阜県に生まれ、明治25年、横浜の生糸商人、原善三郎の養嫡子となる。明治32年、家業を合名会社に改組し生糸輸出業を拡大。経済界の要職を務め、古美術品の収集を行なう。そのコレクションは仏教美術・茶器・中国画・中国陶磁器など多岐にわたる。同時代の作家にも目を向け、とくに日本美術院との関係を深くし、パトロンとしての役割を果たした。

代表的なコレクション

閻魔天像（平安時代）／**寝覚物語絵巻**（平安時代後期）／**佐竹本三十六歌仙絵巻　小大君**（鎌倉時代）／**伊勢物語絵巻**（平安時代）／**円伊『一遍聖絵　歓喜光寺本』**（鎌倉時代、国宝）

三溪が支援した画家たち

横山大観、下村観山、今村紫紅、小林古径、安田靫彦、前田青邨、荒井寛方、牛田雞村、速水御舟、小茂田青樹、ほか

↑**雪舟『四季山水図　夏』**（室町時代、重要文化財）佐野子爵家より入手。

↓**今村紫紅『近江八景　比良暮雪』**（大正1年、重要文化財）紫紅も三溪の援助を受けた。

↑**孔雀明王像**（平安時代、国宝）井上馨秘蔵の名品を明治37年に入手。

←**三溪園・臨春閣**（重要文化財）三溪は明治39年に横浜・本牧三之谷に創設した庭園を、市民に無料開放した。広大な園内には旧燈明寺三重塔（重要文化財）などの名だたる古建築が移築されている。臨春閣は江戸初期の徳川家の別荘。

4 変質の時代

岩崎弥之助
一八五一～一九〇八

三菱の二代目社長。鉱業・造船など多方面に事業を展開。和漢の典籍と古美術を収集し、明治25年頃、静嘉堂文庫を創設。現在は静嘉堂文庫美術館（東京）で公開。

代表的なコレクション

三益斎図（室町時代、重要文化財）／俵屋宗達 源氏物語関屋澪標図屏風（江戸時代、国宝）／倭漢朗詠抄 太田切（平安時代、国宝）

大倉喜八郎
一八三七～一九二八

大倉財閥の創始者。御用商人として、日清・日露戦争などで財を築く。日本・東洋古美術を収集し、大正6年、日本最初の私立美術館・大倉集古館（東京）を設立。

代表的なコレクション

普賢菩薩騎象像（平安時代、国宝）／随身庭騎絵巻（鎌倉時代、国宝）／狩野探幽 鵜飼図屏風（江戸時代、重要文化財）／観普賢経（平安時代、国宝）

根津嘉一郎
一八六〇～一九四〇

東武鉄道など多くの企業を経営。学術・文化事業にも力を入れた。東洋古美術と茶道具のコレクションをもとに、没後、根津美術館（東京）が設立された。

代表的なコレクション

伝牧谿 漁村夕照図（宋代末～元代初、国宝）／那智滝図（鎌倉時代、国宝）／尾形光琳 燕子花図（江戸時代、国宝）／松屋肩衝茶入（宋代、重要文化財）

益田鈍翁（孝）
一八四八～一九三八

佐渡に役人の子として生まれる。10代で幕府の使節団の一員として渡仏。維新後は大蔵省に出仕、井上馨の知遇を得る。明治6年、井上らと貿易会社を興し、のち三井家が創立した三井物産会社社長となる。茶人としても知られ、〈日本の美術を発達せしめるには、その真の標本を大切に日本に保存して研究しなければならぬ〉（『自叙益田孝翁伝』）と語った。

代表的なコレクション

牧谿 蜆子和尚図（宋代末）／過去現在絵因果経断簡（奈良時代）／紫式部日記絵巻（鎌倉時代、国宝）／佐竹本三十六歌仙絵巻 斎宮女御像（鎌倉時代）／織部松皮菱手鉢（桃山時代、重要文化財）／仁清 色絵金銀菱重茶碗（江戸時代、重要文化財）

⬆『源氏物語絵巻 夕霧』（平安時代、国宝） 維新直後まで蜂須賀家の所蔵。

⬆俵屋宗達『伊勢物語図色紙 六段 芥川』（江戸時代） 36枚所蔵の1点。

⬆本阿弥光悦『黒楽茶碗 銘 七里』（江戸時代）

⬆『十一面観音像』（国宝） 平安時代を代表する仏教絵画の優品。井上馨所蔵の名品であり、井上を説得して手に入れた。

▶政商の出現（p216）

文展と美術団体

政府主催の美術展に対抗し、民間美術団体が誕生

明治の幕開けとともに、和洋、新旧さまざまな美術団体と美術展覧会が消滅を繰り返した。

政府主催の全国公募展としては、明治10年（一八七七）の第一回から、内国勧業博覧会の美術部門があった。しかし、それは美術を産業と見なす農商務省の主催であるうえ、明治36年の第五回で終了したので、明治30年代後半は全国規模の展覧会の空白期となった。

●小会派が乱立した美術界

折しも、東京美術学校には西洋画科や洋風彫刻の塑造科が新設され、美術教育はようやく偏向のない状態となり、民間では白馬会、明治美術会、太平洋画会、彫塑会などが並立し、日本画では日本美術院、无声会、巽画会、紅児会などの小会派が乱立していた。

混沌とした画壇状況を背景にして、政府主催の統一美術展覧会の創設を望む声が高まるなか、まず東京府が意欲的試みとして、明治40年3月から7月までの四か月にわたって上野公園で東京府勧業博覧会を開催し、その第一〇部に大規模な公募美術展を置いた。しかし、この展覧会の審査は、美術学校関係者に偏向しているとの抗議が続出、スキャンダラスな結末となった。さらにこの展覧会は、秋の文部省美術展覧会開催の予行演習的性格を帯びていたようにも思われる。

東京美術学校校長正木直彦が審査委員の中核に位置し、美術学校関係者が居並ぶ構図はまったく共通のまま、同年10月25日に、第一回文部省展覧会（文展）が開幕する。時の総理大臣は黒田清輝と親交をもつ西園寺公望であったから、発足時の文展は純粋美術主義が貫かれ、第一部日本画、第二部西洋画、第三部彫刻で、工芸・デザインが排除されていたことも注目される。

審査員には正木を筆頭に大塚保治（東京帝大教授）、森鷗外ら文化人に加え、黒田清輝、岡倉天心、横山大観、高村光雲など各部門の一流が顔をそろえていた。入選者も受賞者もすべて審査員の系列下の人々が順当に選ばれたが、それゆえに新鮮味はなく、権威主義のみが目立ち、つねに紛糾が絶えなかった。

●高まる新派・旧派の対立

文展が権威をもてばもつほど文展内の新派・旧派抗争は高まるばかりで、ついに明治45年には、日本画を第一科（旧派）と第二科（日本美術院系）に分けるに至った。これに倣って洋画部門にも、新傾向に門戸を開く第二科の開設要求が起こるが、当局は拒否する。そこで官の権威に頼らず在野団体を起こす美術家たちが現われた。大正元年（一九一二）に岸田劉生らが結成したフュウザン会、大正

第一部 日本画

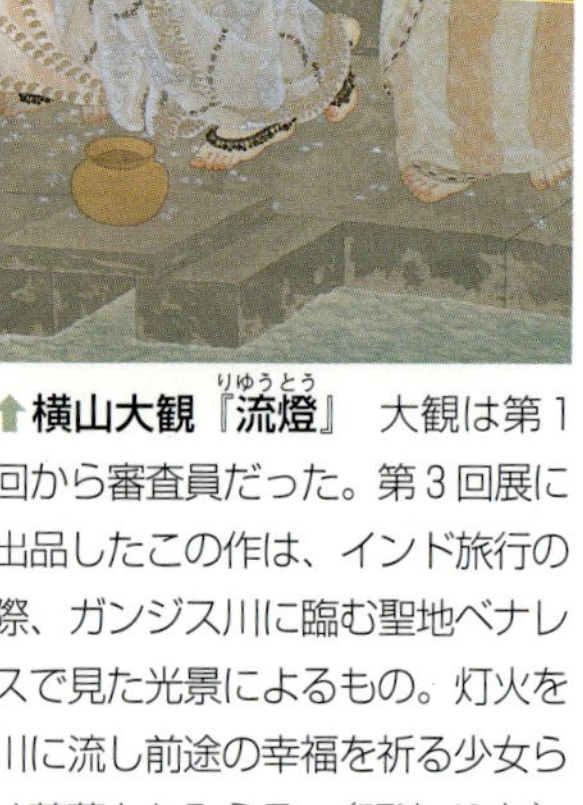

1

⬆横山大観『流燈』 大観は第1回から審査員だった。第3回展に出品したこの作は、インド旅行の際、ガンジス川に臨む聖地ベナレスで見た光景によるもの。灯火を川に流し前途の幸福を祈る少女らは菩薩ともみえる。（明治42年）

2

➡菱田春草『黒き猫』 第4回文展審査員出品作。第1回に『賢首菩薩』、第3回に『落葉』で2等を受賞し、第4回で審査員となった春草は、明治44年38歳で死去。新日本画の追究途上の惜しまれる死であった。（明治43年、重文）

3年に有島生馬らが組織した二科会などがそれである。

文展は、フランスの官展（サロン）の模倣であるが、当のフランスでは一八八一年以来、サロンは民営化されており、もはや特別の権威ではなかった。フランスが限界を感じてやめたものを、三〇年遅れで、あえて日本が模倣したのは、芸術という実体のない文化に権威を与える必要があったからであろう。

権威主義への反動が多様な前衛的芸術運動の誕生を促したことにこそ、文展の意義をみるべきかもしれない。（新関公子）

●文展のあゆみ

明治40年	文展	10月27日、東京上野で第一回文展開催。応募作品九九〇点中、一八五点が入選。一か月の会期中、入場者四万三〇〇〇人。以後、毎年秋に開催。
明治41年		第二回文展で、裸体画、彫刻などが特別室に陳列される。
大正1年		第六回文展で、日本画が第一科（旧派）と第二科（新派）に分離。（第七回展まで）
大正3年		洋画部門をふたつに分ける運動起こるが承認されず、在野に二科会が創設される。
大正8年	帝展	帝国美術院主催となり「帝展」となる。
昭和10年		文相松田源治が美術界の統制をねらい、改組を断行。
昭和11年		再改組され、ふたたび文部省主催となる（新文展）。
昭和21年	日展	文部省主催の日本美術展覧会（日展）に改称。
昭和24年		日本芸術院と日展運営委員会の共催となり、現在に至る。

3

➡青木繁『女の顔』 明治37年は青木の運命の転回点だった。5月の東京府勧業博に出品した意欲作は3等の末席。8月の父の死と帰郷。故郷から第1回文展に応募したこの作品の落選。窮乏と放浪のうちに、29歳の生を終えた。（明治37年）

第二部 西洋画

4

⬆和田三造『南風』 第1回の2等で、事実上の最優秀賞。和田は白馬会研究所を経て東京美術学校西洋画科に入った生粋の黒田門下生。伊豆大島を背景に描いた力作。（明治40年）

5

➡中村彝『巌』 房総白浜で明治42年の夏に制作。同年秋の第3回文展で褒状を受けた。3度目の挑戦の結果である。生命力への熱望がこもるこの作は、結核と闘いつつ生きる画家の出発点となった。

第三部 彫刻

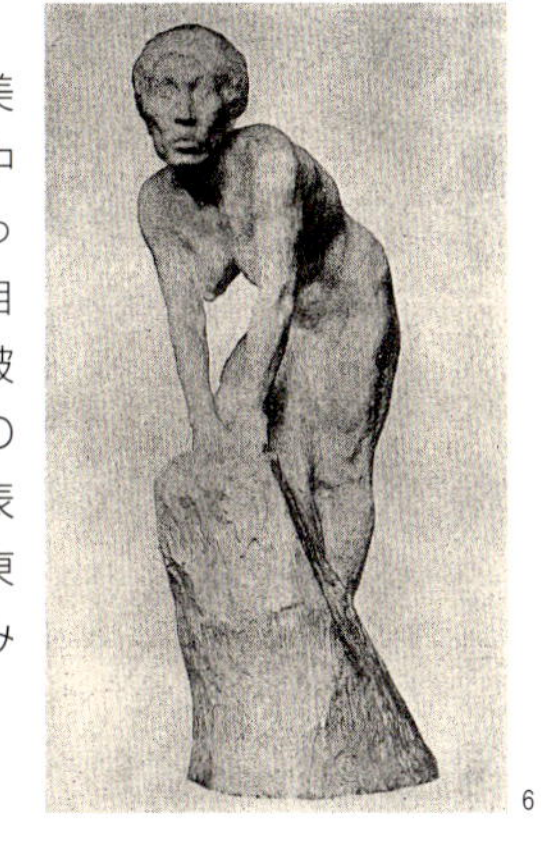
6

➡石井鶴三『荒川嶽』 第3回入選作。東京美術学校彫刻科に在学中の出品。全身像であったが、おそらく作者自身の手で首から下が破棄され、現在は頭部のみが残る。のちの代表作『俊寛』に通じる東洋的精神主義傾向がみえる。（明治42年）

8

⬅朝倉文夫『墓守』 第4回文展で最高賞の2等。朝倉は東京美術学校彫刻科を明治40年に卒業。文展で受賞を重ね、大正5年から審査員、同10年から母校の教授。ロダンの影響が顕著な作風。（明治43年）

7

➡新海竹太郎『ゆあみ』 第1回審査員出品作。新海は山形市の仏師の家系に生まれ、明治33～35年、ベルリンの美術学校に留学。『ゆあみ』では優雅な古典的造形力を示した。（明治40年）

百貨店がつくりあげた文化

都市生活を彩った芸術や文化催事

呉服店から欧米型デパートメントストアを志向した明治末期に、三越、白木屋、大丸、松屋、高島屋、そごう、松坂屋（いとう呉服店）が相次いで百貨店を名のりはじめた。取り扱う商品も、呉服店時代には扱わなかった舶来品や美術品、家具、雑貨に至るまで、大幅な拡張が行なわれた。

しかし、百貨店が人々に提供したものは、何もそうした商品だけにとどまらない。演劇・幻灯・活動写真などの催しや企画においてもつぎつぎと新機軸を打ち出し、人々を驚嘆させた。広告活動においても、斬新なポスターやPR誌・新聞・雑誌を巧みに用いながら、流行を積極的に創出していった。

百貨店の催事は数多あれど、まず多くの人が身近に思い浮かべるのはバーゲンデーかもしれない。

著名飲食店が出張店を

石井研堂の『明治事物起原』によれば、もともと「何々デー」の起源は「バーゲンデー」にあり、この言葉をはじめて用いたのは明治41年（一九〇八）、東京・神田今川橋の松屋が元祖という。

百貨店主催の美術展覧会や博覧会は、時に文化施設の代行役も担った。それは芸術家に活躍の場を提供したばかりでなく、結果として、一般の人々の教養や趣味の向上に、大いなる貢献をしたといえよう。

百貨店の食堂もまた、百貨店文化を語るうえで欠くことのできない一側面であるが、その原形もやはり明治後期につくられている。先鞭をつけたのは白木屋で、木馬やシーソーの置かれた遊戯室内の一角に、近隣の著名飲食店の出張店を置いたのが始めとされる。

百貨店はさまざまな活動や媒体を通じて、時に人々を啓蒙し、文化空間を演出した。明治の人々にとってそこは、非日常の華やかな場を体験させてくれる憧れの娯楽場であったに違いない。明治末期に百貨店がつくりあげた数々の文化は、今もなお現代に生きる私たちの生活に息づいているのである。

（大島十二愛）

1

↑流行会　明治38年、三越が社会風俗研究を目的に結成した諮問組織。児童文学作家の巌谷小波（写真左端）をはじめ、初期メンバーには文芸家や学者らが名を連ねた。展覧会や講演会の主催など啓蒙的性格も備えつつ、流行をつくりだす企画集団となった。

3　2　4

出版

←↑百貨店PR誌　商品紹介や文芸読み物を掲載。明治30年過ぎから地方顧客向け通信販売も行なった。『三越』（右上）の装画は杉浦非水によるもの。左上はいとう呉服店（現在の松坂屋）の『衣道楽』創刊号。背景に明治44年に新装した日本橋が見えるのは白木屋の『流行』（左）。

児童文化

6

↓第1回三越児童博覧会　明治42年、百貨店が開いた博覧会の嚆矢。特設会場中庭に、噴水と八角形の動物園が出現。小鳥がさえずる鳥園と猿・熊・犬らの獣類園が連日大盛況。陳列場では国内外の児童用品や玩具が展示された。

5

←飾窓　三越の児童博覧会会場外壁。趣向を凝らした蝶のような呉服の展示が楽しい。会場建物は西洋の城を模したゴシック式で横河民輔の設計。ショーウインドーの出現は高島屋京都店が最初で、つぎがそごう大阪店。

8

服飾

➡**光琳模様**　江戸中期を代表する絵師尾形光琳の画を呉服の意匠に取り入れ、明治37年に三越は百貨店初の文化催事「光琳遺品展覧会」を開催。図はPR誌『氷面鏡』より。

7

⬅**「元禄」美人画ポスター**　明治38年、三越は絢爛たる江戸文化の復興をとなえ「元禄風模様」を考案。呉服だけでなく、髪飾りやネクタイなど各種小物にも用いて元禄ブームを生み出す。左は当時のポスターで波々伯部金洲画。

11

10

9

➡**時好絵葉書**　三越では人気画家にポスターや刊行物の装画を依頼。右はPR誌『時好』の付録絵葉書で、左から中沢弘光、中村不折、橋本邦助によるもの。明治40年には美術工芸品の展示即売も始め、高島屋などもあとに続いた。

13

12

⬆**北京日本公使館大広間**　明治42年、外務省からの依頼を受けた高島屋は、井上宜文の設計により室内装飾を手がけた。その前年、三越はパリ日本大使館の内装を受注している。

➡**今川橋松屋**　明治40年、「デパートメントストア方式の外観を備えた東京で最初の建物」として、洋風3階建ての新店舗がお目見えした。工学博士古宇田実の設計。屋」からは富士山・東京湾・両国国技館が一望できた。

14

⬆**いとう呉服店少年音楽隊**　もと海軍軍楽隊の沼泰三を楽長に、明治44年発足。演奏とナポレオン型制服が評判となる。その後、移譲を経て、現在の東京フィルハーモニー交響楽団の前身となった。初の少年音楽隊は三越本店で明治42年誕生。

▶デパートの誕生(p432)

美術と文学の交流

刺激しあい文化を活性化した文学者と画家

絵師とか戯作者といった江戸時代の職能者的概念が、画家・小説家・詩人などの芸術家概念に変わってきたのは明治20年（一八八七）前後からであろうか。まだ美術家も文学者も少数エリートの時代だったから、両者の出会いは必然であり、濃密な関係が結ばれた。

●画家と文豪との共鳴

たとえば、ともにドイツ留学生だった洋画家原田直次郎と軍医森林太郎の出会いはその一例である。軍医であることに満たされぬ思いを抱いていた森は、明治19年にミュンヘンで原田を知って芸術的人生に目覚め、帰国後に『舞姫』『うたかたの記』『文づかひ』のドイツ三部作を発表し、文学者鷗外へと変貌を遂げた。

帰国後の原田は東京美術学校に西洋画科を開設させようと奔走するが、短命に阻まれた。一方、鷗外は明治24年から東京美術学校で美術解剖学・西洋美術史・審美学（美学）を教え、明治42年には原田の遺作展を開き、*『原田先生記念帖』を編集するなど、原田の業績を歴史に残すべく尽力した。

さらに明治36年にイギリス留学から帰国した夏目漱石が文壇に登場すると、美術と文学の相互交流はより本質的な様相を帯びる。

●浪漫主義を育てた漱石

漱石は、留学中の二年間にイギリスの主要美術館を見つくしたほど、美術が好きだった。やはり無類の美術好きの親友、正岡子規と

1 ←原田直次郎『騎龍観音』 仏教の伝統的図像にはない龍の背に立つ観音は、迫真の描写で論争を呼んだ。東京帝大教授の外山正一は「サーカスの女」と評したが、森鷗外は自由な発想力の所産と擁護した。（明治23年）

2 ↑藤島武二『蝶』 漱石は明治39年に発表した『野分』の第7章の冒頭に、藤島の絵に起因する「白き蝶の／白き花に／小き蝶の／小き花に／みだるゝよ／みだるゝよ（以下略）」という詩を挿入した。（明治37年）

3 →藤島武二『毒草』 藤島武二は与謝野鉄幹が主宰する文芸雑誌『明星』の表紙や与謝野晶子の第1歌集『みだれ髪』、夫妻の歌集『毒草』の装丁・挿画を担当。歌に拮抗する耽美的世界を示した。（明治37年）

漱石周辺

4 →正岡子規『病室の冬』 子規は、東大予備門時代から漱石の親友。結核に冒され晩年は寝たきりだったが、写生を無上の楽しみとした。「写生」を文学改革の方法論とした子規らしく、見事に空間が把握されている。（明治33年頃）

5 ↓橋口五葉『虞美人草』表紙装丁 漱石は自著の装丁に凝り、最初の出版『吾輩は猫である』の装丁と挿絵に、東京美術学校西洋画科を卒業したばかりの橋口五葉を起用した。『行人』まではすべて橋口の仕事。（明治41年）

ともに、漱石は留学前から「写生」という絵画の方法論を文学に適用しつつあったが、帰国後にその視覚的文学論は、小説の創作のなかに実践されていく。

　白馬会展を欠かさず見た漱石は、魅力的な絵のイメージを小説のなかに巧みに挿入した。たとえば『野分』には藤島武二の『蝶』が、『三四郎』にはラファエル・コランの『帽子を持つ婦人』と黒田清輝の『湖畔』を合成した「森の女」というイメージが巧みに利用されているし、『それから』には興奮色・赤、鎮静色・青という色彩心理学まで援用された。興奮と不安にさいなまれる主人公代助の心を慰める絵として、青木繁の『わだつみのいろこの宮』が実名であげられているのも興味深い。

　芸術的先鋭性と自負の激しさゆえに画壇中枢から排除された青木繁を強く支持した漱石は、美術評論家としてもぬきんでた存在で、美校・文展の系列ではない在野の芸術家の活動をも視野に入れて、明治浪漫主義を育てたといえよう。

　漱石のほかに青木繁をその生前から強く支持したのは、岩野泡鳴や蒲原有明らの詩人だった。岩野泡鳴の詩集のために青木が描いた挿絵の魅力は、明治美術と文学の浪漫主義的共鳴の一典型であろう。

　雑誌における美術と文学の浪漫主義的高揚は、まず与謝野鉄幹と晶子が支えた雑誌『明星』（明治33年創刊）に典型的に現われた。藤島武二の装丁・挿絵は日本のデザイン界にアール・ヌーヴォー様式の流行をもたらした。

　明治43年創刊の文芸同人雑誌『白樺』*も、セザンヌ、ゴッホ、ロダンなど西欧の美術の最前線を紹介して、なかば美術雑誌の様相を帯び、芸術界全体を活性化した。

　明治における美術と文学の出会いは、相互を刺激し、高め、実り豊かな諸局面を生んだといえよう。

（新関公子）

←青木繁『わだつみのいろこの宮』　漱石は『それから』に〈いつかの展覧会に青木と云ふ人が海の底に立ってゐる脊の高い女を画いた。代助は多くの出品のうちであれ丈が好い気持に出来てゐると思つた〉と書く。（明治41年、重文）

→青木繁『混沌』　原作は失われたが、『夕潮』の挿絵印刷が残る。詩人蒲原有明も岩野泡鳴も、青木の心酔者だった。明治42年発表の漱石の『それから』に、この素描と思われる絵画の記述がある。（明治37年）

↑青木繁『夕潮』表紙　島崎藤村の『若菜集』を懐に上京した青木は、友人に詩人が多かった。のちに小説家となる岩野泡鳴の処女詩集の表紙は「海底の神」の題をもつ。『わだつみのいろこの宮』への萌芽とみられる作。（明治37年）

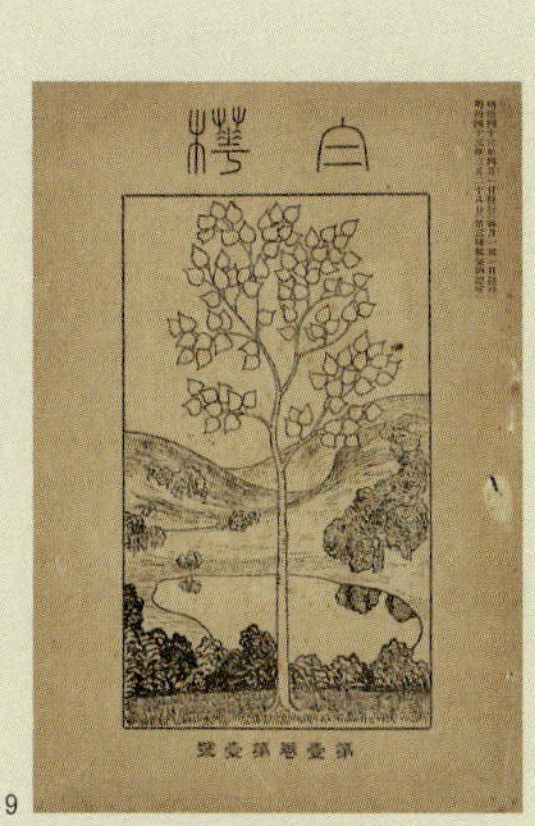

↑雑誌『白樺』創刊号表紙　明治43年4月創刊、大正12年8月終刊。武者小路実篤、志賀直哉、児島喜久雄、有島生馬ら学習院卒業生が中心の文芸誌。セザンヌ、ゴッホ、ロダンなど印象派以降の西洋美術の紹介に力を注いだ。

*原田先生記念帖　鷗外は「原田直次郎没後十周年記念遺作展」を企画。明治42年11月28日、一日だけの遺作展を、あたかも原田が美校教授だったかのように、東京美術学校を会場として開く。『記念帖』は、その展覧会の図録として鷗外が執筆・編集したもので、原田研究の根本資料。

*『白樺』　『白樺』同人は美術に熱中し、「白樺美術館」の設立を構想。募金活動を行なうが、実現に至らなかった。

▶恋愛をうたう(p374)

東京駅の建設

ビジュアル読み解き

⬆塔の競演　建物の隅に据えられた塔屋は、都市の建築にふさわしい表情をもたらす。この辰野の塔は高さに比べて幅が広くやや鈍重な印象。（東京火災保険株式会社、明治38年）

⬆クイーン・アン様式　白色の帯石で飾る赤煉瓦の壁に、塔が林立する様式。（ニュースコットランドヤード、1890年）

創業時の東京駅

現在の東京駅（部分）

⬆柱いろいろ　ドリス式（左）、イオニア式（中）、コリント式（右）の柱を使い分ける。少々彫りが浅いのが、辰野による柱頭の特徴。

4 変質の時代

建築界の重鎮、辰野金吾の設計になる東京駅は、明治22年（一八八九）の新橋と上野を結ぶ高架鉄道計画のなかで建設地が決定され、四半世紀を経て大正3年（一九一四）に竣工。古典主義とゴシックを軽快に混ぜ合わせるイギリスのクイーン・アン様式をもとにした「辰野式」デザインが外観を飾る。中央に皇室用出入り口を置き、両端に乗車口と降車口を分散させるその形は、ひとつのモニュメントというよりは、町並みのようにみえる。太平洋戦争の戦災後、応急的な屋根が架けられた現在の姿から、創建時の姿に復元する計画が進んでいる。（清水重敦）

⬆**F・バルツァーの中央駅案**　辰野による設計は、ドイツ人鉄道技師バルツァーによる和風案の平面を継承している。中央に皇室用出入り口、南北にそれぞれ乗車口とふたつの降車口を設け、すべて別棟とする案。（明治 36 年。図はバルツァー案をもとに再構成） 6

7

⬆**アムステルダム中央駅**　赤煉瓦の色彩と、終着駅ではなく通過駅という共通点から、東京駅の参照源といわれてきたが、両者に直接の関係はない。中央部にアクセントをつけ、東京駅より垂直性を強調したゴシック系デザイン。（P・J・H・カイペルス設計、1889 年）

『中央停車場建物展覧図』　創業時の東京駅を描いた貴重な図。東京大空襲で屋根が焼ける前は、総 3 階建てで、各塔屋に多様な屋根を架けたにぎやかなデザインだった。

10

⬆**扁平なドーム屋根**　押しつぶされたような形のドームも、設計者辰野のこだわりだった。太平洋戦争後、応急的に大ぶりな八角屋根に改造された。（日本銀行大阪支店、明治 36 年）

9

⬆**入り口上の半円アーチ**　欧米駅舎の大アーチのごとく、駅舎を示すサインともなる。庇状アーチも辰野好み。（京都文化博物館、明治 39 年）。

8

⬆➡**内部のドーム形天井**　皇室用玄関にはローマのパンテオン（左）風天井があったが、改札口大ドームとともに改造された（右）。

▶工学としての建築（p256）

漱石と鷗外

人物クローズアップ

⬆明治村に残る東京・千駄木町57番地の家　1年あまりこの家で暮らした鷗外が転居した11年後、漱石が移り住んだ。漱石は4年弱過ごしたこの家で、処女作『吾輩は猫である』を書いた。

夏目漱石がイギリス留学後に『吾輩は猫である』を執筆した東京・千駄木の「猫の家」は、ドイツ留学後最初の妻と離婚した森鷗外が住み、坪内逍遙と「没理想論争」を闘わせた「千朶山房」である。二大文豪が、生活の重要な過渡期に、同じ家に住んだという事実は、かえってふたりの明治文学者の相違を、皮肉にあぶりだしている。

江戸っ子漱石は、明治の家制度のよけい者として養子に出され、漢学塾・英語塾などを転々としたのち、帝国大学で英文学を学ぶ道をみずから選んでいる。それに対し、津和野藩の御典医の嫡男に生まれた鷗外は、家制度の希望の星として教え10歳で上京後、弱冠20歳で東京大学医学部を卒業して陸軍軍医となっている。

鷗外は、明治20年代に、私人としての夢の具象化といえる恋人エリーゼを捨てた罪の意識から創作活動を開始していたが、明治40年（一九〇七）には軍医の最高位にまで昇りつめ、公人としての人生をまっとうした。一方漱石は、明治40年、東京帝国大学教授という公人の立場を捨て、私人として生きる選択をしたのち、明治の典型的私人〝高等遊民〟の苦悩を、作品化していった。

また鷗外は、恩人山県有朋が社会主義者一掃のために画策したといわれる大逆事件において、弁護側にも「社会主義」の知識を提供し、一歩誤れば、その社会的地位を失う危機的立場に追い込まれた。そして同時期、漱石は「修善寺の大患」という生命の危機を体験した。この同じ明治43年の鷗外の政治的危機と漱石の生理的危機が、それぞれの作品に与えた転機を顧みるとき、公人としての生を重視した鷗外と、私人としての生を貫いた漱石の、人と作品の相違が鮮やかに浮き彫りとなってくる。

さらに、鷗外は、乃木希典の殉死を契機として、封建制度下での生死の問題を、公人としての制約に苦悩した自己の生をもととして、歴史小説や史伝に著わしていく。そして漱石は『こころ』以下の小説において、個人的レベルでの〝明治の精神〟への殉死を、小説化していく。

このような鷗外と漱石の対照的姿勢は、公人の地位を守りつつ文学に携わることが、かえって私人の心理を鋭く反映し、私人の立場に執着して執筆することが、逆に時代の全体像をあらわにするという、公私が明確に存在した明治という時代の構造を顕著に示してくれる。

（神田由美子）

⬆『朝日新聞』時代の夏目漱石　明治40年、池辺三山の誘いで入社し、東京帝大の職を辞めたことは世間を驚かせた。写真は『門』を発表した明治43年頃。

⬇留学中の森鷗外（写真右）　明治17年、陸軍軍医としてドイツ留学の命を受けた。衛生学や軍医学を学ぶかたわら、文学・芸術・美学などヨーロッパの文化を吸収した。

▶乃木大将（p524）

↑**修善寺の大患** 漱石（後列左から4人目）は明治43年6月から神奈川県修善寺温泉で胃潰瘍の療養をするが、かえってそれが悪く、大量吐血により危篤状態に陥った。恩人森成医師（後列左から2人目）の帰郷送別会で。

↑**『三四郎』のヒロイン美禰子** 『朝日新聞』に、明治41年9月1日から連載を開始した。挿絵画家名取春仙が描く、三四郎がはじめて出会ったときの美禰子。

↑**『吾輩は猫である』（下編）の浅井忠による扉絵** 明治38年、『ホトトギス』1月号の巻頭を飾った小説は評判を呼び、10月に刊行された上編の単行本は発売後20日で重版。

●漱石・鷗外 比較略年譜 『 』の作品は発表年・連載開始年

漱石の事項	年齢	年	年齢	鷗外の事項
		文久2年（一八六二）	0	森家長男として津和野に誕生。
夏目家五男として江戸に誕生。塩原家の養子となる。	0	慶応3年（一八六七）		
		明治14年	19	東京大学医学部卒業。
		明治17年	22	ドイツ留学に出発。
		明治22年	27	赤松登志子と結婚。
		明治23年	28	『舞姫』。千駄木町57番地に転居。登志子と離婚。
		明治25年	30	千駄木町21番地に転居。観潮楼を増築。
帝国大学英文科卒業。	26	明治26年		
伊予尋常中学校に赴任。	28	明治28年	33	日清戦争から凱旋。
熊本第五高等学校に赴任。中根鏡子と結婚。	29	明治29年		
		明治32年	37	第十二師団（小倉）に赴任。
イギリス留学に出発。	33	明治33年		
		明治35年	40	荒木志げと再婚。
千駄木町57番地に転居。東京帝大英語講師に就任。	36	明治36年		
『吾輩は猫である』。	38	明治38年	43	日露戦争から凱旋。
『坊っちゃん』。西片町に転居。	39	明治39年	44	歌会常盤会を結成。
朝日新聞社に入社。	40	明治40年	45	陸軍軍医総監。
『三四郎』。	41	明治41年	46	「青揚会」で漱石と会う。
『それから』。	42	明治42年	47	『ヰタ・セクスアリス』（発禁）。文学博士。
『門』。胃潰瘍のため修善寺で療養、一時危篤に。	43	明治43年	48	『青年』。
文学博士を辞退。	44	明治44年	49	『雁』。
		明治45年	50	『興津弥五右衛門の遺書』。
『明暗』。胃潰瘍再発悪化。死去。	49	大正5年	54	『渋江抽斎』。
		大正6年	55	帝室博物館総長。
		大正11年	60	萎縮腎などのため死去。

東京都文京区立鷗外記念本郷図書館記念室担当作成の年譜をもとに作成。

←**軍服姿の鷗外** 明治25年に増築し、団子坂の別名潮見坂にちなんで名付けた自宅の観潮楼門前で、郷里の近郷出身の馬丁と。（大正4年、53歳）

←**訳詩集『於母影』の扉絵** 留学を終えた鷗外は、明治22年、落合直文らとヨーロッパ抒情詩を翻訳して発表。高雅な調べをもつ新体詩として、高く評価された。

↓**「RM」のモノグラム** ドイツから鷗外を追って来日したエリーゼが残した、本名林太郎のイニシャルR・M。彼女は森家の説得で帰国した。『舞姫』のモデル。

『青鞜』と新しい女たち

雑誌発行が女性解放運動の礎となる

月刊女流文芸誌『青鞜』は、明治44年（一九一一）9月に創刊された。当時文壇では、美と享楽をうたう耽美派や人道主義を標榜する白樺派が台頭していた。また大逆事件以後、社会主義者的な立場で女権運動にかかわった女性たちも活動を禁止され、閉塞状態に陥っていた。このような状況のもとで、女流文学の発展を期して誕生したのが『青鞜』である。

●心中未遂事件のあとに

主宰者平塚明は、日本女子大学卒業後の明治40年、閨秀文学会の講師森田草平と恋におち、翌年、塩原で心中未遂事件を起こした。この事件で明に翻弄された森田草平は、『煤煙』で不可解なヒロイン朋子を描き、草平の師夏目漱石は、『三四郎』で新時代の謎の美女美禰子を創造した。

そして、明自身は事件後の逼塞状況を脱するため、18世紀のイギリスで、文学や女権を論じた女性グループ〝ブルー・ストッキング〟の訳語を誌名とする『青鞜』を発刊した。この創刊号に明がらいてうの名で書いた「元始、女性は太陽であった」は、与謝野晶子の詩「そぞろごと」の一句「山の動く日きたる」とともに、その後の女性解放運動の、象徴的言葉となった。また、長沼智恵子が表紙に描いたりりしい女性像も、『青鞜』のイメージを定着させた。

●私生活批判を逆手にとる

以後『青鞜』は、新しい女優松井須磨子が演じた「人形の家」のノラなど、文学・演劇のヒロインに託して、自由な人生に目覚めた女性について論じた。その結果、ジャーナリズムは青鞜社員の私生活を「所謂新しき女」と題し批判的に取りあげた。だが、『青鞜』はその批判を逆手に取り、みずから「新しい女」を特集し、封建的因襲の打破をめざす、女性の新しい生き方を提示した。

平塚明、伊藤野枝など、『青鞜』の女たちの生き方は過激なものだったが、世間が嘲笑した新しい女の虚像と、真摯に生き抜き、女性解放運動の礎を築いた明治の新しい女の実像には、大きな隔たりがあった。

（神田由美子）

1 ↑『青鞜』創刊号の表紙　明治44年9月。創刊号は134ページ、定価25銭、発行部数1000部。反響は大きく、全国から入社希望や購読申し込みが相次いだ。大正5年2月、52号で廃刊。

2 ↑らいてうの発刊の辞　〈元始、女性は実に太陽であつた〉で始まる「感想」として発表したこの詩は、女性の可能性を発現させる、女性解放の宣言であった。〈今、女性は月である〉と続く。

3

←青鞜の同人たち　右から2人目がらいてう、前に座っているのが、のちに高村光太郎と結婚する長沼智恵子。左端は4号で不倫小説を書き発禁処分を招いた作家荒木郁子。明治45年新年会の記念撮影。

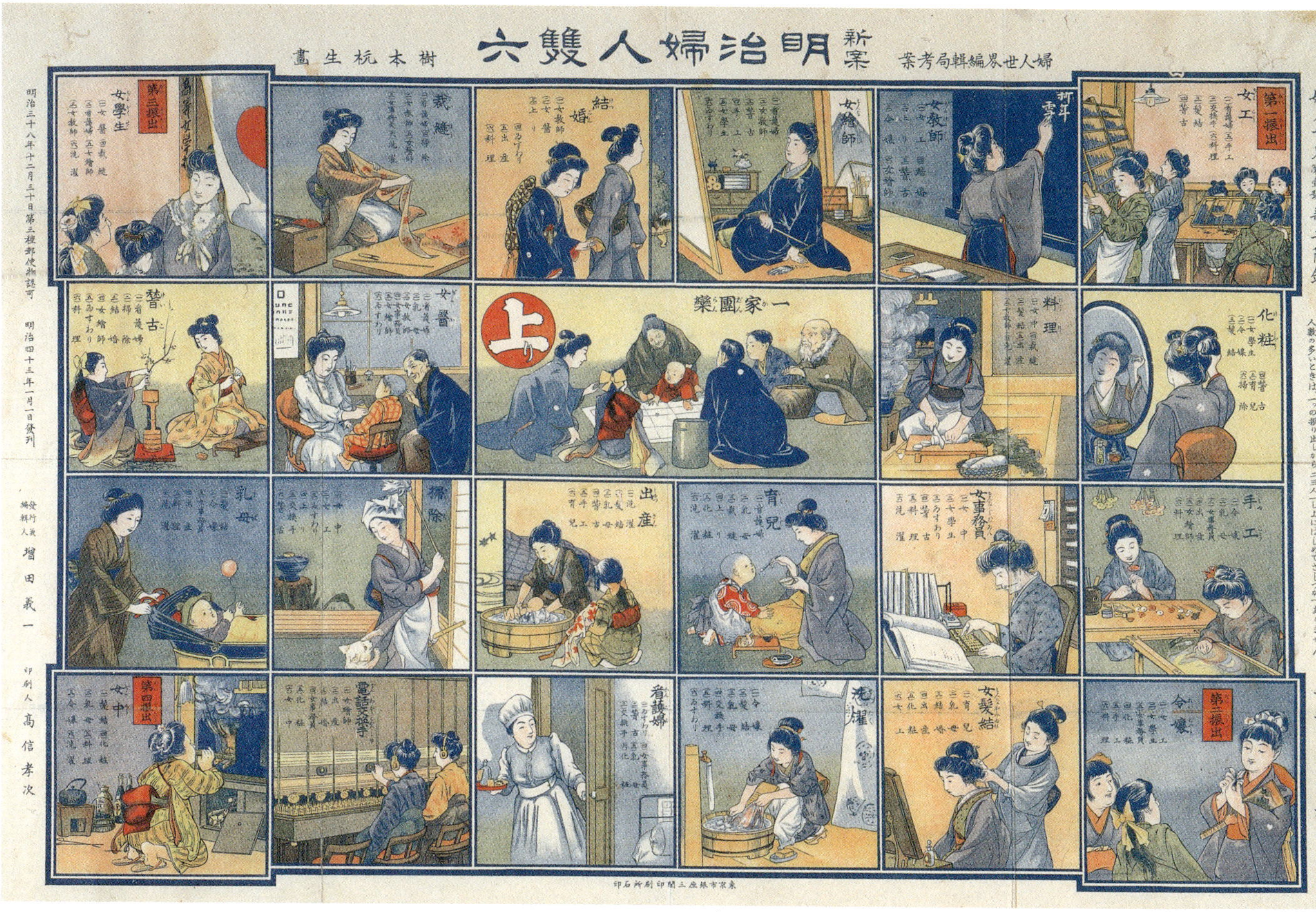

4

新旧の女性が登場する『新案明治婦人双六』 良妻賢母主義的な家庭誌『婦人世界』編集局考案になる双六の上がりは「一家団欒」。洗濯・出産・裁縫など、女性の日常生活と人生がコマ絵になり、電話交換手・看護婦・女教師などの職業も紹介。(明治43年新年号付録)

6

平塚らいてうと奥村博史 生涯の伴侶となる画家奥村は、5歳年下。らいてうは、2児をもうけ、母性主義的な観点で改革をめざした。

5

『青踏』賛助会員の作家長谷川時雨 マント姿が似合う「新しい女」と目された。与謝野晶子、鷗外夫人の森志げなども賛助会員だった。

▶飛躍する才媛たち(p314)、女性の新しい職業(p316)

隅田河畔の異国情調

江戸を異国とする感覚が新文芸を生み出す

向島・浅草・柳橋・芳町（葭町）・深川・新橋・築地と、その両岸に花柳界が点在した隅田河畔は、明治40年代に入っても、東京で唯一江戸的風景の残る地域だった。欧米から五年ぶりに戻った新帰朝者永井荷風は、日露戦争後の東京に絶望し、明治42年（一九〇九）、河畔の花柳界を舞台にした小説『すみだ川』で江戸の幻景を描き、反近代の姿勢を打ち出した。

●異国としての江戸

だが、同時期、荷風のような文明批評的視点でも、単なる懐古趣味でもなく、隅田河畔に残る江戸的風景を、近代化されていく東京のなかの異国として愛で、新芸術を創造した青年たちがいた。木下杢太郎、北原白秋、吉井勇、長田秀雄・幹彦、石井柏亭、山本鼎など、与謝野鉄幹主宰の『明星』で新時代の詩歌の精神と浪漫主義を会得した20代の詩人や美術家たちである。

彼らは、ギリシャ神話の牧羊神Panにちなんで、新しい文芸運動の集いを「パンの会」と名付け、西洋趣味と江戸趣味が混然一体となった芸術運動を展開した。

西洋の「近代」を理想とする「パンの会」は、〝西洋〟を新しい異国、〝江戸〟を古い異国としてとらえ、東京の隅田川をパリのセーヌ川になぞらえ、明治40年代の隅田川風景に、歌川広重や小林清親の浮世絵を重ねた。

明治41年12月、彼らは両国矢倉河岸の「第一やまと」で第一回の会合を開いたのち、深川永代橋ぎわの「永代亭」、日本橋の「三州屋」、浅草雷門前の「よか楼」、小網町の「メイゾン鴻の巣」、日比谷公園の「松本楼」など、どこか江戸の香りを残す西洋料理店で会を催した。そして、アブサン（リキュール）を傾けながら芸者の三味線で、端唄を洗練させた「歌沢節」を唄うという、和洋折衷のデカダンな会合を明治45年まで謳歌し、その最盛期には、この時期に創刊された『三田文学』『白樺』『第二次新思潮』同人も巻き込み、反自然主義の大きな勢力を形成した。

●「パンの会」の退廃的饗宴

なかでも、永代亭での「パンの会」は、詩人たちに美しい異国情調としての〝江戸の夢〟を与えた。たとえば、木下杢太郎は、深川河岸に残る新内の情感をうたい、北原白秋は、江戸情調に近代的官能美を融合した詩「おかる勘平」を発表し、「大川の金と銀とのたそがれ」に詩心を震わせ、「若い東京に江戸の唄、陰影と光のわがころ」と「パンの会」の精神を表現した。

このように、新文芸の創造をめざして隅田河畔での退廃的饗宴を続けた「パンの会」の背景には、日露戦争後の日本近代への、知識人たちの強い閉塞感が存在した。

その意味で、「パンの会」は、江戸を異国とする明治青年の新感覚の暗喩であるとともに、明治の終焉をも象徴するものだった。

また美術・音楽など他のさまざまな芸術との交流によって個性的な方法を模索する、大正という時代の文学の幕開けを告げる存在でもあった。（神田由美子）

明治43年の隅田川周辺図

「パンの会」が開かれた店
おもな渡し場
橋場　隅田川　吉原大門　鷲神社　浅草寺　凌雲閣　三囲神社　浅草　本所　竹屋　向島　よか楼　枕橋　吾妻橋　駒形　北十間川　厩橋　御蔵　神田川　浅草橋　柳橋　両国橋　国技館　竪川　第一やまと　一之橋　日本橋　三州屋　安宅　水天宮　新大橋　小名木川　メイゾン鴻の巣　万年橋　深川　日本橋川　中洲　鎧橋　豊海橋　永代亭　八丁堀　永代橋　富岡八幡宮　京橋　練兵衛橋　大横川　佃　相生橋

⬆隅田川の橋　岩淵水門から河口まで全長23.5㎞。明暦の大火（1657年）の直後、両国橋ができ、新大橋・永代橋・吾妻橋と続いて、明治７年に厩橋が完成。橋場の渡しにかわる白鬚橋は、大正３年にできる。

➡向島の渡し　江戸時代以来、隅田川には５橋しかなく、渡し船が重要な交通機関だった。そのひとつ、桜で名高い向島。

⬅『パンの会』　小伝馬町の西洋料理店三州屋での明治43年11月の会合を、伝聞によって再現した木村荘八の油絵。中央で立ってスピーチしているのは、演出家小山内薫。

➡『隅田川夜』 絵師小林清親は、東京の風景のなかでも隅田川を情感豊かに描いたが、これは川面に映る光と影の対比を表現した「光線画」版画のひとつ。明治40年代にも、こうした風情がまだ残っていたのだろう。

⬅「パンの会」の文士も参加した与謝野寛（鉄幹）渡欧送別会 明治44年11月。耽美主義、浪漫主義、さまざまな参加者に共通するのは反自然主義的な作風だった。前列左から3人目が永井荷風、右へ森鷗外、与謝野光、与謝野寛。後列左から4人目佐藤春夫、右へ高村光太郎、ふたりおいて、ひげの北原白秋、木下杢太郎。

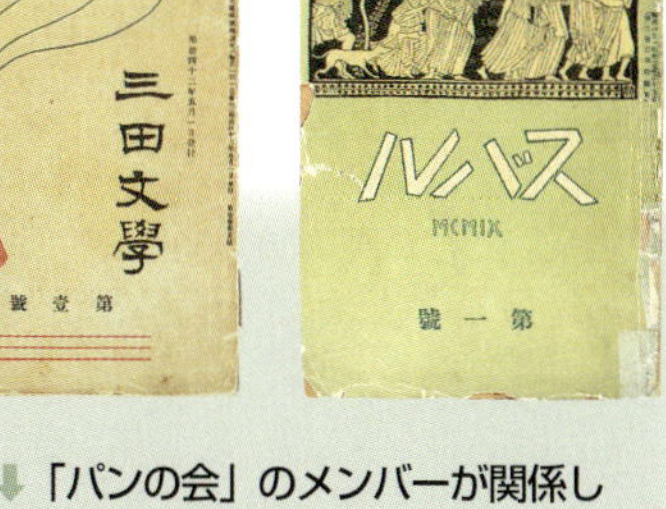

⬆⬇「パンの会」のメンバーが関係した雑誌 『明星』を継承し、詩歌を中心に反自然主義の拠点になった『スバル』（42年1月）、永井荷風を主幹とした『三田文学』（43年5月）、「パンの会」の詩人たちが創刊した『屋上庭園』（42年10月）、文学との交流を図った美術雑誌『方寸』（40年5月）。

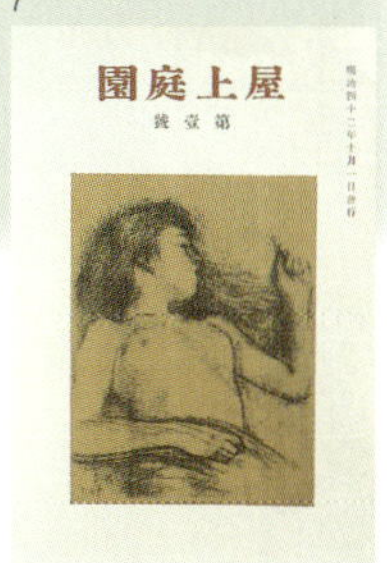

⬆メイゾン鴻の巣 「パンの会」が開かれた西洋料理店のひとつ。日本橋川の鎧橋のたもと、日本橋区小網町にあったが、大正9年に京橋へ移転した。

⬆永井荷風『歓楽』の挿絵 明治41年7月に帰国した荷風は、『ふらんす物語』『あめりか物語』などを発表する一方、江戸趣味の世界をも作品化した。（石川寅治画、明治42年）

▶花柳界を描く（p372）

写真の役割

近代化の記録から芸術表現が台頭する

新生明治政府は、はやい時期から写真による近代化の記録を進めた。日本の写真の先覚者上野彦馬やその弟子冨重利平は、公共施設の建設記録や西南戦争のような重大事の記録を、政府の委嘱を受けて撮影した。

熊野（和歌山）出身の田本研造は、北海道における開拓事業の進捗を撮影して中央に報告し、山形県令の三島通庸は、地方の近代化にかけるみずからの行政手腕を写真に撮影し、明治政府にアピールした。

1

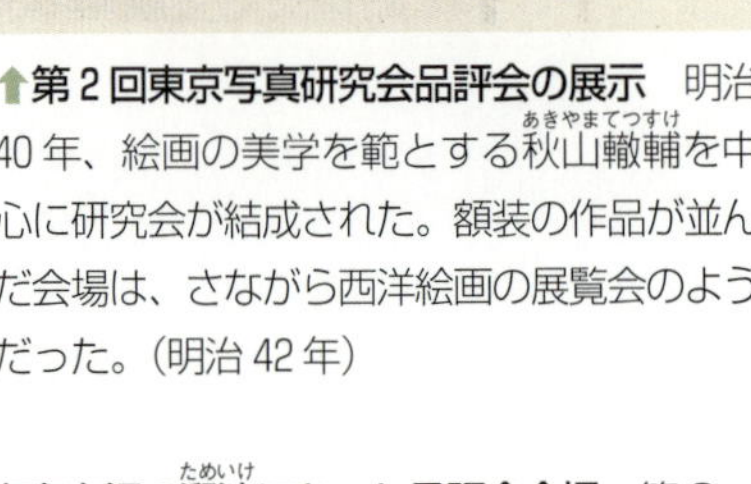

↑**第2回東京写真研究会品評会の展示**　明治40年、絵画の美学を範とする秋山轍輔を中心に研究会が結成された。額装の作品が並んだ会場は、さながら西洋絵画の展覧会のようだった。（明治42年）

2

←**東京赤坂の溜池にあった品評会会場**　第3回から「研展」となり、やがて優れた作品が全国から集まり、芸術写真の主流とみられた。

こうした例が示すように、写真の客観性を最大限に活用し、新しい国づくりにいそしんだ明治社会であったが、明治20年代の後半になったころ、写真にまつわる新しい波が押し寄せはじめた。

●「芸術写真」への関心

その波とは「芸術写真」に対する関心の高まりである。具体的には、従来の記録中心、実用本位の写真に飽きたらないで、芸術表現を志す写真師たちが登場したこと、また一方では、新たに「芸術写真」を志向するアマチュア写真家が台頭しはじめたことなどである。

そもそも芸術としてのアマチュア写真の原点は、産業革命以後のイギリス社会で、充実した余暇を過ごしたいと欲した富裕層が、発明直後から写真の技術を身につけ、絵画を範とする趣味としての写真を楽しみ、仕事のわずらわしさからくるストレスの克服に努めたところにある。

また、19世紀の末には写真の機材や感光材が、工業製品となって品質が安定し、価格も下がった。くわえて明治31年（一八九八）、アメリカのイーストマン・コダック社が、誰にでも写せるボックスカメラを発売したあたりから、アマチュア写真熱はヨーロッパ全土とアメリカに、そして欧米のあらゆる新しいものを欲した日本にも波及する。

●写真倶楽部の創設

芸術表現をめざす写真師やアマチュアの動きは、同好の志を募る動きに現われ、やがて数多くの写真倶楽部の創設をみることとなった。先駆的な団体としては、東京で明治22年に榎本武揚を会長として創立された日本写真会や、26年の大日本写真品評会がある。

その後、明治34年に東京写友会、同年に東洋写真会、その翌年に帝国カメラ倶楽部と日本写友会、明治40年に東京写真研究会などが創立された。関西でもその動きは同様で、明治35年に京都写真協会と神戸写友会が、そして明治37年には大阪の浪華写真倶楽部といった具合である。

こうしたグループの構成者たちは、ヨーロッパのアマチュア写真界にも強い関心を示し、新しい動向の受容にも熱心だった。また、ヨーロッパと同様に、教養が高く社会的地位のある人間が多かったことは、写真という趣味がきわめて高尚なものとされていた当時の価値観を裏付ける。（平木　収）

＊**南画**　江戸時代中期から明治にかけて、おもに中国南宗画の影響を受け、漢詩文の素養のある人々に支持された画派の呼称。池大雅や与謝蕪村などの文人画。

＊**ゼラチン・シルバー・プリント**　銀塩乳剤を用いるもっとも一般的な印画紙（陰画である写真原板から、焼き付けや引き伸ばしによって陽画をつくる感光紙）で、19世紀後半に実用化されて以来、現在も使われている。

＊**ゴム印画**　写真映像のシャープネスを抑えて、ソフトで絵画的な作品効果を演出するために行なわれる転写技法。

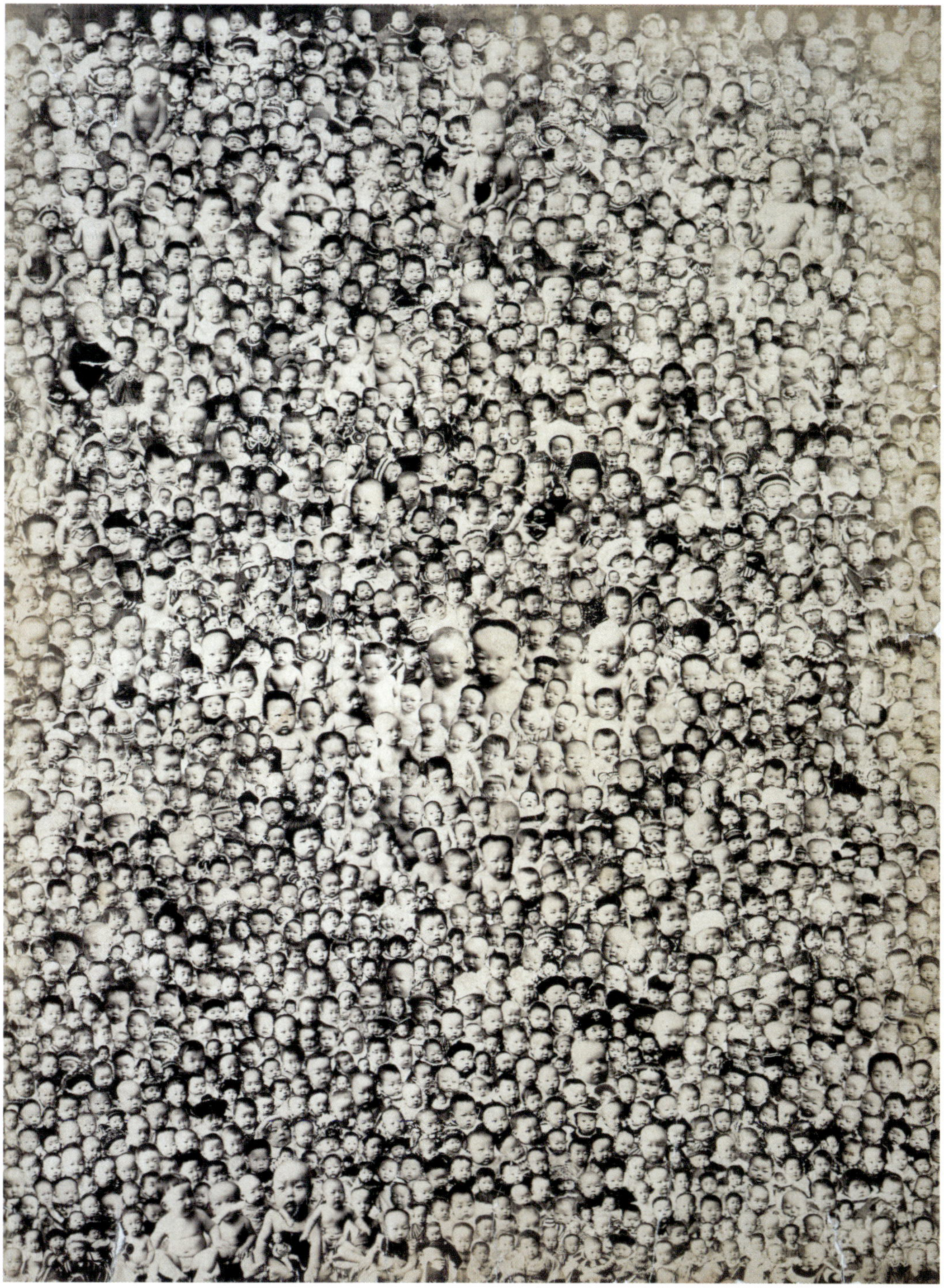

⬅江崎礼二『赤ん坊1700人のコラージュ写真』 東京浅草にあった江崎礼二写真館を訪れた生後15か月未満の赤ん坊1700人の写真を貼り合わせて制作したもの。門弟たちに作業をさせてつくった、写真館の宣伝用展示物だったようだが、1枚の独自の作品になっている。(明治26年)

3

⬇黒川翠山『無題』 京都の写真師である黒川は、写真に*南画の趣を盛り込んだ主題を取り入れ、東洋的で日本的な情感にあふれた作品を制作した。(明治39年。*ゼラチン・シルバー・プリント)

4

⬅宮内幸太郎『肖像』 明治41年、東京写真研究会の第1回品評会出品作。34年、宮内は財界・実業界の写真愛好家を中心に、東洋写真会を創立。草創期「芸術写真」の指導者のひとりだった。

6

➡野島康三『にごれる海』 みずから画家として画業に取り組み、写真館経営や画廊経営なども手がけた野島は、のちに高級写真同人誌『光画』を出版。この木炭画のような作品は初期の代表作。(明治45年。*ゴム印画)

5

▶乾板による写真の普及(p240)

新派と新劇

「不如帰」の大人気と松井須磨子の登場

明治に入ってからも、歌舞伎は同時代の風俗を描きつづけた。河竹黙阿弥による散切物は、旧来の世話物の様式とザンギリ頭など明治の新風俗を融合させ、新しい演劇を予兆させるかにもみえた。しかし、日清戦争以降、歌舞伎は急速に古典化を進め、老境に入った九代目市川団十郎・五代目尾上菊五郎らによって、後代への伝承の集大成が行なわれていく。かわって伸長してきたのが、歌舞伎を旧派と見立てた「新派」である。

独自の女方芸をつくる

なかでも、高田実・喜多村緑郎・秋月桂太郎らが、明治29年（一八九六）に大阪角座で旗揚げした成美団は、壮士芝居の粗暴さを脱して、写実的な現代劇をめざした。とくに喜多村緑郎は、歌舞伎の演技に学びつつ、独自の女方芸をつくりあげ、明治33年からの第二次成美団では、『婦系図』の「湯島境内」をはじめ、鏡花作品の劇化を定着させる。東西に伊井蓉峰・河合武雄らの名優が出て、『金色夜叉』『不如帰』『乳姉妹』など、家庭小説を中心にした、いわゆる新派悲劇をつぎつぎと生み出し、新派の黄金時代が築かれた。

明治36年、菊五郎と団十郎を失った歌舞伎界は、新機軸を模索し、なかには新派の演目をやる歌舞伎役者も現われた。坪内逍遙の新史劇などを経て、歌舞伎が独自の新歌舞伎を成立させるのは、大正時代になってからのことである。

西洋戯曲を翻訳上演

明治の演劇のもうひとつの柱は、西洋戯曲の移入だった。歌舞伎や新派の上演では、設定を日本に移しかえる翻案が先んじたが、川上音二郎はせりふ劇としての「正劇」運動をとなえ、翻案から翻訳への機運が促された。

本格的な近代劇の翻訳上演は、明治42年、歌舞伎役者二代目市川左団次による自由劇場の旗揚げで始まった。有楽座でのイプセン作「ジョン・ガブリエル・ボルクマン」上演の際、公演に先立つ小山内薫の演説は演劇青年たちの血を沸かせ、長く語りぐさとなる。

一方、坪内逍遙が自邸に文芸協会付属演劇研究所を設け、俳優養成に乗りだしたのも同じ年である。その一期生松井須磨子は、イプセン作「人形の家」のノラを演じ、明治末を象徴する新しい女性像を提示して衝撃を与えた。このふたつの団体を両輪として、大正時代なかばまでに、数多くの新劇の劇団が簇生と離合集散を繰り返すことになるのである。（児玉竜一）

1 新派劇「不如帰」 明治41年4月本郷座での上演。喜多村緑郎の浪子は最大の当たり役となった。日清戦争に出征する伊井蓉峰扮する武男を見送る逗子の海岸で、「早く帰ってちょうだいな」の絶唱を残した浪子だが、肺結核で死んでしまう。

2 文芸協会付属演劇研究所の開所記念写真 明治42年9月、坪内逍遙が自宅敷地を提供して設立し、俳優養成も始めた。写真は、前列右から4人目が坪内逍遙。前列左から2人目松井須磨子、後列右から4人目島村抱月。

3 「乳姉妹」君江役の中村芝翫 のちの5代目歌右衛門。明治37～38年、歌舞伎で「不如帰」「己が罪」など新派狂言を連続上演、「乳姉妹」は新派との競演になった。

自由劇場での「ボルクマン」 2代目左団次一座が上演した。ボルクマンを演じた左団次は、イプセンの肖像を参考に扮装した。背景の舞台装置は、洋画家岡田三郎助が担当。

帝国劇場模型 明治44年、東京・日比谷に開場。慶應・三井閥を中心とした財界の有力者が経営に参画、芝居茶屋の廃止など、観劇制度の近代化を導入した。(横河民輔設計)

帝国劇場の内部 帝劇は、日本初の本格的な洋風劇場である。収容人員1700、すべての席が椅子席だった。貴賓席の上には鳩の彫刻が羽を休め、天井には洋画家和田英作の描く天女が舞った。大正元年には「今日は帝劇、明日は三越」の広告が登場する。

「人形の家」ノラを演じる松井須磨子 明治44年9月に文芸協会付属演劇研究所で、11月には帝国劇場で上演した。奔放自然な女優の演技というものを、須磨子ははじめて舞台に乗せた。家のしがらみを決然と捨て去るノラによって、須磨子は一躍新しい女のシンボルへと駆け上がってゆく。

▶新聞小説とベストセラー(p376)、川上貞奴(p422)

子どもの遊びの変遷

伝統的な遊びから新しい時代の遊びへ

明治期には子どもの遊びを題材にした風俗画が数多く描かれているが、そこに描かれた遊びの多くは江戸時代からの伝統的な遊びだった。このことからわかるように、子どもたちの遊びは、明治維新によって劇的に変貌したわけではなかった。

しかし、新しいもの好きの子どもたちは、新時代の風物に敏感に反応し、そのつど遊びのなかに加えていった。たとえば明治維新前後には、洋式調練の鼓笛隊をまねて市中を練り歩く「調練遊び」が流行した。これは一時的なものに終わったようだが、こうした「ごっこ遊び」を通して、子どもたちは新しい時代の動きと触れ合っていたのである。

●国家が遊びに介入する

一方で、明治期は国家が子どもたちの遊びに介入してくる時代でもあった。明治5年（一八七二）にのちの軽犯罪法のもととなる

1 ←**子とり姥** 「子をとろ子とろ」とも呼ばれる伝統的な遊び。明治期にはこうした伝統的な遊びがまだ日常的にみられた。（宮川春汀『小供風俗』明治29年シリーズより）

2 ↓**めんこ遊び** めんこはもともと土製の玩具だったが、明治10年代に鉛製、日清戦争のころに紙製のものが登場したことで、現在も知られる「起こし」という遊び方が生まれた。（宮川春汀『小供風俗』明治30年シリーズより）

3

『子供遊善悪振分寿語六』の詳細

（番号はふりだしと上がりを除く、右上から左下に向かっての順序。青数字は善、赤字は悪）

1 さあとって見しゃいな 子とり姥の別称 2 目かくし 3 まりつき 4 ちゃんちゃんぎり ふたりが片手を握り合って旋回する遊び 5 むこうのおばさん 鬼ごっこの一種 6 火事ごっこ 7 ちんちんもがもが 片足跳びで競走や押し合いをする遊び 8 三弦けいこ 9 たるみこし 10 かごめかごめ 11 ぼうやごっこ 12 お手玉 13 しおやかめや 背中合わせで背負いあう遊び 14 こまあて 15 おどり 16 たがまわし 17 かくれんぼ 18 水なぶり 19 れんげの花 手をつないで輪をつくる遊び 20 いもむし

➡**『子供遊善悪振分寿語六』** 当時の子どもの遊びを善悪に分けて描いた絵双六。ぼうやごっこ（着せ替え遊び）、まりつき、おどりなど教育的な遊びや体育的な遊びは善、こまあて、水なぶり（水遊び）など暴力的であったり下品な遊びは悪とされている。上がりの絵柄は勉強する子どもたち。（歌川国利、明治14年）

4 変質の時代

「違式詿違条例」が東京府下で施行されるが、そのなかで、大きな凧を揚げることや、犬を人にけしかけたりすることなどが取り締まりの対象となる。また明治10年には、交通妨害の理由で凧揚げ・羽根つき・独楽まわしなど路上の遊戯が禁止される。

子どもたちの遊びすらも、徐々に国家の管理下に置かれるようになっていったのである。

●今に続く遊びの登場

明治30年代になると、ようやく「江戸」の面影が薄れ、人々の生活習慣も大きく移り変わっていった。江戸時代の子どもたちの玩具として、大きな位置を占めていた「おもちゃ絵」（子ども用の遊べる錦絵）が姿を消していく一方で、ラムネ玉（ビー玉）遊び、ガラス製おはじき、紙めんこ、行軍将棋、トントン相撲など、それから後の昭和30年代に至るまで、子どもたちを長らく熱中させつづけた遊びが登場するのはこのころである。

また日清・日露戦争の折には、子どもたちの間に戦争ごっこが流行し、その後、太平洋戦争の終結まで男の子の遊びの定番でありつづけた。

（香川雅信）

⬇輪まわし遊び　江戸時代から桶のタガなどを利用して行なわれていたが、明治30年代にはこのような鉄製が現われて流行する。当時、鉄の輪まわしが流行すると戦争が起こるという流言もあった。（山本昇雲『子供あそび 浦けしき』、明治40年より）

4

7

『幼童軍人遊び』　日清戦争が日本の勝利で終わったことで、ラッパ、鉄砲、ブリキ製のサーベルなどの戦争玩具や、戦争ごっこが大流行する。一方で子どもたちの間には、清国人を蔑視するような風潮が広まっていった。（明治28年）

5

⬆鞠なげ　ゴム鞠を用いた野球遊び。ただしこれは通常の野球とは異なり、鞠をバットで打ち合うものである。（『教育男児之遊戯』、明治25年より）

6

⬆かるた遊び　『万朝報』の黒岩涙香は、明治37年の日露開戦直後に東京歌留多会を創設し、ナショナリズムの高揚を目的とした「百人一首かるた」の競技化を図った。これによってかるた遊びが流行し、子ども向けの「いろはかるた」も数多くつくられた。

▶巡査の誕生と違式詿違条例（p78）、子ども遊び12か月（p232）

玩具の移り変わり

つぶぞろいコレクション

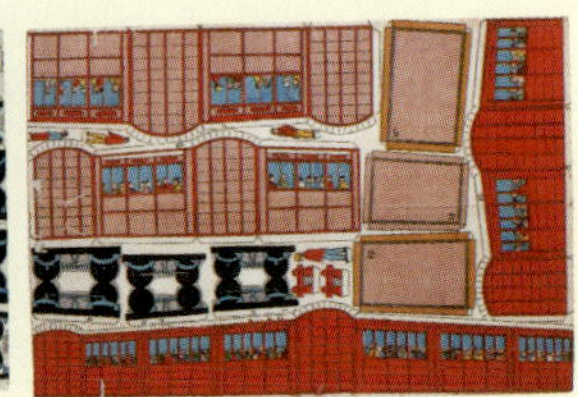

←↑**組み上げ絵（新橋停車場）** 切り抜いて組み立てる一種のペーパークラフト。起源はお盆の灯籠飾りにあり、それが玩具化した。立版古とも呼ばれた。

↑**百面相** 顔のパーツを組み替えて、さまざまな表情をつくる玩具。江戸時代の「百眼」という遊びの伝統を受け継ぐものだが、明治時代に流行した「観相学」の影響もうかがえる。

←**紙めんこ** 江戸時代には土製の「面子」（面模）がつくられていたが、明治10年代に鉛めんこ、日清戦争のころに紙めんこが生まれた。

明治6年（一八七三）、内務卿大久保利通は玩具の製造業者に対し、「教育的な玩具」の製造を奨励した。これは、当時の玩具が江戸時代そのままであったことに対する憂慮の念から発したものであった。開化風俗を題材にした絵双六、組み上げ絵、おもちゃ絵などは数多くつくられたが、題材が新しくなったとはいえ、玩具の種類自体は江戸時代と大きく変わったわけではなかったのである。

この内務卿じきじきの奨励にもかかわらず、当時はまだ「教育」という概念自体が一般に定着しておらず、それをうたった玩具をつくろうとする者はいなかった。しかし明治30年代以降、「教育」の必要性が多くの人々に認識され、児童の就学率が急激に上昇したことに伴って、「教育玩具」を名のる玩具が急増する。玩具にも一定の役割が要求されるのが、近代という時代であった。

そして日清・日露戦争後は、ナショナリズムの高まりとともに、玩具のなかにも戦争に関連したものが多くみられるようになる。ブリキ、セルロイド、アンチモニーなどの新しい材料によってつくられた玩具も現われ、新旧の玩具の世代交替は急速に進んでいった。（香川雅信）

↑**ままごと用勝手道具** 明治33年頃のもので、精巧につくられた木製のままごとセット。今も昔も女の子のおもちゃの定番。

⬆ブリキ製郵便馬車　ブリキ玩具の彩色は、明治20年代までは手塗りだったが、30年代になるとブリキ印刷機が使われるようになった。

⬅ブリキ製軍艦「鹿島」　日露戦争の勝利によって軍艦の玩具が数多く現われ、ブリキ製もつくられた。鹿島は明治39年竣工。赤と金色に彩られた絵柄は錦絵を思わせる美麗さである。

⬆アンチモニー玩具　玩具の新材料として、明治41年からセルロイドの工場生産が始まった。アンチモニー（窒素族の金属元素で、合金が銀白色を呈する）と鉛の合金を素材にした玩具も、明治末期ごろから製造された。

➡回転活動画　「ゾートロープ」ともいう動画装置。円筒の内側に連続画を描いた帯状の絵を入れて回転させると、スリットの間から動く映像が見られる。

⬆幻灯の種板　幻灯用のスライド。旅行自動車、軍用ライト式飛行機、シベリア単独縦断の福島安正、ロシア式自動車、楠木正成、新田義貞が画題になっている。

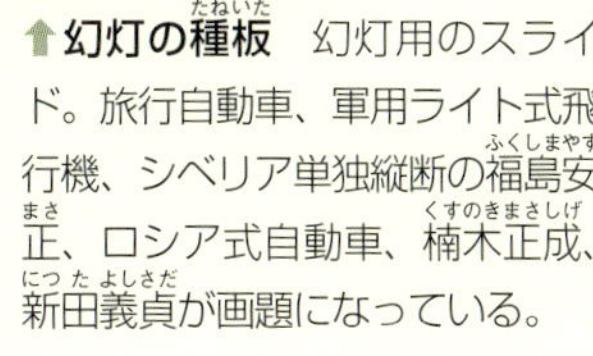

⬅ブリキ製幻灯器　明治20年代には幻灯会がさかんに催された。安価なブリキ製幻灯器が発売されると、子どもたちの間にも幻灯が流行した。

⬆教育玩具　平円盤発音器　明治末期につくられた発音器（レコードプレーヤー）の玩具。大阪でつくられたもので、音がなかなか出なかったという。商品名に「教育玩具」と入るのが当時の流行。

美人コンテスト

写真アルバム

2 1

←凌雲閣百美人　明治23年11月に開業した凌雲閣は、日本最初の電動エレベーターを呼びものとしたが、故障が多く、エレベーターは翌年5月に操業停止。「百美人」の催しは、その穴を埋める苦肉の策として行なわれた。右が1位新橋のあづま、左は5位柳橋の小つる。

日本で最初に美人コンテストが行なわれたのは、明治なかばのこと。といっても、出場者を舞台の上に集め、審査を行なうという現在みられる形式が採用されるのはずっとあと、太平洋戦争後のことである。それまでは、写真による審査が一般的だった。

明治24年（一八九一）、東京・浅草の凌雲閣（りょううんかく）（十二階）で行なわれた「百美人」の催しが、日本初の美人コンテストとされている。一〇〇人の芸者の写真を四階から七階にかけて展示し、見学者による投票で順位を決めるというものであったが、審査対象は芸者に限られており、一般人の自由参加を旨とする現代の美人コンテストとはいささか趣の異なるものであった。

公募による美人コンテストの最初は、明治40年に時事新報社が実施したものである。これはアメリカの『シカゴ・トリビューン』紙の呼びかけにこたえるかたちで行なわれたもので、美人の日本代表を決めるという意味合いを帯びた試みでもあった。

3

↑『東京百花美人鏡』　明治28年に発行された東京府下の有名な芸者を紹介した写真集。撮影者の小川一真（おがわかずまさ）は宮内庁の古社寺宝物調査で文化財の記録写真を担当した人物で、凌雲閣の「百美人」の撮影を手がけたのも彼であった。

4 変質の時代

4

➡七美人かさね写真　顔写真を何枚も重ね撮りしていくと、それぞれの個別的特徴が消え、最大公約数的な顔写真ができあがる。これを「重ね写真」（コンポージット・フォトグラフ）と呼び、特定の人種や犯罪者などの特徴を抽出する方法として用いられた。人類学の方法として使用を提唱した坪井正五郎がブレーンとなっていた三越呉服店では、美人の「重ね写真」を作成して、店の広告チラシに使用している。（『みつこしタイムス』明治43年第8巻第4号）

⬆『美人写真双六』『文藝倶楽部』の明治45年新年号の付録。芸者の写真を双六のマスに仕立てている。明治41年に同誌では写真による芸者を対象とした美人コンテスト「大懸賞百美人写真大募集」を行なっており、第1等に選ばれた東京赤坂・春本の万龍は、この後、花柳界を代表する美人芸者となっていく。

5

6

興味深いのは、この時事新報社が主催した美人コンテストの審査員として、彫刻家の高村光雲、医学者の三島通良らと並んで、人類学者の坪井正五郎の名前があることである。坪井はのちに犯罪人類学で用いられた「重ね写真」の手法を応用して、標準的な日本美人の姿を写真合成するということも行なっている。明治の美人コンテストは、「日本人種」の美の標準を科学的に確定するという、人類学的な関心とも結びついていたのである。

（香川雅信）

⬅時事新報社美人コンテスト1等の末弘ヒロ子　当時学習院中等科の3年生であったが、このことが原因で院長の乃木希典の怒りを買い、退学になっている。

⬅『日本美人帖』　明治40年の時事新報社の美人コンテストで、第1次審査を通過した215人の写真を掲載した写真帖。明治41年5月刊。

7

▶日本髪と束髪（p198）、花柳界を描く（p372）

相撲人気と国技館完成

〝野蛮な風習〟から〝日本の国技〟へ

⬆**明治 17 年の天覧相撲**　明治 17 年 3 月 10 日、東京・芝の延遼館で開催された明治天皇の天覧相撲。中央の力士は、横綱の土俵入りを務めた梅ヶ谷藤太郎（初代）、太刀持ちは大鳴門灘右衛門、露払いは剣山谷右衛門。明治維新以降、存続の危機にあった相撲の人気回復に絶大な効果をもたらした。

⬅**回向院の大相撲**　手彩色の鮮やかな色のついた絵葉書写真。国技館ができるまで、東京・本所の回向院は江戸時代以来の伝統をもつ相撲のメッカだった。明治 20 年代頃か。

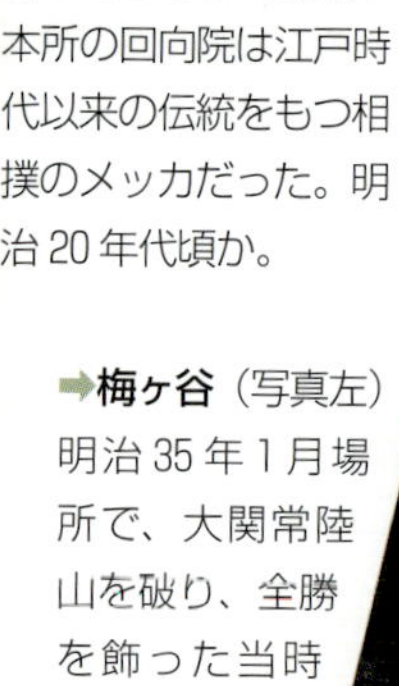

➡**梅ヶ谷**（写真左）　明治 35 年 1 月場所で、大関常陸山を破り、全勝を飾った当時の大関梅ヶ谷藤太郎（2 代目）。翌 36 年に常陸山とともに横綱となる。

丁髷に回しという風体。取り組み前の力水に浄めの塩。四股。塵浄水と呼ばれる蹲踞して柏手を二度打ち、手のひらを上に向け下に返す所作。

また、烏帽子に直垂という行司のいでたちや独特の掛け声。拍子木の音色……。

「相撲情緒」や「古典美」などと呼ばれ、大相撲独特の雰囲気を醸し出すこれらの伝統には、江戸期までの日本の習俗が深く刻み込まれている。

●天覧相撲で人気復活

相撲は一〇〇〇年以上の歴史をもっているが、それが職業力士に

⬅**常陸山**（写真中央）　明治 45 年 5 月、慶應大学相撲部の土俵開きに招かれた横綱常陸山谷右衛門。2代目梅ヶ谷とともに「梅・常陸時代」を築き、天下の人気を二分した。

（掲載回数）
400 350 300 250 200 150 100 50 0
天覧相撲 17年　日清戦争　日露戦争　国技館完成 42年
明治7年　15年　20年　25年　30年　35年　40年　45年

⬆**『読売新聞』の相撲報道**　明治 7 年 11 月の創刊から明治末（45 年 7 月）までの相撲記事は、総計 4844。明治 17 年以降の相撲人気の回復ぶりが見てとれる。グラフ／高橋直也作成

←**東京・両国の国技館**　名称には、「尚武館」などの案もあったが、開館式のために作家の江見水蔭が起草した初興行の披露文の一節〈角力は日本の国技〉に着目した年寄尾車によって、「国技館」の名称が提案されたといわれている。着色された東京名所絵葉書。

No.66 The Kokugikan Wrestling House Tokyo.
國技館
(東京名所)

よる興行として確立するのは、江戸時代のなかば以降であり、大坂、京都、江戸をはじめ各地で相撲の興行がなされ、歌舞伎などと並ぶ庶民の娯楽のひとつとして確固たる人気を得た。ところが、その人気がそのまま明治以降につながったかというと、事実はそんなに単純ではない。

明治維新後は、文明開化の嵐のなかで、裸でとる相撲は「文明国にあるまじき野蛮な風習」などと批判され、また、有名力士のパトロンであった藩主たちが江戸幕府の崩壊とともに彼らを手放したことなどから、大相撲は存続の危機に直面することになった。

大相撲を存続の危機から救出し、人気回復を図るきっかけとなったのが、明治17年（一八八四）の天覧相撲であった。その後、常陸山、梅ヶ谷をはじめ大砲、荒岩、国見山、朝汐（初代）、玉椿、駒ヶ嶽、太刀山など多くの人気力士が輩出し、欧化主義への反動や国粋主義的な風潮の高まり、さらには日清・日露の両戦争後のナショナリズムの勃興にのって、大相撲は歌舞伎に匹敵するほどの人気をふたたび博するようになっていく。

●横綱制度を新設する

こうして明治42年6月、一万六〇〇〇人収容の国技館が東京・両国に完成する。それと同時にいくつかの重要な改革が行なわれた。横綱制度もそのひとつである。横綱という呼称は、江戸時代から用いられていたが、それはあくまで大関中の大関に与えられた特別栄誉称号であった。それが国技館の完成とともに、番付上の最高の地位として位置づけられるようになるのである。

また、国技館内に設置された玉座（天皇の座所）を基準にして、東方と西方の位置が定められ、行司の服装も裃から烏帽子、直垂に変更される。これらは、古代の朝廷行事であった相撲節にちなんだ変更であり、相撲における〝王政復古〟であった。

このように大相撲の伝統のいくつかは、明治になって新たにつくられたり、復活されたものなのだが、今では常識となっている「相撲は日本の国技である」という観念も、じつは明治42年、国技館の開設とともに登場した新たな伝統のひとつなのである。

（坂上康博）

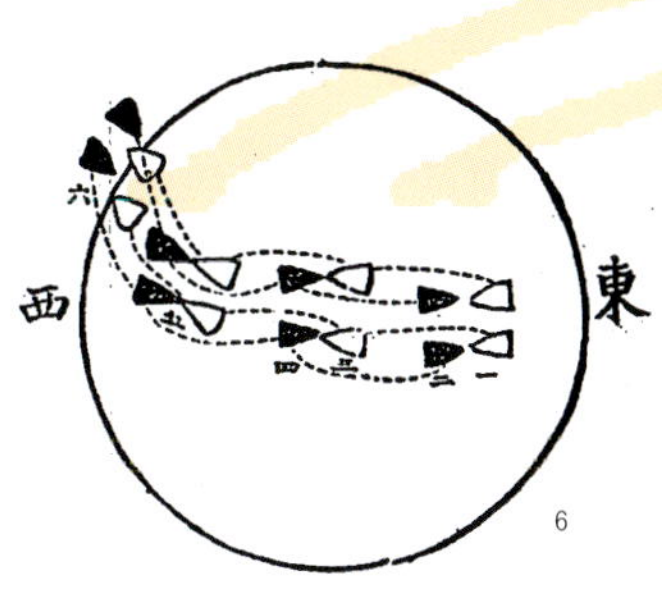

←**新聞の相撲挿絵**　相撲人気の高まりのなかで、新聞各社は、作家らを記者として雇い入れ、連日の好取組を臨場感あふれる記事によって再現するとともに、挿絵によって力士たちの熱戦を伝えるようになる。（『東京朝日新聞』明治37年1月18・19日より）

映画の隆盛と俳優たち

歌舞伎役者が貢献した映画発展への道

1 「鼠小僧次郎吉」 人気上昇中の尾上松之助が次郎吉役。雪中の子別れは、講談や芝居の名場面。舞台装置、捕り手の構え、女房役の女方など、すべて歌舞伎の流れを引いていた。大正3年10月封切。

3 **牧野省三（右）と松之助** 京都・千本座の座主牧野省三が、播州から中国方面を巡業中の松之助を見いだし、スターに育てた。しかし、ふたりは大正8年以後、別の道を歩む。

2 **目玉の松ちゃん** 松之助は明治8年生まれ。忍術映画や豪傑物、侠客物などで主役を演じ、大人から子どもまで人気を博した。トレードマークの大きな目から愛称がついた。

4 **浅草公園の活動写真館** 浅草六区に活動写真専門館が並びはじめ、やがて、休日には人で路面が見えぬまでの殷賑をきわめるようになる。

5 **『都新聞』の演芸欄** 現在の『東京新聞』の前身『都新聞』は、演芸と花柳界に詳しい新聞として知られ、その伝統は今に続く。東京の興行が並び、その活気が伝わってくる。

日本初の常設映画館、浅草の電気館ができたのは、明治36年（一九〇三）である。記録風の実写の時代を経て、映画が物語を撮るようになるのは、明治41年頃からのこととなる。

あらゆる芸能は新しく興るとき、つねに先行芸能の模倣から始まる。初期の映画が演劇をそのまま写したのは、「影響を受けた」とか「流れをくんだ」というレベルの話ではなく、それ以外になかったのである。明治末、時代物は歌舞伎を、現代物は新派劇を据えっぱなしのカメラの前で、舞台そのままに映すところから始まった。やがて立体感を強調した大道具や、屋外の風景を利用した撮影などが工夫されてゆく。

●日本初の映画スター

歌舞伎には、大芝居・小芝居・旅芝居の別があり、役者はそれぞれ属するところによって階層化されていた。映画に出たのは、おもに小芝居と旅芝居の役者で、午前中の撮影に駆り出され、夕方から舞台を務めたりした。あるいは、屋外で撮影した映像を利用して、舞台の展開に映画を組み合わせた実景応用の「連鎖劇」を試みる劇場もあった。

明治42年、日本映画初の大スター尾上松之助が登場するが、松之助も旅まわりの歌舞伎一座から、牧野省三の慧眼によって見いだされたのだった。映画女優の先駆けと目される中村歌扇も、女性でありながら女方芸を演じる女役者として、東京の小芝居で活躍する身であった。

ただし、初期のころは女性の役のほとんどは女方によって演じられ、内容、様式ともに、小芝居の味で初期映画は成立してゆく。

●大衆娯楽の頂点へ

当時の映画はもちろん無声で、画面の外から活動弁士が説明を加えた。写し絵や幻灯の語り、見世物の口上の系譜があり、そのうえ義太夫の語りにあわせる歌舞伎や、地謡を従えた能のように、語り物にあわせた演技の伝統が豊富な日本では、これは不自然なことではなかった。登場人物一人ひとりに弁士がついて、声色で演じる掛け合いもあり、画面にあわせて義太夫や浄瑠璃の演奏者が出語りで出演する上映も、ごくふつうに行なわれた。歌舞伎同様に、鳴り物と三味線が伴奏され、のちには和洋合奏の形式も生み出されてゆく。

明治45年が改元した大正元年、Mパテー商会・吉沢商店・福宝堂・横田商会らが合同してトラストを結成し、新たに日本活動写真株式会社（日活）を起こす。映画は、大正期に向けていよいよ隆盛となり、演劇にかわって大衆娯楽の頂点をきわめるのである。

（児玉竜一）

6

⬆「忠臣蔵」 フィルムの一部が現存する最古の劇映画のひとつ。松之助が、内匠頭・内蔵助・清水一角の３役を演じ、引いたカメラの前で歌舞伎風立ちまわりを見せた。（明治43年）

7

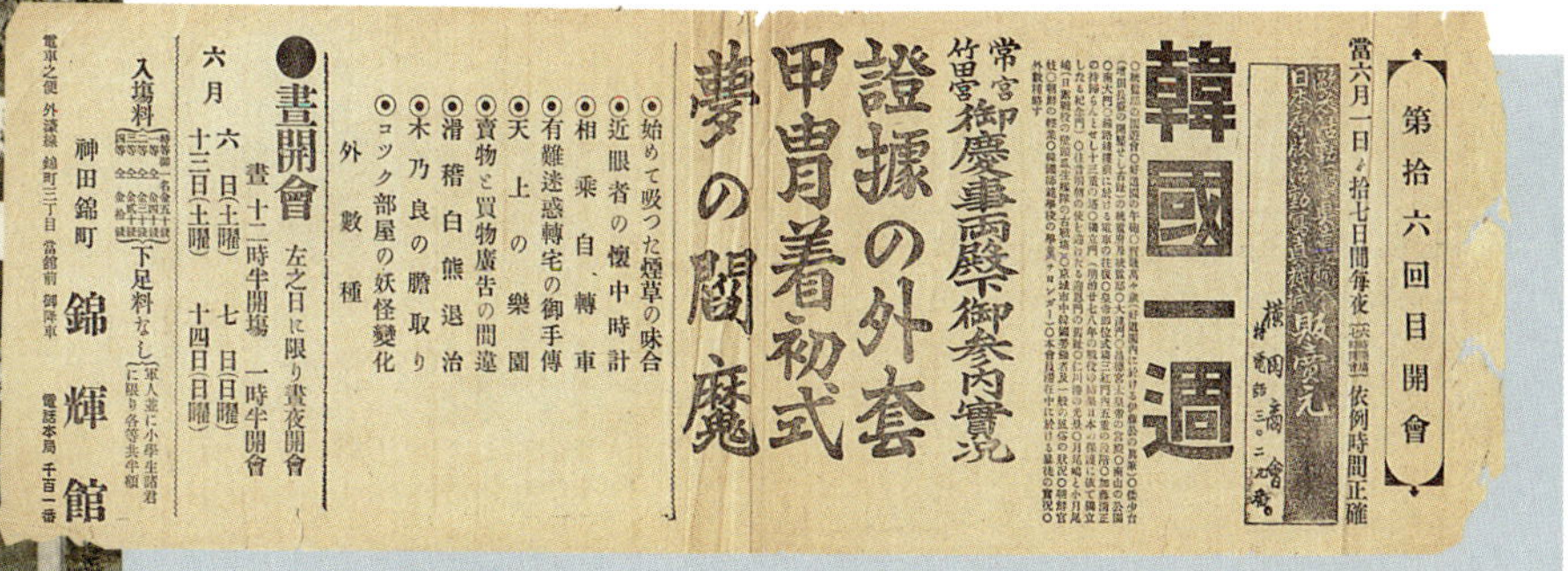

⬆錦輝館のビラ 伊藤博文による韓国巡行の記録映画と各種の実写が混在した番組。伊藤博文は、のちにハルビン駅頭での暗殺現場も記録映画に撮られることになる。

8

⬅神田の錦輝館 日本初のヴァイタスコープ（エジソン発明ののぞき眼鏡式映画をスクリーン投影用に改良したもの）上映会場だった錦輝館は、浅草の電気館とともに、常設映画館として知られた。（明治40年頃）

▶映画時代の幕開け（p424）

世相を映す菊人形

メディアと観光振興の役割を果たした見世物

リアルに表現された顔や手足に、装飾的な菊花の衣装がミスマッチな等身大人形「菊人形」。その起源は江戸時代後期、東京の巣鴨・染井あたり（現在の豊島区・文京区）の植木屋が動物や名所風景などを菊でかたどった「菊細工」に求められ、江戸の秋の娯楽として数度の大ブームが起きた。

●その年の話題を再現

幕末から明治初期になると、団子坂（文京区千駄木）にその中心が移る。団子坂菊人形は歌舞伎や伝統的な物語をテーマにし、明治9年（一八七六）からは木戸銭を取って興行化した。植惣・種半・植梅・植重の四大園をはじめ、全盛期の明治20～30年代には20軒もが競い合い、繁栄した。

パノラマ館など新興の見世物が話題を呼ぶと、その人気に負けじと、さまざまな工夫が凝らされた。明治20年代には、歌舞伎の「廻り舞台」や「せり出し」を応用し、蓄音器で本物の役者の音声を流すなど視覚や聴覚に訴える仕掛けを編み出す。30年代末にはパノラマ館をまねた「回転式パノラマ」、天井からのつり下げ、廻り舞台を応用した「段返し」など、大規模な仕掛けがつぎつぎに考案された。

テーマにも工夫が施された。磐梯山噴火（明治21年）、スペンサー氏の風船乗り（明治23年）、上野動物園に初来日した猩々（オランウータン、明治27年）など、その年に起きた出来事や事件、身近な流行を、菊人形で再現したのである。

のちに、格好の題材となったのは日清・日露戦争であった。一般庶民が決して見ることのできない戦場を、人形と大がかりな装置によるスペクタクルとして見せたことは、映像メディアのない時代、当時の人々の関心を大いに満足させるものでありえたのだろう。

●団子坂の終焉と全国化

大繁栄した団子坂菊人形もマンネリ化は避けられず、明治44年、種半の興行を最後に終わりを迎える。明治42年に、両国国技館の一万坪の巨大空間で、電気や活動写真を応用した大がかりな菊人形展が始まったことも打撃であった。

1

⬆**団子坂**　坂の両わきに菊人形の小屋が軒を連ね、客引きが口上とともにビラを配る。団子坂は今の地下鉄千代田線千駄木駅近くにあり、不忍通りから本郷台地へ上る坂。当時は今より道幅も狭く、急勾配だった。(『風俗画報』明治40年より)

2

⬅**造菊機械大人形**　団子坂・駒込草津温泉の引札。動く仕掛けの菊人形は高さ約17m。(明治22年)

全国の菊人形開催地

1 東京・巣鴨周辺
2 東京・団子坂
3 東京・根津神社
4 東京・入谷
5 東京・浅草花屋敷ほか
6 東京・両国国技館
7 東京・靖国神社外苑
8 東京・竜ノ口勧工場
9 東京・芝浦
10 東京・北品川
11 東京・大森八景ヶ岡
12 千葉・船橋辟芳園
13 千葉・成田山
14 神奈川・横浜菊花園
15 静岡・大井菊花園
16 静岡・浜松五社公園
17 長野・諏訪神社
18 愛知・岡崎花屋敷
19 愛知・名古屋黄花園
20 愛知・名古屋大須花屋敷
21 愛知・一宮花屋敷
22 岐阜・浅野菊楽園
23 岐阜・端山菊楽園
24 岐阜・有楽園
25 石川・金沢花屋敷
26 三重・伊勢山田桜木町
27 京都・京都八木菊楽園
28 大阪・天王寺公園ほか
29 大阪・眺望園
30 大阪・住吉菊花園
31 大阪・南地黄花園
32 大阪・長野遊園地
33 兵庫・西宮鳴尾百花園
34 兵庫・西宮香炉園
35 兵庫・神戸楠公前
36 福岡・博多中洲共進館前
37 福岡・博多新柳町遊廓

東京周辺
巣鴨
東京府内
芝浦
北品川
大森
隅田川
荒川
多摩川

(明治初期から明治45年までの間の開催地)

文京ふるさと歴史館『菊人形今昔—団子坂に花開いた秋の風物詩』より

4 変質の時代

▶さまざまな見世物(p418)

⬆**菊人形忠臣蔵**　忠臣蔵のクライマックス、両国橋の場面。人形の前には役者の名前が書かれた木札が立てられている。人形師は山本福松、撮影は小川一眞。（明治25年）

⬅**『団子坂の菊細工』**　左側の馬に乗った兵隊の菊人形は日清戦争を題材としたものであろう。小屋掛けに露地の菊花壇、遠景には上野寛永寺の五重塔が見える。（明治28年）

➡**福島少将の頭**　菊人形の頭は安本亀八や山本福松ら人気の生人形師が手がけ、義眼や人毛を使って実在の人物を生き写しにした。これは陸軍軍人福島安正であると考えられる。

➡**菊人形下絵**　団子坂で菊人形を興行した大手4園のうちのひとつ、植惣園の浅井家に伝わった下絵。描いたのは人形師の山本福松と推定される。

⬅**絵葉書**　日露戦争の場面と思われる、手彩色された絵葉書。船に乗った外国人の菊人形の背景には海や軍艦が洋画風に描かれ、天井には万国旗が飾られている。

明治末期になると、全国各地で菊人形が興行された記録が残っている。それらの仕掛け人は、名古屋黄花園の奥村伊三郎、岐阜・柳ヶ瀬菊楽園の浅野善吉らの興行師であった。団子坂で活躍した人形師や菊師もこれらの興行にかかわって、全国に技術を伝えた。

大阪では明治10年代から興行されていたが、特筆すべきは、鉄道会社がお客誘致のために菊人形展を開催したことである。とくに京阪電鉄が手がけたものは、明治43年に第一回を開催して以降、戦時中に中断したものの現在も継続しており、もっとも歴史の長い菊人形展となっている。

全国に広まった菊人形は、その後、地方の観光産業の振興と結びついて、現代まで受け継がれ生き残った。見世物のなかでも、私たちが明治時代とほぼ同じ形を目にすることができる稀有な例といえよう。

（川口明代）

郊外行楽の隆盛

鉄道の開通に伴って郊外に遊ぶ人々が増えた

⬆**小金井の桜見物**　東京市郊外の小金井の桜は江戸の人々にも知られていたが、明治22年に甲武鉄道が開通すると、東京市中の名所に劣らぬ花見のメッカとなった。

郊外へ行楽に出かけることは、明治以降に生まれたまったく新しい楽しみというわけではない。すでに江戸時代後期には、大都市の人々は郊外の散策に関心を高めていた。しかし、当時は基本的に徒歩であったから、時間や労力がかかり、簡単なものではなかった。

●気楽になった郊外行楽

明治になると鉄道が誕生し、とくに中期以降、大きな都市では郊外にのびる鉄道網が発達して、郊外への行楽が盛んになってきた。人々は都会の喧噪を逃れるため、汽車や電車に乗って郊外に遊び場所を求めるようになる。また、鉄道会社も運賃収入を増加させるため、積極的に郊外に行楽客を誘い出そうと努めた。

たとえば花見があげられる。東京では、もともと市中に桜の名所が数多くあったが、明治後期になると汽車や電車で郊外の花見の名所に出かける人が多くなり、甲武鉄道沿線の小金井などは桜の花見客でにぎわった。

海水浴も、明治になってから西洋医学の導入によって勧められるようになり、神奈川県の大磯や大阪の浜寺など、鉄道が乗り入れた海水浴場は隆盛をきわめた。

⬇**小金井への花見客でにぎわう国分寺駅**　花見には面をかぶるなど、仮装をして出かける風俗があった。

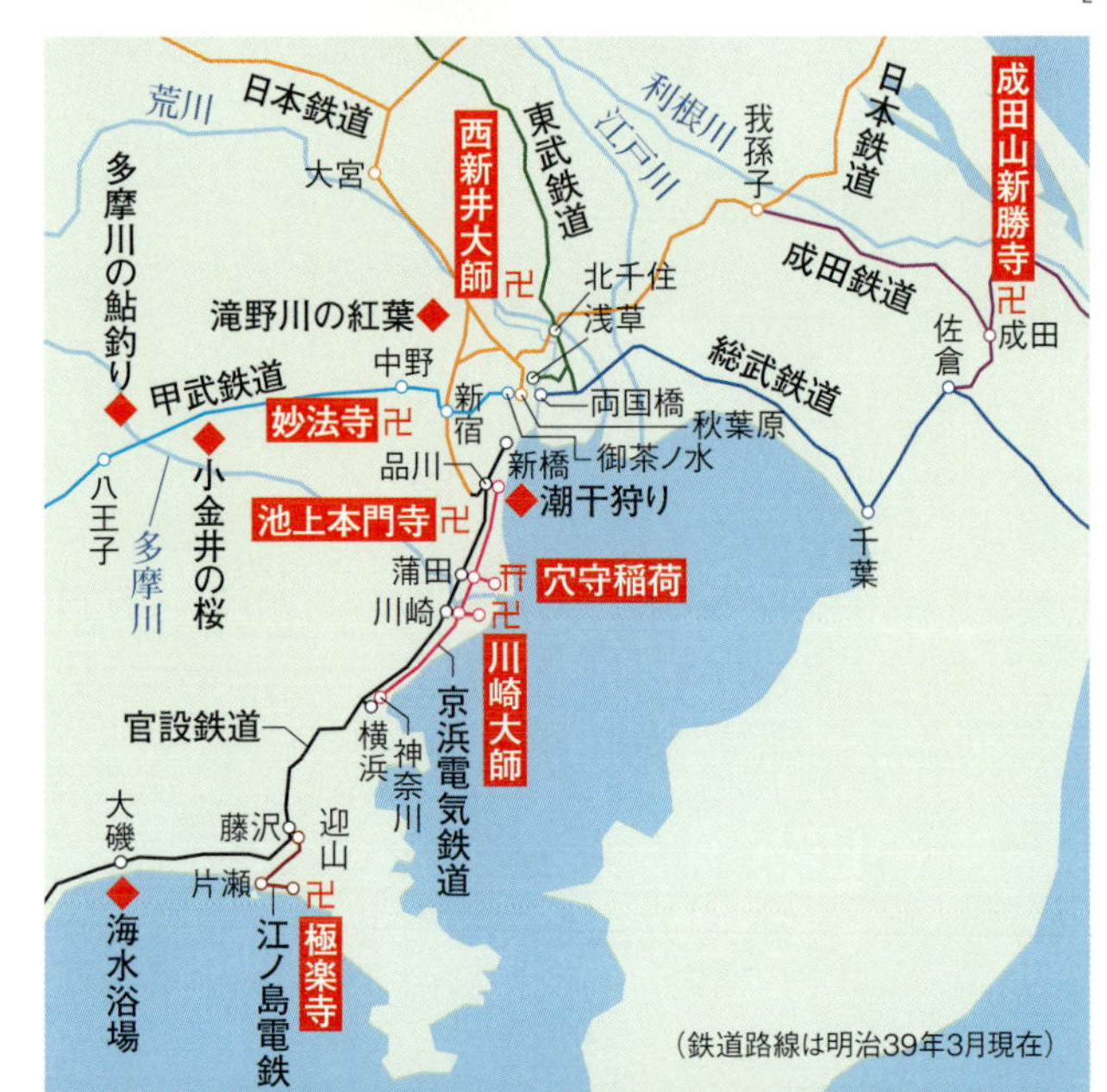

➡**東京の主要郊外行楽地**　明治中期以降、東京の郊外に鉄道が開設され、沿線にある名刹、花見どころ、海水浴場に、多くの行楽客が足をのばした。

大磯海水浴場　最初の海水浴場は明治18年神奈川県の大磯に開かれた。大磯は東海道線開通で上流名士たちの別荘地ともなり、多くの海水浴客を集めた。

海水浴姿　「シマウマ」と呼ばれた女性の水着姿は、人々に強いインパクトを与えた。

成田鉄道の「喫茶車」　千葉の成田山も、複数の鉄道が乗り入れてサービス競争が生じ、参詣客が増加した。成田山参詣客を総武鉄道と奪い合う成田鉄道は、対抗策として「喫茶車」を設けるほどだった。

鉄道と参詣の結びつき

神社や寺への参詣も、こうした郊外行楽の隆盛と深くかかわっている。それまで人々が日常的に参詣したのは、徒歩で行ける都市中心部の社寺だったが、鉄道が敷かれると、しだいに郊外の社寺へも多く詣でるようになった。すると、そうした傾向は、社寺参詣の形を少なからず変えていくことになる。

たとえば、江戸では、正月の社寺参詣といえば、元日の恵方詣でや五日の初水天宮のように、縁起に基づいて方角や日取りを決めて参詣するのが当たり前だったが、鉄道会社が「初詣」という縁起も日取りも関係ない言葉を用いて参詣客を呼び込むようになると、人々もしだいに縁起に頓着せずに郊外の有名社寺に参詣することが多くなっていったのである。また、同じ神社や寺に複数の鉄道が乗り入れる場合では、運賃の値下げなどの競争が起こり、結果的に参詣客が大幅に増加することになった。

このように、明治以降の大都市の行楽は「鉄道＋郊外」という要素によって強く性格づけられていった。（平山　昇）

西宮
十日ゑびす
九日、十日、十一日
福の神ゑびす神社大祭
ゑびす行電車賃
大阪、神戸より往復二十錢
阪神電車

一月九、十
兩日發賣
西宮
十日ゑびす
●大阪、三宮、神戸驛より往復三等廿錢
●姫路大阪間、城東線、西成線、阪鶴線各驛より往復　三等　大割引（以上通用五日間）
▲期間中は神社近くゑびす假驛を設け大阪神戸間臨時汽車を運轉し通常列車も停車致候
鐵道院

西宮神社十日戎の参詣広告　阪神電車（右）と鉄道院（国鉄）が、運賃割引などのサービス合戦で、参詣客を奪い合った。（明治44年）

はつまうり
初詣
川崎大師
羽田穴守神社
鶴見總持寺
回遊券發賣

京浜電車の「初詣」広告　鉄道会社は、恵方（5年周期で毎年変わる縁起のよい方角）にかかわらず、毎年正月の参詣客を呼び込むため、「初詣」という用語を広告で使うようになり、現在まで続いている。（明治44年）

▶鉄道網の展開（p220）、汽車の旅（p408）

娯楽化する博覧会

新しいアトラクションの登場とテーマ博

⬇**第5回内国勧業博覧会の会場正門**　大阪・天王寺で開催され、万国博覧会を日本に誘致するための足がかりだった。下の図版の「ウォーターシュート」や「不思議館」などが目玉になった。（『風俗画報』明治36年より）

殖産興業のイベントであった博覧会は、明治20年代に入ると、大型の遊戯機械やアトラクションなどの導入により、しだいに娯楽としての性格を強めていった。

●日本最初の「自動鉄道」

まず明治23年（一八九〇）、東京の上野公園で開催された第三回内国勧業博覧会に、「自動鉄道」という日本最初のジェット・コースターが登場する。

これは一八八四年にアメリカのラマルクス・A・トンプソンが開発した「スイッチバック・レールウェイ」と呼ばれるもので、現在のような動力はなく、単純に自重によって線路の上を滑走するというものだった。

明治36年に大阪・天王寺で開催された第五回内国勧業博覧会は、明治期の博覧会のなかでも最大の規模をもつものであったが、娯楽設備の面でも充実していた。日本最初のメリーゴーラウンド「快回機」、同じく日本最初のウォーターシュート「飛艇戯」など、大型の遊戯機械が話題を集めた。

また、電気照明や鏡などの効果によって、ダンサーが幻想的な舞踊を見せる「不思議館」や、世界の名所を見てまわるという趣向のパノラマ館「世界一周館」なども人気を呼んだ。

⬆**ウォーターシュート**　茶臼山の斜面を利用して設けられた高さ約12mの台の上から滑走し、下の池に着水する飛艇戯（ウォーターシュート）。開催期間を通じて長蛇の列が絶えることがなかったというほど、人気を集めたアトラクションであった。

⬆**人気を呼んだ「不思議館」**　白い衣装を着て踊る女優に光線を当てたり、鏡を使ってその姿をいくつにも見せたりして幻想的な効果を出した。演じたのはアメリカの女優カーマン・セラー。（『風俗画報』明治36年より）

自動鐵道

⬅**ジェット・コースターのチラシ**　明治23年の第3回内国勧業博覧会に登場した、日本最初の自動鉄道（ジェット・コースター）のチラシ。自重によって線路上を走行した。

▶万国博覧会と内国博覧会(p148)、百貨店がつくりあげた文化(p470)

東京勧業博覧会場の全景　東京勧業博覧会は、明治40年に予定されていた第6回内国勧業博覧会が延期になったため、東京府が独自に開催したもの。今の上野動物園分園のあたりに外国館が、国立博物館前の広場に本館が、その周辺に美術館、染織館などが設けられた。折から開花した上野の桜を求めて市民が繰り出し、680万人の入場者があった。（『東京勧業博覧会全図』）

5

東京勧業博覧会の観覧車　この博覧会では、博物館前と上野不忍池畔の2か所に、日本で2番目とされる観覧車（右）が設置された。楽隊の演奏も流されて大人気だった。2台のうち1台は終了後に浅草六区に移築。図の左上には音楽堂、左下には花電車が描かれている。

6

東京勧業博覧会会場の即売店　各地の特産品やめずらしかった蓄音機などの商品が並び、日露戦争後の戦勝国気分が会場にあふれた。夜にはイルミネーションが会場を照らし、この光景を目にした夏目漱石は、『虞美人草』のなかで〈文明を刺激の袋の底に篩ひ寄せると博覧会になる。博覧会を鈍き夜の砂に漉せば燦たるイルミネーションになる〉と書いた。

7

高まる家庭生活への関心

明治40年に上野公園で開催された東京勧業博覧会では、高さ約30mの観覧車が大きな話題となった。この東京勧業博覧会を最後に、「勧業」をうたった博覧会は少なくなり、かわって特定のテーマを掲げた博覧会が多くなってくる。

なかでも、「子ども」「婦人」「家庭」などを名前に冠した博覧会が、明治末期から大正、昭和初期にかけて目につくようになる。たとえば明治40年には婦人博覧会、明治42年には三越呉服店により児童博覧会が開催されている。これらは、女性や子どもに関する内外の事物を収集・展示し、理想的な「家庭生活」のモデルを示すとともに、家族で楽しめる催しとしての意味をもっていた。当時はホワイトカラー層の人々を中心に、家庭生活への関心が高まりつつあった時期で、家族で余暇を過ごす場が求められるようになっていた。

こうして博覧会から、やがて遊園地が生まれ出てくることになるのである。（香川雅信）

娯楽化した二大博覧会の比較

	第5回内国勧業博覧会	東京勧業博覧会
会期	明治36年3月1日~7月31日	明治40年3月20日~7月31日
開催地	大阪（天王寺、今宮）	東京（上野公園、不忍池畔）
会場面積	約32万3000m²	約17万m²
入場者数	435万人	680万人

韓国併合

三〇年以上続く、朝鮮支配の始まり

1

⬆伊藤博文の葬列　明治42年、東京・日比谷公園で国葬が行なわれた。享年68歳。翌年の公判で、安重根は暗殺の理由として第2次、第3次日韓協約の締結をあげ、それは東洋の平和をうたった日露宣戦の詔勅の趣旨に反すると主張した。

明治42年（一九〇九）10月26日、伊藤博文はハルビン*で韓国の独立運動家、安重根の銃弾に倒れた。幕末維新の動乱期から始まって、帝国憲法をはじめとする明治国家の骨格をつくりあげてきた元勲、伊藤の死は、明治という時代が終わりつつあることを告げていたかのようである。

外交権を奪い保護国化

日本にとって日清、日露の二度の戦争は朝鮮半島をめぐる争いであり、並行して日本の朝鮮への影響力は増していった。まず、清との開戦後に企てられたのは、日本から顧問を送り込んでの朝鮮政治の改革、いわゆる甲午改革である。名目は改革だが、実質的には内政干渉にほかならなかった。

日清戦争に勝利した日本は、つぎにロシアの影響力を排除しようとした。その結果の衝突が日露戦争であり、開戦後の明治37年2月に日韓議定書、8月には第一次日韓協約を結び、内政・外交への介入権を確保した。

そして日露の講和後には、伊藤博文が大使として赴き、明治38年11月、第二次日韓協約を締結。韓国の外交権を奪い、完全に保護国化したのである。

2

⬆日本が設置した統監府　統監は朝鮮の外交を管轄し、独自の法令を発し、駐屯する日本軍を指揮するなど広大な権限をもった。鉄道や産業も、統監府の管理下に置かれた。

3

⬆仁川に上陸した日本軍　日露開戦からまもなく、日本は漢城（現在のソウル）に軍隊を進駐させ、日韓議定書により朝鮮の領土保全を名目に軍隊駐留権を認めさせた。

日本の圧力に武装蜂起

明治39年2月、日本政府は韓国[*]に統監府を設置、伊藤博文が初代の統監となった。

韓国の人々は、日本の圧力に対して不満をつのらせ、明治29年には農民を中心とする「義兵」が武装蜂起した。保護国化以後、義兵は全国で再起し、独立を求めて激しいゲリラ戦を展開した。

伊藤は韓国について、日本の保護下で「自治」を育成し、「近代化」を推進すべきだと考えていた。しかし、いかに伊藤が善意で接したとしても、韓国の人々にとっては、自国の独立が奪われることに変わりはなかった。

さらに伊藤は、明治40年7月に第三次日韓協約を締結、韓国の全権を統監府に掌握させ、実質上の支配を完成した。だが、抵抗運動はいっそう高揚し、42年6月、伊藤は統監を辞任する。

日本政府は、列強諸国による日本の満州（中国の東北地方）利権への干渉が朝鮮に及ぶことを恐れて、明治42年7月に韓国併合の方針を決定した。12月には、韓国側の併合推進団体・一進会が韓国政府に「合邦」を求める建議を行なった。一進会は日本側の意のままになる団体で、韓国国内では激しい抗議が起きた。

しかし、この建議で併合が進んだというわけではない。韓国政府は日本に抵抗する力をもはや失っており、日本政府にとって必要なのは、列強諸国の同意だけだったのである。

明治43年、日本政府は4月にロシア、5月にイギリスから併合の承認を得ると、ついに8月22日、日本と韓国との間で「韓国併合ニ関スル条約」を締結した。昭和20年まで続く、朝鮮に対する植民地支配の始まりであった。

（塩出浩之）

4

↑皇太子の韓国訪問 明治40年10月、嘉仁皇太子（のちの大正天皇）が視察に訪れた。最前列左から2番目が皇太子で、隣は韓国最後の皇帝純宗。同年7月の第3次日韓協約の調印とともに即位した。右端が伊藤博文。

5

ニ對シ十分ナル保護ヲ與ヘ且其ノ福利ノ増進ヲ圖ルヘシ

第七條

日本國政府ハ誠意忠實ニ新制度ヲ尊重スル韓人ニシテ相當ノ資格アル者ヲ事情ノ許ス限リ韓國ニ於ケル帝國官吏ニ登用スヘシ

第八條

本條約ハ日本國皇帝陛下及韓國皇帝陛下ノ裁可ヲ經タルモノニシテ公布ノ日ヨリ之ヲ施行ス

右證據トシテ兩全權委員ハ本條約ニ記名調印スルモノナリ

明治四十三年八月廿二日

統監子爵 寺内正毅

隆熙四年八月二十二日

内閣總理大臣 李完用

↑韓国併合条約の調印書 調印者は、日本側が寺内正毅統監、韓国側は李完用総理大臣。李は、明治40年に伊藤博文の推薦で朝鮮政府の首班となった人物。

6

↑抗日運動に決起した義兵たち 保護国化以後、独立を訴え、激しい戦いを繰り広げた義兵は、明治40年に解散させられた大韓帝国政府軍の元軍人が加わったことで、いっそう勢力を増した。日本は彼らを徹底的に弾圧、指導者の一部は亡命して独立運動を続けた。

7

←韓国に赴任した寺内正毅の一行 明治43年5月、陸軍大臣寺内正毅は統監に着任し、首都の漢城を行進する。このときまでに、韓国併合の準備はすでに整えられていた。併合後、寺内は初代の朝鮮総督に就任する。

＊韓国 朝鮮は、明治30年に国号を「大韓帝国」に改めており、明治43年の日本による併合以後、ふたたび「朝鮮」となった。

▶朝鮮をめぐる動き（p284）、激動する東アジア情勢（p328）

植民地の風景

写真アルバム

明治末の日本の領土

明治の終わりには、「日本」は維新のころよりもはるかに大きな領域を意味するようになっていた。日本が日清戦争以後、新たに支配した地域は、「植民地」と呼ばれた。

なかでも大きな存在は、台湾と朝鮮である。このふたつの地域では、言語や文化、歴史を異にする数多くの人々が日本の「臣民」とされながら、権利や待遇の面で本来の日本人とは区別され、従属的な地位を強いられた。

本来まったく異なる台湾と朝鮮だが、日本による植民地化という意味では、特有の共通する〝風景〟もみられた。総督府という絶大な権力、国策会社による開発、現地の人々への日本語教育。そして日本人警官も、植民地支配を象徴する存在だろう。

植民地の支配は、日本側からすれば「近代化」だったのかもしれないが、現地の人々にとってはあくまで強いられたもので、その緊張関係が消えることはなかった。彼らの独立への願いは、やがて民族主義運動という形をとっていく。（塩出浩之）

Taiwan 台湾

台湾は日本の最初の「植民地」であり、以後の雛型となった。当初は軍事力を前面に出して強引な〝日本化〟がめざされたが、激しい抵抗に直面し、統治は混乱した。

しかし明治31年（一八九八）以後、後藤新平民政長官のもとで、警察制度による治安維持とともに、「旧慣」と呼ばれる台湾の伝統的制度を利用する政策がとられると、統治は一応安定した。製糖業をはじめ在来の産業を「改良」したが、その経営は現地の人々ではなく、日本人資本家が掌握した。

台湾総督府　明治28年に設置された、台湾統治のための行政官庁。総督には陸海軍の現役高官が就任し、行政・立法・軍事を掌握した。当初はこの写真の清王朝時代の施設が使われ、今日残っている旧総督府は大正時代の建物。

朝鮮総督府　併合とともに韓国統監府は朝鮮総督府となる。初代総督の寺内正毅のもと、強大な権限を背景に憲兵による支配を行ない、現地の人々から言論・集会・結社の自由を奪った。

土地調査事業　朝鮮に近代的な土地所有の制度を敷き、税収を確保することを目的に行なわれた。ただし結果としては、農村の人々の小作化を促し、かなりの土地が日本の大資本の手に渡ることになった。

▶近隣諸国との国境意識(p138)、朝鮮をめぐる動き(p284)、激動する東アジア情勢(p328)

5

2

➡製糖業の試験所　総督府の「臨時台湾糖務局」附属の試験所で、サトウキビの品種改良などを行なった。製糖業は日本が台湾でもっとも力を注いだ産業で、とくに日露（にちろ）戦争後には日本企業の投資により、急激に成長した。

3

⬆日本人巡査と現地の人々　町村制度の整備が進まなかったためもあり、警察は戸籍や勧業、徴税など、ありとあらゆる行政にかかわった。警察官は、台湾の人々がもっとも日常的に接する、日本の権力だった。

➡台湾神社　明治34年に台北（タイペイ）に設けられた神社で、以後各地につくられていく"植民地神社"の最初。現地の人々から信仰を集めることもめざされたが、おもな参詣者（さんけい）は移住してきた日本人だった。

4

➡「国語学校」の授業風景　明治31年の「台湾公学校令」に基づき、現地の人々に対する日本語の教育機関が設けられた。写真は、女子の裁縫の授業風景。義務ではなかったが、中高等教育は日本語だけで行なわれた。

10

⬅騎馬巡査　朝鮮では、憲兵が警察も兼ね、大きな権限をもっていた。憲兵は併合の直前、義兵の鎮圧などを目的として導入された軍事警察であったが、併合後は平時の治安維持をも担った。

8

➡東洋拓殖株式会社　併合前の明治41年、政府の主導で設立された植民会社。当初は日本からの移民送出を目的としていたが、その計画はうまくいかず、しだいに金融業や土地経営が事業の中心となった。

日本が朝鮮総督府の設置とともに始めたのは、「武断政治」と呼ばれる徹底的な抑圧であった。それは王朝国家の長い伝統をもつ朝鮮の人々が、容易に日本に従うことはないと予想できたからである。

他方、併合以前からすでに、日本の資本家は朝鮮のさまざまな経済的資源に注目していた。なかでも彼らが手に入れようとしたのは、日本から農民を移住させるための広大な農地で、そのためにつくられた東洋拓殖会社は、やがて朝鮮での植民地経営のシンボル的存在となった。

9

⬆小学校の授業風景　日本語教育を行なうため、「普通学校」が設けられた。ただし当初は強制ではなかったので、大半の子どもたちは、在来の私立学校や、「書堂」と呼ばれる日本の寺子屋のような伝統的な学校に通った。

Korea 朝鮮

※京城は1910年の「韓国併合」のときに日本政府が首都地域につけた呼称。

南満州鉄道と大陸進出

ビジュアル読み解き

日露戦争の勝利により、日本はロシアから関東州（遼東半島の一部）の租借権と、満州（中国の東北地方）の鉄道およびさまざまな利権の譲渡を受けた。のちの「満州国」、そして日中戦争につながる中国大陸への〝膨張〟の足がかりは、このときつくられたのである。

左の地図に広がる、総距離にして四五〇km近くの路線が南満州鉄道である。日本が大連という貿易の要地を手に入れたためもあり、この鉄道を通る大量の物流は、それ自体が莫大な利益をもたらした。

組織として重要なのは、まず鉄道および炭鉱、工場などの事業を経営した南満州鉄道株式会社、いわゆる満鉄であろう。そして関東州の行政や駐屯軍を管轄し、満鉄を監督したのが関東都督府である。関東州だけでなく鉄道沿線の附属地も、事実上日本の主権のもとに置かれた。

この附属地、とくにそれぞれの駅周辺の市街地には、日本から商業などの目的で渡ってきた人々も多く居住するようになった。そのなかには、大きな変動の時期を迎えた中国に、政治的ロマンや利権獲得の機会をかぎつけて吸い寄せられた「大陸浪人」たちもいた。

各地の市街では多くの場合、ロシアが進出した時期につくられた建築物がそのまま利用された。満州の日本人は、中国、ヨーロッパ、さらに日本の文化が混交した、一種独特な景観のなかで生活することとなったのである。

（塩出浩之）

長春の日本官衙 長春は南満州鉄道の終点で、東清鉄道（至ハルビン）、吉長鉄道（至吉林）への連絡地点であった。写真は明治40年頃にできはじめたばかりの市街地。右が郵便局、左が警務署。

奉天の日本人小学校 明治41年、奉天の附属地に設けられた小学校。各地に同様の小学校があり、すべて満鉄の直営だった。教育課程は日本国内と同じだが、選択科目として中国語や英語があった。

大連の満鉄本社 南満州鉄道株式会社は明治40年（1907）4月、イギリスの東インド会社の例に倣って設けられた国策会社である。鉄道経営の名のもとに、満州の植民地化の下地をつくるねらいがあった。初代の総裁は、台湾総督府から移った後藤新平。

4 変質の時代

地図・写真／明治44年『南満洲写真大観』より

▶日露の緊張と日英同盟(p394)、戦勝感と政府への不満(p400)

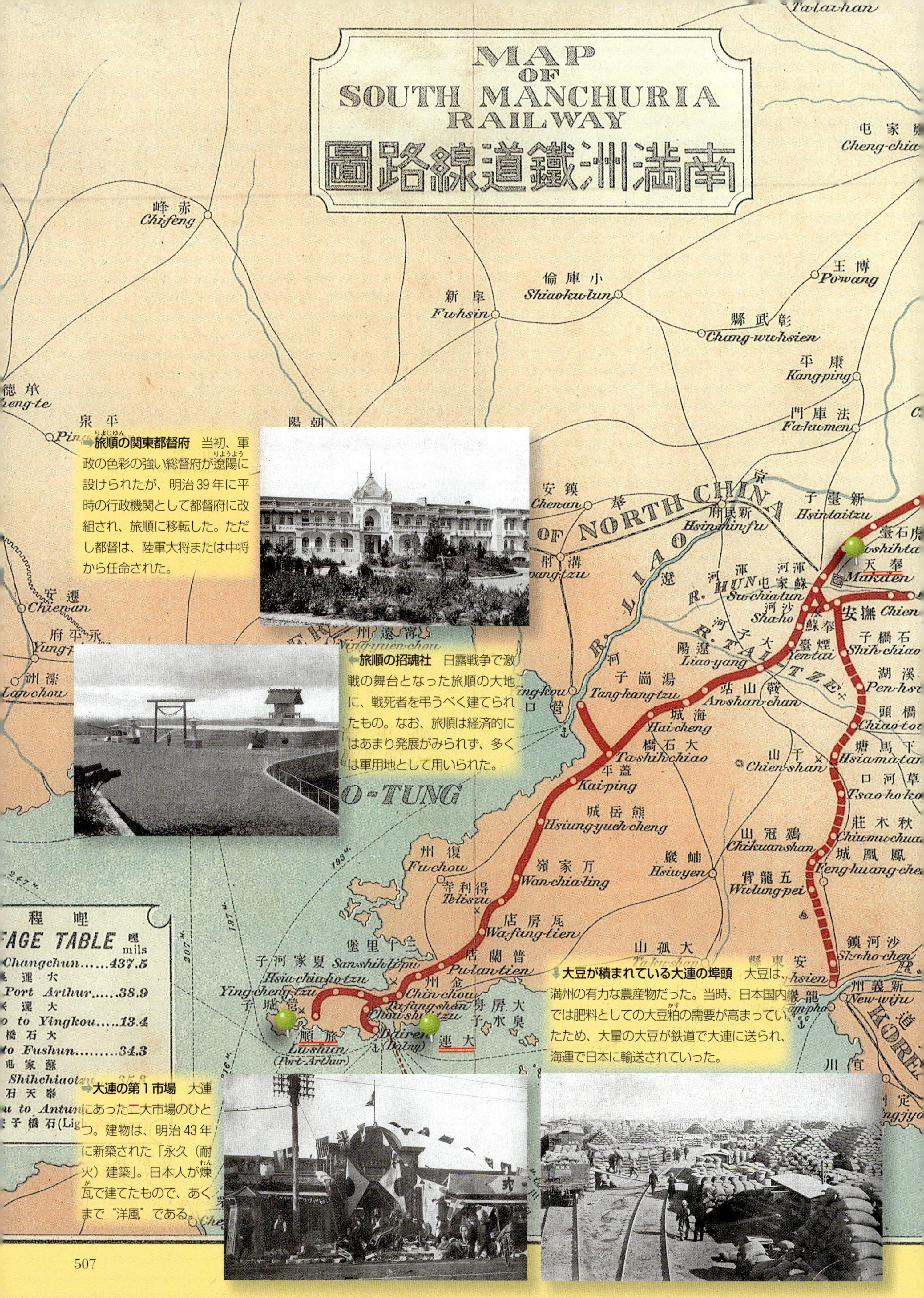

旅順の関東都督府　当初、軍政の色彩の強い総督府が遼陽に設けられたが、明治39年に平時の行政機関として都督府に改組され、旅順に移転した。ただし都督は、陸軍大将または中将から任命された。

旅順の招魂社　日露戦争で激戦の舞台となった旅順の大地に、戦死者を弔うべく建てられたもの。なお、旅順は経済的にはあまり発展がみられず、多くは軍用地として用いられた。

大連の第1市場　大連にあった二大市場のひとつ。建物は、明治43年に新築された「永久（耐火）建築」。日本人が煉瓦で建てたもので、あくまで"洋風"である。

大豆が積まれている大連の埠頭　大豆は、満州の有力な農産物だった。当時、日本国内では肥料としての大豆粕の需要が高まっていたため、大量の大豆が鉄道で大連に送られ、海運で日本に輸送されていった。

南樺太の領有

出稼ぎ者が中心だった、もっとも近い植民地

明治の日本が領有した植民地は、台湾と朝鮮だけではなかった。もうひとつの植民地は樺太である。

ただし台湾や朝鮮とは異なり、樺太は日本から移住した人人が人口の大多数を占める社会であった。いわば、北海道の延長のような位置づけだったのである。

⬆北緯50度線の境界標石　北緯50度線に沿って国境線が引かれ、国境を示す石が置かれた。

●北に広がった「日本」

日露戦争中の明治38年（一九〇五）7月、ロシア領サハリン南部のコルサコフ（日本名、大泊）を占領した日本軍は、8月に樺太民政署を設置し軍政を敷いた。9月、ポーツマス条約の締結により日本は、サハリンの北緯50度以南、すなわち南樺太を正式に領土とした。そして明治40年には、民政署にかわって樺太庁が設置された。

南樺太には当初、樺太アイヌ*、ウイルタ、ニヴフといった北方少数民族や、引き揚げずに残留したロシア人が暮らしていた。しかし、彼らの人口は合計しても二〇〇〇人前後とごくわずかだった。他方、日本から移住してきた人々の人口は、明治の終わりには三万人を超えるまでに達した。決して多くはないが、元来の住民に比べれば圧倒的な規模であった。

●樺太にやってきた人々

樺太に最初にやってきたのは、漁民の人々である。

樺太ではロシア領時代から、北海道や東北の漁民によりニシンやサケ、マスの出稼ぎ漁がさかんに行なわれていた。日本領となってから、このような漁はいっそう大規模となり、数多くの漁民が樺太にやってきたのである。とくに明治の終わりごろは、「ニシン景気」と呼ばれるほどニシンが獲れた時期であった。

ただし、ニシンやサケ、マスの漁は当初、建網と呼ばれる大型の定置網によるものしか許可されず、資本力のある漁業家に独占された。そのため中小の漁民はやむをえず密漁をしたり、アイヌの人々の曳き網漁を手伝ってニシンを分けてもらったという話も残っている。

つぎに目立った勢力は、工事に

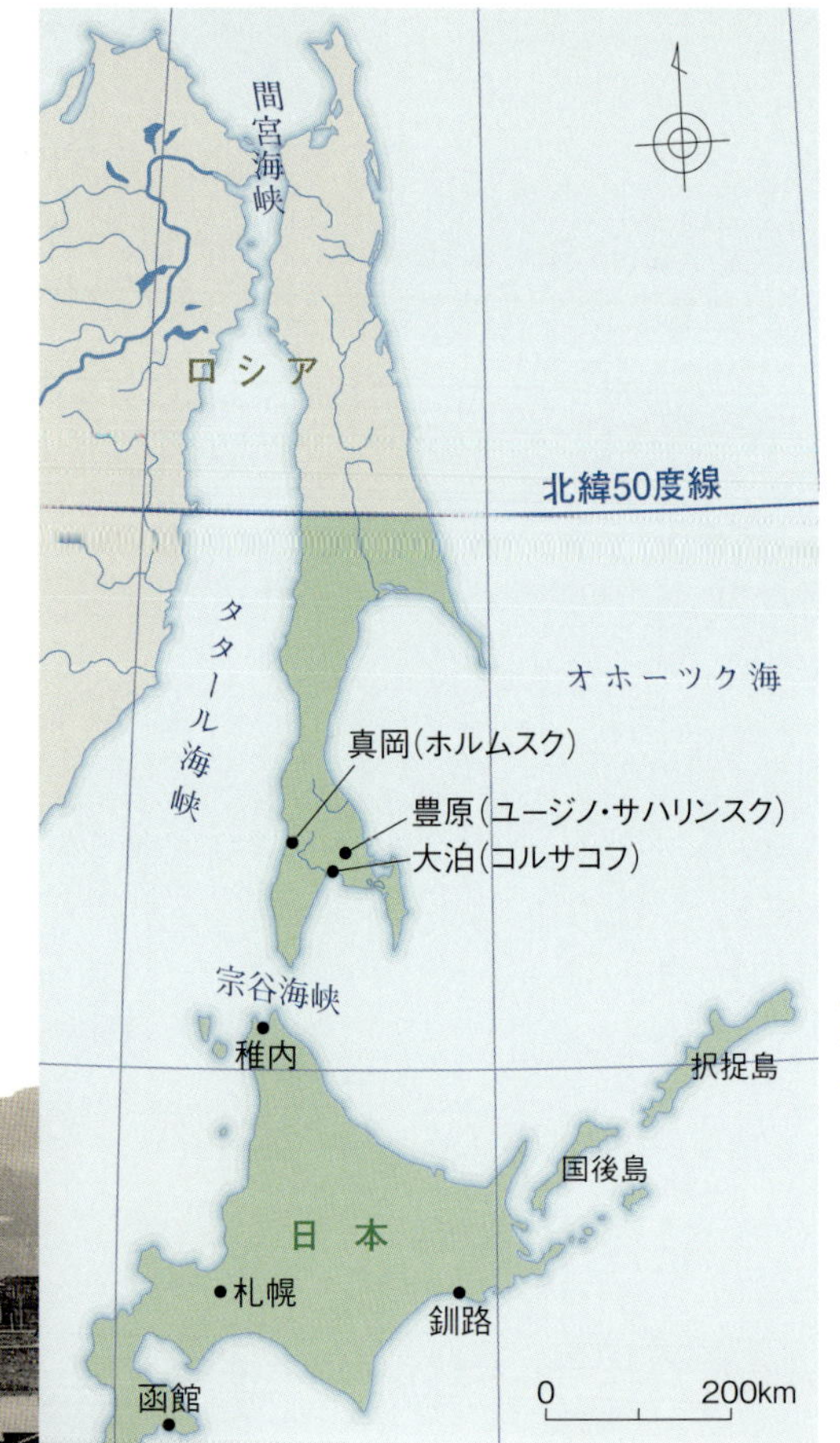

⬆当時の樺太と北海道

⬇明治末ごろの豊原　南部の内陸に位置する豊原は、明治41年、大泊からの樺太庁の移転に伴い新たに開かれた首府であり、開拓政策の拠点だった。よく区画整理された町並みなど、北海道における札幌と共通点が多い。

4 ウイルタ

3 ニヴフ

➡**樺太の先住民たち** 樺太アイヌはロシア領時代には自由に漁を行なえたが、日本領になると漁場を一部に限られ、それに伴って樺太庁指定の集落（コタン）に移住させられた。北海道のアイヌ同様、彼らも“日本化”教育を受けた。樺太アイヌには昭和8年まで戸籍が与えられず、その他の民族には最後までなかった。残留ロシア人は自由に帰国できるようになったため、しだいに減少していった。

6 残留ロシア人

5 樺太アイヌ

携わる労働者である。樺太では開発の基礎づくりのため、道路や鉄道、港湾設備などの土木工事が数多く行なわれ、多くの人手が必要となったのである。

だが、こうした漁民や労働者たちは、移民というより出稼ぎ的な性格が強く、仕事ができない冬場になると、その多くが故郷に帰っていった。帰らずに樺太で年を越す人々のことを「越年者」と呼んだほどで、冬になると樺太の人口は一万人近く減った。

樺太庁は、人口増加のために当初から農業移民を募集した。入植地は自由に任されたが、寒冷地で開拓はひじょうに難しく、成果はあまり上がらなかった。

それでも、確実に樺太の人口は増加していった。漁民のなかには樺太に住まいを定める人々が現われ、樺太の首府となった豊原（とよはら）や、最大の港町である大泊には、商工業者が集まった。また、豊かな森林資源を利用した林業も盛んとなった。

樺太が本格的に発展するのは、もっとあとの時代、とくに昭和に入ってからのことである。ただし昭和20年、日本の敗戦とともに、樺太はソビエト連邦の領土となっている。（塩出浩之）

8

⬅**木材の搬出風景** 樺太の森林は、製紙業にも用いられ、樺太庁の重要な財源となった。しかしあまりに依存が高まったため、昭和の初めごろには乱伐が批判されるようになる。

7

➡**漁場の「越年者」たちとその住居** 明治38年に撮られた写真。ロシア領時代から現地で漁を営み、そのまま年を越す日本人がいたことがわかる。家の前に積まれているのは米俵である。

樺太アイヌ アイヌは方言によって、北海道アイヌ、千島アイヌ、樺太アイヌの3つの集団に分けられる。樺太アイヌはおもに樺太南部に居住していた集団で、そのうち、明治8年に樺太・千島交換とともに北海道に移住させられた八四一名の人々は、環境の変化に苦しみ、明治20年頃までに、半分近くが伝染病によって死亡していた。南樺太が日本領となると、彼らのほとんどは帰還した。

▶樺太・千島交換と北海道の開拓(p140)、ニシン漁の発展(p348)

移民した人々

写真アルバム

⬆ホノルル港でほかの島へ向かう船を待つ移民たち（明治32年頃）

HAWAII 明治17年〜

ハワイへの移民は、サトウキビ栽培のために労働力を求めていたハワイ王国と日本が条約を結ぶことで始まった。三年間の契約労働を終えると、ほかの職業に就くのも帰国するのも自由だった。

明治31年にハワイ王国はアメリカに併合され、契約労働は廃止される。だが、その後も移民は増加し、一時は日本人がハワイの人口の半数を占めた。やがて、ホノルルなどの都市での商店の経営や、コーヒーやパイナップルの栽培で成功する人々も現われた。

⬇ハワイ島ワイナクの移民の集落（明治23年頃）

⬆サトウキビ畑で働く移民の女性たち

⬆サトウキビの植えつけ作業

明治のなかばには、日本が近隣の地域に支配を広げる動きとは別に、生活の場を外国に求める人々も現われた。いわゆる「移民」である。

おもな移住先は、最初はハワイ、そして北米だった。明治40年（一九〇七）前後にこれらの地域で日本人移民が制限されると、行き先は南米へと変わった。

移民した理由は、さまざまである。土地が狭かったり凶作や災害にあったりした人々が、出稼ぎ先として外国を選んだ場合もあり、農家の次男・三男が、自分の土地をもつことを夢見て船出したケースもある。

だが、いずれにせよ彼らはみな、よりよい暮らしを求め、みずから生まれ育った土地をあとにした。明治の移民は、いわゆる国策移民ではなかったのである。近代化の波によって、伝統的な村社会にほころびが生じたことも、土地に縛られず自由に移動する後押しとなった。

もっとも、彼らの多くは日本を去ったつもりではなかった。とくにはじめは国内の出稼ぎ同様、

NORTH AMERICA
明治18年頃〜

⬆西部で鉄道の敷設工事に従事した者も多い

アメリカ合衆国では、重要な労働力だった中国人移民が、職を奪われた白人労働者の反発などにより明治15年に禁止され、かわって日本人の移民が増加した。彼らは鉄道・鉱山・森林伐採といった仕事で資金を蓄え、カリフォルニアなどで土地を手に入れ、農場を開いた。西海岸やカナダには、漁場を求めて住み着いた人々もいる。

だが、日本人移民が成功をおさめるにつれ、中国人と同様、排斥の声が高まり、明治41年の「日米紳士協約」で移住資格は大幅に制限された。

➡『北米遊学案内』当時のアメリカ留学のガイドブック。海外に雄飛する野心を抱いて渡航する若者たちもいた。彼らは、ボーイなどの仕事で働きながら英語を身につけ、勉学に励んだ。

⬆アメリカ西海岸の漁港には、日本人漁師が移り住んだ

⬆カリフォルニアの農場で働く移民たち（明治40年頃）

BRAZIL
明治41年〜

明治20年代には高橋是清が銀山を目当てにペルーに渡ったり、榎本武揚がメキシコで入植を試みたりはしているが、南米への本格的な移民は明治41年、ブラジルに渡った七九九人の「笠戸丸移民」が最初である。

ブラジルに渡った人々は当初、コーヒー農場の労働者として受け入れられ、のちには土地を入手して集団で入植し、農業を営むようになっていった。だが、大正時代の終わりごろには、政府主導の国策移民となる。

➡最初の移民船でブラジルに渡った女性たち

⬅ブラジルへの第1回移民を運んだ「笠戸丸」

何年か働いて故郷に〝錦を飾る〟ことが目標だった。だが同郷で実際に「成功」した人の話を聞くと、さらに移民に向かう人は多くなった。そしてしだいに、現地に居着いて一家を構え、永住する人々が増えていったのである。

永住を選んだ移民たちは以後、それぞれの国で、人種的偏見から生じる日本人排斥や戦争などの、さまざまな苦境を乗り越えながら、日系人社会を築いてゆく。（塩出浩之）

妥協の提携、桂園体制

互いに牽制しつつも繰り返された政権授受

桂園体制とは、第一次桂内閣の日露戦争後から第二次西園寺内閣の崩壊（明治38〜大正元年）までの間、藩閥・官僚勢力を代表する桂太郎と立憲政友会総裁の西園寺公望とが、元老会議の決定を経ることなく政権授受を行ない、比較的安定した政治運営が行なわれた時期（桂園時代）および、その時期の政治構造を指す言葉である。

●政権譲渡の取り引き

この体制は、日露講和をめぐる反政府輿論の高まりと、日比谷焼き打ち事件のような民衆運動の高揚によって退陣を余儀なくされた桂が、日露戦後処理方針の継続のために、政権譲渡を取り引き材料にして成立したものである。

政治力を強めつつあった桂と、原敬の指導によって力を増しつつあった政友会が、経済政策や社会主義取り締まり政策における対立を内在しつつも、ともに維新世代である山県有朋や伊藤博文らの元

1

西園寺公望
(1849〜1940)

若くしてフランスに留学して自由思想の影響を受け、帰国後は自由民権運動にもかかわったが、公家出身であることから活動を止められ、以後伊藤博文に近い立場で働いた。貴族特有の淡泊さ、洒脱さと洗練性を備え、首相辞任後もベルサイユ講和会議の全権を務めたり、最後の元老として、昭和に至るまで首相選定の中心となるなど、大きな影響力を及ぼしつづけた。

⬇発足時の第1次西園寺内閣閣僚（北沢楽天「新内閣座役人の初御目見得」）

2

⬇**鉄道国有化** 明治20年前後からの鉄道建設ブームの結果、日清戦争直前には私鉄の営業キロ数は国鉄を上まわった。日露戦争前後から、軍事上統一したほうが合理化を図れるため、また投資利益の早期回収を望む財閥資本の要求などから、第1次西園寺内閣時の明治39年に17の幹線私鉄の買収が決定された。翌年には90%以上の路線が国有化され、鉄道院が設けられた。

鉄道国有法による買収鉄道

北海道鉄道　北海道炭礦鉄道　小樽中央　室蘭　函館　青森　岩越鉄道　北越鉄道　新潟　直江津　喜多方　郡山　岩沼　日本鉄道　七尾鉄道　津幡　矢田新　京都鉄道　阪鶴鉄道　福知山　園部　名古屋　日光　前橋　高崎　宇都宮　水戸　小山　八王子　新生　品川　総武鉄道　大原　房総鉄道　甲武鉄道　山陽鉄道　新井　姫路　神戸　京都　草津　津　関西鉄道　亀山　四日市　参宮鉄道　西成鉄道　和歌山　徳島鉄道　徳島　船戸　琴平　高松　大嶺　下関　厚狭　門司　柳ケ浦　佐世保　佐賀　鳥栖　長崎　八代　九州鉄道

大阪周辺：神崎　阪鶴鉄道　大阪　天保山　西成鉄道　湊町　片町　関西鉄道　木津　奈良

東京周辺：赤羽　池袋　日本鉄道　両国　総武鉄道　千葉　房総鉄道　甲武鉄道　八王子　秋葉原　御茶ノ水　品川

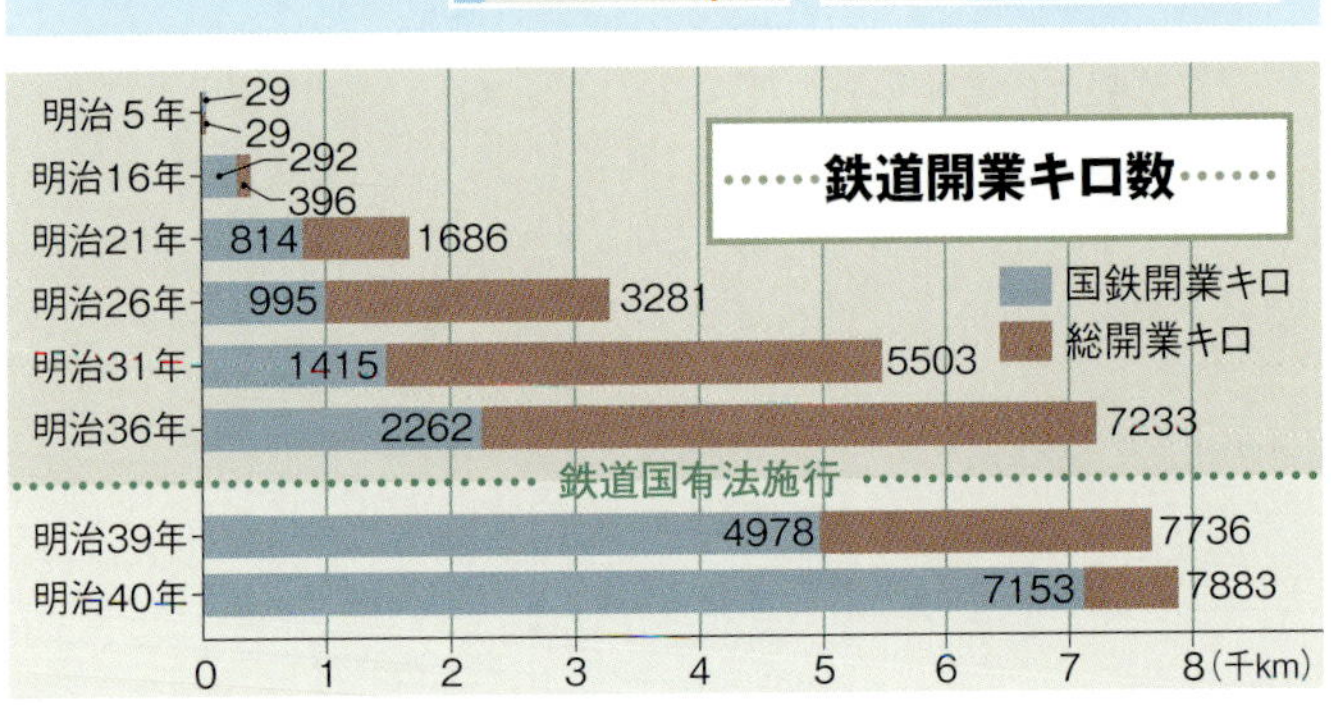

老を牽制しながら、戦時非常特別税の継続、日英同盟の改訂、日露協約の締結、韓国併合、条約改正の完全実現などの日露戦後処理を実行していった。

●「一視同仁」と「情意投合」

しかし、両者は必ずしも一枚岩ではなかった。政友会の中心人物である原は、藩閥・官僚勢力との提携を利用して政友会の地方基盤を強固にして党の拡大を図り、またみずから西園寺内閣の内務大臣を務めることによって官僚機構への影響力を強めた。原の最終的なねらいは、藩閥・官僚勢力の影響力を弱めることだった。

一方、藩閥・官僚勢力の影響力を保ちたい桂は、提携先が政友会に限らず、桂との提携に前向きな姿勢を見せている憲政本党改革派との結合もありうることを示して政友会を牽制した。第二次桂内閣成立当初のいわゆる「一視同仁」[*]はその一例である。それに対して政友会は、桂がもし提携先を変えるならば、憲政本党非改革派との間で「民党連合」をつくって対抗することをほのめかした。

こうした駆け引きはあったが、基本政策における対立がないかぎり、桂は議会乗りきりのために結局は政友会との提携を選び、「情意投合」[*]宣言などが行なわれた。

しかし明治44年（一九一一）末に中国において辛亥革命が勃発すると、権益や影響力の拡大をもくろむ山県閥および陸軍の積極的な大陸政策と、国際協調を重視し、より慎重に対応しようとする政友会との政策対立に、軍拡をめぐる陸海軍の対立が絡まり、西園寺内閣が海軍拡張を優先させたことによって陸軍の不満が高まった。

そして大正元年（一九一二）12月、上原勇作陸相の帷幄上奏[*]によって西園寺内閣は倒れ、体制は崩壊へと向かう。（櫻井良樹）

桂太郎
(1840〜1913)

長州生まれで陸軍出身の政治家であるところから、山県有朋を引き継ぐ存在とされた。第3次桂内閣が憲政擁護運動によって倒れたこともあって、藩閥・官僚の陰湿な暗いイメージがつきまとうが、「よろしく」とニコニコ笑ってポンと相手の肩をたたいて対立を和らげてしまうことを得意としていた。「ニコポン」というあだ名はそのことに由来する。

⬇日露戦争時の桂内閣閣僚（北沢楽天「軍国内閣大臣の肖像」）

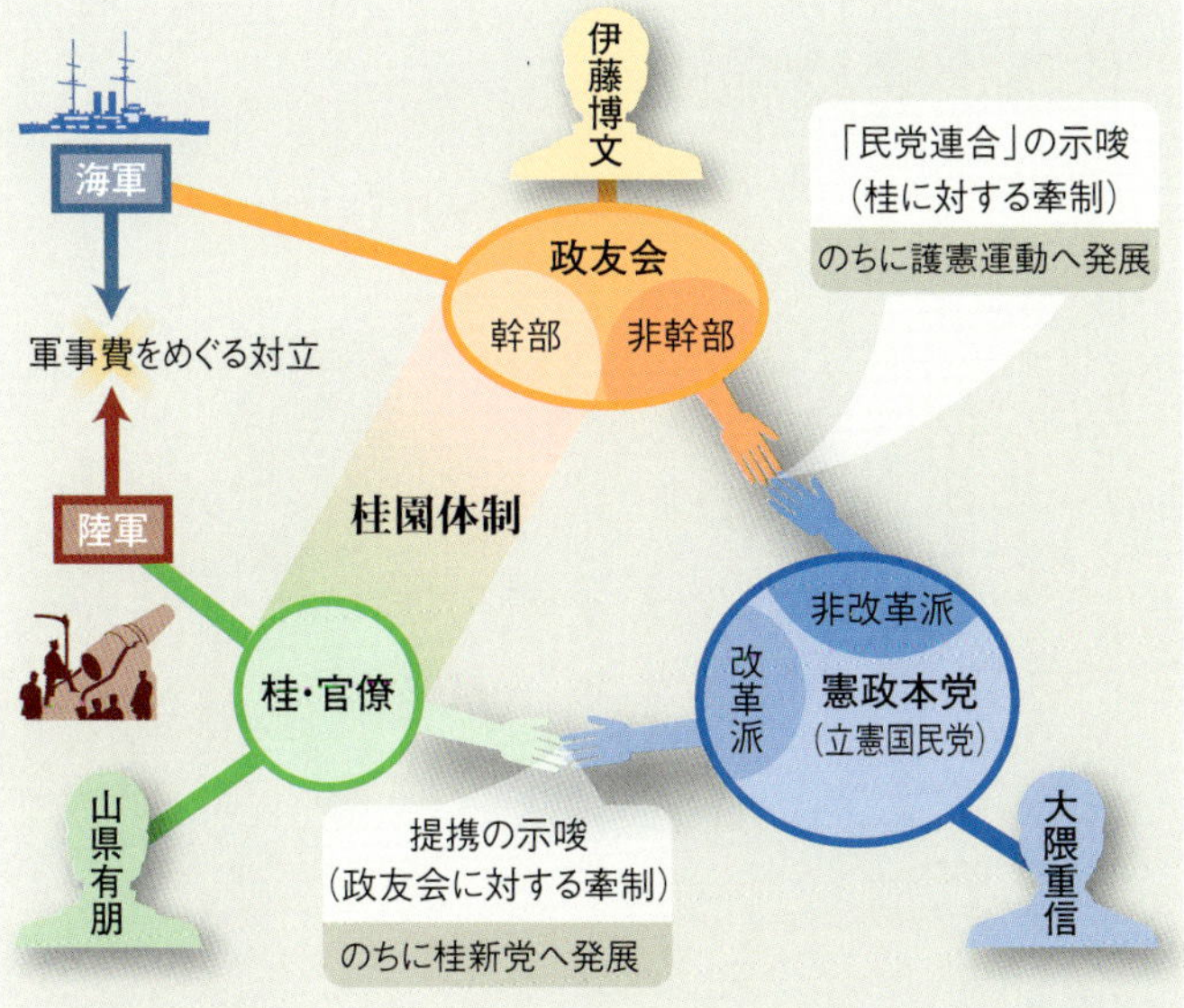

⬆**桂園体制と憲政本党**　桂と政友会が互いを牽制する際に利用されてきた憲政本党は、明治43年に非政友会派と合同して立憲国民党となった。その際、無所属・中立議員内の藩閥・官僚勢力支持派を取り込もうとする桂寄りの改革派と、排除しようとする政友会寄りの非改革派が対立した。これは、桂園妥協体制が継続したため非改革派の勝利に終わるが、のちに桂が新党を結成すると、改革派全部と非改革派の一部は二大政党をめざして桂新党に合流する。

＊一視同仁　第二次桂内閣が発表した十二項目の政綱のなかで、対議会策として、どの政党も同一視する姿勢を強調したことを指す。

＊情意投合　明治44年1月の政友会懇親会で行なわれた挨拶で、桂と西園寺が「情意相投合」という言葉を用いて両者の提携を公式に発表したところから用いられるようになった語句。

＊帷幄上奏　参謀総長や海軍大臣が、軍令事項について内閣と無関係に天皇に直接上奏すること。上原陸相はこれを利用して、天皇に直接辞表を提出した。

戦後不況と産業の動向

のちの好景気の基盤となった生産調査会の活動

1

横浜港の改良　横浜港は生糸輸出の基幹港であったが、水深が浅く、艀(はしけ)による荷物の積み下ろしが必要であった。日露戦争後、輸出振興のために海陸連絡の円滑化と港湾整備が必要となり、政府と市による共同事業として、港湾の整備事業が開始され、繋船岸壁・保税倉庫・荷物の積み下ろしを行なう起重機、引き込み線を備えた新港埠頭が大正3年までに完成した。図は、明治43年に描かれた新港埠頭(ふとう)の完成想像図。

日露(にちろ)戦争後、満鉄(まんてつ)*創設や鉄道国有化などがなされ、株式会社設立ブームが起こるなど、一時的に好景気が訪れたが、それは長続きしなかった。

戦時中からの重税の継続による疲弊により、産業活動は停滞するとともに、明治40年（一九〇七）後半には戦後恐慌がみまい、以後日本は第一次世界大戦が始まるまで、長い経済不況期を迎えることになる。

●国家経済破綻の恐れも

このような状況下でもっとも問題となったのは、輸入超過による貿易赤字と、それに伴う国際収支の悪化であり、それは戦時外債の返済を難しくさせると同時に、日本の正貨準備を減少させ、国家経済を破綻に導く恐れまで生じさせた。そのため、明治44年の日米新通商航海条約調印に始まる、条約改正による関税自主権の回復は、国産品を保護し、工業製品を輸出するうえで、ぜひとも必要なものであった。

また、日清(にっしん)戦争後とは違って、まとまった日露戦後経営といえるものがあったわけではなかったが、不況打開の方策として注目されるのが、内務省を中心に推進された地方改良運動*と農商務省で開かれた生産調査会の活動である。

●各界代表が集まり討議

とくに生産調査会は、明治43年に設置された、七〇人以上の官僚、財界・産業界・政界代表、学識経験者が委員として一堂に会する審議会で、会長に農商務大臣、副会長に実業家の渋沢栄一(しぶさわえいいち)が就任し、貿易振興・産業振興策などが討議された。

大正元年（一九一二）まで開かれた五回の会議で、全部で一三の建議がなされた。そのなかには生糸の改良や、港湾整備などにより海陸連絡を円滑にすること、工業試験場の設置や水力発電奨励など

***満鉄**　南満州鉄道の略称。→p506参照

***地方改良運動**　→p460参照

***工場法**　日本初の労働者保護法。明治44年成立（施行は大正5年）。年少者・女子の深夜業制限や、労働時間制限などをおもな内容とする。社会主義者に対して強硬だった桂内閣が、一定範囲内とはいえ労働者保護を打ち出したのは、社会政策の導入により社会不安、労働不安を鎮める目的があった。

2

天皇と二宮金次郎(にのみやきんじろう)　二宮金次郎（尊徳(そんとく)）は、地方改良運動の象徴として利用された。明治天皇も二宮金次郎に関心が深く、明治43年東京彫工会に出品された写真上の二宮金次郎銅像（岡崎雪聲(おかざきせつせい)作）が気に入り、購入して時折、表御座所に飾ったという。

3

➡日英博覧会　1910年5月から10月にかけて、ロンドンで開催され、入場者数は600万人を超えた。イギリスの民間人によって企画された博覧会であったが、農商務省は、この機会を利用してイギリス人に日本商品を知ってもらおうと、全省をあげて支援した。ちょうど条約改正交渉の直前でもあり、友好関係のイメージの醸成と、冷え込みはじめていた日英同盟関係の再確認という意味も有していた。

4

⬅ガラス工場　明治維新以後、板ガラスの需要は急激に増大するが、その製造にはかなり高度な技術を要し、国産が可能になったのは日露戦争後のことだった。しかし技術の未熟さなどから値段は高価で、ベルギーなどの欧米製品と競争できなかった。日本は明治44年の関税自主権の回復に伴い、ガラス関税を4倍近く引き上げて保護した。その結果もあって、第一次世界大戦時に日本のガラス産業は自立し、1932年には板ガラス生産高は世界第3位となった。

5

⬆郵便(ゆうびん)自動車　自動車は、明治40年代になってフランスなど欧米から本格的に輸入される。郵便自動車は明治41年に導入された。

が含まれていた。これは政友会(せいゆうかい)の産業政策を反映したものであるとともに、利益誘導政策の一環をなしていた。

また、不況のなかでも徐々に進みつつあった工業化・都市化がもたらす社会的不公正に配慮した、不正競争取り締まりや工場法*制定が議論され、森林原野の乱開発を防ぐなどの政策提言も行なわれた。調査会における議論は、のちの第一次世界大戦中における好景気を支える基盤となった。

そのようななかで、電力・金融・造船・製鉄業などの発展がみられ、産業革命の展開に伴い、輸出品も従来の生糸・綿糸以外に、ガラスなどの製品が増加していった。（櫻井良樹）

(kW)　(%)
火力発電量（kW）
水力発電量（kW）
水力の割合（%）
60万 50万 40万 30万 20万 10万
60 50 40 30 20 10
明治38　39　40　41　42　43　44　45　大正2（年）
『電気事業要覧』より

⬅水力発電　日露戦後不況にもかかわらず、電車・電力・ガスなどは発展が目覚ましい部門であった。なかでも電力は、長距離送電技術の発達によって、大規模な発電能力をもつ水力発電所が各地に建設され、火力発電よりも安価な電力供給が可能になった。その結果、都市部で家庭内への電灯が普及し、市街電車網が急速に広がり、工場における発動機使用も拡大していく。グラフは、発電量とそのなかで水力発電が占める割合を示したもの。

▶明かりとエネルギーの変遷(p444)、地方改良運動(p460)

日米対立と辛亥革命

満州の利権問題が国際関係の変化をもたらす

⬆排日運動に対する日本側の反応 カリフォルニア州における日本人差別は、日露戦争に勝利して一等国となったと自認する日本人にとって屈辱と受け止められ、「対米同志会」などによって抗議運動が行なわれた。図は『東京パック』の風刺画（明治40年）。野獣化したアメリカを、ワシントンやリンカーンはどう見ているだろうか、というもの。

日露戦争後の日本外交の焦点は、朝鮮半島をめぐる問題から中国の東北地方、いわゆる満州における利権の維持・拡大に移った。それに伴い諸列強、とくに満州を新たな市場として期待していたアメリカとの対立を招くことになった。

●排斥される日本人移民

折しもアメリカ西海岸においては、急激に増加する日本人移民に職場を奪われることへの恐怖感から排日論が高まり、明治39年（一九〇六）10月、サンフランシスコで日本人学童に公立学校から東洋人学校への転校を命じる日本人学童隔離問題が起こり、日米関係は一挙に緊張し、日米開戦論がマスコミをにぎわせた。

この緊張は、明治40年暮れから翌年初めにかけて交わされた、移民を自主規制する紳士協約、および11月の高平・ルート協定によって一時的に解消した。しかし、明治42年にはアメリカ人ホーマー・リーが日米未来戦を描いた小説『無知の勇気』を出版し、大正2年（一九一三）にはカリフォルニア州外国人土地法、いわゆる排日土地法が可決されるなど、日米関係はしっくりいかなかった。

これに対して日露関係は良好に

●日露戦争後の日米関係年表

年	月	事項
明治38年	7	桂・タフト協定（日本による韓国、アメリカによるフィリピンの植民地支配を相互承認）
	10	桂・ハリマン予備協定（南満州鉄道経営へのアメリカ資本参加の承認）→小村外相の反対で取り消し
明治39年		カリフォルニア州で排日運動激化（～翌年までピーク）
	5	満州問題に関する協議会で早期軍政廃止を決定（英米の非難への対応）
	10	カリフォルニア州で日本人学童隔離問題発生（翌年3月取り消し）
明治40年	4	アメリカを仮想敵国のひとつに想定した「帝国国防方針」決定
明治41年	2	日本、アメリカと紳士協約を結び、移民渡航を自主規制
	10	世界周遊航海中のアメリカ艦隊、日本に来航
	11	高平・ルート協定（太平洋の現状維持と清国における機会均等の確認）
明治42年	12	ノックス米国務長官、満州の鉄道中立化を提起
明治43年	1	日本とロシア、アメリカの満州鉄道中立化案に不同意を表明
明治44年	2	日米新通商航海条約調印（以後各国と順次調印、関税自主権回復）
	7	第三回日英同盟協約調印（イギリスの対米参戦義務を解く）
大正2年	5	カリフォルニア州議会、帰化不能外国人の土地所有を禁止

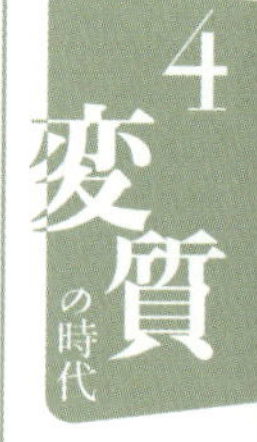

⬅アメリカの排日運動 中国問題をめぐる日米対立に輪をかけたのが、アメリカ西海岸に移住した日本人移民に対する排斥問題だった。排日運動は明治39～40年にかけてひとつのピークを迎えた。写真は、排日運動によって壊された日本人経営の浴場のショーウインドー。

なっていく。三回にわたる日露協約（明治40・43・45年）によって、両国は満州および内蒙古に分界線を設けて、分界線内をお互いの「特殊利益」地域とし、それを共同防護することを約した。ロシアの同盟国フランスとも明治40年に日仏協約が結ばれ親善関係に入り、同年における英露協商の締結によって英露仏の三国協商が成立すると、日本は帝国主義列強対立における対ドイツ包囲網の一翼を担うことになる。

中国政策をめぐって分裂

明治44年10月に隣国の中国に辛亥革命が勃発すると、利権を有する列強諸国は対応を迫られることになる。日本は、満州についてはロシアと、中国本土についてはイギリスと協調しながら勢力扶植を策したが果たせず、翌年1月に中華民国が成立し、清王朝は倒れる。日本の民間輿論は革命派に同情を寄せ、中華民国の臨時大総統となった孫文などを援助した。しかし日本政府は清王朝維持を支持し、また満蒙の中国本土からの分離を主張する人も現われるなど、中国政策をめぐって分裂が生じるようになってくる。

この間、日英同盟は維持されたが、英米関係の緊密化と日米対立の矛盾のなかで、明治44年には、日本がアメリカと開戦した場合のイギリスの対アメリカ参戦義務を除外する方向で改正が行なわれ、実際の効力は減退していった。（櫻井良樹）

三国協商
三国同盟
北満州
南満州
進出
ロシア
フランス
ドイツ
対立
イタリア
イギリス
オーストリア
親善関係
協調
同盟
日本
友好
アメリカ
関心

当時の国際情勢 明治33年前後から、中近東やアフリカでの植民地支配をめぐって英独間の対立が激化した。日露戦争後には独墺伊の三国同盟と英仏露三国協商の二大陣営対立となり、日本は三国協商陣営に組み込まれた。

ドレッドノート 明治39年竣工の、飛躍的に高性能な英国戦艦。排水量1万7970トン。この時期の軍備増強の象徴となった。世界的な大軍拡競争に際して、日本も財政困難のなかでの軍拡が課題となる。なお、「弩級」「超弩級」の弩はドレッドノートの頭文字をあてたもの。

孫文と日本 孫文は日露戦争の前後しばしば来日して、中国革命同盟会など革命運動のネットワークをつくった。日本でその活動を支えたのが、大隈重信や犬養毅などの野党政治家、宮崎滔天や梅屋庄吉などのアジア主義系の民間人だった。写真は明治44年末に香港で撮影したもので、前列左から4人目が孫文。孫文の左後方に立つ大柄な人物が宮崎。

▶日露の緊張と日英同盟（p394）、移民した人々（p510）

大逆事件

社会主義弾圧の時代でも頻発した民衆騒擾

管野スガ　幸徳秋水と同棲していたスガは、病気に対する不安などから宮下太吉らと行動をともにした。

明治39年（一九〇六）成立の第一次西園寺内閣は、日本社会党結成を黙認するなど社会主義に対し比較的寛容だった。しかし、明治41年成立の第二次桂内閣は、社会政策を推し進める一方で、社会主義運動に対しては厳しい方針で臨み、出版集会などを規制し、警視庁に特別高等警察を設置して監視した。

●大半の被告は無関係

このようななかで、明治43年5月、宮下太吉ら四名が天皇を暗殺するために爆弾を製造・所持したとして爆発物取締罰則違反で検挙されたことをきっかけとして、いわばつくりあげられた事件が大逆事件である。幸徳秋水をはじめとする社会主義者がつぎつぎと逮捕され、二六名が大逆罪にあたるとして起訴された。

明治44年1月18日に二四名が死刑判決を受け、その後特赦により一二名は無期に減刑されたが、1月24日と25日に幸徳秋水・管野スガをはじめとする一二名に死刑が執行された。

この事件は、日露戦争後に活動を再開した社会主義運動を弾圧するために利用されたものであり、大半の被告は事件とはまったく無関係であった。幸徳が捕らえられたのも、無政府主義者として直接*行動論をとなえていたからである。さらにその裁判が異例の非公開・控訴審なしのものであったことは、日本の言論弾圧の事例として海外で報道され、アメリカの対日批判を高め、排日運動を加速する一因になった。

●民衆は値上げ反対運動へ

この事件によって、日本の社会主義運動は「冬の時代」を迎えることになった。しかしそれは、いっさいの民衆運動までも閉塞させてしまったわけではない。

日比谷焼き打ち事件などが「革命」などと意識され、社会主義運動に対する支配層の恐怖の感情を高め、赤旗事件*や大逆事件のような弾圧を生んだのは確かである。しかしこの時期に頻発した都市民衆騒擾は、安部磯雄や片山潜などの初期社会主義者・社会運動家だけによって担われていたわけではなかった。

日露戦争後から各地で、電灯料金や市街電車運賃値上げなどをめぐって、反対を訴える「市民大会」がしばしば開催され、時にはそれが騒擾化した。その代表例が明治39年の二回にわたる東京市電値上げ反対運動である。

これらの運動は、都市問題を民衆の福祉を重視した市民生活の観点から解決しようとした運動であり、それを担ったのが、桂園体制から疎外され政界革新をとなえた政治家たちであった。政治的立脚点を民衆勢力に求め、国家をより強くしていくためには、一般国民の力を重視しなければならないということを主張した彼らの政治活動は、大正デモクラシー時代へとつながっていくことになる。

（櫻井良樹）

爆発の実験　宮下太吉がつくった爆弾の破壊力を試すため行なわれた。（明治43年6月）

宮下太吉の墓　幸徳とともに処刑された宮下太吉たちは、東京の雑司ヶ谷墓地に埋葬された。

＊直接行動論　革命実現に向けて、議会での政治活動よりも労働者によるゼネストなどの直接行動を重視する主張。やがて無政府主義へと発展する。

＊赤旗事件　明治41年6月、東京・神田で開かれた集会で、荒畑寒村や大杉栄が赤旗を掲げ革命歌を歌ったことを理由に、荒畑・大杉をはじめ堺利彦らが検挙された事件。社会主義者弾圧と、社会主義者に寛容だった第一次西園寺内閣の倒閣に利用された。

加奈太毎日新聞

The Canada Daily News

▲幸徳等大陰謀事件公判の開始

▲決定書

▲大陰謀の動機

LE CRIME DE TOKIO

COMMENT KOTOKU FUT JUGÉ

Nouveaux détails sur le procès des révolutionnaires japonais. -- La défense étouffée. -- Le Japon ravalé à l'état sauvage.

UNE AUDIENCE DU PROCÈS DE TOKIO
(D'après un croquis de l'« Illustration ».)

Kotoku et sa femme.
(Croquis d'un artiste japonais.)

海外での報道　大逆事件は海外でも関心が高く、世界各国の多数の雑誌や新聞で報道された。写真は、1910年11月26日付のカナダ『加奈太毎日新聞』（左）と1911年1月21日付のフランス『ユマニテ』（右）。

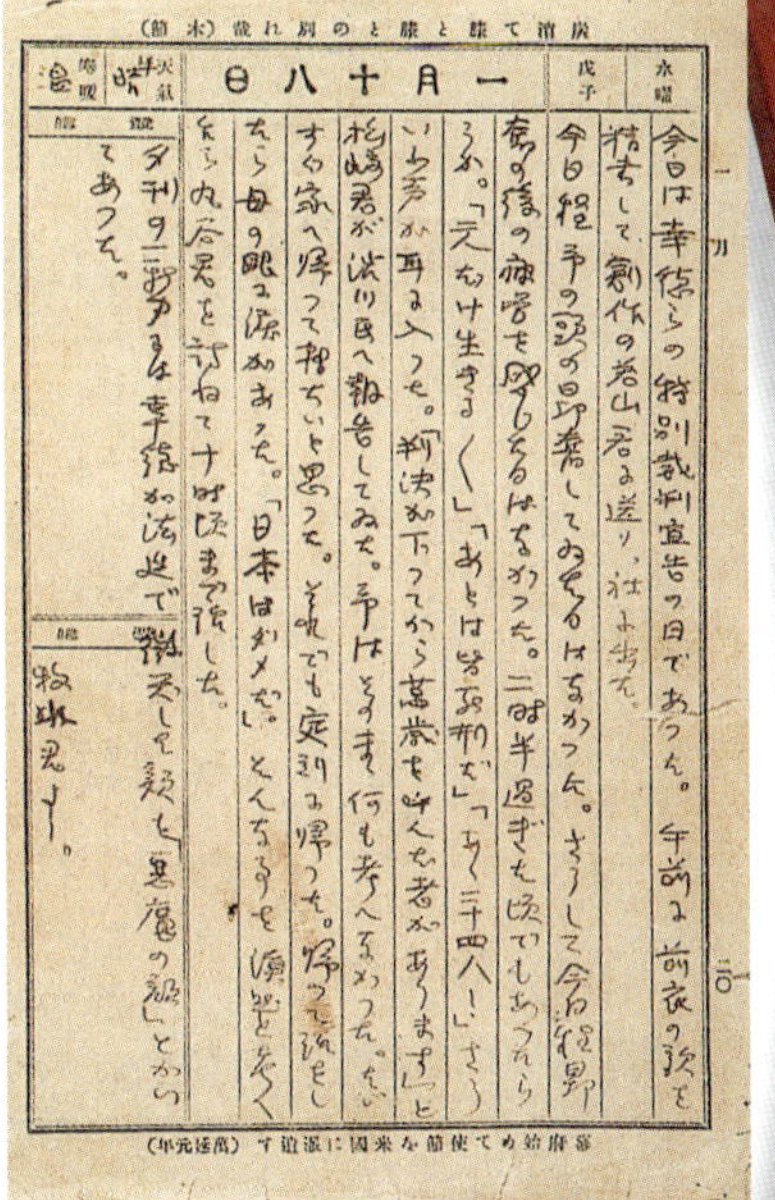

一月十八日　水曜　戊子　天気 晴

今日は幸徳らの特別裁判宣告の日であった。午前に前夜の歌を精書して創作の若山君に送り、社に出た。今日程予の頭の昂奮してゐた日はなかった。さうして今日程昂奮の後の疲労を感じた日はなかった。二時半過ぎた頃でもあったらうか。「二人だけ生きる〳〵」「あとは皆死刑だ」「あゝ二十四人！」さういふ声が耳に入った。「判決が下ってから万歳を叫んだ者があります」と松崎君が渋川氏へ報告してゐた。予はそのまゝ何も考へなかった。たゞすぐ家へ帰って寝たいと思った。それでも定刻に帰った。帰って話をしたら母の眼に涙があった。「日本はダメだ」。そんな事を漠然と考へ乍ら丸谷君を訪ねて十時頃まで話した。夕刊の一新聞には幸徳が法廷で微笑して頷いた「悪魔の顔」とかいてあった。

牧水君へ。

石川啄木（いしかわたくぼく）と彼の日記　日露戦争後の理想を喪失した社会の雰囲気を表わす「時代閉塞の現状」という語句は、啄木が大逆事件の報道に触発されて明治43年8月に書いた評論に登場する。日記にはこの事件は「予の思想に一大変革」をもたらしたと記し、判決の日（明治44年1月18日）には「日本はダメだ」と記している。（右）

堺利彦（さかいとしひこ）所蔵の赤旗　明治41年に起きた社会主義者弾圧の赤旗事件で、堺利彦らは検挙された。

市電値上げ反対運動　都市民衆騒擾の代表例。明治39年、東京市内の3市街電車の運賃値上げ申請に対して、市区会議員や日本社会党によって反対運動が起こった。3月15日と9月5日には、市民大会散会後、民衆が電車や交番を焼き打ちした。上の図は9月の騒擾を描いたもの。

幸徳秋水　日露戦争後渡米し、サンフランシスコで社会革命党を結成。帰国してから直接行動論をとなえはじめた。

▶日比谷焼き打ち事件（p402）、社会民主党と非戦運動（p438）、電車の登場（p458）

日常生活に入り込む軍隊

兵士と一般市民の交流が軍国化を支えた

明治28年（一八九五）の日清戦争の勝利は、日本の社会が軍隊社会化する転換点となった。しかも勝利と同時に、大国ロシアがつぎの敵国と位置づけられた。それを受けて明治31年には第八から第一二師団の五師団、明治34年には第七師団が新たに設置された。一師団は管区内に四連隊を有することとなる。

日清戦争から一〇年後の日露戦争の勝利は、日本の国運が強大な軍事力によって支えられるという意識を、国民の圧倒的多数に浸透させた。

日露戦時下には第一三から第一六の四師団が新設され、さらに明治41年には、第一七・第一八の二師団が増設された。

連隊長は地元の名士

師団の増加は連隊の増加を意味し、連隊誘致運動が全国の地方都市でさかんに行なわれた。そこには、経済的な地域振興も意図されていた。連隊長は市長や町長と並び、地元に不可欠の名士ともなっていく。全国的な連隊の増加により、一県一連隊という郷土部隊編制が可能となった。

日露戦争後、佐倉の第二連隊が水戸に移り、茨城県の郷土部隊に

1 ⬆宇都宮歩兵第59連隊の兵営全景　千葉県習志野で編制された第59連隊が、明治40年に兵舎の完成とともに宇都宮に移り、栃木県の郷土部隊になった。男体山、那須連峰を一望する宝木原にあった。（『歩兵第五十九連隊全景』明治42年より）

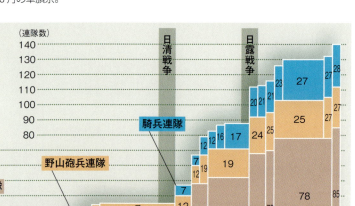

2 ⬆『讃岐名所』に描かれた香川・丸亀歩兵第12連隊　四国の4つの連隊はすべて第11師団に属し、日露戦争では旅順総攻撃に投入され、多くの犠牲者を出した。（明治34年）

3 ⬅愛媛・松山歩兵第22連隊の軍旗祭　明治17年、松山に設置された連隊の明治22年8月の軍旗祭。

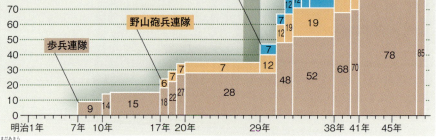

➡連隊数の増加　日清戦争後の明治31年、歩兵連隊20個が一挙に増設され、日露戦争開戦時には、日清戦争開戦時のおよそ2倍の陸戦力になった。台湾の2連隊を含めて明治の終わりの歩兵連隊は78。

山田朗『軍備拡張の近代史』（1997年、吉川弘文館）の表「師団と各種連隊の増加」をもとに作成。

なると同時に、新設の佐倉第五七連隊が千葉県全県を徴兵区域とする郷土部隊となったのは、この好例である。

地域住民との一体感

各連隊は頻繁な野外演習によって地域と親密になり、また軍旗(ぐんき)祭(さい)・招魂祭(しょうこんさい)などの行事を利用して、住民との一体感を醸成していった。連隊が設置された町には、面会にくる親や親戚のための旅館や写真館ができ、自前で軍服をつくる将校のための洋服屋も生まれた。また、生鮮食品を扱う商店や、料亭などもできていく。

さらに、訓練が休みとなる日曜日だけに限って部屋を借りる「日曜下宿」ということも行なわれ、兵士と一般の人々との交流も緊密になっていく。

日露戦争の経験により、陸軍はつぎの戦争には、現役兵のほかに予備役・後備役の大量動員が不可避との認識をもった。ここに明治40年、三年兵役制が二年兵役制に改まり、明治43年、帝国在郷軍人会が設立される。そして、徴兵事務・在郷軍人会事務・軍事思想普及事務などのすべてを統轄するのが、全国各地の連隊区司令部となるのである。

（宮地正人）

↑明治43年陸軍特別大演習の岡山駅前の奉(ほう)迎門(げいもん)　この年の11月3日、東京・九段で帝国在郷軍人会が発足し、12日から岡山県下で特別大演習が始まった。

←子どもたちが見守る特別大演習　明治43年11月14日、第5師団司令部が置かれた岡山県の松島で。この演習は総勢2万6084人規模で行なわれた。

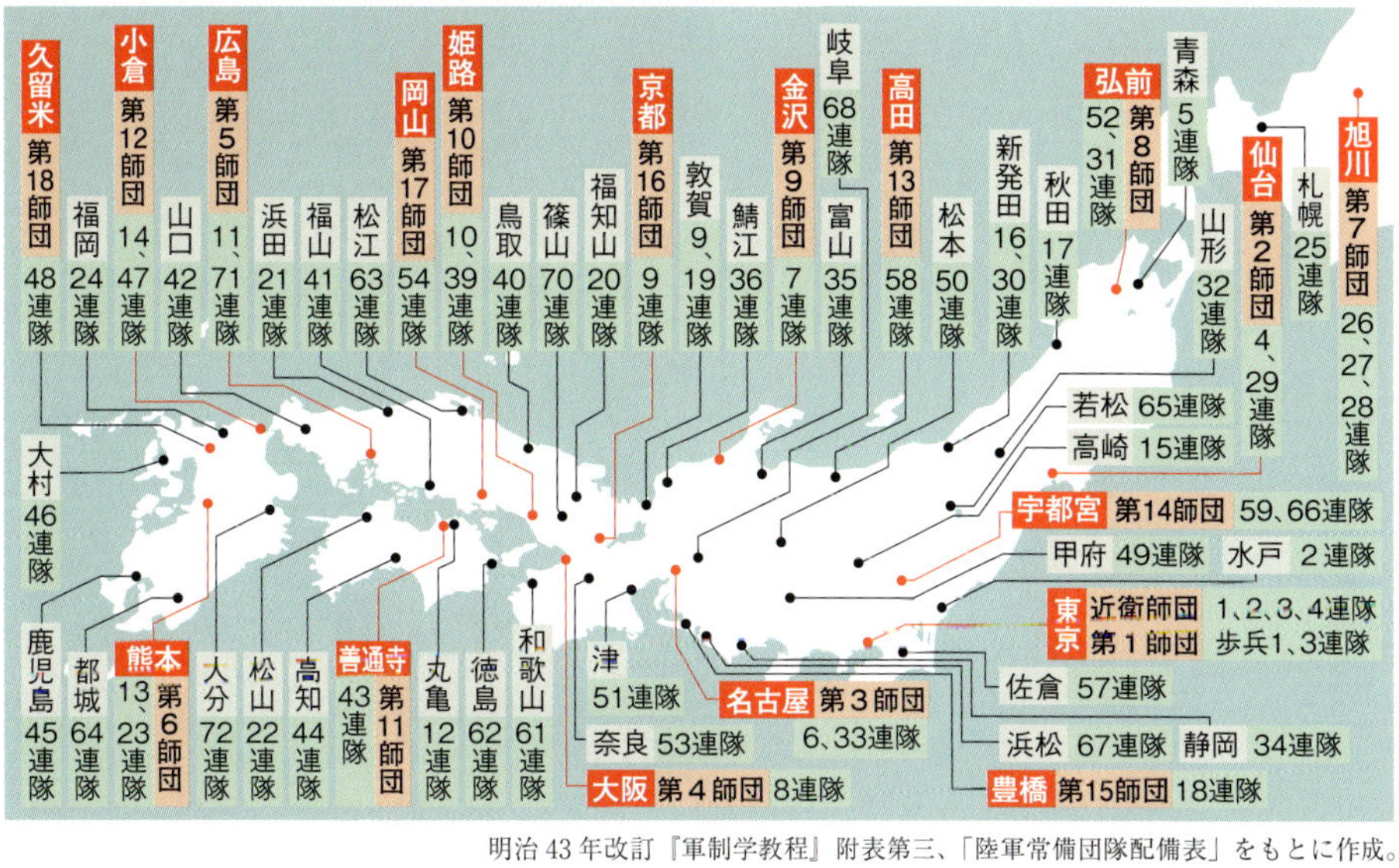

旭川 第7師団 26、27、28連隊
札幌 25連隊
仙台 第2師団 4、29連隊
山形 32連隊
青森 5連隊
弘前 第8師団 52、31連隊
秋田 17連隊
新発田 16、30連隊
松本 50連隊
高田 第13師団 58連隊
岐阜 68連隊
富山 35連隊
金沢 第9師団 7連隊
鯖江 36連隊
敦賀 9、19連隊
京都 第16師団 9連隊
福知山 20連隊
篠山 70連隊
鳥取 40連隊
姫路 第10師団 10、39連隊
岡山 第17師団 54連隊
松江 63連隊
福山 41連隊
浜田 21連隊
広島 第5師団 11、71連隊
山口 42連隊
小倉 第12師団 14、47連隊
福岡 24連隊
久留米 第18師団 48連隊
大村 46連隊
鹿児島 45連隊
都城 64連隊
熊本 第6師団 13、23連隊
大分 72連隊
松山 22連隊
高知 44連隊
善通寺 第11師団 43連隊
丸亀 12連隊
徳島 62連隊
和歌山 61連隊
津 51連隊
奈良 53連隊
大阪 第4師団 8連隊
名古屋 第3師団 6、33連隊
豊橋 第15師団 18連隊
浜松 67連隊
静岡 34連隊
佐倉 57連隊
東京 近衛師団 1、2、3、4連隊 第1師団 歩兵1、3連隊
甲府 49連隊
水戸 2連隊
宇都宮 第14師団 59、66連隊
高崎 15連隊
若松 65連隊

明治43年改訂『軍制学教程』附表第三、「陸軍常備団隊配備表」をもとに作成。

←明治42年の全国の師団・おもな連隊配置　明治21年、それまでの鎮台が師団に改められて6師団が成立する。以降、数回にわたって増え、明治41年には近衛師団と合わせて19師団になった。

▶拡充される陸軍(p272)

明治最後の日

静まり返った東京に響く号外売り子の鈴

⬆御容態書に見入る人々　御容態書は全部で46回発表され、宮城前のほか、停車場や交番に掲出された。希望的観測が加えられていないのは国民に覚悟を促すためだろう。歌人の尾上柴舟は「御熱のすこし低きになぐさみて寝しは昨日の夢なりしかな」と詠んだ。

大阪新報　第一號外　明治四十五年七月二十日（二十日）

東京電話

◎聖上御重患

▲其後の御經過　二十日正午其後の御容態は脈搏百八に増進し頗る不良に渡らせらるゝ如きも体温は三十九度六分に降下し御呼吸三十二に渡らせられ稍や良好の御經過なり

▲御病症は腎臓炎　御病症は腎臓炎にして尿毒症を併發せられ頗る御重患にして目下昏睡状態を繼續あらせらるゝが如し

發行所　大阪新報社

⬆明治45年7月20日『大阪新報』号外

明治の終焉は梅雨明けとともに訪れた。明治45年（一九一二）7月14日の夕方、真夏の到来を予感した森鷗外は、妻子を連れて夏帽子を買いに出かけ、翌15日は晴れて三三度の真夏日になった。

天皇の健康にはっきりと異変が現われたのはこの日の枢密院本会議のことである。第三回日露協約の審議に臨んだ天皇はいつになく姿勢が崩れ、たびたび睡魔に襲われた。その後も不整脈や倦怠感をおして執務を続けた天皇だが、19日の夕食の際に「目が霞む」と訴えて倒れ、病床に就いた。翌朝、東京帝国大学教授青山胤通と三浦謹之助の診察の結果、尿毒症と判明し、元老・閣僚らに「実ニ危険ノ体」であることが報告された。

➡晩年の明治天皇　明治天皇は写真撮影を嫌ったため、正面からの写真は少ない。御座所には電灯を用いず、暑がりだったにもかかわらず、電気扇（扇風機）も導入されなかった。晩年の体格は168㎝、90㎏。

崩御は避けられないと判断した政府は、国民に病状を公表することとし、宮内省は一日数回の病状発表を行なった。作家の中村星湖は〈日々朝夕の御容態、御脈拍から御便量までを、各新聞は号外で知らせ、各交番所は掲示で知らせた〉と書いている。

人々は明治の終わりを直観し、東京は重苦しい空気に包まれた。

●暑く静かな夏

明治の東京では、夏場は昼間出歩く人が少ないため、真昼の街は静まり返っている。号外売り子の鈴が、息詰まるような静寂のなかに響いていた。東京は22日から戻り梅雨の溽暑だった。窪田空穂は「鈴の音のきこえ来れば東京の真

＊慶応3年から足かけ四六年の治世　天皇一代の元号はひとつだけとする「一世一元の制」が制定されたのは明治元年で、適用されたのは大正天皇からである。

＊剣璽渡御　皇位継承にあたり、皇室に代々受け継がれてきた神器の宝剣と神璽を、新帝が前帝から引き継ぐこと。

夏の町の寂とせるかも」と詠んでいる。

二重橋前には平癒を祈る人々が集まり〈沙上で跪づき、平れ伏して、涙を流したり、泣くやうな、吠えるやうな声で祈禱を捧げたり〉（中村星湖）していた。宮内省は25日、徹夜組のために電灯を終夜ともすことを決めた。

天皇の病状はしだいに衰弱が加わり、28日午後には重体に陥った。皇族や閣僚は急変に備えて宮殿内に泊まり込んでいる。29日夕方、天皇はついに危篤に陥り、午後10時43分、心臓麻痺のため崩御した。御年61歳。*慶応3年（一八六七）から足かけ四六年の治世だった。

天皇の崩御は公式には「七月三十日午前零時四十三分」と発表されたが、これは〈朝見改元等大典ノ準備ニ鑑ミタルモノ〉とされる（財部彪日記）。新帝践祚に伴う儀式が二日にまたがらないようにするための措置であった。30日午前1時、*剣璽渡御の儀が執り行なわれ、皇太子嘉仁親王が践祚した。

新しい元号には「大正」「天興」「興化」のなかから「大正」が選ばれ、改元の詔書が発せられた。徳冨蘆花は〈陛下が崩御になれば年号も更る。其れを知らぬではないが、余は明治といふ年号は永久につゞくものであるかの様に感じて居た〉と書いた。蘆花は〈吾生涯の中断されたかの様に感じた〉のである。

（佐々木隆）

↑田辺至『不予』 原敬内相は29日午前5時半の宮城前の様子を〈群集徹夜尚ほ去らずして追々増加の情況なりしは国民の如何に沈痛せしやを知るに足る〉と当日の日記に書きとめている。 4

↓大喪の葬列 9月13日、大喪儀が東京青山練兵場で営まれ、翌日、京都の伏見桃山陵に葬られた。大正9年、明治天皇を祀る明治神宮が東京・原宿に鎮座。昭和2年、明治天皇の誕生日11月3日は祝日「明治節」となり、現在の文化の日へと続く。 5

乃木大将

人物クローズアップ

大阪朝日新聞 第二號外

大正元年九月十六日

東京電話

乃木大将遺言状

⬆➡殉死当日の朝の乃木夫妻

前夜、遺書をしたためた乃木は、轜車の出発に合わせて午後8時に自刃。辞世は「うつし世を神去りましし大君のみあとしたひて我はゆくなり」。右は遺言状を報じる新聞号外。

大正元年（一九一二）9月13日、明治天皇の大喪儀が青山練兵場で営まれた。

この日、轜車（天皇の遺骸を乗せた車）に扈従して葬列に加わっていた軍医総監森林太郎（鷗外）は、乃木希典・静子夫妻が死んだとの報を受け〈予半信半疑ス〉と日記に書いた。乃木夫妻の殉死は多くの人々にとって予想外の出来事であったが、同時に死の原因は思い当たらないでもなかった。

乃木は西南戦争に歩兵第一四連隊長心得として出征したが、木葉（熊本県玉東町）付近の戦いで西郷軍に連隊旗を奪われ、自身も重傷を負った。また日露戦争では第三軍司令官として旅順を攻略したものの空前の死傷者を出し、みずからも勝典・保典の二子を失った。

乃木は遺書の冒頭で、軍旗事件以来、死に場所を求めて今日に至ったと述べている。日露戦争には言及していないが、旅順戦や金州戦が心の傷になっていたことは、乃木の漢詩の「征馬前まず人語らず　金州城外斜陽に立つ」や「鉄血山を覆ひ山形改まる　万人斉しく仰ぐ爾霊山」（爾霊山は二〇三高地のこと）などの句に表われており、道義的な責任をいつか取ろうとしていたのであろう。自分たちの死後は乃木家を絶家にせよと遺書に書き残したのも、戦死者への贖罪意識からといわれる。

明治天皇の崩御に続く日露戦争の英雄・乃木大将の殉死は、人々に改めてひとつの時代の終わりを確認させた。歌人窪田空穂は「人間のたふたきこととはかなさと　二つながらを君に見るかな」「新しき生活をわれ始むべし　かくも思ひき君によりてぞ」と詠んでいる。

乃木の殉死については、その前近代性や夫人を道連れにしたことをあげつらう声や、死ぬなら日露戦争のときだったなどとの批判もあった。しかし〈日本の歴史に養はれた日本人であつて、将軍の経歴と人物とを聊かでも知るものなら、その自刃を耳にした瞬間に必ず胸に響いたものがあらう。此の first impression が即ち正直な理解〉（内田魯庵）というのが大多数の認識だった。魯庵は〈自殺が良いとか悪いとか殉死が何うの恁うのといふは此の最初の感動を矯めて自ら欺いてるか或は自家の卓見を売らうとしてゐるのだ〉とも言っている。鷗外は乃木の葬儀に参列した大正元年9月18日、殉死を主題とした『興津弥五右衛門の遺書』を脱稿し、翌年には『阿部一族』を書いたが、死に至るまでの乃木の心理は多くの作家の関心をひき、今なおこれを題材とした作品が書きつづけられている。

なお旅順戦で軍首脳が乃木を解任しようとしたとき、天皇が「解任すれば乃木は死ぬ」と制止したという逸話は、昭和以降につくられた巷説のようだ（殉死の段階では、この巷説はなかった）。（佐々木隆）

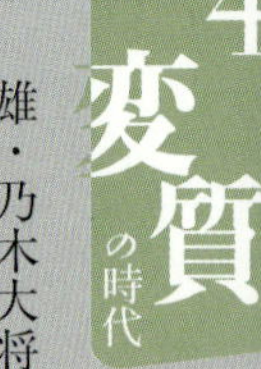

3

水師営の会見　明治38年1月5日、乃木（中央左から2人目）とロシアのステッセル中将（乃木の右）が旅順北方の水師営で会談した。乃木は勝者としての驕った態度をとらず、記念写真も対等かつ友好的な構図のものが1枚撮影されただけだった。昭和天皇来訪の際のマッカーサーとは対蹠的だ。

4

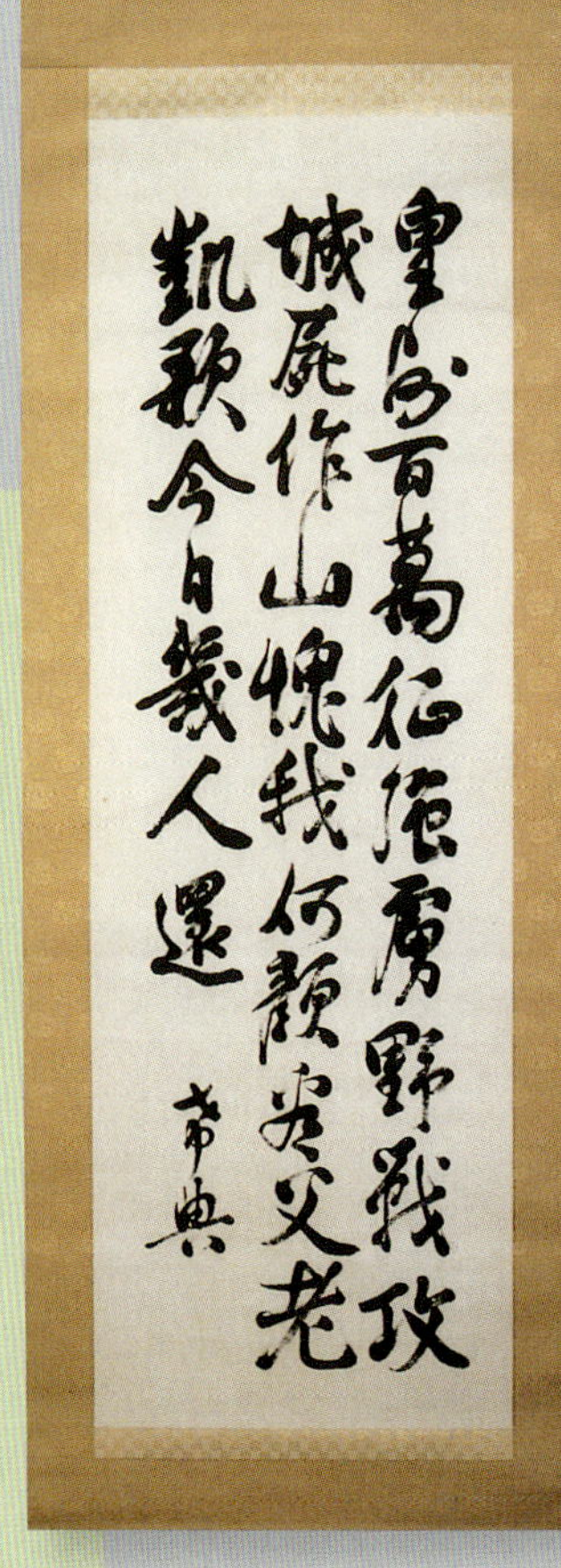

皇師百萬征強虜
野戦攻城屍作山
愧我何顔看父老
凱歌今日幾人還

皇師百萬強虜を征す
野戦攻城屍山を作す
愧づ我何の顔あってか父老に看えん
凱歌今日幾人か還る

5

正装した陸軍大将乃木希典
陸軍大将の大礼服の胸には、勲一等旭日桐花大綬章をはじめ勲章の数々が輝く。乃木は軍人の服装が乱れることを嫌い、つねに身だしなみに気を使っていたという。（明治44年8月撮影）

乃木希典筆『凱旋有感』　明治38年11月の日露戦争凱旋式のころの作。大意は「日本軍は屍の山を築いて強敵ロシアを破った。しかし凱旋の今日、何人が生還したろう。私は父君にあわす顔がない」。乃木は寂寥感胸に迫る漢詩を残し、戦前の日本人の愛誦するところとなった。

乃木希典　略年譜

年	年齢	事項
嘉永2年（一八四九）	0	江戸の長府毛利藩邸に生まれる。
明治4年	22	陸軍少佐となり東京鎮台に勤務。
明治8年	26	熊本鎮台歩兵第一四連隊長心得。
明治9年	27	秋月の乱鎮圧に出動。
明治10年	28	小倉営所司令官兼勤。西南戦争に出征、木葉の戦いで軍旗を奪われる。陸軍中佐、熊本鎮台幕僚参謀に。
明治11年	29	薩摩出身の静子夫人と結婚。
明治20年	38	ドイツに留学。翌年帰国。
明治27年	45	日清戦争に参加。
明治28年	46	陸軍中将、第二師団長。男爵を叙爵。
明治29年	47	台湾総督に任ぜられる。
明治34年	52	休職。栃木県那須で農耕生活。
明治37年	55	日露戦争。第三軍司令官に任ぜられ、金州・旅順攻略の激戦を指揮。この戦いで子息ふたりが戦死。
明治38年	56	旅順陥落。敵将ステッセルと会見（「水師営の会見」）後、奉天の会戦に参加。
明治39年	57	功一級金鵄勲章、勲一等旭日桐花大綬章。
明治40年	58	学習院院長に。従二位伯爵に叙せられる。
明治44年	62	東伏見宮依仁親王の随行として英国国王戴冠式に参列。
大正元年	63	明治天皇御大喪の当日、静子夫人とともに自刃。

6

明治天皇崩御後、宮中殯宮に参殿した乃木

▶開戦と陸海の激闘（p396）、漱石と鷗外（p476）

数字が物語る 明治時代 4

東京の小売商の店舗数と通信販売の歴史

通信販売はいつから始まり、普及したのか

東京府において、舶来品を取り扱う小売商は一貫して増加し、とくに明治10年代から20年代前半にかけての伸びが顕著だが、店舗は府内でも区部に集中しており、郡部はわずかであった。まず目につくのは、西洋の食文化の普及によって広まった肉類・牛乳・西洋酒関連の小売商で、この時期に増加が見てとれる。衣料と雑貨関連では、小間物・蝙蝠傘・靴・時計・硝子（器）などが多いが、洋服は案外少ない。

舶来品小売商の分布は、地域格差が大きく、地方都市・農村地域まで広がることはかなわなかった。そこで、鉄道・郵便の整備が進むなかで、明治30年代から通信販売が本格的に登場する。

日本最初の通信販売は、明治9年の農学者津田仙（つだせん）による、農業者向け米国産とうもろこし種子の販売であった。その後、種子・苗木の通販が活発になるが、30年代になると一般的な商品にまで広がった。舶来品を扱う東京の小売商が通販を兼業することも多かったが、とくに地方への大規模な販売は専業の通販会社が行なっていた。その取り扱い商品をこまかく見ていくと、舶来品が中心で、食料品を除くあらゆるものが取りそろえられていたことがわかる。これらの業者が地方への西洋文化の普及に大きな役割を果たしたのである。

一方、各百貨店も通販に進出したが、その多くは「百貨店」化しておらず、取り扱う商品は呉服がほとんどであった。ただし、みずからが生み出す流行を武器にした販売方法で、地方の呉服店の脅威となった。このように舶来物を中心とした都市的な生活文化の普及に、通信販売が大きな役割を果たしたのである。

（満薗 勇）

おもな通信販売カタログに掲載された品目

『日本用達合資会社発売品目録』（明治31年版）
『大阪用達合資会社発売品目録』（明治32年版）
『檜尾商店営業案内』（明治34年版）
『無限会社中川商店発売品目録』（明治35年版）
『東京用達合名会社営業品目録』（明治42年版）

5冊すべてに掲載された品目

洋服類
（燕尾服・半礼服・礼服・背広服・ワイシャツ・ネクタイなど）
靴類
（革靴・ゴム底防水靴・運動靴など）
カバン類
時計
（懐中時計・置時計）
指輪
眼鏡
双眼鏡
洋式散髪道具
（バリカン・ハサミ・舶来かみそりなど）
万年筆
ゴム印
（日付用・帳簿用）
子宮サック
和服類
（紋付・羽織・小袖・帯地・袴地・組紐など）
仕込杖
（ステッキ型・洋傘型）
尺八
タバコ入
金銀盃
巻タバコ入

4冊に掲載された品目

金庫
ゴム製水枕
写真ブック（アルバム）
写真機
幻灯機
手風琴（アコーディオン）
舶来笛
風琴（オルガン）
パイプ
西洋帽子
安全かみそり
顕微鏡
コンパス
謄写版
洋傘
洋服懸
体温器
枕
座用椅子
ソロバン
囲碁将棋道具
印鑑
帝国国旗
和服懸
象牙パイプ
足袋
キセル

2～3冊に掲載された品目

ミシン
自転車
インキ台
寒暖計
コッピー（複写機）
洋楽器
（ヴァイオリン・ピアノ・トランペットなど）
オルゴール
トランプ類
喇叭
按摩自在器
洋帽子
望遠鏡
呼鈴
ナイフ類
缶詰切器
空気銃
名刺入
安楽椅子
石油瓦斯シチリン
石油暖炉（石油ストーブ）
ライター
四徳火箸
裁縫箱
かるた類
和楽器（篠笛・三味線・琴など）
下駄
櫛
当用日記
毛筆
撃剣道具

斎藤駿『なぜ通販で買うのですか』集英社新書　2004年より

図版作成
イラスト：蓬生雄司

通信販売の歴史

明治9年　津田仙（1839〜1908）　『農業雑誌』誌上で、農業者向けとうもろこし種子を販売

明治15年　天賞堂（東京銀座）　スイス製・アメリカ製の金張・金鎖の懐中時計

明治20年代

各種苗通販会社輩出
種苗通販黄金期　最大手は日本種苗株式会社

明治30年代

通信販売の広がり

- 丸善　書籍　ロンドンタイムズ社と提携した『ブリタニカ』の月賦通販以降、『センチュリー大辞典』など13種の洋書を予約販売
- 関根商会　洋服
- 内田商店・亀田商店　靴
- 大西白牡丹　化粧品
- 伊藤喜商店［現イトーキ］　金庫・タイプライター・金銭登録機
- 日本蚕業株式会社　養蚕器械

百貨店の通信販売進出

明治期には依然として呉服店としての性格が強く、取扱商品は呉服・小間物が中心。都会の「流行」を武器に地方への進出を図る。実際の注文では、客の年齢・好み・予算をもとに店員が見立てて商品を送っていた。

明治32年　高島屋・三越

洋服［燕尾服・礼服・背広・ワイシャツ・ネクタイ］・靴［革靴・ゴム靴・運動靴］・鞄・時計・指輪・眼鏡・万年筆など。

専業通販会社の登場

明治35、6年

明治27、8年頃のアメリカでの通信販売の隆盛を目にして、日本でも東京用達合名会社が設立。業績は順調だったが、数年後に創業者が死亡、その後、解散して社員が分散、新たな通販会社、森又組や東京通商合資会社などを開業する。前者はとくに、一時三越通販部をしのぐ勢いだったが、数年で廃業した。

明治38年　白木屋

明治39年　松屋・大丸

明治44年　大谷兄弟商会

明治45年

明治末年になると、桜井商会や、東京用達合名会社の流れを汲む大正屋などの通信販売会社が参入し、大正時代へと引き継がれていく。

黒住武市『日本通信販売発達史——明治・大正期の英知に学ぶ——』同友館　1993年より

『日本経済史』1　東京大学出版会　2000年より

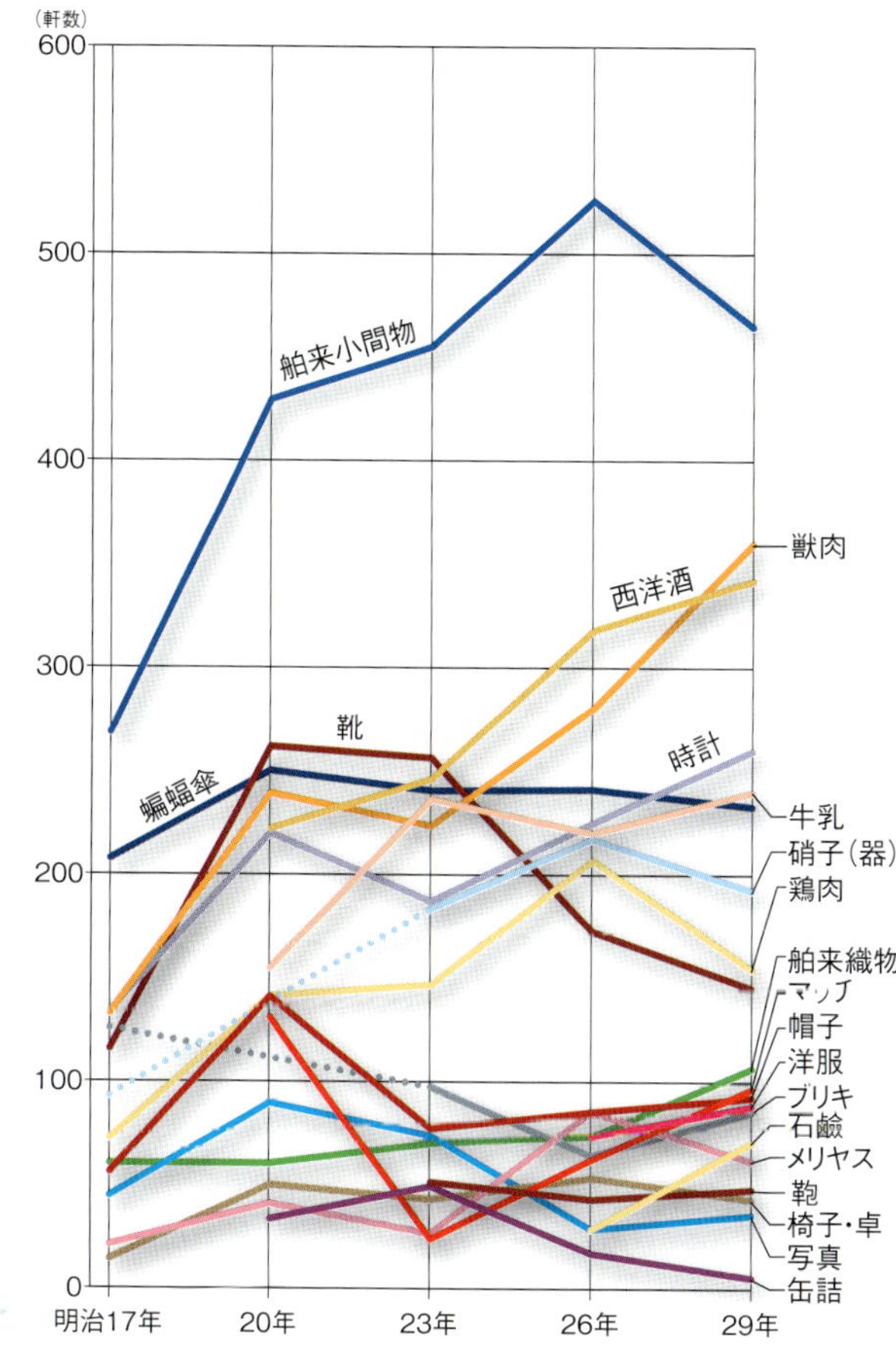

東京府の小売店舗数

明治はいかに回顧されたか1
六〇年目の資料保存

↓聖徳記念絵画館洋画室　大正15年、東京・青山練兵場の土地に神宮外苑が創建され、明治天皇の業績を伝える絵画館が完成した。洋画の和田英作、日本画の鏑木清方ら当時一流の画家たちが明治史の重要な場面を描いた絵がそろったのは昭和11年だった。

↑創建時の明治神宮　大正2年7月、政府は明治天皇を祀る神宮創建の準備に着手し、大正9年、東京の代々木に創建された。御料地に陸軍代々木練兵場の一部を足した72.2haの土地には、広大な森が造成された。写真は第三鳥居より南神門を望む。（大正9年頃）

明治がひとつのまとまりのある時代として回顧されるためには、何よりもまず、その時代が終わったと認識されなければならなかった。その最初の機会は、天皇の死によってもたらされた。

明治政府が維新早々に一世一元の制度を設けたおかげで、天皇の死と時代の終焉ばかりでなく、それぞれの成長がぴたりと重なって見えた。それまでの年号は天皇の在位期間と結びついていなかったから、「明治時代」「明治天皇」というとらえ方自体が新しいものであった。

すぐに、明治天皇とその「御代」あるいは「聖代」を記念する企てが起こった。そのうちのもっとも大規模なものが、明治神宮の建設にほかならない。これは、京都伏見に埋葬された明治天皇を、東京でも記念しようとする運動のなかから生まれたが、神社という形式をとったため、記念によりふさわしい施設として外苑が設けられ、憲法記念館（現在の明治記念館）や聖徳記念絵画館が建設された。

関東大震災による喪失に突き動かされて

「明治回顧」ではなく、「明治維新回顧」であれば、その試みはすでに明治時代のうちに始まっている。維新を遂行した明治政府の「正史」である『復古記』と『復古外記』は、明治5年（一八七二）に編纂が始まり、同22年に完成をみた。明治31年4月25日に催された東京奠都三〇年祭は、

←関東大震災後の浅草凌雲閣　大正12年9月1日午前11時58分、関東地方を襲ったマグニチュード7.9の大地震は、東京の市街を壊滅的に破壊した。東京名物「十二階」の凌雲閣も8階から倒壊。9月23日、工兵隊によって爆破され、市民の前から姿を消した。

←明治新聞雑誌文庫に入る宮武外骨　外骨は大正13年より東京帝大の嘱託として江戸時代の制度・風俗の調査に従事した。昭和2年に明治新聞雑誌文庫の初代主任となり、昭和24年まで、全国を奔走して資料を収集した。

➡『新旧時代』　明治文化研究会の機関誌として、福永書店より創刊された。昭和改元に伴い『明治文化研究』、次いで『明治文化』と題を改め、「明治文化」という言葉を定着させた。

⬆明治新聞雑誌文庫　大正15年11月、宮武外骨の相談を受けた博報堂の創業社長瀬木博尚は、東京帝大に15万円を寄付。これを財政基盤とし、宮武外骨、吉野作造の収集資料を中心に文庫が開設された。昭和4年以来、現在も東京大学構内の同じ場所で運営されている。

博文館が仕掛け、官をも巻き込んだものになった。また、明治末になると、来るべき明治五〇周年を記念する行事や事業が企画されたが、これらが実現していたならば、一種の「明治回顧」となっただろう。

しかし、本格的な回顧は、明治が生み出したものが失われたあとのことになる。それは、大正12年9月1日の関東大震災によってもたらされた。都市や建物、書物や史料など、目に見えるものの破滅は大きな衝撃を与え、史料の散逸と消滅を防ぐために、翌13年12月に、明治文化研究会が結成された。石井研堂、吉野作造、廃姓外骨（宮武外骨）、尾佐竹猛ら八人が発起人に名を連ねた。

翌14年2月から刊行が始まった機関誌『新旧時代』の創刊号では、研究会の目的を「明治初期以来の社会万般の事相を研究し、之れを我が国民史の資料として発表すること」とうたっている。その成果は、『明治文化全集』（日本評論社、昭和2～5年）となって現れた。また、外骨が吉野作造に働きかけ、東京帝国大学法学部に明治新聞雑誌文庫が開設されたのも昭和2年のことである。

こうした動きに刺激されて、『早稲田文学』が特輯「明治文学号」全七冊を、大正14年3月から昭和2年6月にわたって刊行、東京府美術館では「明治大正名作展」（朝日新聞社主催、昭和2年）が開催されるなど、昭和初期には、各分野で「明治回顧」が広く行なわれるようになる。もっとも、昭和2年暮れから『東京日日新聞』が「戊辰物語」と題した回顧談を連載したのは、翌3年が明治維新から六〇年目の「戊辰」にあたったからで、当時の「明治回顧」ブームには、明治からのこうした時間的な距離感も大いにあずかっていた。

中村草田男のつぎの句は、その感覚を巧みに表現している。「降る雪や　明治は遠くなりにけり」（第一句集『長子』昭和11年）

（木下直之）

←記念艦三笠　日露戦争の際、連合艦隊の旗艦だった戦艦三笠は、関東大震災で岸壁に接触し浸水。軍艦籍から除籍となったが、大正14年の閣議で保存が決まり、同15年に記念艦となった。記念式には摂政宮（のちの昭和天皇）が臨席した。写真は昭和10年当時のもの。

⬆『明治文化全集』　吉野作造を中心に明治文化研究会により編纂された資料集。昭和2～5年、日本評論社から刊行。吉野の明治文化への関心は、憲法制定史、自由民権運動史にあり、『皇室篇』に始まる全24巻の構成は、広く日本の近代を考えるものとなっている。

明治はいかに回顧されたか2
一〇〇年目の精神復古

明治維新から一〇〇年目となる昭和43年（一九六八）は、マラソンランナー円谷幸吉の自殺（1月9日）で始まった。東京オリンピックで銅メダルに輝いた円谷は、この年のメキシコオリンピックに向けて、国民の期待を一身に集めていた。佐藤栄作首相は総理官邸における記者会見で「年頭の抱負」を発表、明治百年記念事業を「今年のいちばん大きい政治的行事」とし、「一〇〇年前の人々の国家意識の強さを称えたばかりだった。そして「社会的、国家的、民族的な連帯感の高揚」こそが民族の発展に不可欠だとした（『毎日新聞』同年1月1日付）。円谷は、こうした日の丸を背負うという重圧に耐えきれなかったのだろう。

昭和の政府が国づくりの手本とした明治維新

政府主催の記念式典は、明治改元の日にちなんで、10月23日（旧暦9月8日）、日本武道館を会場に開かれた。公式記録『明治百年記念行事等記録』（内閣総理大臣官房、昭和44年）は、明治美術展（東京国立博物館）、農業祭（東京・日比谷公会堂）、豊漁祭（岡山県・瀬戸内海栽培漁業センター玉野事業場）、商工祭（東京・三越百貨店）、芸術祭（国立劇場ほか）などの記念行事、森林公園の建設、国立歴史博物館の建設（現在の国立歴史民俗博物館）、『明治天皇紀』の編纂、「青年の船」の巡航などの記念事業のほかに、全国各地で開かれた多くの記念行事を紹介している。

1

➡**安田講堂前を埋めつくした学生たち**　安田講堂は昭和43年6月15日から全共闘系の学生によって占拠され、年が明けた1月19日に落城した。（『毎日新聞』昭和43年6月20日付）

2

➡**明治百年記念式典**　天皇・皇后臨席のもと、武道館で開催された国家主催の式典には、約9000人が出席した。文部省によりこの日は授業を半ドンにと通達されたが、日教組の反対により全国に徹底はされなかった。公式記録によれば、国と地方公共団体だけで375件の式典、2454件の行事、2778件の事業が開かれたという。（昭和43年10月23日）

司馬遼太郎が描いた明治

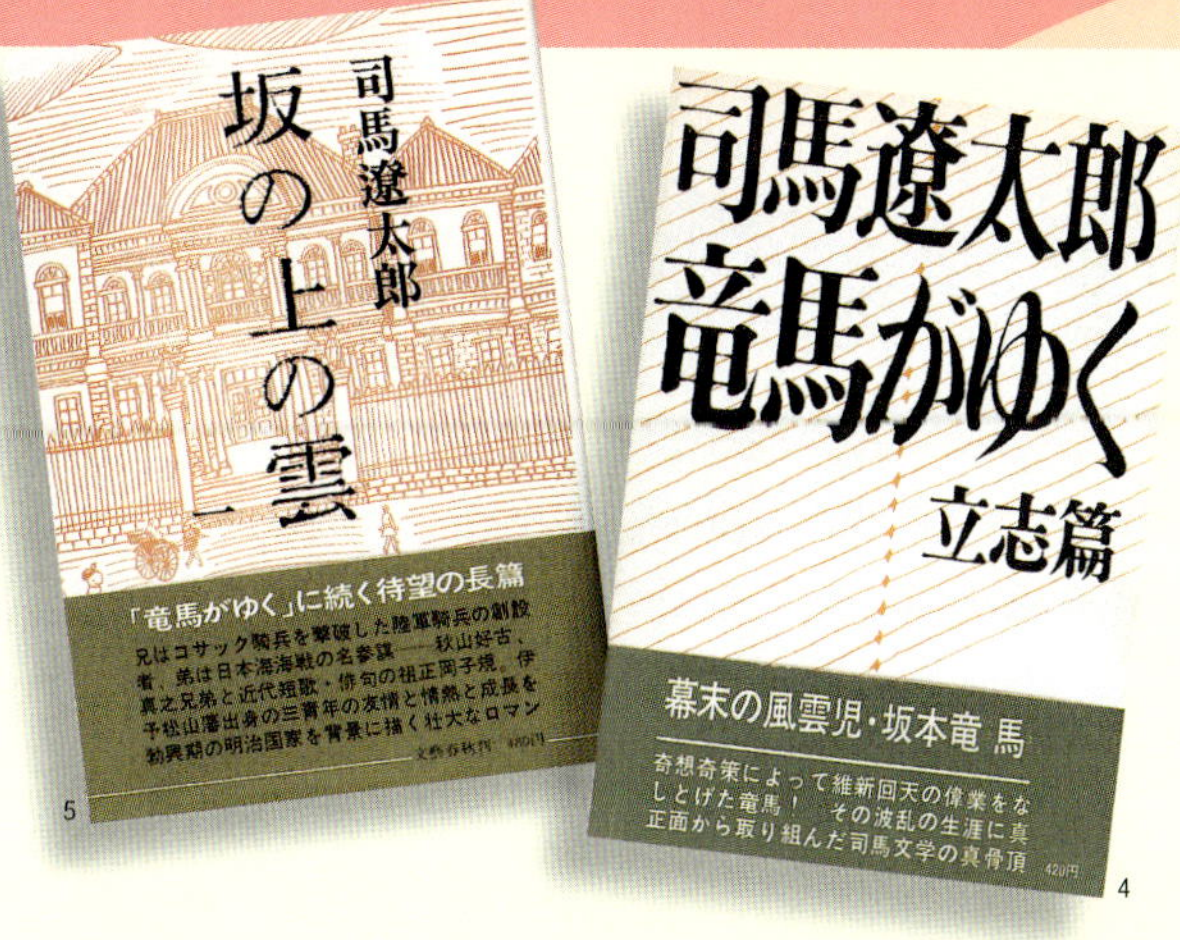

（右）**「竜馬がゆく」切手**　司馬遼太郎が描いた龍馬像は広く国民に定着した。切手は平成12年発売。（中）**『竜馬がゆく』**　昭和37年から41年まで『産業経済新聞』に連載され、初篇の立志篇は昭和38年に刊行。（左）**『坂の上の雲』**　日清・日露戦争を舞台に、昭和43年から47年まで同新聞に連載、昭和44年より単行本化。

記念式典での佐藤首相の式辞は、「明治の変革の一つひとつを子細に見れば、政治・経済・教育・社会、そして日常生活の万般に及んでいます。それはあとに続く人々によって受け継がれ、今日の日本の発展につながっているのであります」と、明治維新が日本の発展の出発点であったことを確認するものであった。

こうした考えは、敗戦後の再出発に際して出された天皇の人間宣言（昭和21年1月1日）が、明治天皇の五箇条の誓文の引用から始まることと似ている。戦後復興は昭和戦前期の軍国主義を否定することで成立したから、結果として、その前の時代、すなわち明治国家の評価が高まった。これは、当時、『竜馬がゆく』や『坂の上の雲』などを相次いで発表し、一躍人気作家となった司馬遼太郎の歴史観にも通じるものだろう。

むろん、政府による記念式典を、国家による歴史観の一方的な押しつけであるとする反対運動も展開した。社会党と共産党は式典をボイコットし、歴史学関係五四の学会が「『明治百年祭』に関する声明」を6月10日に発表している（『歴史学研究』三三九号）。

もともとこの年は、国家に対する異議申し立てが、随所で高まりを見せた。その典型は、1月29日の医学部無期限ストに始まった東大紛争である。明治百年記念式典の二日前には、新宿騒乱事件が起こっている。それにもかかわらず、国家は反体制運動にいささかも動じなかった。こうした運動の揺さぶりが、国家の体制をいっそう強固なものに仕立てたともいえるだろう。

明治を回顧する施設としては、すでに昭和40年に明治村が開村していたが、むしろ、昭和43年11月14日に落成した皇居の新宮殿が、みずからの起源を明治維新と再確認した国家再建の象徴としてより重要である。それは、戦災で焼失した明治宮殿の再興であったからだ。（木下直之）

←新宮殿全景　昭和20年のアメリカ軍による空襲で焼失した明治宮殿にかわって、新宮殿の建設計画が昭和35年に始まった。昭和43年11月に完成した新宮殿は日本建築で、おもな建築資材は国産のものである。皇室の主要な儀式・行事に使用されている。

→明治村開村式　博物館明治村は、建築家の谷口吉郎と名古屋鉄道副社長（当時）土川元夫により構想され、愛知県犬山市の郊外に昭和40年3月18日、開村した。明治時代の建築物を移築保存し公開するもので、昭和43年には帝国ホテル玄関が解体・移築された。

数字が物語る明治時代 5

輸出入の品目と貿易相手国

貿易はいかに拡大していったのか

おもな輸出入相手国

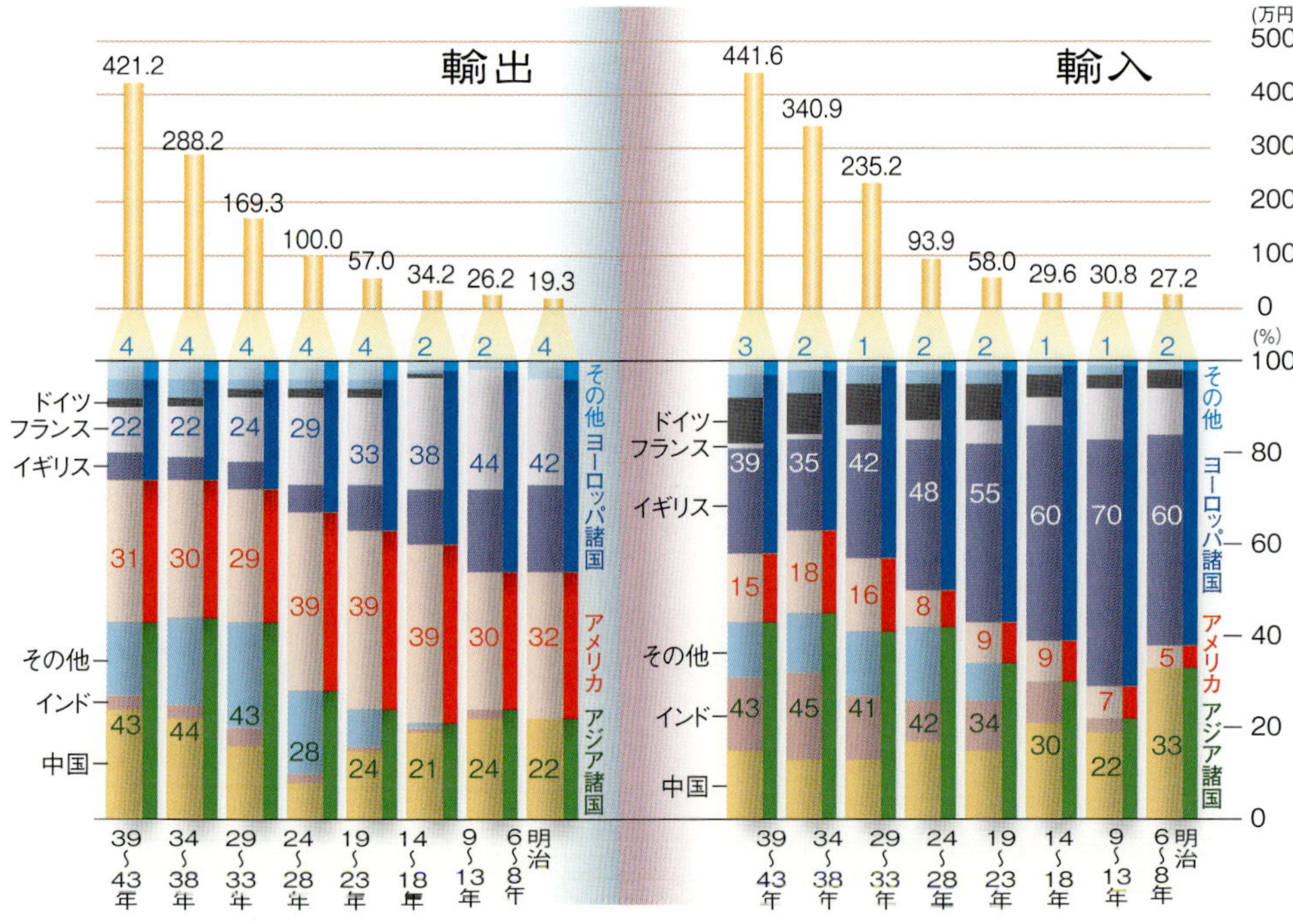

※上段の輸出額・輸入額は、それぞれ数年間の平均値です。『日本経済史』3、5　岩波書店　1989、1990年より

日本の貿易は、明治20年代なかばまでは欧米依存型の構造であった。生糸・茶など在来的な生産物をアメリカに輸出し、綿織物・毛織物などの完成品をイギリスから輸入するというものである。

その後30年代なかばにかけて、この構造に変化がみられるようになる。綿紡績業・製糖業などの発展によって輸入代替が進み、アジア市場の重要性が増大した。インドから綿花を輸入し、一方で中国・韓国に綿糸・綿織物を輸出するという変化がみられた。

しかし欧米依存は続き、輸出においては依然としてアメリカへの生糸輸出が中心であり、輸入においては、重工業化の遅れによってイギリスからの鉄鋼・機械輸入が増大していったのである。

（満薗　勇）

輸出入品目と金額

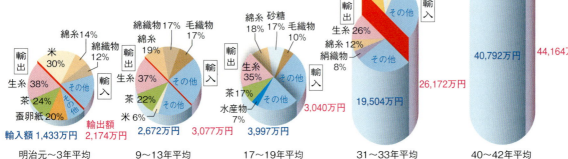

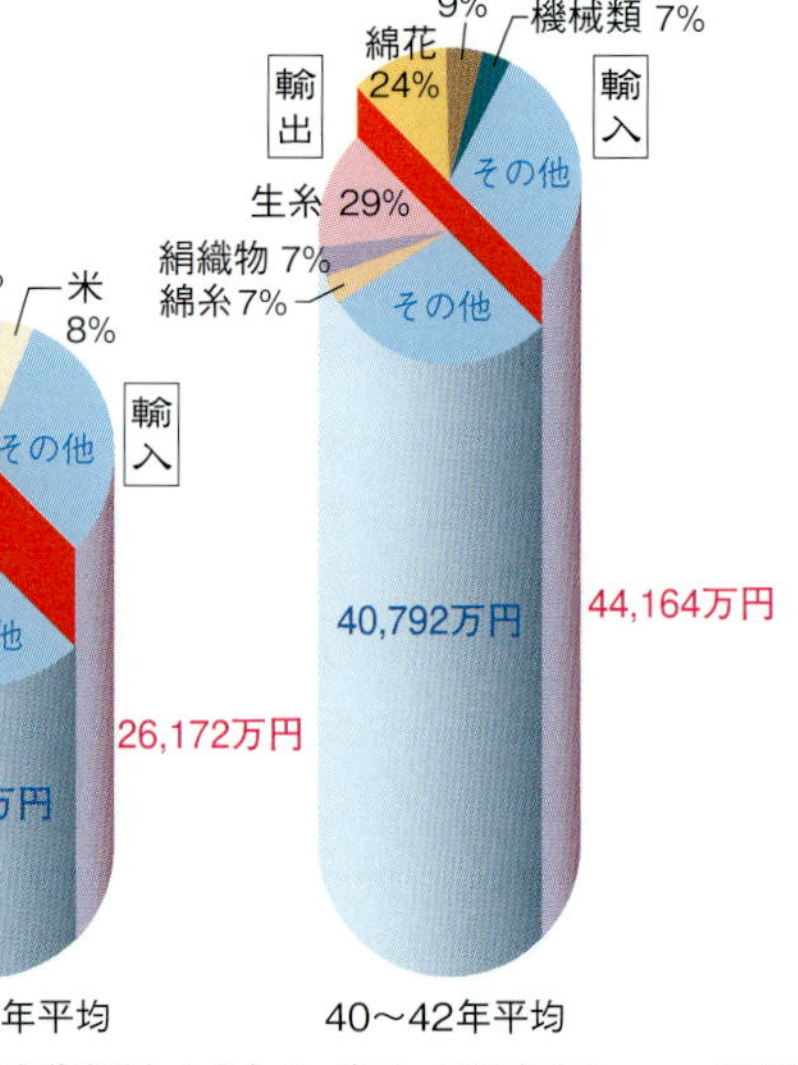

『日本経済史』3　岩波書店　1989年、高村直助『日本資本主義史論』ミネルヴァ書房　1980年より　図版作成：蓬生雄司

明治時代資料館

大日本帝国憲法

発布　明治22年（一八八九）2月11日

　告　文

皇朕レ謹ミ畏ミ
皇祖
皇宗ノ神霊ニ誥ケ白サク皇朕レ天壌無窮ノ宏謨ニ循ヒ惟神ノ宝祚ヲ承継シ旧図ヲ保持シテ敢テ失墜スルコト無シ顧ミルニ世局ノ進運ニ膺リ人文ノ発達ニ随ヒ宜ク
皇祖
皇宗ノ遺訓ヲ明徴ニシ典憲ヲ成立シ条章ヲ昭示シ内ハ以テ子孫ノ率由スル所ト為シ外ハ以テ臣民翼賛ノ道ヲ広メ永遠ニ遵行セシメ益々国家ノ丕基ヲ鞏固ニシ八洲民生ノ慶福ヲ増進スヘシ茲ニ皇室典範及憲法ヲ制定ス惟フニ此レ皆
皇祖
皇宗ノ後裔ニ貽シタマヘル統治ノ洪範ヲ紹述スルニ外ナラス而シテ朕カ躬ニ逮テ時ト倶ニ挙行スルコトヲ得ルハ洵ニ
皇祖
皇宗及我カ
皇考ノ威霊ニ倚藉スルニ由ラサルハ無シ皇朕レ仰テ
皇祖
皇宗及
皇考ノ神祐ヲ禱リ併セテ朕カ現在及将来ニ臣民ニ率先シ此ノ憲章ヲ履行シテ愆ラサラムコトヲ誓フ庶幾クハ
神霊此レヲ鑒ミタマヘ

　憲法発布勅語

朕国家ノ隆昌ト臣民ノ慶福トヲ以テ中心ノ欣栄トシ朕カ祖宗ニ承クルノ大権ニ依リ現在及将来ノ臣民ニ対シ此ノ不磨ノ大典ヲ宣布ス

惟フニ我カ祖我カ宗ハ我カ臣民祖先ノ協力輔翼ニ倚リ我カ帝国ヲ肇造シ以テ無窮ニ垂レタリ此レ我カ神聖ナル祖宗ノ威徳ト並ニ臣民ノ忠実勇武ニシテ国ヲ愛シ公ニ殉ヒ以テ此ノ光輝アル国史ノ成跡ヲ貽シタルナリ朕我カ臣民ハ即チ祖宗ノ忠良ナル臣民ノ子孫ナルヲ回想シ其ノ朕カ意ヲ奉体シ朕カ事ヲ奨順シ相与ニ和衷協同シ益々我カ帝国ノ光栄ヲ中外ニ宣揚シ祖宗ノ遺業ヲ永久ニ鞏固ナラシムルノ希望ヲ同クシ此ノ負担ヲ分ツニ堪フルコトヲ疑ハサルナリ

朕祖宗ノ遺烈ヲ承ケ万世一系ノ帝位ヲ践ミ朕カ親愛スル所ノ臣民ハ即チ朕カ祖宗ノ恵撫慈養シタマヒシ所ノ臣民ナルヲ念ヒ其ノ康福ヲ増進シ其ノ懿徳良能ヲ発達セシメムコトヲ願ヒ又其ノ翼賛ニ依リ与ニ倶ニ国家ノ進運ヲ扶持セムコトヲ望ミ乃チ明治一四年一〇月一二日ノ詔命ヲ履践シ茲ニ大憲ヲ制定シ朕カ率由スル所ヲ示シ朕カ後嗣及臣民及臣民ノ子孫タル者ヲシテ永遠ニ循行スル所ヲ知ラシム

国家統治ノ大権ハ朕カ之ヲ祖宗ニ承ケテ之ヲ子孫ニ伝フル所ナリ朕及朕カ子孫ハ将来此ノ憲法ノ条章ニ循ヒ之ヲ行フコトヲ愆ラサルヘシ

朕ハ我カ臣民ノ権利及財産ノ安全ヲ貴重シ及之ヲ保護シ此ノ憲法及法律ノ範囲内ニ於テ其ノ享有ヲ完全ナラシムヘキコトヲ宣言ス

帝国議会ハ明治二三年ヲ以テ之ヲ召集シ議会開会ノ時ヲ以テ此ノ憲法ヲシテ有効ナラシムルノ期トスヘシ

将来若此ノ憲法ノ或ル条章ヲ改定スルノ必要ナル時宜ヲ見ルニ至ラハ朕及朕カ継統ノ子孫ハ発議ノ権ヲ執リ之ヲ議会ニ付シ議会ハ此ノ憲法ニ定メタル要件ニ依リ之ヲ議決スルノ外朕カ子孫及臣民ハ敢テ之カ紛更ヲ試ミルコトヲ得サルヘシ

朕カ在廷ノ大臣ハ朕カ為ニ此ノ憲法ヲ施行スルノ責ニ任スヘク朕カ現在及将来ノ臣民ハ此ノ憲法ニ対シ永遠ニ従順ノ義務ヲ負フヘシ

　御名御璽

　明治二二年二月一一日

　　内閣総理大臣　伯爵　黒田清隆
　　枢密院議長　伯爵　伊藤博文
　　外務大臣　伯爵　大隈重信
　　海軍大臣　伯爵　西郷従道
　　農商務大臣　伯爵　井上　馨
　　司法大臣　伯爵　山田顕義
　　大蔵大臣兼内務大臣　伯爵　松方正義
　　陸軍大臣　伯爵　大山　巌
　　文部大臣　子爵　森　有礼
　　逓信大臣　子爵　榎本武揚

大日本帝国憲法

第一章　天皇

第一条　大日本帝国ハ万世一系ノ天皇之ヲ統治ス

第二条　皇位ハ皇室典範ノ定ムル所ニ依リ皇男子孫之ヲ継承ス

第三条　天皇ハ神聖ニシテ侵スヘカラス

第四条　天皇ハ国ノ元首ニシテ統治権ヲ総攬シ此ノ憲法ノ条規ニ依リ之ヲ行フ

第五条　天皇ハ帝国議会ノ協賛ヲ以テ立法権ヲ行フ

第六条　天皇ハ法律ヲ裁可シ其ノ公布及執行ヲ命ス

第七条　天皇ハ帝国議会ヲ召集シ其ノ開会閉会停会及衆議院ノ解散ヲ命ス

第八条　天皇ハ公共ノ安全ヲ保持シ又ハ其ノ災厄ヲ避クル為緊急ノ必要ニ由リ帝国議会閉会ノ場合ニ於テ法律ニ代ルヘキ勅令ヲ発ス

此ノ勅令ハ次ノ会期ニ於テ帝国議会ニ提出スヘシ若議会ニ於テ承諾セサルトキハ政府ハ将来ニ向テ其ノ効力ヲ失フコトヲ公布スヘシ

第九条　天皇ハ法律ヲ執行スル為ニ又ハ公共ノ安寧秩序ヲ保持シ及臣民ノ幸福ヲ増進スル為ニ必要ナル命令ヲ発シ又ハ発セシム但シ命令ヲ以テ法律ヲ変更スルコトヲ得ス

第一〇条　天皇ハ行政各部ノ官制及文武官ノ俸給ヲ定メ及文武官ヲ任免ス但シ此ノ憲法又ハ他ノ法律ニ特例ヲ掲ケタルモノハ各々其ノ条項ニ依ル

第一一条　天皇ハ陸海軍ヲ統帥ス

第一二条　天皇ハ陸海軍ノ編制及常備兵額ヲ定ム

第一三条　天皇ハ戦ヲ宣シ和ヲ講シ及諸般ノ条約ヲ締結ス

第一四条　天皇ハ戒厳ヲ宣告ス

戒厳ノ要件及効力ハ法律ヲ以テ之ヲ定ム

第一五条　天皇ハ爵位勲章及其ノ他ノ栄典ヲ授与ス

第一六条　天皇ハ大赦特赦減刑及復権ヲ命ス

第一七条　摂政ヲ置クハ皇室典範ノ定ムル所ニ依ル

摂政ハ天皇ノ名ニ於テ大権ヲ行フ

第二章　臣民権利義務

第一八条　日本臣民タルノ要件ハ法律ノ定ムル所ニ依ル

第一九条　日本臣民ハ法律命令ノ定ムル所ノ資格ニ応シ均ク文武官ニ任セラレ及其ノ他ノ公務ニ就クコトヲ得

第二〇条　日本臣民ハ法律ノ定ムル所ニ従ヒ兵役ノ義務ヲ有ス

第二一条　日本臣民ハ法律ノ定ムル所ニ従ヒ納税ノ義務ヲ有ス

第二二条　日本臣民ハ法律ノ範囲内ニ於テ居住及移転ノ自由ヲ有ス

第二三条　日本臣民ハ法律ニ依ルニ非スシテ逮捕監禁審問処罰ヲ受クルコトナシ

第二四条　日本臣民ハ法律ニ定メタル裁判官ノ裁判ヲ受クルノ権ヲ奪ハル、コトナシ

第二五条　日本臣民ハ法律ニ定メタル場合ヲ除ク外其ノ許諾ナクシテ住所ニ侵入セラレ及捜索セラル、コトナシ

第二六条　日本臣民ハ法律ニ定メタル場合ヲ除ク外信書ノ秘密ヲ侵サル、コトナシ

第二七条　日本臣民ハ其ノ所有権ヲ侵サル、コトナシ

公益ノ為必要ナル処分ハ法律ノ定ムル所ニ依ル

第二八条　日本臣民ハ安寧秩序ヲ妨ケス及臣民タルノ義務ニ背カサル限ニ於テ信教ノ自由ヲ有ス

第二九条　日本臣民ハ法律ノ範囲内ニ於テ言論著作印行集会及結社ノ自由ヲ有ス

第三〇条　日本臣民ハ相当ノ敬礼ヲ守リ別ニ定ムル所ノ規程ニ従ヒ請願ヲ為スコトヲ得

第三一条　本章ニ掲ケタル条規ハ戦時又ハ国家事変ノ場合ニ於テ天皇大権ノ施行ヲ妨クルコ

トナシ

第三二条　本章ニ掲ケタル条規ハ陸海軍ノ法令又ハ紀律ニ牴触セサルモノニ限リ軍人ニ準行ス

第三章　帝国議会

第三三条　帝国議会ハ貴族院衆議院ノ両院ヲ以テ成立ス

第三四条　貴族院ハ貴族院令ノ定ムル所ニ依リ皇族華族及勅任セラレタル議員ヲ以テ組織ス

第三五条　衆議院ハ選挙法ノ定ムル所ニ依リ公選セラレタル議員ヲ以テ組織ス

第三六条　何人モ同時ニ両議院ノ議員タルコトヲ得ス

第三七条　凡テ法律ハ帝国議会ノ協賛ヲ経ルヲ要ス

第三八条　両議院ハ政府ノ提出スル法律案ヲ議決シ及各々法律案ヲ提出スルコトヲ得

第三九条　両議院ノ一ニ於テ否決シタル法律案ハ同会期中ニ於テ再ヒ提出スルコトヲ得ス

第四〇条　両議院ハ法律又ハ其ノ他ノ事件ニ付各々其ノ意見ヲ政府ニ建議スルコトヲ得但シ其ノ採納ヲ得サルモノハ同会期中ニ於テ再ヒ建議スルコトヲ得ス

第四一条　帝国議会ハ毎年之ヲ召集ス

第四二条　帝国議会ハ三箇月ヲ以テ会期トス必要アル場合ニ於テハ勅命ヲ以テ之ヲ延長スルコトアルヘシ

第四三条　臨時緊急ノ必要アル場合ニ於テ常会ノ外臨時会ヲ召集スヘシ

臨時会ノ会期ヲ定ムルハ勅命ニ依ル

第四四条　帝国議会ノ開会閉会会期ノ延長及停会ハ両院同時ニ之ヲ行フヘシ

衆議院解散ヲ命セラレタルトキハ貴族院ハ同時ニ停会セラルヘシ

第四五条　衆議院解散ヲ命セラレタルトキハ勅命ヲ以テ新ニ議員ヲ選挙セシメ解散ノ日ヨリ五箇月以内ニ之ヲ召集スヘシ

第四六条　両議院ハ各々其ノ総議員三分ノ一以上出席スルニ非サレハ議事ヲ開キ議決ヲ為スコトヲ得ス

第四七条　両議院ノ議事ハ過半数ヲ以テ決ス可否同数ナルトキハ議長ノ決スル所ニ依ル

第四八条　両議院ノ会議ハ公開ス但シ政府ノ要求又ハ其ノ院ノ決議ニ依リ秘密会ト為スコトヲ得

第四九条　両議院ハ各〻天皇ニ上奏スルコトヲ得

第五〇条　両議院ハ臣民ヨリ呈出スル請願書ヲ受クルコトヲ得

第五一条　両議院ハ此ノ憲法及議院法ニ掲クルモノ、外内部ノ整理ニ必要ナル諸規則ヲ定ムルコトヲ得

第五二条　両議院ノ議員ハ議院ニ於テ発言シタル意見及表決ニ付院外ニ於テ責ヲ負フコトナシ但シ議員自ラ其ノ言論ヲ演説刊行筆記又ハ其ノ他ノ方法ヲ以テ公布シタルトキハ一般ノ法律ニ依リ処分セラルヘシ

第五三条　両議院ノ議員ハ現行犯罪又ハ内乱外患ニ関ル罪ヲ除ク外会期中其ノ院ノ許諾ナクシテ逮捕セラル、コトナシ

第五四条　国務大臣及政府委員ハ何時タリトモ各議院ニ出席シ及発言スルコトヲ得

第四章　国務大臣及枢密顧問

第五五条　国務各大臣ハ天皇ヲ輔弼シ其ノ責ニ任ス

凡テ法律勅令其ノ他国務ニ関ル詔勅ハ国務大臣ノ副署ヲ要ス

第五六条　枢密顧問ハ枢密院官制ノ定ムル所ニ依リ天皇ノ諮詢ニ応ヘ重要ノ国務ヲ審議ス

第五章　司法

第五七条　司法権ハ天皇ノ名ニ於テ法律ニ依リ裁判所之ヲ行フ

裁判所ノ構成ハ法律ヲ以テ之ヲ定ム

第五八条　裁判官ハ法律ニ定メタル資格ヲ具フル者ヲ以テ之ニ任ス

裁判官ハ刑法ノ宣告又ハ懲戒ノ処分ニ由ルノ外其ノ職ヲ免セラル、コトナシ

懲戒ノ条規ハ法律ヲ以テ之ヲ定ム

第五九条　裁判ノ対審判決ハ之ヲ公開ス但シ安寧秩序又ハ風俗ヲ害スルノ虞アルトキハ法律ニ依リ又ハ裁判所ノ決議ヲ以テ対審ノ公開ヲ停ムルコトヲ得

第六〇条　特別裁判所ノ管轄ニ属スヘキモノハ別ニ法律ヲ以テ之ヲ定ム

第六一条　行政官庁ノ違法処分ニ由リ権利ヲ傷害セラレタリトスルノ訴訟ニシテ別ニ法律ヲ以テ定メタル行政裁判所ノ裁判ニ属スヘキモノハ司法裁判所ニ於テ受理スルノ限ニ在ラス

第六章　会計

第六二条　新ニ租税ヲ課シ及税率ヲ変更スルハ法律ヲ以テ之ヲ定ムヘシ

但シ報償ニ属スル行政上ノ手数料及其ノ他ノ収納金ハ前項ノ限ニ在ラス

国債ヲ起シ及予算ニ定メタルモノヲ除ク外国庫ノ負担トナルヘキ契約ヲ為スハ帝国議会ノ協賛ヲ経ヘシ

第六三条　現行ノ租税ハ更ニ法律ヲ以テ之ヲ改メサル限ハ旧ニ依リ之ヲ徴収ス

第六四条　国家ノ歳出歳入ハ毎年予算ヲ以テ帝国議会ノ協賛ヲ経ヘシ

予算ノ款項ニ超過シ又ハ予算ノ外ニ生シタル支出アルトキハ後日帝国議会ノ承諾ヲ求ムルヲ要ス

第六五条　予算ハ前ニ衆議院ニ提出スヘシ

第六六条　皇室経費ハ現在ノ定額ニ依リ毎年国庫ヨリ之ヲ支出シ将来増額ヲ要スル場合ヲ除ク外帝国議会ノ協賛ヲ要セス

第六七条　憲法上ノ大権ニ基ツケル既定ノ歳出及法律ノ結果ニ由リ又ハ法律上政府ノ義務ニ属スル歳出ハ政府ノ同意ナクシテ帝国議会之ヲ廃除シ又ハ削減スルコトヲ得ス

第六八条　特別ノ須要ニ因リ政府ハ予メ年限ヲ定メ継続費トシテ帝国議会ノ協賛ヲ求ムルコトヲ得

第六九条　避クヘカラサル予算ノ不足ヲ補フ為ニ又ハ予算ノ外ニ生シタル必要ノ費用ニ充ツル為ニ予備費ヲ設クヘシ

第七〇条　公共ノ安全ヲ保持スル為緊急ノ需用アル場合ニ於テ内外ノ情形ニ因リ政府ハ帝国議会ヲ召集スルコト能ハサルトキハ勅令ニ依リ財政上必要ノ処分ヲ為スコトヲ得

前項ノ場合ニ於テハ次ノ会期ニ於テ帝国議会ニ提出シ其ノ承諾ヲ求ムルヲ要ス

第七一条　帝国議会ニ於テ予算ヲ議定セス又ハ予算成立ニ至ラサルトキハ政府ハ前年度ノ予算ヲ施行スヘシ

第七二条　国家ノ歳出歳入ノ決算ハ会計検査院之ヲ検査確定シ政府ハ其ノ検査報告ト倶ニ之ヲ帝国議会ニ提出スヘシ

会計検査院ノ組織及職権ハ法律ヲ以テ之ヲ定ム

第七章　補則

第七三条　将来此ノ憲法ノ条項ヲ改正スルノ必要アルトキハ勅命ヲ以テ議案ヲ帝国議会ノ議ニ付スヘシ

此ノ場合ニ於テ両議院ハ各々其ノ総員三分ノ二以上出席スルニ非サレハ議事ヲ開クコトヲ得ス出席議員三分ノ二以上ノ多数ヲ得ルニ非サレハ改正ノ議決ヲ為スコトヲ得ス

第七四条　皇室典範ノ改正ハ帝国議会ノ議ヲ経ルヲ要セス

皇室典範ヲ以テ此ノ憲法ノ条規ヲ変更スルコトヲ得ス

第七五条　憲法及皇室典範ハ摂政ヲ置クノ間之ヲ変更スルコトヲ得ス

第七六条　法律規則命令又ハ何等ノ名称ヲ用ヰタルニ拘ラス此ノ憲法ニ矛盾セサル現行ノ法令ハ総テ遵由ノ効力ヲ有ス

歳出上政府ノ義務ニ係ル現在ノ契約又ハ命令ハ総テ第六七条ノ例ニ依ル

解説　教科書などでは天皇に権力を集中させた主権在君の憲法とされるが、実際にはその権力は内閣・行政官庁、帝国議会、裁判所、統帥部、枢密院などが輔弼・協賛・参画などの形で代行し、国家の諸機構に分散されていた。これを帝国憲法（明治憲法）の分権体制と呼ぶ。分散した権力のまとめ役は明治維新の功労者である元勲（のちの元老）が務めていたが、元勲の補充が難しいため時間の経過とともに統合が弱まるという欠点があった。（佐々木隆）

史料集

一・勅諭類

徴兵告諭

明治5年（一八七二）11月28日

我朝上古ノ制、海内挙テ兵ナラサルハナシ。有事ノ日天子之カ元帥トナリ、丁壮兵役ニ堪ユル者ヲ募リ、以テ不服ヲ征ス。役ヲ解キ家ニ帰レハ、農タリ工タリ又商売タリ。固ヨリ後世ノ双刀ヲ帯ヒ武士ト称シ、抗顔坐食シ、甚シキニ至テハ人ヲ殺シ官其罪ヲ問ハサル者ノ如キニ非ス。抑神武天皇珍彦ヲ以テ葛城ノ国造トナセシヨリ、爾後軍団ヲ設ケ衛士防人ノ制ヲ定メ、神亀天平ノ際ニ至リ、六府二鎮ノ設ケ始テ備ル。保元平治以後、朝綱頽弛兵権終ニ武門ノ手ニ墜チ、国ハ封建ノ勢ヲ為シ、人ハ兵農ノ別ヲ為ス。降テ後世ニ至リ名分全ク泯没シ、其弊勝テ言フ可カラス。然ルニ太政維新列藩版図ヲ奉還シ、辛未ノ歳ニ及ヒ遠ク郡県ノ古ニ復ス。世襲坐食ノ士ハ其禄ヲ減シ、刀剣ヲ脱スルヲ許シ、四民漸ク自由ノ権ヲ得セシメントス。是レ上下ヲ平均シ、人権ヲ斉一ニスル道ニシテ、則チ兵農ヲ合一ニスル基ナリ。是ニ於テ、士ハ従前ノ士ニ非ス、民ハ従前ノ民ニアラス、均シク皇国一般ノ民ニシテ、国ニ報スルノ道モ固ヨリ其別ナカルヘシ。凡ソ天地ノ間、一事一物トシテ税アラサルハナシ。以テ国用ニ充ツ。然ラハ則チ人タルモノ固ヨリ心力ヲ尽シ、国ニ報セサルヘカラス。西人之ヲ称シテ血税ト云フ。其生血ヲ以テ国ニ報スルノ謂ナリ。且ツ国家ニ災害アレハ人々其災害ノ一分ヲ受サルヲ得ス。是故ニ人々心力ヲ尽シ国家ノ災害ヲ防クハ、則チ自己ノ災害ヲ防クノ基タルヲ知ルヘシ。苟モ国アレハ則チ兵備アリ。兵備アレハ則チ人々其役ニ就カサルヲ得ス。是ニ由テ之ヲ観レハ、民兵ノ法タル固ヨリ天然ノ理ニシテ、偶然作意ノ法ニ非ス。然而シテ其制ノ如キハ、古今ヲ斟酌シ時ト宜ヲ制セサルヘカラス。西洋諸国、数百年来研究実践以テ兵制ヲ定ム。故ヲ以テ其法極メテ精密ナリ。然レトモ政体地理ノ異ナル悉ク之ヲ用フ可カラス。故ニ今其長スル所ヲ取リ、古昔ノ軍制ヲ補ヒ、海陸二軍ヲ備ヘ、全国四民男児二十歳ニ至ル者ハ尽ク兵籍ニ編入シ、以テ緩急ノ用ニ備フヘシ。郷長里正厚ク此御趣意ヲ奉シ、徴兵令ニ依リ民庶ヲ説諭シ、国家保護ノ大本ヲ知ラシムヘキモノ也。

明治五年壬申一一月二八日

国会開設の勅諭

明治14年（一八八一）10月12日

朕祖宗二千五百有余年ノ鴻緒ヲ嗣キ、中古紐ヲ解クノ乾綱ヲ振張シ、大政ノ統一ヲ総攬シ、又夙ニ立憲ノ政体ヲ建テ、後世子孫継クヘキノ業ヲ為サンコトヲ期ス。嚮ニ明治八年ニ、元老院ヲ設ケ、十一年ニ、府県会ヲ開カシム。此レ皆漸次基ヲ創メ、序ニ循テ歩ヲ進ムルノ道ニ由ルニ非サルハ莫シ。爾有衆、亦朕カ心ヲ諒トセン。顧ミルニ、立国ノ体、国各宜キヲ殊ニス。非常ノ事業、実ニ軽挙ニ便ナラス。我祖我宗、照臨シテ上ニ在リ。遺烈ヲ揚ケ、洪模ヲ弘メ、古今ヲ変通シ、断シテ之ヲ行フ、責朕カ躬ニ在リ。将ニ明治二十三年ヲ期シ、議員ヲ召シ、国会ヲ開キ、以テ朕カ初志ヲ成サントス。今在廷臣僚ニ命シ、仮スニ時日ヲ以テシ、経画ノ責ニ当ラシム。其組織権限ニ至テハ、朕親ラ衷ヲ裁シ、時ニ及テ公布スル所アラントス。

朕惟フニ、人心進ムニ偏シテ、時会速ナルヲ競フ。浮言相動カシ、竟ニ大計ヲ遺ル、是レ宜シク今ニ及テ、謨訓ヲ明徴シ、以テ朝野臣民ニ公示スヘシ。若シ仍ホ故サラニ躁急ヲ争ヒ、事変ヲ煽シ、国安ヲ害スル者アラハ、処スルニ国典ヲ以テスヘシ。特ニ茲ニ言明シ、爾有衆ニ諭ス。

奉勅

明治一四年一〇月一二日　太政大臣三条実美

陸海軍軍人に賜はりたる勅諭（軍人勅諭）

明治15年（一八八二）1月4日

我国の軍隊は世々天皇の統率し給ふ所にそある。昔神武天皇、躬つから大伴物部の兵ともを率ゐ中国のまつろはぬものともを討ち平け給ひ、高御座に即かせられて天下しろしめし給ひしより二千五百有余年を経ぬ。此間、世の様の移り換るに随ひて兵制の沿革も亦屢なりき。古は天皇躬つから軍隊を率ゐ給ふ御制にて、時ありては皇后皇太子の代らせ給ふこともありつれと、大凡兵権を臣下に委ね給ふことはなかりき。中世に至りて文武の制度皆唐国風に倣はせ給ひ、六衛府を置き左右馬寮を建て防人なと設けられしかは、兵制は整ひたれとも打続ける昇平に狃れて朝廷の政務も漸文弱に流れけれは、兵農おのつから二に分れ古の徴兵はいつとなく壮兵の姿に変り遂に武士となり、兵馬の権は一向に其武士ともの棟梁たる者に帰し、世の乱と共に政治の大権も亦其手に落ち、凡七百年の間武家の政治とはなりぬ。世の様の移り換りて斯なれるは人力もて挽回すへきにあらすとはいひなから、且は我国体に戻り、且は我祖宗の御制に背き奉り、浅間しき次第なりき。降りて弘化嘉永の頃より徳川の幕府其政衰へ、剰外国の事とも起りて其侮をも受けぬへき勢に迫りけれは、朕か皇祖仁孝天皇、皇考孝明天皇、いたく宸襟を悩し給ひしこそ忝くも又惶けれ。然るに朕幼くして天津日嗣を受けし初、征夷大将軍其政権を返上し、大名小名其版籍を奉還し、年を経すして海内一統の世となり、古の制度に復しぬ。是文武の忠臣良弼ありて朕を輔翼せる功績なり。歴世祖宗の専蒼生を憐み給ひし御遺沢なりといへとも、併我臣民の其心に順逆の理を弁へ大義の重きを知れるか故にこそあれ。されは此時に於て兵制を更め我国の光を耀さんと思ひ、此十五年か程に陸海軍の制をは今の様に建定めぬ。夫兵馬の大権は朕か統ふる所なれは、其司々をこそ臣下には任すなれ。其大綱は朕親之を攬り肯て臣下に委ぬへきものにあらす。子々孫々に至るまで篤く斯旨を伝へ、天子は文武の大権を掌握するの義を存して、再中世以降の如き失体なからんことを望むなり。朕は汝等軍人の大元帥なるそ。されは朕は汝等を股肱と頼み、汝等は朕を頭首と仰きてそ、其親は特に深かるへき。朕か国家を保護して、上天の恵に応し、祖宗の恩に報いまゐらする事を得るも得さるも、汝等軍人か其職を尽すと尽さゝるとに由るそかし。我国の稜威振はさることあらは、汝等能く朕と其憂を共にせよ。我武維揚りて其栄を耀さは、朕汝等と其誉を偕にすへし。汝等皆其職を守り、朕と一心になりて力を国家の保護に尽さは、我国の蒼生は永く太平の福を受け、我国の威烈は大に世界の光華ともなりぬへし。朕斯も深く汝等軍人に望むなれは、猶訓諭すへき事こそあれ。いてや之を左に述へむ。

一　軍人は忠節を尽すを本分とすへし。凡生を我国に稟くるもの、誰かは国に報ゆるの心なかるへき。況して軍人たらん者は、此心の固からては物の用に立ち得へしとも思はれす。軍人にして報国の心堅固ならさるは、如何程技芸に熟し学術に長するも猶偶人にひとしかるへし。其隊伍も整ひ節制も正くとも、忠節を存せさる軍隊は、事に臨みて烏合の衆に同かるへし。抑国家を保護し国権を維持するは兵力に在れは、兵力の消長は是国運の盛衰なることを弁へ、世論に惑はす、政治に拘らす、只々一途に己か本分の忠節を守り、義は山嶽よりも重く死は鴻毛よりも軽しと覚悟せよ。其操を破りて不覚を取り、汚名を受くるなかれ。

一　軍人は礼義を正くすへし。凡軍人には、上元帥より下一卒に至るまて其間に官職の階級ありて、統属するのみならす、同列同級とても停年に新旧あれは、新任の者は旧任のものに服従すへきものそ。下級のものは上官の命を承ること、実は直に朕か命を承る義なりと心得よ。己か隷属する所にあらすとも、上級の者は勿論、停年の己より旧きものに対しては総へて敬礼を尽すへし。又上級の者は下級の者に向ひ聊も軽侮驕傲の振舞あるへからす。

公務の為に威厳を主とする時は格別なれとも、其外は務めて懇に取扱ひ、慈愛を専一と心掛け上下一致して王事に勤労せよ。若軍人たるものにして礼義を紊り、上を敬はす下を恵ますして一致の和諧を失ひたらんには、啻に軍隊の蠹毒たるのみかは、国家の為にもゆるし難き罪人なるへし。

一　軍人は武勇を尚ふへし。夫武勇は我国にては古よりいとも貴へる所なれは、我国の臣民たらんもの武勇なくては叶ふまし。況して軍人は戦に臨み敵に当るの職なれは、片時も武勇を忘れてよかるへきか。さはあれ武勇には大勇あり小勇ありて同からす。血気にはやり粗暴の振舞なとせんは、武勇とは謂ひ難し。軍人たらむものは、常に能く義理を弁へ能く胆力を練り思慮を殫して事を謀るへし。小敵たりとも侮らす、大敵たりとも懼れす、己か武職を尽さむこそ誠の大勇にはあれ。されは武勇を尚ふものは、常々人に接るには温和を第一とし、諸人の愛敬を得むと心掛けよ。由なき勇を好みて猛威を振ひたらは、果は世人も忌嫌ひて豺狼なとの如く思ひなむ。心すへきことにこそ。

一　軍人は信義を重んすへし。凡信義を守ること常の道にはあれと、わきて軍人は、信義なくては一日も隊伍の中に交りてあらんこと難かるへし。信とは己か言を践行ひ、義とは己か分を尽すをいふなり。されは信義を尽さむと思はゝ、始より其事の成し得へきか得へからさるかを審に思考すへし。朧気なる事を仮初に諾ひてよしなき関係を結ひ、後に至りて信義を立てんとすれは、進退谷りて身の措き所に苦むことあり。悔ゆとも其詮なし。始に能々事の順逆を弁へ理非を考へ、其言は所詮践むへからすと知り、其義はとても守るへからすと悟りなは、速に止るこそよけれ。古より或は小節の信義を立てんとて大綱の順逆を誤り、或は公道の理非に踏迷ひて私情の信義を守り、あたら英雄豪傑ともか禍に遭ひ身を滅し、屍の上の汚名を後世まて遺せること、其例尠からぬものを深く警めてやはあるへき。

一　軍人は質素を旨とすへし。凡質素を旨とせされは、文弱に流れ軽薄に趨り驕奢華靡の風を好み、遂には貪汚に陥りて志も無下に賤くなり、節操も武勇も其甲斐なく、世人に爪はしきせらるゝ迄に至りぬへし。其身生涯の不幸なりといふも中々愚なり。此風一たひ軍人の間に起りては、彼の伝染病の如く蔓延し、士風も兵気も頓に衰へぬへきこと明なり。朕深く之を懼れて、曩に免黜条例を施行し略此事を誡め置きつれと、猶も其悪習の出んことを憂ひて心安からねは、故に又之を訓ふるそかし。汝等軍人、ゆめ此訓誡を等閑にな思ひそ。

右の五ヶ条は軍人たらんもの暫も忽にすへからす。さて之を行はんには、一の誠心こそ大切なれ。抑此五ヶ条は我軍人の精神にして、一の誠心は又五ヶ条の精神なり。心誠ならされは、如何なる嘉言も善行も皆うはへの装飾にて、何の用にかは立つへき。心たに誠あれは、何事も成るものそかし。況してや此五ヶ条は天地の公道人倫の常経なり。行ひ易く守り易し。汝等軍人、能く朕か訓に遵ひて此道を守り行ひ国に報ゆるの務を尽さは、日本国の蒼生挙りて之を悦ひなん。朕一人の懌のみならんや。

明治一五年一月四日

御名

教育ニ関スル勅語（教育勅語）

明治23年（一八九〇）10月30日

朕惟フニ、我カ皇祖皇宗国ヲ肇ムルコト宏遠ニ、徳ヲ樹ツルコト深厚ナリ。我カ臣民克ク忠ニ克ク孝ニ億兆心ヲ一ニシテ世々厥ノ美ヲ済セルハ、此レ我カ国体ノ精華ニシテ、教育ノ淵源亦実ニ此ニ存ス。爾臣民、父母ニ孝ニ、兄弟ニ友ニ、夫婦相和シ、朋友相信シ、恭倹己レヲ持シ、博愛衆ニ及ホシ、学ヲ修メ、業ヲ習ヒ、以テ智能ヲ啓発シ、徳器ヲ成就シ、進テ公益ヲ広メ世務ヲ開キ、常ニ国憲ヲ重シ国法ニ遵ヒ、一旦緩急アレハ義勇公ニ奉シ、以テ天壌無窮ノ皇運ヲ扶翼スヘシ。是ノ如キハ独リ朕カ忠良ノ臣民タルノミナラス、又以テ爾祖先ノ遺風ヲ顕彰スルニ足ラン。

斯ノ道ハ実ニ我カ皇祖皇宗ノ遺訓ニシテ、子孫臣民ノ倶ニ遵守スヘキ所、之ヲ古今ニ通シテ謬ラス、之ヲ中外ニ施シテ悖ラス、朕爾臣民ト倶ニ拳々服膺シテ、咸其徳ヲ一ニセンコトヲ庶幾フ。

明治二三年一〇月三〇日

御名御璽

清国ニ対スル宣戦ノ詔勅

明治27年（一八九四）8月1日

天佑ヲ保全シ万世一系ノ皇祚ヲ践メル大日本帝国皇帝ハ、忠実勇武ナル汝有衆ニ示ス。

朕茲ニ清国ニ対シテ戦ヲ宣ス。朕カ百僚有司ハ宜ク朕カ意ヲ体シ、陸上ニ海面ニ清国ニ対シテ交戦ノ事ニ従ヒ、以テ国家ノ目的ヲ達スルニ努力スヘシ。苟モ国際法ニ戻ラサル限リ、各々権能ニ応シテ一切ノ手段ヲ尽スニ於テ必ス遺漏ナカラムコトヲ期セヨ。

惟フニ朕カ即位以来茲ニ二十有余年、文明ノ化ヲ平和ノ治ニ求メ、事ヲ外国ニ構フルノ極メテ不可ナルヲ信シ、有司ヲシテ常ニ友邦ノ誼ヲ篤クスルニ努力セシメ、幸ニ列国ノ交際ハ年ヲ逐フテ親密ヲ加フ。何ソ料ラム清国ノ朝鮮事件ニ於ケル我ニ対シテ著著鄰交ニ戻リ信義ヲ失スルノ挙ニ出テムトハ。

朝鮮ハ帝国カ其ノ始ニ啓誘シテ列国ノ伍伴ニ就カシメタル独立ノ一国タリ。而シテ清国ハ毎ニ自ラ朝鮮ヲ以テ属邦ト称シ、陰ニ陽ニ其ノ内政ニ干渉シ、其ノ内乱アルニ於テ口ヲ属邦ノ拯難ニ籍キ兵ヲ朝鮮ニ出シタリ。朕ハ明治十五年ノ条約ニ依リ兵ヲ出シテ変ニ備ヘシメ、更ニ朝鮮ヲシテ禍乱ヲ永遠ニ免レ治安ヲ将来ニ保タシメ、以テ東洋全局ノ平和ヲ維持セムト欲シ、先ツ清国ニ告クルニ協同事ニ従ハムコトヲ以テシタルニ、清国ハ翻テ種々ノ辞抦ヲ設ケ之ヲ拒ミタリ。帝国ハ是ニ於テ朝鮮ニ勧ムルニ、其ノ秕政ヲ釐革シ、内ハ治安ノ基ヲ堅クシ、外ハ独立国ノ権義ヲ全クセムコトヲ以テシタルニ、朝鮮ハ既ニ之ヲ肯諾シタルモ、清国ハ終始陰ニ居テ百方其ノ目的ヲ妨碍シ、剰ヘ辞ヲ左右ニ托シ時機ヲ緩ニシ、以テ其ノ水陸ノ兵備ヲ整ヘ一旦成ルヲ告クルヤ直ニ其ノ力ヲ以テ其ノ欲望ヲ達セムトシ、更ニ大兵ヲ韓土ニ派シ我艦ヲ韓海ニ要撃シ殆ト亡状ヲ極メタリ。則チ清国ノ計図タル明ニ朝鮮国治安ノ責ヲシテ帰スル所アラサラシメ、帝国カ率先シテ之ヲ諸独立国ノ列ニ伍セシメタル朝鮮ノ地位ハ之ヲ表示スルノ条約ト共ニ之ヲ蒙晦ニ付シ、以テ帝国ノ権利利益ヲ損傷シ、以テ東洋ノ平和ヲシテ永ク担保ナカラシムルニ存スルヤ疑フヘカラス。熟々其ノ為ス所ニ就テ深ク其ノ謀計ノ存スル所ヲ揣ルニ、実ニ始メヨリ平和ヲ犠牲トシテ其ノ非望ヲ遂ケムトスルモノト謂ハサルヘカラス事既ニ茲ニ至ル。朕平和ト相終始シテ以テ帝国ノ光栄ヲ中外ニ宣揚スルニ専ナリト雖、亦公ニ戦ヲ宣セサルヲ得サルナリ。汝有衆ノ忠実勇武ニ倚頼シ、速ニ平和ヲ永遠ニ克復シ、以テ帝国ノ光栄ヲ全クセムコトヲ期ス。

御名御璽

明治二七年八月一日

戊申詔書

明治41年（一九〇八）10月13日

朕惟フニ方今人文日ニ就リ月ニ将ミ、東西相倚リ彼此相済シ以テ其ノ福利ヲ共ニス。朕ハ爰ニ益々国交ヲ修メ友義ヲ惇シ、列国ト與ニ永ク其ノ慶ニ頼ラムコトヲ期ス。顧ミルニ日進ノ大勢ニ伴ヒ、文明ノ恵沢ヲ共ニセムトスル。固ヨリ内国運ノ発展ニ須ツ。戦後日尚浅ク庶政益々更張ヲ要ス。宜ク上下心ヲ一ニシ忠実業ニ服シ勤倹産ヲ治メ、惟レ信惟レ義、醇厚俗ヲ成シ華ヲ去リ実ニ就キ荒怠相誡メ自彊息マサルヘシ。抑々我カ神聖ナル祖宗ノ遺訓ト我カ光輝アル国史ノ成跡トハ炳トシテ日星ノ如シ。寔ニ克ク恪守シ淬礪ノ誠ヲ輸サハ国運発展ノ本近ク斯ニ在リ。朕ハ方今ノ世局ニ処シ我カ忠良ナル臣民ノ協翼ニ倚藉シテ維新ノ皇猷ヲ恢弘シ、祖宗ノ威徳ヲ対揚セムコトヲ庶幾フ。爾臣民其レ克ク朕カ旨ヲ体セヨ。

御名御璽

明治四一年一〇月一三日

二．政治関係

民撰議院設立建白書

明治7年（一八七四）1月17日

臣等伏シテ方今政権ノ帰スル所ヲ察スルニ、上帝室ニ在ラス、下人民ニ在ラス、而独有司ニ帰ス。夫有司、上帝室ヲ尊フト曰ハサルニハ非ス、而帝室漸ク其尊栄ヲ失フ、下人民ヲ保ツト云ハサルニハ非ス、而政令百端、朝出暮改、政〔刑〕情実ニ成リ、賞罰愛憎ニ出ツ、言路壅蔽、困苦告ルナシ。夫如是ニシテ天下ノ治安ナラン事ヲ欲ス、三尺ノ童子モ猶其不可ナルヲ知ル。因仍改メス、恐クハ国家土崩ノ勢ヲ致サン。臣等愛国ノ情自ラ已ム能ハス。乃チ之ヲ振救スルノ道ヲ講求スルニ、唯天下ノ公議ヲ張ルニ在ル而已。天下ノ公議ヲ張ルハ、民撰議院ヲ立ルニ在ル而已。則有司ノ権限ル所アツテ、而シテ上下其安全幸福ヲ受ル者アラン。請遂ニ之ヲ陳セン。夫人民、政府ニ対シテ租税ヲ払フノ義務アル者ハ、乃其政府ノ事ヲ與知可否スルノ権理ヲ有ス。是天下ノ通論ニシテ復喋々臣等ノ之ヲ贅言スルヲ待サル者ナリ。故ニ臣等窃ニ願フ、有司亦是大理ニ抗抵セサラン事ヲ。今民撰議院ヲ立ルノ議ヲ拒ム者曰、我民不学無智、未タ開明ノ域ニ進マス、故ニ今日民撰議院ヲ立ル尚応サニ早カル可シト。臣等以為ラク、若果シテ真ニ其謂フ所ノ如キ乎。則之ヲシテ学且智、而シテ急ニ開明ノ域ニ進マシムルノ道、即民撰議院ヲ立ルニ在リ。（以下略）

自由党盟約

明治14年（一八八一）10月

第一章　吾党は自由を拡充し、権利を保全し、幸福を増進し、社会の改良を図るべし。

第二章　吾党は善良なる立憲政体を確立することに尽力すべし。

第三章　吾党は日本国に於て吾党と主義を共にし目的を同くする者と一致協合して、以て吾党の目的を達すべし。

立憲改進党趣意書

明治15年（一八八二）3月14日

大詔一降立憲ノ事定マル。我儕帝国ノ臣民ハ万世一遇ノ盛時ニ遭フ。惟ニ此際如何ノ計画ヲ為シ、如何ノ職分ヲ尽シ、帝国臣民タルニ愧ルコトナキ乎他ナシ。唯一団ノ政党ヲ結ヒ、相集マリ相同シテ我カ輿望ヲ表スルアラン耳。来レ我兄弟来テ我政党ヲ結ヒ我臣民タルノ職分ヲ尽セヨ。

幸福ハ人類ノ得ンコトヲ期スル所ナリ。然レトモ少数専有ノ幸福ハ我党コレニ與セス。蓋シ此ノ如キノ幸福ハ所謂ル利己ノモノニシテ、我党ノ冀望スル王室ノ尊栄ト人民ノ幸福トニ反スレハナリ。王室ノ尊栄ト人民ノ幸福ハ我党ノ深ク冀望スル所ナリ。然レトモ一時暫且ノ尊栄幸福ハ我党コレヲ欲セス。蓋シ此ノ如キノ尊栄幸福ハ所謂ル頃刻ノモノニシテ、我党ノ冀望スル無窮ノ尊栄ト遠永ノ幸福ニ反スレハナリ。是ヲ以テ若シ一二私党ノ我帝国ヲ専ラニシ、王室ノ尊栄ト人民ノ幸福ヲ蔑ニシ、目前ノ苟安ヲ偸ミ、遠永ノ禍害ヲ顧ミサルモノアラハ、我党ハ之ヲ目シテ以テ公敵ト為サントス。我党ハ実ニ王室ノ無窮ニ保持スヘキ尊栄ト人民ノ遠永ニ享有スヘキ幸福ヲ冀フノ人ヲ以テ此政党ヲ団結セントス。来レ我兄弟来テ我政党ヲ結ヒ、以テ其冀望ヲ表明セヨ。

政治ノ改良前進ハ我党ノ冀望シテ止マサル所ナリ。蓋シ政治ニシテ其改良ヲ加ヘ其前進ヲ為サレハ、徒ラニ無窮ノ尊栄ヲ冀ヒ空シク遠永ノ幸福ヲ望ムモ、終ニ之ヲ全フスルヲ得ヘカラサレハナリ。政治ノ改良前進ハ我党之レヲ冀フ。然レトモ急激ノ変革ハ我党ノ望ム所ニ非ラス。蓋シ其順序ヲ逐ハスシテ遽ニ変革ヲ為サンコトヲ謀ルハ、則チ社会ノ秩序ヲ紊乱シ、却テ政治ノ進行ヲ妨碍スルモノナレハナリ。是ヲ以テ夫ノ陋見ニ惑ヒ、徒ラニ守舊ヲ主トシ、夫ノ急躁ヲ競ヒ好ンテ激昂ヲ務ムルモノ、如キハ、我党ノ郤ケテ共ニ其冀望ヲ與ニセサルモノナリ。我党ハ実ニ順正ノ手段ニ依テ我政治ヲ改良シ、着実ノ方便ヲ以テ之ヲ前進スルアランコトヲ冀望ス。依テ約束二章ヲ定ム。如左。

第一章　我党ハ名ケテ立憲改進党ト称ス。

第二章　我党ハ帝国ノ臣民ニシテ左ノ冀望ヲ有スル者ヲ以テ之ヲ団結ス。

一　王室ノ尊栄ヲ保チ人民ノ幸福ヲ全フスル事。

二　内治ノ改良ヲ主トシ国権ノ拡張ニ及ホス事。

三　中央干渉ノ政略ヲ省キ地方自治ノ基礎ヲ建ツル事。

四　社会進歩ノ度ニ随ヒ撰挙権ヲ伸濶スル事。

五　外国ニ対シ勉メテ政略上ノ交渉ヲ薄クシ通商ノ関係ヲ厚クスル事。

六　貨幣ノ制ハ硬貨ノ主義ヲ持スル事。

解説　改進党はイギリス流漸進主義、自由党はフランス流急進主義と対蹠的に取り上げられることが少なくない。一部の有力党員に注目するとそうした一面もあるが、党としてはどちらも君民同治（共治）型の立憲政治思想であり、共和思想をとっていたわけではない。ただし藩閥は君主と人民の間の夾雑物、政権を私するものとして排斥された。（佐々木隆）

黒田首相の超然主義演説

明治22年（一八八九）2月12日

今般憲法発布式ヲ挙行セラレ、大日本国帝国憲法及之ニ付随スル諸法令ハ昨日ヲ以テ公布セラレタリ。惟フニ、明治十四年十月ニ詔シテ二十三年ヲ期シ国会ヲ開ク旨ヲ宣言セラレシ以来、政府ハ孜々トシテ立憲設備ノ事ヲ務メ、昨年四月枢密院設立ノ後ハ直ニ憲法及諸法令ノ草案ヲ同院ニ下サレ、会議毎ニハ聖上臨御ヲ賜ヒ深ク宸慮ヲ尽クサセラレ、此万世不磨ノ大典ヲ欽定アラセラレタルナリ。蓋我カ国体ノ本源ニ基キ祖宗ノ遺訓ニ遵ヒ、永遠ノ基業ヲ定メテ則ヲ後昆ニ垂ル。国体ヲ鞏固ニシテ衆庶ト福祉ヲ共ニセンコトヲ謀ルニ非サルハナシ。百般ノ行政ハ此科條ニ準拠シテ進路ヲ取リ、以テ聖明倦々治ヲ求ムルノ盛意ニ副ハンコトヲ務ムルハ、行政ノ責ニ当ル者ノ日夜黽勉シテ以テ従事スヘキ所ナリ。

帝国議会ハ明年ヲ以テ開設セラルヘク、憲法ノ全ク有効ニ帰スルハ遠キニ非サルナリ。帝国ノ臣民タル者誰カ聖上各人ノ権利ヲ重セラレ、公議ヲ伸暢シテ国ノ安寧ヲ保持センコトヲ謀ルノ盛意ヲ欽仰シ、愛国忠実ノ誠ヲ尽シテ進テ国事ニ密スルノ感ヲ抱カサル者アランヤ。況ヤ今回大赦令ヲ下サレ、従前罪ヲ国事上ニ得ル者ハ一切湔除シテ衆庶ト更新セラレタリ。議会開設ノ期ヲ竢テ上下和融シ、以テ聖旨ニ奉称センコトハ是レ地方牧民ノ責ニ当ル各員ノ今ヨリ心ヲ用ヒテ誘導啓発アランコトヲ望ム所ナリ。

欽定ノ憲法ハ臣民ノ敢テ一辞ヲ容ルコトヲ得サルハ勿論、各般ノ行政ハ之ニ準拠シテ針路ヲ定メ、天皇陛下統治ノ大権ニ従属スヘキハ更ニ贅言ヲ要セサルナリ。然ルニ政治上ノ意見ハ人々其所説ヲ異ニシ、其説ノ合同スル者相投シテ一ノ団結ヲナシ、政党ナル者ノ社会ニ存立スルハ情勢ノ免レサル所ナリト雖、政府ハ常ニ一定ノ政策ヲ取リ、超然政党ノ外ニ立チ、至正至中ノ道ニ居ラサル可ラス。各員宜ク意ヲ此ニ留メ、常ニ不偏不党ノ心ヲ以テ人民ニ臨ミ、其間ニ固執スル所ナク、以テ広ク衆思ヲ集メテ国家郅隆ノ治ヲ助ケンコトヲ勉ムヘキナリ。（以下略）

解説　日本の近代化を成功させ、欧米と比肩する国家とするには政策の連続性と合理性が不可欠であり、そのためには政治運営から党派性を排除する必要があるという考え方を表明したもの。政党は国民の一部しか代表していないとの認識に立つ。政党排除の大義名分とみられがちだが、全政党との提携、理想的政党の実現なども超然主義の選択肢である。（佐々木隆）

三．外交関係

日米修好通商条約

安政5年（一八五八）6月19日

第三条　下田箱館港の外、次にいふ所の場所を、左之期限より開くへし。
神奈川　午三月より凡十五ヶ月の後より、西洋紀元千八百五十九年七月四日、
長崎　同断、同断、
新潟　同断、凡二十ヶ月の後より、千八百六十年一月一日、
兵庫　同断、凡五十六ヶ月の後より、千八百六十三年一月一日、
若し新潟港を開き難き事あらは、其代りとして、同所前後に於て、一港を別に撰ふへし。
神奈川港を開く後六ヶ月にして、下田港は鎖すへし。此ヶ条の内に載たる各地は、亜墨利加人に居留を許すへし。（中略）
江戸　午三月より凡四十四ヶ月の後より、千八百六十二年一月一日、
大坂　同断、凡五十六ヶ月の後より、千八百六十三年一月一日、
右二ヶ所は、亜墨利加人、唯商売を為す間にのみ、逗留する事を得へし。（中略）
双方の国人品物を売買する事、総て障りなく、其払方等に付ては、日本役人これに立合はす。諸日本人亜墨利加人より得たる品を売買し、或は所持する、倶に妨なし。（以下略）
第四条　総て国地に輸入輸出の品々、別冊の通、日本役所へ、運上を納むへし。（以下略）
第六条　日本人に対し、法を犯せる亜墨利加人は、亜墨利加コンシユル裁断所にて吟味の上、亜墨利加の法度を以て罰すへし。亜墨利加人へ対し、法を犯したる日本人は、日本役人糺の上、日本の法度を以て罰すへし。（以下略）
〔付属〕貿易章程
第七則　総て日本開港の場所へ陸揚する物品には、左之運上目録に従ひ、其地の運上役所に、租税を納むへし。
第一類
貨幣に造りたる金銀、并に造らさる金銀、当用の衣服、家財、并に商売の為にせさる書籍、何れも、日本居留の為来る者の所持の品に限るへし、
右之品々は、運上なし。
第二類
凡て船の造立、綱具、修覆或は船装の為に用ゆる品々、鯨漁具の類、鹽漬食物の諸類、パン并にパンの粉、生たる鳥獣類、石炭、家を造る為の材木、米、籾、蒸気の器械、トタン、鉛、錫、生絹、
右の品々は、五分の運上を納むへし。
第三類
都て蒸溜或は醸し種々の製法にて造りたる一切之酒類、
右は、三割五分の運上を納むへし。
第四類
凡そ前条に挙さる品々は、何に寄らす、二割の運上を納むへし。金銀貨幣并に棹銅の外、日本産の物積荷として輸出する時は、五分の運上を納むへし。
右は、神奈川開港の後五年に至り、日本役人より談判次第、入港出港の税則を再議すへし。

日英通商航海条約

明治27年（一八九四）7月16日

第一条　両締盟国ノ一方ノ臣民ハ他ノ一方ノ版図内何レノ所ニ到リ、旅行シ或ハ住居スルモ全ク随意タルヘク、而シテ其ノ身体及財産ニ対シテハ完全ナル保護ヲ享受スヘシ。（以下略）
第三条　両締盟国ノ間ニハ相互ニ通商及航海ノ自由アルヘシ。
両締盟国ノ一方ノ臣民ハ他ノ一方ノ版図内何レノ所ニ於テモ総テ正業ニ属スル各種ノ生産物、製造品及貨物ノ卸売若ハ小売営業ニ従事スルヲ得ヘシ。（中略）但シ内国臣民ト同様其ノ国ノ法律、警察規則及税関規則ヲ遵守スルヲ要ス。（以下略）
第十八条　大不列顛国政府ハ同政府ニ関スル限ハ左ノ取極ニ同意スヘシ。
日本国ニ在ル各外国人居留地ハ全ク其ノ所在ノ日本国市区ニ編入シ爾後日本国地方組織ノ一部トナルヘシ。（以下略）
第二十条　本条約ハ其ノ実施ノ日ヨリ、両締盟国間ニ現存スル嘉永七年八月二十三日即千八百五十四年十月十四日締結ノ約定、慶応二年五月十三日即千八百六十六年六月二十五日締結ノ改税約定、安政五年七月十八日即千八百五十八年八月二十六日締結ノ修好通商条約、及之ニ附属スル一切ノ諸約定ニ代ハルヘキモノトス。而シテ該条約及諸約定ハ右期日ヨリ総テ無効ニ期シ、随テ大不列顛国カ日本帝国ニ於テ執行シタル裁判権及該権ニ属シ、又ハ其ノ一部トシテ大不列顛国臣民カ享有セシ所ノ特典、特権及免除ハ本条約実施ノ日ヨリ別ニ通知ヲナサス全然消滅ニ帰シタルモノトス。而シテ此等ノ裁判管轄権ハ、本条約実施後ニ於テハ日本帝国裁判所ニ於テ之ヲ執行スヘシ。
〔付属〕議定書
第一　本日調印シタル通商航海条約批准交換後一箇月ノ後ハ、本書附属輸入税目ハ、（中略）大不列顛国皇帝陛下ノ版図内ノ生産若ハ製造ニ係ル物品ニシテ、該税目ニ掲クルモノヲ日本国へ輸入スル場合ニ、之ヲ適用スルモノトス。（中略）右税目ニ掲ケサル物品ニ対シテハ、（中略）日本国ニテ其ノ時現ニ行ハルル所ノ普通国定税則ヲ適用スルモノトス。

解説　日米修好通商条約第六条の領事裁判と同条約付属の貿易章程第七則の協定税率の規定は、日本の法権および関税自主権の喪失を意味するものであった。これらの不平等条款は、片務的な最恵国待遇により、日英修好通商条約などに受け継がれた。明治政府による条約改正交渉の結果、明治27年に日英通商航海条約が締結され、その第二十条によって領事裁判の廃止が、同条約付属の議定書によって関税自主権の一部回復が決まった。　（小宮一夫）

日英同盟協約

明治35年（一九〇二）1月30日

第一条　両締約国ハ相互ニ清国及韓国ノ独立ヲ承認シタルヲ以テ、該二国孰レニ於テモ全然侵略的趨向ニ制セラルルコトナキヲ声明ス。然レトモ両締約国ノ特別ナル利益ニ鑑ミ、即チ其利益タル大不列顛国ニ取リテハ主トシテ清国ニ関シ、又日本国ニ取リテハ其清国ニ於テ有スル利益ニ加フルニ、韓国ニ於テ政治上並商業上及工業上格段ニ利益ヲ有スルヲ以テ、両締約国ハ若シ右等利益ニシテ別国ノ侵略的行動ニ由リ、若クハ清国又ハ韓国ニ於テ両締約国孰レカ其臣民ノ生命及財産ヲ保護スル為メ干渉ヲ要スヘキ騒擾ノ発生ニ因リテ侵迫セラレタル場合ニハ、両締約国孰レモ該利益ヲ擁護スル為メ必要欠クヘカラサル措置ヲ執リ得ヘキコトヲ承認ス。
第二条　若シ日本国又ハ大不列顛国ノ一方カ上記各自ノ利益ヲ防護スル上ニ於テ別国ト戦端ヲ開クニ至リタル時ハ、他ノ一方ノ締約国ハ厳正中立ヲ守リ併セテ其同盟国ニ対シテ他国カ交戦ニ加ハルヲ妨クルコトニ努ムヘシ。
第三条　上記ノ場合ニ於テ若シ他ノ一国又ハ数国カ該同盟国ニ対シテ交戦ニ加ハル時ハ、他ノ締約国ハ来リテ援助ヲ与ヘ協同戦闘ニ当ルヘシ、講和モ亦該同盟国ト相互合意ノ上ニ於テ之ヲ為スヘシ。

韓国併合に関する条約

明治43年（一九一〇）8月22日

第一条　韓国皇帝陛下ハ韓国全部ニ関スル一切ノ統治権ヲ完全且永久ニ日本国皇帝陛下ニ譲与ス。
第二条　日本国皇帝陛下ハ前条ニ掲ケタル譲与ヲ受諾シ、且全然韓国ヲ日本帝国ニ併合スルコトヲ承諾ス。
第三条　日本国皇帝陛下ハ韓国皇帝陛下、太皇帝陛下、皇太子殿下並其ノ后妃及後裔ヲシテ各其ノ地位ニ応シ相当ナル尊称、威厳及名誉ヲ享有セシメ、且之ヲ保持スルニ十分ナル歳費ヲ供給スヘキコトヲ約ス。
第六条　日本国政府ハ前記併合ノ結果トシテ全然韓国ノ施政ヲ担任シ、同地ニ施行スル法規ヲ遵守スル韓人ノ身体及財産ニ対シ十分ナル保護ヲ与ヘ、且其ノ福利ノ増進ヲ図ルヘシ。
第七条　日本国政府ハ誠意忠実ニ新制度ヲ尊重スル韓人ニシテ相当ノ資格アル者ヲ、事情ノ許ス限リ韓国ニ於ケル帝国官吏ニ登用スヘシ。

白洋舍 明治39年創業

五十嵐健治

いがらし・けんじ

日本のドライクリーニングの創始者

⬆最初のドライクリーニング工場　明治40年に東京・大井町に設立。4坪の畑に水瓶（みずがめ）を置いて板囲いし、5坪ほどの作業場を設けただけだった。

⬅⬉明治42年発行の『洋服の心得』（左）と当時の広告図案　小冊子には洋服の着用法、手入れの仕方、ドライクリーニングの仕組みなどが書かれている。巻末には当時のクリーニング料金も載っており、男性の背広は1円だった。

⬆25歳ごろの五十嵐健治　三越の宮内省御用掛を務めていた。創業後も三越とのつながりは強く、いちばんの顧客となった。

五十嵐健治は、明治10年（一八七七）、新潟県で生まれた。高等小学校卒業後は仕事を転々とし、全国を放浪。そんななかでキリスト教と出会い、19歳で受洗、以後、熱心なクリスチャンとなる。

上京して三井呉服店（のちに三越と改称）に勤めた健治は、29歳のときに独立、日本橋にクリーニング店「白洋舍」を開業する。三越からの紹介で上流階級の顧客もつき、恵まれたスタートを切った。

創業して半年あまりが過ぎたころ、健治はある顧客から「ヨーロッパには〝蒸洗濯〟という洗濯法があって、羽二重（はぶたえ）の白無垢を綿の入ったまま洗濯できた。日本でもできないか」という相談を受ける。

江戸時代までは洗濯といえばきものの洗い張りぐらいだったが、明治になって洋装が広がり、「西洋洗濯」と称するクリーニング店が登場した。だが、洋服の素材には水を使うと色が落ちたり縮んだりするものもあり、満足のいく洗濯は難しかった。

和服でも洋服でも、形を崩さずに丸洗いできるなら、こんなにすばらしいことはない。健治ははじめて聞いた新しい洗濯法を、ぜひ自分でもやってみたいと考えた。そして、さっそく学者を訪ねて資料などを入手し、独自に研究を始めたのである。

しかし、研究は困難をきわめた。ドライクリーニングは水のかわりに揮発性の溶剤で汚れを落とすのだが、当時はガソリンのような質の高い揮発油はなく、洗濯に適した溶剤を開発しなければならなかった。さらに研究に時間をとられて店の経営がおろそかになり、経済的にも苦境に立たされてしまう。

それでも健治は研究を続けた。これが成功すれば国家社会への貢献は大きい。のちに白洋舍の精神として掲げる「奉仕の精神」が、彼の原動力だった。

研究を始めて七か月目、健治はようやくベンゾールという最適な溶剤に巡り会い、溶剤の中で使う石鹼「ベンジンソープ」も完成させる。日本にドライクリーニングの歴史が誕生した瞬間であった。

⬇最初のドライクリーニング機　洗ったものを乾燥させ蒸気を通す機械で、医療機器店につくらせたもの。当時の設備の説明に「英国式乾燥洗濯機械数台を据え付け……」とあるので、イギリスの機械を参考にしたのだろう。

⬇大井工場の作業場風景　ドライクリーニングした洗濯物の仕上げをする職人たち。白洋舍には「染色部」「裁縫部」などもあり、洗濯だけでなく衣服全般のメンテナンスを行なっていた。

木村屋 明治2年創業

木村安兵衛

きむら・やすべえ

明治天皇にあんパンを献上した男

文久3年（一八六三）、木村安兵衛は家督を長男に譲り、ほかの子どもたちと妻を伴って江戸に上った。木村家のある下総の川原代地方は牛久沼の氾濫などで農地が疲弊し、新天地を求めての上京だったと思われる。

江戸では本家の木村重義の世話でお蔵番などを務め、維新後は東京府の授産所の事務の仕事に就いた。そして、ここでパンの製造法を知っているという男に出会った安兵衛は、彼を職人として雇い、パン屋を開業しようと思い立ったのである。すでに50歳代を迎えていた安兵衛の、思いきった転身だった。

⬅木村安兵衛の肖像　文化14年(1817)、常陸国河内郡（現・茨城県牛久市）で農業を営む長岡家の次男として生まれ、27歳のときに下総国北相馬郡(現・茨城県龍ヶ崎市）の郷士・木村家の婿養子となる。

こうして明治2年（一八六九）、芝日陰町に小さなパン屋が誕生した。店の名は、文明開化と妻の名「ぶん」をかけ、パンづくりの中心となった次男英三郎の一字を取って「文英堂」とした。木村屋総本店の前身である。だがこの店は同年の火災で焼けてしまい、翌3年には京橋区尾張町（現在の銀座付近）に移転、屋号も「木村屋」と改称した。

幸い、商売は順調だった。明治3年頃から築地精養軒ホテルの製パン部をはじめ、東京にも続々とパン屋が誕生し、パン食ブームが巻き起こったのである。また、5年には海軍がパン食を採用、木村屋は攻玉社（海軍兵学校進学のための私塾）の御用達となった。

そして、明治7年、銀座煉瓦街に進出した年に、木村屋の名声を決定づける「酒種あんパン」が発売された。これは、米と麹で発酵させた生地であんを包んで焼き上げるという、日本独自の新しいパンだった。

このあんパンは大評判となり、翌年には以前から交流のあった侍従・山岡鉄舟を通して、明治天皇に献上されることとなる。これを機に木村屋は宮中御用商に加えられ、その地位を確たるものにしていく。天皇にも気に入られたあんパンは、現在も変わらず銀座の名物である。

⬆山岡鉄舟が揮毫した「木村家」の看板　明治8年、天皇へのあんパン献上後、山岡が安兵衛に贈ったもの。前年に移転した銀座煉瓦街の店舗入り口に掲げられた。

⬆明治35年頃からあんパンのあん製造を委託されるようになった、根津製餡所の作業場。あんづくりの職人たちは「木村屋本店」の半纏をまとっている。同社と木村屋との取引関係は現在も続いている。

➡芝居になった木村屋の宣伝風景　楽隊がにぎやかに町中を練り歩く広目屋を利用した宣伝が評判となり、日本橋蠣殻町の中島座が正月興行に取り上げた。この錦絵はその上演場面を描いたもの。木村屋の文字も書き込まれている。

⬆ライオン歯磨の巨大な看板 上野広小路の光景を写した風景写真を使った絵葉書より。巨大な広告塔は東京名所のひとこまだった。

⬅ライオン歯磨慈善券付袋入 いちばんの売れ筋商品である「ライオン歯磨小袋入」に慈善券を印刷したもの。購入者からこの袋を寄付された慈善団体が、小林富次郎商店で換金する仕組みだった。

ライオン 明治24年創業
小林富次郎
こばやし・とみじろう

開発力と巧みな宣伝で歯磨のトップ企業へ

⬆創業者・小林富次郎 新潟県柏崎市の出身。石鹸の製造から歯磨へと進出し、わずか数年で歯磨市場第1位企業へと成長させた。

ライオンの創業は明治24年（一八九一）、初代小林富次郎が、東京の神田柳原河岸に石鹸や燐寸の原料取次店、小林富次郎商店を開設した時点にさかのぼる。初代富次郎は、このとき39歳。明治26年から利益の高い石鹸の製造販売に乗りだし、小石川久堅町に石鹸工場を建設し、化粧用高級石鹸「高評石鹸」などを販売した。

初代富次郎が新潟県の柏崎から上京し、鳴春舎という石鹸工場に勤めたのは、明治10年のこと。二年後には支配人となり、その後、神戸の鳴行社で石鹸工場の経営に携わるなど、石鹸の将来性について確信をもった。

つぎに、初代富次郎は石鹸よりもさらに成長性の高い商材として歯磨粉に注目。新宿の工場を買収し、明治29年に「ライオン歯磨」を発売した。当時は、歯磨などの製品に動物の名前を付けることが流行っていたが、知人の北山牧師の「ライオンなら牙も丈夫だし、歯磨の商標としてうってつけ」という助言が「ライオン歯磨」の商品名を選択させたとされる。

明治31年には、「宣伝は商品の肥料」という信念で、画期的な楽隊による宣伝広告を開始し、トップシェアとなる原動力となった。現在も、ライオンは歯磨市場では首位の企業である。

初代富次郎は敬虔なクリスチャンであり、社会貢献のため、明治33年に「ライオン歯磨慈善券付袋入」を発売し、養護施設など二〇年間、寄付活動を継続した。また、歯磨の新製品開発や品質改善などの研究開発にも力を入れ、明治40年、小石川工場内に小林試験場を設置した。

昭和55年（一九八〇）にはライオン歯磨株式会社と、大正8年（一九一九）より石鹸部門を分離独立させていたライオン油脂株式会社が合併し、ライオン株式会社となる。今は、年商三〇九五億一四〇〇万円（二〇〇四年12月期）を超え、日用雑貨・薬品の有力企業のひとつである。

➡創業期の店舗 東京・神田柳原河岸にあった。当時は石鹸および燐寸の原料取り次ぎを業務としており、看板にそれぞれの業務部門が書き出されているのがわかる。

塩野義 明治11年創業

塩野義三郎（しおの・ぎさぶろう）

洋薬の将来性を見越し、製薬事業を確立

⬆**創業者・塩野義三郎**　義三郎が掲げた「人々の健康と幸福に奉仕する」理念は、創業以来のキャッチコピー。

⬆**建設工事中の塩野製薬所**　大阪府海老江（現・大阪市福島区）に建設された新工場。写真は明治42年の撮影。

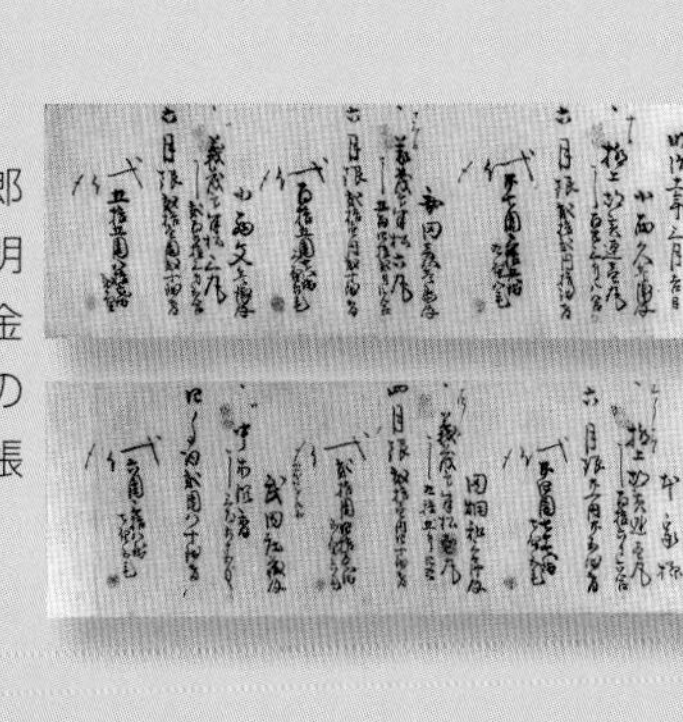

➡**開業当初の売り帳**　薬種問屋「塩野義三郎商店」が開業当時の明治初期につけていた金銀出納帳。江戸時代の商家が使用した大福帳と変わらない。

賢明なる薬業家に告ぐ

健胃制酸新薬
アンタチヂン

發賣元　薬種貿易商　塩野義三郎
大阪市東區道修町三丁目

⬆⬅**「アンタチヂン」のパッケージと発売時の広告**　明治42年から発売された塩野義三郎商店の自家新薬第1号。広告は同年8月5日付の『薬業時論』に掲載されたもの。

明治11年（一八七八）3月17日、塩野義三郎は大阪道修町（どしょうまち）三丁目一二番地に薬種問屋「塩野義三郎商店」を開業。現在の塩野義本社の所在地である。3月17日は義三郎の二四回目の誕生日だった。

開業当初は和漢薬の取り扱いが中心で、業績不振の時期もあったが、明治19年に洋薬問屋に転換してからは利益が増大していった。洋薬は幕末から長崎を通じて輸入されており、開国以後は横浜・神戸などでも輸入されるようになった。大阪では蘭方医・緒方洪庵（おがたこうあん）の影響ではやくから洋薬が売られていたが、明治になっても依然として和漢薬が主流だった。

それが国策の影響もあって西洋医学が普及しだすと、洋薬の需要が高まってきた。義三郎は洋薬の将来性を見越して、和漢薬に見切りをつけたのである。

義三郎は明治20年頃から製薬事業に関心をもち、洋薬輸入の一方で硫酸製造を試みたり、明治25年には相生町工場（現・大阪市北区）を設置して、カフェイン・塩化錫などを製造したりしたが、いずれも成功とはいえなかった。

転機となったのは東京帝大医学部薬学科を出た義三郎の次男・長次郎が入社してからである。長次郎は、41年から相生町工場を再生し、制酸剤「アンタチヂン」を開発。これが塩野義製薬の自社新薬第一号で、翌年から販売された。義三郎は新工場を大阪府海老江（現・大阪市福島区）に建設し、43年2月1日から「塩野製薬所」の看板を掲げて操業を開始した。原料薬品すら輸入に頼っており、採算ベースに乗せるのは困難で、明治末年に新心臓薬「ヂギタミン」を開発するまで製薬所は赤字経営だった。

「ヂギタミン」販売も当初は苦戦していたが、第一次大戦の勃発（ぼっぱつ）で外国製医薬品の輸入がストップしたために急激にのび、〝新薬の塩野義〟という定評を得るまでになる。そして大正8年（一九一九）6月5日、塩野義三郎商店と塩野製薬所は合併して、「株式会社塩野義商店」となり、今日まで続く製薬会社として発展していくのである。

⬇**塩野義三郎商店と従業員の少年たち**　明治11年、大阪道修町に開業した塩野義三郎商店の店先にたむろする少年たち。

三共 明治32年創業

塩原又策

しおばら・またさく

「タカヂアスターゼ」の将来性を見抜いた起業家

➡三共商店創業者の塩原又策　西村庄太郎、福井源次郎と3人の共同出資で三共商店を創立。「三共」の名の由来となっている。もとは医薬品業界とは無縁の事業家だった。

三共の創業は明治32年（一八九九）。横浜で外国商館への絹織物売込商を行なっていた塩原又策が、西村庄太郎、福井源次郎の共同出資を受けて、三共商店という新薬輸入事業会社を興した。

当時、話題になっていたのは、明治27年、アメリカ在住の高峰譲吉博士が発見した、強力な消化酵素「タカヂアスターゼ」。英語力と貿易実務に長けた西村は、塩原の依頼を受けてニューヨークで高峰と会い、日本における販売権を獲得した。福井は塩原の親類関係にあり、紙店と酒店を営み、十分な資力を備えていた。「タカヂアスターゼ」の全世界の販売権は、アメリカの製薬会社、パーク・デービス社がもっていたが、高峰は「日本だけは日本人の手で販売したい」と考え、日本の販売権のみは、はずされていた。そうした折に、西村が訪問した。

高峰は安政元年（一八五四）、現在の富山県、越中高岡の生まれ。工部大学校（のちの東京帝国大学工学部）応用化学科を首席で卒業、イギリス留学、農商務省奉職などを経て、明治23年に渡米した。33年、副腎ホルモンの純粋成分「アドレナリン」の分離にも成功した。

明治35年、三共商店は「タカヂアスターゼ」「アドレナリン」の国内一手販売契約を高峰と契約。また、パーク・デービス社の総代理店となる。38年箱崎工場、41年品川工場を開設し、新薬メーカーとして名乗りをあげた。44年には鈴木梅太郎博士が米糠から抽出したビタミンB_1「オリザニン」の製法特許を得た。大正2年（一九一三）、社名を三共とし、高峰が社長に就任した。

最近の三共の大きな業績は、コレステロールを低下させる「メバロチン」の開発で、平成元年（一九八九）の発売以来、世界一一六の国・地域で販売されている。二〇〇五年3月期連結決算で、売上高五八七八億三〇〇〇万円となり、製薬で国内三位。二〇〇五年9月に第一製薬と合併、第一三共として新しいスタートを切った。

⬅創業当時の三共商店薬品部　日本橋区茅場町（現・中央区茅場町）にあった三共商店の販売部門。「タカヂアスターゼ」など、新薬の輸入販売を事業としていた。

⬆箱崎工場を描く絵　明治38年に開設された生産工場。「タカヂアスターゼ」「アドレナリン」などの販売で事業を確立した三共は、日本初の乳酸菌製剤「ラクトスターゼ」の開発・製造などで「新薬の三共」の評価を得るようになる。

⬅高峰譲吉博士とタカヂアスターゼ　アメリカで醸造の研究をしていた高峰は、「タカヂアスターゼ」を発見。三共の初代社長となる。「タカヂアスターゼ」は現在も「新三共胃腸薬」の主成分として、三共の医薬品の柱となっている。

島津製作所 明治8年創業

島津源蔵（しまづ・げんぞう）

京都から全国に広がる「科学立国」の志

⬆ウイムシャースト感応起電機　イギリスで発明された翌年の明治17年、2代目源蔵がわずか16歳で製作した。この起電機は「島津の電気」と呼ばれ、その後長く物理実験に使用された。

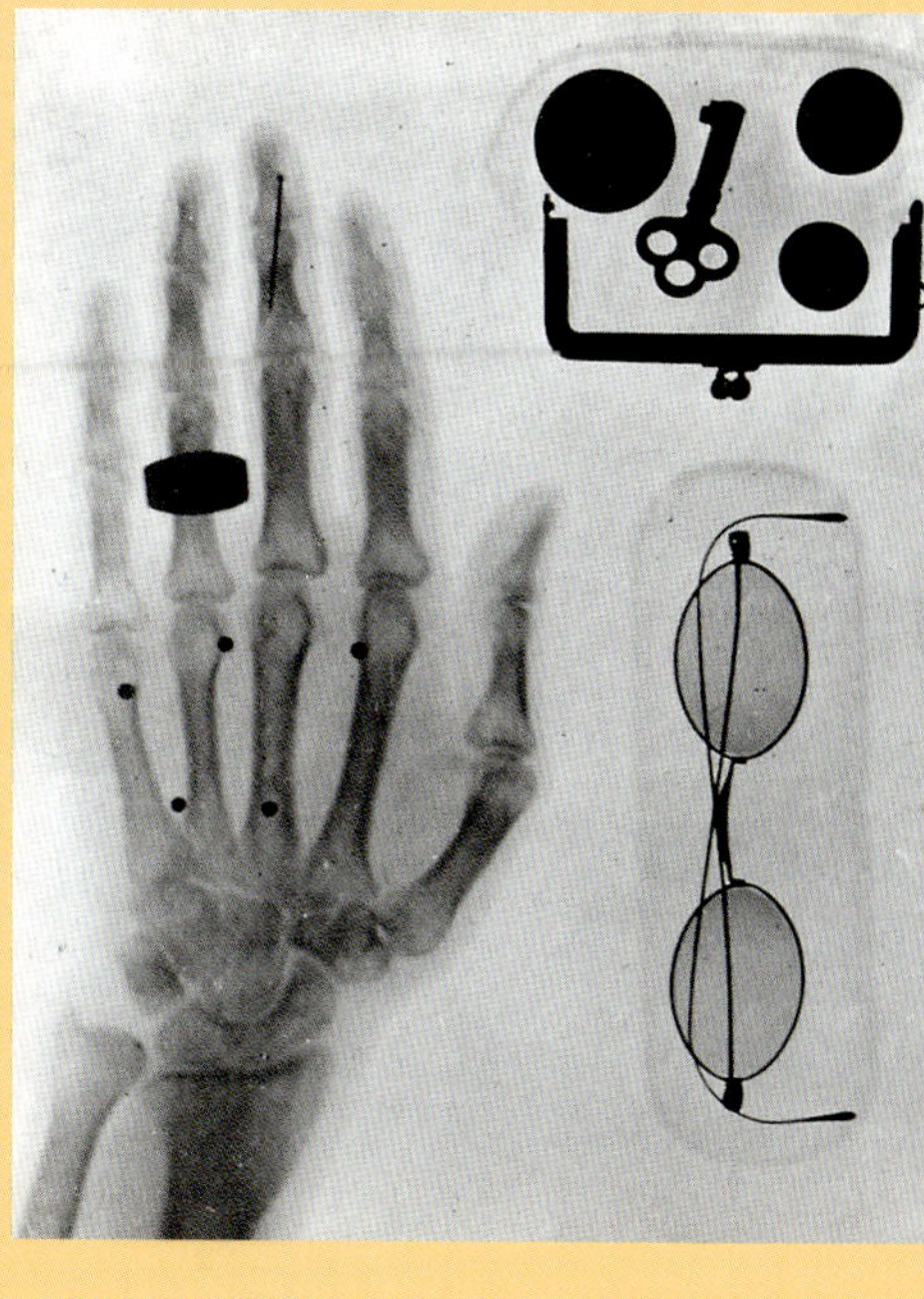

⬆初期のX線写真　明治29年10月10日、京都の第三高等学校（現・京都大学）の村岡範為馳（はんいち）教授が、島津製作所で日本初とされるX線写真の撮影に成功。

近年ノーベル賞受賞者を出したことで知られる島津製作所は、明治8年（一八七五）3月、島津源蔵（初代）により京都木屋町二条で創業された。当時、京都府では産業振興策として欧米の進んだ技術と設備を導入しており、木屋町二条界隈（かいわい）には、工場試験場である舎密局（せいみきょく）や勧業場、栽培試験場・製靴場・織工場などがつぎつぎと設立されていた。

仏具商の次男であった源蔵（初代）は、科学技術の将来性に着目し、近くの舎密局に出入りしながら理化学の知識を深め、教育用理化学器械の製造に転業したのである。商標は丸に十字。これは16世紀末、源蔵の先祖が薩摩・島津義弘から島津姓とともに拝領した家紋に由来している。

明治10年8月、源蔵は東京・上野で開催された第一回内国勧業博覧会に医療用ブーシー（拡張器）を出品して褒状を受けた。自社の技術に自信を深めた源蔵は、12月には京都府の依頼で京都仙洞御所（せんとうごしょ）の広場に自作の軽気球を持ち込み、日本初の有人水素気球の飛揚にも成功。大観衆の前での公開実験で、島津製作所の名は一躍全国的に有名となった。

明治11年からは舎密局に招かれたドイツ人ワグネルに師事して、西洋の科学技術を吸収。つぎつぎと新しい器械を製造し事業の基礎を固めてゆく。27年正月には木屋町に本店が完成。しかし、これからというときに初代源蔵は55歳で急逝する。その遺志は長男・梅治郎（源蔵を襲名）によって引き継がれた。

二代源蔵は昭和5年に日本の〝十大発明家〟のひとりに選ばれるが、独学で理化学の知識を習得し、16歳にしてウイムシャースト感応起電機を完成するほどの才能を示していた。29年にはX線写真の撮影に成功。レントゲン博士がX線を発見してからわずか一か月後のことであった。これが契機となって島津製作所は医療用X線装置を完成、さらには蓄電池の製造に取り組むなど、時代のニーズにこたえる会社として現在に至っている。

⬆創業者・島津源蔵　「科学立国」の志に燃えて、教育用理化学器械の製造へと転進。つぎつぎと新しい器械を製造する。

⬇島津製作所木屋町本店　明治27年の撮影。島津製作所創業当時の木屋町二条では勧業場や舎密局などが開設され、京都の殖産興業の一大拠点となっていた。初代源蔵は舎密局に足しげく通っていた。

⬆島津源蔵製作の軽気球を描いた版画　明治10年、科学思想啓発の目的で島津製作所が製作した軽気球が、35メートルの高さまで有人飛揚に成功した。

理想的調味料

食料界の大革新

理学博士 池田菊苗先生発明

（専売特許第一四八〇五号）

登録商標

総ての味の原素は肉類と植物の別なく悉く同じ性質の味のものです 香ひも癖もなく誰人にも好き嫌ひのない美き味のものであります

此の「味の素」は即ち其味の原素で植物性の蛋白質から純粋の味のみを抽き取る事を池田博士が始めて発明された調味料であります

味の素

製造発売元 鈴木商店 東京丸の内

←↓**「味の素」発売時の新聞広告（左）とパンフレット**　広告は明治42年5月26日の『東京朝日新聞』に掲載された。今までにない調味料だったため、性質や特徴を詳しく説明している。中央の「美人マーク」は現在も使われている。パンフレットには使用方法を記載、小売店を通して配った。

味の素 明治42年創業

鈴木三郎助

すずき・さぶろうすけ

「うま味」を小瓶に詰めて、日本の食卓へ

↑**青年時代の鈴木三郎助**　慶応3年（1867）、相模国（現・神奈川県）の生まれ。9歳で父と死別、母が始めたヨード製造で鈴木製薬所を興す。

味の基本は、甘味・酸味・苦味・塩味の四つとされてきた。そこに「うま味」という五番目の味が加えられたのは近年のことである。世界で最初にそれを明らかにしたのは、明治時代の理学博士池田菊苗だった。

池田は昆布に含まれるうま味がグルタミン酸であることを突き止め、うま味調味料＝グルタミン酸ソーダの製造法を開発、明治41年（一九〇八）に特許を取得する。そして、それを「味の素」という名で製品化したのが、鈴木製薬所の鈴木三郎助であった。

当時の三郎助は、海藻を利用したヨード製造に成功し、ヨードチンキなどの二次製品も製造する薬品業界の事業家だった。日露戦争後のヨード業界の不況を打開すべく奔走していたときに、池田と出会ったのである。

最初は、池田の昆布の研究がヨード製造に役立てばと考えての訪問であった。しかし、池田から事業化を提案された三郎助は、その可能性を真剣に検討しはじめる。

誰も見たことのない調味料の製造販売。これまでの事業とはまったく違うものだし、一般に受け入れられるかどうかもわからない。だが、料理の権威者に意見を聞くなどして成功を確信した三郎助は、事業化を決断する。

彼は最初から、この調味料が一般家庭で使われることを想定していた。そのため大量生産の態勢を整え、販売ルートを確保し、容器やネーミングにも知恵を絞った。

そんな努力にもかかわらず「味の素」の売れ行きは不振だった。一般の日本人の食生活はまだ保守的で、新しい調味料を受け入れなかったし、米一升が一八銭のときに一四グラムの小瓶で四〇銭は、あまりに高価だったのだ。

だが、三郎助はあきらめずに「味の素」の製造販売を続けた。しばらくは赤字だったものの、高級調味料として料亭で使われはじめ、しだいに一般家庭へも浸透していく。そして、大正、昭和の時代には、赤いキャップの小瓶が日本全国の食卓に置かれるようになったのである。

➡**明治42年、京橋に設置した事務所**　この年の5月20日、一般発売の日が、今日の味の素株式会社の創業日となった。味の素の看板を大きく掲げ、「味の素本舗」とした。ショーウインドーには見本瓶を陳列し、屋上には5000個の電球によるイルミネーションを設けた。

↓**広目屋による「味の素」の宣伝活動**　販売店開拓のため、宣伝に力を注いだ。味の素と染め抜いた幟を押し立てて楽隊を先頭に練り歩く、広目屋を使った宣伝は、発売当初、全国各地で行なわれた。

福助 明治15年創業

辻本福松

つじもと・ふくまつ

堺足袋を復興、福助マークでブランド構築

⬆大正期の美人画ポスター 新進画家・北野恒富が描いた豪華ポスター。背景に描かれている工場は、福松の理想を描いたものだったという。広告の天才と呼ばれた福松の発案である。

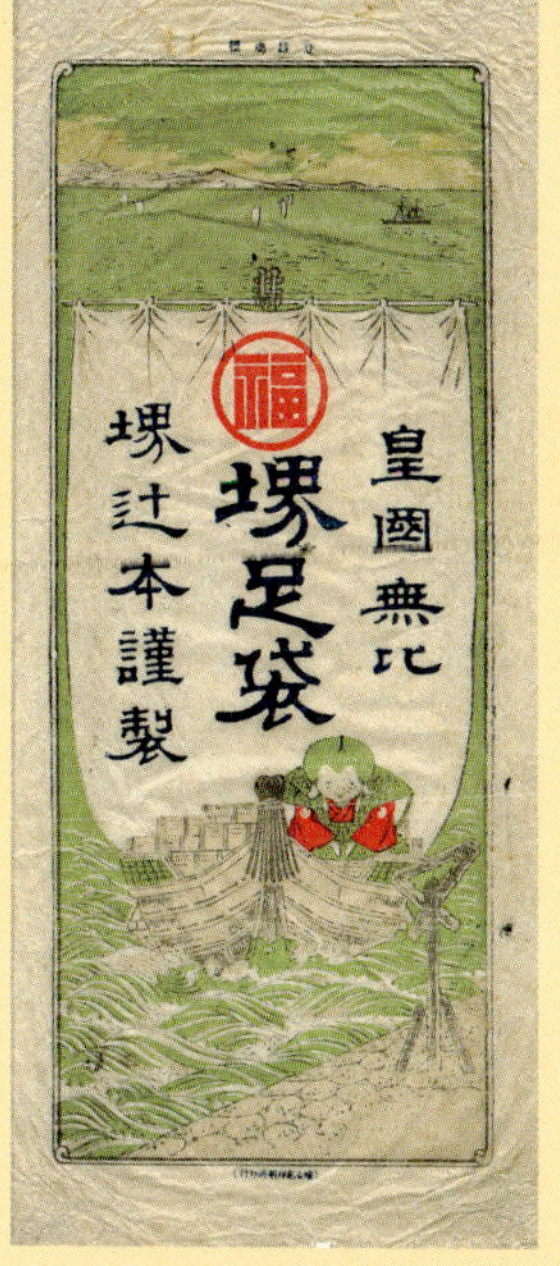

⬆明治40年製の1足袋 日本ではじめての、足袋のパッケージ。3色刷りの豪華なパッケージで、注文が殺到したという。

⬆創業者・辻本福松 丸福の創業時、すでに堺足袋は衰退しつつあったが、福松は大量生産によって堺足袋を復興した。

⬆店頭ポスター 明治20年頃の制作。背景の絵は甲斐町東一丁にあった店舗。商才だけでなく絵心もあった福松は、登録商標した初代福助マークをみずから描いた。

福助は明治15年（一八八二）、辻本福松が大阪府堺区（現・堺市）大町東三丁で、足袋装束卸売店「丸福」を創業したのが発祥となる。

福松は文久元年（一八六一）、旧幕府御本丸御用の木綿商であった、辻本家の四男として出生。当時は商人に学問は不要という通念があったが、両親の理解もあり、寺子屋に通った。論語の言葉「我道は一以て之を貫く」に感動を覚え、生き方の指針となった。堺を愛した福松は、「堺に〝東洋のヴェニス〟と呼ばれた昔日の黄金の日々を取り戻さん」といった気概に満ちていた。兄・安七の友人、河盛足袋装束店のあとを残品とともに継承、二〇〇〇円ほどの資金で独立した。

しかし、未曾有の大不況で足袋価格は半額となり、経営難に直面。親族からは足袋商を続けるのなら縁を切ると通告されたが、足袋商を選び、妻・まつの嫁入り道具を売却した金で当座をしのいだ。明治20年、甲斐町東一丁に移転。

商圏が大阪一円に広がりはじめると、福松は大量生産、大量販売の構想を抱き、多くの下請けを結集。明治26年には、堺足袋装束組合を組織し、組合長に就任した。このころから堺足袋の名声も高まった。

明治31年、福松は丸福に六年間奉公していた北川豊三郎を養子に迎え、経営の大部分を譲る。明治33年、商標を「福助」とする。明治41年、全国に販売店網をつくる、一市一町一店主義を決議した。豊三郎は大正5年（一九一六）に東京進出を果たし、大正8年には、合名会社を株式会社化して、福助足袋を設立。昭和9年（一九三四）靴下に進出した。

戦後、昭和39年に福助に社名を変更。一九六〇年代よりつぎつぎにブランドと提携、靴下を中心に、肌着・外衣も含めたアパレル企業となった。

平成15年（二〇〇三）、民事再生を申請。同年、MKSパートナーズが運営するファンドにより新会社の福助を設立した。年商は約二七〇億円。

⬅足袋の10足箱 福松は「売り物に花を飾って購買意欲をそそる」ことをめざした。10足の足袋を入れる10足箱にも意匠が凝らしてある。

サントリー 明治32年創業

鳥井信治郎

とりい・しんじろう

「やってみなはれ」の精神で洋酒文化を築く

⬅壽屋の第1号新聞広告　明治40年に『大阪朝日新聞』に掲載されたもの。この前年に店名を「壽屋洋酒店」と改め、洋酒専門店としてやっていく決意を示した。

➡最初のウイスキー「ヘルメスウイスキー」　明治44年発売。混成酒だったため信治郎は満足せず、このあと本格的な国産ウイスキーづくりに進出する。「ヘルメス」の名は、ブランデー、シャンパン、ドライジンなどにも使われた。

⬆若き日の鳥井信治郎　7年間の丁稚奉公を経て「鳥井商店」を興（おこ）す。株式会社になっても「社長ではなく大将と呼べ」と社員に通達するなど、商人の心構えを重んじた。

やってみなはれ。やらなわからしまへんで――

鳥井信治郎がよく口にしたというこの言葉には、彼の事業に対する姿勢が端的に現われている。その言葉どおり、弱冠20歳で創業して以来、信治郎はつねに開拓者でありつづけた事業家だった。

明治12年（一八七九）、大阪の両替商の家に生まれた信治郎は、13歳で薬酒問屋小西儀助商店に奉公に出る。輸入の薬や葡萄酒（ぶどうしゅ）を扱うこの店では、ブランデー、ウイスキーなどの洋酒製造もいち早く始めていた。ここで身につけた洋酒の製造法、ブレンド技術が、信治郎の将来を決定づけることになった。

明治32年に独立した信治郎は、葡萄酒の製造・販売を行なう店を立ち上げる。当時の葡萄酒はおもに薬用酒で、製造とは、輸入した生葡萄酒をベースに砂糖や香料を調合することだった。

信治郎も同様の商売をしていたが、あるとき親しくなった貿易商の家でスペイン産の葡萄酒を飲み、そのおいしさに驚く。日本にもこの味を広めたいと輸入販売を開始するが、本格的な葡萄酒の味は当時の日本人の舌には合わず、まったく売れなかったのである。だが、信治郎はあきらめなかった。

日本人の口に合う葡萄酒がきっとあるはずだ。ただ甘いだけでなく、美しい色、適度な甘酸っぱさをもった日本の葡萄酒。自分の手でそれをつくりだそう。そう決意した信治郎は、何年にもわたって試作を重ね、のちに日本を代表する甘味葡萄酒となる「赤玉ポートワイン」を完成させたのである。

日本人のための洋酒、それも外国産にひけをとらない味のものをつくるという彼の夢は、このの ち国産ウイスキーの製造へと向かっていく。それは葡萄酒以上に困難な事業となったが、一〇年以上もの年月をかけて初の本格国産ウイスキー「サントリーウイスキー」を生む。そして、信治郎が予言したとおり、ウイスキーはやがて日本中で飲まれるポピュラーな洋酒になっていった。

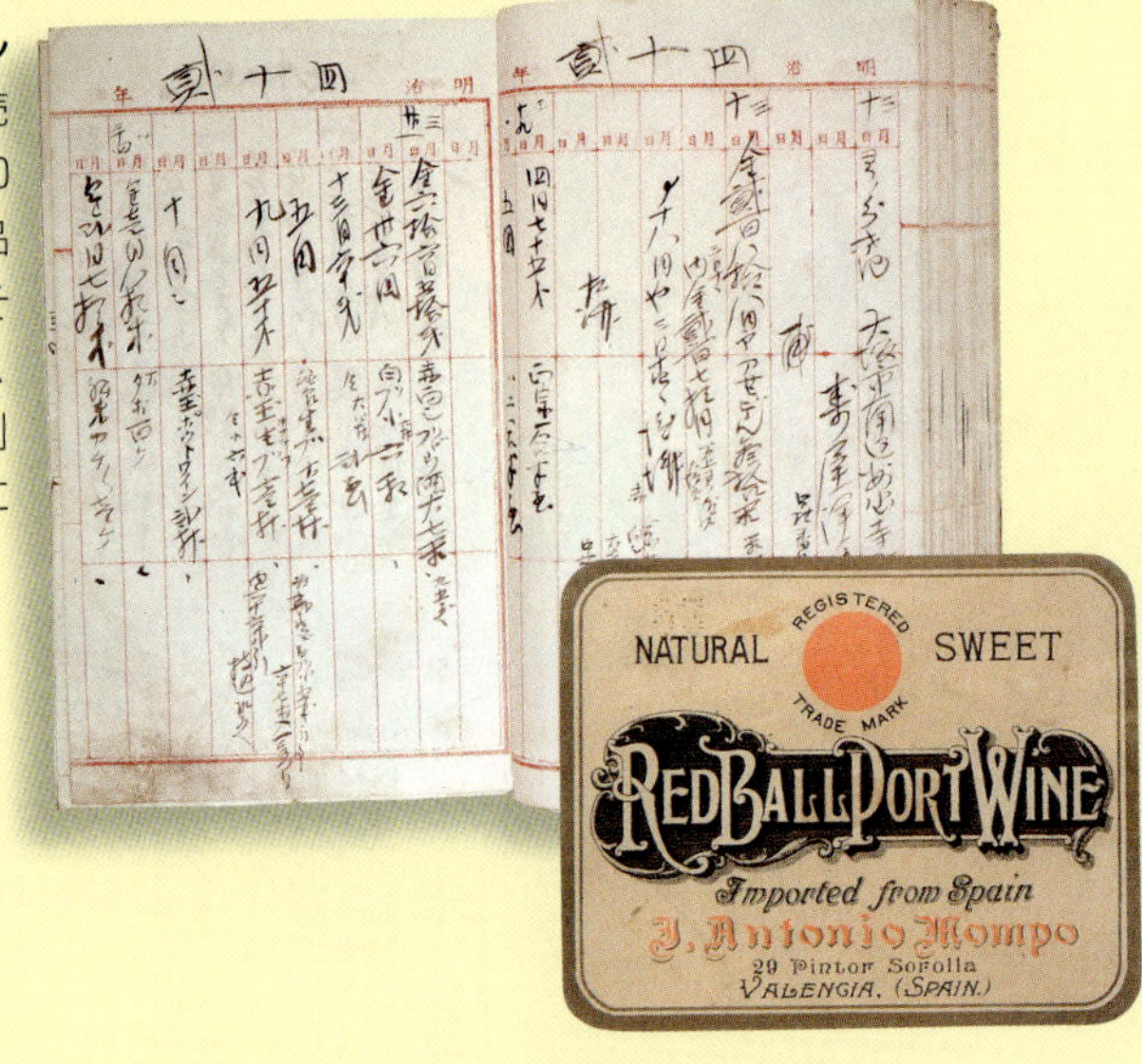

➡「赤玉ポートワイン」のラベルと仕入れ台帳　明治40年の発売で値段は38～39銭。米1升が10銭だったからかなりのぜいたく品だが、一大ヒット商品となり、その後の事業活動を支えた。当初、ラベルの文字は「AKADAMA」でなく「RED BALL」。台帳には「赤玉」の文字が見える。

⬅創業期の葡萄酒ラベル　ヨーロッパの葡萄酒は、当時の日本人には酸味が強すぎたため、スペイン産葡萄酒をベースに香料と甘味料を調合、「甘味葡萄酒」として販売した。

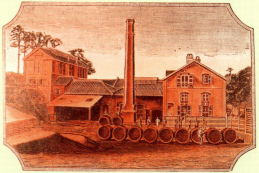

キリンビール 明治40年創業

ジェームス・ドッズ

麒麟のマークでビールを国民的飲料に

⬅**明治22年当時のラベル** 現在のラベルの原形となったもの。キリンは東洋の霊獣「麒麟」に由来する。麒麟を商標にすることを提案したのは、三菱社管事の荘田平五郎といわれている。

⬆**ジェームズ・ドッズ** ドッズは横浜居留地の外国人や三菱の岩崎弥太郎らに株主として参加を求め、ジャパン・ブルワリーを創業した。

麒麟麦酒（キリンビール）のルーツは、明治3年（一八七〇）、横浜の山手居留地に創立した、日本初の本格的なビール醸造所、スプリングバレー・ブルワリー。創業者はノルウェー生まれのアメリカ人、ウイリアム・コープランド。醸造所でつくられたビールは、当初の地名・天沼から「天沼ビア酒」と呼ばれた。

コープランドはビール醸造の修業を五年間行なったあと、アメリカに渡り、さらに元治元年（一八六四）に来日。牧場経営や運送業に携わっていたが、ビール需要の急増を見越して醸造所を開いた。

スプリングバレー・ブルワリーはその後、公売に掛けられ、明治18年、香港法人のジャパン・ブルワリーとして再出発。初代社長は、ジェームズ・ドッズ。当時の日本の輸入ビールが、ドイツ風ラガービールのシェアが圧倒的に高かったことから、ドイツ人技師を招き、明治21年、ラガータイプの「キリンビール」を製造、発売した。「キリンビール」の名称は、西洋のビールには狼や猫など動物が多く用いられているので、東洋の霊獣・麒麟でどうかとの趣旨だった。

また、明治屋と一手の販売契約を結んだ。その背景には、長崎のイギリス商人、トーマス・B・グラバーの後押しがあったといわれる。翌年には、ラベルが現在のラベルのもととなるデザインに変更。明治32年には、日本法人に改組。

明治40年には、明治屋、三菱合資、日本郵船の三社が協力した買収によって、麒麟麦酒が設立された。

「キリンビール」がビールのトップシェアを獲得するのは太平洋戦争後で、昭和30年代後半にはシェア五〇％に迫り、昭和48年（一九七三）には六一・八％を記録、お化けブランドと呼ばれた。現在はビールは二位ながら、発泡酒、チューハイ、清涼飲料、医薬、健康食品、バイオなど多角化を推進。連結売上高一兆六五四八億八六〇〇万円（平成16年12月期）となっている。

⬆**スプリングバレー・ブルワリーを描く絵** 明治3年、コープランドが個人経営のビール醸造所として開設。明治17年に公売に出され、トーマス・B・グラバーらが発起人となり業を引き継ぎ、ジャパン・ブルワリー社を設立した。

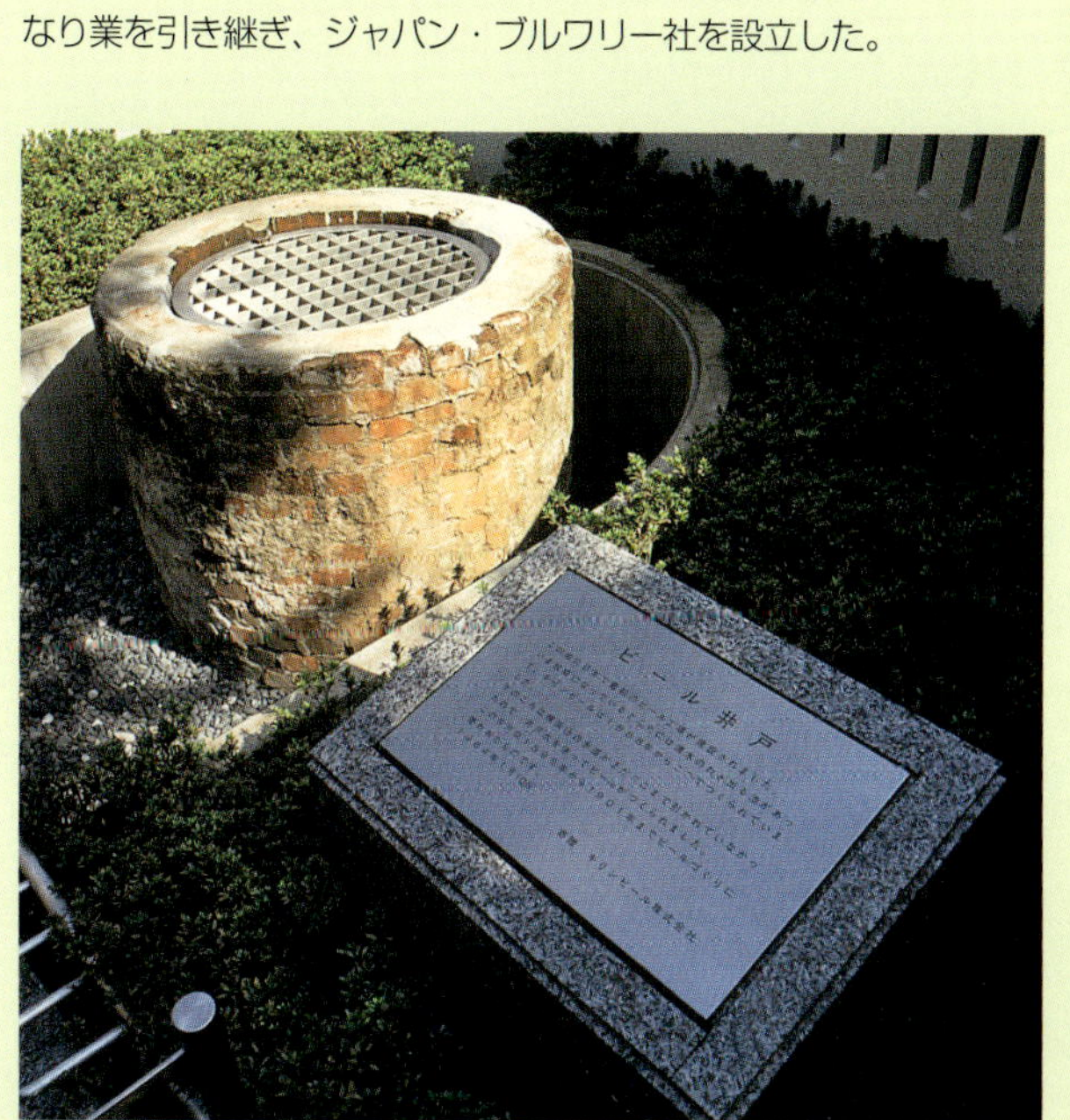

➡**ビール井戸** 横浜の山手工場で使用した井戸跡で、現在も横浜市立北方小学校内に残っている。山手工場は大正12年の関東大震災で全壊してしまった。井戸跡はのちに改修され、昭和42年に横浜市に寄贈された。

⬅**明治36年制作の石版ポスター** 当時、広告宣伝費はジャパン・ブルワリーと明治屋とで折半という取り決めで、新聞・雑誌をはじめポスター、カード、立て看板などを通じて行なわれた。このポスターは、同社所蔵の最古のもの。

花王　明治20年創業

長瀬富郎（ながせ・とみろう）

良質の国産石鹸を販売、広告にも才気を発揮

↑向島請地工場内に発足した実験室　請地工場は明治35年に竣工。明治39年に石鹸工場としては初の試験・実験施設がつくられた。

←花王石鹸の商品第1号　明治23年に発売。ろう紙で包み、品質証明書をつけるなど高級品としてのイメージをつくった。

↑創業者・長瀬富郎　良質な化粧石鹸の国産を思い立ち、花王ブランドを確立した。

花王の前身は明治20年（一八八七）、創業者の初代長瀬富郎（ながせとみろう）が興（おこ）した洋小間物商「長瀬商店」。当初は東京の日本橋馬喰町（ばくろちょう）二丁目、通称板新道という裏通りにあり、舶来の石鹸、文房具など雑貨を扱う卸売業であった。

初代富郎は、奥美濃（現・岐阜県）の恵那郡福岡村の出身。明治7年、12歳で隣村の東白川村にある母方の実家、雑貨店「若松屋」に見習いとして入店。明治16年には、塚田支店副支配人となる。

明治18年、上京。翌19年、日本橋馬喰町の洋小間物商「伊能商店」に入店し、半年後には大番頭に起用されるといった経歴の人物であった。

舶来石鹸が高価すぎるのに対して、国産石鹸の粗製濫造が初代富郎の不満であったが、日本の石鹸製造の草分け、鳴春舎の石鹸職人、村田亀太郎と意気投合。良質の化粧石鹸を製造すべく、独立を果たした村田の新宿工場を専属工場とした。色素・香料の配合は遠縁の薬剤師・瀬戸末吉の助言を得た。

明治23年、桐箱入り高品質ブランド「花王石鹸」を発売。「花王」の命名は、当時化粧石鹸が〝顔洗い〟と呼ばれており、高品質訴求のために〝顔〟によく似た発音の「花王」としたもの。〝美と清浄のシンボル〟として、「月のマーク」を採用した。これらは初代富郎のアイディアであった。

生産力増強のため、工場を、明治29年向島の須崎、明治35年向島請地（うけじ）に相次いで移転。また、新聞を中心に宣伝を重視し、明治23年には、利益の四四%を投入。明治28年から鉄道沿線広告第一号といわれる、野立看板を全国主要沿線上に設置した。

明治44年、個人経営から合資会社長瀬商会へ改組し、法人となった。

社名が花王となるのは、昭和60年（一九八五）。現在の年商は二〇〇五年3月期連結決算で、九三六八億五一〇〇万円。家庭用雑貨、化粧品のリーディング企業で、独自の製販一貫システムをもつ。

➡浅草雷門付近に掲げられた看板広告　明治43年頃の撮影。看板の月のマークは〝美と清浄のシンボル〟として、形を変えながら今日に受け継がれている。

←明治43年頃の本舗　長瀬商店発足の地である日本橋馬喰町にあった。このころ病を得た富郎は、長瀬商店を合資会社長瀬商会に改組した。

セイコー 明治14年創業

服部金太郎

はっとり・きんたろう

日本の時計を世界レベルに育てた時計王

⬆明治42年に竣工した精工舎　服部時計店の創業から約10年後の明治25年、時計製造会社「精工舎」を設立。掛け時計の製造を開始する。写真はそれから17年後に新築された社屋。

⬆30歳ごろの服部金太郎　「急ぐな、休むな」という口癖どおり、立ち止まることなく事業家としての人生を歩みつづけた。

➡最初の精工舎製懐中時計　明治28年に完成した「タイムキーパー」。スイス製の懐中時計がモデル。懐中時計はこのあと、改良を重ねてシリーズを増やしていき、32年に製造開始の「エキセレント」はのちに「恩賜の時計」に指定される。

⬇明治末期の服部時計店　明治28年に増改築し、時計塔を設けた。2階の角に「服部時計店」の看板が見える。この建物は大正10年に取り壊され、現在は銀座和光である、2代目の時計塔ビルが建てられた。

昭和39年の東京オリンピック。それまでヨーロッパのメーカーが独占してきた競技の公式計時にはじめてセイコーの時計が採用された。日本の技術の高さが世界に認められたのだ。明治に始まった近代時計製造業が世界レベルに到達する——その道筋をつくったのが「時計王」と称された服部金太郎であった。

万延元年（一八六〇）、京橋の古物商の家に生まれた金太郎は、子どものころから将来は事業を興そうと心に決めていた。12歳で洋品雑貨問屋の辻屋に丁稚奉公にあがると、自分の進むべき道を模索しはじめる。

そんな金太郎が目をとめたのが、奉公先のそばの時計店だった。客がいない時間は店員が時計の修理に励んでいるのを見て、販売と修理、両方で利益を得られることに気づく。まず修理の仕事から始めれば、開業資金も貯められる。そう思い至った金太郎は、14歳にして時計商になる決意を固めた。

それから三年あまり、金太郎はふたつの時計店で働き、時計技術を身につける。17歳からは自宅に「服部時計修繕所」の看板を掲げて中古時計の修理売買を始め、同時に日本橋の時計店にも技術者として勤務する。そして、四年後の明治14年（一八八一）、ついに「服部時計店」を開業したのである。

弱冠21歳で夢を実現した金太郎だったが、その後も気をゆるめることなく、事業を発展させていく。明治16年には火災で店舗を失うという不幸にみまわれたが、二年間で貯めた資金ですぐに再興。舶来時計の仕入れ販売を中心に業績をのばし、翌17年にはやくも「東京高名時計商繁昌鏡」という番付に名を連ねている。そして、創業してわずか六年で銀座に店舗を構え、金太郎は名実ともに一流の時計商となったのであった。

その後、明治25年には東京・本所区（現・墨田区）に「精工舎」を設立して時計製造業を開始。ここから数多くの優れた時計を生み出し、金太郎の興した服部時計店は、世界のセイコーへと成長していく。

グンゼ 明治29年創業

波多野鶴吉

はたの・つるきち

人間尊重主義で地域産業と人材を育成

グンゼは明治29年（一八九六）、京都府何鹿郡綾部町（現・綾部市）に、「郡是製絲株式會社」として創業。「養蚕王」波多野鶴吉を中心に、何鹿郡内中小の製糸家、養蚕農家七二一人が出資し、資本金九万八〇〇〇円で設立された。

「郡是」の社名は、何鹿郡蚕糸業組合の組合長にあった波多野が、前年に、日本養蚕会会頭の前田正名を招いた演説会の際、前田が力説した「国に国是、郡に郡是、村に村是確立の要あり」の言葉に由来する。

波多野は、何鹿郡の発展のために製糸業を興し、これを中心に据えて農家に養蚕を奨励することこそ、地域の窮状を救済する道であるという信念をもっていた。会社設立にあたって、共存共栄による地域産業振興の精神を示すために、郡是の名を推した。

初代社長には、波多野の実兄、羽室嘉右衛門が就任。波多野は取締役として、実質的に経営を指揮。明治34年に、第二代社長となった。

キリスト教に帰依した波多野は、「善い人が良い糸をつくる」と考えた。創業の翌年から、工女の教育を始め、明治42年には、川合信水を招き、教育部を発足させ、人間尊重に立った教育に高められていった。

「郡是」の生糸は、明治33年にパリ万国博覧会で金牌受賞、明治37年セントルイス万国博覧会で最高賞受賞などからもうかがえるように、優良生糸の代名詞となっていった。

終戦直後、昭和21年（一九四六）に、メリヤス肌着生産開始。生糸は後退したが、肌着や靴下でヒットを連発。肌着のトップメーカーとなり、昭和42年に「グンゼ株式会社」に社名変更した。

現在のグンゼは、二〇〇五年3月期連結決算で、年商一六〇五億六五〇〇万円を数え、繊維のみならず、プラスチック、電子部品、エンプラ、メカトロニクス、メディカル、ショッピングセンターなどのライフクリエイト、緑花などの事業まで発展させるに至っている。

↑**創業者・波多野鶴吉**　養蚕業からスタートし、地域振興に尽くした。従業員の教育にも熱心で、人間尊重主義に基づく教育を実践した。

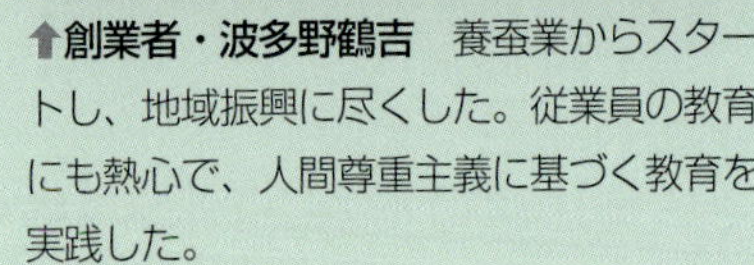

↑**創業当時の工場**　明治29年に創業した。当時の綾部の生糸は「粗の魁」と酷評されるもので、まずその品質改善が急務だった。

↓**創業初期の製糸場**　明治33年頃の撮影。鶴吉は群馬、福島などの蚕業先進地に修学生を派遣して技術吸収に努め、養蚕伝習所を開くなど、何鹿郡の養蚕技術の向上に努めた。

↓↘**パリ万国博覧会の金牌（右）とセントルイス万国博覧会最高賞**　明治33年と37年にそれぞれ受賞。何鹿郡、そして郡是の生糸が国際基準で高品質であることを証明した。

丸善 明治2年創業

早矢仕有的

はやし・ゆうてき

医師から転身、最初の「株式会社」をつくる

⬆早矢仕有的の肖像　江戸の開業医だったとき福沢諭吉の門下生となる。福沢の勧めで、丸善を設立。

⬆明治10年代の丸善　日本橋の書店と唐物店の絵。2階の看板には「Z.P.MARUYA & CO.」と記されている。「Z.P.」は会社の名義人・丸屋善八のイニシャルだが、これは架空の名前で実在しない人物。

➡⬇岡田三郎助が描いた「丸善インキ」のポスター（右）と「丸善早印刷器」のラベル　学校が増えてインキの需要が高まり、明治11年からインキの製造販売を始めた。早印刷器は、23年の第3回内国勧業博覧会で賞を受けている。

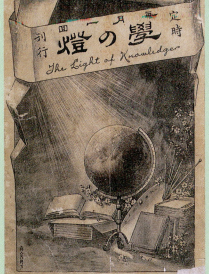

⬅明治30年発行の『學の燈』創刊号　日本で最初の企業PR誌で、のちに『學鐙』と改称、現在も刊行されている。34年からは内田魯庵が編集長を務め、学術的な内容で評判になった。

早矢仕有的は天保8年（一八三七）、美濃国（現・岐阜県）に生まれた。名古屋で医学を学んだのち、郷里で開業。22歳のときに医学修業のため江戸に出る。腕の立つ医者であった有的は、まもなく江戸でも開業、美濃の岩村藩の藩医も務めた。

そんな有的の人生の針路が大きく変わったのは、慶応3年（一八六七）、30歳のときである。英学を学びはじめていた有的は、福沢諭吉が主宰する家塾（のちの慶應義塾）の門をたたく。このとき福沢は32歳。年齢も近かったふたりは、師弟というより、今後の日本が進むべき道を語り合う同志となった。

やがて有的は医者を辞め、福沢の勧めで西洋の書籍や雑貨などの文物を輸入する貿易事業を始めることを決意する。そして、明治2年（一八六九）、横浜に「丸屋商社」（丸善）を創業したのである。

設立にあたって有的は、近代的な会社組織を取り入れることを決めていた。彼の個人商店ではなく、元金を出資する「元金社中」と、実際に働く「働社中」とで構成する会社組織である。それはつまり、株主と社員からなる株式会社のシステムであり、丸善は事実上、日本初の株式会社となったのである。

丸善には、書店のほか、薬店、洋品雑貨を売る唐物店、洋服仕立ての裁縫店、洋家具の指物店などがあり、店舗は横浜、日本橋に続き、大阪・京都・名古屋にも開設された。また、銀行や貿易協会を興すなど、有的は順調に事業を発展させていった。

しかし、明治17年、大きな危機が訪れる。五年前に設立した丸屋銀行が不況の影響で破綻し、丸善もかなりの負債を負ったのである。翌18年、有的は責任をとって社長を辞任、みずからつくりあげた丸善の事業いっさいから手を引いたのであった。

その後、事業の縮小などにより、明治30年代には丸善は経営再建に成功する。それを見届けるかのように、明治34年2月18日、有的は64歳の生涯を閉じた。生涯の師・福沢の死から半月後のことだった。

資生堂 明治5年創業

福原有信（ふくはら・ありのぶ）

日本初の調剤薬局をつくり、健康と美を追求

←↓オイデルミン（左）と福原ねりおしろい オイデルミンは明治30年にはじめて製造販売した化粧水で、ギリシャ語のeu（オイ）（良い）とderma（デルマ）（皮膚）から名付けられた。ねりおしろいは翌年発売。ともに「高等化粧品」だった。

↑30代の福原有信 嘉永元年（1848）、安房国（現・千葉県）の医家に生まれた有信は、江戸の幕府医学所で医学と薬学を学ぶ。資生堂の創業は24歳のとき。

APOTHEKE
Chemists and Druggists.
製薬調剤舗
資生堂

謹告
拙舗多年調薬営業仕来
候処今般更ニ同志と相
謀り製薬并ニ調合と上
とし且西洋各国より物
選の薬品取寄せ一層盛
大ニ営業仕候間何卒多
少ニ拘らず御注文の程
伏て奉冀望候
製薬調剤舗
東京新橋出雲町
十六番地
資生堂

←明治10年代の新聞広告 従来の製薬と調剤のほか、西洋からの輸入薬の販売を始めることを告知している。のちに資生堂の広告や製品に多く登場する唐草模様が、はじめて縁取りに使われた。

明治5年（一八七二）、海軍病院の薬局長だった福原有信は、ふたりの同僚とともに新しい時代の薬局をつくるべく三精社（さんせいしゃ）を興（おこ）す。彼らの理想は医師からの処方箋により薬を調剤する医薬分業だった。薬といえば漢方薬、洋薬は軍隊以外ではほとんど使われていない時代のことである。

三精社の最初の事業は、洋風調剤薬局「資生堂」の創業だった。資生堂という社名は、儒教の「易経」の一節「至哉坤元（いたれるかなこんげん）　万物資生（ばんぶつとりてしょうず）」からとったもので、「大地の徳はなんとすばらしいものか、すべてのものはここから生まれる」という意味。新しい事業を志す者の意気込みが感じられる命名である。

続いて日本橋に西洋薬舗会社も設立、経営は海軍病院を辞した有信に任された。文部省や宮内省からの注文を受け、事業は順調にスタートした。

だが、創業からわずか三年ほどで経営は行きづまってしまう。精度の高い洋薬は高価にならざるをえなかったが、それを販売できるような医療システムが整っていなかったのだ。地租改正などによる社会・経済の不安定も拍車をかけた。赤字を抱えた薬舗会社を閉鎖し、三精社は解散。資生堂薬局は有信の個人経営となった。有信はのちに「夜逃げも考えた」と述懐しているが、まさに破産寸前の状態であった。

そんな経営難を救ったのは、明治10年の西南戦争とコレラの大流行だった。傷病兵や伝染病予防のために医薬品の需要が高まり、薬業界の景気も回復する。有信は調剤と製薬に加えて売薬の製造と販売も始め、経営はしだいに安定していった。

その後、明治21年に発売した「福原衛生歯磨石鹼」が好調に売れ、第三回内国勧業博覧会で賞も受けて資生堂の信用は高まっていく。30年に化粧品業に進出、35年には薬局内にソーダ水とアイスクリームを製造販売するソーダファウンテンを設け、現在に続く「資生堂」の基礎を築いていった。

↓日本初の練り歯磨「福原衛生歯磨石鹼」 明治20年代、大阪の卸問屋の前での広目屋による宣伝風景。それまでは石灰岩の粉末に香料を入れた粉歯磨しかなかったため、評判となった。1個2銭の粉歯磨に比べ、25銭と高価だった。

ミキモト 明治32年創業

御木本幸吉

みきもと・こうきち

世界ではじめて真珠の養殖に成功した真珠王

御木本幸吉は安政5年（一八五八）、志摩国（現・三重県）鳥羽のうどん屋の長男として生まれた。はやくから商売への意欲をもっていた幸吉は、家業を手伝うかたわら、14歳のころから青物の行商を始めている。そして20歳で家督を継いでからは、海に恵まれた志摩の海産物に目をつけ、海産物商へと転身したのである。

そんな幸吉が真珠の養殖を始めることになったのも、もともとは郷土の特産品である天然真珠への海産物商としての関心からだった。真珠を生み出すアコヤ貝は、乱獲によって絶滅の危機に瀕していた。それを憂えた幸吉は、アコヤ貝の増養殖に取り組みはじめる。

だが、アコヤ貝の養殖は経費がかかるうえ、真珠が生まれないと商品価値は低いことがわかり、計画は頓挫する。つぎに幸吉が考えついたのは、真珠そのものの養殖という奇抜な発想だった。東京帝国大学教授の箕作博士から「成功例はないが理論的には可能」という答えを得て、さっそく養殖実験を開始。さまざまな苦労と試行錯誤を重ねながら、三年後の明治26年、半円真珠の養殖に成功したのである。

明治29年に半円真珠の特許を得た幸吉は、代々続いた家業のうどん屋を親類に譲り、真珠業に専念することを決める。みずから発明した養殖真珠の生産だけでなく、加工や販売まで一貫して行なう――そんな真珠の事業化の構想が、すでに幸吉にはあったのだろう。はやくも32年には東京・銀座に日本初の真珠専門店「御木本真珠店」を設立し、装身具向けの真珠の卸売りを始めている。

だが、養殖真珠の研究はここで終わりではない。天然真珠と同じ完全な球形の「真円真珠」の養殖こそが、幸吉の悲願であった。赤潮などの災害と闘いながら、明治38年、ついに真円真珠の養殖に成功する。そして、その後も幸吉は真珠の発明家・事業家としての道を歩みつづけ、「ミキモトパール」の名は世界中に広まっていった。

➡明治41～42年につくられたブローチ 上の星形のものはペンダントとしても使用可能。右のブローチの葉の一面に真珠が留められている技法は、19世紀のヨーロッパのジュエリーと同じ技法である。

⬆明治23年、32歳の御木本幸吉 この年の9月、御木本真珠貝培養所を興し、真珠養殖の実験を開始した。

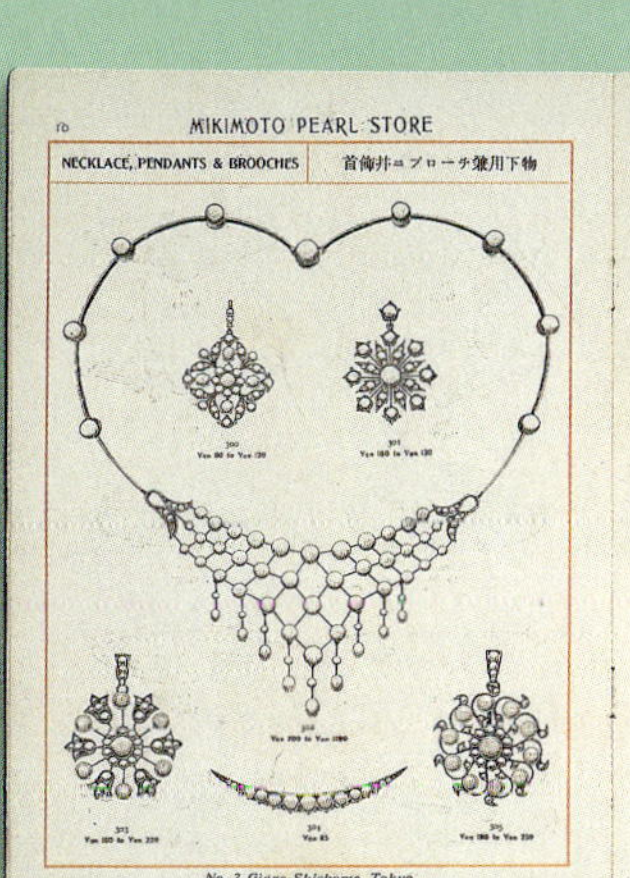

⬇明治42年の総合カタログ『Pearl Jewelry』 和装・洋装・男子用と用途別に商品サンプルが掲載され、300点に及ぶ商品が紹介されている。客の大半が外国人だったため英文付き。

⬇明治39年、銀座4丁目に新築された御木本真珠店 白い石造りの2階建ての洋館は、銀座の表通りでもひときわ目を引いた。店内の装飾は欧米の有名宝飾店に倣い、ハイカラーの洋装の店員が接客にあたった。

日本ペイント 明治14年創業
茂木重次郎
もてぎ・じゅうじろう

兄の遺志を胸にペンキの国産化に成功

日本における洋式塗料の歴史は、明治14年（一八八一）10月に設立された共同組合光明社の歴史に始まる。

その発端は茂木春太・重次郎兄弟が成功した亜鉛華の製造にあった。兄弟は大和郡山藩の出身である。明治維新後、県の特待生として慶應義塾に学んだ兄春太は、東京大学の前身である開成学校の助手をしながら、日本初の化学教科書とされた英国書の翻訳業務をし、そのなかで化学の知識を得た。一方、弟の重次郎も開成学校に入り、物理学や無機化学を学んだ。

ある日春太のもとに、薬店から、西洋にあるという無毒白粉の製造依頼が持ち込まれた。日本の白粉は鉛白であり、役者らが鉛による健康障害に悩まされていたからである。春太はそれが亜鉛華であることは知っており、教科書に出ていた金属精製法の応用で可能であろうと推測し、重次郎に乾留法による製法を指導した。組合組織で始めたが、多額の設備資金がまかなえず、組合は自然消滅した。そこで兄弟は神田錦町に大和屋重次郎商店を開設し、父の財産売却や兄の印税、妻の着物を質草になんとか研究を続け、ようやく明治11年に亜鉛華の製造に成功し、大和屋の事業は安定してきた。

そこで重次郎は洋式塗料「ペンキ」の国産化に挑戦し、13年春に完成した。明治14年に東京上野で開催された第二回内国勧業博覧会にペンキと亜鉛華を出品し、ペンキで褒章を受けた。これが国産塗料の出現を望んでいた海軍の中川平吉塗工長の目にとまり、その支援を得て共同組合光明社が生まれた。だが直前に最大の指導者であった兄春太が病死してしまった。この悲しみを乗り越えて兄の遺志を胸にさらに努力を重ねるうちに、海軍への納入が始まり、洋式建物への塗装需要も出はじめて、事業の拡張が始まった。明治31年には株式会社として日本ペイントが発足。東京（南品川）、大阪（大淀）の二大工場建設など、発展の基礎が築かれていった。

↑創業者・茂木重次郎 兄の春太とともにペンキの国産化を志し、ペンキ製造の先駆者となる。

←ペンキ練用「手回しロールミル」 明治14年から30年まで工場で使用していた。1日3人がかりで約60kgを製造していた。

→中村悟竹の筆の光明社看板 中国（清）に渡り、書をきわめ、明治の書聖と呼ばれた中村悟竹が明治18年に著わした書。

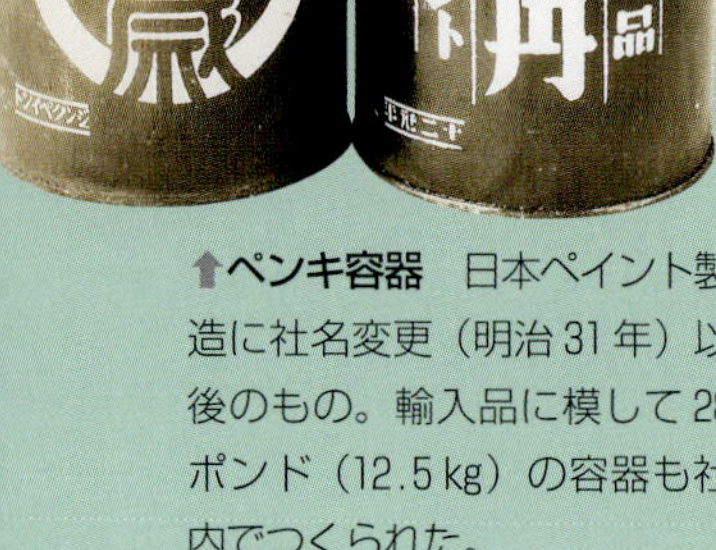

↑ペンキ容器 日本ペイント製造に社名変更（明治31年）以後のもの。輸入品に模して28ポンド（12.5kg）の容器も社内でつくられた。

↓艦船用色見本衝立 明治14年、光明社設立に協力した海軍塗工長中川平吉が塗った日本最古の塗り見本。

↓東京工場の亜鉛華工場内部 明治29年、南品川に開設された東京工場は、総面積3395坪の広大な敷地に建てられた。

森永製菓 明治32年創業

森永太一郎

もりなが・たいちろう

西洋菓子を大衆に広めたクリスチャン

⬆実物見本の箱車　創業当時、菓子店への売り込みのためにつくったもの。熱心なクリスチャンだった太一郎が、同時にキリスト教の布教をしようと屋根に聖書の一節を金文字で書いたため、「耶蘇の菓子屋」と評判になった。

⬇創業翌年の森永商店　最初の工場が手狭になったため、表通りの20坪ほどの場所に移転。入り口わきの英文に目をとめたアメリカ公使の夫人が上客となり、その紹介で各国公使夫人や政府の高官などが買いにくるようになった。

明治32年（一八九九）8月15日、東京市赤坂区溜池の裏通りに「森永西洋菓子製造所」の看板が掲げられた。わずか二坪の小さな工場が、森永製菓の出発点だった。

太一郎は、慶応元年（一八六五）、佐賀の伊万里で生まれた。生家は伊万里焼の問屋だったが、6歳で父が没したため、親戚の家を転々として育った。陶器商を営む伯父のもとで商売を学び、みずからも陶器商となる。

大きな転機が訪れたのは、明治21年、23歳のときだった。勤めていた横浜の陶器商の経営が傾き、商品を売るために渡米することになったのである。だが、サンフランシスコでの陶器販売は失敗に終わり、太一郎は、アメリカで新しい仕事を身につけて帰国しようと決意する。彼がめざしたのは、まだ日本ではほとんどつくられていない西洋菓子の職人だった。

こうして始まった太一郎の滞米生活は、足かけ一二年にも及んだ。人種差別が激しかった当時のアメリカで、日本人が簡単に菓子職人になれるはずもない。太一郎はキャンディ工場などで下働きとして働きながら、菓子の製造技術を少しずつ習得していったのである。

明治32年6月に帰国した太一郎は、二か月後に西洋菓子製造所を開店し、東京の一流菓子店を訪ね歩く。当初は注文が取れなかったが、クリスマス前に欧米の輸入菓子が東京や横浜の洋酒食料品店などに陳列されたことで、森永の菓子も注目されるようになり、しだいに販路が開けていった。

その後の森永は、まさに急成長を遂げていく。翌33年には表通りに移転、さらに36年には田町に新工場を建てて生産量を飛躍的に増加させた。新聞広告や博覧会への参加などの宣伝活動も積極的に行ない、高級品だった西洋菓子を全国に普及させ、大衆のものにしていったのである。

⬆作業服姿の森永太一郎　40代のころ。創業からの10年間は、朝4時から深夜の12時まで働きつづけた熱血社長だった。

⬇最初の携帯用キャラメル　明治41年発売。英文を印刷したブリキの小缶にコストがかかり、10粒入10銭と高価だったため不成功に終わる。現在も販売されている黄色い箱入りのミルクキャラメルの登場は、6年後の大正3年。

TRADE MARK
T. Morinaga & Co.'s
Pocket Caramels
"REALLY WHOLESOME CONFECTIONERY"
THIS SWEETMEAT IS MADE TO BE
GIVEN WITH CONFIDENCE TO THE YOUNG
PEOPLE WHO DO NOT CARE FOR TOBACCO

⬆進物用のエンゼルマーク　森永製菓のシンボルであるエンゼルは、明治38年に商標登録されている。当初はデザインもさまざまだった。

富士屋ホテル 明治11年創業

山口仙之助（やまぐち・せんのすけ）

古い温泉旅館を、国際的なリゾートホテルに

⬅晩年の山口仙之助　嘉永4年（1851）、相模国（現・神奈川県）に生まれ、10歳で横浜の山口家の養子となる。20歳で渡米。帰国後、慶應義塾に入り、福沢諭吉の勧めで観光業に就く。

⬆明治26年発行の株券　24年に新築した本館の建物と富士山が描かれている。この年、個人経営から株式会社へ組織を変更。外国人向けのホテルの案内書も、はじめて作成した。

お前は学問をするより、実業界でひと旗揚げたほうがいい——慶應義塾に入塾したアメリカ帰りの青年・仙之助に、福沢諭吉はそう言い放った。

何事かをなそうとの志を抱いて渡米したものの、現実は甘くなく、ひたすら労働に明け暮れた三年間であった。日本で牧畜業を興（おこ）そうと、蓄えた金で七頭の種牛を購入して帰国したが、それを実現する環境はまだ整っていなかった。わだかまった仙之助の思いを、福沢は見抜いていたのかもしれない。

福沢から国際観光の重要性を説かれた仙之助は、牛を売却して得た資金を元手に、外国人向けのホテルを開くことを決意する。日本を訪れる外国人は景勝地、保養地への旅行を好んだが、当時、そうした場所の外国人向けホテルは、日光の金谷（かなや）カッテージ・イン（のちの金谷ホテル）ぐらいしかなかった。

仙之助は立地条件を三点に絞った。外国人が憧れる富士山が見えること、東京・横浜から近距離であること、温泉があること。そして、そのすべてを満たす場所として箱根の宮ノ下を選んだのである。

当時の温泉地で西洋式のホテルを運営するのは苦労の連続だったが、食材の調達など数々の問題のなかで、もっとも困ったのは交通の便の悪さだった。箱根湯本までは馬車か人力車を使えたが、そこから宮ノ下までは駕籠（かご）か徒歩で山道を越えなければならない。明治13年に小田原—箱根湯本間に道路が開通し、翌年には塔ノ沢まで延びるが、宮ノ下まではまだ遠かった。そこで、仙之助はみずから道路工事に着手、20年に宮ノ下までの道を開通させたのである。

彼は、こうした情熱をずっとホテル事業に注ぎつづけた。明治26年には早川を利用した水力発電を導入するなど環境の整備も進める。また、24年に本館、39年には西洋館と、今も残る建物を建設、ホテルの陣容を整えていく。仙之助の青雲の志が結実した富士屋ホテルは、その後、大正、昭和と時代は移っても、多くの外国人から愛されるホテルでありつづけた。

⬅創業当時の富士屋ホテル　仙之助は箱根・宮ノ下にあった「藤屋旅館」を買収。「富士屋ホテル」と改称し、明治11年、外国人専門のホテルとして開業した。

⬇明治17年の富士屋ホテル　明治16年の大火でホテルは全焼してしまう。仙之助は養父の援助で平家建ての洋館1棟（後方高台にある建物）を建て、営業を再開した。

ヤマハ 明治30年創業

山葉寅楠

やまは・とらくす

国産オルガンの開発に成功したパイオニア

浜松市板屋町の本社工場　日本楽器製造株式会社設立の翌明治31年の撮影。

➡創業者・山葉寅楠　紀州徳川藩で天文係をしていた山葉孝之助の三男として生まれる。

明治20年（一八八七）、浜松尋常小学校のオルガンが突然鳴らなくなった。当時のオルガンは米一斗一円の時代に四五円もする高価なもので、静岡県の名物に数えられるほど貴重なものだった。輸入品であり、国内には製造者はもちろん専門の修理工もいなかった。校長は八方手を尽くした末に、医療器械の修理をしていた浜松の山葉寅楠に依頼したのである。長崎で時計技術を学び、大阪の医療器械店で修業を積んでいた経歴が買われたものらしい。

当時35歳であった寅楠にとって、はじめて見るオルガンではあったが、ほどなく故障箇所を突き止めた。しかし、寅楠はすぐには修理にかからず、オルガンの構造を模写しはじめた。オルガンの普及を見越し、その国産化を考えたのである。

寅楠はカザリ職人の河合喜三郎に協力を求め、模写図面からオルガンの試作が始まった。河合は周囲の反対にもかかわらず家屋敷を売り払い、資金すべてをまかなったという。試行錯誤の末、二か月で試作第一号が完成し、東京の音楽取調所（現・東京藝術大学音楽部）で審査を受けることとなった。当時、東海道線は未開通で、ふたりは天秤棒でオルガンを担いで箱根を越え、二五〇㎞もの距離を運んだのである。挙句、音楽取調所の伊沢修二から「形はいいが調律が不正確で、使用には堪えない」との評価を下されてしまう。ふたりは落胆したが、オルガン開発にかける情熱に打たれた伊沢は、特別に授業の聴講を許してくれた。

約一か月間、音楽理論を学んだあと、改めて寅楠は河合の家に同居してオルガンづくりに取り組んだ。完成した第二号オルガンは、伊沢から「舶来にかわりうる」との評価を得たのである。これが国産オルガンの嚆矢であり、寅楠は明治21年に山葉風琴製造所、30年には日本楽器製造株式会社（現ヤマハ）を設立。33年にピアノ、大正3年（一九一四）にはハーモニカの製造も開始し、総合楽器メーカーとしての歩みを始めるのである。

⬇山葉寅楠と河合喜三郎のレリーフ　東京の音楽取調所で審査を受けるため、オルガンを担いで箱根越えをする姿を描いている。もとは寅楠像の台座に埋め込まれていたが、太平洋戦争中の金属供出で失われるところを、社員の機転で保存された。

⬇山葉寅楠がはじめて修理したといわれるオルガン（複製）　浜松尋常小学校のオルガン。アメリカからの輸入品で、当時の値段で45円だった。

⬇明治40年代のグランドピアノ　明治37年、セントルイス万国博覧会でピアノとオルガンに名誉大賞が贈られた。

の農地開発が活発化。耕地整理・揚排水事業などの土地改良による乾田化と牛馬耕が普及、金肥の多量施肥、老農による水稲品種の改良、病虫害防除など農業の近代化が進んだ。

明六社（めいろくしゃ）
アメリカ帰りの森有礼と西村茂樹が、1873年（明治6）発起し、翌年設立した啓蒙思想家の結社。創立社員はほかに加藤弘之・津田真道・中村正直・西周・福沢諭吉・箕作秋坪・箕作麟祥ら。『明六雑誌』を発行。民撰議院設立論争などを提起した。

靖国神社（やすくにじんじゃ）
東京都千代田区九段坂上にある神社。幕末維新期の官軍側の国事殉難者を祀るため、1869年東京招魂社が創建、79年靖国神社と改称。別格官幣社のひとつ。ペリー来航以来の国事殉難者と戊辰戦争・西南戦争の戦死者で祀られているのは、現在も一部を除き政府軍のみ。

八幡製鉄所（やはたせいてつじょ）
1901年福岡県八幡（現・北九州市）で、日本初の高炉による銑鋼一貫生産を開始した官営製鉄所。設備・技術面ではドイツに依存し、建設資金の一部には日清戦争の賠償金があてられた。その後、3次にわたり拡張計画を行ない、鉄鋼業発展の中心となる。

郵便制度（ゆうびんせいど）
1871年、政府は前島密の建議に基づき、イギリスで確立していた郵便制度を導入、東京―大阪間で発足した。73年の布告で郵便事業を国家専掌下に置いた（85年逓信省に属す）。75年外国郵便開始。

横須賀造船所（よこすかぞうせんじょ）
官営造船所。幕末、フランスの技術支援で幕府が横須賀製鉄所として起工したのが始まり。維新後、新政府が事業を引き継ぎ、1871年2月第一船渠を完成、4月に横須賀造船所と改称。翌年10月から海軍省所管。83年鉄製艦建造を準備し、86年第1艦を起工した。

『横浜毎日新聞』（よこはままいにちしんぶん）
横浜で発行された日本最初の日刊邦字紙。1870年12月8日発行。従来の新聞が和紙に木版で印刷されていたのに対し、はじめて洋紙に活版で印刷（1枚刷り）された。貿易関係記事、海外ニュースなどを掲載した。79年に買収されて『東京横浜毎日新聞』と改題。

『万朝報』（よろずちょうほう）
1892年創刊の日刊紙。低価格で、おもに都市下層民に読まれた。上流社会のスキャンダルをセンセーショナルに暴露した記事を売りものにし、赤新聞と呼ばれた。日露戦争をめぐって非戦論と開戦論とに社内が分裂、1903年内村鑑三や幸徳秋水らの非戦論者は退社した。

立憲改進党（りっけんかいしんとう）
明治十四年の政変で下野した大隈重信を党首とし、翌1882年に結成された政党。イギリス流の立憲君主制と議会政治をめざした。96年立憲革新党など国権的小会派と合同し進歩党を結成、解党した。

立憲政友会（りっけんせいゆうかい）
1900年結成。明治後期から昭和前期に至る代表的政党。初代総裁伊藤博文。昭和期には立憲民政党（民政党）と二大政党として相対抗し、政党政治の時代を現出。しかし、利益誘導・汚職・腐敗は「党弊」を助長して政党内閣への国民の不満を増大させた。

立志社（りっししゃ）
板垣退助ら土佐士族が1874年に高知で結成。困窮する士族への授産事業と教育事業がおもな目的。国会開設・立憲政体樹立をとなえて愛国社を再興、その後も地租の軽減、条約改正の要求建白など、自由民権運動の中心的役割を果たす。

琉球処分（りゅうきゅうしょぶん）
明治政府が中国と日本との両属関係にあった琉球国を自国領へ編入した一連の政治過程。1871年政府は鹿児島県管轄下に置き、72年に琉球藩と改称し国王を華族に列した。75年、清国との冊封・朝貢関係解消を求め、反対運動を軍事的圧力で抑えると、79年琉球藩を廃止し沖縄県を設置。

凌雲閣〔浅草十二階〕（りょううんかく〔あさくさじゅうにかい〕）
東京・台東区浅草公園にあった八角形の高層建築。当時日本最高の高さを誇り、日本初のエレベーターが設置されるなど浅草のシンボル的存在だった。10階までは総煉瓦造りで、その上は木造。英国人バルトンの基本設計で、1890年11月開業。1923年の関東大震災で半壊し、解体された。

旅順（りょじゅん）
現在の中国の遼東半島南端、大連市の一部。1897年ロシアに占領され、その根拠地とされた。日露戦争では激しい攻防が行なわれ、乃木希典率いる第3軍は3回にわたって旅順要塞を総攻撃し、要塞背後の二〇三高地占領後に攻略した。日露戦争後は日本海軍の要港とされた。

連合艦隊（れんごうかんたい）
艦隊2隊以上を連合して編制した艦船部隊。日本海軍では外洋艦隊を単一的に指揮運用するため、連合艦隊方式を採用。日清戦争の伊東祐亨、日露戦争の東郷平八郎は司令長官として有名。

浪漫〔ロマン〕主義（ろうまん〔ロマン〕しゅぎ）
自我の自由な表現を追求しようとした文芸運動。18世紀末〜19世紀前半にかけてヨーロッパで展開され、日本では19世紀末、島崎藤村らの『文學界』の活動に高揚した。与謝野鉄幹主宰による新詩社の機関誌『明星』では浪漫主義詩歌がもっとも華やかだった。

鹿鳴館（ろくめいかん）
東京府麴町区内山下町（現・千代田区内幸町1丁目）の旧薩摩藩装束屋敷跡に明治政府が建てた社交場。井上馨外務卿は条約改正実現のため、日本人の生活・習慣・文化の欧風化の必要を主張し、夜会・舞踏会などが行なわれた。イギリス人コンドルの設計、総工費約20万円で、1881年に起工、83年に落成。

なること。とくに明治初年、日本が西洋文明を積極的に輸入し、急速に近代化、欧化した風潮をいう。

平民主義（へいみんしゅぎ）
明治20年代に徳富蘇峰（そほう）がとなえた思想。雑誌『国民之友』などの出版活動を通して普及した。人々の生活と利害に根ざした生産主義・平等主義・平和主義を基調とし、第二の維新を主張した。

『平民新聞』（へいみんしんぶん）
幸徳秋水・堺利彦らが結成した平民社発行の週刊、のち日刊紙。1903～05年刊行。日本最初の社会主義運動の機関紙。タブロイド判８ページ建ての紙面には、社会主義・平和主義論文、外国の運動紹介、国内の集会・演説会などの報告、読者からの投書などが掲載。

奉天会戦（ほうてんかいせん）
1905年３月南満州奉天（現・中国瀋陽）付近における日露戦争中最大の陸上戦闘。日本軍25万（総司令官大山巌（おおやまいわお））は、３月１日からロシア軍32万を攻撃前進。敵主力包囲には失敗したが10日に奉天は陥落。これ以降講和の気運が高まった。３月10日はのちの陸軍記念日。

戊申詔書（ぼしんしょうしょ）
戊申年の1908年に出された詔書。日露戦勝後の個人主義的な快楽主義・官能主義の風潮、社会主義的思想の台頭を戒め、国家と国民は心をひとつにし、勤倹力行して国富の増強に邁進すべきことが強調された。

戊辰戦争（ぼしんせんそう）
戊辰年の1868年から翌年にかけて行なわれた明治新政府軍と旧幕府軍との戦争。１月３日の鳥羽・伏見の戦い以降、翌年５月箱館五稜郭の降伏までの間に、新政府は各地に鎮撫総督軍を派遣。北越長岡城や会津若松城の攻防戦は激戦となるが新政府軍は勝利した。

ポーツマス条約（ぽうつますじょうやく）
1905年９月５日に調印された日露戦争の講和条約。アメリカ大統領ルーズヴェルトの斡旋で同国ポーツマスで調印。日本側全権代表は小村寿太郎外相。日本の韓国に対する優越権、関東州租借権・鉄道権益譲渡、南樺太割譲などが認可。賠償金は日本側が断念。

『ホトトギス』
1897年１月、松山に静養中の正岡子規の指導で柳原極堂編集のもとに発行された俳句雑誌。翌年８月まで20冊が刊行された。これを松山版という。同年10月、発行所を東京に移し（発行人・高浜虚子）、第２巻第１号を発刊、現在に至る。近代日本の主要な俳人はこの雑誌から輩出。

松方デフレ（まつかたでふれ）
明治十四年の政変後、大蔵卿松方正義によって行なわれた紙幣整理を中心とする財政政策の通称。財政余剰分で正貨を蓄積し、1882年設立の日本銀行を中心に信用制度の充実を図った。一連の政策は激しいデフレを引き起こした。

『団団珍聞』（まるまるちんぶん）
1877～1907年刊行の風刺雑誌。愛称「まるちん」。筆禍を恐れて使われた○○の伏せ字を皮肉る誌名のとおり、社長の野村文夫はじめ総生寛・石井南橋や本多錦吉郎らが政府批判の狂詩や狂歌・絵などに筆をふるった。最盛期の発行部数約１万5000部。

南満州鉄道株式会社（満鉄）（みなみまんしゅうてつどうかぶしきがいしゃ・まんてつ）
満州経営の中心となった半官半民の国策会社。日露戦争で得た鉄道権益・重要鉱山経営権を運用するため1906年設立された。初代総裁は後藤新平。事業は交通・鉱工業・調査・拓殖・関係会社経営の５部門。交通・鉱工業を中心に満鉄コンツェルンを形成した。

身分解放令（みぶんかいほうれい）
1871年布告。江戸時代の被差別部落民に関して、穢多（えた）・非人（ひにん）の呼称を廃止。身分・職業を平民同様とするよう命じた。だが、解放令に伴う具体策がなかったため、差別は解消されなかった。

『明星』（みょうじょう）
文芸雑誌。第１次は1900年東京新詩社から創刊された。08年廃刊。全100冊。以後、第２次（21～27年）・第３次（47～49年）。与謝野鉄幹（よさのてっかん）主宰の詩歌雑誌で、芸術至上を標榜し、浪漫主義文学運動の牙城となる。与謝野晶子・高村光太郎・石川啄木・北原白秋らが活躍した。

民撰議院設立建白書（みんせんぎいんせつりつけんぱくしょ）
1874年、征韓論に敗れて下野した板垣退助ら８名によって提起された、選挙による議会代表者選出を願う建白書。左院に提出された。新聞掲載後、国会開設時期に関し、活発な論争が展開され、のちの自由民権運動のきっかけとなった。

民党（みんとう）
帝国議会開設当初の反政府系党派（自由党・立憲改進党など）の総称。民党勢力は憲法で定められた予算審議権を武器に、政府予算案削減要求を繰り返したが、第４議会の軍艦建造費をめぐる対立では「和衷協同の詔勅」により妥協が成立。日清戦争後に第２次伊藤博文内閣と自由党の正式提携が成立した。

民法典論争（みんぽうてんろんそう）
1890年公布の民法典の実施可否をめぐって行なわれた論争。帝国議会において、家督相続や血統重視をとなえる民法実施延期派と、妻や子にも一定の権利を認めることを主張する実施派らとの激しい論争となった。92年延期決定により終結。

明治維新（めいじいしん）
19世紀後半、西洋列強のアジア進出を前に、日本の独立を維持しようとする政治的、経済的、社会的、文化的大改革のこと。1867年の大政奉還・王政復古で政権は朝廷が接収。69年版籍奉還、71年廃藩置県により統治権も一元化された。その後もさまざまな改革がなされ、「万国対峙」がめざされた。

明治十四年の政変（めいじじゅうよねんのせいへん）
1881年、参議大隈重信とその勢力を政府内部から追放した政変。７月伊藤博文・岩倉具視らは大隈の急進的な意見書（早期国会開設論など）の「密奏」に反発し、漸進的立場からドイツ諸邦流欽定憲法の導入を主張。10月伊藤らは、開拓使官有物払下げ事件にも関与したとして大隈らの罷免を決行した。

明治農法（めいじのうほう）
明治30年代に確立した農法。維新後明治政府が農民による土地所有を認めたため、民間

った。

ノルマントン号事件（のるまんとんごうじけん）
1886年イギリスの貨物船ノルマントン号が紀伊半島沖で沈没。船長以下乗組員が全員救助されるなか、日本人は救助されなかった。イギリス領事の裁判で船長が無罪となったため、日本の世論は憤激。外国人の治外法権に対する批判を強め、条約改正に影響を与えた。

廃刀令（はいとうれい）
1876年軍人・警官ら以外の刀剣の携帯を禁じた法令。75年陸軍卿山県有朋によって廃刀の議が上申され、公布となった。結果、不平士族が憤激するなど、士族反乱を引き起こす要因となった。

廃藩置県（はいはんちけん）
1871年藩を廃して府県に統一し、全国を政府直轄地とすることで中央集権体制をめざした改革。版籍奉還を経て、薩・長・土３藩から集めた御親兵の武力を背景に断行。全国３府302県となり、のちに３府72県に整理された。1888年３府43県に定着。

廃仏毀釈（はいぶつきしゃく）
1868年の神仏分離令を機に行なわれた仏教の抑圧・排斥運動。仏堂・仏像などの破壊をはじめ、僧侶の還俗強制など、仏教界は大打撃を受けた。真宗大谷派を中心に仏教擁護の一揆が三河・越前などで発生した。

萩の乱（はぎのらん）
1876年前原一誠を中心に山口県萩で起こった士族反乱。政府を辞した前原は、山口に帰県後不平士族の中心となり征韓論を主張。神風連・秋月の両乱に呼応し蜂起した。戦闘は１週間ほどで終結し、首謀者８名は除族、斬首となった。

白馬会（はくばかい）
1896年黒田清輝・久米桂一郎を中心に結成された美術団体。画家以外に彫刻家や版画家も参加し、1910年の解散までに13回の展覧会を開催した。画壇に新風を吹き込み、洋風美術の主流的地位を占めた。外光派、紫派と呼ばれた。

博文館（はくぶんかん）
1887年大橋佐平が東京本郷に創業した出版社。95年創刊の雑誌『太陽』『少年世界』など、多くの雑誌を創刊した。２代目の大橋新太郎は、製作から販売の諸部門ごとに会社を設立し、総合的な出版経営を行なった。1947年廃業。

博覧会（はくらんかい）
1851年のロンドン万国博覧会は、国際的に産業や文化を展示するものとなった。幕末以来、日本もパリ万博などに出品・参加し、国内でも77年第１回内国勧業博覧会が開催。産物を陳列して優劣を決め、改良を誘発し、産業の振興を図る目的をもつ。

パノラマ館（ぱのらまかん）
観覧する場所を中心にして、周囲すべてを連続した景観として見せる体験的視聴覚装置。1788年イギリスで創案。1890年５月７日に開場した東京・上野パノラマ館を皮切りに、浅草、大阪・難波、京都・新京極につぎつぎとオープンし常設館として興行した。日露戦争時を全盛期として、その後は活動写真などの台頭で衰退した。

バルチック艦隊（ばるちっくかんたい）
バルト海に根拠地を置く旧ロシア帝国、ロシア連邦最大の艦隊。日露戦争時には、主力艦隊が極東に派遣され、日本連合艦隊と日本海で会戦。縦列で進行した艦隊は、東郷平八郎の丁字戦法により壊滅。戦争の動向を決定づけた。

版籍奉還（はんせきほうかん）
1869年、諸藩主が土地（版図）と人民（戸籍）を朝廷に返上したこと。封建制度の解体をめざす木戸孝允や大久保利通らによって推進。薩・長・土・肥４藩主による建白が諸藩を誘引し、断行に至った。旧藩主は改めて知藩事に任命された。

藩閥政府（はんばつせいふ）
明治維新に中心的な役割を果たした薩・長・土・肥の４藩、とくに薩摩と長州両藩の出身者によって組織された政府をいう。内閣制度成立後も薩長出身者の多くが首相・大臣・元老となった。

日比谷焼き打ち事件（ひびややきうちじけん）
日露講和のポーツマス条約（無賠償）に反対した大規模民衆暴動。1905年９月５日東京・日比谷公園で講和条約反対国民大会を開催時、数万の民衆が国民新聞社や内相官邸・警察署・キリスト教会などを焼き打ちした。政府は戒厳令を施行。

琵琶湖疏水（びわこそすい）
1885年、舟運・発電・上水道・灌漑用水などの目的で琵琶湖から京都に引かれた水路。第３代京都府知事・北垣国道の発意により、工部大学校卒業直後の田邊朔郎が工事担当者として起工され、90年に竣工。現在では京都市に上水を供給するのが主たる目的となっている。

『風俗画報』（ふうぞくがほう）
石版画や写真版を用いた雑誌。1889年東陽堂から刊行。1916年廃刊。通巻478号、517冊。井上卓二・山下重民らが編集にあたった。おもに江戸時代風俗の考証や、東京の新風俗、地方風俗などを紹介した。日露戦争の特集号も刊行。

福島事件（ふくしまじけん）
大規模な自由民権派弾圧事件。自由党の影響が強い福島県会と、対自由党強硬派の三島通庸県令は厳しく対立。三島は道路開削事業などを強引に行なうが、住民や民権派は反対運動を展開。1882年自由党員が一斉に検挙され、河野広中県会議長も逮捕された。

富国強兵（ふこくきょうへい）
明治政府の国家目標。考え方そのものは幕末に起源をもつ。富国とは経済力の養成で、強兵とは国民皆兵主義による軍事力の強大化を意味する。日本の対外的独立維持のための必須条件とされ、明治政府においても殖産興業政策・徴兵制導入が推進された。

『文學界』（ぶんがくかい）
1893〜98年刊行の文芸雑誌。キリスト教系の啓蒙雑誌『女学雑誌』から文学専門の同人雑誌として発展した。樋口一葉、田山花袋らの小説、島崎藤村の詩が誌面を飾り、前期浪漫主義文学運動を推進した。

文明開化（ぶんめいかいか）
人知が発達し、世の中が開けて生活が便利に

富岡製糸場（とみおかせいしじょう）
殖産興業政策の一環として、1872年群馬県富岡に開業した官営製糸場。おもに渋沢栄一や尾高惇忠が中心となって推進し、初代所長は尾高が就任。フランス人技師やフランス製の機械を用いて、熟練工を養成した。93年三井財閥に払い下げられた。

屯田兵（とんでんへい）
北海道の治安と整備・開拓のために構成された農業経営の兵士。1875年から1904年にわたって存続。道内には士族を兵員とする兵村が置かれ、支給地の開墾がなされた。1890年代には平民も開拓に参加した。94年第７師団設置により、98年以降募集を停止。

内閣制度（ないかくせいど）
1885年創設の最高行政機構制度。天皇指名の内閣総理大臣が国務大臣を率いて内閣を組織した。当初は総理大臣に大きな権限があったが、第１次山県有朋内閣のとき「閣僚平等主義」がとられ、総理大臣は閣僚の首席と位置づけられた。初代内閣総理大臣は伊藤博文。

内国勧業博覧会（ないこくかんぎょうはくらんかい）
殖産興業政策の一環として行なわれた明治政府の主導による博覧会。第１回は1877年、東京上野公園で開催。回を経るごとに規模は拡大した。内容は農産・林産・機械などで、産業技術の発展に重要な役割を果たした。1903年第５回で終了。

内国通運会社（ないこくつううんがいしゃ）
陸運元会社を前身とする水陸運輸会社。1875年改称。輸送請負以外に継立業をはじめ、馬車営業や汽船業に進出。内務省の助成もあり他社を圧倒した。鉄道の発展により継立業は衰退し、政府による入札制の導入で打撃を受けた。93年内国通運株式会社に改称。

内地雑居（ないちざっきょ）
外国人に日本国内での居住や旅行・営業の自由を認めること。外国人による日本経済の支配と風俗の混乱をきたすと反対運動が起こったが、幕府が結んだ不平等条約の改正交渉の過程で、領事裁判権撤廃の代償として、1899年7月改正条約実施に伴って実現した。

内務省（ないむしょう）
1873年設置の、内務行政に関する最高の行政官庁。機構の変遷はあったが、地方行政・議員選挙・警察・勧業・戸籍・駅逓・土木・地理・測量などをつかさどった。初代内務卿は大久保利通。1947年に廃止。

長崎造船所（ながさきぞうせんじょ）
幕末に起源をもち、現在も存在。1868年官営長崎製鉄所。71年官営長崎造船所。80年には鉄船の建造も行なった。82年頃から経営不振となり、のちに三菱に払い下げられ三菱長崎造船所となった。

浪花節（なにわぶし）
三味線を伴奏に独演する語り物芸で、明治に入り発展。浪曲ともいう。おもに文芸作品を素材とするが、とくに義理人情をテーマにしたものが多い。日露戦争後の桃中軒雲右衛門の登場により、寄席演芸のひとつとなる。

日英同盟（にちえいどうめい）
1902年調印。朝鮮・中国への進出を図る日本と、東アジアにおける権益を守りたいイギリスとが、ロシアを仮想敵国として締結した。両国の植民地支配への承認・擁護の内容が反映された。

日露戦争（にちろせんそう）
満州をめぐる日本とロシア間の戦争。南下政策を推進するロシアは義和団事件後、満州に大軍を駐留、日本は日英同盟を締結し、ロシアへの対抗を強めた。1904年２月日本軍の旅順侵攻に始まり、翌年の日本海海戦を経て日本は勝利。アメリカでポーツマス条約締結。

日清戦争（にっしんせんそう）
朝鮮の支配権をめぐる日本と清国間の戦争。1894年発生の甲午農民戦争で、朝鮮が清国に派兵を依頼すると、日本も天津条約に基づき出兵、朝鮮王宮を占拠した。大本営を広島に置いた日本は、黄海海戦に勝利し旅順・大連を制圧した。翌年、下関条約締結。

二〇三高地（にひゃくさんこうち）
中国・遼東半島の南端、大連市西郊にある標高203mの丘陵の名。1904年の日露戦争において、旅順港攻略戦の激戦地となった。ロシア極東艦隊の拠点・旅順港を一望できることから、日露両軍の間で熾烈な争奪戦が展開された。「爾霊山」は二〇三高地の語呂合わせによる乃木希典の当て字。

『日本』（にほん）
1889年陸羯南が発行した日刊新聞。国民主義を掲げ政府攻撃を展開した。おもな記者は三宅雪嶺や長谷川如是閑。日清戦争前後で２万部近くが発行されたが、しだいに部数は減少、陸の病もあり1914年廃刊。

日本海海戦（にほんかいかいせん）
1905年５月27～28日、日本海で行なわれた日露戦争中最大の両国艦隊による海戦。戦局挽回をねらうロシアは、ヨーロッパからバルチック艦隊を派遣、三笠を旗艦とする日本連合艦隊（司令長官東郷平八郎）が迎え撃った。日本の勝利に終わり、ロシアは講和会議を受け入れた。

日本銀行（にほんぎんこう）
中央銀行。1882年日本銀行条例に基づき創立された唯一の発券銀行。77年の西南戦争勃発により不換政府紙幣、不換国立銀行紙幣が大量に発行され、激しいインフレが発生。不換紙幣の整理と通貨安定を図り、近代的銀行制度の中核として機能した「銀行の銀行」。

日本美術院（にほんびじゅついん）
1898年岡倉天心が橋本雅邦らと創立した美術団体。横山大観・下村観山らが結集して日本画の革新運動を展開した（その展覧会を院展という）。天心死後は大観らの指導で小林古径・前田青邨ら近代日本画の作家を多く輩出した。

日本郵船会社（にほんゆうせんがいしゃ）
1885年、三菱汽船会社と半官半民の共同運輸会社が合併して設立された。両社間の競争激化による共倒れを防ぐための政治的な妥協としての合併だったが、政府の援助のもと、日本初の遠洋定期航路を開発して発展し、世界的な海運会社となった。

濃尾地震（のうびじしん）
1891年10月28日の早朝、岐阜県・愛知県を中心に起こった大地震。この地震は日本の内陸部発生のものとしては最大級の規模（マグニチュード8.0）で、全壊建物14万棟、死者7273人という被害を出した。名古屋などの都市部では、洋式煉瓦建造物の被害が目立

秩父事件（ちちぶじけん）
1884年埼玉県秩父地方で起きた自由党員・貧窮農民による武装蜂起事件。松方デフレの影響を受けた負債農民は、返済条件の緩和を求め債権者や郡役所に請願するが、いずれも却下、蜂起へと発展した。一時大宮郷（秩父市）を占拠するが、軍隊・憲兵に鎮圧された。

秩禄処分（ちつろくしょぶん）
明治政府による華士族への家禄支給廃止政策。政府歳出の３分の１を占める家禄は、1873年に部分的に廃止、76年金禄公債証書発行条例により全面廃止された。金禄公債は国立銀行の資本金と認められたが、多くの華士族は貧困のなかで売却し、没落していった。

地方改良運動（ちほうかいりょううんどう）
日露戦争後に内務省が進めた町村の行財政改革運動。報徳思想を基盤に各町村長・小学校長の指導のもと展開された。神社の統一整理、小学校の統合、農事改良などが進められ、事業を遂行し国税を完納した町村は模範村として表彰された。

『中央公論』（ちゅうおうこうろん）
現代まで続く月刊総合雑誌。1887年発行の浄土真宗本願寺派学生の機関誌『反省会雑誌』の後身。宗門から独立し99年改題。滝田樗陰（ちょいん）の編集により文芸欄が充実し、文壇の登竜門としての権威をもった。

徴兵令（ちょうへいれい）
国民の義務兵役制度。1873年布告。大村益次郎の発案、山県有朋が継続し実現。一部の兵役免除者を除き、満20歳の男子を一定期間常備軍として徴集、期間終了後も後備軍として備えさせた。武士・平民の反発を受け、血税一揆という暴動が激発。

鎮台（ちんだい）
明治初年の陸軍の軍団。1871年４月、石巻・小倉に東山・西海の２鎮台が設置されたのが最初（未実施）。８月に東京・大阪・鎮西・東北の４鎮台を置き、１万5000の将兵を配置。73年の徴兵令の公布に伴い東京・仙台・名古屋・大阪・広島・熊本の６鎮台となった。88年に廃止され、師団と改称。

帝国議会（ていこくぎかい）
大日本帝国憲法下で、天皇の協賛によって立法権を行使した最高立法機関。1890年の第１議会に始まり、1947年の第92議会まで57年間続いた。公選議員の衆議院と、皇族・華族・勅任議員からなる貴族院で構成。権限は立法と予算の議定で、天皇大権により限定された。

帝国主義（ていこくしゅぎ）
国家の膨張主義を指し、とくに資本主義の発展段階における市場独占を意味する。ロシア革命の指導者レーニンは、資本主義の最終段階、社会主義の前段階と位置づけた。日本では日露戦争以降に成立。

帝国大学（ていこくだいがく）
1886年帝国大学令制定後、1947年の廃止までの官立総合大学。専門教育と学術研究を推進するための最高学府。当初は東京大学を改組したのみ。やがて京都・東北・九州・北海道・大阪・名古屋の各地にも設置され、「旧七帝大」と総称された。朝鮮・台湾にも設置。

鉄道国有法（てつどうこくゆうほう）
日露戦争後、兵力や軍需品の輸送の効率化をめざし1906年に制定。17の私鉄が国有化された（国内鉄道の約90%を占める）。1987年国鉄分割民営化で廃止。

鉄道馬車（てつどうばしゃ）
鉄道の軌道上を走る２頭立ての馬車。1882年東京馬車鉄道会社が新橋―日本橋間で開業。のちに日本橋―上野―浅草―本石町―日本橋の循環線が完成した。この後、各地で開業し、人力車や乗合馬車にかわり、主要な市街交通機関となった。

天長節（てんちょうせつ）
天皇誕生日の旧称。中国の書『老子』の「天長地久」に由来。1868年制定。73年太陽暦換算により明治天皇の誕生日９月22日（旧暦）を11月３日とした。陸軍観兵式や参賀などが行なわれ、国民の祝日となった。1948年天皇誕生日に改称。

東京音楽学校（とうきょうおんがくがっこう）
1879年設置の文部省音楽取調掛を拡充し、87年上野に開校。日本初の音楽専門学校。当初は西洋音楽を主とし、ディットリヒなどの御雇外国人も参画。99年以降日本音楽にも積極的に取り組んだ。1949年東京藝術大学音楽学部に改組。

東京遷都（とうきょうせんと）
明治維新に際して天皇が京都から東京へと行幸し、政府機関を東京に移したこと。1868年に親政・親征をアピールする東幸として実施。しかし、政府は遷都反対を考慮して遷都の声明を出さなかった。

東京専門学校（とうきょうせんもんがっこう）
1882年大隈重信が小野梓・高田早苗らの支援を受けて開校した私立専門学校。現在の早稲田大学の前身。英吉利（イギリス）法律学校（現・中央大学）などとともに「五大法律学校」のひとつ。立憲政治の担い手を育成することを目的に、学問の独立を理念とした。1902年改称。

『東京日日新聞』（とうきょうにちにちしんぶん）
1872年発行の東京最初の日刊紙。『毎日新聞』の前身。福地源一郎が主筆となり、政府支持の論説、台湾出兵では従軍記者を送るなど、新聞報道の名声を高めたが、「御用新聞」と批判を受けることもあった。その後、経営面で衰退し、1911年『大阪毎日新聞』に統合。

東京美術学校（とうきょうびじゅつがっこう）
日本初の美術専門学校。1887年設立。美術教育の確立をめざした文部省のもと岡倉天心らが尽力した。絵画や彫刻などの教員・作家の養成を目的とし、橋本雅邦・高村光雲・黒田清輝・横山大観らが教授となった。1949年東京藝術大学美術学部に改組。

東京砲兵工廠（とうきょうほうへいこうしょう）
旧日本陸軍の兵器工場のひとつ。江戸幕府の関口大砲製作場を接収し、移転や改称を経て1879年組織・範囲が確定。おもな業務は小銃・銃砲などの作製・開発や修理。のちに製鋼事業にもかかわり、近代日本の重要な兵器工場となった。1923年の関東大震災で被災し、戦後解体。

同志社英学校（どうししゃえいがっこう）
1875年開校のキリスト教系私学校。新島襄を中心に設立。同志社大学の前身。76年熊本バンドを受け入れ、女子塾も開設。翌年英学校・女学校の２校体制となる。1920年の大学令により、キリスト教主義の最初の大学となった。

青年団（せいねんだん）
明治中期から各地に設立された青年集団。修養・社会奉仕などを目的とし、江戸時代の若者組などを受け継ぐ。広島出身の山本瀧之助の提唱により各地域で組織化された。日露戦争後、内務・文部両省の育成により急増し、官製化され軍国主義を強めた。

第一国立銀行（だいいちこくりつぎんこう）
国立銀行条例により1872年設立、翌年開業の日本最初の銀行。三井・小野両組の共同出資による。渋沢栄一が総監役（75年頭取）として実権を掌握した。96年第一銀行に改組。幾多の変遷を経て1971年日本勧業銀行と合併し、第一勧業銀行となった。

大逆事件（たいぎゃくじけん）
1910年幸徳秋水・管野スガら社会主義者・無政府主義者が明治天皇暗殺を計画した容疑で捕縛された。大審院で幸徳ら24名は死刑（翌日特赦により半数は無期懲役）、2名に無期懲役の判決が下った。以後、社会主義運動は「冬の時代」に入った。

大区小区制（だいくしょうくせい）
明治初期の地方行政制度。1871年の廃藩置県後、戸籍事務を管轄する区が設置され、のちに行政区画となった。府県のもとに数大区を、大区のもとに数小区を置き従来の町村を吸収。旧習を無視した官制的な制度で、78年郡区町村編制法で廃止された。

大審院（だいしんいん）
1875年に設置された帝国憲法下での司法裁判所中、最上級の裁判所。大審院長は勅任判事だが、司法行政権は司法大臣に属し、5人の裁判官の合議会で審理裁判を行なった。しかし下級裁判所に対する監督権はなかった。1947年日本国憲法施行により廃止。

大同団結運動（だいどうだんけつうんどう）
自由民権派の統一的反政府運動。国会開設を控えた1886年、星亨・末広鉄腸らが在野勢力の結集を呼びかけたことに始まる。翌年の三大事件建白運動と結びつき発展し、後藤象二郎が中心となり全国に広まった。しかし後藤の黒田清隆内閣入閣により混乱・分裂。

大日本帝国憲法（明治憲法）（だいにっぽんていこくけんぽう・めいじけんぽう）
1889年発布。西洋の立憲君主国憲法に倣い君主無答責が定められた。天皇（国家元首）の統治権も憲法の条規に従うとされ、天皇大権の行使は国務大臣や帝国議会などの輔弼と協賛が必要とされた。君権主義の原則と立憲主義的（分権的）運用を特徴とした。

『太陽』（たいよう）
1895年創刊の国民的総合雑誌。博文館より月刊で発行。政治・経済から文芸時評まで広く取りあげ、執筆者も多彩で、高山樗牛が日本主義、田山花袋が自然主義を展開。のちに『中央公論』におされ、1928年休刊。

太陽暦（たいようれき）
太陽の運行を基準とする暦法。明治政府は太陰暦にかわり欧米諸国と同じ太陽暦採用を決定、1872年（明治5）12月3日を73年（明治6）1月1日とした。庶民生活や各種行事に混乱をきたしたが、政府財政の1か月分を節約できたともいう。

大礼服（たいれいふく）
重大な公式儀礼の場で着用した洋式礼服。1872年に文官・非役有位、翌年皇族大礼服を制定。形態は燕尾服。文官・非役有位に桐紋、皇族に菊紋を用いた。立憲制の確立期には、華族特有の爵位服、宮内省各職に応じた大礼服が制定され、鹿鳴館の夜会などで着用された。

台湾出兵（たいわんしゅっぺい）
明治政府の最初の海外出兵。台湾での琉球漂流民殺害事件（1871、73年）を機に起こった。清国が台湾東海岸を「化外の地」としたのを受け、74年出兵を決定。英米の反対で一時中止となるが、西郷従道の強硬意見により攻撃開始。イギリスの斡旋で清国との和議が成立した。

竹橋事件（たけばしじけん）
明治初期の近衛兵の反乱事件。1878年8月23日夜、近衛砲兵大隊の兵士約260名が、給料の減額や西南戦争に対する論功行賞への不満などを理由として反乱を起こしたとされる。反乱はただちに鎮圧。死刑55名。

太政官（だじょうかん）
明治前期の最高政府機関。1867年王政復古により再興が図られ、翌年閏4月の政体書で職制を制定、権力の中枢となった。一時、神祇官と並立したが、廃藩置県後ふたたび頂点に置かれた。その後改変を重ね、85年の内閣制度により廃止。

太政官札（だじょうかんさつ）
金札とも。明治政府発行の最初の紙幣。政府の財源を補填するため1868年から翌年にかけて各地に貸し付けられた。信用が薄弱なため流通は困難なうえ、紙質が劣悪で偽造・変造が頻発、政府は72年以降新貨幣を発行し、交換を図った。

脱亜論（だつあろん）
一般に、アジアを脱し、欧米諸国と進退をともにすべきという主張。1885年福沢諭吉が『時事新報』に発表した論説は有名で、日本は隣国の開化を待つ余裕はないと主張した。アジア侵略論に大きな影響を与えた。

断髪令（だんぱつれい）
明治初年に各府県が公布した散髪奨励の諭告。1871年政府は散髪脱刀令を公布、散髪を任意とした。一方の府県では期限を設けて、散髪を行なわない者に税金をかけるなど強制的な政策が展開された。

地券（ちけん）
地租改正に際して発行された土地所有権の確認と地租負担業務を表示する証書。1872年交付の地券は、干支をとって壬申地券という。地券を通じて権利と義務の関係が確定された。89年土地台帳へ移行され廃止。

千島列島（ちしまれっとう）
北海道からカムチャツカ半島まで連なる全長約1200kmの弧状列島。1875年5月7日、特命全権公使榎本武揚が調印した樺太・千島交換条約により、樺太全島をロシア領とする代地として、千島列島が日本領になった。

地租改正（ちそかいせい）
明治初期の土地・税制改革。従来の物納税法を金納に切り替え財政基盤の確立を図った。土地所有者に地券を交付し、地価の3％を地租として課税。近代的な土地所有制度が成立し、資本主義社会の基礎条件が形成された。

唱歌（しょうか）
明治以後1941年まで、学校教育での音楽授業の教科名。また、教科でうたわれた歌曲。1881年音楽取調掛が『小学唱歌集』を作成。「蝶々」「蛍の光」など91編を収める。

条約改正（じょうやくかいせい）
幕末以来の不平等条約を改正するための外交交渉。岩倉使節団による非公式の打診に始まり、寺島宗則・井上馨・大隈重信・青木周蔵らが交渉にあたった。陸奥宗光は日英通商航海条約に調印し、1899年領事裁判権を撤廃。1911年小村寿太郎はアメリカと新条約を調印し、関税自主権が回復した。

殖産興業（しょくさんこうぎょう）
明治前期、富国強兵をめざして行なわれた近代産業育成政策。おもに欧米諸国の制度・技術・文化を移植して推進された。工部省のもとでは鉄道の整備、官営工場の建設などが図られ、ついで内務省の創設により、農牧畜業などの在来産業にも目が向けられた。

白樺派（しらかばは）
明治末から大正にかけての日本近代文学の一派。1910年、武者小路実篤・志賀直哉らの学習院出身者が『白樺』を創刊したことに始まり、自我の尊重・人間の可能性を信じる理想主義文学を標榜して、自然主義に抗した。大正に入ると文壇の中心的流派となった。

史料編纂掛（しりょうへんさんがかり）
1869年三条実美(さねとみ)を総裁とする史料編輯国史校正局に起源をもつ。国史編輯局、太政官正院歴史課、同修史局など経て88年修史事業が帝国大学に移管、95年帝国大学に附属した。1901年『大日本史料』『大日本古文書』の刊行が開始。現在の東京大学史料編纂所。

辛亥革命（しんがいかくめい）
1911年、清朝を倒してアジア初の共和国・中華民国を成立させた中国の革命。清朝末期の政治的混乱のなか、11年10月、孫文の中国革命同盟会が湖北省で反乱を起こすと、16省がこれに追随。各省代表が南京に集まり、12年に孫文を臨時大総統に中華民国臨時政府が成立した。

新貨条例（しんかじょうれい）
1871年伊藤博文の建議により制定された貨幣法。円・銭・厘の単位や十進法を定め、1円金貨を原貨とした。近世以来の貨幣の混乱を是正し、金本位制の確立をめざしたが、貿易上の便宜から金銀複本位制が採用された。

新劇（しんげき）
能・狂言・歌舞伎などの旧劇に対して、新しい表現方法をとる近代演劇一般、またはその運動。明治中期から森鷗外・坪内逍遙らのヨーロッパ演劇の紹介・論争があったが、1900年代の文芸協会・自由劇場の活動開始が出発点となった。

壬午事変（じんごじへん）
朝鮮の開化派と守旧派の対立により1882年漢城で起こった兵士・市民の暴動。開国した閔妃(びんひ)政権は、日本に倣って新式軍隊を創設。これに不満をもつ大院君(たいいんくん)に煽動された旧式兵は、閔派の高官を暗殺、日本公使館も襲った。事変後日本は済物浦(さいもっぽ)条約を結び、事件に介入した清国と対立を深めた。

新富座（しんとみざ）
歌舞伎劇場。江戸三座の守田座を起源とし、1872年12代守田勘弥が新富町に進出し改称。演劇改良運動をリードし西洋風の新様式を取り入れたが、新設の歌舞伎座におされた。1923年の関東大震災で焼失。

新派（しんぱ）
新派劇とも。伝統的な歌舞伎など旧派に対する演劇部門のひとつ。川上音二郎らの壮士芝居から起こり、日清戦争期の戦争劇を経て、明治末期には尾崎紅葉『金色夜叉』など有名小説を上演した。役者の芸を売りものにする点では歌舞伎的。

神風連の乱（しんぷうれんのらん）
明治初期の士族反乱のひとつ。敬神党の乱とも。1876年攘夷主義者の太田黒伴雄ら旧熊本藩士族が、廃刀令に反発し挙兵した。一時熊本鎮台を占拠したが翌日鎮圧。萩の乱、西南戦争など士族反乱のきっかけとなった。

神仏分離令（しんぶつぶんりれい）
1868年、神社から仏教色を排除するために出された一連の法令。神宮寺の別当に還俗を命じ、寺院から仏具・仏像・経文などを破棄するよう布告した。神道国教化路線のもと、近世以来の神仏習合の伝統は否定され、各地の寺院が廃寺となった。

新聞紙条例（しんぶんしじょうれい）
1874年の民撰議院設立建白書提出以来、自由民権派の反政府的言論活動が活発化したのに対処するため、75年に制定された新聞雑誌の取締法。発行を許可制とし、違反者には禁獄刑を科した。のちに内務卿の行政処分権による発行禁止、停止の処分も規定。

人力車（じんりきしゃ）
1869年東京日本橋の和泉要助らが西洋の馬車をモデルに考案し、翌年営業を開始した。その後全国に普及し文明開化の象徴となった。76年東京での保有台数は2万台強。明治初期からアジアに輸出され「リキシャ」の名が広まった。

枢密院（すうみついん）
大日本帝国憲法下における天皇の最高諮問機関。1888年憲法草案審議のため設置され、皇室典範の草案も審議した。90年以降諮問事項は拡大し、外国との条約、戒厳令布告、緊急勅令などにもかかわった。顧問官には藩閥政府出身者が多数。

征韓論（せいかんろん）
1873年、政府は朝鮮との国交樹立に関し、西郷隆盛を派遣し武力行使も辞さずという対応を決定。しかし欧米から帰国した岩倉具視・大久保利通らは内治優先を主張し反対。派遣中止が決定され、西郷らは下野した。

政体書（せいたいしょ）
明治政府の政治組織を定めた法。1868年閏4月21日公布。福岡孝弟(たかちか)・副島種臣(そえじまたねおみ)が起草した。五箇条の誓文を理念とし、太政官への権力集中、三権分立、官吏公選制などを綱領とする。太政官を7官に分け、地方は府藩県三治制とした。

西南戦争（せいなんせんそう）
1877年に勃発した最大にして最後の士族反乱。鹿児島の私学校生を中心とした士族に擁立された西郷隆盛は、一連の士族反乱のあと、鹿児島からの武器弾薬搬出などを機に決起、熊本鎮台を攻撃した。政府は徴兵令による軍隊を派遣し、田原坂(たばるざか)の戦いなどで勝利。9月24日西郷は城山(しろやま)で自刃(じじん)。

佐賀の乱（さがのらん）
1874年に起こった士族反乱。藩閥政府に対する不満から、征韓と士族特権維持を要求して、江藤新平を首領に、征韓党と憂国党を中心とする士族約１万2000人が県庁や佐賀城を襲撃。政府の近代的軍事力により鎮圧。江藤は逮捕され13名が死刑。

薩英戦争（さつえいせんそう）
1862年８月の生麦事件ののち、その賠償をめぐって幕府・薩摩藩・イギリス間で交渉が行なわれたが、結局は不調に終わり、翌年７月鹿児島湾において薩英両軍の交戦が開始。この交戦で両者はともに甚大な被害をこうむり、10月に講和が成立した。

札幌農学校（さっぽろのうがっこう）
日本最初の官立農学校。開拓使仮学校を母体とし、1875年開校。アメリカ人クラークを招き、キリスト教に基づく教育精神、実技教育、国土防衛と開拓の重要性を自覚させる練兵を教育の特徴とした。1918年北海道帝国大学として独立。

産業革命（さんぎょうかくめい）
機械発明と利用を基礎にして資本制生産様式が確立する過程。日本では1886年以後の機械制紡績工業勃興に始まり、日清・日露戦争と戦後経営を機に軍事工業・鉄鋼業・造船業などの重工業が進展。1907年前後に機械制工業が発展し、世界水準に達した。

ザンギリ頭（ざんぎりあたま）
幕末より藩士に広まった総髪を切りそろえ、左右に分けた髪型。1871年に散髪脱刀令が公布されると、政府官僚や府県令が率先して行なった。「ジャンギリ頭をたたいてみれば、文明開化の音がする」という文句や天皇の散髪により、近代化の指標となったが、全国への普及には時間がかかった。

三国干渉（さんごくかんしょう）
下関条約（日清講和条約）に対する独仏露の干渉。日本の遼東半島領有は極東永久の平和に障害を与えるとし、放棄を勧告。政府は列国会議を開いて処理することに決定したが、外相陸奥宗光は反対。結局、遼東半島を返還、代償として3000万両（テール）（約4500万円）を清国から受け取った。

『時事新報』（じじしんぽう）
福沢諭吉が創刊した新聞。1882年創刊。社長は中上川（なかみがわ）彦次郎。政論新聞が政党政派の機関紙であったのに対し、不偏不党と「独立不羈（ふき）」を主張。福沢が論説を執筆し、主要論文は、世論や政府政策の動向に大きな影響を与えた。

自然主義（しぜんしゅぎ）
フランスの自然主義文学・思想に影響を受けて、明治末期に興隆した文学運動。ありのままを直視し、理想化を行なわないで描写するとし、言文一致体の成立と重なり、リアリズムによる人生の追求を主題とした。作家では島崎藤村（とうそん）・田山花袋（かたい）、批評家では島村抱月（ほうげつ）・相馬御風（ぎょふう）らがあげられる。

士族授産（しぞくじゅさん）
明治前期の士族救済政策。多くの士族は金禄公債をもとに事業を行なうが、士族の商法で失敗し没落。政府は困窮士族に対して開墾を奨励し、起業基金の貸し付け、勧業資本金などの交付を行なった。養蚕業・紡績業などの進展をみたが、成功は全体の３割。

師範学校（しはんがっこう）
小学校・国民学校の教員を養成した旧制の学校。1886年師範学校令により尋常・高等師範に分けられた。尋常師範は府県に１校以上設置。学資は支給、順良・信愛・威重の気質を目標とし、全寮寄宿制を採用した。

資本主義（しほんしゅぎ）
資金・生産手段をもつ資本家と労働者の商品化を前提に、利益の拡大を目的とした経済体制。地租改正と殖産興業に支えられて成長し、産業革命を経て確立した。欧米資本への従属と対アジア貿易への侵略という二面性をもっていた。

四民平等（しみんびょうどう）
封建身分制の撤廃。士農工商にかわって華族・士族・平民が設置され、職業選択や結婚の自由を認めた。また平民への苗字を許し、差別的な呼称を撤廃した。だが、現実には天皇を頂点とする新たな身分秩序を再編させる結果となった。

下関条約（しものせきじょうやく）
日清戦争の講和条約。1895年日本全権伊藤博文・陸奥宗光と清国全権李鴻章（りこうしょう）が調印。清が朝鮮を独立国と確認、遼東半島・台湾などを日本に割譲、賠償金２億両（テール）（約３億1000万円）の支払い、沙市・重慶・蘇州・杭州の市場開放などを承認した。遼東半島の割譲は三国干渉を招く。

社会主義（しゃかいしゅぎ）
資本主義における不平等を批判し、生産手段を私有から社会の共有にすることで、真の自由・平等の社会をめざす思想や運動。1906年社会民主党が結成されたが、幸徳秋水と片山潜の対立により、翌年分裂・解党。10年大逆事件を機に政府の弾圧が強化された。

写実主義（しゃじつしゅぎ）
事実を客観的な態度で描こうとする文学上の主張や様式。坪内逍遙『小説神髄』や二葉亭四迷『浮雲』などで発展を遂げたが、自然主義の影響を受けた田山花袋『蒲団』のように、外の現実ではなく内面を描く私小説へと変貌した。

自由党（じゆうとう）
1880年の国会期成同盟を母体として翌81年結成。党首は板垣退助。『自由新聞』を発行し、地方支部の結成や遊説活動を展開するが、板垣の洋行をめぐる内紛、立憲改進党との対立、松方デフレによる不況深刻化、弾圧強化などで84年解党。90年、旧自由党系政党が立憲自由党を結成、翌年自由党と改称。

自由民権運動（じゆうみんけんうんどう）
有司専制（藩閥政府）に対し、人民の自由と権利の伸張を掲げ政治に参加しようと起こった、明治前半の政治運動。1874年の民撰議院設立建白書の提出に始まり、80年国会期成同盟へ発展、請願運動が展開し、結社で憲法草案が作成される。81年に10年後の国会開設が約束されると、地方政党も誕生したが、激化事件の増加による政府の弾圧、党の対立・内紛により運動は衰退した。

祝祭日（しゅくさいじつ）
1873年「年中祭日祝日等ノ休暇日」で定められた祝日・祭日。新年宴会（1/5）、紀元節（2/11）、天長節（11/3）が祝日。元始祭（1/3）、先帝祭（1/30）、神武天皇祭（4/3）、神嘗祭（10/17）、新嘗祭（11/23）が祭日。天皇の代替わりで天長節・先帝祭は変更された。

なわれ、200名以上の卒業生を輩出。86年帝国大学設置に際し、東京大学工芸学部と合併。

工部美術学校（こうぶびじゅつがっこう）
1876年工部省工学寮内に設置された美術学校。画学・彫刻学の２科を置き、画家フォンタネージ、彫刻家ラグーザらの御雇外国人教師により、本格的な西洋美術教育を実施。浅井忠らを輩出した。77年工学寮が工部大学校となり、83年廃校。

五箇条の誓文（ごかじょうのせいもん）
維新政府の基本方針。新政権発足に際して由利公正が原案を起草、福岡孝弟が修正。福岡案の「列侯会議ヲ興シ」を木戸孝允が「広ク会議ヲ興シ」に改めた。1868年３月14日、京都紫宸殿で天皇が公家・百官を率いて天地神明に誓うという形で発表された。

国定教科書（こくていきょうかしょ）
文部省の検査に合格した教科書を使用する検定教科書制度は1886年に始まったが、1902年教科書疑獄事件（贈収賄）を機に、03年より文部省著作の国定教科書を使用。資本主義興隆期の開化啓蒙型、日露戦争後の忠君愛国を目的とした国家主義型など、つねに政治と社会の影響を受けた。

『国民之友』（こくみんのとも）
徳富蘇峰創立の民友社から発行された総合雑誌。1887年創刊。「政治社会経済及文学之評論」を副題とし、平民主義を掲げた。知識人の大半が執筆したが、日清戦争後、蘇峰の思想転換により勢力を失い、『国民新聞』に吸収され廃刊。

国立銀行（こくりつぎんこう）
1872年制定の国立銀行条例に基づき設立された銀行。政府発行紙幣の整理と殖産興業資金の供給を図った。79年の第百五十三国立銀行が最後。82年日本銀行設立に伴い、大半が普通銀行に転換、残りは吸収・合併・解散となった。

小作争議（こさくそうぎ）
小作人の地主に対する闘争。明治中期以降、資本主義の発展により高率高額小作料と小作農家経営の矛盾が深まり、不作などを理由に小作料免除を要求する争議が西日本で発生。本格的に展開するのは大正時代。

古社寺保存法（こしゃじほぞんほう）
1897年制定の文化財保護法。明治維新後に疲弊した社寺の文化財の散逸・毀損を防止するため、神社・寺院がもつ建造物や宝物類のうち、歴史の証徴、美術の模範となるものを、特別保護建造物や国宝に指定した。

御真影（ごしんえい）
天皇、皇后の写真。地方官庁・軍隊・学校などに配付。祝祭日には式場正面に掲げ最敬礼することが定められた。また厳重な保管が求められ、火災に際して命をかけて保護しなければならなかった。教育勅語とともに天皇の神性を高める効果をもたらした。

御親兵（ごしんぺい）
親兵ともいう。明治初年の天皇直属の軍隊。維新直後に長州藩兵を中心として設置された。軍事的に脆弱だったため、山県有朋らの発議で、1871年薩摩・長州・土佐の３藩から派遣された兵約１万で組織。同年の廃藩置県断行の軍事的背景となった。72年に近衛兵と改称された。

国会開設運動（こっかいかいせつうんどう）
明治政府の有司専制（藩閥政府）を批判して、国会開設を要求した全国的な運動。1874年板垣退助らの民撰議院設立建白書の提出に始まる。自由民権運動と相まり、80年に愛国社が改称して国会期成同盟を結成、全国的に展開した。

国会開設の勅諭（こっかいかいせつのちょくゆ）
1890年を期して国会開設することを国民に約束した81年の勅諭。明治初年以来の漸次立憲方針により10年後の開設とした。国会の組織・権限は政府官僚の立案を天皇が裁定し、欽定憲法として公布すること、急進的に事変を煽動するものは法的措置をとることを明言。

国会期成同盟（こっかいきせいどうめい）
国会開設を目的に結成された自由民権運動の組織。1880年大阪で開かれた第４回愛国社大会で結成。以後、国会開設要求運動は全国化し、国会開設願望書の提出や憲法私案の作成などが各地でなされた。この影響で1881年国会開設の勅諭が出された。

五榜の掲示（ごぼうのけいじ）
1868年３月15日新政府が民衆の遵守すべき５か条を掲げた５枚の高札。第１～３札を定札とし、五倫の遵守、キリスト教の禁止など旧幕府の基本法令を踏襲した。第４札で外国人への暴行を禁止、第５札で本国からの脱走を禁じた。

駒場農学校（こまばのうがっこう）
官立農学校。1874年設置の農事修学所を前身とし78年開校。農業生の教育、農芸の改良を目的に海外から農学・獣医学などの教師を招いた。日本の科学的農法の中心となり、多くの農学者を輩出。90年帝国大学と合併しその農科大学となった。

五稜郭（ごりょうかく）
北海道函館市亀田に所在する箱館奉行庁舎の城跡。武田斐三郎が西洋式の築城思想で設計し、1857年着工、64年には奉行所が移転し66年完成。68年から翌年にかけて旧幕臣・榎本武揚らが占拠し、新政府軍との間で戊辰戦争最後の舞台となった。

コレラ騒動（これらそうどう）
コレラ予防をめぐる騒動。1879年に近畿・東海・北陸・関東の各地で多発。避病院への収容、果物・魚類の販売禁止など強制的なコレラ予防対策に対する反発が要因。コレラ流行に対する恐怖と不安から動揺や流言も広まるが、衛生行政の確立に伴い終息。

在郷軍人会（ざいごうぐんじんかい）
現役として服役しない軍人団体。1910年帝国在郷軍人会の創設により、各地に点在していた在郷軍人会が統一。予備・後備兵役の戦時動員準備、軍人遺族への福利厚生、軍事知識の普及などを目的に活動した。

財閥（ざいばつ）
1945年の敗戦まで日本経済で発達した富豪一族一門による資本グループ。明治前期に政商活動と鉱山業を行なっていた三井・三菱・住友・安田・大倉などが、富国強兵という国家目標と強大な資本力を背景に、多角的事業を展開した。

れた資金は、工部省・内務省・開拓使のもとで、鉄道や道路、鉱山事業のほか、士族授産など民間の勧業にも利用された。

紀元節（きげんせつ）
1872年制定された国の祝日。政府は国の起源を『日本書紀』の神武天皇即位に求め、それを紀元前660年２月11日と計算。学校などで祝賀が行なわれ国民生活に浸透した。1948年廃止されるが,66年建国記念の日となる。

貴族院（きぞくいん）
衆議院とともに、帝国議会を構成した立法機関。1890年開会。皇族・華族・勅選・多額納税者、のちに帝国学士院会員が加わった。衆議院に対抗する藩閥官僚の拠点として勢力をもった。1947年廃止。

牛鍋（ぎゅうなべ）
現在のすき焼き風の料理。牛肉に野菜などを加え、煮ながら食べる。幕末居留地周辺の横浜・神戸で始まった。1871年頃、文明開化の象徴として流行し、仮名垣魯文の滑稽小説『安愚楽鍋』に登場する。

教育勅語（きょういくちょくご）
日本帝国教育の根幹をなした勅語。1890年発布。井上毅・元田永孚の起草。啓蒙主義的教育を否定した。家族国家観に立ち、忠君愛国を国民のもっとも尊ぶべき道徳とした。全国の学校に配り各儀式で奉読させ、天皇制を浸透させた。1948年廃止。

教育令（きょういくれい）
1879年公布の学校教育に関する法令。72年の学制による画一的学校制度が地方の実情に合わず行きづまったため、アメリカの制度を取り入れ、学校の設立や教育方針を自立的に決定できるようにした。そのため自由教育令ともいう。

共進会（きょうしんかい）
地域産業の品質向上や技術の発展、情報交換などを目的とする品評会。優良品は表彰。1879年、松方正義の提議で行なわれた生糸と製茶が最初。殖産興業政策の一環として全国各地で開催されたが、しだいに府県・民間団体などの主催となる。

義和団事件（ぎわだんじけん）
1899年から翌年にかけて中国で起こった民衆の排外運動。日清戦争後、列強の侵略激化に抵抗して華北（中国北部）を中心に蜂起。「扶清滅洋」をスローガンに、各地に波及した。日英米露仏など８か国により鎮圧され、列強の侵略がいっそう激化した。北清事変。

軍楽隊（ぐんがくたい）
軍隊や艦隊などで吹奏楽器や打楽器などを演奏した音楽隊。兵制の洋式化に向けて、1872年設置され、近衛師団などに配属された。軍事以外にも公共の行事などで活躍することもあった。

勲章（くんしょう）
明治前期に制定された賞牌。1875年旭日章制定を最初とし、77年皇族を対象とした菊花章を設けた。当初は外国交際と軍功を目的としたが、国家功労者へと拡大され、菊花章頸飾、旭日桐花章、軍功に対する金鵄勲章、女性を対象とした宝冠章などが制定された。

軍人勅諭（ぐんじんちょくゆ）
1882年帝国軍人に出された勅諭。自由民権運動の高まりに対し、山県有朋を中心に井上毅らが作成。忠節・礼儀・武勇といった軍人としての徳目をあげ、軍人の政治不関与を説いた。天皇が統帥権を握ることを宣言し、天皇と軍人との直属関係を明確化した。

慶應義塾（けいおうぎじゅく）
幕末，福沢諭吉が江戸に開いた洋学塾から始まる。1871年三田に移転し、結社的結合を特色とする。独立自尊を校是とし、経済学などを教授。実業界に人材を輩出した。1920年大学令により初の私立大学になる。

戯作文学（げさくぶんがく）
娯楽を主とした近世後期の通俗小説類。江戸の洒落本・黄表紙などに代表される。明治に入っても影響は残り、初期の『我楽多文庫』にも影響がみられた。

硯友社（けんゆうしゃ）
文学結社。1885年尾崎紅葉を中心に発足。『我楽多文庫』を創刊。初期は江戸趣味的な作風だったが、日清戦争前後には西欧文化の感化を受けて浪漫的な作風となり、写実的な傾向を強めた。全盛期には200名の大勢力となるが、紅葉の死により解体へ向かった。

元老院（げんろういん）
立法諮問機関。1875年、太政官の左院にかわるものとして大審院などとともに設置。議長は左・右大臣、議官は華族・官僚などから勅任。権限は弱く、帝国議会の開設により廃止された。

江華島事件（こうかとうじけん）
1875年、日本の軍艦雲揚号が朝鮮の開国を要求し、朝鮮沖の江華島付近で示威を行ない交戦、砲台を破壊し永宗島を占領した事件。翌年、日朝修好条規（江華条約）調印。

皇室典範（こうしつてんぱん）
皇室・皇族の基本法。12章63条からなる。皇位継承、皇族の範囲・身分、皇室経費、皇室会議などを規定した。帝国憲法と同格で、議会の関与が禁じられていたが、1947年制定の現行皇室典範は法律の一形式にすぎない。

交詢社（こうじゅんしゃ）
1880年、福沢諭吉を会長に慶應義塾出身者が中心となり創立された社交クラブ。『交詢雑誌』を発行した。慶應以外にも、華族・官僚・学者・商工業者・地主なども参加したが、中心は実業家。81年私擬憲法案を発表。クラブとして現存する。

甲申事変（こうしんじへん）
1884年朝鮮で起きた開化派のクーデター。閔妃を中心とする守旧派は封建制度に固執し清への従属を深め、開化派は日本に接触することで近代化を遂行しようとした。開化派の金玉均らは日本公使竹添進一郎と結び王宮を占領したが、清国軍の攻撃を受け崩壊。

工部省（こうぶしょう）
明治政府の殖産興業政策の中心機関。1870年設置。翌年工学・勧工・鉱山・鉄道・土木・灯台・造船・電信・製鉄・製作の10寮と測量司に拡充。欧米技術を導入して鉄道・鉱山事業などを推進したが、経営悪化に伴い85年廃止。

工部大学校（こうぶだいがっこう）
明治初期の工学教育機関。1877年工部省工学寮を改称したもの。御雇外国人の教官を中心に、土木・機械・造船などの技術教育が行

御雇外国人（おやといがいこくじん）
明治初期、欧米諸国から日本の官庁や学校などに雇用された外国人。政府・民間ともに推進され、数千もの大人数が来日。政治・経済から科学・芸術まで、活躍は幅広く、近代日本の建設に重要な役割を果たした。

開港場（かいこうじょう）
幕末から明治期にかけて、外国との貿易を許された港。貿易相手国の国民も制限付きながら居住を許された。神奈川（横浜）・長崎・箱館（函館）などが代表。西欧の文化に触れる最先端の地として多様な発展を遂げた。

開成学校（かいせいがっこう）
明治初めの官立洋学校。1868年、江戸幕府の開成所が明治新政府に接収・改称されて開校。1869年昌平学校（昌平黌）・医学校（医学所）と合併、大学校となった。71年大学廃止に伴い独立。文部省管轄下の南校となり、その後も改称を繰り返し、77年東京大学となった。

開拓使（かいたくし）
北海道・樺太の開拓などを目的として設置された官庁。1869年設置。黒田清隆の主導で政策が推進された。顧問としてケプロンが来日。道路などが整備され屯田兵も入植するが、経営はほとんど赤字。82年廃止。

開拓使官有物払下げ事件（かいたくしかんゆうぶつはらいさげじけん）
1881年、北海道開拓使の官営物を特定の官僚・政商に安価で払い下げようとして、世論の批判を受けて中止した事件。10年計画の満期にあたり、1400万円を投じた事業を開拓使長官・黒田清隆が38万円程度で同郷人の政商・五代友厚らに売却しようとしたため、政治問題化した。

開智学校（かいちがっこう）
長野県松本市に保存されている明治初期の代表的小学校建築。重要文化財。1876年竣工。伝統的な木造建築を基本に、東京の開成学校などをモデルにしたとされ、開化式建築の傑作とされる。学校制度や西洋建築が各地へ伝播したことを示す。

学制（がくせい）
日本初の近代的学校制度に関する法令。1872年公布。大中小の学区制や学資などについて規定した。従来の身分制に立脚した学校制度を廃し、全国民が就学すること、実学主義、個人の立身出世などをうたうが、実際の民衆生活と乖離（かいり）し、79年廃止。

『学問のすゝめ』（がくもんのすすめ）
福沢諭吉が書いた啓蒙的学問論。1872年初編刊行。初編の「天は人の上に人を造らず…」は著名。学問を学ぶことによって個人が独立し、それが家や国家の独立につながると主張。とくに実学の重要性を述べ、学制制定や自由民権運動などに影響を与えた。

臥薪嘗胆（がしんしょうたん）
語源は中国の故事。報復するために長い間苦労を耐え忍ぶこと。日清戦争後の三国干渉に対して、世論が高まった際に政府が最初に用いたが、以後民間でも対ロシア報復の標語としてとなえられた。

華族令（かぞくれい）
1884年制定。伊藤博文は宮中の制度化、帝国議会での上院の母体、皇室の藩屏（はんぺい）といった華族制度の制定に着手。井上毅（こわし）が起草した。公侯伯子男の五爵を制定し、門閥や勲功によって受爵することが定められた。

学校令（がっこうれい）
1886年の学校制度に関する法令の総称。とくに帝国大学令・師範学校令・小学校令・中学校令などを指す。文相森有礼（もりありのり）が立案の中心。近代教育制度確立の基礎となった。

活動写真（かつどうしゃしん）
映画の旧称。動く写真を見せるものとして、小さな穴をのぞく仕組みの箱が神戸で公開されたのが始まり。1897年に、大勢が同時に見物する方式が公開。以後、全国に広まった。明治中ごろから昭和にかけての、代表的な大衆娯楽。

活版印刷（かっぱんいんさつ）
活字を組み並べて印刷する技術。1869年長崎で本木昌造が洋式鉛活字を完成したことから開始。当初はおもに新聞などで使用され、その発達とともに発展。とくに明治20年代、書籍・雑誌・小学校教科書などに採用された。

加波山事件（かばさんじけん）
自由民権運動激化事件のひとつ。1884年、河野広躰（ひろみ）ら自由党急進派が、福島・栃木県令の三島通庸（みちつね）暗殺を計画したが失敗。茨城県の加波山で栃木県庁を襲おうと蜂起するが、全員捕縛された。

歌舞伎座（かぶきざ）
現在の東京都中央区銀座に位置する劇場。演劇改良運動の流れを受け、1889年福地源一郎らが京橋区木挽町に建設。96年株式会社化。1914年松竹合名社が実質的経営にあたるようになり、31年松竹の所有となった。

『我楽多文庫』（がらくたぶんこ）
硯友社（けんゆうしゃ）が発行した文芸同人誌。刊行は1885～89年で全43冊。尾崎紅葉、山田美妙らの小説や都々逸（どどいつ）・新体詩を掲載。近代日本文学の先駆的役割を果たした。

樺太・千島交換条約（からふと・ちしまこうかんじょうやく）
日露間の懸案だった領土問題を解決した条約。1875年榎本武揚がサンクト・ペテルブルクで調印。内容は、宗谷海峡を境界として日本は樺太に関する権利をロシアに譲るかわりに、得撫島（うるっぷ）以北の千島列島を得ることなどが決められた。

勧工場（かんこうば）
多くの商店が規約をつくり、ひとつの建物のなかに種々の商品を陳列・即売したところ。東京では1878年の「辰ノ口第一勧工場内物品陳列所」が最初。大正末からの百貨店の隆昌によって、しだいに衰えた。

韓国併合（かんこくへいごう）
日本が韓国を併合して植民地としたこと。指導・管理・保護の３段階の朝鮮政策により、1904年の第一次日韓協約で財政・外交の顧問に日本人・外国人を採用させ、05年、第二次日韓協約で外交権を掌握し、統監府を設置。07年には内政権を掌握し（第三次日韓協約）、10年、韓国併合条約を調印。1945年、日本の敗戦により併合状態は終わった。

起業公債（きぎょうこうさい）
大隈（おおくま）財政のもとで、政府が主導した殖産興業政策を支えるため、1878年の起業公債証書発行条例に基づいて発行された公債。集めら

明治時代歴史用語事典

愛国社（あいこくしゃ）
1875年、全国の民権政社の代表が、立志社の呼びかけで大阪に集まり組織した日本初の全国的政党。本部を東京に置き、毎年２回の大会開催を決定したが、資金不足と中心メンバーの板垣退助の離脱で解体。78年大阪で再興され、80年、これを母体に国会期成同盟が設立。自由民権運動の指導的役割を果たした。

アイヌ
千島列島・樺太（サハリン）・北海道に居住した先住民族。人種の系統は不明。独自の文化をもち、ユーカラを伝承。和人の北上に抵抗したが圧迫され、しだいに人口も減少した。現在は主として北海道に居住。

安積疏水（あさかそすい）
福島県安積郡の原野を開拓するため、猪苗代湖より引かれた用水路。士族救済のため内務省の主導のもとで1879年に着工、83年に完成した。旧士族で帰農した士族は512戸。疏水は水力発電にも利用された。

『朝日新聞』（あさひしんぶん）
1879年大阪で創刊。当初は絵入りの社会記事などが多かった。明治十四年の政変後、大衆新聞としての性格を打ち出し、海外報道にも力を入れる。88年『東京朝日新聞』創刊に伴い、翌年『大阪朝日新聞』と改題、徐々に政論紙的性格となる。1940年『朝日新聞』に統一。

足尾鉱毒事件（あしおこうどくじけん）
明治中期、足尾銅山の鉱毒は渡良瀬川を汚染、周囲の耕地を荒廃させ、操業停止などを求めて地元の住民が抗議運動を起こした。地元の代議士田中正造らが支援し、全国の注目を集めた。田中が代議士を辞め、明治天皇に直訴事件を起こしたことは有名。

生人形（いきにんぎょう）
「活人形」とも書いた一種の細工見世物。真に迫った等身大の人形をつくり、著名な伝奇伝説や事件などの場面を仕組んでスペクタクルにして見せた。幕末の松本喜三郎がその始祖といわれ、安政年間から大坂・江戸を中心に各地で流行し、明治20年頃まで盛行した。

違式詿違条例（いしきかいいじょうれい）
明治初年の軽犯罪法。1872年東京違式詿違条例が最初。犯罪者は罰金を科せられ、資力がなければ、違式は笞打ち、詿違は拘留の実刑、適宜懲役にも換えられた。文明開化の風潮のもと、立ち小便・混浴など従来の風俗を取り締まった。

岩倉使節団（いわくらしせつだん）
1871年欧米に派遣された使節団。岩倉具視が特命全権大使、副使に大久保利通・木戸孝允など。目的のひとつであった条約改正交渉は失敗。だが政府首脳が西欧の制度・文化に触れた意義は大きく、73年征韓論で大久保、木戸らが内治優先を説く契機ともなった。

江戸開城（えどかいじょう）
1868年、有栖川宮熾仁親王を東征大総督とする新政府軍は、３月15日を江戸総攻撃の日と決定、徳川慶喜は恭順を示すが一部幕臣は抗戦を主張した。その間、西郷隆盛と山岡鉄舟・勝海舟らが折衝を行ない、14日、西郷・勝会談の結果、総攻撃の中止、無血開城が行なわれた。

演歌（えんか）
1886年頃から自由民権運動の壮士が、政治や時事を街頭で歌って批判したものが始まり。演説がわりに歌を用いたため、演歌という造語が生まれた。代表的なものに「オッペケペー節」などがある。

演劇改良運動（えんげきかいりょううんどう）
明治前半期の歌舞伎改良運動。歌舞伎の卑俗な点を改め、政府奨励のもとで新富座が開場、西洋風を導入した。守田勘弥や９代市川団十郎が中心となり、劇場の近代化を進め、時代考証の正確さをめざしたが、女方の廃止などが批判され衰退した。

王政復古の大号令（おうせいふっこのだいごうれい）
1867年12月９日に出された新政府樹立を宣言する沙汰書。大久保利通・西郷隆盛らが朝廷内の岩倉具視らと結んで政変を決行し、発布された。それまでの摂関・幕府などの旧制度を廃止し、総裁・議定・参与の三職を設置し新政府が発足した。

大蔵省（おおくらしょう）
国の財務行政を行なう官省。1869年太政官に設置。71年民部省と合併、強大な権限をもち近代的財政制度の確立、資本主義の育成にあたった。内務省の設置により、しだいに財政金融以外の事務を各省に移管し、現在の財務省の形を整える。

大阪事件（おおさかじけん）
1885年旧自由党左派の大井憲太郎らが、朝鮮の独立運動の支援および日本の内政改革をめざし、朝鮮でクーデターを起こそうとした事件。朝鮮渡航前に長崎で発覚し、大井らは逮捕された。

大阪砲兵工廠（おおさかほうへいこうしょう）
陸軍の官営兵器工場。1870年大坂城内に旧幕府の長崎製鉄所の設備を移して建設され、大阪造兵司とされたが、79年改称。当初はおもに修理を担当。のちに兵器の生産にもかかわり、火砲を中心に技術の発展を促した。

大津事件（おおつじけん）
1891年滋賀県大津市で起きたロシア皇太子暗殺未遂事件。来日したロシア皇太子ニコラスに対し、護衛の巡査津田三蔵が斬りつけ重傷を負わせた。政府は津田の死刑を要求したが、大審院長児島惟謙は無期徒刑を決定。司法権の独立を守ったことで有名。

ら大森貝塚を発見し、調査にかかわる。80年帰国後、再来日し、陶器などを収集、のち収集品はボストン美術館に収蔵された。

森有礼（もり・ありのり）
1847～89　政治家。薩摩藩出身。幕末イギリス・アメリカに留学。維新後、新政府で清国公使・英国大使となる。1873～74年明六社を結成し、西洋思想の啓蒙につとめた。85年文相となり学制の改正を行なう。帝国憲法発布当日、国粋主義者に暗殺された。

森鷗外〔林太郎〕（もり・おうがい〔りんたろう〕）
1862～1922　軍医・小説家。石見津和野生まれ。陸軍軍医としてドイツに留学、衛生学などを学ぶ。帰国後陸軍軍医総監に進む一方、『舞姫』『うたかたの記』などの小説を執筆し名を高めた。日露戦争後も、『青年』『雁』などを発表し、反自然主義の雄として明治文壇の重鎮となる。

安田善次郎（やすだ・ぜんじろう）
1838～1921　実業家。富山生まれ。幕末、江戸に両替店を開き、維新後は新政府発行の太政官札を売買して富を蓄積。諸官庁の公金を取り扱い、1880年安田銀行を設立、安田財閥の基礎を築く。日本初の生命保険・損害保険会社の経営にもかかわり、公共事業にも貢献した。

柳田國男（やなぎた・くにお）
1875～1962　民俗学者。兵庫県生まれ。東京帝大卒業後、農商務省に入る。官僚生活のかたわら、早くから民間伝承に関心をもち、全国を行脚した。1909年、日本民俗学の出発点とされる『後狩詞記（のちのかりことばのき）』を出版。以後、『遠野物語』などを発表し、35年には民間伝承の会（日本民俗学会の前身）を創設するなど、民俗学の樹立・発展に寄与した。

山岡鉄舟（やまおか・てっしゅう）
1836～88　政治家・剣客。鳥羽・伏見の戦いののち、勝・西郷会談の交渉にあたり、江戸無血開城への道筋をつけた。維新後、新政府で明治天皇の侍従・宮内大輔などを歴任。剣客としても著名。明治天皇にあんパンを紹介したことでも知られる。

山県有朋（やまがた・ありとも）
1838～1922　軍人・政治家。長州藩出身。吉田松陰に学び、奇兵隊を組織し幕末動乱に活躍。維新後は徴兵令の施行、軍人勅諭の発布など軍制にかかわる。のち首相として藩閥政府の指導的位置を占め、軍事・政治の絶対的権力を握った。

山田美妙（やまだ・びみょう）
1868～1910　小説家・詩人。東京生まれ。尾崎紅葉らと硯友社を設立し、『我楽多文庫（がらくたぶんこ）』を発行。『武蔵野』などで言文一致小説を試み、文壇での評価を得る。東京アクセント・ガ行鼻音を注記した『日本大辞書』を編纂し、韻文論争を生んだ。

山本権兵衛（やまもと・ごんべえ）
1852～1933　海軍軍人・政治家。薩摩藩出身。海軍兵学寮卒業後、海軍官房主事、大本営海軍大臣副官などを歴任。95年海軍省軍務局長。日清戦争では大本営に入り作戦指導にあたった。以後、第２次山県、第４次伊藤、第１次桂の各内閣で海相をつとめた。のち、大将。大正時代に２度内閣を組織した。

横山大観（よこやま・たいかん）
1868～1958　日本画家。水戸生まれ。東京美術学校第１期生。1898年日本美術院の結成に参加し、院展を中心に活躍、近代日本画の一典型をつくる。大正期に入って日本美術院を再興。岡倉天心の理想を追求した。

横山松三郎（よこやま・まつさぶろう）
1838～84　洋画家・写真家。択捉（えとろふ）島生まれ。箱館でロシア人から写真術などを学び、1868年東京に写真館を開業。71年荒廃した江戸城を撮影。古器旧物保存にもかかわり、京都・奈良で文化財の調査にあたった。

与謝野晶子（よさの・あきこ）
1878～1942　歌人。堺生まれ。新詩社の与謝野鉄幹と結婚。1901年の歌集『みだれ髪』で若い女性の情熱的な官能をうたい、『明星』の中心歌人として活躍。明治末から大正にかけて、平塚らいてうと母性保護などで論争。『源氏物語』の現代語訳にも取り組んだ。

与謝野鉄幹〔寛〕（よさの・てっかん〔ひろし〕）
1873～1935　歌人・詩人。京都生まれ。落合直文（おちあいなおぶみ）に師事。1894年『亡国の音』を発表し、旧派の短歌を批判した。1900年雑誌『明星』を創刊。翌年晶子と結婚し、短歌革新と詩歌による浪漫主義運動の中心となり、後進の指導にあたるかたわら、詩歌集・歌論集を出版した。勇壮・男性的歌風で知られる。

吉岡彌生（よしおか・やよい）
1871～1959　医師・女子教育家。遠江生まれ。1892年医術開業試験に合格し、東京に医院を開く。1900年女医養成機関として日本初の東京女医学校（現・東京女子医科大学）を創設し校長となる。女医教育・女性の教養と地位の向上に尽力した。

 わ

ラグーザ〔清原〕・玉（らぐーざ〔きよはら〕・たま）
1861～1939　洋画家。江戸生まれ。御雇（おやとい）外国人のイタリア人彫刻家ビンチェンツォ・ラグーザに師事し、のち結婚。1882年夫とイタリアに渡り、シチリア島パレルモに美術学校を創立。画家として活躍。夫の死後1933年に帰国。代表作に『小鳥』『楽園の曙』など。

李鴻章（り こうしょう）
1823～1901　中国清末の政治家。1870年直隷総督兼北洋大臣となり、日清戦争までの25年にわたって清国外交・軍事・経済を掌握し、軍隊の近代化に力を注いだ。1895年日清戦争の講和全権として来日し、下関条約に調印。義和団事件でも全権をつとめた。

ロエスレル（Karl Friedrich Hermann Roesler）
1834～94　ドイツ人法学者・経済学者。1878年外務省顧問として来日。帝国憲法起草に際し、君主制の強いドイツ諸邦の欽定憲法の採用を提案、伊藤博文・井上毅らに大きな影響を与えた。

ワーグマン（Charles Wirgman）
1835～91　イギリスの画家・新聞記者。1861年頃来日。幕末に漫画雑誌『ジャパン・パンチ』を刊行し、日本風俗を描写。五姓田義松（ごせだよしまつ）や高橋由一らに油絵・水彩画を教え、日本の西洋画受容に貢献した。横浜で死去。

前島密（まえじま・ひそか）
1835～1919　政治家。越後高田藩出身。維新後、政府の駅逓頭として郵便制度の創設に尽力した。郵便切手・全国均一料金を採用。明治十四年の政変で下野し、のち実業界で活躍した。北陸鉄道・石炭会社などの社長となり、国字改良論の先駆者でもあった。

牧野省三（まきの・しょうぞう）
1878～1929　映画監督・製作者。京都生まれ。1908年映画会社「横田商会」の依頼で『本能寺合戦』を初監督。俳優の尾上松之助と組んで日本映画の時代劇の草創期に活躍。会社が日活と改称後は京都撮影所長および重役となった。のち、映画会社マキノ・プロダクションを設立して独立、多くの時代劇映画を製作、時代劇作家・監督・俳優を養成した。「日本映画界の父」と称される。

牧野富太郎（まきの・とみたろう）
1862～1957　植物学者。土佐生まれ。小学校中退、独学で植物分類学を学び、1888年から『日本植物志図篇』を自費出版。89年日本産植物に日本人ではじめて学名を与えた。新種1000余、新変種1500余に命名。65歳で理学博士となる。

槇村正直（まきむら・まさなお）
1834～96　官僚・政治家。萩藩出身。1868年京都府に出仕。76年京都府知事。産業・文化の振興政策を進めたが、京都の人情を「頑固」と評し、庶民と対立し辞職した。

正岡子規（まさおか・しき）
1867～1902　俳人・歌人。伊予松山生まれ。帝国大学退学後、日本新聞社に入社。平明な写生句が特徴の日本派俳句を確立。『ホトトギス』創刊以来、写生主義と万葉調を主唱して短歌革新運動を行ない、アララギ派の基礎を築いた。

益田鈍翁〔孝〕（ますだ・どんのう〔たかし〕）
1848～1938　実業家。佐渡生まれ。幕末に渡仏、のち貿易業にかかわる。1872年大蔵省に出仕。その後三井物産総轄に就任し、三井財閥の基礎を築いた。茶器・骨董品の収集に力を注いだ。

町田久成（まちだ・ひさなり）
1838～97　政治家。薩摩藩出身。1865年藩命でイギリスに留学。維新後、外国事務局判事、文部大丞を歴任。内務省博物局を創設し、初代帝室博物館長となる。晩年は仏門に入り、園城寺光浄院住職。

松井須磨子（まつい・すまこ）
1886～1919　新劇女優。長野県生まれ。1909年文芸協会演劇研究所に入り、第１回公演「ハムレット」のオフィーリア役、続いて「人形の家」のノラ役で一躍脚光を浴び、新時代の女優の先駆となる。島村抱月と恋愛事件を起こす。大正２年に芸術座結成に参加した。

松方正義（まつかた・まさよし）
1835～1924　政治家。薩摩藩出身。明治新政府の官僚として地租改正・殖産興業政策を進める。明治十四年の政変後は参議・大蔵卿として松方財政を推進、日本銀行の設立・兌換制の確立に尽力した。一方、緊縮財政がデフレーションを招き、小企業や農民を圧迫した（松方デフレ）。

三島通庸（みしま・みちつね）
1835～88　官僚・政治家。薩摩藩出身。幕末、討幕運動に参加し、維新後官僚となる。酒田県令となりワッパ騒動（農民一揆）を鎮圧。福島県令・栃木県令在任中は強引に土木事業にあたり、福島事件・加波山事件の原因をつくった。のち警視総監になり、保安条例施行など、自由民権運動を弾圧した。

三井高福（みつい・たかよし）
1808～85　実業家。京都生まれ。８代八郎右衛門。1835年家督を相続、家政の立て直しにつとめ、鳥羽・伏見の戦い後、政府軍側の兵站をまかない、新政府の政商となった。第一国立銀行頭取などのかたわら、私立三井銀行などを設立し、三井財閥の近代的発展の基盤をつくった。

南方熊楠（みなかた・くまぐす）
1867～1941　民俗学者・博物学者。和歌山生まれ。1886年渡米し中南米を放浪、ほとんど独学で動植物学を研究。91年イギリスに渡り、学会に認められ大英博物館東洋調査部員に就任。1900年帰国。田辺市で粘菌類の研究を専門としたが、民俗・考古学にも精通、自然保護につとめた。

三宅雪嶺（みやけ・せつれい）
1860～1945　評論家。金沢生まれ。政府の欧化政策を批判し、1888年政教社を設立、雑誌『日本人』（のち『日本及日本人』）を創刊し国粋主義を提唱した。著書に『真善美日本人』『同時代史』など。

宮崎滔天（みやざき・とうてん）
1870～1922　中国革命運動の協力者。肥後生まれ。兄は熊本民権党の八郎、社会運動家の民蔵。中国革命主義に傾倒し、日本に亡命中の孫文と交流して辛亥革命を援助した。一時期、浪曲師として浪花節で革命を説いた。

宮武外骨（みやたけ・がいこつ）
1867～1955　ジャーナリスト・著述家。讃岐生まれ。反骨精神から『滑稽新聞』など多数の雑誌・書籍を発行。反権力・風刺による筆禍で入獄、発禁処分は29回を数える。東京大学内に明治新聞雑誌文庫を創設。

陸奥宗光（むつ・むねみつ）
1844～97　外交官・政治家。和歌山藩出身。幕末は海援隊士。維新後、新政府で外国交渉、大蔵省改革などに尽力。西南戦争では挙兵を謀り、禁獄５年。その後復帰し、外交面で活躍した。条約改正・日清戦争期の外交・下関条約にあたる。

村井弦斎（むらい・げんさい）
1863～1927　新聞記者・作家。三河生まれ。1885年アメリカに遊学。帰国後、報知新聞社社長・矢野龍渓らの知遇を得、同社客員となった。90年処女作『小説家』を発表。のち『報知新聞』編集長をつとめ、1900年以降は英文小説や随筆風の作品を書いた。著作に『食道楽』など。

明治天皇（めいじてんのう）
1852～1912　孝明天皇の第２皇子。名は睦仁。皇后は一条美子（昭憲皇太后）。1867年天皇の名により王政復古の大号令、68年五箇条の誓文、69年東京遷都を行なう。大日本帝国憲法下、国家元首、軍人勅諭により大元帥となり、近代国家としての体裁を整えた。

モース（Edward Sylvester Morse）
1838～1925　アメリカ人動物学者。1877年来日。東京大学で動物・生物学を講じ、進化論などを紹介。横浜から東京に向かう汽車か

歴任。その一方で国宝級の絵画・古建築を収集し、美術家を支援した。晩年、横浜本牧に名園・三溪園を営んだ。

樋口一葉（ひぐち・いちよう）
1872～96　小説家。東京生まれ。和歌を中島歌子に、小説は半井桃水に師事。『闇桜』などを執筆後、『文學界』同人に知己を得て投稿、1896年『たけくらべ』が『文藝倶楽部』に一括再掲載されると鷗外、露伴らに絶賛された。貧困のなか、流麗な文体の作品や日記を書くが、結核で夭逝。

ビゴー（Georges Ferdinand Bigot）
1860～1927　フランス人画家。1882年来日。雑誌『トバエ』を刊行、『団団珍聞』などに挿絵・漫画を描き、西欧化に直面した日本人や時事問題を風刺した。欧米の新聞や雑誌にも多く寄稿。日本女性と結婚したが離婚、99年帰国。

菱田春草（ひしだ・しゅんそう）
1874～1911　日本画家。長野生まれ。東京美術学校で、橋本雅邦らに実技指導を受け、岡倉天心に日本美術史を学ぶ。1898年岡倉天心とともに日本美術院の創立に参加。朦朧体と批判されながらも屈せず、没骨描法をはじめ伝統的日本画の革新につとめた。代表作『賢首菩薩』『落葉』『黒き猫』など。

平塚らいてう（ひらつか・らいちょう）
1886～1971　評論家・女性解放運動家。東京生まれ。日本女子大学卒業後、1911年青鞜社を設立。『青鞜』創刊号に「元始、女性は太陽であった」を執筆。母性保護論争・婦人参政権運動などに尽力。

広瀬武夫（ひろせ・たけお）
1868～1904　海軍軍人。豊後生まれ。日露戦争の際、旅順港閉塞作戦で自沈船の指揮官となり、行方不明の杉野孫七曹長を探すなか、砲火を浴びて戦死。果敢な作戦への参加と部下思いの真情が報じられると軍神と称され、文部省唱歌にも歌われた。

閔妃（びんひ）
1851～95　朝鮮、李朝第26代高宗の王妃。1866年王妃となり権力を握る。73年高宗の父・大院君を引退させ、閔氏一族による実権を掌握。江華島事件後、開国。82年、壬午事変で一時復権した大院君を清国と結び再度排除した。日清戦争で失墜したものの親露派として勢力を挽回。95年、日本公使らにより暗殺された。

フェノロサ（Ernest Francisco Fenollosa）
1853～1908　アメリカ人東洋美術研究家。1878年来日。東京大学で哲学・経済学を教えるかたわら日本美術を研究し、日本画の復興と美術行政確立につとめる。岡倉天心とともに東京美術学校の設立にも尽力。アメリカに帰国後、ボストン美術館東洋部長となる。

フォンタネージ（Antonio Fontanesi）
1818～82　イタリア人画家。ヨーロッパ各地に遊学し、パリで風景画家として評価される。1876年政府の招きで来日。工部美術学校教授となり、日本ではじめて正式な西洋画法を教えた。門下に浅井忠・小山正太郎ら。

福沢諭吉（ふくざわ・ゆきち）
1834～1901　思想家・教育家。慶應義塾の創立者。豊前中津藩出身。幕末、緒方洪庵に蘭学を学ぶ。幕府出仕後は数度の遣外使節に随行し、欧米を視察。維新後は在野の代表的啓蒙思想家として活動し、明六社にも参加。『西洋事情』『学問のすゝめ』『文明論之概略』や脱亜論が有名。

福田〔景山〕英子（ふくだ〔かげやま〕・ひでこ）
1865～1927　女性解放運動家。岡山生まれ。岡山で岸田俊子の演説を聞いて女性解放を志す。自由民権運動に参加し、大阪事件で逮捕・投獄された。のち平民社に入り、1907年『世界婦人』を創刊した。

福地源一郎〔桜痴〕（ふくち・げんいちろう〔おうち〕）
1841～1906　新聞記者・劇作家。長崎生まれ。蘭学・英学を学び幕府に出仕、通訳として渡欧。新政府では1871年、岩倉使節団に１等書記官として随行。74年『東京日日新聞』主筆となり政府系記者として自由民権派批判に筆をふるう。また演劇改良をとなえ、歌舞伎座を創設。

藤島武二（ふじしま・たけじ）
1867～1943　洋画家。鹿児島生まれ。はじめ日本画を学び、のち洋画に転じた。黒田清輝に認められて白馬会会員となる。1905～10年フランス・イタリアに滞在、帰国後清新な滞欧作を発表し、11年東京美術学校教授となる。以後教育者・洋画界の中心人物として活躍。代表作『蝶』『東海旭光』など。

二葉亭四迷（ふたばてい・しめい）
1864～1909　小説家。江戸生まれ。東京外国語学校露語部を中退後、坪内逍遙の勧めで1887年言文一致体小説『浮雲』を発表、近代小説に新生面をひらいた。ロシア文学の翻訳なども発表するが、しだいに文学に疑問を抱き、一時政治家を志す。のち朝日新聞社に入社、ロシア派遣からの帰途に病死。

ベアト（Felice Beato）
1834～1903　イギリス人写真家。イギリス領ゴルフ島（現・ギリシャ領）生まれ。クリミア戦争やインドのセポイの反乱、中国のアヘン戦争などを報道カメラマンとして取材。1863年に来日して横浜居留地で写真館を開設。外国人相手に日本土産としての風景・風俗を写した写真を販売した。生麦事件の現場写真を撮影したことでも有名。

ベルツ（Erwin von Bälz）
1849～1913　ドイツ人医学者。1876年東京医学校の招きで来日。教育・研究・診療にあたり、日本の近代医学の発展に寄与。草津・伊香保など温泉療法を紹介。明治天皇の侍医をつとめ、伊藤博文とも親交があり、外交意見も述べた。

ボアソナード（Gustave Emile Boissnade）
1825～1910　フランス人法学者。1873年政府の招きで来日。明治法律学校（現・明治大学）などで民法・刑法を講義し、法典の起草にもかかわった。井上馨の条約改正案の外国人判事任用を批判し、議論を招く。民法典論争などで、1895年帰国。

星亨（ほし・とおる）
1850～1901　政治家。江戸生まれ。イギリス留学後、立憲自由党に入党し藩閥政府を批判。1892年第２代衆議院議長となり、駐米公使・逓信大臣などを歴任。汚職疑惑で辞任後も大物政治家として活躍したが、伊庭想太郎に暗殺された。

永井荷風（ながい・かふう）
1879～1959　小説家。東京生まれ。1902年『野心』を処女出版。翌年渡米、ニューヨーク、仏リヨンなどの正金銀行現地支店に勤務。帰国後、『あめりか物語』『すみだ川』など多くの作品を発表した。江戸の戯作を好んで花柳界などの風俗を描き、反自然主義・耽美派を代表する流行作家となった。代表作に『濹東綺譚』。

中江兆民（なかえ・ちょうみん）
1847～1901　思想家。土佐生まれ。1871年フランスに留学、帰国後、仏学塾を開き、新しい学問・思想を教育。自由党創設に参画、自由民権思想の啓蒙と、専制政府の攻撃を行なう。門下に幸徳秋水がいる。

長岡半太郎（ながおか・はんたろう）
1865～1950　物理学者。肥前生まれ。1890年東京帝大助教授となり、93年磁気歪み現象の研究により理学博士、同年ドイツに留学。96年帰国して教授となる。1903年土星型原子模型を発表し、鉄鋼・地球物理学、科学行政の分野でも業績をあげた。

中村正直（なかむら・まさなお）
1832～91　洋学者・教育家。江戸生まれ。昌平坂学問所で儒学・蘭学を学ぶ。1866年イギリスなどに留学。帰国後、大蔵省に出仕。私塾同人社を開き、また、明六社にも参加、啓蒙思想の普及につとめた。訳書に『西国立志編』『自由之理』など。

長与専斎（ながよ・せんさい）
1838～1902　医学者。肥前生まれ。緒方洪庵に師事し、その勧めで長崎のポンペから西洋医学を学んだ。1868年長崎医学校（長崎大学医学部の前身）初代校長。71年文部省に入り、岩倉遣欧使節に随行。帰国後、医務局長・東京医学校校長などを歴任し、医療・衛生・福祉の分野で大きな業績を残した。

夏目漱石（なつめ・そうせき）
1867～1916　小説家・英文学者。江戸生まれ。帝国大学卒業後、松山中学・熊本五高教授を経て1900年イギリスに留学。帰国後、東京帝大講師、のち朝日新聞社に入社。近代人の孤独や内面の不条理、倫理的主題を追求した作品を多く発表した。

成島柳北（なるしま・りゅうほく）
1837～84　漢詩人・随筆家。江戸生まれ。徳川将軍の侍講・幕府外国奉行などを経て、1872年欧米を巡遊する。帰国後、新政府には仕えず、74年『朝野新聞』社主となり、軽妙洒脱な文で文明批評を展開した。

新島襄（にいじま・じょう）
1843～90　宗教家・教育家。江戸生まれ。1864年アメリカに密航。アマースト大学卒業（日本人初の学士号）後、キリスト教に入信。岩倉使節団に72年アメリカで同行し、欧米の学校制度などを視察。74年帰国。75年京都に同志社英学校（現・同志社大学）を創設、徳富蘇峰も入学している。

ニコライ（Nikolai）
1836～1912　ロシア人聖職者。1861年箱館に来航。72年上京後日本ハリストス正教会を樹立し、91年駿河台に東京復活大聖堂（ニコライ堂）を建てる。生涯、日本での教育・布教活動につとめた。日露戦争中はロシア兵捕虜の慰安にも貢献。東京で没した。

西周（にし・あまね）
1829～97　啓蒙思想家。石見津和野生まれ。1862年、榎本武揚・津田真道らとオランダに留学。維新後、兵部省・陸軍省など軍制関係の官職を歴任。明六社に参加、西欧哲学を紹介した。山県有朋の命を受けて「軍人勅諭」を起草。訳書に『万国公法』など多数。

西村茂樹（にしむら・しげき）
1828～1902　倫理学者・思想家。江戸生まれ。佐久間象山らに洋学を学ぶ。1872年、東京に家塾を開き、漢学・英学を教授。森有礼らと明六社を設立。のち文部省に出仕。明治天皇侍講・宮内省御用掛を歴任。日本弘道会を組織し、国民道徳の振興につとめた。

新渡戸稲造（にとべ・いなぞう）
1862～1933　思想家・教育家。南部藩出身。札幌農学校在学中にキリスト教に入信。1884年アメリカ・ドイツに留学し、経済学・農政学などを学ぶ。女子高等教育にも尽力し、明治から大正期の日本教育界に重きをなした。国際親善にもつとめ、カナダで講演中に客死。英文の著書『武士道』は有名。

沼間守一（ぬま・もりかず）
1843～90　ジャーナリスト・政治家。江戸生まれ。幕臣として戊辰戦争を戦い、維新後新政府に出仕したが、1879年政府の言論弾圧に抗議して退官。『横浜毎日新聞』を買収し『東京横浜毎日新聞』を経営。嚶鳴社を創立し、立憲改進党結成に参加した。

根津嘉一郎（ねづ・かいちろう）
1860～1940　政治家・実業家。甲州生まれ。20歳で上京、漢学を学ぶ。のち地方政界で活躍、1904年衆議院議員に当選。東武鉄道をはじめ、鉄道事業などを中心に実業界で活躍、根津コンツェルンと呼ばれる新興財閥となった。教育事業にも力を注ぎ、武蔵高校創立。古美術愛好家として知られ、没後、収集品をもとに根津美術館が設立された。

乃木希典（のぎ・まれすけ）
1849～1912　陸軍軍人。長州藩出身。西南戦争で西郷軍に軍旗を奪われる。日清戦争時の第1旅団長を経て、日露戦争では第3軍司令官として旅順総攻撃を指揮、多大の犠牲を払う。1907年学習院院長。伯爵。明治天皇大喪の日に妻静子と自決。

野口英世（のぐち・ひでよ）
1876～1928　細菌学者。福島県生まれ。医術開業試験に合格後、伝染病研究所を経て1900年渡米。ペンシルヴァニア大学、ロックフェラー研究所で毒蛇、梅毒などの研究に業績をあげる。アフリカ西部のアクラで黄熱病の研究中、感染して死去。

橋本雅邦（はしもと・がほう）
1835～1908　日本画家。江戸生まれ。はじめ狩野雅信に学ぶ。フェノロサの知遇を得て岡倉天心らと日本画革新運動を推進。1889年東京美術学校教授。98年日本美術院創立に参加。古画に通じ、画風は温雅。代表作に『白雲紅樹』『竜虎図屛風』など。

原三溪〔富太郎〕（はら・さんけい〔とみたろう〕）
1868～1939　実業家・美術収集家。美濃生まれ。横浜の生糸貿易商・原善三郎の婿養子となり、1901年第二銀行頭取となる。のち横浜興業銀行頭取、帝国蚕糸会社社長などを

栃木県会議員に当選。県令三島通庸の土木事業に反対して入獄。90年衆議院議員、翌年、足尾鉱毒事件に関し、議会に質問書を提出。議員辞職後、天皇に直訴を行なうなど、農民とともに運動を展開した。

田中光顕（たなか・みつあき）
1843〜1939　政治家。土佐生まれ。幕末は土佐勤王党に属し、維新後新政府に出仕、1871年岩倉使節団に随行。帰国後陸軍会計監督となり、西南戦争に従軍。学習院院長を経て98年宮内大臣となり、11年間在職して宮中に権勢をふるった。

谷干城（たに・たてき）
1837〜1911　陸軍軍人・政治家。土佐藩出身。戊辰戦争従軍後、陸軍軍人となる。西南戦争では熊本鎮台司令長官として籠城を貫徹、政府軍の勝利に貢献した。1881年山県有朋らと対立して陸軍を去り、政界に進出。農商務相などをつとめたが、井上馨外相らの欧化主義に反対し辞職。

田山花袋（たやま・かたい）
1871〜1930　小説家。栃木館林（現・群馬県）生まれ。1886年上京、尾崎紅葉・江見水蔭を訪ねて小説を学び、新体詩もつくる。1902年発表の『重右衛門の最後』で文壇から注目され、『蒲団』は自然主義文学の代表作といわれた。ほかに『田舎教師』など。

月岡芳年（つきおか・よしとし）
1839〜1892　浮世絵師。江戸生まれ。はじめ歌川国芳に師事、のち菊池容斎に私淑し、歴史画・美人画で特異な才能を発揮した。錦絵のほか、晩年は時局版画を多く制作、大蘇芳年と称した。

津田梅子（つだ・うめこ）
1864〜1929　日本初の女子留学生・教育者。江戸生まれ。1871年6歳で岩倉使節団に随行し渡米。帰国後、華族女学校の英語教授となる。1900年女子英学塾（現・津田塾大学）を設立して、英語教育、個性尊重教育を行なった。

津田真道（つだ・まみち）
1829〜1903　法学者。津山藩出身。1862年西周らと幕府最初の留学生となり、オランダで法学などを学ぶ。維新後は、おもに法制官僚として法律の整備に貢献。明六社にも参加。初代衆議院副議長、のち貴族院議員。訳書に『泰西国法論』など。

坪内逍遙（つぼうち・しょうよう）
1859〜1935　評論家・小説家・劇作家。美濃生まれ。東京専門学校（現・早稲田大学）講師のとき、『小説神髄』を発表し、小説改良を提唱。森鷗外と没理想論争を行なう。のち演劇改良運動に打ち込み、シェークスピアの研究・翻訳につとめた。また、倫理教育にも力を注ぐ。

寺内正毅（てらうち・まさたけ）
1852〜1919　陸軍軍人・政治家。長州藩出身。維新後、大阪兵学寮を経て陸軍の要職を歴任。西南戦争で負傷したため、軍政に転じ活躍。第1次桂内閣の陸相。韓国統監として韓国併合を推進、1910年初代朝鮮総督に就任した。のち首相となるが、米騒動で辞職。

寺島宗則（てらじま・むねのり）
1832〜93　政治家・外交官。薩摩藩出身。1862年渡英して欧米事情を学ぶ。帰国後、変名で幕府に仕えた。68年新政府の参与兼外国事務掛となり、以後外務大輔・外務卿など外交畑で活躍。樺太・千島交換条約など重要案件を処理した。のち伯爵・枢密顧問官。

寺田寅彦（てらだ・とらひこ）
1878〜1935　物理学者・随筆家。東京生まれ。東京帝大卒業後、実験物理・地球物理学を研究。1916年東大教授。潮汐・間歇泉やX線による結晶構造解析など物理学の広い分野の研究に従事。他方、夏目漱石に学び、俳句や散文、独特の科学随筆を発表した。

東郷平八郎（とうごう・へいはちろう）
1847〜1934　海軍軍人。薩摩藩出身。戊辰戦争に参加。日清戦争では豊島沖海戦で活躍、日露戦争では連合艦隊司令長官として日本海海戦でバルチック艦隊を撃滅した。「東洋のネルソン」と称され、世界にもその名が知られた。1913年元帥。

桃中軒雲右衛門（とうちゅうけん・くもえもん）
1873〜1916　浪曲師。茨城県生まれ。父に浪花節を習い、旅回りで修業。『義士銘々伝』などで、はじめ九州・関西、のち東京で人気を得る。豪快な語り口で、明治期最大の浪曲師となった。

頭山満（とうやま・みつる）
1855〜1944　国家主義者。福岡藩出身。西郷隆盛に共鳴し、萩の乱に参加して入獄。1881年玄洋社を結成し、大陸進出を主張する大アジア主義をとなえた。孫文ら中国の亡命革命家を援助した。終生、政界の黒幕として活躍し、右翼の大御所的存在となった。

徳川慶喜（とくがわ・よしのぶ）
1837〜1913　徳川15代将軍。水戸藩主徳川斉昭の7男。1867年大政奉還をしたが、翌年、新政府に反発する会津・桑名に擁されて起こした鳥羽・伏見の戦いで敗れ、江戸へ帰る。江戸城を明け渡して謹慎、隠棲した。のちに明治天皇に拝謁、公爵に列した。

徳富蘇峰（とくとみ・そほう）
1863〜1957　ジャーナリスト・文筆家。肥後生まれ。熊本洋学校や同志社に学び1880年中退。87年民友社を設立し、雑誌『国民之友』創刊。90年『国民新聞』創刊。平民主義を掲げたが、日清戦争以降は国粋主義に傾き、弟の蘆花と決別した。

徳冨蘆花（とくとみ・ろか）
1868〜1927　小説家。肥後生まれ。蘇峰の弟。同志社に学び、キリスト教に入信。『不如帰』で文壇に独自の地位を築く。人道主義と清新な作風で社会問題にも関心が深く、田園生活を送りつつ作品を発表した。

富岡鉄斎（とみおか・てっさい）
1836〜1924　日本画家。京都生まれ。国学・儒学・詩文などを修め、維新後は石上神宮・大鳥神社の宮司となる。大和絵に明・清の画風を取り入れ、とくに水墨画に独自の画風をひらき、文人画で傑出する。

ナウマン, ハインリッヒ・エドムント
（Edmund Naumann）
1854〜1927　ドイツ人地質学者。1875年政府の招きで来日。開成学校で地質学を教えた。日本列島各地の地質構造を調べ、フォッサ・マグナを指摘。化石種「ナウマン象」名前の由来となる。79年帰国。

末広鉄腸（すえひろ・てっちょう）
1849〜96　新聞記者・小説家。宇和島藩出身。1875年『朝野新聞』に入社し編集長となる。政府を批判し讒謗律違反で逮捕。81年自由党結成に参加。のちに衆議院議員。1919年『雪中梅』などの政治小説も刊行。

鈴木梅太郎（すずき・うめたろう）
1874〜1943　農芸化学者。静岡生まれ。1901年渡欧しタンパク質の研究を行なう。のち東京帝国大学教授となり栄養問題などを研究。ビタミンB_1（オリザニン）の抽出に成功、脚気予防などに大きな功績を残した。

住友友純（すみとも・ともいと）
1864〜1926　実業家。京都生まれ。西園寺公望の実弟。1892年、徳大寺家から住友家に養子に入り、別子銅山をもとに95年住友銀行を設立して金融界に参入。倉庫業、信託業務を開始して事業を拡大。住友を三井・三菱と並ぶ三大財閥のひとつに育てあげた。

相馬黒光（そうま・こっこう）
1876〜1955　随筆家。宮城県生まれ。1895年明治女学校に入学し島崎藤村らに学ぶ。97年相馬愛蔵と結婚。東京で新宿中村屋を創業し、多くの芸術家を援助した。著作に『黙移』『明治初期の三女性』など。

副島種臣（そえじま・たねおみ）
1828〜1905　政治家。佐賀藩出身。幕末に英語・米国憲法を学び、新政府の参与となって「政体書」の起草にあたる。1871年外務卿に就任。73年、征韓論を主張して敗れ下野。民撰議員設立建白書に名を連ねたが、自由民権運動には参加せず中国に渡る。のちに枢密顧問官をつとめた。

孫文（そん ぶん）
1866〜1925　中国の革命家。1895年広州で挙兵を企てたが失敗し日本・欧米に亡命。1911年辛亥革命で中華民国臨時大総統となったが、北洋軍閥・袁世凱に政権を譲った。19年中国国民党を結成し、三民主義を提唱、国民革命の実現をめざした。

大院君（たいいんくん）
1820〜98　李朝時代の朝鮮国王の父・政治家。次男の命福が26代高宗（李太王）となると、幼王を助けて政治の実権を握った。1873年、閔妃ら反大院君派からその攘夷政策などの失政を攻撃され引退。95年閔妃暗殺事件後、駐韓日本公使らにより復権したが、親露派の復活によって失脚した。

大正天皇（たいしょう・てんのう）
1879〜1926　名は嘉仁。明治天皇の第３皇子。皇后は九条節子（貞明皇后）。1912年践祚、15年京都で即位。皇太子時代、十数年にわたって全国各地を巡啓し、一般人にも接した。病弱のため21年、皇太子裕仁（昭和天皇）を摂政に任命した。

高木兼寛（たかぎ・かねひろ）
1849〜1920　軍医。日向生まれ。1872年兵部省に出仕し、75年イギリス留学。帰国後、東京海軍病院長、成医会講習所（現・東京慈恵会医科大）所長、海軍医務局長などを歴任。85年海軍軍医総監。軍に蔓延した脚気の原因をはじめて明らかにしたことで知られる。88年日本最初の医学博士を受ける。

高橋是清（たかはし・これきよ）
1854〜1936　政治家・財政家。江戸生まれ。仙台藩留学生として渡米後、森有礼の書生となる。横浜正金銀行支配人など金融畑で活躍。日露戦争時の外債募集に尽力し日本銀行総裁。蔵相・政友会総裁・首相などの要職を歴任。昭和の2.26事件で暗殺された。

高橋由一（たかはし・ゆいち）
1828〜94　洋画家。江戸生まれ。幕末に蕃所調所画学局で川上冬崖の指導を受け、のちにワーグマンに油彩画を学ぶ。1873年ウィーン万国博覧会に出品。画塾天絵楼を開設。人物画や静物画に迫力あるリアリズムを確立した。代表作に『鮭』『花魁』など。

高峰譲吉（たかみね・じょうきち）
1854〜1922　薬学・化学者。高岡生まれ。イギリスのグラスゴー大に留学後、農商務省に入る。1890年渡米し、ニューヨークに高峰研究所を開設。アドレナリン結晶化・タカヂアスターゼ創製など、多数の発見・発明を行なう。ニューヨークで客死。

高村光雲（たかむら・こううん）
1852〜1934　彫刻家。江戸生まれ。光太郎の父。東京美術学校（現・東京藝術大学）開設に際し彫刻科教授となる。『楠木正成銅像』『西郷隆盛銅像』などを制作。仏師の伝統木彫に写実を加えた新しい作風をひらき、1893年シカゴ博覧会に『老猿』を出品し、受賞。

高山樗牛（たかやま・ちょぎゅう）
1871〜1902　評論家。羽前生まれ。帝国大学在学中に歴史小説「滝口入道」が新聞懸賞に当選。1897年から雑誌『太陽』の主幹となった。教壇に立つかたわら旺盛な評論活動を展開。日本主義から転じてニーチェの哲学思想を賛美する評論を発表し論議を呼んだ。

滝廉太郎（たき・れんたろう）
1879〜1903　作曲家。東京生まれ。歌曲集『四季』や中学唱歌『荒城の月』『箱根八里』『豊太閤』を作曲。日本音楽の抒情性に西洋音楽を見事に調和させた。1901年将来を期待されてドイツに留学したが肺結核となり帰国。24歳の若さで死去。

田口卯吉（たぐち・うきち）
1855〜1905　経済学者・歴史学者。江戸生まれ。1872年大蔵省翻訳局に入り英語と経済学を学び、『日本開化小史』などを著わす。78年辞官し、翌年『東京経済雑誌』を創刊。自由主義的な経済論を展開し、政財界に影響を与えた。衆議院議員としても活躍。

田代栄助（たしろ・えいすけ）
1834〜85　自由民権運動家。秩父生まれ。生家は名主であったが、侠客となる。1884年困民党の井上伝蔵らに迎えられ指導者となり、借金10年据え置きなどの請願運動を展開、11月武装蜂起（秩父事件）に至り、最高指導者として死刑となった。

辰野金吾（たつの・きんご）
1854〜1919　建築家。佐賀生まれ。工部大学校造家学科（現・東京大学工学部建築学科）第１期卒業生。２度にわたるヨーロッパ留学後、東京帝国大学工学大学長などをつとめる。退官後、辰野葛西建築事務所を創立。建築学会会長をつとめるなど、明治建築界の開拓・指導者となる。日本銀行（旧館）、東京駅などを設計。

田中正造（たなか・しょうぞう）
1841〜1913　政治家。下野生まれ。1880年

小山正太郎（こやま・しょうたろう）
1857〜1916　洋画家。越後生まれ。川上冬崖の聴香読画館を経て1876年工部美術学校に入学、フォンタネージに学ぶ。東京師範学校教授となり、89年に私塾・不同舎を創設し洋画を指導。1907年からは文展の審査にあたり、以後関心は制作から後進の育成・指導に移っていった。代表作『仙台の桜』。

コンドル（Josiah Conder）
1852〜1920　イギリス人建築家。1877年政府の招きで来日。工部大学校造家学科などで教え、また建築・設計に従事、日本人建築家を育成した。皇居造営計画や官庁集中計画に参加。東京帝室博物館・鹿鳴館・旧ニコライ聖堂など初期洋風建築を設計。

西園寺公望（さいおんじ・きんもち）
1849〜1940　政治家。京都生まれ。フランスに留学し、中江兆民らと交遊、自由思想を身につけ1880年帰国。伊藤博文の憲法調査に随行、欧州各国の公使を歴任し、伊藤内閣では文相に就任。日露戦争直後から大正元年まで、桂太郎と交替で首相を担当し、桂園時代を築いた。最後の元老として活躍。

西郷隆盛（さいごう・たかもり）
1827〜77　政治家・軍人。維新の三傑のひとり。薩摩藩出身。薩長同盟の立て役者として討幕運動を推し進め、王政復古・戊辰戦争などを指導した。とくに勝海舟との江戸無血開城は有名。新政府の参議となり廃藩置県に協力するが、1873年の征韓論で大久保利通と対立して下野。77年西南戦争では私学校党の先頭に立つが敗北、城山で自刃した。

西郷従道（さいごう・つぐみち）
1843〜1902　海軍軍人。薩摩藩出身。隆盛の実弟。戊辰戦争に従軍し、1869年山県有朋と渡欧し兵制を調査・研究。74年台湾出兵を強行した。77年の西南戦争では兄隆盛に加担しなかった。海相・内相・枢密顧問官を歴任。（名は「じゅうどう」が正しい）

斎藤緑雨（さいとう・りょくう）
1867〜1904　小説家・評論家。伊勢生まれ。仮名垣魯文に師事して戯作を学ぶ。『今日新聞』をはじめ多くの新聞に原稿を執筆。1889年に発表した『小説八宗』などで辛辣な文壇批評家としても知られる。91年には『油地獄』『かくれんぼ』などで小説家としても認められた。

堺利彦（さかい・としひこ）
1870〜1933　社会主義者。豊前生まれ。1899年『万朝報』に入社。日露戦争では非戦論を主張し、同僚の幸徳秋水・内村鑑三らと退社。幸徳と平民社を設立し『平民新聞』を創刊した。日本社会党結成にも関係。大逆事件後に売文社を設立し、ロシア革命を宣伝した。

佐野常民（さの・つねたみ）
1822〜1902　政治家。佐賀藩出身。1873年兵部少丞となり海軍創設に尽力した。西南戦争に際し博愛社を創設、のち日本赤十字社と改称し、初代社長となる。枢密顧問官を経て、第１次松方正義内閣の農商務相に就任。

三条実美（さんじょう・さねとみ）
1837〜91　公卿・政治家。京都生まれ。新政府では議定・副総裁・輔相・右大臣などを歴任、中枢を担う。1871年の廃藩置県後は太政大臣に就任し、太政官制の最高職にのぼり、内閣制実施後は内大臣となった。征韓論で窮地に立つと急病になるなど、決断力に乏しく名目的な存在。

三遊亭円朝（さんゆうてい・えんちょう）
1839〜1900　落語家。江戸生まれ。２代三遊亭円生に入門し、17歳で真打。芝居噺・怪談噺・人情噺を自作自演し、派手な衣裳・演出で新風を巻き起こした。言文一致文体に大きな影響を与えた。

渋沢栄一（しぶさわ・えいいち）
1840〜1931　実業家。武蔵榛沢生まれ。はじめ幕府に仕え、維新後は大蔵省で金融・財政制度の制定・改正に尽力。実業界に転じて第一国立銀行を設立、その後王子製紙・日本郵船・鉄道など多数の会社や組織を運営。近代日本の産業育成や社会事業に尽力した。

島崎藤村（しまざき・とうそん）
1872〜1943　詩人・小説家。長野馬籠村生まれ。1893年北村透谷らと『文學界』を創刊。97年『若菜集』で浪漫主義の詩人として出発するが、1906年、小説『破戒』で自然主義文学の先駆となる。晩年には父を通しての維新期動乱を描いた大作『夜明け前』を完成させた。

島津久光（しまづ・ひさみつ）
1817〜87　幕末の薩摩藩主・島津忠義の父。幕末の藩政を握り、公武合体派の主柱となる。1874年新政府の左大臣となるが、保守性が強く、欧化政策に反対して鹿児島へ帰国・隠退した。生涯を通して秩序と礼節を重んじ、和漢学と和歌を好んだ。

下岡蓮杖（しもおか・れんじょう）
1823〜1914　写真家・画家。伊豆下田生まれ。はじめ絵師を志すが、ハリスの通訳や米国人らに写真・撮影術を学ぶ。1862年横浜に写真館を開業、のち東京・浅草に移る。上野彦馬と並ぶ写真師の先駆者となる。『箱館戦争図』などのパノラマ画も制作した。

下田歌子（しもだ・うたこ）
1854〜1936　教育家。美濃生まれ。1872年宮中に出仕し、皇后より歌子名を賜わる。85年華族女学校（のち女子学習院）教授。98年帝国婦人協会を結成し、付属機関として実践女学校（現・実践女子大学）などを開設。皇室の信任を背景に皇室中心主義を主張。

昭憲皇太后（しょうけんこうたいごう）
1849〜1914　明治天皇の皇后。一条忠香の娘。1867年女御に内定し、翌年皇后。女子師範、華族女学校などの女子教育、博愛社（のち日本赤十字社）などの社会事業に貢献した。和歌（３万6000首）や書道に秀で、歌集に『昭憲皇太后御集』がある。

尚泰（しょうたい）
1843〜1901　琉球王国最後の王。1847年即位、77年清国皇帝から冊封を受ける。幕末、外国船の来航により外交・財政問題で苦慮。72年新政府により琉球藩王となる。79年の琉球処分方針のもと、政府から東京移住を命じられた。のち貴族院議員。

新海竹太郎（しんかい・たけたろう）
1868〜1927　彫刻家。山形県生まれ。後藤貞行に師事。1900年ドイツに留学、ベルリン美術学校で古典的彫刻を学ぶ。02年帰国、太平洋画会会員となる。07年文展開設と同時に彫刻部審査委員をつとめた。代表作は『あゆみ』『大山元帥騎馬像』など。

軽藩出身。政府の欧化政策を批判して新聞『日本』などを創刊。藩閥政治・官僚主義に反対し、立憲政治にたつ国民主義をとなえた。『日本』は徳富蘇峰などが執筆、言論界で注目の存在となった。

国木田独歩（くにきだ・どっぽ）
1871〜1908　詩人・小説家。下総銚子生まれ。東京専門学校（現・早稲田大学）中退後、大分県で教師となり、その間、自然と人間生存の思索を深めた。のち上京し、日清戦争では国民新聞社の従軍記者として『愛弟通信』を執筆。1901年刊行の短編集『武蔵野』で自然描写の新境地を開拓した。

久米邦武（くめ・くにたけ）
1839〜1931　歴史学者。佐賀藩出身。1871年岩倉使節団に随行し『米欧回覧実記』を編纂。修史館で編年史編纂事業にあたり、同館の帝国大学移管により教授に就任。論文「神道は祭天の古俗」で筆禍にあい免官。大隈重信の『開国五十年史』編纂にかかわる。

クラーク, ウィリアム・スミス（William Smith Clark）
1826〜86　アメリカ人科学者・教育者。1876年開拓使の招きで来日。札幌農学校（現・北海道大学）創立にあたり、教頭に就任。キリスト教主義による教育精神は、内村鑑三、新渡戸稲造らに大きな影響を与えた。「Boys, be ambitious.（少年よ、大志を抱け）」という言葉は有名。

黒岩涙香（くろいわ・るいこう）
1862〜1920　新聞記者。土佐生まれ。『絵入自由新聞』主筆となり探偵小説を執筆。1892年『万朝報』を創刊。『噫無情（ああ）』『巌窟王』などの翻訳もした。日露戦争では非戦論から開戦論に転じた。

黒田清隆（くろだ・きよたか）
1840〜1900　政治家。薩摩藩出身。戊辰戦争の五稜郭の戦いで活躍。1874年開拓使長官となり北海道開拓に尽力。81年開拓使官有物払下げ事件で批判を浴び、一時失脚。88年首相に就任、任期中の89年に帝国憲法発布。酒乱によるトラブルが絶えなかった。

黒田清輝（くろだ・せいき）
1866〜1924　洋画家。鹿児島生まれ。法学研究のためパリに留学するが、画家志望に転向しラファエル・コランに師事。帰国後、白馬会を設立。東京美術学校西洋画科教授となり、日本近代洋画の方向を確立。第4回内国勧業博覧会出品の『朝妝（ちょうしょう）』が裸体画論争を引き起こす。

小泉八雲（ラフカディオ・ハーン）（こいずみ・やくも）
1850〜1904　小説家・英文学者。ギリシャ生まれの英国人。1890年来日。松江中学や熊本の五高で英語を教え、のちに帝国大学などでも英文学を教授した。小泉節子と結婚し日本に帰化。日本に関する文章を執筆し世界に紹介した。著作に『心』『霊の日本』『怪談』などがある。

幸田露伴（こうだ・ろはん）
1867〜1947　小説家・随筆家。江戸生まれ。電信技手として北海道に赴任したが、文学への思いを捨てきれず帰京。執筆活動に入り、『露団々』『風流仏』などを発表。雅俗折衷体の理想主義的作風で、尾崎紅葉と並び称される。小説『五重塔』をはじめ史伝・戯曲など多くの作品を残す。

幸徳秋水（こうとく・しゅうすい）
1871〜1911　社会主義者。土佐生まれ。中江兆民の影響を受け『万朝報』の記者となるが、日露開戦に反対して堺利彦らと退社、平民社をおこし反戦を主張した。のち渡米してアナーキズムに傾き、帰国後に無政府主義を主張。1910年大逆事件で起訴、翌年処刑。

河野広中（こうの・ひろなか）
1849〜1923　政治家。陸奥三春生まれ。自由民権運動に参加し自由党結成にもかかわる。福島県令三島通庸（みちつね）の政策に反発して1882年福島事件を起こし逮捕。出獄後、憲政党などに属し対外硬派の立場で活動。日比谷焼き打ち事件で検挙。のちに衆議院議長・農商務大臣などをつとめる。

児島惟謙（こじま・いけん）
1837〜1908　司法官。宇和島藩出身。幕末、坂本龍馬らと倒幕運動に参加。1871年司法省に出仕し、名古屋・長崎・大阪の裁判所長、大審院長などを歴任した。大津事件では、極刑を迫る政府要求を退けて無期徒刑とし、「司法権の独立」を守ったことで知られる。

五姓田義松（ごせだ・よしまつ）
1855〜1915　洋画家。江戸生まれ。洋画家・五姓田芳柳の次男。幕末、横浜でワーグマンの指導を受ける。工部美術学校を2年で中退。1880年渡仏、レオン・ボナに師事。82年のサロンに日本人として初入選。帰国後、明治美術会創立に参加。代表作に『妹の顔』『操芝居』。

五代友厚（ごだい・ともあつ）
1835〜85　実業家・政商。薩摩藩出身。新政府で外交・貿易を担当。のち実業界に転じ、鉱山・鉄道・紡績業をおこして大阪の有力政商となる。大久保利通と結びつき政界にも発言力をもったが、1881年開拓使官有物払下げ事件の中心人物として非難を浴びた。

後藤象二郎（ごとう・しょうじろう）
1838〜97　政治家。土佐藩出身。大政奉還を建白し、新政府の参議などを歴任。征韓論で敗れ下野。1874年板垣退助らと愛国公党を組織し、民撰議院設立建白書を提出。81年、板垣と自由党を結成。のち逓相・農商務相となる。81年高島炭鉱の経営権を岩崎弥太郎に譲渡した。

後藤新平（ごとう・しんぺい）
1857〜1929　官僚・政治家。陸奥水沢藩出身。はじめ医師として内務省衛生局に勤務。のち1898年台湾総督府民政局長。総督児玉源太郎のもとで台湾統治にあたる。1906年満鉄初代総裁。内相・外相などを歴任、しばしば壮大な構想を発言し、「大風呂敷」と呼ばれた。

小林清親（こばやし・きよちか）
1847〜1915　版画家。江戸生まれ。日本画や写真術に加え、西洋画をワーグマンに学び、西洋の遠近法や光線を取り入れた風景版画を得意とした。1876年から出版した版画『東京名所図』は人気を博したが、しだいに肉筆画へ移行。

小村寿太郎（こむら・じゅたろう）
1855〜1911　外交官。日向飫肥藩出身。駐韓・駐米・駐露公使などを経て、第1次桂内閣外相として日英同盟、日露戦争の外交交渉にあたる。日露終戦時にポーツマス条約に調印、第2次桂内閣外相では1910年に韓国併合、11年条約改正などを行なった。

桂太郎（かつら・たろう）
1847〜1913　軍人・政治家。長州藩出身。山県有朋を補佐して軍制改革を推進。第３次伊藤博文内閣で陸相に就任して以降、多くの内閣で陸相をつとめる。1901年首相となり日露戦争を断行した。社会主義運動を弾圧し、韓国併合を行なった。

加藤弘之（かとう・ひろゆき）
1836〜1916　国法学者。但馬出石藩出身。幕末から立憲政体思想を紹介。維新後、東京帝国大学総長・枢密顧問官などを歴任。明六社の一員としても活躍したが、1874年の民撰議院設立建白書へは時期尚早論をとなえて反対した。

仮名垣魯文（かながき・ろぶん）
1829〜94　戯作者。江戸生まれ。幕末から戯作を始め、明治に入り『西洋道中膝栗毛』『安愚楽鍋』など、開花期の世相を風刺した滑稽本で好評を博した。小新聞を舞台に三面記事を読み物にした「続きもの」で活躍。

狩野芳崖（かのう・ほうがい）
1828〜88　日本画家。長門長府藩出身。江戸に出て狩野雅信（ただのぶ）に師事。のちに岡倉天心、フェノロサに認められ、日本画の革新運動を推進。東京美術学校（現・東京藝術大学）の設立にも尽力し、教授に内定していたが、開校直前に死去。作品は『悲母観音』など。

鏑木清方（かぶらき・きよかた）
1878〜1972　日本画家。東京生まれ。水野年方（としかた）に師事し、新聞・雑誌の挿絵で活躍。1901年烏合会（うごうかい）を結成。文展・帝展で受賞を重ね、浮世絵の伝統を起点に近代的な美人画などを残した。随筆『こしかたの記』もある。

川上音二郎（かわかみ・おとじろう）
1864〜1911　新派俳優。博多生まれ。自由党壮士だったが、落語家の桂文之助に弟子入り。大阪で浮世亭○○（まるまる）を名のって出演し、「オッペケペー節」で人気を博す。1891年、川上書生芝居を堺で旗揚げし、東京・浅草に進出、新派劇の基礎を固めた。欧州巡業後、シェークスピア『オセロ』も上演。

川上貞奴（かわかみ・さだやっこ）
1871〜1946　女優。東京生まれ。芸者時代に伊藤博文、井上馨らと知り合う。1891年川上音二郎と結婚し、99年以降欧米を巡業。本名は貞、貞奴の芸名で人気を博した。帰国後日本の舞台でも活躍し、帝劇女優の基礎を築く。1911年夫の死後、引退。

川路利良（かわじ・としよし）
1834〜79　警察官僚。薩摩藩出身。維新後、東京府へ出仕、1874年大警視となる。大久保利通の側近として、近代警察機構の整備に尽力した。東京警視庁は薩摩閥の牙城。西南戦争では警察官別働隊を率いて参戦。欧米視察の帰路に病を得て死去。

河竹新七（3代）（かわたけ・しんしち）
1842〜1901　歌舞伎脚本作者。江戸生まれ。黙阿弥の高弟。竹柴金作の名で立作者となり、1884年に３代目新七を譲られる。代表作に『籠釣瓶花街酔醒（かごつるべさとのえいざめ）』など。

河竹黙阿弥〔新七〕（かわたけ・もくあみ〔しんしち〕）
1816〜93　歌舞伎脚本作者。江戸生まれ。５代鶴屋南北（つるやなんぼく）に師事し、1843年２代河竹新七（しんしち）を襲名。はじめ世話物を多く手がけたが、明治になり新時代に対応する散切物（ざんぎりもの）・活歴物など新分野を開拓。代表作に『島衛月白浪（しまちどりつきのしらなみ）』『天衣紛上野初花（くもにまごううえののはつはな）』など。

河鍋暁斎（かわなべ・きょうさい）
1831〜89　日本画家。下総古河生まれ。歌川国芳や狩野派の影響を受け、版本挿絵などを手がけた。とくに「狂画」にその才能を発揮し、浮世絵風の雑画や風刺画を多く描いた。特異な画風が欧米でも人気を呼ぶ。作品は『暁斎楽画』『地獄極楽図』など。

川村清雄（かわむら・きよお）
1852〜1934　洋画家。江戸生まれ。伝統絵画を学んだのち、1871年渡米。パリを経て、ヴェネツィア美術学校で油彩画を学ぶ。81年帰国。明治美術会などを結成した。作品は『少女像』『かたみの直垂』など。徳川慶喜（よしのぶ）・福沢諭吉らの肖像を油絵で制作。

管野スガ（かんの・すが）
1881〜1911　社会主義者。大阪生まれ。新聞記者をしながら社会主義活動を行なう。1906年荒畑寒村と結婚したが離婚し、幸徳秋水と同棲。08年赤旗事件で入獄。10年大逆事件で起訴され、翌年死刑。

岸田吟香（きしだ・ぎんこう）
1833〜1905　新聞記者・事業家。美作生まれ。江戸で漢学を学び、1864年横浜でヘボンの『和英語林集成』の編纂を助け、同時期に浜田彦蔵らと日本初の新聞『海外新聞』を発行。72年『東京日日新聞』記者となり、台湾出兵では最初の従軍記者となった。

北里柴三郎（きたさと・しばさぶろう）
1852〜1931　細菌学者。肥後生まれ。内務省衛生局で細菌学の研究を始め、1885年ドイツに留学、コッホに師事。破傷風菌の純粋培養で毒素を証明し、ジフテリア血清療法を完成した。帰国後、伝染病研究所所長となり、のち北里研究所を設立。ペスト菌の発見、結核予防など社会衛生の発展につとめた。

北村透谷（きたむら・とうこく）
1868〜94　評論家・詩人。相模小田原生まれ。政治家を志すが大阪事件を機に作家に転向。1889年に『楚囚之詩』を自費出版して以降、『蓬莱曲』『厭世詩家と女性』などの詩や評論を発表した。93年島崎藤村らと『文學界』を創刊。近代浪漫主義の先駆となる。

木戸孝允（きど・たかよし）
1833〜77　政治家。維新の三傑のひとり。長州藩出身。版籍奉還・廃藩置県を推進し、封建体制の打破をめざした。対外問題では当初征韓論を主張したが、1871年岩倉使節団で外遊すると一転して反対、憲法制定の急務を論じた。西南戦争中に病死。

木下尚江（きのした・なおえ）
1869〜1937　社会思想家。松本生まれ。東京専門学校（現・早稲田大学）卒業後、郷里で普選運動に参加・入獄。のち毎日新聞社に入り足尾鉱毒事件などで活躍。日露戦争では反戦小説を執筆。1905年キリスト教社会主義の雑誌『新紀元』を創刊。

キヨソーネ（Edoardo　Chiossone）
1832〜98　イタリア人版画家。1875年大蔵省紙幣寮の招きで来日。銅版技術をはじめ紙幣・切手などの製作・指導に尽力した。88年に明治天皇の肖像を描いたのをはじめ、維新の貴顕たちの肖像画を残した。

陸羯南（くが・かつなん）
1857〜1907　ジャーナリスト・評論家。津

立。日清・日露戦争などの軍需物資調達で莫大な富を得た。東京電燈や帝国ホテルなどの設立に関与し、大倉財閥の基礎を築く。

大杉栄（おおすぎ・さかえ）
1885～1923　社会主義運動家。香川県生まれ。堺利彦や幸徳秋水の影響を受ける。1908年赤旗事件で入獄。12年荒畑寒村と『近代思想』を発刊し、無政府主義を主張した。1923年関東大震災の際、憲兵甘粕正彦大尉らに殺害された。

大村益次郎（おおむら・ますじろう）
1825～69　軍政家。周防生まれ。適塾で学び、長州藩出仕後、軍事的手腕を発揮。戊辰戦争では上野彰義隊を壊滅させる。新政府の軍制改革に乗りだし、近代兵制の確立に尽力したが、反対派（守旧派）に襲われ負傷、死亡した。東京・靖国神社に銅像が建つ。

大山巌（おおやま・いわお）
1842～1916　政治家・軍人。薩摩藩出身。フランスなどで軍制ほかを研究し、日本陸軍の創設に尽力した。西南戦争で従兄弟の西郷隆盛を追討。陸軍卿・同大臣・参謀総長を歴任。夫人は会津藩士の娘・山川捨松。

大山捨松（おおやま・すてまつ）
1860～1919　日本初の女子留学生・教育者。会津藩出身。1871年11歳で岩倉使節団に随行し渡米。帰国の翌年、大山巌と結婚した。赤十字社篤志看護婦会・愛国婦人会などで活躍した。

岡倉天心（おかくら・てんしん）
1862～1913　美術行政家・評論家。横浜生まれ。東京大学卒業後、文部省に出仕。フェノロサと親交を結び、美術教育や古社寺保存に尽力。東京美術学校（現・東京藝術大学）校長に就任。美術雑誌『国華』を創刊。アジアの文化的優秀性を主張した。

小川一真（おがわ・かずまさ）
1860～1926　写真家。武蔵行田生まれ。熊谷の写真師・吉原秀雄のもとで修業、写真館を開業したが、廃業。1882年渡米。ボストンで写真製版技術を習得し、84年帰国後、東京飯田町に写真館を開業。全国古社寺宝物調査や美術雑誌『国華』の創刊にも協力。

荻野吟子（おぎの・ぎんこ）
1851～1913　医師。武蔵播羅郡生まれ。1885年日本女性ではじめて医術開業試験に合格、産婦人科医院を開く。翌年洗礼を受け、のち牧師志方之善と再婚。夫と北海道に渡り、開拓に取り組む。婦人参政権運動など女性運動にもかかわる。

荻原守衛（おぎわら・もりえ）
1879～1910　彫刻家。長野県生まれ。画家を志し上京、不同舎で洋画を学んだ。1901年渡米後パリに渡り、ロダン『考える人』に感銘を受け彫刻家に転進。一時帰国ののち、パリのアカデミー・ジュリアン彫刻部に在籍して活動。07年帰国後、太平洋画会に所属し『文覚』『坑夫』などを制作。

尾崎紅葉（おざき・こうよう）
1867～1903　小説家。江戸生まれ。山田美妙らと硯友社を設立、写実主義の立場から、さまざまな文体を試みた。『我楽多文庫』を発行。代表作に1889年発表の『二人比丘尼色懺悔』がある。貫一・お宮の愛憎劇を描いた『金色夜叉』は有名。

尾崎行雄（おざき・ゆきお）
1858～1954　政党政治家。相模生まれ。立憲改進党で活躍。第1次大隈重信内閣の文相に就任するが、共和演説事件で辞任。第1次護憲運動に尽力し、「憲政の神様」と称された。第1回の選挙から衆議院議員連続25回当選、国会から名誉議員の称号を得る。

小山内薫（おさない・かおる）
1881～1928　劇作家・演出家・小説家。広島生まれ。東京帝国大学在学中、新派の伊井蓉峰を知り演劇にかかわる。1909年ヨーロッパ近代演劇の移植をめざして、2代市川左団次とともに自由劇場を創設した。

落合芳幾（おちあい・よしいく）
1833～1904　浮世絵師。江戸生まれ。歌川国芳に師事し浮世絵を学んだ。幕末には残酷・煽情的な主題を得意としたが、洋風表現を取り入れ、役者似顔絵などを制作した。『東京絵入新聞』『東京日日新聞』などに時事錦絵を描き、新聞挿絵の創始者となった。

尾上菊五郎（5代）（おのえ・きくごろう）
1844～1903　歌舞伎俳優。江戸生まれ。1868年5代菊五郎を襲名。脚本作者の河竹黙阿弥と組んで世話物を得意とした。新古演劇十種を制定。9代市川団十郎、初代市川左団次とともに「団・菊・左」と称され、明治劇壇の重鎮として活躍、人気を博した。

尾上松之助（2代）（おのえ・まつのすけ）
1875～1926　映画俳優。岡山生まれ。1904年2代松之助を襲名。のち映画監督の牧野省三に招かれ映画界入り。09年の『碁盤忠信』以来、1000本近くの映画に出演した。大立ち回りと大見得から「目玉の松ちゃん」の愛称で親しまれた。

片山潜（かたやま・せん）
1859～1933　労働運動家。美作生まれ。1884年渡米しイェール大学に学ぶ。帰国後、労働組合期成会や社会民主党の結成に参画し、普通選挙権を主張。日本の社会主義運動の先駆者となる。1914年アメリカに亡命、共産主義者となり、モスクワで活動、死去。

片山東熊（かたやま・とうくま）
1854～1917　建築家。長門萩生まれ。コンドルが教えた工部大学校造家学科（現・東大工学部建築学科）第1期卒業生。有栖川宮家建築掛・外務省御用掛を経て、1886年宮内省勤務。以後、宮廷関係の建築造営を手がけた。赤坂離宮（現・迎賓館）・奈良帝室博物館・京都帝室博物館などを設計。

勝海舟（かつ・かいしゅう）
1823～99　旧幕臣・政治家。江戸生まれ。咸臨丸の艦長として渡米後、神戸に海軍操練所を設立。鳥羽・伏見の戦いののち、西郷隆盛と会見し江戸無血開城を実現。1872年新政府に出仕し海軍大輔、参議・海軍卿・枢密顧問官を歴任。日清戦争の開戦に批判的だった。困窮した旧幕臣の救済にもあたる。

カッペレッティ（Cappelletti）
?～1887　イタリア人建築家。明治政府の招きで（工部省雇い）、1876年8月、画家フォンタネージ、彫刻家ラグーザとともに来日。工部美術学校で1年生の図学を担当した。旧参謀本部の設計者として知られる。

伊東忠太（いとう・ちゅうた）
1867～1954　建築家。出羽米沢生まれ。1893年発表の「法隆寺建築論」は、西洋建築と日本建築の関連性を主張した画期的な論文。日本建築史学の基礎を築いた。中国の雲崗石窟を紹介。平安神宮・築地本願寺などを設計。

伊藤博文（いとう・ひろぶみ）
1841～1909　政治家。周防生まれ。吉田松陰門下。明治十四年の政変後、政府の中心となる。憲法調査の外遊後に帝国憲法制定にあたる。初代内閣総理大臣。1900年立憲政友会を組織し総裁。ハルビンで暗殺された。

伊東巳代治（いとう・みよじ）
1857～1934　官僚・政治家。長崎生まれ。伊藤博文直系の官僚として活動。1882年伊藤の憲法調査に随行し、帰国後、帝国憲法制定のための諸制度整備、法案起草などに尽力した。のちに枢密顧問官。

井上馨（いのうえ・かおる）
1835～1915　政治家。長州藩出身。幕末の攘夷運動家。イギリス渡航中、開国論に転身。維新後は大蔵省・外務省などで活躍。条約改正交渉で欧化政策を推進し、いわゆる鹿鳴館時代を築いた。財界にも人脈をもつ。のちに元老。

井上毅（いのうえ・こわし）
1843～95　官僚・政治家。熊本藩出身。司法省に出仕し、フランスに留学。大久保利通に見いだされ法制官僚として活躍した。明治十四年の政変では、ドイツ諸邦をモデルとした欽定憲法採用を主張。教育勅語も起草し、学制改革にも乗りだした。

岩倉具視（いわくら・ともみ）
1825～83　公家・政治家。京都生まれ。公武合体を策し、のち討幕派に転向。王政復古の際は大久保利通らと行動をともにする。維新後特命全権大使として外遊。1873年の征韓論では内治優先派を支持。華族会館長となり華士族授産、皇室財産の確立に尽力した。

岩崎弥太郎（いわさき・やたろう）
1834～85　実業家。三菱財閥の創業者。土佐生まれ。幕末、長崎貿易で活躍。維新後、海運会社から出発し、西南戦争などで政府と結び巨利をあげる。鉱山・金融などの事業にも進出し、三井財閥とともに財界を二分する大勢力となる。

岩崎弥之助（いわさき・やのすけ）
1851～1908　実業家。土佐生まれ。アメリカ留学後、兄・弥太郎の主宰する郵便汽船三菱会社の経営を支えた。兄の死後、三菱社長に就任。炭鉱・銀行業などに手を広げ、事業の多角化につとめた。1896年第4代日本銀行総裁に就任、金本位制確立にかかわる。

植木枝盛（うえき・えもり）
1857～92　自由民権思想家。土佐藩出身。1874年立志社、80年国会期成同盟に参加。板垣退助とともに自由党結成に参画し、「日本国国権案」を起草した。板垣のブレーンとして論陣を張り、女性解放も主張。

上野彦馬（うえの・ひこま）
1838～1904　写真家。長崎生まれ。幕末にオランダ人医師ポンペから化学を学び、湿板写真に出会う。1862年長崎に「写真撮影局」を開き、高杉晋作・坂本龍馬ら幕末志士を撮影。74年太陽面を通過する金星を撮影、77年には西南戦争に従軍し戦場を撮影した。

内田九一（うちだ・くいち）
1844～75　写真家。長崎生まれ。幕末に長崎で写真術を学び、大阪で写真館を開設。1869年浅草に「九一堂万寿写真館」を開く。政財界人だけでなく役者なども撮影。72・73年に明治天皇、皇后の御真影を撮影した。

内田魯庵（うちだ・ろあん）
1868～1929　評論家・小説家。江戸生まれ。フルベッキに英語を学ぶ。硯友社や功利主義文学を批判し、『国民之友』『太陽』などで批評活動を行なう。ドストエフスキー『罪と罰』を翻訳、著作に『くれの廿八日』がある。

内村鑑三（うちむら・かんぞう）
1861～1930　評論家・宗教家。キリスト教無教会主義の創始者。江戸生まれ。札幌農学校（現・北海道大学）に学び、洗礼を受ける。第一高等学校の嘱託教師となるが、不敬事件を起こし解雇。著作に『予は如何にして基督信徒となりし乎』など。

江藤新平（えとう・しんぺい）
1834～74　政治家。佐賀藩出身。1868年東京遷都を主張。その後多くの官制改革を建議し、司法卿として司法制度の整備に尽力した。73年の征韓論に敗れ下野し、民撰議院設立建白書の提出に携わる。佐賀の乱で逮捕され、刑死。

榎本武揚（えのもと・たけあき）
1836～1908　政治家。江戸生まれ。旧幕府軍を率い戊辰戦争の五稜郭の戦いで抵抗したが降伏。維新後、開拓使に出仕し、のちに外交官としても活躍。1873年ロシアと樺太・千島交換条約を締結。その帰路、馬車でシベリアを横断した。海軍中将・諸大臣・枢密顧問官などを歴任。

袁世凱（えん せいがい）
1859～1916　中国人政治家。1884年甲申事変で朝鮮親日派を弾圧し、清国勢力の拡大につとめる。李鴻章の死後、陸軍を掌握するが西太后の死去により失脚。1911年辛亥革命で復権し首相となる。清帝退位後は中華民国初代大総統に就任したが、のち失脚。

大井憲太郎（おおい・けんたろう）
1843～1921　政治家・社会運動家。豊前生まれ。自由党に参加し、関東地方を中心に党内左派として活動。自由党解党後、1885年大阪事件で入獄。のちに東洋自由党を結成。国権拡張論も主張した。

大久保利通（おおくぼ・としみち）
1830～78　政治家。維新の三傑のひとり。薩摩藩出身。岩倉具視らと討幕を推進。1871年岩倉使節団に参加。73年の征韓論では内治優先を主張。内務卿に就任し、日本の近代化に尽力した。不平士族らに暗殺された。

大隈重信（おおくま・しげのぶ）
1838～1922　政治家。佐賀藩出身。大蔵卿となり財政に携わるが、明治十四年の政変で下野。1882年立憲改進党を組織し、東京専門学校（現・早稲田大学）を創立。黒田清隆内閣外相として条約改正交渉中に、反対派に襲われ負傷。1898年に最初の政党内閣を組織した。

大倉喜八郎（おおくら・きはちろう）
1837～1928　実業家。越後新発田生まれ。幕末、銃砲店を開き戊辰戦争で巨利を得る。維新後は外国貿易商となり、大倉組商会を設

明治時代人物事典

青木繁（あおき・しげる）
1882～1911　洋画家。久留米生まれ。東京美術学校（現・東京藝術大学）に入学し、黒田清輝に師事、白馬会に所属。古代神話・伝説に取材した『黄泉比良坂（よもつひらさか）』で第１回白馬会賞を受賞。卒業後、『海の幸』を制作。明治期浪漫主義を代表する作品を残したが、夭折した。

青木周蔵（あおき・しゅうぞう）
1844～1914　外交官。長州藩出身。1868年ドイツに留学し、政治・経済を学び外交官になる。駐英公使として活躍した。大津事件により外相をいったん辞職するが、1894年外相陸奥宗光（むつむねみつ）を助け日英通商航海条約に調印、領事裁判権の廃止、関税率引き上げを実現。

浅井忠（あさい・ちゅう）
1856～1907　洋画家。江戸生まれ。工部美術学校で学び、1889年明治美術会を創立。東京美術学校教授となり、フランスに留学。帰国後は関西洋画壇の振興に貢献した。作品は『収穫』『グレーの秋』など。

朝倉文夫（あさくら・ふみお）
1883～1964　彫刻家。大分県生まれ。19歳で上京、東京美術学校に入学。初期文展で連続受賞。卒業後、帝展審査員、東京美術学校教授などをつとめて、彫刻界の重鎮となった。他方、早くから私塾・朝倉彫塑塾で後進の指導にあたった。代表作に『墓守』『いずみ』など。

安部磯雄（あべ・いそお）
1865～1949　キリスト教社会主義者・社会運動家。福岡生まれ。1882年新島襄（にいじまじょう）から洗礼を受けた。アメリカ留学後、同志社・早稲田大学教授となる。98年社会主義研究会、1901年には幸徳秋水らと社会民主党を結成。長年早大野球部長に在任し、「学生野球の父」としても知られる。

荒畑寒村（あらはた・かんそん）
1887～1981　社会主義者。横浜生まれ。幸徳秋水の影響で1904年社会主義協会に入会。『平民新聞』などの記者となる。08年赤旗事件に連座して入獄。出獄後も社会主義運動を続け、27年雑誌『労農』を創刊、同人として論陣を張った。

有栖川宮熾仁親王（ありすがわのみやたるひとしんのう）
1835～95　皇族・政治家・軍人。京都生まれ。王政復古とともに総裁職になる。戊辰戦争では東征大総督となり転戦。西南戦争では征討総督となり、凱旋後陸軍大将。日清戦争では陸海の参謀総長に就任した。

安重根（アン ジュングン）
1879～1910　朝鮮の独立運動家。1905年第２次日韓協約で、韓国が日本の保護国となることに憤慨し、義兵運動に参加した。運動敗北後、「東洋平和論」を主張し、09年前韓国統監伊藤博文をハルビン駅で暗殺、翌年旅順監獄で処刑された。

伊沢修二（いさわ・しゅうじ）
1851～1917　教育家。信州高遠生まれ。1875年アメリカに留学、西洋音楽や教育学を学ぶ。帰国後、東京師範学校長・音楽取調掛などを歴任し、国定教科書を編纂。また国家教育の実現を主唱、国家教育社を設立した。

石井研堂（いしい・けんどう）
1865～1943　ジャーナリスト。陸奥郡山生まれ。郡山小学校教員を辞めて上京。1889年から10年間、少年雑誌『小国民』（のち『少国民』）の事実上の主筆をつとめた。後年、吉野作造らと明治文化研究会をつくり、雑誌『明治文化研究』を刊行。著作に『少年工芸文庫』『明治事物起原』など。

石川啄木（いしかわ・たくぼく）
1886～1912　歌人・詩人。岩手県生まれ。1906年処女詩集『あこがれ』を出版。代用教員や新聞記者をしながら詩作をするが、09年上京。歌集『一握の砂』を出版。社会主義思想にも接近した。

石黒忠悳（いしぐろ・ただのり）
1845～1941　軍医。陸奥伊達郡生まれ。幕末、江戸の医学所に学ぶ。維新後、大学東校教官を経て陸軍に入り、陸軍軍医制度の基礎を築いた。軍医総監・中央衛生会会長・日本赤十字社社長・枢密顧問官などを歴任。

泉鏡花（いずみ・きょうか）
1873～1939　小説家。金沢生まれ。尾崎紅葉に師事。1895年博文館に入社、編集のかたわら創作を続け、『夜行巡査』『外科室』で観念小説家として認められた。のち、浪漫的、神秘的作風に転じ独自の境地を開拓した。代表作に『高野聖』『婦系図』など。

板垣退助（いたがき・たいすけ）
1837～1919　政治家。土佐藩出身。戊辰戦争で活躍。岩倉外遊中の留守政府の中心となるが1873年の征韓論に敗れて下野。翌74年愛国公党を組織し、民撰議院設立建白書を提出した。自由民権運動の中心となり、立憲自由党の総理となる。のち内務大臣。

市川左団次（初代）（いちかわ・さだんじ）
1842～1904　歌舞伎俳優。大阪生まれ。おもに河竹黙阿弥（かわたけもくあみ）の新作史劇で活躍。９代市川団十郎、５代尾上菊五郎とともに「団・菊・左」と称され人気を博す。1893年明治座を創設した。

市川団十郎（９代）（いちかわ・だんじゅうろう）
1838～1903　歌舞伎俳優。江戸生まれ。1874年団十郎襲名。政府や知識人との交流から歌舞伎の革新につとめ、「散切物（ざんぎりもの）」などでも活躍。「歌舞伎十八番」を制定した。「団・菊・左」時代を創出し、俳優の社会的地位の向上にも貢献。

London 1910』国立国会図書館／4 旭硝子／5 逓信総合博物館

P516〜7　1 東京大学明治新聞雑誌文庫／2『太陽』（明治41年第14巻3号）東京大学明治新聞雑誌文庫／3 潮書房／4 愛知大学東亜同文書院大学記念センター

P518〜9　1、3 毎日新聞社／4、5 外務省外交史料館／6 法政大学大原社会問題研究所／7 市立函館図書館啄木文庫／8 日本近代文学館／10 日本近代史研究会

P520〜1　2 丸亀市立資料館／4、5『明治43年特別大演習写真帖』靖国神社偕行文庫

P522〜3　1 幡谷賢三／2 山名隆三／3、5 毎日新聞社／4 聖徳記念絵画館

P524〜5　1 毎日新聞社／2 国立国会図書館／3『日露戦役写真帖第三軍』靖国神社偕行文庫／4〜6 乃木神社

P528〜9　1 明治神宮／2 聖徳記念絵画館／3 毎日新聞社／4、5 東京大学明治新聞雑誌文庫／6 吉野孝雄／8 三笠保存会

P530〜1　1、2 毎日新聞社／3 切手の博物館／4、5 司馬遼太郎記念財団／6 博物館明治村／7 毎日新聞社『宮殿』

写真提供者

稲森豊（P343-8、P419-9）／岩永憲俊（P367-5・6）／岡本茂男（P466-5）／彼谷敏旦（P93-8）／塚原明生（P282-1）／堤勝雄（P419-8）／中村哲夫（P366-1）／畑亮（P364-2）／増田彰久（P137-4〜6、P257-5、P364-1・4、P367-7・8）／吉川盛一〈ベクトル〉（P474-1）

安芸市立歴史民俗資料館（P179-4）／朝日新聞社（P519-7）／朝日新聞社「週刊百科」編集部（P185-7）／飯田市美術博物館（P130-4、P150-5）／石川県立歴史博物館（P114-2）／医歯薬出版（P9-4）／板橋区立郷土資料館（P64-2、P344-4）／愛媛県（P365-6）／大阪市立美術館（P469-3）／大津市歴史博物館（P296-3〜6）／沖縄県公文書館（P147-4）／学習院大学史料館（P19-2）／霞会館（P47-6）／河鍋暁斎記念美術館（P259-3）／京都文化博物館（P410-2、P411-4）／高知市立自由民権記念館（P174-1・2、P177-11、P181-5）／国立国会図書館（P62-2）／埼玉県江南町教育委員会（P57-7）／埼玉県立文書館（P105-9）／さくら市ミュージアム 荒井寛方記念館（P166-2）／佐野市郷土博物館（P440-1）／島根県立美術館（P73-4）／ジャパンアートメモリー（P151-7）／修復研究所21（P235-6）／新潮社「芸術新潮」編集部・筒口直弘（P362-3）／世界文化フォト（P392-1、P398-1）／たばこと塩の博物館（P149-7）／東京国立近代美術館工芸館（P237-8）／東京国立博物館（P240-3）／東京都歴史文化財団イメージアーカイブ（P5-3・4、P7-5・7、P12-4、P17-5、P18-1、P26-3、P59-5、P63-6、P86-2、P92-1、P96-1・3、P98-1、P99-8、P149-4・5、P151-8、P263-5・8、P307-7、P308-3、P309-5、P403-3、P418-2、P430-1、P457、P463-13、P479-4、P483-4）／東京文化財研究所情報調整室・城野誠治（P357-6・7）／栃木県藤岡町（P441-7）／栃木県立博物館（P70-2〜6、P71-8・9）／日本近代文学館（P373-4、P374-1）／日本新聞博物館（P182-3）／日本漫画資料館（P321-8、P322-3、P323-5、P389-8・9）／福島県保原町教育委員会（P365-5）／福島市史編纂室（P105-8）／文京ふるさと歴史館（P497-7）／平凡社（P86-3、P100-13、P123-1・4、P204-4、P230-1・2、P418-5、P479-6）／北陸銀行（P105-12）／毎日新聞社（P97-6、P270-3、P440-3）／町田市立自由民権資料館（P174-3、P177-10）／名鉄エージェンシー（P476-1）／横須賀市（P275-7）／横浜開港資料館（P110-3、P276-2）／横浜美術館（P262-1）／早稲田大学演劇博物館（P485-5）／早稲田大学大学史資料センター（P266-3）

取材協力者

石井壽子／岩城紀子／刑部芳則／木村喜昭／古賀太／五味恭子／近藤薫／田部井弘／永井久雄／西井正氣／本地陽彦

石間交流学習館／おうふう／太田なわのれん／片倉工業／関西電力／京都市上下水道局／皇居外苑管理事務所／胡蝶庵（川合三男、川合マサエ）／東京大学明治新聞雑誌文庫／豊島区立郷土資料館／那覇市市民文化部歴史資料室／文生書院／ボトルシアター／椋神社／メルシャン／里文出版／龍光寺

スタッフ一覧

●アートディレクション&デザイン
岡本洋平

●デザイン
姥谷英子／耳塚有里／森木沙織

●校閲
オフィス・タカエ

●写真撮影
朝枝民二（日本写真印刷）／彼谷敏旦／寺嶋孝喜／西村千春

●見返・「苦沙弥先生 明治はじめて物語」扉 装画
井上文香

●図表・地図制作
蓬生雄司／ツインアロー

●索引制作
小学館クリエイティブ

●「苦沙弥先生 明治はじめて物語」構成・執筆
三猿舍（安田清人、中村和裕、鳥居塚健）

●「数字が物語る明治時代」構成・執筆
満薗 勇

●「文明開化創業者列伝」取材・執筆
三猿舍／倉澤紀久子／長浜淳之介

●「明治時代歴史用語事典」「明治時代人物事典」執筆
三猿舍／今村千文／刑部芳則／清水善仁／白石 烈／藤田英昭

●別冊「開化旅案内帖」構成・執筆
北吉洋一

●別冊「開化旅案内帖」写真撮影
彼谷敏旦

●編集長
清水芳郎

●編集
稲本義彦／上農明子／小原伸夫／倉澤紀久子／千葉玲子／手塚 邑／ラグタイム（青柳 亮、安藤陽子、萩ようこ）
島本脩二／宇南山知人／田澤 泉

●編集協力
小西むつ子／林まりこ／出久根さかえ／森桂子／久保田集

●制作
岩重正文／山崎法一

●資材
横山 肇

●宣伝
青島 明

●販売
原本 茂／荒井正雄

館／7 京都府立総合資料館寄託

P412〜3　1〜4 交通博物館／5、8 国立国会図書館／6、7、9、10 三宅俊彦

P414〜5　2、5 横浜マリタイムミュージアム／4 日本郵船歴史博物館

P416〜7　1、4、6、7 横浜開港資料館／3、5『帝国ホテル百年史』

P418〜9　1 岩崎与四郎育英会／2 江戸東京博物館／3 兵庫県立歴史博物館(入江コレクション)／4 ギャラリー上方／5 吉徳これくしょん／6 国立民族学博物館／8 デトロイト美術館 The Detroit Institute of Arts／9 大阪城天守閣／10 早稲田大学図書館／11 国立歴史民俗博物館

P420〜1　1、2 ピーボディー・エセックス博物館© Peabody Essex Museum／4『グラヒック』(明治42年第1巻第1号) 東京大学明治新聞雑誌文庫／7『青山練兵場観兵式之図』神奈川県立歴史博物館／8『東京風俗志 中の巻』国立国会図書館

P422〜3　1 文京ふるさと歴史館／2、3 川上初／4、5 早稲田大学演劇博物館／6 横浜開港資料館

P424〜5　1、6 早稲田大学演劇博物館／2〜4 太田市立新田図書館／7、9 兵庫県立歴史博物館（入江コレクション）／10 文京ふるさと歴史館

P426〜7　1 加藤直政／2 坂田古典音楽研究所／5 東京藝術大学／6 長崎県美術館／8 篠崎泰

P428〜9　1、7「浪曲」編集部／2 国立国会図書館／4『演芸』(明治41年)

P430〜1　1 江戸東京博物館／2『凌雲閣機絵双六』国文学研究資料館／3『風俗画報』(明治32年7月)／4 和光／5 毎日新聞社／6 森下仁丹／8『明治文化と明石博高翁』／9 山陽新聞社

P432〜3　1『風俗画報』(明治28年12月)／2『東京商工博覧絵』国立国会図書館／3、4 松坂屋／5、7、9 三越資料室／6、8 高島屋史料館

P434〜5　1、3 野球体育博物館／2 松山市立子規記念博物館／4 国立国会図書館／5、6 秩父宮記念スポーツ博物館

P436〜7　2 国立国会図書館／3 秩父宮記念スポーツ博物館／4、5 神戸市立博物館

P438〜9　1〜4 法政大学大原社会問題研究所／5、7、8 日本近代文学館／6 近藤千浪／9 福富太郎コレクション資料室

P440〜1　1 佐野市郷土博物館寄託／2 佐野市郷土博物館／3 群馬県議会図書室／7 田中霊祠

P442〜3　2 横浜市水道局水道記念館／3 市立函館図書館／4、6 東京都下水道局／5 大阪市都市環境局

P444〜5　1 早稲田大学図書館／2、4、5、10〜12 GAS MUSEUM がす資料館／3 神奈川県立歴史博物館／6『風俗画報』(明治40年10月)／7 国文学研究資料館／8 電気の史料館／9 東芝科学館

P446〜7　1、2『東京市養育院沿革及実況』国立国会図書館／3『風俗画報』(明治35年6月)／4〜7 岡山市立中央図書館

P454〜5　1、5 東京大学明治新聞雑誌文庫／2 婦人之友社／3 三越資料室／4 北海道神宮

P456〜7　江戸東京博物館

P458〜9　1 東京都交通局／2『東洋婦人画報』(明治41年10月) 東京大学明治新聞雑誌文庫／3『東京パック』(明治42年第5巻第2号) 東京大学明治新聞雑誌文庫／4『グラヒック』(明治43年第2巻第18号) 東京大学明治新聞雑誌文庫／5『グラヒック』(明治44年第3巻第20号) 東京大学明治新聞雑誌文庫／6、7 東京大学明治新聞雑誌文庫

P460〜1　1、2 東京大学明治新聞雑誌文庫／3、4 不二出版『復刻版 良民』国立国会図書館／5、6、8『地方資料小鑑（千葉県展覧会記念)』国立国会図書館／7『地方改良事業講演集(上)』／9『地方自治経営』国立国会図書館／10『東京朝日新聞』(明治44年6月23日) 東京大学明治新聞雑誌文庫

P462〜3　1『三越』(明治44年6月) 国立国会図書館／2 神戸市立博物館／3 エース／4『流行』(明治42年3月) 国立国会図書館／5『モーラ』(明治44年1月) 松坂屋／6『みつこしタイムス』(明治41年8月) 国立国会図書館／7 博物館明治村／8、9 三越資料室／10 花王／11 ノリタケカンパニーリミテド／12 名古屋市博物館／13 江戸東京博物館／14『みつこしタイムス』(明治41年9月) 国立国会図書館／15、16 庄司太一／17 資生堂企業資料館

P464〜5　生田誠

P466〜7　1、5 三溪園保勝会／2〜4 東京国立博物館／6 益田泰子／7、10 五島美術館／8 奈良国立博物館／9 大和文華館／11 静嘉堂文庫／12 毎日新聞社

P468〜9　1 茨城県近代美術館／2 永青文庫／4、7 東京国立近代美術館／5 宮内庁三の丸尚蔵館／8 台東区立朝倉彫塑館

P470〜1　1、2、5〜11 三越資料室／3、12 松坂屋／4 東京大学明治新聞雑誌文庫／13 高島屋史料館／14 松屋

P472〜3　1 護国寺／3 千葉市美術館／4 松山市立子規記念博物館／5 日本近代文学館／6、7 神奈川近代文学館／8 石橋財団石橋美術館／9 小野忠重版画館

P474〜5　3 交通博物館／6 鹿島出版会『東京駅誕生－お雇い外国人バルツァーの論文発見』／7 東京ステーションギャラリー『東京駅と辰野金吾』展図録

P476〜7　1 博物館明治村／2、4、6、8 日本近代文学館／3、7、9 文京区立鷗外記念本郷図書館／5『東京朝日新聞』(明治41年9月12日) 国立国会図書館

P478〜9　1、2、5 日本近代文学館／3 北川太一／4 江戸東京博物館／6 奥村敦史

P480〜1　1 墨田区立緑図書館／2 岐阜県美術館寄託／3 神奈川県立歴史博物館／4〜9 日本近代文学館

P482〜3　1、2、6 小沢健志／3 市立函館図書館／4 東京都写真美術館／5 京都国立近代美術館

P484〜5　1、2、6、7 早稲田大学演劇博物館／3 中村芝翫／4『演芸グラヒック』(明治43年1月1日)／5 早稲田大学図書館

P486〜7　1、3、5、6 兵庫県立歴史博物館（入江コレクション）／2 くもん子ども研究所／4 唐澤博物館／7 浅井コレクション

P488〜9　兵庫県立歴史博物館（入江コレクション）

P490〜1　1〜3 行田市郷土博物館／4 兵庫県立歴史博物館（入江コレクション）／5 三越資料室／6、7 ポーラ文化研究所

P492〜3　1『延遼館天覧相撲横綱之図』早稲田大学図書館／2 中元皓希与／3 毎日新聞社／5 文京ふるさと歴史館／6、7 国立国会図書館

P494〜5　1、6〜8 東京国立近代美術館フィルムセンター／2、4 児玉竜一／3 京都文化博物館／5『都新聞』(明治44年2月10日) 東京大学明治新聞雑誌文庫

P496〜7　2〜4、6 文京ふるさと歴史館／5 田口人形店／7 横浜開港資料館

P498〜9　1『風俗画報』(明治29年4月)／2『風俗画報』(明治39年3月)／3 大磯町郷土資料館／4『風俗画報』(明治40年8月)／5『風俗画報』(明治36年9月)／6『大阪朝日新聞』(明治44年1月8日) 東京大学明治新聞雑誌文庫／7『万朝報』(明治44年12月31日) 東京大学明治新聞雑誌文庫

P500〜1　2 大林組／4 兵庫県立歴史博物館（入江コレクション)／5 東京都立中央図書館／6『東京勧業博覧会図会 観覧車運転之図』兵庫県立歴史博物館（入江コレクション）

P502〜3　1 ピーボディー・エセックス博物館© Peabody Essex Museum／2『大日本帝国朝鮮写真帖』国立国会図書館／3、7 国書刊行会『写真で知る韓国の独立運動（上)』／4『併合記念朝鮮写真帖』国立国会図書館／5 外務省外交史料館／6『The Tragedy of Korea』国立国会図書館

P504〜5　1、2、4『台湾写真帖』国立国会図書館／3『実業の世界』(大正4年11月) 東京大学明治新聞雑誌文庫／5 東京大学総合研究博物館／6〜10『最近朝鮮事情要覧 朝鮮総督府編』国立国会図書館

P508〜9　1『樺太地誌』国立国会図書館／2 北海道大学附属図書館／3、6、8『樺太要覧』国立国会図書館／4、5、7『写真画報 日露戦争実記第84編』東京大学明治新聞雑誌文庫

P510〜1　1、4 ビショップ博物館 Bishop Museum／2 ビショップ博物館 Bishop Museum, Photo: J. A. Gonsalves／3 博物館明治村／5 国立国会図書館／6 ワシントン大学図書館 University of Washington Libraries, Special Collections, UW6956／7 朝日新聞社『読者所蔵「古い写真」館』／8 日本図書センター『写真・絵画集成 日本人移民 1 ハワイ・北米大陸』／9 ブラジル日本移民史料館／10 毎日新聞社

P512〜3　1 毎日新聞社／2『東京パック』(明治38年5月10日) さいたま市立漫画会館／3『東京パック』(明治39年1月15日) さいたま市立漫画会館

P514〜5　1 横浜開港資料館／2 明治神宮／3『Official report of the Japan British Exhibition

P306～7　2、4～6、8 味の素食の文化センター／3 横浜開港資料館／7 江戸東京博物館

P308～9　1 吉田淑子／2、4 早稲田大学図書館／3、5 江戸東京博物館／6 GAS MUSEUM がす資料館

P310～1　1『コンドル博士遺作集』国立国会図書館／2 博物館明治村／3 東京都東部公園緑地事務所 蘆花恒春園（江戸東京たてもの園『武蔵野文学散歩展』図録）／4 東京都東部公園緑地事務所 蘆花恒春園／5、7 同志社社史資料センター／6 江戸東京たてもの園

P312～3　1 法務図書館／2 中村屋／3、6、7 毎日新聞社／4『東京朝日新聞』（明治30年6月13日）国立国会図書館／5 南川三治郎

P314～5　1 津田塾大学津田梅子資料室／2 自由学園資料室／3 お茶の水女子大学ジェンダー研究センター／4 実践女子大学図書館／5 喜多方市／6『妾の半生涯』国立国会図書館／8 国立国会図書館ホームページ／9 東京女子医科大学史料室／10 東三河女医懇話会『東三河の女医』／11 熊谷市教育委員会／12 大洲市立博物館／13 神戸市立神港高等学校（姫百合会）／14 池田記念美術館／15 日本近代文学館

P316～7　1 逓信総合博物館／2 日本近代文学館／4『世界地図の説明』神奈川県立歴史博物館

P318～9　1 横浜開港資料館／2『万朝報』（明治36年11月5日）東京大学明治新聞雑誌文庫／3 婦人之友社／4～6、8 横浜開港資料館

P320～1　1 国立国会図書館ホームページ／2『ザ・イラストレイティッド・ロンドン・ニュース』（1894年9月29日）横浜開港資料館／4 交通博物館／5 神奈川県立歴史博物館／6 広島市公文書館／7『日清戦争写真帖（陸軍之部）』靖国神社偕行文庫／8 国立歴史民俗博物館

P322～3　3、5 国立歴史民俗博物館／4、7『日清戦争写真帖（陸軍之部）』靖国神社偕行文庫／6 Getty Images／8 亀井温故館

P324～5　1『下関講和談判』聖徳記念絵画館／2『下関春帆楼に於ける両雄の会見』靖国神社偕行文庫／3 亀井温故館／4 日本カメラ博物館／5『日清戦争写真帖（陸軍之部）』靖国神社偕行文庫

P326～7　1 大森敬豪／2『東京開市三百年祭記事』／3、4 宮内庁三の丸尚蔵館／5、7 石黒敬章

P328～9　1 大久保利泰／2『1897年の日本』横浜開港資料館／3 日本近代史研究会／5 毎日新聞社

P330～1　1、6『華族画報』／2～4、7、9～12 国立国会図書館ホームページ／5『太陽』（明治29年5月）国立国会図書館／8 毎日新聞社

P332～3　1『憲政党党報』国立国会図書館／2『太陽』（明治31年7月）国立国会図書館／3 国立国会図書館ホームページ／4 憲政記念館

P334～5　新日本製鐵・八幡製鐵所

P336～7　1、5～8 田川市石炭資料館／2 新日本製鐵・八幡製鐵所／3、4 北海道大学附属図書館

P338～9　2、4 産業技術記念館／5『朝野新聞』（明治20年11月29日）東京大学明治新聞雑誌文庫／6、8『池貝喜四郎追想録』／7 愛知県図書館／9、11『鐘紡百年史』／10『豊和工業六十年史』

P340～1　1、5、9 キリンビール／2『風俗画報』（明治40年6月）／3『時事新報』（明治23年7月16日）国立国会図書館／4『大阪吹田村醸造場之図』アサヒビール／6『東京風俗志 中の巻』国立国会図書館／7、8、10 サッポロビール

P342～3　1～3、6、7、10、11 京都国立博物館／4、9 内藤記念くすり博物館／5 海月文庫／8 大阪城天守閣

P344～5　1 群馬県農業会議／2、3 斎藤宇一郎記念会（秋田文化出版『農を支えて—農具の変遷』）／4 日枝神社／5 斎藤宇一郎記念会／6 農林水産省農林水産技術会議事務局／7 潟上市／8『農業雑誌』（明治11年）国立国会図書館／9 国立国会図書館／10 倉吉博物館

P346～7　1 ピーボディー・エセックス博物館© Peabody Essex Museum／2 砂川市／3、7、8、10 北海道大学附属図書館／4、9 宮内庁書陵部／5 横浜開港資料館

P348～9　1 余市水産博物館／2、3、5 北海道大学附属図書館／4 小樽市

P350～1　1 市立岡谷蚕糸博物館／2 栃木県立博物館／3、4、6、7、9～11 東京農工大学工学部附属繊維博物館／5、8 前橋市教育委員会

P352～3　1、2、4～6 茨城県天心記念五浦美術館／3 ボストン美術館／7～9 日本美術院／10 茨城大学五浦美術文化研究所

P354～5　3、6 東京藝術大学／7 東京国立近代美術館

P356～7　2 福岡市美術館／3 東京国立博物館／4 石橋財団石橋美術館／6、7 東京文化財研究所／8 静嘉堂文庫美術館

P358～9　1、6 東京国立博物館／2 東京藝術大学附属図書館／3、4 東京国立近代美術館／5、10 東京藝術大学／7『千九百年巴里万国博覧会臨時博覧会事務局報告（下）』東京文化財研究所／8、9 宮内庁三の丸尚蔵館

P360～1　1、3、12 横浜開港資料館

P362～3　1～5 日本建築学会／6、7 西本願寺

P364～5　3 奈良県教育委員会事務局文化財保存事務所／7 日本建築学会

P366～7　1 山形市郷土館／2 奈良国立博物館／3、4 日光田母沢御用邸記念公園／5、6 迎賓館／8 物産不動産

P368～9　1 河鍋暁斎記念美術館／2～8 日本近代文学館／9 国立国会図書館

P370～1　1、2 北里研究所／3、4 三共／5～7 高知県立牧野植物園／9 国立科学博物館／10、12 高知県立文学館／11 日本近代文学館

P372～3　1、2 府中市美術館／3 台東区立一葉記念館／4 黒川英三／5 日本近代文学館／6 石川近代文学館／7 放送大学附属図書館／8 横浜開港資料館

P374～5　2 弥生美術館／3、6、8 日本近代文学館／4、5、7 東京大学明治新聞雑誌文庫

P376～7　1、2、5、7 日本近代文学館／3、8 東京大学明治新聞雑誌文庫／4 国立国会図書館／6『紅葉全集』国立国会図書館

P378～9　1、4 日本近代文学館／3 兵庫県立歴史博物館（入江コレクション）／5、7 岩波書店／6 中央公論新社／8、9 日本近代史研究会

P380～1　1、2、5、7 東京大学明治新聞雑誌文庫／3 徳富蘇峰記念館／4『イリュストラシオン』横浜開港資料館／8 桜田倶楽部

P382～3　1～3 東京大学明治新聞雑誌文庫／5 毎日新聞社

P384～5　1 山名隆三／2 早稲田大学図書館／3 国立国会図書館／5 羽島知之／6『東京市祝捷大会』国立国会図書館／7 東京大学明治新聞雑誌文庫

P386～7　1、3、10 早稲田大学図書館／2 国立国会図書館／4～7 東京大学明治新聞雑誌文庫／8、9 川崎市市民ミュージアム

P388～9　1～3、6 川崎市市民ミュージアム／4、7 横浜開港資料館／5 日本漫画資料館／8、9 国立歴史民俗博物館

P390～1　1、3、6～9 東京大学明治新聞雑誌文庫／2、5 国立国会図書館／4、10 早稲田大学図書館

P392～3　1 陸上自衛隊金沢駐屯地／2 聖徳記念絵画館

P394～5　3 川崎市市民ミュージアム／4 聖徳記念絵画館／5 たばこと塩の博物館／6 日本近代史研究会／7 三笠保存会

P396～7　1、4 乃木神社／2『日露戦役写真帖第三軍』靖国神社偕行文庫／5 カリフォルニア大学バートン・ホームズコレクション The Burton Holmes Collection, Department of Art History, University of California, Los Angeles

P398～9　1 三笠保存会／2、5、7 文殊社／3、4『極秘明治三十七八年海戦史附録写真帖』防衛研究所図書館／6 聖徳記念絵画館

P400～1　1『東京風景』国立国会図書館／2『美術新報』（明治37年6月5日）東京大学明治新聞雑誌文庫／3『美術新報』（明治37年9月20日）東京大学明治新聞雑誌文庫／4『東京日日新聞』（明治37年11月10日付録）東京大学明治新聞雑誌文庫／6、7 毎日新聞社

P402～3　1 日本近代史研究会／2 国立国会図書館／3 江戸東京博物館／4 東京大学明治新聞雑誌文庫

P404～5　1 毎日新聞社／2、3、6 日本近代文学館／7 東京藝術大学／8 賀川豊彦記念松沢資料館

P406～7　1、5、6 日本近代史研究会／4 團純子

P408～9　1 交通博物館／2『グラヒック』（明治42年第1巻第13号）東京大学明治新聞雑誌文庫／3～5、10、11 横浜開港資料館／6、7『グラヒック』（明治43年第2巻第26号）東京大学明治新聞雑誌文庫／9『伊勢名所寿恵 宮川の春景』神宮徴古館農業館／12 香川県歴史博物館

P410～1　1『ザ・イラストレイティッド・ロンドン・ニュース』（1873年2月15日）横浜開港資料館／2 大塚隆／4『平安遷都千百年記念祭式典及行列之図』大塚隆／5『グラヒック』（明治43年第2巻第22号）東京大学明治新聞雑誌文庫／6『西京ニ於テ開設大博覧会真景之図』国文学研究資料

P190～1　1 憲政記念館／2、4 宮内庁書陵部／3 国立公文書館

P192～3　1、2、5、6 唐澤博物館／3 国立国会図書館ホームページ／4 毎日新聞社

P194～5　2『頓智協会雑誌』(28号) 東京大学明治新聞雑誌文庫／5 晃洋書房『同志社山脈』／6 神戸市立湊川多聞小学校／7、8 久米美術館

P196～7　1～4 宮内庁書陵部／5 聖徳記念絵画館／6『芝浜離宮ニ両陛下観桜ノ宴ヲ御開催之光景』川崎市市民ミュージアム

P198～9　1～4、6～11 ポーラ文化研究所／5『大日本婦人束髪図解』ポーラ文化研究所／12 影山智洋

P202～3　1、3 内藤記念くすり博物館／2『項痢流行記』内藤記念くすり博物館／4『明治風俗図』東京国立博物館／5 大阪市立総合医療センター

P204～5　1 順天堂大学／2 長崎大学附属図書館／3 久米美術館／4 マリサ・ディ・ルッソ／5 東京大学出版会『東京大学の百年1877－1977』／6『虎列刺病予防法図解』内藤記念くすり博物館／7 国立国会図書館ホームページ／8 長崎大学附属図書館医学分館／9 東京大学明治新聞雑誌文庫／10 内藤記念くすり博物館／11 鎌倉市中央図書館

P206～7　1、2『大日本帝国軍艦帖』／4 東京大学大学院医学系研究科／5 文京区立鷗外記念本郷図書館／6 北里研究所

P208～9　順天堂大学

P210～1　1 毎日新聞社／2 須磨浦病院／3、4 北里研究所／5 豊川閣妙厳寺（豊川稲荷）

P212～3　1『太陽』(明治29年10月) 東京大学明治新聞雑誌文庫／2『諸色峠に谷底下り』東京都立中央図書館東京誌料文庫／3 日本銀行金融研究所貨幣博物館／4、5 日本銀行

P214～5　1、3～9 宮内庁書陵部／2 人文社『大阪市図（大日本管轄分地図より）』／10 産業技術記念館

P216～7　1、5 三井文庫／2 大阪商工会議所／3 住友史料館／4 みずほ銀行金融資料課／6 三菱史料館／7『華族画報』／8『大倉鶴彦翁』国立国会図書館

P218～9　1 三菱史料館／2『豪商神兵湊の魁』神戸市立博物館／3『函館港船場町三菱支社真景之図』市立函館図書館／4『東京三十六景 品川沖蒸気船』静岡県立中央図書館／5『泰平海世直競漕』国文学研究資料館／6『商工函館の魁』市立函館図書館／7、8 日本郵船歴史博物館

P220～1　1 北海道大学附属図書館／2 茨城県立歴史館／3～6、8 交通博物館／7『大阪朝日新聞』(明治37年1月3日) 国立国会図書館

P222～3　3 京都市上下水道局／4 国際日本文化研究センター／5、6『琵琶湖疏水図誌』京都府立総合資料館

P224～5　1 大木利治（http://www.gijyutu.com/ooki/）／2 国土交通省国土地理院／3『南置賜郡栗子隧道西口ノ図』栃木県立美術館／4『鑿道八景 第七景 男鹿川橋』那須野が原博物館／5『塩谷郡薄葉村新道ノ内箒川ニ架スル橋梁及ヒ割り切リヲ北ヨリ望ム』栃木県立美術館／6『飽海郡吹浦村字南光坂ヨリ海上ヲ瞰ル図』栃木県立美術館

P226～7　唐澤博物館

P228～9　2～6 東京動物園協会

P230～1　1、2 マリサ・ディ・ルッソ／3 東京都立中央図書館／5 石黒敬章

P232～3　唐澤博物館

P234～5　2、4、5 東京藝術大学／3 神奈川県立近代美術館／7 ピアチェンツァ市立リッチ・オッディ近代美術館©Galleria d'Arte Moderna Ricci Oddi, Piacenza

P236～7　1 横浜開港資料館／2、7 東京国立博物館／3 宮内庁三の丸尚蔵館／4 オーストリア国立工芸美術館 MAK-Austrian Museum of Applied Arts/Contemporary Art, Vienna ／5 石川県立美術館／6 リンデン民族学博物館©Linden-Museum Stuttgart, Photo:Anatol Dreyer ／9 シカゴフィールド自然史博物館©The Field Museum, #A112796c ／10 福富太郎コレクション資料室／11 幕末と明治の博物館

P238～9　1、7 東京藝術大学美術学部教育資料編纂室／2～4、8～10 東京藝術大学／5 日本美術院／6 茨城県天心記念五浦美術館

P240～1　1 横浜開港資料館／2 長崎県／3 東大寺／4 小沢健志／5 国立国会図書館／6 東京大学大学院工学系研究科建築学専攻図書館

P242～3　1 笠間日動美術館／2、6～9 東京藝術大学／3、5 東京国立博物館／4 那須野が原博物館寄託

P244～5　1～3、5～10 日本近代文学館／4『二葉亭四迷全集』国立国会図書館

P246～7　1～3 唐澤博物館／4 国立国会図書館／5 宮内庁書陵部／6 お茶の水女子大学附属図書館／7～9 東京藝術大学附属図書館

P248～9　1 福岡市博物館／2、3 早稲田大学演劇博物館／4 国立劇場／5 浅井コレクション

P250～1　1『新富座劇場開業式図』早稲田大学演劇博物館／2、6、7 児玉竜一／3『第九代市川団十郎略伝』国立国会図書館／4『与衆同楽 明治廿年四月麻布鳥居坂井上大臣之御邸ニテ御覧演劇ノ内勧進帳』早稲田大学演劇博物館／5 早稲田大学演劇博物館

P252～3　1、2、4 国立劇場／3、5 早稲田大学演劇博物館

P254～5　1 国立劇場／2、5、7 橘右近コレクション／3 東京国立近代美術館／4『風俗画報』(明治32年3月)／6『風俗画報』(明治32年10月)／8 武藤禎夫

P256～7　1、3 日本建築学会／2『東京百建築』国立国会図書館／4『旧工部大学校史料』／6 三菱重工業／7 神奈川県立歴史博物館

P258～9　1 東京大学藤森研究室／2『コンドル博士遺作集』国立国会図書館／4 東京都公園協会／5 東京大学大学院工学系研究科建築学専攻／6 京都大学工学研究科／7 横浜開港資料館

P260～1　1 国文学研究資料館／2『RALPH ADAMS CRAM』／3 日本建築学会／4『東京百建築』国立国会図書館／5『Deutsche Bauzeitung』／6 法務省

P262～3　2 ピーボディー・エセックス博物館©Peabody Essex Museum ／3『幼童家庭教育用絵図』玉川大学教育博物館／4、6、7 国立教育政策研究所教育図書館／5、8 江戸東京博物館

P264～5　1 国立国会図書館／2『最新東京名所』国立国会図書館／3 宮内庁書陵部／4、5『風俗画報』(明治33年10月)／6 山口県立山口図書館

P266～7　1、5 慶應義塾図書館／2『時事新報』(明治22年11月22日) 国立国会図書館／3 早稲田大学出版部／4 東京都立中央図書館東京誌料文庫／6『東京専門学校風景画 初夏』早稲田大学會津八一記念博物館／7、8 東京大学出版会『東京大学の百年1877－1977』

P268～9　1、3、4、7 日本女子大学／2 跡見学園／5、9 東京都立中央図書館東京誌料文庫／6 共立女子学園／8 フェリス女学院

P270～1　1 国立公文書館／2『幕末・明治・大正 回顧八十年史』／3 小沢健志／4、6 淺川道夫／5 聖徳記念絵画館

P272～3　1 浅井コレクション／3 淺川道夫／4『歩兵操典（第二編）生兵操典』／5『陸海軍大演習之図』神奈川県立歴史博物館

P274～5　1、4『幕末・明治・大正 回顧八十年史』／2、10『海軍七十年史談』／3『佐賀藩海軍史』／5『海軍館壁画集』／6、8『大日本帝国軍艦帖』／7『横須賀港一覧絵図』神奈川県立図書館

P276～7　1、5、6、8 靖国神社遊就館／2 ルイ・クレットマン・コレクション／3 淺川道夫／7『陸軍史談』

P278～9　1、2 横浜開港資料館／3 神戸市立博物館／4『皇国製茶図会 製茶見本検査の図』横浜開港資料館／5 横浜マリタイムミュージアム

P280～1　2『紀伊海難船之図』和歌山市立博物館／3 東京大学明治新聞雑誌文庫／4『土陽新聞』(明治22年11月26日付録) 東京大学明治新聞雑誌文庫／5 葦書房『復刻版 頭山満翁写真伝』

P282～3　1 江戸東京博物館／2 影山智洋／3 毎日新聞社／4 鍋島報效会／5『トバエ6号』(明治20年5月1日) 川崎市市民ミュージアム／6 日本建築学会

P284～5　1 東京経済大学図書館／2、4 日本近代史研究会／3 毎日新聞社

P292～3　1、2、4、5 憲政記念館／3、6 国立国会図書館ホームページ／7 毎日新聞社

P294～5　1、2、5～8、10 国立国会図書館ホームページ／3 国立公文書館／4『華族画報』／9 高知市立自由民権記念館／11 京都大学附属図書館

P296～7　1 長崎県立長崎図書館／2 日本近代史研究会／6 滋賀県／7 宇和島市立図書館／8 山名隆三／9、10『護法の神 児島惟謙』

P298～9　1 外務省外交史料館／2 国立国会図書館ホームページ／3 和歌山市立博物館／4 桃山学院史料室／5 神戸市立博物館

P300～1　1、4、5、7、8 ポーラ文化研究所／2、6 クラブコスメチックス／3 庄司太一

P302～3　1～4 長崎巌／6 ポーラ文化研究所／8 影山智洋

P304～5　長崎巌

P96～7　1『東京名所三十六戯撰 数寄屋河岸』江戸東京博物館／2 東京都埋蔵文化財センター／3 江戸東京博物館／5 木村屋総本店／6 小沢健志／7『かなよみ』(明治11年12月24日) 東京大学明治新聞雑誌文庫／8 高野正興／9『読売新聞』(明治10年8月8日) 東京大学明治新聞雑誌文庫／10 丸善／11 雄山閣『近代日本食文化年表』

P98～9　1、5、6 江戸東京博物館／2 東京大学明治新聞雑誌文庫／3『大日本牛乳史』国立国会図書館／4 トモエ乳業牛乳博物館／7『風俗画報』(明治27年1月)／8『大日本東京牛乳搾取業一覧』江戸東京博物館／9『東京商工博覧絵』国立国会図書館／10『愛光舎事業一斑』

P100～1　1～12、14～20 日本銀行金融研究所貨幣博物館／13 マリサ・ディ・ルッソ／21 国立印刷局博物館

P102～3　1 国立公文書館／2 日本銀行金融研究所／3『士族の商法』川崎市市民ミュージアム／4『福井県下商工便覧』国立国会図書館／5 松ヶ岡開墾記念館／6『加州金沢製糸場之図』石川県立図書館／7 国立印刷局博物館

P104～5　1『團團珍聞』(明治11年8月24日) 東京大学明治新聞雑誌文庫／2～5 日本銀行金融研究所貨幣博物館／6 七十七銀行／7『第四国立銀行家屋旧図』第四銀行／9『川越第八十五国立銀行之図』山崎美術館／10『東京海運橋第一国立銀行之全図并近円の市中一覧の図』国文学研究資料館／11 八十二銀行／12『富山市五十年史絵巻 (第2巻)』富山県立図書館／13『第百十四国立銀行盛業之図』百十四銀行／14 十八銀行／15『華族画報』

P106～7　2 東京大学総合図書館／3 東京大学社会科学研究所図書館／5 芝本和本製本／10『Manual of Bookbinding』／11 国立印刷局博物館

P108～9　1 宮内庁書陵部／2、5 東京国立博物館／3、4、9 片倉工業／6『上州富岡製糸場図』群馬県立歴史博物館／7 博物館明治村／8 群馬県立歴史博物館

P110～1　1、6 日本新聞博物館／2 江差町教育委員会／3 国立国会図書館／4 江戸東京博物館／5 東京大学明治新聞雑誌文庫／7 早稲田大学図書館

P112～3　1『ザ・イラストレイティッド・ロンドン・ニュース』(1874年1月10日) 横浜開港資料館／2 大森敬豪／3 自転車文化センター／4、6 交通博物館／5『ザ・イラストレイティッド・ロンドン・ニュース』(1872年12月21日) 神奈川県立歴史博物館／7 神戸市立博物館

P114～5　1 乃村工藝社／2『金沢於公園紀念標新築大祭之図』宮本隆次／3 PPS／4 神奈川県立歴史博物館／6 石黒敬章／7 生田誠

P116～7　1 神奈川県立歴史博物館／2、4 横浜開港資料館／5 小森コレクション／6 日本大学芸術学部写真学科／7、8 日本写真文化協会資料室／9 産業能率大学最高顧問上野一郎

P118～9　1、4 国立国会図書館／2『鹿鳴館秘蔵写真帖』霞会館／3 岡田芳朗／6 江戸東京たてもの園

P120～1　1 味の素食の文化センター／2 政府官公庁資料頒布会／5 作美陽一／6 山種美術館

P122～3　1、4 マリサ・ディ・ルッソ／3『参謀本部陸軍部測量局 五千分一東京図測量原図』国土交通省国土地理院／5『東京風俗志 下の巻』国立国会図書館

P124～5　1『日本人』(34号) 東京大学明治新聞雑誌文庫／2、5『万国公法訳義』静岡県立中央図書館／3 津田塾大学津田梅子資料室／4 毎日新聞社／6 尚古集成館／7 博物館明治村

P126～7　1 明治学院歴史資料館／2、4～13 久米美術館／3 岩倉公旧蹟保存会

P128～9　1 浅井コレクション／2 東京藝術大学附属図書館／3、5 宮内庁書陵部／4 東京国立博物館／6『明治二十年前後の陸海軍喇叭譜』靖国神社偕行文庫／7 中村理平著『洋楽導入者の奇蹟』(刀水書房)／8『国歌君が代の由来』国立国会図書館／9 横浜美術館／10 横浜開港資料館

P130～1　2 東京大学工学系研究科地球システム工学専攻／4 国立科学博物館、学習院中・高等科標本保管室／7 東京大学工学部電気工学科／8、11 北海道大学附属図書館／9 造幣局／13 国立公文書館／14、15 国立国会図書館

P132～3　1 東京大学明治新聞雑誌文庫／2、3、5 慶應義塾図書館／7、8、10 静岡県立中央図書館／9 津和野町郷土館

P134～5　3 長崎県立長崎図書館／4 カトリック大和郡山教会

P136～7　1、8 重要文化財旧開智学校管理事務所／2 ライデン大学 Printroom of Leiden University／3 横浜開港資料館／4 致道博物館／7 木興修三

P138～9　1、2、6 北海道大学附属図書館／3 宮内庁書陵部／4 東京国立博物館／5 外務省外交史料館／7 香港上海銀行／8 南西マイクロ

P140～1　1、4、5、7 北海道大学附属図書館／2 信善光寺／3 松浦武四郎記念館／6 ピーボディー・エセックス博物館©Peabody Essex Museum

P142～3　1 鹿児島県立図書館／2 国立公文書館／4『明治太平記』川崎市市民ミュージアム／5『大久保公帰朝図』鹿児島県歴史資料センター黎明館

P144～5　1 北海道大学附属図書館／2『大日本帝国軍艦帖』／3 国立国会図書館／4 国書刊行会『写真で知る韓国の独立運動 (上)』／5 外務省外交史料館／6 東京都立中央図書館東京誌料文庫

P146～7　1 宮内庁書陵部／2『琉球藩設置』聖徳記念絵画館／3『那覇百年のあゆみ』／4 熊谷次郎／5 東京大学明治新聞雑誌文庫／6 日本図書センター『琉球沖縄写真絵画集成 第1巻』／7 日本図書センター『琉球沖縄写真絵画集成 第2巻』／8 琉球新報社『写真集 むかし沖縄』

P148～9　1 思文閣出版『図説万国博覧会史1851～1942』京都大学人文科学研究所／2 中尾寛／3 神奈川県立歴史博物館／4、5 江戸東京博物館／6 東京国立博物館／7 東京大学大学院工学系研究科建築学専攻

P150～1　1、2、9～11 東京国立博物館／3、12 神戸市立博物館／4 国立公文書館／5 学習院中・高等科標本保管室／6 大雲院／7 本圀寺

P153　「民撰議院設立建白書」国立公文書館

P154～5　1～4 国立国会図書館ホームページ／5 石黒敬章／6、7 早稲田大学図書館

P156～7　1、8 淺川道夫／3『西南役熊本籠城』聖徳記念絵画館／4 鹿児島県立図書館／5、6 東京大学総合図書館／7『ザ・イラストレイティッド・ロンドン・ニュース』(1877年10月13日) 淺川道夫／9 朝日新聞社『読者所蔵「古い写真」館』

P158～9　1『紀伊徳川洋式演武之図』和歌山県立博物館／2『御練兵』聖徳記念絵画館／3『駒場野聯隊大練記』防衛研究所図書館／4、7 淺川道夫／5『陸軍徽章 軍服軍帽等之部』／6『佐賀征討戦記』

P160～1　1、2 博物館明治村／3、4 宮内庁書陵部／5『陸軍省大日記』防衛研究所図書館／6 小沢健志／7 仙台市歴史民俗資料館／8 陸上自衛隊新発田駐屯地史料館

P162～3　1、4 靖国神社遊就館／2、3 白虎隊記念館／5 宇都宮美術館／6『大日本』横浜開港資料館

P166～7　2 結城市教育委員会／3、4、7 淺川道夫

P174～5　4 八王子車人形西川古柳座／5 神奈川県立歴史博物館／6『東北新報』(明治14年3月27日) 東京大学明治新聞雑誌文庫／7、8 国立国会図書館

P176～7　1、5～7、9 東京大学明治新聞雑誌文庫／2 国立国会図書館／3『東洋自由新聞』(明治14年3月18日) 東京大学明治新聞雑誌文庫／4 高知市立自由民権記念館／8『東京横浜毎日新聞』(明治12年11月18日) 東京大学明治新聞雑誌文庫／10 青木貢／11 高知市立市民図書館／12 三春町歴史民俗資料館／13、14 藤野力／15 京都府立丹後郷土資料館／16 玄洋社記念館

P178～9　1 慶應義塾／2、5、6 東京大学明治新聞雑誌文庫／3 味燈書屋／4 仁井田神社／7 高知市立自由民権記念館

P180～1　1、9 川崎市市民ミュージアム／2、3 国立公文書館／4、10 東京大学明治新聞雑誌文庫／6 国立国会図書館／7、8 北海道大学附属図書館

P182～3　1 早稲田大学大学史資料センター／2、5 日本近代史研究会／3 東京大学明治新聞雑誌文庫／4 神奈川県立歴史博物館／6『郵便報知新聞』(明治15年8月2日) 日本新聞博物館／7『太陽』(明治30年1月) 東京大学明治新聞雑誌文庫／8『東京日日新聞』(明治15年3月20日) 東京大学明治新聞雑誌文庫

P184～5　1 三春町歴史民俗資料館／2 山形大学附属博物館／3 東京大学明治新聞雑誌文庫／4 秩父市教育委員会／5 吉田町教育委員会／7 庄林正雄

P186～7　1～3、5、6、9 内閣府賞勲局／4『華族画報』／7 宇都宮駐屯地防衛資料館寄託

P188～9　国立国会図書館ホームページ

所蔵者・協力者一覧

史料所蔵者

＊掲載史料の名称と所蔵者をページ順に記した。ただし、掲載ページに史料名が記されているものは、原則として名称を省略した。

＊個人所蔵のものは、その旨の記述を省いた場合がある。

＊掲載史料の写真提供が所蔵者と異なる場合は、「写真提供者」の項に写真提供者と掲載ページ・図版番号を記した。

P4～5　1 明治大学博物館／2 浅井コレクション／3、4 江戸東京博物館／5 国立国会図書館

P6～7　1、2 逓信総合博物館／3 長崎大学附属図書館／4 品川区立品川歴史館／5、7 江戸東京博物館／6 さいたま川の博物館

P8～9　1 徳川林政史研究所／2 筑波大学附属図書館／3『明治奇聞』／4 日本大学松戸歯学部歯学資料室（谷津三雄著『医歯薬史資料図鑑―目で見る医歯薬史』）／5 吉田秀雄記念事業財団アド・ミュージアム東京／6 毎日新聞社

P10～1　1 鹿児島県歴史資料センター黎明館／2、5 東京大学明治新聞雑誌文庫／3 毎日新聞社／4 浅井コレクション

P12～3　1 放送大学附属図書館／2 国立教育政策研究所教育図書館／3 二松学舎大学／4 東京国立博物館／5 三省堂書店／6 日本銀行金融研究所貨幣博物館／7 電気の史料館

P14～5　1、5 毎日新聞社／2 すみだ郷土文化資料館／4 東京大学明治新聞雑誌文庫／6 伊勢丹

P16～7　1 資生堂企業資料館／2 浅田飴／3 河合勝コレクション／4 石黒敬章／5 江戸東京博物館／6 大日本除虫菊

P18～9　1 江戸東京博物館／2 郡司敏麿／3 早稲田大学大学史資料センター／4 日本近代文学館／5 南方熊楠記念館

P20～1　1 日本近代文学館／2 野球体育博物館／3 熊本市／4 松山市立子規記念博物館／5、6 毎日新聞社

P22～3　1 熊本市／2 冨重写真所／3 九州鉄道記念館／4 毎日新聞社／5 日本近代文学館／6 日本郵船歴史博物館／7 逓信総合博物館／8 南方熊楠記念館／9 松山市立子規記念博物館／10 味の素

P24～5　1、2 博物館明治村／3 毎日新聞社／4 三笠保存会／5 大牟田市立三池カルタ記念館／6 伊東屋／7 高原郷土館／8 森下仁丹

P26～7　1 白洋舎／2 三越資料室／3 江戸東京博物館／4 サントリー／5『日本風景風俗写真帖』／6、7 味の素

P28～9　1、4、8 毎日新聞社／2、3 東北大学附属図書館／5 森永製菓／6、7 日本近代文学館

P42～3　1 神奈川県立歴史博物館／2 黒船館／3 埼玉県立博物館／4 国土交通省国土地理院／5『幕末軍艦咸臨丸』／6 JTBフォト

P44～5　1、2 神奈川県立歴史博物館／3 横浜開港資料館／4 凸版印刷 印刷博物館／5 長崎大学附属図書館／6 盛岡市中央公民館

P46～7　1『ザ・イラストレイティッド・ロンドン・ニュース』（1864年10月29日）神奈川県立歴史博物館／2『ザ・イラストレイティッド・ロンドン・ニュース』（1861年10月12日）淺川道夫／3『ザ・イラストレイティッド・ロンドン・ニュース』（1864年11月19日）淺川道夫／4『ザ・イラストレイティッド・ロンドン・ニュース』（1863年11月7日）淺川道夫／5 オランダ海洋博物館©Netherlands Maritime Museum Amsterdam／6 尚古集成館

P48～9　1『横浜繁栄之図』神奈川県立歴史博物館／2 味燈書屋／3 ロイヤル・リンカンシャー・レジメンタル博物館 Courtesy of the Trustess of the Royal Lincolnshire Regimental Museum／4『ザ・イラストレイティッド・ロンドン・ニュース』（1865年7月8日）神奈川県立歴史博物館／5 横浜開港資料館

P56～7　1『五箇条御誓文』聖徳記念絵画館／2 国立公文書館／3～5 上田市立博物館／6 一関市博物館／7 坂田雄助／8 会津武家屋敷／9『鹿鳴館秘蔵写真帖』霞会館

P58～9　1 横浜開港資料館／2『鹿鳴館秘蔵写真帖』霞会館／3『西郷・勝会談の図（「海舟遭難画帖」より）』講談社／4 聖徳記念絵画館／5 江戸東京博物館／6 浅井コレクション／7『農民収穫御覧』聖徳記念絵画館／8 明治神宮

P60～1　1『戊辰所用錦旗及軍旗真図』（重要文化財）国立公文書館／2～4 淺川道夫／6 石黒敬章／7 藤堂宣子

P62～3　1『明治天皇御紀附図 廃藩置県』宮内庁書陵部／2 岩倉公旧蹟保存会／3、4 西ケ谷恭弘編著『城郭古写真資料集成 東国編』／5 ピーボディー・エセックス博物館©Peabody Essex Museum／6 東京都写真美術館

P64～5　1『古今東京名所 元筋違萬代ばし』GAS MUSEUM がす資料館／2 吉田八幡神社／3 東京大学明治新聞雑誌文庫／4 租税史料館／5、6 徳川林政史研究所／7 北方文化博物館

P66～7　1『小学入門教授図解』国立教育政策研究所教育図書館／2『訓童小学教導之図』玉川大学教育博物館／3 重要文化財旧開智学校管理事務所／4 宮内庁書陵部／5～7 国立教育政策研究所教育図書館

P68～9　1 横浜開港資料館／2～5 逓信総合博物館／6『帝国大日本電信沿革史』逓信総合博物館／7『郵便現業絵図』逓信総合博物館／8『郵便取扱の図』逓信総合博物館／9『横浜郵便局開業之図』逓信総合博物館／10『東京府下名所尽 四日市駅逓寮』逓信総合博物館

P70～1　1 石川県立歴史博物館／2『明治天皇之御遺跡』栃木県立図書館／3、4 郡山市開成館／5 中尾済美／6 上松道子／7『明治十一年北陸東海御巡幸図』宮内庁／8 大町雅美／9 菊池秀子／10 宮内庁書陵部

P72～3　1 明治神宮／2 宮内庁／3 市立函館図書館／4 金子隆一／5 東京国立博物館／6 交通博物館

P74～5　1 国立国会図書館／2 東京都立中央図書館東京誌料文庫／3 浅井コレクション／4 神奈川県立歴史博物館／5 川崎市市民ミュージアム

P76～7　1、2 国立国会図書館／3 横浜開港資料館／4 神戸市立博物館／5 日本新聞博物館／6 石黒敬章／7 味燈書屋

P78～9　東京大学明治新聞雑誌文庫

P80～1　1『摂州神戸海岸繁栄之図』神戸市立博物館／2『豪商神兵湊の魁』神戸市立博物館／3、5 市立函館図書館／4『大日本物産図会 北海道函館氷輸出之図』国文学研究資料館／6『函館真景』北海道大学附属図書館

P82～3　1 国立国会図書館／3『幕末・明治・大正 回顧八十年史』／4『増訂明治事物起原』／5 十幡修介

P84～5　1『ザ・ファー・イースト』（1870年8月16日）横浜美術館／2『神戸写真帳』神戸市立博物館／3 ギメ美術館©Photo RMN/Thierry Ollivier/世界文化フォト／4 オーストリア国立工芸美術館 MAK-Austrian Museum of Applied Arts/Contemporary Art, Vienna／5 東京国立博物館／6 宮内庁

P86～7　1『東京府銀座通之図』神奈川県立歴史博物館／2 江戸東京博物館／3 マリサ・ディ・ルッソ／4『東京第一名所銀座通煉瓦石之図』清水建設／5『開化出世寿語呂久』東京大学明治新聞雑誌文庫／6『東京銀座要路煉瓦石造真図』神奈川県立歴史博物館／7 早稲田大学図書館／8『東京銀座通煉化石造真図』早稲田大学図書館／9 GAS MUSEUM がす資料館

P88～9　1 東京藝術大学／2 下総屋画廊／3 行田市郷土博物館／4、6 ピーボディー・エセックス博物館©Peabody Essex Museum／5 横浜開港資料館／7『風俗画報』（明治35年1月）／8 慶應義塾図書館

P90～1　1 静岡県立中央図書館／2 早稲田大学図書館／3 大森敬豪／4『風俗画報』（明治33年12月）／5 馬の博物館／6 東京都立中央図書館東京誌料文庫

P92～3　1『東京築地ホテル館』江戸東京博物館／2 東京都公文書館／3『商工函館の魁』市立函館図書館／4『豪商神兵湊の魁』神戸市立博物館／5『五ヶ国異人酒宴之図』神奈川県立歴史博物館／6 東京都立中央図書館加賀文庫／7『最大効益大阪買物便利』国立国会図書館／9 河鍋暁斎記念美術館

P94～5　2、7 日本近代文学館／3『外国流行伝染病予防法』内藤記念くすり博物館／4 市立函館図書館／5 石黒敬章／6 北野美術館

ら

り

る

れ

ろ

わ

も

や

ゆ

よ

と

ち

つ

て

そ

た

資料館

す

せ

し

資料館

資料館

き

か

う

え

お

索引

▶項目は、原則として五十音順に配列してある。
▶太字の項目名は巻末の「明治時代歴史用語事典」および「明治時代人物事典」にも掲載されていることを示す。
▶数字は掲載ページを表わす。そのうち太い数字は詳しい解説があることを示す。
▶＊は、写真・図版が該当ページの見開き内にあることを示す。
▶→は、矢印のほうの表記で掲載されていることを示す。

あ

い

ビジュアル・ワイド　明治時代館

二〇〇五年一二月一〇日　初版第一刷発行

発行者　柳町敬直
発行所　小学館
一〇一—八〇〇一　東京都千代田区一ツ橋二—三—一
編集　〇三—三二三〇—五一一八
販売　〇三—五二八一—三五五五

印刷　日本写真印刷株式会社
製本　株式会社若林製本工場
製函　株式会社サンメイト倉持

造本には十分注意しておりますが、万一、乱丁、落丁などの不良品がありましたら小社「制作局」（TEL〇一二〇—三三六—三四〇）あてにお送りください。送料小社負担にてお取り替えいたします。（電話受付は土・日・祝休日を除く九時半～一七時半までになります）

 ISBN 4-09-623031-6

北海道 札幌

ビルの間に開拓使時代の名残が点在する。木造や煉瓦の建物に明治の粋を感じよう

❶札幌市民に「赤れんが」の愛称で親しまれている北海道庁旧本庁舎。設計は平井晴二郎を主任とした道庁の技師たちで、建築材料の煉瓦・石材・木材などの多くは北海道産のものを使用した。札幌市中央区北３条西６丁目　☎011-231-4111

伊能忠敬（いのうただたか）が蝦夷地（えぞち）の測量を始めたのは寛政12年、西暦一八〇〇年のことであった。つまり、江戸幕府が北海道の地に本格的に興味の目を向けたのは19世紀になってからのことである。

その蝦夷地は明治の御一新でがぜん注目されるようになり、明治2年、北海道と改称され、札幌に開拓使が置かれた。明治の北海道は農業・漁業・牧畜から暮らしの万端に至るまで、すべてこの開拓使が指導した。

北海道経営の基本構想を考えたのは、開拓使顧問のアメリカ人、ホーレス・ケプロンで、彼はアメリカ合衆国の農務長官であった。いわば、日本の大臣にあたる実力者を開拓使顧問として呼んだのである。明治政府の北海道にかける意気込みが並みたいていではなかったことがわかる。また、日本政府の要請にこたえたケプロンも偉い。

ケプロンの基本構想は、ひとことでいえば北海道の欧米化で、西洋文明のすべてを北海道に根づかせようというものだった。残念ながら、ケプロン案はそのすべてを実施することは不可能であったが、今も札幌を歩くと日本離れした景観に出会うのも、ケプロンの計画の名残が生きているのである。

開拓の息吹を残す建物群

さて、札幌のシンボルともいうべき明治建築は、木造の時計台と赤煉瓦の北海道庁旧本庁舎であろう。時計台は明治11年、札幌農学校演武場としてつくられた。現在はビルの谷間に位置し、まことに可憐な印象を与える建物である。岩倉具視の筆になる『演武場』の木額の上に掲げられた赤い星（北極星）が、開拓使のマークである。

一方の赤煉瓦の北海道庁旧本庁舎は明治21年の建築で、アメリカ

❷今も時を告げる鐘が鳴る札幌の時計台。こぢんまりした建物だが、アメリカの香りを強く感じる意匠で、今見てもしゃれている。時計塔としては日本最古のもので、時計はアメリカのハワード社製。札幌市中央区北１条西２丁目　☎011-231-0838

風ネオ・バロック様式。堂々たる大建築物で、現在は中に、北海道立文書館・北海道開拓記念館・樺太関係資料館が併設されている。札幌を訪れたら、一度は足を運ぶべき場所である。

このほか、札幌の明治建築物としては、北海道大学構内にW・S・クラーク博士の構想によって、明治10年につくられた札幌農学校第2農場があり、中島公園に北海道開拓使直属の洋風ホテルとして、明治14年に建てられた豊平館(ほうへいかん)がある。ともに木造で、農場は質実剛健、豊平館は女性的なたおやかさをもつ建物だ。誰もが明治のロマンを強く感じることだろう。

また、札幌製糖会社工場として明治23年に建てられた煉瓦建築は、現在サッポロビール博物館として健在である。ジンギスカン料理でおなじみのサッポロビール園の隣なので、ビールを賞味すると同時に、札幌ではぐくまれた近代ビール産業の歴史にも目を向けたい。

また、札幌の中心街から約30分、新札幌の小高い丘に、北海道内にあった明治、大正の建築物を移築した野外博物館・北海道開拓の村がある。ここはまさに北海道の明治村で、明治期の北海道の空気を体感することができる。

この開拓の村に建っている建築物は約五〇戸。市街地群、漁村群、農村群、山村群に分けられ、建物の中に当時の暮らしが再現されている。前述のケプロンは北海道に来て、人々がストーブを知らないことに驚いたというが、とくに農村群や山村群の建物を見ると、その暖房施設の貧弱さが強く印象に残り、寒冷地北海道開拓の困難さを思い知る。開拓当時の北海道を想像しながら歩きたい。

❸北海道開拓の村の中央を走る鉄道馬車。鉄道馬車は明治から昭和初期まで稼働し、市部の人々の足となっていた。開拓の村の鉄道馬車は数分の旅ではあるが、ガタゴトと揺れるその乗り心地が印象的だ。札幌市厚別区厚別町小野幌50・1 ☎011-898-2692

❹❺北海道大学構内にある札幌農学校第2農場とクラーク博士の胸像。農場の建築様式はツー・バイ・フォー式バルーンフレーム構造。札幌市北区北18条西8丁目 ☎011-706-2658 クラーク博士像の台座には「Boys be ambitious」とある。

❻❼中島公園内に保存されている豊平館。白い外壁を縁取るブルーが美しい。内部も創建当時の様子が復元されており、写真の「梅の間」は明治・大正・昭和、3代の天皇のご座所となった。札幌市中央区中島公園1・20 ☎011-511-0985

❽サッポロビール博物館。サッポロビールの原点は開拓使麦酒醸造場で、ビールも開拓使の指導でつくられていた。同醸造場の「札幌ビール」が最初に売り出されたのは明治10年のこと。札幌市東区北7条東9丁目 ☎011-731-4368

北海道

小樽（おたる）

明治以前より北前船が入港し栄えた港町。運河・石造倉庫・銀行にその栄華を見る

❶小樽のシンボル、小樽運河。赤煉瓦の倉庫は明治時代に建てられた旧大同倉庫だ。今の運河は観光地となり、かつての繁栄の面影はないが、早朝や夕暮れなどに霧が立つと、ハッと驚くほど幻想的な光景となる。雪の季節もすばらしい。

港を囲むように、三方に丘が広がる町、小樽。小樽の語源はアイヌ語のオタルナイ、「砂の中を流れる川」という意味だ。このオタルナイ川の河口で、江戸時代の中後期、松前藩の藩士が漁業を始めたのが小樽の始まりである。

小樽は最初、尾樽内、小足内、穂足内などと表記されたが、明治2年、蝦夷地が北海道と名付けられると、小樽がこの地の正式名称になった。その意味では小樽はまさに明治が生んだ町なのだ。

江戸期より小樽の繁栄を支えたのはニシン漁である。大量に獲れるニシンのために、東北からは大勢の出稼ぎ人が集まり、またニシンによる利益はさまざまな北海道の物産を小樽に集めることになる。そんな大量の荷を積んだ艀が行き来したのが小樽運河である。かつては四〇mの幅があった運河は、現在では二〇mに埋め立てられ、艀の姿も消えたが、運河に沿って建てられた赤煉瓦や石造の倉庫群に、かつての繁栄の名残を見ることができる。

現在、運河にある倉庫は、再開発で博物館や観光物産館、レストランなどに変身を遂げている。明治の昔、荷の積み下ろしを行なった開口部には派手な色彩の看板が立ち並ぶ。明治時代の運河を思うとき、これらの看板は頭のなかで消し去らなくてはならない。

小樽運河から堺町通りを南に向かうと、クラシカルな建物が並ぶ道が続く。小樽観光のメインストリートともいうべきこの一画には、明治と大正が同居し、歩く者を時代散歩に誘ってくれる。

この堺町通りにはまた、今や小樽の顔となった北一硝子の工房やギャラリー、店舗が並ぶ。なかでも北海道開拓の生活必需品だった灯油ランプがともされた北一ホールは、明治時代の倉庫を改装したもので、ランプの淡い光のなかでお茶やビールを飲むことができる。

繁栄の象徴・日銀旧支店

さて、小樽駅前通りから港に下って行くと、色内本通りにぶつかる。このあたりはかつて「北のウォール街」と呼ばれた一帯で、明治から昭和初期にかけて、日銀小樽支店・三井銀行・安田銀行・第一銀行・拓銀などの銀行や三井物産・三菱商事などの商社、日本郵船・大阪汽船・山下汽船などの運輸会社が軒を並べていた。小樽繁

❸❹❺小樽の街角で遭遇する明治の建築物。観光物産店に衣更えしてしまった建物も多いが、まだふつうの民家や商店として機能している家も少なからずある。❺の鯱(しゃち)の乗った屋根の建物は旧小樽倉庫で、現在は博物館になっている。

❷堂々たる容姿の日本銀行旧小樽支店。建物の外壁にはフクロウの塑像が飾られ、内部は屋根を煉瓦の壁から鉄骨で組んで支える構造のため、広々とした吹き抜けである。小樽市色内1・11・16　☎0134-21-1111

栄の表舞台である。

その北のウォール街でひときわ存在感を示す建築物が日本銀行旧小樽支店である。この建物は東京駅の設計でも有名な辰野金吾(たつのきんご)らが設計にあたり、明治45年に完成した。屋根には五つの塔をもち、外壁は煉瓦の表面にモルタルを塗って石造り風に仕上げている。明治時代後期を代表する名建築といっていいだろう。現在は金融資料館として内部が公開されている。

小樽はまた北海道における鉄道発祥の地でもある。幌内(ほろない)で産出する石炭を輸送するため、幌内―札幌―小樽という鉄道ルートが計画されたのが明治11年。それからわずか二年後の明治13年には、札幌―小樽間の運転式が行なわれた。この鉄道は日本でも三番目に早く開通した鉄道で、明治政府の北海道の資源開発にかける情熱を強く感じることができる。

小樽の手宮には、北海道初の鉄道を記念した小樽交通記念館がある。この記念館には蒸気機関車が動態保存されており、明治18年につくられた機関車庫が復元されている。本州の鉄道がイギリス式なのに対し、北海道の鉄道はアメリカ式で、ここに西部開拓が再現されたようでおもしろい。

❻北一硝子3号館内の北一ホールのランプ。ここでは167個のランプが広い喫茶ホールをほのかに照らす。建物は明治中期の倉庫で、ニシンの保存庫として使用されていたもの。小樽市堺町7・26　☎0134-33-1993

❼❽小樽交通記念館の構内を走る蒸気機関車と北海道鉄道開通起点標。機関車は1909年アメリカ製で、これを手本に、ここ小樽手宮鉄道工場では日本人の手だけで大勝号という機関車をつくりあげた。小樽市手宮1・3・6　☎0134-33-2523

北海道 函館

幕末に横浜・神戸・長崎と並んで開港。国際貿易港として発展したモダンな港町

❷函館末広町界隈で見かけた擬洋風の和洋折衷建築。全体的に和の趣が強いが、2階の窓などに洋風な味付けがしてあり、モダンで新鮮な印象を与える。明治時代後期の建物と思われる。

❸現在は「BAYはこだて」と呼ばれる赤煉瓦倉庫。金森倉庫と並ぶ桟橋の顔である。もとは日本郵船の倉庫で、明治42年～45年に建てられた。金森倉庫とともに商業施設として利用されている。

❶基坂上に建つ、旧函館区公会堂。明治43年の建造。コロニアル様式で2階のバルコニーからの眺めがすばらしい。館内には嘉仁皇太子（大正天皇）が使用したご座所が再現されている。函館市元町11・13 ☎0138-22-1001

函館は明治2年に「箱館」から「函館」に改称した。改称の事情については述べないが、箱館時代、この地でふたりの好漢が活躍した。ひとりは商人で漁業開拓者の高田屋嘉兵衛で、もうひとりは新選組の土方歳三である。

高田屋嘉兵衛の事績については司馬遼太郎の小説『菜の花の沖』に詳しいが、18世紀、民間人でありながらロシアとの外交にひとかたならぬ尽力をした人物である。司馬遼太郎はこう書く。

〈嘉兵衛は、内国交易の蝦夷地の根拠地として箱館を最初に見出した人物で、この町の恩人といっていい〉。

一方の土方歳三は、明治元年の箱館戦争の際、反政府軍の将として五稜郭に立てこもり、降伏を潔しとせず華々しく戦死した。最後のサムライと呼ばれ、今もその人気は衰えることがない。

高田屋嘉兵衛や土方歳三の箱館から、明治2年、近代日本の国際貿易港の函館となり、函館はモダンで独特な匂いをもつ町となった。

魅力的な和洋折衷建築

北の玄関口である函館を実感するなら、まず旧桟橋付近の末広町を散策するのがいい。

明治の函館を代表する人物が末広町に金森倉庫を創業した渡邊熊四郎だ。彼は幕末に長崎から箱館にやってきて、明治2年、金森洋物店、金森船具店など数々の事業を興し、明治20年より倉庫業に転じた。現在、函館のベイエリアに建つ赤煉瓦の倉庫群は、明治42～43年にかけて熊四郎が建てた倉庫である。今はビヤホールや物産店、工房・ギャラリーなどでにぎわう金森倉庫の煉瓦壁に、明治人の熱い思いを見ることができる。

金森倉庫のすぐ近くにやはり赤煉瓦造りのショッピングモール、「はこだて明治館」があり、こちらの前身は明治44年に建てられた函館郵便局。館内には郵便局時代のモノクロ写真が飾ってある。

赤煉瓦建築以外にも、末広町に

五稜郭へ
函館本線
函館港
函館駅
函館市
函館山
啄木小公園
立待岬
函館どっく
函館どっく前
函館市電
大町
外国人墓地
旧ロシア領事館
函館市文学館
末広町
明治館
魚市場通
元町公園
金森倉庫
旧函館区公会堂
旧金森洋物店
十字街
五島軒本店
函館市
ハリストス正教会
宝来町
函館山
函館山ロープウェイ
函館公園
0
500m

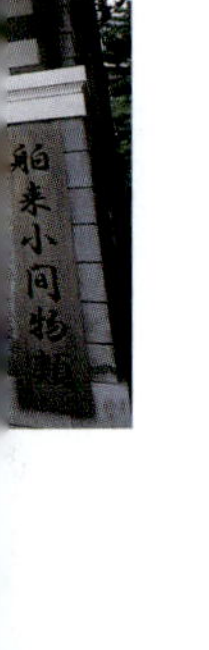

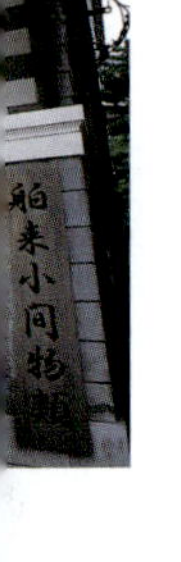

❹江戸末期に洋軍学者の武田斐三郎によって設計された洋式城郭の五稜郭。箱館戦争では榎本武揚が率いる旧幕軍がここに立てこもった。星の形をした五稜郭は、死角が少なく攻撃にも適するといわれたが、実戦ではほとんど役に立たなかった。

❺明治13年に開店した旧金森洋物店。煉瓦造り2階建ての小さな建物だが、和風を取り入れた意匠に明治の時代精神を感じることができる。現在は市立函館博物館郷土資料館。函館市末広町19・15　☎0138-23-3095

❻❼函館のシンボル、金森倉庫。高い天井と風格ある煉瓦を上手に生かした再利用がなされている。創業者、渡邉熊四郎は函館麦酒醸造場の設立にも加わり、明治31年、函館ビヤホールが誕生。函館市末広町14・16
☎0138-23-0350

は古い建物を散見することができる。それは一階が格子窓の和風建築、二階が洋風の意匠を凝らした独特な建物で、函館風和洋折衷建築とでも呼ぶべきものである。この明治生まれ、擬洋風の折衷建築は、現役のレストランや喫茶店として使用されていることも多い。明治13年に開店した金森洋物店は、そんな折衷建築がよく復元されており、今は市立函館博物館郷土資料館になっている。

モダン都市函館を舌で味わうなら、明治12年創業、日本の洋食の草分けである五島軒に行こう。

この洋食屋は当初ロシア料理とパンの店であったのが、のちに日本人の口に合う洋食をつくりあげていった。現在のメニューには、明治の洋食盛合せというのがあり、蟹コロッケ、ミートコロッケ、ビーフシチュー、海老フライ他、と記してある。むろん、そんな明治の洋食もいいが、ここでは伝承のビーフカレーと呼ばれるカレーライスを食べたい。カレーライスは五島軒のお家芸ともいうべき味わいで、牛肉と道産野菜の優しい美味しさは、ご飯にピッタリだ。

余談ながら、牛肉もカレーも明治時代から日本人が口にした食べ物で、明治5年に出版された『西洋料理指南』にカレーのつくり方が登場する。明治時代はカレーライスではなく、ライスカレーと呼ぶのが一般的で、その名付け親は札幌農学校のクラーク博士だとこの地では伝えられている。北海道とカレーの縁は深いのである。

❽五島軒の伝承のビーフカレー。明治時代のレシピはたび重なる火災で焼失したが、料理人の舌に残る明治の味を再現した。五島軒本店雪河亭ラウンジで食べられる。函館市末広町4・5　☎0138-23-1106

❾大三坂界隈には函館ハリストス正教会のほかに、カトリック元町教会、聖ヨハネ教会があり、石畳の道と相まって、異国情緒が濃厚に漂う一画となっている。写真中央の建物と左の塔は大正13年に再建された、六角屋根のカトリック元町教会。

函館で明治が息づくのは、旧桟橋近くのベイエリアに加え、海から函館山に向かって上る坂道に広がる元町だ。この元町の坂には二十間坂・大三坂・八幡坂・日和坂・基坂（もといざか）などの名前が付き、それぞれに道の表情が違う。この元町近辺はハイカラ気分が充溢（じゅういつ）し、多くの観光客を集めるが、坂と海の開放感から、込み合った印象は感じられず、四季折々、楽しい散策をすることができる。

元町での見所は、まず元町公園と函館ハリストス正教会だろう。

元町公園のある一帯はかつて箱館奉行所や函館支庁が置かれ、行政の中心地であった。現在、公園には旧函館区公会堂と旧北海道庁函館支庁舎の二棟の明治建築物が建つ。このふたつの洋館をじっくりと見比べてみるのもおもしろい。

大三坂の上に建つ函館ハリストス正教会は、安政6年（一八五九）の日露和親条約に基づいて設置されたロシア領事館の付属礼拝堂として、幕末につくられた。日本最初のロシア正教会の寺院であるが、最初のものは明治40年の大火で焼失、現在の建物は大正5年に完成したもの。明治建築ではないが、ビザンチン様式の美しい教会で、明治時代の美意識の息吹を強く感じることができる。函館を代表する名建築物といってもいい。

元町公園からさらに西へ向かって歩いて行くと、船見町に旧ロシア領事館が忘れ去られたように、ひっそりとたたずんでいる。さらに西に行くと、高龍寺のすぐ近く、海の見える場所に外国人墓地がある。ここはペリー来航のときに亡くなった水兵を埋葬したことに始まり、明治3年に正式に外国人墓地となった。この元町公園西側は観光客もあまり訪れず、古い函館を知るには格好の散歩道である。

❿海に面した日当りの良い外国人墓地。小径を挟んで山側がロシア人墓地、海側には中国人墓地やイギリス人、ドイツ人、アメリカ人、イタリア人の墓がある。函館が国際貿易港であったことが実感される墓所である。

⓫津軽海峡に面した小公園に置かれた石川啄木像。啄木は明治40年、函館に居を構え、小学校の代用教員を務めた。函館の地を好んだ啄木は、遺言で函館に埋葬することを依頼した。現在、彼の墓は函館の共同墓地にある。

⓬元町公園内の旧北海道庁函館支庁舎。明治42年の建築で、昭和初期まで函館行政を取り仕切ってきた。現在は1階が元町観光案内所で、2階が函館市写真歴史館となっている。元町観光案内所／函館市元町12・18 ☎0138-27-3333

北海道・東北 歴史博物館・資料館ガイド

■北海道

伊達市開拓記念館　〒052-0022伊達市梅本町61-2
☎0142-23-2061★JR伊達紋別駅から徒歩20分
明治3年に入植した亘理伊達藩の開拓に関する文書類や生活・産業資料を展示

月形樺戸博物館　〒061-0592樺戸郡月形町1219
☎0126-53-2399★JR石狩樺戸駅から徒歩5分
西南戦争などの内乱で逮捕された国事犯収容施設・樺戸集治監に関する資料を展示

北海道開拓記念館　〒004-0006札幌市厚別区厚別町小野幌53-2
☎011-898-0456★JR森林公園駅からバス
明治期の北海道開拓使に関する資料を収蔵・展示

北方歴史資料館　〒040-0053函館市末広町23-2
☎0138-26-0111★JR函館駅から市電末広町下車徒歩3分
写真・洋画の先駆者、横山松三郎の作品や関係資料などを所蔵

美幌博物館　〒092-0002網走郡美幌町みどり253-4
☎01527-2-2160★JR美幌駅から徒歩25分
明治20年代からの美幌町開拓の道具類、家屋・農作業の復元

■青森県

青森県立郷土館　〒030-0802青森市本町2-8-14
☎0177-77-1585★JR青森駅から徒歩20分
明治の教科書、ドイツ製農工具などを展示

十和田市立新渡戸記念館　〒034-0031十和田市東三番町24-1
☎0176-23-4430★十和田観光電鉄十和田市駅から徒歩15分
新渡戸家3代の資料と国際親善に尽くした稲造の遺品を展示

■岩手県

石川啄木記念館　〒028-4132岩手郡玉山村大字渋民字渋民9
☎0196-83-2315★JR渋民駅から徒歩25分
石川啄木の写真パネル・書簡・書籍・遺品などを所蔵・展示

岩手県立博物館　〒020-0102盛岡市上田字松屋敷34
☎019-661-2831★JR盛岡駅からバス
古代から現代までの岩手の歴史と文化に関する資料を展示

釜石市立 鉄の歴史館　〒026-0002釜石市大平町3-12-7
☎0193-24-2211★JR釜石駅からバス
安政4年に始まった近代鉱業の先駆となった釜石製鐵所栄光の製鉄の歴史をたどる

原敬記念館　〒020-0866盛岡市本宮字熊堂93-1
☎019-636-1192★JR盛岡駅からバス
明治8年から記された『原敬日記』など、"平民宰相"の資料400点を所蔵・展示

水沢市立後藤新平記念館　〒023-0053水沢市大手町4-1
☎0197-25-7870★JR水沢駅から徒歩15分
内務官僚で逓信大臣を務めた後藤新平の著書・書簡・写真類を所蔵・展示

水沢市立斎藤實記念館　〒023-0054水沢市吉小路24
☎0197-23-2768★JR水沢駅から徒歩15分
明治時代に海軍大臣（のち総理）を務めた斎藤の日用品や勲記、蔵書3万8000冊などを展示

■宮城県

教育資料館　〒987-0702登米市登米町寺池桜小路6
☎0220-52-2496★JR瀬峰駅からバス
明治21年の登米高等尋常小学校校舎を改造した資料館。明治の教科書などを展示

警察資料館　〒987-0702登米市寺池中町3
☎0220-52-2595★JR瀬峰駅からバス
明治22年築の登米警察署を改造し、警察制度の変遷を展示

水沢県庁記念館　〒987-0702登米市登米町寺池桜小路1
☎0220-52-2160★JR瀬峰駅からバス
明治5年の登米県庁舎が裁判所に使われた明治なかばの時代を復元。裁判資料を展示

仙台市歴史民俗資料館　〒983-0842仙台市宮城野区五輪1-3-7
☎022-295-3956★JR榴ヶ岡駅から徒歩5分
旧陸軍第2師団歩兵第4連隊兵舎を移築・復元。明治以降の庶民生活資料を展示

■秋田県

秋田県立博物館　〒010-0124秋田市金足鳰崎字後山52
☎0188-73-4121★JR追分駅から徒歩20分
明治以降に活躍した学術・産業などの秋田の先覚者152名の遺品などを収集・展示

白瀬南極探検隊記念館　〒018-0302にかほ市黒川字岩潟15-3
☎0184-38-3765★JR金浦駅から徒歩20分
明治43年の南極探検に使用された装備や、白瀬矗や南極探検隊の遺品を展示

■山形県

財団法人致道博物館　〒997-0036鶴岡市家中新町10-18
☎0235-22-1199★JR鶴岡駅からバス
西田川郡役所・鶴岡警察庁舎の2棟の明治建築や歴史・民俗資料を保存

松ヶ岡開墾記念館　〒997-0158東田川郡羽黒町大字松ヶ岡字松ヶ岡29
☎0235-62-3985★JR鶴岡駅からバス
明治初年に庄内藩士により拓かれた地域の歴史・養蚕・農業関係資料を所蔵・展示

山形県立博物館教育資料館　〒990-0041山形市緑町2-2-8
☎023-642-4397★JR山形駅からバス
明治時代の山形師範学校を博物館にして、江戸時代から現在までの教育資料を展示

山形市郷土館　〒990-0826山形市霞城町1-1
☎023-644-0253★JR山形駅から徒歩15分（山形霞城公園内）
県令三島通庸発案の病院「済生館」を移築し医療・医学書資料等を保存・展示

■福島県

天鏡閣　〒969-3285耶麻郡猪苗代町大字翁沢御殿山1048-14
☎0242-65-2811★JR猪苗代駅からバス
明治41年建築の有栖川宮威仁親王の洋風別邸。親王ゆかりの品物が展示されている

福島県立博物館　〒965-0807会津若松市城東町1-25
☎0242-28-6000★JR会津若松駅からバス
日本近代の貨幣、明治後半刊行の『少年工芸文庫』などを展示

金看板史料館　〒965-0034会津若松市上町3-24
☎0242-22-0237★JR会津若松駅から徒歩20分
明治期の土蔵2棟に金看板など商人の歴史資料を所蔵

野口英世記念館　〒969-3284耶麻郡猪苗代町三城潟
☎0242-65-2319★JR猪苗代駅からバス
野口英世ゆかりの遺品や写真、母の手紙などを展示

若松城天守閣郷土博物館　〒965-0873会津若松市追手町1-1
☎0242-27-4005★JR会津若松駅から徒歩30分
会津の武家文化を中心とする博物館。戊辰戦争資料などを展示

財団法人白虎隊記念館　〒965-0003会津若松市一箕町大字八幡字弁天下33
☎0242-24-9170★JR会津若松駅からバス
白虎隊や会津藩主松平容保など、会津藩関係の資料を展示

東京都 銀座（ぎんざ）界隈

明治時代、銀座は文明開化の象徴だった。大災害から不死鳥のごとくよみがえった町

❶銀座のシンボル、4丁目交差点を睥睨（へいげい）する大時計。現在、百貨店の和光が入っているビルは昭和7年に建てられた2代目の時計塔である。初代はセイコーの創業者、服部金太郎が明治28年に建てた時計塔で、3階建てであった。

銀座とはご存じのように、江戸時代の銀貨の造幣局の名前である。昔ここに銀座があったのでこの地を銀座と呼んだが、当の銀座は寛政年間（一七八九〜一八〇一）に蠣殻町に移ったため、幕末には銀座の地に銀座はなく、地名だけが残った。

江戸期の銀座は職人町で、地味な庶民の町であった。当時の繁華街といえば日本橋が一等地で、京橋までがにぎやかで、銀座は場末の観があった。その証拠に『江戸名所記』に銀座の記載はない。そんな銀座ががぜん世間の注目を浴びるのは、明治の御一新がなってからで、安藤更生もその著『銀座細見』に「銀座は文明開化とともに始まった街である」と書く。

銀座が新時代の先端をいく煉瓦街となったのは、明治6〜10年のこと。明治2年の大火で焼けた銀座を近代都市として復興させたのだ。この事業を推進したのは東京府知事、由利公正（ゆりきみまさ）であった。煉瓦街ははじめ湿気が強く、さんざんな評判だったが、やがて時代は新しい文物を求めはじめる。鉄道で国際貿易港横浜と直結した銀座は、人々の欲求にこたえて発展した。

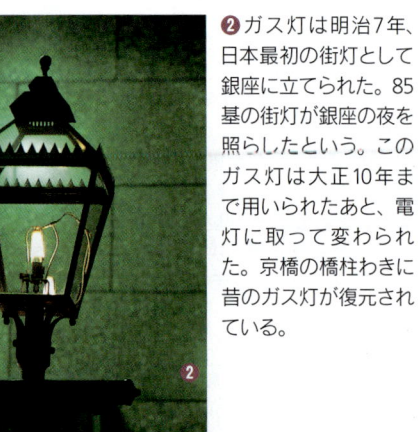

❷ガス灯は明治7年、日本最初の街灯として銀座に立てられた。85基の街灯が銀座の夜を照らしたという。このガス灯は大正10年まで用いられたあと、電灯に取って変わられた。京橋の橋柱わきに昔のガス灯が復元されている。

❸泰明小学校の校庭に面した門。校舎は柔らかなカーブを描いた外観が特徴で、青々とした蔦に覆われている。狭い校庭ながらいつも元気のよい声が聞かれ、何度か廃校の危機に瀕したが、都会の小学校健在を印象づけてくれる。

❹汐留シティセンターに復元された旧新橋ステーション。この駅は明治5年、新橋―横浜間に開通した鉄道の停車場で、日本初の洋風駅舎建築である。復元された駅舎の内部には、汐留の歴史や鉄道資料が展示されている。

❺煉瓦亭のポークカツレツ。店の内装には昔の煉瓦が使われている。中央区銀座3・5・16 ☎03-3561-7258

❻明治時代に咲いたあだ花とも評される鹿鳴館。今は日比谷公園を望むビルの前庭に、その存在を記すプレートがあるだけだ。明治時代の日本を訪れたフランス海軍士官で小説家のピエール・ロティは、鹿鳴館での舞踏会の様子を『江戸の舞踏会』に書いた。

このころ銀座は人道・車道が別になり、街路樹が植えられ、街灯が夜道を照らした。まさに文明開化を体現していたのである。現在、老舗と呼ばれる銀座の商店には明治期に創業したところが多い。

そんな銀座も大正12年の関東大震災、昭和20年の東京大空襲と二度の大災害にあい、明治の面影は雲散霧消した。もはや銀座で明治をしのぶよすがは、老舗商店の創業伝説にしかないのかもしれない。

明治の残り香を求めて

ともあれ、銀座を歩いてみよう。現在、銀座界隈に残るほとんど唯一の明治の遺産が帝国ホテルの裏側にあたるJRのガードである。新橋―有楽町間の煉瓦造り高架連続橋が明治時代の構造物なのだ。かつて、神奈川県の鶴見川河畔では煉瓦造りが盛んだったというが、こんなところで使われたのだ。

ガード下から帝国ホテルの正面にまわり、隣の大和生命ビルの前庭をみると、そこに鹿鳴館があったことを示すプレートがある。鹿鳴館は明治16年に開設された西洋社交クラブで、西洋に追いつけという政府要人の焦りが鹿鳴館時代を盛り立てていったのである。

政府主導の鹿鳴館より健全だったのが、庶民たちの食の西洋化だ。「牛肉食わねば開化不進奴」とばかりに牛鍋を食い、西洋料理をたちまち消化していった。今も銀座3丁目で盛業中の煉瓦亭は、明治28年創業。ポークカツレツを天ぷら風のフライにすることを考案し、生キャベツの千切りを添えることを始めた料理店だ。現在も明治時代のつくり方を踏襲し、皿から文明開化が匂い立つようなカツレツを食べさせてくれる。

さて、銀座の明治散歩、銀座五丁目のみゆき通りに面した泰明小学校に行ってみよう。ビルに囲まれた小さな小学校だが、創立は明治11年と古く、北村透谷、島崎藤村がここの卒業生である。創立当時は赤煉瓦二階建ての校舎だったが、関東大震災で焼け、現在の校舎は昭和4年に建てられた二代目。銀座っ子自慢の建物だ。

銀座から新橋に向かえば、汐留の再開発で復元された新橋停車場がある。先述したが、銀座の発展は鉄道で横浜と直結し、異国文化が入ったことに始まる。この旧新橋駅こそ、銀座の母なのだ。

❼銀座界隈にかろうじて残された明治遺産、鉄道の連続アーチ橋。明治43年、旧烏森駅―旧呉服橋駅間を高架にする際につくられたもの。現在、橋の下はコンクリートで補強され、飲食店や駐車場など、さまざまに利用されている。

御雇外国人の宿舎が立ち並んでいた加賀前田家上屋敷跡に興った学問の府

❶❷旧岩崎邸の玄関上の塔と庭に面したベランダ。建物もすばらしいが庭も見事で、芝を張った敷地に庭石・灯籠・築山が設けられ、邸宅同様、和洋併置のスタイルをとっている。洋館の内装も美しい。台東区池之端1・3・45 ☎ 03-3823-8340

本郷の東京大学が、江戸時代の加賀前田家の上屋敷だったことはご存じの方も多いだろう。東大の代名詞である赤門は、加賀藩一三代藩主の前田斉泰が将軍徳川家斉の娘溶姫を正室に迎えたときに建てたもの。当時は三位以上の大名が将軍家から妻を迎える際には、朱塗りの門をつくったという。

大名屋敷であった本郷の地に東京医学校が移ってきたのは明治9年、これが東京大学の前身となる。しかし、大学がやってくる以前の明治初年、ここに御雇外国人のための官舎があったことを知る人は案外少ない。

広大な敷地に建つ木造西洋館は全部で一七棟あり、たとえば一番館に住むのは岡倉天心の僚友フェ

❸❹東大のシンボル、赤門と三四郎池。三四郎池はここが都心であることを忘れさせるほどの木立に囲まれている。明治初年に来日した御雇外国人も、旧大名の屋敷跡に残る自然を大いに楽しんだに違いない。

ノロサであり、五番館に住むのは大森貝塚を発見したモースである。また、一二番館に住んだのはベルツ水で知られる医師のベルツといったあんばいに、明治初年の本郷は大学以前に西洋の知恵の結晶のような土地であった。リトル西洋といっていい。明治の文明はこんな土地柄から誕生したのである。

もっとも、銀座の項でも述べたとおり、二度の大災害を受けた東京には明治の遺物がきわめて少ない。東京大学の建物でいえば、明治のものはほとんどなく、かろうじて正門の左右の煉瓦塀が明治末年のものと思われる。

東大構内でもっとも明治の香りがするものといえば、三四郎池かもしれない。むろん、池自体は加賀藩邸のころから水をたたえていたであろうが、夏目漱石の『三四郎』という小説が、この池に明治の遺産といった風格を与えている。ちなみに『三四郎』の『朝日新聞』連載は、明治41年のことである。

旧岩崎邸と一葉旧居跡

東京大学から不忍池（しのばずのいけ）に向かい、森鷗外の『雁』の舞台となった無縁坂に接して、奇跡のように残った明治の建築物がある。それが旧岩崎邸。岩崎家とはいうまでもなく、三菱の創始者の家である。

現存する家屋は洋館と和館と撞球室の三棟。洋館と撞球室の設計をしたのは、鹿鳴館や神田のニコライ堂を設計したイギリス人ジョサイア・コンドルである。竣工したのは明治29年、玄関から見ると、木造二階建ての上にドーム状の塔が載っており、三連のアーチとなった窓がリズムを感じさせる。玄関とは反対の庭側のベランダには列柱が並び、これも見るものに心地よい躍動感を与える。西洋の建築様式を自家薬籠中のものにし、自在に取り入れた意匠は重厚さを感じさせず、軽やかで、それでいて威厳がある。明治建築の傑作といっていい。

この旧岩崎邸は戦後、国有財産となり、最高裁判所司法研究所として利用されたが、今は東京都の管理となり、「旧岩崎邸庭園」として一般に公開されている。

東大構内から本郷通りを渡ると、木造の小さな民家が肩を寄せて立ち並ぶような一画がある。菊坂と、それと平行して走る細道があり、その路地に樋口一葉の旧居跡の表示が出ている。もちろん、今は一葉にまつわる何物も残っていないが、貧困のうちに若死にした天才が住んでいたのにふさわしい妖気が漂う気配がするのは、錯覚か。

樋口一葉が本郷菊坂に住んだのは明治23年から25年までの3年間で、19歳の彼女はまだ小説を書いていない。それにしてもあまりにも狭い路地で、宏大な敷地をもつ旧岩崎邸とは文字どおり雲泥の差がある。同じ明治でも、一葉の明治はかくも違うものか。

この一葉旧居跡にほど近い菊坂の小さな商店街に、一葉が通ったと伝えられる、伊勢屋という質屋の蔵が今も残っている。

❺樋口一葉が3年間暮らした菊坂下道の路地。戦前のものと思われる木造家屋がいく棟か残る。
❻樋口一葉旧居跡にある共同井戸。鉄製のポンプはおそらく大正か昭和時代のもの。一葉のころは釣瓶（つるべ）で汲んだのであろう。
❼一葉が通った質屋の蔵。一葉が亡くなったとき、伊勢屋質店から香典が届いた。

上野界隈

彰義隊の戦争が終わり明治がやってきた。寛永寺の境内を公園にした明治人の決断

明治元年、上野の山で行なわれた戦争は、じつは戦争とは名ばかりで、正味二、三時間の小競り合いにすぎなかった。しかし、二六〇年の間、泰平の夢をむさぼっていた江戸市民の驚きは大きく、この上野戦争で頭が芯から目覚め、文明開化に邁進することとなる。彰義隊、以て瞑すべし。

さて、戦争の舞台となった上野の山をどうするか。ここはもともと将軍家の菩提寺である寛永寺の境内であったが、将軍憎しの政府がそのままにしておくわけがない。明治政府は最初、上野の山に医学校と付属病院を建てる計画を立案した。ところが、その計画に待ったをかけたのが、オランダ人医師のボードワンである。ボードワンは深山幽谷の趣がある上野の山を気に入り、公園として保存することを提案したのである。

かくして上野の山は「文化の森」として現在まで自然が保たれつづけた。ボードワンの先見性と明治政府の決断が、都心の杜を守ったのだ。上野には博物館が建ち、医学校は本郷加賀藩邸跡に移り、のちの東大医学部となる。公園となった上野の山では、その後の明治10年に博覧会が開かれ、日本人の西洋化を促し、明治12年にはアメリカの前大統領、グラント将軍歓迎会という一大イベントが開かれたのである。

現在、上野公園に残る明治の面影としては、旧東京音楽学校の奏楽堂と森鷗外も館長を歴任した旧帝国図書館（現国際子ども図書館）が双璧である。どちらも明治の向上心が匂い立つようである。

また、建物こそ昭和初期で明治ではないが、明治の洋画を牽引した黒田清輝の記念館は、明治美術を知るうえでも見逃せない。

❶明治30年に建てられた、高村光雲作の西郷隆盛銅像。西郷は西南戦争の戦犯として、一時、賊将の汚名を着たが、明治22年、明治天皇の特旨により賊名が除かれた。西郷さんが見つめているのは皇居だといわれる。

❷東京藝術大学の構内にあった、旧東京音楽学校の奏楽堂。この奏楽堂は明治23年につくられた日本最初のコンサートホールで、多くの音楽家がこの舞台に立っている。台東区上野公園8・43 ☎03-3824-1988

❸日本近代洋画の父ともいわれる黒田清輝の作品を集めた黒田記念館。明治時代にフランスに留学し、近代と真っ向から向き合った芸術家の足跡をたどることができる。台東区上野公園13・43 ☎03-3823-2241

❹明治39年に創設された旧帝国図書館。その明治建築物の再生を現代建築の雄、安藤忠雄が手がけ、話題になった。現在は国際子ども図書館として、人気を集めている。台東区上野公園12・49 ☎03-3827-2053

九州・沖縄 歴史博物館・資料館ガイド

■福岡県

九州鉄道記念館　〒801-0833北九州市門司区清滝2-3-29
☎093-322-1006★JR門司港駅からすぐ
館内に明治時代の客車を設置、鉄道に関する歴史パネル・記念物を展示

田川市石炭・歴史博物館　〒825-0002田川市大字伊田2734-1
☎0947-44-5745★JR田川後藤寺駅からバス
明治に始まる田川の炭鉱とその歴史を模型・映像・野外復元などで多角的に展示

東郷神社宝物殿　〒811-3307福津市渡1815-1
☎0940-52-0027★JR福間駅からタクシー
東郷平八郎の書籍・写真や日露戦争従軍将校の名簿・書など

福岡市博物館　〒814-0001福岡市早良区百道浜3-1-1
☎092-845-5011★地下鉄西新駅から徒歩15分
対外交流の視点から古代から近代までをテーマ別に展示

森鷗外旧居　〒802-0004北九州市小倉北区鍛冶町1-7-2
☎093-531-1604★JR小倉駅から徒歩10分
森鷗外が小倉時代に明治32年6月から1年半を過ごした家屋を保存

■佐賀県

佐賀市大隈記念館　〒840-0054佐賀市水ケ江2-11-11
☎0952-23-2891★JR佐賀駅からバス
早稲田大学を設立した政治家・大隈重信侯の生家。邸内に資料を集めた記念館もある

佐賀県立佐賀城本丸歴史館　〒840-0041佐賀市城内2-18-1
☎0952-41-7550★JR佐賀駅からバス
幕末期の佐賀城本丸御殿の一部を復元、佐賀の明治維新を紹介

佐賀県立博物館　〒840-0041佐賀市城内1-15-23
☎0952-24-3947★JR佐賀駅からバス
佐賀全域にわたる考古・歴史・美術工芸資料を総合的に展示

徴古館　〒840-0831佐賀市松原2-5-22
☎0952-23-4200★JR佐賀駅からバス
近世から近代までの鍋島家伝来の美術工芸品・古文書・古写真を展示

■長崎県

長崎大学附属図書館　〒852-8521長崎市文教町1-14
☎095-819-2198★JR長崎駅からバス
上野彦馬やベアトらの幕末・明治の古写真コレクション6026点など

長崎大学医学部ポンペ会館　〒852-8523長崎市坂本1-12-4
☎095-849-7157★JR浦上駅から徒歩15分
長崎大学医学部創設者・ポンペの遺品や日蘭医学交流資料を展示。要予約

■熊本県

植木町田原坂資料館　〒861-0163鹿本郡植木町豊岡862
☎096-272-4982★JR田原坂駅から徒歩30分
西南戦争当時に使用された銃・刀・四斤山砲（模型）、関係者の遺品などを展示

熊本博物館分館（熊本城天守閣内）　〒860-0002熊本市本丸1-1 天守閣内部
☎096-352-5900★JR熊本駅から市電
熊本城主であった加藤・細川氏や西南戦争関係資料を展示

熊本市立熊本博物館　〒860-0007熊本市古京町3-2
☎096-324-3500★JR熊本駅から市電
神風連・西南戦争関係資料など

新聞博物館　〒860-0823熊本市世安町172
☎096-361-3071★JR平成駅から徒歩10分
新聞製作と印刷の変遷、新聞の歴史、先駆的言論人の遺品・遺墨類を収蔵・展示

夏目漱石内坪井旧居　〒860-0077熊本市内坪井町4-22
☎096-325-9127★JR熊本駅からバス
旧制五高教師として着任した夏目漱石の住居を記念館にして原稿・手紙類を展示

徳富記念園　〒862-0971熊本市大江4-10-33
☎096-362-0919★JR熊本駅からバス
徳富蘇峰・蘆花兄弟を中心に関係者の日常品・書簡・著書原稿・写真など収蔵

■大分県

大分県立先哲史料館　〒870-0814大分市大字駄原587-1
☎097-546-9380★JR大分駅から徒歩25分
瀧廉太郎など大分県の先哲34名の資料を収集・展示

竹田市立歴史資料館　〒878-0013竹田市大字竹田2083
☎0974-63-1923★豊後竹田駅から徒歩10分
作曲家瀧廉太郎・彫塑家朝倉文夫・軍神広瀬武夫などの遺品や記録資料を収蔵

福沢諭吉旧居・記念館　〒871-0088中津市留守居町586
☎0979-25-0063★JR中津駅から徒歩15分
福沢諭吉が21歳まで過ごした旧居に遺品・遺墨・著書など陳列

■宮崎県

西郷隆盛宿陣跡資料館　〒889-0102東臼杵郡北川町大字長井俵野6727
☎0982-46-2960★JR延岡駅からバス
西南戦争関係品（西郷隆盛遺品）、陸軍大将軍服焼却の場などを展示

日南市国際交流センター 小村記念館　〒889-2535日南市飫肥4-2-20-1
☎0987-25-1905 ★JR飫肥駅から徒歩20分
日露講和条約全権を務めた小村寿太郎の遺品や外交資料を収蔵・展示

宮崎県総合博物館　〒880-0053宮崎市神宮2-4-4
☎0985-24-2071★JR宮崎神宮駅から徒歩10分
西郷札・小村寿太郎遺品などの歴史資料を所蔵・展示

■鹿児島県

鹿児島県歴史資料センター黎明館　〒892-0853鹿児島市城山町7-2
☎099-222-5100★JR鹿児島駅から徒歩15分
玉里島津家資料や明治維新関係資料などを収蔵・展示

鹿児島市維新ふるさと館　〒892-0846鹿児島市加治屋町23-1
☎099-239-7700★JR鹿児島中央駅から徒歩10分
明治維新をテーマ別にジオラマや等身大ロボットなどでわかりやすく紹介

尚古集成館　〒892-0871鹿児島市吉野町9698-1
☎099-247-1511★JR鹿児島中央駅からバス・タクシー
島津氏700年間の歴史資料・古文書、日本初の銀板写真などを所蔵・展示

■沖縄県

沖縄県立図書館　〒902-0064那覇市寄宮1-2-16
☎098-834-1218★バス与儀十字路から徒歩5分
東恩納寛惇文庫・比嘉春潮文庫・山下久四郎文庫など沖縄関係の特殊文庫がある

明治期の歴史資料が充実
一度は訪れたい

全国歴史博物館・資料館ガイド

※博物館・資料館のデータは二〇〇五年一一月現在のものです。

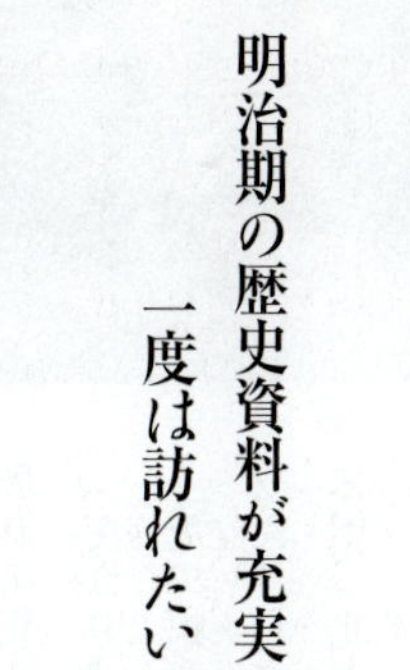

［執筆］北吉洋一　［写真撮影］彼谷敏旦　［地図作成］エルフ　［歴史博物館ガイド作成］三猿舎　［表紙イラスト］井上文香　［装丁・レイアウト］岡本洋平＋森木沙織（岡本デザイン室）

長崎は歌謡曲によく歌われる町で、ご当地ソングの数は東京に次いで全国で二番目だそうな。そして、長崎の歌には雨が付きものである。「長崎の雨」「雨のオランダ坂」「長崎は今日も雨だった」などなど。

　しかし、幕末から明治にかけて長崎に来た西洋人にとって、長崎は晴れのイメージの町であった。そう、プッチーニの傑作オペラ「蝶々夫人」は長崎を舞台にし、そのなかの有名なアリアが『ある晴れた日に』なのである。実際、ここグラバー園に登ってみると、ここは晴れてこそその魅力が満喫できる場所だと痛感する。

　グラバー邸で知られるトーマス・グラバーはスコットランド出身のイギリス人。安政6年の長崎開港と同時に来日、幕末は坂本龍馬や伊藤博文を援助し、明治以降は経済人として日本の近代産業発展に貢献した。そのグラバー家の敷地内に戦禍を逃れた古い洋館を集めたのがグラバー園である。晴れた日に長崎港を見下ろすグラバー園に来てみると、明治の長崎の開放的でのびやかな時代気分を、少しは理解したような気になる。

　この敷地の主であったグラバーの旧宅は日本最古の木造洋風建築で、幕末に建てられた。風通しがよく、まるで亜熱帯のリゾート建築のような屋敷には日射しがよく似合う。そのほかの旧オルト邸、旧リンガー邸、旧ウォーカー邸なども個性が感じられ、明治の西洋人の長崎暮らしを彷彿とさせる。

　邸宅だけではなく、そこの主の商売を見ていくのもおもしろい。炭鉱経営・海運・茶の貿易・飲料水販売・上水道建設・発電などなど。長崎の西洋人は土地の人々の生活に根を張っていたのである。

❾グラバー園のもっとも奥の高台に建つ旧三菱第2ドックハウス。明治29年に三菱重工長崎造船所第2船渠の横に建てられた洋館。当時は修理船の乗組員の休憩宿泊施設として使用されていた。典型的な明治洋館である。
❿旧三菱第2ドックハウスのベランダから見た長崎港。船がよく見える。晴れた日には「蝶々夫人」のアリアを思わず口ずさんでしまいそうである。この建物内ではグラバー園の歴史を紹介するビデオが放映されている。
⓫西洋料理店の草分けである旧自由亭。自由亭は明治11年に長崎馬町で開店、内外の貴賓、地元の実力者などの社交の場としてにぎわった。現在、2階は喫茶室となっているのでグラバー園散策の足休めにいい。
⓬旧グラバー邸。上から見ると屋根が四葉のクローバーの形をしている。内部にはグラバーゆかりの品々が展示されている。長崎港を行く船からもこの屋敷はよく見える。長崎市南山手町8・1　☎ 095-822-8223

❺活水女子大の横を通り、東山手12番館を経て山手に至る石畳のオランダ坂。かつて長崎では西洋人をオランダさんと呼び、居留地の坂はすべてオランダ坂と呼んだ。このオランダ坂は景色がよいので、その代表的存在。

❻元治元年（1864）に、フランス人宣教師によって建てられた大浦天主堂。昔はフランス寺と呼ばれた。正式名は二十六聖殉教聖堂。日本最古の木造ゴシック建築である。長崎市南山手町5・3　☎095-823-2628

崎は、倒幕に燃える志士、西洋を学ぼうとする幕府官僚、新しい国で一旗揚げようとする外国人商人などで熱いスープのように煮えたぎっていたのだ。

長崎が生んだ明治の味

　そんな幕末の印象が強いため、御一新がなってからの長崎はやや影が薄い。明治の長崎が生んで、全国に広がったものといえば、チャンポンがあるくらいか。

　チャンポンは明治32年、四海楼の陳平順によってつくりだされた。長崎に来ていた中国人留学生のために、安くて腹もちがよく、しかも栄養のある一碗をということで考案されたのだ。長崎は上海への玄関口にあたり、幕末より中国人の数が多かったのである。

　この元祖チャンポンの四海楼は松ヶ枝埠頭の前で盛業中である。そして、四海楼の近辺には長崎の明治の影が濃厚に漂っている。チャンポンで腹ごしらえをして、明治発見の散策に出るといいだろう。

　まずオランダ坂あたりから行けば、赤煉瓦が印象的な野口弥太郎記念美術館（旧イギリス領事館）、坂を上って東山手一二番館（旧ロシア領事館）、旧居留地の木造洋館が残る東山手地区町並保存センター、そして明治26年に建てられた孔子廟があり、異彩を放つ。

　松ヶ枝埠頭に戻れば、正面にコリント式円柱をもつ長崎最大の洋館、旧香港上海銀行長崎支店、和洋折衷建築の旧長崎税関下り松派出所、日本最古の教会建築である大浦天主堂、南山手地区町並保存センターなどがある。

　少し足をのばして出島に行けば、明治10年に建てられた出島神学校など、ここにも明治の建物がいくつか移築されている。

❼旧香港上海銀行長崎支店。明治37年、建築界の異才下田菊太郎によって設計された。明治建築らしい意気込みが感じられる建物だ。現在は長崎港の資料展示室などがある。長崎市松が枝町4・27　☎095-827-8746

❽現在は出島資料館本館として使用されている旧出島神学校。この学校は日本初のキリスト教新教の神学校として、明治10年に建てられた。現在、出島は昔の姿を復元中である。長崎市出島町6・3　☎095-821-7200

長崎県

長崎

ながさき

江戸時代から世界に向けた日本の窓の町。幕末～明治には異国文化をここから発信

❶孔子廟の屋根に乗る龍。長崎の孔子廟は清政府と長崎華僑が建てたもので、中国人の手になるものとしては海外で唯一の孔子廟だ。中国歴代博物館を併設する。長崎市大浦町10・36 ☎095-824-4022

❷エキゾティックな雰囲気の旧長崎税関下り松派出所。1階平屋建て寄棟造り。現在は、江戸時代以来の長崎名産品であるべっ甲工芸館となっており、鼈甲作品とともに税関時代の資料も展示されている。長崎市松が枝町4・33 ☎095-827-4331

❸四海楼のチャンポン。明治時代、中国人留学生のために考案されたが、たちまち日本人の間でも人気になった。皿うどんも美味しい。長崎市松が枝町4・5 ☎095-822-1296

ジョナサン・スウィフトの『ガリバー旅行記』に、長崎は「ナンガサク」として登場する。スウィフトが『ガリバー旅行記』を発表したのが一七二六年だから、今から二八〇年前には長崎の町は国際的に知られていたのだ。

江戸時代、鎖国政策をしていた幕府が、針の穴のように長崎出島でだけ外国と接していたのはご存じのとおり。やがて幕末になり、幕府がゆらぎはじめると、各藩の志士が鎖国がなんだとばかり、長崎に来て西洋と接触を始めた。そう、長崎には日本のどこよりも早く文明開化の波が訪れたのである。

長崎が開港したのは安政6年、横浜と函館（箱館）と同時期で、明治元年にあと9年といったタイミングだ。当時、長崎を闊歩していた維新の功労者は、坂本龍馬、後藤象二郎、高杉晋作、伊藤博文、岩崎弥太郎といった面々。坂本龍馬と後藤象二郎は長崎で日本最初の商社、亀山社中を興し、伊藤博文は長州藩の密命で長崎からイギリスに密航した。高杉晋作も上海に密航するのに長崎から出発しており、その際、長崎で大散財をしてのけた。岩崎弥太郎は長崎で造船業を学び、それが三菱の基礎になる。

一方、幕府側に目を転じると、長崎海軍伝習所で教官だった勝海舟と、砲術家の高島秋帆あたりか。高島秋帆の高島家は代々長崎の町年寄を務める家柄で、砲術と蘭学をもって幕府に重用された。

あと、変わり種では写真家の上野彦馬がいる。彦馬は日本で最初期の写真館を長崎で開き、高杉晋作、伊藤博文、木戸孝允といった志士たちの写真を後世に残した。

幕末に長くとどまりすぎた。ともあれ、安政の開港以来、長

❹近代洋画の先駆者といわれる野口弥太郎記念美術館裏側の赤煉瓦壁。明治の匂いが漂ってくるたたずまいだ。明治後期の建物で、もとはイギリス領事館であった。長崎市大浦町1・37 ☎095-824-8209

近畿・中国・四国 歴史博物館・資料館ガイド

■滋賀県

大津市歴史博物館　〒520-0037大津市御陵町2-2
☎077-521-2100★JR大津駅からバス
大津・近江に関するさまざまな資料や明治以降の大津の古写真などを収蔵

長浜鉄道スクエア　〒526-0057長浜市北船町1-41
☎0749-63-4091★JR長浜駅から徒歩5分
明治15年建築の現存最古の駅舎に貴重な鉄道資料を多数展示

■京都府

岩倉具視幽棲旧宅・対岳文庫　〒606-0017京都市左京区岩倉上蔵町100
☎075-781-7984★叡山電鉄岩倉駅から徒歩20分
岩倉具視関係の史料・文書・遺品や関係書席5000点を展示

京都国立博物館　〒605-0931京都市東山区茶屋町527
☎075-525-2473★京阪七条駅から徒歩5分
平安時代以降の日本美術を数多く収蔵。坂本龍馬関係の史料も所蔵する

京都府京都文化博物館　〒604-8183京都市中京区三条高倉
☎075-222-0888★地下鉄烏丸御池駅から徒歩3分
日本のふるさと・京都の歴史と文化をわかりやすく紹介する総合的な文化施設

新島襄旧邸　〒602-0867京都市上京区寺町通荒神口下る松蔭町140-4
☎075-251-3048（同志社社史資料センター）★地下鉄丸太町駅から徒歩5分
同志社を創立した新島襄の私邸を家具・蔵書を含め再現・保存

琵琶湖疏水記念館　〒606-8437京都市左京区南禅寺草川町17
☎075-752-2530★地下鉄蹴上駅から徒歩5分
明治27年完成の疏水関係の図面・絵図、工事にかかわった人々の関連資料などを展示

■大阪府

大阪城天守閣　〒540-0002大阪市中央区大阪城1-1
☎06-6941-3044★JR大阪城公園駅から徒歩15分
豊臣秀吉の時代や大阪城の歴史を物語る文化財を展示した歴史博物館

大阪大学総合学術博物館　〒560-0043豊中市待兼山町1-16
☎06-6850-6715★大阪モノレール柴原駅から徒歩15分
待兼山古墳出土品など大阪大学所蔵の学術標本を展示

大林組歴史館　〒540-8584大阪市中央区北浜東4-33 大阪大林ビル8階
☎ 06-6946-4575★地下鉄・京阪北浜駅から徒歩10分
明治25年創業以来の大林組の歴史をたどり、関連書籍を収集・保存

造幣博物館　〒530-0043大阪市北区天満1-1-79
☎06-6351-8509★地下鉄南森町・天満橋駅から徒歩15分
日本最古の貨幣から現在に至るまでの貨幣や造幣局創業時の歴史資料など展示

適塾　〒541-0041大阪市中央区北浜3-3-8
☎06-6231-1970★地下鉄・京阪淀屋橋駅・北浜駅から徒歩5分
緒方洪庵がつくった私塾の建物を解体修理して公開

大阪歴史博物館　〒540-0008大阪市中央区大手前4-1-32
☎06-6946-5728★大阪市営地下鉄谷町四丁目駅から徒歩すぐ
「都市おおさか」の歴史を実物大再現や模型などを用いて立体的に展示

国立民族学博物館　〒565-8511吹田市千里万博公園10-1
☎06-6876-2151★大阪モノレール万博記念公園駅から徒歩15分
世界諸民族の言語文化や生活習俗を総合的に展示

■兵庫県

うすくち龍野醤油資料館　〒679-4178たつの市龍野町大手54-1
☎0791-63-4573★JR本龍野駅から徒歩20分
江戸から昭和に至る「淡口醤油」に関する製造用具・工程・関連の文献などを展示

神戸市立博物館　〒650-0034神戸市中央区京町24
☎078-391-0035★JR三ノ宮駅、阪神・阪急三宮駅から徒歩10分
日本と海外の文化交流を6つのテーマで展示

神戸らんぷミュージアム　〒650-0034神戸市中央区京町80番 クリエイト神戸ビル2F・3F
☎078-333-5310★JR三ノ宮駅から徒歩7分
貴重なコレクションを通じて灯火器の変遷をたどる。文献・資料も展示

兵庫県立歴史博物館　〒670-0012姫路市本町68
☎0792-88-9011★JR姫路駅からバス
仏教美術に関する彫刻・絵画などを時代的・系統的に総合展示

篠山市立歴史美術館　〒669-2322篠山市呉服町53
☎079-552-0601★JR篠山口駅からバス
明治24年建築の旧篠山地方裁判所に、篠山藩時代の美術品、王子山焼陶器などを展示

■奈良県

天理大学附属天理図書館　〒632-8577天理市杣之内町1050
☎0743-63-9200★JR・近鉄天理駅から徒歩25分
世界の民俗・考古美術資料を収集・展示

奈良国立博物館　〒630-8213奈良市登大路町50
☎0742-22-7771★近鉄奈良駅から徒歩10分
仏教美術に関わる彫刻・絵画などを時代的・系統的に総合展示

大和文華館　〒631-0034奈良市学園南1-11-6
☎0742-45-0544★近鉄学園前駅から徒歩7分
古代から近代までの日・朝・中を中心とした東洋美術工芸品を展示

■和歌山県

和歌山県立博物館　〒640-8137和歌山市吹上1-4-14
☎073-436-8670★JR和歌山駅からバス
紀伊徳川家旧蔵品などの美術工芸品・歴史資料などを展示

和歌山市立博物館　〒640-8222和歌山市湊本町3-2
☎073-423-0003★南海電鉄和歌山市駅から徒歩5分
古代から現代までの和歌山の歴史的、文化的発展を資料で展示

財団法人 南方熊楠記念館　〒649-2211西牟婁郡白浜町3601-1
☎0739-42-2872★JR白浜駅からバス
博物学者で民俗学の創始者だった熊楠の遺構・遺品・標本などを収蔵・展示

■鳥取県

倉吉博物館・倉吉歴史民俗資料館　〒682-0824倉吉市仲ノ町3445-8
☎0858-22-4409★JR倉吉駅からバス
「明治・大正の倉吉」をテーマに資料を収集・展示

仁風閣　〒680-0011鳥取市東町2-121
☎0857-26-3595★JR鳥取駅からバス
明治40年に旧藩主池田家の別邸として建てられた明治洋風建築を保存

■島根県

松江城　〒690-0887松江市殿町1-5
☎0852-21-4030★JR松江駅からバス
山陰地方で唯一現存する天守閣内に武具や家具調度などを展示

小泉八雲記念館　〒690-0872松江市奥谷町322
☎0852-21-2147★JR松江駅からバス
小泉八雲の直筆原稿・著作・書簡・机・衣類などを収蔵

松江郷土館（興雲閣）　〒690-0887松江市殿町1-59
☎0852-22-3958★JR松江駅からバス
明治36年建築の興雲閣に松江の教育資料・通運関係資料を展示

■岡山県

岡山県立博物館　〒703-8257岡山市後楽園1-5
☎086-272-1149★JR岡山駅から徒歩25分
考古・美術工芸・文書など岡山県の歴史と文化を総合的に展示

津山洋学資料館　〒708-0841津山市川崎823
☎0868-23-3324★JR津山駅からバス
津田真道・久原躬弦などの津山洋学関係史資料を収蔵

■広島県

呉市海事歴史科学館（大和ミュージアム）　〒737-0029呉市宝町5-20
☎0823-25-3017★JR呉駅から徒歩5分
明治以降の軍港呉の歴史とその近代化の礎となった各種の科学技術を紹介

日本はきもの博物館　〒729-0104福山市松永町4-16-27
☎084-934-6644★JR松永駅から徒歩5分
古代から現代までのはきものを収蔵・展示

広島県立文書館　〒733-0052広島市中区千田町3-7-47（広島県情報プラザ）
☎082-245-8444★JR広島駅から市電・バス
県の明治以降の行政文書・咸臨丸航海長小野友五郎関係資料などを収蔵

■山口県

伊藤公資料館　〒743-0105光市大字束荷2250-1
☎0820-48-1623★JR岩田駅からタクシー
伊藤博文が神奈川県の別荘・滄海浪閣で使用していた遺品と家具調度品を展示

岩国学校教育資料館　〒741-0062岩国市岩国3-1-8
☎0827-41-0540★JR岩国駅からバス
明治4年建築の岩国学校の校舎に江戸後期以降のほとんどの教科書を保存・展示

旧下関英国領事館　〒750-0005下関市唐戸町4-11
☎0832-31-1238★JR下関駅からバス
明治39年建築の赤煉瓦造りの洋館。現存する最古の領事館建築物

下関市立長府博物館　〒752-0979下関市長府川端1-2-5
☎0832-45-0555★JR長府駅からバス
長府毛利家遺品・幕末維新資料や乃木希典に関する資料などを所蔵・展示

石炭記念館　〒755-0003宇部市則貞3-4-1 ときわ公園内
☎0836-31-5281★JR常盤駅から徒歩15分
日本初の石炭博物館。3000点の機材・資料を展示、地下にはモデル炭坑を再現

日清講和記念館　〒750-0003下関市阿弥陀寺町4-3
☎0832-31-4697★JR下関駅からバス
日清講和の談判の会場となった春帆楼の敷地内に建てられた記念館

乃木神社宝物殿　〒752-0967下関市長府宮の内町3-8
☎0832-45-0252★JR下関駅からバス
乃木希典の揮毫・遺品類や父親の写本類・子息勝典の指揮刀などを収蔵・展示

毛利博物館　〒747-0023防府市多々良1-15-1
☎0835-22-0001★JR防府駅からバス
明治建築・毛利本邸の一部を改造し毛利本家伝来の美術工芸品・歴史資料を展示

■徳島県

藍住町歴史館 藍の館　〒771-1212板野郡藍住町徳命字前須西172
☎088-692-6317★JR徳島駅からバス
大藍商であった旧奥村家屋敷13棟の建物を博物館とし奥村家文書を収蔵・展示

徳島県立鳥居記念博物館　〒772-0016鳴門市撫養町林崎字北殿149（妙見山公園内）
☎088-686-4054★JR鳴門駅から徒歩20分
人類考古学者・鳥居龍蔵の記念館。原稿・収集品・遺品などを展示

徳島県立博物館　〒770-8070徳島市八万町向寺山
☎088-668-3636★JR徳島駅からバス
阿波踊りや製塩の歴史など、古代から近代に至る徳島の歴史・自然・文化を総合的に展示

■香川県

坂出市塩業資料館　〒762-0015坂出市大屋冨町1777-12
☎0877-47-4040★JR坂出駅からバス
県内塩田で使用された道具・関係資料を展示し模型で製塩工程を復元

財団法人四国民家博物館　〒761-0112高松市屋島中町91
☎087-843-3111★JR屋島駅から徒歩10分
四国四県から江戸～大正期の民家31棟を移築、屋内には農機具などを展示

マルキン醤油記念館　〒761-4421小豆郡内海町苗羽甲1850
☎0879-82-0047★土庄・坂手港からバス
大正初年の醤油工場を改装し明治40年創業以来の道具類や文献資料などを展示

■愛媛県

愛媛県歴史文化博物館　〒797-8511西予市宇和町卯之町4-11-2
☎0894-62-6222★JR卯之町駅から徒歩20分
蚕糸組合関係資料などを収蔵。常設展示で明治の愛媛を模型や史料で紹介

新居浜市立郷土美術館　〒792-8585新居浜市一宮町1-5-1
☎0897-33-1030★JR新居浜駅からタクシー
新居浜村役場帳簿・泉村役場旧蔵別子銅山煙害関係資料などを収蔵

新居浜市広瀬歴史記念館　〒792-0046新居浜市上原2-10-42
☎0897-40-6333★JR新居浜駅からタクシー
広瀬宰平の足跡を通して新居浜の生い立ちと日本の近代産業の歩みをたどる展示館と、国指定重要文化財の旧広瀬邸からなる

別子銅山記念館　〒792-0844新居浜市角野新田町3-13
☎0897-41-2200★JR新居浜駅からバス
銅山経営の史料を保存。屋外には明治25年に輸入した蒸気機関車が展示

松山市立子規記念博物館　〒790-0857松山市道後公園1-30
☎089-931-5566★JR松山駅から市電(道後温泉駅から徒歩5分)
正岡子規の生涯と郷土の歴史と文化を紹介

■高知県

高知県立文学館　〒780-0850高知市丸ノ内1-1-20
☎088-822-0231★JR高知駅から徒歩20分・土佐電鉄高知城前駅から5分
自由民権文学など高知関係作家を紹介。寺田寅彦記念室もある

高知市立自由民権記念館　〒780-8010高知市桟橋通4-14-3
☎088-831-3336★JR高知駅から土佐電鉄（桟橋通4丁目駅からすぐ）
土佐近代史資料とともに自由民権運動の資料を収集

寺田寅彦記念館　〒780-0915高知市小津町4-5
☎088-873-0564★JR入明駅から徒歩7分
理学博士で随筆家であった寺田が4歳～19歳まで暮らした旧宅を復元

市電を動かす電気を琵琶湖疏水の水力で。京都を産業都市として復興させる大事業

現在も琵琶湖から水を引き、京都市内に水と電気を送りつづけているのが、明治23年に竣工された琵琶湖疏水である。哲学の道に沿って流れる美しい水路。南禅寺の境内にある古色蒼然たる赤煉瓦の水路閣。今や古都の風景に溶け込んでいる疏水も、もとをただせば明治の産業計画の賜物なのである。

琵琶湖疏水は明治14年、京都府知事となった北垣国道によって構想された。北垣構想では琵琶湖疏水には三つのねらいがあった。

●琵琶湖から京都市内を通って大阪に至る運河をつくる。
●疏水の水力で産業を起こす。
●周辺の田畑を疏水の水で潤す。

この三つの難問に取り組んだのが、当時わずか21歳だった田邊朔郎。大規模な土木工事は外国人技師が請け負うのが当たり前だった明治の初めに、日本の青年技術者を抜擢したのは、日本人技師を育てたいという思いが、北垣国道にあったのだろう。

田邊は若さと情熱をもって琵琶湖疏水計画に打ち込んだ。そして明治23年、見事に自然の景観にも溶け込んだ疏水を完成させた。この疏水のハイライトは、蹴上の地形を利用した水力発電だろう。田邊は工事の最中にアメリカまで行き、水力発電の実際を学んでいる。

日本初となる蹴上水力発電所で起きた電気は、京都の町に電灯をともし、市電を走らせ、市内工場の動力を電化させたのである。

それにしても、南禅寺の水路閣はすばらしい建造物である。何も知らなければあの煉瓦のアーチの上を琵琶湖の水が流れているなんて思わないだろう。明治の技術者の美意識の高さには頭が下がる。また、京都の市内で今も水力発電が行なわれているのも興味深い。

❶南禅寺の水路閣は長さ100m弱の水路橋。つくられてすでに100年以上の年月が経ち、自然の一部と化している。琵琶湖第一疏水の全長は約20km、滋賀県大津の観音寺から京都伏見の堀詰町まで及ぶ。
❷南禅寺船溜から西に流れ、鴨川に至る部分の疏水を鴨東運河と呼ぶ。ここに夷川発電所があり、出力300kWと小さいが、現在でも水力発電が行なわれている。写真は大正3年につくられた発電所の放水口。

神戸（こうべ）

神戸もまた災害を受けた町である。太平洋戦争で空襲を受け、また平成7年の阪神・淡路大震災でも大きな打撃を受けている。大戦の空襲では、海岸近くにあった旧居留地の古い赤煉瓦や木造の洋館が焼け、阪神・淡路の大地震ではメリケン波止場が壊滅状態となった。そのため、山手を除いて、神戸の明治の遺産はほとんど灰燼（かいじん）に帰してしまった。

そんな海岸に近い旧居留地のビルの間に、奇跡のように建っているのがカフェ・ド・神戸旧居留地一五番館である。この地には明治時代にアメリカ領事館があり、その建物を忠実に復元し、現在レストランとして営業しているのだ。クラシカルな内装の店内で、明治の気分に浸（ひた）りながら、ハイカラなハヤシライスを食べるのは大いなる愉快である。この建物の前に旧居留地の煉瓦造りの下水管が展示してあるのもおもしろい。

また、この旧居留地一五番館の隣が、昭和10年に建てられた横浜正金銀行で、現在は神戸市立博物館となっている。明治の建物ではないが一見の価値がある。

旧居留地から海岸通りを渡れば、そこがメリケン波止場。明治元年につくられた波止場で、当時はすぐ北側にアメリカ領事館があったので「メリケン」の名前が付いた。先の大震災で崩れた岸壁は、そのままの状態で保存され、ここを訪れる人に震災の怖さを訴えている。

明治時代のメリケン波止場はその大部分が埋め立てられ、メリケンパークになっているが、メリケンパーク前の海岸通り沿いに建つ海岸ビルヂングは明治44年に竣工、貴重な明治の建築物である。じっくり眺めてみたい。

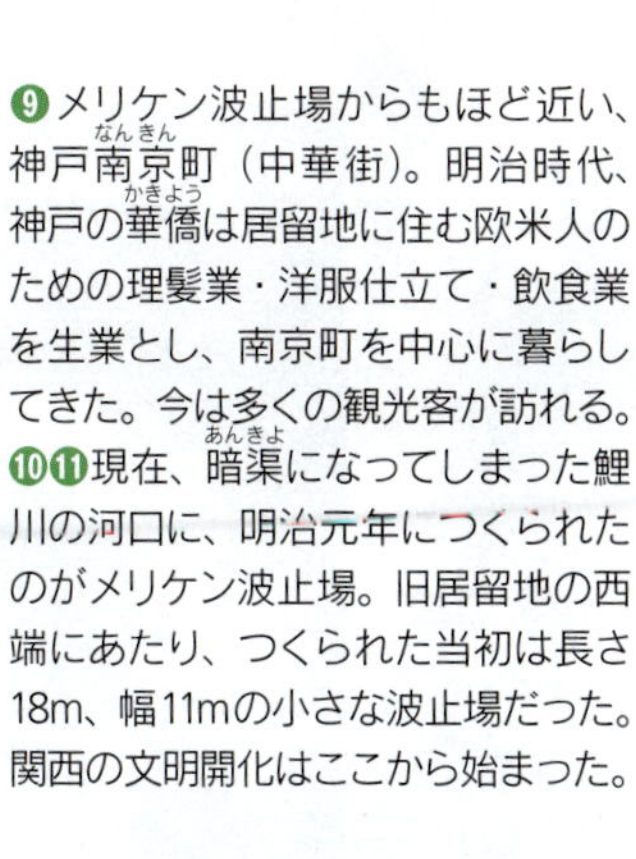

❾メリケン波止場からもほど近い、神戸南京町（なんきんまち）（中華街）。明治時代、神戸の華僑（かきょう）は居留地に住む欧米人のための理髪業・洋服仕立て・飲食業を生業とし、南京町を中心に暮らしてきた。今は多くの観光客が訪れる。❿⓫現在、暗渠（あんきょ）になってしまった鯉川の河口に、明治元年につくられたのがメリケン波止場。旧居留地の西端にあたり、つくられた当初は長さ18m、幅11mの小さな波止場だった。関西の文明開化はここから始まった。

野坂の上、小径が坂を縫うように通じているところに異人館は散在する。現在公開されている異人館は二〇数棟。大正期や昭和初期の洋館も多く、明治生まれの異人館のなかで見るべきものはやはり、風見鶏の館と萌黄の館だろう。

風見鶏の館は明治42年の建築で、ドイツ人貿易商のトーマス氏が住んだ。ドイツ人の家らしく重厚で律儀な印象であり、現存する北野町の洋館では唯一煉瓦を外壁に使用している。この北野町が異人館街として一躍脚光を浴びるようになったのは、昭和52年のNHK朝の連続テレビ小説『風見鶏』の舞台となったからで、その意味ではこの風見鶏の館は異人館人気の嚆矢といえる。

もうひとつの明治洋館は、明治36年に建てられた萌黄の館。木造の淡い色彩の外壁と赤煉瓦の煙突の調和が美しい洋館だ。北野町の異人館にはコロニアル風のベランダを設けているものが多いのだが、冬の寒い日本に合わせて、この萌黄の館ではベランダに和風の引戸を立てているのがおもしろい。

この二館以外にも、さまざまな意匠の異人館があり、建築ウォッチングをしているだけで時が過ぎてしまう。どの異人館も、洋館でありながら、和風の薬味が効いているのがおもしろい。施主と日本人大工のやりとりが思い浮かぶ。

さて、北野町界隈を歩いてしまうと、神戸の街には案外明治物件は残っていない。これも開放的で新しいものを好む神戸人の特徴で、古いものにはあまり拘泥しないのかもしれない。

ところで神戸という地名だが、神戸の中心にある生田神社に税を納める家を神戸と呼び、それが神戸になったと伝えられる。この生田神社に近い屋敷に住んでいたのが、神戸海軍操練所を創立した勝海舟である。江戸幕府が経費を支出したこの操練所の実質は勝の私塾で、塾頭は坂本龍馬だった。この操練所は反幕性を疑われてわずか半年あまりで閉鎖されてしまうが、神戸という地名が幕府の書類に登場した最初の事柄である。

❷旧居留地15番館の前に展示してある、明治時代の煉瓦造り楕円形下水管。もう下水があったのだ。
❸海岸通り、メリケンパーク前に建つ海岸ビルヂング。明治44年の竣工で、化粧煉瓦造りの3階建てだ。こぢんまりとしているが天井が高く、明治建築らしい落ち着きがある。今もテナントが入っている現役のビルである。
❹現在、カフェとして営業している旧居留地15番館。旧居留地のなかでは唯一、明治の面影をとどめている。神戸市中央区浪花町 15　☎ 078-334-0015
❺北野通りに建つ異人館。各種ギャラリーや展示館、喫茶店となっている異人館も多い。
❻神戸の中心に位置する生田神社。『日本書紀』にも登場する古社で、昔は神戸市内一帯が境内だったといわれる。社の背後の生田の森は昔から歌に詠まれ、今も周囲の歓楽街とは別世界である。
❼風見鶏の館に立つ街灯
❽北野町の異人館街に建つ旧サッスーン邸。内部は一般公開していないが、庭で結婚式が挙げられる。神戸市中央区北野町 2・16・1　☎ 078-251-4111

ハイカラという言葉が日本一似合う街。異人館やメリケン波止場で明治を思う

❶風見鶏の館の塔。この風見鶏は、風向きを知るのと同時に魔よけの役目も果たす。重要文化財に指定され、内装や家具、デザインの細部も見ごたえがある。神戸市中央区北野町3・13・3 ☎078-242-3223

神戸というと反射的に北野町の異人館を思い起こしてしまうのは、いささか観光情報に毒されているのかもしれない。しかし、神戸で明治の香りを探すとなると、北野町に足を向けないわけにはいかないのも事実である。

そもそも、欧米各国との通商条約によって兵庫の港が開港されたのは慶応3年のこと。さらにその東方にある神戸が国際港として開港されるのが翌明治元年である。江戸時代より北前船で栄えた兵庫の港から、新開地の神戸に国際港を移したのは、そのほうが外国人や輸出入作業の管理がしやすいと明治政府が考えたからだ。その点、横浜が寒漁村だったこととよく似ている。横浜も神戸も、江戸期の城下町の伝統がない。しかし、横浜が旧幕時代に開港して攘夷問題に悩まされたのに対し、神戸はほとんど明治の開港で、街には最初から自由な明るさがあった。

神戸に来た外国人がはじめに住んだのは海岸近く、現在の市役所の西側一帯であった。しかし、港が栄えるにつれ外国人の数も増し、海岸の居留地では住宅が足りず、押し出されるように山手に日本人と雑居するようになったのが北野町異人館街の始まりである。明治20年前後のことといわれる。

建物鑑賞に時を忘れる

北野町界隈を歩いてみよう。北

中部・東海・北陸 歴史博物館・資料館ガイド

■富山県

富山県立図書館　〒930-0115富山市茶屋町206-3
☎076-436-0178★JR富山駅からバス
富山県にゆかりのある近代文学資料を収集した「富山文庫」を所蔵

財団法人富山県ひとづくり財団・富山県教育記念館　〒930-0018富山市千歳町1-5-1
☎076-433-2770★JR富山駅から徒歩7分
各時代の教科書や教育資料の収集・整理、富山県教育史のジオラマ展示など

■石川県

石川県立図書館　〒920-0964金沢市本多町3-2-15
☎076-223-9580★JR金沢駅からバス
藩校使用の兵医書（洋書）、郷土史家・森田柿園自筆本・収集本など収蔵

石川県立美術館　〒920-0963金沢市出羽町2-1
☎076-231-7580★JR金沢駅からバス
石川県ゆかりの作家を中心とする日本画、油彩画、彫刻、工芸品など収蔵

石川県立歴史博物館　〒920-0963金沢市出羽町3-1
☎076-262-3236★JR金沢駅からバス
石川県の歴史と文化に関する資料を通史的に総合展示

石川近代文学館　〒920-0962金沢市広坂2-2-5
☎076-262-5464★JR金沢駅からバス
旧第4高等学校校舎内に、石川県ゆかりの作家の原稿や遺品など資料を展示

■福井県

北前船主の館・右近家　〒915-1111南条郡南越前町河野2-15
☎0778-48-2196★JR武生駅からバス
明治34年建築の、上方風切妻造瓦葺2階建ての家屋に北前船関係の資料を陳列

福井市立郷土歴史博物館　〒910-0004福井市宝永3-12-1
☎0776-21-0489★JR福井駅から徒歩10分
福井の歴史を中心とした資料3万点を収蔵・展示。幕末・維新期が充実

■静岡県

静岡県立中央図書館　〒422-8002静岡市駿河区谷田53-1
☎054-262-1242★静岡鉄道美術館前駅から徒歩約15分
江戸幕府資料を引き継いだ「葵文庫」や浮世絵など貴重なコレクションがある

資生堂企業資料館 資生堂アートハウス　〒436-0025掛川市下俣751-1
☎0537-23-6122★JR掛川駅から徒歩25分
明治5年創業以来製作・保存してきた製品・宣伝広告類を展示

沼津市明治史料館　〒410-0051沼津市西熊堂372-1
☎055-923-3335★JR沼津駅からバス
明治初年に静岡藩が設立した沼津兵学校とその中心人物江原素六の資料を展示

蓮杖写真記念館　〒415-0035下田市東本郷1-3-2寝姿山山頂自然公園内
☎0558-22-1211★伊豆急行下田駅からロープウェイ
下岡蓮杖による写真・絵画・焼物などの作品を展示

財団法人清水港湾博物館　〒424-0943静岡市清水区港町2-8-11
☎0543-52-8060★JR清水駅または静鉄新清水駅よりバス
明治時代の輸出茶箱ラベルや缶詰記念館など、清水港の歴史、港湾の機能などを総合的に展示

■愛知県

愛知県公文書館　〒460-0001名古屋市中区三の丸2-3-2（県庁）
☎052-954-6025★地下鉄市役所駅すぐ
明治以後の公文書や幕末から明治の名古屋藩・名古屋県の記録類を収蔵

トヨタテクノミュージアム産業技術記念館　〒451-0051名古屋市西区則武新町4-1-35
☎052-551-6115★名鉄栄生駅から徒歩3分
トヨタグループが携わってきた繊維機械・自動車と産業・技術の変遷を展示

トヨタ博物館　〒480-1131愛知郡長久手町大字長湫字横道41-100
☎0561-63-5151★東武（リニモ）芸大通駅から徒歩5分
明治に始まった日本の自動車の歴史や世界の自動車を実車などで展示

名古屋市博物館　〒467-0806名古屋市瑞穂区瑞穂通1-27-1
☎052-853-2655★地下鉄桜山駅から徒歩5分
尾張地方の歴史・考古・民俗・美術工芸資料を展示

株式会社ノリタケの森　〒451-8501名古屋市西区則武新町3-1-36
☎052-561-7290★地下鉄亀島駅から徒歩5分
陶磁器メーカー・ノリタケの産業観光施設。初期製品をミュージアムに展示

瀬戸蔵ミュージアム　〒489-0813瀬戸市蔵所町1-1
☎0561-97-1555★名鉄線尾張瀬戸駅から徒歩5分
1000年以上の歴史をもつ瀬戸焼の歴史を、町の発展の歴史とともに大パノラマなどで展示

■岐阜県

下呂市金山郷土館　〒509-1623下呂市金山町金山2262-1
☎0576-32-3893★JR飛騨金山駅から徒歩7分
明治34年建築の旧金山町役場の内部を改装して、町内の民俗資料を収集・展示

内藤記念くすり博物館　〒501-6195各務原市川島竹早町1 エーザイ株式会社川島公園内
☎0586-89-2101★JR尾張一宮駅からバス
医薬の歴史に関する資料を収集・展示

重要文化財吉島家住宅　〒506-0851高山市大新町1-51
☎0577-32-0038★JR高山駅から徒歩15分
明治41年に再建された豪商の自宅。飛騨匠の最高傑作にして国の重要文化財

高山陣屋　〒506-0012高山市八軒町1-5
☎0577-32-0643★JR高山駅から徒歩10分
現存する唯一の代官役所遺構に飛騨関係の歴史資料などを展示

■三重県

三重県立博物館　〒514-0006津市広明町147-2
☎059-228-2283★JR・近鉄津駅から徒歩5分
江戸時代の藩主藤堂家の山荘跡に建ち、三重に関する古文書などを展示する総合博物館

土井子供くらし館　〒519-3611尾鷲市朝日町14-6
☎0597-22-0006★JR尾鷲駅から徒歩15分
明治初頭から太平洋戦争までの子どものおもちゃ・文具を展示

御木本幸吉記念館（ミキモト真珠島内）　〒517-8511鳥羽市鳥羽1-7-1
☎0599-25-2028★JR・近鉄鳥羽駅から徒歩5分
日本初の真珠養殖に成功した御木本の生涯をたどる。遺品や真珠工芸品も展示。真珠博物館を併設

神宮徴古館農業館　〒516-0016伊勢市神田久志本町1754-1
☎0596-22-1700★近鉄宇治山田駅からタクシー5分
明治期に建築された建物内に、徴古館は神宮の歴史資料などを展示。農業館は日本最古の産業博物館

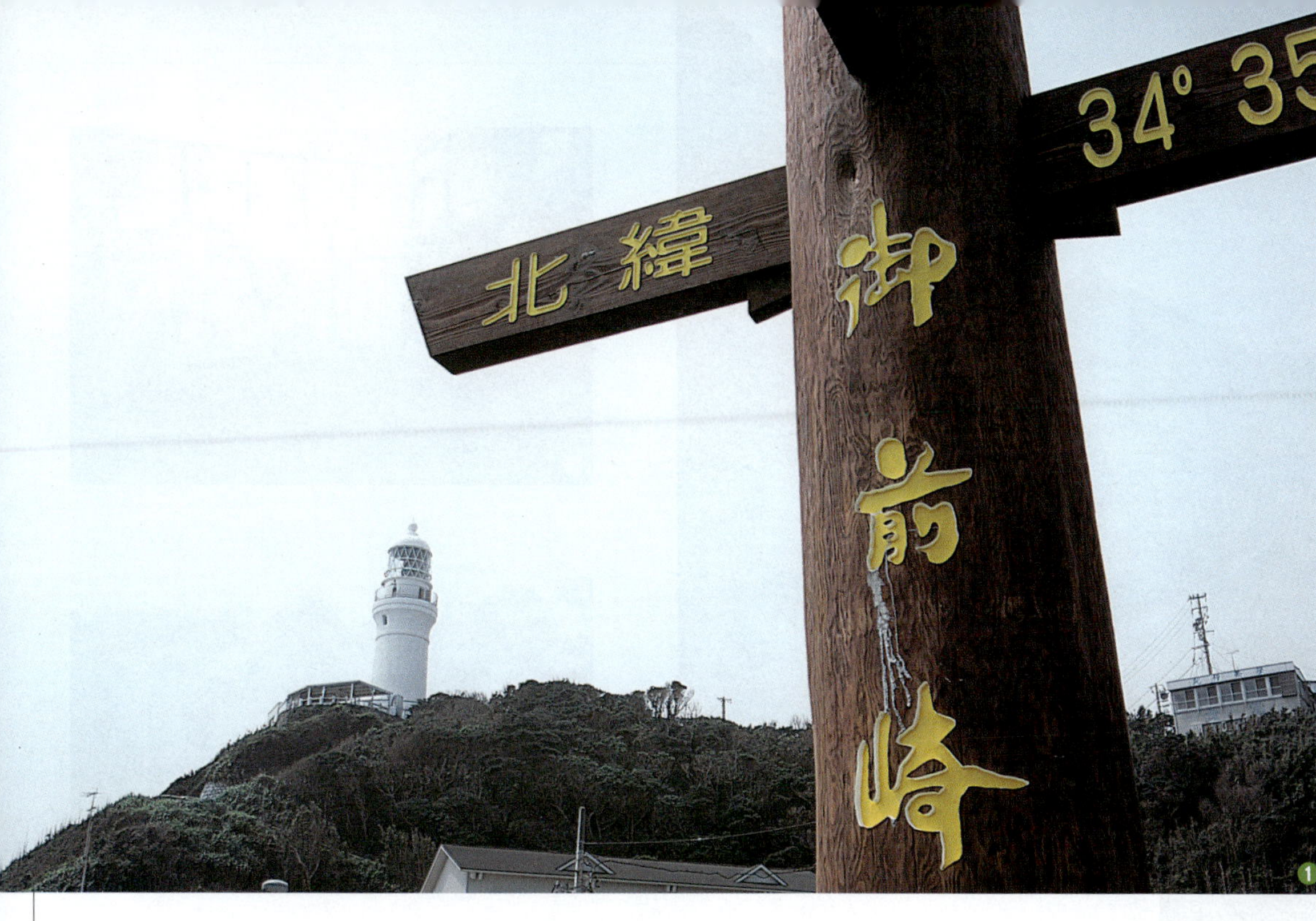

番外編3

御前崎灯台（静岡県）

駿河湾と遠州灘を振り分ける御前崎灯台。航海の難所にともる明かりは文明の象徴だ

太平洋に突き出した静岡県の御前崎。駿河湾と遠州灘がぶつかるこのあたりの海は、暗礁が多く気象も不順で、昔から航海の難所と恐れられてきた。江戸時代は、御前崎の海蝕台地に見尾火灯明堂という灯明台を建て、菜種油などをともしたが、風雨の夜には役に立たなかったという。

その御前崎に西洋式灯台が建ったのは明治7年のこと。回転式一等閃光レンズを使用した灯台としては、日本最初のものだった。地上から灯火まで高さ一七mの純白の灯台は、堂々としており、見学者は上まで登ることができる。海面から五七mの高さで見る海は、水平線が丸く見えるようだ。

御前崎灯台を建設したのはイギリス人土木技師のR・H・ブラントン。彼は開国した新政府から灯台建設のすべてを任された、日本の灯台の父のような存在である。ブラントンは灯台をつくるために、日本人に煉瓦を焼くことから教えなくてはならなかった。

明治政府が灯台を建てることを急いだのは、通商条約に外国船航行のために灯台が必要と盛り込まれていたからで、政府としては何がなんでも灯台を建てなくてはならなかったのである。

ついでながら、日本で最初の灯台は神奈川県の観音崎灯台で、明治2年竣工、フランス人技師ウェルニーの手で建てられた。これは発注主の江戸幕府がフランスと手を組んでいたからである。幕府が瓦解し、新政府が安定する明治5年以降の灯台は御前崎灯台と同じ、イギリス人のブラントンのチームによって全国につくられる。

御前崎灯台の近辺は海に臨む遊歩道になっており、潮風に吹かれながらの散歩が心地よい。

❶御前崎の象徴でもある、高台に建つ白い灯台。標識に北緯34度35分33秒、東経138度13分44秒とある。灯台の明かりは光度130万カンデラ、10秒ごとに1回閃光し、その光達距離は19.5浬である。

❷明治5年に着工し、明治7年に初点灯した御前崎灯台。外壁が塗り替えられているため、明治生まれにはみえない。ブラントンが日本各地に建てた灯台は28基に及ぶ。御前崎市御前崎 1581　☎ 0548-63-2550。

❸灯台ができる前に、灯明をともして海の導にした見尾火灯明堂。江戸の寛永期から灯台が建つ明治7年まで260年間使われた。御前崎灯台のすぐ近くにあるが、この灯がよく海から見えたと驚くほど小さなお堂だ。

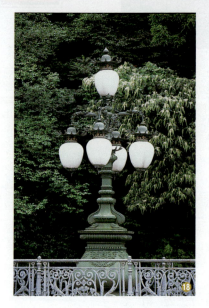

また、明治村五丁目でひときわ異彩を放っている建築物、帝国ホテル中央玄関（大正12年竣工）では、ロビーでお茶を飲むことができる。この異空間で、この建物を設計した天才建築家フランク・ロイド・ライトに思いを馳せるのもいい。ライトの文献も売っているし、ガイドの方々もしっかり勉強をしている。20世紀の名建築の空間に身を置きながら、ライトについて考えるなんて、おしゃれでぜいたくな時の過ごし方だ。

好奇心は勉強に結びつくだけではない。小泉八雲が避暑をした静岡県焼津の家は駄菓子屋になっていて、懐かしいお菓子が並んでいる。ここでは子どもに戻って、駄菓子のあれこれを吟味してみよう。一〇〇円で何が買えるか、なんてけっこう頭も使うこと請け合い。

豊富な建物内の展示物

明治村というと日本各地から移築された建築物ばかりに目が行くことが多いが、建物内の展示物にも興味深いものが多々ある。機械に詳しいなら鉄道寮新橋工場・機械館は必見だろう。建物は明治5年に開業した新橋停車場の工場だが、工場内にはリング精紡機や平削り盤など、日本近代化を担った明治の機械たちが並んでいる。明治の機械の動きは人間に似ており、これらの機械が動いているところを想像すると、機械の心を感じ、まったく健気に思えてくる。

明治はまた、日本人が海外に出ていった時代でもある。明治村にはシアトル日系福音教会、ブラジル移民住宅、ハワイ移民集会所の三棟の移民関係建築が移築されている。ペリーの黒船に刺激されて近代国家である明治政府を打ち立てた日本人が、いかに外国とつき合ってきたかを考えるうえで、これらの小さな移民建築には大きな意味がある。

〈降る雪や明治は遠くなりにけり〉

俳人中村草田男の名句であるが、どっこい、ここ明治村では明治はちっとも遠くない。目を見開き、好奇心と想像力の翼を広げれば、明治は手の中に入ってくる。

⑮安田銀行会津支店はハイカラ写真館となっており、明治時代と同じデザインの洋服を着て記念写真を撮ってもらえる。気恥ずかしいと尻込みする人もいるが、写真の上がりを見て、まんざらでもなさそうな様子の人が多いようだ。
⑯明治中期、ハワイ島のヒロに建てられた移民集会所。建てた当初は日本人のための教会だったが、その後、集会所となり、さらにヒロの英字新聞社の倉庫となった。1階に1室というシンプルな構造がハワイらしい。
⑰村長室のある東山梨郡役所に向かう、通称レンガ通り。赤煉瓦が緩い登り坂に敷き詰めてある。通りに面して札幌電話交換局、千早赤阪小学校講堂、安田銀行会津支店、京都中井酒造などが並び、建物の妍を競う。
⑱明治21年、ドイツでつくられたネオ・バロック様式の鉄製飾電灯。皇居造営に伴い、二重橋の鉄橋に据えられたもの。この飾電灯をはじめ、皇居の電灯に明かりをともすため、当時、麹町に発電所がつくられたという。

明治村

⑫明治5年に建てられた鉄道寮新橋工場の内部に、明治の機械類が展示してある機械館。本来は機関車修復所であった。

⑬機械館にあるイギリスのプラット社で製作されたリング精紡機。明治26年に、三重紡績会社に導入されたもの。

⑭明治村には建物だけではなく、橋梁も移築されている。手前は明治20年に山形県の天童でつくられた眼鏡橋。後方は明治45年に隅田川に架けられた新大橋。アメリカのカーネギー社の鉄材でつくられ、優美なデザインだ。

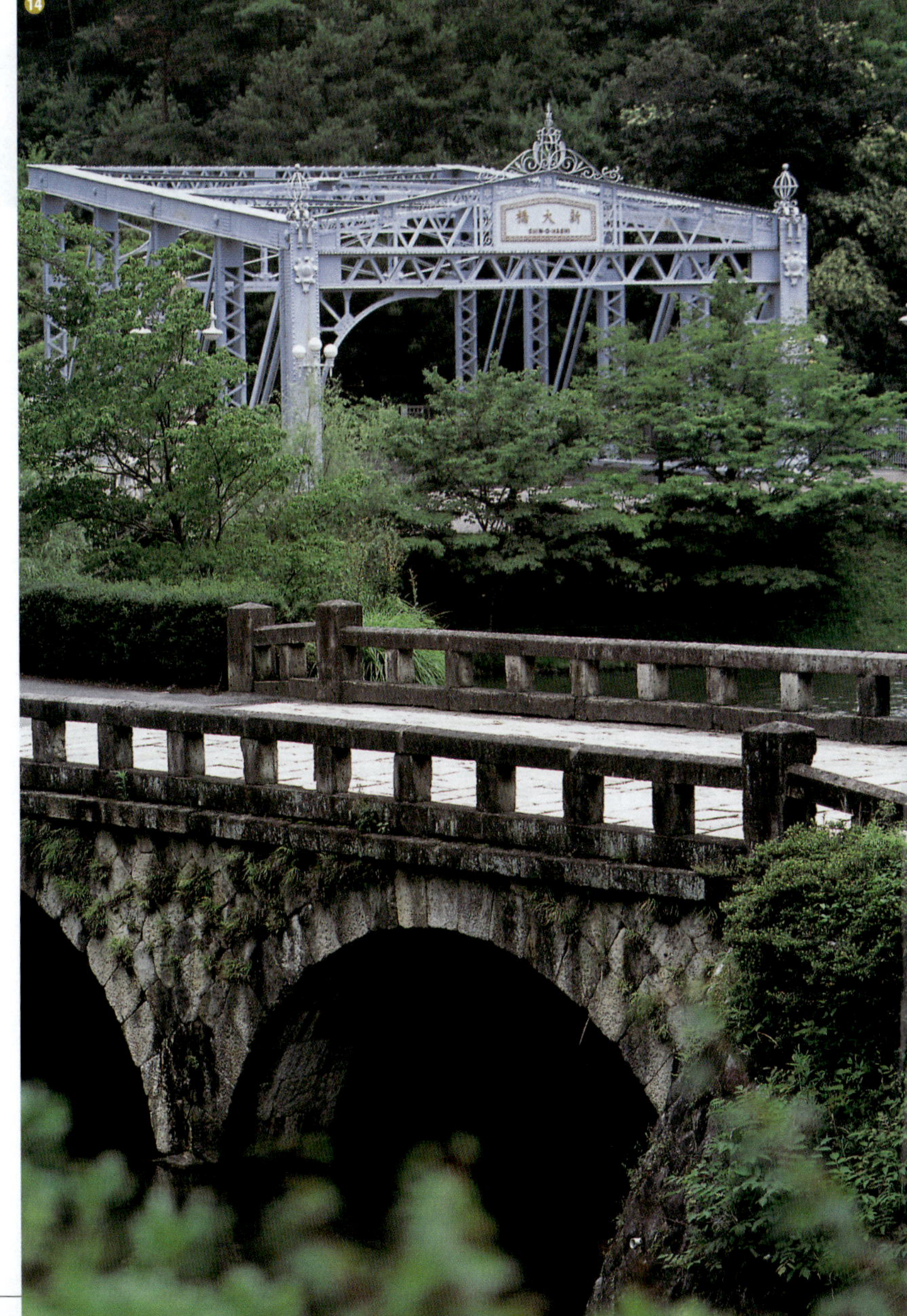

大人の遊園地といった趣で、さまざまな楽しみ方が尽きない明治村。現在の村長は俳優の小沢昭一さんで、小沢さんは、初代徳川夢声氏、二代目森繁久彌氏に次いで三代目の村長である。

小沢村長は常駐しているわけではないが、東山梨郡役所の立派な建物のなかに村長室をもち、日常はパネルとテープで明治村の業務をこなしている。小沢昭一さんといえば長寿ラジオ番組「小沢昭一的こころ」でおわかりのとおり、好奇心とサービス精神の権化のような御仁である。彼が村長を務める明治村であるからには、ここは来客の好奇心を満たし、サービス精神旺盛にならざるをえない。

先に、明治村ではほんの少しでも自分の見どころを定めてめぐると楽しさが増すと述べたが、さらに、好奇心という感性を広げて村を歩くと、それまで見えなかったいろいろなものが目に入ってくる。ボランティアをはじめとするスタッフも、こちらの好奇心にこたえるよう努めてくれる。

たとえば、乗り物好きなら蒸気機関車・市電・ボンネットバスの三種制覇を試みるだろうが、市電に乗るときなど、「この電車はいつ、どこを走っていたんだろうね」と車掌に尋ねてみよう。すると車掌は電車の来歴から市電にまつわるエピソードまで笑顔で答えてくれるはずだ。

❼大阪の池田にあった芝居小屋の呉服座。明治25年の建築で、江戸時代の芝居小屋の様式が随所に残っている。明治時代、この小屋は地方巡業の歌舞伎以外に、壮士芝居や落語・浪曲・自由主義演説会にも使われた。
❽独房入りというめずらしい経験ができる金沢監獄の正門と、❾中央看守所。看守所上部の見張り櫓は12mの高さがある。明治40年の建設で、看守所の中央には網走監獄で使用されていた監視室が移築されている。
❿⓫大井牛肉店の牛鍋。写真は松の2人前で、松と竹の2種類の牛鍋が用意されている。値段の違いは肉質の違いである。部屋数が少ないので予約をしたほうが確実だ。☎0568-67-0318

かしさに溺れたくなる。

日常とは逆の胡乱な体験ができるのが監獄だ。明治という時代は官の主導で国家経営に邁進していたから、当然、官立のものに名建築が多く、監獄もその例外ではない。明治村にあるのは明治21年に建設された前橋監獄と、明治40年に建設された金沢監獄だ。陰気で頑丈な建物だが、無駄のない美しさがある。どちらの監獄でも房の中に入ることができるから、塀の中を疑似体験したい方はどうぞ。

このほかにも、食欲で明治を体感するという手もある。明治村にはデンキブランから牛鍋まで、明治に生まれた味を味わうことができる場所が何か所かある。

なかでも、明治の味の横綱格といえば牛鍋だろう。明治の御一新以来、世間では牛肉を好むようになった。江戸時代から「薬食い」と称して猪などの獣肉が食べられていたところに、福沢諭吉なども奨励したものだから、牛肉は大いに流行したのである。

明治村の牛肉処は、明治20年に建てられた大井牛肉店。もとは神戸の元町にあった店で、西洋古典様式の柱と破風に鶴を飾った玄関の庇の混交が、いかにも明治の牛鍋屋らしくていい。牛鍋を頼むと火鉢の上に鉄鍋をのせ、まず砂糖を敷いてから牛肉を焼く。さらに醤油ベースの割り下を入れ、葱・豆腐・糸蒟蒻などの具を入れる。このつくり方が明治時代と同じかどうかは定かではないが、生卵を絡ませて食べる牛肉はこってりと甘く、舌に明治をよみがえらせる。

ほかにも売店では、食道楽のコロッケー（揚げ物のコロッケ）と食道楽のカレーぱん（鶏肉と南京豆入り）を販売している。

『食道楽』というのは明治時代に大ベストセラーになった小説で、著者は村井弦斎。村井は実用小説家であると同時に食の啓蒙家で、小説の形を借りて西洋料理の普及に努めた文士である。この明治村のコロッケーとカレーぱんは、小説『食道楽』に登場するレシピを再現したそうな。どちらもハイカラな味で、明治も中後期になると日本人の食生活に西洋料理がふつうに入ってきたことが知れる（『食道楽』の発表は明治36年）。

かようにちょっとしたひねりを加えると、明治村体験はよりいっそう興味深くなるはずだ。

明治村

明治村は成長する村でもある。開村時の建築物は一五に対して、現在の建築物は六七に増えている。四〇年間で四倍以上の建造物が建ったわけである。聞くところによると、解体材が保管され、再建を待つ建物もまだいくつもあるとか。明治村はまだまだ成長途中なのである。

明治村の散策には村が提案する見学モデルコースもあり、ボランティア・ガイドの方々も親切に相談に乗ってくれるが、やはりここは事前に自分なりの見どころを定めておくと、ぐっと明治が身近に感じられるだろう。といっても、大げさに考えることではなく、ちょっとした思いつきでいいのだが。

たとえば、明治文学者体験はどうか。明治村には森鷗外や夏目漱石が暮らした家、幸田露伴が住んだ「蝸牛庵」、石川啄木が下宿していた本郷喜之床、小泉八雲避暑の家などがある。いずれの住居も名建築などではない。町のどこにでもありそうなふつうの家である。こんな家を出入りすると、たちまち明治の文豪が近所のおじさんのごとく思えるようになる。

とくに森鷗外と夏目漱石が時を隔てて住んだ、東京の文京区千駄木にあった家は、漱石がここで『吾輩は猫である』を執筆したことから、通称「猫の家」と呼ばれる。明治中期の東京の平均的な貸家であるが、じつに居心地がよく、縁側に寝転んで鼻毛を抜いたりしていると、漱石になった気分で下手な俳句のひとつもひねりたくなる。この猫の家では文豪ではなく、本名の夏目金之助の背中を感じることができるのだ。それにしても、昔の家の縁側は気持ちよい。

日常と非日常を一日で体験

また、小学生に戻ろう体験もおもしろい。明治村に移築された小学校は、三重県尋常師範学校・蔵持小学校。明治21年の建築で、明治時代の尋常小学校など知るよしもないのだが、この教室に入ると自分がどんどん小学生に戻っていくのを感じる。昔の教科書や教材、木製の小さな椅子、黒板にオルガン、そんなものを眺めていると、自分が明治の小学生だったように錯覚する。やはり、日本の近代教育の原点がここにあり、その遺伝子が刺激されるのであろうが、理屈などどうでもいい。ただただ懐

❹❺奇しくも森鷗外、夏目漱石、ふたりの文豪が住んだ通称「猫の家」。鷗外はこの家で1年あまり、漱石は4年間暮らした。中流の貸家である。鷗外と漱石は互いに自著をやりとりすることはあったが、実際に会ったのは数度である。

❻明治12年に建てられ、重要文化財に指定されている三重県庁舎の一室には、明治の時計のコレクションが飾られている。ここでは四つ丸の掛け時計や八角形の文字盤の時計など、懐かしい掛け時計と邂逅することができる。

建物見学だけではなく、明治時代に浸り、明治の生活、文化をまるごと体感できる

❶明治12年に建てられた、長崎県伊王島（いおうじま）の大明寺聖パウロ教会堂の内部。小さなアーチが連なるまことに可憐な教会である。祭壇の右側にはルルドの洞窟（どうくつ）が設けられており、日本の教会としてはめずらしい造りとなっている。

愛知県犬山市にある博物館明治村（以下明治村と略）は、昭和40年に開村した体験型博物館である。広大な敷地に明治・大正時代の名建築、庶民の住宅などを移築し、明治時代そのものを目と耳と身体で感じられるよう工夫してある。

明治村の楽しみ方は千差万別だ。意識的に時間旅行しようと歩きまわってもいいし、ただのほほんと古きよき時代の香りを楽しむためだけに散歩してもいい。もちろん、あるテーマをもって勉強にきても、しっかりとした答えを得ることができるだろう。さよう、明治村には日本の近代を知るための膨大な素材が集まっているのだ。

明治村散策には、まず足もとを固めることをお勧めする。村内には短い距離ながらもバスと蒸気機関車と市電が走っているが、やはり頼りになるのは自分の足。村内は高低差もけっこうあって、歩きやすい靴で出かけるにしくはない。また、せっかく明治を体感するなら、明治流にのんびりしたい。できれば一日、少なくとも三時間はここの空気に浸かる。それが明治を感じるということである。

❷明治村は山あいの入（い）鹿（か）池に面した丘陵にあり、たっぷりの緑と四季折々の花に囲まれている。お気に入りの明治建築が見つかったら、そこでしばらく時を忘れて過ごすのも楽しい経験になる。

❸明治28年、日本で最初に市内電車として営業されたのが京都市電。京都では琵琶湖疏水の有効利用法として、明治24年から日本初の水力発電が稼働し、その結果、市電が走るようになった。車両は明治後期のもの。

番外編2

記念艦みかさ（神奈川県）

日露戦争で連合艦隊の旗艦であった三笠。日本の威信を賭けた戦いの主役が横須賀に

日露戦争は新生国家であった明治政府が仕掛けた、最初の世界的戦争である。

明治20年代、大国ロシアはウラジオストク、旅順に艦隊を置き、日本海の制海権を得ようと虎視眈眈とねらっていた。それに対し、日本は海軍力がきわめて弱く、対露戦争のために新鋭艦の必要性を切に感じていた。そこでイギリスのヴィッカース社に発注したのが、旗艦の三笠だ。三笠の進水は明治33年、その二年後に完成。排水量一万五一四〇トン、三〇センチ砲四門をもつ当時最強の戦艦である。

この三笠を旗艦とする連合艦隊がバルチック艦隊を迎え撃ったのは、明治38年5月27日。最初の戦闘が行なわれたのは玄界灘の沖の島付近だといわれる。

このときの日本海海戦については、多くの小説や映画で描かれてきた。東郷平八郎司令長官率いる連合艦隊はロシア軍を圧倒的に打ち負かし、日露戦争を勝利に導いた。三笠はつねに艦隊の先頭に立ち、敵艦の集中砲火を浴びた。その三笠が現在、記念艦として横須賀に保存されている。

日露戦争のあとの三笠は不運だった。佐世保に停泊中に火薬庫の爆発で沈没。その後、引き揚げられて横須賀で記念艦となるが、太平洋戦争後は廃船寸前状態となる。それをさまざまな人々の協力で復元したのが昭和36年である。

今、記念艦みかさの艦上に登ると、その力強さに驚かされる。蒸気機関で動いた鋼鉄艦としては初期の船であるが、明治という時の勢いが艦内に満ちている。現在、艦内には日本海海戦の資料などが展示してあり、それを見たあと、みかさの艦橋に立ち、海のほうを眺めると明治がぐっと近くなる。

❶三笠が置かれている横須賀の三笠公園に建つ東郷平八郎の銅像。東郷は薩摩出身の軍人で、時の海軍大臣山本権兵衛は、東郷平八郎の連合艦隊司令長官抜擢を「彼は運がいい男だから」と説明したという。

❷三笠の主砲は30センチ砲。副砲に15センチ砲を14門備えていた。太平洋戦争でアメリカ海軍太平洋艦隊司令長官だったC・W・ニミッツ元帥も三笠の保存に協力した。横須賀市稲岡町 82・19
☎ 046-822-5225

❸艦尾に復元されている司令長官の私室。隣に公室があるが、ともに質素なものである。

❹艦橋にある羅針盤。レプリカであるが明治の日本海海戦のときの様子をリアルに伝えてくれる。「皇国の興廃この一戦にあり」。

関東・甲信越 歴史博物館・資料館ガイド

■茨城県

茨城県近代美術館　〒310-0851水戸市千波町東久保666-1
☎029-243-5111★JR水戸駅から徒歩15分
横山大観・小川芋銭ら茨城ゆかりの画家の絵を収集・展示

茨城県天心記念五浦美術館　〒319-1703北茨城市大津町椿2083
☎0293-46-5311★JR大津港駅からバス
岡倉天心や横山大観をはじめとする五浦の作家たちの業績顕彰と作品を展示

茨城県立歴史館　〒310-0034水戸市緑町2-1-15
☎029-225-4425★JR水戸駅からバス
茨城の歴史が概観できる総合展示

笠間日動美術館　〒309-1611笠間市笠間978-4
☎0296-72-2160★JR笠間駅から徒歩25分
明治初期洋画の草分け高橋理由一の『鯉図』『鮭図』を展示

水府明徳会 彰考館 徳川博物館　〒310-0912水戸市見川1-1215-1
☎029-241-2721★JR水戸駅からバス
家康遺品や水戸家歴代の什宝類約3万点を所蔵・展示

トモヱ乳業牛乳博物館　〒306-0235古河市下辺見1955
☎0280-32-1111★JR古河駅からタクシー
酪農器具・乳製品を作る器具・明治期の牛乳ビンなど

幕末と明治の博物館　〒311-1301東茨城郡大洗町磯浜町8231
☎029-267-2276★JR水戸駅からバス
幕末から明治期の志士・先人たちの書画・遺品を多数所蔵・展示

三宅雪嶺記念資料館　〒301-8555龍ケ崎市120流通経済大学7号館1階
☎0297-60-1808★JR佐貫駅からバス
近代日本を代表する言論人・雪嶺の旧蔵書、愛用品・愛蔵品

■栃木県

那須野が原博物館　〒329-2752那須塩原市三島5-1
☎0287-36-0949★JR西那須野駅からバス
高橋由一の絵画・「開化物」を中心とする近代の錦絵・写真資料などを所蔵

佐野市郷土博物館　〒327-0003佐野市大橋町2047
☎0283-22-5111★JR佐野駅から徒歩20分
田中正造資料や明治20年代に最盛期だった佐野の織物業・綿縮の資料を所蔵・展示

栃木県立図書館　〒320-0027宇都宮市塙田1-3-23
☎0286-22-5111★JR宇都宮駅からバス
足尾銅山関係資料、明治の軍事・戦史を中心とした「大山柏文庫」を所蔵

栃木県立博物館　〒320-0865宇都宮市睦町2-2
☎028-634-1311★JR宇都宮駅からバス
地質時代から現在までの総合展示を行う

財団法人山縣有朋記念館　〒329-2501矢板市上伊佐野1022
☎0287-44-2320★JR矢板駅からバス
元老・山県晩年の別荘を移築しゆかりの遺品（軍服・書簡など）を収蔵・展示

日光東照宮宝物館　〒321-1431日光市山内2280
☎0288-54-2558★JR・東武日光駅からバス
国宝を含む太刀のほか、江戸時代の武具、徳川家康の遺愛品、諸大名の奉納品などを収蔵・展示

■群馬県

大間々町歴史民俗館（コノドント館）　〒376-0101山田郡大間々町大間々 1030
☎0277-73-4123★わたらせ渓谷鉄道大間々駅から徒歩5分
生糸商人資料、考古学の先駆者岩澤正作や教育者藤生金六の関係資料など

群馬県立文書館　〒371-0801前橋市文京町3-27-26
☎027-221-2346★JR前橋駅から徒歩25分
県の布達文書など明治以来の行政文書や明治初期の戸長文書・商家文書など

群馬県立歴史博物館　〒370-1293高崎市綿貫町992-1
☎027-346-5522★JR高崎駅からバス
廃藩置県、蚕糸・織物業関連資料や群馬県初の修身教科書「修身説約」など

製粉記念館　〒374-0052館林市栄町6-1 日進フーズ株式会社館林工場内
☎0276-75-4139★東武館林駅から徒歩5分
明治33年に館林で創業した日清製粉の建物を改修し製粉に関する資料を収蔵・展示

田山花袋記念文学館　〒374-0018館林市城町1-3
☎0276-74-5100★東武館林駅から徒歩20分
館林城本丸跡の花袋旧居と隣接設置。自筆原稿、藤村らとの交流書簡などを展示

徳富蘆花記念文学館　〒377-0102北群馬郡伊香保町伊香保614-8
☎0279-72-2237★JR渋川駅からバス
明治の文豪・蘆花の『不如帰』初版本や遺品、荷風・藤村などとの書簡などを展示

■埼玉県

川越市蔵造り資料館　〒350-0063川越市幸町7-9
☎049-225-4287★JR・東武川越駅からバス
明治の大火によって生まれた蔵造り建築に関する資料、火消し、煙草資料を収蔵

河鍋暁斎記念美術館　〒335-0003蕨市南町4-36-4
☎048-441-9780★JR西川口駅からバス
幕末から明治にかけて活躍した絵師・暁斎と娘の暁翠の作品

埼玉県立文書館　〒330-0063さいたま市浦和区高砂4-3-18
☎048-865-0112★JR浦和駅から徒歩12分
埼玉に関する歴史的・文化的価値のある古文書・行政文書・地図類を収蔵

埼玉県立博物館　〒330-0803さいたま市大宮区高鼻町4-219
☎048-641-0890★東武野田線大宮公園駅から徒歩5分
「埼玉における人びとのくらしと文化」をテーマに、歴史・民俗・美術資料を展示

さいたま市立漫画会館　〒331-0805さいたま市北区盆栽町150
☎048-663-1541★東武大宮公園駅から徒歩5分
日本近代漫画の先駆者・北沢楽天の作品や遺品、漫画文化に関する資料を収蔵

青淵記念館　〒366-0004深谷市大字上手計175
☎048-587-4438（八基公民館）★JR深谷駅からバス
日本資本主義の父・渋沢栄一の生誕地にある記念館。

日本工業大学工業技術博物館　〒345-8501南埼玉郡宮代町学園台4-1
☎0480-33-7545★東武東武動物公園駅から徒歩20分
明治以降の工作機械・原動機や町工場復元、蒸気機関車2109号などを展示

さいたま川の博物館　〒369-1217大里郡寄居町大字小園39
☎048-581-7333（庶務）★東武鉢形駅から徒歩20分
荒川を中心に川や水とくらしをテーマとした河川系博物館

さいたま文学館　〒363-0022埼玉県桶川市若宮1-5-9
☎048-789-1515★JR桶川駅から徒歩5分
田山花袋など、埼玉県ゆかりの文学者に関する資料を展示

さいたま市立浦和博物館　〒336-0911さいたま市緑区三室2458
☎048-874-3960★JR北浦和駅からバス
明治11年建築の洋風建築を復元した考古・民俗・歴史資料館

■千葉県

国立歴史民俗博物館　〒285-8502佐倉市城内町117
☎043-486-0123★JR佐倉駅からバス
石器時代から近代まで歴史・考古・民俗の実物資料を収集。復元模型の製作も行う

財団法人高梨本家 上花輪歴史館　〒278-0033野田市上花輪507
☎04-7122-2070★東武野田市駅から徒歩17分
江戸～明治時代の醤油醸造業者・高梨家の屋敷・道具・資料

千葉県文書館　〒260-0013千葉市中央区中央4-15-7
☎043-227-7555★JR本千葉駅から徒歩10分
明治以来の県の公文書・発行資料や房総地方の古文書を体系的に収集・展示

千葉県立安房博物館　〒294-0036館山市館山1564-1
☎0470-22-8608★JR館山駅から徒歩10分
房総半島沿岸の漁民の生産・生活資料を収集・展示

千葉県立房総のむら　〒270-1506印旛郡栄町竜角寺1028
☎0476-95-3333★JR安食駅からバス
江戸時代後期から明治初期の房総の町並み・武家屋敷・農家・商家等を再現展示

千葉市美術館　〒260-8733千葉市中央区中央3-10-8
☎043-221-2311★JR千葉駅からバス
房総地方ゆかりの作家作品、近世以降の日本文化美術品など

野田市郷土博物館　〒278-0037野田市野田370
☎04-7124-6851★東武野田市駅・愛宕駅から徒歩7分
野田醤油関係資料や明治の押絵世界の第一人者・勝文斎の作品を所蔵・展示

松戸市戸定歴史館　〒271-0092松戸市松戸714-1
☎047-362-2050★JR松戸駅から徒歩10分
水戸最後の藩主・昭武の別邸に隣接して松戸徳川家伝来の古写真・資料類を展示

■神奈川県

神奈川県立神奈川近代文学館　〒231-0862横浜市中区山手町110
☎045-622-6666★みなとみらい線元町駅・中華街駅から徒歩8分
神奈川に住んで活躍した文学者の原稿・日記・遺品などを展示

神奈川県立公文書館　〒241-0815横浜市旭区中尾1-6-1
☎045-364-4456★相模鉄道二俣川駅から徒歩17分
明治以降の行政文書を中心とした神奈川県の公文書を収蔵

シルク博物館　〒231-0023横浜市中区山下町1 シルクセンター内
☎045-641-0841★みなとみらい線日本大通り駅から徒歩3分
開港当初、英国商社ジャーディン・マセソン商会（英一番館）のあった場所に建ち、絹に関して総合的に展示

川崎市市民ミュージアム　〒211-0052川崎市中原区等々力1-2（等々力緑地内）
☎044-754-4500★JR・東急武蔵小杉駅からバス
川崎に関連する考古・歴史・民俗資料および芸術作品を収集・展示

三溪園　〒231-0824横浜市中区本牧三之谷58-1
☎045-621-0635★JR根岸駅からバス
明治の豪商・原三渓が作った日本式庭園。園内に三渓記念館がある

徳富蘇峰記念館　〒259-0123中郡二宮町二宮605
☎0463-71-0266★JR二宮駅から徒歩12分
徳富蘇峰関係の原稿・書簡・遺品・資料本などを収蔵・展示

長岡半太郎記念館・若山牧水資料館　〒239-0842横須賀市長沢2-6-8
☎046-848-5563★京浜急行長沢駅から徒歩7分
長岡の別荘を復元整備して、長岡の資料とこの地に住んだ歌人・牧水の資料を展示

日本郵船歴史博物館　〒231-0002横浜市中区海岸通3-9
☎045-211-1923★みなとみらい線馬車道駅から徒歩2分
日本郵船社史を中心に近代日本海運の黎明期から今日に至るまでを展示

ニュースパーク日本新聞博物館　〒231-8311横浜市中区日本大通11
☎045-661-2040★みなとみらい線日本大通り駅直結
新聞のことなら何でもわかる博物館。かわら版・錦絵新聞など15万点を収蔵。

横浜開港資料館　〒231-0021横浜市中区日本大通3
☎045-201-2100★みなとみらい線日本大通り駅から徒歩2分
幕末の開港期から明治・大正期の横浜に関する資料を収蔵

横浜美術館　〒220-0012横浜市西区みなとみらい3-4-1
☎045-221-0300★みなとみらい線みなとみらい駅から徒歩3分
原三溪とゆかりの深い日本画家の作品、明治期の浮世絵、写真資料などを所蔵

■山梨県

甲府市藤村記念館　〒400-0014甲府市古府中町2614
☎055-252-2762★JR甲府駅からバス
明治8年建築の小学校校舎に明治以来の教科書などの教育資料を展示

メルシャンワイン資料館　〒409-1313甲州市勝沼町下岩崎1425-1
☎0553-44-1011★JR勝沼ぶどう郷駅からタクシー
明治37年建設の木造ワイン工場を博物館にして水車・醸造器・古文書類を展示

山梨中銀金融資料館　〒400-0032甲府市中央2-11-12
☎055-223-3090★JR甲府駅から徒歩15分
山梨中央銀行史・貨幣史に関わる実物や資料を収集・展示

■長野県

上田市立博物館　〒386-0026上田市二の丸3-3
☎0268-22-1274★JR上田駅から徒歩15分
上田藩についての資料のほか、養蚕資料なども収蔵・展示

岡谷蚕糸博物館　〒394-0028岡谷市本町4-1-39
☎0266-22-5854★JR岡谷駅から徒歩15分
岡谷の製糸業に関する機械・器具類、記録用紙、研究文献などの資料を収蔵・展示

重要文化財旧開智学校　〒390-0876松本市開智2-4-12
☎0263-32-5725★JR松本駅から徒歩25分
明治の擬洋風学校建築に教科書や学習と指導に関する文書資料などを収蔵・展示

真田宝物館　〒381-1231長野市松代町松代4-1
☎026-278-2801★長野電鉄松代駅から徒歩3分
旧松代藩主真田家の明治におよぶ資料等を収蔵・展示

松本市歴史の里　〒390-0852松本市大字島立2196-1
☎0263-47-4515★松本電鉄大庭駅から徒歩15分
松本城跡に明治41年に建てられた松本区裁判所を移設、司法関係資料を展示

長野県立歴史館　〒387-0007千曲市屋代清水260-6
☎026-274-2000★しなの鉄道屋代駅から徒歩25分
養蚕など、長野に関する考古から近現代までの歴史資料を展示

■新潟県

前島記念館　〒943-0119上越市下池部1317-1
☎0255-24-5550★JR高田駅からバス
前島密の遺稿・遺品・遺墨類と前島が関わった郵便事業に関する資料を所蔵

新発田市旧県知事公舎記念館　〒957-0021新発田市五十公野4926
☎0254-23-2525★JR新発田駅からバス
明治42年の新潟県知事公舎を移転し、内部に歴代知事の遺愛品も展示

北方文化博物館　〒950-0205新潟市沢海2-15-25
☎025-385-2001★万代シティバスセンターからバス
明治20年頃建造の豪農・伊藤家の屋敷内に、同家所有の美術品、古文書などを展示

ろい横浜税関だ。また、小さな建物ながら閲覧をお勧めするのが、日米和親条約締結の地に建つ横浜開港資料館。明治の横浜に関する資料が豊富で、見ていて飽きることがない。ここの中庭に茂る玉楠(たまぐす)は江戸時代からのもので、日米の歴史を見守ってきたのである。

この横浜開港資料館の隣に建つ横浜海岸教会は、明治5年につくられた日本初のプロテスタント教会。古い建物は関東大震災で壊れ、現在の建物は昭和8年に建て直された二代目だ。しかし、塔の上で鳴り響く鐘は明治のものである。

日本の表玄関、大桟橋

本町通りから大桟橋に行ってみよう。横浜のメリケン波止場と呼ばれた大桟橋は、近年大きく改装され印象を一新したが、開港したのは明治28年、歴史ある国際客船ターミナルなのである。これまで一〇〇年以上にわたって、クイーンエリザベスII世号など世界各国の豪華客船を送り迎えしてきた。飛行機以前はここ横浜の大桟橋が世界への玄関だったのだ。

大桟橋と水路を隔てて対面しているのが赤レンガ倉庫。二棟あり、一号倉庫は大正2年、二号倉庫は明治44年に建てられた。一時ひどくさびれ、落書きなどもひどかったが、みなとみらい計画でこの地帯が公園としてよみがえり、赤レンガ倉庫も化粧直しし、各種店舗やイベントスペースの入った、多目的建築物となった。

さて、ふたたび足を関内方面に向け、みなと通りを行けば横浜スタジアムのある横浜公園に行き当たる。ここは日本初の洋式公園だ。山手公園の項でも日本初の洋式公園と書いたが、山手公園の場合は外国人専用で、こちらは市民が誰でも入れた日本初の公園である。

蛇足をひとつ。横浜でいちばん古いパン屋は元町にあるウチキパン。日本の食パンの元祖といわれているイングランドパンは人気で、すぐに売り切れてしまうそうな。

⑪旧横浜正金銀行の建物を改築して利用した神奈川県立歴史博物館。ドーム状の青い塔が特徴で、見るものを圧倒する。館内は5つのコーナーに分かれて、見やすい展示になっている。横浜市中区南仲通5・60 ☎045-201-0926

⑫文明開化の時期に多くの馬車が行き交ったため、馬車道と呼ばれた道。明治時代は道の左右に輸入品を扱う店が並び、各国の商人でにぎわった。横浜の港に入った外国製品は鉄道で銀座に運ばれ、高値で売られた。

⑬明治9年に開園した日本で最初の洋式公園。噴水や日本庭園があり、園内に「我国最古の公園の碑」が建つ。現在は公園の半分を横浜スタジアムが占める。

⑭イギリス人ロバート・クラークにパン製法を学んだ初代打木彦太郎(うちきひこたろう)が、明治21年に創業したウチキパン。イングランドパン（写真・290円）が日本の食パンの元祖となった。横浜市中区元町1・50 ☎045-641-1161

横浜（よこはま）

篠田鉱造著の『明治百話』に、横浜の開化咄（かいかばなし）と題してつぎのようなエピソードが出ている。それは居留地の異人は毎日靴を新しいものと履き替えるというもの。じつは日本人は靴を靴墨で磨くことを知らず、外国人が毎日靴を新品と履き替えると勘違いしていたという笑い話である。実際、明治初期の横浜では外国人との間に、些細（ささい）な行き違いや勘違いがたくさん横行していたに違いない。

そんな開港当時の雰囲気を知るのなら、馬車道から大桟橋あたりをめぐってみるのがいいだろう。

まず、馬車道から港に向かって左側に建つ堂々たる建築物が、神奈川県立歴史博物館だ。この建物は、明治37年に完成した旧横浜正金銀行本店。妻木頼黄（つまきよりなか）博士の設計で、ドイツ、ネオ・バロック様式の重厚な建物である。昔の玄関が馬車道に面しているので、まずはその玄関の構えをじっくり見てから博物館内に入るといいだろう。

館内は古代から現代まで、さまざまな展示物で神奈川史が俯瞰（ふかん）できるようになっており、開港期の横浜も五雲亭貞秀（ごうんていさだひで）の横浜絵などでじょうずに構成され、明治の横浜を視覚的にとらえることができる。時間を忘れてしまいそうな博物館である。余談ながら、明治のハイカラ青年、永井荷風（ながいかふう）がフランスのリヨンで勤めていたのが、博物館の建物の持ち主だった横浜正金銀行支店である。

神奈川県立歴史博物館の先で馬車道と交わるのが本町通り。横浜の背骨ともいうべき通りである。この本町通り付近には、横浜市開港記念会館・神奈川県庁本庁舎・横浜税関・横浜郵船ビル・横浜銀行協会などレトロなビルが数多く建っている。ただ、そのほとんどが大正から昭和初期に建てられたもので、明治建築はない。しかし、古いビルには独自の表情があり、明治という時代にこだわらなければ、楽しい建築散歩ができる。

とくにお勧めは、高くそびえる時計台を持ち、赤煉瓦と白い花崗（かこう）岩（がん）の対比が見事な横浜市開港記念館と、イスラム風の意匠がおもし

⑨生まれ変わった横浜赤レンガ倉庫。明治時代に建てられた2号館は商業施設となり、⑩大正初期に建設された1号館は文化施設として利用されている。横浜市中区新港1・1・1　1号館　☎045-211-1555　2号館　☎045-227-2002

⑦⑧山手イタリア山庭園に建つ明治時代の洋館。東京渋谷南平台にあった明治後期の外交官の邸を移築したもの。明治時代の外交官の生活が想像できる展示がある。横浜市中区山手町16　☎045-662-8819

奉行は神奈川にあり、まず神奈川から横浜まで道をつけた。この道は横浜道と呼ばれ、吉田橋に関所を設けた。つまり、吉田橋の関所から桟橋までが関所の内、関内というわけで、関内は今も地名として残る、横浜の繁華街である。

現在、吉田橋の下に川はなく、高速道路が走っている。港が開かれたころは、吉田橋の関所を通るのに刀の携帯は相成らず、丸腰でなくてはならなかったという。

安政6年、福沢諭吉は横浜を訪れ〈其時の横浜と云ふものは外国人がチラホラ来て居る丈けで、掘立小屋見たような家が処方にチョイチョイ出来て、外国人が其処に住て店を出して居る〉と『福翁自伝』に書いている。まだ、開港したばかりのわびしい光景である。福沢も丸腰で歩いたのだろうか。

明治をしのんで山手を散策

吉田橋から海に向かう道が馬車道。明治初期の馬車道について、明治11年に来日したイギリス人女性のイサベラ・バードは『日本奥地紀行』にこう書く。

〈街路は狭いが、しっかりと舗装されており（中略）ガス灯と外国商店がずらっと立ち並ぶ〉。

福沢が見た横浜からわずか十数年で、横浜は急速に新しい町として発展しているようである。

横浜で明治時代をしのぶなら、まず元町から山手を歩くのがいい。山手一帯には江戸の最末年にイギリスやフランスの兵舎が建てられ、慶応3年（一八六七）には山手外国人居留地が形成された。元町はその山手に住む外国人相手に商売を始めた町で、今も明治時代創業の店が多く、モダンでバタ臭い雰囲気を醸している。

山手散策のメインストリートとなるのは、「港の見える丘公園」から山手本通りをめぐる道だ。落ち着いた邸宅が並び、旧居留地の面影が想像できるが、残念ながら明治の木造洋館は山手資料館一軒を残すのみで、関東大震災ですべて倒壊してしまった。そのかわりというわけではないが、横浜を見下ろす高台で、もとイタリア領事館があった場所に、移築された明治洋館が建ち、山手イタリア山庭園となっている。また、山手十番館は四〇年ほど前に明治一〇〇年を記念して復元された洋館で、一階は喫茶店となっている。

横浜（よこはま）

外国からの文化の波はここから広がった。街を行けば「日本ではじめて」がいっぱい

横浜は幕末になってつくられた町である。江戸時代の横浜村は、砂嘴（さし）の上にわずかな家がまばらに建つ寒漁村であった。

その横浜が歴史上に登場するのは、安政5年（一八五八）に幕府とアメリカの間に結ばれた日米修好通商条約によってである。アメリカの要請によって開港した港が、漁村だった横浜なのだ。幕府としては砂嘴の上に町をつくり、まわりに関所を設ければ、外国人の管理がしやすいと考えたのだろう。長崎の出島と同じだ。

当時、外務省ともいうべき外国

❶❷横浜の根岸には、慶応3年につくられた日本最初の西洋式競馬場があった。現在は根岸競馬記念公苑となり、サラブレッドやポニーが迎えてくれる。写真の建物は観覧席で、昭和初期に建てられた。横浜市中区根岸台1・3 ☎ 045662-7581

❸昔ながらの細い道に、モダンでしゃれたお店が並ぶ元町商店街。老舗（しにせ）の喫茶店やレストラン、洋装店などが並ぶなか、洋家具店や船具店が目立つのが横浜らしい。ウインドーショッピングをするだけでも楽しい町並みだ。

❹❺日本初の洋式公園である山手公園は、日本におけるテニス発祥の地であり、現在もテニスコートがある。日本で最初に居留地の外国人がテニスをしたのは明治11年のことである。公園の開園は明治3年。

❻元町1丁目の見尻坂を上ったところにある外国人墓地。ここには40か国、約4500人の霊が眠っている。門のわきに横浜外国人墓地資料館があり、ここで眠る人たちを紹介している。横浜市中区山手町 96 ☎ 045-622-1311

東京 歴史博物館・資料館ガイド

財団法人 永青文庫　〒112-0015文京区目白台1-1-1
☎03-3941-0850★JR目白駅からバス
肥後54万石の大名・細川家伝来の美術品を主体に収蔵・展示

財団法人 東京都歴史文化財団 江戸東京たてもの園
〒184-0005小金井市桜町3-7-1 小金井公園内
☎042-388-3300★JR武蔵小金井駅からバス
江戸から昭和初期までの文化的価値の高い建物27棟を野外に移築・復元

お札と切手の博物館　〒162-0845新宿区市谷本村町9-5
☎03-3268-3271★JR市ヶ谷駅から徒歩15分
紙幣・切手など国立印刷局の作品や印刷技術に関する展示

日本銀行金融研究所貨幣博物館　〒103-0021中央区日本橋本石町1-3-1 日本銀行分館内
☎03-3277-3037★JR東京駅から徒歩10分
「銭幣館コレクション」を中心に国内外の古今の貨幣を収集し厳選して展示

GAS MUSEUM がす資料館　〒187-0001小平市大沼町2-590
☎0423-42-1715★西武花小金井駅からバス
渋沢栄一邸のガス灯など、明治以来のガス器具・錦絵・文献などを収蔵・展示

慶應義塾大学三田メディアセンター　〒108-8345港区三田2-15-45
☎03-5427-1654★JR田町駅から徒歩8分
福沢諭吉の個人文庫や鉄道錦絵『東京品川海辺蒸気車鉄道之真景』などを収蔵

衆議院事務局憲政記念館　〒100-0014千代田区永田町1-1-1
☎03-3581-1651★地下鉄永田町駅から徒歩5分
国会の組織・運営を紹介し憲政の歴史、憲政功労者の関係資料を収集・展示

交通博物館　〒101-0041千代田区神田須田町1-25
☎03-3251-8481★JR秋葉原駅から徒歩4分
陸海空のあらゆる乗り物を集めた交通に関する総合博物館（2006年閉館。2007年にさいたま市に移転の予定）

東京国立近代美術館工芸館　〒102-0091千代田区北の丸公園1-1
☎03-3211-7781★地下鉄竹橋駅・九段下駅から徒歩10分
戦後を中心とする国内外の工芸および工業デザインの作品約2400点を収蔵

宮内庁三の丸尚蔵館　〒100-8111千代田区千代田1-1
☎03-5208-1063★地下鉄竹橋駅から徒歩10分
過去に皇室が取得もしくは献上を受けた数多くの絵画・工芸品を収蔵・展示

渋沢史料館　〒114-0024北区西ヶ原2-16-1
☎03-3910-0005★JR王子駅から徒歩5分
渋沢栄一および同族に関する資料を収集・保管し展示公開

相撲博物館　〒130-0015墨田区横網1-3-28 国技館1階
☎03-3622-0366★JR両国駅から徒歩1分
錦絵・軸絵巻・屏風・遺品・軍配・番付など相撲関係資料

台東区立一葉記念館　〒110-8621台東区西浅草3-25-16生涯学習センター内3F展示ホール
☎03-3841-8671★地下鉄入谷駅から徒歩8分
樋口一葉の「たけくらべ」草稿や書簡・机などの遺品や関係資料を収集・展示（2006年に移転の予定）

たばこと塩の博物館　〒150-0041渋谷区神南1-16-8
☎03-3476-2041★JR渋谷駅から徒歩10分
煙草の伝来から現在までを通史的に扱い、世界の塩・日本の塩製史などを紹介

ていぱーく（逓信総合博物館）　〒100-0004千代田区大手町2-3-1
☎03-3244-6811★地下鉄大手町駅からすぐ・JR東京駅から徒歩10分
郵便・貯金・保険、国内・国際間の電信電話、放送などを展示

東京海洋大学海洋工学部附属百周年記念資料館　〒135-8533江東区越中島2-1-6 東京海洋大学越中島キャンパス内
☎03-5245-7308（海洋大学越中島事務室管理係）★JR越中島駅から徒歩2分
同大学の前身のひとつである東京商船大学の歴史を軸に、商船教育史と海事史資料を展示。館外に明治丸を展示・公開

東京藝術大学大学美術館　〒110-8714台東区上野公園12-8
☎03-5685-7755★JR上野駅から徒歩10分
古今東西の芸術作品・作家周辺資料など約2万8000点を所蔵

東京国立近代美術館　〒102-8322千代田区北の丸公園3-1
☎03-3214-2561★地下鉄竹橋駅から徒歩3分
絵画・彫刻・水彩画・素描・版画・写真など、9000点の美術作品を所蔵

東京国立博物館　〒110-8712台東区上野公園13-9
☎03-3822-1111★JR上野・鶯谷駅から徒歩10分
高村光太郎・黒田清輝などの近代の芸術作品を所蔵

東京大学総合研究博物館　〒113-0033文京区本郷 7-3-1
☎03-5777-8600（ハローダイヤル）★地下鉄本郷三丁目駅から徒歩8分
大学所蔵の植物など学術標本を総合的に展示公開

東京都江戸東京博物館　〒130-0015墨田区横網1-4-1
☎03-3626-8000★JR両国駅から徒歩3分
江戸東京の歴史遺産を守り、復元模型などを利用し東京の歴史と文化を振り返る

日本近代音楽館　〒106-0041港区麻布台1-8-14
☎03-3224-1584★地下鉄神谷町駅から徒歩5分
日本の近代・現代音楽に関する資（史）料の収集や公開

日本近代文学館　〒153-0041目黒区駒場4-3-55
☎03-3468-4181★京王電鉄駒場東大前駅から徒歩7分
近代日本文学の資料を収蔵。芥川竜之介文庫・森鷗外文庫など

乃木神社　〒107-0052港区赤坂8-11-27
☎03-3478-3001★地下鉄乃木坂駅から徒歩1分
殉死に使われた刀・勲章・遺言状など乃木夫妻ゆかりの品々を保存・展示

文京区立鷗外記念本郷図書館　〒113-0022文京区千駄木1-23-4
☎03-3828-2070★地下鉄千駄木駅から徒歩5分
森鷗外邸跡に建つ図書館で、鷗外の遺品・原稿などを所蔵

法務史料展示室　〒100-0013千代田区霞が関1-1-1 法務省赤れんが棟
☎03-3592-7911★JR有楽町駅から徒歩10分
司法省の活動や明治の著名な事件史料、新司法制度に関する資料などを展示

明治神宮宝物殿　〒151-0052渋谷区代々木神園町1-1
☎03-3379-5511★JR代々木駅から徒歩12分
明治天皇・昭憲皇太后の短冊、装飾、装束類、書籍、調度品などを収蔵・展示

聖徳記念絵画館　〒160-0013新宿区霞ヶ丘町1-1
☎03-3401-5179★JR信濃町駅から徒歩5分
明治天皇を中心として達成された日本の近代化の名場面を80枚の絵画で表現

明治大学博物館　〒101-8301千代田区神田駿河台1-1 アカデミーコモン地階
☎03-3296-4448★JR御茶ノ水駅から徒歩5分
刑事関係資料を収集・展示。江戸の高札・捕物道具、明治の死刑具など

靖国神社遊就館　〒102-8246千代田区九段北3-1-1
☎03-3261-8326★地下鉄九段下駅から徒歩8分
祭神の遺品・戦役事変の記念品・古今の武器類など15万点を収蔵し陳列

三田演説館（東京都）

日本で最初に演説会が開かれた演説講堂。福沢諭吉は近代国家をつくるべく弁じた

❶明治の匂いがする三田演説館の内部。壇上の壁には福沢諭吉の写真が飾られている。福沢は上野戦争の折も砲声のなか、講義を続けた。その講義を記念して、上野戦争の5月15日には毎年ここで講演会が開かれる。

福沢諭吉が築地鉄砲洲（つきじてっぽうず）に私塾を開いたのが安政5年（一八五八）。この塾は芝新銭座（しんぜにざ）を経て、明治4年、三田（みた）の地に移り、慶應義塾大学のもととなった。

その慶應義塾大学三田キャンパスの南西部に、なまこ壁の和洋折衷の洋館がある。それが明治8年に建てられた、日本最初の演説講堂である三田演説館だ。

そもそも「演説」という言葉は英語の「スピーチ」を福沢諭吉が翻訳したもので、当初は「演舌」の文字をあてていた。福沢は日本の近代化のためには、大勢の人の前で自分の意思を伝えることが重要だと考え、演説館を建てて、演説会・討論会を開催することをもくろんだのである。ちなみに「討論」も「ディベート」からの福沢の訳語である。

開館当時、現在福沢諭吉の写真が飾られている壇上では福沢のみならず、多くの論客が舌鋒（ぜっぽう）鋭く時論を論じ、四〇〇人に及ぶ聴衆は床に茣蓙（ござ）を敷いて、熱心に演説に耳を傾けたという。そんな明治を象徴する光景が、ここ三田演説館を訪れると彷彿（ほうふつ）としてくる。

この演説館はアメリカからさまざまな会堂の図面を取り寄せ、それを参考に設計されたといわれる。設計者の名前は伝わっていないが、内装はアメリカ中西部の教会を模しているといわれ、すがすがしい静謐（せいひつ）さが漂う名建築である。平成9年に解体修理が行なわれ、今も明治から続く三田演説会の演説会、慶應義塾大学名誉学位授与式などに使用されている。

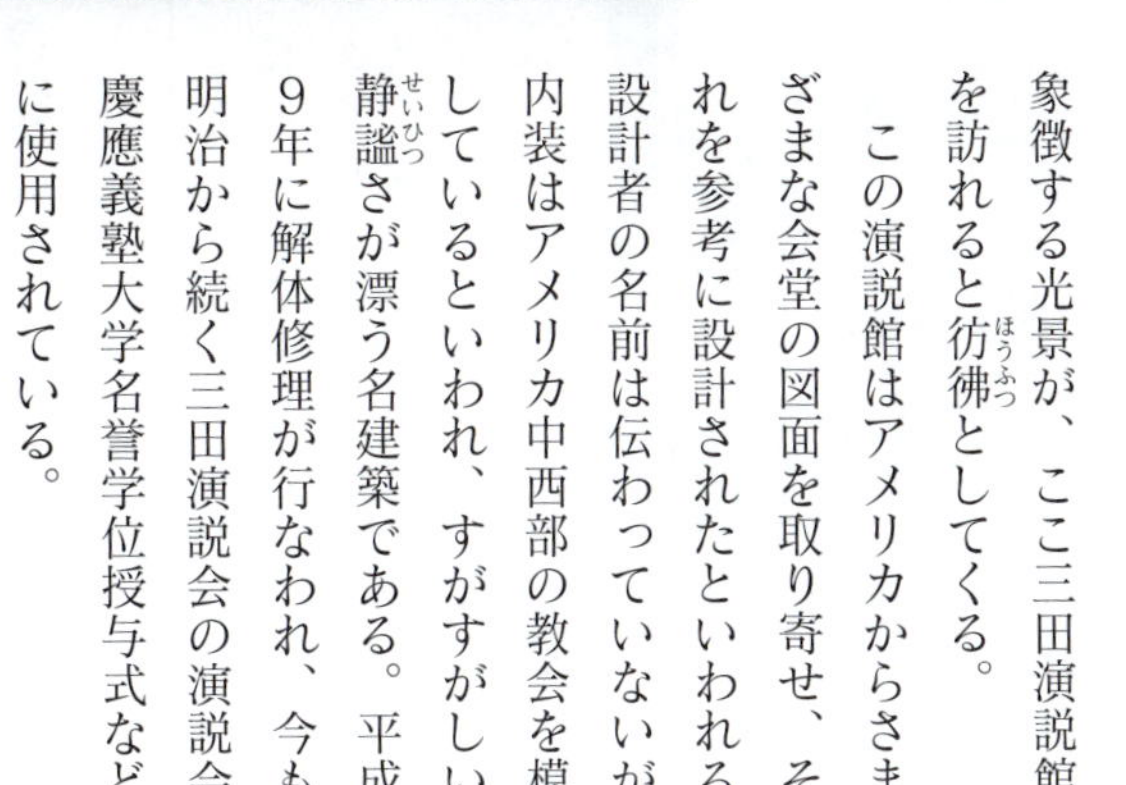
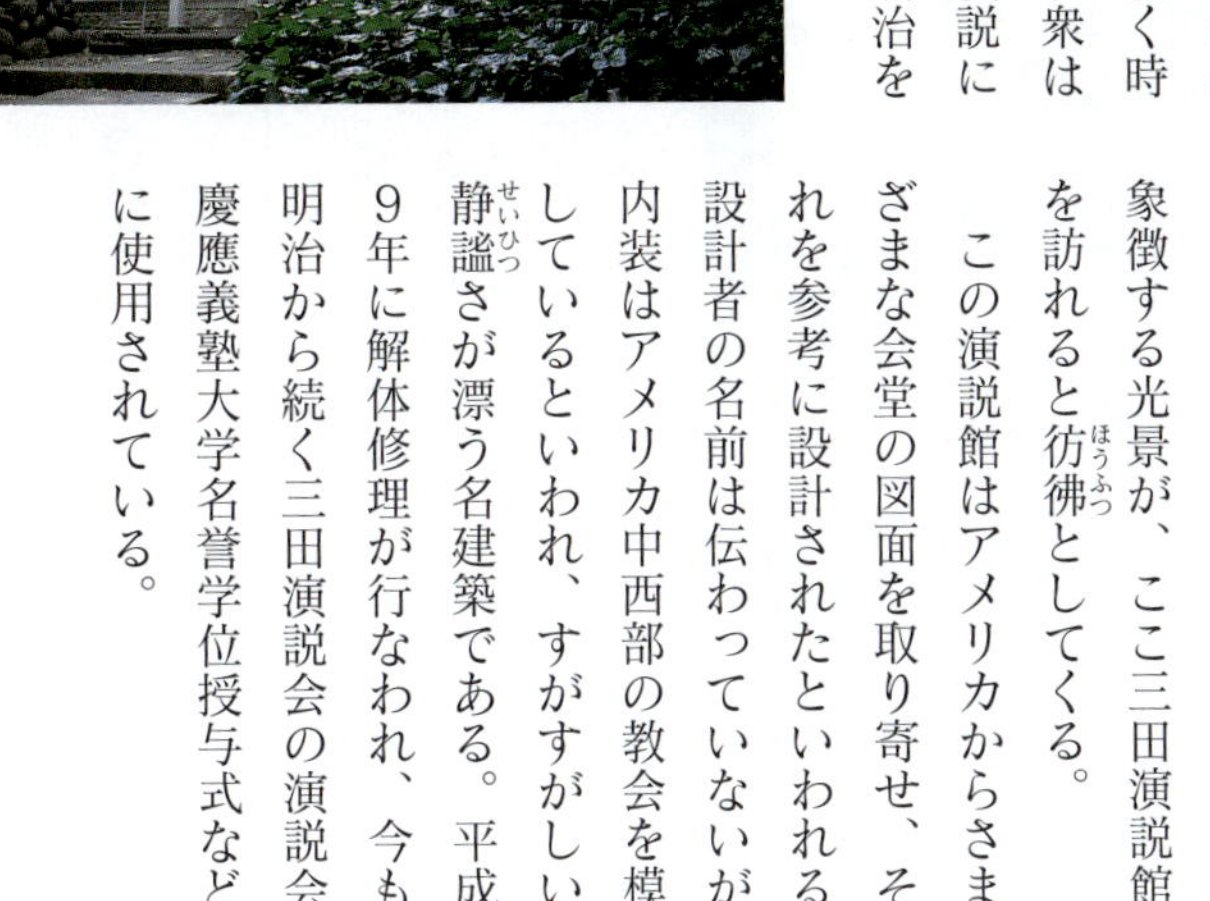
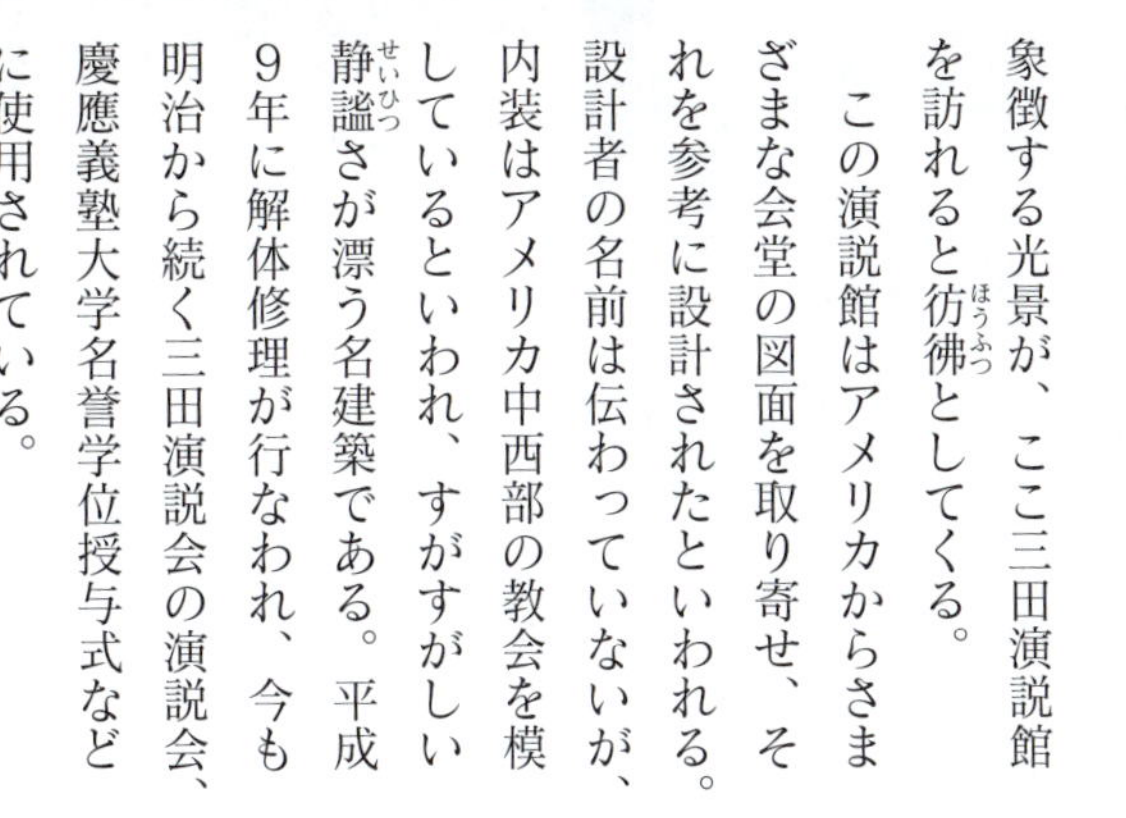

❷明るく開かれた雰囲気のなか、教会らしい清潔さが漂う館内。慶應義塾大学のシンボルである交差したペンの意匠が、椅子の背に彫られている。重要文化財に指定されている。

❸なまこ壁の擬洋風建築である三田演説館。赤煉瓦の図書館旧館と並ぶ慶應義塾大学の明治の顔である。福沢諭吉の胸像がある図書館旧館に比べると、地味な存在だが、たたずまいが好ましい。港区三田2・15・45
☎ 03-3453-4511

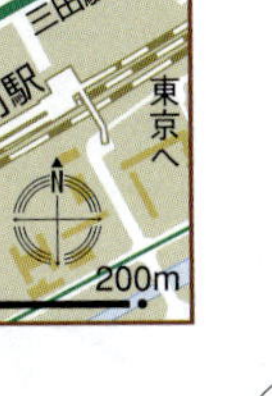

東京都 浅草界隈

「電気」の文字に込められたハイカラ意識。江戸情緒のなかにモダンな香りが光る街

❸明治時代には劇場・演芸場・映画館・見世物小屋などが集まった浅草六区。現在も大衆劇場、ストリップ劇場などあるが、かつての活気はない。六区の奥に浅草十二階と呼ばれた明治の高層建築、凌雲閣があった。

❶大正10年に建てられた神谷バーと、❷同店の名物デンキブラン。デンキブランは1杯260円。持ち帰り用1瓶880円。デンキブランをビールと混ぜて飲む人も多い。神谷バー／台東区浅草1・1・1 ☎03-3841-5400

浅草は徳川家康が江戸に幕府を開く前から開けていた集落で、江戸時代も浅草寺門前町として、多くの善男善女を集めてきた。だから、今でも江戸の面影が色濃く残り、町の人々も明治のハイカラよりも江戸情緒を前面に出した町づくりをしているようだ。

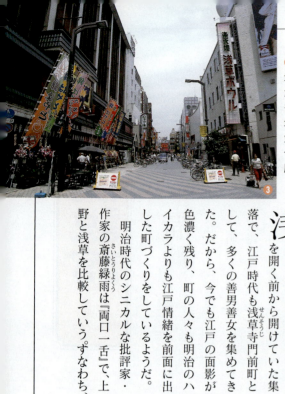

明治時代のシニカルな批評家・作家の斎藤緑雨は『両口一舌』で、上野と浅草を比較していう。すなわち、上野は貴族的で背広の町、浅草は平民的で着物姿の町。色でいえば上野は緑で浅草は紅だともいう。

そんな浅草で、明治を感じる一画は浅草一丁目一番地一号に建つ神谷バーであろう。現在のレトロな建物は大正10年（一九二一）に建てられたもので明治建築とはまいらぬが、バーの開店は明治45年、日本で最初のバーである。

神谷バーの名物といえばデンキブラン。やや甘めのカクテルだが、これが売り出されたのは明治15年のことだ。当時は先進的なものに「電気」という言葉を冠するのが流行で、それで新しい洋酒にデンキブランの名前が付いたのである。浅草六区には「電気館」という映画館もあった。

デンキブランと並んで浅草でよく見かける明治ものといえば人力車だろう。人力車は明治3年に発明され、またたく間に一世を風靡した乗り物で、明治29年には全国で二一万台に達したという。雷門前に行くと、たくさんの人力車が客待ちをしているので、人力車に揺られながら浅草の明治を思うのもいい。

❹雷門前でよく見かける人力車。明治3年に発明されると、驚くべき速さで普及し、明治5年には東京に残っていた1万丁の駕籠が姿を消したという。現代の人力車は観光用で、浅草案内をしながら狭い路地にまで入ってくれる。

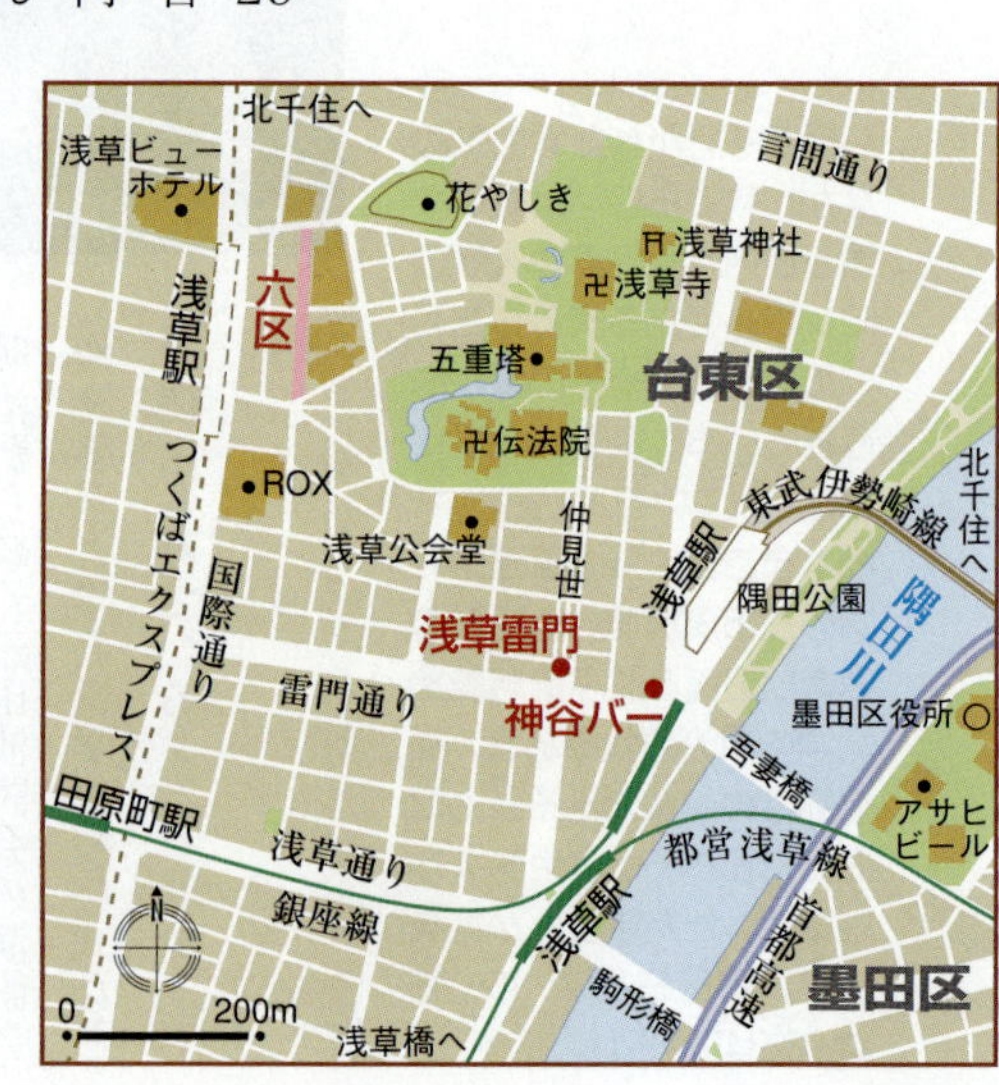

目次

探訪・「明治」の面影を残す街

開化旅案内帖

北海道(札幌・小樽・函館)、
東京(銀座界隈・本郷界隈・上野界隈・浅草界隈)、
横浜、明治村、神戸、長崎

明治期の資料が充実
全国歴史博物館・資料館ガイド

ビジュアル・ワイド明治時代館
発刊記念特別別冊

小学館